이광수와 식민지 문학의 윤리

저자

최주한(崔珠瀚, Choi Juhan) 서강대학교 인문과학연구소 연구교수. 숙명여자대학교 화학과를 졸업하고 서강대학교 국어국문학과에서 이광수소설 연구로 박사학위를 받았다. 이광수 관련 새로운 자료들을 발굴 소개하여 이광수 연구를 위한 기반을 마련하는 데 공을 들여왔고, 최근에는 한국 근대문학과 이광수의 이중어 글쓰기라는 주제로 이광수의 이중어 글쓰기가 한국 근대문학장의 형성, 구축, 변동에 관여한 역할을 탐색하는 데 관심을 기울이고 있다. 저서에 『제국 권력에의 야망과 반감 사이에서―소설을 통해 본 식민지 지식인 이광수의 초상』(2005), 역서에 『『무정』을 읽는다』(2008), 『일본 유학생 작가 연구』(2011) 등이 있다. 현재 『이광수 초기 문장(1908～1919)』, 『이광수 문학론집(1910～1945)』, 『이광수 후기 작품집(1936～1945)』 등 기존의 전집을 보완하는 세 권의 이광수 자료집 간행을 준비하고 있고, 이광수의 삶과 문학을 재조명하는 이광수 평전을 위한 작업도 계속해나갈 생각이다.

이광수와 식민지 문학의 윤리

초판인쇄 2014년 9월 15일 **초판발행** 2014년 9월 25일
지은이 최주한 **펴낸이** 박성모 **펴낸곳** 소명출판 **출판등록** 제13-522호
주소 서울시 서초구 서초중앙로6길 15
전화 02-585-7840 **팩스** 02-585-7848 **전자우편** somyong@korea.com **홈페이지** www.somyong.co.kr

값 61,000원

ISBN 979-11-85877-18-1 93810

이 저서는 2008년도 정부재원(교육부 인문사회연구역량강화사업비)으로 한국연구재단의 지원을 받아 연구되었음.
(NRF-2008-812-A00345).

이광수와 식민지 문학의 윤리

Lee Kwangsu and the Ethics of Colonial Literature

최주한

소명출판

책머리에

박사논문을 첫 저서로 간행한 이래 써온 이광수 관련 논문들을 모두 묶었다. '이광수와 식민지 문학의 윤리'라는 제목을 붙여주었지만 딱히 단행본 체제에 걸맞은 이름인지는 잘 모르겠다. 애초에 체계적인 연구를 염두에 두고 집필한 것이 아니라서 단행본 체제라는 것이 성립하기 어려운 까닭도 있지만, 필자의 연구 역량이 미숙하여 그 동안 체계적인 연구 자체가 불가능했던 탓이 좀더 크다. 그저 어느 어리숙한 연구자가 이광수를 이해하기 위해 쭈뼛쭈뼛 이광수의 주변을 서성거린 기록의 묶음 정도로 받아들이면 좋지 않을까 싶다.

제1부에서는 말 그대로 이광수를 이해하기 위한 이런 저런 시도의 일환으로 씌어진 논문들을 묶었다. 특히 1장과 2장은 그 동안 단편적으로 쓴 논문들의 문제의식을 토대로 이광수의 평전을 준비해보겠다고 시작한 작업이었는데, 단일한 주제를 다루는 소논문 체제로는 도저히 정력적으로 움직이며 변화해가는 이광수의 면모를 역동적으로 파악하기 어렵다는 판단에서였다. 논문 형식에서 벗어난 자유로운 형식의 글이어서 글을 쓰는 내내 즐거웠던 기억이 있지만, 이 글을 쓴 뒤에도 이광수 관련 자료들이 새로이 발굴되어 쏟아져 나온 데다 여전히 헤쳐나가야 할 앞길이 막막하게만 느껴져 아직은 때가 아니라고 중단하고 말았다. 완성된 평전을 통해 작가 연구의 기반을 마련하는 데 기여할 수 있게 될 날을 기약해 본다.

제2부에서는 식민지 문학의 윤리라는 관점에서 이광수를 조명한 논

문들을 묶었다. 저자가 이광수 문학의 윤리성을 처음 표나게 내세운 것은 4장에 실린 「민족개조론과 상애의 윤리학」이었던 것으로 기억한다. 지금 다시 읽어도 엉성하기 짝이 없는 논문이긴 하지만, 이 논문을 준비하기 위해 이광수가 유년시절에서 청년시절에 걸쳐 접했던 동학이며 톨스토이, 크로포트킨의 사상을 따라 읽으면서 인본주의에 기반하여 근대 제국주의의 논리에 맞섰던 근대사상의 또 다른 한 축이 이광수 사상의 기저에 놓여 있다는 것을 확인할 수 있었던 것은 커다란 수확이었다. 이 무렵 식민지 근대문학이 한갓 서구 혹은 일본 근대문학의 모방이고 이식이라면 식민지 문학의 가능성은 어디에서 찾아야 하는 것일까 고민하고 있던 저자에게 그것은 그 가능성의 단초를 열어주었던 까닭이다. 1장에서 6장에 이르는 나머지 논문들은 서툴게나마 이런저런 방식으로 그 가능성을 탐색해간 노력의 산물이다. 이들 엉성한 직관이 눈 밝은 연구자를 만나 논리적 정합성과 객관적 설득력을 얻을 수 있게 된다면 더없는 다행이겠다.

제3부에서는 최근 2, 3년간 『근대서지』를 중심으로 이광수와 관련하여 새롭게 찾아낸 자료 혹은 새롭게 조명한 자료에 관한 글을 묶었다. 『신한자유종』(1910), 『아이들보이』(1914), 『대한인정교보』(1914), 『새별』(1915), 『학지광』(1916), 『홍수이후』(1916), 『경성일보』(1917), 『방송지우』(1944), 『일본부인』(1944) 등 다양한 매체가 발굴되면서 이광수 관련 새 자료들이 쏟아져 나온 것은 이광수 연구사에서 획기적인 일이었다. 이광수의 새로운 면모와 더불어 이광수 연구의 공백을 메우고 이광수 연구의 저변을 확대할 수 있는 기회를 맞았으니 이광수 연구자로서는 분에 넘치는 행운을 누렸다고 생각한다. 말미에 붙인 부록 자료는 후속 연구에 도움이 될까 하여 이광수전집에 미수록된 자료를 정리한 것이다. 앞으로도 자료 정리에 힘써 『이광수 초기 문장』(1908~1919), 『이

광수 문학론집』(1910~1945), 『이광수 후기 작품집』(1936~1945) 등 기존의 전집을 보완할 수 있는 자료집을 간행해나갈 예정이다.

오랫동안 이광수 주변을 서성인 덕분에 이광수 연구에 관한 두 번째 결과물을 낼 수 있게 되었다. 이광수를 연구해본 연구자라면 잘 알겠지만, 연구를 진행하면 할수록 이광수가 누구인지 묻고 대답하는 일은 정말이지 간단하지 않은 일이라는 것을 깨닫게 된다. 미약하나마 이 작은 결과물이 이광수 연구의 저변을 확대하는 데 조금이라도 도움이 되기를 바랄 뿐이다. 이번에도 소명출판에 빚을 지게 되었다. 저서의 간행을 흔쾌히 허락해 주신 연세대학교의 김영민 선생님께도 감사의 인사를 빠뜨릴 수 없다. 늘 같은 자리에서 꾸준히 겸손하게 새로운 연구의 영역을 열어가고 계신 선생님은 저자에게 좋은 연구자의 모범이시기도 하다. 언제나 한 발짝 앞에서, 혹은 곁에서 뒤에서 부족한 저자를 믿고 격려와 도움을 아끼지 않으시는 하타노 세츠코 선생님께는 어떤 감사의 인사로도 부족하다. 부록 자료에 실린 일본어 번역 원고 또한 선생님께서 일일이 검토하고 바로잡아주셨다. 앞으로 좋은 연구자의 길을 걷겠노라고 다짐하는 것으로 감사의 인사를 대신해 본다.

2014년 8월

한여름 낮의 연구실에서

차례

제2부 이광수와 식민지 문학의 윤리

제1장 근대 초기 번역문학과 미국

제2장 『검둥의 설움』과 번역의 윤리-정치학

제3장 제국의 근대와 식민지, 그리고 이광수

—제2차 유학시절 이광수의 사상적 궤적을 중심으로

제4장 민족개조론과 상애(相愛)의 윤리학

제5장 이광수의 민족개조론 재고

제6장 이광수의 불교적 사유와 보편 윤리의 가능성

제3부 이광수 다시 읽기

제1장 근대소설 문체 확립을 향한 또 하나의 도정

—단편 「허생전」(1914)과 우화 「물나라의 배판」(1914)을 중심으로

제2장 이광수와 『대한인정교보』 9·10·11호에 대하여

부록—전집 미수록 자료

- 「國文과 漢文의 過渡時代」, 『태극학보』 21, 1908.5
- 「隨病投藥」, 『태극학보』 25, 1908.10.
- 「血淚」(希臘人 스팔타쿠스의 演說), 『태극학보』 26, 1908.11
- 「사랑인가[愛か]」, 『白金學報』 19, 1909.12.
- 「特別寄贈作文」, 『富の日本』 2, 1910.3.
- 「여행 잡감[旅行の雜感]」, 『신한자유종』 3, 1910.4.
- 「今日 我韓用文에 對하여」, 『황성신문』, 1910.7.24～7.27.
- 「독립준비하시오」, 『권업신문』 100～103, 1914.3.1～3.22.
- 우리주장(「농촌계발의견(農村啓發意見)」, 「자리잡고 사옵시다」, 「불쌍한 우리 아기들」), 『대한인정교보』 9, 1914.3.1.
- 본국소문(「청년들은 목자 잃은 양—그네 벗은 망아지」, 「관리계에 배일사상」, 「교육정황」, 「가치(까치)가 튼 둥지에 왜가리가 와 잔다」, 「일본신문의 우리나라 비평」), 『대한인정보교』 9, 1914.3.1.
- 「바른소리」, 『대한인정교보』 9, 1914.3.1.
- 우리글(「가로쓰기」, 「우리 에」), 『대한인정교보』 9, 1914.3.1.
- 「정교보사 활자 살 의연을 청하나이다」, 『대한인정교보』 9, 1914.3.1.
- 우리주장(「고래 애국자의 하던 솜씨」, 「당파론」, 「애국심을 잘못 고취하였다」), 『대한인정교보』 10, 1914.5.1.
- 「바른소리」, 『대한인정교보』 10, 914.5.1.
- 「본국소문」, 『대한인정교보』 10, 914.5.1.
- 우리글(「아리나리(압록강)」, 「백이숙제의 무덤」, 「씨알이」(자전)), 『대한인정교보』 10, 1914.5.1.
- 우리주장(「재외동포의 현상을 논하야 동포 교육의 긴급함을」), 『대한인정교보』 11, 1914.6.1.
- 「바른소리」, 『대한인정교보』 11, 1914.6.1.
- 새지식(「모범촌」), 『대한인정교보』 9, 1914.3.1.
- 우리글(「몸둘(1) (綴字法)」, 「지사의 감회」), 『대한인정교보』 11, 1914.6.1.
- 우리시(「나라를 떠나는 설움」, 「망국민의 설움」, 「상부련」), 『대한인정교보』 11, 1914.6.1.
- 「재미있는 이야기」, 『대한인정교보』 9, 1914.6.1.
- 「먹적골 가난방이로 한세상을 들먹들먹한 허생원」, 『아이들보이』 10, 1914.6.
- 「나라생각」, 『권업신문』 123, 1914.8.9.

·「꽃을 꺾어 관을 결자」,『권업신문』 124, 1914.8.16.
·「물나라의 배판」,『새별』 15, 1914.12.
·「許生傳」(上)(서사시),『새별』 16, 1915.1.
·「어린 벗에게」(시),『학지광』 8, 1916.3.
·「살아라」,『학지광』 8, 1916.3.
·「크리스마스 밤」,『학지광』 8, 1916.3.
·「龍洞」(농촌문제연구에 관한 실례),『학지광』 8, 1916.3.
·「조선인 교육에 대한 요구[朝鮮人教育に對する要求]」,『洪水以後』 8, 1916.3.
·「五道踏破旅行」,『매일신보』, 1917.6.29~9.12.
·「五道踏破旅行」,『경성일보』, 197.6.30~9.7.
·「민족대회소집청원서(民族大會召集請願書)」, 1919.2.8. 일본 외무성 외교사료관 소장.
·「재외조선인에 대한 긴급책에 대하여 다음의 2건을 건의함[在外朝鮮人に對する緊急策として左の二件を建議する]」, 1921,『齋藤文書 : 書簡』, 일본국회도서관 소장.
·「노라야」, 양백화 역,『노라』, 영창서관, 1922.
·「민요에 나타난 조선 민족성의 일단[「民謠に現はれる朝鮮民族性の一端]」,『眞人』, 1927.1.
·「어디로?」,『조선농민』 창간호, 1934.4.
·「하늘」,『동화』 창간호, 1936.1.
·「申合」(동우회 전향성명서, 1938.11.3), 京畿道警察部 報告「同友會事件保釋出所者の思想轉向會議 開催に關す件」, 1938.11.7 京城 地方法院 檢事正 受理.
·「陳述書」(동우회사건 상고심 진술서, 1946.7.21), 昭和十五年 刑上 101乃至 104號, http://archives.go.kr
·「棉花」,『방송지우』 창간호, 1943.1.
·「歸去來」,『방송지우』 2-1, 1944.1.
·「學兵의 어머니께」,『방송지우』, 2-2, 1944.2.
·「反轉」,『일본부인(조선판)』, 1944.7.
·「두 사람」,『방송지우』 2-8, 1944.8.
·「防空壕」,『방송지우』 2-9, 1944.9.
·「區長님」,『방송지우』 3-1, 1945.1.
·「명랑한 세상」,『방송지우』 3-1, 1945.1.

제1부
이광수를 이해하기 위하여

제1장
중학시절과 오산시절 전후의 이광수

세상을 위하여 저를 바치는 삶에 눈뜨다

1. 참 이상한 사람들

천덕꾸러기 고아가 되어 이곳저곳을 떠돌며 세상 인정의 차고 쓴 맛을 고루 겪어야 했던 이광수에게 운명이란 악착한 것이 아닐 수 없었다. 그러나 그 악착한 운명은 또 한편으로 그에게 새로운 길을 열어주는 것이기도 했으니, 동학과의 만남이 바로 그것이다.

이광수가 동학과 만난 것은 1903년, 그러니까 그가 열두 살이던 해 겨울의 일이다. 이 무렵 이곳저곳을 떠도는 생활로 인해 제때에 씻지 못한 그의 머리와 온몸에는 이가 끓었다. 머리와 온몸에 끓는 이 때문에 옮겨 다니던 집마다 싫은 소리를 듣는 것이 속상했던 그는 다른 집으로 갈 때마다 하는 버릇으로 여느 때처럼 어느 양지바른 골짜기 아래서 이를 잡고 있다가 우연히 승이달[1]이라는 동학도의 눈에 띄게 된다. 그저 불쌍한 고아 소년을 거두려는 마음이었을까, 아니면 소년에게 숨겨진 총명함을 한눈에 알아보았던 것일까. 그 지방 동학 두령의 수제자이자 자신도 천여 명의 교인을 거느린 대접주였던 승이달은 소년을 데려다가 동학의 교리를 가르쳐 동학에 입도시키고는 박찬명 대령의 비서 겸 서기 자리를 마련해 준다. 그리고 이로써 이전까지 천덕꾸러기 고아로서 이곳저곳을 떠돌며 눈칫밥을 얻어먹어야 했던 소년은 한순간 오만여 명의 교인을 거느린 해명대령의 전령(傳令)으로서 겸손하고 점잖은 교인들의 깍듯한 대접을 받는 '말쑥한 도련님'의 위치에 놓이게 된다.

당시 박 대령의 전령으로서 그가 한 일이란 비밀리에 도쿄와 서울에서 오는 문서를 베껴 각지로 돌리고 또 입으로 전하는 일이었다. 소년은 간 데마다 큰 환영과 큰 대접을 받았다. 밤길에 찾아간 도인의 집에서는 온 식구가 나와 맞아서 반드시 안방 아랫목에 재우고 더할 수 없는 사랑과 음식으로 대접해주었다. 또 자고 일어나면 머리맡에는 그들이 밤을 새워 만든 새옷과 새 버선이 놓여 있었다. 안으로는 지극히 가난한 살림에도 정결한 생활을 꾸려나가며, 밖으로는 포덕(布德)을 위해 어떤 어려움도 무릅쓰고 기쁘게 활동하던 정성 있고 용기 있고 친절하고 겸손하던 사람들. 천덕꾸러기 고아로서 이곳저곳을 떠돌다가 우연히 동학에 뛰어들었던 열두 살 어린 소년의 눈앞에는 가난 속에서도 항상 정결한 삶을 꾸려가며 세상을 위하여 기꺼이 믿음을 실천하던 동학 도인들의 순실한 삶의 세계가 펼쳐졌던 것이다.

---

1 『그의 자서전』에는 당시 이광수를 돌보아준 대접주의 이름이 '서병달'로 나오지만 아마도 실명을 밝히기 어려워 허구적인 이름을 쓴 듯하다. 이와 비슷한 시기에 씌어진 회고록 「나의 사십 반생기」(『신인문학』, 1935.8)에는 '승씨'라고 되어 있고, 훗날 씌어진 고백록 『나의 고백』(1948)에는 '승이달'로 되어 있다.

나는 곧 입도 예식을 행하여 '懺悔從前之過願隨一切之善'하여 '布德天下廣濟蒼生輔國安民'의 '無極大道大德'을 위하여 일생을 바치기를 하느님께 서약하였다. 나는 평생 처음 이런 엄청나게 큰 소리를 들었고, 또 이런 정성 있고 용기 있고 친절하고 겸손한 사람들을 보았다. 나라에서는 이 사람들을 잡기만 하면 죽인다는데 그래도 그들은 조금도 두려워 아니하고 포덕을 하고, 기타 활동을 하고 있었다. 밤이면 동학 두령들이 많이 찾아오는데, 모두 순실하고 점잖고 겸손하였다. **나는 참 이상한 사람들이다 하고 보고 있었다.**[2]

소년의 눈에 이들 동학 도인들이 '참 이상한 사람들'로 비친 것도 무리는 아니었다. 그들의 정결하고 순실한 삶의 세계는 일찍이 벼슬도 내팽개치고 기생첩을 얻어 술장사를 하면서 술 먹고 유쾌하게 노는 것을 일삼던 조부나, 과거(科擧)에 실패한 낙방거사로서 농사일이라고는 모르고 밥벌이할 주변도 없어 역시 집안이 다 기울도록 술 먹기로 세월을 보냈던 부친의 허랑한 세계와는 전혀 차원이 달랐던 까닭이다. 이광수에게 동학과의 만남이 운명적이었다면, 그가 이러한 조부와 부친의 세계와는 전혀 다른 차원의 세계에 눈뜬 사실을 강조하지 않을 수 없다. 다만 제 생활에만 무관심한 것이 아니라 모든 세상일에 대하여 다 무관심하던 조부와 부친의 허랑한 삶을 그는 얼마나 부끄러워했던가. 또 고아로 떠도는 사이 궁상이 몸에 밴 눈치꾸러기가 된 자신의 구겨지고 때묻은 마음을 얼마나 슬퍼했던가. 동학과의 만남, 그것은 일찍이 집안이 다 기울도록 허랑하게 술로 세월을 보내던 조부와 부친의 세계 속에서, 그리고 천덕꾸러기 고아로 세상을 떠도는 가운데 인

2 이광수, 『그의 자서전』(1937), 『이광수전집』 6, 우신사, 1979, 323쪽. 이후 『이광수전집』은 『전집』으로 줄여 표기하기로 한다. 또한 이하 모든 인용의 **강조표시**는 인용자에 의한 것임을 밝힌다.

생에 의문을 품어왔던 소년으로 하여금 '세상을 위하여 저를 바치는' 고결한 삶의 이상에 눈뜨게 해줌으로써 보잘것없던 자신의 존재 이유를 긍정할 수 있는 길을 열어주었던 것이다.

2. 손병희의 문명개화노선과 도쿄 유학의 길

이광수에게 동학과의 만남은 조부와 부친의 울타리 너머 정주 바깥의 세계로 나아가는 길을 열어주었다는 점에서도 중요한 의미를 갖는다.[3]

이광수가 정주를 떠나 서울로 상경한 것은 1905년 음력 정월의 일이다. 동학이 3대째 교주 손병희의 문명개화노선에 따라 조직을 개편하는 과정에서 보여준 혼란을 지켜본 뒤끝이었다. 일찍이 러일전쟁의 조짐 속에서 일본의 승리를 예견하며 일본에 협력하여 전승국의 지위를 획득하는 것이 국가만전책(國家萬全策)이라고 확신했던 손병희는 1904년 2월 러일전쟁이 발발하자 국내 동학의 지도자 40여 명을 불러 모아 '진보와 단결'의 상징인 단발과 더불어 국내 동학 도인들을 조직하라는 지침을 내린다.[4] 이에 국내에 돌아온 지도자들은 '대동회(大同會)'를 조직했다가 이름을 '중립회(中立會)'로 바꾸는 등 회명을 정하는 데 혼선을 빚다가 마침내 '진보회(進步會)'라는 이름 아래 조직을 꾸리는 데 착수하지만, 진보회가 동학당인 것이 알려지면서 정부 당국과 충돌을 빚게

3 김윤식, 『이광수와 그의 시대』 1, 솔, 1999, 110쪽.

4 당시 손병희의 지침에 의하면, 단발의 목적은 "첫째 세계문명에 참여하는 표준이오 또한 단결을 굳게 하여 회원의 心志 를 일치케 하는 것"이었다고 한다(이돈화, 『천도교 창건사』, 天道教 中央宗理院, 1934, 44쪽, 제3편 제6장 「갑신혁신운동」).

되자 당시 일본군의 지원 아래 활동하고 있던 일진회와 합하여 '일진회(一進會)'(1904.11)로 조직을 재정비하지 않을 수 없게 된다.[5] 이해 8월 정주읍 연훈루 앞마당에서 거행된 진보회의 단발식을 지켜보기도 했던 이광수는 이러한 혼란 속에서 결국 정부가 교섭한 일본 관헌에게 쫓기는 몸이 되어 상경할 결심을 하게 되었던 것이다.

관헌에게 쫓기는 몸이었다고는 해도 소년 이광수의 마음은 결코 위축되어 있지 않았다. 이 무렵의 일을 회고하며 "나는 작년과는 달라서 속에 야심이 있었다. 이로부터 조선에 일등 가고 세계에 이름이 높은 사람이 된다는 야심이 가슴 속에 용솟음친 것"[6]이었다고 이광수는 적었거니와, 당시 소년의 마음에는 교주 손병희의 「삼전론(三戰論)」이 확고히 자리잡고 있었던 까닭이다. 문명을 배우기만 하면 그 자신도 조만간 '한 큰 사람'이 되어 나라의 운명을 바로잡는 데 앞장설 수 있으리라는 확신, 그것은 세상을 위하여 저를 바칠 기회를 찾고 있던 어린 소년의 '야심'에 구체적인 길을 터주는 데 모자람이 없었다.

> 이 삼전론의 이론에 의하여 당시 손병희 선생은 이십팔 인의 유학생을 일본에서 길렀고, 또 성미·성금이라 하여 도인들에게서 돈을 거두고 있었다. 요샛말로 번역하면 교육과 산업으로 민족의 실력을 기르자는 것이었다. 나도 지금 공부를 하러 떠난 길이었다. 이제는 한 큰 사람이 되려는 것이다. 그런데 가장 이익이 크다는 화륜선과 철로가 일본의 것이 된 것을 볼 때에 나는 주목을 불끈 쥐이지 아니할 수 없었다. 삼전론의 교육을 받은 내 생각에는 지금 일본에 가 있는 이십팔 인이 공부를 마치고 돌아오고 또 나도 공부를 끝내는 날에는 우리나라의 철로와 화륜선을 모두 우리 손으로 만들고 부릴 수 있을 것 같았다.[7]

---

5 위의 책, 44~50쪽.
6 이광수, 『그의 자서전』, 『전집』 6, 326쪽.

일찍이 당대 천하의 흐름이 일체 '문명의 도(道)'를 따라 함께 돌아가고 있다고 보았던 손병희는 동학 도인들의 자제에게 '문명학술'을 배우게 하는 것이 국가 장래를 위하여 크게 유익하다고 판단하고, 이러한 경륜을 밝힌 「삼전론」을 써서 국내 각지의 도인들에게 보내 24인의 유학생을 일본으로 불러 모은 바 있다.[8] 이는 손병희가 당대 문명의 대세를 관찰하기 위해 10년을 기약하고 일본으로 외유(外遊)의 길을 떠났던 그 이듬해 1902년 3월의 일로,[9] "삼전론의 이론에 의하여 당시 손병희 선생은 이십팔 인의 유학생을 일본에서 길렀"다는 이광수의 회고는 바로 이를 두고 한 얘기다. 1904년 11월 동학의 조직이 '일진회'의 이름으로 재정비되었을 때 가장 먼저 착수한 사업도 바로 동학 도인들의 자제를 교육하기 위해 서울의 소공동에 사숙을 설립한 일이었다. 1905년 5월 설립된 광무학교가 바로 이 사숙의 후신이다. 1905년 음력 정월 정주를 떠난 이광수는 서울에 도착하자마자 곧 이 소공동의 사숙에 자리를 잡았다. 곧이어 설립된 광무학교의 교장이 이용구(당시 일진회의 회장), 감독이 박찬명으로 되어 있는 것으로 보아,[10] 아마도 박 대령의 주선 덕분이 아니었을까 싶다.

---

7 이광수, 『나의 고백』, 『전집』 6, 222쪽.

8 이돈화, 앞의 책, 27~31쪽, 제3편 제6장 '성사(聖師)의 외유(外遊)'. 여기서 '삼전(三戰)'이란 "保國家 濟蒼生의 遺訓을 이어 敬天愛人의 道"를 지닌 동학의 가르침을 '人和之策'으로 거두어 쓰고[道戰], 인재를 모아 재능을 양성하고 기술을 숙달시켜 나라에 쓰이게 하는 것으로 '富國之術'을 삼으며[財戰], 외국의 물정과 법률을 밝히 알아 외교에 임하는 것으로 천하 각국과 교제하는 방책을 갖추는[言戰] 세 가지를 의미한다. 특히 '재전'과 '언전'을 위해서는 양반에서 서민에 이르기까지 청년 才子를 외국에 유학시켜 문명을 배우게 하는 것이 국가만전책의 지름길이라는 입장이었다(손병희, 「삼전론」 및 「議政大臣 君容善에게 올린 건의서」, 이돈화, 앞의 책, 34~42・82~86쪽, 제3편 제7장 「갑신혁신운동」 참조). 도전이 근본적으로 '포덕천하・광제창생・보국안민'의 동학 이념에 근간한 정신적 전략을 의미한다면, 재전과 언전은 문명의 시대에 걸맞게 이러한 전략을 뒷받침할 구체적인 전술에 해당했던 듯하다.

9 이는 "壬寅(1902) 3월에 학생 24인을 데리고 다시 일본 奈郎縣에 이르러 교육에 힘쓰시며"라는 기록에 보인다(위의 책, 31쪽).

10 양재익, 『元韓國一進會歷史』 卷之二, 文明史, 1911, 60쪽(최원식, 「이광수와 동학」, 『한국근대소설사론』, 창작과비평사, 1986, 322쪽 재인용).

당시 이 사숙에는 평안도·황해도·함경도·경기도 각지에서 동학 도인들의 자제들이 70여 명 가량 모여 있었다고 한다. 나이는 스물에서 서른대여섯까지도 있었다고 하니,[11] 이제 막 열넷의 나이에 들어선 이광수는 매우 어린 축에 속했다. 그러나 일찍이 『일어 독학』이라는 책을 익혀둔 적이 있어 비교적 일본어에 밝았던 이광수는 나이 많은 동학들의 일본어 교사 노릇을 하며 일본 유학의 길을 꿈꿀 수 있었다. 마침내 기회가 왔다. 이광수가 소공동의 사숙에서 일본어 교사 노릇을 하고 있던 1905년 여름, 손병희는 다시금 40여 명의 유학생을 일본으로 보내도록 한다. 이광수의 기억에 의하면 당시 유학생 파견은 2차에 걸쳐 이루어졌는데, 어린 소년은 2차에 모집한 9명 가운데 한 사람으로 일본 유학의 기회를 붙잡을 수 있었던 것이다. 이광수는 훗날의 회고에서 "그 9명 가운데 내가 한 사람이었다"[12]고 언급하고 있을 뿐 자세한 유학의 경위에 대해서는 밝히고 있지 않지만, 이에 대해 그의 삼종제 이학수는 다음과 같이 흥미로운 일화를 전하고 있다.

> 이 이야기는 별로 알려진 바가 없으나 내가 들은 대로 적어 보면 참으로 요행이었던 것 같다. 즉 그 즈음 동학에서는 광무학교 생도 중에서 20여 명을 뽑아 公費生으로 일본 유학을 보냈던 모양이다. 나이도 춘원보다는 월등 손위인 20여 세가 된 사람이 대부분이었다 한다. 요새 시속말로 하자면 다소 뒷줄이 닿는 사람이 적당히 운동을 해서 가게 되는 것이 恒例였던 듯하다. 어느 날 그 公費 유학생도가 남대문역에서 전송하게 되었던 모양이다. 14세밖에 안된 춘원이

11 이광수, 『나의 고백』, 『전집』 6, 222쪽.

12 "그때 천도교의 손 의암 선생은 동경에 계시며 일본으로 유학생 30명을 보내게 하였습니다. 이것은 조선에 신문명을 수입하려는 그의 이상이었고 포부였겠지요. 그 다음으로 다시 유학생 9명을 뽑아 동경에 보내었는데 그 9명 중에 내가 한 사람이었습니다."(이광수, 「나의 사십 반생기」, 『신인문학』, 1935.8, 18쪽).

거기에 따라갔다가 기차에 올라타고는 막 떠나려고 할 즈음 의자에 태연히 앉아 있더라고 한다. 어른들이 이제 내리라고 하니 춘원은 한사코 막무가내로 의자를 붙들고 내리지를 않더라고 한다. 주위에 있던 사람들이 보경이가 우리와 함께 일본을 가겠다고 안 내리려고 하니 야단났다고 동학의 우두머리 되는 사람에게 보고했던 모양이다. 그러자 그 동학의 관계자는 호주머니 속에 가지고 있던 돈을 선뜻 내주며 여비와 학비에 보태 쓰라고 허락을 했다고 한다.[13]

이 일화에 따르면, 이광수가 일진회 유학생의 자격을 얻은 것은 그야말로 우연에 의한 것이었다고 해도 과언이 아니다. 이광수 자신 당시 일본 유학의 기회를 얻었던 일을 두고 "운명의 신도 나를 다시 한 걸음 나로 하여금 좋은 길을 밟게"[14]했다고 언급했던 것도 어쩌면 이와 관련이 있을지도 모른다. 그렇다고는 해도 당시 유학생 파견 업무를 맡고 있던 동학의 관계자가 일면 당돌하기까지 한 이러한 소년의 태도에 선뜻 허락의 뜻을 표한 것은 소년의 영특함을 익히 잘 알고 있었던 까닭일 것이다. 혹시 소년에게 여비와 학비에 보태 쓰라며 선뜻 돈을 내준 '동학의 관계자'[15]가 정주에서부터 줄곧 이광수를 곁에서 보아왔던 박찬명은 아니었을까. 여하튼 이로써 소년 이광수는 일진회 유학생의 자격으로 일본 유학길에 오르게 되었으니, "그때 나는 홍운(紅雲)같이 빛난 이상을 가지고 동경(東京)을 갔었습니다"[16]라는 회고에서도 보이듯 유학길에 올랐을 당시 소년의 포부가 어떠했을지는 짐작하고도 남음이 있다.

---

13 이운허, 「나의 형 춘원의 마지막 일화」, 『월간중앙』 50호, 1972.5, 216쪽.

14 이광수, 「나의 사십 반생기」, 『전집』 6, 18쪽.

15 자전적인 내용을 담고 있는 이광수의 단편소설 「사랑인가(愛か)」와 「김경」에도 주인공이 도쿄에 유학하게 된 경위를 설명하는 대목에 "어떤 고관의 도움으로", "어찌어찌 攀緣을 얻어"라는 표현이 나온다(「愛か」, 『白金學報』, 1909.12, 39쪽; 「김경」, 『청춘』, 1915.3, 119쪽).

16 이광수, 「나의 사십 반생기」, 18쪽.

3. 메이지학원과 기독교

이광수의 유학 생활은 시작부터 그리 순탄치 않았다. 1905년 가을부터 토카이의숙[東海義塾]에서 어학준비를 하고 그 이듬해 1906년 3월 다이세이중학[大成中學] 1학년에 입학했으나 동학의 내분으로 인하여 학비가 중단되는 바람에 학교를 제대로 다닐 수 없었기 때문이다. 1905년 러일전쟁이 일본의 승리로 돌아가자, 당시 손병희의 수제자이자 일진회의 회장이었던 이용구는 이해 11월 17일 일진회의 이름으로 일본의 보호를 받는 일에 찬성하는 이른바 '합방선언서'를 발포한다. 그러나 보호와 독립은 양립할 수 없다는 생각을 가졌던 손병희는 곧바로 이용구 등의 친일 세력과의 결별을 선언하며 다음달 12월 1일 '천도교(天道教)'라는 이름으로 동학을 재조직하게 되고,[17] 이 과정에서 동학의 재산은 모두 일진회의 수중으로 넘어가 있던 터라 손병희 쪽에서는 학비를 제대로 조달할 수 없었던 것이다. 학비가 중단된 것은 1906년 7월부터 이듬해 1월까지의 일이었으니,[18] 학비 문제가 해결되어 1907년 9월 메이지학원 보통부 3학년에 편입학하기까지 이광수가 제대로 학교생활을 한 것은 고작 다이세이중학에 입학한 해의 첫 학기가 전부였던 셈이다.[19] 이광수의 중학시절에 대한 회고가 주로 메이지학원시절에

---

17 이돈화, 앞의 책, 52～53쪽, 제3편 제7장.

18 이 학비 중단으로 인하여 일진회(천도교) 유학생들은 1907년 1월 손가락을 잘라 혈서를 써서 유학생 감독부에 제출하는데, 이 혈서에는 "惟我諸君은 大韓國民公費學生으로 留學於日本東京矣이러니 教會(記者曰教會云者卽一進會天道教) 中 執權者 李容九 孫秉熙 兩氏가 自光武十年 七月로 至于 十日年 一月까지 學費를 終不支給하야 至於流散則甚痛哉라"라는 구절이 보인다(「爲學同盟書」, 『대한유학생회학보』, 1907.3, 86～88쪽).

19 이광수가 타이세이중학교 1학년에 입학한 사실은 「나의 사십 반생기」에 나오는 이광수의 회고에 의거한다. 이광수는 이 글에서 자신이 타이세이중학을 1년 동안 다녔다고 언급하고 있으나(18쪽), 학비가 중단된 것이 7월의 일이라면 2학기는 제대로 다니기 어려웠을 것으로

집중되어 있는 것은 이러한 사정과 무관치 않다.

학비가 중단되어 1907년 1월 무렵 귀국했던 이광수가 다시 도쿄에 돌아온 것은 4월 25일이었다.[20] 하쿠산학사[白山學舍]에서 편입시험을 준비하고 메이지학원 보통부 3학년 2학기에 편입학한 것은 그로부터 약 4개월 뒤인 9월 10일의 일이다.[21] 도쿄 시내의 변두리 시로가네[白金]에 위치한 메이지학원은 신학교와 대학, 그리고 중학교가 함께 있는 장로교 계통의 학교로서, 매일 채플 기도회 시간을 갖고 한 주일에 두 시간씩은 성경 과목을 배우는 이른바 미션스쿨이었다. 미국 장로교 계통의 미션스쿨이라 미국인 교사들도 많았고, 성경을 비롯하여 영어로 가르치는 과목도 많았다. 이광수가 처음 기독교를 접한 것은 바로 미션스쿨인 메이지학원 특유의 이러한 분위기 속에서였다.

> 내가 M학교에 입학해서 처음으로 성경을 배운 것은 마태복음 삼 장부터였다. "그때에 세례 요한이 유대의 광야에 나와서 설법하야 가로되, 너희들은 회개하라, 하늘나라이 가까이 왔나니라"로 시작된 것이다. 이런 것은 내가 일생 처음 듣는 소리였다. 약대 털로 짠 옷을 입고 가죽띠를 허리에 띠고 메뚜기와 석청을 먹으면서 강가에 서서 외치는 요한의 모양이 내 상상을 퍽 기쁘게 하였다. 나도 세례 요한 모양으로 대동강가나 한강가에 서서, "회개하라, 너희 조선 사람들

판단된다. 타이세이중학교의 학적부 자료는 1923년의 간토 대지진 때 불타서 남아 있지 않다(하타노 세츠코, 「홍명희가 토쿄에서 다닌 두 학교－토요상업학교와 타이세이중학교」, 최주한 역, 『일본 유학생 작가연구』, 소명출판, 2011, 226쪽).

20 "그때 함께 온 학생들은 비분강개한 맘을 품고 모두 단지 혈서를 하였습니다. 그러나 나는 단지는 하지 않았습니다"(18쪽)라는 「나의 사십 반생기」의 회고에 따르건대, 이광수가 학비 중단으로 귀국한 것은 1907년 1월 유학생들의 단지사건 이후의 일인 것으로 보인다. 또 『태극학보』 제10호(1907.5) '회원소식란'에는 "본 회원 이보경 씨가 勤親次로 환국하였다가 去月 25일에 동경에 渡來하다"라는 언급이 보인다.

21 이광수의 메이지학원 보통부 학적부 자료는 하타노 세츠코, 『일본 유학생 작가 연구』(앞의 책)의 부록 「일본유학생 학적자료」(621쪽)에 실려 있다.

아!"하고 외치고 싶었다.[22]

거친 옷과 거친 음식으로 생활하며 광야에 나와 사람들에게 하늘나라가 가까이 왔으니 회개하라고 외치고 다니던 세례 요한의 모습이 이토록 소년의 마음을 끌었던 이유는 무엇이었을까. '회개하여라, 하늘나라가 가까이 왔다'는 복음에서 동학의 후천개벽사상이 연상되고, 그 복음을 전하던 요한의 모습에서 일찍이 가난 속에서도 포덕(布德)을 위해 기꺼이 저를 바치는 생활을 하던 동학의 접주 승이달의 모습이 떠오르는 것은 그저 우연일까. 이광수는 메이지학원에서 난생 처음 기독교와 만났지만, 소년에게 기독교는 유년시절 그의 삶에 커다란 영향을 주었던 동학의 연장선상에서 어딘지 모르게 낯익은 것으로 여겨졌을지도 모를 일이다.

이제 막 기독교와 만난 이광수는 당시 영어로 성서를 강의하던 미국인 선생 W[23]의 인격에도 크게 감화를 받았다. 소년은 성경을 통해 기독교를 알게 되었지만, 소년이 성경을 통해 마음속에 그렸던 그리스도인의 모습은 현실에서 찾아보기 어려웠다. "그리스도인은 외모부터도 보통 사람과는 다르게 질박하고 온유하고 겸손하고 그리고 무슨 거룩한 빛을 발하지 아니하면 아니 될 것 같이"[24] 여겼던 소년에게 학교의 교장이나 교회의 목사 등 기독교계에 이름 있는 인물들조차 보통 사람과 다름이 없어 보였고, 성경을 가르치면서 국가주의를 선전하는 일본인 H선생을 대할 때면 반감마저 생기지 않을 수 없었던 까닭이다. 이러한 가운데 오직 한 사람, 늘 화평한 태도와 자비스러운 표정을 잃지 않았던 W선생에게서 소년은 "진실로 예수를 믿고 예수의 말씀대로 행

---

22 이광수, 『그의 자서전』, 『전집』 6, 328쪽.

23 당시 메이지학원에서 영어로 성서를 강의하던 미국인 선생 W란 '마틴 N. 와이코프'를 가리킨다. 와이코프는 성서 외에도 영어와 작문, 회화 등을 가르쳤다(김윤식, 앞의 책, 209쪽).

24 이광수, 『그의 자서전』, 『전집』 6, 331쪽.

하는"[25] 그리스도인의 모범을 보았다.

그러고 보니, W선생은 유년시절 그가 숭배했던 T절 노장의 모습과도 닮은 점이 많았다. 어린 그를 대할 때면 언제나 합장하고 허리를 굽히고는 빙그레 웃어주곤 했던, 말이 없으면서도 인자하고 겸손하던 노장. 새벽녘이면 법당에 환하게 불을 켜놓고 병약한 어린 아이의 복을 빌며 정성껏 불공을 드리던 경건하고도 위엄있던 노장의 모습.[26] 소년에게 W선생은 T절의 노장에 대한 기억과 잇닿아 있다는 점에서도 마음이 끌리는 존재가 아닐 수 없었던 것이다.

이처럼 성경과 선교사, 그리고 기독교라는 낯선 문화로 둘러싸여 있던 이광수의 메이지학원시절은 사실상 이전까지 전통적인 문화 속에서 경험했던 종교적 감화의 연속선상에 놓여 있었다. 열여섯의 소년 이광수에게는 유년시절 인자하고 겸손하면서도 우러러 보이는 위엄을 지녔던 T절의 노장, 고아시절 세상을 위하여 저를 바치는 삶에 눈뜨게 해주었던 동학의 접주 서병달, 그리고 거친 옷과 거친 음식으로 생활하며 사람들에게 예수의 복음을 전하기 위해 애쓰던 세례자 요한과 그리스도인 W선생이 모두 본받고 싶은 높은 인격의 소유자라는 점에서 크게 다르지 않았다. 이리하여 소년의 마음에는 "예수를 믿어서 잘 닦으면 저러한 인격이 되리라"[27]는 생각과 더불어 예수의 가르침을 좇아 일생을 살아가려는 결심이 싹트게 되었으니, 톨스토이와의 만남은 이러한 소년의 생각에 더욱 불을 붙여주게 된다.

---

25 위의 책, 328쪽.

26 "나는 이 노장이 먹물 들인 장삼에 주홍 가사를 메고 까맣게 때묻은 목탁을 두드리면서 부처님 앞에 수없이 내 복을 빌어서 절하던 것을 기억한다. 우리 집에서 불공을 가면 반드시 새벽에 하였다. 환하게 법당에 촛불을 켜놓고 이 노장이 축원을 하는 것을 볼 때에 나는 가장 엄숙한 감정을 경험할 수가 있었다."(위의 책, 329쪽)

27 위의 책, 329쪽.

4. 톨스토이의 비폭력 저항주의적 기독사상

이광수가 톨스토이와 처음 만난 것은 열일곱 살, 그러니까 중학 4학년 때의 일이다.[28] 당시 이광수는 야마사키 도시오[山崎俊夫]라는 일본인 동급생과 친하게 지냈는데, 흉악한 장난꾼들이 많이 모이기로 소문난 그의 반에서 보기 드문 모범생이었던 야마사키는 형의 영향을 많이 받아 톨스토이에 심취한 비전론자(非戰論者)였다. 이 무렵 일본 지식인들 사이에는 러일전쟁 직후 일부 기독교인과 사회주의자들에게 반전(反戰)을 뒷받침하는 논리를 제공했던 톨스토이가 널리 읽혔다. 당시 야마사키의 형이 톨스토이의 저서를 많이 가지고 있었던 것도 이러한 사회적 분위기와 무관하지 않았을 것이다. 야마사키가 이러한 형의 서가에서 가져다가 빌려준 일본어판 톨스토이의 『나의 종교[我宗教]』는 소년 이광수의 마음에도 커다란 반향을 일으켰다.[29] 소년은 이 책을 읽고, "이것이야말로 진리다, 인류가 이 모양으로 살아야만 평화의 세계를 이룰 것이다, 나는 일생 이 주의로 살아가겠다"[30]고 감격해마지 않았던 것이다.

그러나 이광수가 『나의 종교』에 공감한 것은 당대 비전론과는 약간

---

28 "내가 톨스토이의 책을 처음 읽기는 아마 열여덟 살 적인가 합니다. 동경서 중학 4년 적 내 동창에 山崎俊夫라는 아주 청교도적 소년이 있었는데 그가 그의 형님의 서가에서 『我が宗教』라고 일본역한 톨스토이 책을 갖다가 빌려주었는데"(이광수, 「杜翁과 나」(『조선일보』, 1935.11.20), 『전집』 10, 594쪽). 여기서 열여덟 살이라고 한 것은 착오다. 중학 4학년이면 1908년의 일이니까 열일곱 살 때의 일이다.

29 당시 이광수가 읽은 책도 가토 나오시[加藤直士]가 번역한 책이다. "하루는 나와 동창인 '山崎トシオ'라는 청년이 加藤直士가 번역한 톨스토이의 『我が宗教』라는 一篇을 갖다 주면서 이 책은 심히 볼만해서 기어이 보라고 합데다."(「춘원 문단생활 20년을 기회로 한 '문단회고' 좌담회」, 『삼천리』, 1934.11, 237쪽).

30 위의 글, 594~595쪽.

맥락을 달리하는 것이었다. 그가 톨스토이의 종교론에 감격한 것은 다음의 세 가지 이유에서였다.

> 첫째는 나 자신의 성격도 성격이겠지마는, 둘째로는 내가 다니던 중학이 예수교 학교라 매주 두 시간씩 성경을 배웠고 매일 일차씩 기도회를 보았는데 그 성경 강의가 예수의 本旨에 합하지 않는 것 같이 생각하여 늘 불만을 품었던 것이 하나, 셋째로는 그때는 마침 일러전쟁이 끝나고 포오츠머드 강화조약이 성립된 뒤라 동경 기독교청년회에서 기독교연합으로 戰勝 감사기도회를 연다고 하여 우리 학교에서도 직원, 생도가 다 참석을 하였는데 내가 그 자리에서 기이하게 생각한 것은 '戰敗한 아라사에서는 무슨 기도를 하나'하는 것이었습니다. (…중략…) 이 설교(산상수훈—인용자)로 보면 분명 서로 죽이는 전쟁은 부인되어야 할 것인데 어떻게 전승 감사기도를 예수의 이름으로 하나님께 올리나 하고 기이하게 생각되었습니다. 이러한 때라 예수교에 대하여서 깊은 의문을 가졌다가 톨스토이의 『내 종교』라는 책을 보고는 모든 의문이 闊然氷釋한 것입니다.[31]

위의 인용문에서 엿볼 수 있듯이, 이광수가 『나의 종교』를 읽고 감격한 데는 일차적으로 일본 국가주의에 대한 반감이 크게 작용했던 듯하다. 을사조약(1905)으로 일본에게 외교권을 넘겨준 이래 조국이 주권을 빼앗겨가는 것을 목도해야 했던 소년에게, 성경을 가르치면서 국가주의를 선전하는 일본인 H선생이라든가 러일전쟁의 승리를 기념한 전승(戰勝) 감사기도회에 직원과 학생의 참석을 독려하며 국가주의에 동조하던 메이지학원의 분위기는 결코 탐탁한 것이었을 리 없다. 그가 전승 감사기도회 자리에서 자연스레 패배한 러시아의 입장을 떠올린

31 위의 글, 595쪽.

것도 결국은 일본 국가주의와는 충돌할 수밖에 없는 힘없는 나라의 백성인 자신의 처지를 의식한 데서 비롯된 것이 아니었을까. '戰敗한 아라사는 무슨 기도를 하나'하는 의문은 곧 일본에게 주권을 빼앗겨가고 있는 나라의 백성인 자신을 향한 질문이었을지도 모른다.

사실 "인류의 불행, 즉 서로 심판하고 국민과 종파가 서로 질시하는 악습, 또 그 결과인 전쟁과 학살이 교회의 승인과 익찬하에 공공연히 자행되는 현실"[32]에 대한 의문은 『나의 종교』(1884)를 집필하던 톨스토이의 근본적인 문제의식이기도 했다. 톨스토이는 이런 모순이 일어나는 이유를 인류가 "말로는 예수의 교리의 신성함을 고백하면서 행위로는 전혀 비기독교적인 교리를 따른"[33] 데 있다고 보았다. "예수는 '너희의 사회조직이 부조리하고 부정하니 다른 조직을 보이노라'고 하여 다른 계율을 준 것인데, 우리는 먼저 현 사회제도를 신성한 인도(人道)의 법칙으로 간주하고 여기에 예수의 계율의 적합 여부를 판단"[34]하고자 하니, 현 사회는 예수의 길과 모순되지 않을 수 없다는 것이다. 여기서 톨스토이가 부조리하고 부정한 사회조직이라고 한 것은 개인의 신체와 재산의 안전 및 국가의 안녕을 유지하기 위해 애국, 방어, 전쟁을 강요하는 현 사회제도를 의미한다. 그러나 인간의 심판은 불완전하며, 이를 행하는 것은 예수가 말한 사랑의 율법에 어긋날 뿐더러 전쟁과 학살의 악순환 속에서 인류 자신을 불행으로 몰아가는 지름길이라는 것이 톨스토이의 판단이었던 것이다.

요컨대 『나의 종교』에 따르면, 예수의 이름으로 국가주의를 선전하는 일본 기독교는 '말로는 예수의 교리의 신성함을 고백하면서 행위로

---

32 トルスト, 加藤直士 譯, 『我宗教』, 前川文榮閣, 1917(초판 1903), 10쪽, 제1장 「악에 대적하지 말라」.
33 위의 책, 27쪽, 제2장 「어째서 세상은 이 법칙에 따르지 않는가」.
34 위의 책, 113쪽, 제6장 「예수의 五戒」.

는 전혀 비기독교적인 교리를 따르'고 있다는 얘기나 마찬가지였다. 톨스토이에 심취했던 야마사키가 H선생의 성경 강의는 예수의 참뜻이 아니며 심지어 '반그리스도적'이라고까지 극언했던 것,[35] 그리고 야마사키의 의견에 깊이 공감했던 이광수가 기독교에 대해 품었던 의문을 말끔히 해소할 수 있었던 것은 바로 기독교와 국가주의의 모순을 명료하게 파헤치고 있는 톨스토이의 논리 덕분이었던 것이다. 이처럼 일본 기독교 사회의 모순에 눈뜨게 된 소년은 "교회는 예수의 가르침을 왜곡하고 거세해버리는 데"[36]라고 생각하고는 교회에 나가는 것을 중지해버린다. 그리고 자칭 톨스토이 숭배자가 되어 예수의 가르침을 그대로 좇아 실천하기로 결심하게 된다.

이광수가 톨스토이의 종교론에서 특히 주목했던 것은 마태복음 5, 6, 7장에 나오는 산상수훈(山上垂訓)의 가르침이었다. 『나의 종교』에서 톨스토이는 예수가 다수의 평민들을 대상으로 설파한 이 산상수훈의 가르침이야말로 가장 명료하고 정확한 기독교주의를 담고 있다고 하여, 인류의 구제는 바로 이 산상수훈의 가르침을 그대로 실행하는 데 있다고 역설했던 터였다.[37] 톨스토이는 '서로 사랑하라, 악을 악으로서 갚지 말고 오직 용서하라'는 말씀으로 요약되는 이 사랑의 계율이야말로 폭력으로써 폭력을 갚는 전쟁과 학살의 악순환 속에서 신음하는 인류를 불행에서 구제할 수 있는 '유일한 진리'라고 믿었던 까닭이다.

그러나 톨스토이가 지닌 이러한 사회적인 문제의식은 열일곱의 소년이 받아들이기에는 오히려 막연한 것이었다. 이광수는 중학시절에서 얼마 지나지 않은 시점에서 씌어진 자전소설 「김경」(1915)에서 『나

35 이광수, 『그의 자서전』, 『전집』 6, 329쪽.
36 이광수, 「杜翁과 나」, 『전집』 10, 595쪽.
37 トルストイ, 앞의 책, 11~13쪽, 제1장 「악에 대적하지 말라」.

의 종교』가 "문장의 난삽함이 소설에 비길 수 없고 또 사상이 생경하고 고상하야 단순하고 유치한 김경의 십분 이해할 바 아니"[38]라고 고백한 바 있거니와, 열일곱의 소년에게 『나의 종교』에 피력된 사상을 명료하게 받아들이기는 어려웠을 것으로 보인다. 『나의 종교』가 소년의 관심을 끈 것은 오히려 이 책을 통해 "비로소 성서가 좋은 글인 것과 예수의 가르침이 정대(正大)하다는 맛을 시원히"[39] 보았다는 데 있었다. 소년에게 『나의 종교』는 국가주의에 의해 오염된 기독교로부터 기독사상의 진리를 구제해 준 또 하나의 복음(福音)이었던 셈이다. 이는 당시 이광수가 『나의 종교』에 담긴 국가주의에 저항하는 비폭력 저항주의[40] 자체에 관심을 갖기보다 예수의 말씀을 일일이 실천하는 데 더 열중했던 데서도 잘 드러난다. 하숙집 노파 공경하기, 이러한 자신의 행동을 비웃는 동료들에게 성내지 않기, 전차에서 보게 되는 여학생들에게 음심을 품지 않기, 추위에 떠는 거지에게 옷을 벗어주고 가진 돈을 털어주기 등, 소년은 일상의 사소한 일 하나하나에까지 예수의 말씀을 그대로 실천하고자 애썼다. 이광수가 '악을 악으로 갚지 말고 오직 사랑으로 대하라'는 산상수훈의 계율에 담긴 사회적인 문제의식에 눈을 뜨게 된 것은 이보다 좀더 나중의 일이다.[41]

---

38 이광수, 「김경」, 『청춘』 6호, 1915.3, 121쪽.

39 위의 책, 121쪽.

40 흔히 톨스토이의 사상과 이광수의 톨스토이주의를 '비폭력 무저항주의'로 명명하곤 하는데, 이는 비폭력을 주장하되 국가주의에 저항했던 톨스토이 본연의 사상을 '순응'으로 곡해하기 쉽다는 점에서 적절하지 않다. 톨스토이의 사상을 평가하면서 이광수 자신 '비폭력저항'이라는 개념을 언급한 바 있거니와(이광수, 「杜翁과 현대」(『조선일보』, 1935.11.26~27), 『전집』 9, 464쪽), 이 글에서는 이 명명법에 따르기로 한다.

41 이에 관해서는 제1차 세계대전 후 인본주의적 세계개조론의 흐름 속에서 톨스토이의 사상에 다시 눈뜨게 된 1920년대 초반의 이광수를 다루는 대목에서 다시 언급할 것이다.

5. 이상한 인연, 초혼이 일으킨 파란

이렇게 일 년 가까이 지속되던 소년의 청교도적인 생활은 이해 여름, 그러니까 1908년 여름의 갑작스런 혼인으로 인해 뿌리째 흔들리게 된다. 방학이 되어 고향에 돌아온 소년이 맞닥뜨린 현실은 유학생의 입장에서 경험했던 말랑말랑한 현실과는 판이했다. 팔아먹을 것을 다 팔아먹고 집 한 칸 없이 남의 집 식객 노릇을 하고 있는 늙은 조부에게서 왕년의 호탕한 기운은 찾아보기 어려웠고, 열두 살이나 된 누이 애경이 남의 집에서 눈칫밥을 먹고 있는 것도 소년의 마음을 아프게 했다. 『그의 자서전』에서 이광수는 당시의 심경을 이렇게 적었다. "인류를 건진다는 높은 이상이나, 나라 일을 한다는 빛나는 결심도 악착한 이 현실 속에서는 해를 본 장마버섯 같이 맥없이 스러져 버리는 것 같았다."[42] 조부와 누이 애경이 소년에게 유일하게 남은 두 혈육이었으니, 소년이 느끼는 슬픔은 당연한 일이었을 것이다. 이광수가 갑작스런 혼인을 맞게 된 것은 바로 이러한 절망 속에서였다.

이광수는 『그의 자서전』에서 "나는 내가 혼인을 하게 된 동기를 길게 설명하고 싶지 않다. 나는 다만 이상한 인연이 나로 하여금 급작스럽게 혼인을 하게 하였다는 것과 이 혼인이 내 일생에 큰 파란의 원인이 되었다는 것만 말하면 그만일 것"[43]이라고 언급하면서, 초혼의 경위에 대한 서술을 반 쪽 정도밖에 할애하고 있지 않다. 그것도 재당숙집에 다녀오는 길에 성재라는 족대부의 주선으로 임종을 앞둔 부친의 친구 S노인의 집을 찾았고, 거기서 사위가 되어달라는 부탁을 받고 "이 임종의 병인의

42 이광수, 『그의 자서전』, 『전집』 6, 337쪽.
43 위의 책, 338쪽.

말을 거스를 용기가 없"(338쪽)어서 그만 부랴부랴 혼인을 치르게 되었다는 내용이 전부다. 이광수는 어째서 자신의 일생에 커다란 영향을 주었던 초혼에 대해 이토록 철저히 외면하는 태도를 취했던 것일까. 비록 조심스레 말을 아끼고 있지만, 사위가 되어달라고 부탁한 사람이 '부친의 친구'였다는 점과 이 혼인이 '이상한 인연'으로 인한 것이었다는 언급은 그의 초혼의 경위를 추측해 볼 수 있는 중요한 단서가 되어준다.

이광수의 혼인과 관련하여 '부친의 친구'와 '이상한 인연'을 연관짓다 보면, 시기를 한참 거슬러 올라가 『그의 자서전』에 나오는 다음의 일화가 자연스레 떠오른다. 호열자로 부친을 잃고 잇따라 모친과 막내 누이마저 잃은 유년시절의 이야기 뒤끝에 갑자기 "크게 부끄럽고 분개하고 아버지와 어머니를 위해서 미안하던 일 한 가지만 더 말하고 싶다"[44]고 하여 독자의 시선을 사로잡는 이 일화는 과거 부친과 부친의 친구 사이에 오갔던 수치스러운 혼담에 관한 것이다. 일찍이 부친은 열한 살 난 아들을 앞세우고 가문은 보잘것없지만 부자로 이름이 있던 소문난 구두쇠 김정언의 아들 김 교리를 찾아가 볏 백 섬과 함께 딸을 며느리로 달라는 비굴한 청혼을 하여 어린 아들에게 지독한 수치심을 안겨준 적이 있다.[45] 그런데 『그의 자서전』으로부터 10년 후에 씌어진 허구적 자전소설 『나』(1947)에는 이광수에게 사위가 되어달라고 부탁한 부친의 친구가 김정언의 아들 김 교리라고 구체적으로 명시되어 있다.[46] 『나』의 언급이 완전한 허구가 아니라면, 이광수는 조부와 누이에 대한 과도한 책임감 탓에 일찍이 그토록 비굴한 청혼으로 어린 영혼에 수치심을 안겨주었던 바로 그 혼인을 수락해버렸다는 얘기가 되는 셈이다.

---

44 위의 책, 319쪽.

45 당시의 심경을 이광수는 이렇게 적었다. "이 순간에 내 가슴 속에 일어난 수치와 분함과 비통함은 영원히 잊을 수 없을 것이다."(위의 책, 321쪽).

46 이광수, 『나』(1947), 『전집』 6, 494~495쪽. 다만 『나』에서는 '김 교리'가 '김 진사'로 되어 있다.

이광수는 자신의 자전적 삶을 다루는 이야기를 쓰면서 자신의 초혼에 관한 이야기를 언급하지 않을 수 없다는 사실을 잘 알았을 것이다. 그리고 초혼에 관한 언급을 피할 수 없다면 가급적이면 우회적으로 다룰 수 있는 서술전략을 고안하려고 애썼을 것이다. 그러한 고안의 결과가 바로 과거 부친이 비굴한 청혼을 하던 사건과 자신이 결국 그토록 수치스러운 혼인을 수락하게 되는 사건을 분리하여 서술하고, 이 두 사건 사이를 '이상한 인연'으로 암시하는 것 아니었을까. 반대로 『나』의 경우는 부친의 친구가 김정언의 아들 김 진사임을 구체적으로 밝히고 있는 반면, "김 진사란 사람은 도무지 기억이 없었다"(495쪽)고 하여 과거 부친과의 사이에 오간 비굴한 혼담에 관한 이야기를 지워버리고 있는 것이 눈에 띈다. 물론 김 진사의 입을 통해 "그는 내게 대하여서 반갑다는 말을 하고, 내가 어렸을 적에 아버지와 자기 집에 왔었다"(495쪽)는 말을 남기는 것을 잊지 않았지만 말이다.

사정이야 어찌되었든 이광수에게 이 혼인이 지극히 경솔하고 불쾌한 선택이었던 것만은 분명하다. 『그의 자서전』에 따르면, 그는 혼인한 지 사흘만에 아내를 친정에 내버려둔 채 도쿄로 떠나버리는 것으로 되어 있다. 또한 이 혼인을 계기로 깨끗한 소망으로 가득했던 소년 청교도의 마음에는 번뇌의 흙탕물이 일기 시작했고, 마침내 그의 학교생활은 종교와 도덕에 대한 권위를 깨뜨리고 자연주의 문예와 바이런의 악마주의에 물들게 되었다는 고백이 이어지고 있는 것을 볼 수 있다. 호적상의 기록대로 이광수의 초혼이 1910년 7월의 일이라면,[47] 이 언급은 그대로 허구가 되어버린다. 1910년 7월이라면 그가 메이지학원 중학을 졸업하고 오산에 교사로 초빙되어 온 이후에 해당하기 때문이

---

47 김윤식의 『이광수와 그의 시대』 2(솔, 1999)에 실린 「연보」에 의거한다(554쪽).

다. 이에 관해서는 "예수와 톨스토이를 믿는 시로가네 숲 속의 정결한 소년이 돌연 방학 중에 혼인을 해서 바이런적인 악마주의에 물들게 되었다는 것을 합리화하기 위해 혼인 사건을 설정"했다는 의견도 있지만,[48] 그런 이유로 혼인 날짜까지 바꾼다는 것은 좀 무리가 있다.

이광수가 혼인을 치른 것은 1908년 7월 황해도 안악에 있는 양산학교에서 열린 제2회 하기사범강습회에 교사로 참여했다가 고향에 들렀을 때의 일인 것으로 보인다.[49] 안악은 당시 양산학교와 면학회, 그리고 서북학회 설립 분교를 중심으로 하는 애국계몽운동의 메카로 부상하고 있던 지역으로, 국망 직후 양산학교를 중심으로 활약하던 황해도 일대의 민족운동가를 일제히 검거했던 '안악사건'[50]으로도 유명하다. 양산학교에서 열린 제2회 하기사범강습회는 7월 10일에 개강하여 한 달간 열렸는데, 이때 이광수는 일본책을 번역한 서양사를 등사하여 가르쳤다.[51] 하기사범강습회를 마치고 이광수가 고향에 돌아온 것은 8월

---

48 위의 책, 318쪽.

49 이광수가 이 사실을 『그의 자서전』에서 언급하지 않은 이유는 이야기 전체의 흐름으로 보아 이 이야기를 굳이 하지 않아도 된다는 판단에서였을 수도 있지만, 국망 직후 황해도 지역의 안악사건 및 신민회사건 등 정치적인 사건과 연결될 수도 있는 예민한 사안이었던 것도 한몫했던 것으로 보인다. 양산학교는 당시 일본 유학을 통해 신학문을 접하고 돌아온 안악 부호 집안의 자제 김홍량이 1906년 설립한 학교이다. 1909년 봄 메이지학원 중학부를 졸업하고 와세다대학 정치경제학부 예과에서 수학하며 태극학회 및 대한흥학회 임원으로 활발하게 활동했던 김홍량은 이광수의 메이지학원 1년 선배이기도 했다(이동언, 「김홍량의 생애와 민족운동」, 『한국독립운동사연구』 제34집, 2009, 209~211쪽). 김홍량에 관한 언급은 『나의 고백』(299쪽)에도 보인다.

50 김구, 「신민회와 안악사건」, 도진순 주해, 『백범일지』, 돌베게, 1997, 215~217쪽; 조현욱, 「안악지방에서의 애국계몽운동」, 『한국민족운동사연구』 28, 한국독립운동사연구, 2001, 30~31쪽.

51 당시 안악의 양산학교에서 열린 하기사범강습회에 함께 참여했던 최명식은 이광수가 1907년 여름 제1회 하기강습 때 교사일을 보았다고 회고하고 있으나(최명식, 『안악사건과 3·1운동과 나』, 경허전기편찬위원회, 1970, 19~20쪽), 이는 착오이다. 이광수는 『나의 고백』에서 "정미년 어느 여름날" "학교가는 길"(메이지학원에 편입학한 것이 9월 10일의 일이었으니, 아마도 하쿠산학사를 일컫는 것 같다)에 고종의 '양위조칙'(1907.7.19)이 발표된 신문 호외를 보았으며, 군대가 해산(1907.7.31 군대 해산 조칙, 8.1~9.3 해산)될 때는 서울서 시가전이 일어났다고 동경에 호외가 돌았다고 회고하고 있다(이광수, 『나의 고백』, 『전집』 6, 227쪽). 또 최명식은 김낙영이 이광수를 이어 제2회 하기사범강습회에서 서양사를 담당했다고 회고하고

중순 무렵의 일이었을 것이다. 실제로 『그의 자서전』에 서술된 시간의 순서에 따르면, 고향에 돌아온 이광수가 얼떨결에 혼담을 수락한 것은 삼종제 집 재당숙에게서 도움을 거절당하고 돌아오는 길이었던 "음력 칠월 그믐(8월 26일)의 캄캄한" 밤이고, 임종을 앞둔 병인의 청을 거절하지 못해 부랴부랴 혼례를 치른 것은 "음력 팔월 어느 날"이며, 혼례를 치르자마자 "겨우 삼일을 치르고는" 도쿄로 떠나버리는 것으로 되어 있다. 그가 혼례를 치르고 겨우 삼일만에 도쿄로 돌아온 것은 신부가 마음에 들지 않아서이기도 했지만, 9월의 개학을 앞둔 그로서는 어쩔 수 없는 일이기도 했던 셈이다.

또한 당시 이광수가 남긴 또 하나의 기록은 이런 추론에 힘을 실어준다. 이 무렵 이광수는 "나의 심중(心中)에 일어난, 또는 나를 깊이 감동시킨 여러 가지 사건을 가장 확실하게 가장 솔직하게 기입(記入)"했다고 자부한 일기를 남겼는데,[52] 이 일기에 관해서는 『그의 자서전』에서도 다음과 같이 언급되어 있다.

있으나(최명식, 같은 책, 21쪽), 당시 『대한매일신보』의 기사에 의하면 김낙영이 양산학교의 하기사범강습회에 참여한 것은 3회 때의 일이다("안악군에서 음력 오월 이십삼일(1909.7.10)에 유지신사 제씨가 사범강습소를 설립하고 일본 유학생 김낙영 제씨를 교사로 선정하여 이학 화학의 기계로 실지 교수케 하다."(「실지강습」, 『대한매일신보』, 1909.6.24)). 또 김홍량이 이광수의 메이지학원 1년 선배였던 점으로 보아도, 이광수가 하기사범강습회에 참여한 것은 그가 메이지학원에 입학한 이듬해 1908년 여름 제2회 때의 일로 보는 것이 타당하다.

한편 최명식은 이광수가 "일본유학생들로 조직된 야구팀이 안악에 왔을 때 同途하였다가 그대로 여름을 나면서 교사일을 보게 되었"다는 언급도 보태고 있는데(위의 책, 20쪽), 1909년 1월에 결성된 대한흥학회 유학생들로 조직된 야구팀이 고국을 처음 방문한 것은 1909년 7월 20일의 일이며(「運動部出來」, 『황성신문』, 1909.7.21), 이들 야구팀이 한성을 거쳐 안악에 도착한 것은 8월 2일의 일이다("일본에 가서 유학하던 생도 이십여 명이 안악군 훈련원에 모여서 공치기를 시험하였는데 구경하는 남녀가 여러 천명이나 되었다더라."(「유학생운동」, 『대한매일신보』, 1909.8.3)). 3회 하기사범강습 역시 7월 10일자에 열렸으므로 이광수가 3회 사범강습에 참여했을 가능성은 별로 없어 보이지만, 당시 이광수가 쓴 「일기」에 의하면 그는 1909년 여름에도 귀국한 일이 있으므로 이광수가 유학생 운동부를 따라 안악에 갔을 가능성은 생각해 볼 수 있다.

52 이 일기는 「나의 소년시대 — 18세 소년이 東京에서 한 일기」라는 제목으로 1935년 4월 『조선문단』에 발표되었다. 이하 「일기」로 줄여 적는다(이광수, 『전집』 9, 328쪽).

> 싫은 아내를 사랑하려는 고민, 사모하는 S를 마음에서 떼어 버리려는 고민, 이러한 속에서 일 년을 지나는 동안에 나는 처음으로 일기 쓰기와 시짓기를 시작하였다. 지금은 그때에 쓴 일기가 다 소실되어 버렸지만은, 열렬한 사모와 혹심한 고통을 적은 것이었다.(『그의 자서전』, 339쪽)

'싫은 아내를 사랑하려는 고민'과 '사모하는 S를 마음에서 떼어 버리려는 고민' 속에서 일 년을 지나는 동안 그가 처음으로 쓰기 시작했다는 '일기'는 사실 다 소실된 것이 아니라 일부가 남아 있다. 이 일기는 1909년 11월 7일부터 이듬해 2월 5일까지 약 3개월간의 기록을 담고 있는데, "부산역에서 반년 간의 비극을 기록한 일기를 잃어버림으로부터 일기를 폐한 지가 벌써 3개월이나 되었다"[53]는 언급으로 시작하고 있는 것으로 보아 1909년 초부터 씌어진 일기의 일부라는 것을 알 수 있다. 그러나 이광수가 부산역에서 잃어버렸다는 '반년 간의 비극을 기록한 일기'는 1935년 4월 『조선문단』에 발표할 당시 공개하고 싶지 않아 일부러 삭제했을 가능성도 배제할 수 없다. 한 예로 이 일기에는 중학시절 최남선과 처음 만났던 때의 일을 기록한 부분이 삭제되어 있는 것을 확인할 수 있다.[54] 그러니까 부산역에서 잃어버렸다는 '반년 간의 비극'을 기록한 일기란 '혼인의 비극'과 관련이 있을 가능성이 높은 셈이다. 게다가 '사회의 공격' 운운하며 어떤 소녀를 사랑하는 번민의 고통을 암시하고 있는 남아 있는 일기의 한 대목은 당시 이광수가 이미 기혼이었다는 사실에 신빙성을 더해준다.[55]

---

53 이광수, 위의 책, 328쪽.

54 「일기」에는 최남선과 만났던 당시의 일을 기록하고 있는 1909년 11월 28일자의 일기의 일부와 11월 30일자 기록이 삭제되어 있는데, 이 대목이 「육당 최남선론」(『조선문단』, 1925.3)에는 실려 있는 것을 확인할 수 있다(김윤식, 앞의 책, 481쪽, 각주 36) 참조).

55 이 무렵 이광수가 기혼이었다는 증거는 이광수의 삼종제 이학수가 남긴 다음의 회고도 참

나는 어떤 소녀를 사랑한다. 그를 사랑하는 지 벌써 오래다. 이것이 내 외짝 사랑인 줄을 잘 안다. 그러나 그도 혹시 나를 생각할는지 모른다. 인생이란 그럴 것이니까. 나는 그에게 편지를 보내련다. 사회는 반드시 공격하리라. 이것은 모험이다. 나는 사회의 공격을 안 두려워하련다. 그래도 두려우니 어쩌랴.(1909년 11월 7일자 일기, 328쪽)

이처럼 '이상한 인연'에 의해 맺어진 초혼은 열여덟 살의 소년 청교도의 마음에 충족되지 못한 애정을 갈구하는 번민의 씨앗을 뿌려주었다. 물론 이때만 하더라도 그는 훗날 초혼이 자신의 인생에 얼마나 지속적으로 파란을 일으키게 될지 짐작도 못했을 것이다. 그러나 적어도 이 무렵 그가 이러한 번민 속에서 반동적으로 자연주의 문학과 바이런의 악마주의에 빠져들었고, 이것이 그를 글쓰기로 이끄는 계기가 되었던 것은 분명하다. 그리하여 이제부터 그가 쓰는 글들은 이러한 개인적 번민의 경험을 심리적·사회적 동기와 관련시키면서 자신의 가장 깊은 내적 갈등과 대면하기 위한 끊임없는 시도가 될 것이었다.

고가 된다. 이학수는 훗날 이광수가 허영숙과의 재혼 문제를 놓고 고민하던 당시 "20세에 낳은 아들인 진근이와 그 아래 누이가 하나 있었다"(이운허, 앞의 글, 218쪽)고 회고하고 있는데, 이광수의 나이 20세라면 1911년의 일이다. 이 무렵 이학수는 고향에 교사로 와 있던 이광수의 조언으로 오산학교에 다니려다가 부친의 권고로 평양에 있는 대성학교에 다니고 있었던 만큼(신용철, 「춘원 이광수와 운허 스님」, 『춘원연구학보』 2, 춘원연구학회, 2009, 176~177쪽), 이광수가 첫아이를 얻은 소식 정도는 쉽게 접할 수 있었을 것으로 생각된다. 따라서 1910년 7월이면 아내가 첫아이를 임신했기 때문에라도 정식으로 혼인신고 절차가 필요했던 것으로도 생각해 볼 수 있다.

뿐만 아니라 1907년의 조칙에 따르면, 혼인연령이 남자 만 17세, 여자 만 15세로 규정되어 있는 터라 1908년 당시 만 16세였던 이광수의 혼인신고는 불가능하기도 했다. 결국 1910년 7월의 호적상의 신고는 그동안 마음으로 인정할 수 없었던 혼인을 정식으로 인정했다는 의미가 아니었을까 싶다. 대한제국기의 혼인법에 대해서는 최종고 선생님의 조언을 얻었다. 이 자리를 빌려 감사드린다.

6. 「사랑인가」와 「정육론(情育論)」

소꿉장난하던 시절로 돌아가기를 바라지 않는 사람이 어디 있을까. 저 주위의 만상은 모두 아름다운 환상이 아닌가. (…중략…) 창세기에 나오는 뱀과도 같은 악마는 사견(邪見)의 몽둥이를 휘둘러 사이좋게 소꿉장난하는 소년소녀를 괴롭힌다. 소년소녀가 즐기던 모든 환상은 악마의 호통으로 박살나고, 있는 그대로의 현실은 자못 살풍경하게 그들의 눈에 비쳐 가련한 소년소녀는 울며 보호자의 집으로 돌아간다. 보호자인 父兄을 가진 그들은 행복하다. 그러나 우리 현대인들은 환상을 잃은 뒤 돌아갈 집이 없고, 의지할 보호자가 없지 않은가. 실로 종교나 철학이 모두 권위를 잃은 오늘날, 우리들이 심각하게 느끼는 것은 환멸의 비애이고 현실폭로의 비애이다.

인간은 나이듦에 따라 청년시절의 환상을 잃고 점점 현실에 접촉하여 비애를 맛보다가 마침내 사멸이라는 현실에 접한다. 인류의 사회 또한 이와 같다. 현재 오늘날의 세계는 이전에 비해 거듭 심각한 비애를 맛보는 것이 아닌가. 타소[56]는 노래하길 "세상은 나이를 먹고, 나이를 먹음과 더불어 슬픔이 많아진다"고. 이렇게 줄지 않고 늘어가는 비애를 배경으로 하는 것이 실로 근대문예의 생명이다. 또 이런 배경을 떠나 피와 살이 있는 문예는 성립될 수 없을 것이다.[57]

위의 인용문은 이광수가 한창 자연주의 문예에 빠져들었던 시기에 읽고 크게 공감했던 하세가와 텐켄[長谷川天溪]의 평론 「현실폭로의 비

56 토르콴도 타소(Torquanto Tasso, 1544~1595). 이탈리아 시인. 괴테는 200년 후 타소의 파란만장한 삶을 다룬 희곡 〈타소〉를 썼다. 괴테의 희곡 〈타소〉에는 "일체는 지나가 버렸다. 남은 것은 오직 하나, 자연이 준 눈물"이라는 하세가와가 인용한 것과 비슷한 구절이 있다.

57 長谷川天溪, 「現實暴露の悲哀」(『太陽』, 1908.1), 『明治文學全集』 43, 筑摩書房, 1967, 174~190쪽.

애」에 나오는 서두와 마지막 단락이다. 이 글은 1908년 1월 『타이요[太陽]』에 발표되었지만, 이광수가 이 글을 읽은 것은 1909년 7월에 간행된 하세가와의 평론집 『자연주의(自然主義)』를 통해서였다.[58] 인간은 나이듦에 따라 청년시절의 환상을 잃고 점점 현실에 접촉하여 비애를 맛보게 마련이며, 이러한 비애를 배경으로 하는 것이 근대문예의 생명이라는 하세가와의 주장은 이광수에게 바로 그 자신의 이야기처럼 들렸을 것이다. 유일하게 남은 혈육인 조부와 누이의 비참한 삶, 또 그것이 하나의 동기가 되어 급작스럽게 치른 초혼으로 인해 하루아침에 적나라한 현실 세계로 떠밀린 소년 청교도에게 '침통한 환멸'과 '무해결의 비애'[59]로 요약되는 자연주의 문예의 주장은 바로 그대로 그가 처한 현실을 설명해주고 있었다고 해도 과언이 아니기 때문이다.

이런 의미에서, 이광수가 단편 「사랑인가」[60]를 쓰게 된 가장 중요한 이유는 이 무렵 그 자신을 짓누르고 있던 번민의 원천을 풀어내기 위한 것이었다고 할 수 있다. 무엇보다도 우선 「사랑인가」의 주인공 문길이 이광수 자신의 투영이라는 점은 이를 잘 말해준다. 11살 때 부모와 사별하고 홀몸으로 동서로 표류하면서 세상의 온갖 쓰라림을 맛보다가 어느 고관의 도움으로 도쿄에 유학하여 이제 중학 졸업을 앞두고

---

58 1909년 12월 31일자 일기에는 이해에 읽은 책의 목록 가운데 『자연주의』가 들어 있는 것을 확인할 수 있다(이광수, 「일기」, 『전집』 9, 322쪽). 또 『그의 자서전』에서는 하세가와의 평론에 대하여 다음과 같이 술회하고 있다. "하세가와라는 어느 대학 교수가 지은 「현실폭로의 비애」라는 책이 어떻게나 내 가슴에 깊은 동요를 주었는지. 종교니 도덕이니 습관이니 하는 것에 대한 정의를 어떻게 근저로부터 깨뜨려 버렸는지"(이광수, 『그의 자서전』, 『전집』 6, 340쪽).

59 長谷川天溪, 앞의 글, 190쪽. '침통한 환멸'이 한 인간이 성장하면서 소년시절의 환상을 잃고 현실을 맛보는 데서 오는 환멸의 정서를 표현하고 있다면, '무해결의 비애'는 오직 현실계를 기초로 하여 추악한 인생을 설명하는 것으로 만족할 수밖에 없는 자연주의 작가의 임무 배후에 놓인 비애의 정서를 표현하고 있다.

60 「사랑인가」는 이광수가 다니던 메이지학원의 교지 『시로가네학보[白金學報]』(1909.12)에 발표된 이광수의 첫 단편소설로서, 「일기」에 의하면 1909년 11월 16일에서 18일까지 사흘에 걸쳐 집필한 것으로 되어 있다(이광수, 「일기」, 『전집』 9, 329~330쪽 참조).

있는 주인공 문길은 이광수로 바꾸어도 무리가 없다. 그러나 주인공 문길이 걸어온 길이 이광수가 "걸어온 길 그대로"[61]였던 것은 아니다. 이 무렵 이광수는 이미 결혼한 처지였고 마음에 들지 않는 아내로 인해 내적 번민을 겪고 있었지만, 이 문제만큼은 그대로 건너뛰고 있는 것처럼 보이기 때문이다. 하지만 이는 앞서 언급한 『그의 자서전』이나 『나』에서와 마찬가지로, 이광수가 초혼의 문제와 대면하는 데 매우 우회적인 방식을 선택했음을 반증한다.

당시의 혼인은 전통적인 관례대로 부모의 의견에 따라 조혼하는 것이 일반적이었다. 이 광수 또한 '이상한 인연'으로 생전의 부모가 점지해주었던 처자와 결혼하게 되었다는 것은 앞서 언급한 대로이다. 더욱이 이 무렵 기독신앙에 깊이 침윤되어 있던 이광수는 "성경에는 부부란 하나님께서 짝 지어 주신 것이매, 사람의 힘으로 뗄 수 없는 것"[62]이라는 성경의 말씀으로 인해 마음에 들지 않는 아내와 일생을 살아야 한다는 사실에 유독 중압감을 느끼지 않으면 안 되었다. 성경은 간음하지 말라고 하는데, 그럴수록 "세상에 수없는 여자가 다 내 배필이 될 수가 있었을 것을 하는 생각"(399쪽)을 떨쳐버릴 수 없었다.

「사랑인가」(1909)는 이처럼 성경이 금하는 욕망의 기원을 일찍이 부모를 여읜 까닭에 제대로 보살핌을 받지 못했던 유년시절의 환경으로 거슬러 올라가 설명하는 한편, 미사오라는 인물에게 냉정한 성격을 상상적으로 투사하여 사랑에 대한 갈망의 충족을 좌절시킴으로써 이러한 죄책감을 비켜간다. 미사오의 하숙을 찾아간 문길이 오로지 심증(心證)에 의거하여 미사오에게 거절당했다고 생각하고는 비애와 분노에 가득 차서 철도자살을 시도하는 극단적인 결말은 바로 성경이 금하는 욕망

61 김윤식, 앞의 책, 251쪽.

62 이광수, 『그의 자서전』, 『전집』 6, 339쪽.

의 번민에 대한 상상적 해소 방식이었던 셈이다. 냉담한 타인으로 인해 고통받는 자아의 분노와 죽음(혹은 세상과의 단절)을 통한 항변이라는 주제적 패턴은 이후로도 오랫동안 이광수의 무의식을 지배하게 된다.

한편 논설 「정육론(情育論)」(1910)[63]에서 이광수는 이러한 개인적 번민을 전혀 다른 방식으로 제기했다. 그것은 사회적 구속으로부터 해방된 자발성의 윤리, 곧 '정(情)'의 해방을 강조하는 방식으로 그 자신의 문제를 사회적인 원인 속에 위치시키는 방식이었다.

> 現時 吾人 상태를 관찰하건대 상하귀천을 물론하고 소위 의무라 도덕이라 하여 일시 사회의 제재와 공중 면목에 좌우한 바가 되어 거의 塞責的 또는 표면적으로 구차히 행동할 뿐이요, 능히 自動自進으로 자유자재하여 자기 심리를 不欺하고 도덕 범위 내에 활동하는 자가 無하고, 사회 제재의 노예가 되어 신성한 독립적 도덕으로 행동을 자율치 못하나니, 그- 번민하고 고통함이 여하할까. (…중략…) 오호라, 인류를 위하여 조직한 사회 국가가 도리어 人에게 고통을 與하는 계기를 作하며, 人을 위하여 성립한 법률 · 도덕이 도리어 人을 誤하는 綱과 穽을 作하였나니, 如斯코 어찌 사회 국가가 안보함을 得하며 법률 · 도덕이 彰然함을 期하리오.[64]

이 무렵 이광수에게 초혼의 중압감이 심각한 고뇌의 원천이었음은 앞서 언급한 대로이다. "사회 제재의 노예가 되어 신성한 독립적 도덕으로 행동을 자율치 못"하는 '번민'과 '고통'에 대한 호소에 이러한 개인적 감정이 고스란히 배어있는 것은 말할 것도 없다. 법률과 도덕, 즉 '사회

---

63 1910년 2월 『대한흥학보』 제10호에 발표된 최초의 논설 「금일 我韓청년과 情育」을 통상적으로 일컬어 「情育論」이라고 한다. 「일기」에 의하면 집필 날짜가 12월 23일로 「사랑인가」 바로 다음 달에 씌어진 것으로 되어 있다(이광수, 「일기」, 『전집』 9, 332쪽 참조).

64 이광수, 「금일 我韓청년과 情育」(『대한흥학보』, 1910.2), 『전집』 1, 474~475쪽.

의 제재'와 '공중 면목'에 구속되어 번민하고 고통받는 개인에게서 사회와 국가를 위한 "진정하고 심각한 사업"(475쪽)은 기대할 수 없다는 주장 또한 마찬가지다. 놀랍게도 이광수는 개인적으로 받아들이기 어려웠던 초혼의 경험을 전근대적인 사회의 억압적인 면모를 들추어내는 힘으로 전환시키고 있는 것이다. 이제 겨우 열여덟 살에 불과한 소년의 목소리는 미미했지만, 머지않아 그는 전근대적인 억압적 제도에 저항하는 근대 계몽주의자의 선구로서 화려하게 모습을 드러낼 것이었다.

7. 소년회 활동과 애국주의

> 이 세상에 사는 사람은 나만이 아니며, 사회라는 것도 있고, 국가라는 것도 있도다. 나는 국가라는 것의 성립이 옳은지 그른지는 몰라. 또 알려고도 아니하노라. 그러나 그것이 나의 생존에 밀접한 관계있는 것을 깨달았노라. 더욱 밀접이란 정도 이상– 국가의 榮枯와 나의 個生의 榮枯와, 국가의 생명과 나의 생명과는 그 운명을 같이 하는 줄을 깨달았노라. (…중략…) 또 하나 이상한 것은 나라이란 것을 생각하게 되었더니, 얼마 아니 된 금일에 와서는 나라이라 하는 것이 나의 한 열렬한 사랑의 대상물이 됨이라. 이리하여 나는 이름만일망정 극단의 '크리스챤(기독신자)으로, 대동주의자로, 허무주의자로, 본능만족주의자로 드디어 애국주의에 정박하였노라.[65]

65 이광수, 「余의 자각한 인생」(『소년』, 1910.8), 『전집』 1, 577쪽.

위의 인용문은 이광수가 중학을 졸업하고 오산학교에서 교사활동을 시작한 지 얼마 지나지 않은 시점에서 중학시절 이래의 사상적 편력을 회고한 글의 일부이다. 중학시절의 이광수는 기독교에서 허무주의, 본능만족주의를 거쳐 결국 '애국주의'에 정박하게 되었고, 그 계기는 개인과 국가가 운명을 같이 하는 줄을 깨닫게 되면서부터였다는 것을 가늠해볼 수 있게 해 주는 대목이다. 그러면 이광수가 개인과 국가의 운명에 대해서 적극적으로 사고하기 시작한 것은 언제부터였을까. 이와 관련하여 『나의 고백』에 나오는 중학시절에 대한 다음의 회고는 중요한 단서가 되어준다.

> 국내에서는 각지에 의병이 일어나서 일병과 싸우고 있었다. 나도 뛰어 나가서 의병이 될까 하는 생각도 났다. 뉘게서 들은 말은 아니나 무슨 비밀 결사를 만들어야 할 것도 같아서 나 또래 칠팔 인이 '소년회'라는 것을 조직하고 회람잡지를 만들었다. 회원이 이십 명쯤 되었다. 모두 십칠팔 세의 소년들이었다. 잡지도 등사에 박았다. 그 내용은 비분강개한 애국적인 시 · 소설 · 논문 · 감상문 등이었으나 셋째 호인가 넷째 호 적에 벌써 일본 관헌의 눈에 띄어서 우리는 경시청에 불려 야단을 만났다. 설유 방송으로 끝은 났으나 그로부터 우리는 주의 인물이 되었다. 우리는 우리의 전도가 일본 관헌의 주의 밑에 있을 것임을 분명히 인식하였고, 그와 동시에 우리의 존재라는 것은 일종의 자부심을 가지고 인식할 수가 있었다.[66]

여기서 이광수가 회고하고 있는 시기는 1907년 7월 20일 고종의 양위와 잇달아 강요된 군대 해산을 계기로 의병운동이 항일투쟁적인 양

---

66 이광수, 『나의 고백』, 『전집』 6, 228쪽.

상을 띄면서 전국적인 규모로 확산되었던 시기를 가리킨다.[67] 이 무렵 이광수가 십칠팔 세의 또래들과 함께 조직한 '소년회'는 이러한 항일운동이 고조되던 분위기에 호응하여 탄생했고, 모임의 성격 또한 회람잡지의 '비분강개한 애국적인' 성격이 말해주듯 국가의 운명을 걱정하는 소년들의 모임이었으리라는 것을 짐작할 수 있다. 이광수가 메이지학원 3학년 보통부에 편입학한 것이 이해 9월의 일이고 전국적인 의병운동의 추이를 지켜보는 데 걸린 시간까지 고려하면, '소년회'는 아마도 이듬해인 1908년 초중반 쯤 조직되었던 것이 아닐까 싶다. '소년회'의 정식 명칭은 '대한소년회'[68]이며, 이들 소년회가 발간한 잡지의 명칭은 『신한자유종』[69]이다. 제1호와 제2호는 1908년 12월과 이듬해인 1909년 12월에 간행되었고,[70] 제3호는 1910년 4월에 간행되었는데, 3

---

67 의병운동은 1907년 7월 고종의 양위와 군대 해산을 계기로 전국적인 규모로 확산되어 치열한 항일투쟁의 양상을 띠었다. 그 결과 전투가 치열했던 1907년 8월부터 1909년 말까지 의병만 1만 7천여 명이 살해되고 3만 6천여 명이 부상을 입었으며, 이밖에도 많은 주민이 살해되고 촌락이 소실되었다(김운태, 『일본제국주의의 한국통치』, 전영사, 1998(개정판), 133~135쪽).

68 『신한자유종』 제3호의 말미에 '대한소년회 발행'이라고 되어 있다. 장신·황호덕은 잡지명에 '신한'이라는 이름이 들어 있고, 겨우 중학소년들의 모임에서 '대한'을 자처하기는 어려웠으리라는 점을 들어, 관헌이 잡지를 일본어로 번역하는 과정에서 착오를 일으켜 '신한소년회'를 '대한소년회'라고 잘못 옮겨 적었을 것이라고 추정했다(장신·황호덕, 「『신한자유종』(1910) 검열기록의 성격과 이광수의 초기 활동」, 『근대서지』 5, 근대서지학회, 2012, 268쪽). 그러나 '신한'이라는 명칭 자체가 '신대한'의 줄임말(이 무렵 이광수의 다른 글에서도 '신대한'이라는 용어는 자주 발견된다)이고, 같은 잡지에 「대한민족과 융희 4년 3월 26일」이라는 글도 게재되어 있다. 또 '소년회'가 일본 유학생들의 모임이었던 만큼, '신한'이라는 명칭보다는 '대한'이라는 명칭 쪽이 소속의 성격을 분명히 하는 데 효과적이라는 판단이 크게 작용하지 않았을까 싶다. 요컨대 일본에 유학하는 대한 소년들의 모임이라는 뜻에서 '대한소년회'라는 명칭을 사용했다고 해도 그다지 문제가 될 것은 없어 보인다.

69 최근에 발굴된 『신한자유종』 제3호(1910.4)의 존재로 인해 그동안 이광수의 회고 속에만 존재했던 '소년회'의 실체가 밝혀지면서 이광수의 중학시절에 대한 연구가 새로운 국면으로 접어들었다. 이와 관련하여 『근대서지』 5(근대서지학회, 2012.7)에 실린 하타노 세츠코의 「『극비 신한자유종 제1권 제3호』의 이광수 관련 자료에 대하여」와 장신·황호덕의 「『신한자유종』(1910) 검열기록의 성격과 이광수의 초기활동」 두 편의 글을 참고할 수 있다. 부록에는 당시 일본 관헌에서 압수하여 일본어로 번역해 둔 『신한자유종』 전문이 번역되어 실려 있다. 이 글에서 인용하는 『신한자유종』 제3호의 기사는 『근대서지』 5에 수록된 부록에 의거한다.

호까지 이광수가 편집을 맡았다.[71]

중학시절 이광수의 글쓰기는 『시로가네학보[白金學報]』에 발표된 일본어 단편 「사랑인가」를 제외하고는 애국적인 성향을 띤 것이 대부분인데, 이 역시 소년회 활동 속에서 다져진 것으로 보인다. 먼저 『태극학보』 21·25·26호에 각각 발표한 「국문과 한문의 과도시대」(1908.5), 「수병투약(隨病投藥)」(1908.10), 「혈루(血淚)—희랍인 스팔타쿠스의 연설」(1908.11)은 유형의 문자에서 무형의 의식에 이르기까지 노예의 지위에서 벗어나 자유 독립의 기상을 떨칠 것을 주장하고 있는 글이다. 「국문과 한문의 과도시대」는 민족의 5천년 역사가 금일 참혹한 지경에 빠진 것은 사용하기 편리한 문자인 국문을 두고 번잡한 한문을 고집한 까닭이라 하여 국문의 독립을 주장하고 있고, 「수병투약」은 그 원인을 시기(猜忌), 고식(姑息) 수구(守舊), 의뢰(依賴) 등의 의식적 병폐에서 찾으면서 자유 독립을 외치는 2천만 '대한 민족'의 맹성(猛省)을 촉구하고 있다. 또 '희랍인 스팔타쿠스의 연설'이라는 부제가 달려 있는 단문 「혈루」는 로마의 노예 검투사 스파르타쿠스가 동포들에게 자유를 위하여 봉기할 것을 연설하는 장면을 호소력 있게 그려내고 있다. 이들 일련의 글에 보이는 자유 독립의 지향성은 『신한자유종』 제3호의 표제화에 그려진 '자유종'의 상징이 선명하게 보여주듯 소년회의 자유 독립의 지향성과도 상통하는데,[72] 특히 「수

---

70 장신·황호덕, 앞의 글, 271쪽.

71 『신한자유종』 제3호에 실린 一記者가 쓴 「신한소년의 운명」에 "편찬의 임무를 맡고 있던 이보경 씨가 학비의 부족과 가족 문제로 인해 친애하는 신한소년을 두고 귀국하게 됨에 신한소년을 배양해야 할 사람을 잃었음이라"(『근대서지』 5, 근대서지학회, 689쪽)는 구절이 보인다. 소년회에서 주최한 이광수의 송별회는 3월 20일에 열렸다(「이보경 씨의 송별회」(『신한자유종』 제3호, 1910.4), 앞의 책, 716쪽).

72 자유종 표제화(『신한자유종』 제3호, 1910.4), 앞의 책, 689쪽. 또 『신한자유종』 제2호를 읽은 감상을 써내려간 변봉현의 「신한소년을 읽음」에는 "논단에서 소설에 이르기까지 계속해서 읽어나가니 모두 독립 자유의 의미를 담지 않은 것이 없음이라"는 구절이 보인다. 이 글에서 변봉현은 "我 소년은 각자 독립군의 철권을 갖추고 我 월보는 吾 독립전승을 기록해야만 할

병투약」에는 소년회 구성원들에게 각별한 의미를 지녔던 '자유종'이라는 용어가 그대로 사용되고 있는 것이 눈에 띈다.

「혈루」(1908.10) 이후 이광수의 논설적 글쓰기는 잠시 주춤한다. 일단 『태극학보』가 1908년 12월 27호로 종간을 맞아 발표 지면을 얻을 수 없었던 사정도 있었겠지만, 「일기」에 보이듯 이 무렵 이광수가 점차 문예 쪽으로 기울기 시작한 것이 좀더 큰 이유가 아니었을까 싶다. 1909년 11월 7일에서 이듬해 2월 5일까지의 일기가 기록되어 있는 「일기」는 2주 전부터 쓰기 시작했다는 단편 「노예」에 관한 이야기로 시작하여 "나는 점점 깊이 문예로 들어가는가 보다"[73]라는 마지막 문장으로 끝나고 있다. 더욱이 이 무렵은 메이지학원 학생들로 시작되었던 소년회의 구성원에도 변동이 생겨 아오야마학원[靑山學院]에 다니던 김찬영, 옥종경, 변봉헌, 김일 등의 문학청년들이 합세하면서 소년회 모임 또한 문예 쪽으로 기운 시기이기도 하다.[74] 이광수는 일주일에 한번 가졌던 이 모임에서 또래들과 문예에 관한 이야기를 나누며 문예적 글쓰기에 몰두하기 시작했던 것으로 보인다.

> 『청춘』이나 『소년』보다도 먼저 내가 글을 써본 일은 그때 明治學院 학생들이 모여 처음 원고를 서로 써서 그것을 필기하여 돌려보는 周覽雜誌를 시작했는데,

---

임무가 있음이라"고 적고 있기도 하다(위의 책, 704쪽).

73 이광수, 「일기」, 『전집』 9, 333쪽.

74 "(이광수) 아까도 잠깐 말씀하였습니다만 靑山學院 다니던 문학청년들끼리 말하자면 김찬영, 옥종경, 변봉헌, 김일 등 여러 사람들과 더불어 등사판 회람잡지를 만들고 약 20명 회원이 일주일에 한 번씩 모여 소설과 시 이야기를 하였지요. 더구나 남들이 문예에 취미 붙여주기 위하여 나는 일주일에 한 번씩 모이는 이 회합에서 혼자 연극도 하여 가며 소설 이야기를 아무쪼록 재미있게 하여 드렸지요."(「춘원 문단생활 20년을 기회로 한 '문단회고' 좌담회」, 『삼천리』, 1934.11, 239쪽). 이와 관련하여 『신한자유종』 제3호에 실린 변봉현의 「신한소년을 읽음」은 아오야마학원 구성원들의 신고식의 의미로 읽히는 것이 타당하다는 장신 · 황호덕의 견해는 경청할 만하다(장신 · 황호덕, 앞의 글, 269쪽).

> 거기다가 「어린 희생」이라는 한 편의 소설을 썼었지요. (…중략…) 정말 활자화하여 보기는 그 뒤 『대한흥학보』라 하여 동경유학생들 손으로 발행하던 월보가 있었는데 그것을 맡아 편집하기는 그때 동경고등사범을 다니던 장응진 씨가 하고 있었어요. 그래서 『대한흥학보』에 글을 내고 싶어서 '가버린' 무에라고 한 소설을 한 편 썼지요.[75]

『신한자유종』 제1호는 1909년 1월에, 제2호는 1910년 1월에 간행된 것으로 추정되므로,[76] 시기적으로 보아 이광수가 소년회 회람잡지에 썼다는 「어린 희생」은 아마도 제2호에 실린 작품일 것이다.[77] 현재 남아 있는 「어린 희생」은 창작이 아니라 번안 단편으로 1910년 2월부터 5월까지 상・중・하 3회에 걸쳐 『소년』에 연재되었다. 「어린 희생」은 러시아의 침략으로 나라를 잃고 전선에서 아버지마저 잃은 소년이 복수를 위해 적국의 통신을 방해하려 전신주에 뛰어들다가 희생된다는 이야기를 다룬 영화를 번안한 단편이다.[78] 어쩌면 「어린 희생」은 『신한자유종』 제2호에 먼저 게재되었다가 나중에 『소년』에 다시 게재되었을 가능성이 있다.[79] 이어서 이광수가 처음으로 활자화된 작품이라고 한 것은 『대한흥학보』 제11호와 제12호에 걸쳐 연재된 단편 「무정」(1910.3.4)을 가리킨다.[80]

---

75 「춘원 문단생활 20년을 기회로 한 '문단회고' 좌담회」, 앞의 책, 239쪽.

76 하타노 세츠코, 앞의 글, 257쪽.

77 11월 7일자 일기에는 "이것은 2주간 전부터 쓰기 시작한 것이니, 나의 처녀작"이라는 언급이 보이고, 11월 15일자 일기에는 "이것은 장편이 되기에는 부적당하다. 지금까지 쓴 것을 끊어서 단편 여러 개를 만들자"는 언급이 보인다(이광수, 「일기」, 『전집』 9, 328～330쪽).

78 「어린 희생」이 번안 작품이라는 사실에 대해서는 하타노 세츠코, 「이광수의 자아－작품을 통해 본 이광수의 제1차 유학시절의 세계관」, 최주한 역, 『『무정』을 읽는다』, 소명출판, 2008, 109～110쪽.

79 「어린 희생」과 동일한 내용의 영화에 대해 다룬 김낙영의 「단심일편(丹心一片)」 역시 1910년 1월에 간행된 『대한흥학보』 9호에 실렸다.

이밖에도 이 시기 이광수가 쓴 주목할 만한 작품으로 「옥중호걸」과 「우리영웅」 두 편의 시가 있다. 『대한흥학보』 9호에 발표된 「옥중호걸」(1910.1)은 동물원 우리에 갇혀 사람이 주는 죽은 고기로 목숨을 연명하며 "노예에 自安하는 개와 닭과 같이" 되어버린 호랑이에게 목숨을 걸고 자유를 속박하는 쇠사슬을 끊을 것을 촉구하고 있는 시인데,[81] 시의 말미에 "소인생평왈 화출진경독불각장(嘯印生評曰 畵出眞境讀不覺長)"[82]이라는 단평이 붙어 있는 것이 눈에 띈다. '소인생'은 당시 메이지대학 법학과 학생으로 유학생들과 함께 대한흥학회의 창립을 주도했던 소앙 조용은을 가리킨다.[83] 시가 핍진한 현실을 반영하고 있어서 단숨에 읽힌다는 뜻을 담은 이 단평은 한갓 열여덟 살의 중학 소년이 쓴 시가 당대 유학생들의 전폭적인 공감을 얻고 있었음을 보여준다. 다음으로 『소년』 제3년 3권에 발표된 「우리영웅」(1910.4)은 군영(軍營)에 누워 동포의 생명과 자유를 근심하며 뜨거운 피를 끓이는 영웅 이순신의 충군·열성·애국·정열을 찬양하고 있는 시로, 「옥중호걸」에 비해 문학적 완성도는 떨어지는 편이다. 같은 시기에 간행된 『신한자유종』 제3호(1910.4)에도 이순신과 거북선이 그려진 그림이 실려 있는 것으로 보아,[84] 당시

---

80 "(양백화) 네 나도 한번 본 듯한 기억이 나요. 가버린 무에라고 하여 시앗보고- 博川松林 한가가 어쩌고 저쩌고 한 내용의 소설이었지요."(「춘원 문단생활 20년을 기회로 한 '문단회고' 좌담회」, 앞의 책, 239쪽). 남편이 시앗을 보고 집안을 돌보지 않자 여주인공이 비관하여 자살을 시도하는 단편 「무정」의 배경이 바로 박천송림이다.

81 「옥중호걸」이 씌어진 것은 1909년 11월 말경이다. 11월 24일자 「일기」에 "「虎」를 완성하다. 이것이 제2의 완성이다. 나는 이것을 완성할 때에 큰 포부와 희열과 만족을 느꼈다."는 언급이 보이고, 12월 3일자 일기에는 "「옥중호걸」이란 시를 『흥학보』에 보내다"라는 언급이 보인다(이광수, 「일기」, 『전집』 9, 330~331쪽).

82 孤舟生, 「옥중호걸」, 『대한흥학보』 9호, 1910.1, 33쪽.

83 하타노 세츠코, 최주한 역, 『『무정』을 읽는다』, 소명출판, 2008, 116쪽. 素昻 趙鏞殷(1887~1958). 황실유학생으로 1904년 11월 동경부립 제1중학에 입학하여 수학했고, 1908년 3월 메이지대학 법학과에 입학하여 유학생들과 함께 대한흥학회 창립을 주도했다.

84 이순신과 거북선 그림(『신한자유종』 제3호, 1910.4), 앞의 책, 690쪽.

소년회 모임 구성원들 사이에 이순신이 애국 영웅으로 숭앙되었던 분위기에 자극을 받아 다소 즉흥적으로 이러한 시를 썼던 것 같다.

이광수는 이 무렵에 쓴 문학론 「문학의 가치」(1910.3)에서도 "일국의 흥망성쇠와 부강빈약은 전(全)히 기(其) 국민의 이상과 사상 여하에 재(在)하나니, 기(其) 이상과 사상을 지배하는 자" 곧 '문학'[85]이라 하여 문학의 가치를 일국의 흥망성쇠를 지배하는 힘과 연결지어 받아들였다. 때는 바야흐로 지난해 10월 26일 하얼빈에서 이토 히로부미를 사살했던 안중근의 사형일(1910.3.26)을 눈앞에 둔 시점이었다. 소년회는 옥중에 있는 단지(斷指)한 안중근의 모습을 자신들의 회람잡지에 그려넣고, 그를 "망국을 부흥하고 도탄의 민족을 구해내기 위해 자기를 함께 희생에 바친"[86] 위인이자 열사, 의사(義士)로 추앙하면서 이 날을 각별히 기렸다. 중학 졸업을 앞두고 있던 소년 이광수 또한 자신은 문학으로서 기울어가는 민족을 일으킬 이상과 사상을 담아내리라고 다짐하고, 또 다짐했을 것이다.

그러나 졸업을 앞둔 소년에게 앞날은 캄캄하기만 했다. 조국의 흥망은 경각에 달렸고, 학비도 끊겼으며, 기개 있다고 자처하는 청년들은 안이하게 공부하고 앉았을 때가 아니라 하여 속속 귀국하고 있는 분위기도 무시할 수 없었다.[87] 게다가 고향에는 중학만 졸업하면 가까이서 모시겠다고 다짐했던 팔순의 조부와 자신이 돌아오기만을 기다리고 있는 아내가 있지 않은가.[88] 이리하여 이광수는 소년회에서 마련해준

---

85 이보경, 「문학의 가치」(『대한흥학보』, 1910.3), 『전집』 1, 547쪽.

86 소감생, 「대한민족과 융희 4년 3월 26일」(『신한자유종』 제3호, 1910.4), 앞의 책, 701쪽.

87 "하르빈 사건 뒤에 우리는 공부할 마음을 잃었다. 조국의 흥망이 경각에 달렸다는 핍절한 의식이 우리들의 마음을 설레게 한 것이었다. 홍명희는 졸업 시험도 안 치르고 환국하였다. "그까진 졸업은 해서 무얼 해?" 그는 나를 보고 이런 소리를 하고 본국으로 갔다."(이광수, 『나의 고백』, 『전집』 7, 229쪽)

88 또 『신한자유종』 제3호에 실린 「신한소년의 운명」에 의하면, 이광수는 "학비의 부족과 가정

송별회를 마치자마자 학교 졸업식에도 참여하지 않은 채 그대로 귀국해 버리고 만다.[89] 그런데도 고향 정주의 오산학교에 교사로 와달라는 초빙을 받고 가는 길이라, 소년의 마음 한켠에서는 "이제는 내가 무엇을 배울 때가 아니요, 남을 가르칠 때"라는 "건방진 생각"[90]이 고개를 내밀고 있었다.

8. 오산에서의 헌신과 좌절

1907년 남강 이승훈이 설립한 오산학교는 평양의 숭실학교와 대성학교, 의주의 양실학원, 선천의 신성학교와 더불어 당시 민족주의 교육을 목표로 했던 평안도의 다섯 중학교 가운데 하나였다. 교주 이승훈이 이광수에게 오산학교에 교사로 와줄 것을 청했을 때, 그가 이러한

형편"(698쪽)으로 인해 귀국하는 것으로 되어 있다. 또 「소년회 천지」에는 이날 이광수의 송별회에서 '한 학생이 학교를 졸업하고 고향에 돌아가 사랑하는 아내와 만나는 정'을 다룬 연극이 공연되었다는 기사가 나오는데, 이광수를 위해서 친구들이 마련해준 이 연극은 하타노 세츠코의 추측대로 이광수를 놀려주려고 공연된 것이었을 가능성이 크다(하타노 세츠코, 앞의 글, 2012.7, 259쪽).

89 소년회에서 마련한 이광수의 송별회는 이해 3월 20일에 열렸고(「소년회 천지」(『신한 자유종』 제3호, 1910.4), 앞의 책, 716쪽), 메이지학원 중학부의 졸업식은 1910년 3월 26일에 열렸다(『白金學報』 제20호(김윤식, 앞의 책, 263쪽 재인용)). 이 송별회에서 이광수는 "우리나라 유학생이 일본에 유학하기 시작한 지 30년이 지났어도 인재가 나오지 않는 것은 그 이상이 협소하고 일신의 평안만을 위주로 하며, 또 그 이상이 좀 높은 자는 자만에 빠지고 혹은 학교에 만족하는 까닭이다. 원컨대 제군은 이런 폐단을 깨트리고 思想力 과 독서력을 배양하고, 스스로 우쭐거리지 말고 인격을 고양시키며, 학교에 만족하지 말고 천재를 발달시켜 국가의 좋은 재목이 되기를 바란다"(716쪽)는 취지의 연설을 했는데, 이 연설문은 나중에 「일본에 在한 我韓 유학생을 논함」이라는 제목으로 『대한흥학보』 제12호(1910.4)에 실린다.

90 이광수, 『그의 자서전』, 『전집』 6, 341쪽.

기대에 부응해줄 것을 기대한 것은 당연한 것이었다. 그러나 이런저런 번민 속에서 졸업하자마자 거의 떠밀리다시피 귀국한 이광수에게 가르치는 일은 그다지 내키지 않는 노릇이었던 듯하다. 그는 오산에 온 지 며칠이 못하여 앓아누운 조부의 병을 핑계로 학교를 쉬고는 밤낮 술만 먹고 돌아다녔고, 조부상까지 치르고 나서도 마음을 추스르지 못해 방황했다. 이를 보다 못한 교주가 그의 마음을 잡아주려고 살림집을 차려주기도 했지만, 교주가 마련해준 초라한 오두막집은 그의 마음에 차지 않는데다 그런 집에서 "마음에 안 드는 아내"와 단둘이 살 일도 '형벌'[91] 처럼만 여겨졌다. 여기에 도쿄까지 갔다와서 겨우 교사 신세냐고 멸시하는 주위의 시선까지 의식하게 되면서 그의 마음에는 번민이 떠날 날이 없었던 것이다. 이러한 번민으로부터 이광수가 마음을 돌려잡은 것은 그가 오산에 온 지 거의 두 달이 지난 6월 무렵이었다.

> 사월, 오월은 이 모양으로 취하여 보내다가 나는 마음을 돌려 잡을 수가 있었다. 하나님은 나를 버리지 아니하신 것이었다. 나는 술을 뚝 끊고 아침에서 해 질 때까지 학교에만 있었다. (…중략…) 나는 M학교에서 공부하던 깨끗하던 시대의 나를 회복할 수가 있었다. 나는 조국에 대한 의무를 굳세게 인식하였다. 나는 이 학생들을 가르치기에 전생명을 다 바치리라고 혼자 맹약하였다. 나는 내가 가난한 생활을 하는 것을 조국에의 봉사로 생각하려 하였다. 이렇게 고쳐진 내 생활은 한 달이 못하여 N교주와 기타 직원 학생들의 인식한 바 되어서 나에게 대한 신임과 존경은 날로 더하였다.[92]

---

91 위의 글, 343쪽.

92 위의 글, 343쪽. 이 무렵의 일과 관련해서는 자전적 단편 「김경」에서도 비슷하게 회고되어 있다. "이백에게는 술 먹기만 배우고 바이런에게는 好色만 배우고 톨스토이에게서는 맘고생만 배움이 아닌가 반성이 생기며, 겸하여 남의 嗤笑와 擯斥도 당하고, 또 조선에 돌아와 一朔二朔 지나보니 '四疊半'에서 공중누각 쌓기와는 달라, 혹 발등에 떨어진 불덩어리도 있는 듯하고 우

자기 성찰 능력이 뛰어났던 이광수는 중학시절 또래 소년들의 피를 끓게 했던 '조국에 대한 의무'를 되새김으로써 짧은 동안의 방황을 접고 곧 자존감을 회복할 수 있었다. 학생들을 가르치는 데 온힘을 쏟고, 월급도 제대로 받지 못하는 가난한 교사 생활을 '조국에의 봉사'로 생각하려 하였다. 여기에 8월 29일 가을학기 개학을 하루 앞두고 맞은 한일합방의 충격이 이러한 사명감을 더욱 굳히는 계기가 되어주었던 것은 물론이다.[93] 이광수가 교주 이승훈의 신임을 얻어 그의 고향 동네인 '용동(龍洞)'으로 집을 옮기고 동회와 야학 일까지 맡게 된 것은 바로 이해 가을의 일이다. 이 '용동'에서의 체험은 훗날 작가로서나 사상가로서의 그의 경력에 중요한 역할을 하게 될 것이었지만, 당장으로서는 무엇보다도 헌신적인 생활을 통해 엉망이 되어버린 자존감을 회복할 수 있었던 것이 중요한 소득이었다.

용동으로 거처를 옮긴 이광수는 학교 일 외에도 동회와 야학 일에 헌신했다. 가정생활에서부터 모범을 보여야 한다고 생각한 그는 방이며 부엌이며 마당을 아침마다 손수 깨끗이 치우고, 새벽 일찍 일어나 동네 길을 쓸고 학교에 건너가 청소하는 일을 몸소 도맡아 했다. 또 토요일이면 집집으로 돌아다니면서 방과 부엌과 뒷간을 개선하기 위한 감독 노릇도 마다 않았다. 이광수가 나중에 '제석산인(帝釋山人)'[94]이라

선 하지 아니치 못할 급한 일도 있는 듯하여 아주 기숙사에 한 방을 잡고 딱 들어앉게 되매, 교무에도 분주하게 되고 분주하노라면 더욱 정성도 생기고 이럭저럭 이 학교에 꽤 유용한 교사가 되니"(이광수, 「김경」, 『청춘』, 1915.3, 122쪽).

93 "이 합병이라는 큰 사실이 내게 깊은 인상을 준 것은 말할 것도 없다. 내가 학교와 동회에 전 생명을 바치려던 것도 이 영향이 한 원인이 되었을는지도 모른다."(이광수, 『그의 자서전』, 『전집』 6, 341쪽).

94 이광수가 태어난 정주 갈산면은 제석산 기슭에 위치했다고 한다. 또 오산학교가 오산이라는 이름을 얻은 것은 취향산·해성산·제석산·천주산·남봉산으로 둘러싸인 지형 때문이었다고 하니(김윤식, 앞의 책, 293쪽), 이광수가 '용동'에 관한 글을 쓰면서 '제석산인'이라는 필명을 쓴 것은 자연스러운 일이었다고 할 것이다. 실제로 오산에서의 경험을 다룬 자전

는 이름으로 『학지광』에 발표한 논설 「용동—농촌문제연구에 관한 실례」(1916.3)를 보면, 그밖에도 부인네의 패물을 모아 교육사업에 사용하기, 15세 이상 된 남자 회원의 회비를 모아 공익사업에 쓰기, 동네길 넓히기, 매년 3회 우물 치기, 매년 4회 대청소・매달 1회 소청소・매주 부엌 청소, 일을 당한 이웃에 부조하기, 더러운 옷을 입지 않기, 이발기계 사오기, 부인네들의 양잠계 조직하기, 하절기에는 파리와 모기 박멸하고 청결에 힘쓰기, 부인에게도 발언권과 결정권 주기, 신문과 서적 종람소(縱覽所) 두기, 남녀를 물론하고 매년 한 권 이상 독서하기, 어린아이를 놀리거나 때리지 말고 어른과 같이 대하기 등,[95] 일상위생에서 교육, 공익사업, 부인네들의 수익사업에 이르기까지 물질적으로나 정신적으로 낙후된 농촌을 개선하기 위해 다방면으로 노력한 흔적을 엿볼 수 있다. 그리고 이러한 헌신의 결과 용동이 인근에서 으뜸가게 점잖고 깨끗한 동네가 된 덕분에 이광수는 안으로는 지도자로서의 자기 수행 능력을, 그리고 밖으로는 문명화된 농촌 공동체의 가능성을 발견할 수 있었던 것이다.

한편 이러한 성취는 엄격하게 억제된 열정을 대가로 한 것이라는 점에서 지극히 불안정한 것이기도 했다. '조국에 대한 의무'라는 사명감 아래 내려 누른 청춘은 가끔 반란을 일으켰고,[96] 조그만 시골학교 오산에서의 변화 없이 틀에 박힌 직무 또한 세상의 좀더 활동적인 사업을 동경하는 그에게 오래 견디기 어려운 것이었다—"밝히어 말하면 성공욕

적 단편 「김경」의 첫머리에는 제석산 꼭대기로 뉘엿뉘엿 해지는 모습에 대한 묘사가 보인다(이광수, 「김경」, 앞의 책, 118쪽).

95 帝釋山人, 「용동—농촌문제연구에 관한 실례」, 『학지광』, 1916.3, 42쪽.

96 "게다가 가정 관계, 기타로 내 마음에는 번뇌가 늘 있었다. 잡아가둔 내 청춘, 내려 누른 청춘은 가끔 반란을 일으켰다. 나는 때때로 누구도 아닌 사람을 그리워하는 생각도 났다. 이것저것이 합해서 나는 밤에 잠 안 드는 병이 생기고 몸은 마르고 기침까지도 났다."(이광수, 『그의 자서전』, 『전집』 6, 345~346쪽).

을 만족할 만한 사업을 붙들리라, 일생을 꼭 들이어 바치어도 후회 없을 사업에 착수를 하리라, 그것이 아직 이르거든 실력을 기르는 일을 하리라 하는 욕망이 있다. 그런데 오산은 이 욕망의 대상이 되기에는 너무 적다. 무의의(無意義)하다."[97] 결국 오산에서의 지극히 모범적인 그의 공적 일상 심연의 밑바닥은 충족되지 못한 애정 대한 불안정한 갈망과 보다 넓은 세상에 대한 동경으로 요동치고 있는 형국이었던 것이다.

그러나 이광수의 마음을 결국 오산에서 떠나게 만든 사건은 뜻하지 않은 곳에서 왔다. 1913년 여름 그가 경남 웅천의 하기 강습회에 연사로 초빙되어 오산을 비운 사이 제자 두 사람이 선동이 되어 학교에서 그를 배척하는 운동을 벌였던 것이다. 학생들에게 톨스토이의 사상을 선전하여 예수교회에 대한 신앙을 타락케 한다는 명목이었다. 비록 몇몇의 학생들과 교원들이 그를 옹호해주었지만, 그의 낙심한 마음을 돌려놓기에는 역부족이었다. 열아홉 살부터 스물두 살까지의 꽃다운 청춘을 오산에 헌신한 그가 아니었던가. 그렇지 않아도 가정의 불만과 과로로 인해 쇠약해진 몸, 그리고 새로운 야심에 대한 동경으로 오산에서의 생활에 회의를 가졌던 그는 이 사건을 계기로 오산을 떠날 마음을 굳히게 된다. 이해 늦가을, 사 년여 간 헌신을 다했던 오산을 뒤로 하고 방랑길에 오른 이광수가 수중에 가진 것이라고는 몇 푼의 돈과 전별(餞別)의 뜻으로 제자가 준 담요 한 벌이 전부였다.

97 이광수, 「김경」, 앞의 책, 124쪽.

9. 대륙 방랑에서 얻은 것

이광수는 또다시 혼자가 되었다. 오산을 뒤로 하고 방랑길에 오른 스물두 살 청년의 마음은 슬픔과 증오로 가득했다. 일찍이 그를 '건전한 조선인'으로 만들어주었던 오산, 그 오산이 이번에는 그를 고향에서 추방한 셈이었다. 그는 압록강을 뒤로 하면서 "불신한 사람을 낳고 기른 조선을 향하여 나는 결코 고개를 돌리지 아니할 것"[98]이라고 거듭 다짐했다. 바야흐로 냉담한 타인으로 인해 고통받는 자아의 분노라는 주제가 이번에는 한 개인이 아니라 조선인 전체를 향한 원망으로 확대되고 있는 중이었으니, 이때 그의 마음 깊숙이 박힌 분노와 원한의 감정은 이후로도 수시로 고개를 내밀어 그를 괴롭힐 것이었다.

하지만 오산을 떠남으로써 대륙이라는 넓은 세계와 접촉하며 보다 넓은 시야를 확보할 수 있었던 것은 인생 전체로 보아 커다란 수확이었다고 하지 않을 수 없다. 무엇보다도 우선 낯선 땅 안동현에서 우연히 만난 정인보의 도움으로 상하이로 향할 수 있었던 것은 말로만 듣던 서구 제국주의의 위력을 몸소 실감할 수 있는 기회를 제공해 주었다. 눈 덮인 용암포에서 상하이를 향하는 배에 오른 지 십수일만에 닿은 황푸강[黃浦江] 부두. 부두에서 제일 먼저 그의 눈에 띈 것은 정박해 있는 배들 한복판에 오만하게 우뚝 선 미국과 영국, 프랑스의 군함이었다. 이어서 작은 배에 옮겨 타고 강 건너 황푸탄[黃浦灘] 거리에 내려서자, 전차와 마차, 자동차와 인력거가 정신없이 내달리는 가운데 영국 자본의 총본영이라는 회풍은행(滙豊銀行)을 비롯하여 러시아, 독일,

---

98 이광수, 「잊음의 나라로」(『영대』, 1925.1), 『전집』 8, 247쪽.

프랑스, 벨기에 등 유럽 강국의 은행들이 즐비하게 늘어선 것이 눈에 들어왔다. 그 유명한 황푸탄공원 입구에는 앵글로색슨족의 영광을 증거하기라도 하듯 검은 얼굴에 수염을 귀밑까지 꼬아 붙이고 다홍 수건으로 머리를 동여맨 인도인 순사가 지키고 있었다. 또 인력거를 타고 상하이에서 가장 번화한 영국 거리를 내달릴 때는 좌우로 늘어선 고층의 벽돌 건물과 직선으로 뚫린 대로(大路) 위로 쉴 틈 없이 내달리는 전차와 자동차의 분주한 행렬에 입을 다물기 어려웠다.

1842년의 아편전쟁 이래 서구 열강에 의해 개항된 지 60여 년만에 "문명의 정채(精彩)가 찬란한 시가"[99]를 이룬 상하이는 그 자체로 서구 문명이 지닌 놀라운 힘을 보여주는 것이었지만, 그러한 문명의 공기 속에서도 정작 그 땅의 주인인 중국인이 문명으로부터 소외되어 있는 현실은 나라 잃은 청년의 마음 한켠에 어두운 그늘을 드리우는 것이었다. "상해(上海) 시가는 과연 찬란하여이다. 장강(長江)의 교통은 극히 편리하여졌으며 국내의 부원(富源)은 날로 개발되고 철도, 전신 등 교통기관은 날로 완비하며 사백주(四百州) 방방곡곡이 신문명의 서광이 아니 미쳐가는 데 없나이다. 그러나 생각하소서. 아아, 이러한 문명의 주인이 누구오니이까. 중국인과 이 문명과 얼마나 관계가 있사오리이까."(133쪽)

그나마 외국서적을 풍부하게 구비하고 각종 잡지의 간행과 번역에 힘쓰는 상무인서관(商務印書館)과 같은 대형 서점이 있고, 그들 민족의 상업에 대한 능력 또한 특출하여 금력 경쟁이 격렬한 상하이 시가 한복판에서도 넉넉히 서양인과 길항하는 용사의 풍채를 잃지 않고 있는 중국은 문명의 주인된 자격을 갖추기 위해 분투하고 있는 중이었다. 그러나 과연 조선의 현실은 어떠한가. 여기까지 생각이 미친 그는 "원

---

99 이광수, 「上海印象記」(『청춘』, 1914.12~1915.1), 『전집』 9, 132쪽.

숭이 나라에 생장한 나는 이에 수치한 생각을 금치 못하였나이다"(134쪽)라고 탄식하지 않을 수 없었다. 이후 이광수의 사유의 핵심이 조선의 문명화라는 주제에 집중될 것은 당연한 일이었다. 상하이에서 서구 근대문명의 위력과 그러한 문명으로부터 소외되어 있는 약소민족의 현실을 생생히 목도했던 그는 '문명의 주인될 자격'을 갖추는 일의 중요성에 새삼 눈뜨지 않을 수 없었기 때문이다.

그러나 당장의 그는 아무런 목적도 사업도 가지지 못한 방랑객의 몸으로 프랑스 조계에 머무르고 있던 친구들을 찾아가는 길이었다. 게다가 정작 그곳의 친구들 또한 마음을 잡지 못해 헤매고 있다는 점에서 그와 처지가 다르지 않았다. 원체 꼼지락거리기를 싫어하는 홍명희는 엎드려서 줄창 오스카 와일드만 읽었고, 마호멧교에 관심을 가지고 있던 조소앙은 『코란』을 읽으며 종교적 명상에 심취해 있었다. 또 비분강개한 지사풍의 문일평은 우리에 갇힌 호랑이 모양으로 혼자 연설을 하고 시를 읊으며 방 안을 오락가락하는 것으로 하루해를 보내고 있었다. "모두 나라를 잃은 허전한 마음이 부접할 바를 몰라서 허둥지둥 허무향에 헤메고 있는 것 같았다."[100]

이들과 한 달 남짓 함께 지낸 이광수가 러시아 연해주 지방의 블라디보스토크[海蔘威]로 향하는 배에 오른 것은 1914년 정월 초엽이었다. 상하이의 한인 대표 예관 신규식에게서 미국 샌프란시스코에서 발행하는 『신한민보(新韓民報)』에서 주필을 구하니 그리로 가라는 권고를 받고 떠나는 길이었다. 그러나 블라디보스토크로 향하는 그의 마음은 여전히 지향할 바를 모르고 있었다. 그는 부두까지 전송나온 친구들을 뒤로 하며 "나는 방향 없이 가는 대로 가오"[101]하고 소리쳤다. 저편에

100 이광수, 『나의 고백』, 『전집』 7, 240쪽.
101 이광수, 「해삼위에서」(『청춘』, 1915.3), 『전집』 9, 139쪽.

서도 뭐라고 소리를 질렀지만, 바람에 묻혀 들리지 않았다. 십여 일이나 폐렴을 앓고 난 뒤끝이었다.

블라디보스토크에 도착한 이광수는 그곳에서 이종호 등의 한인 지도자 및 당시 연해주에서 재러한인의 총집결체 역할을 하면서 독립운동을 전개하고 있던 권업회의 기관지 『권업신문(勸業新聞)』 관계자들을 만나고, 이어서 북만주의 물린[穆陵]에 있는 추정 이갑의 곁에서 해외 동지들에게 보내는 편지를 대필하며 한 달간 머물렀다. 그러나 여기서도 미국으로 갈 여비 문제가 해결될 기미가 보이지 않자, 2월 중순경 다시 만주의 국경 너머 러시아 자바이칼의 수도 치타를 향하게 된다. 치타에는 연해주 중심의 권업회와는 별도로 조직된 시베리아 국민회의 본부가 있었고, 이광수는 그곳에서 오산 이강을 중심으로 하는 국민회의의 기관지 『대한인정교보(大韓人正教報)』의 일을 보면서 여비 문제가 해결되기를 기다리기로 했던 것이다. 이렇게 시작된 치타에서의 생활은 이해 8월 제1차 세계대전의 여파로 『정교보』가 폐간되어 막을 내리기까지 약 6개월 간 계속되었으니, 이해 8월 하순 이광수가 치타를 떠나 오산으로 돌아오기까지 대륙에서 머무른 7개월여 간의 기간은 상하이에서와는 사뭇 다른 공기를 접할 수 있었다는 점에서 또 하나의 소중한 경험이 아닐 수 없었다.

연해주에서 북만주, 그리고 시베리아를 경유하며 각 지역에 정착한 동포들의 열악한 삶을 목도하면서 이광수는 정신적으로 큰 충격을 받았던 것 같다. 그들 대다수가 안정된 생계 수단을 갖지 못하여 가난한데다 교육도 없고 도덕도 타락하여 본국 사람들의 천대를 면치 못하는 처지에 놓여 있었던 까닭이다. 블라디보스토크의 한인촌은 시가 외곽의 묘지에서도 더 바깥쪽에 격리되어 있었고, 치타에서 간행되고 있던 『정교보』의 종교적 색채가 말해주듯 해외라고 해서 정치적 활동이 마냥 자유로운 것도 아니었다.[102] 이광수는 해외 동포들의 열악한 삶에서 조선 전체의 운명을 보았고, 그것은 이대로 가다가는 독립은커녕 조선 민족 자체가 도태되어 지구상에서 흔적도 없이 사라져버릴지도 모른다는 그의 위기의식을 부채질했다. 이광수가 대륙에 머물면서 집필한 논설 「독립준비 하시오」(『권업신문』, 1914.3.1~3.22)와 「농촌계발의견」(『정교보』, 1914.3.1) 및 「재외동포의 현상을 논하여 동포교육의 긴급함을」(『정교보』, 1914.6.1)[103] 등의 사설들은 이러한 위기의식 속에서 씌어진 것으로, 바야흐로 그의 제2차 유학과 더불어 본격화될 조선 문명화의 구상이 이 시기 그의 사유 속에서 이미 구체적인 형태를 갖추어 나가고 있었음을 보여준다.

이 무렵 이광수의 사고에서 문명은 독립의 능력, 곧 한 나라를 세우고 지킬 만한 능력과 동의어였다. 황푸강 연안에 즐비하게 늘어서 있던 유럽 각국의 우람한 은행 건물들에서 거대한 중국 대륙의 재정을 뒤흔드는 서구 자본의 실체를 목도했던 그는 능히 제 힘으로 제 나라를 경영해 갈 만한 실력을 갖추지 않고는 설사 당장 독립을 하더라도 그것을 유지하는 것 자체가 불가능하다는 것을 새삼 깨닫지 않을 수 없었고 ―"설혹 독립을 광복한다 하더라도 제반시설을 돈이 아니면 무엇으로 하리오. 부득불 오늘날 중화민국과 한가지로 외채의 힘을 빌어야 할지니 빚진 종이라. 이것이 곧 나라를 망케하는 본장이니 그런 독립이야 차라리 없음만 같지 못한 것이라"[104] ―, 이러한 입장에서 조

102 '정교보'라는 잡지의 이름은 러시아의 국교인 희랍 정교에서 따온 것으로, 잡지 또한 희랍 정교를 믿는다는 조건하에 허가된 것이라고 한다(이광수, 『그의 자서전』, 『전집』 6, 362쪽).

103 「독립준비하시오」와 「재외동포의 현상을 논하여 동포교육의 긴급함을」은 각각 '외배' '배'라는 필명으로 발표된 글이고(최기영, 「1914년 이광수의 러시아 체류와 문필활동」, 『식민지 시기 민족지성과 문화운동』, 한울아카데미, 2003, 163~187쪽), 「농촌계발의견」은 익명으로 발표되었지만 오산시설의 경험을 담고 있는 글이라 집필자가 이광수인 것을 확인할 수 있다(윤홍로, 「『흙』과 민족갱생력」, 『춘원연구학보』, 춘원연구학회, 2009, 57~60쪽).

선 민족에게도 시급한 것은 독립이 아니라 독립할 준비, 곧 문명의 주인될 자격을 갖추는 것이라고 확신하게 되었다. 그가 당대를 상업경쟁의 시대로 규정하면서 상업의 진흥을 거듭 강조하고(「독립준비하시오」) 농촌 문명화의 한 사례로서 용동에서의 체험을 제시하며 농촌계발주의를 주창한 것(「농촌계발주의」), 그리고 당장의 먹고사는 일에 급급한 해외 동포들에게 문명에 눈뜨고 나라를 알게 할 교육이 긴급함을 역설했던 것(「동포교육의 긴급함」)은 모두 이러한 통찰에 바탕을 둔 것이었다. 그는 조선 민족의 역량을 믿었고, 조선 민족 또한 얼마든지 문명의 자격을 갖추어 독립도 되찾을 수 있다는 것을 보여주고 싶었던 것이다.

오산을 떠나면서 불신한 사람을 낳고 기른 조선을 향해 다시는 고개를 돌리지 않으리라던 그의 마음은 이렇게 어느덧 다시 조선을 향하고 있었다. 미국에 갈 여비 문제가 해결을 제대로 보지 못하여 『신한민보』 주필 자리도 시들해진데다 이해 7월 말에 발발한 제1차 세계대전의 여파로 『정교보』가 폐간[105]되면서 더 이상 치타에 머무를 이유도 없어졌다. 이광수가 치타를 떠난 것은 팔월 하순, 홍안령 풀이 다 마르고 기러기 떼가 남으로 남으로 구름같이 옮아가던 때였다.

104 외배, 「독립준비하시오」, 최기영, 위의 책, 170쪽.

105 당시 『정교보』가 폐간된 것은 제1차 세계대전 발발 직후 공동방위체제의 확립을 위해 일본과 동맹을 맺었던 러시아가 일본과의 마찰을 피하기 위해 자국 영토 내 한국인의 정치활동 금지 조처를 내린 데 따른 것이라고 한다. 이 조처에 따라 러시아는 권업회와 시베리아 국민회 본부를 해산시키고 그 기관지인 『권업신문』과 『대한인정교보』를 폐간시켰을 뿐만 아니라, 한인 지도자들도 추방하였다고 한다(최기영, 앞의 글, 153~154쪽 참조).

제2장

제2차 유학시절의 이광수

1. 모색, 그리고 새로운 도약

1914년 늦여름 오산으로 돌아온 이광수는 한동안 마음이 복잡했던 것 같다. 몸은 오산에 있지만, 마음은 이미 오산에 있지 않았기 때문이다. 한번 마음이 떠났던 학교는 다시금 마음을 붙이기 어려웠고, 대륙 방랑에서 얻은 포부를 펼치기에도 오산은 너무 좁게만 느껴졌다. 더욱이 당장으로서는 자신의 인격과 지식 경륜이 턱없이 부족하다는 자각 또한 그의 시선을 자꾸만 오산 바깥으로 향하게 하는 것이었다.[1] 일단 공부를 계속할 뜻을 품은 그는 모교인 메이지학원에 장학금을 받으며 공부할 수 있는 길부터 알아보았다. 곧 메이지학원으로부터 신학을 전

1 이 무렵 이광수의 내면풍경은 단편 「김경」(『청춘』, 1915.3)에서 자세히 엿볼 수 있다.

공해야 한다는 조건이 붙은 통지가 왔다.[2] 그는 유학을 결심하고 학기가 끝나기를 기다려 바로 상경하지만, 그의 마음은 여전히 머뭇거리고 있었다. 유학길에 오르기 위해 상경한 그가 최남선 곁에서 『청춘』의 편집과 광문회 편집일을 도우며 반년이나 눌러앉았던 사실이 이를 잘 말해준다.[3] 그는 무엇을 망설이고 있었던 것일까.

오산에 돌아오자마자 이광수는 곧바로 『청춘』 지면에 대륙방랑의 경험을 연재하는 글을 써낸 바 있다. 『청춘』 3·4·6호에 잇달아 발표한 「상해(上海)에서(第1信)」(1914.12), 「상해에서(第2信)」(1915.1), 「해삼위(海參威)로서」(1915.3)가 그것이다. 아마도 이제 막 창간한 잡지 『청춘』(1914.10 창간)에 힘을 싣기 위해 최남선이 연재를 부탁하지 않았을까 싶다. 이 연재는 「해삼위로서」가 실린 『청춘』 6호가 정간(停刊)을 맞으면서 중단되고 말았지만,[4] 이 연재 기획 덕분에 대륙방랑의 경험을 곱씹으며 새로운 진로를 모색할 기회를 가질 수 있었던 것은 이광수에게도 퍽 고무적인 일이었던 듯하다. 그는 「상해에서」를 쓰면서 상하이에서 목도했던 서구 근대 문명의 위력과 그러한 문명으로부터 소외되어 있는 약소민족의 현실을 다시금 떠올리며 조선 문명화의 사명을 그 자신의 것으로 받아들였다. 「상해에서」와 나란히 같은 지면에 발표한 논설 「동정(同情)」에서는 이 사회에 '선한 의미의 진화'를 주어야 할 조선의 청년이라면 동정의 범위를 민족의 범위로까지 확장하여 "이 모든 암흑한 동족을 보고

---

2 이광수, 「나의 사십 반생기」, 『신인문학』, 1935.8, 19쪽 참조.

3 "오산 와서 약 반 년 있다가 東京을 가려고 상경했지요. 그때 明治大學에서는 네가 신학만 한다면 校費로 공부를 시켜주겠다고 통지를 받은 까닭이었습니다. 그러나 서울 와서는 최남선 씨에게 붙잡혀 『소년』(『청춘』의 착오, 『소년』은 이미 1911년 5월에 폐간되었다—인용자) 편집과 광문회 편집에 종사하였습니다."(위의 책, 19쪽).

4 「해삼위로서」는 제목과는 달리 이제 막 상하이를 떠나 블라디보스톡으로 향하는 배에 오르는 대목에서 중단되고 있다. 이로 보아 『청춘』이 정간되지 않았다면 연재가 계속되었으리라는 것을 짐작할 수 있다. 그러나 이때 정간된 『청춘』은 1917년 5월에서야 재간행되기에 이른다.

어찌하면 그네를 문명하게 할까"[5] 생각할 수 있어야 한다고 주장하고 있기도 하다. 이로 보건대, 당시 이광수가 머뭇거렸던 것은 신학을 전공해야 한다는 조건이 당시 조선 문명화의 사명에 뜻을 두었던 그의 포부와는 전혀 동떨어진 것이었다는 점이 적지 않게 작용했음을 알 수 있다.

그런데 두 번째 기회가 찾아왔다. 당시 와세다대학을 졸업한 호남 재벌의 아들로 민족사업에 뜻을 두고 있던 김성수의 도움으로 일본에서 유학할 수 있는 길이 열렸던 것이다. 일찍이 『소년』 시절 이래 이광수의 재질을 알아보고 그를 아우처럼 아껴왔던 최남선의 주선 덕분이었다.[6] 이번에는 망설일 이유가 없었다. 이광수는 곧바로 유학 채비를 갖추고 1915년 9월 30일 와세다대학 고등 예과에 편입학한다. 그는 이제 스물네 살이었다. 뜻밖의 기회였지만, 그는 그 중요성을 파악했고 자신에게 주어진 사명이 무겁다는 것을 깨닫고 있었다.

2. 문명 조선의 구상

아리따운 어린 벗아 / 방그레 웃는 벗아 / 볼 치고 노는 벗아 / 내 노래 받아스라

네 눈의 명철함이 / 萬卷書를 나리 외워 / 신문명의 빛과 맛을 / 반도에다 옮겨다고

슬픔 보던 네 눈으로 / 기쁨을 보게 하라 / 낡은 반도 보던 눈이 / 새 반도를 보게 하라[7]

5 이광수, 「同情」(『청춘』, 1914.12), 『전집』 1, 559쪽.

6 "육당은 춘원의 재질을 인정하고 그를 아우같이 알아왔다. 춘원이 시베리아 방랑에서 돌아와

1916년 3월 『학지광』 8호에 게재된 이광수의 「어린 벗에게」(1916.1.10, 집필)라는 장편시의 한 구절이다. 발랄하고 생동감 있는 리듬으로 조선의 과거와 미래를 선명하게 대비시켜 문명 조선 건설에의 기대를 한껏 표출하고 있는 것이 눈에 띈다. 그는 같은 지면에 나란히 실린 논설 「살아라」에서도 현대 문명인의 도덕은 '살음' 위에 기초하고 있으며 '살고 퍼지고자 하는 욕망'이 "찬란한 문명과 부"의 원동력임을 강조하고 있다.[8] 2차 유학 시작 무렵 이광수의 관심이 온통 조선의 문명화라는 과제에 쏠려 있었음을 엿볼 수 있게 한다.

이러한 관심사와 관련하여 이제 막 와세다에 적을 둔 이광수가 가장 먼저 의욕을 보여준 활동은 당대 조선의 문제를 연구할 목적으로 신익희, 장덕수 등 조선유학생 학우회 소속 지인들과 함께 조선학회를 세운 일이다. "머-ㄴ 지방에 나와 있는 사람의 공통 폐점(弊點)은 고향 사정에 어두움"[9]이라는 문제의식에서 출발한 조선학회는 1915년 12월 설립되어 이듬해 1월 29일 제1회 연구모임을 가졌는데, 이때 이광수는 농촌문제에 대해 발표했다. 『학지광』 8호(1916.3)에 '제석산인(帝釋山人)'[10]이라는 이름으로 게재한 논설 「용동(龍洞) — 농촌문제연구에 관한 실례(實例)」는 당시의 발표 원고를 정리한 것으로, 이후 농촌의 문명화를 위한 장문의

다시 정주 오산학교에 있을 때, 춘원은 열심히 잡지 『청춘』을 도와 많은 글을 써냈다. 이리하여 우리나라 문단에 소위 '육당 · 춘원 2인 문단시대'를 나타낸 것이다. 그러나 육당은 춘원을 좀더 공부시키기 위해서 인촌 김성수한테 권해서 다시 일본으로 유학시키게 하였다." (조용만, 『육당 최남선』, 삼중당, 1964, 205쪽)

7 이광수, 「어린 벗에게」, 『학지광』, 8호, 1916.3, 1쪽.

8 이광수, 「살아라」, 『학지광』 8호, 1916.3, 3~6쪽.

9 이광수, 「우리 소식」, 『학지광』 10호, 1916.9, 58쪽.

10 '제석산인'이라는 필명은 이광수의 고향인 정주의 제석산에서 따온 것이다. 제석산은 이광수가 재직했던 오산학교의 다섯 산 가운데 서쪽에 자리잡고 있던 산 이름으로, 단편 「김경」에도 등장한다. "제석산 꼭대기로 뉘엿뉘엿 넘어가는 해를 마주보면서 기다란 동툭길로 많은 논 사이로 포플라 숲을 바라 보며 숨이 차게 걸어 가기를 더할 수 없는 즐거움으로 안다." (이광수, 「김경」, 『청춘』, 1915.3, 118쪽)

기획안이라 할 수 있는 허구적 논설 「농촌계발」(『매일신보』, 1916.11.2～1917.2.18)의 토대가 된다.[11]

이광수가 농촌문제에 관심을 가지기 시작한 것은 사실 2차 유학 이전부터의 일이다. 일찍이 그는 오산시절과 대륙방랑시절의 경험을 통해 인구의 대다수가 농민인 조선에서는 농촌을 계몽하는 것이야말로 민족을 보존하고 지도하는 데 시급하다는 자각을 얻을 수 있었기 때문이다. 당시 그가 직접 목도한 조선 농촌의 현실은 문명에 눈뜨지 못한 것은 물론 정신적으로도 타락할 대로 타락하여 나라를 회복하는 데 정신적인 기초가 되는 '사회적 도덕심'이라고는 찾아보기 어려운 실정이었다. 그동안 국내외의 뜻있는 지사들이 단체, 신문 잡지, 학교의 설립을 통해 민족정신을 불어넣고 문명지식을 보급하는 등 다방면으로 민족의 계몽에 힘써왔음에도 불구하고, 정작 농촌의 현실에서는 그것이 별다른 효력을 얻지 못하고 있음을 직시할 수 있었던 것이다. 이러한 현실 인식을 바탕으로, 그는 대륙방랑시절에 이미 '일촌(一村) 일지도자(一指導者)'에 의거한 농촌의 계발이야말로 조선이 문명을 이루어 독립의 능력을 갖추기 위한 '새길'임을 주창한 「농촌계발주의」(『정교보』, 1914.3)를 써서 발표하기도 했다. 「용동」과 「농촌계발」은 이러한 당시의 구상을 가다듬고 확장시킨 것으로,[12] 이 무렵 농촌문제에 대한 그의 관심이 '독립의 능력을 갖춘' 문명 조선의 구상과 직결되어 있었음을 보여준다.

이광수가 조선의 문명화라는 과제와 관련하여 관심을 가졌던 또 하나의 문제는 조선의 교육체제에 관한 것이었다. 이 무렵 그는 문명에 눈뜨지 못하고 정신적으로도 쇠락한 민족을 일으켜 세우는 데 우선적

---

11 이에 관해서는 하타노 세츠코, 「『무정』을 쓸 무렵의 이광수」(2008)·「이광수의 제2차 유학시절」(2010), 최주한 역, 『일본 유학생 작가 연구』, 소명출판, 2011, 83～84쪽 참조.

12 「농촌계발주의」와 「용동」, 「농촌계발」의 관련성에 관해서는 윤홍로, 「『흙』과 민족갱생력」, 『춘원연구학보』, 춘원연구학회, 2009, 47～102쪽 참조.

으로 확보되어야 할 것이 교육이라고 생각했다. 그가 문명화된 일본의 모습을 소개한 글 「동경잡신」(1916)에서 "독일의 금일(今日)이 유(有)함이 전혀 교육에서 출(出)함과 여(如)히 아일본(我日本)의 유(有)함이 역시 교육에서 출(出)한다"[13] 하여 가장 먼저 언급한 것이 '학교'였던 것도 이와 무관하지 않을 것이다. 그러나 당시 식민지 조선의 교육체제는 4년제 보통학교와 실과(實科) 중심의 4년제 고등보통학교(일본의 중학교 1학년 수준)를 기반으로 민족적 차별을 제도화했던 열악한 성격의 것인데다 그나마 '시세(時勢)와 민도(民度)'를 내세운 우민화(愚民化) 방침에 따라 교육제도의 보급률도 미미한 형편이었다. 이념적으로는 동화주의를 내걸고 조선 문명화의 명분을 표방하면서도, 제도적으로는 '시세와 민도'의 잣대 아래 철저히 조선을 종속적인 지위에 두려는 이중적인 식민지배 전략이 교육제도에도 일관되게 적용되고 있었던 것이다.[14]

조선의 교육체제 개방에 관한 한 칼자루를 쥐고 있는 쪽은 일본이었다. 비록 원하는 방향으로의 전면적인 개편은 어렵겠지만, 적어도 근대적인 교육의 기반을 확보하는 것은 가능할 수도 있었다. 당시 일본은 정책적 차원에서 조선 문명화의 명분을 내걸고 동화론(同化論)을 대대적으로 선전하고 있는 참이었기 때문이다. 이에 이광수는 당대 일본의 민권론 계열의 잡지 『홍수이후(洪水以後)』에 「조선인 교육에 대한 요구(朝鮮人教育に對する要求)」(1916.3)라는 글을 투고하여 조선에 일본과 동일한 교육을 개방할 것을 과감하게 요구하고 나선다.[15] 조선의 현 교육

13 이광수, 「동경잡신」(『매일신보』, 1916.9.27~11.9), 『전집』 10, 299쪽.

14 고마고메 다케시, 오성철 외역, 『식민지 제국 일본의 문화통합』, 역사비평사, 2008, 128~142쪽.

15 이광수가 『홍수이후』에 글을 투고하게 된 계기는 이 잡지의 전신이었던 『제삼제국(第三帝國)』이 당시 유학생들에게 관심의 대상이었던 것과 관련이 있다. 일찍이 『제삼제국』은 '소일본주의(小日本主義)'와 '식민지방기론(植民地放棄論)'을 내세우며 일본의 식민지 정책 비판에도 적극적이었는데, 당시 학우회 소속으로 이광수와 함께 활동했던 도쿄제국대학의 김우영과 메이지대학의 장덕수 등은 『제삼제국』의 편집 방침에 호응하여 일본의 무단통치를 비난하는 글을

체제가 일본의 교육체제에 비해 현저하게 경쟁력이 떨어지며, 이래서는 총독부 당국이 그처럼 강조하는 동화와 일선융화의 내실을 제대로 거둘 수 없다는 것이 그 근거였다.

> 병합 당시 일본은 뭐라고 말했는가. 조선의 행복을 위해서라고 하지 않았는가. 그렇다면 일본의 新府民인 조선인의 행복은 완전한 일본 신민이 되는 데 있고, 완전한 일본 신민이 되려면 우선 일본 신민과 평등한 교육을 받아야 할 것이다. 당국은 걸핏하면 同化, 同化해댄다. 우리도 속히 동화되기를 바라지만, 여기서 이른바 동화란 완전한 일본 신민이 되어 국가를 유지하고 발전시키는 데 요구되는 제 권리와 의무를 향유하게 된다는 의미에서이지, 언제까지나 식민지 토인으로서 협찬권이 없이 조세를 납부하고 일본인에게 부림당하는 기계가 된다는 의미에서는 아니다.[16]

조선인도 동화를 바란다는 것, 그것도 완전한 일본 신민이 되어 제 권리와 의무를 향유하고 싶다는 주장은 얼핏 제국 일본이 내건 동화정책을 적극 지지하고 있는 것처럼 보인다. 그러나 스물넷의 혈기왕성한 청년으로 자신에게 주어진 민족적 사명의 무게를 자각하며 유학길에 올랐던 이광수가 이토록 줏대 없이 일본인과 동등해지기만 한다면 그대로 일본에 동화되어 일본 신민으로 살아도 좋다고 생각했다고 믿기는 어렵다. 여기서 자신도 동화를 바란다는 주장은 제국 권력의 동화론

투고하기도 했다(松尾尊兊, 『大正デモクラシー』, 岩波書店, 2001, 149~150쪽). 그러나 『제삼제국』은 내부의 분열로 1915년 11월 57호를 마지막으로 종간(終刊)되고, 이후 카야하라 카잔[茅原華山]의 『홍수이후』와 이시다 토모지[石田友治]의 『신이상주의(新理想主義)』로 분열된다. 당시 와세다에 적을 둔 지 얼마 안 되었던 이광수가 『제삼제국』의 존재를 알았을 때 이 잡지는 이미 자취를 감춘 상태였던 것이다. 이에 이광수는 『제삼제국』 당시 민권론 계열의 독자들에게 상당한 인기를 누렸던 독자논단을 그대로 계승한 『홍수이후』 쪽에 주목했던 것으로 보인다.

16 李光洙, 「朝鮮人教育に對する要求」, 『洪水以後』 8, 一元社, 1916.3, 51쪽.

에 대한 지지라기보다 일본과 평등한 교육을 받을 권리의 정당성을 끌어내기 위한 전략적인 수사였다고 보는 것이 옳을 것이다. 그가 이런 주장을 펼친 것은 후일 이런저런 논란을 불러일으키곤 했던 위태로운 타협의 시작이었다. 그러나 그러한 타협이 어디까지나 조선이 문명의 주인될 자격을 갖추게 된다면 머지않아 자연스레 독립도 되찾게 될 것이라는 그의 오랜 믿음에서 비롯되었다는 것 또한 분명한 사실이었다.

3. 『매일신보』와 더불어 세상에 나서다

이광수가 「조선인 교육에 대한 요구」에서 시도한 과감한 타협의 전략이 본격화되는 것은 총독부 기관지 『매일신보』와의 관계 속에서였다. 1916년 7월 고등예과를 우수한 성적으로 졸업하고 잠시 귀국했던 이광수는 여름방학을 마치고 도쿄로 돌아가기 위해 경성에 들른 길에 우연치 않게 총독부 직속 경성일보사의 실세들과 한꺼번에 만나게 된다. 이 무렵 경성일보사는 2대째 사장 아베 미츠이에[阿部充家] 체제하에 일본어 신문 『경성일보』와 더불어 조선어판 『매일신문』을 발행하고 있었는데, 그는 당시 『매일신보』 기자였던 심우섭의 소개로 욱정(旭町)에 있는 아베의 집을 방문하여 거기서 『매일신보』 감사로서 후일 편집국장의 자리에 오르는 나카무라 켄타로[中村健太郎]도 함께 만났던 것이다. 이날 아베와 이광수의 만남에 나카무라까지 동석한 사실은 이 만남이 사전에 준비된 자리인 것임을 짐작케 한다.[17]

이날 그들 사이에 무슨 얘기가 오고 갔는지는 분명치 않다. 그러나 이광수에게 그 자리가 절호의 기회로 여겨졌으리라는 것은 분명하다. 아베 쪽에서 주선한 이날의 만남은 『매일신보』가 그를 필요로 하고 있음을 암시하고 있었기 때문이다. 애초에 이광수를 주목했던 아베의 의도야 일본의 식민정책을 안정적으로 뒷받침하는 데 도움을 얻을 수 있는 필자를 확보하는 데 있었을지도 모른다. 그러나 이광수가 『매일신보』에 눈을 돌린 목적은 동포의 계몽에 있었다.

당시 이광수는 신문이라는 근대적인 대중매체가 가진 힘을 분명하게 인식하고 있었다. 「농촌계발」(1916)에도 썼듯이, 신문은 "어떻게 해야 우리 민족이 세계에서 양반이 되고 부자가 되겠다 하는 것"을 가르치고, 조선 십삼도가 '일가(一家)'라는 "공통한 감정"을 불어넣는 '교육'과 '선전'의 효과적인 도구가 될 수 있었다.[18] 그는 『매일신보』가 동포에게 문명지식을 보급하고 민족적 이상을 일깨우는 역할을 하기를 바랐다. 당장으로서는 그러한 역할을 할 수 있는 매체라고는 당대 유일한 조선어 신문인 『매일신보』 외에 달리 없었다.

이날 아베의 집을 나와 도쿄로 가기 위해 기차에 오른 이광수는 나카무라와 아베에게 각각 답례의 글을 써 보냈다. 9월 8일 『매일신보』 지면에

---

17 "아베 씨에게 군 이야기를 벌써 해두었어. 오늘 군을 데려 가겠다고 약속했다"(이광수, 「무부츠 옹의 추억」, 『경성일보』(1939.3.11~17), 김원모·이경훈 편역, 『동포에 고함』, 철학과현실사, 1997, 224쪽)는 심우섭의 언급으로 보아, 이 만남은 이광수를 탐색하기 위해 아베 쪽에서 주선한 자리였던 것으로 보인다. 이 만남 직후 아베에게 쓴 편지글 「대구에서」(『매일신보』, 1916.9.22~23)는 "아침에 선생을 배별(拜別)하고 종일 비를 맞으며 대구에 도착하였나이다"로 시작되고 있는데, 이로부터 이광수가 이날 아침 아베와 헤어지고 나서 바로 기차에 오른 사실을 알 수 있다. 도쿄에 돌아온 이광수가 와세다대학 대학부 문학과 철학과에 입학한 것은 9월 11일이다(하타노 세츠코, 「이광수 학적 자료 보고서」, 최주한 역, 『일본 유학생 작가 연구』, 소명출판, 2011, 627쪽). 이보다 10년 뒤인 1925년 시각표에 의하면, 경성에서 도쿄까지는 이틀이 꼬박 걸렸다(경성 오전 10시 출발 기차, 밤 9시 반 부산 도착-10시 반 출발 연락선, 이튿날 아침 6시 반 시모노세키 도착-8시 45분 출발 기차, 도쿄 8시 30분 도착). 나카무라에게 쓴 헌시(獻詩) 「贈三笑居士」가 이보다 사흘 전인 9월 8일자 동지면에 실리고 있는 것을 고려하건대, 이 시는 이날 아침의 만남 직후 기차에 올라 써서 보낸 것으로 추정된다.

18 이광수, 「농촌계발」(『매일신보』, 1916.11.26~1917.2.18), 『전집』 10, 87~93쪽.

실린 '고주생(孤舟生) 동상도중(東上途中)에서'라는 부기(附記)가 딸린 헌시(獻詩) 「증삼소거사(贈三笑居士)」[19]와 같은 지면 9월 22일과 23일자에 게재된 "아침에 선생을 배별(拜別)하고 종일 배를 맞으며 대구에 도착하였나이다"라는 문장으로 시작하는 서간체 논설 「대구에서」가 그것이다. 「증삼소거사」에서 이광수는 나카무라에게서 받은 첫인상을 다음과 같이 읊었다. "남쪽 시내 그윽한 집에서 그대를 처음 만났네 / 참선자리 향이 피어올라 사람이 절로 향기롭고 / 편안한 몸가짐에 맑은 눈빛 웃는 듯한 얼굴 / 가슴엔 도의의 기운이 가득 서려 있네."[20] 잘 봐달라는 부탁을 그렇게 돌려서 표현했을 것이다. 한편 「대구에서」는 당시 사회적으로 커다란 물의를 빚었던 대구 청년들의 강도사건을 화제삼아 아베를 솔깃하게 할 만한 문제를 제기함으로써 자신의 활용 가치를 좀더 적극적으로 어필했다.

> 그네가 만일 현명하였던들 번연히 뜻을 돌이켜 신사회에서 활동할 만한 실력을 길러 금일은 진실로 사회의 중추가 될 만한 자격과 능력을 얻었으련마는 그네의 무모한 혈기와 지식의 암매함이 이를 깨닫지 못하게 하여 마침내 금일의 비극을 양성함인가 하나이다. 이러한 상태에 있는 자가 그네뿐이면, 즉 병합 전에 교육을 받고 병합 전에 청년이 되고 지식이 암매한 자를 例하면 美洲, 露領 등지와 남북 만주 등지로 표류하는 일부 청년 같은 자들뿐이면 그 수도 얼마 되지 않을 뿐더러, 十年 二十年을 지내어 代가 바뀌임에 따라 절멸할 수도 있으련만, 금일 고등 정도 교육의 출신자의 幾 部分도 正히 如斯한 위험상태에 있지 아니한가. 저 일본 유학생의 다수가 당국의 주의인물이 되고 기타 조선 각지에 당국의 危險視之하는 高等遊民이 산재함은 正이 이 때문인가 하노이다.[21]

---

19 이광수의 「증삼소거사」에 관해서는 김영민, 「이광수 초기 문학의 변모 과정」, 『이광수 문학의 재인식』, 소명출판, 2009, 37~39쪽 참조.

20 원문은 다음과 같다. "南溪幽屋始逢君 / 禪榻焚香人自薰 / 體胖眼青容似笑 / 滿胸道味定氤氳".

21 이광수, 「대구에서」(『매일신보』, 1916.9.22~23), 『전집』 9, 135~136쪽.

대구 청년들의 강도사건은 비단 그들만의 문제가 아니라 조선 청년계 전체의 문제이며, 이처럼 조선 각지에 당국이 위험시하는 고등유민이 산재해서는 당국의 식민정책도 제대로 안착하기 어려울 것이라는 지적이다. 총독부의 안정적인 식민정책을 뒷받침할 임무를 띠고 신문사를 경영하기 위해 조선에 와 있던 아베의 관심사를 직접 겨냥한 발언이었다. 게다가 그가 조선 청년 문제의 해결책으로 학교교육과 사교기관, 강연, 신문과 잡지, 직업교육, 신사업 등으로 청년들의 활동 무대를 넓히고 언론을 통하여 청년의 계도에 힘써야 함을 제언한 것 또한 듣는 이의 입장에 따라 얼마든지 달리 해석될 수 있는 성격의 것이었다.

아마도 이광수는 일단 조선의 청년들이 제대로 교육받을 수 있는 여건을 확보하고 또 활동 무대를 확보하기만 하면 머지않아 조선도 무기력한 상태에서 벗어나 독립 국가로 나아가는 데 필요한 새로운 활력을 회복할 수 있을 것이라고 생각했을 것이다. 그러나 영리한 이광수는 아베의 입장에서 받아들일 만한 언어를 사용하는 것을 잊지 않았다. 앞서 일본의 민권론자들을 향해 조선인에게 완전한 일본 신민으로서의 권리와 의무를 갖게 하려면 조선에 교육을 개방할 필요가 있다고 주장했던 것처럼, 식민정책을 근저에서부터 뒤흔들 우려가 있는 조선의 청년들을 제어하려면 그들에게 교육과 활동 무대를 개방할 필요가 있다는 식으로 말이다.

짐작했던 대로 나카무라와 아베에게 올린 글이 지면에 실리면서 『매일신보』를 손에 넣을 수 있었던 이광수는 『매일신보』를 무대로 엄청난 분량의 글을 쏟아내기 시작했다. 이해 하반기에만 해도 「대구에서」(9.22~23)에 이어 「동경잡신」(9.27~11.9), 「교육가 제씨에게」(10.26~12.13), 「농촌계발」(10.26~2.18), 「문학이란 하오」(11.10~23), 「혼인론」(11.21~30), 「조혼의 악습」(11.23~26), 「조선 가정의 개혁」(12.14~22) 등을 잇달아 써냈다. 한편으로 총독부의 시선을 의식하지 않을 수 없었지만, 그는 당대 유일한 조선어 신문 『매일신보』와 더불어 조선의 명사이자 중요 작가로서 세상에 나서고 있는 중이었다.

4. 신문명의 전파자로서

이 무렵 이광수는 와세다대학 철학과에 적을 두고 있었지만, 그의 마음은 온통 『매일신보』의 조선인 독자들을 향해 있었다. 그는 『매일신보』 지면이 조선인에게 문명지식을 보급하고 민족감정을 불어넣는 데 긴요한 매체가 될 것이라는 사실을 조금도 의심하지 않았다. 더욱이 그에게는 오랫동안 마음속에 품어왔던 문명 조선의 구상과 관련하여 조선인 독자들에게 건네고 싶은 말들이 산더미 같이 쌓여 있었다. 그런 만큼 그 자신 『매일신보』 지면에 신문명 전파자로서의 역할을 자처하고 나선 것은 지극히 당연한 일이었다.

신문명의 전파자로서 이광수가 조선의 독자들에게 무엇보다 먼저 소개하고 싶어한 것은 문명화된 도쿄의 모습이었다. 실제로 「대구에서」에 바로 이어 달 반에 걸쳐 연재된 「동경잡신」(1916.9.27~11.9)은 교육에서 산업, 경제, 문화, 보건의 영역에 이르기까지 문명한 일본의 모습을 구석구석 전하기 위해 애쓴 흔적이 역력한 글이다. 당시 그의 머릿속에는 문명화된 일본을 모델로 한 문명 조선의 건설이라는 좀더 구체적인 목표가 자리하고 있었다. 그는 일찍이 메이지유신을 통해 서양 문명을 채용함으로써 문명화된 근대 국가를 형성하는 데 성공한 일본의 모습에서 장래 조선의 모습을 보았고, '교육'과 '언론'을 통하여 당대의 일본을 건설하는 데 지대한 공헌을 한 후쿠자와 유키치[福澤諭吉]와 같은 인물을 본받아야 할 역할 모델이라고 생각했다.[22]

한편 문명 조선의 구상과 관련하여 일찍이 교육의 중요성을 자각했던 그는 「교육가 제씨에게」(10.26~12.13)라는 별도의 논설을 써서 일본이 50여 년만에 세계 문명 강국의 대열에 오른 것은 '실생활 중심의 교육'을 채용한 덕분이라 하여 조선의 교육계도 당장 이를 도입할 필요가 있음을 주장하기도 했다. 실생활 중심의 교육이라고 하면 당장 먹고사는 데 필요한 전문교육이라든가 실업교육을 떠올리기 쉽지만, 당시 이광수가 염두에 두고 있던 실생활이란 개체의 생존에 필요한 '건강'과 물질적・정신적 '행복', 거기에 종족의 '번식'까지 염두에 둔 보다 포괄적인 범주를 아우르는 것이었다. '실생활 중심의 교육의 이상(理想)'은 "개체와 종족을 원만히 보존・발전하려는 능력" 이외에 "사회 공동의 발전・행복을 위하여 심력과 체력과 재산과 행복의 일부를 공헌할 만한 능력"[23]을 갖춘 사람을 길러내는 데 있다는 주장은 이러한 전제 위에서 비로소 제대로 이해될 수 있다.

논설 「교육가 제씨에게」가 실생활 중심의 교육 이상에 관한 '이론'적 지침을 제시한 글이라면, 같은 날짜에 연재되기 시작한 「농촌계발」(10.26~2.18)은 이러한 교육 이상의 '실제'를 독자들의 눈앞에 생생히 제공하기 위한 목적에서 기획된 글이었다. 이광수는 서론에서 "알아보기도 쉬웁고, 흥미도 있기 위하여 한 농촌을 차차 개량하여 이상적으로 만드는 소설 비슷하게 하기로 하였습니다"[24]라고 명시하기도 했거니와,

---

22 이광수, 「동경잡신」, 『전집』 10, 317~319쪽, 11장 「福澤諭吉의 墓를 拜함」.
23 이광수, 「교육가 제씨에게」, 『전집』 10, 59쪽.
24 이광수, 「농촌계발」, 『전집』 10, 63쪽.

이 글이 농촌계발에 근간한 문명 조선의 청사진을 비교적 선명하게 제시할 수 있었던 것은 실로 이러한 소설 형식에 힘입은 바 컸다. 그 가운데서도 특히 눈여겨 볼 것은, 전라도와 경상남도에 내린 큰 비로 인해 지역민이 수해(水害)를 입은 사건과 수해민의 절박한 사진이 실린 '신문'을 통하여 농민들에게 '조선 십삼도가 일가(一家)'임을 깨닫게 하고 이로부터 민족적 일체감을 이끌어내는 데 성공한 일화를 도입한 대목이다. 당대적 사실을 허구적 형식 속에 절묘하게 짜넣은 이 일화는 조만간 장편 『무정』의 대단원을 장식하는 데 효과적으로 기여하게 될 것이었다.

이광수가 「농촌계발」에 허구적인 소설 형식을 도입한 것은 우연이 아니었다. 이 무렵 대학에서 문학론 수업을 들었던 그는 문학의 효용에 대해서도 지대한 관심을 갖고 있었기 때문이다. 「문학이란 하오」(11.10~23)는 그 숙고의 산물이었다. 이 글은 문학 일반론으로 시작하고 있지만, 그의 주된 관심은 무엇보다도 '문학과 민족성'을 논하는 대목에 있었다.[25] 그는 이 대목에서 일민족의 "진보하는 일대(一代)의 사상과 감정과 생활방식"을 전하는 데 가장 유력한 형식은 '민족의 문학'이라 하여, 조선도 바야흐로 "신문명 중에 전신(全身)을 목욕하고 자유롭게 된 정신으로 신정신적 문명의 창작"[26]에 착수해야 할 때라고 부르짖기도 했다.

그러나 당장으로서 해결해야 할 보다 근본적인 문제는 이처럼 한창 교육과 사업, 문화 등 다방면으로 신문명의 건설에 힘써야 할 청년들이 조혼의 악습과 가정의 구습에 매여 무기력하게 현실에 안주하고 있는 현실이었다. 이광수가 「혼인론」(11.21~30), 「조혼의 악습」(11.23~26), 「조선 가정의 개혁」(12.14~22) 등의 논설을 잇달아 써서 조선 가정 내의

---

25 '문학의 효용'에 대해 언급하고 있는 절은 "然이나, 此에 最히 중요한 문학의 一效用이 有하니 청컨대 次節에 주의할지어다"라는 문장으로 끝이 나는데, 이어지는 절이 바로 '문학과 민족성' 대목이다(이광수, 「문학이란 하오」, 『전집』 1, 511쪽).

26 이광수, 『전집』 1, 517쪽.

구습의 타파를 격렬하게 부르짖은 것은 바로 이 때문이었다.

조혼의 폐해에 관한 것이라면 이광수는 누구보다도 할 말이 많았다. 조혼은 육체적·정신적으로 미성숙하고 경제적으로 독립하지 못한 남녀 간의 결합인 터라 개인적으로 불행한 결혼 생활로 이어질 공산이 크며, 개인적으로 불행한 결혼 생활은 결국 사회적으로 왕성하게 활동해야 할 개인의 활기를 빼앗아 결국 사회적 손실로 이어지게 마련이라는 주장은, 바로 조혼의 당사자로서 불행한 결혼 생활로 인해 고통받고 있던 자신의 경험에 대한 통찰에서 나온 것이었다. 이광수 자신이 겪은 개인적 불행이 그에게 개인과 사회를 짓누르고 있던 전근대적인 구습의 억압적 본질을 꿰뚫어볼 수 있는 권한을 주었던 것이다. 한편 청년들의 활기를 짓누르는 전근대적인 구습과 관련하여 그 관심을 가졌던 또 다른 문제는 당대 여전히 만연해 있던 남존여비사상이었다. 그는 여자가 조선의 인구 가운데 반수를 차지하고 있는 이상 어느 정도까지는 여자의 인격과 권리를 인정함이 민족발달상 또는 가정개량상 유리하다고 주장했다. 비록 남녀의 평등권 자체를 수긍한 데서 출발한 논의는 아니었지만, 그러한 논법이야말로 당대로서는 파격적이었을 주장을 독자들에게 호소할 수 있는 적절한 수준의 것이었는지도 모른다.

이처럼 단기간에 걸친 정력적인 문필 활동을 통해 오랫동안 마음에 품어왔던 문명 조선에 관한 구상을 한꺼번에 쏟아낸 이광수는 신문명의 전파자로서의 역할에 걸맞은 권위를 갖추고 당당하게 자신을 내세울 준비가 되어 있었다. 장편 『무정』이 그를 찾아온 것은 바로 이러한 시점에서였다. 겨울방학을 앞둔 어느 날 『매일신보』로부터 신년소설을 써보라는 전보를 받은 그는 기꺼이 청탁에 응했다. 기회는 다소 우연히 주어졌지만, 그는 앞으로 써야할 소설을 통해서 조선의 독자들에게 이야기해야 할 것이 무엇인지 분명히 깨닫고 있었다.

5. 예기치 않은 복병(伏兵)

이광수가 『무정』을 쓸 때 의도한 것은 "당대 조선청년의 이상과 고민을 그리고 아울러 조선청년의 진로에 한 암시를 주자는 것"[27]이었다. 방향과 목표가 분명했기에 그는 겨울방학 동안 쉬지 않고 잠도 줄여가며 소설 쓰기에 몰두할 수 있었다. 그리고 집필을 시작한 지 십여 일만에 연재 70회분의 분량을 한꺼번에 『매일신보』에 보낼 수 있었다.[28] 70회분이라면 전체 126회분 가운데 절반 이상에 해당하니 실로 엄청난 분량을 단숨에 써냈던 셈이다. 그러나 고된 집필을 마치고 한숨 돌리려는 순간, 그는 예기치 않은 복병(伏兵)과 맞닥뜨려야 했다.

사건의 발단은 이광수가 한창 신문사에 보낼 원고 쓰기에 몰두하고 있던 겨울방학 무렵으로 거슬러 올라간다. 하루는 홋카이도에 있는 K대학에 다닌다는 Y라는 사람이 그를 찾아왔다. 그에게는 도쿄에 C라는 애인이 있는데, 자기와는 멀리 떨어져 있으니 대신하여 그녀를 돌봐줄 사람이 필요하다는 것이었다. Y의 집요한 부탁에 못이겨 이날 C의 하

---

27 이광수, 「다난한 반생의 도정」(『조광』, 1936.4~6), 『전집』 8, 452쪽.

28 이광수는 당시의 집필 기간과 집필 분량에 대해 「다난한 반생의 도정」에서 "동기 방학 동안에 불면불휴로 약 70회분을 써 보"(『전집』 8, 452쪽)냈다고 썼고, 『그의 자서전』에서는 "나는 날마다 거의 아침부터 저녁까지 혹시 자다가 일어나서도 소설을 썼다. 어떻게나 부지런히 썼던지 불과 십여 일 동안에 신문에 일백사오십 회나 날 분량을 써서 소포로 부쳤다."(『전집』 6, 406쪽)고 쓰고 있다. 그런데 설문 「최초의 저서」에 "첫회부터 끝회까지 약 300회 동안 『매일신보』에 연재하였는데"(『삼천리』, 1932.2, 58쪽)라는 언급이 나오는 것으로 보아, 집필은 연재 300회분을 염두에 둔 것이었으나 당시 연재 1회분의 길이는 보통 2회분 이상이었던 사실을 알 수 있다. 결국 이광수가 한꺼번에 쓴 '일백사오십 회' 분량은 실제 70회에 걸쳐 연재되었던 것이다. 또 당시 대학의 겨울방학은 12월 중순에서 이듬해 1월 초순 무렵까지였는데, 신년부터 연재될 예정이었으므로 이 원고는 적어도 12월 말 무렵까지는 신문사에 도착했어야 했을 것이다. 그러니까 불과 십여 일 동안에 일백사오십 회(실제 연재 70회)분을 썼다는 얘기도 사실이라는 얘기가 된다.

숙까지 찾아가 만나보게 된 그녀는 초면에도 호감을 줄 만큼 총기 있고 열정적인 처녀였다. 이튿날 Y는 C와 함께 다시 한번 그의 하숙을 찾아왔고, 일주일 뒤에는 안심한 듯이 홋카이도로 떠났다. 그러나 문제는 그 다음부터였다. 처음에는 다른 사람의 애인으로 만났을 뿐인 C에게 이광수는 점차 사랑의 감정이 싹트는 것을 느끼게 되었기 때문이다.

> 그 후부터 C도 나를 찾고 나도 C를 찾았다. 또 편지 왕복도 있었다. 나는 Y의 부탁대로 한 주일에 한 번씩 Y에게 C에 관한 보고편지를 하였다. 그러나 나는 내 마음속에 위험이 일어남을 느꼈다. 그것은 C가 보고 싶어지고 그 편지가 기다려지는 것이었다. 나는 이래서는 아니 될 것을 알기 때문에 애써서 이 감정을 누르려고 하였다. 그렇지만 누르면 누를수록 그리운 생각이 더욱 간절해지는 것 같았다. (…중략…) 나는 애써 냉정한 모양을 보이고 교훈하는 태도를 취하였다. C도 누이가 오라비에게 대한 태도를 잃지 아니하려고 애를 썼다. 그러나 그가 간 뒤에 나는 내 가슴에 풍랑이 일어남을 금할 수가 없었다. 사랑해서 안 될 사람을 향하여 일어나는 애정은 실로 고통이었다.[29]

여기서 K대학을 다닌다는 Y가 당시 교토대 법학부에 재학 중이던 김우영을, 그리고 그가 소개해 준 C가 정월 나혜석을 가리킨다는 사실을 알아채기는 어렵지 않다.[30] 그러니까 김우영은 겨울방학을 맞아 나혜석을 만나러 도쿄에 왔던 길에 이광수를 찾아가 그녀를 돌봐달라고 부탁했고, 일주일 뒤 개학을 앞두고 다시 교토로 돌아갔던 것이다. 『그

---

29 이광수, 『그의 자서전』(1937), 『전집』 6, 432쪽.

30 실제로 이 무렵 나혜석은 오빠 나경석의 강력한 권유로 교토대학에 적을 두고 있던 김우영과 교토와 도쿄를 오가며 서로 교제하는 중이었다(이상경, 「나혜석 연보」, 『나혜석전집』, 태학사, 2000, 687쪽). 또 『그의 자서전』에서 Y와 C가 결국 3년 후 결혼했음을 밝히고 있는 대목도 사실과 일치한다.

의 자서전』에 자세히 언급되어 있는 이 일화는 나중에 『유정』(1933)의 기본 모티프로 다시 등장할 만큼 이광수의 인생에서 커다란 비중을 차지했던 강렬한 체험 중의 하나였는데, 두 사람의 관계는 나중에 유학생 사회에 알려져 물의를 빚기까지 일 년 넘게 지속되었다.[31]

당시 이들 사이에 오고갔다는 편지는 공식적으로 남아 있는 것이 없다. 그러나 이광수가 이해 2월 22일 자신의 생일을 맞아 쓴 편지글 「25년을 회고하여 애매(愛妹)에게」(『학지광』, 1917.4)와 6월 26일 오도답파여행을 위해 도쿄에서 경성으로 떠나는 길에 쓴 편지글 「동경에서 경성까지」(『청춘』, 1917.7)에는 이 글이 나혜석을 염두에 두고 쓴 글임을 강력하게 시사하는 대목이 나온다. 먼저 「25년을 회고하여 애매(愛妹)에게」에는 이 편지글의 대상인 '사랑하는 누이'가 이광수의 생일을 기념하여 '사엽근(四葉槿, 네잎 클로버)'을 보낸 사실이 언급되어 있는데, 시기적으로 이광수와 나혜석이 편지를 주고받은 기간과 일치한다. 또 「동경에서 경성까지」에서는 이 편지글의 대상인 '동생'에게 지난 겨울 나고야[名古屋]에 갔을 때 후지산의 아름다움에 관해 써보낸 적이 있는데 기억하느냐는 언급이 나오는 것도 마찬가지다.[32] 더욱이 그가 누마즈역[沼

31 『그의 자서전』에는 두 사람이 서로 안 지 일 년이 넘은 "어느 추운 겨울날 밤"(두 사람이 만난 것이 1916년 12월 겨울방학 무렵의 일이니까 1918년 1, 2월의 일이라는 얘기가 된다) C가 이광수의 하숙을 찾아와 사랑의 감정이 생기지 않는 Y와 교제를 끊겠다는 상의를 해왔고, 이광수는 두 사람의 관계에 주목하고 있는 세인들의 시선을 우려하여 C의 생각을 만류했다는 이야기가 등장한다. 또 이광수가 허영숙에게 보낸 1918년 9월자 편지를 보면 이광수가 나혜석과의 교제를 확실하게 끊은 것은 바로 그 직전 무렵의 일이라는 것을 알 수 있다. "전번에 나경석 씨에겐 편지 냈습니다. 혜석 씨와 나와의 관계를 말하여 오해를 풀도록 했습니다. 그리고 혜석 씨나 양성 씨와 교제를 끊은 것은 나의 연애관, 정조관에서 그런 것이라 말하고, 나는 영숙 씨 이외의 모든 여성과 교제를 끊을 것이며, 또 새로 사귀지도 않을 결심이라는 것과, 이대로 실행할 것이라고 말했습니다."(이광수, 「사랑하는 영숙에게」(1918.9), 『전집』 9, 290쪽)

32 "富士 말이 났으니 말이다마는, 昨冬에 내가 名古屋에 갔다 올 때에는 참 아름다운 富士를 보았다. (…중략…) 내가 그것을 보고 네게 '天女가 下界에 내려 왔다가 닭의 소리에 놀래어 미처 치마 고름도 매지 못하고 天上으로 오르려는 모양이라고 써 보낸 듯하다마는, 네가 기억을 하는지? 나는 그때의 여러 생각을 하다가 또 이것을 쓴다. 너는 이것을 보거든 그때의 생각을 할 터이

津驛]을 지나며 다음과 같이 써내려간 대목은 그대로 사랑하는 연인을 향한 연애편지로 읽어도 손색이 없다.[33]

> 밤이 되었다. 沼津驛에 다다르니 잠깐 작별하였던 물결 소리가 다시 들린다. 네가 퍽 바다를 좋아하고 물결 소리를 좋아 하지? 네가 년전 江島에 갔을 때에 일부러 海岸에 面한 여관의 海岸에 面한 방을 잡고 밤새도록 물결 소리에 취하여서 잠을 못 이뤘노라고 했지? 그러고 그 물결 소리가 마치 네 심장 뛰는 소리와 諧音을 짓는다고 했지? 나도 네게 배워서 바다와 물결을 퍽 사랑하게 되었다. 바다의 넓음이 좋고, 깊음이 좋고, 영원함이 좋고, 활동함이 좋고, 소리 남이 좋고…… 네 것이라면 내게는 다 좋은 것과 같이, 바다의 것이라면 내게는 다 좋다. 사람 중에는 너, 만물 중에는 바다.[34]

물론 이광수가 이제 막 『무정』의 연재 70회분을 마친 겨울방학의 끝 무렵이라면 두 사람의 사이가 이렇게까지 친밀할 정도는 아니었을 것이다. 그러나 그녀의 존재는 글쓰기가 주는 긴장에서 잠시 해방된 틈을 타고 잠들어 있던 그의 청춘을 자극하기에 충분했던 것 같다.

지?"(이광수, 「동경에서 경성까지」, 『전집』 9, 141쪽)

33 당시 이광수에게 이토록 가까운 마음의 연인으로 꼽을 수 있는 사람이라고는 나혜석이 유일하지 않았을까 싶다. 오도답파여행 무렵에는 허영숙과도 편지를 주고받은 사실을 확인할 수 있지만, 아직까지 그렇게 친밀한 관계가 형성되어 있던 시점은 아니었던 것으로 보인다. 문예공론이 주최한 한 인터뷰에서 허영숙이 폐병 약을 가지고 이광수의 하숙을 찾았다가 부끄러워 몇 번이나 주저한 일이 있다는 말을 꺼내자 그 자리에 함께 있던 이광수가 전혀 몰랐던 사실이라고 응수하고 있는 대목은, 오도답파여행 이전까지만 해도 건강 문제 외에는 그녀와 그리 친밀한 관계가 아니었던 것을 짐작케 한다(春海, 「춘원병상방문기」, 『문예공론』, 1929.4, 62~63쪽). 또 결혼은 했지만 "별로 연정(戀情) 같은 것도 그리 느꼈는 것 같지 않"다거나 "춘원께서도 별로 내가 아니면 못 살 것 같은 그런 사랑의 엄은 자라지 않었든 것 같"다는 허영숙 자신의 고백도 이러한 추측을 뒷받침한다(허영숙, 「나의 자서전 : 一代의 文豪 춘원의 애인」, 『여성』, 1939.2, 27쪽).

34 이광수, 「동경에서 경성까지」(『청춘』, 1917.7), 141쪽.

실제로 이 시기 이광수가 한꺼번에 써낸 단편 「소년의 비애」, 「윤광호」, 「방황」(집필 날짜는 각각 1917년 1월 10일, 11일, 17일로 되어 있다)은 모두 한 번도 충족되어 본 일이 없는 청춘에 대한 탄식 혹은 갈망을 주제로 하고 있다. 「소년의 비애」는 겨우 스무 살의 나이에 세 살배기 아이의 아버지가 되어버린 문호의 비애를 그리고 있으며, 「윤광호」 또한 유학생계에서 촉망받는 전도유망한 청년이던 광호가 자신의 '적막과 비애'를 품어줄 사랑을 구하다가 실패하여 결국 자살에 이른다는 이야기이다. 그리고 병석에 누워 외로움을 호소하며 차라리 중이 되고 싶다고 중얼거리고 있는 「방황」의 주인공 또한 일찍이 17세에 출가하여 18세에 과부가 되었다가 결국 T암의 중이 된 고모의 적막한 처지를 그대로 반향하고 있다. 그러니까 얼마 전까지만 해도 거침없는 기세로 『무정』의 집필에 몰두했던 이광수는 이 시점에서 돌연 청춘의 번민 속에서 실의에 빠졌고, 여기에 지난 가을 이래 학업과 과도한 집필을 병행하면서 과로한 탓에 앓아눕기까지 하면서 삶의 의욕을 잃어버렸던 것이다.[35]

---

35 집필 날짜가 1월 17일로 되어 있는 「방황」에서 주인공은 '삼 일째' 감기로 누워있는 상태로 나오는데, 이를 근거로 하타노 세츠코는 이 무렵 이광수의 정신상태가 폐결핵의 발병과 관련이 있다고 추정하고 있다(하타노 세츠코, 「이광수의 제2차 유학시절」, 최주한 역, 『일본 유학생 작가 연구』, 소명출판, 2011, 101쪽). 그러나 『무정』의 집필 중 발병된 이광수의 폐질환이 이후 폐결핵으로까지 진전된 것은 1918년 2월의 일이었던 것으로 보인다. "처음에 감기 모양으로 몸이 괴로워지고 기침이 자주 나기에, 의사에 진찰을 받았더니, **의외에도** 내가 제일 무서워하는 폐병이라는 선고를 받게 되었습니다"(이광수, 「폐병 생사 십오 년」(『삼천리』, 1932.1), 『전집』 8, 420쪽)라는 회고로 보아, 이광수가 처음 폐병을 발견했다는 무렵은 폐렴에 가까운 상태가 아니었을까 싶다. 또 "저이가 '오도답파'를 하려고 떠나는데 가도 병에 괜찮겠느냐고 제게 묻기까지 하고는 떠나서 가끔 편지를 하는데 **폐결핵이 되었다고** 하겠지요(오도답파 당시 이광수가 며칠간 앓아누운 것은 폐결핵이 아니라 적리(赤痢) 때문이었다)"와 "그 후 2년인가(허영숙의 착오. 이광수의 각혈은 그 이듬해 2월의 일이다—인용자) 지나서 언젠가 우리 하숙으로 와서 놀다가 갑자기 피를 뱉는데 대야에 물이 빨갛게 되겠지요. 어떻게 놀랐는지 몰랐어요. 그래 고전씨(高田氏)에게 진찰을 하니 쉬는 게 좋다고 해서 학교(早稻田大學)도 그만두고 아타미[熱海]로 가서 정양을 했지요. **그 후부터는 해마다 봄철이면** 꼭 알고 피를 뱉었습니다"라는 허영숙의 회고는 이광수의 병세가 오도답파 여행 이후 이듬해 2월 사이에 급격히 나빠졌으며, 허영숙이 이광수의 각혈을 처음 알게 된 것도 1918년 2월의 일이라는

그러나 번민의 시간은 그리 길지 않았다. 그에게 나혜석의 존재는 고통스러운 번민의 원천이자 동시에 삶에 대한 열정을 부추기는 뜨거운 불꽃이기도 했던 까닭이다. 당시 사랑 없는 약혼의 당사자이기도 했던 그녀는 이광수의 적막한 처지에 공감하고 동시에 그를 지지해주었을 것이 분명하다. 이러한 그녀의 관심과 지지가 이광수에게 정신적으로 큰 힘이 되어 주었을 것은 물론이고 말이다. 한동안 실의에 빠져 있던 그가 스물여섯 번째 생일을 맞아 쓴 편지글 「25년을 회고하여 애매(愛妹)에게」(1917.2.22 집필)에서 돌연 삶의 의지를 표명하며 희망으로의 전회(轉回)를 피력하고 있는 대목은 이러한 짐작에 힘을 실어준다.[36]

> 나는 다시 살기로 결심하였다. 너를 위하여, 저 은인들을 위하여, 그리하고 귀중한 너와 은인을 안아 주는 저 땅을 위하여 나는 다시 살고 다시 힘쓰기로 작정하였다. 아아 저 땅! 너와 은인들을 안아 주는 그 땅을 차마 어찌 버리겠느냐.[37]

이처럼 이광수가 다시금 되찾은 삶의 의지는 그녀의 존재에 뿌리를 두고 있었다. 한창 실의에 빠져 있던 그에게 "패배가 있든지 전승(戰勝)이 되든지 나가 보시오!"[38]라며 아낌없는 지지를 보내준 것도 그녀였

사실을 알려준다. 당시 이 소식을 들은 최남선은 "춘원은 右肺에 **결핵 조짐**이 보였다 하는도다!" "**天涯異方에 조심될 병**으로 눕겠다 하니" 놀랍고 근심스럽다 하여 안타까움을 표하는 글을 쓰기도 했다(최남선, 「病友생각」(1918.3.19 집필), 『청춘』, 1918.4, 6·8쪽).

36 「25년을 회고하여 愛妹에게」는 친누이에게 보낸 편지처럼 꾸며져 있지만, 한눈에도 당시 만주로 시집가 있던 누이의 수준을 고려한 글이라고 보기는 어렵다. 몰락해가는 집안에 태어나 어려서부터 병약했고 11살 되던 나이에 부모까지 잃어 동표서류(東漂西流)했던 과거의 비참한 삶에 대한 언급 속에 당연히 함께 했을 누이의 모습은 보이지 않으며, 그 뒤를 잇고 있는 지난 25년 동안의 세계역사에 관한 언급 또한 제대로 교육받은 적이 없는 그의 누이로서는 이해하기 어려운 내용인 것이 분명하다. 더욱이 만주에서의 고된 생활 가운데 오라비의 생일을 기념하여 "작추(昨秋)에 종일 애써서" 찾은 '사엽근(四葉槿)'을 보내줄 정도로 그녀에게 여유가 있었을지도 의문이다.

37 이광수, 「25년을 회고하여 애매에게」(1917.2.22 집필, 『학지광』, 1917.4), 『전집』 8, 377쪽.

고, 그의 스물여섯 번째 생일을 기억하여 네잎 클로버와 함께 행운을 빌어준 것도 그녀였다. 그는 이제 더 이상 세상에 혼자 남겨진 것 같은 적막함에 빠져 허우적거리지 않아도 좋았다. 그리고 그녀의 관심과 지지 속에서 삶의 의지를 재충전할 수 있었던 덕분에 한껏 고양된 기분으로 다시금 『무정』의 집필에 착수할 수 있었다.

6. 장편 『무정』이 거둔 성공

1917년 1월 1일부터 『매일신보』에 연재되기 시작한 장편 『무정』은 연재 당시부터 즉각적인 반향을 불러 일으켰다. 연재를 시작할 때 매달 5원이던 원고료가 나중에 10원으로 오르고, 이어서 『개척자』(1917.11.10~1918.3.5)를 연재할 무렵에는 20원(당시 유학생의 한 달 생활비)으로 무려 네 배나 올랐으니,[39] 이광수는 『무정』을 통하여 일약 유명 작가의 명성을 얻게 되었다고 해도 과언이 아닌 것이다.[40] 장편 『무정』이 이토록 엄청난 반향을 일으키리라고는 이광수 자신도 미처 생각지 못했던 일이었다. 그러나 결과는 예측할 수 없었다 해도 『무정』의 연재가 이러한 파급

38 위의 글, 377쪽.

39 "원고료를 처음엔 한 달에 5원씩 보내주더니 나중엔 10원씩 보내주더이다."(이광수, 「나의 최초의 저서」(『삼천리』, 1932.2), 『전집』 10, 504쪽) "그러다가 처음 시험한 이 신문소설이 인기가 있던지 『무정』을 끝내자 곧 계속해서 무얼 하나 더 쓰라고 하기에 다시 붓을 잡아 『개척자』를 쓰기 시작하였더니 그때에는 일약 20원을 주더구만. 4배 폭등이지요."(이광수, 「『무정』 등 전작품을 語 하다」(『삼천리』, 1937.1), 『전집』 10, 521쪽)

40 최남선이 『무정』의 연재가 끝난 이듬해 6월 신문관에서 단행본으로 펴낸 것은 이러한 인기에 힘입은 바 컸다. 이때 발행부수는 1천 부였는데, 이후 판을 거듭하면서 1924년 11월 무렵까지 1만 부 이상 팔렸다고 한다. 1924년 11월 『조선문단』 창간호에 실린 광고 참조.

효과를 불러일으키기를 고대했던 것은 사실이었다.

이광수가 「문학이란 하오」에서 일민족의 '진보하는 일대(一代)의 사상과 감정과 생활방식'을 전하는 데 가장 유력한 형식은 '민족의 문학', 곧 "조선인이 조선문으로 작(作)한" '조선문학'[41]이라고 쓴 것은 바로 『무정』 연재 직전의 무렵이었다. 일찍이 '신문'이라는 근대적인 매체가 가진 힘을 누구보다도 분명하게 인식하고 있었던 그는 '신문'이라는 매체에 조선인이, 조선글로, 조선인의 '진보하는 일대(一代)의 사상과 감정과 생활방식'을 표현한 '문학'이라는 형식이 등장한다면, 문명에 뒤처진 조선인에게 문명지식을 보급하고 민족감정을 불어넣는 데 보다 극대화된 영향력을 발휘할 수 있을 것이라고 믿었다. 『무정』의 평가에 그토록 인색했던 당대의 김동인조차도 '조선 구어체'로 상당한 분량의 글을 썼다는 점, '새로운 감정'(신사상)이 조선사회에 상당한 파동을 미쳤다는 점, '조선서 처음으로 대중에게 환영된 소설'이었다는 점을 『무정』의 특필한 만한 점으로 꼽은 것을 보면,[42] 이광수가 『무정』의 연재를 통해 고대했던 파급효과는 기대 이상으로 성공적이었다고 해도 좋을 것이다.

이광수가 장편 『무정』을 통해 표현하고자 했던 것은 크게 두 가지였다. 근대적인 연애를 통하여 자아에 눈뜬 청년들이 전근대적인 구습의 억압에서 자유로워져 '독립된 인간으로서의 자기'를 자각해 가는 과정이 그 하나이고, 이렇게 자기를 자각한 청년들이 더 나아가 민족을 발견하고 '민족 구성원으로서의 자기'를 자각해 가는 과정이 다른 하나이

---

41 이광수, 「문학이란 하오」(『매일신보』, 1916.11.10~23), 『전집』 1, 512・517쪽.

42 "조선 구어체로서 이만치 긴 글을 썼다 하는 것은 조선문 발달사에 있어서도 특필한 만한 가치가 있다. 이 『무정』이 조선사회에 던진 파동도 특필할 만한 것으로서 거장 이인직이 그새 몇 개 발표한 소설은 감정에 있어서 재래의 감정이었었는데 새로운 감정이 포함된 소설이 조선에 나타난 효시로도 『무정』은 특필할 만한 가치를 가졌으며, 대중에게 一顧도 받지 못하고 逝去한 이인직 씨의 이후로 조선서 처음으로 대중에게 환영된 소설로도 특필할 만한 가치가 있거니와" (김동인, 「춘원연구(4)」(『삼천리』, 1935.2), 김치홍 편, 『김동인평론전집』, 삼영사, 1984, 107쪽).

다. "내가 『무정』을 쓸 때 의도로 한 것은 당대 조선청년의 이상과 고민을 그리고 아울러 조선청년의 진로에 한 암시를 주자는 것"[43]이었다는 언급에서도 분명하게 엿볼 수 있듯이, 그는 이미 집필 이전 단계에서부터 이 두 가지 목표를 분명하게 설정하고 있었던 것이다.

이런 점에서 보자면, 형식을 비롯하여 선형, 영채, 우선 등 근대적인 연애를 겪으며 독립된 인간으로서의 자기에 눈뜨는 과정에서 이런저런 갈등에 빠졌던 인물들이 삼랑진 대목을 계기로 민족 구성원으로서의 자기를 발견하고 일체감을 형성하게 되는 구성은 역시 탁월한 것이었다고 하지 않을 수 없다. 그토록 바랐던 미모와 재산과 교육을 갖춘 선형을 손에 넣게 된 뒤에도 과거 은사가 아내로 허락한 영채에 대한 의리를 소홀히한 데 대한 부채감으로 번민하던 형식, 정절을 잃고 자살을 시도했다가 병욱에게 구원되어 새로운 인생을 시작하려는 찰나 형식이 약혼한 사실을 알고 다시금 실의에 빠지게 된 영채, 그런가 하면 영채라는 뜻밖의 존재의 등장으로 인해 비로소 질투와 사랑이라는 실인생의 감정에 눈뜨게 된 선형, 그리고 지금껏 화류계에서 노니는 것으로 조혼의 불만을 잠재워 왔으나 새삼 영채를 향한 사랑의 감정에 눈뜨며 청춘의 번민에 휩싸이게 된 우선. 그러나 뒤이어 펼쳐진 삼랑진의 대홍수 장면은 자기에 눈뜨기 시작한 이들의 개인적 번민의 크기를 압도하고도 남을 만큼 대단한 위력을 발휘하기에 충분했다. 대자연의 위협 아래 비참한 지경에 빠진 사람들의 모습을 목도하면서 너나할 것 없이 구호 활동에 팔을 걷어붙이고 나선 이들은 공동의 목적 앞에서 전에는 결코 몰랐던 일체감을 느끼게 되고, 이러한 '산교훈'[44]을 통

43 이광수, 「다난한 반생의 도정」(『조광』, 1936.4~6), 『전집』 8, 452쪽.

44 "방금 눈에 보는 사실이 그네에게 **산교훈**을 주었다. 그것은 학교에서 배우지 못할 것이요 대웅변에서도 배우지 못할 것이었다."(이광수, 『무정』(『매일신보』, 1917.1.1~6.14), 김철 교주, 『바로잡은 『무정』』, 문학동네, 2003, 705쪽).

하여 저마다 조선 문명화의 사명이 바로 자신들의 어깨에 놓여 있다는 공통된 자각에 이르고 있기 때문이다.

> "옳습니다. 우리가 해야지요! 우리가 공부하러 가는 뜻이 여기 있습니다. 우리가 지금 차를 타고 가는 돈이며 가서 공부할 학비를 누가 주나요? 조선이 주는 것입니다. 왜? 가서 힘을 얻어 오라고, 지식을 얻어 오라고, 문명을 얻어 오라고…… 그래서 새로운 문명 위에 튼튼한 생활의 기초를 세워 달라고…… 이러한 뜻이 아닙니까" (…중략…) 이때에 네 사람의 가슴속에는 꼭 같은 '나 할 일'이 번개같이 지나간다. 너와 나라는 차별이 없이 온통 한몸 한마음이 된 듯하였다.[45]

이처럼 이광수에게 근대 문명은 식민지로 전락한 민족의 비참한 처지를 뼈아프게 돌아보게 만드는 현실적 힘이자, 동시에 개인과 민족의 발전을 도모할 수 있는 보다 공정하고 해방적인 힘을 의미하기도 했다. 거기서 이광수는 전근대적인 질서에서 해방된 개인들의 상승 가능성을 보았고, 이렇게 낡은 질서에서 자유로워진 개인들이 저마다 새로운 민족적 이상을 자각하고 분투한다면 분명히 언젠가는 문명한 독립 국가의 꿈도 실현될 날이 오리라고 믿었다. 장편 『무정』은 그러한 믿음의 눈부신 결실이었다. 더욱이 장편 『무정』이 당대 독자들에게 일으킨 반향은 바로 2년 뒤 민족적 일체감에 기반한 3·1운동이 전국적으로 확산될 수 있었던 정신적 기반을 예비하고 있었으니, 장편 『무정』이 거둔 성공은 한국 최초의 근대장편이라는 문학사적 의의를 훌쩍 뛰어넘는 것이었다고 해도 과언이 아니다.

---

45 위의 책, 707~708쪽.

7. 찬란한 나날

『무정』의 연재가 종료된 것이 6월 14일이니, 이광수가 『무정』의 집필을 마친 것은 적어도 5월 무렵이었을 것이다. 학업과 더불어 집필을 병행하며 과로한 뒤끝이라 체력이 바닥나 있었을 것은 말할 것도 없다. 그러나 자신의 오랜 구상을 아낌없이 쏟아 부은 『무정』을 만족스럽게 완결했다는 데서 오는 성취감,[46] 게다가 항상 흐렸던 그의 애정전선 또한 모처럼 활짝 개인 덕분에 그의 정신은 한껏 고양되어 있었던 것 같다. 이해 7월 『청춘』 9호에 나란히 실린 단편 「어린 벗에게」(이후 10, 11호까지 연재됨)[47]와 기행문 「동경에서 경성까지」는 이 무렵 그의 충만한 내면풍경을 생생하게 엿볼 수 있는 텍스트이다.

모두 4신(信)의 편지글 형식으로 되어 있는 단편 「어린 벗에게」는 이광수가 대륙방랑 시절의 경험을 배경으로 자신의 중학시절 이래의 여성 편력을 '김일련'이라는 허구적 인물 속에 모두 녹여낸 작품이다. 제1신은 상하이에서 병으로 앓아누운 외로운 서술자가 낯모를 여성의 간병을 받게 된 이야기를 서술하고 있고, 제2신에서는 그녀가 바로 6년 전 일본 유학 당시 친구의 소개로 만났으나 기혼자라는 이유로 그를 실연에 빠뜨렸던 김일련이었다는 사실을 소급 제시하고 있다. 제3신

46 이광수는 『무정』에 보이는 작가의 과도한 개입을 두고 다음과 같이 회고한 바 있다. "때때로 작자가 나서서 유치한 理論을 하는 것은 지금 보면 苦笑를 금치 못하거니와 **제깐에 계몽적 직무를 한다고 열성에서라고** 생각하였고, 그때에 있어서는 그 유치한 설교의 부분이 도리어 이 유치한 작자에게는 **소중한 자랑거리였던 것**도 자백한다."(이광수, 「다난한 반생의 도정」, 『전집』 8, 452쪽).

47 이광수는 단편집 『젊은 꿈』(1926.10) 자서(自序)에서 「어린 벗에게」의 집필 시기를 대륙방랑을 마치고 오산으로 돌아온 1914년 무렵의 일이라고 언급하고 있다(『전집』 10, 545쪽). 그러나 한껏 물이 오른 문체로 보나 내용으로 보나 「어린 벗에게」에는 『무정』 집필 무렵까지의 경험과 사고가 모두 녹아들어 있다는 것이 필자의 판단이다. 이에 관해서는 본문에서 좀 더 자세히 언급하기로 한다.

은 상하이를 떠나 블라디보스톡으로 향하던 배에서 다시 그녀와 재회하게 된 이야기를, 그리고 제4신은 그녀에 대한 사랑을 다시금 확인하게 된 서술자가 천성(天性)에 근거한 사랑은 인위적인 도덕과 법률보다 우월한 지위에 있음을 주장하며 조물(造物)의 뜻이 허락하는 데까지 그녀와 함께 하겠다는 다짐에 이르는 과정을 전하고 있다.

여주인공 '김일련'의 모델에 관해서는 나혜석이 자주 거론되곤 하지만, 이 인물을 나혜석과 너무 밀접하게 동일시하는 것은 잘못이다. 「어린 벗에게」의 제1신은 대륙방랑시절 이광수가 상하이에서 독감으로 앓아누웠을 때의 경험을 바탕으로 한 것이고, 뒤이은 제2신은 중학시절 짝사랑의 경험을 반영하고 있다. 그런데 전기적 사실에 의하면 나혜석과의 만남은 적어도 그가 2차 유학을 시작한 1915년 9월 이후에나 가능했기 때문이다.[48] 이광수는 「어린 벗에게」에 나오는 김일련의 모델이 상하이에서 독감을 앓았을 때 그를 돌보아준 신성모(申性模)라는 인물을 '여성화'한 것임을 밝힌 바 있는데,[49] 이는 당시의 경험을 바탕으로 한 제1신에만 해당하는 이야기다. 제2신에 나오는 6년 전 김일련의 모델은 『그의 자서전』에서 주인공이 중학시절에 짝사랑했던 인물로 나오는 S가 아닐까 싶다. 당시 이미 기혼이었던 주인공은 S에 대한 사랑의 감정으로 인해 번민에 빠지는 것으로 나오는데,[50] 실제로 이광수가 중학시절에 쓴 일기에는 S의 존재를 환기시키는 짝사랑의 경험이 언급되어 있다.[51] 한편 제4신에 등장하는 김일련의 모습에서는 나혜석

---

48 이에 관해서는 하타노 세츠코, 「체험과 창작 사이」, 최주한 역, 『일본 유학생 작가 연구』, 소명출판, 2011, 127~132쪽, 3절 '이광수와 나혜석의 접점' 참조.

49 이광수, 「다난한 반생의 도정」(『조광』, 1936.4~6), 『전집』 8, 449쪽. 이 신성모라는 인물에 관한 언급은 『나의 고백』에서도 찾아볼 수 있다(이광수, 『나의 고백』(1948), 『전집』 7, 241쪽).

50 『그의 자서전』, 『전집』 6, 339쪽. 더욱이 이 S는 이광수가 대륙방랑을 위해 상하이로 가는 배편에서 만난 M(민충식)이라는 실제 인물의 입을 통해 다시 한번 회고적으로 등장하고 있다.

51 "나는 어떤 소녀를 사랑한다. 그를 사랑하는 지 벌써 오래다. 이것이 내 외짝 사랑인 줄을 잘

의 모습을 쉽게 발견할 수 있다. 제3신에서 김일련과 다시 재회한 서술자는 제4신에 이르러 그녀에게서 직접 "거년(去年) 춘삼월"[52] 천품의 시재(詩才)를 지녔던 애인과 사별한 후 일생을 독신으로 문학과 음악에 보낼 계획으로 베를린으로 향하는 길이라는 이야기를 듣게 되는데, 「어린 벗에게」의 집필 시기를 기준으로 작년 3월이라면 나혜석의 애인 최승구가 폐병으로 죽은 1916년 3월 무렵과 그대로 겹치는 까닭이다.

정리하자면 이광수는 상하이에서 독감으로 앓아누웠을 때 극진하게 간호받았던 경험을 토대로 하나의 허구적인 여성 인물을 설정하고(제1신), 과거로 거슬러 올라가 그녀에게 중학시절 기혼이라는 이유로 실연당했던 짝사랑의 경험을 투사하여 살을 붙인 다음(제2신), 마지막으로 『무정』을 집필하는 동안 나혜석과 사귄 경험까지 덧붙여(제4신) 하나의 인격을 가진 '김일련'이라는 인물을 완성했던 것이다. 결국 '김일련'이라는 인물은 중학시절 이래 이 무렵 다시 한번 이광수에게 찾아온 사랑의 은유로서의 의미를 지녔던 셈이다. 이런 맥락에서, 천성(天性)에 근거한 사랑은 인위적인 도덕과 법률보다 우월한 지위에 있음을 주장하면서 김일련을 향한 사랑의 정당성을 호소하고 있는 결말은 당시 이광수가 나혜석과의 관계에 대해 어느 정도 자신감을 갖고 있었음을 보여주는 지표로 간주해도 좋을 것이다.[53]

이해 6월 말 시정(施政) 5년의 민정(民情)을 시찰해 달라는 매일신보사의 의뢰를 받아 오도답파(五道踏破) 여행길에 오를 무렵 이광수의 자신

안다. 그러나 그도 혹시 나를 생각할는지 모른다. 인생이란 그럴 것이니까. 나는 그에게 편지를 보내련다. **사회는 반드시 공격하리라.** 이것은 모험이다. 나는 사회의 공격을 안 두려워하련다. 그래도 두려우니 어쩌랴."(이광수, 「나의 소년시대—18세 소년이 동경(東京)에서 한 일기」(『조선문단』, 1935.4), 1909.11.7, 328쪽).

52 이광수, 「어린 벗에게」, 『전집』 8, 89쪽.

53 이는 주인공이 실연 끝에 철도자살을 시도하거나 실제 자살로 결말을 맺는 「사랑인가」(1909.11.18 집필)와 「김광호」(1917.1.10 집필)의 비극적 결말을 고려할 때 한층 더 분명해진다.

감은 최고조에 달해 있었다. 『무정』은 호평 속에서 연재를 마쳤고, 애정 전선에는 파란불이 켜졌으며, 학년 말 시험에서도 우수한 성적을 거둔 까닭에 조만간 특대생의 자격을 얻게 될 것이었다.[54] 학기 중에 학업과 집필을 병행하면서 나빠졌던 건강도 이 무렵이면 어느 정도 회복이 되어 의사로부터 여행을 해도 괜찮다는 진단을 받은 상태였고 말이다.[55] 그가 오도답파길에 오르기 위해 경성으로 향하는 길에 쓴 기행문 「동경(東京)에서 경성까지」의 발랄하고 생기 넘치는 문장은 바로 이러한 자신감의 표현이었다.

> 대자연을 접하면 자연히 觸襟이 상쾌 활달하여지고, 塵世의 질척하던 것을 잊어버리게 되며, 아울러 생명의 기쁨을 절실하게 깨닫는다. 모두 살았구나, 모두 생장하는구나, 모두 번창하는구나, 모두 활동하는구나, 개인도 이러할 것이요, 일민족도 마땅히 이러해야 할 것이란 생각이 굳세게 일어난다. 동생아, 부디 활력이 많고 희망이 많고 활동이 많아라.[56]

유명 작가이자 주요 명사로서 세상에 모습을 드러낸 스물여섯의 이광수에게 삶은 이토록 눈부신 것이었다. 살고, 생장하고, 번창하고, 활동하며 생명의 기쁨을 구가하는 것이 자연의 이치이듯 개인도 일민족도 마땅히 그러해야 할 것이라고 다짐했을 때, 그에게는 자신의 앞길과 민족의 장래에 대한 비전과 희망이 있었다. 그것이 『무정』의 마지막 장에 극적으로 표현되어 있는 문명 조선의 장래와 맞닿아 있는 것은 말할 것도

---

54 성적표에 의하면, 이광수가 학년 말 시험은 치른 것은 1917년 6월 6일의 일이다. 다음 달인 7월 『학지광』 13호 소식란에는 이광수가 특대생이 되었다는 사실이 기재되어 있다. "早稻田大學 문과 철학과에 재학하는 이광수 군은 特待로 진급하였고"(「소식란」, 『학지광』, 1917.7, 84쪽).

55 허영숙, 「나의 자서전」(『여성』, 1939.2), 26쪽.

56 이광수, 「동경에서 경성까지」(『청춘』, 1917.7), 『전집』 9, 140쪽.

없다. 그가 두 달 남짓 오도답파길에 올라 조선 각지의 사정을 돌아보며 「오도답파기」(1917.6.29~9.12)를 연재하고, 이어서 『개척자』(1917.11.10~1918.3.15)의 집필에 착수했던 것은 바로 이러한 비전과 희망 속에서였다. 청년다운 의기와 열정이 한껏 빛을 발했던 찬란한 나날이었다.

8. 폐결핵이 맺어준 인연, 허영숙

이듬해 2월 이광수의 건강에 드디어 적신호가 켜졌다. 각혈과 더불어 앞으로의 삶에서 그가 주기적으로 고통을 겪게 될 폐결핵의 조짐이 찾아왔던 것이다.[57] 『무정』을 집필하며 쇠약해진 몸으로 여름방학마저 오도답파 여행으로 무리를 한데다 방학이 끝나자마자 또 다시 『개척자』의 집필에 몰두하면서 지나치게 과로한 탓이었다. 여기에 나혜석과의 관계가 사실 이상으로 부풀려져 유학생계에 알려지면서 난처한 상황에 몰리게 된 데서 오는 심적 부담도 한몫했을 것은 물론이다.[58] 이래저래 실로 절박한 순간이 아닐 수 없었다.

이토록 절박한 처지에 놓인 이광수를 구원해준 것은 당시 여자의학전문학교 4학년에 재학 중이던 스물한 살의 허영숙이었다. 두 사람이 서로 가까워진 것은 오도답파 여행을 전후한 무렵 의전의 학생과 환자

57 최남선은 당시 이광수의 소식을 듣고 「病友 생각」이라는 글을 써서 놀라움과 안타까움을 표한 바 있다. "춘원은 右肺에 결핵 조짐이 보였다 하는도다!"(최남선, 「病友 생각」, 『청춘』, 1918.4, 6쪽).

58 『그의 자서전』에 나오는 마지막 일화에는 나혜석으로 추정되는 C와의 관계가 알려지면서 주인공이 유학생계에서 배척당하는 처지에 놓이게 되는 상황이 자세히 언급되어 있다(이광수, 『그의 자서전』(『조선일보』, 1936.12~1937.5), 『전집』 6, 435~437쪽).

의 관계로서였지만,[59] 시간이 지나면서 두 사람 사이에는 차츰 새로운 감정이 싹트기 시작했던 것 같다. 이광수가 허영숙에게 열렬한 애정이 있었던 것은 아니라 하더라도,[60] 그녀의 존재는 그에게 더할 나위 없이 소중한 것이었다. 그녀는 첫눈에 이광수의 영혼을 사로잡았던 나혜석과 같은 열정가는 아니었지만, 그의 재능을 믿고 폐병으로 앓고 있던 그를 헌신적으로 돌보아주었다. 또 의전의 졸업을 앞둔 그녀는 재정적으로도 든든한 후원자가 될 수 있었는데, 이런 선물은 『무정』의 형식에게 선형의 존재가 그랬듯이 그의 민족 사업에의 포부를 펼치는 데 버팀목이 되어줄 것이었다.[61]

각혈을 하긴 했지만 영민한 그녀의 신속한 조처 덕분에 이광수는 아타미[熱海]에서 정양을 하면서 어느 정도 건강을 회복할 수 있었다. 그

---

59 허영숙은 이광수와의 첫만남을 회고하면서 "그때 장덕수 씨, 최두선 씨, 현상윤 씨 그런 이들하고 무슨 회가 있었는데 저도 참석하여 처음으로 저이를 만났습니다. 회가 끝나 閑談을 하는데 저이가 날 보고 폐병에는 무슨 약이 좋으냐고 묻겠지요. 그때 제가 醫學教에 다닌다해서 물은 게지요. 그래 학교에 가서 자세히 알아 가지고 나중에 대답해 드리겠다고 그랬습니다"(「춘원 병상 방문기」, 『문예공론』, 1929.4, 62쪽)라고 언급하고 있다. 장덕수는 1916년 7월 와세다대학을 졸업하고 귀국했다가 이듬해 1917년 상하이로 망명하여 신한청년당에 가입한 것으로 되어 있으므로, 이 회고가 정확하다면 두 사람은 적어도 1916년 7월 이전에는 서로 알고 있었다는 얘기가 된다. 그러나 「방황」(1917.17)의 기록으로 보건대, 이광수의 건강에 무리가 온 것은 적어도 『무정』의 전반부 집필을 끝낸 이후의 일인 까닭에 그녀의 회고에 착오가 있었을 가능성도 배제할 수는 없다. 다만 두 사람이 서로 가까워진 것은 1917년 6월 이광수의 오도답파여행을 전후한 무렵이라는 것은 분명해 보인다. "그래 조금 있다가('오도답파'를 하려고 떠나는 데 가도 병에 괜찮겠느냐고 제게 묻기까지 하고는 떠나서 가끔 편지를 하는데 폐결핵(赤痢의 착오－인용자)이 되었다고 하겠지요. 그때 어떻게 맘이 아프고 저이가 불쌍한지 **그때부터 더 사랑하게 되었습니다.**"(같은 글, 63쪽).

60 허영숙의 회고에 따르면, 연애시절 두 사람의 관계는 그리 열정적이지 않았던 듯하다. "그 후 우리는 결혼은 하였었습니다마는 별로 戀情 같은 것도 그리 느꼈는 것 같지 않아요. (…중략…) 춘원께서도 별로 내가 아니면 못 살 것 같은 그런 사랑의 엄은 자라지 않았던 것 같아요. 나도 그저 그렇게 알았거니와 춘원도 나를 누이동생으로 그저 그렇게 사귀었던 것 같습니다."(허영숙, 「나의 자서전」, 『여성』, 1939.2, 27쪽).

61 "나는 英이 동포에게 헌신하는 窮儒를 잘 사랑하고 도와주는 아내가 되어 주시기를 바랍니다."(이광수, 「사랑하는 영숙에게」(1920년 1월자 편지(추정)), 『전집』 9, 298쪽).

리고 진료상의 필요로 3월 초 잠시 귀국했다가 17일에는 다시 도쿄로 돌아왔다. 이광수가 허영숙과 본격적인 연애에 돌입한 것은 바로 이 무렵을 전후해서가 아니었을까 싶다. 어떤 형태로든 약혼자가 있는 나혜석과의 관계를 지속하는 것은 더 이상 불가능하다는 것이 분명해진 시점이었고, 무엇보다도 허영숙의 지속적이고 헌신적인 돌봄 속에서 그는 새삼 어머니의 품속에서와 같은 마음의 안식을 발견할 수 있었을 것이다.[62] 열한 살의 나이에 고아가 된 후 마음속 깊은 곳에서 어머니와 같은 존재를 갈망해왔던 그는 이제 그 여인을 찾은 것이었다.

그러나 허영숙과의 연애 또한 그리 순탄할 수는 없었다. 이해 7월 이광수는 졸업과 더불어 귀국을 앞두고 있던 그녀에게 정식으로 청혼했다가 거절당하고 만다. 모친의 반대를 비롯하여 세상이 '죄악'으로 비난하는 일을 감행할 수는 없다는 것이 일차적인 이유였다. 그러나 보다 중요한 이유는 그녀가 이광수에게 모든 것을 내걸 만큼 그의 사랑에 확신을 가질 수 없다는 데 있었던 것 같다. 그도 그럴 것이 그는 이미 처자가 있는 처지였는데다 그녀 또한 바로 얼마 전까지 유학생계를 떠들썩하게 했던 나혜석과의 관계를 모를 리 없었기 때문이다. 이 무렵 그녀에게 보낸 이광수의 편지가 변함없는 사랑을 거듭 맹세하는 내용으로 채워져 있는 것도 이러한 사정과 무관하지 않을 것이다.

---

62 실제로 이 무렵 이광수는 「어머니」(1917.12.2 집필)라는 제목으로 어머니에 대한 그리움을 읊은 시를 쓰기도 했다. "어머니 당신의 가슴이 제 세계였어요 / 배부른 때에는 놀이터였고 / 피곤할 때에는 침실였었고 / 무서운 때에는 피난처였어요 / 당신의 가슴에 폭 파묻혀서 / 눈만 반짝반짝 내어 놓았을 적에 / 호랑이가 온들 무서웠습니까 / 어머니! / 그 안전한 가슴에 제가 안겼었지요! / (…중략…) / 어머니! / 당신께서 가르쳐 주신 말을 / 당신께서 가르쳐 주신 글자로 써서 / 당신의 입술에서 흐르던 곡조로 / 당신을 생각하는 노래를 부릅니다 / 광활하고 옥토이던 당신의 가슴! / 잔디보다 구름보다 부드럽던 무릎! / 저는 웁니다, 먼 나라에서 / 그것이 그리워서, 보고 싶어서"(이광수, 「어머니」(『여자계』, 1918.9), 『전집』 9, 475~476쪽).

> 세상을 위해서 무엇을 해야겠다, 모든 것이 버리기에는 너무 복잡하다 하셨습니다. 과연 사랑은 인생의 전체는 아니겠지요. 사랑 이외에 여러 가지 의무가 있겠지요. 英께서도 결코 흠 많고 보잘 것 없는 나 하나를 사랑하는 것으로 일생을 마치고 싶지 아니할 줄을 잘 압니다. 그러나 나는 사랑과 의무와가 (잘 생각하면) 결코 배치하는 것이 아니요, 또 만일 배치한다 하면 나는 기쁘게 전자를 위하여 후자를 희생하려 하옵니다.[63]

> '靜岡에서'의 편지는 5시 경에 읽었습니다. 끊임없이 눈물이 흐름을 금할 수 없었습니다. 나는 英을 믿고 있소이다. 저 달을 믿는 것처럼 믿고 있소이다. 만일 英을 못 믿게 된다면 나는 천지를 믿지 않겠소이다. 그처럼 나를 또한 믿어주시오. 내 육신에 靈이 있는 한, 나의 英에 대한, 英의 信實한 ○○으로서의 사랑은 변함이 없을 것을 믿어주시오. 그렇게 되면 나는 얼마나 기쁠까요.[64]

이처럼 끈질긴 구애 덕분에 9월 중순 그녀에게서 결혼은 3년 후에 하자는 조건부 승낙을 얻어내게 되지만, 이러한 답변에 만족할 수 없었던 이광수는 결국 자신의 모든 것을 내걸고 과감하게 그녀와의 중국행을 결심하기에 이른다.

> 지금까지 나는 英에게 극히 소극적이고 미지근한 사랑을 바쳤음에 불과합니다. 당신이 말씀하신 대로 내 뜨거운 사랑은 아직 시작되지 않았습니다. 지금부터입니다. 이해할 수 있으실는지요. 그러므로 이번 중국행은 내게 있어서는 마지막 판가름이외다. 만일 실패하면 나의 일생은 파멸입니다.[65]

---

63 이광수, 「사랑하는 영숙에게」(1918년 7월 중순(추정)), 『전집』 9, 283쪽.
64 이광수, 「사랑하는 영숙에게」(1918년 8월 24일자), 『전집』 9, 285쪽.
65 이광수, 「사랑하는 영숙에게」(1918년 10월 2일자), 『전집』 9, 294쪽.

이광수가 허영숙에게 이 편지를 쓴 것은 총독부에서 시행하는 의사 시험이 시작된 10월 2일의 일이었다. 두 사람 사이에 중국행에 관한 이야기는 이전부터 오고갔던 것으로 보이지만,[66] 이광수는 그제서야 결단을 내릴 수 있었다. 아마도 그의 청혼에 끝내 주저하는 태도를 보이는 그녀의 마음을 돌려놓을 수 있는 마지막 카드라고 판단했을 것이다. 이 비장의 카드는 결국 그녀의 마음을 움직이는 데 성공했고, 그는 지금까지의 인생이 그러했듯이 이 뜻하지 않은 행로에 다시 한번 몸을 던져야 했다. 이광수가 봉천의 총영사(總領事) 및 일본 영사 앞으로 써 준 아베 미츠이에[阿部充家]의 소개장을 지니고 허영숙과 함께 베이징으로 향한 것은 10월 중순. 대륙의 가을은 벌써 추위가 닥쳐오고 있었다.

9. 「2·8 독립선언서」를 기초하기까지

어느 정도의 어려움은 각오했겠지만, 두 사람의 베이징 생활은 생각보다 힘겨웠던 것 같다. 아직 건강이 완전히 회복되지 않은 이광수에게 추위가 닥쳐오기 시작한 베이징의 시월은 견디기 어려운 것이었고, 두 사람 모두 당장의 앞길이 막막한 데 애가 쓰이는 것은 어쩔 수 없는 일이었다.[67] 그러나 무엇보다도 그들을 견딜 수 없는 불안에 빠뜨린 것

66 "이번 일만 해도 그렇습니다. 내가 중국으로 가자고는 말했지만 실은 실력이 없었습니다. 생각한 대로 될지 안 될지를 누가 예언하겠습니까. 게다가 영(英)은 주저하는 양으로 말씀하셨지요. 어떻게 내가 영(英)에게 강요할 수 있겠소이까. 그러나 이제는 더 참을 수 없습니다. 되든 안 되든 해 보아야 한다는 생각이 됩니다."(위의 글, 294쪽).

67 『그의 자서전』 가운데 '북경의 시월'로 시작되는 다음의 대목은 베이징에 도착한 직후 두 사

은 당시 이광수에 대한 베이징 동포 사회의 여론이 극도로 나빴다는 사실이었다.

> 나는 T와 작별하고 집에 돌아올 때에 마음이 무거웠다. 북경 있는 조선 사람들 간에 내가 문제가 되어 있다는 것은 심히 불길한 일이었다. 더구나 그 세 문제- 젊은 여자와 함께 산다는 문제, M신문에 글을 쓴다는 문제, 일본 공사관에 다닌다는 문제는 도저히 변명할 수 없는 문제였다.[68]

일단 처자가 있는 이광수가 젊은 여성을 데리고 베이징에 나타났다는 것부터가 문제적으로 비추어졌을 것이다. 또 식민 체제 자체를 완강히 부정하는 입장에서 보면 총독부 기관지 『매일신보』에 글을 쓴다는 것은 그 자체로 배신행위로 간주되기에 충분한 것이었고, 그가 일본 공사관에 다닌다는 것 또한 총독부와의 특별한 관계를 입증하는 것처럼 보였을 것이 틀림없다. 나름의 정당한 신념에 따라 행동해 온 이광수로서는 이러한 일방적인 여론에 다소 억울한 측면도 없지 않았겠지만, 겉으로 보이는 사실까지를 변명하기는 어려웠다. 신변에 무슨 일이 일어날지 마음을 놓을 수 없는 불안한 나날이었을 것이다.

이광수가 베이징의 신문을 통해 세계대전의 휴전조약 성립 소식을 알게 된 것은 바로 이 무렵의 일이었다. 1918년 11월 11일, 독일이 연합국과 휴전협정에 조인하여 제1차 세계대전이 종료되었던 것이다. 이어서

람이 맞닥뜨린 막막한 처지를 떠올리며 쓴 것으로 보인다. "북경의 시월은 추웠다. 낮에는 볕이 따뜻하지마는, 밤이 되면 갑자기 공기가 어는 것 같았다. 은행나무 잎들이 누렇게 되기 시작하고 캐우시(끓는 물) 파는 고동 소리가 식전이면 유난히 높이 들렸다. 휑뎅그레한 방에 이불도 없이 긴 밤을 지나기는 참으로 어려운 일이었다. (…중략…) 엘렌은 갑자기 나이가 먹는 것 같았다. 그는 앞길이 막막한 것, 내가 혼자 애를 쓰는 것, 이런 것 저런 것으로 애를 태우고 있는 것을 내가 안다."(이광수, 『그의 자서전』, 『전집』 6, 407쪽).

68 위의 글, 409쪽.

민족자결주의 원칙을 근간으로 한 우드로 윌슨(Thomas Woodrow Wilson)의 14개조를 토대로 이듬해 1월에는 파리에서 강화회의가 열릴 예정이라는 소식이 전해졌다. 이광수는 지금이야말로 독립 운동을 일으킬 절호의 기회라고 판단했다. 가뜩이나 앞날이 불투명한 베이징에 계속 머무를 이유가 없었던 그는 곧바로 짐을 싸들고 서울로 향했다. 서울에서 현상윤과 만나 국내 천도교 세력을 움직일 의논을 하고, 다시 도쿄로 돌아온 것은 12월 말의 일이었다. 경찰의 눈을 피해 태연하게 학기말 시험까지 치른 그는 겨울방학이 시작되자마자 믿을 만한 유학생 지도층과 접촉하는 한편 「2・8독립선언서」를 기초하는 일에 몰두했다.[69] 그가 밤을 새워 고심하여 작성한 선언서의 영문 번역까지 마친 것은 1919년 2월 초하룻날의 일이었다.[70]

"조선청년독립단은 아(我) 2천만 민족을 대표하여 정의와 자유의 승리를 득(得)한 세계 만국의 전(前)에 독립을 기성(期成)하기를 선언하노라"로 시작되는 「2・8독립선언서」는 기왕에 이광수의 사상적 궤적에서 일시적이고 돌발적인 것으로 간주되어 왔다. 일찍이 준비론자였던 이광수가 '독립'을 외쳤다는 것, 게다가 독립을 위해 '혈전'도 불사하겠다는 투쟁론을 앞세운 것이 전혀 그답지 않다는 이유에서였다.[71] 그러나 이러한 견해는 선언서에 표명된 '독립'과 '혈전'에의 의지를 다소 과대평가한 데서 비롯된 오해에 가깝다. '독립'과 '혈전'의 수사를 걷어내고 보면, 선언서의 핵심은 이광수의 오랜 포부였던 독립을 전제로 한 문명 조선의 건설이라는 구상과 그대로 맞닿아 있는 것을 발견할 수 있는 까닭이다.

---

69 당시의 자세한 사정에 관해서는 『나의 고백』 가운데 '기미년과 나' 장에 자세히 언급되어 있다(이광수, 『나의 고백』(1948), 『전집』 7, 251쪽).

70 이광수, 「上海의 2년간」(『삼천리』, 1932.1), 『전집』 8, 417쪽.

71 김윤식, 『이광수와 그의 시대』 1, 솔, 1999, 682~685쪽; 이동하, 『이광수』, 동아일보사, 1992, 80~82쪽.

합병 이래 일본의 조선 통치 정책을 보건대, 합병시의 선언에 반하여 吾族의 행복과 이익을 무시하고, 정복자가 피정복자에 대한 古來의 비인도적 정책을 襲用하여 吾族에게 참정권, 집회・결사의 자유, 언론・출판의 자유 등을 불허하며, 심지어 信教의 자유, 기업의 자유까지도 不少히 구속하며, 행정・사법・경찰 등 제 기관이 조선 민족의 私權까지도 침해하며 公私에 吾人과 일본인과의 간에 우열의 차별을 設하며, 吾族에게는 일본인에 비하여 열등한 교육을 施하여 써 吾族으로 하여금 영원히 일본인의 사역자로 成케 하며, 역사를 개조하여 吾族의 신성한 역사적 전통과 위엄을 파괴하고 陵侮하며, 소수의 관리를 제한 외에는 정부의 제 기관과 교통・통신, 兵備 등 제 기관에 전부, 혹은 대부분 일본인을 사용하여 吾族으로 하여금 영원히 국가 생활의 지능과 경험을 得할 기회를 不得케 하니, 吾人은 결코 如此한 무단 전제, 부정 불평등한 정치하에서 생존과 발전을 향유키 불능한지라. 그뿐더러 원래 인구 과잉인 조선에 무한으로 이민을 장려하고 보조하여 土着한 吾族은 해외에 遊離함을 不免하며, 정부의 제 기관은 물론이고 사설의 제 기관에까지 일본인을 사용하여 일단 조선인의 부를 일본으로 유출케 하고 상공업에도 일본인에게만 특수한 편익을 與하여 吾族으로 하여금 산업적 발흥의 기회를 失케 하도다. 如此히 下方面으로 觀하여도 吾族과 일본과의 利害는 상호배치하여 期害를 受한 자는 吾族이니, 吾族은 생존의 권리를 위하여 독립을 주장하노라.[72]

이 글에서 '생존의 권리'를 내세우며 '독립'을 주장하는 근거로 나열한 각 항목들은 2차 유학시절 이광수가 문명 조선의 구상 아래 총독부 측에 거듭 개방을 요구했던 내용들과 다르지 않다. 다른 것이 있다면, 이러한 요구가 당국의 의사와도 일치함을 표명했던 이전까지의 타협

72 이광수, 「조선청년독립단선언서」(1919.2.8), 『전집』 10, 15쪽.

적인 수사를 완전히 뒤집어 조선과 일본의 이해가 '상호배치'함을 명시하고 있다는 점뿐이다. 그러나 이 또한 일찍이 동화론 지지라는 과감한 '타협'의 수사를 구사하면서까지 민족의 생존과 발전의 권리를 주장했던 「조선인 교육에 대한 요구」(1916)의 근저를 이루는 인식이기도 했다는 점에서 일시적이거나 돌발적인 것으로 간주하기는 어렵다.

우리는 조선인이 경제적으로나 문화적으로 열등함을 안다. 따라서 조선인을 오늘날의 일본인과 평등하게 대우해 주지 않는다고 해서 턱없이 국가를 미워한다거나 저주하는 것은 아니다. 다만 조선인도 장래에 문화의 수준이 높아지면 일본인과 평등한 권리와 의무를 향유할 수 있다는 보장만 있다면 만족할 것이 틀림없다. 물론 조선인 가운데는 독립을 꿈꾸는 자도 있을 것이다. 그러나 그들이 독립을 외치는 가장 유력하고 보편적인 원인은 일본이 조선의 이익을 도외시하고 일본의 이익만 도모하기 때문이다. 어디까지나 조선인을 압박하고 박해하여 조선 땅을 모조리 일본인만의 것으로 삼으려 하기 때문이다. 그래서 혹자는 일본인의 지배를 받는 한 조선인은 멸망할 수밖에 없다고 말하는 것이다. 조선인이 이런 오해(나는 오해이기를 바란다)를 품게 된 것은 꼭 조선인이 우매하기 때문이라고는 할 수 없다. 당국의 施政 태도가 영향을 미치는 일본인과 조선인 간의 소송은 대개 조선인의 패소로 끝난다. 관청에서도 일본인은 인격을 인정받아 친절한 대우를 받지만, 조선인이 가면 턱없이 바보 취급하고 조소하며 심하게는 상당한 지위를 가진 사람에게조차 '네놈'이라고 말하며 때리거나 발로 찬다. 사업 경영에서도– 예컨대 광산의 認可 같은 것도 일본인과 조선인의 경쟁이 있는 경우에는 반드시 일본인이 따낸다. 저 東拓과 같은 것도 필시 조선인의 피를 빨아 살찌운다는 견해가 있다. 해마다 수만 정보의 전답을 매수해서는 그 전답으로 생명을 이어 온 조선인 농부를 쫓아내어 만주 벌판에서 방황케 하기 때문이다. 게다가 在鮮 일본인이 조선인에게 취하는 잔혹하고 放漫한 태도는 조선인으로 하여금 원한이 골수에 사무치게 만든다. 그리고 때로 총독부 측 유력자의 입에서 '조선인에게는 영원히 참정권을 줄 수 없다'는 식의 얘기가 흘러나오기도 한다. 당장 참정권을 주겠다고는 할 수 없어도 장래에는 줄 수 있다는– 문화 수준이 높아짐에 따라 조선인도 일본인과 모든 면에서 평등하게 된다는 희망이 없으면, 조선인은 영원히 일본을 원망하게 될 것이다.[73]

비록 '타협'의 수사를 구사하고는 있지만, 일본과 조선의 이해가 상반하는 방향으로 나아갈 때 그것이 결국 어떤 결과를 초래할 것인지 강조하고 있는 이 글은 "오족과 일본의 이해(利害)는 상호배치"하므로 "오족의 생존의 권리를 위해 독립을 주장"한다는 선언서의 논조를 이미 예비하고 있다고 해도 지나치지 않다. 게다가 일본이 독립의 요구에 응하지 않을 경우 "일본에 대하여 영원히 혈전(血戰)을 선(宣)"하겠다는 선언서의 마지막 주장 또한 강경한 투쟁론이라기보다 그가 자주 구사하곤 했던 예의 경고성 논법으로서의 성격이 짙다.

從此로 조선민족이 무수한 혁명난을 起한다면 일본에게 병합된 한국은 反하여 동양평화를 擾亂라고 禍源이 될지라. 吾族은 정당한 방법으로 오족의 자유를 추구할지나, 만일 此로써 성공치 못하면 吾族은 생존의 권리를 위하여 온갖 자유행위를 취하여 최후의 일인까지 자유를 위하는 熱血을 流할지니, 어찌 동양평화의 禍源이 아니리요. 吾族은 一兵이 無하니 오족은 병력으로써 일본에 저항할 실력이 無하도다. 일본이 만일 吾族의 정당한 요구에 불응할진대 吾族은 일본에 대하여 영원히 血戰을 宣하리라.[74]

---

73 孤舟生, 「朝鮮人教育に對する要求」, 『洪水以後』 8, 一元社, 1916.3, 51쪽.
74 이광수, 「조선청년독립단선언서」, 『전집』 10, 15쪽.

인용문은 조선의 독립이 비단 조선만의 문제가 아니라 동양의 평화라는 문제와도 관련이 있으며, 조선을 식민지로 남겨둔다면 반드시 동양의 정세를 어지럽히는 화근이 될 것임을 엄중히 경고하고 있다. 더욱이 이 무렵은 중국 또한 한창 신문화운동의 발흥과 더불어 반제구국운동이 점화되고 있는 시점이었고,[75] 제1차 세계대전의 틈을 노려 산둥반도의 독일 이권을 빼앗고 중국의 군벌정부에게 21개조의 조약을 비준받는 데 성공한 일본 제국주의에 대한 반감이 고조되어 있던 시점이었다. 따라서 만약 조선이 온힘을 다해 일본에 저항하기를 그만두지 않는다면 그 저항의 불길이 중국에까지 번질 것이고, 그렇게 되면 그간 청일・러일 양대 전쟁을 치르며 일본이 동아시아 지역에서 구축한 패권이 위태로워지는 것은 시간문제일 수도 있었다. 실제로 조선의 독립운동에 자극을 받은 중국의 지식인들이 일본 제국주의에 저항하는 5・4운동을 일으킨 것은 3・1운동이 일어난 지 겨우 두 달 후의 일이었다.[76]

선언서는 예정대로 2월 8일 도쿄의 조선기독교청년회관에서 낭독되었다. 모두 400여 명의 유학생이 함께한 자리였다. 물론 일본은 이러한 선언서의 요구에 꿈쩍도 하지 않았다. 유학생들의 혈기가 빚어낸 작은 소동 정도로 사건을 오판했던 것이 분명하다. 그러나 이 작은 선언서가 미친 영향은 결코 적지 않은 것이었다. 그것은 당대 최고의 출판인이자 영향력 있는 지식인이었던 최남선과 천도교의 교주 손병희

---

75 중국에서 도덕혁명과 문학혁명을 내건 신문화운동은 1915년 천두슈[陳獨秀]가 『청년』(제2호부터 『신청년』으로 개칭)을 창간한 이래 중국의 지식인들 사이에 전례없이 광범한 주목을 받으며 기세를 떨쳤다. 그리고 신문화운동과 병행하여 1918년에는 영향력 있는 애국구망(愛國救亡) 단체들이 조직되었는데, 특히 신조사와 국민사는 이해 1월 잡지 『신조(新潮)』와 『국민(國民)』을 창간하여 반제구국 선전에 힘을 쏟았다. 이후 1919년의 5・4운동의 지도층을 구성한 것은 바로 이들 이들 신문화운동과 애국구망운동의 주체들이었다고 한다(리쩌허우, 김형종 역, 『중국현대사상사론』, 한길사, 2005, 43~54쪽).

76 5・4운동의 주축이 되었던 중국의 지식인들이 3・1운동에 대해 보인 반향에 대해서는 임형택, 「1919년 동아시아, 3・1운동과 5・4운동」, 『대동문화연구』 제66집, 2009, 181~186쪽.

등 국내의 지도자들의 마음을 움직여 거국적인 독립 운동을 이끌어내는 데 성공했고,[77] 뒤이어 일어난 중국의 5·4운동의 여파와 더불어 일본으로 하여금 식민지배 정책을 심각하게 재고하지 않을 수 없게끔 만들었던 까닭이다. 2차 유학시절 내내 조선의 민중에게 문명 지식을 보급하고 민족 감정을 일깨우기 위해 동서분주했던 이광수의 노력은 3·1운동 속에서 그렇게 빛나는 결실을 맺고 있었다.

---

77 "나는 최남선 씨를 수차에 亘하여 방문하였다. 그러나 최씨는 용이하게 동하지 아니하였다. 그리하자 1919년 1월 초순경 일본 유학생 송계백 군이 장차 일본에서 발표하려는 일본 유학생들의 독립요구선언서 초고(이광수 작)를 휴대하고 비밀리에 入京하여 나에게 그것을 제시하였다. 그리하여 송씨와 나는 그것을 가지고 먼저 때마침 중앙학교를 내방하였던 최남선 씨에게 보이니 최씨도 금후 국내의 독립운동에 참가할 것을 승낙하고 또한 국내 운동의 선언서는 자기가 짓겠다고 쾌락하였다. 그때에 나는 다시 그 초고를 가지고 최린 씨를 경우하여 손병희 씨에게 제시하였다. 그러한즉 손씨 왈, '어린 아동이 저렇게 운동을 한다 하니 우리로서 어찌 앉아서 보기만 할 수 있느냐' 하여 그날로 천도교의 최고간부회의를 열어 토의를 하고 드디어 천도교의 궐기를 결정하게 되었다."(현상윤, 「3·1운동 발발의 개략」, 『사상계』, 1963.3, 45~46쪽).

제3장
제국의 근대와 식민지, 그리고 『무정』

1. 식민지에서 근대를 추구한다는 것

우리는 곧잘 근대의 식민주의가 항상 억압적이고 적대적인 타자의 모습을 띠고 있었을 것이라고 믿어버리는 경향이 있다. 식민지 근대가 지녔던 해방적인 힘에 대한 매혹이 분명하게 드러나는 순간에도, 그것은 어디까지나 문명의 이름으로 자신들의 식민 지배를 정당화하고자 했던 제국의 논리에 포섭되어 버린 '식민화된 정신'의 탓이라고 여긴다. 여기에는 문명의 이름이란 곧 제국의 논리이고, 제국의 논리를 수용한 이상 식민지는 필연적으로 제국의 논리에 종속될 수밖에 없다는 논리가 전제되어 있다. 그러나 당대의 지식인들은 과연 제국의 논리를 아무런 여과 없이 그대로 반복하고 있었을까. 그들이 받아들인 문명의 논리란 다만 제국의 힘을 승인하고 식민지로 전락한 자신들의 열악한 처지를 수긍해야 한다는 것을 의미하고 있었을까.

식민주의와 근대성에 대한 최근의 연구들이 우리에게 남겨준 유산은 아마도 제국의 식민지배가 식민지에 대한 일방적 통제와 억압이 아니라 지배 헤게모니 창출을 위해 식민지와의 상호작용 아래 이루어졌다는 사실을 분명하게 인식할 수 있게 해주었다는 점일 것이다. 사실 결과론적인 견지에서 제국의 논리를 수용하여 근대를 추구하고자 했던 당대 지식인들의 노력을 식민화된 정신의 산물로만 몰아붙이는 것은 제국과 식민지 사이의 우열관계를 환원론적으로 반복하게 될 뿐이다. 근대의 식민주의는 식민 지배를 정당화하는 과정에서 의도하지 않는 다양한 반응을 낳았을 뿐만 아니라, 그러한 반응에 스스로를 적응시키면서 헤게모니를 창출해내야 했다. 민족의 소생을 도모하고자 했던 식민지 지식인들에게 그들 나름의 생존을 위한 싸움의 터전을 열어주었던 것은 바로 이 틈, 즉 제국이 의도한 것과 의도하지 않은 것 사이의 공간이 아니었을까.

1910년대의 대표적인 문명론자였던 이광수의 경우에도 사정은 다르지 않다. 이광수에게 제국이 과시하고 있던 근대 문명의 힘은 한편으로 식민지로 전락한 자신들의 비참한 처지를 뼈아프게 인정하지 않을 수 없게 했지만, 동시에 그것은 개인과 민족의 발전을 도모할 수 있는 보다 공정하고 해방적인 힘을 의미하는 것이기도 했다. 거기에서 이광수는 자신을 비롯하여 전근대적인 질서에서 해방된 개인들의 상승 가능성을 보았고, 이렇게 낡은 질서에서 자유로워진 개인들이 새로운 '민족적 이상'을 지니고 '교육'을 통해 '인위적 진화'에 힘쓴다면 단숨에 제국의 근대를 따라잡을 수도 있다고 믿었다. 이광수가 식민지로 전락한 조선의 현실을 두고 "우리 부로(父老)들은 세상이 말세가 되어 이렇게 된 것이라 하고, 공수(拱手)하고 한탄만 합니다. 아니외다. 이는 잘못 생각함이외다. 말세가 된 것이 아니라 신세(新世)가 된 것이외다"라고 과감하게 주장할 수 있었던 것은 종종 지적되고 있는 것처럼 식민지로 전락한 조국의 비참한 현실에 눈감아 버린 그의 맹목적인 문명주의 탓이 아니라, 제국 간의 치열한 경쟁의 시대에 시긴지로 전락한 민족의 소생은 근대 문명의 힘을 빌리지 않고는 불가능하다는 신념 때문이었던 것이다.

그러나 당시 이광수의 눈에 비친 조선 민족은 식민지로 전락한 눈앞의 현실에만 매몰되어 팔짱 끼고 세태를 한탄하며 세월을 보내는 무기력함 그 자체였다. 격렬한 생존경쟁의 시대에 민족이 도태되지 않으려면 한시라도 빨리 이러한 시세를 깨우치고 분발을 촉구하는 일이 필요했다. 서구 근대 문명을 유입하여 명실상부한 강국으로서의 지위에 오르는 데 성공한 제국 일본의 모범적인 선례도 바로 곁에 있지 않은가. 그러면 이들 조선 민족에게 어떻게 시세를 깨우치고 분발을 촉구할 것인가.

이광수는 '신문'이라는 근대적인 대중 매체에서 그 길을 찾았다. 「농촌계발」에서 김일이 조직하는 '신문회'의 성격에서 분명하게 볼 수 있는 것처럼, 이광수는 신문이야말로 '논설'을 통하여 "어떻게 해야 우리 민족이 세계에서 양반이 되고 부자가 되겠다 하는 것"을 가르치고, 조선 곳곳에서 일어난 사건을 기록한 '기사'를 통하여 "한 나라 안에 살멸서 이런 줄도 모르고" 있었던 개인들에게 조선 "심삽도가 일가(一家)"라는 '민족 감정'을 일깨우는 데 커다란 역할을 할 수 있다고 보았던 것이다. 게다가 「문학이란 하오」에서 주장했듯이, 그러한 민족적 이상과 사상을 독자들에게 효과적으로 공감시킬 수 있는 '문학'을 통해서라면 그 효과가 더욱 배가될 것이 분명했다. 그러나 주지하다시피 당대에 그러한 대중 매체라고는 식민지의 사상적 중추를 장악하고 있던 총독부의 기관지 『매일신보』가 유일했고, 따라서 이광수는 어떻게든 이 제국의 매체를 손에 넣지 않으면 안 되었다. 그런데 이 기회는 '어느 날 아침' 갑작스럽게 이광수를 찾아온다.

2. 이광수 『매일신보』와 접속하다

「무부츠 옹의 추억」(1939)에 따르면, 이광수가 『매일신보』의 2대째 사장 아베 요시이에[阿部充家]와 처음 만난 것은 "1916년의 초가을"의 일다. 당시 와세다대학 예과 입학을 앞두고 동경으로 돌아가는 도중 경성에 들렀던 그는 "어느 날 아침 일찍" "『매일신보』의 솜씨 좋은 기자 중의 한 사람"으로서 "문명(文名)을 날리고 있"던 심우섭에게 이끌려 아베를 찾았던 것이다. 이광수는 당시 심우섭이 "아베라는 사람은 조선인을 잘 이해하고 있으며, 조선 청년과 만나 이야기하는 것을 기뻐하네. 아베 씨에게 군 이야기를 벌써 해두었어. 오늘 군을 데려 가겠다고 약속했다"고 말했던 것까지는 상세하게 기억하고 있으면서도, 그날 아베와 나눈 이야기 내용에 관해서는 "무슨 얘기를 했었는지 기억이 나지 않는다"고 말을 끊어 버리고 있다. 비록 이십여 년이 지난 과거의 일이라고는 하지만, 이날 된장국과 단무지와 김을 차진 조반을 대접받았고 아주 맛없는 이질풀을 달인 물을 마셨던 것까지도 기억하고 있는 그가 아베와 나눈 이야기에 대해서는 정말 아무것도 기억할 수 없었던 것일까.

서간문 「대구에서」(1916)는 이날 이광수가 아베와 무슨 이야기를 나누었는지 추측할 수 있는 단서가 되는 글이다. 이 글은 이날 아베를 만나고 나서 다시 동경으로 향하는 길에 대구에 들렀던 이광수가 아베에게 보내기 위해 썼던 글이다. "아침에 선생을 배별(拜別)하고 종일 비를 맞으며 대구에 도착하였나이다"로 시작되고 있는 이 서간문은 바로 1916년 초가을인 9월 22일과 23일 이틀에 걸쳐 아베의 『매일신보』에 실렸다. 잘 알려져있다시피, 「대구에서」는 당시 사회적으로 커다란 물의를 빚었던 대구 청년들의 강도사건과 관련하여 자신의 견해를 진술하면서 서간을 받는 윗사람에게 고평(高評)을 구하는 형식으로 씌어졌다. 이 글에서 이광수는 이러한 사건이 자신의 포부와 능력을 펼칠 기회가 없는 조선 청년계에서 가장 일어나기 쉬운 죄악이며 그 책임은 사회의 결함에 있다고 주장하면서, 그 구제 방책으로 학교교육과 사교기관의 활성화, 강연과 신문, 잡지와 종교와 독서 등으로 신사업을 넓혀 청년들의 활동할 수 있는 문호를 개방할 것 등을 제안하고 있다.

영리한 이광수는 아마도 이러한 자신의 제안이 아베의 입맛에 맞을 것이라는 점을 잘 알고 있었을 것이다. 당시 『매일신보』는 동화정책 노선에 따라 자신들이 조선을 병합한 것은 바로 조선에 교육과 산업, 문명을 주기 위한 것임을 끊임없이 선전해 대고 있는 실정이었기 때문이다. 이광수는 「졸업생 제군에게 드리는 간고(懇告)」에서 "당국이나, 오인이나, 조선인에 교육을 주고, 산업을 주고 모든 문명을 주는 데는 의사가 일치할 줄 믿음"이라고 적고 있으며, 「오도답파기」(1917)에서 또한 당국은 동경 유학생들이 위험사상을 가졌다고 의심하는데 사실 이들이 정력을 다하고 있는 것은 "산업발달, 교육보급, 사회개량" 등으로 당국의 뜻과 부합하는 것임을 애써 강조하고 있기도 하다. 그러나 이처럼 제국의 논리와 자신의 논리가 일치한다는 점을 누누이 강조하고 있는 이광수의 태도를 다만 제국의 선무공작에 대한 화답으로만 치부할 수 있을까. 여기서 역으로 제국의 논리와 타협해서라도 자신의 사업을 위해 얻어낼 수 있는 공간을 확보하고자 했던 이광수의 노력을 읽어낼 수도 있지 않을까.

앞서도 언급한 것처럼, 이광수에게 '교육'은 제국간의 치열한 경쟁의 시대에 식민지로 전락한 '인위적 진화'를 통해서 민족이 다시금 소생할 수 있는 유일한 방편이었다. 그리고 교육받은 '청년'이야말로 이 일을 맡아 해나가야 할 중추계층이었다. 그러나 주지하다시피, 1910년대 무단통치시대의 식민지 조선은 교육이 미비한 것은 물론 언론도 통제되어 있는데다가 농업과 상업을 비롯한 모든 산업이 막강한 권력을 등지고 조선으로 쏟아져 들어온 일본인들에게 밀려 열악한 처지에 놓여 있어서 청년들이 활동할 수 있는 공간은 거의 없었다고 해도 과언이 아니었다. 이광수는 아마도 일단 조선의 청년이 교육받을 수 있는 여건이 갖추어지고 청년들이 활동할 무대가 갖추어지기만 하면, 머지않아 조선 민족이 소생할 수 있는 길도 열릴 것이라고 보았을 것이다. 그리고 이를 깨우치기 위해서라도 보다 넓은 활동 무대인 『매일신보』와 접속하는 것이 필요하다고 여겼을 것이다. 그런데 때마침 아베 쪽에서 자신을 필요로 하고 있다는 것을 감지했음에랴. 짐작했던 대로 아베에게 올린 편지가 지면에 실리면서 『매일신보』를 손에 넣을 수 있었던 이광수는 동경에 도착한 즉시 같은 지면에 「동경잡신」(1916.9.27~11.9)과 「농촌계발」(1916.11.26~1917.2.18)을 잇달아 연재한다. 「대구에서」가 아베를 겨냥한 것이었다면, 「동경잡신」과 「농촌계발」은 당시 『고쿠민신문[國民新聞]』을 경영하면서 『경성일보』와 『매일신보』의 감독을 겸하고 있던 일본 언론계의 대부 토쿠토미 소호[德富蘇峰]를 의식한 것이었다는 점에서 좀더 주목할 필요가 있다.

3. 이광수의 문명론과 토쿠토미 소호

「동경잡신」과 「농촌계발」이 토쿠토미 소호를 의식한 글이라는 주장은 좀 성급한 것일지도 모른다. 두 글을 통틀어 소호에 관한 언급이 나오는 대목은 「동경잡신」에서 “일반 인사들이 필독할 서적 수종” 가운데 하나로 『소호문선(蘇峰文選)』을 잠깐 언급하고 있는 대목이 유일하기 때문이다. 이광수는 이 글에서 “소호 씨는 일본 최대한 신문기자”로 “일본의 금일의 문화에 다대한 공헌”을 하였으며, 따라서 “일본 문명사를 독(讀)함”과 더불어 그 ‘문장’을 배우는 데 이 책이 유익하다고 적고 있다. 그러나 슬쩍 지나치듯이, 그것도 필독서 가운데 마지막 항목으로 언급하고 있는 이 책에서 이광수가 받은 영향은 결코 가볍지 않다.

『소호문선』이 출판된 것은 1915(大正 4) 9월, 즉 이광수가 「동경잡신」을 쓰고 있던 바로 전 해의 일이다. 자서(自序)에 따르면, 이 책은 소호가 경영하던 『고쿠민신문』의 창간 25돌을 맞이하여 소호의 업적을 기념하고자 한 민유사[民友社] 동인들의 권유에 의한 것이었다고 한다. 그가 “나의 거의 삽십여 년에 걸친 기자생활의 흔적이 이 가운데서 그 진상을 드러내고 있을 것”이라고 적고 있는 데서도 알 수 있는 것처럼, 이 책은 1880년대 후반의 초기 문장에서부터 1910년대 중반에 이르기까지의 글을 거의 망라하고 있다. 이 가운데서 이광수는 특히 당시의 소호를 가능하게 했던 출세작 『장래의 일본[將來之日本]』(1886) 및 『신일본의 청년[新日本之青年]』(1887)과 같은 초기 문장에서 많은 영감을 얻었던 것으로 보인다. 나중에 살펴보겠지만, 특히 「농촌계발」에서 전개되는 이광수의 문명론은 이들 문장을 교과서 삼아 씌어졌다고 해도 과언이 아니다. 또 『무정』에서 신문기자로 등장하는 신우선이 삼랑진사건 이후 화류계에 발을 끊고 저술에 노력하여 발행한 지 2주일 만에 4판에 달할 정도로 이름을 떨친 책의 제목이 다름 아닌 ‘조선의 장래’라는 점도 이광수가 소호의 초기 문장에서 얻은 감화력을 짐작케 한다.

이광수가 주로 소호의 초기 문장에서 영감을 얻었던 것은 당시 그의 관심이 어떻게 하면 식민지로 전락한 조선을 소생시켜 문명국의 지위

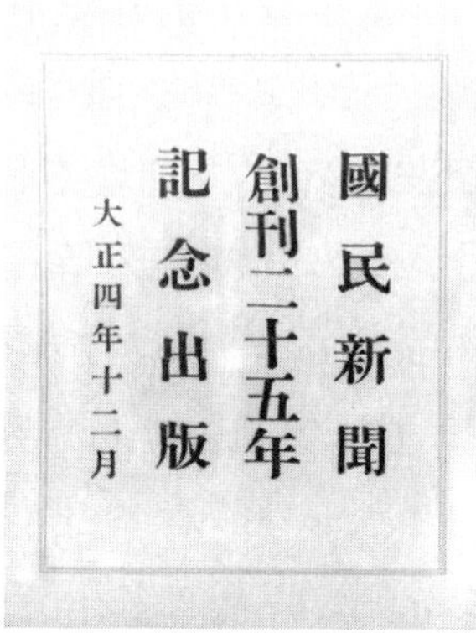
國民新聞
創刊二十五年
記念出版
大正四年十二月

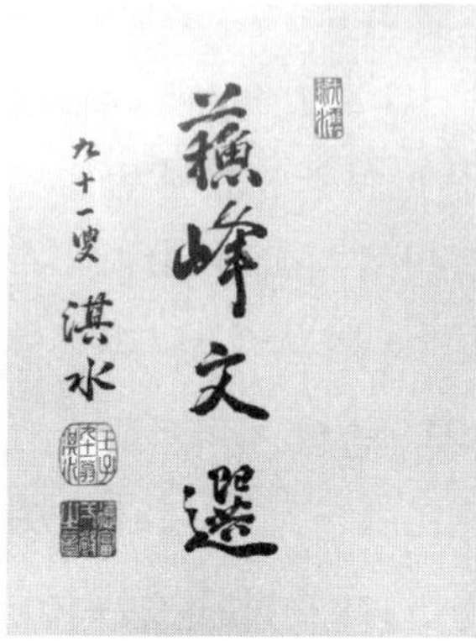

『소호문선』(1915)

로 끌어올릴 수 있을 것인가에 있었기 때문이었을 것이다. 「동경잡신」만 하더라도, 동양 최고의 문명국의 지위에 오른 제국 일본에 대한 예찬을 근저로 하여 장차 조선사회에서 활동하려는 유학생들에게 이러한 문명 일본을 배워 "문명 보급과 사회 개량과 산업 개발"에 힘쓸 것을 당부하고 있는 글이다. 이 글이 제국 일본이 지닌 문명의 힘을 모든 가치의 척도로 삼고 있다는 것은 후쿠자와 유키치[福澤諭吉]가 다만 일찍이 몽매하던 일본에 서양문명을 도입하여 일본을 "세계의 웅방(雄邦)"을 만드는 데 성공한 선각자로서 흠모의 대상으로 그려지고, 토쿠토미 소호 또한 '문장'으로써 일본의 문화에 다대한 공헌을 한 인물로 그려지고 있는 데서도 분명하게 드러난다. 여기에는 후쿠자와가 일찍이 '탈아론(脫亞論)'을 주창하며 '문명'의 이름으로 대만과 조선 침략을 지지했던 점이나, 거꾸로 소호가 조선병합을 자축하며 쓴 「조선병합의 말[朝鮮併合の辭]」에서 조선병합은 "조선의 태반이 일본의 속령(屬領)"이었던 "신대(神代)의 옛날로 돌아간 일"이니 실로 "본가만 기뻐해야 할 일이 아니라" "조선 동포를 위해 축배를 들어야" 한다고까지 극언했던 점은 시야에서 배제되어 있는 것이다.

그러면 이제 1910년대 이광수의 문명론의 핵심을 담고 있다고 할 수 있는 「농촌계발」의 사상을 소호의 『장래의 일본』 및 『신일본의 청년』과의 관련 속에서 다시 읽어보도록 하자. 잘 알려져 있다시피, 「농촌계발」은 이광수가 조선을 문명국의 지위로 끌어올리기 위한 방법론을 담아 무려 3개월에 걸쳐 『매일신보』에 연재한 허구적 논설문이다. 김윤식은 『이광수와 그의 시대』에서 "이런 큰 논문이 쓰일 수 있었던 것은 오산학교에서의 수년간의 이론과 실천을 통한 그의 행적"이 뒷받침되어 있기 때문이라고 지적한 바 있는데, 한 가지 덧붙일 것은 여기에 『장래의 일본』 및 『신청년의 일본』에서 피력된 소호의 초기 사상의 그림자가 엿보인다는 점이다. 물론 이 무렵 이광수가 이들 두 저서를 다 구해 읽었는지는 알기 어렵다. 『소호문선』에는 『장래의 일본』의 결론과 『신일본의 청년』의 서문만 실려 있다. 그러나 이들 문장만으로도 두 사람의 초기 사상의 공통점을 발견하기란 그리 어려운 일이 아니다.

먼저 "모든 나라와 모든 민족의 생존 유지와 문명 발달의 근본"은 "산업의 발달"임을 표나게 내세우면서 시작되는 「농촌계발」의 서론은 그대로 "장래 일본의 제일 급선무는 일국의 생활을 유지하는 것"이라 하여 생산 위주, 평민 위주의 평민사회로 나아가야 할 것을 주장하고 있는 『장래의 일본』 결론의 첫 대목을 연상시킨다. 이 글에서 소호가 생산주의와 평민주의를 내세우고 있는 것은 국민이 안녕과 자유와 행복을 얻지 못할 때 국가는 하루도 존재할 수 없으며, 일본이 장차 산업국·평민국으로 나아갈 때 비로소 국가의 생활을 보존하고 황실의 존영과 국가의 위세를 세울 수 있음을 주장하기 위한 것이었다. 이러한 소호의 주장은 개개인이 독립자존할 수 있는 능력을 갖추게 될 때 비로소 국가가 세계의 웅방(雄邦)의 지위에 오를 수 있다고 보았던 후쿠자와의 문명론과 연속선상에 놓인 것으로, 「농촌계발」은 바로 이러한 문명론을 바탕으로 새로운 농촌, 더 나아가 새로운 조선의 청사진을 그리고자 했던 이광수의 포부를 담고 있는 글이라 할 수 있다.

「농촌계발」에서 이러한 문명론의 필연성을 뒷받침하는 것은 바로 '시세(時勢)'의 논리인데, 이 또한 소호가 『장래의 일본』에서 자신의 이론을 뒷받침하기 위해 근거로 삼고 있는 '세계의 대세'라는 논리와 상통한다. 여기서 소호가 말하는 '세계의 대세'란 우승열패·적자생존의 논리에 기반한 사회진화론에 근거를 둔 것이다. 물론 이러한 사회진화론은 소호만의 독창적인 사상이라 보기는 어렵다. 하타노 세츠코[波田野節子]는 이광수의 사회진화론의 근거를 당시 와세다대학의 교수로서 『타이요[太陽]』의 주간을 지내며 언론계에 커다란 영향을 미쳤던 우키타 카즈타미[浮田和民]의 사상에서 찾고 있기도 하다. 당시 이광수가 이 대학에 적을 두고 있었고, 「동경잡신」에서는 그를 두고 "우러러 사모한 지 오래"라고 적었거니와, 또 잡지 『타이요』를 두고 "동양 최대의 가장 권위 있는 잡지"라고 찬사를 보내고 있다는 점을 고려할 때 충분히 수긍할 수 있는 지적이다.

그러나 카즈타미는 일찍이 소호가 다녔던 도시샤[同志社]의 선배이기도 했고, 카즈타미가 그랬던 것처럼 소호 또한 당대 사회진화론의 영향에서 자유롭지 않았으며, 무엇보다도 『장래의 일본』이 사회진화론의 영향하에 씌어졌다는 점은 소호의 영향력 또한 간과할 수 없게 만든다. 이 책에서 소호는 생산주의와 평민주의를 '세계의 대세'라 보고, "천하의 대세에 따르는 것을 지체하면 저 벽안홍안(碧眼紅顔)의 인종이 파도와 같이 우리나라에 밀려 들어와 마침내 우리나라 사람을 섬에서 내쫓고, 우리의 고향에는 아리안 인종이 세운 혁혁한 일대 상업국인 평민사회를 보게 될 것이니 어찌 두렵지 않으랴"는 위기감을 내보이면서 결론을 맺고 있는데, 「농촌계발」 역시 "시세를 따르는 자가 양반이 되고 시세를 거슬리는 자가 상놈이 되는" 현실을 역설하면서 "일본을 배우고 서양을 배우"는 데 힘쓸 것을 주장하고 있다. 이광수가 소호의 글을 읽으면서 크게 공감했으리라는 것을 짐작케 하는 대목이다.

다음으로 『신일본의 청년』과 관련해서는 새로운 사회 건설의 주체를 '청년'에서 찾았다는 점을 두 사람의 공통점으로 꼽을 수 있다. 소호는 이 책에서 "메이지 청년의 운명은 메이지 세계의 운명"이라 하여 신일본의 갱생은 오직 이를 자각한 청년들의 어깨에 달려 있음을 강조했다. 이러한 사고방식은 「농촌계발」에서도 고스란히 찾아볼 수 있는데, 이와 관련해서는 고향에 돌아온 주인공 김일이 가장 먼저 한 일이 청년회를 조직하는 것이었고, 청년을 고무시키는 것이 자기 사업의 첫걸음이라고 생각하고 있다는 사실만 지적해도 충분할 것이다. 다만 덧붙일 것은 이 저서에서 소호는 서구사회의 물질문명에 젖어 부패한 메이지 청년의 타락을 질타하면서 메이지 시대의 운명이 청년에게 달려 있음을 자각시키기 위해 '정신문명'의 중요성을 강조하고 있다는 점이다.

소호는 "물질문명만으로는 문명이 쇠멸"하며 "물질문명은 오직 정신적 문명에 의지하여 유지될 수 있다는 점"을 강조하면서 모름지기 한 걸음 나아가고자 하는 청년은 두 걸음 전환하여 서구의 '도덕사회'로 들어갈 것을 주장하고 있다. 이와는 다른 맥락에서이긴 하지만 「농촌계발」 또한 "산업의 발달이나 문화의 발달이나 우선 인민의 정신과 지식이 새롭게 되고 고상하게 되기 전에는 어려울 것"이라고 하여 물질문명과 더불어 정신문명의 중요성을 강조하고 있는데, 이는 "정신이 일신하는 동시에 모든 물질 방면도 온통 일신"하여 "개인으로나 단체로나 세계 최고 문명인의 사상과 언어와 행동을 가질" 금촌, 더 나아가 조선 십삼도의 장래에 대한 낙관적 전망을 펼치고 있는 마지막 장 '장래의 금촌'에서 좀더 집약적으로 표현되고 있기도 하다.

이상에서 살펴본 바와 같이, 이광수가 「대구에서」에 이어 『매일신보』에 공들여 연재한 「동경잡신」과 「농촌계발」은 소호의 초기 사상과 통하는 점이 많다. 물론 그렇다고 해서 이광수의 문장이 전적으로 소호의 영향 아래 씌어졌다고는 할 수 없을 것이다. 그러나 적어도 이광수가 당시 『소호문선』을 읽으면서 소호의 초기 사상에 공감할 수 있었으리라는 것, 그리고 그 연장선상에서라면 총독부의 기관지인 『매일신보』도 얼마든지 활용의 가치가 있는 매체라고 판단했으리라는 것쯤은 짐작해볼 수 있다. 실제로 「대구에서」에 이어 「동경잡신」과 「농촌계발」이 갖는 의미는 이광수의 장래는 물론 조선의 장래를 위해서도 결코 사소한 것이 아니었다. 이 글들을 통해 『매일신보』의 지면을 확보할 수 있었던 그는 자신의 문재(文才)를 널리 인정받으면서 왕성한 문필활동을 벌이는 기회를 얻을 수 있었기 때문이다.

한국 최초의 근대 장편 『무정』은 바로 이러한 제국과 식민지 간의 전략적인 상호 응시 속에서 탄생했다. 애초에 이광수에게 장편소설을 의뢰했던 총독부의 의도야 자신들의 정책상 검증받은 필자를 활용하는 데 있었을지도 모른다. 그러나 1919년 3·1운동이라는 '민족 감정'에 기반한 대중적인 운동이 전국적으로 광범위하게 확산될 수 있었던 것은 결코 우연이라고 할 수 없다. 그것은 『매일신보』라는 당대 유일하게 근대적인 대중 매체를 기반으로 하여 민족적 이상을 일깨우고 민족 감정을 창출하는 데 효과적으로 기여할 수 있었던 『무정』과 같은 작품이 씌어지고, 또 널리 읽혔기에 가능하지 않았을까. 그런 의미에서, 『무정』이라는 장편소설의 탄생은 "이광수라는 작가 개인의 역량과 함께, 그의 역량을 활용하려는 매체가 존재했기 때문에 가능했다"는 김영민의 지적은 이렇게 다시 씌어져도 좋을 것이다. 근대 장편 『무정』의 탄생은 이광수의 역량을 활용하고자 했던 제국과 그 제국의 힘을 역활용하고자 했던 식민지 지식인 이광수의 의도가 서로 전략적으로 만나는 지점에서 가능했다고 말이다.

4.『무정』, 그 전략적 타협 이면의 음화들

그러나 식민지에서 씌어진 '문학'이라는 게 제국이 허용하는 범위 내에서 제국의 직접적인 통제를 받을 수밖에 없었다는 사실은 굳이 언급할 필요도 없을 것이다. 비록 이광수가 『무정』의 연재를 승낙한 의도는 대중 매체를 활용하여 민족적 이상을 널리 일깨우고 민족 감정을 창출하는 데 효과적인 문학작품을 써 내고 또 그것을 널리 읽히려는 데 있었다고는 해도, 그것이 애초에 어떤 위태로움을 내포할 수밖에 없는 이유가 바로 여기에 있다. 민족을 향하고자 하면서도 동시에 제국의 시선을 의식할 수밖에 없었고, 게다가 그 제국의 실체 또한 그 자신이 동경해마지 않는 근대적인 문명의 광휘로 뒤덮여 있었던 까닭에, 이광수는 제국과 민족 사이에서 위태로운 줄타기를 시작하지 않으면 안 되었던 것이다.

구질서로부터의 개인의 해방을 부르짖고 그렇게 해방된 개인들을 '민족'이라는 단위로 묶어 '민족 감정'을 효과적으로 창출하는 데 결정적인 공헌을 한 『무정』만 하더라도, 이 작품에서 제국에 저항적인 식민지인의 민족의식을 읽어내기란 지난한 일이다. 이미 여러 논자들이 지적한 것처럼, 사실 『무정』에서 식민 지배를 위해 제국이 도입한 모든 근대적인 제도들은 식민지인들의 치안과 복리를 위해서 존재하며,

역설적이게도 그것은 모든 주요 인물들이 자신들을 속박하고 있던 구 가치체계로부터 해방되어 '참사람'으로서의 자기를 자각한 이래 자신들이 동시에 민족 공동체의 일원이라는 사실을 깨닫고 '민족 감정'으로 묶이게 되는 『무정』의 클라이막스 삼랑진 장면에서 가장 두드러지게 표출되고 있다. 우선 수해민들을 위해 이들 주인공이 기획한 자선음악회가 경찰서의 '허가'와 '원조'하에 열리고 있는데다가 "수재를 당하여 집을 잃은 불쌍한 동포"를 운운하며 감동 눈물을 흘리는 경찰서장의 선의가 강조되고 있는 대목은 물론, 이 음악회에서 걷힌 돈 80원이 거의 2등 객차의 일본인 승객들의 주머니에서 나온 것이라는 사실에 이르러서는 그만 『무정』이 애써 구축하고자 했던 민족 감정의 정체가 무엇인지 되묻지 않을 수 없게 되는 것이다.

이러한 의문은 비단 제국과 민족의 경계에 대한 것에만 그치지 않는다. 사실 삼랑진 사건을 계기로 "너와 나라는 차별이 없이 원통 한 몸 한 마음이 된 듯"한 조화로운 민족 감정을 창출해내는 데 성공한 것처럼 보이는 『무정』의 공동체 내부에는 보이지 않는 균열이 존재한다. 우선 이 조화로운 공동체에서 철저하게 배제되고 있는 기생 계층을 들 수 있다. 당시 조선에서 가장 진보하고 열성 있는 교육자 대성중학의 함교장에게서 평생 그리던 님의 모습을 발견했던 기생 월화는 자신이 그의 질서에 속할 수 없다는 것을 깨닫고는 스스로 자결해 버리며, 또 형식이 대동강에 몸을 던지러 떠난 영채를 뒤쫓아 평양에서 만났던 어린 기생 계향은 결국 부잣집 방탕한 자식의 첩이 되어 갔다가 매독에 걸려 쫓겨나 적만하게 신고하는 신세로 전락하는 것으로 그려진다. 이들 가운데 기생 신분에서 유학을 떠나는 여학생의 신분으로 변신할 수 있었던 영채만이 유일하게 구제받고 있지만, 영채의 구제 또한 사랑받고 싶은 한 여성으로서의 욕망을 억압한 대가라는 점에서 결핍을 내재한 불완전한 성격의 것이라 하지 않을 수 없다. 또 영채의 '어머니'가 기생어미를 그만두고 독실한 예수교 신자가 되어 이들 공동체 속에 받아들여지고 있는 것과 달리, 형식이 칠성문 밖을 지날 때 툇마루에 나와 앉아서 몸을 흔들거리고 있던 완고한 과거의 노인은 이들이 저마다 외치는 문명의 소리와 무관하게 여전히 홀로 과거의 세계 속에 고립되어 있는 것으로 그려진다. 결국 『무정』이 창출하고자 했던 조화로운 민족 공동체란 근대의 지식으로 무장된 근대 문명의 질서에 속하지 않는 계층은 철저히 배제하는 가운데 이루어지고 있었던 셈이다.

마지막으로 형식의 열렬한 구애의 대상으로 등장하면서도 영채와 달리 다소 차갑게 그려지고 있는 선형의 이미지에 대해 언급하면서 『무정』에 새겨진 또 하나의 음화를 지적하고자 한다. 선형에 대한 형식의 구애는 선형이라는 개인 그 자체에 대한 사랑에서 기인한다기보다 선형의 미모와 그녀의 아버지가 지닌 재산과 지위에 대한 욕망에서 비롯된 것이다. 『무정』의 그 유명한 첫 대목에서부터 분명하게 드러나는 것처럼, 형식이 선형을 구애의 대상으로 생각하게 된 것은 선형에게서 처음 영어를 가르치러 가는 길에 만난 신문기자 우선에게서 선형과의 약혼 가능성을 암시받은 직후이다. 우선과 헤어지고 난 후 형식은 "미인이라는 말도 듣기 싫지는 아니 하거니와 이이나즈께(いいなずけ, 約婚) 엥게지멘트라는 말이 이상하게 기쁘게 들린다"고 생각하는 한편, 자신에게 "하이칼라 처자의 애정을 끌 만한 아무 힘도 없다"는 사실에 낙심하기도 하는 양가감정 속에서 오락가락하는 모습을 보여주고 있다.

그런데 이 장면은 왠지 낯설지가 않다. 바로 이 장면에서 1916년 당시 여름방학을 마치고 동경으로 돌아가는 도중 경성에 들렀다가 『매일신보』의 기자였던 심우섭에게 이끌려 아베를 찾아가게 되었던 이광수의 모습이 자꾸 겹쳐지는 것은 왜일까. 그리고 선형이 갖추고 있는 재산과 지위라는 게 자꾸만 이광수가 동경했던 제국의 힘과 겹쳐져 읽히는 것은 왜일까. 영채가 살아 있다는 말을 듣고 몹시 괴로워하는 형식의 모습을 보면서, "형식의 가슴 속에는 영채의 기억이 깊이깊이 들어박혀서 자기는 용납할 곳이 없는 것 같다"며 "자기는 형식에게 대하여 임시로 영채의 대신을 하여준 듯하다"고 불쾌히 여기는 한편, 형식과 영채의 정다운 모습을 상상하며 질투로 한껏 망가지고 있는 선형의 모습은 이러한 연상을 더욱 부추긴다. 그리고 그것은 앞으로 형식과 선형의 앞날이 그리 순탄하지만은 않을 것이라는 점을 예견케 하며, 더 나아가 『무정』에서 정점에 도달한 제국과의 전략적인 타협에 내재하는 균열을 예고하고 있는 듯이 보인다.

5. 제국의 근대를 비추는 거울 『무정』

작년 여름 우연한 기회에 하타노 세츠코 선생의 이광수 관련 논문들을 찬찬히 읽어 볼 기회가 있었다. 논문들을 번역해 보라는 제안을 받고 겨우 더듬더듬 읽을 줄 아는 정도의 읽기 수준이라 많이 망설여졌지만, 이광수와 관련된 논문들이라는 얘기에 솔깃해져 그만 덥석 일을 벌이고야 말았던 것이다. 논문들을 번역하면서 놀랐던 것은 『무정』 연구만도 거의 200여 쪽이 넘는 방대한 분량으로 쓰인데다가, 또 이 논문을 위해 이광수의 초기 사상을 이해하는 데 필요한 여러 편의 선행 논문들을 공들여 준비했다는 점이었다. 1995년 가을, 『무정』 연구를 마치면서 하타노 선생은 이렇게 적었다.

> 『무정』을 처음 읽었을 때 느낀 것은 정말 당돌하게도 낯익음이었다. 거기에는 어린 시절 어딘가에서 만났던 듯한 사고방식과 정서가 담겨 있었다. 이러한 작품이 70년 전(내가 이 작품을 읽은 것은 1986년 무렵이다)에 조선인 작가에 의해 씌어진 이유가 궁금하여 쓰기 시작한 것이 이 글이다.

도대체 이 일본인 연구자는 왜 이토록이나 『무정』에 이끌렸던 것일까. 왜국인으로서 처음 대면한 한국의 근대소설, 그것도 그다지 세련되지는 못한 초기의 장편에서 어딘지 낯익다는 느낌을 받은 것은 어디에서 기인한 것일까. 처음 『무정』을 읽은 이래 거의 10여 년에 걸쳐 『무정』론을 준비하고 완성하면서 선생의 머릿속을 떠나지 않았던 이 질문은 선생의 논문들을 번역하던 당시 필자의 머릿속을 떠나지 않은 질문이기도 했다.

그런데 정말 우연하게도, 이 일본인 연구자는 한국 최초의 근대 장편 『무정』에서 어쩌면 제국의 근대를 보고 있었을지도 모른다는 생각을 하고 있을 무렵, 선생 또한 이미 동일한 결론에 도달해 있다는 사실을 알게 되었다. 여차저차해서 『무정』론을 쓸 기회가 생겨 선생의 논문들을 다시 검토하고 있다고 말씀드렸더니, 감사하게도 선생의 번역으로 작년에 출간된 일본어판 『무정』을 한 권 보내주셨는데, 이 책의 해설 마지막 부분에서 바로 다음과 같은 구절이 눈에 띄었던 것이다. "『무정』에 나타난 이광수의 사상은 우리들의 과거를 비추는 거울과 같이 메이지에서 쇼와에 걸쳐 극히 일반적이었던 일본 사조를 반영하고 있으며, 현재에도 그러한 사고방식은

하타노 세츠코 역, 『무정』(2005)

우리들의 주위에 남아 있다." '우리들의 과거를 비추는 거울'이라니, 이 글을 준비하면서 마무리하고 싶었던 얘기가 바로 거기에 담겨 있지 않은가. 실제로 하타노 선생이 『무정』론을 위해 준비한 여러 편의 선행 논문들은 대부분 이광수의 초기 사상을 형성하는 데 커다란 영향을 미쳤던 메이지 이래 일본의 다양한 사조와 사상에 대한 꼼꼼한 검토로 이루어져 있는데, 거기에 이 글의 주된 관심사였던 사회진화론에 관한 논의도 포함되어 있는 것은 물론이다.

당시를 격렬한 생존경쟁의 시대로 규정하면서 경쟁에서 도태되지 않으려면 조선 또한 한시라도 빨리 이러한 시세를 깨우쳐 근대의 문명을 도입하는 것이 필요하다고 보았던 이광수의 문명론이 그대로 메이지 초기의 후쿠자와 유키치나 토쿠토미 소호의 문명론을 뒷받침했던 사회진화론에 토대를 두고 있음은 이미 보아온 대로이다. 그러나 생존경쟁에서 도태되지 않기 위해서 근대 문명의 질서를 따라잡는 데 질주하는 한편, 문명의 질서에 속하지 않는 이질적인 타자는 도태되어 마땅하다고 여기는 배타적인 사고가 결국 군국주의를 끌어들여 동아시아 전체를 전쟁의 도가니로 몰아넣었던 역사를 상기할 때, 『무정』에 비춰진 제국의 근대가 의미하는 것은 매우 착잡한 것일 수밖에 없다.

그런데도 역사는 왜 자꾸 반복되는 것일까. 최근 '보통국가'론을 주창하며 군국주의로의 경사를 보여주는 일본 우익들의 행보는 어딘지 낯익다. 한국의 근대 작가에 의해 씌어진 『무정』으로부터 메이지 이래 오늘날까지 일본을 지배하고 있는 배타적인 사고방식을 보아내고 있는 하타노 선생의 통찰이 갖는 중요성은 바로 여기에서 찾을 수 있지 않을까. 비참한 과거의 역사를 반복하지 않고 새로운 역사의 장을 열어갈 수 있는 가능성은 자신들이 처한 역사적 조건을 직시하려는 태도에서 비로소 시작된다고 할 수 있을 것이기 때문이다.

제4장
이광수와 식민지 문명화론

1. 제국의 문명론, 식민지의 문명론

잘 알려져 있다시피, 18세기 후반 서구에서 문명 개념이 형성되고 전파되었던 시대는 국민국가가 형성되는 시기이기도 했다. 당시 유럽에서는 절대왕정의 여러 폐해를 대신하여 새로운 국가 체제로서 국민국가가 구상되고, 이상적인 국가와 국민이 지향해야 할 이상으로서 문명이 설정되는 것이 일반적인 경향이었던 것이다.[1] 이는 1853년 우라가[浦賀]에 내항(來航)한 페리의 자극을 계기로 개국을 하고 메이지유신(1967)을 단행하며 동양에서는 최초로 문명화의 후발 주자로 나섰던 일본의 경우도 크게 다르지 않았다. 당시 개항 통상을 요구하며 들이닥

1 니시카와 나가오, 윤대석 역, 『국민이라는 괴물』, 소명출판, 2002, 103쪽.

친 서구 열강들의 내항은 군사력을 배경으로 불평등한 관계를 강요한 것이었고, 넓은 시각에서 보아 메이지유신은 일본이 열강의 식민지화를 면하고 독립국으로 인정받기 위한 자구책으로 서구 문명을 채용하여 근대 국민국가를 형성해가는 과정이었다고 해도 크게 어긋나지 않기 때문이다. 일찍이 메이지유신의 이념을 선취했던 후쿠자와 유키치가 "오늘날 일본인을 문명의 길로 나서게 하는 것은 오직 일본의 독립을 보전하기 위해서"[2]라고 잘라 말했던 것 또한 이러한 문명 이해 방식을 기초로 한 것이었음은 말할 것도 없다.[3]

그러면 식민지에서 문명화란 어떤 의미를 갖는 것일까. 문명 개념이 필연적으로 근대 국민국가의 형성과 결부되는 것이라면, 근대 국민국가 형성에 실패한 식민지 조선에서는 문명이라는 개념이 성립할 여지가 없는 것일까. 일찍이 김현주는 1910년대 이광수의 문명화 기획이 근대 계몽기 유길준의 '문명론'과는 달리 '문화'와 유사한 의미를 지니고 있는 '정신적 문명주의'의 성격을 띤다고 지적하면서, 그 근거를 "조선인이 이제는 '독립'이나 '부국강병'과 같은 국가 만들기 기획의 주체가 될 수 없다"는 데서 찾았다.[4] 말하자면 근대 국민국가 형성의 가능성을 박탈당한 식민지 조선에서는 문명이라는 개념이 성립할 여지가 없고, 그런 까닭에 1910년대의 이광수는 문화에 가까운 정신적 문명화의 기획을 통하여 '국민'이 아닌 '개인'과 '민족'을 형성하는 방향으로 나아갈 수밖에 없었다는 주장이다.[5]

---

2 후쿠자와 유키치, 정명환 역, 『문명론의 개략』, 광일문화사, 1989, 241쪽.

3 근대 일본에서 문명화와 근대 국민국가 형성의 함수관계에 관해서는 고야스 노부쿠니, 김석근 역, 『후쿠자와 유키치의 『문명론의 개략』을 정밀하게 읽는다』, 역사비평사, 2007, 12장 「일국의 독립과 문명화」 참조.

4 김현주, 「이광수의 문화이념 연구」, 연세대 박사논문, 2002, 56~57쪽.

5 위의 글, 3장 「정신적 문명주의와 개인-민족」 참조.

하지만 후쿠자와의 문명론이 독립 진취하는 국민의 기풍, 곧 문명 '정신'의 습득을 일본 문명화의 최우선 과제로 내세웠고, 근대 계몽기 유길준의 문명론 또한 나라의 권리를 보전해 가는 2대 근본으로서 법률과 함께 '정덕(正德)·이용(利用)·후생(厚生)'의 세 측면에 걸친 '교육'을 내세웠다는 점을 상기할 때,[6] '정신적 문명주의'라는 개념은 제국의 문명론과 식민지 문명론의 차이를 분명하게 드러내는 데 한계가 있다. 사실 메이지 유신과 그 이념을 선취한 후쿠자와 유키치의 문명론이 1910년대 이광수의 문명론에 미친 영향에 대해서는 정선태에 의해 한 차례 조명된 바 있거니와,[7] 실제로 1910년대 이광수의 텍스트에서는 시, 소설, 논설 등의 장르를 불문하고 문명에의 의지가 도처에서 발견된다. 또한 이광수의 문명 조선의 구상에서 중요한 주체로 등장하고 있는 '개인'과 '민족'은 '개체'와 '종족'의 보존·발전을 중시한 진화론적 문명론과 밀접한 관련을 가지고 있는 까닭에, 이를 전적으로 정신적 문명주의 기획의 산물로 간주하는 것은 무리가 있다.

물론 이 무렵 이광수는 문명과 함께 정신문명 혹은 문화라는 용어도 자주 사용하고 있는 것이 사실이다. 그러나 그가 사용하고 있는 문화라는 용어는 막말에서 메이지 초기까지 일본에서 'civilization'의 번역어로 한자상에서 의미적으로 가까운 문명과 문화가 함께 사용되었던 것[8]과 마찬가지로 문명의 개념에 가깝게 쓰인 경우가 많다. 또한 1910년대 다이쇼기의 문화적 조류의 영향 속에서 'culture'의 번역어로서의 정신문명 혹은 문화라는 용어가 의식적으로 사용된 경우에도 여전히 야만 / 문명의 구도를 고수했다는 점에서 여전히 진화론적 문명론의

6 유길준, 허경진 역, 『서유견문』, 서해문집, 2004, 130쪽.

7 후쿠자와 유키치의 문명론과 이광수의 문명 조선의 구상의 관련성에 관해서는 정선태, 「이광수의 「농촌계발」과 문명조선의 구상」(『상허학보』 12집, 상허학회, 2004)을 참조할 것.

8 니시카와 나가오, 앞의 책, 109쪽.

자장에 놓여 있었다고 할 수 있다.[9] 이러한 사정을 두고 정선태는 "정신적 문명=문화로 파악하지 않는 한 여전히 그는 '문명'과 '문화' 사이에서 서성이고 있으며, 무게중심은 오히려 '문명'쪽으로 기울고 있다고 보는 게 옳을 듯하다"고 지적한 바 있는데,[10] 이러한 무게중심이 '문화' 쪽으로 기우는 것은 말 그대로 '신문화의 창조'를 새로운 민족적 이상으로 내건 「우리의 이상」(1917.12)에 이르러서다.

그러면 1910년대 이광수의 텍스트에서 산견되는 이러한 문명에의 의지를 어떻게 이해해야 할까. 그리고 독립의 전망이 불투명했던 1910년대 식민지 조선에서 그러한 문명에의 의지는 국민국가 체제의 후발주자로서나마 독립을 절대절명(絶對絶命)의 과제로 내걸었던 일본 문명화의 길과는 어떻게 만나고 또 어떻게 갈라지는 것일까.

이를 고찰하기 위해 우선 2장에서는 제2차 유학시기 이광수가 마음속에 품었던 문명 조선의 구상을 살펴볼 것이다. 그리고 3장에서는 1910년대 이광수의 문명론이 인류의 진보 및 문명 정신의 바탕을 '살고 퍼지기' 다시 말해 '개체'와 '종족'을 보존·발전시키고자 하는 생명 본연의 본성에서 찾고 있다는 점에 주목하여 식민지에서 진화론적 문명

---

9 단적인 예로 「동경잡신」 「문부성 미술전람회기」 장에는 "余는 시시각각으로 각고면려하여 문명인의 최전선에 도달하려고 애쓰는 자라. 문명인의 일대 요건인 미술감상안이 無하고 可하랴"(319쪽)는 언급이 나오며, 「지식욕과 독서열」 장에도 "余는 실로 수치한 말이어니와 예술(음악, 미술, 시가, 무도)을 이해할 줄 모르고 위인을 숭경할 줄 모르나니" "余는 야생이요" "신문명에 접하여 그 교육을 受하는 자가 불과 십여 연이라, 두뇌는 아직 단련이 못되고 정신은 아직 문명에 침윤치 못하여 문명을 보기가 이국 이시대의 풍물을 대함과 如히 생소하고 난삽"(323쪽)하다고 한탄하는 대목이 나온다. 이는 이광수에게는 당시 개인적인 교양에 속했던 정신적인 문화의 영역조차도 문명과 야만이라는 문명론적인 대결 구도 속에서 이해되고 있었음을 의미한다.

10 정선태, 앞의 글, 200쪽. 다만 정선태는 1910년대 이광수 문명화론의 성격을 "개인의 '욕망'과 '행복'"에서 찾고, 그 원인을 "개인이 행복해지기 위해서는 정신적으로나 물질적으로 풍요로워야 하며, 그 풍요로운 상태에 이르기 위해서 문명을 전적으로 받아들일 수밖에 없다"(214쪽)고 보았던 이광수의 의식에서 찾고 있다는 점에서 이 글과는 약간 입장을 달리한다.

론이 수용되는 맥락과 그것이 갖는 의미를 재해석함으로써 식민지 문명화론의 특성을 재조명할 것이다. 마지막으로 4장에서는 1917년 후반 제1차 세계대전의 여파를 기점으로 이광수의 문명론이 '신문명의 건설'에서 '신문화의 창조'로 전회(轉回)하고 있다는 점에 주목하고, 그의 문명론이 문명에서 문화로 전회되는 이유와 의미를 고찰함으로써 식민지 조선에서 문명화론이란 무엇이었는가라는 이 글의 궁극적인 물음에 대답해 보고자 한다. 특히 마지막 장의 논의는 지금껏 1910년대라는 시기적 범주에서 뭉뚱그려 논의되어 왔던 이광수 문명론의 성격을 사상적 흐름의 변이와 더불어 좀더 분명하게 윤곽짓는 데 도움을 줄 수 있을 것이라 생각한다.

2. 제2차 유학과 문명 조선의 구상

스물네 살의 청년 이광수가 와세다대학 고등예과에 입학한 것은 1915년 9월의 일이다. 그는 1910년 3월 메이지학원 중학을 졸업하고 4년여의 세월을 헌신했던 오산학교에서의 생활에 한계를 느끼고 1913년 11월 오산을 떠나 상하이로, 연해주와 북만주를 거쳐 시베리아로 방랑하게 된다. 하지만 방랑을 마치고 다시 오산으로 돌아온 그에게 오산의 세계는 너무 좁았고, 이 좁은 세계를 넘어설 새로운 출구를 찾지 않으면 안 되었다. 이 때 그에게 새로운 도약의 가능성으로 다가온 곳이 바로 동양 근대 문명의 보고(寶庫) 도쿄였고, 이광수는 최남선의 소개를 통해 김성수의 도움으로 다시금 도쿄 유학길에 오르게 된다.[11] 그러면 당시 이광수가 제2차 유학에서 기대하고 있던 새로운 도약이란 무엇을 의미하는 것이었을까. 『학지광』 8호(1916.3)[12]에 실린 이광수의 4편의 글은 그 단서를 엿볼 수 있게 하는 중요한 텍스트들이다. 『학지광』 8호에는 「크리스마슷밤」(단편소설), 「어린 벗에게」(시), 「살아라」(논설), 「용동(龍洞)」(논문) 네 편이 실려 있는데, 유학한 지 얼마 지나지 않은 시점에서 씌어진 이들 네 편의 글에서는 새로이 2차 유학을 시작하는 이광수의 내면풍경이 고스란히 드러나 있다.

먼저 이광수가 새롭게 유학 생활을 시작하는 마당에 지난 과거의 삶을 돌아보고 또 막연하게나마 장래의 기대를 표명하고 있는 단편 「크리스마슷밤」은 2차 유학 시작 당시 이광수가 모색하고 있던 새로운 재기(再起)의 방향을 가늠케 하는 글이다.

> 그러고는 학교도 다 내어던지고 귀국하였다. (…중략…) 나는 행인지 불행인지 한 새 애인을 만났다. 그는 누구뇨. 배달이었다. 나는 이 새 애인을 위하여 헌신하기로 결정하였다. 마치 실연한 사람이 혹 승려도 되며 혹 자선사업가도 되는 모양으로. 그리하여 가슴에 맞은 아픈 상처를 참고 지나더니 그도 얼마 아니하여 그 애인도 죽고 말았다. 나는 그 애인의 무덤을 쓸어안고 내 불행을 통곡하다가 할 일없이 동서팔방으로 표랑하기 시작하였다. 마치 크게 실망한 사람이 하는 모양으로. 그래서 天涯地角으로 유리하는 동안에도 두 애인의 생각이 번갈아 일어나 花朝月夕에 통곡한 적이 몇 번이던고. 나는 萬年을 살아야 다시 두 애인을 보지 못할까 하였다. 그러고 또 살아갈 동안 자미붙일 무엇이 있을까 하고 다시 동경으로 굴러들어왔다. '불의에 그의 얼굴을 다시 보았다. 한 애인은 이미 보았거니와 또 한 애인은 다시 볼는가 말는가.'[13]

---

11 이광수의 제2차 유학 과정에 관해서는 김윤식, 『이광수와 그의 시대』 1, 솔, 1999, 503~508쪽 참조.

12 『학지광』 8호는 『민족문학사연구』 39(2009)에 전문이 영인되어 실려 있다.

위의 인용문은 7년 전 첫사랑에게 실연하고 방황하다가 7년 후 우연히 첫사랑과 재회한 주인공이 변모해버린 첫사랑에게 실망하고는 그간의 자신의 삶을 회고하고 있는 대목이다. 이 대목은 도쿄에서 중학을 마치고 귀국한 이광수가 오산에서 교사로서 헌신(새 애인 배달과의 만남)하고 오산에서의 생활에 한계를 느껴(배달의 죽음) 대륙을 방랑을 하다가 다시금 도쿄 유학길에 오른 이광수의 이력과 그대로 일치한다. 여기서 눈여겨보아야 할 것은 "한 애인은 이미 보았거니와 또 한 애인은 다시 볼는가 말는가"라는 주인공의 마지막 독백이다.

이 독백은 당시 이광수가 오산에서의 생활에 한계를 느끼고 마음속에 묻어버렸던 '배달'과의 해후 가능성을 조심스레 타진하고 있었음을 보여주는데, 이는 2차 유학 시작 당시 이광수가 모색하고 있던 재기(再起)의 방향이 곧 민족에 대한 헌신에 있음을 암시하고 있는 것이다.[14]

실제로 이 무렵 이광수의 마음속에는 이미 다시 한번 민족을 위해 헌신하겠다는 생각이 확고히 자리하고 있었던 것을 볼 수 있다. 이광수는 1915년 12월 말 조선 문제를 연구하기 위해 유지들과 함께 조선학회를 조직하고 제1회 연구회(1916.1.29)에서는 농촌문제에 관한 연구 논문을 발표하는데, 「용동」[15]은 바로 그 연구회 발표용으로 마련되었던 원고이

---

13 거울(이광수), 「크리스마슷밤」, 『학지광』 8호, 1916.3, 38쪽.

14 하타노 세츠코는 '새 애인' 즉 '배달'을 "1916년 도쿄가 아니라 1910년 오산에서 발견한 '민족'"을 의미한다고 하여 그것이 2차 유학 당시 이광수의 재기(再起)의 원동력과 곧바로 연결되는 것은 아니라고 보았지만(波田野節子, 「『無情』を書いたころの李光洙」, 『縣立新潟女子短期大學紀要』 45, 2008.1, 337쪽), 이 글에서는 배달과의 해후 가능성에 무게가 실리고 있다는 점을 좀더 고려해야 하지 않을까 싶다.

15 「용동」은 '帝釋山人'이라는 필명으로 실려 있다. 김영민은 이 필명을 두고 '제석'이 삼국유사에 기록된 단군신화에 등장하는 환인의 다른 이름이며, 환인의 아들 환웅이 지상에 내려와 세운 나라가 '배달'이라는 점에 주목하여 「크리스마슷밤」에 등장하는 '배달'의 의미와 연관짓고 있는데(김영민, 「이광수 초기 문학의 변모 과정」, 『현대문학의 연구』 34, 2008, 128~129쪽), 이광수가 이 필명을 사용한 것은 그가 재직했던 오산학교가 평안북도 정주군 제석산 기슭에 있었다는 단순한 이유 때문이었는지도 모른다. 제석산이라는 명칭은 그의 단편 「김경」

기도 하다.[16] 나중에 「농촌계발」의 토대가 되기도 했던 「용동」은 오산 시절 이광수의 계몽활동의 무대이기도 했던 정주의 용동과 남강 이승훈을 모델로 한 글이다. 호수(戶數) 20, 인구 90되는 빈촌(貧村) 용동이라는 동네가 문명을 보급하려 노력한 지 10여년 만에 "아주 자리잡힌 문명국"[17]이 되었음을 소개하면서, "나는 이를 보고 조선의 현재와 미래의 그림을 본 듯하였다"는 인상적인 언급으로 끝맺고 있는 이 글은 당시 이광수의 관심이 용동이라는 농촌 마을을 모델로 하여 문명 조선을 구상하는 데 있었음을 짐작케 한다. 이러한 문명 조선 건설에의 의지는 나머지 두 편의 글 「어린 벗에게」와 「살아라」에서도 분명하게 확인된다.

"아리따운 어린 벗아 / 내 노래 받아스라"로 시작하는 「어린 벗에게」는 화자가 어린 벗에게 이야기하는 형식을 빌려 "신문명의 빛과 맛을 / 반도에다 옮겨"줄 것을 당부하고 있는 장편의 시(詩)이다. "슬픔 보던 네 눈으로 / 기쁨을 보게 하라 / 낡은 반도 보던 눈이 / 새 반도를 보게 하라"[18]와 같이 발랄하고 생동감 있는 리듬으로 조선의 과거와 조선의 미래를 선명하게 대비시켜 문명 조선 건설에의 기대를 한껏 표출하고 있다. 한편 「살아라」는 현대 문명의 도덕을 "살고 퍼지자"는 욕망에서 찾고, 이러한 욕망에 기반한 도덕만이 쇠운(衰運)에 있는 조선의 운수

에도 등장하며 – "제석산 꼭대기로 뉘엿뉘엿 넘어가는 해를 마주 보면서 기다란 동툭길로 많은 논 사이로 포플라 숲을 바라보며 숨이 차게 걸어가기를 더 할 수 없는 즐거움으로 안다."(『청춘』, 1915.3, 118쪽), 오산 출신이었던 김소월의 「나는 세상 모르고 살았노라」는 유명한 시에도 등장한다. "돌아서면 무심타는 말이 / 그 무슨 뜻인 줄을 알았으랴 / 제석산 붙는 불은 옛날에 갈라선 그 내 님의 / 무덤엣 풀이라도 태웠으면". 또 제석산과 관련해서는 "어떤 날은 동쪽 오봉산에서 해사 솟아오를 때부터 서쪽 제석산 너머로 해가 질 때까지 움질일 줄 모르고 소만 관찰하기도 했다"는 역시 오산 출신의 화가 이중섭의 일화도 전해진다.

16 이에 관해서는 하타노 세츠코, 「『무정』을 쓸 무렵의 이광수」, 『국제한국문학회 학술발표회 자료집』, 서울대 국어국문학과, 2007.12, 74쪽 참조.

17 帝釋山人(이광수), 「용동」(1916.1.24), 『학지광』 8호, 1916.3, 43쪽.

18 외배(이광수), 「어린 벗에게」(1916.1.10), 『학지광』 8호, 1916.3, 1쪽.

를 만회하여 "찬란한 문명"[19]을 꽃피우는 데 꼭 필요한 정신임을 역설하고 있는 논설이다. 요컨대 2차 유학 시작 무렵의 이광수는 이미 다시금 민족 문제에 관심을 가지고 조선에 문명을 보급하는 것을 조선의 장래를 위한 제일보로 생각하고 이를 실천하기 위해 여러 각도에서 고민하며 그 방법을 타진하고 있었던 것이다.

이광수가 2차 유학 당시 문명 조선의 구상을 마음속에 품게 된 것은 서양 문명을 채용하는 데 성공하여 세계 문명국과 나란히 문명의 공기를 호흡하고 있는 제국 일본의 수도 도쿄의 활기찬 모습에 자극을 받은 바가 컸을 것이다. 물론 이런 도쿄의 모습을 그가 처음 대하는 것은 아니었다. 하지만 그의 중학시절(1905~1910)은 을사보호조약에서 한일합방에 이르기까지 망국의 시기와 겹쳐 그의 관심사가 바깥을 향할 여유가 없었다.[20] 이 무렵 그의 글에서 문명화된 도쿄의 모습에 대한 언급을 거의 찾아볼 수 없는 것은 아마도 이 때문일 것이다. 이제 5년여 만에 스물넷의 늦깎이 학생으로서나마 다시 돌아와 대면하게 된 도쿄. 이광수의 눈에는 비로소 조선의 장래를 위해 자신이 배우고 익혀 전수해야 할 문명화된 일본의 모습이 차분하게 들어오기 시작한다. 특히 「동경잡신」(1916.9.27~11.9)은 이 무렵 이광수가 "조선에 찬연한 신문명을 건설한다는 영예"를 마음속에 품고 "타민족의 문명코 부(富)된 경로를 심(尋)하여 차를 조선에 응용하리라 함에서 출(出)"[21]한 본격적인 견

19 이광수, 「살아라」, 『학지광』 8호, 1916.3, 6쪽.

20 망해가는 나라를 바라보는 심경을 이광수는 『나의 고백』에서 이렇게 적고 있다. "나의 동경 생활은 날로 재미를 감하였다. (…중략…) 우리 한국 학생들은 다들 음울한 표정과 비분한 언사를 하게 되었다. '석탄 백탄 타는 데는 / 연기나 퍼벌석 나건만 / 우리네 가슴 타는 덴 / 연기도 재도 없네'하는 사발가가 우리들 중에도 유행되었는데, 이 노래가 우리의 답답한 심정을 잘 나타내는 것 같음이었다. 이 노래를 부를 때에 '에야라 난다 듸의야 / 네가 내 사랑이라'에 이르러서는 눈물이 쏟아지는 일이 많았다. 네가 내 사랑이라 하는 사랑은 당시 우리의 감정으로는 망해가는 나라가 아닐 수가 없었다."(이광수, 『나의 고백』, 『이광수전집』 13, 삼중당, 1962, 190~191쪽).

문기라 할 수 있다.

「학교」, 「유학생의 사상계」, 「공수(工手)학교」, 「학생계의 체육」, 「총망(悤忙)」, 「목욕탕」, 「경제의 의의」, 「근이기의(勤而已矣)」, 「명사(名士)의 검소」, 「가정의 예산회의」, 「복택유길(福澤諭吉)의 묘(墓)를 배(拜)함」, 「문부성 미술전람회기」, 「지식욕과 독서열」, 「일반인사의 필독할 서적 수종(數種)」 등 11장의 소제목에서도 볼 수 있는 것처럼, 「동경잡신」은 교육에서 산업, 경제, 문화, 보건의 영역에 이르기까지 문명한 일본의 모습을 구석구석 전하기 위해 애쓴 흔적이 역력한 글이다. 주목할 만한 것은 이 모든 영역에서 일본과 조선이 문명과 야만의 대립 구도를 갖고 그려지고 있다는 점인데, 이를테면 "고등학교는 자살의 종가(宗家)"라 할 정도로 천재 수재들의 자살이 잦은 일본에 비해 자살자가 희소한 조선은 "인류 이하 저급 부문에는 번민도 무(無)하고 자살도 무(無)"하니 "사상 정도의 저(低)함"(302쪽)을 보여주는 증표이고, "아직도 청결 사상이 보급치 못하여 입욕의 선습관이 무(無)"한 조선인은 "문명인의 체면에 심히 수치할 바"(309쪽)이며, "예술(음악, 미술, 시가, 무도)을 이해할 줄 모르고 위인을 숭경할 줄 모르"는 조선인은 "3, 4대 문명한 공기중에서 생육(生育)"한 일본인에 비해 "야생(野生)"(323쪽)인 존재에 불과하다는 식의 언급이 단적인 예이다. 이는 물론 문명한 일본의 모습으로부터 조선이 배워야 할 것이 많다는 마음가짐에서 씌어진 글이라는 점과 무관치 않겠지만, 보다 근본적으로는 '문명'을 문명으로 성립케 하기 위해 항상 '야만'이라는 거울을 필요로 하는 문명 담론 일반의 구조적 성격 그 자체에 기인하는 바 컸다고 할 수 있다.[22] 일본의 문명을 조선이 따라잡아야 할 절대적인 대상으로 간주하는 순간, 조선은 모든 면에서 문명에 뒤떨

---

21 이광수, 「동경잡신」, 『전집』 10, 삼중당, 1974, 303쪽.

22 이에 관해서는 고모리 요이치, 송태욱 역, 『포스트 콜로니얼』, 삼인, 2002, 32~34쪽 참조.

어진 '야만'으로서 재발견될 수밖에 없었던 것이다.

그러나 현실이 절망적이라고 해서 미래 또한 비관적인 것은 아니었다. 당시 문명 조선의 장래를 구상하던 이광수의 마음속에는 일찍이 "명치유신(明治維新)이라는 광고(曠古)의 대변혁, 대사업"을 통해 "서양 문명을 채용"함으로써 문명화에 성공한 일본이 있고, "교육이 신국(新國)의 기초사업임을 자각하고 일변 경응의숙(慶應義塾)을 확장하여 정치, 경제, 법률, 문학 등을 교(敎)하며, 일변 사회에 신지식을 보급키 위하여 『시사신보(時事新報)』라는 대신문을 창시하고 연설을 성(盛)히 하며, 몸소 구습을 혁거(革去)하고 신문명인의 표본"이 되어 이를 견인했던 후쿠자와 유키치와 같은 대인물이 모델로서 자리하고 있었기 때문이다. 실제로 "그가 일생에 의하여 심력을 탄갈(殫竭)하던 조국은 그가 기원하고 희망하던 대로 세계의 웅방(雄邦)이 되었고, 그의 주야(晝夜)로 교육하던 제자들은 그의 명(命)한 대로 조국에 유력한 사역(使役)이 되"[23]지 않았는가. "흉중에 무한한 경모(敬慕)와 감개"를 품고 후쿠자와의 묘를 참배하던 이광수는 자신도 일생에 심력을 다하여 조선의 문명화에 힘쓰겠다고 다짐하고 또 다짐했을 것이다. 하지만 뒤늦게 문명화의 길에 뛰어들었을망정 독립 진취하는 국민의 기풍을 강조하며 거침없이 문명화의 길로 나아갔던 일본과 이미 독립을 잃고 식민지로 전락하여 쇠할 대로 쇠해 있던 조선에서의 문명화의 길이 같을 수는 없었다. 이광수의 문명화론이 후쿠자와의 문명화론과 갈리는 것은 바로 이 지점에서이다.

23 이광수, 「동경잡신」, 앞의 책, 317~318쪽.

3. 민족적 생존과 번영의 수단으로서의 문명화

> 해가 뜨니 초라한 조선의 꼬락서니가 분명히 눈에 띄운다. 저 발가벗은 산을 보아라. 저 바짝 마른 개천을 보아라. 풀이며 나무까지도 오랜 가뭄에 투습이 들어서 계모의 손에 자라나는 계집애 모양으로 차마 볼 수가 없게 가엾게 되었다. 그러나 이제 비가 올 테지. 저 발가벗었던 산이 기름이 흐르는 산림으로 컴컴하게 되고, 저 바짝 마른 개천도 맑은 물이 나물나물 넘칠 때가 오겠지. 그래서 고운 꽃이 피고, 청아한 새 소리가 들릴 때도 오겠지. 응, 확실히 오지. 네가 지금 이러한 새 누리의 도안을 그리는 중이 아니냐. 그렇다. 그러나 바빠할 것 없다. 천천히 천천히 웅장하고 영원한 것을 그려다오.[24]

위의 인용문은 1917년 6월 이제 막 화려하게 『무정』의 연재를 마친 이광수가 총독부의 시정(施政)을 시찰해 달라는 『매일신보』 측의 의뢰를 받아 조선 오도답파(五道踏破) 여행길에 오르기 위해 일시 귀성하는 길의 감회를 적은 편지글의 한 대목인데, 오랜만에 조선의 산천을 대하는 이광수의 시선이 예사롭지 않은 것이 눈에 띈다. 발가벗은 산, 바짝 마른 개천, 심지어 풀이며 나무까지도 오랜 가뭄에 말라비틀어져 버린 "초라한 조선의 꼬락서니". "계모의 손에 자라나는 계집애 모양으로" 누가 거두어주지 않아 황폐해진 조선의 산천에서 아마도 이광수는 나라를 잃고 기운을 잃어 쇠할 때로 쇠해진 조선의 모습을 보았을 것이다. 그리고 다시금 다짐했을 것이다. 이제 "차마 볼 수가 없게 가엾게" 된 조선의 산천에 '문명의 비'를 불러 발가벗은 산을 기름지게 만들

---

24 이광수, 「동경에서 경성까지」(『청춘』, 1917.7), 『전집』 1, 삼중당, 1963, 220~221쪽.

고, 바짝 마른 개천에 맑은 물을 넘실거리게 만들겠다고. 여기서 그가 마음속에 품고 있는 이러한 "새 누리의 도안"이 이제 막 연재를 마친 『무정』의 마지막 장에 그려진 생기 넘치는 문명 조선의 장래와 맞닿아 있다는 것은 말할 필요도 없다.

주목해야 할 것은 여기서 일견 투명하고 자연스러운 것으로 묘사되고 있는 조선 산천의 풍경이 실은 진화론이라는 인식틀을 통해 풍경으로서 재발견된 것이라는 점이다.[25] 「동경잡신」에서 "진화론은 신문명의 총원천"[26]으로 소개되기도 했던 진화론은 당시 이광수의 문명화론을 뒷받침하는 사상의 원천이기도 했다.[27] 이러한 진화론의 렌즈는 그가 조선의 산천을 바라보는 시선에도 어김없이 작동하고 있는데, 이는 같은 편지글에서 도쿄 교외의 풍경을 묘사하고 있는 다음의 대목과 비교할 때 보다 뚜렷이 드러난다.

> 동경 속에 있어서는 봄이 가는지 여름이 오는지 몰랐더니, 밖에 나와 보니 벌써 여름이 무르녹았다. (…중략…) 대자연을 접하면 자연히 흉금이 상쾌 활달하여지고, 塵世의 악착하던 것을 잊어버리게 되며, 아울러 생명의 기쁨을 절실하게 깨닫는다. 모두 살았구나, 모두 생장하는구나, 모두 번창하는구나, 모두 활동하는구나, 개인도 이러할 것이요, 일민족도 마땅히 이러해야 할 것이란 생각이 굳세게 일어난다.[28]

25 '풍경의 재발견'이라는 개념에 대해서는 "풍경이란 하나의 인식틀이며, 일단 풍경이 생기면 곧 그 기원은 은폐된다"는 점에 주목한 가라타니 고진의 언급을 떠올려볼 수 있을 것이다(가라타니 고진, 「풍경의 발견」, 박유하 역, 『일본 근대문학의 기원』, 민음사, 1997, 32쪽).

26 이광수, 「동경잡신」, 『전집』 10, 325쪽.

27 이에 관해서는 최주한, 「제국의 근대와 식민지, 그리고 이광수」, 『어문연구』, 2008.12, 3장 「이광수의 문명론과 사회진화론」을 참조할 것.

28 이광수, 「동경에서 경성까지」, 앞의 책, 214쪽.

앞서 생기라고는 찾아볼 수 없는 불모(不毛)에 가까운 조선의 자연에 대한 묘사와 비교할 때, 도쿄 교외의 자연은 어느덧 무르녹은 여름과 함께 무성한 기운을 한껏 뿜어내고 있는 생명력 그 자체로 그려져 있는 것을 볼 수 있다. 바야흐로 살고, 생장하고, 번창하고, 활동하고 있는 존재들의 기쁨을 눈부시게 증거하는 한여름의 자연. 하지만 이러한 자연의 생명력은 이광수에게 단순한 자연 현상 이상의 의미를 지닌 것이었다. "개인도 이러할 것이요, 일민족도 마땅히 이러해야 할 것"이라는 사고가 명료하게 보여주는 것처럼, 당시 생물 진화론에 사로잡혀 있던 이광수에게 '삶' '살음' '생(生)' '생활'은 인간을 포함한 생명을 가진 모든 존재의 최고 목적이자 발전과 진보, 나아가 문명의 원동력이기도 했던 것이다.

> '살아라'. 삶이 동물의 유일한 목적이니 此 목적을 달하기 위하여는 도덕도 無하고 시비도 無하나니라. 기아하여 死에 瀕하거든 타인의 것을 약탈함이 어찌 악이리오. 자기가 死함으로는 寧히 타인이 死함이 정당하니라. 그러므로 살기 위한 분투는 인류의 最히 신성한 직무니라.[29]

> 현대 문명인의 도덕은 순전히 살음 위에 기초를 두었나니 (…중략…) 조물이 만 생물을 낼 적에 첫 명령과 첫 축복이 '살아라'요 둘째가 '퍼지어라'일 것이외다. 인류세계의 헌법의 제1조는 실로 이 '살아라 퍼져라'외다. 살고 퍼지기에 합당한 일이면 절대한 선이오 아니면 절대한 악이외다. (…중략…) 이리하여 그네는 수증기를 찾고 전기를 찾아 오늘날 찬란한 문화를 형성하여 아직도 '살아라 퍼져라'를 해득치 못하는 五色 민족을 차고 밟고 횡행활보하는 것이외다.[30]

---

29 이광수, 「우선 獸가된 然後에 人이 되라」(1916.11.6), 『전집』 10, 244쪽.

30 이광수, 「살아라」(1916.3), 앞의 책, 3~4쪽.

인용문에서 보듯, "삶이 동물의 유일한 목적"이며, 따라서 "살고 퍼지기에 합당한 일이면 절대한 선이오 아니면 절대한 악"이라는 생물 진화론의 명제는 이 무렵 이광수의 문명론을 지탱하는 근간(根幹)이 되는 전제였다. 그리고 이러한 전제는 "생물의 행동 전체는 즉 생활"이니 "국가도 생활을 위하여 재(在)하고 문명도 생활을 위하여 재(在)하고, 사회의 만반 현상이 생활을 위하여 생활 중심으로"[31] 일어난다는 표현에서도 찾아볼 수 있다. 여기서 중요한 것은 이처럼 생물이 살고 퍼지는 활동, 곧 생활은 개체의 보존뿐만 아니라 동시에 개체가 속한 사회의 생명을 보존하기 위한 목적에서 이루어진다는 점이다.

> 생활이란, 자기 일신의 건강과 행복을 유지하고 발전하며, 更히 자기의 미래의 자손을 위하여 지식과 체력과 정신과 재산을 遺하는 만반행동의 총화를 謂함이라. 此를 진화론자들은 개체의 보존·발전 及 종족의 보존 발전이라 하나니[32]

살고 퍼지기 위한 생물계의 만반 활동이 개체의 보존과 동시에 개체가 속한 사회의 보존을 꾀하는 이유는 개체가 속한 사회의 생명이 보존되어야 비로소 개체의 보존도 완전할 수 있기 때문이다. 이광수가 사회생활을 영위하는 동물의 경우 이 두 개의 생명을 보존하는 것이 존재 본연의 '의무'라고 간주한 것도 바로 이러한 까닭에서인 것은 물론이다.[33]

한편 이광수는 이러한 생물 진화론의 명제를 인류 사회에도 적용하여, 오늘날 서구사회가 이룩한 "찬란한 문화(문명)"의 기원을 "살음에 반하는 구교(舊敎)를 깨트리고 구제도(舊制度)를 깨트리고 유태(猶太)와 중고

31 이광수, 「교육가 제씨에게」, 『전집』 10, 54쪽.
32 위의 글, 54쪽.
33 위의 글, 58~59쪽.

(中古) 구라파의 살음을 부인하는 모든 우상을 불사르고 희랍과 로마의 현세를 긍정하고 살음을 탄미(嘆美)하는 과학과 예술이라는 진주를 숭배"한 르네상스 정신에서 찾았다.[34] 또한 뒤늦게나마 일본이 메이지유신 이래 50여 년간 실로 놀라운 대진보를 통하여 당대의 세계문명강국이 된 것도 "개체의 보존·발전 급(及) 종족의 보존·발전"을 최우선시하는 실생활 정신에 기반한 서구의 신교육을 채용한 덕분이라고 보았다.[35] 그리고 이러한 논리의 연장선상에서, 조선 민족 또한 이러한 '살음'에 기초한 문명 정신과 실생활 위주의 교육을 통해 문명을 채용함으로써 개인은 물론이고 일민족으로서도 살고, 생장하고, 번창하고, 활동하는 생명이 있는 존재 본연의 기쁨을 누려야 마땅함을 주장했던 것이다.

이상에서 살펴본 바와 같이, 생물 진화론에 바탕을 둔 이광수의 문명론은 인류의 진보 및 문명 정신의 바탕을 '살고 퍼지기', 다시 말해 생존권의 차원에서 '개체'와 '종족'을 보존·발전시키고자 하는 생명 본연의 본성에서 찾고 있는 점이 특징적이다. 이는 서구 문명 정신의 바탕을 '독립 진취의 기상'에서 찾고, 이러한 독립 진취의 기상을 근대적 독립 국가의 기반으로 삼을 것을 주장했던 후쿠자와의 문명화론과 선명하게 갈라지는 지점으로서,[36] 당시 독립의 전망이 불투명했던 식민지 조선에서의 문명화론의 과제가 일단 개체와 종족의 보존·발전이라는 생존권의 차원을 넘어서기 어려웠음을 엿볼 수 있게 한다. 앞서 "계모의 손에 자라나는 계집애 모양으로 차마 볼 수가 없게 가엾게" 된 조선의 황폐한 산천의 모습이 웅변하는 것처럼, 민족적 생존과 번영을 최우선 과제로 삼았던 1910년대 이광수의 문명화론에는 문명을 식민

---

34 이광수, 「살아라」, 앞의 책, 3~4쪽.
35 이광수, 「교육가 제씨에게」, 앞의 책, 54~55쪽.
36 고야스 노부쿠니, 앞의 책, 51~58쪽 참조.

지로 전락한 조선의 민족적 생존을 도모할 수 있는 수단으로서 사고할 수밖에 없었던 식민지적 환경의 절박함이 짙게 드리워져 있는 것이다.

4. 문명화론의 전회(轉回)—'신문명의 건설'에서 '신문화의 창조'로

살펴본 바와 같이, 2차 유학 시작 무렵 이광수는 20세기 국민국가 체제 속에서 식민지로 전락한 조선 민족이 생존과 번영을 도모할 수 있는 길은 일본을 비롯한 이들 국민국가가 성취한 문명을 조선에 이식하는 것뿐이라고 확신했다. 따라서 이를 위해서는 제국 일본이 조선에 취한 제도적 차원의 동화정책도 적극 활용할 필요가 있다고 보았던 것은 물론이다.[37] 하지만 1917년 후반, 그러니까 정확히 장편 『무정』과 『오도답파기』의 연재를 마치고난 직후 이광수는 문명 조선의 구상을 재고하지 않을 수 없게 된다. 때는 바야흐로 그동안 절대적인 위력을 행사했던 서구 문명의 결함을 폭로한 제1차 세계대전의 여파를 두고 전 세계가 떠들썩한 마당이었으니,[38] 서구의 문명을 그대로 좇는 것은 이미 시효가 지난 일이나 다름없었기 때문이다. 문명이 아니라면 그 무엇에서

37 이러한 입장은 당시 이광수가 일본의 민권론자 독자들을 대상으로 『洪水以後』 8호(1916.3)에 투고한 글 「조선인 교육에 대한 요구(朝鮮人教育に對する要求)」에서 단적으로 엿볼 수 있다. 이에 관해서는 앞의 글, 424~426쪽 참조.

38 제1차 세계대전과 관련하여 서구 문명의 위기를 논하는 담론은 「우리의 이상」에서도 여러 번 언급된다. "지금 야단인 구주전란도 마치 도깨비 불과 같이 세상 사람이 보고 떠들 뿐이요 (…중략…) 이 괴물은 정치, 철학, 종교, 경제, 사회, 국가, 민족, 과학, 모든 것이 들러붙어서 해결할 문제일 것이외다." "이번 구주대전란은 현대 문명의 어떤 결함을 폭로한 것인즉, 이 전란이 끝남을 따라 현대 문명에는 대혼란, 대변혁이 생길 것이외다."(이광수, 「우리의 이상」(『학지광』, 1917.12), 『전집』 10, 246~247쪽).

민족적 생존과 번영의 길을 찾을 수 있을 것인가. 현상윤이 피히테의 『독일 국민에게 고함』과 비견할 수 있는 논문이라 하여 거듭 경의를 표하기도 했던 「우리의 이상」(1917.12)은 이러한 모색 끝에 씌어진 야심적인 소논문으로서,[39] 그 해답으로 '신문화의 창조'를 내놓고 있다.

> 만일 조선 민족이 존재의 가치를 얻어 餘望이 있다 하면 그것은 自今으로 세계문화사상에 영광스러운 지위를 획득함인가 합니다. 세상일은 모를 것이라, 혹 조선족이 (…중략…) 정치적으로 세계에 覇를 稱할 날이 있을는지는 모르되, 현재에 처하여 그런 것을 바라는 것은 일종 망상이라 하겠고, 조선족이 존재의 가치를 얻을 길은 하나이오, 또 오직 하나이니, 즉 조선족의 것이라 일컬을 신문화를 창조함이외다. (…중략…) 이것은 오직 조선인이라야 할 특권이 있는 것이니, 삼천 년간 쌓아 내려오던 寶庫를 三國時節에 잠깐 열었다 하더라도 이제 다 열리는 날에 어떠한 驚異할 보물이 출현될는지 모릅니다.[40]

왜 문화인가. 문명이 진보와 보편성을 강조하는 데 비해 문화가 다양성과 개별성에 역점을 둔다는 점을 고려할 때,[41] 문명에서 문화로의 전회(轉回)는 이광수가 문명론 패러다임 자체의 전환을 꾀했음을 의미한다. 단적으로 위의 인용문에서는 앞서 진보와 보편성의 논리에 따라 서구와 일본의 문명에 비해 한없이 뒤처진 야만에 불과했던 조선의 지위가 민족의 고유성에 대한 강조와 더불어 그들과 동등하게 세계문화

39 현상윤, 「이광수군의 「우리의 이상」을 讀함」, 『학지광』, 1918.3, 58쪽. 피히테의 『독일 국민에 고함』(1808)은 1806년 나폴레옹 군대에 의해 패하고 이듬해 강화조약을 맺어 프랑스 치하에 놓인 독일 국민을 대상으로 행한 유명한 연설로, 당시 유사한 정치적 입장에서 민족적 진로를 고민했던 일본 유학생들 사이에 널리 읽히고 공감받았던 듯하다. 이 연설은 「우리이 이상」에서도 언급되어 있다.

40 이광수, 「우리의 이상」, 앞의 책, 246~247쪽.

41 니시카와 나가오, 앞의 책, 103쪽.

사상에 기여할 수 있는 대등한 위치로 부상되는 것을 볼 수 있다. 여기서 조선은 아직껏 문명의 지위에 도달하지 못한 수치스러운 야만의 장소가 아니라, "삼천 년간 쌓아 내려오던 보고(寶庫)"를 보유하고 있는 귀중한 문화의 저장고이자 장래 인류에 "어떤 경이(驚異)할 보물"을 제공하게 될 중요한 장소이기도 하다. "오직 조선족이라야 할 특권"을 지닌, 다시 말해 그 어떤 나라도 대신할 수 없는 조선의 문화적 고유성에 대한 주장, 이는 문명의 서열에서는 한참 뒤처진 조선 민족이 세계에 존재 가치를 주장할 수 있는 유력한 대안으로 간주되었던 것이다.

물론 이광수에게 정신문명의 중요성이 이 무렵 급작스럽게 부상되었던 것은 아니다. 이광수 자신 신문학에 지대한 관심을 갖고 있던 작가이기도 했거니와, 이미 「문학이란 하오」(『매일신보』, 1916.11.10~23)와 같은 문예론에서는 문학의 가장 중요한 효용으로 "일민족의 정신적 문명"에의 공헌을 꼽고 있기도 하다. 하지만 "소위 문학이라 함은 서양인이 사용하는 문학이라는 어의(語義)를 취함"이라는 정의에서부터도 엿볼 수 있거니와, 여기서 정신 문명이란 일민족이 "야만미개(野蠻未開)"에서 벗어나 진보・향상하기 위한 보편적인 수단이라는 점에 강조점이 놓여 있는바,[42] 문명의 대안으로서의 문화라는 사고는 찾아보기 어렵다.

문명에는 서열이 있어도 문화에는 서열이 존재하지 않는다. 이 점에서 보면, 제1차 세계대전의 여파와 더불어 모습을 드러낸 서구 문명의 위기는 그야말로 조선 민족이 세계에 "조선 민족으로서의 존재 의의"를 드러낼 수 있는 "천재불우(千載不遇)의 호기회(好機會)"[43]가 아닐 수 없

42 "진보하는 일대의 사상과, 감정과, 생활방식은 其代 전민족이 연구하고, 彫琢하고 수련한 결과니 (…중략…) 차 귀중한 정신적 문명을 전하는 데 最히 유력한 자는, 즉 其 민족의 문학이니, 문학이 無한 민족은 혹은 습관으로, 혹은 구비로 其 약간을 전함에 불과하므로 아무리 누대를 經하여도 其 내용이 贍富하여지지 아니하여 野蠻未開를 不免하나니라."(이광수, 「문학이란 하오」, 『전집』 1, 511~512쪽).

었다. 서구 문명이 결함을 가진 것임을 드러난 이상 이러한 문제를 해결할 수 있는 주체는 문명에 심취한 서양보다는 동양이 유력하며, 서구 또한 이미 동양문명의 상당한 가치에 눈을 돌리고 있는 추세이니만큼, 조선 민족도 이 기회를 타서 한번 세계문화사상에 일대 활약을 시도해 볼 만하다는 것이 그의 판단이었다. 비록 '우라가[浦賀]의 흑선(黑船)'의 자극을 계기로 문명부강을 이루었던 일본의 선례를 따르지 못하여 문명으로서는 서구와 일본에 뒤처질 수밖에 없었지만,[44] 이번 기회에 "조선족의 것이라 일컬을 신문화를 창조"하는 데 주력하여 인류에 공헌한다면 문화로서는 조선 민족 또한 그들과 동등하게 인류의 일원으로서의 "존재 가치"를 인정받을 수 있을 것이라는 확신, 이광수가 논문의 서두에서부터 대놓고 '정치'와 '문화' 둘 다 얻을 수 없다면 차라리 '문화'를 취하겠다고 큰소리칠 수 있었던 자신감은 바로 이러한 확신에 근거를 두고 있었던 것이다.

하지만 이러한 문화적 기획을 두고 '탈식민주의적'의 경향을 띤다고까지 적극적으로 의미부여할 수 있을지는 좀더 따져 보아야 할 문제이다. 과연 이광수의 문화 혹은 정신적 문명 개념이 조선 민족에게 "자율과 해방"의 논리를 제공했는지는 차치하더라도,[45] '정치'를 배제한 '문화'를 선택한 이광수의 구상은 당시 조선의 정치적 독립을 성급한 요구로 간주하고 있던 식민 종주국의 시선을 의식한 측면 역시 간과할 수 없기 때문이다.

---

43 이광수, 「우리의 이상」, 앞의 책, 247쪽.

44 위의 글, 248쪽.

45 "탈식민주의적 문명주의"는 김현주가 이광수의 정신적 문명론의 성격을 규정하면서 명명한 개념이다. 그녀는 또 다른 곳에서 이광수가 "정신적 문명이라는 개념을 통하여 앞 시기 유길준 식의 서양중심적, 국가주의적, 보편주의적, 객관주의적 문명 이념을 수정함으로써 개인과 민족과 동양에게 자율과 해방의 논리를 제공"했다고 언급하고 있는데, 여기서 탈식민주의라 한 것은 이 "자율과 해방"의 논리를 염두에 둔 것인 듯하다(김현주, 앞의 글, 75·78~79쪽).

조선 사정에 밝은이들의 얘기에 의하면, 조선인의 진심은 현재 그들의 사회 상태가 이전에 비해 행복한 생활인 것이 분명하다. 다만 전통감정상 소위 亡國이라는 일종의 비애를 갖고 있는 것도 당연한 사실이다. 그러면 어떻게 하면 좋을지 물으면, 가능한 한 오늘날과 같은 행복하고 진보한 생활을 영위할 수 있는 조직을 만들어 주고, 그래서 독립 자치로 나아가게 해준다면 얼마나 좋을까 하는 것으로 귀결된다. 행복한 상태로 독립시켜 달라는 것이다. 이를 일본의 정치가에게 물으면, 오늘날 조선인의 문명 정도로는 꽃과 단풍을 한꺼번에 보게 해달라는 것과 같은 무리한 요구일지도 모른다. 세계의 사조가 진보하고 일본의 國情도 진보하고 조선인의 정신문명도 진보했을 때, 구구한 一小國의 흥망과 같은 일이 아니라 좀더 커다란 會湊點에서 모두가 행복한 상태로 만나게끔 하는 것이 좋다. 오늘날의 급무는 우선 조선에 정신문명의 기초를 쌓는 것이다.[46]

위의 인용문은 일본의 저명한 자연주의 평론가 시마무라 호게츠[島村抱月][47]가 1917년 10월 『와세다문학[早稻田文學]』에 발표한 「조선소식(朝鮮だより)」의 한 대목이다. 시마무라 호게츠는 이광수가 오도답파 여행길에 오른 첫날 조치원으로 향하는 열차 안에서 직접 대면하기도 했던 인물인데,[48] 여행을 마치고 도쿄로 돌아온 이광수는 이 글을 접하고는 크게 자극을 받았던 듯 곧바로 시마무라의 논의에 호응하여 「부활의

46 島村抱月, 「朝鮮だより」, 『早稻田文學』, 1917.10, 226쪽.

47 시마무라 호게츠(島村抱月, 1871.10~1918.11.5) 1894년 와세다대학의 전신인 도쿄전문학교 문학과를 졸업했다. 소설가이자 극작가인 츠보우치 소요[坪內逍遙]에게 사사했고, 시마자키 토손, 타아마 가타이 등의 작품을 이론적으로 뒷받침하여 자연주의 문학운동을 이끄는 한편, 극단 '게이주츠자[藝術座]'를 결성하여 번역극을 상연하면서 신극운동의 지도원리를 확립했다.

48 이광수, 「오도답파기」(1917.6.26~8.18), 『전집』 18, 125쪽. 마침 얼마 전 경성에서 최남선, 진학문, 심천풍, 현상윤 등 조선의 청년문학자들과 모임을 갖기도 했던 시마무라는 그 자리에서 이광수가 건네는 명함을 받고는 이광수에게도 자신이 조선의 신문학에 대해 거는 기대를 전하고 있다. 시마무라와 청년문학자들의 모임에 관해서는 島村抱月, 「朝鮮だより」, 앞의 책, 224~225쪽에 자세히 소개되어 있다.

서광」(1917.10.16 집필)[49]이라는 장문의 문예론을 쓴다. 물론 「부활의 서광」에서는 다만 장차 조선의 정신문명을 일으킬 새로운 조선의 문예에 대한 시마무라의 기대가 강조되어 있을 뿐이다. 하지만 시마무라가 조선의 정신문명을 강조하고 있는 바탕에는 위와 같이 "오늘날 조선인의 문명 정도로는" 조선의 정치적 독립이 성급한 요구이며, 따라서 조선은 우선 "정신문명의 기초를 쌓는 것"에 힘쓸 일이라는 인식이 전제되어 있었던 것이다.[50]

사정이 이러하다면, '정치'보다는 '문화'를 선택한 이광수의 문화적 기획은 "국가로 회수되지 않을 주체를 생산하기 위한 구상"[51]이라는 적극적인 의미를 지닌 것이기보다 오히려 체제가 허용하는 한도 내에서의 문화적 자율성을 내건 소극적인 의미를 지닌 것이었다고 평가하는 것이 보다 적절하지 않을까. 물론 '체제가 허용하는 한도 내에서'라는 정치적 입장에 대한 평가야 논자에 따라 제각각일 수 있겠지만, 필요하다면 제도적 차원의 동화정책도 적극 활용할 필요가 있다고 보았던 이광수에게는 문화적 기획 또한 제도에 기반하여 이를 활용하는 것이 자연스러운 일이었다. 단적인 예로 『매일신보』는 식민 통치를 용이하게 하기 위한 총독부의 기관지쯤으로 폄하되기 일쑤지만, 적어도 이

---

49 「부활의 서광」은 1918년 3월 『청춘』에 발표되었지만, 집필 시기는 1917년 10월 16일로 「우리의 이상」(1917.11.14)보다 한 달 가량 앞선다.

50 사실 이러한 인식은 이광수가 인용하고 있는 이를테면 "금일은 그 偏畸, 그 질병을 脫하여 맑은 정신이 샘에 부활할 때라. (…중략…) **그것이 구구한 정치 문제 같은 것에 잡혀서는 못쓴다. 傳說을 貫하여 현대에 사는 영혼의 핵심으로 각성된 것이라야 한다**"(위의 글, 29쪽)와 같은 구절에서도 엿볼 수 있다.

51 "이광수의 정신적 문명화 기획은 국가로 회수되지 않을 주체를 생산하기 위한 구상이었다는 의의를 가진다. 일제가 추진한 문명화가 궁극적으로 국민화를 목표로 한 것이었다면, 정신적 문명론은 식민지 지배 권력의 지배 통제력이 전일적으로 미칠 수 없는, 식민지 지배국의 국가 장치에 의해서 완전히 장악되지는 않는 '문화적' 분야들의 근대화를 통해서 조선인들을 개인-민족으로 재구성하고자 한 기획이었다."(김현주, 앞의 책, 98쪽).

광수에게 그것은 "학교 교육 이외에 한글을 보급하고 兼하여 좋은 소설을 역재(譯載)하여 청년에 신자극을 준 점"[52]으로 조선의 정신문명 발달에 막대한 공(功)을 가진 훌륭한 매체이기도 했던 것이다.

5. 결론을 대신하여

일찍이 후쿠자와 유키치는 문명의 진보에는 단계가 있으므로 그 진보의 정도에 상응하는 조치가 있어야 함을 지적하면서, 당대 일본 국민이 자국의 독립을 걱정하는 것은 일본의 문명의 정도가 바로 제 나라의 독립에 관해 걱정해야 할 단계에 있다는 것을 증명하는 것이라고 주장한 바 있다.[53] 그렇다면 독립을 입에 올릴 수 없었던 1910년대 식민지 문명화론의 결론은 당시 조선은 독립을 걱정할 만한 단계에도 도달하지 못한 뒤처진 민족이었다는 것으로 귀결되어야 하는 것일까. 아마도 이광수라면 이 질문에 일단 그렇다고 수긍하지 않을까 싶다. 보아온 대로 1910년대 이광수의 문명론은 민족적 생존과 번영을 꾀하는 방편으로 문명 혹은 문화를 적극 이식할 필요성을 인정하고 있기 때문이다.

하지만 당시 이광수에게 이러한 전제가 곧 민족의 독립을 포기하고 다만 식민지 체제에 순응하여 사는 것을 의미했다고 성급하게 단정해 버릴 수 있을까. 그게 아니라면, 그에게 독립을 괄호에 쳐둔 '신문명의 건설'이나 '신문화의 창조'라는 민족적 이상이 가졌던 의미는 무엇이었

52 이광수, 「부활의 서광」, 앞의 책, 30쪽.
53 후쿠자와 유키치, 앞의 책, 215쪽.

을까. 언젠가 이광수는 중국을 횡단하는 진푸선[津浦線] 열차 안에서 도쿄 유학생이자 전 철도국장을 지냈던 한 중국인에게서 다음과 같이 인상적인 이야기를 듣는다.

> (나라가—인용자) 홍망이 없는 법이 있나요. 夏殷周, 漢唐宋元明清이 흥하고 망함이 있겠지요. 그렇지만 망하면 또 흥하니까 밤 되면 낮이 오는 셈이니까. 몽고도 이백 년이 못 되어 물러났고 만청도 삼백 년이 못 되어 물러났으니 이제 다시 누가 중국을 점령한댔자 기껏 삼백 년이면 또 망하겠지요. 그 동안에 우리 한족이 잘 번식하고 부와 문화를 잃지만 아니하면 도로 한족의 나라가 되지요. 此一時 彼一時로 暫間입니다.[54]

약탈적인 열강들의 이해관계에 의해 반식민지나 다름없는 처지에 놓여 있던 1910년대의 중국을 두고, 나라의 흥망은 자연의 이치며 민족이 번식하고 부와 문화를 잃지만 않으면 언제고 나라는 되찾게 마련이라고 느긋하게 이야기하는 이 중국인에게서 이광수는 무엇을 느꼈을까. 과연 대국(大國)답게 민족의 경륜을 생각하는 사고의 폭이 다르다고 감탄했을지도 모른다고 한다면 지나친 얘기가 될까.

54 이광수, 「學窓獨語」(『사해공론』, 1935.9～12), 『전집』 14, 383～384쪽.

제5장
1930년대 전반기 이광수의 지도자론

동우회(수양동우회) 기관지 『동광』을 중심으로

1. 1930년대 이광수의 지도자론과 『동광』

이 글은 동우회(수양동우회) 기관지 『동광』을 중심으로 1930년대 전반기 이광수 지도자론의 성격을 규명하는 데 목적이 있다. 주지하다시피, 1930년대 전반기 이광수의 지도자론은 당대는 물론 오늘날에도 대개 민족의 대동단결이라는 미명하에 대중을 정치적으로 동원하면서 소수 특권계급의 이익을 대변했던 파시즘의 대중정치학이라는 관점에서 조명되는 경향이 있다. 그러나 당대의 비판은 주로 신간회 해소(1931.5)를 전후로 민족 부르주아지에 대한 공세를 강화했던 사회주의자들의 입장에서 전개된 것인 만큼 일면적일 수밖에 없고,[1] 후대의 비판은 1930

1 몇몇 대표적인 논의를 소개하면 다음과 같다.
김명식, 「지도관념과 원동세력—이광수씨의 '지도자론' 비판」, 『삼천리』, 1931.9; 김명식, 「영웅

년대에 들어서 이광수가 민족의 '힘'을 찬미하여 단결을 외치고 무솔리니나 히틀러와 같은 파시스트 지도자를 긍정적으로 평가한 몇몇 표면적인 사설들에 근거한 것이어서 표면적임을 면치 못한다.[2] 게다가 1920년대의 「민족개조론」에 대해서조차 파시즘의 대중정치학에 입각하여 수립된 전략이라는 평가가 있을 정도이고 보면,[3] 1920년대와는 엄연히 다른 맥락에서 안출된 1930년대 전반기 이광수 지도자론의 성격을 제대로 규명하는 일은 중요한 의미를 갖는다고 하지 않을 수 없다.

1930년대 전반기 이광수의 지도자론이 파시즘 담론의 일부를 수용한 것은 부정할 수 없는 사실이다. 그러나 그의 지도자론을 파시즘의 대중정치 기획과 등가의 것으로 간주할 수 있는지는 좀더 따져보아야 할 문제이다. 즉 이광수 지도자론의 성격을 제대로 규명하기 위해서는 이광수의 지도자론이 어떠한 맥락에서 파시즘 담론을 수용했는지, 또 거기에 파시즘이라는 개념을 적용하는 것이 적절한지에 대한 면밀한 고찰이 필요한 것이다.

사실 1930년대 이광수의 지도자론을 둘러싸고 있는 맥락은 그리 단순하지 않다. 이광수가 1921년 봄 상하이에서 귀국한 후 흥사단의 국내 지부였던 수양동맹회(1926년 이후 수양동우회)의 대표 격으로 활동한

주의와 파시즘—이광수씨의 夢을 啓함」, 『東光』, 1932.3; 박일형, 「민족과 민족운동—修養同友會는 어디로 가나?」, 『비판』, 1932.4; 정절성, 「인텔리겐차와 민족운동—이광수의 민족운동의 이론을 분쇄함」, 『비판』, 1932.6; 백철, 「1933년도 조선문단의 전망」, 『東光』, 1932.12; 한설야, 「민족개량주의 비판」, 『비판』, 1933.1; 황영, 「'민족주의 지도원리'의 비판」, 『신계단』, 1933.3; 박철이, 「조선 파쇼화의 검토」, 『비판』, 1933.3; 한철호, 「민족개량주의에 대하여」, 『신계단』, 1933.4.

2 조관자, 「'민족의 힘'을 욕망한 '친일 내셔널리스트' 이광수」, 『당대비평』 특별호, 삼인, 2002.
이지원, 「일제하 민족문화 인식의 전개와 민족문화운동」, 서울대 박사논문, 2004.
이지원, 「파시즘기 민족주의자의 민족문화론」, 『일제하 지식인의 파시즘체제 인식과 대응』(연세대 국학연구원 학술회의 자료집), 연세대 국학연구원, 2004.
이기훈, 「'청년' 갈 곳을 잃다—1930년대 청년담론에 대한 연구」, 『역사비평』, 2006 가을.

3 김현주, 「이광수의 문화적 파시즘」, 김철 · 신형기 외, 『문학속의 파시즘』, 삼인, 2001.

것은 잘 알려진 사실이다. 그러나 1930년대 전반기는 수양동우회가 단체의 목적을 '수양'에서 '독립'의 준비로 명시하면서 조직의 역량을 확대 강화하기 위해 '수양'의 두 글자를 떼고 동우회라는 이름하에 새로운 사업을 도모하고 있던 시기였다는 점은 비교적 덜 알려져 있다.[4] 이러한 단계에서 1931년 1월 동우회 기관지로서 속간된 『동광』은 당시 동우회의 새로운 활동에 영향을 끼치게 될 국내외의 다양한 정세에 촉각을 세우고 있었던 것은 물론, 동우회의 사업 전개에 필요한 연구에도 각별한 관심을 가지고 있었는데, 이광수의 지도자론은 바로 동우회 기관지 『동광』의 주필이라는 입장에서 제기된 것이다. 그런 만큼 이 시기 이광수의 지도자론을 고찰하기 위해서는 무엇보다도 우선 이 점을 고려하지 않으면 안 된다.

한편 주필이라고는 해도 『동광』의 편집 지침에 직접 관여했던 도산과는 그 입장을 약간 달리했던 것이 확인되는 까닭에, 이광수의 입장을 동우회나 『동광』의 입장과 직접 동일시해서는 곤란하다. 이 시기 이광수의 지도자론을 검토하는 데 신중해야 하는 또 다른 이유가 바로 여기에 있다. 지금까지 수양동우회와 『동광』은 『동아일보』나 천도교 계열과 같이 민족대동단결을 외치며 표현단체론이나 자치운동을 전개한 우파 민족주의의 입장을 대변하는 단체로서 간주되어 왔지만,[5] 이는 사실과 다르다. 당시 수양동우회의 정치적 입장은 단순한 '수양' 단체에서 '독립'을 목적으로 하는 조직으로서의 성격을 분명히 하면서 조직의 확대강화를 꾀하고 있었던 만큼 자치론과는 거리가 있었으며,[6]

---

4 이에 관해서는 다음 장에서 자세히 논할 것이다.

5 강동진, 『일제의 한국침략정책사』, 한길사, 1980, 419~429쪽.
지수걸, 「1930년대 초반 사회주의자들의 민족개량주의운동 비판」, 『80년대 인문사회과학의 현단계와 전망』, 역사비평사, 1988, 272쪽.
이지원, 「일제하 민족문화 인식의 전개와 민족문화운동」, 서울대 박사논문, 2004, 258쪽.

『동광』의 전체적인 논조 또한 극우에서 극좌에 이르기까지 다양한 경향을 아우르고 있다. 이는 "자치 또는 참정권운동 등에 찬성의 뜻을 지닌 논문을 절대로 싣지 말 것이며, 사회주의를 배제하는 태도의 논문을 또한 싣지 말아야 합니다. 다만 학설에 대해서는 사회주의의 주장자 및 반대자의 이론을 함께 실어 독자의 참고에 기여함이 좋을 거라고 생각합니다"[7] 라는 도산의 편집 지침이 반영된 결과이다.

따라서 1930년대 전반기 이광수 지도자론의 성격을 제대로 규명하기 위해서는 수양동우회와 동우회, 그리고 『동광』을 둘러싼 맥락에 대한 고찰은 물론, 지도자와 단체에 대한 도산과 이광수의 입장의 차이를 비교 · 검토하는 일이 필요하다. 특히 후자는 1920년대와 1930년대 이광수의 지도자론의 차이점을 분명히 드러내기 위해서도 반드시 필요한 작업이다. 1930년대 도산의 지도자론이 1920년대 개인과 여론을 중시하는 데모크라시즘의 연속선상에 자리하고 있다면, 일찍이 「민족개조론」을 통하여 도산의 입장에 대한 공감을 표시했던 이광수의 지도자론은 1930년대에 이르러 민족대동단결을 표나게 주장하며 지도자와 지도 단체의 절대성을 강조하는 전체주의적 경향을 띠게 되기 때문이

6 이와 관련하여 박찬승은 제2차 자치운동시기(1925~1927) 수양동우회가 직접적으로 자치운동에 나선 흔적은 거의 발견하기 어려우며, 제3차 자치운동시기(1929~1932)에도 "일제의 기록에 의하면 수양동우회는 1930년 여름 이래 자치운동에 진출하여 최린 등과 기맥을 통하고 있다는 정보가 있었다"고 하는데, 이들 자료는 정보가 있다고 말하고 있을 뿐이어서 단정적으로 말하기는 어렵고, 다만 민족운동자들 사이에서는 일반적으로 '자치운동세력의 하나'로 간주되고 있었으므로 개연성은 있다고 언급하고 있다(박찬승, 『한국근대정치사상사연구』, 역사비평사, 1992, 340 · 346~347쪽). 그러나 1931년 동우회의 조직적 변모로 미루어 보아 적어도 당시 수양동우회의 공식적인 입장이 자치론과 거리가 있었다는 것은 분명한 듯하다.

7 「두메산골 벗으로부터의 소식」(『島山安昌浩資料集』 2, 국회도서관, 1998, 371쪽). 이 서간에서 '두메산골 벗'이란 도산의 필명인 산옹(山翁)을 가리킨다. 이 서신은 『東光』 속간호(1931. 1)가 나온 이후 내외의 평판과 島山의 소감을 적고 있는데, 島山이 『東光』의 편집 지침을 직접 밝히고 있는 글이라는 점에서 속간 이후 『東光』의 전체적인 방향을 이해하는 데 중요한 자료이다.

다. 이후 내선일체를 부르짖으며 적극적인 친일로 나아갔던 이광수와 끝까지 독립의 정당성을 주장하며 감옥에서 당당하게 죽음을 맞았던 도산, 본격적인 파시즘에 맞닥뜨린 두 사람의 정치적 진로의 엇갈림은 바로 이 같은 입장의 차이에서 비롯된 것이 아닐까. 이 글의 마지막 장에서는 본론의 논의를 단서로 하여 이 문제를 궁구해 보고자 한다.

2. 수양동우회, 동우회, 『동광』

『나의 고백』에 의하면, 1921년 봄 이광수가 상하이로부터 귀국할 것을 결심한 것은 "민족의 독립"은 "민족이 독립의 실력을 갖춤으로만 이뤄진다"[8]는 흥사단의 이론에 깊이 공감하고 국내에서 실력양성운동을 전개하기 위해서였다. 이광수는 이러한 결심이 마치 자신의 독자적인 판단에서 이루어진 것처럼 적고 있으나,[9] 사실 이미 상하이에서는 김항조, 이광수, 박현환, 주요한을 중심으로 하여 흥사단의 독립강화책으로 조선 내에 흥사단 조직이 필요하다는 논의가 누차 이루어졌고, 도산 또한 의견이 일치하여 이들에게 조선 내에서 흥사단을 조직할 것을 부탁한 일이 있다.[10] 이에 관해서는 주요한 또한 "1921년 춘원이 상해를

8 이광수, 『나의 고백』, 삼중당, 1962, 247쪽.

9 "島山은 내가 국내에 들어가는 것이 민족운동자로서의 명성을 떨어뜨리는 길이라고 말하였다. 그러나 나는 내 명성이라는 것을 그다지 대단한 것으로 생각지 아니하였고, 조그마한 내 명성을 아낀다는 것도 한 사특한 생각이라 결론하고 島山 모르게 귀국할 결심을 하였다."(이광수, 『나의 고백』, 249쪽)

10 "상해에서 김항조, 이광수, 박현환, 주요한과 누차 흥사단의 독립 강화책에 관해 협의한 결과, 상해나 미국과 같이 조선인이 적은 지방에서 운동하느니보다 조선에서 조선인 대중에

떠나 본국으로 돌아온 것은 이해득실 상반한 사건이었거니와, 춘원의 붓으로 쓰여진 「민족개조론」의 발표와 춘원을 중심으로 한 수양단체의 조직과 합동 등은 흥사단 사업의 일보 전진이라고 볼 수 있어 성과가 손실보다 크다"[11]고 언급한 바 있어, 이광수의 귀국이 자신의 독자적인 판단에 의한 것이라기보다 국내 흥사단 사업 계획과 긴밀하게 연결되어 있었다는 것을 짐작케 한다. 실제로 이광수의 귀국 이후 1922년 2월에는 경성에서 수양동맹회가 발기되고, 1923년 1월에는 평양에서 동우구락부가 조직된다. 그리고 1924년 봄 도산과 이광수의 베이징 회담 이후 1926년 1월에는 이 두 단체가 합쳐져 수양동우회로 거듭나게 됨으로써, 흥사단은 국내 활동의 안정적인 기반을 마련하게 된다.[12]

『동광』은 흥사단의 국내 활동을 뒷받침하기 위해 1926년 5월에 창간된 잡지이다. 하지만 경영난으로 인해 1927년 8월 제16회로 휴간에 들어가고, 수양동우회가 '수양'의 두 글자를 떼고 동우회로 거듭나면서 조직의 성격을 전환하는 단계에 있었던 1931년 1월 속간되기 시작한 후 1933년 1월 제40호를 마지막으로 종간된다.

창간 당시 『동광』은 도산의 지도하에 있었다. 도산은 잡지 발간의 자금부터 잡지의 내용, 또 잡지 경영 문제에 이르기까지 일일이 관여했을 뿐만 아니라,[13] 창간호에서부터 '산옹(山翁)'이라는 필명으로 도산

게 적극적으로 공작하여 조직을 만들 필요가 있다고 하는 의견이 일치되어 나도 그들에게 조선 내에서 흥사단을 조직할 것을 부탁한 사실이 있습니다."(「同友會 관계자 검거에 관한 건」(증인신문조서, 증인 안창호), 『島山安昌浩資料集』 1, 국회도서관, 1997, 224쪽).

11 주요한, 『안도산전서』 상, 범양사 출판부, 1990, 381쪽.

12 위의 책, 375~377쪽.

13 이와 관련해서는 주요한의 다음과 같은 언급이 참고할 만하다.
"도산의 편지에 보면, 잡지 발간은 국내에서 상당한 기금이 수집된 후에 단본부의 출자를 아울러 가지고 시작할 계획이었으나, 이미 창간된 이상에는 이를 적극 후원하고, 본국에 있는 수양동맹회와 미주의 흥사단 본부가 공동으로 이를 유지·발전케 하기로 지시하였다. 구체적으로는 미주에서 잡지를 위해 수집한 금전을 즉시 전부 본국에 보낼 것, 참고서적 잡지를

자신의 이념을 담은 글을 적극적으로 싣는다. 김윤식 교수는 산옹의 글을 이광수의 것으로 착각하여 『동광』이 마치 "춘원과 주요한 두 사람의 개인잡지인 듯한 인상을 준다"[14]고 평했으나, 사실 산옹의 글은 대부분 『동아일보』에 세 차례 실렸다가 검열로 중단되었던 도산의 「동포에게 고하는 글」(1925.1.23~25)을 쪼개어 실은 원고이다.[15] 그러나 이처럼 압도적인 도산의 존재감은 『동광』의 속간 이후 "나의 졸렬한 언론을 매호마다 싣게 되면 오히려 불리할 거라고 여겨 앞으로는 가끔 한 문제씩 보내드리고자 합니다"[16]라는 언급을 남기고 뒤로 물러나며, 도산이 1932년 6월 상하이에서 체포되어 경성으로 압송된 이후로는 아예 지면에서 사라지고 만다. 그러나 속간 이후 『동광』이 도산의 영향권을 벗어나 있었는가 하면 그렇지는 않다. 속간 『동광』이 이광수 주필(主筆), 주요한 주간(主幹) 체제로 출발하는 것은 사실이지만,[17] 속간 이후에도 『동광』은 여전히 도산의 편집 지침을 벗어나지 않고 있음이 확인되기 때문이다. 이 문제를 논하기 위해 우선 수양동우회가 동우회로 거듭나게 된 경위를 잠깐 살펴보도록 하자.

1927년 초 신간회 결성을 전후로, 흥사단 내부 단원들 사이에서는

구입하여 『東光』 편집부로 보내되 자연과학에 더 치중할 것, 흥사단과 수양동맹회에서 각각 위원을 선임하여 잡지경영 책임을 공동으로 맡게 할 것 등을 지시하고 있다."(주요한, 앞의 책, 398쪽)

14 김윤식, 『이광수와 그의 시대』 2, 솔, 1999, 161쪽.

15 '산옹'의 글은 문체도 이광수와 다를뿐더러, 원고 가운데 종종 "내가 옛날 고국에 있을 때"(「당신은 주인입니까」, 1926.6, 23쪽), "고국에서 오는 소식을 듣건대"(「부허에서 떠나아 착실로 가자」, 1926.9, 2쪽)와 같은 언급이 있어 산옹이 島山의 필명인 것을 짐작케 한다. 이에 관해서는 다음 장에서 좀 더 자세히 논할 것이다.

16 「두메산골 벗으로부터의 소식」, 앞의 책, 371쪽.

17 1930년 10월 13일 同友會 상무이사회의 결의사항 기록에 의하면, "동광사의 이사, 동인, 주필, 주간을 추천하여 이사회에 제의"하고 "주필 및 주간은 동우회 이사회에서 任免한다"고 되어 있는데, 주필에 이광수가 주간에 주요한이 지정되어 있다(증거 제26호 「同友會 이사회 회의록」, 『島山安昌浩資料集』 2, 국회도서관, 1998, 80~81쪽).

단을 새롭게 개혁하여 진흥하자는 의견이 제기된다.[18] 이에 도산은 「미국에 재류하는 동지 여러분께」(1929.2)라는 제목의 격문을 통하여 흥사단이 단순한 '수양' 단체가 아니라 '독립'을 목적으로 한 투사적 인격을 훈련하는 훈련기관임을 명백히 선언하고, 흥사단과는 별도로 혁명당을 조직하여 다수의 역량을 결집시키는 일이 필요하다는 견해를 밝힌다.[19] 이를 계기로 수양동우회 내부에서도 조직의 확대·강화를 위한 협의를 거듭하게 되는데, 그 결과 수양동우회는 1929년 7월 제2조에 "신조선건설의 역량을 증진함을 목적으로 한다"[20]는 문구를 명시하고 제4조에 "본회의 목적을 달성하기 위해 소년훈련·민중교양·경제협동 등의 사업을 경영할 수 있다"[21]는 조항을 집어넣어 '수양'이라는 두 글자를 떼고 동우회로 거듭난다. 물론 1930년 4월 동우회의 약법 제2조의 조항이 다시금 "신문화건설의 역량을 증진함을 목적으로 한

---

18 동우회사건 관련 경무국 비밀문서 가운데 주요한의 신문조서를 보면, 당시의 상황을 짐작할 수 있다. "나, 이광수, 조병옥 3인이 수양동우회의 진흥방침연구위원이 되어 나와 조병옥 두 사람은 수양동우회를 개혁하여 민족주의의 거두를 망라하여 큰 조직으로 만들고, 규약을 개정하여 비혁명적 문구를 삭제하고 직접적인 정치투쟁을 전개하여 조선독립의 목적 달성을 위해 힘써야 한다고 주장했고, 이광수는 우리들의 의견에 반대하며 실력양성에 의해 조선의 독립을 달성해야 한다고 주장했기에 내가 두 차례 조병옥이 한 차례 상해로 가서 흥사단의 수령 안창호 등과 협의를 거듭했습니다."(『島山安昌浩資料集』 1, 국회도서관, 1997, 236쪽)

19 안창호, 「미국에 재류하는 동지 여러분께」(1929.2), 『島山安昌浩資料集』 1, 234~255쪽 참조.

20 「同友會 약법」(1929), 『島山安昌浩資料集』 2, 11쪽.
여기서 '신조선건설'이라는 문구는 주요한의 발상에 의한 것으로, 주요한은 그것이 "조선을 독립시키겠다"는 뜻이라고 밝힌 바 있다(「同友會 관계자 검거에 의한 건」(1937.7), 〈별지 1〉 피의자 신문조서(피의자 주요한), 『島山安昌浩資料集』 1, 241쪽).

21 동우회 약법에 새로이 들어간 이 사업은 이미 도산이 1928년 동지에게 고하는 격문에서 제안했던 것으로, 특히 민중교양의 원칙은 단순한 교양사업이라기보다 '혁명정신'을 고취하기 위한 목적에서 제기되었다는 점에서 특기할 만하다. 제4조 민중교양의 원칙은 다음과 같다.
① 소년, 학생, 부녀, 노동자 등 일반 민중에 대하여 각각 적의한 방법으로 그 각성을 촉진한다.
(주) 내용의 본뜻은 소년, 부녀, 노동자, 학생 등 일반 민중에게 혁명정신을 고취시킨다는 것임.
② 미취학 아동과 문맹 성인에 대하여 글자 가르치기 운동을 적극 추진한다.
③ 민중으로 하여금 조직적 단결 생활을 영위케 하고, 상식을 익히게 하여 인습을 개혁하도록 지도한다(안창호, 「미국에 재류하는 동지 여러분께」, 『島山安昌浩資料集』 1, 251~252쪽).

다"로 바뀌게 되는 것은 사실이다. 그러나 이는 동우회사건 피의자 심문에서 주요한이 자백한 대로 "당국의 단속을 피하기 위해서" 표현을 바꾼 것이라고 보는 것이 옳다.[22] 1931년 1월 속간된 이후의 『동광』은 적어도 동우회의 공식적인 입장에 관한 한 동우회의 목적이 '신조선건설'에 있었음을 분명하게 보여주기 때문이다.

실제로 1931년 1월 속간된 『동광』은 당시 '신조선건설'을 위한 활동에 영향을 끼치게 될 국내외의 다양한 정세에 촉각을 세우고 있었던 것은 물론, 동우회의 사업을 전개하는 데 필요한 연구에도 각별한 관심을 가지고 있었다. 이는 1931년 이광수가 쓴 『동광』의 속간사와 『동광』 속간호에 대한 소감을 밝히면서 『동광』에 대한 전체적인 편집 지침을 언급한 도산의 편지글에서도 단적으로 확인된다.

> 한 가지 본지에 관하여 할 말은 내외 시사의 중요한 것을 망라하고 또 내외 신문잡지의 중요한 논평을 소개하여서 본지 하나만 보고도 족히 내외 시국을 大觀하여 그 변천의 樞機를 파악하도록 노력하는 것이다. 이것은 조선에 있어서는 본지가 처음으로 하는 시험이다.[23]

> 내가 본 바로는, 이번에 세계의 신문과 잡지 등의 名文精華錄을 싣기 시작한 것을 아주 찬성합니다. 다만 현실에 비추어 우리들에게 유익될 만한 것들을 수집하는 데 주의해야 하겠습니다. 또한 內外大觀欄을 둔 것을 아주 찬성합니다. 물론 부탁하지 않더라도 주의하시겠지만, 공정한 입장에서 우리 현실에 비추어 소개할 필요가 있는 인물을 선택하는 데 주의해야 합니다. 이밖에 부탁드리고 싶은 것은 자치 또는 참정권운동 등에 찬성의 뜻을 지닌 논문을 절대로 싣지 말

22 〈별지 1〉 피의자 신문조서(피의자 주요한), 『島山安昌浩資料集』 1, 241쪽.
23 이광수, 「속간사」, 『東光』, 1931.1, 1쪽.

것이며, 사회주의를 배제하는 태도의 논문을 또한 싣지 말아야 합니다. 다만 학설에 대해서는 사회주의 주창자 및 반대자의 이론을 함께 실어 독자의 참고에 기여함이 좋을 거라고 생각합니다. 특히 시사에 관해서는 가일층 주의를 환기해야 합니다. 10대 강령 중에 우리 민족의 경제적 생활을 지도하는 조건이 빠져 있는 것이 유감입니다. 현실에 있어서 우리들에게 실질적 이익을 부여할 만한 지도의 조건은 민족적 규합과 민중의 교양과 경제합작 등이라고 우리들은 생각하므로 이 점에 대하여 특별히 연구해서 지도를 계속하고, 구미 각국의 경제합작운동이 진행되는 상황을 가끔 소개하는 것이 좋을 거라고 생각합니다.[24]

뿐만 아니라, 1931년 7월 동광사에서 동우회 회원들에게 발신한 「동지 여러분께 각별히 고함」을 보면, 『동광』의 편집진이 요구하는 원고 내용이 구체적으로 제시되어 있어서 당시 동우회의 관심사를 한눈에 들여다볼 수 있다.

연구 : 식민정책, 차별대우에 관한 폭로기사, 신흥민족의 현황, 세계 약소민족 신흥운동의 역사, 조선사상의 역사흥망사, 한말정세, 간디, 손문, 기타 사상 연구 등.

시사비판 : 최근의 한 예를 들면

(국외) '모라토리엄', 스페인혁명, 인도와 미얀마 양족의 투쟁, 일본공산당 공판, 러국 5개년계획, 태평양회의 등.

(국내) 재만동포문제, 각지 중국인 박해사건, 쌀증산계획의 동요, 조선인 금융기관 문제, 소작쟁의, 동맹파업 등.

인물평전 : 해외인물, 조선 현대인물, 역사의 인물, 지방인물, 영웅, 기사(奇士), 열녀, 괴인 등.[25]

---

24 「두메산골 벗으로부터의 소식」, 『島山安昌浩資料集』 2, 371쪽.

25 조선총독부 비밀문서 「증거 제58호」, 『島山安昌浩資料集』 1, 455~456쪽.

이상의 자료들에서 볼 수 있는 것과 같이, 1930년대 속간 당시의 『동광』은 동우회가 이미 '수양'에서 '독립'을 준비하는 조직으로서의 목적을 분명히 했던 만큼, 대외적으로는 세계대전 후 독립을 얻었던 약소국가들의 현황과 신흥운동의 역사, 인도의 반(反)제국주의운동 및 제국주의 열강에 맞서는 중국의 국권회복운동 등에 지속적인 관심을 쏟았고, 대내적으로도 각종 식민정책의 문제점이나 소작쟁의나 동맹파업 등의 문제에 골고루 관심을 기울였다. 또 일반적인 통념과 달리 자치운동이나 참정권운동에 대해서는 분명하게 반대를 표시했으며, 사회주의를 배제하기는커녕 민족운동에 대한 공평한 시각을 유지하기 위해서 사회주의 계열의 논의들도 고루 싣고자 했다. 속간 이후 『동광』의 논조가 극우에서 극좌에 이르는 다양한 경향을 아우르고 있는 것은 바로 이와 같은 도산의 민주적인 편집 지침이 반영된 결과로, 이러한 초기의 편집 지침은 『동광』이 종간될 때까지 지켜진다.[26]

---

26 『東光』의 전체적인 논조를 살필 수 있는 대표적인 글을 몇 편 소개하면 다음과 같다. 황강, 「대만의 과거와 현재 그 정치적 산업적 지위」(1931.1); 백민, 「국민융흥의 波斯國」(1931.1); 주요한, 「내외대관—과거 일개월간 조선과 세계의 정치적 경제적 동향의 객관적 기록」(1931.1); 호적, 「중국의 진로는 무엇」(1931.1); 「진리탐구기—성웅 간디자서전기」(1931.1); 백락준, 「체크민족의 국부 토마쓰 마사릭 박사」(1931.2.3); 테오도르 갈라우, 「차인(此人)이 본 比律賓 독립운동」(1931.4); 이광수, 「여의 작가적 태도」(1931.4); 송진우, 「세계대세와 조선의 장래」(1931.6); 「東光大學—삼민주의란 무엇인가」(1931.6); 황강, 이광수 역, 「이충무공행록」(1931.7); 이광수, 「지도자론」(1931.7)·「新幹會 해소와 운동선의 전망」(1931.7); 송만, 「민족사회주의론강」(1931.8); 「재만동포문제특집」(1931.9); 「東光大學—파씨즘」(1931.9); 김일성, 「만몽의 일중관계와 그 전망」(1931.10); 황강, 「미국의 만주정책과 문호개방주의의 변천」(1931.10); 박원일, 「일중충돌과 중러관계」(1931.10); 김광, 「경제적 위기에서 정치적 위기에」(1931.10); 「부흥중도의 新土耳其」(1931.10); 이광수, 「힘의 찬미」(1931.11); 이광수, 「힘의 재인식」(1931.12); 홍성하, 「조선과 대자본의 활약」(1932.1); 임병철, 「조선농촌문제해부」(1932.1); 신언준, 「구라파의 오각대립—32년 열강전선 정찰」(1932.2); 이광수, 「조선민족운동의 삼기초사업」(1932.2); 필자 미상, 「만주사변과 중국혁명」(1932.2); 홍성하, 「중국을 중심으로 한 열강의 동태—일영합작이냐 미영동맹이냐」(1932.3); 김장환, 「상해사건의 원인과 전말」(1932.3); 「군축회의 개막과 각국의 정국 동태」(1932.3); 김명식, 「영웅주의와 파시즘—이광수씨의 夢을 啓함」(1932.3); 함상훈, 「재차 동요하는 愛蘭問題」(1932.5); 홍효민, 「독일의 위기와 국수사회노동당」(1932.5); 「간도문제특집」(1932.5); 이광수, 「옛조선인의 근본도덕—전체주의와 구실주의」

3. 도산의 흥사단 이론과 민족개조론

앞서 이광수가 상하이에서 귀국할 것을 결심한 것은 흥사단의 이론에 깊이 공감하고 국내 흥사단 활동을 전개하기 위해서였다고 언급한 바 있거니와, 「민족개조론」(1921)은 이러한 흥사단 이론을 바탕으로 민족운동에 대한 이광수 자신의 포부가 한껏 펼쳐져 있는 글이다. 실제로 「민족개조론」의 서두에는 "이 글의 내용인 민족 개조의 사상과 개혁은 재외 동포 중에서 발생한 것으로서 내 것과 일치"하며 "조선 내에서 이 사상을 전하게 된 것을 무상의 영광으로"[27] 여긴다는 언급이 보인다. 여기서 '재외 동포'란 바로 상하이의 도산과 그가 이끌었던 흥사단을 가리키는데,[28] 일찍이 김윤식 교수 또한 이 점에 주목하여 "「민족개조론」의 내용과 방법은 도산의 사상"이자 "춘원 자신의 사상"[29]이라고 평가한 바 있다.

(1932.6); 현상윤, 「일본정국의 전망－중대사변의 이면과 영향」(1932.7); 임원근, 「파쇼 조류를 비판함」(1932.7); 한승연, 「협동조합이란 무엇인가－세계의 협동조합운동」(1932.7); 이광수, 「민족과 인재」(1932.8); 신언준, 「세계공황이 낳은 오대블럭 경제와 그 이합」(1932.8); 필자미상, 「춤추는 '파시즘'의 고민－국수사회주의 독일노동당」(1932.9); 로저 쇼, 「국제화하는 '파시즘'」(1932.9); 배성룡, 「농촌구제와 조선인의 이해관계」(1932.9); 이훈구, 「일본자본주의하의 만몽」(1932.9); 한청산, 「연맹총회와 만주문제」(1932.10); 이광수, 「비상시의 비상인」(1932.11); 신언준, 「전쟁이냐 평화냐－만주문제와 중국의 대일정책」(1932.11); 신언준, 「만주문제를 싸고도는 일미의 외교전」(1932.12); 김윤경, 「최근의 한글 운동－조선문자의 역사적 고찰」(1932.12); 백락준, 「고조선의 국풍, 화랑도란 무엇인가」(1932.12); 백철, 「1933년도 조선문단의 전망」(1932.12); 안재홍, 「프로레타리아문화와 세계문학의 동태」(1932.12)

27 이광수, 「민족개조론」, 『전집』 10, 116쪽.

28 이와 관련해서는 다음과 같은 주요한의 언급을 참고할 수 있다.
"그 후(상하이에서의 귀국 후－인용자) 춘원은 「민족개조론」을 『개벽』 잡지에 발표하여 흥사단의 이념을 공개하였고, 그 때문에 일부 청년에게 폭행을 당할 뻔한 사실도 있다."(주요한, 앞의 책, 375쪽)

29 김윤식, 『이광수와 그의 시대』 2, 솔, 1999, 44쪽.

「민족개조론」이 이광수의 붓으로 가공된 흥사단 이론이라면, 도산의 목소리로 직접 공개된 흥사단 이론을 살펴볼 수 있는 글은 「동포에 고하는 글」(1924)이 유일하다. 도산은 주로 연설을 즐겨했지 자신의 사상을 글로 남기는 데에는 관심이 없었기 때문이다. 주요한에 의하면, 「동포에 고하는 글」 또한 도산이 국내 흥사단 운동 추진 방안을 지시하기 위해 이광수를 베이징으로 불렀던 1924년 봄 도산이 구술하고 이광수가 필기한 원고로서, 1925년 1월 23일에서 25일에 걸쳐 세 차례 실리고 나서 검열로 인해 중단되었으나 『동광』 잡지가 발간되면서 다시 게재된 것이라고 한다.[30] 그러니까 1926년 5월 창간호부터 『동광』에 '산옹(山翁)'이란 필명으로 실린 글들이 바로 이 원고인 셈이다.[31]

도산의 흥사단 이론은 창간 초반부에 집중적으로 실린 「합동과 분리」(1926.5), 「당신은 주인입니까」(1926.6), 「사람마다 가슴에 참을 모시어 공통적 신용을 세우자」(1926.6), 「합동의 요건―지도자」(1926.8), 「부허에서 떠나 착실로 가자」(1926.9)에서 대강을 엿볼 수 있다. 사실 흥사단 이론은 그 자체가 지도자와 단체에 관한 이론이기도 하다. 도산 자신이 한 마디로 요약한 것과 같이, 그것은 "동족간에 상호부조하는 애호의 정신으로써 공통한 조건하에 각파가 조화하고 상당한 인도자를

---

30 주요한, 앞의 책, 376～377쪽.

31 이는 주요한이 소개한 「동포에게 고하는 글」의 내용 — ① 국민의 책임심, ② 협동생활의 원칙, ③ 지도자의 선택, ④ 착실주의, ⑤ 실천론, ⑥ 개업론, ⑦ 학생의 갈 길, ⑧ 청년의 용기, ⑨ 정의돈수 — 에 비추어 보아도 동일한 글임을 확인할 수 있다(주요한, 앞의 책, 378～380쪽). 참고로 『東光』에 실린 산옹(山翁)의 글을 소개하면 다음과 같다. 「합동과 분리」(1926.5), 「당신은 주인입니까」(1926.6), 「사람마다 가슴에 참을 모시어 공통적 신용을 세우자」(1926.6), 「무정한 사회와 유정한 사회」(1926.6), 「합동의 요건―지도자」(1926.8), 「부허에서 떠나 착실로 가자」(1926.9), 「우리들의 현재와 장래」(1926.10, 삭제), 「오늘의 일은 오늘의 일」(1926.11), 「오늘의 조선학생」(1926.12), 「조선 청년의 용단력과 인내력」(1927.1), 「사업에 대한 책임심」(1927.2), 「자조의 정신과 호조의 정신―우리의 수양운동의 근본의를 논하여」(1927.3, 삭제), 「비관과 낙관」(1927.4), 「사회개조와 인격수양의 문제」(1927.6, 삭제)

세우고 서로 믿븜으로 협동하여 함께 나아가자 함"[32]에 기초하고 있기 때문이다. 실제로 이들 논의는 주로 민족사회 합동의 필요성을 논하며 합동의 요건과 방법을 제시하는 데 주력하고 있는데, 여기서 도산이 합동의 요건으로 들고 있는 것은 첫째, "전 민족이 공통적으로 같이 희망하고 이행할 만한 조건을 세울 것"(「협동과 분리」), 둘째, "공통적 신용을 세울 것"(사람마다 가슴에 참을 모시어 공통적 신용을 세우자」), 셋째, "지도자의 선택"(「합동의 요건—지도자」) 세 가지이다.

이처럼 도산이 공통한 조건하에 지도자를 세우고 서로 믿음으로 단결할 것을 내세운 데는 3·1운동의 실패가 바로 이 세 가지 요인의 결여에서 비롯되었다는 판단이 자리하고 있다. 도산은 3·1운동을 두고 "우리 겨레가 그같이 일어난 것은 가장 위대한 일로서 우리들이 크게 기념해야 할 일"이라고 여겼다. 다만 그것이 "조직체가 아닌 것이 유감"이며, 그런 까닭에 "운동의 계통이 없어져 일반 겨레는 모일 곳, 지향할 곳을 찾지 못해서 방황하고 혼란해졌"[33]다고 안타까워했던 것이다. 「민족개조론」은 바로 이러한 도산의 견해와 그대로 호응하며 씌어진 글이다. 다소 거친 어투를 사용하고 있기는 하지만, 「민족개조론」은 3·1운동을 "자연의 변화"이자 "우연의 변화", 또는 "무지몽매한 야만인종이 자각 없이 추이하여 가는 변화와 같은 변화"로 간주하고, 문

32 실제로 「부허에서 떠나 착실로 가자」에는 그간의 논의 전체를 요약한 내용이 담겨 있어서 참고가 된다. "나의 중언부언하는 본뜻은 우리가 우리 민족 사회의 현재와 영원한 장래에 대한 책임을 지고 각각 주인된 자의 자격으로 우리 기정한 옳은 목적을 향하여 나아가다가 어떠한 곤란과 장애와 유혹이 있더라도 비관 낙망으로 나아가는 걸음을 멈추거나 또는 다른 무엇에 뜻을 옮기지 말고 철저한 정신으로 목적을 성공할 때까지 굳세게 나아가자 함이요 나아가되 **동족간에 상호부조하는 애호의 정신으로써 공통한 조건하에 각파가 조화하고 상당한 인도자를 세우고 서로 믿븜으로 협동하여 함께 나아가자 함**이요 공통한 조건을 세우고 나아가되 부허한 것으로 근거하지 말고 착실한 것으로 근거하여 나아가자 함이오니 여러분은 나의 원하는 본뜻에 유의하여 주소서."(산옹, 「부허에서 떠나 착실로 가자」, 『東光』, 1926.9, 3쪽)

33 안창호, 「미국에 재류하는 동지 여러분께」, 『島山安昌浩資料集』 2, 125쪽.

명인의 입장에서 "목적을 정하고" "계획된 진로를 밟아",[34] 즉 "단체사업"에 기반하여 민족을 개조해나갈 것을 주장한 글이기 때문이다.

그러나 공통한 이상과 지도자, 단결의 세 가지 요소를 강조하고 있다고는 해도, 그것이 어디까지나 개인의 '이성'과 '자율성' 그리고 단체의 '여론'과 '협동'을 중시하는 데모크라시즘에 기초한 것임을 점을 간과해서는 안 된다. 실제로 도산은 공통한 조건에 대해 언급할 때도 "민족사회는 각개 분자인 인민으로 구성된 것이므로 그 인민 각개의 방침과 계획이 모이고 하나가 되어서 비로소 공통적인 방침과 계획 즉 합동의 목표가 생기는 것"이라 하여 어디까지나 '여론'의 중요성을 강조했고, "우리는 자유의 인민이니 우리를 명령할 수 있는 이는 오직 각자의 양심과 이성뿐"이므로 "결코 어떤 개인이나 어떤 단체에 맹종하여서는 아니"[35]된다고 못 박았다. 또 서로 믿을 수 없으면 어떤 일도 함께 할 수 없으므로 단결이 중요함을 설파했고, 어떤 협동이든 "전체를 지도하는 지도자가 있고야 협동의 사실을 이루고 협동의 효과를 거"[36]둘 수 있다고 하여 지도자의 중요성을 강조했으니, 단체와 지도자에 대한 신의를 강조했을지언정 무조건적인 복종을 강조한 것은 아니었다.

이는 단체사업의 원리로서 "개인보다 단체를, 즉 사보다 공을 중히 여겨 사회에 대한 봉사를 생명으로 알게"하는 "사회봉사심"을 강조하면서, 특히 단체생활에의 충실을 위해 "단체의 규약을 엄수"하고 "지도자의 지도에 순종할 것"[37]을 주장했던 「민족개조론」의 경우도 다르지 않다. 김현주는 여기에서 "대중은 현재 정치에서 엄청난 정치적 힘을 발휘하는 존재이지만 신뢰할 수는 없는 존재이며, 대중의 힘은 지도자에 의해 통

34 이광수, 「민족개조론」(1922), 『전집』 10, 116~117쪽.
35 산옹, 「합동과 분리」, 『東光』, 1926.5, 17~18쪽.
36 산옹, 「합동의 요건-지도자」, 『東光』, 1926.8, 1쪽.
37 이광수, 「민족개조론」, 앞의 책, 141쪽.

제되고 지배될 때만 위대성을 발휘할 수 있다"는 판단에 근거를 둔 '파시즘의 대중정치학'을 읽어냈지만,[38] 이는 단체사업에 대한 이광수의 논의 맥락을 무시한 해석이다. 이광수는 문명한 민족의 특징은 "목적을 의식적으로 확립하고" 이 목적을 이루기 위해 "조직적이요 통일적인 계획을 세"워 "조직적이요 통일적인 노력을 함"[39]에 있다고 보았다. 그리고 이렇게 목적의식적이고 조직적이며 통일적인 노력의 중요성으로부터 강조되고 있는 것이 "단체사업"인데, 여기서 단체의 구성요소인 지도자와 구성원의 관계는 '지배'나 '통제'와 같은 억압적인 성격과는 거리가 멀다.

> 그런데 단체생활에 충실하다 함은 무슨 뜻인가. 일언이폐지하면 그 단체의 규약, 즉 법을 엄수함이요, 다시 상언하면 그 단체의 유지와 발전의 동력이 되는 금전상의 부담(즉 납세, 회비 등)에 충실할 것, 집회에 잘 출석할 것, 그 단체를 실체로 운용하는 지도자의 지도에 순종할 것, 그 단체를 내 것이라고 사랑하는 정을 가질 것 등이겠습니다. 지도자라 하면 국가면 원수, 회면 회장 같은 것이니, 지도자를 잘 택하는 것과 택한 지도자에게 잘 순종하는 것은 진실로 단체생활에 극히 중요한 것이니, 지도자를 바로 택할 줄 모르는 민중도 단체생활에 성공할 자격이 없는 동시에 지도자의 지도에 순종할 중 모르는 민중도 단체생활에 성공할 자격이 없는 것이외다. 데모크라시란 지도자 없는 생활이란 말이 아니라, 지도자를 民意로 택하는 생활이란 뜻이외다.[40]

---

38 김현주, 앞의 글, 105쪽. 이러한 해석은 주로 르봉의 대중심리학에 근거한 것이다. 일본에서 르봉의 『군중심리』 및 『민족발전의 심리』가 수용된 맥락 또한 '일본의 근대는 국회개설운동이 증명하는 것처럼 하급민(군중)이 정치적 무대에 출현하는 시대로서, 유신의 대업도 그 원동력은 군중의 합동적 사업에 있었으며, 따라서 소수 선각자는 무엇보다도 군중의 교육에 힘쓰는 것이 필요하다'는 데 있었던 것은 사실이지만(木野一郎, ギュスターヴ・ル・ボン, 大日本文明協會 역, 「서문」, 『民族心理及群衆心理』, 文明書院, 1915, 1~16쪽), 이는 근대 일본의 원동력으로서의 군중의 힘을 긍정적으로 평가하는 다이쇼 데모크라시의 맥락을 전제한 것이라는 점에서 파시즘의 대중정치학과는 거리가 있다.

39 이광수, 「민족개조론」, 앞의 책, 117쪽.

위의 인용문에서 볼 수 있는 것처럼, 단체의 규약을 지키고, 회비를 충실히 납부하며, 집회에 잘 출석하고, '민의(民意)'에 기반하여 지도자를 세우고, 또 그렇게 선택한 지도자의 지도에 순종하는 것은 데모크라시의 일반적인 절차와 그대로 부합한다. 이런 맥락에서 보자면, 개인보다 단체를, 즉 사보다 공을 중히 여기는 '사회봉사심'에 대한 강조 또한 "신뢰할 수 없는" 대중을 "지도자의 통제 아래 복종하도록 훈련되어야 할 존재"로서 '통제'하기 위한 정치적 기획이라기보다,[41] 각자의 이성과 자율성에 기반하여 사회에 기여하는 것을 자기의 완성으로 여기는 인격적 개인에 대한 기대로 간주하는 것이 타당하다.[42] "그 주의가 무엇이며 직업이 무엇이든지, 능히 문명한 일개인으로 문명한 사회의 일원으로 독립한 생활을 경영하고, 사회적 집무를 부담할 만한 성의와 실력을 가진 사람을 만들자 함"[43]이 개조주의의 목적임을 천명하고 있는 데서도 분명하게 엿볼 수 있는 것처럼, 그것은 어디까지나 '이성'과 '자율성'을 갖춘 개인들의 '사회적 책임감'을 강조하고 있기 때문이다. 요컨대 「민족개조론」에서 강조되고 있는 지도자란 일방적인 복종을 요구하며 대중을 통제하기 위한 절대권력을 의미한다기보다 사회적 책임감을 갖춘 자율적 개인들을 '공통한 목적'으로 묶는 단체의 중심인물을 의미할 뿐이라는 점에서, 그 근본적인 사고틀은 도산의 민주적인 지도자·단체론의 범위를 크게 벗어나지 않는 것이다.

---

40 위의 글, 141쪽.

41 김현주, 앞의 글, 107쪽.

42 조금 다른 맥락에서이긴 하지만, 일찍이 필자는 「민족개조론」이 당대 수용된 여러 조류의 개조론을 바탕으로 창조적 개성과 자율적 도덕에 기반하여 사회에 봉공하는 것을 자기의 완성으로 여기는 인격적 개인상의 정립을 목표로 한 것임을 논한 바 있다(최주한, 「개조론과 근대적 개인–민족개조론을 위한 시론」, 『제국 권력에의 야망과 반감 사이에서』, 소명출판, 2005).

43 이광수, 「민족개조론」, 앞의 책, 137쪽.

4. 이광수의 지도자론과 전체주의적 내셔널리즘

반면 1930년대 전반기 이광수의 지도자론은 민족의 '힘'을 찬미하며 민족의 대동단결을 주장하고, 또 단결의 조건으로 지도자와 지도 단체의 절대성을 두드러지게 강조하는 등 전면적으로 전체주의적인 경향을 띤다. 이는 앞 장에서 살펴본 「민족개조론」의 데모크라시즘에 기반한 지도자·단체론과는 분명히 다른 양상이다. 그러면 일반적인 통념대로 이를 당대 파시즘의 대중정치 기획을 수용한 파시즘 담론의 일환으로 간주해도 좋은 것일까. 물론 1930년대 이광수의 지도자론은 개인주의와 자유주의, 그리고 사회주의 사상에 대한 공격을 수반하여 민족의 단결과 지도자에 대한 복종을 강조한다는 점에서 파시즘 일반과 사상적인 공통점을 공유하고 있는 것이 사실이다. 그러나 이러한 공통점은 단순히 파시즘 자체를 긍정하고 지지하여 수용한 결과라기보다, 당시 『동광』의 주필로서 동우회 운동에 깊이 관여했던 이광수의 공적인 입장에서 비롯된 것임을 간과해서는 안 된다.

1921년 봄 상하이에서의 귀국 이후 수양동맹회를 비롯하여 수양동우회, 동우회에 이르기까지 이광수가 국내 흥사단 활동에 깊이 관여한 사실에 대해서는 이미 언급한 대로이다. 특히 신간회 해소(1931.5)를 전후한 1930년대 초반은 일련의 부르주아 민족주의 운동을 파시스트 지배동맹의 결성 노력으로 간주하여 민족주의운동 일반에 대대적인 공세를 펼쳤던 사회주의자들에 맞서,[44] 동우회의 이론적 입장을 공식적

44 이에 관해서는 각주 1)의 당대 사회주의 계열의 논설들 및 지수걸의 「1930년대 초반기 사회주의자들의 민족개량주의운동 비판」(『한국인문사회과학의 현단계와 전망』, 역사비평사, 1988)을 참조할 것.

으로 승인받기 위해 분투해야 했던 시기였다. 실제로 당시 「지도자론」(1931.7)을 비롯하여, 「조선의 청년은 자기를 초월하라」(1931.8), 「힘의 찬미」(1931.11), 「힘의 재인식」(1931.12), 「조선민족운동의 3기초사업」(1932.2), 「옛 조선인의 근본도덕－전체주의와 구실주의」(1932.6), 「비상시의 비상인」(1932.11) 등 이광수의 대표적인 논설들은 대부분 동우회의 입장을 대변하는 것으로 간주되어 사사건건 사회주의자들의 비판의 표적이 되었고,[45] 이광수 또한 이러한 비판에 일일이 대응하며 동우회 이론을 정당화하기 위해 무던히 애쓰지 않으면 안 되었다.

주목할 만한 것은 이러한 이론 투쟁 과정에서 일찍이 민족의 범위에 포함되었던 사회주의자가 점차 민족의 적으로 배제되고, 사회주의와 대립하는 정치적 이념으로서의 민족'주의'가 강조되며, 민족의 '힘'에 대한 예찬과 더불어 강력한 '민족의 중심'으로서의 지도자에 대한 복종이 강조되기 시작한다는 점이다. 사실 민족주의 및 민족주의 문학의 이론이 분명하지 않다는 안팎의 비판에 직면하여 이에 대한 적극적인 의견을 개진할 필요에서 발표했던 「여의 작가적 태도」(1931.4)에서만 하더라도, 민족주의는 사회주의와 병행할 수 있는 보다 유연하고 형식적인 개념이었다. 이광수는 이 글에서 "세간에서 흔히 민족주의와 사회주의를 대립적으로 말하는 모양이나 그것은 근본적으로 착오"이며, "민족주의란 정치, 경제의 단위를 일민족에게 국한하는 이를테면 범위의 문제요 양적 문제"이며 "조선 내 조선인의 정치조직, 경제, 문화조직을 유독 조선민족의 이해타산에서 하자는 말"이므로, "그 정치조직, 그 경제조직, 그 문화조직의 내용 여하에 관하여서는 민족주의라는 말에는 아무 명

45 이와 관련하여 한 논자는 이광수의 정체를 논하여 "고래 속에 든 고양이는 불을 때면 튀어나온다고" "××주의자의 빈번한 유탄에 몹시 상심하였으리라고 보여지는 이광수는 견디다 못하여 황망하게 자가의 비장하였던 修養同友會旗를 들고 나왔"다고 신랄하게 언급한 바도 있다(정절성, 「인텔리겐차와 민족운동－이광수의 민족운동의 이론을 분쇄함」, 『비판』, 1932.6, 2쪽).

시가 포함되지 아니한 것"[46]임을 분명히 밝혔다. 말하자면 민족문제 해결을 우선시한다면 민족의 관점에서든 계급의 관점에서든 모두 민족주의의 범주에 포용될 수 있다고 보았던 것이다.

그러던 것이 「조선민족의 3기초사업」(1932.2)에 이르면, "근래에 민족이라는 말을 기(忌)하는 사람이 있다. 그들은 얼맑시스트의 한 무리다. 그들은 대명(大明)을 조국이라고 부르던 자와 같은 노예사상을 가진 무리"이며 "민족의 죄인"[47]이라는 강경한 배제의 발언으로까지 나아감을 볼 수 있다. 사실 이러한 배제의 움직임은 1930년대 초반 이광수와 사회주의 계열의 논자들 사이에서 벌어진 '지도자론 논쟁'에서부터 예견되는 것이기도 하다. 이 논쟁은 신간회 해소(1931.5) 직후 이광수가 「지도자론」(1931.7)을 통해 신간회 해소에 대한 공식적인 입장을 밝히면서 '강력한 민족의 중심'의 필요성을 제기한 데서 시작되는데, 이후 김명식을 중심으로 한 사회주의 계열의 논자들의 대대적인 반박 속에서 치열하게 전개되어 간다.

「지도자론」은 민족운동에서 지도자와 지도단체를 중심으로 한 단결의 중요성을 논하면서, 신간회가 해소될 수밖에 없었던 것은 바로 이 세 가지, 즉 민족의 공통된 이론의 부재와, 지도자의 부재, 그리고 주의를 생명으로 여기는 단원의 희소함에서 비롯된 것이며, 따라서 지도자와 지도단체를 중심으로 한 "강력한 민족의 중심"이 세워질 때 비로소 "민족적 신운동"의 신기원이 열릴 수 있음을 역설한 글이다. 여기서 이광수가 신간회를 대체할 '강력한 민족의 중심'으로 염두에 두고 있던 지도자와 지도단체란 아마도 도산과 동우회였을 것이다. 앞서 언급한 바와 같이, 당시는 동우회로 거듭난 수양동우회가 '독립'의 역량 증진을 목적으

46 이광수, 「여의 작가적 태도」, 『東光』, 1931.4, 85쪽.

47 이광수, 「조선민족의 3기초사업」, 『東光』, 1932.2, 13쪽.

로 소년훈련·민중교양·경제협동 등의 사업을 새로이 구상하면서 조직의 확대·강화를 꾀하고 있던 시기였던 만큼, '강력한 민족의 중심'으로서 동우회 방침의 표명이란 『동광』의 주필이었던 이광수의 입장에서는 지극히 당연한 일이라 할 수 있는 것이다. 그러나 이처럼 '강력한 민족의 중심'에 대한 희구 속에서 이광수의 지도자·단체론은 점차 전체주의적인 성격을 띠게 된다. 여기서 제시되고 있는 지도자와 민중의 관계는 이상 '여론'과 '협동'을 중시하는 데모크라시즘과 거리가 멀다. 지도자는 지도 원리에 밝고 불변의 의지력을 갖춘 "지도정신의 권화"로서 격상되고, 반면 일반 민중은 어디까지나 그의 "지도에 신뢰하고 복종하여"[48] 가야 하는 존재로 위치지어져 있기 때문이다.

한편 이러한 주장이 당시 일련의 민족주의 운동을 민족의 대동단결이라는 미명하에 대중을 정치적으로 동원하면서 소수 부르주아의 이익을 대변하는 파시스트운동으로 간주했던 사회주의 계열로부터 당장에 거센 반박에 직면했던 것도 당연한 일이었다. 그 가운데 김명식의 글은 당시 사회주의 논자들의 입장을 잘 대변하고 있어 특기할 만하다. 반박의 논점은 크게 두 가지였는데, 즉 서로 다른 계급 사이에 이루어지는 것은 '지도'가 아니라 '지배'이니 이른바 민족적 지도단체란 소부르주아의 지도단체요 민족의 지배단체일 뿐이고, 또 지도자나 지도단체라는 것도 대중적 조건이 없으면 존재하지 않으니 대중의 원동력을 무시한 지도자 절대론의 망상은 시대착오적이라는 지적이 그것이다.[49] 이후 이어지는 이광수의 일련의 논설들은 이 두 가지 반박에 대응하면서 「지도자론」의 이론을 정당화하기 위한 것이었다고 해도

48 이광수, 「지도자론」, 『東光』, 1931.7, 8~9쪽.

49 김명식, 「지도관념과 원동 세력—이광수씨의 '지도자론' 비판」, 『삼천리』, 1931.9, 17~18쪽. 이 글은 이광수의 지도자론에 대한 비판으로는 최초의 것인데, 이후 논설들의 논점 또한 여기서 크게 벗어나지 않는다.

과언이 아니다. 앞서 잠깐 언급했던 「조선민족의 3기초사업」(1932.2)은 이러한 사회주의자들의 거센 공격에 맞서 이광수가 수양동우회의 깃발을 앞세우고 동우회 이론의 지침을 직접 표명한 글인데, 사회주의자들에 대한 반발의 수위를 높였을 뿐 지도자와 지도단체를 중심으로 한 강력한 민족의 중심을 세워야 한다는 이론에는 변함이 없음을 볼 수 있다. 그러나 이 글에서 "이 이론의 대강은 실로 수양동우회의 이론이지마는 그 중 일부분은 나 개인의 사견인 것을 말하여 둔다"라고 적고 있는 것은 당시 이광수가 동우회와는 견해를 달리하는 바가 있었음을 암시하고 있어 좀 더 주목할 필요가 있다.

「조선민족의 3기초사업」의 논지는 일견 동우회가 조직의 확대·강화를 꾀하기 위해 새로운 사업으로 구상하고 있던 소년훈련·민중교양·경제협동의 방침과 매우 흡사해 보인다. 이 글에서 이광수는 조선민족의 3기초사업으로 ① 인텔리겐치아의 결성, ② 농민 노동자 계몽과 생산 향상, ③ 협동조합운동을 제시하고 있기 때문이다. 하지만 이 글은 애초에 수양동우회가 '신조선 건설의 역량 증진'을 목적으로 동우회로 거듭 나는 과정에서 논의되었던 정치적인 요소는 모두 제거된 채 매 항목마다 정치에 관계없는 '단결훈련'만이 거듭 강조되고 있을 뿐이어서, 사실 동우회의 취지와 부합한다고 보기 어렵다.[50] 물론 이광수의 논지가 동우회의 합법성을 가장한 어쩔 수 없는 타협의 산물이었는지

---

50 애초에 도산이 제안했던 세 가지 사업의 내용에는 제3조 자체훈련의 원칙에 "대중의 이상을 체득하여 사회와 민중해방을 위해 희생, 분투하는 투사의 정신을 배양"한다는 내용이 들어 있고, 제4조 민중교양의 원칙에는 "소년, 학생, 부녀, 노동자 등 일반 민중에게 혁명 정신을 고취시킨다"는 내용이 들어 있다(안창호, 「미국에 재류하는 동지 여러분께」, 『島山安昌浩資料集』 1, 251쪽). 그리고 1931년 2월 동우회 중앙위원회의 결의사항 중에는 청년 개척군 조직 사업에 관한 건이 들어 있는데, 동우회사건 피의자 신문 당시 주요한은 同友會의 청년훈련 사업으로서 "군사적 훈련에 의해 교양하고 조선독립의 대업의 기초를 준비하는 사업"이라고 언급한 바 있다(「同友會 관계자 검거에 관한 건」(1937.7.23), 〈별지 1〉 피의자 신문조서(피의자 주요한), 『島山安昌浩資料集』 1, 242쪽).

를 밝히는 것은 이 글의 관심사가 아니다. 그러나 정치적인 문제를 배제한 까닭에, 애초에 야심만만하게 시작했던 그의 지도자론이 좌충우돌하다가 결국 좌초될 수밖에 없었다는 사실은 기억해 둘 만하다.

당시 이광수는 아마도 도산과 동우회를 강력한 민족의 중심으로 삼는다면 스탈린의 공산당이나 간디의 국민회의, 혹은 무솔리니의 파시스트당이 그러했던 것처럼 거국적인 민족운동이 가능할 것이라 믿었을 것이다. 하지만 '독립'이라는 분명한 정치적 지향성에 대한 언급을 피해가는 한, 그런 주장이 '단결'이라는 명목하에 계급 협조의 가능성을 꿈꾸는 '소부르적 인텔리겐챠의 몽상'에 불과하지 않느냐는 사회주의 계열 논자들의 대대적인 비판에 합리적으로 대응하는 것은 불가능했다.[51] 이광수의 대응이 점차 민족은 '운명'이라는 식의 본질주의를 내세우고, 민족의 방향을 규정하는 주동력은 의지와 단결임을 강조하며 유심사관으로 기울어진 것은 그 당연한 귀결이었는지도 모른다.[52] 이런 맥락에서, 1930년대 전반기 민족의 '힘'의 찬미하며 지도자와 지도 단체

---

51 황영, 「'민족주의 지도원리'의 비판」, 『신계단』, 1933.3.
박일형, 「민족과 민족운동—修養同友會는 어디로 가나?」, 『비판』, 1932.4.
정절성, 「인텔리겐차와 민족운동—이광수의 민족운동의 이론을 분쇄함」, 『비판』, 1932.6.

52 이광수의 지도자론은 파시스트의 강권주의(强權主義), 즉 영웅주의(英雄主義)에서 영감을 얻어 대중을 동원하려는 주장에 불과하다 하여 다시 한 번 비판의 도마에 오르는데, 그 논점은 레닌이 레닌이 된 것은 러시아 또는 세계의 역사적 사회적 관계와 분리할 수 없는 일이며, 따라서 조선에 세계적 무소리니나 세계적 간디가 있을 수 없는 것은 결코 영웅주의로써 부정할 수 있는 일이 아니라는 데 있었다(김명식, 「영웅주의와 파시즘—이광수씨의 夢을 啓함」, 『東光』, 1932.3). 이에 이광수는 「조선인으로서의 내 인생관」(1932.4)에서 '물심이원론'을 내세워 "맑스로 하여금 자본론을 쓰게 한 중요한 요인 가운데 하나는 그의 독특한 정의감, 진리감 및 근면과 천재"이며, 따라서 객관적 조건과 주관적 조건이 합치해야 비로소 사회현상이 발생한다고 응수한다. 그리고 「묵상기록—민족과 인재, 유심사관, 자력신앙」(1932.8)에 이르면, "물질적 환경이 인생생활(사상과 행동)을 제약하는 것을 부인함이 아니나 인생생활의 방향과 질을 규정하는 데 주동력이 되는 것은 사람의 생각의 힘"이며, 따라서 이상을 믿고 단결하여 노력할 때 비로소 조선의 전도에도 희망이 생기는 것이라 하여 유심론 쪽에 더욱 강조점을 두게 된다.

의 절대성을 강조했던 이광수의 지도자론은 그 자체로 파시즘의 대중정치 기획을 수용한 파시즘 담론의 일환이었다기보다 사회주의 계열 논자들과의 이론 투쟁을 거치는 과정에서 전체주의적으로 변질된 내셔널리즘 담론의 일종으로 간주하는 것이 타당하지 않을까 싶다.

5. 식민지 내셔널리즘의 두 운명

> 나는 일본의 실력을 잘 안다. 지금 아세아에서 가장 강한 무력을 가진 나라다. 나는 일본이 무력만 한 도덕력을 겸하여 가지기를 동양인의 명예를 위하여서 원한다. 나는 진정으로 일본이 망하기를 원치 않고 좋은 나라가 되기를 원한다. 이웃인 대한 나라를 유린하는 것은 결코 일본의 이익이 아니 될 것이다. 원한 품은 이천만을 억지로 국민 중에 포함하는 것보다 우정 있는 이천만을 이웃 국민으로 두는 것이 일본의 복일 것이다. 그러므로 대한의 독립을 주장하는 것은 동양의 평화와 일본의 복리까지도 위하는 것이다.[53]

위 인용문은 동우회사건 심문(1937.6) 때 일본의 실력을 몰라서 독립운동을 운운하느냐는 경성지방법원 검사의 문초에 대해 도산이 응수한 답변이었다고 한다. 도산의 당당하고도 결연한 의기가 그대로 느껴진다. 자신의 말 한 마디에 동우회의 운명이 좌우될지도 모르는 상황에서, 그가 이처럼 당당하게 대한의 독립을 주장할 수 있었던 저력은 어디

---

53 이광수, 『島山 安昌浩』, 『이광수소설선집』 7, 우신사, 1979, 161쪽.

에서 비롯된 것일까. 동우회의 운명을 위해 결국 전향을 선언하며 '내선일체'의 길로 나아갔던 이광수를 생각하면, 이는 더더욱 궁금해지는 대목이 아닐 수 없다. 도대체 무엇이 이들의 운명을 갈라놓은 것일까.

1930년대 전반기 도산과 동우회를 중심으로 한 거국적인 민족운동의 기획을 표명했던 이광수의 지도자론이 이론 투쟁에서부터 좌충우돌할 수밖에 없었던 사실은 앞서 언급한 대로이다. 물론 여기에는 1932년 6월 도산이 상하이에서 체포되어 경성으로 압송되면서 답보상태에 빠졌던 동우회의 여건도 한몫했을 것이다. 그러나 이광수에게 보다 결정적인 타격을 입힌 것은 1937년 6월, 중일전쟁을 앞두고 당국이 동우회 회원들을 일제히 검거해 들이기 시작한 동우회사건 아니었을까. 동우회의 해체, 이광수에게 그것은 그간 격렬한 이론 투쟁의 과정을 거치며 애써 구축해 왔던 지도자와 지도단체를 중심으로 한 민족운동 이론의 좌초를 의미했을 것이기 때문이다. 민족운동에서 지도자와 지도단체의 절대성을 강조해 왔던 만큼, 동우회는 반드시 지켜내야 할 보루와 같은 존재였을 것이기 때문이다.

이에 비하면 도산의 입장은 어떠했는가. 도산은 지도자와 지도단체의 중요성을 강조했을지언정 결코 이를 절대시하지 않았다. "우리 흥사단의 이해를 생각한다는 것은 당연합니다. 그러나 혁명의 이해를 떠나서 먼저 흥사단의 이해를 생각한다는 것은 옳지 않습니다. 만약 흥사단이 있으면 혁명이 불리해지고 흥사단이 없으면 혁명이 유리해진다고 본다면 흥사단을 희생하는 것이 정당하며 조금도 애석하게 생각할 일이 아닙니다"[54]라는 언급에서도 볼 수 있는 것처럼, 도산에게 지도자와 지도단체는 어디까지나 독립을 위한 방편이며 만약 독립에 해

54 안창호, 「미국에 재류하는 동지 여러분께」(1929.2), 『島山安昌浩資料集』 2, 129쪽.

가 된다면 기꺼이 버려야 할 사다리와 같은 존재에 불과했던 것이다. 따라서 도산이 동우회의 운명을 위해 전향을 선언하는 일 같은 것은 상상하기 어렵다. 실제로 도산은 죽음의 마지막 순간에서도 "나는 죽으려니와 내 사랑하는 동포들이 그렇게 많은 괴로움을 당하니 미안하고 마음이 아프다", "일본은 자기 힘에 지나치는 큰 전쟁을 시작하였으니 필경 이 전쟁으로 인하여 패망하오. 어떠한 곤란이 있더라도 인내하시오"[55]라는 말을 남겼다고 한다. 죽음의 마지막 순간까지 도산의 마음을 아프게 한 것은 곧 사그라들 자신과 동우회의 운명이 아니라, 바로 동포들의 운명이었던 것이다.

---

55 주요한, 앞의 책, 454쪽.

제6장

이광수의 불교와 친일

1. 어느 민족 반역자의 호소

나는 믿었습니다— 인과의 이법을, 힘의 불멸을. 내가 바치는 머리카락만한 힘도 쌓이고 쌓이면 무엇이 되리라고. 내가 호호 부는 다슨 입김이 삼천 리 삼천만의 어는 몸을 조금이라도 녹히리라고. 그런데 나는 민족 반역자의 죄명으로 법에 걸렸습니다. (…중략…) 그러나 나는 내가 할 일을 하여 버렸습니다. 내게는 아무 불평도 회한도 없습니다. 나는 '민족을 위하여 살고 민족을 위하다가 죽은 이광수'가 되기에 부끄러움이 없습니다. 천지가 이를 알고 신만이 이를 알 것입니다.[1]

1 이광수, 「인과」, 『전집』 9, 삼중당, 1962, 540~541쪽.

위의 인용문은 해방 직후 민족 반역자의 죄명으로 반민위에 기소되었던 이광수가 세상으로부터 자신의 진정을 이해받지 못해 답답한 심경을 토로해 놓은 「인과」라는 시의 한 대목이다. 읽으면 읽을수록 당혹스럽고 또 가슴이 먹먹해지는 구절. 친일 협력 당시 조선인이 "오늘날 일본 국민이 된 것은 인연 중에 큰 인연"이고 "전생다생에 천황의 신민으로 재생할 인을 쌓았"[2]기 때문이라고 주장했던 그 아닌가. 그런 그가 이번에는 똑같은 인과의 이법에 대한 믿음을 내세워 자신은 해야 할 일을 했을 뿐이고, 자신은 민족을 위해 살고 죽은 이광수가 되기에 부끄러움이 없음을 거듭 역설하고 있는 것이다. 도대체 이러한 이광수의 절절한 호소를 어떻게 받아들여야 할까.

조관자의 지적대로 이광수가 단지 협력의 결과로 주어질 민족의 이익을 의식하며 깨끗한 일본혼의 '대사'를 읊고 천황의 적자를 '연기'한 것이라면,[3] 이런 그의 호소를 납득하지 못할 것도 없다. 인간이 생존의 이익을 위해 권력과 타협하는 예는 경험적으로도 얼마든지 꼽을 수 있기 때문이다. 또 김윤식의 해석처럼 천황의 적자임을 주장하는 '향산광랑(香山光郎)'이란 '가면을 쓰지 않고는 춤추지 않는다' 혹은 '네 칼로 너를 치리라'는 명제 아래 "일본 천황이 짐승의 목소리와 손에 의해 말해지고 있는" 그런 세계를 구성하는 '가면'에 불과한 것이었다면,[4] 차라리 얼마나 통쾌할 것인가. 그것도 아니면 황호덕의 지적대로 이광수는 제국의 법적 폭력을 피하기 위해 민족을 문명이 결여된 '동물' 수준의 '똥'으로 취급하며 "이 똥들을 넘어서" 문명 제국의 부르주아지로 투항한 비윤리적 행위를 서슴지 않았음에도 불구하고,[5] 이번에는 반민위의 법적 위협

2 이광수, 「생사관」(『신시대』, 1941.2), 『이광수 친일문학전집』 2, 평민사, 1995, 175쪽.

3 조관자, 「'민족의 힘'을 욕망한 '친일 내셔널리스트' 이광수」, 『해방 전후사의 재인식』, 책세상, 2006, 547쪽.

4 김윤식, 『일제 말기 한국 작가의 일본어 글쓰기론』, 서울대 출판부, 2003, 105~112쪽.

에서 벗어나기 위해 뻔뻔스러운 거짓말이라도 하고 있는 것일까. 하지만 일찍이 이광수는 자신을 '향산광랑(香山光郎)'과 별개의 존재로 간주하는 것을 못마땅하게 여겼다고 하거니와,[6] 무엇보다도 전향에서 적극적인 친일에 이르는 그의 정치적 선택이 진지한 법화 신앙에 윤리적 근거를 두고 있다는 점에서 '향산광랑'이라는 존재를 단순한 '수사'나 '연기' 혹은 '비윤리적인 투항' 수준의 것으로 치부하기 어렵게 만든다.

물론 전향 이전까지만 하더라도 그의 법화 신앙은 "내가 처한 고장의 정불국토・성취중생", 즉 "조선으로 하여금 세계에서 가장 문명한 민족, 조선으로 하여금 세계에서 가장 복락한 고장을 만드는 것"[7]에 강조점을 두었던 것이 사실이다. 그러나 1937년 동우회사건을 계기로 한 전향과 전향 이후의 적극적인 협력의 시기에도 그의 정치적 신념의 근저에는 모든 중생의 구원을 목표로 한 '성취중생・정불국토'의 실현이라는 법화의 이상에 대한 믿음이 굳건히 자리하고 있는 것을 볼 수 있는 만큼, 이 시기만을 따로 떼어내 그의 법화 신앙이 지닌 진정성을 간단히 부정해 버리기는 어렵다. 어쩌면 이광수는 일찍이 법화의 이상에 기대어 문명한 조선의 건설이라는 민족적 이상의 실현을 꿈꾸었던 것처럼, 바로 그 법화의 이상과 더불어 내선(內鮮)의 인연을 기반으로 한 국민적 이상을 수긍했고, 또 그 법화의 이상 속에서 '팔굉일우(八紘一宇)'의 실현이라는 제국 일본의 전쟁 이데올로기를 기꺼이 지지했던 것이 아닐까. 그리고 바로 그것이 동시에 민족을 위한 길이라고 진심으로

---

5 황호덕, 「변비와 설사, 전향의 생정치」, 『상허학보』 16집, 상허학보, 2006.2, 292・304쪽.

6 "일전에 어떤 여학교 선생이 학생들에게 향산광랑의 글과 이광수의 글을 구별할 줄 알아야 한다고 했더니 그것을 전해들은 춘원이 그 학교 교장에게 그런 교원을 내쫓아 버리라고 항의를 제출하였다는 말을 들으면 춘원 자신은 이광수와 향산광랑을 분리하여 보는 것을 못마땅하게 생각하시는 모양이지만……"(김동석, 「위선자의 문학」, 『뿌르조아의 인간상』(1949), 서음출판사, 1989, 236쪽).

7 이광수, 「학창독어」(『사해공론』, 1935.9~12), 『전집』 14, 381・387쪽.

믿었던 것은 아닐까.

물론 그렇다고 해서 그의 법화 신앙이 그 자체로 이러한 정치적 신념을 결정지었다고 주장하려는 것은 아니다. 아마도 진실은 그 반대로서, 먼저 그러한 정치적 입장을 강제한 현실이 있었고 이를 스스로 납득할 만한 것으로 받아들이는 과정에서 그가 법화 신앙에 매달렸다고 보는 쪽이 옳을 것이다. 나중에 자세히 언급하겠지만, 특히 적극적인 친일 시기 이광수의 법화 신앙에서는 쇼와 말기 신체제의 불교 동원책 차원에서 자주 거론되었던 일본 불교의 비조(鼻祖)라 불리는 쇼토쿠 태자와 법화경 절대주의자 니치렌 상인에 관한 논의들의 영향을 엿볼 수 있는 만큼, 그의 법화 신앙이 이들 담론에 침윤되어 갔을 가능성도 충분히 고려해볼 수 있다. 결국 이광수가 전향에서 적극적인 친일에 이르는 자신의 정치적 선택에 대해 나름의 신념으로 일관할 수 있었던 것은 법화의 교의 자체가 애초에 얼마든지 정치적으로 전유될 수 있는 여지를 갖고 있다는 점과도 결코 무관하지 않다고 할 수 있는 것이다.

이에 이 글에서는 이광수의 법화 신앙이 갖는 연속과 단절의 측면에 주목하여 그의 법화 신앙이 전향에서 적극적인 친일 협력에 이르는 그의 정치적 선택의 논리를 어떻게 뒷받침하고 있는지 고찰하고, 이를 토대로 그의 정치적 태도에 대한 윤리적 판단을 시도해 보고자 한다. 이광수가 법화의 진리라는 '선한 도덕'에 의지했다고 해서 그의 전향과 적극적인 친일 협력 행위에 곧바로 정당성이 부여되는 것은 아닐 것이다. 게다가 그가 의지한 법화 신앙이 애초에 그 초월성으로 인해 구체적 현실과 유리된 채 추구될 수 있는 가능성을 내포한 것이었다면, 바로 그러한 가능성으로부터 초래되는 위태로움의 측면에도 관심을 갖지 않으면 안 되는 것이다. 따라서 이 글의 논의를 통해 그의 법화 신앙이 제국의 폭력에 대응해 가는 과정에서 도덕적인 위태로움을 수반하며 정치적으로 전유되어 가는 경위가 분명히 드러나게 된다면, 그의 정치적 태도에 대한 윤리적 판단의 잣대 또한 한층 분명해지지 않을까 싶다.

2. 법화 신앙과 전향의 논리

이광수의 전향에 대해 언급하고자 할 때 반드시 고려해야 할 사항 가운데 하나는 동우회사건과 그의 법화 신앙의 함수관계에 관한 것이다. 잘 알려져 있다시피, 동우회사건이란 1937년 6월 총독부가 중일전쟁을 앞두고 철저한 사상 통제의 일환으로 동우회 회원들을 대대적으로 검거하면서 시작된 것으로, 1938년의 예심을 거쳐 그 이듬해 12월 1심에서 무죄선고를 받고 다시금 공소되었다가 1941년 11월 전원 무죄로 끝나기까지 무려 4년 5개월을 끌었던 사건이다. 이광수의 입장에서 보자면 이 사건은 곧 1921년 상하이에서 귀국한 이래 일생의 사업이라 여기며 조직의 확대・강화를 위해 애써왔던 동우회사업이 1932년 6월 도산의 체포와 수감, 그리고 1933년 1월 기관지 『동광』의 폐간을 시작으로 결국 본격적인 활동을 펴보지도 못한 채 막을 내리게 되었음을 뜻했다.[8] 여기에 1938년 3월 도산마저 세상을 떠나면서 동우회의 앞날에 실질적인 책임을 떠맡아야 했던 이광수는 결국 전향을 결심하고 1939년 3월 황군위문작가단에 협력하는 것으로 친일의 일보를 내딛게 되는데, 이를 전후한 시기 그의 내면풍경을 고스란히 엿볼 수 있는 「무명(無明)」

8 1920・30년대 동우회사업의 전개에 대해서는 최주한, 「1930년대 전반기 이광수의 지도자론과 파시즘—동우회 기관지 『동광』을 중심으로」, 『어문연구』, 2007.9 참조할 것.

과 「죽장기(鬻庄記)」는 이러한 정치적 도정에서 그가 더욱 더 법화 신앙에 경사되어 갔던 사실을 말해준다. 그리고 이러한 법화 신앙에의 경사 속에서 그의 전향의 논리 또한 서서히 준비되고 있었음을 보여준다.

먼저 이광수가 동우회사건으로 약 4개월간 서대문 형무소에 수감되었을 때의 체험을 토대로 쓴 「무명」을 통해 당시 그의 내면풍경을 살펴보자. 이광수가 동우회사건으로 체포되어 서대문 형무소에 수감된 것은 1937년 8월의 일이다. 그리고 그는 같은 해 12월 병보석으로 풀려나 경성의전에 입원하게 되는데, 「무명」은 당시 병상에서 문하생 박정호에게 구술하여 집필한 작품이다. 원 제목은 「박복한 무리들」이었으나 『문장』(1939.1)에 발표할 당시 「무명」으로 제목을 바꾸었다고 한다. 사실 이 작품은 병감(病監)에 갇힌 잡범들의 비참한 생활을 제재(題材)로 하고 있는 까닭에 '박복한 무리들'이라는 제목이 보다 선명하게 다가온다. 그런데 왜 이광수는 굳이 작품의 제목을 불교적인 색채가 짙은 '무명'이라는 제목으로 바꾸었던 것일까. 당시 이광수의 내면풍경을 이해하기 위해서는 우선 이 점에 주목하지 않으면 안 된다.

사전적 의미에 따르면, '무명(無明)'이란 사견(邪見)이나 망집(妄執)에 싸여 깨달음에 이르지 못한 마음의 상태로서, 모든 번뇌의 근원으로 정의된다. 다시 말해 '무명'이란 자신의 참된 본성을 알지 못한 채 자기 마음 안에 갇혀 고통과 괴로움에 시달리고 있는 인간의 존재론적 조건의 일반 상태를 의미하는 것이다. "인생이 괴로움의 바다요, 불붙는 집이라면, 감옥은 그 중에도 가장 괴로운 데다. 게다가 옥중에서 병까지 들어서 病監에 한정 없이 뒹구는 것은 이 괴로움의 세 겹의 괴로움"[9]이라는 화자 '나'의 언급은 바로 이러한 상태를 대변하고 있다.

9 이광수, 「무명」, 『이광수전집』 8, 우신사, 1979, 28쪽.

실제로 「무명」의 배경이 되는 감옥은 늙고 병들고 죽는 고통과 탐욕과 성냄과 어리석음에 가려 끝없는 괴로움에 시달리는 인생의 축도로 그려진다. 인감을 위조하여 붙들려 들어온 사기범 '윤', 마름을 떼인 앙갚음으로 새로운 마름의 집에 불을 지른 방화범 '민', 구변 좋고 처세에 능한 사기범 '정'에 이르기까지, 화자인 '나'의 눈에 비친 이들 잡범들의 모습은 병고(病苦) 속에서 언제 죽을지 모르는 처지에 놓여 있으면서도 서로들 먹을 것을 다투고 자존심을 다투며 자기를 알아주지 않는 상대와 세상을 원망하고 탓하면서 끝없는 번뇌와 괴로움 속에 갇혀 있는 신세들이다. 여기에 보험금을 노리고 제 가게에 불을 놓고 감옥에 들어와 장질부사를 앓다가 죽은 스물일곱 살 청년의 죽음을 시작으로 결국 그 그악스러웠던 '윤'도 자존심 세었던 '민'도 다 죽고, 공소해서 명예를 되찾겠다고 펄펄 뛰었던 '정'도 병이 악화되어 공판정에는 나가볼 가망도 없게 되었다는 뒷소식이 전해지는 마지막 대목에 이르면, 감옥은 한 인간이 탐욕과 성냄과 어리석음에 갇혀 괴로워하다가 죽어나가는 허망함까지를 극명하게 보여주는 화택(火宅), 곧 불교적인 허상 세계로서의 보편성을 띤 공간으로서 부각되는 것이다.

풍경이란 "하나의 인식틀"이고 오히려 "'바깥'을 보지 않는 자 — 내적 인간 — 에 의해 발견된 것"[10]이라는 고진의 언급을 빌리지 않더라도, 이광수가 그려내고 있는 병감의 풍경이 그 자신의 내면풍경을 그대로 투사한 것이라는 사실을 짐작하기는 어렵지 않다. 일찍이 일생의 사업으로 여겼던 동우회 사업의 실패와 사랑하는 둘째 아들의 죽음을 계기로 법화 행자의 길을 걸으며 법화 신앙을 내면화했던 만큼, 모든 중생이 겪는 고통과 괴로움은 탐욕과 성냄과 어리석음의 무명에 가리

10 가라타니 고진, 박유하 역, 『일본근대문학의 기원』, 민음사, 1997, 32 · 36쪽.

운 각자의 업보 탓이며, 여기서 벗어나지 못하는 한 인간은 고통과 괴로움 속에서 끝없이 윤회할 수밖에 없다는 관념에서 그는 결코 자유로울 수 없었을 것이기 때문이다. 그런 의미에서, 서로들 고통과 괴로움 속에서 허우적거리고 있는 병감 동료들의 모습을 보며 "중생의 업보는 '헤어 알기 어려워라'한 말씀"[11]을 떠올리고 있는 '나'의 탄식은 병감의 동료들을 향한 것이자 동시에 그 자신을 향한 것이었다고 해도 좋을 것이다. 결국 죽음을 앞둔 '윤'이 나무아미타불을 부르면 죽어서 지옥에 가지 않고 극락에 갈 수 있느냐고 절박하게 물었을 때, '나'가 법화의 구원 사상을 힘주어 역설했던 이유도 바로 여기에서 찾을 수 있다. 각자의 업보로 인해 고통과 괴로움에 시달리다가 끝내 허무하게 죽음을 맞는 병감 동료들의 모습 속에서 '나'가 보고 있었던 것은 결국 무명으로 상징되는 온갖 속악(俗惡)에서 자유롭지 못했던 그 자신의 업보의 무게였을 것이기 때문이다.

모든 중생이 겪는 고통과 괴로움은 무명에 가리운 각자의 업보 탓이라는 믿음이 단적으로 보여주는 것처럼, 당시 이광수의 내면풍경을 지배하고 있던 것은 무명으로 상징되는 온갖 속악(俗惡)에서 자유롭지 못했던 그 자신에 대한 회의이지 민족주의 자체에 대한 회의는 아니었던 것이 분명하다. 그러나 그가 스스로를 무명에 가리운 어리석은 중생으로 자처하고 법화 신앙에 매달렸을 때 이미 민족주의로부터의 이탈은 시작되고 있었다고 할 수 있다. 그 자신에 대한 회의는 애초에 민족의 지도자를 자처해 왔던 지난 세월에 대한 회의까지도 함축하고 있기 때문이다. 실제로 뒤이어 그는 법화 신앙의 이름으로 민족주의운동에 대한 회의를 표명하게 된다.[12] 그리고 그 자리를 대신하는 정치적 입장은

11 이광수, 「무명」, 『전집』 8, 39쪽.

12 "아무려나 나는 이 집을 지은 육 년 동안에 법화 행자가 되려고 애를 썼소. 나는 민족주의 운

내선(內鮮)의 인연을 기반으로 한 국민적 이상을 지지하는 전향자의 그것인데, 「육장기」는 그의 법화 신앙이 그의 전향을 뒷받침하는 논리로 전유되는 과정을 선명하게 보여준다.

1939년 9월 『문장』에 발표된 「육장기(鬻庄記)」는 제목 그대로 집 파는 이야기의 외관을 띠고 있다. 그래서 자칫 소소한 신변잡기를 담은 단순한 수필쯤으로 간주하기 쉬운데, 주의해서 보면 집 파는 이야기에 기대어 전향자로서의 자신의 입장을 완곡하게 밝힌 글이라는 것을 쉽게 알아챌 수 있다. 사실 그가 「육장기」를 쓸 무렵(1939년 초여름)은 황군위문작가단에 협력함으로써 친일의 일보를 내디딘 직후였다. 그는 1939년 3월 14일 황군위문작가단을 결성하기 위해 소집된 회합에서 사회를 보는 것으로 소임을 다했고, 그 결과 동년 4월 15일에는 실제로 김동인・박영희・임학수로 구성된 북지황군위문단이 북경으로 떠나기도 했던 것이다.[13] 『나의 고백』에서 이광수는 마치 내키지 않는 일에 자신이 불가피하게 연루된 것처럼 말하고 있지만,[14] 「육장기」가 말해주는 진실은 이와 전혀 다르다.

「육장기」를 쓸 무렵 이광수의 내면풍경을 이해하는 열쇠는 "집보다 더한 몸뚱이도 때가 되면 버리고 가는 걸요"[15]라는 이 한 마디 언급을

동이라는 것이 어떻게 피상적인 것도 알았고, 십수년 계속하여 왔다는 도덕적 인격 개조 운동이란 것이 어떻게 무력한 것임을 깨달았소. (…중략…) 문학을 하노라 하여서 소설 권이나 썼소. 사상가 자처하고 논문 편도 썼고, 지도자 자처하고 나보다 젊은 남며들에게 훈계 같은 말까지도 수천만 어를 하였소. 그러나 홀로 저를 볼 때에, "이놈아, 네 발뿌리를 좀 보아!"하는 탄식이 아니 날 수가 없었소. 이러다가 나는 법화경을 읽는 자가 된 것이오."(이광수, 「육장기」, 『전집』 8, 43쪽)

13 임종국, 『친일문학론』, 평화출판사, 1966, 94～95쪽.

14 "그해 봄이었던가 한다. 하루는 문장사에선가 자동차와 사람을 보내어서 서울로 들어오라 하였다. (…중략…) 일인측 문단에서 북경에 '황군위문사'를 보내는 회였다. (…중략…) 발기인들은 문단의 총의인 것을 보이기 위하여 그날 모임을 만들었고, 앓고 숨어 있는 나까지도 끌어내인 것이었다."(이광수, 『나의 고백』, 앞의 책, 263쪽).

15 이광수, 「육장기」, 『전집』 8, 44쪽.

어떻게 이해하느냐에 달려 있다. 왜 집을 팔았느냐고, 아깝지 아니 하냐고, 애를 써 지은 집을 왜 팔았느냐고 동네 사람들이 물었을 때 '나'는 웃으며 초연한 듯 이렇게 대답했던 것인데, 이는 '육장기'라는 문자 그대로의 의미에서 애착하던 집을 팔고 떠나는 '나'의 초연한 심경을 대변하는 것이자 동시에 전향을 선택한 그의 정치적 입장까지를 아울러 함축하고 있는 언급이기 때문이다.

물론 이 언급의 의미는 일단 애착하던 집을 팔고 떠나는 '나'의 초연한 심경을 뒷받침하는 논리의 선을 따라 읽히는 것이 사실이다. 우선 작품 자체가 이들 동네사람들과의 문답으로 시작하여 다시 한 번 이 문답을 환기하는 것으로 끝을 맺는 방식으로 구성되어 있고, 또 작품 전체에 걸쳐 장황하게 서술되고 있는 사바세계론의 내용 또한 결국은 사람이 집에 들고 나는 것은 그의 의지에 의한 것이 아니라 각자의 인연과 업보에 의한 것이며, 따라서 각자는 제게 태운 집에 만족하고 나아가서는 더 나은 인을 지음으로써 저절로 더 나은 집으로 옮아가는 것이 순리라는 믿음으로 요약되는바, 일차적으로 어디까지나 '집'에 들고 나는 사람의 마음가짐을 뒷받침하고 있다는 점에서 그렇다. 그러나 이처럼 애착하던 집을 팔고 떠나는 초연한 심경으로서의 의미는 결론 대목에 접어들면서 중대한 의미의 전화를 겪는다.

드디어 내일이면 집을 떠나는 날. 아침에 일어난 '나'는 마루에 죽어 떨어진 날벌레들의 시체를 비로 쓸어내리다가 문득 전장에서 피를 흘리며 스러져간 병사들을 떠올리고 묵도를 올린다. 아마도 그 순간 '나'는 밤새 제게 주어진 몫의 생명을 소진한 날벌레들이 "제가 할 일을 하고 이 몸을 벗어버리고 간 것"[16]처럼 전장에서 죽어간 병사들 또한 그

16 위의 글, 54쪽.

렇게 저마다 제 할 일을 하고 몸을 벗어버리고 간 것이라는 숙연한 생각에 빠졌을 것이다. "내 국민"을 위해 "내 나라를 침범하는 적국"[17]과 싸우다가 스러져간 병사들. 제 욕심을 따르는 이기욕을 버리고 자비의 생활을 하는 길만이 부처의 말씀에 따르는 진리의 길이라고 믿고 있던 법화 행자 '나'의 눈에는 이 병사들이 제게 주어진 인연을 위해 불석신명(不惜身命)하는 보살의 화신처럼 비쳤을지도 모른다. 그러고 보니 한갓 우물 앞 화단에 핀 봉숭아꽃조차도 때가 되면 처녀 아이들의 가슴 설레는 사랑의 꿈을 곱게 물들여주고 몸을 벗어버리지 않는가.[18] "집보다 더한 몸뚱이도 때가 되면 벗어버리고 가는" 이 작은 사랑의 불똥들에 비하면 자신이 집을 팔고 떠나는 따위가 무슨 대단한 일이랴. 이러한 상념 끝에 '나'는 자신도 이 사랑의 성전(聖戰)에 참여하는 용사가 되리라고 다짐하며 기쁘게 이삿짐을 싸는 것이다.

이상의 내용에서 분명해졌듯이, "집보다 더한 몸뚱이도 때가 되면 벗어버리고 가는 걸요"라는 언급의 의미는 결론 대목에 이르러 '성취중생 · 정불국토'의 실현이라는 법화의 이상을 위해 불석신명(不惜身命)하는 보살행의 문제로 초점이 옮아가 있음을 볼 수 있다. 여기서 강조되고 있는 것은 이제 인연이 다한 '집'에 대한 애착의 부질없음이라기보다 어디까지나 주어진 인연을 위해 기꺼이 제 '몸뚱이'를 벗어버리고 가는 자기희생적 실천 도덕의 숭고함에 대한 예찬이라 할 수 있기 때문이다. 더욱이 "인류가 다 내 형제요 자매지마는" "내 국민"과 "내 나라"가 더 가까운 인연의 범주로 수긍되고, 전장에서 스러져간 병사들의 희생이 "내 나라를 침범하는 적국"과 싸워 "제가 할 일을 하고 이 몸을 벗어버리고 간" 보살행으로 간주되며, 더 나아가 "이 성전(聖戰)에 참

17 위의 글, 56쪽.
18 위의 글, 57쪽.

예하는 용사가 되지 못하면 생명을 가지고 났던 보람이 없"다는 주장이 피력되는 데 이르면, "집보다 더한 몸뚱이도 때가 되면 벗어버리고 가는" 것이라는 언급은 국민의 인연으로 만난 이상 내선(內鮮)이 다 같이 제국 일본의 국민적 이상을 위해 헌신하는 것이 마땅하다는 그의 정치적 신념까지를 함축하게 되는 것이다.

이처럼 「육장기」를 쓸 당시 내선의 인연을 기반으로 한 국민적 이상을 수긍하는 이광수의 정치적 신념은 이미 윤곽이 분명한 것이었다. 동우회운동의 좌절과 더불어 민족주의운동을 통한 민족적 이상 실현의 꿈이 더 이상 불가능해진 시점에서 그는 법화 신앙에 기대어 일본 국민으로서의 인연에 헌신하는 전향의 길을 택했던 것이다. 물론 한편으로 자기 검열에 예민했던 이광수는 종종 자신의 정치적 입장이 정말 옳은 것인지, 그 모든 것이 다만 구구한 자기합리화에 불과한 것이 아닌지 회의하곤 했던 것이 사실이다.[19] 하지만 제국 일본의 전쟁이 이른바 대동아전쟁으로까지 확대일로를 걷게 되면서 그의 법화 신앙은 '팔굉일우(八紘一宇)' 이념을 내건 제국의 전쟁 이데올로기를 적극 지지하는 입장으로 확고히 선회하고 만다. 이는 그의 법화 신앙이 제국의 전쟁이라는 경험적 현실 속에서 다시금 닻을 내릴 수 있는 지반을 발견했음을 의미하는데, 여기에는 건국이념이라든가 헌법정신으로 대표되는 제국 일본의 국가적 이상의 기초를 법화의 이상 위에 근거지우면서 전시체제하 종교적 내셔널리즘의 일익을 담당했던 일련의 불교 담론들이 적지 않은 영향을 미쳤던 것으로 보인다.

---

19 「난제오」와 『세조대왕』은 이러한 회의적 입장을 엿볼 수 있는 작품들이다(최주한, 「민족보존론과 '가면'의 병리학」, 『제국 권력에의 야망과 반감 사이에서』, 소명출판, 2005, 214～220쪽 참조).

3. 천황의 이상에서 법화의 이상을 보다

잘 알려져 있다시피, '팔굉일우(八紘一宇)'란 『일본서기』 가운데 「신무기(神武紀)」에 나오는 "겸육합이개도, 엄팔굉이위우(兼六合以開都, 掩八紘而爲宇, 온 세상을 겸하여 수도를 열고, 천하를 한 집으로 삼는다)"라는 구절에서 따온 말로, 일본 천황의 시조라 불리는 진무(神武) 천황의 건국이념을 가리킨다. 그러나 천하를 한 집으로 삼는다는 뜻의 이 말이 일본의 세계 침략을 합리화하는 이데올로기로서 고안된 것은 역시 근대의 일로서, 그것은 메이지에서 쇼와 초기에 걸쳐 활약했던 대표적인 니치렌주의[日蓮主義]자 가운데 한 사람인 다나카 치가쿠[田中智學]의 발안에 의한 것이었다.[20]

일찍이 다나카는 『종문지유신(宗門之維新)』(1901)에서 일본 국가에 의한 세계 통일은 니치렌주의라는 세계 통일적 대종교의 개현에 의한다는 것을 주장했는데,[21] 이러한 입장은 『대국성 일련상인(大國聖 日蓮上人)』(1929)에서도 그대로 되풀이되고 있다. 그는 이 책에서 법화경 절대주의자 니치렌의 주장을 한 마디로 "세계의 법화경화"로 요약하면서, 일본은 아마테라스 오카미와 진무 천황이 명시한 대로 "세계의 시작과 끝을 떠맡은 책임의 나라"로서 성립했으므로 일본의 법화 신앙을 중심으로 세계를 통일하는 것이 "법화경의 본령"이고 "일본국의 사명" 이며 "세계의 운명"이라고 천명했던 것이다.[22] 이처럼 '팔굉일우(八紘一宇)'라는 건국이념을 법화의 이상 위에 근거지우면서 근대 일본의 종교적 내셔널리즘의 일익을 담당했던 니치렌주의는 쇼와 말기 국가주의에 부

---

20 戸頃重基, 『近代日本の宗教とナショナリズム』, 富山房, 1966, 77쪽.

21 위의 책, 172쪽.

22 田中智學, 『大國聖 日蓮上人』, 春秋社, 1929, 7～8・14～15쪽.

응하여 다시금 소환되기에 이르는데,[23] 이 무렵 이광수의 법화 신앙에서는 이러한 니치렌주의의 색채가 발견된다.

단정하기는 어렵지만, 이광수가 니치렌주의를 알게 된 것은 동우회 사건이 상고(上告) 중이던 시기 잠시 대화숙(大和塾)에 머물며 일본정신을 수행하고 있던 때가 아니었을까 싶다. 「행자」(1941.3)에 의하면 당시 이광수가 대화숙에 머문 것은 "명상과 저술"에 힘쓰라는 "당국의 호의"에 의한 것으로 되어 있는데,[24] 이곳에 머물면서 이광수는 일본정신과 관련된 책을 닥치는 대로 읽는 가운데 니치렌주의자 다나카 치가쿠를 알게 되었을 가능성이 크다.[25] 실제로 이 무렵 이광수는 그야말로 일본정신과 불교의 관련성을 언급한 논의들을 집중적으로 쏟아내기 시작하며 그 가운데는 니치렌 상인에 대해 직접 언급하고 있는 글도 두어 편 발견되는데, 그것은 어디까지나 국가주의에 침윤된 니치렌주의의 색채를 띤 것임을 확인할 수 있다.

> 법화경에 '一心欲見佛, 不自惜命'이라는 구가 있다. 여기서 日蓮 上人의 '부자석명'이라는 표어가 나왔다. 佛이라는 목표에 달하기 위하여서는 죽기를 무서

---

23 일본에서 니치렌 상인에 관한 논의는 대개 니치렌의 법화경 절대주의를 중심으로 政教一致를 내세우며 종교적 내셔널리즘의 일익을 담당했던 대표적인 니치렌주의자 다나카 치가쿠[田中智學]와 혼다 닛쇼[本多日生]의 담론을 통해 양산되었다. 그런 만큼 니치렌주의에 대한 연구는 그들이 활동한 메이지 말기에서 쇼와 초기까지의 논의에 그치는 경우가 많은데(戶頃重基, 近代日本の宗教とナショナリズム』, 富山房, 1966; 大谷榮一, 『近代日本の一連主義運動』, 法藏館, 2001), 단편적이기는 하지만 "신체제 기구가 긴요한 이 때 '왜 국가는 일련주의 교단을 필요로 하는가'를 역설한 다나카 선생의 명논책 『宗門之維新』을 지도 원리의 일부로 정독 참작할 것"을 주문한 遠藤照金剛의 「日蓮主義の新體制を見る」(『中央佛教』, 1941.1)는 쇼와 말기 신체제하에도 다시금 니치렌주의가 국가주의에 부응하여 소환되고 있음을 보여준다.

24 이광수, 「행자」(『文學界』, 1941.3), 『이광수 친일문학전집』 2, 평민사, 1995, 196쪽.

25 각주 21)에서도 언급한 것처럼, 당시 다나카의 대표적인 저서 『宗門之維新』(1901)과 『大國聖日蓮上人』(1929) 등은 신체제에 요구되는 참된 일본정신을 습득하기 위한 필독서처럼 간주되었다. 여기에 니치렌 상인이 법화경주의자였다는 점 또한 법화 행자 이광수의 관심을 끌기에 충분했을 것이다.

> 워하지 아니 한단 말이다. (…중략…) 인생에서 가장 많이 죽기를 요구하는 것은 국가일 것이다. 인류의 역사에는 전쟁이 끊일 사이가 없어서 역사의 대부분은 전쟁과 전쟁 준비의 역사라고 하여도 과언이 아니다. 그런데 그 승부는 어떻게 나는고 하면 죽음을 무서워 아니 하는 자는 죽어서 이기고, 죽기를 무서워 하는 자는 죽고도 지는 것이다.[26]

> 이시모도 교수는 종파로 보면 日蓮宗이었다. 日蓮 上人의 『立正安國論』을 학생들의 모임에서 말하여, 일본은 바야흐로 국난시대에 있으니 일련 상인이 부르짖은 바와 같이 일본 국민된 자 반드시 크게 반성하여서 저마다 제 방종한 사상과 생활을 청산하고 그 자리에 나라를 위하여서 저를 멸하는 생활을 건설하지 아니 하고는 나라의 전도가 심히 위태하리란 말을 하였다.[27]

그러나 이광수의 법화 신앙에서 니치렌주의의 흔적을 보다 선명하게 발견할 수 있는 보다 인상적인 기록은 이른바 대동아전쟁이 한창인 무렵 제국 일본의 심장부를 견학한 감상을 담은 「삼경인상기(三京印象記)」이다. 「삼경인상기」는 1942년 12월 이광수가 제1회 대동아문학자대회 참가 차 제국 일본의 세 수도를 견학한 감상을 이른바 '고쿠고(國語)'로 쓴 글로 이듬해 1월 『문학계(文學界)』에 발표되었다. 김윤식의 적절한 지적과 같이 당시 삼경 순례의 일정이 애초에 "'팔굉일우'로 표상되는 신국(神國) 일본을 현지 학습"하는 "이데올로기적 교육의 장"으로서 마련된 것이었다면,[28] 「삼경인상기」는 그 학습 효과를 제국에 보고하는 형식의 글로 씌어졌다고 해도 과언이 아닌 것이다. 실제로 「삼경

---

26 이광수, 「생사관」(『신시대』, 1941.2), 앞의 책, 196쪽.

27 이광수, 「그들의 사랑」(『신시대』, 1941.1~3), 『진정 마음이 만나서야말로』, 평민사, 1995, 110쪽.

28 김윤식, 『일제 말기 한국 작가의 일본어 글쓰기론』, 서울대 출판부, 2003, 117쪽.

인상기」는 팔굉일우로 표상되는 신국(神國) 일본에 대한 경외감 일색으로 채워져 있는데, 그 가운데서도 특히 고대 일본의 수도 나라[奈良]를 견학한 감상을 기록한 부분은 그의 법화 신앙의 성격과 관련하여 눈여겨 볼 필요가 있다.

법화 행자 이광수에 눈에 비친 고대 일본의 수도 나라는 이미 건국 당시부터 일본의 국가적 이상과 법화의 이상이 하나임을 생생하게 증거하고 있는 역사적 유적지이다. 그곳에는 2,600년 전 '팔굉일우(八紘一宇)' 이념을 내걸고 나라를 열었다는 일본 천황의 시조 진무[神武] 천황을 모신 카시하라[橿原] 신궁이 있고, 또 일본 불교의 비조(鼻祖)이자 일본 최초의 헌법 제정자로서 일생을 이상적 일본의 건설에 바쳤다고 평가되는 쇼토쿠[聖德] 태자가 세운 호류지[法隆寺]가 있다. 카시하라 신궁 앞에 선 이광수는 진무 천황 창업의 날을 상상하며 온 세상을 한 집으로 삼는다는 그의 건국이념에서 법화의 이상인 "지상극락"의 모습을 본다. 그리고 호류지에서는 쇼토쿠 태자의 헌법정신을 떠올리며 일본에 불법의 기초를 다짐으로써 삼계(三界) 중생을 다 구제할 때까지 불석신명(不惜身命)하는 보살행의 실천을 강조한 "법화의 사상"에 따라 일본을 "진리의 나라", "자비의 나라"로 만들고자 했던 태자의 염원을 읽는다.

물론 이광수가 진무 천황의 '팔굉일우' 이념에서 지상극락의 모습을 본 것이나 태자의 헌법정신에서 법화의 정신을 읽어낸 것은 그렇게 보고자 한 그의 의지가 투영된 결과이다. 사실 이른바 이화위귀(以和爲貴), 독경삼보(篤敬三寶), 승조필근(承詔必謹)의 3개 조항에 기초를 둔 쇼토쿠 태자의 17헌법만 해도 두 번째 항목을 제외한 나머지 16항목은 모두 유교의 왕도천하(王道天下) 사상을 택한 것이라고 한다.[29] 그런데 이광수는

29 이나바 엔죠에 의하면, 첫 번째 '以和爲貴'은 '和'를 귀하게 여겨 국가를 한 마음으로 모을 것을 천명한 것이고, 두 번째 '篤敬三寶'란 부처(佛)와 부처의 가르침(法)과 부처의 가르침을 펴

'이화위귀(以和爲貴)'에서 '화(和)'의 개념을 "법화경에 들어 있는 불법의 정신"으로 간주하여 일본을 진리의 나라이자 자비의 나라로 만드는 것이 태자의 이상이었고, 이 이상을 실현하기 위해서 삼계(三界)의 중생을 다 구제할 때까지 보살행의 실천을 강조한 법화의 사상을 몸소 태자의 사상으로 삼은 것이 '독경삼보(篤敬三寶)'이며, '승조필근(承詔必謹)'이란 이러한 법화의 이상을 실현하는 도는 천황에 순종함에 있을 뿐임을 밝힌 것이라 해석함으로써 천황의 이상을 법화의 이상과 동일시하고 있는 것이다.

주목할 만한 것은 이처럼 천황의 이상에서 법화의 이상을 보고자 했던 이광수의 노력이 종국에 이른바 대동아전쟁이라는 현실의 전쟁을 진리의 이름으로 정당화하는 것으로 귀착되고 있다는 점이다. 실제로 쇼토쿠 태자의 정신 속에서 일본과 불법이 하나임을 확인하던 이광수의 상념은 이제 "오늘의 전쟁"이 갖는 의의를 생각하는 것으로 이어진다. "나는 유메도노[夢殿]의 계단에 서서 오늘의 전쟁을 생각했다. 아시아 10억의 백성에게 황도의 빛을 입히기 위한 전쟁이며, 이것은 일본의 보살행이 아니면 안 되리라고. 신명을 아끼지 않는 황군 장병은 법(法)을 위한 불석신명(不惜身命)이라고."[30] 일본과 불법이 하나라는 앞선 전제 덕분에 여기서 '팔굉일우' 이념을 내건 제국 일본의 전쟁은 그 자체로 '성취중생 · 정불국토'의 실현이라는 법화의 이상이 펼쳐지는 무대로서 간주되고 있는 것이다.[31] 결국 이광수는 "천황이 중생제도의

는 승려(僧)를 공경하여 국민 각자가 그 마음을 모으는 방편으로 삼을 것을 강조한 것이며, 세 번째 '承詔必謹'이란 천황은 하늘이고 신하는 땅이니 하늘이 위에 있는 것이 마땅함을 밝혀 천황의 대권을 선언한 것으로, 태자의 17헌법은 당시 호족간의 격렬한 세력 투쟁에서 비롯된 폐해를 바로잡고자 천황을 중심으로 국가를 질서 있는 통제 아래 두려던 태자의 정치 이념에 근거하고 있다(稲葉圓成, 『聖德太子』, 法藏館, 1941, 79～99쪽).

30 이광수, 「삼경인상기」, 김윤식, 『일제 말기 한국 작가의 일본어 글쓰기론』, 서울대 출판부, 2003, 380쪽.

31 이른바 대동아전쟁이 법화의 이상에 근거하고 있다는 입장은 다음의 글에 좀더 선명하게 드러나 있다. "보살행이란 정불국토 · 성취중생의 일이다. 그 땅을 정화하고 거기 사는 인간

최고 일인자가 되어 일본이 불법의 원천이 되고 불국의 기점이 되고 일본인이 모두 대보살이 되기를 염원했던"[32] 태자의 정신을 "오늘의 전쟁"이 요구하는 정신으로 다시금 소환했던 것인데, 그것이 법화경이라는 진리의 이름을 내걸고 일본을 중심으로 한 세계 통일을 주장했던 니치렌주의의 논리를 그대로 답습한 것임은 한눈에 보아도 확연하다.

이처럼 당시 이광수에게 고대 일본의 수도 나라를 순례하며 일본과 불법이 하나임을 확인하는 일이란 '팔굉일우' 이념을 내건 현실의 전쟁이 '성취중생·정불국토'의 실현이라는 법화의 이상과 맞닿아 있음을 확인하는 일과 결부되어 있었다. 다시 말해 제국 일본을 맹주로 하는 이른바 대동아전쟁의 승리는 "당당한 법왕자(法王子)의 몸이면서 똥통 청소의 천역(賤役)에 만족했던 동아의 민족들"을 일깨우고 "아시아 10억이 하나가 되어 그 풍부한 자연적, 인적 자원을 이용하여 새로운 세계, 새로운 문화를 수립"하는 "지구가 일찍이 몽상도 하지 않았던 영광"[33]을 기약하고 있으며, 그것이 바로 세상에 법화의 이상을 실현하는 길이라는 믿음의 재확인이었던 것이다. 그런 만큼 "산 보람 있는 천황의 시대에 때마침 태어나 황민(皇民)이 된 우리, 뒤돌아봄 없이 천황의 방패로 나설 수 있게 된 것은 얼마나 다행스러운가" 하는 그의 감격도 단순히 공허한 수사나 연기 차원의 것은 아니었다고 할 수 있다. 적어도 진리의 이름을 내걸 수 있는 한, 그에게 전쟁 참여는 쇼토쿠 태자의 성업(聖業)에 참여했던 고구려와 백제의 승려들이 그러했듯이 세상에 진리를 펴기 위한 보살행의 실천을 의미했기 때문이다.

의 마음을 정화하는 것이 보살행이며, 대동아전쟁도 결국 정불국토·성취중생 이외의 것이 아니다."(이광수, 「반도 청년에게 보냄－조선 청년과 보살행」(『신시대』, 1944.10), 이경훈, 『이광수 친일문학전집』 2, 평민사, 1995, 449～450쪽).

32 이광수, 「삼경인상기」, 앞의 책, 380쪽.

33 위의 글, 367～369쪽.

4. '우자(愚子)의 효성', 현실의 논리와 신앙의 논리 그 경계에서

살펴본 바와 같이, 전향과 적극적인 친일에 이르는 이광수의 정치적 입장의 근저에는 그것이 세상에 '성취중생 · 정불국토'의 실현이라는 법화의 이상을 펼치는 길이라는 믿음이 자리하고 있었다. 애초에 문명조선의 건설이라는 민족적 이상의 실현을 지향하던 그의 정치적 입장은 전향을 계기로 내선(內鮮)의 인연을 기반으로 한 국민적 이상을 수긍하고 나아가서는 팔굉일우 이념을 내건 대동아적 이상을 지지하는 방향으로 전화되어 갔지만, 법화 신앙의 논리 속에서 그것은 점차 민족적 단위를 벗어나 대승적인 입장에 선 보살행의 실천으로 이해되었던 것이다. 물론 당시 그가 실제로 무슨 일이 일어나고 있는지 몰랐다고 하기는 어렵다. 그러나 그가 법화 신앙이라는 현실의 논리 자체를 초월해 버리는 견고한 믿음으로 무장하고 현실과 대면하고자 했던 사실도 무시해 버릴 수는 없는 만큼, 논의의 초점은 그가 지향한 이상과 현실 사이의 간극에 관한 것으로 옮겨져야 하지 않을까 싶다.

해방 직후 민족의 이름으로 반민법에 기소된 이광수는 대번에 '민족반역자'로 낙인찍혔다. 내선일체를 부르짖음으로써 민족의 정체성을 송두리째 부정했을 뿐만 아니라 민족을 전쟁에 동원한 혐의로부터 그는 결코 자유로울 수 없었기 때문이다. 또한 패전과 더불어 대승적 입장에 선 보살의 전쟁이란 결국 제국 일본의 전쟁 동원 이데올로기를 분식(粉食)했던 공허한 수사에 불과했음이 분명하게 드러난 데다, 그 스스로도 자신의 적극적인 전쟁 협력 행위가 "어리석은 과대망상"이자 "우자(愚子)의 효성"[34]에 지나지 않았음을 인정하지 않을 수 없었고 말이다.

하지만 이 어리석음이라는 평가는 단기적인 눈앞의 현실 논리를 고려할 때 의미를 가질 뿐, 영겁의 세월에 걸친 인연과 업보의 논리를 통해 현실 논리를 단숨에 상대화해버리는 신앙의 논리 속에서 법화의 진리를 믿고 따르는 우직한 자의 지극함이라는 의미를 띠게 된다는 점 또한 간과해서는 안 된다. 그가 한편으로는 자신의 행동을 어리석었다고 평가하면서도 "그러나 나는 내가 할 일을 하여 버렸"다고, 그래서 "내게는 아무 불평도 회한도 없"다고, "천지가 이를 알고 신만이 이를 알 것"[35]이라고 거듭 천명했던 것이나, "비록 머리카락 한 알만한 힘밖에 못 되는 내 원력(願力)이라도 백생 천생 쌓이고 쌓이면 반드시 그대로 실현될 것을 나는 굳게 굳게 진실로 진실로 믿"[36]는다고 확언했던 것은 바로 이 때문이었다고 할 수 있다. 적어도 이 순간 그는 세상이 손가락질하는 자신의 어리석은 행동조차 이미 영겁의 세월에 걸친 인연 업보의 그물이 마련해 놓은 필연적인 행동이었으며, 자신의 원력에 따라 그것이 언젠가는 세상을 밝히는 하나의 선근(善根)이 될 것임을 믿어 의심치 않았던 것이다.[37]

이처럼 신앙의 논리에 따르는 한 그의 친일 협력 행위는 어디까지나 법화의 진리라는 '선한 도덕'을 지향한 성격의 것이었음이 분명해 보인다. 그러나 결과적으로 그가 민족의 정체성을 부정하고 민족을 제국

34 이광수, 「인과」, 앞의 책, 540~541쪽.

35 위의 글, 541쪽.

36 이광수, 「윤회무진」, 앞의 책, 538쪽.

37 법화경의 '상불경보살품(常不輕菩薩品)'에 보면, 이처럼 겉보기에 어리석은 행동으로써 세상에 선근을 심은 '상불경(常不輕)'이라는 보살 비구의 이야기가 나온다. 이 비구는 증상만(增上慢, 아직 완전한 깨달음에 도달하지 못한 채 마치 깨닫기나 한 것처럼 교만하게 우쭐대는 일)에 젖어 있던 사대부 비구와 비구니들을 업신여기지 않고 그들에게 모두 보살의 도를 행하여 반드시 성불할 것이라고 얘기하고 돌아다닌 까닭에 항상 그들로부터 비웃음과 욕을 들었지만, 이것이 선근이 되어 결국 그들을 모두 교화시킨 것은 물론 천만 억 중생들을 교화하여 아뇩다라삼먁삼보리에 머물게 했다고 한다(이운허 역, 『법화경』, 동국대 경서원, 1990, 346~347쪽). 이광수는 이 상불경 비구에 견주어 자신의 입장을 이해하고 있었는지도 모를 일이다.

일본의 전쟁 범죄에 동원하는 '악'에 기여한 것 또한 분명한 사실이다. 결국 이광수는 선한 도덕의 이름으로 악을 자행한 셈인데, 그렇다면 이러한 신앙의 논리와 현실의 논리 사이에 놓인 간극을 어떻게 이해해야 할 것인가. 이 문제와 관련해서는 인간 행위의 선악을 결정하는 것을 주체가 자신의 준칙 안에 채용하는 '동기'가 아니라 '도덕적 질서의 전도' 여부에서 찾았던 칸트의 도덕론이 판단의 유용한 잣대가 되어줄 수 있을 듯하다.

5. '선한 도덕'과 '도덕적으로 선한 것'에 대하여

칸트에 의하면, '선한 도덕'을 가진 사람과 '도덕적으로 선한' 사람은 도덕적으로 전혀 다른 부류에 속한다. 둘은 다 같이 도덕 법칙에 어긋나지 않게 행동한다는 점에서 별다른 차이가 없어 보이지만, 도덕적으로 선한 사람이 항상 보편타당한 도덕 법칙을 최고의 동기로 삼아 행동하는 반면,[38] 선한 도덕을 가진 사람의 경우 도덕 법칙에 대한 존경이 아니라 자기애(Selbstliebe)에서 그렇게 행동한다는 점에서 결정적인 차이를 갖는다. 후자의 경우 도덕 법칙에 어긋나지 않게 행동했다 하더라도 그것은 근본적으로 도덕적 질서를 전도시킨 행동이므로 이를

38 칸트적인 의미에서 '도덕 법칙'이란 어떤 실천적 행위의 준칙이 이성적인 존재 모두에게 타당한 보편 법칙으로 수용될 수 있는 적합성을 가지고 있는 법칙을 의미한다. "너의 의지의 준칙이 항상 동시에 보편적 법칙 수립의 원리로서 타당할 수 있도록 그렇게 행위하라"는 칸트의 순수 실천 이성의 원칙은 이러한 도덕법칙의 보편타당함의 원리를 천명하고 있다(임마누엘 칸트, 백종현 역, 『실천이성비판』, 아카넷, 2002, 86쪽).

결코 도덕적으로 선하다고 할 수 없다는 것이 칸트의 입장인 것이다.[39]

칸트가 도덕적 질서의 전도를 문제삼아 '선한 도덕'과 '도덕적으로 선한' 것을 엄밀하게 구분한 것은 이러한 전도 가운데 모든 악의 뿌리, 즉 근본악이 존재한다고 보았기 때문이다. 도덕 법칙이 아니라 자기애를 우선적인 동기로 삼아 행동한다는 것은 그 행동의 준칙에 경험적인 것이 개입했음을 의미한다. 그런데 경험론에 근거한 행동의 준칙은 사람에 따라 상대적인 성격을 가지는 까닭에 보편타당한 법칙의 자격을 가질 수 없을 뿐만 아니라, 결국 자기 경향성에 따라 도덕 법칙을 파괴하는 동기들을 자기 도덕성의 바탕으로 삼게 되므로 도덕적 사고방식을 근원에서부터 부패시키는 동인이 되는 것이다.[40] 그런 의미에서, 칸트가 보편타당한 도덕 법칙을 인간 행위의 최고 준칙으로 못 박고 '선한 도덕'과 '도덕적으로 선한' 것을 엄밀하게 구분한 것은 바로 언제든 자기애로 인하여 도덕적 질서를 뒤흔들고 악으로 미끄러지기 쉬운 인간의 도덕적 취약성에 대한 경고였다고 해도 좋을 것이다.

이광수가 법화의 진리라는 선한 도덕의 이름으로 악을 자행한 현실의 역설 또한 이러한 도덕적 질서의 전도라는 관점에서 이해할 수 있지

---

39 강영안, 『도덕은 무엇으로부터 오는가—칸트의 도덕 철학』, 소나무, 2000, 제1장 「도덕 법칙과 선의지」・제5장 「도덕적 삶과 근본악」 참조.

40 "경험적 원칙들은 결코 도덕 법칙의 근거가 될 수 없다. 왜냐하면 만약 도덕 법칙의 근거를 인간 본성의 특별한 성향이나 인간 본성이 처한 우연적인 환경에서 가져온다면, 도덕 법칙이 모든 이성적인 존재에게 차별 없이 적용되어야 한다는 보편성과 그 보편성 때문에 도덕 법칙에 부과된 무조건적인 실천적 필연성이 없어져 버리기 때문이다. 그러나 무엇보다도 자기 행복의 원칙이 가장 혐오스럽다. (…중략…) 그 이유는 자기 행복의 원칙이 도덕성을 파괴해서 그 숭고함을 모두 말살해버리는 동기들을 도덕성의 바탕으로 삼기 때문이다."(임마누엘 칸트, 이원봉 역, 『도덕형이상학을 위한 기초 놓기』, 책세상, 2002, 105쪽) "도덕 법칙을 위해서, 그리고 도덕 법칙이 의지에 대해 영향력을 행사하게 하기 위해서는 도덕 법칙이 없어도 되는 어떤 다른 동기를 구해서는 안 된다. 왜냐하면 그럴 경우에는 갖가지 순전히 위선적인 것들이 영속성 없이 작용할 것이고, 심지어는 도덕 법칙과 나란히 여타 다른 동기들을 함께 작동시킬 우려 또한 있기 때문이다."(임마누엘 칸트, 앞의 책, 167쪽)

않을까. 비록 법화의 진리라는 보편성의 신앙을 내걸었다고는 해도, 이광수에게 그것은 행위의 최고 준칙으로 자리잡은 것이었다기보다 자기애에서 비롯된 다양한 내적 동기들 속에 자리잡은 또 하나의 행동 준칙에 불과했던 것이 틀림없다. 그 결과 '성취중생 · 정불국토'의 실현이라는 법화의 이상을 위해 자기를 버리고 보살행을 실천할 것을 지향했던 그의 법화 신앙은 민족의 구성원으로서, 제국 일본의 국민으로서, 혹은 대동아의 신민으로서 그가 대면해야 했던 현실적인 문제들 속에서 매번 종속적인 지위로 떠밀려 현실의 논리를 뒷받침하는 이념으로 변질되곤 했던 것이다. 더욱 문제적인 것은 그럼에도 불구하고 자기 안에 법화의 진리라는 '선한 도덕'을 행동 준칙의 하나로 받아들였던 탓에 그는 자신의 협력 행위가 그릇된 것일 수도 있다는 점에 대해서는 결코 의심하지 않았다는 사실이다. '민족을 위하여 살고 민족을 위하여 죽은 이광수'가 되기에 부끄러움이 없다는 그의 호소에서 우리가 착잡해지지 않을 수 없는 것도 바로 이 때문이다. '선한 도덕'의 명분 아래 그 자신은 물론 현실을 제대로 사유하고 판단할 수 없었던 도덕적 무능함, 그 무능함은 바로 제국이 원하는 바이기도 했을 것이기 때문이다.

제2부
이광수와 식민지 문학의 윤리

제1장
근대 초기 번역 문학과 미국*

1. 근대 계몽기의 번역 문학과 미국

지금까지 근대 계몽기 한국문학의 미국 인식에 관한 논의는 '문명과 기회의 나라' 혹은 '풍요와 자유에 대한 관념적 접근'이라는 통념적인 해석 일반에서 벗어나지 못했다. 이는 이들 논의가 주로 이인직의 『혈의누』(1906)와 『은세계』(1908)와 같은 신소설에 국한되어 있는 데서 비롯된 것으로 보인다.[1] 주인공들이 미국으로 유학을 떠나는 대목으로

* 이 글은 일본학술진흥회로부터 기반연구 (B) 2013～2015년도(과제번호 : 25284072)의 지원을 받아 수행된 연구임. 이 글은 2013년 12월 7일 '한국근대문학과 아메리카니즘'을 주제로 열린 한국근대문학회 제29회 정기학술대회의 발표문을 토대로 작성한 것이다. 부족한 글을 읽고 유익한 토론을 해주신 정주아 선생님께 진심으로 감사드린다.

1 김미영, 「한국(근)현대소설에 나타난 미국 이미지에 대한 개괄적 연구」, 『미국학논집』 37·3, 한국아메리카학회, 2005.
임선애, 「신소설에 나타난 미국에 대한 인식 연구」, 『한국사상과 문화』 35, 한국사상문화학

부터 강렬한 문명지향성을 읽어내고 있는 이들 논의는 이광수의 『무정』에 보이는 유사한 결말을 또 하나의 근거삼아 "근대화 초기 미국은 흠모의 대상으로서 부동의 이미지를 구축"[2]하고 있다고 단정하고 있다. 그런가 하면 이 시기 한국문학이 "자민족 중심의 강한 민족주의적 성향에 갇혀 있어 외국에 대해 균형 있는 혹은 관심을 표명한 작품이 없었다"[3]고 단언하기도 한다. 하지만 신소설을 중심으로 한 이러한 논의는 다분히 일면적인 것으로, 이 시기에 산출된 번역 문학은 이와는 또 다른 면모를 또렷하게 보여주고 있다.

본격적인 번역 문학에 속한다고 할 수는 없지만, 근대 계몽기 당대 최고 수준의 서양 입문서이자 서양 문화에 대한 소개서로 꼽히는 유길준의 『서유견문』(1890)[4]은 미국 독립운동의 발상지 필라델피아의 독립관 Independence Hall에 대해 소개하는 장에서 다음과 같이 인상적인 기록을 남기고 있다.

> 독립대회당은 이 도시 요충에 우뚝 솟은 굉장한 건물이다. 이 건물의 양식은 예스럽고 질박하며, 청초한 규모를 아울러 갖췄다. 북아메리카주는 백 년 전에 영국의 식민지였는데, 주민들이 영국의 가혹히 탄압하는 학정을 참지 못하여 도탄의 괴로움에 탄식하는 원성이 사방에서 일어나자, 미국의 충의스런 지사들이 벌떼처럼 일어나 이 도시에 모여 이 건물에서 대회를 열었다. 이들은 미국의 제도를 창건하고, 영국을 배척하는 격문을 기초하였으며, 워싱턴을 대도독(大

회, 2006.
김만수, 「한국소설에 나타난 미국의 이미지」, 『한국현대문학연구』 25, 2008, 한국현대문학회, 459쪽.

2 김미영, 위의 글, 44쪽.

3 김만수, 앞의 글, 459쪽.

4 『서유견문』이 공식적으로 출판된 것은 1895년의 일이지만, 고종에게 바쳐진 초고가 비매품으로 출판되어 관원과 지식인들 사이에서 유포된 것은 1890년의 일이다.

都督)으로 삼았다. 그러고는 대군을 일으켜 몇 년 동안의 혈전 끝에 독립하는 영광을 얻었으며, 오늘의 부강한 기초를 남기게 되었다. 이로써 이 건물이 미국에서 이름난 곳이 된 것이다.

이 건물의 높은 처마와 고담한 채색이 숙연한 의기를 지녀, 사람으로 하여금 경건한 마음을 일으키게 하고 분발하는 기개를 생기게 한다. 건물 안에 들어가서 옛날 지사들이 회의할 때에 쓰던 여러 가지 물건들을 바라보면 아직도 다하지 않은 충의심이 완연히 그 물건들에 젖어 있는 듯하여, 사람으로 하여금 격앙하는 감정을 이기지 못하게 하며 저절로 감동이 솟아오른다. 어느 누가 이 건물에 들어와 찬탄하는 마음이 없겠는가. 다른 나라로부터 업신여김을 받는 자들은 다른 사람에 비하여 그 마음이 더할 듯하다.[5]

1882년 조미수호통상조약이 체결된 후 조정에서는 1883년 전권대신 민영익을 보빙사(報聘使)로 파견한다. 이때 보빙사의 수행원으로 미국에 갔다가 1885년 초까지 국비 유학생 자격으로 1년 6개월을 미국에 머물렀던 유길준은 그 동안 워싱턴, 뉴욕, 시카고, 보스턴, 샌프란시스코 등 미국의 주요 도시들을 돌아보았다. 당대 미국의 제2도시이자 미국 독립운동의 발상지이기도 한 필라델피아를 찾았다는 기록은 보이지 않는 것으로 보아,[6] 위의 소개는 그가 각국의 대도시를 소개하기에 앞서 밝혀두었듯이 "남들의 기행문을 살펴보며 그 찌꺼기를 주워 모아 모호한 글자로 꾸며 놓은 것"[7]에 불과한 것인지도 모른다. 그러나 미국의 대도시들을 소개하는 마당에 당대의 미국을 있게 한 독립투쟁의 발상지 필라델피아를 빼놓기는 어려웠을 것이다. 1776년 필라델피아의

5 유길준, 허경진 역, 『서유견문』, 서해문집, 2004, 522~523쪽.
6 유길준의 미국 여정에 대해서는 허경진의 서문에 게재된 지도를 참고했다(위의 책, 29쪽).
7 위의 책, 511쪽.

독립관에 모여 독립을 결의하고 나라의 기초를 세웠던 미국의 선조들은 오랜 혈전도 불사한 끝에 영국으로부터 독립했고, 당대의 부강한 나라를 이뤘다. 위의 인용문에서 그러한 혈전의 독립투쟁사를 환기시키며 필라델피아의 독립관을 소개하고 있는 유길준의 감개가 자못 비장하게 느껴지는 것은, 그 자신 제국주의 열강의 서세동점하에 독립과 자존을 위협받고 있던 약소국가의 일원이었던 탓이었을 것이다.

근대 계몽기 미국에 대한 최초의 본격적인 번역서는 1899년 황성신문사에서 간행된 역자 미상(未詳)[8]의 『미국독립사』이다. 시부에 타모츠[澁江保]가 쓴 『미국독립전사(美國獨立戰史)』(博文館藏版, 1985)를 저본으로 하고 부분적으로 시오카와 이치타로[鹽川一太郎]의 저술을 참고하여 국한문혼용체로 번역 간행한 단행본으로,[9] 1899년 처음 번역 간행된 이래 1907년까지 3판이 간행되었다.[10] 미국에 관한 한 당대 지식인들의 최고

8 김병철은 역자를 '현채(玄采)'로 특정했지만(김병철, 『한국근대번역문학사연구』, 을유문화사, 1975, 193쪽), 『미국독립사』에는 판권장이 없어 이를 확인하기 어렵다. 박진영 선생님의 조언에 따르면, 1899년에 발행된 『미국독립사』는 저작권법 및 출판법(1909.2) 이전에 간행된 출판물인 까닭에 판권장이 없다. 또 설령 판권장이 있어 번역 겸 발행자로 현채가 명시되어 있더라도, 당시 저작권 표시 관례로 보았을 때 그것이 곧바로 현채의 번역을 뜻하는 것은 아니다. 판권장에 명시된 이름은 판권 소유자, 즉 출판업자일 경우가 대부분인데, 현채・현공렴 부자는 저술 및 번역가 겸 출판업자였다. 필자의 의문에 대해 성실하게 조언해 주신 박진영 선생님께 진심으로 감사드린다.

9 김병철, 위의 책, 193쪽. 서강대학교와 경희대학교에 소장되어 있는 『미국독립사』(1899)는 도서관 서지사항에 시오카와 이치타로[鹽川一太郎]가 저자로 분류되어 있지만, 시오카와의 저서 가운데 미국독립사와 관련된 저서는 발견하지 못했다. 「서언」을 비롯하여 본문의 전체 내용은 일단 시부에의 저서와 동일하다. 다만 '鹽川一太郎著譯'이라는 표기가 붙어 있는 3장 '覓之原因'은 시부에의 저서에는 없는 내용이고, 12장 '獨立戰7年'에 소개되어 있는 미국의 독립선언서 전문 또한 시부에의 저서에서는 지면의 제한을 이유로 생략되어 있다. 시부에의 『미국독립전사』는 http://dl.ndl.go.jp/info:ndljp/pid/776941에서 내려받을 수 있다.

10 1907년 보문관(普文館)에서 간행된 3판본은 경희대 도서관에 소장되어 있다. 『미국독립사』 판권장에는 '광무 11(1907)년 5월 31일 3刊'이라고 되어 있다. 발행자는 오영근・현공렴으로 인쇄소는 '보문관'으로 기재되어 있지만, 역자는 기재되어 있지 않아 역시 역자가 누구인지 알기 어렵다. 경희대 도서관 판본은 박진영 선생님께서 자료를 보내주셨다. 이 자리를 빌려 다시 한번 감사 드린다.

관심사는 역시 미국 독립의 역사에 대한 것이었다고 해도 과언이 아닌 셈이다. 『미국독립사』의 서문을 쓴 현은(玄檃)[11]은 "일찍이 서양인들이 항상 말하기를 '나라가 자립의 권리가 있는 까닭은 인민이 자립의 권리가 있음에 말미암고, 인민이 자립의 권리가 있는 까닭은 그 학문에 자립의 뜻과 자립의 행이 있음에서 말미암는다'고 하였다. 마음으로 저으기 옳다고 여겼는데 미국사(美國史) 역본(譯本)을 얻어 읽고 사람마다 자립을 귀하게 여겨야 하는 까닭에 대한 믿음이 더욱 굳어졌다"고 썼다. 또 "사람마다 자립할 수 있다면 어찌 나라가 독립하지 못할 것을 걱정하랴"[12]고도 썼다. 『미국독립사』는 영국혁명과 더불어 미국독립전쟁을 "세계(世界) 만고(萬古)에 초유(初有)한 의전(義戰)"[13]이라 평가하고 있는 시부에 타모츠의 「서언」과 더불어 신대륙의 개척에서 7년간의 독립전쟁을 거쳐 각주 연합정체를 이루기까지의 과정을 상세하게 번역 소개하고 있다. 또 시부에의 저서에서는 지면의 한계를 이유로 생략한 미국 독립선언서의 전문이 축약된 형태로나마 소개되어 있는 것도 눈에 띄는데, 한국에 소개된 것으로는 처음이 아니었을까 싶다. 1899년의 초판본 이래 판을 거듭하여 간행되었던 『미국독립사』는 1909년 9월에서 이듬해 3월 5일에 걸쳐 『대한매일신보』에 『소설 미국독립사』라는 제목의 순한글로 다시금 번역되어 연재되기도 했으니,[14] 1905년 을사늑약

---

11 현채(1856~1925)와 현은(1860~1934)은 본관이 천녕(川寧)으로, 대한제국기 역관 출신 관료로서 동시대에 활동했다. 본시 현제만의 아들들로 형제였으나, 동생인 현은은 현제장의 양자로 입적되었다. 『친일인명사전』 3(민족문제연구소, 2009, 925·932~933쪽), 한국학중앙연구원의 한국역대인물 종합정보 시스템 참고.

12 현은, 「美國獨立史序」, 『미국독립사』(황성신문사, 1899), 『한국개화기문학총서-역사전기소설』 3, 아세아문화사, 1979, 415쪽.

13 위의 책, 419쪽.

14 『소설 미국독립사』의 원저자와 역자는 미상이다. 김병철은 『미국독립사』 판본과의 유사성을 전제로 『소설 미국독립사』의 저자를 현채라고 특정했지만(김병철, 앞의 책, 195쪽), 한문에 능하여 대한제국기 역관을 지낸 유림이기도 했던 그가 굳이 소설이라는 제목을 단 순한

이후 미국 독립의 역사에 대한 관심의 저변이 그만큼 확대되었던 것을 알 수 있다.

을사늑약 이래 일본에 의한 가시적인 국권 침탈에 직면하여 나라의 독립과 자존을 위협받고 있던 국민들에게 '자립의 귀함'을 깨닫게 하고 독립 진취의 기상을 고취하고자 했던 당대의 지식인들은 미국의 독립을 이끈 위인들의 전기를 번역 소개하는 데도 관심을 가졌다. 1908년 회동서관에서 간행된 이해조의 『화성돈전(華盛頓傳)』은 영국과의 독립전쟁을 승리로 이끌고 초대 대통령이 되어 미국 건국의 기초를 다졌던 워싱턴의 일대기를 번역 소개한 단행본으로, 후쿠야마 요시하루[福山義春]가 편술한 저서 『화성돈(華聖頓)』(博文館, 1900)의 중국어 번역본(丁錦, 『華盛頓傳』, 文明書局, 1903)을 중역했다고 한다.[15] 일찍이 부친이 설립한 사립학교 '신야의숙(莘野義塾)'(1906)에서 간사원, 의숙감을 지내며 근대적 교육에 관심을 가졌던 이해조는 이 무렵 대한제국기 교과서의 계보를 잇는 근대적 교과서의 보급에 주력했던 국민교육회, 대한자강회의 후신인 대한협회, 기호흥학회 등에 관여하며 애국 계몽운동의 일선에서 활동했다.[16] 특히 국민교육회의 회칙 제3조 3항에는 "본국 사기와 지지(地誌)와 고금 명인 전적을 취집하야 광포하야 국민의 애국심을 고동하고 원기

글 번역에 착수했을지는 의문이다. 또 각주 8)에서도 언급했듯이, 현채가 『미국독립사』의 역자였는지도 불분명하다. 한문을 모르는 일반 독자들을 고려한 누군가가 『미국독립사』를 저본으로 하여 순한글로 번역한 것일 가능성도 배제할 수 없다.

15 『화성돈전』의 번역 저본과 중국과 한국의 번역 단행본에 대한 자세한 비교 연구로는 손성준, 「영웅서사의 동아시아 수용과 중역의 원본성―서구 텍스트의 한국적 재맥락화를 중심으로」, 성균관대 박사논문, 2012, 182~235쪽 참조. 이해조의 『화성돈전』은 『한국개화기문학총서』(아세아문화사, 1979)에 빠져 있고, 서울대 도서관에 원본이 소장되어 있다. 필자는 오영식 선생님의 소장본을 참조했다. 이 자리를 빌려 진심으로 감사드린다. 후쿠야마의 『화성돈』은 http://dl.ndl.go.jp/info:ndljp/pid/782506에서 내려받을 수 있다.

16 대한제국기 이해조의 활동에 관해서는 송민호, 「열재 이해조의 생애와 사상적 배경―대한제국 관직활동과 국민교육회 활동을 중심으로」, 『국어국문학』 156, 국어국문학회, 2010, 246~267쪽 참조.

를 배양할 사"라고 명시되어 있기도 한데,[17] 이해조가 『화성돈전』을 번역 소개한 의도 또한 당대 애국 계몽운동의 연장선상에 놓인 것이었음을 미루어 짐작할 수 있다. 일찍이 후쿠야마가 『화성돈』을 집필한 의도가 1895년 삼국간섭 이후 '와신상담'의 기치를 내걸고 열강의 자리로 상승하기 위해 절치부심했던 '국가주의'와 연동되어 있었던 것을 생각하건대,[18] 대한제국 말기 그의 저서가 제국주의 일본에 대한 저항이라는 맥락에서 번역 소개되고 있는 것은 아이러니가 아닐 수 없다.

한편 근대 계몽기 조선의 지식인들이 미국이라는 나라를 호의 일변도로 바라보았던 것은 아니었다. 당대의 미국이 워싱턴과 같은 선조들의 독립 진취의 기상을 유산으로 하여 건설된 것은 분명했지만, 광범위한 번역을 통하여 당대 세계 정치의 흐름에 접하면서 그것은 어디까지나 과거의 미국일 뿐이라는 사실에도 점차 눈뜨게 되었기 때문이다.

> 미국은 구주 각국과 其 정법의 조직이 逈然 不同하거늘 만일 제국주의를 실행하면 민정의 원기가 변동하는 바 必有할지라. 독립포고문을 試讀하라. 18세기 세계상에 異樣의 광채를 防한 자는 是文의 力이라. 평등으로 예를 作하고 박애로 用을 作하며 '人이 人을 관할치 못한다'하는 一語가 凜凜 昭存하거늘 **幾時를 未經하여 비율빈 군도를 스페인에서 구입하여 강제로 복종케 하여 其 생기를 摧抑하고 前途를 失絶케 하니 此는 미국이 대세에 被感하여 舊規를 不守함이로다.**[19]

17 위의 글, 266쪽 재인용.

18 위의 글, 205쪽.

19 斯密哥德文 原著, 卞榮晚 譯, 『世界三怪物』(광학서포, 1908), 『변영만전집』 하, 성균관대 대동문화연구원, 2006, 38쪽. 이 글의 원저자로 표기되어 있는 '사밀가덕문'이란 영국의 교육학자이자 역사가, 저널리스트였던 골드윈 스미스를 가리킨다(김욱동, 『번역과 한국의 근대』, 소명출판, 2010, 124쪽). 원저와 번역 저본은 확인해 보지 못했다.

위의 인용문은 1908년 3월 변영만이 영국의 교육학자이자 역사가인 골드윈 스미스(Goldwin Smith, 1823~1910)의 저서를 의역하여 광학서포에서 간행한 단행본 『세계삼괴물(世界三怪物)』의 한 대목이다. 미국의 민주정치가 과거 평등과 박애를 선포했던 독립선언문의 정신을 잃고 필리핀을 점령하여 제국주의에 가세하고 있는 현실을 비판하고 있는 것이 눈에 띈다. 같은 해 8월 광학서포에서 간행된 『이십세기대참극제국주의(二十世紀大慘劇 帝國主義)』 역시 일본 박문관(博文館)에서 간행된 『시대지추세(時代之趨勢)』와 미국의 정치학자이자 외교관인 폴 S. 라인쉬의 『세계지정치(世界之政治)』를 참고하여 역술한 단행본으로,[20] 국민주의에서 제국주의로 변동하고 있는 당대 세계 정치의 흐름 및 제국주의 정책에 대한 소개와 더불어, 영국·러시아·독일·미국의 제국정책의 실상에 대해 자세히 소개하고 있다.

그러나 뭐니뭐니 해도 당대 미국 제국주의의 실상을 적나라하게 엿볼 수 있는 번역 문학으로는 역시 1908년 안국선이 역술하여 보성관에서 간행한 『비율빈전사(比律賓戰史)』[21]를 꼽지 않을 수 없다. 본래 필리핀인 저자에 의해 씌어졌고 1896년 스페인과의 독립전쟁에서부터 1898년 미국의 점령 직후까지 필리핀인들의 투쟁사에 초점을 둔 역사서이긴 해도,[22] 애초에 필리핀의 독립을 승인하겠다는 조건으로 스페인과

---

20 번역 저본에 관해서는 번역 단행본의 '例言'에 자세히 언급되어 있다(塵佛 譯述, 『二十世紀大慘劇 帝國主義』(광학서포, 1908), 위의 책, 45쪽.

21 김병철은 안국선이 번역저본으로 삼은 것이 1902년에 간행된 중국어 번역본 『飛獵濱獨立戰史』라고 추정했으나(김병철, 앞의 책, 240~241쪽), 최근 필리핀인 독립운동가 마리아노 폰세(Mariano Ponce)가 스페인어로 저술한 *Cuestion Filipiana*(1901)의 일본어 번역본 『南洋之風雲』(1902)이라는 사실이 밝혀졌다. 당시 마리아노는 필리핀의 외교대사로서 자국의 독립에 아시아의 원조를 받기 위헤 일본에 체류했고, 선전 활동의 일환으로 이 책을 저술했다고 한다(노연숙, 「안국선의 『比律賓戰史』와 번역 저본 『南洋之風雲』 비교 연구」, 『한국현대문학연구』 29, 한국현대문학회, 2009, 47쪽). 역시 원저와 번역 저본은 확인해 보지 못했다.

22 1898년 미국의 점령 이후 필리핀들의 저항 운동은 1902년까지 저항 운동이 계속되었다. 폰

의 독립전쟁을 부추겼고 필리핀이 애써 독립전쟁에서 승리하자 태도를 급변하여 오히려 필리핀을 점령해버린 전 과정에 개입한 미국의 파렴치한 면모가 여실하게 그려져 있는 까닭이다.[23] 당시 이 책을 읽는 조선인 독자라면 1894년 청일전쟁 당시 조선의 독립을 승인했다가 1905년 조선을 보호국으로 삼아 제국주의 본연의 침략적 야욕을 드러낸 일본의 무신의함을 떠올리지 않을 수 없었을 것이고, 그것이 독립전쟁에서의 승전 직후 필리핀을 점령해 버린 미국에 대한 분개와 겹쳐졌을 것을 짐작하기란 그리 어려운 일이 아니다. 더욱이 1882년 한미수호통상조약 당시 양국 중 한 나라가 다른 나라의 핍박을 받을 경우 반드시 서로 돕고 분쟁을 원만히 해결하도록 주선한다는 '거중조정(居中調整)'의 규정을 외면하고, 1905년 일본의 조선 점령을 승인하고 서구 열강 중 제일 먼저 주한미국공사관을 철수했던 사실을 뼈아프게 환기시켰을 것도 명약관화하다.[24]

세의 '서언'에는 어렵게 스페인에서 독립하자마자 다시금 미국의 점령이라는 현실에 맞닥뜨린 필리핀인 저자의 위기감과 더불어 일본에 연대감을 호소하는 정이 또렷하게 드러나 있다. "余가 일본에 渡來하매 일본인이 비율빈의 目下 사정을 知코저 하야 余의 설명을 간청하니 비율빈은 위기를 際아햐 余의 憂心이 忡忡難禁한지라. 一篇을 草하야 比人種과 상동한 日人의 同情을 射하노니 弊邦의 정세를 幸察하야 越鳥南枝(새도 자기가 태어나 자란 곳을 잊지 못한다는 뜻-인용자)의 此情을 諒할지라."(안국선 역, 『比律賓戰史』(보성관, 1908), 『한국개화기문학총서-역사전기소설』 5, 아세아문화사, 1979, 271쪽).

23 1896년에서 1898년에 걸친 스페인의 독립운동사에 관해서는 권오신, 「스페인 지배 말기의 필리핀 독립운동-미완의 혁명(1896~1898)」, 『아시아연구』 11-3, 한국아시아학회, 2009 참조.

24 한철호, 「멀고도 가까운 나라, 며리계·미리견합중국·미국-개화기 한미관계와 대미인식」, 『내일을 여는 역사』 12호, 서해문집, 2003, 26~29쪽 참조.

2. 최남선의 『소년』과 미국 독립선언서의 정신

1904년 황실파견유학생의 일원으로 일본에 건너갔던 최남선은 11월 2일 도쿄부립제일중학교에 입학한 지 두 달여만에 집안사정으로 학교를 중퇴하고 이듬해 1월에 귀국한다. 이후 1906년 4월 다시 일본으로 건너가 9월 와세다대고등사범부 역사지리과에 입학하지만, 이번에는 1907년 3월 '와세다대학 모의국회사건'에 항의하여 몇 달 만에 자퇴하고 만다. 당시 와세다대학에서는 매년 봄 정치경제과 학생들이 모의국회를 열어 정치문제를 토론했는데, 1907년 모의국회의 주제는 일본이 한국을 식민지로 삼을 경우 대한제국 황실을 어떻게 처리할 것인가의 문제였다. 와세다대학에 재학 중이던 조선인 유학생들은 이를 대한제국 황실에 대한 모독이라 하여 학교 측에 행사를 주관한 학생들의 퇴학을 요구했고, 이것이 받아들여지지 않자 항의의 뜻으로 재학생 16명이 함께 동맹퇴학을 결행했는데, 이때 조선인 학생 대표로 참여했던 최남선도 함께 자퇴했던 것이다.[25] 이로부터 네 달 후 도쿄에는 고종의 양위조칙(7.19)이 발표된 신문의 호외가 돌았고, 이어서 잇달아 강요된 군대해산(7.31)을 계기로 전국적인 규모로 확산된 의병운동에 대한 소식이 전해져 조선인 유학생들의 마음에도 '비분강개한 애국적인' 불씨를 지폈다.[26] 당시 와세다대학을 자퇴하고 나서 1908년 6월 귀국하기까지 일본에 체류하며 대한유학생회의 기관지인 『대한유학생회학보』의 편집

25 최남선의 2차 유학시절의 활동에 대해서는 류시현, 『최남선 평전』, 한겨레, 2011, 29~36쪽 참조.

26 이광수는 『나의 고백』에서 "정미년 어느 여름날" "학교 가는 길"에 고종의 양위조칙(1907. 7.19)이 발표된 신문 호외를 보았으며, 군대가 해산(1907.7.31 군대 해산 조칙, 8.1~9.3 해산)될 때는 서울서 시가전이 일어났다고 동경에 호외가 돌았다고 회고하고 있다(이광수, 『나의 고백』(1947), 『전집』 7, 227쪽).

인으로, 또 대한학회의 평의원으로 활동했던 최남선 또한 이러한 분위기를 공유했을 것은 말할 것도 없다. 특히 그가 『대한유학생회학보』의 편집과 제작에 참여한 경험은 귀국 후 『소년』 간행의 토대가 되었으니,[27] 『소년』의 탄생은 을사늑약 이후 점점 기울어가는 국권을 회복하기 위한 애국 계몽적인 활동의 연장선상에 놓인 것이었다고 해도 좋을 것이다.

"대한으로 하여금 소년의 나라"로 만들고 "능히 이 책임을 담당하도록 그를 교도"[28]하려는 취지에서 창간된 『소년』(1908.11)은 "우리나라 역사에 큰 광채를 더하고 세계 문화에 대 공헌"하는 "활동적, 진취적, 발명적 대국민을 양성"[29]하는 데 목적을 두었다. 창간 당시 『소년』에 걸었던 최남선의 기대 및 그의 관심사를 단적으로 보여주는 글로는 창간호에서부터 기획 연재된 「쾌소년세계주유시보(快少年世界周遊時報)」를 꼽을 수 있다. 이 연재물은 15세 소년 '최동건(崔童健)'이라는 가상 인물의 세계 주유를 통하여 활발하고 쾌활한 남아의 기상을 북돋우려는 의도에서 기획된 것으로,[30] 소년의 세계 주유의 일정이 "필라델피아의 '독립각'에 들어가 150여 년 전에 비로소 아메리카가 뿌릿탠의 억압을 벗고 자유 독립한 기별을 13도에 맹전(猛傳) 하던 '자유의 파종(破腫)'을 기운껏 울려 태평양 물이 진기(震起)한 뒤에 그칠"[31] 것을 예고하고 있어 주목을 끈다. 창간호에 이어 『소년』 제1년 제2권(1908.12)에는 일찍이 자유 독립을 성취했던 미국인들의 덕목을 열여덟 항목에 걸쳐 소개

27 류시현, 앞의 책, 33쪽.

28 「창간 취지」, 『소년』 창간호, 1908.11.

29 『소년』 제1년 제2호, 1908.12, 광고.

30 "이제 내가 바쁜 길을 떠나지 않고 이 글을 抄함은 다름 아니라 다만 얼마 동안 衰降하였던 旅行誠을 更起케 하야 그저 우리 소년만이라도 좀 활발하고 좀 쾌활하야 능히 남아 四方의 志를 디딜 만한 사람 되기를 권하고자 함이라."(「소년세계주유시보」, 『소년』 창간호, 1908.11, 77쪽).

31 「소년세계주유시보」, 『소년』 창간호, 1908.11, 74쪽.

하면서 "그들은 폐일언하고 사(私)란 것을 잊어 버려서 공공(公共)한 자유대동(自由大同)의 행복을 더하기 위하야 피흘리기를 사(辭)치 아니한 고로 종내 필라델피아 부중(府中)에 자유경종(自由警鐘)이 유광(有光)하고 늬유욕 포두(浦頭)에 자유신상이 생휘(生輝)"[32]하게 되었음을 강조하고 있는 토막글 「아메리카는 이리 하고야 독립하였소」와 더불어 아메리카 합중국의 국가(國歌)가 소개되어 있기도 하다.[33] 근대 계몽기의 지식인들에게 그랬듯이, 최남선에게도 대한의 소년들이 독립 진취의 기상을 배울 수 있는 최상의 교과서는 역시 당대의 미국을 있게 한 미국 독립의 역사였다. 최남선이 『소년』에 걸었던 기대, 곧 "활동적, 진취적, 발명적 대국민의 양성"이란 무엇보다도 독립 진취의 기상을 갖춘 소년의 양성과 맞물려 있었던 것이다.

최남선의 『소년』은 미국의 위인들을 소개하는 데도 열심이었다. 미국 독립의 역사뿐만 아니라 미국 노예해방의 역사에도 관심이 많았던 최남선은 1898년의 필리핀 합병을 시작으로 사모아, 하와이 등의 획득으로 태평양에서 세력을 확장해가고 있던 당대 미국의 움직임을 예의 주시하면서도,[34] 과거 자유를 얻기 위해 혈전을 마다하지 않았던 이들을 "자유 · 평등의 신념이 두텁고 독립 진취의 기상이 넉넉"[35]한 국민이라고 평가하는 데 인색하지 않았다. 그가 창간 이듬해인 1909년 2월부터 1910년 1월까지 9회에 걸쳐 '신시대 청년의 신호흡'이라는 표제하에

32 「아메리카는 이리 하고야 독립하였소」, 『소년』 제1년 제2권, 1908.12, 73쪽.

33 「아메리카(아메리카 합중국 국가, Samuel F. Smith)」, 『소년』 제1년 제2권, 1908.12, 76~77쪽.

34 "서력 1898년에 합중국이 스페인국으로부터 싸워서 얻은 필리핀 諸島는 극동에 있는 이 나라의 군사상 · 경제상의 큰 근거지가 되고 또 도이치와 브리텐의 협상으로 인하야 얻은 태평대양 상에 놓인 사모아 島는 오스트레일리아가 난 要路에 처하고 하와이 島의 호놀루루 항은 극동에 이르는 중추지니 이와 같이 합중국이 태평양 상에서 세력을 발전하여 가는 형태는 우리 국민이 須臾라도 방심치 못할 것이오"(公六, 「海上大韓史」, 『소년』 제2년 제2권, 1909.1, 18쪽).

35 위의 글, 17쪽.

소개한 미국의 위인들만 해도 워싱턴, 플랭클린, 링컨 등 미국의 독립과 노예해방의 역사를 주도한 인물들이다.[36] 특히 링컨에 대한 그의 관심은 지대한 것이어서 『소년』 제3년 제1권(1910.1)은 '아브라함 링컨 100주년 기념호'로 바쳐지고 있을 정도다.

링컨 100주년 기념호는 링컨의 일대기를 개괄적으로 소개하고 있는 35쪽 분량의 번역문 「린커언의 인물과 및 그 사업」이 사실상 전체 지면을 차지한다. 이 번역문은 1899년부터 4년간 미국 대사(大使)로 영국에 머물렀던 조세프 H. 초트(Joseph H. Choate)가 1900년 스코틀랜드 에딘버러 이학협회(理學協會)에 명예회장으로 추대되었을 당시의 취임연설을 소개한 것으로, 야마가타 데이사부로(山縣悌三郎)의 번역서 『링컨의 인물 및 사업(リンコンの人物及び事業)』(內外出版協會, 1907)[37]을 저본으로 하여 최남선이 완역한 것이다.[38] 일찍이 서구의 신학설을 섭렵하여 저술과 번역에 힘쓰는 한편 일본 소년 잡지의 효시라 할 수 있는 『쇼넨엔(少年園)』(1888.11)을 창간하여 학술과 문학을 소개하는 데 힘썼던 야마가타 데이사부로는 여러 모로 최남선과 비견될 수 있는 인물이다.[39] 그러나 야마가타가 링컨의 일대기를 번역 소개한 무렵은 메이지 말기 곧 일러

---

36 「신시대 청년의 호흡(2)－와싱톤 좌우명」, 『소년』 제2년 제3권, 1909.3.
「신시대 청년의 호흡(3)－아메리카 名人 프랭클린 좌우명」, 『소년』 제2년 제4권, 1909.4
「신시대 청년의 호흡(9)－아브라함 린커언의 인물과 및 그 사업」, 『소년』 제3년 제1권, 1910.1.

37 야마가타는 「凡例」에서 단행본 Joseph H. Choate, The Carreer and of Abraham Lincoln(N.Y., 1901)을 번역 저본으로 삼았다고 밝히고 있다(山縣悌三郎 譯, 『リンコンの人物及び事業』, 內外出版協會, 1907, 2쪽).

38 김욱동은 "단행본의 분량을 잡지 한 호에 소개한 만큼 최남선은 야마가타의 번역서 중 특히 첫 부분을 요약하여 번역할 수밖에 없었다(김욱동, 앞의 책, 199쪽)"고 했으나 잘못이다. 조세프의 취임연설을 번역한 야마가타의 번역본은 총 77쪽 분량인데, 『소년』은 판본이 더 커서 전체 내용을 35쪽 분량의 잡지에 담아내고 있다.

39 야마가타 데이사부로에 대해서는 小島烏水, 「山縣悌三郎先生 : 「少年園」と「文庫」」, 『偃松の匂ひ : 山岳隨筆』, 書物展望社, 1938, 171～175쪽 참조. 야마가타 데이사부로에 관한 자료는 하타노 세츠코 선생님께서 찾아 보내주셨다. 이 자리를 빌려 진심으로 감사드린다.

전쟁 이후 국가주의로부터 해방되어 개인주의에 몰두하는 '전후파' 신세대의 등장과 맞물려 "경박한 청년사회의 양제(良劑)"됨을 자처하며 세계에 이름이 높은 위인들의 입지전이 쏟아져 나온 시기로서,[40] 바야흐로 망국의 기운이 짙어가던 대한제국 말기에 번역 소개된 링컨의 일대기와 같은 무게를 가질 수는 없었다.[41]

100주년 기념호에 함께 실린 신체시 「아브라함, 린커언」은 링컨의 업적을 크게 '가인(家人)', '국민', '인류'의 항목으로 나누어 그 덕목을 기리고 있는데, 최남선이 어떤 점에 강조점을 두고 링컨의 일대기를 번역 소개했는지 그 의도를 엿볼 수 있게 한다.

> 아브라함, 린커언 / 크나큰 샛별/ 한데 假家 속에서 / 눈을 뜨도다 / 정의 앞에 勇쓰는 / '참피온'으로 / 힘껏 애껏 싸우기 / 위함이로다 (…중략…) 핑구 돌릴 손으로 / 호미를 잡고 / 거미채 메일 때는 / 도끼를 들어 / 다만 조금만치도 / 일 보탬하야 / 아바님의 수고를 / 덜어 드리면 / 순직하게 일하되 / 원망없이 해 / 家人으로 린컨이 / 직분 다하야 / 무실역행 그 역사 / 처음 펴도다 (…중략…)

---

40 러일전쟁 이후 일본의 사회적 분위기에 대해서는 이에나가 사부로 편, 연구공간 '수유+너머' 일본 근대사상사팀 역, 『근대일본사상사』, 소명출판, 2006, 183~186쪽 참조. 야마가타의 번역 단행본은 단행본 말미에 『링컨의 인물 및 그 사업』에 나오는 위인의 입지전을 수록한 『成業立志談』의 광고와 더불어 동 내외출판사에서 발행한 『위인연구 제1편 링컨 언행록』에 대한 비평을 소개하고 있는데, 그 가운데 『타이요(太陽)』의 비평을 소개하면 다음과 같다. "역사의 일면을 관찰하고 또 우리들의 영혼의 음식을 선택함에는 위인을 연구하는 것이 제일이다. 이 목적으로 위인 연구총서를 기획하여 제1편으로 링컨 언행록을 출판한다. 평민의 벗, 인도의 보호자, 사랑의 권화, 이상적 정치가로서 불멸의 광명을 발한 링컨의 일생을 소개하여 자못 경박한 청년사회의 良劑됨을 잃지 않을 것이다."(山縣悌三郎 譯, 『リンコンの人物及び事業』, 內外出版協會, 1907)

41 이 무렵 내외출판협회의 출판물 가운데는 국가주의와 충돌하는 인도주의적 성격을 띤 단행본들도 종종 눈에 띄는 까닭에 이러한 사회 일반의 분위기를 일반화하기는 어려운 측면도 있다. 단적인 예로, 3장에서 언급할 사카이 토시히코 편 『인자박애의 이야기』와 같은 번역 단행본이 그러하다. 일찍이 박진영이 밝혔듯이, 이 무렵 최남선의 번역은 내외출판협회의 번역 단행본에 상당 부분 의존하고 있었던 만큼(박진영, 『번역과 번안의 시대』, 소명출판, 2010, 235~240쪽), 추후 내외출판협회에 대한 연구가 좀더 뒷받침될 필요가 있다.

정의 칼로 불의를 / 베어 버리고 / 자유 홰로 압제를 살라 없앨 때 / 그 아픔과 그 쓰림 / 생각하야서 / 조상님의 정신을 / 지켜서 가면 / 公私大小 사무에 / 아무것이고 / 순직하게 당하되 / 간단없이 해 / 국민으로 린컨이 / 직분 다하야 / 무실역행 그 역사 / 넘겨 가도다 (…중략…) 한가지로 하나님 / 밑에 살면서 / 같은 복을 못 얻는 / 4백만 인명 / 저리도 다 그들이 무슨 죄이뇨 // 나는 입도 가졌고 / 팔도 있으니 / 헤지고 부러져 / 남을 업도록 / 위해 부르지지고 / 휘두르면서 / 가이없는 동포를 건져 내이면 / 순직하게 주선퇴 / 그치지 않아 / 인류로의 린컨이 / 직분 다하야 / 무실역행 그 역사 / 빛이 나도다

인용문은 최남선이 링컨의 일대기를 '가인(家人)'이자 '국민'이며 '인류'로서의 직분을 다했던 '무실역행'의 역사로서 다시 쓰고 있었음을 보여준다. 일찍이 2차 유학시절 '무실역행'을 기반으로 하는 도산의 사상에 깊이 공명했고,[42] 도산의 청년학우회의 설립에 관여하며 『소년』을 청년학우회의 준기관지로 내놓기도 했던 만큼,[43] 그것이 도산의 '무실역행' 사상과 직결되어 있음을 짐작하기란 그리 어려운 일이 아니다. 더욱이 이 무렵 도쿄에 머물고 있던 최남선은 링컨의 일대기를 번역하

---

42 이광수의 회고에 따르면, 최남선이 도산의 사상에 처음 공명했던 것은 1907년 그가 미국에서 귀국하는 도중 도쿄에 들러 태극학회에서 연설했을 때의 일이다. "그때 최남선 군도 도산의 뒤를 이어 연설하다가 가끔 발작하는 학질 때문에 그만 단상에 거꾸러졌다. 그러자 도산은 육당을 자기 가슴에 안고 그 길로 여관에 와서 극진히 간호하여 주었다. 도산과 육당이 처음 안 것이 이때가 처음이라, 육당은 이 일에 크게 감동받아 "자기는 지금까지 평상에 선생이라고 부르는 이가 없으나 오직 도산 한 분만은 선생으로 안다"고 금일에 이르기까지 고백하는 것을 들었다."(이광수, 「재만주의 도산 안창호」(『삼천리』, 1930.10), 『전집』 8, 502쪽).

43 "최남선에게 청년학우회의 말을 한즉 씨는 말하기를 "나에게 여러 군데서 입회하기를 청하는 회가 많았으나 도무지 응낙하지 아니하였다. 그러나 내 이 청년학우회에는 희생적으로 일하겠노라" 하고 자기가 하던 소년을 바치었소"(안창호, 「흥사단 제7회 원동대회 대회장 연설」(1920.12.29~30), 주요한 편, 『안도산전서』(증보판), 흥사단 출판부, 1999, 682쪽). 『소년』이 청년학우회의 기관지적 성격을 띠기 시작한 것은 제3년 제4권부터이다. 『소년』과 청년학우회의 관계에 대해서는 김윤식, 『이광수와 그의 시대』 1, 솔, 1999, 492~497쪽 참조.

면서[44] 도산에게 올리는 시 「태백산시집」을 쓰기도 했던 것이다.[45]

주목할 만한 것은 인용문에서 링컨은 '국민'으로서의 직분을 다하면서도 '인류'로서의 직분 또한 외면하지 않은 '정의'의 '참피온'으로 그려지고 있다는 점이다. 실제로 조세프의 연설은 "그는 천성이 아메리카 독립선언서의 신자(信者)로 인(人)에 천부 고유한 권리를 시인하야 곧 생존의 권리를 시인하고 자유의 권리를 시인하고 영업의 권리를 시인하였으니 이것은 뇌확(牢確)한 신조요 그러므로 그의 사업은 철두철미가 다 이 신조로서 출(出)하였"[46]다는 관점에서 링컨의 인물됨과 업적을 소개하고 있다. 또한 링컨의 노예 해방의 업적에 오랫동안 억압받아온 4백만 노예의 자유와 해방이라는 의미뿐만 아니라, 일찍이 노예제도의 시인이라는 타협과 더불어 미완으로 남아 있던 독립선언서 정신의 완성이라는 의미를 부여하고 있기도 하다.[47] 조세프에게 링컨이 미국 정신의 기초라 불리는 독립선언서의 정신에 투철했던 '아메리카인 중의 아메리카인'으로 간주되었듯이, 최남선은 '국민'으로서의 직분을 다하되 '인류'로서의 직분 또한 외면하지 않았던 링컨에게서 일찍이 그가 칭찬해마지 않았던 '자유・평등의 신념이 두텁고 독립 진취의 기상이 넉넉'한 미국 정신의 전형을 보고 있었던 것이다.

---

44 번역문 서두에 '동경(東京) 우입구(牛込區) 주의동(周衣洞)에서' 썼다는 언급이 보인다.

45 "삼가 이 시집을 나의 가장 경앙하는 도산 선생 앞에 올려, 해외에 있어 여러 가지로 사모하고 염려하던 점을 표하옵니다. 일본 동경에서 公六"라는 부기가 붙어 있어 이 태백산 시편들 또한 최남선이 1909년 말 도쿄에 머무는 동안 씌어졌다는 것을 알 수 있다(公六, 「태백산시집」, 『소년』 제3년 제2권, 1910.2, 1쪽).

46 최남선 역, 「린커언의 인물과 및 그 사업」, 『소년』 제3년 제1권, 1910.1, 23쪽.

47 "正히 此時에 해방령이 出하니 (…중략…) 이는 실로 억압 煩累의 中으로서 국민의 양심을 구출함이오 건국 이래로 半자유요 半노예이던 허위의 상태로서 북아메리카 합중국 그것을 구출함이라. '自今 이후로 자유와 동맹은 영원토록 일체일 것'을 思하고 국민의 심장이 다시 새 고동을 始하였더라"(위의 글, 38쪽).

3. 『검둥의 설움』, 미국 독립선언서의 정신을 번역하다

1852년 미국에서 간행된 스토의 『엉클 톰스 캐빈』이 1913년 『검둥의 설움』이라는 제목의 단행본으로 한국에서 번역 간행된 것은 본격적인 서양소설의 번역 출판을 표방하고 나선 신문관 기획 출판의 일환이었다.[48] 일찍이 2차 유학시절 스토의 『엉클 톰스 캐빈』을 읽고 깊이 감동하여 이 책을 번역해야겠다고 마음먹었던 최남선은 이후 홍명희의 소개를 통해 알게 된 이광수에게서 문학적 재능을 엿보고 번역을 맡겼고, 결과적으로 기대 이상의 결실을 맺었다. 당시 최남선이 읽은 책은 물론 원작이 아니라, 사카이 토시히코[堺利彦]의 책임 편집하에 시츠노 마타로[志津野又郎]가 역술(譯述)한 번역 단행본 『인자박애의 이야기(仁慈博愛の話)』(內外出版協會, 1903)였다. 4년 뒤 내외출판협회에서는 통속문고 시리즈의 하나로 모모시마 레이센[百島冷泉]이 초역(抄譯)한 『노예 톰[奴隷トム]』(1907)을 다시금 간행하는데, 덕분에 이광수는 『인자박애의 이야기』를 번역 저본으로 하면서도 『노예 톰』을 부분적으로 참고하여 원작의 전체 내용을 좀더 생생한 감각으로 살려 번역하는 데 성공할 수 있었다.[49]

흥미로운 것은 『인자박애의 이야기』와 『노예 톰』이 메이지 말기의 사회주의 및 기독교의 평등·박애 사상을 바탕으로 원작을 재해석한 데 비해, 『검둥의 설움』은 식민지 민족주의의 입장에서 이들 번역 저본을 재해석한 까닭에 오히려 원작의 사상에 좀더 충실하게 번역되었다

48 권두연, 「신문관 단행본 번역소설 연구」, 『사이間SAI』 5, 국제한국문학문화학회, 2008, 120～131쪽 참조.

49 원작 및 번역 저본과의 관계에 대해서는 최주한, 「『검둥의 설움』의 번역의 윤리-정치학」, 『대동문화연구』 84, 성균관대 동아시아학술원, 2013, 397～407쪽; 波田野節子, 「李光洙と飜譯 : 『검둥의 설움』(1913)を中心に」, 『韓國朝鮮文化研究』 13, 東京大學, 2013.3 참조.

는 점이다. 사카이에게 '노예'가 자본에 의해 핍박받는 민중의 다른 이름이었고 모모시마에게 '노예'가 신 앞에서 평등한 존재인 형제이자 자매였다면, 이광수에게 '노예'란 제국주의 열강의 침략적 야욕에 희생되어 민족적 생존과 번영의 권리를 유린당하고 있는 식민지 민족의 처지를 그대로 대변하는 이름이었다.[50]

사실 '노예'에 대한 이광수의 관심은 메이지학원 중학시절로 거슬러 올라간다. 이 무렵 이광수는 을사늑약 이래 일본의 가시적인 국권 침탈과 그에 맞선 국내의 대대적인 저항을 목도하며 또래 유학생 소년들과 함께 애국적 소년회를 조직하여 '비분강개한 애국적인' 성격의 문필활동에 참여하는 한편,[51] 번역 단문 「혈루」(『태극학보』, 1908.11), 습작 소설 「노예」(1909.10), 영화를 소설화한 「어린 희생」(『소년』, 1910.2~4) 등 노예적 처지에서 벗어나기 위해 저항하는 인물들의 이야기를 작품화하는 데 몰두했다. 소년회에서 간행한 등사판 회람잡지 『신한자유종』의 표제화에 필라델피아의 자유종이 그려져 있는 데서도 알 수 있듯이,[52] 당시 소년회의 구성원들은 자유 독립의 기상이야말로 신한(新韓)의 소년들에게 요구되는 가장 긴요한 덕목이라고 생각하고 있었던 것이다. 이

50 각 판본에 각인된 정치적 입장의 차이에 대해서는 최주한, 위의 글, 126~131쪽 참조.

51 이광수는 당시 일본의 국권 침탈과 그에 맞선 국내의 전국적인 의병운동의 소식을 전해들으며 너나없이 비분강개했던 일본 유학생 소년들의 애국적 분위기에 대해서 다음과 같이 회고한 바 있다. "국내에서는 각지에 의병이 일어나서 일병과 싸우고 있었다. 나도 뛰어나가서 의병이 될까 하는 생각도 났다. 뉘게서 들은 말은 아니나 무슨 비밀 결사를 만들어야 할 것도 같아서 나 또래 칠팔 인이 '소년회'라는 것을 조직하고 회람 잡지를 만들었다. 회원이 이십 명쯤 되었다. 모두 십칠팔 세의 소년들이었다. 잡지도 등사에 박았다. 그 내용은 비분강개한 애국적인 시, 소설, 논문, 감상문 등이었으나 셋째 호인가 넷째 호에 적에 벌써 일본 관헌의 눈에 띄어서 우리는 경시청에 불려 야단을 만났다"(이광수, 『나의 고백』, 『전집』 7, 228쪽). 이광수의 애국적 소년회 활동에 대해서는 최주한, 「중학시절과 오산시절의 이광수」, 『춘원연구학보』 5, 춘원연구학회, 2012, 282~290쪽 참조.

52 『신한자유종』의 표제화는 『근대서지』 5(근대서지학회, 2012)에 영인되어 있는 『신한자유종』 제3호에서 확인할 수 있다.

러한 자유 독립의 기상은 1910년 한일합병 이래 국권을 빼앗겨 실의에 빠져 있는 민족에게 더더욱 요구되는 덕목이 아닐 수 없었으니, 『검둥의 설움』이 원작의 사상에 보다 충실하게 번역될 수 있었던 사정도 이와 무관하지 않은 것으로 보인다.

스토의 『엉클 톰스 캐빈』은 독립선언서의 정신에 기대어 노예 해방의 문제에 당위성을 부여했다. 링컨에게 노예 해방이 자유와 평등에 기초한 정의로운 사회를 지향했던 독립선언서 정신의 실천을 의미했듯이,[53] 스토는 자신들을 억압하는 법과 맞서 싸울 권리를 역설하는 흑인 노예 조지의 항변을 통해 모든 사람에게 자유와 평등의 권리를 약속한 독립선언서의 정신을 환기시킴으로써 노예 해방의 당위성을 효과적으로 공론화할 수 있었던 것이다. 『검둥의 설움』이 원작의 11장에 해당하는 이 대목을 공들여 번역한 것은 말할 것도 없다.

> 만일 영감께서 검둥이한테 잡혀가서 종이 되면 그것이 하나님의 뜻이라고 할 터이오니까. (…중략…) 영감께서는 나라도 있고 법률도 있지요마는 나 같이 종년의 뱃속으로 나온 놈에게 나라가 다 무엇이며 법률이 다 무엇입니까. 우리는 법률을 만드는 데 참여하는 힘도 없고 아무 권리라는 것도 없고 법률이라는 것은 다만 우리를 못 잡아 먹어하는 당신네가 우리를 잡아 먹기에 좋도록 만든 것 아닙니까. 당신네를 위하여 만든 법률이 저희에게도 유익할 듯하오니까. 영감께서도 언젠가 미국 독립 기념날에 이런 말씀을 하셨지요. '우리 조상은 이러한 악한 법률을 반항하여서 칼을 잡고 일어섰다'고 아니 하셨습니까. (…중략…) 나는 자유를 위하여서는 죽기도 무서워 아니합니다. 내 목숨이 있는 날까지는 내 자유를 위하여 싸울 터이올시다. 자유를 얻으려는 싸움이 당신네 조상에게 거룩

53 스테파니 슈워츠 드라이버, 안효상 역, 『세계를 뒤흔든 독립선언서』, 그린비, 2005, 138~142쪽 참조.

한 싸움이던 모양으로 이 싸움도 내게는 가장 거룩한 싸움이올시다.[54]

인용문은 법(도망노예법)[55]을 위반하고 도주하는 노예 조지와 그의 신변을 걱정하는 공장주 윌슨의 대화 가운데 한 대목으로, 원작의 11장 '물건의 물건답지 않은 생각'의 핵심 장면에 해당한다고 할 수 있다. 장 제목에서도 또렷하게 드러나 있듯이, 일찍이 영국의 지배에 맞서 선조들이 피로써 싸워 얻은 자유와 평등의 권리는 흑인 노예에게는 해당되지 않는 사항이었다. 독립선언서의 서명자들이 모든 사람의 평등을 선언했을 때 그들이 염두에 둔 것은 어디까지나 '백인'이자 '유럽인의 혈통'을 가진 사람이었다는 것이 당대인들의 공공연한 인식이었던 것이다.[56] 『인자박애의 이야기』에는 해당 장이 '내 어머니는 일곱 자식과 함께 팔렸습니다'라는 제목으로 바뀌어 역술되어 있는데, 이는 사카이가 '노예'의 형상을 자본에 의해 핍박받는 민중의 모습으로 재해석하는 데 치중하느라 원작의 의도에 크게 개의치 않았음을 말해준다. 반면 『검둥의 설움』은 『인자박애의 이야기』를 번역 저본으로 삼았음에도 불구하고, 모든 사람에게 자유와 평등의 권리를 약속한 독립선언서의

54 이광수, 『검둥의 설움』(1913), 박진영 편, 앞의 책, 266~268쪽.

55 도망노예법(Fugitive slave laws)은 1793년과 1850년에 미국 의회를 통과한 것으로서, 특정 주에서 다른 주로 또는 공유된 영토로 도망간 노예의 반환을 규정한 법률이다.

56 당대 저명한 정치인으로 1858년 일리노이주 상원의원 선거 당시 링컨의 경쟁 상대였던 스티븐 더글러스는 독립선언서가 백인뿐만 아니라 흑인에게도 동등한 권리를 보장한다고 하는 링컨의 주장을 이렇게 반박했다. "깜둥이와 백인이 독립선언서와 신의 은총에 의해 평등하게 되었다고 말한 링컨의 시카고독트린은 끔찍한 이단이라는 것을 여러분에게 말씀드립니다. **독립선언서 서명자들은 이 문서를 작성할 때 깜둥이를 전혀 생각하지도 않았습니다. 그들이 모든 사람의 평등을 선언할 때 그들이 말한 것은 백인, 즉 유럽 태생이며, 유럽인의 혈통을 가지고 있는 사람들이었습니다.** (…중략…) 이 선언서가 발표되었을 때 13개 식민지 모두 노예 소유 식민지였으며, 이 문서에 서명한 모든 이가 노예 소유 유권자를 대변하고 있었습니다. 그리고 서명한 이후에 그 누구도 노예를 해방하지 않았고, 하물며 평등권을 부여하지도 않았다는 것을 상기하십시오."(스테파니 슈워츠 드라이버, 앞의 책, 139~140쪽 재인용).

정신을 역설하고 있는 조지의 항변을 힘주어 번역했다. 특히 필자가 인용문에서 강조한 부분은 사카이본의 내용을 초과하는 대목으로, 독립과 자존을 유린당한 식민지인의 울분이 역력하게 전해진다. 또 자유를 얻기 위한 싸움을 '거룩한 싸움'으로 번역한 대목에서도 원작의 '권리(right)'나 사카이본의 '정의의 싸움(正義の戰)'이라는 표현을 넘어서는 모종의 숭고함마저 느껴진다.[57]

이광수는 모든 사람에게 자유와 평등의 권리를 선언했던 미국 독립선언서의 정신이 과거 역사 속의 흑인 노예들뿐만 아니라, 당대 제국주의 열강들에 의해 독립과 자존을 유린당하고 있는 식민지 민족들에게도 마땅히 적용되어야 한다고 믿었다. 자유를 찾아 캐나다로 떠났던 조지가 프랑스 유학을 마친 후 동포들이 사는 아프리카를 문명국으로 만들기 위해 라이베리아 공화국으로 떠나는 대단원을 그가 공들여 번역했던 것 또한 이러한 믿음의 연장선상에 있는 것은 물론이다. 그러고 보면 『검둥의 설움』의 대단원을 장식하는 조지의 이상과 『무정』의 대단원을 장식하는 형식의 이상이 '문명화'라는 키워드로 고스란히 겹쳐지는 것은 당연한 일이라고도 할 수 있을 것이다. 1910년대 이광수의 사고에서 '문명'은 독립과 자존의 능력, 곧 한 나라를 세우고 지킬 만한 능력과 동의어로 간주되었던 까닭이다.[58]

---

57 Harriet Beecher Stowe, *Uncle Tom's Cabin*, Reprint from the collection of University of California Libraries, 2013, p.96; 堺枯川 編輯, 『仁慈博愛の話』, 內外出版協會, 1903, 66쪽.

58 최주한, 앞의 글, 2012, 294～299쪽.

4. 두 편의 독립선언서에 새겨진 보편주의에 대하여

1919년 2월 8일과 3월 1일, 제국의 심장부인 도쿄와 식민지의 수도 경성에서는 일본으로부터의 독립을 요구하는 두 편의 선언서가 잇달아 낭독된다. 도쿄의 유학생 대표로 이광수가 기초한 「2·8독립선언서」와 당대 조선의 지식인 대표로 최남선이 기초한 「기미독립선언서」가 그것이다. 일찍이 도쿄 유학시절 일본의 가시적인 국권 침탈과 그에 맞선 조선인들의 대대적인 저항을 지켜보며 '비분강개한 애국적' 불씨를 공유했고, 이후 『소년』의 편집자로서 혹은 집필자로서 다양한 번역 활동을 통해 미국 독립선언서의 정신에 누구보다도 깊이 공명했던 만큼, 이들 두 사람이 훗날 나란히 독립선언서를 기초하게 된 것은 그간의 삶의 도정에 이미 예비되어 있었다고 해도 좋을 것이다.

잘 알려져 있다시피, 1919년 3·1운동을 정점으로 하는 조선의 독립운동은 제1차 세계대전 종전 직후 미국의 윌슨 대통령이 전후 새로운 국제질서 회복을 위한 원칙의 하나로 제기한 '민족자결의 원칙(principle of national self-determination)'에 대한 기대에서 출발하였다.[59] 식민지 피지배 민족에게 자유롭고 공평하며 동등하게 자신들의 정치적 미래를 결정할 수 있는 권리를 인정해야 한다고 규정한 이 원칙은,[60] 근대 계몽

59 1918년 10월 중순경 허영숙과 함께 베이징으로 애정 도피를 떠났던 이광수가 채 달 반이 못되어 급작스레 조선으로 돌아온 것 또한 베이징에서 세계대전 종전과 더불어 윌슨의 십사 원칙에 대한 소식을 접한 것과 관련이 있다. 이에 대하여 이광수는 다음과 같이 회고하고 있다. "무오년, 일천구백십팔 년 십일 월 십일 일, 구주 대전의 휴전 조약이 성립되었다는 기별을 내가 신문에 본 것은 북경에서였다. 윌슨의 십사 원칙이 발표되고 파리에서 평화회의가 열리게 되어 중국 대표 육징상(陸徵祥) 씨가 파리를 향하여 북경을 떠났다. 이러한 뉴우스는 내 마음을 흔들어 놓았다."(이광수, 『나의 고백』(1948), 『이광수전집』 7, 251쪽).

60 '민족자결의 원칙'은 윌슨의 14개조 가운데 5번째 조항에 다음과 같이 명시되어 있다. "자유롭고 공평무사하게 식민지를 재조정하고 식민지인들에게 동등한 선택권을 부여할 것. 자유

기 조선의 지식인들에게 미국의 독립선언서가 그랬듯이 모든 약소민족에 적용되어야 할 원칙으로서 전유될 가능성이 농후했다. 애초에 윌슨이 제안한 민족자결의 원칙은 전쟁 당사자국의 식민지 처리 문제에 국한된 것이었고 당시 안팎으로 이에 대한 분명한 자각이 존재했던 것도 사실이지만,[61] '정의와 인도'에 기초한 보편 언어의 힘 덕분에 그것은 전후 처리 문제를 넘어서 모든 식민지 약소민족에게 독립의 정당성을 뒷받침하는 강력한 언어가 되어 주었던 것이다.

실제로 「2·8독립선언서」의 결의문에는 선언서가 일본 정부 및 세계평화회의를 향하여 식민지 조선에도 민족자결주의를 '적용'할 것을 요구한 사실이 또렷하게 드러나 있다.[62] 더욱이 "전(前) 제항(諸項)의 요구

롭고 공개된 그리고 절대적으로 공평한 모든 식민지의 요구의 조정으로, 이는 통치권의 문제를 결정하는 데 관련된 주민의 이해가 결정될 정부와 똑같은 비중이 주어진다는 원칙에 의해 조정된다."

61 단적인 예로 1919년 1월 18일자 윤치호의 일기에는 국제연맹은 창설될 것이며 조선에도 자결권이 주어질 것이라고 주장하는 중앙학교의 송진우에게 다음의 네 가지 점을 납득시키느라 무진 애를 썼다는 기록이 보인다. "① 거창한 이상이 모두 그렇듯이, 국제연맹이 창설되어 실제 활동에 들어가려면 앞으로도 몇 년은 더 걸릴 것이다. ② 조선 문제는 파리강화회의에서 안건으로 상정되지 않을 것이다. ③ 열강 중 어느 누구도 바보처럼 조선 문제를 거론해 일본의 비위를 거슬리지는 않을 것이다. ④ 미국이 단지 조선에게 독립을 안겨줄 요량으로 일본과 전쟁을 불사한다는 건 상상조차 할 수 없는 일이다."(김상태 편역, 『윤치호 일기 1916~1943』, 역사비평사, 1988, 66~67쪽). 그리고 상하이 임시정부 시절 독립운동의 한 방편으로서 외교활동에도 힘썼던 안창호 또한 세계대전 종전 당시 흥사단우들에게 한 연설에서 외교지상론에 대해 다음과 일갈한 바 있다. "至若 윌슨 대통령에게 독립 승인을 요구하여 교섭한다 長書한다 함에 대하여는, 사실로는 오늘에 무슨 효과가 있으리라 하면 이는 어리석은 희망이라. 자기의 일을 자기가 스스로 아니하고 가만히 앉았다가 말 몇 마디나 글 몇 줄로써 독립을 찾겠다는 것이 어느 이치에 허하리오."(안창호, 「전쟁 종결과 우리의 할 일」(1918.10), 주요한 편, 『안도산전서』(증보판), 흥사단 출판부, 1999, 610쪽).

62 「2·8독립선언서」 결의문의 2항과 3항의 내용은 다음과 같다. "二. 본단(조선청년독립단)은 **일본 의회 及 정부에 조선민족대회를 소집하여 대회의 결의로 오족의 운명을 決할 기회를 與하기를 요구**함. 三. 본단은 **만국평화회의에 민족자결주의를 오족에게 적용하기를 청구**함. 右 목적을 달하기 위하여 일본에 주재한 각국 大公使에게 본단의 의사를 各該 정부로 전달하기를 요구하고 동시에 위원 3인을 만국평화회의에 파견함"(이광수, 「조선청년독립단선언서」(1919), 『이광수 전집』 10, 16~17쪽). 또 「2·8독립선언서」와는 별도로 일본 의회에 보내기 위해 작성한 「민족대회소집청원서」에도 "본단은 대일본제국의회에 대하여 우리 조선 민족대회를 소집하

가 실패될 시에는 오족(吾族)은 일본에 대하여 영원히 혈전을 선(宣)함" 이라는 결의문의 마지막 4항은 선언서의 민족자결주의의 적용에 대한 요구가 그 자체로 의미를 지닌다기보다 실질적인 독립운동으로 나아가기 위한 절차상의 전제였다는 인상을 준다. 「2·8독립선언서」를 기초하는 마당에 선언서의 주체들이 미국의 독립선언서를 자세하게 검토했을 것은 당연한 일이다. 그러고 보면 미국의 독립선언서가 독립의 정당성을 뒷받침하기 위해 영국과 세계를 향하여 정의에 호소하고 탄원했던 일련의 절차들을 강조했던 것처럼,[63] 이광수를 비롯한 선언서의 주체들에게도 민족자결주의의 적용에 대한 요구는 일본과 세계를 향하여 정의와 인도에 호소하는 절차상의 요건으로서 간주되었을 공산(公算)이 크다. 조선의 독립은 곧 "천(天)의 명명(明命)이며, 시대의 대세이며, 전인류 공존공영권의 정당한 발동"[64]임을 선언했던 최남선의 「기미독립선언서」 또한 이러한 인식에 기반하고 있었음은 말할 것도 없다.

그러나 민족자결주의의 적용에 대한 요구가 독립운동을 위한 절차상의 요건으로 간주되었다고 해서 윌슨의 민족자결의 원칙 그 자체가

고 민족자결의 기회를 부여할 것을 청원한다"는 내용이 명시되어 있다. 조선청년독립단이 일본 의회에 「민족대회소집청원서」를 제출하게 된 배경에 대해서는 송지예, 「"민족자결"의 수용과 2·8독립운동」, 『동양정치사상사』 11-1, 한국동양정치사상사학회, 2012, 190~197쪽 참조.

63 "우리는 영국의 형제들에게 주의를 환기시키는 데 부족함이 없었다. 우리는 영국 의회가 우리를 억압하기 위해 부당한 사법권을 넓히려고 하는 데 대해서도 수시로 경고했다. 우리는 우리가 아메리카로 이주하여 식민을 하게 된 제반 사정을 다시 한번 상기시켰다. 우리는 그들의 타고난 정의감과 아량에도 호소한 바 있다. 그리고 같이 피를 나누고 있다는 것에 호소하여 우리와의 연결과 결합을 결국에는 단절시키는 것이 불가피한 이러한 탄압을 거부해 줄 것을 탄원하기도 했다. 그러나 이들 또한 정의와 혈연의 소리에 귀를 기울이지 않았다. 그러므로 우리는 우리가 영국에서 독립해야 할 사정을 고발할 필요성을 묵묵히 받아들이면서 세계의 다른 국민에게 대하듯이 영국인에 대해서도 전시에는 적으로 평화시에는 친구로 대하지 않을 수 없다는 것을 주장하는 바이다."(「아메리카 13개 연합주의 만장일치 선언」(1776), 스테파니 슈워츠 드라이버, 앞의 책, 80쪽).

64 최남선, 「3·1 독립선언서」, 『독립운동 총서』 2(3·1운동), 민족사바로찾기국민회의, 1995, 248쪽.

무력한 것으로 받아들여졌는가 하면 그렇지는 않다. 오히려 그 반대인데, 이들 독립 선언서의 주체들에게 민족자결의 원칙이 얼마나 강력한 언어로서 전유되고 있었던가 하는 것은 「2·8독립선언서」에 나오는 다음의 단호한 일갈에서도 분명하게 엿볼 수 있다.

> 如此히 吾族은 일본의 군국주의적 야심의 사기 폭력하에 오족의 의사에 反하는 운명을 당하였으니, 정의로 세계를 개조하는 此時에 당연히 匡正을 세계에 요구할 권리가 有하며, 또 세계 개조의 주인되는 美와 英은 보호와 합병을 솔선 승인한 이유로 此時에 舊惡을 贖할 의무가 有하다 하노라.[65]

선언서는 세계를 향하여 정의와 인도의 이름으로 식민지 조선에 민족자결의 권리를 요구하는 한편, 당대 전후 질서를 재구축하는 데 막강한 힘을 발휘할 것으로 기대되었던 미국과 영국을 향해서는 과거 일본의 보호와 합병을 솔선 승인한 데 대해 속죄할 것을 직설적으로 요구하고 있다. 일찍이 미국의 정신적 기초로 간주되는 독립선언서의 정신에서 국가주의를 넘어서는 인류 보편의 이상을 공유했던 이광수와 최남선에게 이러한 요구는 지극히 당연한 윤리 감각의 산물이었는지도 모른다. 그런 의미에서, 이들 두 사람이 기초한 두 편의 독립선언서가 인류의 일원으로서 민족의 독립과 자유를 요구하는 의사를 전세계에 당당하게 선포할 수 있었던 것, 그것은 민족자결의 원칙에 내재한 강력한 보편의 언어를 선취한 덕분이었다고 해도 좋을 것이다.[66]

---

65 이광수, 「조선청년독립단선언서」(1919), 『전집』 10, 16쪽.

66 원고를 마무리하고 나서 우연히 2013년 11월 9일 메이지학원에서 열린 창립 50주년 기념 '이광수란 누구인가'라는 주제의 국제 심포지움 자료집을 보게 되었다. 자료집에는 서정민의 「이광수와 그리스도교」라는 발표문에 대해 마츠타니 모토카즈[松谷基和]가 쓴 토론문이 끼워져 있었는데, 토론문에는 세 번째 항목에 당시 "이광수가 기독교회와 조선의 내셔널리즘

의 관계를 어떻게 이해하고 있었을까"라는 흥미로운 질문이 제기되어 있었다. 메이지학원 시절 "이광수가 일본 교회의 국가주의적 성향에 대해 비판적이었다면, 마찬가지로 조선의 교회가 내셔널리즘과 결부되는 것에 대해서도 비판적이었어야 하지 않았을까. 즉 일본의 교회가 '대일본제국을 굽어 살피소서'하고 기도하는 것이 골계라면 '조선의 독립을 이뤄 주소서'하고 기도하는 것도 골계가 아닐까"하는 질문이었다. 그리고 "인류의 보편적인 구제를 지향하는 기독교와 개별 국민 민족의 이익을 추구하는 내셔널리즘은 원리적으로 어딘가 충돌 혹은 모순을 불러일으키는 것이 필연"이라는 지적을 덧붙이고 있었다. 이 자료집은 나중에 단행본으로 간행되었다(明治學院大學教 教育 センター編, 『이광수는 누구인가』, かんよう出版, 2014, 299~300쪽). 형태는 다르지만, 필자는 이와 동일한 질문을 지난 12월 7일 근대문학회 학술대회에서 토론자인 정주아 선생님에게서 받은 바 있다. 이광수와 최남선이 추구한 '민족국가의 형상'은 '인류의 이익'과 쉽게 부합되기 힘들다, 따라서 이광수와 최남선의 독립선언서가 민족이라는 특수자의 권리와 인류라는 보편자의 이상을 어떻게 자연스럽게 연결시킬 수 있었는지, 또 특수자로서 보편을 수용하면서 그 사이에 발생하는 괴리를 어떻게 극복했는지에 대한 의견을 듣고 싶다는 질문이었다(질문은 발표와 토론이 모두 끝난 자리에서 메모의 형태로 필자에게 건네졌다). 이 원고의 마지막 장은 이러한 질문을 의식하면서 씌어졌지만, 보편과 특수는 항상 갈등하게 마련이라는 일면적인 시각에 문제를 제기하는 데 도움이 될까 해서 이 자리를 빌려 필자의 원론적인 견해를 좀더 밝혀두고 싶다.

알랭 바디우는 그 유명한 저서 『사도 바울』(1997)에서 '제국'에 맞서는 보편주의의 윤리, 곧 '보편적 개별성의 조건'에 대해 언급한 바 있다. 사도 바울이 바란 것은 복음을 유대 공동체 안에서만의 가치로 머물게 하는 엄격한 울타리에서 벗어나게 하는 것이었으며, 그런 만큼 그것이 국가적이거나 이데올로기적인 것에 의해 결정되도록 놔두지도 않았다는 것이다(알랭 바디우, 현성환 역, 『사도 바울—'제국'에 맞서는 보편주의 윤리를 찾아서』, 새물결, 2008, 31~32쪽). 유학시절 최남선과 이광수는 미국의 독립선언서의 정신에서 바로 이러한 '보편적 개별성'을 보고 있었다고 생각한다. "우리는 다음의 것을 자명한 진리라고 생각한다. 모든 사람은 평등하게 태어났으며, 조물주로부터 양도할 수 없는 권리를 부여받았다"로 시작하는 선언서 본문의 첫 대목은 매우 보편적인 언어로 구성되어 있다. 그런 까닭에 적어도 여기서 개별성과 보편성 사이의 갈등이나 괴리 따위는 찾아보기 어렵다. 개별성은 어디까지나 보편성이 관통하고 있는, 혹은 관통해야 하는 개별성일 뿐이다. 이광수가 메이지학원시절 교회 기도회의 기도 내용에 대해 '골계'라고 비판한 것은 이러한 개별성에도 보편성이 관통하고 있음을—그러니까 일본이 조물주로부터 양도할 수 없는 권리를 부여받았다면 일본이 침략한 식민지 민족도 마찬가지로 조물주에게서 양도할 수 없는 권리를 부여받았음을—자각하지 못하고 있는 일본의 자국 중심적인 태도에 대한 것이었지, 인류의 일원으로서 동등하게 존재하고 또 존재해야 할 민족 자체에 대한 비판이었다고는 할 수 없을 것이다. 마찬가지로 이 무렵 이광수와 최남선의 윤리적 감각으로는 민족의 독립이 인류의 이상과 충돌하는 것이 아니라, 오히려 자유와 평등이라는 보편적 가치를 추구하는 인류의 이상을 실현시키는 길이었다는 것이 필자의 생각이다.

제2장

『검둥의 설움』과 번역의 윤리-정치학*

1. 번역 문학, 제국주의가 남긴 뜻밖의 유산

한국 근대문학의 형성에 있어서 서구 및 일본 근대문학의 번역이 미친 영향은 아무리 강조해도 지나치지 않다. 한국의 근대소설이란 서구 제국주의의 팽창에 따른 전지구적 근대화에 대응하는 과정에서 형성된 일련의 문화횡단적 실천의 산물이며, 더욱이 근대화의 요구에 적절히 대응할 기회를 갖지 못한 채 일본의 식민지로 전락했던 한국의 경우 일본의 중개를 거친 서구 근대문학의 번역은 근대 문명의 원천이라 할 수 있는 서구의 정신적 자산과 대면할 수 있는 유일한 창구였다고

* 이 글은 일본학술진흥회로부터 기반연구 (B) 2013~2015년도(과제번호 25284072)의 지원을 받아 수행된 연구임. 이 글은 2013년 9월 28일 제7회 춘원연구학회 학술대회에서 발표한 것이다. 『검둥의 설움』 저본을 찾는 데 힘써주시고, 또 유익한 토론을 함께 해주신 하타노 선생님께 진심으로 감사드린다.

해도 과언이 아닌 까닭이다. 일찍이 이광수는 일국의 흥망성쇠와 부강빈약이 국민의 이상과 사상 여하에 달렸으며 그 이상과 사상을 지배할 자 오직 '문학'이라고 하여 문학의 가치를 역설했지만,[1] 문학이라면 신소설이나 이른바 딱지본 소설이 전부였던 당대 현실에서 문학의 모범으로 제시할 만한 것이라고는 역시 서구 근대문학일 수밖에 없었다. 그가 근세 문명에 일대 자극을 준 프랑스대혁명의 연출자로서 루소를 불러내고 미국 남북전쟁 당시 노예해방에 기여한 문학자로 스토와 포스터를 내세웠던 것,[2] 그리고 더불어 일본의 번역 문학에 의존해서나마 서구 근대문학의 번역에 뛰어든 것은 식민지적 환경과 조건에 처한 근대 초기 문학자의 입장에서는 불가피한 선택이었던 셈이다.

그러나 일본의 번역문학에 의존했다고 해서 서구 근대문학의 번역이 모방적인 되받아쓰기이거나 중역에 의한 왜곡을 수반했으리라는 단선적인 가정은 재고될 필요가 있다. 일본의 경우 메이지시대 번역에 기울인 국가적인 노력이 서구적인 근대의 도래를 맞는 일본 나름의 적극적인 대응이었던 반면, 식민지시기 전반에 걸쳐 일본이라는 창을 통해 근대를 경험하고 수용할 수밖에 없었던 한국의 경우 번역에 대한 이 같은 자의식부터가 부족했다는 식의 논의는[3] 번역을 통해 한국 근대문학의 기반을 마련하기 위해 분투한 근대 초기 문학자들의 노력을 간과해버리기 쉬운 까닭이다. 일찍이 근대 중국의 지적 역사를 서구의 번역이라는 관점에서 고찰하면서 '번역된 근대'라는 용어를 창안해내기도 했던 리디아 리우는 번역을 통해 어떤 개념이 손님언어에서 주인언어로 옮겨갈 때 그 의미는 변형된다기보다 오히려 주인언어의 현지 환경

1 이광수, 「문학의 가치」(『대한흥학보』, 1910.3), 『이광수전집』 1, 우신사, 1979, 547쪽.
2 위의 글, 547쪽.
3 윤지관, 「번역의 정치학, 외국문학 번역과 근대성」, 『안과 밖』 10, 영미문학연구회, 2001, 30～31쪽.

속에서 창안 / 발명된다고 지적한 바 있는데,[4] 축자적이기보다 함축적인 언어를 운용하는 문학 번역의 경우 이러한 특성은 더욱 두드러질 수밖에 없다. 더욱이 문학은 인간의 삶을 다룬다는 점에서 역사적 특수성은 물론 그것을 넘어서는 보편성을 두루 갖추고 있는 까닭에 주인언어가 처한 환경에 따라 재해석되어 수용될 수 있는 가능성의 폭이 넓다.

그런 의미에서, 1852년 미국에서 간행된 스토의 『엉클 톰스 캐빈』이 1913년 『검둥의 설움』이라는 제목으로 식민지 한국에서 번역되기까지 어떠한 경로를 거쳤는지 탐색하는 것은 한국 근대문학의 형성에 관여한 조건과 힘들을 새로운 각도에서 조명하고 재구성하는 데 기여하는 유익한 통로가 되어줄 수 있다. 더욱이 원작이 기본적으로 기독교적 평등과 박애에 기초한 작품인데다 『검둥의 설움』의 번역 저본 역시 메이지 말기 국가주의에 저항하는 사회주의 및 기독교의 평등・박애 사상을 각인하고 있는 텍스트라는 사실은 이광수의 민족주의가 사회주의 및 기독교의 보편주의를 통과하여 형성되었다는 점을 엿볼 수 있게 한다는 점에서도 주목을 끈다. 요컨대 『엉클 톰스 캐빈』에서 『검둥의 설움』에 이르는 번역의 경로는 그 자체가 제국주의의 팽창과 더불어 전파된 서구의 근대문학이 제국주의 비판의 도구로 전유되는 과정을 또렷이 각인하고 있는 셈이다. 뿐만 아니라 그 전유의 과정은 번역상의 다시-쓰기를 통해 식민지 작가-주체의 형성을 준비하는 과정이기도 했으니, 이에 대한 논의는 한국 최초의 근대 장편 『무정』이 예비되는 장면을 가늠해보는 데도 도움을 줄 것이다.

4 리디아 리우, 민정기 역, 『언어횡단적 실천-문학, 민족문화, 그리고 번역된 근대성』, 소명출판, 2005, 60쪽.

2.『엉클 톰스 캐빈』에서 『검둥의 설움』에 이르는 번역의 경로

스토의『엉클 톰스 캐빈』(1852)이『검둥의 설움』(1913)이라는 제목의 단행본으로 한국에서 번역 간행된 것은 본격적인 서양소설의 번역 출판을 표방하고 나선 신문관의 기획 출판의 일환이었다.[5] 당시 신문관의 단행본 번역소설은 일본 기독교 계열 출판사의 하나였던 내외출판협회의 통속문고에 준하는 문고본의 축약된 형태로 간행된 데다 번역 또한 대개 내외출판협회 문고본의 번역을 그대로 따랐던 까닭에 원작에 대한 충실성은 물론이고 서양문학의 이질적인 상상력을 제약하는 한계를 고스란히 떠안았지만,[6]『검둥의 설움』만큼은 예외였다. 박진영이 이미 밝혀둔 대로, 내외출판협회의 통속문고에도『노예 톰』(1907)이라는 제목의 초역본이 존재했지만 이광수는 이 판본을 그대로 따르지 않았기 때문이다.

이광수가 이 판본을 그대로 따르지 않았던 것은 일단 번역의 기획자였던 최남선이 "육칠 년" 전 처음 읽고 감동하여 "오래 두고 번역하기를 꾀"[7]했던 책이『노예 톰』이 아니었다는 사실 덕분이다. 1913년으로부터 육칠 년 전이라면 1906년 혹은 1907년의 일이다. 그러니까 최남선이 이 책을 읽은 것은 1906년 9월 와세다대학 전문부 역사지리과에 입학하여 재학 중이었을 때의 일이라는 얘기가 되는데, 1907년 3월 모의국회사건에 항의하여 퇴학하고 귀국한 그가 이해 12월에 간행된

5 권두연,「신문관 단행본 번역소설 연구」,『사이間SAI』5, 국제한국문학문화학회, 2008, 120~131쪽.

6 박진영,『번역과 번안의 시대』, 소명출판, 2011, 236~239쪽.

7 최남선,「서문」, 박진영 편,『신문관 번역 소설 전집』, 소명출판, 2010, 228~230쪽.

『노예 톰』을 바로 접했을 가능성은 없다.[8] 또한 최남선이 『검둥의 설움』 서문에서 "이때까지 '엉클 톰' 소리만 들으면 그 가운데 몇 구절은 반드시 번개같이 마음 위에 떠 나와 이상한 느낌이 이상히 가슴 안에 가득"[9]하다고 하여 예시했던 구절 가운데 특히 "자, 보시오. 나도 사람 모양으로 걸어앉을 줄도 알지요. 내 얼굴이 남만 못하오니까, 손이 남만 못하오니까, 지식이 남만 못할까요. 이래도 사람이 아닐까요"[10]라는 조지의 대사는 『노예 톰』의 경우 생략되어 있는 원작의 2장에 해당한다. 그러면 최남선이 이 책을 읽고 감동하여 그토록 번역하고 싶어 했던 책이란 어떤 책을 말하는 걸까.

일본에서 『엉클 톰스 캐빈』의 번역이 처음 시도된 것은 1896년 『고쿠민신문[國民新聞]』 '일요문학'란에 케이텐 보쿠도[敬天牧童]가 번역하여 연재한 『톰의 오두막(トムの茅屋)』이다. 제목도 그렇고 내용 면에서도 완역을 시도했지만, 무슨 이유에서인지 원작의 1장도 채 번역을 마치지 못한 채 연재 4회만에 중단되고 만다. 연재 기일도 제대로 지키지 못해 1회분은 11월 8일, 2회분은 11월 15일, 3회분은 12월 3일, 4회분은 그 이듬해인 1897년 1월 24일에야 실렸다.[11] 45장에 이르는 방대한 원작의 분량을 고려하건대, 일요일에만 연재된 데다 완역을 시도했으니

---

8 최남선의 유학시절에 관해서는 하타노 세츠코, 「한국 근대문학자의 일본유학」, 최주한 역, 『일본 유학생 작가 연구』, 소명출판, 2011, 44~47쪽.

9 최남선, 앞의 글, 228~229쪽.

10 위의 글, 229쪽.

11 2년 전 필자는 『고쿠민신문』에 실린 『톰의 오두막』이라는 자료가 있다는 사실을 알게 되어 하타노 선생님께 자료를 찾아봐 달라고 부탁드린 일이 있다. 김욱동 선생님의 『번역과 한국의 근대』 덕분이었다(김욱동, 『번역과 한국의 근대』, 소명출판, 2010, 245쪽). 당시 연재 3회분까지는 하타노 선생님께서 일본 국회도서관에 의뢰하여 자료를 보내주셨고, 연재 4회분은 고베대학에 있는 후배 김태현 선생이 교토 도서관에 소장되어 있는 마이크로필름 자료를 보내주었다. 김태현 선생의 조사에 의하면, 『톰의 오두막』은 4회분이 마지막이었다고 한다. 자료를 찾고 조사하느라 애써주신 두 분께 이 자리를 빌려 감사의 마음을 전한다.

끝까지 연재되었더라도 4, 5년의 시간이 걸렸을지도 모른다.

다음으로 번역된 것이 1903년 사카이 토시히코[堺利彦]가 편집하고 그의 종형제인 시츠노 마타로[志津野又郎]가 역술(譯述)하여 내외출판협회에서 간행한 번역 단행본 『인자박애의 이야기[仁慈博愛の話]』이다.[12] 제목도 그렇고 표제에 '가정야화(家庭夜話) 제3책' '사카이 코센[堺枯川] 편집(編輯)'[13]이라고 되어 있어서 얼핏 보아서는 이 책이 『엉클 톰스 캐빈』의 번역서라는 것을 알아채기 어렵다. 이 단행본이 그동안 연구자들의 눈에 띄지 않았던 것은 아마도 그 때문이었을 것이다.[14] 45장으로 되어 있는 원작에서 대략 10장 정도 생략하고 있지만, 나머지 부분은 기독교적 신비주의라든가 심령적 색채가 짙은 대목을 제외하면 거의 원작에 충실하게 번역되어 있다. 다만 대화 부분은 서술로 바꾸어 번역한 경우가 많고 대화를 그대로 옮긴 경우에도 대화와 지문을 분리하지 않은 채 번역 서술한 것이 눈에 띄는데, 보다 먼저 번역된 『톰의 오두막』(1896)의 경우도 원작과 동일하게 대화 부분은 지문과 분리하여 번역한 것으로 보아 단행본의 분량이 제한되어 있었던 탓이 아니었을까 싶다.

---

12 "가정야화 제3권은 내가 끝내 겨를이 없어 내 제자인 시츠노 마타로 씨에게 역술을 의탁했다. 아직 공적인 문단에 선 일은 없지만 작문에 관한 재능과 충실함은 내가 인정하는 바이다. 다만 나는 가정야화 전체의 편자로서의 책임상 역술의 체제, 방법, 순서 등에 대해서는 시츠노 씨에게 많은 조언을 했다. 그러므로 이 제3권은 실은 시츠노 씨와 나의 합작이라 해도 좋다. 이 이야기의 원서는 아메리카의 비처 스토라는 부인의 名著로 『엉클 톰스 캐빈』이라는 제목의 책이다(堺枯川, 「はしがき」, 『仁慈博愛の話』, 內外出版協會, 1903, 1～2쪽).

13 '코센[枯川]'은 사카이 토시히코의 호다.

14 최근 박진영 선생님이 발견한 『노예 톰』 덕분에 저본을 찾는 작업은 다시 새로운 단서를 얻게 되었다. 『노예 톰』을 검토한 결과, 『검둥의 설움』이 『노예 톰』과 동일하게 번역된 대목을 몇 군데 발견할 수 있었기 때문이다. 이를 단서로 두 텍스트가 동일한 저본을 대상으로 했을 가능성을 생각하고 하타노 선생님께 재차 일본어 번역본을 찾아봐 달라고 부탁드렸다. 결국 하타노 선생님께서 일본 국회도서관에 의뢰하여 관련 자료를 전부 검토하신 끝에 『인자박애의 이야기』를 찾게 되었고, 그 결과 『검둥의 설움』이 『인자박애의 이야기』를 저본으로 하되 부분적으로 『노예 톰』을 번역한 사실을 알게 되었다. 귀중한 자료를 찾기까지 애써주신 하타노 선생님의 각별한 노고에 진심으로 감사드린다.

세 번째 번역은 1907년 12월 내외출판협회에서 전10권의 통속문고 시리즈 가운데 하나로 간행한 『노예 톰(奴隷トム)』이다.[15] 모모시마 레이센[百島冷泉]이 초역(抄譯)했는데, 199쪽 분량으로 번역된 『인자박애의 이야기』의 절반에도 못 미치는 90쪽 분량으로 축약되어 있다. 원작에서 거의 20여 장 가까이 대폭 생략한데다 대화의 경우 단락 구분을 지켜 번역한 것을 고려하면 『인자박애의 이야기』의 1/3 분량에 해당한다. 『인자박애의 이야기』에서는 생략하고 있는 기독교적 색채를 살려 번역했고, 『인자박애의 이야기』에는 생략되어 있는 장을 살려서 번역한 장도 있는 것으로 보아 『인자박애의 이야기』를 참고했더라도 원작을 저본으로 했을 가능성이 높다. 다만 원작을 대폭 축약하느라 사건이나 대화를 압축 서술한 대목 가운데 의역이 심한 곳이 더러 눈에 띈다.[16]

이 가운데 최남선이 2차 유학당시 읽고 감동하여 번역하고 싶어했던 책은 1903년 내외출판협회에서 간행한 『인자박애의 이야기』이다.

---

15 신문관의 단행본 번역소설과 내외출판협회의 통속문고의 관련성에 대해서는 박진영, 앞의 책, 2011, 236~244쪽.

16 이 글의 범위를 벗어나는 논의이기는 하지만, 사카이본과 모모시마본의 번역 저본에 대한 언급을 간단히 해두고자 한다. 우선 사카이본의 경우 원작의 3장을 번역한 4장이 원작의 내용을 거의 충실하게 옮겨 놓은 것으로 보아 원작을 저본으로 한 것으로 보인다. 젊은이들을 위한 도서 시리즈의 하나로 미국의 앨트머스사에서 간행한 축약본 『엉클 톰스 캐빈』은 원작의 45장 391쪽 분량을 44장(45장은 작가의 말에 해당하므로 생략한 듯하다) 309쪽 분량으로 거의 원작에 충실하게 축약했는데, 이 앨트머스본만 해도 인물들의 대화 위주로 판본을 축약해 놓은 터라 원작과 사카이본에 있는 지문과 서술은 모두 생략되어 있는 것을 확인할 수 있다. 모모시마본 역시 필요하다고 판단한 대목은 원작의 내용에 충실하게 번역하고 있는 것이 눈에 띈다. 일단 원작의 1장을 번역한 1장의 경우 셸비가 헤일리에게 톰의 정직성을 설명하기 위해 신시내티로 심부름을 보낸 일화를 설명하는 대목은 거의 원작에 가까운데, 이런 대목은 앨트머스본의 경우도 생략되어 있다. 또 원작의 31장을 번역한 11장의 경우도 리그리가 톰의 성경을 발견하고 신앙을 금지하고 그의 물건을 빼앗는 대목은 의역이기는 하지만 원작을 참조하지 않고는 번역하기 어려운 대목이며, 앨트머스본에도 사카이본에도 존재하지 않는다. 전체적인 내용을 대폭 축약하긴 했지만 원작을 저본으로 한 초역이 분명해 보인다. 사카이본과 모모시마본의 번역 저본을 비교하기 위해 참조한 앨트머스본의 출처는 다음과 같다. Harriet Beecher Stowe, *Altemus Young People's Library : Uncle Tom's Cabin*, Philadelphia : Henry Altemus Company, 1900(http://utc.iath.virginia.edu/childrn/altemushp.html).

내외출판협회의 통속문고 가운데 『플랜더스의 개(フランダースの犬)』를 『불쌍한 동무』라는 제목으로 직접 번역하기도 했던 최남선이 이 책의 번역을 굳이 이광수에게 맡긴 것은 이광수야말로 이 책을 번역하는 데 적임자라고 여겼기 때문이었을 것이다. 최남선은 1909년 말 잠시 일본에 체류했을 때 이전부터 아는 사이였던 홍명희의 소개를 통해서 이광수를 소개받고, 이 두 사람에게 『소년』지의 집필을 의뢰한다.[17] 최남선은 이미 이광수가 『태극학보』와 『대한흥학보』를 통해 다양한 논설을 발표한 이력을 알고 있었고, 그가 문예적 글쓰기에도 관심을 갖고 있다는 사실을 전해들었을 것이다. 실제로 이광수가 쓴 1909년 11월 7일자 일기에는 2주 전부터 쓰기 시작했다는 소설 「노예」에 관한 언급이 나오고,[18] 이어서 이해 12월 단편 「사랑인가(愛か)」(『白金學報』, 1909.12)를 비롯하여 이듬해에는 영화를 저본으로 한 번안 단편 「어린 희생」(『소년』, 1910.2～5)과 단편 「무정」(『대한흥학보』, 1910.3～4)이 잇달아 발표된다. 게다가 이해 3월에 『대한흥학보』에 발표된 「문학의 가치」(1910.3)는 "아직 문예라는 것이 없"[19]는 조선에 신문학의 기치를 올리겠다는

---

17 이광수의 「육당 최남선론」에는 이광수가 최남선과 만났던 당시의 일을 기록하고 있는 1909년 11월 28일자 및 11월 30일자의 일기가 실려 있다. "歸途에 홍명희 군을 訪하다. 그는 余와 취미를 同히 하다. 그는 余를 好하다. 雜談多時. 최남선 군의 文과 詩를 보다. 확실히 그는 천재다. 현대 우리 문단에 第一指될 만하다. 최 씨가 나를 만나기를 원한다고. 화요일에 만나기로 하다."(이광수, 「육당 최남선론」, 『조선문단』, 1925.3, 『전집』 8, 494쪽). 또 1910년 2월에 간행된 『소년』 제3년 제3권의 「편집실 통기」에는 최남선이 이광수에게 『소년』의 원고를 부탁한 일이 다음과 같이 기록되어 있다. "장래의 우리나라 문단을 건설하고 增廣도 할뿐더러 다시 한 걸음 나아가 세계의 사조를 한번 요동할 포부를 가지고 바야흐로 驚人沖天의 준비를 하시는 假人 洪君 과 孤舟 李君이 수고를 아끼지 아니하고 길이 本잡지를 위하야 瓊章玉稿를 부치심을 언약한 일이라. (…중략…) 우리는 물론 우선 이 두 潛龍을 위하야 本誌 중 중요한 부분을 베어드림을 기쁨으로 하려니와 (…중략…) 길이 고독의 비애로만 지내던 우리는 이제 비로소 단합의 芳醪에 醉하려 하난지라."(「편집실 통기」, 『소년』 제3권 제2권, 1910.2, 91～92쪽).

18 1909년 11월 7일자 일기에 "아직 밝지도 아니하였는데 나는 「노예」를 쓰기를 계속하였다. 이것은 이 주간 전부터 시작한 것이니, 나의 처녀작이다"라는 언급이 보인다(이광수, 「나의 소년시대－십팔 세 소년이 동경에서 한 일기」(『조선문단』, 1925.4), 『전집』 9, 328쪽).

야심을 표명한 일종의 선언서라 할 만한 하니, 최남선은 문학에 대한 이광수의 재능과 열정을 일찌감치 알아보았던 것이 틀림없다.

사실 스토의 『엉클 톰스 캐빈』의 번역을 의뢰받고 기뻤던 것은 이광수 쪽이었을 것이다. 일찍이 하타노 세츠코가 주목했듯이, 중학시절 이광수의 관심을 사로잡았던 중요한 주제의 하나가 바로 '노예'에 관한 것이었기 때문이다.[20] 그가 '노예'라는 주제에 대해 관심을 갖게 된 것은 중학시절 메이지학원[明治學院]과 아오야마학원[青山學院]의 몇몇 유학생들이 모여 자유 독립의 기상을 표방하며 조직했던 애국적 소년회의 활동과도 관련이 있다.[21] 이 무렵 이광수는 『태극학보』에 로마의 노예 검투사 스파르타쿠스가 그리스 동포들에게 자유를 위하여 봉기할 것을 연설하는 장면을 담은 번역 단문 「혈루(血淚)」(1908.11)를 발표하는가 하면, 이듬해 10월 무렵에는 「노예」라는 제목의 소설을 습작하기도 했다. 1910년 2월부터 3회에 걸쳐 『소년』에 연재 발표한 번안 단편 「어린 희생」 또한 적국의 침략으로 나라를 짓밟히고 전선에서 아버지마저 잃은 소년이 노예로 전락한 동포들의 처지에 분노하며 애국적 희생에 나서는 이야기이다. 소년회에서 간행한 회람잡지 『신한자유종』 제3호의 표제화에 필라델피아의 자유종을 본딴 그림이 그려져 있는 것으로 보아, 소년회 구성원들에게는 스토의 『엉클 톰스 캐빈』이 필독 도서처럼 읽혔을 가능성도 있다. 거의 1세기의 격차를 두고 벌어진 역사적 사건이

19 1910년 1월 12일자 일기에는 밤에 홍명희를 만나고 돌아오는 길에 아직 문예라는 것이 없는 조선에서 문학자의 길을 걷는다는 것에 대해 다음과 같이 고민하는 대목이 나온다. "전차 속에서 나는 문학자가 될까, 된다 하면 어찌나 될는고, 조선에는 아직 문예라는 것이 없는데, 일본 문단에서 기를 들고 나설까- 이런 생각을 하였다."(이광수, 위의 글, 333쪽)

20 하타노 세츠코, 최주한 역, 「이광수의 자아-작품을 통해 본 이광수의 제1차 유학시절의 세계관」, 『무정을 읽는다』, 소명출판, 2008, 102~119쪽.

21 이광수의 애국적 소년회의 활동에 관해서는 최주한, 「중학시절과 오산시절의 이광수」, 『춘원연구학보』 5, 춘원연구학회, 2012, 282~290쪽.

百島冷泉抄譯
通俗文庫第二編
奴隷トム
東京
內外出版協會

『노예 톰』(1903)

堺枯川編輯
家庭夜話第三冊
仁慈博愛の話
明治三十六年三月發行
東京
內外出版協會

『인자박애의 이야기』(1907)

기는 해도, 이들 소년에게 미국의 독립과 노예의 해방은 예속으로부터의 자유라는 점에서 동일한 범주의 것으로 인식되지 않았을까 싶다.

『엉클 톰스 캐빈』의 번역에 착수한 이광수는 이제 세 개의 판본을 앞에 두고 있었다. 스토의 『엉클 톰스 캐빈』(1852) 원작과 사카이가 편집한 『인자박애의 이야기』(1903), 그리고 모모시마가 번역한 『노예 톰』(1907)이 그것이다. 그러나 아무리 어학 능력이 뛰어났다고 해도 메이지학원 중학을 졸업한 정도의 수준에서 방대한 분량의 원작을 저본으로 번역에 뛰어드는 것은 힘에 버거웠을 것이다. 더구나 번역에 착수했던 오산학교 시절에는 학교일과 동회일을 병행하느라 늘 분주했기에 시간적인 여유가 그리 많았던 것도 아니다. 이광수는 이미 일본어로 번역되었던 두 개의 판본을 십분 활용하여 번역해나가는 방법을 택한다. 사카이의 『인자박애의 이야기』를 저본으로 하되, 필요한 곳에서는 모모시마의 『노예 톰』을 참고했다는 사실도 확인된다. 그러나 두 번역본을 판본으로 하면서도 이들 저본과는 또 다른 판본을 만들어낸 것도 사실이다. 이에 대해서는 다음 장에서 자세히 검토해 보기로 한다.

3. 원작 및 번역 저본과의 관계 검토

먼저 원작 및 번역 저본과 『검둥의 설움』을 비교하기 위해 사용한 판본을 밝혀둔다. 우선 원작은 캘리포니아 대학도서관에서 원작 초판본을 디지털로 스캔한 판본과 문학동네에서 간행된 이종인의 번역본을 함께 참조했다(Harriet Beecher Stowe, *Uncle Tom's Cabin*, Reprint from the collection of University of California Libraries, 2013[22]; 헤리엇 비처 스토, 이종인 역, 『톰 아저씨의 오두막』, 문학동네, 2011). 다음으로 사카이본과 모모시마본은 일본 국회도서관 사이트에 소장되어 있는 자료를 내려받았다(堺枯川 編輯, 『仁慈博愛の話』, 內外出版協會, 1903; 百島冷泉 抄譯, 『奴隷トム』, 內外出版協會, 1907).[23] 마지막으로 『검둥의 설움』은 박진영이 엮은 『신문관 번역 소설 전집』(소명출판, 2011)에 수록된 텍스트와 서강대학교 도서관에 소장되어 있는 신문관 간행본을 함께 참조했다.[24]

우선 원작과 번역 저본, 그리고 『검둥의 설움』의 장 구성을 비교하여 도표로 나타내면 다음 쪽의 〈표 1〉과 같다.

---

22 원작을 스캔한 이 판본을 보내주신 이정화 선생님께 진심으로 감사드린다.

23 『노예 톰』은 일본 국회도서관 사이트(http://kindai.ndl.go.jp/info:ndljp/pid/877433)에서, 그리고 『인자박애의 이야기』는 http://dl.ndl.go.jp/info:ndljp/pid/755014에서 각각 내려받을 수 있다.

24 박진영의 『신문관 번역 소설 전집』은 "단행본의 초판을 바탕으로 삼아 엄격한 교정과 교열을 거친 결정판이자 비평적 정본"을 자처했지만, "외국어와 외래어를 지금의 한글 맞춤법과 표준어 규정에 맞게 고친"(일러두기) 까닭에 번역 저본과의 관계를 검토하기 어려운 점이 있어 다시금 원본을 참조하지 않을 수 없었다. 이 글에서 인용한 『검둥의 설움』의 인명과 지명은 서강대 도서관 소장본을 따른다.

〈표 1〉 원작, 번역 저본, 번역본의 장 구성

	Uncle Tom's cabin	인자박애의 이야기	노예 톰	검둥의 설움
1장	어떤 인정 많은 남자가 소개되는 장	빗만큼 괴로운 것은 없다(2)	1장	1장
2장	어머니	물건이지 사람이 아니다(3)	생략	2장
3장	남편이자 아버지	더 이상 어떻게도 견딜 수 없다(4)	생략	
4장	톰 아저씨네 오두막의 저녁풍경	톰 영감과 쿠로 노파(5)	2장	생략
5장	살아 있는 물건이 다른 주인에게 팔려갈 때의 느낌	하리야, 너는 팔렸구나(6)	**1장에 삽입**	**3장 사카이본(5) 삽입**
6장	발견	잘 속여 넘겼다는 표정(7)	생략	**4장 사카이본(8) 삽입**
7장	어머니의 필사적인 투쟁	미끄러질런지, 건너뛸런지, 헛디딜런지, 넘어질런지(8)	생략	5장
8장	엘리자의 도망	생략	생략	생략
9장	인간적인 상원의원	입술만 달싹거릴 뿐, 소리는 전혀 나오지 않는다(9)	생략	6장
10장	물건으로 운반되다	나는 당신의 뜻만으로도 충분하다(10)	2장/3장	**7장 모모시마본 참조**
11장	물건의 물건답지 않은 생각	내 어머니는 일곱 자식과 함께 팔렸습니다(11)	생략	8장
12장	합법적 거래의 선별된 사례	생략	**3장에 삽입**	생략
13장	퀘이커교도의 정착촌	오늘 밤 이곳으로 오세요(12)	생략	생략
14장	에반젤린	천삼백 원이면 씁니다(13)	4장	9장
15장	톰의 새 주인과 여러 가지 일들	여행은 길고 편지는 짧다(14)	5장	**10장 모모시마본 참조**
16장	톰의 안주인과 그녀의 의견들	동정심이라고는 조금도 없다(15)		11장
17장	자유인의 정당방위	자유를 위해 끝까지 싸웁니다(16)	생략	생략
18장	미스 오필리어의 경험과 의견 1	나는 차라리 지옥에 가고 싶다고(17)	6장	**12장 모모시마본 참조 / 13장**
19장	미스 오필리어의 경험과 의견 2	톰 영감이 편지를 쓰고 있는 걸요(18)	생략	생략
20장	톱시	나 같은 건 쓸모없으니 흠씬 두들겨 패는 게 좋지(19)	6장 / 7장	**14장 모모시마본 참조**
21장	켄터키	생략	생략	생략
22장	풀은 마르고 꽃은 시든다	읽고 쓸 수 없으니 모두가 무척 괴로워하고 있습니다(20)	8장	**15장 모모시마본 참조**

	Uncle Tom's cabin	인자박애의 이야기	노예 톰	검둥의 설움
23장	헨리크	생략	생략	생략
24장	전조	톰도 자식들을 매우 사랑하고 있어요(21)	9장	16장
25장	어린 에반젤리스트	죄 있는 자를 구하기 위해 하늘에서 내려온 천사(22)	생략	17장
26장	죽음	당신과도 천국에서 만나겠지요(23)	9장	18장
27장	이것이 지상의 마지막 순간	그 격한 소리에 말보다도 사람을 감동시키는 힘이 있었다(24)	생략	19장
28장	재회	사람은 어느 때고 죽게 마련이다(25)	10장	
29장	보호받지 못하는 사람들	인간의 가죽을 뒤집어쓴 악마(26)		**20장 모모시마본 참조**
30장	노예창고	생략	생략	생략
31장	농장으로 가는 배 안에서	생략	11장	**20장 모모시마본**
32장	어두운 곳	생략	12장	
33장	캐시	나의 영혼만큼은 당신이 살 수 없다(27)	13장	**21장 모모시마본 참조**
34장	퀴드룬 여자 이야기	**(29)장에 삽입**	14장	생략
35장	징후	생략	생략	생략
36장	에멀린과 캐시	생략	**14장에 삽입**	**22장에 삽입**
37장	자유	자식과 부부가 얼싸안고 하늘을 향해 기도드렸다(28)	생략	생략
38장	승리	질 때가 가까운 중년여성(29)	생략	**22장 모모시마본 참조**
39장	작전	나는 신께 부름받아 가는 길이요(30)	14장	
40장	순교자			
41장	젊은 주인	나는 죽어도 당신을 원망하지 않겠습니다(31)	15장	**23장 모모시마본 참조**
42장	그럴듯한 귀신 이야기	톰의 은혜(32)	생략	24장
43장	결과		생략	
44장	해방자		15장	
45장	맺는말(작가의 말)	생략	생략	생략
비고		노예의 설명(1)	스토우 부인(부록)	스토우 부인 사적(서장)

위의 표에서 볼 수 있듯이, 『인자박애의 이야기』(사카이본)가 전체적인 내용을 훼손하지 않는 범위에서 원작을 축약하고 구성 면에서도 원작의 사건 배열을 그대로 따르고 있다면, 『노예 톰』(모모시마본)은 거의

절반에 가까운 내용을 대폭 생략하여 사건의 배열 자체를 재구성하고 있는 것이 눈에 띈다. 모모시마본은 특히 톰과 관련된 사건만으로 원작을 재구성하여 번역하고 있는데, 그런 까닭에 원작의 주요 스토리 사건의 또 다른 한 축을 구성하는 조지와 엘리자의 이야기는 아예 삭제되어 있는 것을 확인할 수 있다.

한편 모두 24장으로 구성된 『검둥의 설움』은 분량 면에서도 일단 32장으로 구성된 사카이본과 15장으로 구성된 모모시마본을 절충 형태에 가깝다. 내용 면에서는 모모시마본과 달리 조지와 엘리자의 이야기를 비중있게 다루었고, 사카이본이 생략하거나 다루지 않은 대목에 대해서는 모모시마본을 참조하여 번역한 곳도 꽤 된다. 기본적으로 사카이본을 저본으로 번역하면서도 수시로 모모시마본에 따랐다는 흔적이 또렷하다. 몇 가지 두드러진 예를 들자면, 성경을 보는 톰과 노예 매매 광고를 보고 있는 헤일리를 서술한 장면(7장), 톱시가 필리의 댕기와 오필리어의 장갑을 도둑질하는 장면(14장), 클레어와 오필리어가 노예 다루는 법에 대해 논쟁하는 장면(14장), 레그리가 톰의 성경과 그밖의 물건을 빼앗는 장면(20장) 등은 원작과도 다른 모모시마본만의 독특한 축약적 의역을 그대로 따르고 있다.

한 가지 더 흥미로운 것은 이광수가 번역 저본의 인명과 지명을 한국어로 옮기는 과정에서 어느 한쪽의 판본을 따르지 않고 취사선택하고 있다는 점이다. 원작과 번역 저본, 그리고 『검둥의 설움』의 인명과 지명을 비교하여 도표로 나타내면 다음 쪽의 〈표 2〉와 같다.

사카이본은 톰의 첫 번째 주인인 셸비의 아들 조지 셸비를 노예 조지 해리스와 혼동할 것을 우려하여 '게오르그'라는 독일어식 발음을 사용했는데, 『검둥의 설움』은 모모시마본과 동일하게 '조오지'라는 발음

〈표 2〉 원작, 번역 저본, 번역본의 인명 표기

Uncle Tom's cabin	인지박애의 이야기	노예 톰	검둥의 설움
Mr. Shelby	セルビー	セルビ	셸비
Haley	ハーレー	ハレー	하레
Eliza	エリザ	생략	엘리자
Harry	ハリ	생략	할리
George Harris	ヂョーヂ	생략	조오지
Mr. Harris	ハルリス	생략	하리스
Emily(Mrs.Shelby)	エミリ	エミリー	에밀리
Tom	トム	トム	톰
Cloe	クロー	クロ	크로
George Shelby	ゲオルグ	ジョージ	오지
Andy	アンデー	생략	안데
Sam	サム	생략	삼
Symmes	サムイ	생략	사무이
St. Clare	クレール	セント、クレヤ	크렐
Ophelia	オフエリヤ	オペリャ	오베리아
Evangeline	エバンジエーリーン	エバンゼリン	에반젤린
Topsy	トツピ	トプシー	톱시
Prue	ペル	생략	베루
Simon Legree	レグリ	シモン `レグリー	시몬 레그리
Emmeline	エメリン	エンメリン	에메리
Cassy	カツシー	생략	카시
Thoux	ドツ	생략	도두
Pontchartrain	ポンチヤルトレーン	ポンタートン	폰찰
Litchfield*	생략	リッチモンド	리치몬드

을 그대로 옮기고 있다. 톰의 두 번째 주인인 세인트 클레어의 경우는 '크레루 / 크레야' 가운데 사카이본을 따라 '크렐'이라고 옮겼고, 톱시의 경우는 '토피 / 토프시' 가운데 모모시마본을 따라 '톱시'라고 옮겼다. 톰이 에바와 한 여름을 지냈던 호숫가 폰찰트레인은 '폰챠루토렌 / 폰타톤' 가운데 사카이본을 따라 '폰찰'이라고 옮겼다.[25] 어떤 원칙에

따라 취사선택한 것인지는 불분명하지만, 이들 인명과 지명을 옮긴 방식은 이광수가 번역 당시 두 판본을 모두 참고하고 있었다는 사실을 보여주는 또 하나의 증거가 된다.

물론 『검둥의 설움』이 사카이본과 모모시마본을 그대로 따랐던 것은 아니다. 사카이본과 모모시마본을 적절히 참조하여 사건을 재배열함으로써 원작은 물론이고 이들 두 판본과는 또 다른 방식의 이야기 구성을 창출하기도 했다. 몇 가지 두드러진 예를 들자면, 엘리자가 아들 해리와 함께 셸비의 집을 도망나와 톰의 오두막을 찾는 사건을 담은 3장과 엘리자의 도망을 둘러싸고 일어나는 해프닝을 다룬 4・5장, 그리고 에바가 죽음을 예감하고 주위 사람들에게 이를 암시하는 사건을 담은 15장 등이 그러하다. 먼저 원작의 5장에 해당하는 3장은 사카이본과 달리 원작의 4장을 건너뛰고 엘리자가 해리와 함께 셸비의 집을 도망나오는 사건과 톰의 오두막에 도착하는 사건 사이에 원작의 4장(사카이본 5장)에 해당하는 톰의 오두막 장면을 삽입하여 서사 분량을 압축하면서도 자연스럽게 사건을 전개해 나가고 있다. 또 원작의 6・7장에 해당하는 4・5장은 엘리자의 도망을 돕기 위해 노예 상인 헤일리를 골탕먹이는 집안 식구들의 소동을 4장에서 한꺼번에 축약하여 번역하고, 5장에서는 셸비의 집에서 도망나온 엘리자가 여관에서 추격대와 맞닥뜨렸다가 오하이오 강을 건너는 사건 전개에 집중함으로써 극적 긴장을 높이고 있다.[26] 마지막으로 원작의 22장에 해당하는 15장

25 〈표 2〉의 맨 마지막에 나오는 리치필드라는 지명은 스토가 태어난 곳이다. 모모시마본의 부록에는 '리치몬드'라고 잘못 옮겨져 있는데, 『검둥의 설움』의 서장인 「스토우 부인 사적」에도 그대로 '리치몬드'로 잘못 옮겨져 있다. 이 지명으로도 「스토우 부인 사적」이 「스토우 부인」을 저본으로 삼아 번역했다는 것을 알 수 있다.

26 원작의 7장과 이에 해당하는 사카이본 8장의 사건은 엘리자의 도망-헤일리를 붙들려는 소동-헤일리 일행의 추격-엘리자의 도강(渡江) 순서로 전개된다. 『검둥의 설움』은 헤일리를 붙들려는 소동을 4장에서 한꺼번에 서술하고, 5장에서는 엘리자의 도망-헤일리 일행의 추

은 원작과 달리 에바가 종들에게도 글을 가르쳐야 한다고 어머니를 설득하는 사건과 에바가 톰에게 묵시록의 한 대목을 읽어주며 자신의 죽음을 암시하는 사건의 전후 순서를 바꾸어 배열함으로써, 죽음을 예감한 에바가 아버지 클레어에게 유언을 남기는 이야기를 담은 16장과의 자연스러운 연결을 꾀하고 있다.[27] 또 15장의 첫 대목은 톰이 클레어에게 팔려온 지 이태만에 조지 셀비에게 받은 편지 내용을 서술자가 간접 전달하고 있는 원작 및 사카이본과 달리, 서술자가 전달하고 있는 편지 내용을 편지 형식으로 재구성해 놓고 있기도 하다.

뿐만 아니라 사카이본이 종종 인물들의 대화를 축약하여 역술하고 있는 데 비해, 『검둥의 설움』은 원작에 가깝게 대화와 지문을 철저하게 구분하여 번역하고 있는 태도도 눈에 띈다. 다음은 원작의 26장에 해당하는 사카이본의 23장의 한 장면과 같은 장면에 대한 이광수의 번역인데, 모모시마본에는 생략되어 있으므로 이 판본을 참고했을 가능성은 없다.

> 에바의 몸은 차츰 나빠져 정원에 나오는 일도 차츰 드물어졌다. 어느날 에바는 자기 방에서 성서를 펴들고 그 위에 수척해진 손을 놓고 의자에 기대어 있는데, 어머니가 톱시를 꾸짖는 소리가 들렸다. 톱시는 에바 아가씨에게 드리기 위해 꽃을 꺾었다고 이야기하는 것이지만, 마리는 거짓말이라고 꾸짖고 있는 것이다. 에바는 직접 툇마루에 나가 "어머니, 그만 두세요. 제가 꽃을 좋아하니까 저를 주세요." "그래도 네 방은 꽃이 가득하잖니." "나는 얼마든지 좋아하니까. 톱시야 이쪽으로 가져오렴." 톱시는 덜덜 떨며 꽃을 가지고 왔다. "아아, 예쁜

격-엘리자의 도강의 순서로 사건을 재구성하고 있다.

27 참고로 사카이본의 경우 후자의 사건이 생략되어 있고, 모모시마본은 전자의 사건이 생략되어 있다.

꽃다발이로구나" 하고 에바는 그것을 보고 있다. "톱시야, 너는 정말 대단하구나. 이곳에 화병이 있으니까 매일 뭐든 꽂아줘." 톱시는 머리를 약간 숙이고 저쪽으로 가버렸지만, 그 눈에는 눈물이 보인다.[28]

에바의 병은 날로 더하여 살이란 한 점도 없어지고 밤낮 자리에만 누워 있을 뿐이요 이제는 마당에도 나오지 못하게 되었더라. 하루는 톱시가 마당 화분에 심은 꽃을 꺾어 가지고 에바의 문밖에 다다를새 마리 부인이 보고

"이 빌어먹을 계집년 같으니, 또 꽃밭을 다 녹이는가 보구나."

"아니올시다. 제가 가지려는 것이 아니라 작은 아씨 드리려고 꺾어 왔습니다."

"에끼, 때려죽일 년, 거짓말만 하것다."

방 안에 있던 에바가 이런 말을 듣고 벌떡 일어나 문을 왈칵 열면서

"어머님, 왜 그렇게 책망을 하십니까. 난 꽃이 보고 싶은데."

"네 방도 꽃밭이더구나. 무슨 꽃이 더 보고 싶어."

"아니야요. 더 보고 싶어요."

하고 고갯짓으로 톱시를 부르면서

"어디, 이리 가져오너라. 꽃이 참 곱구나."

톱시는 누구를 두리는 듯 가만가만히 에바의 곁에 가 서서 꽃 뭉치를 드린대 에바가 기쁜 듯이 바라보며

"에그, 참 곱기도 해라. 네가 이렇게 잘 섞어 묶었니. 이 다음에는 날마다 꺾어다가 이 화병에 꽂아다오. 응."

톱시는 고맙고 정다운 마음을 이기지 못하여 주먹으로 눈물을 씻으면서 문을 열고 나가더라.[29]

---

28 堺枯川 編輯, 『仁慈博愛の話』, 内外出版協會, 1903, 141쪽.

29 이광수, 『검둥의 설움』(1913), 박진영 편, 앞의 책, 305~306쪽. 참고로 원작의 해당 대목을 제시하면 다음과 같다. 사카이본보다 『검둥의 설움』에 가까운 것으로 생각되는 대목은 굵은 활자로 표시했다.

이 무렵 조선 문단에서도 이미 대화와 지문의 분리가 규범화되어 있었던 것을 고려하면, 위의 장면은 사카이본을 저본으로 하면서도 규범에 따라 간접 서술을 직접 대화로 바꾸어 번역한 것일 가능성도 없지 않다. 그러나 대화가 사카이본보다 좀더 상세하며 원작에 가깝게 옮겨져 있는 터라 부분적으로 원작을 참고했을 가능성도 배제할 수는 없다.[30]

어느 날 오후, 에바는 안락의자에 기대어 성경을 반쯤 펴놓고 그 작고 투명한 손가락을 책갈피에 내려놓고 있었다. 그때 어머니의 날카로운 목소리가 베란다 쪽에서 들려 왔다.
"이건 또 뭐지, 이 못된 년! 무슨 말썽을 또 일으키려고! 너, 꽃을 잡아 뽑고 있었지, 그렇지?"
이어 에바는 빰 때리는 소리를 들었다.
"아, 마님! 이 꽃들은 에바 아가씨에게 드릴 겁니다."
에바는 그 목소리로 톱시임을 알아 보았다.
"에바에게 줄 거라고! 그거 참 좋은 핑계구나! 에바가 네 꽃을 받을 거 같아? 이 쓸모없는 검둥이 년! 꽃을 가지고 당장 사라져!"
그 순간 에바가 안락의자에서 일어나 베란다로 나왔다.
"그러지 마세요. 엄마! 저 꽃 좋아해요. 그 꽃 나한테 줘. 가지고 싶어!"
"에바, 네 방은 이미 꽃으로 가득 찼잖아."
"아무리 많아도 부족해요." 에바가 말했다.
"톱시, 이리로 가지고 오렴."
고개를 수그리고 우울하게 서 있던 톱시가 올라와 에바에게 꽃을 건넸다. 톱시는 평소의 소악마 같은 대담하고 영악한 태도와는 아주 다르게, **다소 주저하고 부끄러워하는 모습을 보였다.**
(해리엇 비처 스토, 이종인 역, 『톰 아저씨의 오두막』 2, 문학동네, 2011, 131쪽)

30 사카이본에서 톱시가 화단의 꽃을 꺾고 혼이 나는 장면이 간접 서술되어 있는 장면을 대한 이광수는 구체적인 상황이 궁금하기도 하고 또 이 장면을 생생하게 번역할 목적으로 원작을 찾아보았을 가능성이 있다. 『검둥의 설움』에 삽입되어 있는 두 장의 삽화는 아마도 원작에서 가져온 것인 듯한데, 번역 저본으로서까지는 아니라도 해도 최소한 원작을 참조했을 가능성을 시사한다. 이광수가 오산시절의 제자 이희철을 회고하고 있는 수필 「H군에게」에도 이희철이 "어느 여름 방학 때에 나를 위하여 英和辭典과 和英辭典에서 글자를 찾아주"(『창조』, 1920.7, 57쪽)었다는 회고가 나온다. 아쉽게도 이 판본은 아직까지 발견되지 않았다.

4. 번역에 각인된 정치적 입장의 차이들

번역 저본과는 다른 『검둥의 설움』이 갖는 독창성은 구성 면에서뿐만 아니라, 번역 의도 및 번역의 강조점에 각인되어 있는 정치적 입장의 차이에서도 뚜렷하다.

먼저 사카이가 편집한 『인자박애의 이야기』가 간행된 1903년은 일본에서 러일전쟁을 앞두고 사회주의의 반전운동이 고조되었던 해이다. 당시 『요로즈초호[万朝報]』의 기자이기도 했던 사카이는 러일 간 전쟁 국면이 임박함에 따라 종래 인도주의, 사회주의, 기독교적 평화주의의 시각에서 비전론(非戰論)을 펼쳤던 동잡지가 개전론(開戰論)으로 전향하여 마침내 1903년 10월 9일 주전론(主戰論)의 입장을 표명하게 되자, 바로 그 이튿날로 코토쿠 슈스[幸德秋水]와 함께 퇴사하여 11월 헤이민사[平民社]를 창립하는 한편 주간(週刊) 『헤이민신문[平民新聞]』을 간행하여 사회주의적 입장에서 대대적인 반전운동을 전개하기도 했다.[31]

일본에서 사회주의가 지식인들의 관심을 끌기 시작한 것은 메이지 정부에 의한 근대산업의 대규모 이식과 자본주의의 발전으로 빈부의 격차와 수많은 빈민과 노동자의 열악한 처지가 본격적인 사회문제로 대두되었던 메이지 20년대(1887~1896)였다. 그러나 당시까지만 해도 그 내용은 열악하고 비참한 노동자의 상태를 지적하고 그 개선책을 호소하는 사회개량론이거나 노동조합주의적 성격을 갖는 것이 대부분이었다. 그러나 청일전쟁을 계기로 한 자본주의의 비약적인 발전은 노동조합주의와 함께 사회주의에 대한 관심을 강화시켰고, 이러한 관심

31 이노 켄지, 「노동조합주의 · 사회주의 · 무정부주의의 발생」, 이에나가 사부로 편, 연구공간 '수유+너머' 일본근대사상팀 역, 『근대 일본 사상사』, 소명출판, 2006, 149~153쪽.

에 힘입어 노동운동은 사회주의와의 결합을 꾀하는 정치운동으로 발전하여 마침내 1901년 5월에는 '사회주의의 실현을 목표'로 삼은 사회민주당의 결성을 보게 된다. 사회민주당은 곧바로 결사를 금지당했지만, "어떻게 빈부의 격차를 타파할 것인가는 실로 20세기의 커다란 문제라고 생각한다"로 시작되는 사회민주당의 선언은 사회주의와 노동운동의 전략과 전술 면에서 매우 중요한 의의를 갖는 것으로 평가되고 있다. 더욱이 사회민주당의 결사 금지를 계기로 정부가 노동운동을 억압하는 대신 사회주의 선전에 대해서는 관용 및 묵인의 정책을 취하게 됨에 따라 1903년 11월 헤이민샤가 창립되기까지의 약 1년 반 동안 사회주의 사상은 일본에서 일대 유행을 맞게 되는데, 사회민주당 결성 당시 결사 주체의 한 사람이자 『요로즈초호』 시절 사카이의 동료이기도 했던 고토쿠 슈스이가 당대 뛰어난 사회주의 문헌의 하나로 평가되는 『사회주의신수』(1903)를 출간할 수 있었던 것도 바로 이러한 사회정치적 여건 덕분이었다.[32] 사카이가 스토의 『엉클 톰스 캐빈』을 『인자박애의 이야기』라는 제목으로 역술하여 간행하고자 했던 동기 또한 이러한 사회주의적 입장을 반영한 것으로, 이는 다음과 같은 편집자의 말에서부터 또렷이 드러나 있다.

> 이 이야기를 하기 위해서는 우선 노예에 관해 설명하지 않으면 안 된다. (…중략…) 이 노예는 아프리카인이라 피부색이 검어 이른바 검둥이(黒ンボ, 크론보)로, 유럽인을 백인으로 부르는 데 비해 흑인으로도 불리고 있다. 이 흑인 즉 검둥이는 백인 즉 유럽인을 위해 전혀 인간 이외의 것으로 간주되어 잔혹한 취급을 받았다. (…중략…) 노예해방이 이루어진 지 이미 40년이 된 오늘날, 노예라는

32 메이지시기 일본 사회주의의 전개에 대해서는 위의 글, 133~148쪽 참조.

> 존재가 일찍이 있어본 일도 없는 일본에서 이런 이야기를 할 필요가 있는지 묻는 이가 있을지도 모른다. 과연 노예 해방은 이미 이루어졌고, 일본에는 일찍이 노예라는 것이 없었다. 그러나 그것은 단지 명의상의 일이고, 지금도 일본에 노예와 같은 자가 많다. 돈에 쫓기는 가난한 이들은 어떤 점에서 노예이다. 소작인, 직공, 막벌이꾼, 인력거꾼, 기녀 등은 모두 어떤 점에서 노예이다. 그래서 이 이야기를 읽는 사람이 이들 불쌍한 사람들 및 우리와 다른 인종에 대해 혹시 조금이나마 仁慈博愛의 마음을 일으키는 일이 있을까 하고 여기에 이 이야기를 해보는 것이다.[33]

위의 인용문에서 볼 수 있듯이, 사카이에게 '노예'란 자본에 의해 핍박받는 민중의 다른 이름이었다. 한때 흑인 노예가 아메리카 남부의 농업 자본에 의해 매매되는 물건으로 간주되어 인간 이외의 잔혹한 취급을 받았던 역사는 소작농, 직공, 막벌이꾼, 인력거꾼, 기녀 등 당대 일본 자본주의의 산물인 핍박받는 민중의 역사와 다르지 않다는 것이 사카이의 인식이었던 것이다. 이는 원작과 달리 각 장의 주요 에피소드의 주제를 직접 드러내는 형식의 장제목에서도 또렷한데, 예컨대 「물건이지 사람이 아니다」(3장), 「더 이상 어떻게도 견딜 수 없다」(4장), 「내 어머니는 일곱 자식과 함께 팔렸습니다」(11장), 「천삼백 원이면 쌉니다」(13장), 「동정심이라고는 조금도 없다」(15장), 「나는 차라리 지옥에 가고 싶다고」(17장), 「인간의 가죽을 뒤집어쓴 악마」(26장) 등의 장 제목이 그러하다(〈표 1〉 참조).

한편 1907년 모모시마가 초역(抄譯)한 『노예 톰』은 번역 동기에서부터 이러한 사회 정치적인 관심과는 동떨어져 있는 것이 눈에 띈다. 그

33 堺枯川 編輯, 『仁慈博愛の話』, 内外出版協會, 1903, 1～4쪽, 1장 「노예의 설명」.

리고 사회 정치적인 관심 대신 부각되어 있는 것은 신 앞에서 모든 인간은 평등하다는 기독교적 평등사상이다.

> 이 책은 저 유명한 『엉클 톰스 캐빈』의 梗概이다. 저 연약한 스토우 부인이 쓴 이 책이 인류의 문제인 노예해방에 공헌하고 남북전쟁을 일으켜 노예의 자취를 끊어 버리게 되었다고 하면 일단 수긍하기 어려울 지도 모른다. 그러나 사실이다. 그 무엇도 이 광휘 있는 대사실을 부정할 수 없다. 신 앞에서 형제자매로서 평등해야 함을, 뜨거운 저자의 동정심은 이 세상에 있어서는 안 되는 노예에게 쏟아져 그것이 이 책의 원본이 되었다. 나는 노예 톰과 에반젤린으로부터 많은 교훈을 배웠다. 원컨대 독자 제군도 그러기를 바란다.[34]

모모시마가 원작의 방대한 내용 가운데서 특히 톰과 에반젤린의 우정에 주목한 것은 이 두 사람의 우정이야말로 신 앞에서 모든 인간은 형제자매로서 평등하다는 기독교의 교훈을 잘 보여준다고 생각했기 때문이었던 것 같다. 전체 45장에 해당하는 원작에서 거의 절반에 해당하는 20여 장을 대폭 생략하고 톰의 서사를 중심으로 한 장만을 선택적으로 번역한 것은 아마도 이러한 교훈을 강조하고 싶었기 때문이었을 것이다(〈표 1〉 참조). 그러나 이러한 번역 방식은 문고본이라는 제한된 지면이 강제한 결과이기도 하다는 것이 필자의 판단이다.

앞서도 언급한 것처럼, 『노예 톰』은 90쪽 남짓 분량의 문고본인 '통속문고' 시리즈의 하나로 기획 번역된 것이다. 그런 만큼 번역에 앞서 원작의 방대한 분량을 어떻게 축약할 것인가가 중요한 문제로 떠올랐을 텐데, 모모시마는 원작의 전체 내용을 간략하게 축약한 경개역이 아니라

34 百島冷泉 譯, 『奴隷トム』, 內外出版協會, 1907, 1쪽.

톰과 직접 관련이 없는 장은 통째로 생략하고 톰과 관련이 있는 장을 선택하되 그 가운데서도 중요하다고 판단한 에피소드를 중심으로 원작에 가깝게 번역하는 초역의 방식을 취했다. 이처럼 원작의 절반에 해당하는 장을 뭉텅 잘라놓고도 "이 책은 저 유명한 『엉클 톰스 캐빈』의 경개(梗槪)"라고 단언한 것은 아마도 톰을 중심으로 한 서사가 원작의 중심을 이룬다는 판단 때문이었을 것이다. 물론 이러한 선택적 번역의 과정에서 원작의 중요한 스토리 라인의 또 다른 한 축을 이루는 조지와 엘리자의 자유를 위한 투쟁의 서사를 흔적도 찾아볼 수 없게 된 것은 아쉬운 대목이다. 그러나 그 덕분에 『노예 톰』은 톰의 서사에 관한 한 상세한 번역과 더불어 원작에 가까운 생동감을 살려 번역해낼 수 있었던 것도 사실이다. 기본적으로 사카이본을 번역 저본으로 삼은 『검둥의 설움』이 부분적으로 『노예 톰』의 번역을 따른 것은 아마도 이 때문이었을 것이다.

사카이본과 모모시마본이 메이지 말기의 사회주의 및 기독교의 평등·박애 사상을 바탕으로 원작을 재해석한 것이라면, 1913년 이광수가 초역하여 간행한 『검둥의 설움』은 식민지 민족주의의 독립 사상을 바탕으로 원작을 재해석한 것이라는 점에서 또 다른 사회 정치적인 맥락을 각인하고 있다. 다음은 『검둥의 설움』에 대한 신문관의 광고 전문이다.

> 纖弱한 일 여자의 手로 위대한 사업을 성취한 중에 우리 스토우 부인 같은 이는 가장 공헌이 다대하고 영향이 심원한 자일지로다. 당시 미국에서는 백인의 흑인 학대함이 無所不至하야 금전으로 매매함은 物類에서 賤하고 鞭楚로 驅擲함은 牲畜에서 甚하니 天理– 이미 晦塞하고 人道– 또한 喪絶한지라. 此時에 부인이 正義를 仗하고 道理에 立하야 그 다수한 無辜를 위하야 背理無道한 虐遇와 窮慘極酷한 실정을 描하야 一世의 양심을 고발코저 한 것이 此書의 原本이니, 此書– 一出하매 만인의 慕義하는 心이 격동되어 그 風力이 及하는 바에 노예파와

> 비노예파 사이에 남북전쟁의 대참극이 開演되고 필경 승리가 義人에게 歸하야 사백만 노예가 良民됨을 得하게 되니 一枝筆의 세력과 일 여자의 사업이 此에 極하얏다 할지로다. 此書는 그 세계적 名著를 우리게 소개코저 하야 간명하게 抄譯한 것이니 何人이든지 一讀하야 심대한 감흥을 得할지니라.[35]

우회적인 방식으로 언급되어 있기는 해도, 스토의 『엉클 톰스 캐빈』을 '천리(天理)'와 '인도(人道)'의 기치 아래 노예제도의 부당함을 고발하여 역사상의 노예해방을 이끈 세계적 명저로 소개하고 있는 위의 광고문에서 자유와 해방, 독립을 갈구하는 식민지 민족주의의 염원을 간과하기란 불가능하다. 사카이에게 '노예'가 자본에 의해 핍박받는 민중의 다른 이름이었고 모모시마에게 '노예'가 신 앞에서 평등한 존재인 형제이자 자매였다면, 이광수에게 '노예'란 제국주의 열강의 침략적 야욕에 희생되어 민족적 생존과 번영의 권리를 유린당하고 있는 식민지 민족의 처지를 대변하는 이름이었다. "필경 승리가 의인(義人)에게 귀(歸)하야 사백만 노예가 양민(良民)됨을 득(得)하게 되"었다는 것은 곧 조선 민족 또한 정의의 이름으로 반드시 독립의 지위를 얻게 될 것임을 암시하는 수사였다고 해도 과언이 아닌 것이다. 『검둥의 설움』이 다른 신문관 번역소설 단행본과 마찬가지로 내외출판협회의 문고본을 저본으로 번역할 수 있었음에도 불구하고 그렇게 하지 않은 또 하나의 이유도 바로 여기에 있다. 조지와 엘리자의 자유를 위한 투쟁의 서사를 통째로 생략하고 있는 모모시마의 『노예 톰』은 노예의 처지로 전락한 식민지 민족에게 자유 독립의 기상을 일깨울 수 있는 자유와 해방의 서사로서는 아무래도 역부족인 것이 사실이기 때문이다.

---

35 「부록—신문관 발매서적 총목록」, 박진영, 앞의 책, 609쪽, 『검둥의 설움』 광고.

"만일 영감께서 검둥이한테 잡혀가서 종이 되면 그것이 하나님의 뜻이라고 할 터이오니까. (…중략…) 영감께서는 나라도 있고 법률도 있지요마는 나 같이 종년의 뱃속으로 나온 놈에게 나라가 다 무엇이며 법률이 다 무엇입니까. 우리는 법률을 만드는 데 참여하는 힘도 없고 아무 권리라는 것도 없고 법률이라는 것은 다만 우리를 못잡아 먹어하는 당신네가 우리를 잡아먹기에 좋도록 만든 것 아닙니까. 당신네를 위하여 만든 법률이 저희에게도 유익할 듯하오니까. 영감께서도 언젠가 미국 독립 기념 날에 이런 말씀을 하셨지요. '우리 조상은 이러한 악한 법률을 반항하여서 칼을 잡고 일어섰다'고 아니하셨습니까. (…중략…) 나는 자유를 위하여서는 죽기도 무서워 아니합니다. 내 목숨이 있는 날까지는 내 자유를 위하여 싸울 터이올시다. 자유를 얻으려는 싸움이 당신네 조상에게 거룩한 싸움이던 모양으로 이 싸움도 내게는 가장 거룩한 싸움이올시다."[36]

조지는 일을 하면서도 열심히 책을 보며 생각도 많이 하여 한끝으로는 저와 같은 불쌍한 수천만 종을 건져내며 또 한끝으로는 문명하였다는 백인종에게 흑인종도 너희에게 지지 아니한다는 것을 보이려 밤낮에 마음을 놓지 아니하더니 도두 부인이 돈을 내어 조지 양주를 프랑스에 유학케 하려고 캐시와 에멜린까지 데리고 마르세유로 가는 배에 오르니라. 사 년만에 조지가 대학교를 졸업하자 프랑스에 난리가 일어나므로 잠시 아메리카에 들어와 있더니 아메리카는 원수의 땅이라 오래 있지 못할지라. 어서 정다운 아프리카에 돌아가 수천만 어리석고 불쌍한 동포를 가르치고 깨우쳐 남과 같은 문명한 사람을 만든 후

---

36 이광수, 『검둥의 설움』, 위의 책, 266~268쪽. 참고로 사카이본의 해당 대목을 옮기면 다음과 같다. "만일 인도인이 당신을 데리고 가서 노예로 삼을 때 그것이 신의 뜻이라고 하시겠습니까. (…중략…) 당신에게야 나라가 있지만 우리들 같은 노예 어미를 가진 자에게 나라가 어디에 있습니까. 또 우리들에게 어떤 법률이 있습니까. 우리에게는 법률을 만들 힘도 없고 권리도 없습니다. 법률은 다만 우리들을 구속할 뿐입니다. 당신도 언젠가 독립기념일에 말씀하지 않으셨습니다. 당신들의 조상이 이런 법률에 반대하여 창을 들고 일어섰다고……" (堺枯川 編, 『仁慈博愛の話』, 위의 책, 62~63쪽).

> **에 자유롭고 거룩한 나라를 일으켜 세계상 다른 나라와 같이 되고 다른 민족과 같이 되어 국제회의에 말 내는 권리를 얻으며 한 걸음 더 내켜서는 우리 민족으로 하여금 세계 민족을 이끌고 먹이는 목자가 되게 하리라 하는 큰 이상을 품**고 새로 조직된 라이베리아 공화국으로 가는 배표를 사니라.[37]

위의 두 인용문은 각각 원작의 11장과 43장에 해당하는 내용으로 이광수가 매우 공들여 번역한 대목에 속하는데, 모모시마본에서는 모두 생략되어 있다(〈표 1〉 참조). 특히 필자가 인용문에서 강조한 대목은 원작 및 사카이본을 초과하여 서술된 내용으로, 나라를 잃어 자신들을 보호해줄 법률도 갖지 못한 채 종주국의 억압에 예속되어 있는 식민지인의 울분과 조선 민족 또한 하루빨리 문명화를 이루어 독립을 되찾고 나아가 세계 민족의 모범이 되는 민족으로 만들겠다는 민족 지식인으로서의 이상이 그대로 투영되어 있다. 이런 맥락에서 보면, 『검둥의 설움』의 대단원을 장식하는 조지의 이상과 『무정』의 대단원을 장식하는 형식의 이상이 '문명화'라는 키워드로 고스란히 겹쳐지는 것은 어쩌면 당연한 일이라고도 할 수 있을 것이다. 1910년대 이광수의 사고에서 문명은 독립과 자존의 능력, 곧 한 나라를 세우고 지킬 만한 능력과 동의어로 간주되었던 까닭이다.[38]

---

37 이광수, 위의 책, 338쪽. 사카이본의 해당 대목은 다음과 같다. "조지는 기계 제작소 직공으로 일하여 그 급료로 생활하고 있었지만 학문이 부족함을 한탄하여 틈만 있으면 어느 때고 자기 방으로 들어가 서적을 읽는 것이었다. 이후 도츠 부인이 돈을 대서 조지는 프랑스의 대학에 유학을 하게 되어 일가족을 데리고 프랑스로 건너갔다. (…중략…) 조지는 4년간 프랑스의 대학에 다녔는데, 프랑스에 정치상 소동이 일어 일단 아메리카로 돌아왔으나, 조지는 아버지의 나라인 아메리카에는 원한만 있고 동정이 없으며, 어머니 나라인 아프리카의 인민을 어떻게든 구하여 문명으로 이끌고 한 나라를 일으켜 국제간에 발언권을 얻지 않으면 안 된다고 하여, 이 무렵 새롭게 조직된 아프리카의 리베리아 공화국으로 가서 자기가 유럽 대학에서 배운 학문으로 나랏일에 진력을 다하겠다고 깊이 결심하는 바 있어, 1~2주 후 가족을 이끌고 아프리카 행 기선에 올랐다."(堺枯川 編輯, 위의 책, 197쪽).

그러나 『검둥의 설움』에 각인된 민족주의가 일본의 번역문학을 매개로 한 것이나마 평등·박애 사상에 기초한 사회주의와 기독교의 보편주의를 통과했다는 점 또한 간과되어서는 안 된다. 일찍이 권보드래가 『소년』의 톨스토이 번역에 주목하여 당대를 휩쓸었던 사회진화론적 문명론과는 다소 이질적인 진리, 정의, 사랑 등 보편적 가치에 대한 감각을 읽어냈던 것처럼,[39] 그것은 이광수의 민족주의가 그 근본에 있어서 평등과 박애라는 인류의 보편주의적 감각을 토대로 하여 형성된 것임을 보여주는 까닭이다. 이광수에게 '검둥이'란 비단 유럽과 미국의 역사 속에 존재했던 검은 피부의 특정한 인종만을 일컫는 말이 아니었다.[40] 그것은 당대 제국주의 국가들의 쟁탈전 속에서 나라를 빼앗긴 채 인간 이하의 비참한 취급을 받고 있던 식민지 민족을 대변하는 말이기도 했다. 『검둥의 설움』은 조지와 엘리자, 톰, 톱시 등 '검둥이'라는 이름하에 물건처럼 취급받던 흑인노예들이 당당하게 자유와 해방을 얻어가는 과정을 감동적으로 번역해냄으로써, 자유와 해방을 추구하는 식민지 민족주의가 평등과 박애라는 보편주의와 맞닿아 있음을 또렷이 보여주었다. 제국주의의 팽창과 더불어 지구 곳곳에 전파된 서구의 근대문학은 제국주의와 식민주의뿐만 아니라, 그 자체를 위협하는 강력한 사상적 무기도 함께 전파하고 있었던 것이다.

---

38 최주한, 앞의 글, 294~299쪽.

39 권보드래, 「『소년』과 톨스토이 번역」, 『한국근대문학연구』 6, 한국근대문학연구회, 2005, 82~87쪽.

40 '검둥이'라는 표상에 담긴 인종주의적 시각을 문제삼은 흥미로운 논문으로는 권두연, 「'검둥'이로 인식된 흑인 표상—『엉클 톰즈 캐빈』의 번역 양상을 중심으로」, 『피라텐』 창간호, 2007, 116~120쪽 참조.

5. 번역상의 다시-쓰기와 작가-주체의 탄생

보아온 대로, 『검둥의 설움』은 원작이나 번역 저본의 단순한 되받아쓰기에 그치지 않았다. 그것은 제한된 지면의 한계 내에서나마 서사를 압축하거나 재배열하여 극적 구성을 꾀했고, 대화와 지문의 분리 및 한국어의 통사구조를 갖춘 자연스러운 입말체 문장의 구사와 생생한 묘사에 힘써 생동감있는 장면을 연출했으며,[41] 더러는 원작이나 저본의 내용을 초과하는 문장을 삽입함으로써 자유와 해방, 문명화와 독립을 향한 식민지인의 염원을 설득력 있게 담아냈다. 그러고 보면 이광수에게 원작이나 번역 저본의 원문을 충실히 옮기는 일이란 애초에 그다지 중요하지 않았던 것인지도 모른다. 루쉰을 비롯한 근대 중국의 작가들이 대개 번역에 손을 대본 다음 창작활동에 착수했던 것처럼,[42] 이광수에게도 번역은 장편 『무정』과 같은 본격적인 근대 한국문학을 창출하기 위한 준비 단계로서의 의미가 짙었던 것이다.

이런 의미에서, 이광수가 조선문학이란 "조선인이 조선문으로 작(作)한 문학"[43]임을 천명하며 장편 『무정』의 창작에 당당히 나설 수 있었던 것, 그것은 『검둥의 설움』 번역을 통해 자유와 해방, 문명화와 독립이라는 근대 사상을 적극 선취하는 한편, 이를 적절하게 담아낼 수 있는 근대적인 문학 언어를 갖추게 되었다는 자신감이 뒷받침된 덕분이었

41 『검둥의 설움』을 비롯한 신문관 번역소설의 번역 문체가 갖는 새로움에 관해서는 권두연, 「신문관 단행본 번역소설 연구」, 『사이間SAI』, 국제한국문학문화학회, 2008, 126쪽.

42 루쉰도 러시아와 일본의 작품을 다수 중국어로 번역했는데, 일본 유학시절 아우 저우 쭈어런[周作人]과 함께 번역한 『역외소설집(域外小說集)』(1909)도 그의 초기 저작 가운데 하나이다(리디아 리우, 『언어횡단적 실천-문학, 민족문화 그리고 번역된 근대성 : 중국, 1900~1937』, 앞의 책, 59~60쪽).

43 이광수, 「문학이란 하오」(『매일신보』, 1916.11.10~23), 『전집』 1, 554쪽.

다고 해도 좋을 것이다. 실제로 문명화와 독립의 사상은 이후 대륙방랑과 제2차 유학시절의 경험을 통해 현실에 기반한 구체적인 사유로 이어져 '문명 조선의 구상'이라는 『무정』의 대주제를 주조하게 되며,[44] 한글의 통사구조를 갖춘 새로운 문체는 뒤이어 단편 「허생전」(1914)과 우화 「물나라의 배판」(1914), 그리고 기행문 「상해에서」(1914)와 「해삼위로서」(1915)에서 시도된 '~ㅂ니다'의 경어체 및 '나이다' '더이다'의 어말어미를 갖춘 서간체 등의 다양한 문체 실험으로 이어져 『무정』의 완전한 언문일치 문장의 정착을 준비하게 된다.[45]

요컨대 이광수에게 『검둥의 설움』 번역은 근대의 사상과 이를 적절하게 담아낼 수 있는 최적의 근대적인 문학 언어로써 제국주의와 식민주의에 응전하고자 한 윤리적이자 정치적인 위상을 갖는 문학적 실천의 일환이었다고 할 수 있다. 그런 의미에서, 한국 최초의 근대 장편 『무정』을 낳은 작가-주체의 탄생은 『검둥의 설움』의 번역에 수반된 적극적이고 능동적인 윤리-정치적 다시-쓰기 과정을 통해서 단계적으로 예비되고 있었다고 해도 좋을 것이다.

---

44 이광수의 대륙방랑시절과 제2차 유학시절의 경험과 사유에 대해서는 최주한, 「제2차 유학시절의 이광수」, 『춘원연구학보』 4, 춘원연구학회, 2011; 최주한, 「중학시절과 오산시절 전후의 이광수」, 『춘원연구학보』 5, 춘원연구학회, 2012 참조.

45 최주한, 「근대소설 문체 확립을 향한 또 하나의 도정」, 『근대서지』 7, 근대서지학회, 2013.6, 215~221쪽 참조.

제3장

제국의 근대와 식민지, 그리고 이광수*

제2차 유학시절 이광수의 사상적 궤적을 중심으로

1. 식민지에서 근대를 추구한다는 것

우리는 곧잘 근대의 식민주의가 항상 억압적이고 적대적인 타자의 모습을 띠고 있었을 것이라고 믿어 버리는 경향이 있다. 식민지 근대가 지녔던 해방적인 힘의 가능성이 분명하게 드러나는 순간에도, 그것은 어디까지나 문명의 이름으로 식민 지배를 정당화하고자 했던 제국의 논리에 포섭되어 버린 '식민화된 정신'의 탓이라고 여긴다. 여기에는 문명의 이름이란 곧 제국의 논리이고, 제국의 논리를 수용한 이상 식민지는 필연적으로 제국의 논리에 종속될 수밖에 없다는 논리가 전제되어 있다. 그러나 당대의 지식인들은 과연 문명이라는 이름 아래 제국의 논리를 아무런 여과 없

* 이 글은 『21세기 문학』 35(2006)에 발표한 「제국의 근대와 식민지, 그리고 『무정』」의 문제의식을 바탕으로 논의를 확장하여 쓴 글이다.

이 그대로 반복하고 있었을까. 그들이 받아들인 문명의 논리란 다만 제국의 힘을 모방하거나 추종하는 것 이상의 의미를 지니지 못했던 것일까.

식민주의와 근대성에 대한 최근의 연구들이 우리에게 남겨준 유산은 아마도 제국의 식민지배가 식민지에 대한 일방적 통제와 억압이 아니라 지배 헤게모니 창출을 위해 식민지와의 상호작용 아래 이루어졌다는 사실을 분명하게 인식할 수 있게 해주었다는 점일 것이다. 사실 결과론적인 견지에서 문명의 이름으로 근대를 추구하고자 했던 당대 지식인들의 노력을 식민화된 정신의 산물로만 몰아붙이는 것은 제국과 식민지 사이의 우열관계를 환원론적으로 반복하게 될 뿐이다. 근대의 식민주의는 식민 지배를 정당화하는 과정에서 의도하지 않은 다양한 반응을 낳았을 뿐만 아니라, 그러한 반응에 스스로를 적응시키면서 헤게모니를 창출해내야 했다. 근대 문명에 의지하여 식민지로 전락한 민족의 소생을 도모하고자 했던 당대 지식인들에게 그들 나름의 생존을 위한 싸움의 터전을 열어주었던 것은 바로 이 틈, 즉 제국이 의도한 것과 의도하지 않았던 것 사이의 이 공간이 아니었을까.

1910년대의 대표적인 문명론자로 꼽히는 이광수만큼 제국의 근대와 식민지 사이의 팽팽한 긴장관계를 보여주는 논자도 드물다. 이광수에게 제국이 과시하고 있던 근대 문명의 힘은 한편으로 식민지로 전락한 민족의 비참한 처지를 뼈아프게 인정하지 않을 수 없게 했지만, 동시에 그것은 개인과 민족의 발전을 도모할 수 있는 보다 공정하고 해방적인 힘을 의미하는 것이기도 했다. 거기에서 이광수는 자신을 비롯하여 전근대적인 질서에서 해방된 개인들의 상승 가능성을 보았고, 이렇게 낡은 질서에서 자유로워진 개인들이 새로운 민족적 이상을 지니고 분투한다면 단숨에 제국의 근대를 따라잡을 수도 있다고 믿었다. 이광수가 식민지로 전락한 조선의 현실을 두고 "우리 부로(父老)들은 세상이 말세가 되어 이렇게 될 것이라 하고, 공수(拱手)하고 한탄만 합니다. 아니외다. 이는 잘못 생각함이외다. 말세(末世)가 된 것이 아니라 신세(新世)가 된 것이외다"[1] 하고 과감하게 주장할 수 있었던 것은 종종 지적되고 있는 것처럼 체제 순응적 문명주의 탓이 아니라, 근대 문명이야말로 열강 제국간의 치열한 경쟁의 시대 식민지로 전락한 민족의 소생을 가능케 할 유일한 힘이라는 신념 때문이었던 것이다.

이광수가 조선에 문명을 보급하기 위해 최우선적으로 확보해야 할 제도라 여긴 것은 단연 '교육'과 '언론'이다. 이광수에게 '교육'은 "우자(愚者)를 지(知)케, 빈자(貧者)를 부(富)케, 약자(弱者)를 강(强)케, 쇠자(衰者)를 성(盛)케, 내지 사자(死者)를 활(活)케"[2]하는 그야말로 한 사회의 사활을 손에 쥐고 있는 가장 긴요한 방편이며, 잡지와 신문을 비롯한 '언론' 또한 조선 "십삼도(十三道)가 일가(一家)"라는 "공통된 감정"[3] 아래 민족적 이상을 일깨우고 분발을 촉구할 수 있는 가장 효과적인 수단이었다. 당시 이광수가 게이오의숙의 경영자이자 『지지신보[時事新報]』의 창시자였던 후쿠자와 유키치에 주목했던 것도 다른 이유에서가 아니다. 그는 후쿠자와에게서 신문명의 보급으로 신일본 건설에 지대한 영향력을 미쳤던 '교육'과 '언론'의 힘을 보았던 것이다.[4]

그러나 1910년대 무단통치기 식민지 조선의 교육과 언론은 이념적으로는 조선 문명화의 명분을 내걸면서 제도적으로는 조선을 철저히 종속적인 지위에 두는 이중적인 식민 전략으로 인해 철저히 통제되고 있었다. 교육제도라고는 4년제 보통학교와 실과 중심의 4년제 고등보통학교(일본의 중학교 1학년 수준)를 핵심으로 하여 민족적 차별을 제도화

1 이광수, 「농촌계발」(『매일신보』, 1916.11.26~1917.2.18), 『이광수전집』 10, 우신사, 1965, 93쪽.
2 이광수, 「동경잡신」(『매일신보』, 1916.9.27~11.9), 『전집』 10, 299~303쪽.
3 이광수, 「농촌계발」, 『전집』 10, 87~93쪽.
4 이광수, 「동경잡신」, 『전집』 10, 317~318쪽.

했던 열악한 성격의 것인데다 그나마 '시세(時勢)와 민도(民度)'를 내세운 우민화(愚民化) 방침에 따라 근대 교육제도의 보급은 미미한 상태였고,[5] 언론 또한 완전히 봉쇄되어 있어 접근 가능한 것이라고는 총독부 기관지 『매일신보』가 유일한 것이었다. 그런 의미에서, 2차 유학시절 근대 문명의 도입에서 민족 소생의 길을 보았던 이광수가 제국 일본을 향해 '교육'과 '언론'의 개방을 요구하며 일면 과감하고도 위태로운 모험에 나서게 된 것은 바로 이 때문이었다고 해도 좋을 것이다.

이런 맥락에서, 이 글에서는 『홍수이후』·『매일신보』와의 접속을 기점으로 하는 제2차 유학시절 이광수의 사상적 궤적을 단순한 체제 순응적 타협이라기보다 조선의 문명화에 제국의 식민지배 정책을 역활용하고자 했던 전략적 타협의 산물이라는 관점에서 다시 조명해 보고자 한다. 이를 위해 우선 2장에서는 『홍수이후』와 『매일신보』를 향한 이광수의 과감하고도 위태로운 타협의 도정을 따라가면서, 그것이 결국 이민족(異民族)의 동화를 위해 제국이 내건 문명화 이념을 민족적 이상을 일깨우고 민족 정체성을 형성하기 위한 지반으로 활용하고자 한 전략의 산물이었음을 밝힐 것이다. 그리고 다음의 3장에서는 일면 조선 문명화의 명분을 내건 제국의 식민지배 정책과 궤를 같이 하는 것처럼 보이는 이광수의 문명론이 제한적이나마 동정과 연대에 기반한 상호부조적 윤리를 도입함으로써 우승열패를 정당화하는 제국주의적 사회진화론의 논리를 넘어서고 있음을 밝히고자 한다. 이상의 논의를 토대로 마지막 4장에서는 그간 2차 유학시절 이광수의 사상적 궤적에서 일시적이고 돌발적인 것으로 간주되어 온 「2·8독립선언서」를 이전 사상과의 연속성의 측면에서 재해석해보고자 한다.

5 고마고메 다케시, 오성철 외역, 『식민지제국 일본의 문화통합』, 역사비평사, 2008, 128~142쪽.

2. 『홍수이후(洪水以後)』와 『매일신보』라는 매체

2차 유학시절 이광수의 사상적 궤적을 살피는 데 있어서 『홍수이후(洪水以後)』와 『매일신보』라는 매체가 가진 중요성은 아무리 강조해도 지나치지 않다. 당시 근대 문명의 도입에서 민족 소생의 길을 보았던 이광수에게 이 두 매체와의 접속은 근대 문명 사상의 도입에 필요한 기초적인 지반의 확보를 의미했기 때문이다. 우선 당시 일본 민권론 계열의 논자였던 카야하라 카잔[茅原華山]이 간행하던 잡지 『홍수이후』에 투고한 「조선인 교육에 대한 요구(朝鮮人教育に對する要求)」(1916.3)[6]는 과감한 타협적 수사 아래 제국 일본의 동화정책을 지지하며 제국의 식민지 교육정책을 역공략하고 있다는 점에서 주목할 만하다.[7]

이 글의 핵심은 한 마디로 실질적인 동화정책의 실현이라는 전제 아래 일본의 교육체제에 비해 현저하게 경쟁력이 떨어지는 조선의 교육체제를 일본 국내의 수준으로 개방할 것을 요구한 데 있다. 앞서도 언

6 孤舟生, 「朝鮮人教育に對する要求」(『洪水以後』 8, 一元社, 1916.3). 이 글은 1910년대 제국의 근대를 겨냥한 이광수의 과감한 타협의 출발점을 보여주는 중요한 자료이다. 긴요한 자료를 보내주신 하타노 세츠코 선생님께 이 자리를 빌려 다시 한 번 감사드린다.

7 이광수가 『홍수이후(洪水以後)』에 이 글을 투고하게 된 경위는 그 이전 '소일본주의(小日本主義)'와 '식민지방기론(植民地放棄論)'을 내세우며 식민지정책에도 관심을 가지고 있었던 민권론 계열의 잡지 『제삼제국(第三帝國)』이 당시 일본 유학생들에게 관심의 대상이었던 것과 관련이 있는 듯하다. 실제로 당시 학우회 소속으로 이광수와 함께 활동했던 도쿄제국대학 사학과에 적을 두었던 김우영과 메이지대학의 장덕수 등은 『제삼제국』 편집자들의 방침에 호응하여 일본의 무단통치를 비난하는 글을 투고하기도 했다고 한다(松尾尊兊, 『大正デモクラシー』, 岩波書店, 2001, 149~150쪽). 그러나 『제삼제국』은 카야하라 카잔의 사상적 이탈로 내분이 생겨 1915년 11월 57호를 마지막으로 종간되고, 이후 카야하라 카잔 파의 『홍수이후』와 이시다 토모지[石田友治] 파의 『신이상주의(新理想主義)』로 분열된다. 그러니까 와세다에 적을 둔 지 얼마 안 되었던 이광수가 『제삼제국』의 존재를 알았을 때 이 잡지는 이미 자취를 감추었던 것이다. 이에 이광수는 『제삼제국』 당시 독자들에게 상당한 인기를 누렸던 독자논단을 그대로 계승한 『홍수이후』쪽에 접근했던 것으로 보인다.

급했듯이, 1910년대 식민지 조선의 교육체제는 이념적으로는 동화주의를 내걸고 조선 문명화의 명분을 표방하면서도, 제도적으로는 '시세(時勢)와 민도(民度)'의 잣대 아래 철저히 조선을 종속적인 지위에 두어 민족적 차별을 제도화한 것이었다. 그런데 이광수는 바로 이점을 겨냥하여 조선의 현 교육체제가 일본의 교육체제에 비해 현저하게 경쟁력이 떨어지며, 이래서는 당국이 그처럼 강조하는 동화와 일선융화의 내실을 거둘 수 없으니 조선에 일본과 동일한 교육을 개방할 것을 요구했던 것이다.[8]

> 병합 당시 일본은 뭐라고 말했는가. 조선의 행복을 위해서라고 하지 않았는가. 그렇다면 일본의 신부민(新府民)인 조선인의 행복은 완전한 일본 신민이 되는 데 있고, 완전한 일본 신민이 되려면 우선 일본 신민과 평등한 교육을 받아야 할 것이다. 당국은 걸핏하면 동화, 동화 해댄다. 우리도 속히 동화되기를 바라지만, 여기서 이른바 동화란 완전한 일본 신민이 되어 국가를 유지하고 발전시키는 데 요구되는 제 권리와 의무를 향유하게 된다는 의미에서이지, 언제까지나 식민지 토인으로서 협찬권이 없이 조세를 납부하고 일본인에게 부림당하는 기계가 된다는 의미에서는 아니다.[9]

조선인도 동화를 바란다는 것, 그것도 완전한 일본 신민이 되어 제 권리와 의무를 향유하고 싶다는 이광수의 주장은 일면 제국의 동화론과 호응하는 측면이 있는 것이 사실이다. 그러나 스물다섯의 혈기왕성한 청년으로서 민족의 소생을 꿈꾸며 그 방편을 도모하고자 했던 그가 일본인과 동등해지기만 한다면 제국에 동화되어 일본 신민으로 살아

---

8 孤舟生, 앞의 글, 51쪽.
9 위의 글, 51쪽.

도 좋다고 생각했다고 믿기는 어렵다. 그는 식민지 말기 제국의 '동포'를 향해 전향을 선언하는 자리에서도 과거 30년간 일선융화를 외치는 위정자나 민간 의인(義人)들의 말이란 "나를 무마하기 위한 허황된 말"이거나 그렇지 않으면 "위정자의 진짜 의도를 모르는 인도주의자일 것"[10]이라고 생각했었다고 고백한 바 있다. 사정이 이러하다면, 여기서 자신도 동화를 바란다는 주장은 제국의 동화론에 대한 지지라기보다 바로 다음의 요구, 즉 "우선 일본 신민과 평등한 교육을 받아야" 한다는 주장의 정당성을 끌어내기 위한 전략적인 수사였다고 보는 것이 옳지 않을까. 당시 이광수는 제국의 식민정책에 비판적이었던 일본의 민권론자들 또한 다만 '위정자의 진짜 의도를 모르는 인도주의자'라고 생각하면서도, 그들에게서 기대할 수 있는 최대한의 지원을 얻어내기 위해 동화론 지지라는 과감한 타협적 수사도 마다하지 않았던 것이다.

그러나 사상적인 후퇴로 인해 독자들의 지지를 얻지 못했던 『홍수 이후』는 반년도 채 되지 않아 폐간되고, 이광수 또한 제국의 민권론자들에게 일방적으로 의지하는 것만으로는 얻어낼 수 있는 것이 그다지 많지 않다고 여겼던 것으로 보인다. 이에 이광수는 국내로 시선을 돌려 총독부 기관지 『매일신보』 쪽에 주목하게 되는데, 제국의 민권론자들을 상대로 했던 과감한 타협적 전략이 여기서도 그대로 반복되고 있는 것은 물론이다.

「무부츠 옹의 추억」(1939)의 추억에 따르면, 이광수가 『매일신보』의 2대째 사장이었던 아베 미츠이에[阿部充家]와 처음 만난 것은 "1916년(大正 5)의 초가을"의 일이다. 당시 와세다대학에 적을 두고 있던 이광수는 여름방학을 마치고 동경으로 돌아가는 도중 경성에 들렀다가 당시

10 이광수, 「동포에 고함」(『경성일보』, 1940.10.1~9), 김원모・이경훈 편역, 『동포에 고함』, 철학과현실사, 1997, 15쪽.

『매일신보』 기자였던 심우섭에게 이끌려 아베를 찾아가게 된다. "아베씨에게 군 이야기를 벌써 해 두었어. 오늘 군을 데려 가겠다고 약속했다"는 심우섭의 언급으로 보아 이 만남은 이광수를 탐색하기 위해 아베 쪽에서 주선한 자리였던 것으로 보인다. 그러나 이 글에서 이광수는 이날 아베와 나눈 이야기에 대해서는 "그날은 무슨 얘기를 했었는지 기억이 나지 않는다"고 말을 끊어버리고 있다.[11] 이날 처음 만난 아베의 인상은 물론 된장국과 단무지와 김을 차린 조반과 아주 맛없는 이질풀을 달인 물을 대접받았던 것까지는 선명하게 기억하고 있는 그가, 아베와 나눈 이야기에 대해서는 정말 기억할 수 없었던 것일까.

아베와의 만남 직후 『매일신보』에 실린 서간문 「대구에서」(1916)는 이날 이광수가 아베와 무슨 이야기를 나누었는지 추측할 수 있는 단서가 되는 글이다. 이 글은 이날 아침 이광수가 심우섭과 함께 아베를 만나고 나서 동경으로 향하는 길에 대구에서 쓴 글이다. "아침에 선생을 배별(拜別)하고 종일 비를 맞으며 대구에 도착하였나이다"로 시작되고 있는 이 서간문은 바로 1916년 초가을인 9월 22일과 23일 이틀에 걸쳐 『매일신보』에 실렸다. 그러니까 이광수는 이날 아침 일찍 아베를 찾아갔다가 배별(拜別)하고는 바로 기차에 올라 대구에 도착했고, 거기서 당시 사회적으로 커다란 물의를 빚었던 대구 청년들의 강도사건을 화제삼아 아베에게 '고평(高評)'을 구하는 형식으로 조선에 필요한 정책을 대담하게 제안했던 것이다.

잘 알려져 있다시피, 이 글에서 이광수는 당시 대구 청년들의 강도사건이 자신의 포부와 능력을 펼칠 기회가 없는 조선 청년계에서 가장 일어나기 쉬운 죄악임을 강조하면서 그 구제책으로 학교교육과 사교

11 이광수, 「무부츠 옹의 추억」(『경성일보』, 1939.3.11~17), 앞의 책, 244쪽.

기관과 강연과 신문, 잡지와 종교와 독서 등으로 청년들이 활동할 무대를 현대에서 구하게 하고 신사업을 넓혀 청년들이 활동할 수 있는 문호를 개방할 것 등을 제안하고 있다. 영리한 이광수는 아마도 이러한 자신의 제안이 아베를 솔깃하게 할 것이라는 점을 잘 알고 있었을 것이다. 당시 『매일신보』는 동화정책 노선에 따라 일본이 조선을 병합한 것은 바로 조선에게 교육과 산업, 문명을 주기 위한 것임을 끊임없이 선전해 대고 있는 실정이었기 때문이다. 이광수는 「졸업생 제군에게 드리는 간고(懇告)」에서도 "당국이나, 오인이나, 조선인에 교육을 주고, 산업을 주고, 모든 문명을 주는 데는 의사가 일치할 줄 믿음"[12]이라고 적고 있으며, 「오도답파기」에서 또한 당국은 동경 유학생들이 위험사상을 가졌다고 의심하는 데 사실 이들이 정력을 다하고 있는 것은 "산업 발달, 교육 보급, 사회 개량"[13] 등으로 당국의 뜻과 부합하는 것임을 애써 강조하고 있기도 하다.

그러나 여기서 제국의 논리와 자신의 논리가 일치한다는 점을 누누이 강조하고 있는 이광수의 태도를 단순히 독립의 포기를 대가로 한 민족 개량주의적 발상으로만 치부할 수 있을까. 여기에서 역으로 제국의 논리와 타협해서라도 민족의 소생에 필요한 제도적 차원의 공간을 확보하고자 했던 그의 전략적인 노력을 읽어내야 하는 것은 아닐까.

앞서도 언급한 것처럼, 이광수에게 '교육'과 '언론'은 열강 제국간의 치열한 경쟁의 시대에 문명의 보급을 통해 식민지로 전락한 민족의 소생을 도모할 수 있는 기초적인 지반을 의미했다. 신지식으로 무장한 청년이야말로 이 일을 맡아 해나가야 할 중추계층이었던 것은 물론이다. 그러나 주지하다시피, 1910년대 무단통치시대의 식민지 조선은 교

---

12 이광수, 「졸업생 제군에게 드리는 懇告」(『학지광』, 1917.7), 『전집』 10, 265쪽.
13 이광수, 「오도답파기」(『매일신보』, 1917.4.26～9.12), 『전집』 8, 169쪽.

육이 미비한 것은 물론 언론도 통제되어 있는데다가 농업과 상공업을 비롯한 모든 산업이 막강한 권력을 등지고 조선으로 쏟아져 들어온 일본인들에게 밀려 열악한 처지에 놓여 있어서 조선 청년들이 활동할 수 있는 공간은 거의 없었다고 해도 과언이 아니었다. 이광수는 아마도 일단 조선의 청년들이 교육받을 수 있는 여건을 확보하고 또 청년들이 활동할 무대가 갖추어지기만 하면 머지않아 조선 민족이 소생할 수 있는 길도 열릴 것이라고 보았을 것이다. 그리고 이를 깨우치고 분발을 촉구하기 위해서라도 국내의 유일한 언론 매체인 『매일신보』의 지면을 확보하는 것이 필요하다고 여겼을 것이다. 그런데 때마침 아베 쪽에서 자신을 필요로 하고 있다는 것을 감지했음에랴. 짐작했던 대로 아베에게 올린 서간문 「대구에서」가 지면에 실리면서 『매일신보』를 손에 넣을 수 있었던 이광수는 바야흐로 『매일신보』를 무대로 조선과 총독부 측의 동시적인 주목 아래 화려한 문필활동을 벌이게 된다.

애초에 이광수를 주목했던 아베의 의도야 제국의 식민정책을 안정적으로 뒷받침하는 데 도움을 얻을 수 있는 필자를 확보하는 데 있었을지도 모른다. 그러나 1919년 3·1운동과 같이 '민족 감정'에 기반한 대중적인 운동이 전국적으로 광범위하게 확산될 수 있었던 것은 결코 우연이라고 할 수 없다. '신문'이라는 근대적 인쇄 매체가 민족이라는 공동체의 관념을 창출하는 데 미친 결정적인 영향에 관해서는 이미 베네딕트 앤더슨도 충분히 논의했던 바이거니와,[14] 「농촌계발」에서 김일이 "어떻게 해야 우리 민족이 세계에서 양반이 되고 부자가 되겠다 하는" 민족적 이상을 일깨우고 또 조선 "십삼도가 일가(一家)"라는 "공통한 감정" 혹은 "사회심"[15]을 불어넣기 위해 마을에 '신문'이라는 매체

14 베네딕트 앤더슨, 윤형숙 역, 『민족주의의 기원과 전파』, 나남, 1991, 제2장 문화적 근원과 제3장 민족의식의 기원 참조.

를 도입한 일화는, 이광수가 이미 '신문'이라는 근대적인 대중 매체가 가진 힘을 분명하게 인식하고 있었음을 잘 보여준다. '신문'이라는 근대적 매체와 이광수가 민족적 이상을 독자들에게 효과적으로 공감시킬 수 있는 도구라고 보았던 문학이 결합한 지점에서 탄생한 장편 『무정』이 "공감적 국민=민족 만들기"[16] 기획을 성공적으로 수행해낼 수 있었던 것, 그것은 바로 이민족(異民族)의 동화를 위해 제국이 내건 문명화의 이념을 역으로 조선의 독자적인 민족 정체성을 형성해가는 지반으로 활용한 데서 비롯되었다고 할 수 있는 것이다.

3. 이광수의 문명론과 사회진화론

조선 문명화의 사명을 내건 이광수의 의도가 제국의 의도와 만나면서도 또 이를 넘어서고 있다는 것은 당시 그의 문명론을 뒷받침했던 사회진화론의 성격에서도 분명하게 드러난다. 이광수의 문명론은 애초에 19세기에서 20세기 초반 제국 열강들 간의 치열한 식민지 쟁탈전을 배경으로 문명의 힘을 앞세운 제국주의의 정당성을 이론적으로 뒷받침했던 사회진화론이 부추긴 위기의식에서 제출되었다. 그 본격적인 영향을 논할 수 있는 글이라면 아무래도 「우선 수(獸)가 되고 연후에 인(人)이 되라」(1916.11.6 집필)를 꼽지 않을 수 없는데, 특히 이 글은 '생

15 이광수, 「농촌계발」, 앞의 책, 87~93쪽.

16 김현주, 「1910년대 '개인' '민족'의 구성과 감정의 정치학」, 『현대문학의 연구』 22, 2004; 김현주, 「공감적 국민=민족만들기」, 『작가세계』, 2003 여름 참조.

물학'의 권위를 빌어 진화란 "우자(優者)의 특권"이며 따라서 강자의 완력은 그 자체로 정당한 반면 "도덕은 강자에게 복종하는 약자의 의무"라는 주장을 거침없이 내뱉고 있어 당시 이광수가 제국의 사회진화론에서 받은 지적 충격을 그대로 전해준다.

『그의 자서전』에 따르면, 이광수가 다윈의 진화론을 본격적으로 접한 것은 대학시절 생물학을 비롯하여 천문학, 실험심리학 등의 과학 과목을 수강하면서였다고 한다.[17] 당시의 생물학이란 곧 "다윈의 생물진화론"을 가리키는 것이었음은 이미 지적된 바 있거니와,[18] 당시 일본에서는 다윈의 『종의 기원』을 충실하게 소개한 오카 아사지로[丘淺次郎]의 『진화론강화(進化論講話)』(1904)가 지식층에게 여전히 널리 읽히는 분위기였던 터라 이광수 또한 다윈의 진화론을 접할 수 있는 지적 환경에 놓여 있었던 것이다.[19] 오카의 『진화론강화』는 "진화론은 신문명의 총원천"이라 하여 이광수가 「동경잡신」에서 "일반인사의 필독할 서적"의 하나로 꼽은 저서이기도 한데, "과학은 물론이어니와 현대 인류의 만반 사상은 윤리, 정치, 교육, 종교를 물론하고 진화론의 원리의 영향

17 이광수, 『그의 자서전』, 『전집』 6, 442쪽.

18 하타노 세츠코, 「이광수의 민족주의사상과 진화론」, 최주한 역, 『『무정』을 읽는다』, 소명출판, 2008, 40쪽.

19 이에 관해서는 위의 글, 41~42쪽을 참조할 것. 한편 와다 토모미는 이광수가 『그의 자서전』에서 헤켈의 저작 『알 수 없는 우주』를 언급하고 있다는 점을 근거로 하여 이광수와 진화론과의 만남은 헤켈의 저작을 통해서 이루어졌으며, 이는 '다윈'은 부로호만 유통되었을 뿐 주로 스펜서 및 헤켈을 매개로 도입되었던 근대 초기 일본의 진화론 보급상황을 고려할 때 매우 자연스러운 일이었다고 강조하고 있다(와다 토모미, 「이광수 소설의 '생명' 의식 연구」, 서울대 박사논문, 2007, 12쪽). 그러나 이는 그야말로 일본 근대 초기의 상황에 국한된 것임을 분명히 해야 한다. 와타나베 마사오[渡辺正雄]도 지적한 것처럼, 근대 초기 일본에 유입된 진화론이 '우승열패 적자생존'과 같은 단순화된 공식으로 받아들여진 데는 생물학설로서의 진화론이 아직 학문적으로 받아들여 평가하고 비판할 기초가 없었기 때문이지만, 이러한 상황은 1904년 다윈의 『종의 기원』을 충실하게 소개하고 있는 오카 아사지로의 『진화론강화』를 계기로 어느 정도 극복된 것으로 평가되고 있기 때문이다(渡辺正雄, 「解說」, 『進化論講話』, 講談社學術文庫, 1971, 245쪽).

을 수(受)하였으며"라는 언급에서도 드러나 있는 것처럼,[20] 이광수가 이 책에서 관심을 가졌던 것은 다윈의 진화론 자체라기보다 이를 철학, 윤리, 교육, 사회, 종교 등 인간사회에 적용한 오카의 사상 쪽이었다고 할 수 있다. 와타나베 마사오[渡辺正雄]는 『진화론강화』에 전개되어 있는 오카의 사상을 한 마디로 다음과 같이 요약한다.

이(오카의 사상 체계 – 인용자)에 따르면, 교육의 목적은 "생식작용과 마찬가지로 종속의 유지·번영"에 있고, 사회개량도 "자기가 속한 인종의 유지·번영"을 목적으로 한 데 지나지 않는다. 선악, 양심, 도덕, 종교의 근거와 의의도 오로지 단체의 생존 및 생존경쟁상의 유용성에 있다. 나아가 인간의 지력도 본래는 생존경쟁상의 유력한 무기였으나 상당히 발전하여 "이른바 탈선한 결과" 철학과 종교, 미신과 같은 '부산물'을 산출했다고 한다. 그리고 세계는 평화가 아니라 전쟁, 생존경쟁의 상태에 놓여 있으므로, 국가 간·종속 간의 경쟁에서 이기려면 과학과 문명에서 타에 뒤처져서는 안 된다는 것이다.[21]

주목할 만한 것은 이러한 오카의 논리는 종국에 인류의 생존과 진보를 위해서는 "지력·건강이 열등한 인종을 인위적으로 생존시켜 인종 전체의 부담을 가중시키는 것은 될 수 있는 한 줄이고, 지력·건강이 모두 우등한 인종이 어느 방면으로든 반드시 이길 수 있는 제도를 가능한 한 완전히 하는"[22] 것이 필요함을 주장하여 제국주의를 이론적으로 뒷받침하는 데까지 나아가고 있다는 점이다. 이러한 상당한 자신감의 바탕에 일청전쟁에 승리하고 바야흐로 러시아와 전쟁을 벌일 수 있

20 이광수, 「동경잡신」, 『전집』 10, 325~325쪽.

21 渡辺正雄, 앞의 책, 249~250쪽.

22 丘淺次郎, 『進化論講話』, 講談社學術文庫, 1971, 604쪽.

을 만큼 강국으로 성장한 일본의 국력에 대한 자부심이 자리하고 있었을 것은 물론이다.

그러나 두 번의 전쟁을 치르며 일약 열강들과 어깨를 나란히 하게 된 동양의 문명 제국 일본과는 달리 식민지로 전락한 처지에서 이제 막 민족의 도약을 모색하고 있던 이광수에게, 열등한 인종은 인류의 생존과 진보를 위해서도 반드시 도태되어야 한다는 식의 냉혹한 논리가 오래 마음을 끌 수 없었을 것은 당연하다. 실제로 강자의 완력은 그 자체로 정당하고 도덕은 강자에게 복종하는 약자의 의무일 뿐이라고 주장하며 오카의 논의에 전적인 공감을 표했던 「우선 수(獸)가 되고 연후에 인(人)이 되라」 이후 그가 『매일신보』에 잇따라 발표한 세 편의 글 「동경잡신」(1916.9.27~11.9), 「교육가 제씨에게」(1916.11.26~12.13), 「농촌계발」(1916.11.26~1917.2.18)은 오카의 진화론이 지닌 또 다른 측면, 즉 인종의 개량·진보를 도모하는 데 필요한 인위적 진화 가능성에 좀더 주목하고 있는 것이 눈에 띈다. 이광수에게 인위적 진화의 발상을 부여한 것은 당시 와세다대학의 교수이자 잡지 『태양(太陽)』의 주간으로 지식층에 널리 영향력이 있었던 우키타 카즈타미[浮田和民]였다는 의견도 있지만,[23] 이러한 인위적 진화의 중요성에 관한 강조는 오카의 『진화론강화』에서도 찾아볼 수 있다.

생물의 진화는 자연도태의 결과이지만, 단체 안에서는 다만 자연도태에 맡기

23 하타노 세츠코는 와세다시절 이광수의 마지막 논설 「신생활론」(『매일신보』, 1918.9.16~10.19)을 주로 언급하면서 이광수에게 인위적 진화의 발상을 부여한 것이 우키타 카즈타미[浮田和民]였을 가능성을 제기했다(하타노 세츠코, 앞의 책, 87~90쪽). 하지만 제2차 유학시절 이광수의 글에서 인위적 진화의 가능성에 관한 사고가 엿보이는 것은 이 글이 처음이 아니다. 이광수는 기회가 있을 때마다 민족에게 문명화의 시세를 깨우치고 생존경쟁에서 도태되지 않기 위해 분발을 촉구하는 데는 교육과 언론이 무엇보다도 중요함을 언급하고 있다. 이를 고

는 것으로 안심할 수 없다. 반드시 인위적으로 이를 돕고 단체의 유지・번영에 有功한 행위는 어디까지나 존중하고 타의 모범이 되도록 권하고, 단체에 유해한 행위는 가능한 한 엄격히 제제를 가하여 다른 이에게도 경계시키며 (…중략…) 대대로 태어나는 자손 가운데 가장 우수한 분자가 단체를 계승하도록 해야 한다. 이리하면 자기가 속한 인종의 진보・개량은 자연스레 이루어지고, 타 인종과의 경쟁에서 이길 가능성은 점점 많아진다.[24]

여기서 다윈의 '자연도태'에 대비되고 있는 '인위도태'란 다윈이 『종의 기원』 제1장 '사육 및 재배에서 생기는 변이'에서 인간이 자신이 원하는 용도와 기호에 맞게 선택을 누적시킨 결과 개량된 품종을 얻어내는 사육 과정상의 변이를 논한 것에 주목하여 오카 자신이 만들어낸 용어이다. 『진화론강화』에서 오카는 '인위도태'에 관해 한 장을 할애하여 언급하고 있을 정도로 이 개념을 중요하게 취급했는데,[25] 그러한 인위도태 개념을 종국에는 "자기가 속한 인종의 진보・개량"을 뒷받침하는 방법론으로 활용했던 것이다. 문명 보급의 최우선적인 방편으로 학교교육과 학술잡지, 서적 등 언론의 중요성을 강조하고 있는 「동경잡신」, 교육의 목적은 개인과 종족의 보존・발전에 있음을 강조하면서 이러한 능력을 양성하기 위한 실생활 중심의 교육을 펼칠 것을 교육계에 주문한 「교육가 제씨에게」, 시세에 도태되지 않으려면 무엇보다도

려할 때, 「신생활론」에 보이는 우키타의 사상은 직접 영향을 받은 결과라기보다 인위적 지화에 정교한 논리를 부여하고 있는 점 때문에 수용된 것이라고 보는 것이 옳지 않을까 싶다.

24 丘淺次郎, 앞의 책, 621～622쪽.

25 "이렇게 현저한 변종이 어떻게 생기는고 하니, 그 방법은 오늘날에도 사육자가 항상 행하고 있는 것으로, 많은 개체 가운데서 사육자의 이상에 가장 가까운 성질을 띤 것을 골라내어 이것을 번식할 목적으로 사용하고, 그것이 나온 자손 가운데서 또 사육자의 이상에 가장 가까운 성질을 띤 것을 선택하여 번식시키기를 계속하여 반복하는 것으로, 이는 인간의 의도로 행하는 도태이므로 인위도태라 칭한다(위의 책, 71쪽).

신교육이 중요함을 강조하며 문명 조선의 장래에 대한 구상을 펼치고 있는 「농촌계발」 등은 모두 자기가 속한 인종의 진보·개량을 통해서 인위적으로 진화할 수 있다는 오카의 발상과 상통한다. 오카의 '인위도태' 개념은, 당시 식민지로 전락한 조선도 몇 배로 노력한다면 제국 일본이 그랬던 것처럼 머지않아 문명국의 지위에 도달할 수 있을 것이라는 이광수의 신념에 논리적이고 과학적인 근거를 부여해주는 역할을 했던 것이다.

그러나 이광수가 받아들인 인위적 진화 개념은 오카의 것과 일면 상통하면서도 이와 이질적인 지점이 있다는 것을 간과해서는 안 된다. 오카는 앞서 인류의 생존과 진보라는 명분하에 열등 인종의 도태를 당연시했던 것과 마찬가지로 자기가 속한 인종의 진보와 개량을 위해서는 단체의 유지·번영에 유해한 분자를 도태시키는 것이 필요하다고 주장한다. 이를테면 "약하고 어리석은 자도 훌륭히 생존시키는 제도는 모두 폐지하고, 지력·건강이 모두 우월한 자는 반드시 이겨 단체 가운데 중요한 위치를 차지하고 열등한 자는 반드시 패하여 물러나게 하는 구조로 고쳐야"[26] 한다는 식이다. 여기서 인도라든가 인권, 인격이란 관념이 들어설 여지가 없는 것은 물론이다. 실제로 그는 "인도를 외치고 인권을 중시하고 인격을 존중하는 것은 모두 지상(紙上)의 공론(空論)이다. 잡초를 뽑지 않으면 정원의 꽃은 시드는 것처럼, 유해한 분자를 제거하는 것은 인종의 진보·개량에도 가장 필요하다"[27]고 공언하기도 했다.

반면 이광수에게 인도와 인권, 인격 개념은 식민지로 전락한 조선에 근대적 문명의 새로운 공기를 불어넣기 위해서도 여전히 중요한 윤리적 근거였다. 오카를 만나기 직전까지만 하더라도 이광수는 "인도의

26 위의 책, 622쪽.

27 위의 책, 604쪽.

발달이 인류의 이상"이라는 전제하에 "장차 우리 주장할 이 사회에게 선한 의미의 진화를 주어야 할 우리 청년"은 "제 가족이나 친지"의 범위를 넘어서 "일국(一國)과 세계와 우주만물"에 미치는 "대양 같은 넓고 깊은 동정"[28]에 기초한 인격을 가진 위인이라야 한다고 주장했던 터였다. 여기서 '동정'이란 "나의 몸과 맘을 그 사람의 처지와 경우에 두어 그 사람의 심사와 행위를 생각하여 줌"[29]을 의미하는 만큼, 자기가 속한 인종의 진보와 개량이라는 명분하에 열등한 분자는 가차 없이 도태시킬 것을 주장한 오카의 냉혹한 생존경쟁의 논리와는 양립하기 어려운 윤리인 것이 분명하다. 오카를 만나면서 일시 자취를 감추었던 이러한 '동정'에 기초한 윤리는 「농촌계발」을 비롯하여 『무정』에서 다시금 부각되기에 이르는데, 여기에는 당시 경쟁을 강조한 제국주의적 진화론과 나란히 부조(扶助)를 강조한 무정부주의적 진화론이 지식층에게 영향을 미치고 있던 상황도 한몫 했던 듯하다.

『무정』을 읽다 보면 형식이 자신의 인생관과 우주관, 종교관을 이야기하는 대목에서 루소의 『참회록』과 『에밀』, 셰익스피어의 『햄릿』, 괴테의 『파우스트』과 나란히 크로포트킨의 "『면포(麵麭)의 약탈(掠奪)』"을 읽었다고 언급하는 대목이 나온다.[30] 이 책은 일본 무정부주의적 혁명가의 선구로 꼽히는 코토쿠 슈스이[幸德秋水]가 번역하여 1909년 헤이민샤[平民社]에서 출간한 『빵의 정복(麵麭の略取)』을 가리키는 듯하다.[31] 당시 이시카와 타쿠보쿠[石川啄木]를 비롯하여 일본의 급진적인 청년들에

28 이광수, 「同情」(『청춘』 3, 1914. 12), 『전집』 1, 558~560쪽.

29 위의 글, 557쪽.

30 이광수, 김철 교주, 『바로잡은 『무정』』, 문학동네, 2003, 423쪽.

31 당시 번역서에는 다만 '平民社 譯'이라고 되어 있을 뿐 번역자가 명기되어 있지 않다. 그런데 『幸德秋水集』에 코토쿠에 대한 해설을 쓴 칸자키 키요시[神崎淸]에 의하면, 이 책은 코토쿠 슈스이에 의해 번역된 것이라고 한다(神崎淸, 「反戰・平和の原點, 幸德秋水」, 『日本の名著 44 ―幸德秋水』, 中央公論社, 1996, 55쪽).

게 고토쿠 슈스이가 미친 절대적인 영향력은 이미 잘 알려져 있는 바이거니와,[32] 『무정』이 연재되던 1917년은 코토쿠를 이어서 타이쇼 시대에 이름이 높았던 무정부주의자 오스기 사카에[大杉榮]가 '진화의 일 요소'라는 부제를 달아 크로포트킨의 『상호부조론(相互扶助論)』(青陽堂, 1917)[33]을 번역하여 출간한 해이기도 하다.

당시 이광수가 크로포트킨의 『빵의 정복(conquest of bread)』을 읽은 것은 물론 당대 무정부주의에 공명한 급진적인 일본의 청년들과 동일한 문제의식을 공유해서였을 리가 만무하다. 『나의 자서전』에 나오는 "나의 두 번째 동경 생활은 일언이폐지하면 사상적 고민 생활"[34]이라는 언급으로 짐작건대, 그 자신 당대 일본 사상계를 휩쓸던 기본적인 사상적 흐름에 민감했던 까닭에 호기심으로 읽게 되었을 가능성이 높다. 그러나 '동정'과 '상호부조'와 같은 '사회 감정'[35]에 근거하여 토지와 식량, 주책, 교육 등 소수에게 독점된 자본을 다수에게 돌려 인간이라면 누구나 인간이 공동으로 이룩한 근대적 문명의 혜택을 고루 누려야 한다는 크로포트킨의 호소는 식민지 지식인 이광수로서도 공감하는 바가 적지 않았을 것이다. 아마도 그는 이러한 크로포트킨의 호소에서 소수 일본인의 손에 모든 자본이 독점되어 문명의 혜택을 누리지 못하고 있는 궁핍한 조선의 처지를 떠올렸을 테지만 말이다. 특히 프랑스 혁명 당시 발휘되었던 민중들의 위대한 연대의 힘을 웅변적으로 묘사

---

32 특히 크로포트킨의 『빵의 정복』은 코토쿠의 저서 『二十世紀之怪物帝國主義』(警醒社書店, 1901), 『社會主義神髓』(朝報社, 1903)와 더불어 필독도서처럼 읽혔다고 한다(위의 글, 7~10쪽).

33 クロポトキン, 大杉榮, 『相互扶助論 : 進化の一要素』, 青陽堂, 1971.

34 이광수, 『나의 자서전』, 앞의 책, 421쪽.

35 "현재 우리가 살아가는 사회조직(소수에게 독점을 허용하는 자본주의 제도－인용자)은 오히려 **사회 감정**의 발달을 저해한다. 우리가 잘 알고 있는 것처럼, 만약 정직함과 자존감, 그리고 **동정**과 **상호부조**가 없다면 인류는 멸망하지 않을 수 없다. 강탈하여 목숨을 이어가는 몇몇 동물과 노예를 소유한 개미가 멸망했던 것처럼 말이다."(クロポトキン, 『麵麭の略取』, 平民社, 1909, 19쪽)

하고 있는 다음의 결론 대목에 이르러서는 조선 문명화의 사명을 자각한 청년들 또한 하나 되어 힘을 모은다면 조선의 장래 또한 그리 어둡지만은 않을 것이라고 다시금 확신했을지도 모를 일이다.

> 무릇 프랑스혁명 당시 모습을 드러낸 모든 위대한 사업 가운데 가장 아름답고 가장 위대한 것을 꼽자면, 프랑스의 각지에서 파리로 달려온 위원들이 연합 시찰을 준비하기 위해 샹·드·마르스 광장을 일구느라 모두 함께 손을 거든 때였다. 이날 프랑스는 하나였다. 새로운 정신으로 활기를 얻은 토지 공동작업 속에서 미래의 모습을 볼 수 있었다.
>
> 장래 자유를 얻은 사회 또한 이와 같은 공동작업을 통해 연대의 힘을 발견하고 그들을 분열시킨 증오와 억압을 소멸시킬 것이다. 이리하여 일단 협동·단결의 힘 — 인간의 정기(精氣)와 창조력을 백 배 증진시킬 수 있는 막대한 힘 — 을 깨달은 신사회는 모두 청춘의 기력을 발휘하여 미래의 정복을 향해 나아갈 것이다.[36]

사실 이 대목은 『무정』의 그 유명한 대단원 삼랑진 장면을 그대로 떠올리게 만든다. 수해로 인해 하루아침에 집을 잃고 무기력하게 거리로 나앉은 사람들과 이들을 구호하기 위해 누가 먼저랄 것 없이 팔을 걷어붙이고 나선 젊은 청년들. 미력이나마 각자가 가진 재능을 발휘하여 자선음악회를 마련하게 된 것을 계기로 "너와 나라는 차별이 없이 온통 한 몸 한 마음"[37]이 된 청년들은 약속이라도 한 듯 다 같이 조선 문명화의 사명이 바로 자신들의 어깨에 놓여 있음을 자각하며, 그리고 잘 알려져 있는 대로 『무정』의 마지막 장은 조선 문명화의 사명을 어깨에 지

---

36 위의 책, 360쪽.
37 이광수, 『바로잡은 『무정』』, 708쪽.

고 동경으로 시카고로 유학을 떠났던 청년들의 활약에 힘입어 날로 문명화해가는 눈부신 조선의 장래가 펼쳐지는 것으로 장식된다. 마지막 장에 펼쳐지고 있는 문명화된 조선의 장래에 대한 낙관적인 전망, 그것은 바로 자선음악회라는 구호작업을 통해 발견된 공통한 감정과 연대의 힘에 대한 믿음에서 비롯된 것이라 해도 과언이 아닌 것이다.

물론 당시 이광수의 최우선적인 관심은 식민지로 전락한 민족의 소생에 있었던 만큼, 여기서 동정과 연대의 범위는 민족 공동체의 범위에 국한되어 있었다고 보는 것이 옳을 것이다. 또한 "저대로 내어버려 두면 마침내 북해도의 아이누나 다름없는 종자가 되고 말 것"[38]이라는 위기의식 속에서 조선 문명화의 사명을 다짐하고 있는 형식의 사고가 보여주듯이, 『무정』을 쓸 무렵 이광수는 여전히 문명화에 뒤떨어지면 살아남을 수 없다는 우승열패적 사회진화론의 영향력을 완전히 벗어났다고 보기는 어려운 것이 사실이다. 그러나 "공동한 감정", 즉 "일동(一洞)이나 일문(一門)이나 일국(一國)이나 또는 전 세계를 자신으로 여겨 그를 위하여, 또는 그와 함께 울고 웃음"이 곧 "문명인의 일대 특징"[39]이라는 「농촌계발」의 언급에서도 확인되듯이, 동정과 연대에 기반한 상호부조적인 사고가 그의 의식을 지배했던 또 하나의 흐름이었다는 것도 무시할 수는 없다. 그렇다면 『무정』의 대단원 삼랑진 대목에서 조선인 청년들의 자선음악회에 공감을 표하고 지원해주었던 일본인 경찰서장을 비롯한 일본인 승객들에 대한 묘사는 국가 단위를 넘어서는 동정과 연대에 기반한 윤리적 요구로서 재해석해볼 수 있지 않을까.[40]

---

38 위의 책, 703쪽.

39 이광수, 「농촌계발」, 『전집』 10, 93쪽.

40 하타노 세츠코는 음악회 장면에서 일본인 경찰서장이 '동포'라는 말을 입에 올리며 눈물을 흘리는 대목이 선의만 강조된 비현실적인 인상을 준다고 지적한 바 있다(하타노 세츠코, 「『무정』을 읽는다(하) — 영채 · 선형, 삼랑진」, 최주한 역, 『『무정』을 읽는다』, 소명출판, 2008,

식민지로 전락한 조선이 문명화의 결실을 거두기 위해서는 무엇보다도 민족 공동체 내부의 동정과 연대가 필요함을 주장하는 한편, 더 나아가서는 제국 일본을 향해 생존경쟁에서 살아남은 우자(優者)로서의 특권을 누리기보다 문명국의 일원으로서 조선의 문명화 노력에 공감하고 이를 지지해주는 것이 마땅하다는 윤리적 요구를 내세웠던 이광수. 순진하다면 순진하다고도 할 수 있지만, 이러한 윤리 감각은 안으로는 민족의 소생에 필요한 민족 공동체의 감각을 일깨우고, 밖으로는 조선 문명화의 명분을 내걸고 안으로는 '시세(時勢)와 민도(民度)'의 잣대 아래 철저히 조선을 종속적인 지위에 둠으로써 식민지배에 안착하려던 제국의 이중적인 식민지배 전략의 허를 찌른 것이었다. 요컨대 1910년대 이광수의 문명론은 제한적이나마 동정과 연대에 의거하여 인류 진보에 대한 믿음을 표명했던 상호부조적 윤리를 도입함으로써 우승열패의 제국주의적 질서를 정당화했던 사회진화론의 논리를 넘어서고 있었던 것이다.

4. 「2·8독립선언서」, 타협의 수사를 넘어서

"조선청년독립단은 아(我) 2천만 민족을 대표하여 정의와 자유의 승리를 득(得)한 세계만국의 전(前)에 독립을 기성(期成)하기를 선언하노라"[41]

391~392쪽). 아마도 제국의 관리로서 식민지의 조선인을 동포라 부르며 눈물을 흘리는 태도가 비현실적이라는 지적이었을 테지만, 문명인의 일대 특징이 '공동한 감정'이라는 이광수의 윤리관에서 보자면 일본인들에게 문명인으로서의 도리를 요구한 윤리적 감각의 소산으로 해석할 수도 있다고 본다.

로 시작되는 「2·8독립선언서」는 기왕에 이광수의 사상적 궤적에서 일시적이고 돌발적인 것으로 간주되어 왔다. 김윤식은 준비론자였던 이광수가 '독립'을 외쳤다는 것, 게다가 독립을 얻기 위해 '혈전'도 불사하겠다는 투쟁론을 앞세운 것이 전혀 이광수답지 않다는 것을 근거로 들어 "춘원의 선언문은 춘원 자신이 품고 있던 사상과는 너무나 동떨어진 추상적 문자의 나열"이자 "다만 그의 지식으로 멋있는 수사학을 구사하였을 뿐"이라고 혹평했고,[42] 이동하 또한 다만 "유학생 집단 전체의 입장을 대변"해야 할 필요성과 종전 후 독립운동의 가능성이 점쳐지는 상황으로 인해 "평소의 타협적 개량론과는 정반대되는 논지의 글을 기초"할 수 있었다고 주장했다.[43] 한편 하타노 세츠코는 이광수에게 건전한 조선인의 감각을 심어주었던 '오산학교의 세계'의 분출이라는 관점에서 이광수의 사상에 내재하는 연속성을 강조하고 있지만, "그 직전의 저작", 즉 2차 유학시절의 저작과 "연속적인 정신 활동의 소산"으로 간주하기 어렵다고 보고 있다는 점에서 「2·8독립선언서」가 돌발적이라는 점에는 대체로 동의하고 있는 것으로 보인다.[44]

그러나 이러한 견해들은 「2·8독립선언서」에 표명된 '독립'과 '혈전'의 수사를 다소 과대평가한 데서 비롯된 것이 아닌가 싶다. 사실 「2·8독립선언서」는 '독립'과 '혈전'의 수사를 구사하고 있기는 하지만, 이러한 수사를 걷어내고 보면 전혀 다른 사실이 눈에 들어온다. 그것은 바로 이 선언서가 "오인(吾人)은 결코 여차(如此)한 무단 전제, 부정 불평등한 정치하에서 생존과 발전을 향유키 불능"하다는 문제의식에서 제출되고 있다는 점이다.

---

41 이광수, 「조선청년독립단선언서」(1919.2.8), 『전집』 10, 15쪽.
42 김윤식, 『이광수와 그의 시대』 1, 솔, 1999, 682~685쪽.
43 이동하, 『이광수-『무정』의 빛, 친일의 어둠』, 동아일보사, 1992, 80~82쪽.
44 하타노 세츠코, 앞의 글, 2008, 76~79쪽.

합병 이래 일본의 조선 통치 정책을 보건대, 합병시의 선언에 반하여 吾族의 행복과 이익을 무시하고, 정복자가 피정복자에 대한 고래의 비인도적 정책을 襲用하여 오족에게 참정권, 집회·결사의 자유, 언론·출판의 자유 등을 불허하며, 심지어 信敎의 자유, 기업의 자유까지도 不少히 구속하며, 행정, 사법, 경찰 등 제 기관이 조선 민족의 私權까지도 침해하며 公私에 吾人과 일본인과의 간에 우열의 차별을 設하며, 오족에게는 일본인에 비하여 열등한 교육을 施하여 써 오족으로 하여금 영원히 일본인의 사역자로 成케 하며, 역사를 개조하여 오족의 신성한 역사적 전통과 위엄을 파괴하고 능모하며, 소수의 관리를 제한 외에는 정부의 제 기관과 교통, 통신, 병비 등 제 기관에 전부, 혹은 대부분 일본인을 사용하여 오족으로 하여금 영원히 국가 생활의 지능과 경험을 得할 기회를 不得게 하니, 吾人은 결코 如此한 武斷 專制, 부정 불평등한 정치하에서 생존과 발전을 향유키 불능한지라. 그뿐더러 원래 인구 과잉인 조선에 무한으로 이민을 장려하고 보조하여 토착한 오족은 해외에 유리함을 不免하며, 정부의 제기관은 물론이고 사설의 제기관에까지 일본인을 사용하여 일단 조선인의 부를 일본으로 유출케 하고 상공업에도 일본인에게만 특수한 편익을 與하여 오족으로 하여금 산업적 발흥의 기회를 실케 하도다. 여차히 下方面으로 관하여도 오족과 일본과의 利害는 互相背馳하여 期害를 受한자는 오족이니, 오족은 생존의 권리를 위하여 독립을 주장하노라.[45]

민족의 '생존과 발전', 그것은 이광수가 「조선인 교육에 대한 요구」에서를 비롯하여 「대구에서」, 「동경잡신」, 「오도답파기」 등의 논설을 통해 끊임없이 강조해온 것으로, 여기서 '생존의 권리'를 내세우며 '독립'을 주장하기 위한 명분으로 나열되고 있는 각 항목들은 그대로 이전 주

45 이광수, 「조선청년독립단선언서」, 『전집』 10, 15쪽.

장들과의 연속선상에 있다. 다만 이 선언서에서 한 가지 눈에 띄는 것은 이러한 요구가 당국의 의사와도 일치한다는 이전까지의 타협적인 전제를 완전히 뒤집어 "오족과 일본의 이해는 상호배치"한다는 주장을 하고 있다는 점인데, 그러나 이 또한 이미 동화론 지지라는 과감한 타협의 수사를 구사하면서까지 조선에 일본과 동등한 수준의 교육을 개방할 것을 요구했던 「조선인 교육에 대한 요구」의 근저를 이루는 인식이기도 했다는 점에서 일시적이거나 돌발적인 것으로 간주하기는 어렵다.

> 우리는 조선인이 경제적으로나 문화적으로 열등함을 안다. 따라서 조선인을 오늘날의 일본인과 평등하게 대우해 주지 않는다고 해서 턱없이 국가를 미워한다거나 저주하는 것은 아니다. 다만 조선인도 장래에 문화의 수준이 높아지면 일본인과 평등한 권리와 의무를 향유할 수 있다는 보장만 있다면 만족할 것이 틀림없다. 물론 조선인 가운데는 독립을 꿈꾸는 자도 있을 것이다. 그러나 그들이 독립을 외치는 가장 유력하고 보편적인 원인은 일본이 조선의 이익을 도외시하고 일본의 이익만 도모하기 때문이다. 어디까지나 조선인을 압박하고 박해하여 조선 땅을 모조리 일본인만의 것으로 삼으려 하기 때문이다. 그래서 혹자는 일본인의 지배를 받는 한 조선인은 멸망할 수밖에 없다고 말하는 것이다. 조선인이 이런 오해(나는 오해이기를 바란다)를 품게 된 것은 꼭 조선인이 우매하기 때문이라고는 할 수 없다. 당국의 施政 태도가 영향을 미치는 일본인과 조선인 간의 訴訟은 대개 조선인의 패소로 끝난다. 관청에서도 일본인은 인격을 인정받아 말하는 바도 믿어주고 대우도 친절하지만, 조선인이 가면 턱없이 바보 취급하고 조소하며 심하게는 상당한 지위를 가진 사람에게조차 '네놈'이라고 말하며 때리거나 발로 찬다. 사업 경영에서도- 예컨대 鑛山의 認可 같은 것도 일본인과 조선인의 경쟁이 있는 경우에는 반드시 일본인이 따낸다. 저 東拓과 같은 것도 필시 조선인의 피를 빨아 살찌운다는 견해가 있다. 해마다 수만 정보의 전답을 매수해서는 그 전답으

> 로 생명을 이어 온 조선인 농부를 쫓아내어 만주 벌판에서 방황케 하기 때문이다. 게다가 在鮮 일본인이 조선인에게 취하는 잔혹하고 放漫한 태도는 조선인으로 하여금 원한이 골수에 사무치게 만든다. 그리고 때로 총독부 측 유력자의 입에서 "조선인에게는 영원히 참정권을 줄 수 없다"는 식의 얘기가 흘러나오기도 한다. 당장 참정권을 주겠다고는 할 수 없지만 장래에는 줄 수 있다는— 문화 수준이 높아짐에 따라 조선인도 일본인과 모든 면에서 평등하게 된다는 희망이 없으면, 조선인은 영원히 일본을 원망하게 될 것이다. **왜냐하면 文明은 노예로 하여금 영원히 노예가 되는 것을 감수케 내버려두지 않을 것이기 때문이다**(강조—원문).[46]

비록 '동화'와 '타협'의 수사로 가득하긴 하지만, 제국 일본과 조선의 이해가 서로 상반하는 방향으로 나아갈 때 그것이 서로에게 어떤 결과를 초래할 것인지 강조하고 있는 위의 인용문은 "오족과 일본의 이해(利害)는 상호배치"하므로 "오족의 생존의 권리를 위해 독립을 주장"한다는 「2·8독립선언서」의 논조를 이미 예비하고 있다고 해도 지나치지 않다. 그런 의미에서, 이러한 타협의 수사를 벗어버린 「2·8독립선언서」는 그간 전략적인 타협 아래 봉합(封合)해 왔던 제국과 식민지의 상반된 이해관계의 실상은 물론, 이를 분명하게 의식하고 있던 식민지 지식인 본연의 인식을 보여주는 텍스트라 해도 좋을 것이다.

문명화만이 식민지로 전락한 민족이 소생할 수 있는 유일한 길이라 믿었던 까닭에 제국의 근대를 향해 일면 과감하고도 위태로운 타협을 구사하지 않을 수 없었던 이광수. 그러한 타협의 수사를 과감하게 벗어버린 자리에 드러난 맨얼굴이 낯설다면, 그것은 문명의 이름을 곧바로 제국의 논리와 동일시해 온 우리들의 고착화된 시선 탓이 아닐까.

---

46 孤舟生, 앞의 글, 51쪽.

5. 결론을 대신하여

지금껏 2차 유학시절 이광수의 조선 문명화론은 잘해야 독립을 먼 훗날의 일로 기약하는 '준비론 사상의 맹아'이거나 아주 나쁘게는 독립을 사실상 포기한 상태에서 문명개화만을 말하고 있는 명실상부한 친일파의 '문명개화지상론'이라는 관점에서 평가되어 왔다. 여기에 당시 이광수가 문명화의 목표로 내건 '산업 발달, 교육 보급, 사회 개량'론이 조선 문명화의 명분을 표방한 식민 당국의 지배 정책과 일치한다는 점이 주로 강력한 근거가 되었던 것은 물론이다. 그러나 이러한 근대 문명 지향성만을 가지고 당시 이광수의 문명화론을 제국 일본의 동화주의를 지지하는 체제 순응적인 타협론으로 평가하는 것은 일면적이다.

일찍이 테사 모리스 스즈키는 20세기 일본 아이누의 정체성 정치를 고찰하면서 아이누를 20세기 일본 국민국가 질서 속으로 편입시켰던 동화정책이 애초의 의도를 이반하여 아이누 자신의 정체성을 주조하는 수단으로서 민족성·평등과 같은 근대적 언어를 갖게 만드는 결과를 가져온 사실에 주목했는데,[47] 이는 이광수의 경우도 다르지 않다. 『홍수이후』와 『매일신보』와의 접속을 기점으로 하는 2차 유학시절 이광수의 과감한 타협의 전략이 이민족(異民族)의 동화를 위해 제국이 내건 문명화의 명분을 민족적 이상을 일깨우고 민족 정체성을 형성하기 위한 지반으로 활용하기 위한 것이었으며, 사상적으로도 제한적이나마 동정과 연대에 기반한 상호부조적 윤리를 도입함으로써 우승열패의 논리로 조선의 식민지화를 정당화하는 제국주의적 사회진화론의

47 테사 모리스 스즈키, 임성모 역, 『변경에서 바라본 근대』, 산처럼, 2006, 239쪽.

논리를 넘어서고 있었음은 이미 살펴본 대로이다. 그런 의미에서, 이전까지의 전략적 타협의 수사에서 벗어나 제국 일본과 식민지의 상반된 이해관계의 실상을 낱낱이 열거하면서 정의와 평등의 이름으로 민족적 생존권을 주장한 「2·8독립선언서」는 2차 유학시절 이광수의 전략적인 문명화론 근저에 놓인 식민지 지식인 본연의 인식을 보여주는 텍스트라고 해도 좋을 것이다.

제4장

민족개조론과 상애(相愛)의 윤리학

1. 1920년대 초반의 세계개조론과 민족개조론

1910년대 이광수가 그려낸 조선의 장래에 대한 청사진의 윤곽은 한마디로 '문명조선의 건설'로서 요약할 수 있다.[1] 정신적으로나 물질적으로 낙후된 조선에 하루빨리 근대적인 교육과 산업을 도입함으로써 조선의 문명화를 촉진해야 한다는 신념, 그것이 문명의 힘을 획득하지 않고는 저 아이누 종족이 그러하듯 가난하고 미련한 "식민지 토인"으로서 영구히 "일본인에게 부림당하는 기계"[2]로 남게 될 것이라는 사회진화론적인 위기의식에서 비롯되었던 것은 말할 것도 없다. 반면 1920년대 초반의 민족개조론은 조선의 문명화에 보다 앞선 조건으로서 '민족성', 그리

1 1910년대 이광수의 문명화론에 대해서는 정선태, 「이광수의 「농촌계발」과 문명조선의 구상」, 『상허학보』 12집, 상허학회, 2004; 최주한, 「이광수와 식민지 문명화론」, 『서강인문논총』 27, 서강대 인문과학연구소, 2010 참조.

2 孤舟生, 「朝鮮人教育に對する要求」, 『洪水以後』 8, 一元社, 1916.3, 51쪽.

고 보다 근본적으로는 민족의 각 일원이 되는 '사람의 바탕'을 도덕적으로 개조할 것을 강조하고 있다는 점에서 다분히 윤리적인 색채를 띤다.

이광수가 더 이상 근대적인 교육이나 산업의 도입과 같은 외적 환경의 개조가 아니라 민족성이라는 근본적인 바탕의 도덕적 개조를 주장하게 된 데에는 구스타프 르봉(Gustave Le Bon)의 민족심리학의 영향을 빼놓을 수 없다. 이광수는 특히 '일국의 문명을 조직하는 각종 요소는 민족혼의 직접 발현'이라는 르봉의 민족심리학의 기본적인 전제에 크게 공감했다. 그러나 이광수의 민족개조론은 "민족의 성쇠흥망이 실로 그 민족성에 달린 것"[3]이라는 동일한 전제에 기초하면서도 인종 간의 차별과 배제를 정당화했던 르봉의 인종주의적 입장과는 거리가 있다는 점에서 르봉의 영향을 절대시해서는 곤란하다. 사회진화론의 신봉자였던 르봉과는 달리, 적어도 1920년대의 이광수는 근대 자연과학의 위력을 빌려 등장한 사회진화론을 "인류의 이기적 쟁투본능에 영합"한 "상극의 원리"이자 "악마의 사상"이라 하여 전면적으로 부정하는 한편 인류 구제의 빛은 역사적으로 "사랑", 즉 "상생의 원리"에 있음을 강조했고, 조선 민족의 개조 또한 이러한 인류 상생의 원리에 부합하는 방향으로 이루어져야 한다는 믿음을 가지고 있었기 때문이다.[4]

주목할 만한 것은 이광수에게 이러한 인본주의적 상애의 윤리는 1920년대에 급작스럽게 부상한 것이 아니라는 점이다. 몇몇 선행연구가 보여주는 것처럼, 그것은 사회진화론의 논리가 압도적이었던 1910년대 이광수의 문명론에서도 엄연한 하나의 흐름으로 존재했다.[5] 일찍

3 이광수, 「민족개조론」, 앞의 책, 127쪽.
4 이광수, 「상쟁의 세계에서 상애의 세계에」(『개벽』, 1923.2), 『이광수전집』 10, 175쪽.
5 서영채는 「공화국의 멸망」(1915)과 「우리의 이상」(1917)에서 근대적인 힘의 윤리에 대한 반성이 나타나고 있는 점을 지적했고(서영채, 「이광수의 사상에 대한 한 고찰」, 『한국근대문학연구의 반성과 새로운 모색』, 새미, 1997, 44~47쪽), 필자 또한 「농촌계발」(1916.11~1917.2)

이 이광수는 고아로 떠돌던 유년시절 동학의 인내천사상을 몸소 접할 기회가 있었고, 메이지학원 시절에는 톨스토이의 무저항주의적 기독 신앙에서 커다란 영향을 받았으며, 와세다대학 시절에는 오카 아사지로[丘淺次郎]의 사회진화론 못지않게 크로포트킨의 상호부조론에 크게 공감했던 터였다.[6] 이광수에게 인본주의적 상애의 윤리는 유년시절과 청년시절을 거치면서 형성된 그의 본원적인 사상의 또다른 한 축으로 자리하고 있었던 것이다.

그럼에도 불구하고 1920년대 초반 이광수의 민족개조론의 사상적 근간이 된 이러한 인본주의사상은 그간의 논의에서 그다지 주목되지 못했다. 민족개조론이 발표된 1922년 5월은 이광수가 상하이에서 무사귀국한 이래 독립운동의 배반자라는 여론이 여전히 가라앉지 않은 사정이었고, 더구나 발표되자마자 당시 민족 부르주아 진영과의 대립각을 세우며 자신들의 입지를 구축하고자 했던 사회주의 진영 논자들의 집중적인 포화를 맞았던 까닭에,[7] 이광수의 민족개조론은 주로 이러한 정치적 맥락과의 관계 속에서 논의되어왔던 것이다. 이광수의 민족개조론을 '문화정치'를 내세운 총독부와의 타협의 산물이자 부르주아 민족주의 진영의 합법적 민족운동의 일환으로 해석하고 있는 일련의 논의들,[8] 더 나아가 이를 "대중이 사회주의 사상을 수용했을 때 띠

과 『무정』(1917) 등에서 민족의 단위를 넘어서는 동정과 연대에 기반한 상호부조적 사고가 발견됨을 지적한 바 있다(최주한, 「제국의 근대와 식민지, 그리고 이광수」, 『어문연구』 140집, 어문연구학회, 2008 겨울, 436~439쪽).

6 오카 아사지로의 사회진화론과 크로포트킨의 상호부조론의 영향에 관해서는 최주한, 앞의 글을 참조할 것.

7 신상우, 「춘원의 민족개조론을 讀하고 그 일단을 논함」(『신생활』, 1922.6), 신일용, 「춘원의 민족개조론을 평함」(『신생활』, 1922.7), 김제관, 「사회문제와 중심사상」(『신생활』, 1922.7) 등 참조. 이들의 비판은 표면적으로 이광수가 3·1운동을 폄하한 데 집중되어 있지만, 유물론적인 사회개조의 당위성을 내세우며 부르주아 민족주의와의 대립각을 세우려는 의도 또한 분명하게 개진하고 있는 점을 간과해서는 안 된다.

게 될 혁명성에 대한 불안의식을 바탕"으로 지도자에 의한 대중의 통제와 지배라는 '파시즘의 대중정치학'에 입각하여 수립한 고도의 정치적 전략으로까지 밀고나간 논의[9] 등이 모두 그러하다.

그러나 이광수의 민족개조론을 가로지르고 있는 맥락은 다만 이 두 가지 국면에 국한되지 않는다. 사실 전체적인 논지로 보아 민족개조론의 초안으로 간주해도 무리가 없는 「선전 개조」(『독립신문』, 1919.8.21~10.28)는 그가 민족개조론을 구상한 것이 이미 상하이 시절의 일이라는 것을 보여주며, 앞서도 언급했듯이 그의 민족개조론은 제1차 세계대전 이후 전세계를 휩쓸었던 세계개조론의 흐름을 의식하는 가운데 제기되고 있는 것 또한 사실이기 때문이다.

주지하다시피, 이광수가 민족개조론을 발표한 1920년대 초반은 국내에서도 정의와 인도, 자유와 평등의 이념에 입각한 세계개조론의 기운에 힘입어 '인간성의 옹호'라는 보편적 이념을 근간으로 민족운동의 방향을 모색하고 있던 시기였다.[10] 그런 만큼 이 무렵은 제국주의 열강

---

8 김윤식, 『이광수와 그의 시대』 2, 솔, 1999a, 32~49쪽; 박찬승, 『한국근대정치사상사연구』, 역사비평사, 1992, 294~298쪽; M. 로빈슨, 김민환 역, 『일제하 문화적 민족주의』, 나남, 1990, 107~124쪽.

9 김현주, 「이광수의 문화적 파시즘」, 김철·신형기 외, 『문학 속의 파시즘』, 삼인, 2001, 104~107쪽. 필자는 이광수의 지도자론이 전체주의적 성격을 띠어가는 것은 1930년대 전반기 이후라는 견해를 갖고 있다. 이광수의 민족개조론이 도산의 흥사단 사상에 기반하고 있다는 것은 잘 알려져 있는 사실이거니와, 1920년대 민족개조론에 드러나는 이광수의 지도자·단체론은 데모크라시즘에 근간한 도산의 지도자·단체론과 크게 다르지 않기 때문이다. 한편 1931년 5월 신간회 해소를 전후한 1930년대 초반 이광수의 지도자론은 부르주아 민족주의 운동을 파시스트 지배동맹의 결성 노력으로 간주하며 민족주의 운동 일반에 대대적인 공세를 펼쳤던 사회주의자들에 맞서 동우회의 이론적 입장을 공식적으로 승인받기 위해 분투하는 과정에서 민족의 '힘'을 찬미하며 민족의 대동단결을 주장하고, 또 단결의 조건으로 규율과 지도자에 대한 복종을 두드러지게 강조하는 등 전면적으로 전체주의적인 경향을 띠어간다. 이에 관해서는 최주한, 「1930년대 전반기 이광수의 지도자론과 파시즘－동우회 기관지 『동광』을 중심으로」(『어문연구』, 2007)에서 자세히 논의한 바 있다.

10 이에 관해서는 박찬승, 앞의 책, 176~185쪽과 최주한, 「개조론과 근대적 개인－1920년대 초반 『개벽』지를 중심으로」(『어문연구』 124호, 어문연구학회, 2004.12)를 참조할 것.

의 시대를 휩쓸었던 사회진화론을 대신하여 "강약(强弱) 공존주의(共存主義), 병건(病健) 상보주의(相補主義)"[11]로 나아갈 것을 주창하는 인본주의가 전면에 부상할 수 있었던 한국 근대사에서 보기 드문 시기였다고 해도 과언이 아니다. 실제로 「중추계급과 사회」(1921.7)를 필두로 하여 「소년에게」(1921.11), 「민족개조론」(1921.11 집필, 1922.5), 「예술과 인생－신세계와 조선민족의 사명」(1921.12 집필, 1922.1), 「상쟁의 세계에서 상애의 세계에」(1923.2) 등 당시 이광수가 『개벽』에 발표한 일련의 논설은 이러한 당대 세계개조론에 호응하여 조선민족의 진로를 모색하고 있는 글로서,[12] 정의와 평등을 부르짖는 세계 개조의 흐름에 발맞추어 조선 민족의 진로 또한 강자와 약자가 서로 돕고 공존하는 인류 상애의 원리에 입각한 '신생활의 모범'을 보이는 데 있음을 거듭 천명하고 있는 것을 확인할 수 있다.

이와 관련하여 이 글에서 특히 주목하는 것은 이광수가 유년시절에서 청년시절에 걸쳐 지대한 영향을 받았던 동학, 톨스토이, 크로포트킨의 사상이다. 이광수는 민족개조론을 전개하는 과정에서 이들 사상을 직접 거론하고 있을 뿐만 아니라, 1923년 12월에서 이듬해 3월에 걸쳐 『동아일보』에 연재한 『허생전』은 이들 인본주의 사상을 집대성하여 한껏 기량을 펼친 작품이라고 판단되는 까닭이다. 이에 이 글에서는 1920년대 초반 이광수의 민족개조론을 인본주의적 상애의 사상에 근간한 윤리적 기획의 일환이라는 관점에서 재조명하고자 한다. 이를

11 「세계를 알라」, 『개벽』 창간사, 1920.6.

12 이 글에서 민족개조론이라 함은 이들 일련의 글을 모두 포괄한다. 기왕에 이 글들은 "민족의식 개조론의 일환"(김윤식, 앞의 책, 35쪽)이라는 점에서 서로 긴밀한 관련을 갖고 있다고 지적되어 오기도 했거니와, 특히 「민족개조론」이 민족개조의 가능성과 그 방법에 대해 구체적으로 논하고 있는 글이라면, 「예술과 인생」, 「상쟁의 세계에서 상애의 세계에」는 민족개조의 방향성을 논하고 있는 글이라는 점에서 함께 논의될 필요가 있다고 생각된다.

위해 본론에서는 우선 이광수의 민족개조론이 이론적으로는 르봉의 인종주의적 민족심리학에 기대면서도 그와는 전혀 다른 인본주의적 성격을 지녔음을 밝힐 것이다. 그리고 다음으로는 민족개조론이 지향하는 인본주의적 상애 사상의 바탕이 된 동학, 톨스토이, 크로포트킨의 영향을 논하고, 마지막으로 이러한 상애의 사상이 집대성된 작품으로서 『허생전』을 재조명해보고자 한다. 이로써 이광수의 민족개조론 안에 내재하는 사상 / 논리임에도 불구하고 그간 간과되어 왔거나 충분히 실증되지 못했던 인본주의적 국면을 논증하고, 이를 바탕으로 1920년대 초반 이광수의 민족개조론에 내재된 상애의 사상이 당대 현실 속에서 어떤 사회・문화적 함의를 가질 수 있었는지 짚어보는 것이 이 글의 궁극적인 목적이다.

2. 민족심리학의 인종주의(人種主義)와 민족개조론의 인본주의(人本主義)

이광수가 조선 민족의 개조에 관심을 가졌던 것은 상하이에 머물고 있던 무렵으로 거슬러 올라간다. 그는 자신이 주필로 있던 『독립신문』에 「선전개조」(1919.8.21~10.28)라는 논설을 '장백산인(長白山人)'이라는 필명으로 18회에 걸쳐 연재하기도 했는데,[13] 이 논설이 민족개조론의 토대가 되었던 것은 말할 것도 없다. 이광수가 본격적으로 민족개조

13 김원모 편역, 『춘원의 광복론－독립신문』, 단국대 출판부, 2009, 681~715쪽.

론을 구상하면서 주로 참조했던 것은 사회심리학 이론들이었다. 그가 귀국 후 처음 발표한 「문사와 수양」(1921.1)에는 미국의 사회심리학자 에드워드 로스(Edward Alswarth Ross, 1866~1951)에 대한 언급이 보이며,[14] 「팔자설을 기초로 한 조선인의 인생관」(1921.8), 「민족개조론」(1922.5) 등에는 프랑스의 사회심리학자 구스타브 르봉(Gustave Le Bon, 1841~1931)에 대한 언급이 보인다.

이광수가 애초에 이들의 저서에서 주목했던 점은 '사상'이 민족의 흥망성쇠에 끼치는 영향력에 관한 것이었다. 그는 「문사와 수양」에서 로스의 『사회심리학』의 한 구절을 인용하면서 "현재 우리 민족의 심리 상태는 진실로 Tabla Rosa라 할지니, 이 chance에 어떤 사상이 들어가고 아니 들어가므로 만년의 장래의 화복에 대영향이 있을 것"이라 하여 "사상가의 직(職), 교육가의 직(職)을 겸하였다 할 만한 문예의 사도는 그의 동포인 민족을 위하여 큰 수양과 근신이 있어야 할 것"[15]이라고 일갈(一喝)한 바 있다. 또한 「팔자설을 기초로 한 조선인의 인생관」에서는 르봉의 『민족심리학』을 인용하면서 "일국민의 문명을 조직한 각 요소는 전혀 그 국민의 정신의 발현"이라 하여 "어떤 민족이 흥할 때는 그를 흥하게 하는 일종의 근본 사상이 있고, 망할 때는 그 사상이 퇴폐된 때"라 하여 쇠퇴한 조선에 필요한 것은 과학정신의 주입과 앵글로색슨족의 인생 철학 정신을 주입하는 것이라고 주장하기도 했다.[16] 『민족심리학』 가운데 '국민 생활에 대한 사상의 세력'에 관한 부분을 일부 번역 발

14 에드워드 로스는 대일본문명협회가 번역한 『사회통제론』이라는 저서로 다이쇼 시기 일본의 지식인들 사이에서 널리 읽혔으며, 특히 그의 두 번째 번역서인 『사회심리학』은 여타의 사회심리학 저서 가운데 가장 걸출한 것으로 소개되고 있다(エドワード・アルズワース・ロッス, 高部勝太郎 譯, 『ロッス社會心理學』, 磯部甲陽堂, 1917, 1쪽, 「序」). 이광수 전집에는 '루소'로 잘못 표기되어 있다(『전집』 10, 353쪽).

15 이광수, 「문사와 수양」(『창조』, 1921.1), 『전집』 10, 353쪽.

16 이광수, 「팔자설을 기초로 한 조선인의 인생관」(『개벽』, 1921.8), 『전집』 10, 114~115쪽.

표한 것도 이러한 맥락의 연장선상에 있는 것은 물론이다.[17]

한편 민족개조론을 구체적으로 전개해 나가는 과정에서 이광수는 민족의 흥망을 좌우하는 '사상' 자체도 외부에서 주입해서 될 것이 아니라는 생각을 갖게 된 것으로 보인다. 이광수는 「민족개조론」에서 "민족 개조라 함은 민족성 개조라는 뜻"이며, 정치 · 경제 · 문화 이 모든 영역의 생활양식과 내용은 "민족성 여하에 의해 결정되는 것"[18]이라고 분명하게 명시하고 있는데, 이는 "문명을 조직하는 요소인 제도, 미술, 신앙은 종족혼의 직접 발현"이며, 따라서 "제도, 신앙, 예술 등을 개조하려면 반드시 혼의 개조가 선행되어야"[19] 한다는 르봉의 민족심리학의 기본 전제에 그가 깊이 공감했음을 보여준다.

하지만 이광수가 민족심리학의 기본 전제에 깊이 공감했다고 해서 르봉의 이론 전체를 그대로 받아들였다고 판단하는 것은 성급하다. 무엇보다도 르봉의 민족심리학과 이광수의 민족개조론은 태생에서부터 사상적 배경을 달리하고 있다. 19세기 후반 인간 평등을 부르짖던 계몽주의가 후퇴하고 스펜서의 사회진화론과 고비노의 인종이론 등 생물학에 기댄 이른바 과학적 사회사상이 대두하던 시기에 등장한 르봉의 민족심리학은 근본적으로 인간은 불평등하다는 생각에 기초하고 있다.[20] 그가 인간을 원시인종, 열등인종, 중등인종, 우등인종의 넷으로 분류하면서 "고등 인종의 문명, 즉 서구인의 교육 및 제도, 신앙은

17 이광수, 「국민생활에 대한 사상의 세력—르봉 박사 저 『민족심리학』의 일절」, 『개벽』, 1922.4. 이 번역 논문은 『민족심리학』의 제4편 '종족의 심리적 성격은 어떻게 변화하는가'의 제1장 가운데 전반부를 번역한 것으로서, 당시 이광수가 민족개조의 수단으로서 '사상'에 지대한 관심을 가졌음을 엿볼 수 있게 한다.

18 이광수, 「민족개조론」(1921.11.11 집필, 『개벽』, 1922.5), 『전집』 10, 124쪽.

19 ギュスターヴ・ル・ボン, 大日本文明協會 譯, 『民族心理及群衆心理』, 1915, 6~7쪽, 「序」.

20 19세기 후반 유럽에서 르봉의 사상이 대두하게 된 맥락에 대해서는 小熊英二, 『〈日本人〉の境界』, 新曜社, 1998, 172~173쪽 참조.

열등인종에게 채용하기 어려우며, 그것으로 열등 국민의 사회 상태를 개변시키기 어렵다"고 일축한 것도 이러한 사고에 기초한 것임은 물론이다. 반면 이광수의 민족개조론은 제1차 세계대전 이후 정의와 인도, 자유와 평등의 원칙에 입각하여 강자와 약자가 공존하는 세계로 나아가야 한다는 인식에 기초하여 대두된 인본주의적 세계개조론을 배경으로 하고 있는 만큼, 인간은 유전적으로 결정된 인종적 위계를 결코 넘어설 수 없다는 식의 인종주의적 사고는 찾아보기 어렵다.

르봉의 영향을 받은 이광수에게 인종주의적 사고의 편린이 보이는 것은 부인할 수 없는 사실이다. 단적인 예로 그가 3·1운동 이래 민중들의 급격한 정신적 변화를 두고 "무지몽매한 야만인종이 자각 없이 추이하여 가는 변화와 같은 변화"[21]라고 언급한 것이 민족을 모멸한 발언이라 하여 격렬한 비판을 받았던 것은 잘 알려져 있거니와,[22] 그의 민족개조론은 "원시민족, 미개민족"의 변천은 "본능이나 충동"에 따른 "자연한 변천, 우연한 변천"이고 "고도의 문명한 민족"의 변천은 조직적이고 통일적인 "계획과 노력"에 따른 "의식적 개조"[23]의 과정이라는 르봉의 인종적 이분법을 그대로 따르고 있기 때문이다.[24] 그러나 3·1운동에 대한 이러한 평가는 인종주의적 배제의 논리에 함몰된 자기 모

21 이광수, 「민족개조론」, 앞의 책, 117쪽.

22 당시 이 언급은 민족을 모멸한 발언이라 하여 특히 사회주의 측의 논자들로부터 집중적인 공격을 받았다(신상우, 「춘원의 민족개조론을 讀하고 그 일단을 논함」, 『신생활』, 1922.6, 74쪽; 신일용, 「춘원의 민족개조론을 평함」, 『신생활』, 1922.7, 7~8쪽; 김제관, 「사회문제와 중심사상」, 『신생활』, 1922.7, 39쪽).

23 이광수, 「민족개조론」(『개벽』, 1922.5), 『전집』 10, 117쪽.

24 르봉은 고등인종이 "눈앞의 이해를 대함에 장래의 이해를 고려하고, 일정한 목적을 세워 영구한 정신으로 이를 관철시킬 줄 아는" 까닭에 "문명의 영역으로 향상"하는 자질을 갖고 있는 반면, 열등인종은 "행위가 먼 장래에 미칠 결과를 선견하는 능력을 결여하고 한때의 본능만을 선도자로 삼는" 까닭에 "영구히 열등상태에 머물 수밖에" 없다고 보았다(ギュスターヴ・ル・ボン, 앞의 책, 36~37쪽).

멸적인 패배의식의 산물이라기보다, 조직적이고 통일적인 민족운동의 필요성을 강조하기 위한 방편이었다는 점에서 인종주의적 사고 그 자체와는 구분되어야 한다. 일찍이 이광수는 3·1운동과 관련하여 "이 만세 일성(一聲)은 실로 우리 민족의 절대독립과 자유를 요구하는 의사의 표시가 되는 동시에 우리 민족의 민족적 부활과 국민적 실력을 자각하는 법열(法悅)의 발로"[25]라 하여 그 의의를 적극 평가한 바 있으며, 다만 "이번 3월 1일 사건에도 각 소단체는 3월 1일을 기다리기를 우활(迂闊)하다 하여 각각 독립행동을 하려는 것을 가까스로 눌렀다 하니, 이것도 아직 전체, 통일, 준비 등 원려(遠慮)의 정신이 부족한 소치"임을 지적하여 "구원한 이상과 계획을 확립하고 2천만이 일심일체"가 되는 "대준비 대합동의 대단결"[26]의 필요성을 강조했을 따름인 것이다.

뿐만 아니라 이러한 인종적 이분법에 기초하여 열등인종은 애초에 개조가 불가능하다고 주장했던 르봉과는 달리, 이광수는 아무리 열등한 민족이라도 역시 개조의 가능성이 있다고 보았다. "근본적 성격이 좋지 못한 민족이라고 그 민족의 각 개인이 다 좋지 못한 사람일 리는 만무"하니, "근본적 악성격을 가장 소량으로 가진" "소수의 선인"에게 "민족부활의 맹아"를 기대할 수 있다는 입장이었던 것이다.[27] 하물며 비록 대내외적으로 오랜 정치적·경제적 핍박 아래 쇠락해져 있다고는 해도, 인(仁)·의(義)·예(禮)·용(勇)의 미덕을 근본 성격으로 가지고 있는 조선민족의 경우 개조의 앞날은 밝은 것일 수밖에 없었다.

> 우리 국민은 과거에 영예로운 역사를 가졌고, 이를 통하여 전하는 고결하고

25 이광수, 「선전 개조」(1919.8.21～10.28), 김원모 편, 앞의 책, 693～694쪽.

26 위의 글, 704～706쪽.

27 이광수, 「민족개조론」, 앞의 책, 128쪽.

> 勇壯한 국민성을 가졌으나, 하나는 유교의 횡포에 하나는 일본족의 횡포에 많이 소멸하고 엄폐된지라. 유형한 국토는 차라리 잃을지언정 선조의 정신이야 어찌 차마 잃을 것인가. 건전한 국민교육을 받지 못한 불행한 우리는 이 영예로운 역사를 잊고 고결 용장한 국민성을 활용하지 못함에 이르렀도다. 그러나 우리의 정신에는 아직도 그 고귀한 맹아가 존재하니, 一風一雨가 족히 이를 소생케 할지라.[28]

일찍이 이광수는 조선 민족이 본래의 고결하고 용장한 민족성을 잃고 이를 제대로 발휘하지 못하고 있는 것은 '유교의 횡포'와 '일본족의 횡포'에서 비롯된 것이므로, 건전한 국민교육을 통해 얼마든지 그 고귀한 맹아를 소생시킬 수 있으리라고 확신했다. 그가 조선 민족의 근본적 성격을 "관대, 박애, 예의, 염결(廉潔), 자조(自助), 무용, 쾌활"이라고 풀이하는 한편, "조선민족을 금일의 쇠퇴에 끌은 원인인 허위와, 나타(懶惰)와, 비사회성과, 및 경제적 쇠약과 과학의 부진은 실로 이 근본적 민족성의 반면(半面)이 가져온 화(禍)"라고 언급하면서, "그러므로 우리의 개조할 것은 조선민족의 근본적 성격이 아니요 르봉 박사의 이른바 부속적 성격"[29]이라고 강조한 것도 이러한 인식의 연장선상에 놓여 있다.

애초에 르봉이 종족의 심리적 성격을 크게 불가변적·근본적 성격과 가변적·부속적 성격으로 나눈 것은 "영향은 단지 부속적 성격에 미칠 뿐, 어떤 인공적 영향으로도 근본적 성격은 반드시 재현되게 마련"[30]이라고 하여 열등인종의 개조 가능성을 원천적으로 배제하기 위한 논리였

---

28 「독립신문 창간사」(1919.8.21), 김원모 편역, 위의 책, 56쪽. 「민족개조론」에서는 조선민족의 민족성이 쇠락한 직접적인 원인으로 유교(치자계급과 양반)의 폐해만 언급되고 있을 뿐 일본 식민지배에 대한 언급은 배제되어 있다. 검열을 의식한 탓이라고 생각된다.

29 이광수, 「민족개조론」, 앞의 책, 131쪽.

30 ギュスターヴ・ル・ボン, 앞의 책, 25~30쪽, 제1편 제2장 「종족 성격 변화의 한도」.

다. 하지만 이광수는 근본적 성격의 불가변성보다는 부속적 성격의 가변성에 좀더 역점을 두어 "그러할진댄 우리의 개조운동은 더욱 가능성이 풍부하다 할 것"이라는 낙관적인 전망을 내놓고 있다. 역설적이게도, 이광수는 종족 개조의 가능성을 배제했던 르봉의 인종주의 이론에 기대어 조선 민족의 개조 가능성을 이끌어내고 있었던 것이다.

게다가 이러한 개조사업이 지향하는 "가장 문명하고 가장 우수한 민족"[31]이란 과거 국가주의나 제국주의의 토대가 되었던 '무력'이나 '부력'이 아니라 '사랑'과 '도덕'에 기초하여 인류 "신생활의 모범"[32]이 되는 윤리적 공동체를 의미하고 있다는 점에서, 사회진화론에 기초한 르봉의 인종주의와는 가장 먼 거리에 놓여 있다고 해도 과언이 아니다.[33] '사랑'의 원리야말로 서로 의심하거나 경계할 필요 없이 모두가 "사랑하는 벗이 되고 형제가 되"는 평등한 인류 공동체를 가능케 하는 "인류의 가장 낡고도 새로운 이상"[34]이라는 믿음, 이는 계몽주의 시대 이래 인간의 본성을 존중하고 옹호하고 실현하는 것을 최고의 가치로 여기는 사상적 흐름의 강력한 한 축을 형성해 왔던 인본주의 이념에 맞닿아 있기 때문이다.

---

31 이광수, 「민족개조론」, 앞의 책, 136쪽.

32 이광수, 「예술과 인생—신세계와 조선민족의 사명」(『개벽』, 1922.1), 『전집』 10, 369쪽.

33 서영채는 민족개조론에서 주장하는 도덕적 개조가 조선 민족의 힘을 기르기 위한 것이라면 그것은 근대적 힘의 윤리와 다를 바 없으며, 따라서 보편적인 인류애를 지향하는 자기목적적인 금욕주의와는 평행선을 만들어내고 있을 뿐이라고 해석한다(서영채, 위의 글, 56~57쪽). 그러나 "진실로 우리가 세계를 정복할 무기는 무력도 아니요, 부력도 아니요" "종교와 예술"로서 개조된 "신생활의 모범"(이광수, 「예술과 인생—신세계와 조선민족의 사명」(1921.12.12 집필, 『개벽』, 1922.1), 『전집』 10, 369쪽)이라는 언급에서도 볼 수 있는 것처럼, 민족개조론이 지향했던 조선 민족의 힘이란 '무력'이나 '부력'과 같은 물질적 힘이 아니라 '사랑'과 '도덕'의 원리에 기반한 윤리적 힘이었다는 점을 간과한 논의라는 점에서 재고될 여지가 있다고 본다.

34 이광수, 「상쟁의 세계에서 상애의 세계에」(『개벽』, 1923.2), 『전집』 10, 175쪽.

3. 민족개조론의 바탕이 된 상애(相愛)의 사상들

제1차 세계대전은 당대의 서구 문명이 막다른 골목에 처했다는 반성과 더불어 18세기 계몽주의 시대의 사상적 바탕이 되었던 인본주의를 다시금 전면에 부활시켰다. 특히 쟁투로 얼룩진 당대 서구 문명의 문제점을 소유충동에 기반한 현대의 정치・산업체제에 있다고 진단하고 창조충동을 해방시켜 자신의 권리뿐 아니라 타인의 권리도 존중하는 정신을 제도상에 실현할 것을 주창하며 당대 세계개조론의 흐름을 주도했던 버틀런트 러셀(Bertrand Russell)의 사상은 서구뿐 아니라 아시아에서도 커다란 반향을 일으켰다.

일본의 경우 당대 세계적으로 개조론에 대한 관심을 촉발시켰던 러셀의 『사회 개조의 원리(The Principles of Social Reconstruction)』(1916)가 1919년 10월 일본평론사(日本評論社)에서 초판을 출간한 이래 매달 판을 거듭하여 불과 6개월 이후인 이듬해 4월에는 8판을 펴내고 있을 정도로 반응이 뜨거웠으며,[35] 1919년에는 개조의 이념을 받아들인 『카이조[改造]』라는 잡지가 창간되기도 한다. 이러한 분위기는 조선의 경우도 다르지 않았다. "오늘날 이 세계 대개조라 하는 혁신의 기운을 맛보게 되었나니" "오인(吾人)으로 이 개벽사를 쓰게 됨은 실로 시(時)에 주(週)하고 사(事)에 주(週)하고 정신에 주(週)하는 신의 요구"[36]라 하여 개조의 이념에 대응하는 천도교의 이념을 내건 잡지 『개벽(開闢)』이 1920년 6월에 창간되었고, 러셀의 사상은 「사상계의 거성(巨星) 뻐-츄랜드 러셀 씨를 소개함」(1921.5)이라는 제목으로 동 잡지에 대대적으로 소개된 바 있기도 하다.

---

35 バートラウヴド・ラッセル, 松本悟郎 譯, 『社會改造の原理』, 日本評論社, 1920, 판권 참조.

36 「세계를 알라」, 창간사, 『개벽』, 1920.6.

1920년대 초반 조선의 사상계는 바야흐로 생존경쟁의 모토하에 제국주의 열강시대를 정당화했던 상쟁의 시대가 가고, 정의와 평등에 입각한 형제애를 부르짖는 인본주의적 상애의 시대로 접어들고 있는 듯한 분위기가 떠들썩하게 지배하고 있었던 것이다.

이광수가 이러한 당대 개조론의 흐름에 민감했던 것은 말할 것도 없다. 이미 1910년대 후반 제1차 세계대전의 여파를 주시하며 '신문명의 건설'에서 '신문화의 창조'쪽으로 조선민족의 진로를 선회(旋回)했던 그는, 서구 문명이 결함을 가진 것이 드러난 이상 이러한 문제를 해결할 수 있는 주체는 문명에 심취한 서양보다는 동양이 유력하며, 서구 또한 이미 동양문명의 상당한 가치에 눈을 돌리고 있는 추세이니 만큼 조선 민족도 이 기회를 타서 한번 세계문화사상에 일대 활약을 시도해 볼만하다고 판단하기도 했던 바였다.[37] 이러한 사고의 연장선상에서, 그는 서구 문명과 동양 문명의 기초를 각각 '상극의 원리'와 '상생의 원리'로 연관지어 구분하면서, 반목과 쟁투로 얼룩진 서구 문명의 이념을 대체하여 인류를 구제할 수 있는 대안을 '상생의 원리'에서 찾았다.[38] 러셀이 서구 문명의 결함을 극복할 세계 개조의 원리로서 '소유충동'을 대신하여 '창조충동'을 제시했다면, '상생의 원리'는 '상극의 원리'를 대신하여 인류를 구제할 수 있는 방안을 동양에서 찾은 이광수 나름의 대안이었던 셈이다.

이광수가 이러한 '상생의 원리'를 동양문명만의 사상으로 간주하고 있는 것은 아니다. 그는 이러한 '상생의 원리'를 구현하고 있는 보편적인 덕목을 '사랑'에서 찾으면서, '사랑'이야말로 석가와 공자, 소크라테

---

37 이광수, 「우리의 이상」, 『학지광』, 1917.12, 247쪽. 이에 대한 상세한 내용에 관해서는 최주한, 앞의 글, 2010, 385~388쪽 참조.

38 이광수, 「상쟁의 세계에서 상애의 세계에」(『개벽』, 1923.2), 『전집』 10, 175쪽.

스, 예수의 공통된 가르침으로서 "인류의 가장 낡고도 새로운 이상"임을 동시에 강조하고 있다. 주목해야 할 것은 이처럼 "인류를 쟁투의 고(苦)에서 구제할 것은 오직 사랑"이며, 이러한 상애의 원리에 의지할 때라야 "만인이 사랑하는 벗이 되고 형제가 되어" "이 지구상에 인류의 즐거운 세계"[39]를 이룰 수 있다는 인본주의적인 이상이 이광수에게 결코 낯선 것이 아니었다는 점이다. 사람을 곧 하늘로 알아 가까이는 제 민족으로부터 더 나아가서는 인류 전체를 사랑하고 공경할 것을 가르친 동학, 악을 악으로 대하지 말고 오직 사랑으로 대하라는 톨스토이의 무저항주의적 기독사상, 그리고 인간은 누구나 물질적으로나 정신적으로 안락한 삶을 누릴 권리를 가지며 사회는 이를 적극 도울 의무가 있음을 강조한 크로포트킨의 무정부주의적 상호부조사상 등, 이광수가 유년시절과 청년시절을 거치면서 지대한 영향을 받았던 사상들은 근본적으로 이러한 인본주의적 이념과 직접 맞닿아 있기 때문이다.

먼저 이광수가 동학과 만난 것은 1903년, 그러니까 그가 열두 살 되던 해 겨울의 일이다. 일찍이 부모를 잃고 고아로 떠돌던 이광수는 동학의 두령인 승이달에게 거두어졌는데, 승이달은 유식한 선비라 동학의 교리에 밝아 그에게서 제대로 된 교리를 들을 수 있었다고 한다. 또 박찬영 두목의 서기로 있으면서는 동경과 서울에서 도인들에게 오는 모든 문서를 베껴서 각지로 돌리는 일과 입으로 전하는 일을 하였기 때문에 동학의 이론적 내용과 도인들의 실천하는 일상생활을 접할 기회도 많았다고 한다. 이러한 당시의 일을 회고하면서, 이광수는 유년시절 동학에서 받은 영향을 다음과 같이 적고 있다.

---

39 위의 글, 174~176쪽.

> '布德天下 廣濟蒼生 輔國安民之大道大德"이란 그 목표의 감화를 나는 아니 받을 수가 없었으니, 세상을 위하는 일만이 사람의 직분이라는 생각이 좋았다. (…중략…) 둘째로 내가 동학에서 배운 것은 평등의 정신이었다. 동학에서는 사람을 다 하늘로 알기 때문에 평등이 아닐 수가 없었다. (…중략…) 셋째로 내가 동학에서 배운 것은 민족주의 정신이었다. **포덕천하 광제창생이라는 것은 세계적인 것이니, 동학의 究竟의 목표는 전세계의 개조요, 전인류의 개조이지 결코 저 유태교 모양으로 그 민족만의 도는 아니다.** 그러므로 동학은 그 교리 자체가 민족주의적인 것은 아니다. 동학이 민족주의적인 까닭은 그가 이상하는 세계를 이 나라, 이 백성 속에서 처음으로 실현한다는 점에서 민족주의적인 것이다.[40]

이처럼 이광수가 유년시절 동학으로부터 배운 것은 사람이 곧 하늘이기에 사람의 직분은 세상을 위하는 데 있다는 것, 따라서 보국안민(輔國安民)·광제창생(廣濟蒼生) 곧 가까이는 제 민족으로부터 더 나아가서는 전세계·전인류를 구제하는 데 힘쓰는 것이 사람의 도리라는 사실이었다. '포덕천하(布德天下) 광제창생(廣濟蒼生) 보국안민(輔國安民)'의 '무극대도대덕(無極大道大德)'을 위하여 일생을 바치기를 서약하던 입도식을 언급하면서 "나는 평생 처음 이런 엄청나게 큰 소리를 들었"[41]다고 했던 또다른 회고를 통해서도 엿볼 수 있듯이, 만인이 서로를 하늘로 섬기는 평등한 새 세상이 조선 민족에게서 시작될 운명을 가졌다는 동학의 사상은 어린 이광수의 마음에도 크게 울림을 주었던 것이다.

이와 같은 회고는 성인이 된 이후의 것이며, 당시 열두 살에 불과했던 이광수에게 이러한 사상체계가 논리정연하게 자리잡았을 것이라고

---

40 이광수, 『나의 고백』(1948), 『전집』 7, 224~225쪽.

41 이광수, 『그의 자서전』(1936), 『전집』 6, 323쪽.

짐작하는 것은 무리일지도 모른다. 그러나 1920년대 초반 한창 개조론에 호응하여 조선 민족의 진로를 모색하던 이광수가 동학의 초대 교주 최제우의 죽음을 다룬 「거룩한 이의 죽음」(1923.3)을 쓴 것은 결코 예사롭게 보아 넘길 일이 아니다. 이광수는 「상쟁의 세계에서 상애의 세계에」(1923.2)에서도 바야흐로 세계는 상쟁의 세계에서 상애의 세계로 가고 있으며, 세계의 고(苦)를 한몸에 진 조선 민족이야말로 이러한 "인류 구제의 최후 혁명의 실현이 발단되는 곳"[42]이라는 믿음을 피력한 바 있는데, 이는 「거룩한 이의 죽음」에 나오는 다음의 대목에서도 거듭 확인되기 때문이다.

> "선생님, 저 창생이 왜 저렇게 서로 죽입니까. 어찌하면 저 창생을 구제합니까?"
>
> 박여대가 흐느끼는 목소리로 묻는다.
>
> "사람이 하늘을 잊어버린 까닭이요. 악한 사람들이 정사를 잡아 백성을 악하게 인도하는 까닭이요. 그러므로 창생을 구제하는 길이 오직 하나이니, 곧 사람들에게 하늘을 깨닫게 하는 것이요. 내가 이 세상에 온 것이 이 소리를 전하고 가르침을 주려 함이요. 그대네는 천하민족 만민에게 이 소리를 전하여 그네를 구제할 첫 사람들이요. (…중략…) 천하를 구제하는 것이 우리 동방 조선에서 시작될 것이니, 우리 동방 조선에 하늘을 부르는 소리가 방방곡곡에 들리고 큰 슬픔과 재앙이 임하여 백성이 물끓 듯하며, 하늘을 부르는 소리가 뭉치어 한 덩어리가 되거든, 때가 이른 줄 아시오."[43]

당시 이광수는 「거룩한 이의 죽음」을 집필하면서 이돈화가 「청도교 창건사」(1933)를 편술할 때 골격으로 삼은 「천도교서(天道教書)」(천도교 청

42 이광수, 「상쟁의 세계에서 상애의 세계에」, 앞의 글, 173쪽.
43 이광수, 「거룩한 이의 죽음」(『개벽』, 1923.3~4), 『전집』 8, 125쪽.

년교리연구회, 1920)를 참조하기도 했다고 하니,[44] 그가 이 무렵 동학사상에 관심을 가졌던 것은 의식적이었던 것이 분명하다. "사람과 사람이 서로 하나님으로 알기 때문에 서로 사랑하고 공경"하는 것, 이광수는 훗날 이러한 동학의 사상을 두고 "서로 돕는 것을 넘어 더 높은 경계요, 인류가 가질 수 있는 구경의 경계"[45]라고 적기도 했는데, 이는 이광수가 민족개조론을 쓸 무렵 그 사상적 바탕이 되었던 인본주의적 상애의 이념을 정확하게 표현한 것이기도 하다. 그런 의미에서, 1920년대 초반 이광수에게 동학은 이미 무력해진 이념이라기보다 세계 개조론의 흐름에 호응하여 조선 민족의 진로를 모색하는 데 강력한 참조점의 하나로서 재발견되었던 것이라고 할 수 있다.[46]

이러한 동학의 인본주의 이념이 악을 악으로 대하지 말고 오직 사랑으로서 대하라는 예수의 가르침을 역설했던 톨스토이의 무저항주의적 기독사상의 경계와도 상통하는 것은 말할 것도 없다. 이광수가 톨스토이를 처음 만난 것은 열여덟 살, 그러니까 메이지학원 중학 3학년(1908) 때의 일이다. 그는 당시 동급생이었던 야마사키 도시오[山崎俊夫]가 빌려준 톨스토이의 저서 『나의 종교[我宗教]』를 읽은 것을 계기로, "이것이야말로 진리다. 인류가 이 모양으로 살아야만 평화의 세계를 이룰 것이다. 나는 일생 이 주의(主義)로 살아가겠다"[47]고 다짐하게 된다.

사실 『나의 종교』가 일본 지식인들 사이에 널리 읽히게 된 배경은 청일전쟁 후 전쟁을 반성하기 시작한 일부 기독교들인과 사회주의자들에

---

44 강인수, 「춘원소설에 나타난 동학사상—「거룩한 죽음」을 중심으로」, 『논문집』, 부산개방대, 1986, 130쪽.

45 이광수, 『나의 고백』, 226쪽.

46 김윤식은 특히 최제우의 최후를 그리고 있는 대목에 주목하면서 "이광수에게 그것은 차라리 지난 시절의 희망과 이념의 무력함에 대한 서글픔"(김윤식, 앞의 책, 509쪽)의 표현이었다고 해석한 바 있다.

47 이광수, 「杜翁과 나」(『조선일보』, 1935.11.20), 『전집』 10, 594~595쪽.

게 러일전쟁을 전후하여 반전(反戰)을 뒷받침하는 논리를 제공했기 때문이었다고 한다.[48] 하지만 이광수가 톨스토이에 공감했던 것은 당대 비전론(非戰論)의 맥락을 넘어서는 것이었다. 그가 애초에 기독사상에 관심을 가졌던 이유는 그 자신 그리스도인이 되어 훌륭한 인격자가 되고 싶다는 것, 그래서 "이 세상 인류의 그릇된 생활을 다 바로 잡아 주리라"는 엄청난 포부에서였고, 동급생 야마사키를 통해 접하게 된 톨스토이의 사상은 이러한 그의 사고에 불을 붙여주었을 따름인 것이다.[49]

이광수가 『나의 종교』에서 깊이 공감했던 것은 악을 악으로 대하지 말고 오직 사랑으로 대하라는 마태복음 산상수훈(山上垂訓)의 가르침을 예수의 근본 뜻으로서 역설하는 대목이었다고 한다.[50] 실제로 『나의 종교』의 핵심은 "예수는 악에 대적하지 말라는 계율 위에 인류사회의 새로운 기초를 건설한 것"[51]이라는 한 마디로 요약할 수 있다. 여기서 악에 대적하지 말라는 계율은 그저 "환난을 인내하라"는 체념적인 뜻과는 거리가 멀다. 톨스토이는 그것을 "환난이 닥치더라도 악에 대적하지 말라"[52]는 적극적인 뜻을 가진 것으로 해석한다. 그는 "폭력으로

---

48 『그의 자서전』(1936)에서 톨스토이의 사상을 무기로 하여 철저한 비전론자(非戰論者)로 그려지고 있는 야마사키 도시오의 일화는 바로 이러한 당대의 분위기를 잘 전해준다. 러일전쟁을 전후하여 톨스토이의 『나의 종교』가 일본 지식인들 사이에서 널리 읽혀지게 된 맥락에 대해서는 하타노 세츠코, 「옥중호걸의 세계－이광수의 중학시절의 독서이력과 일본문학」, 최주한 역, 『『무정』을 읽는다』, 소명출판, 2008, 166～167쪽을 참조할 것.

49 이광수, 『그의 자서전』, 『전집』 6, 329쪽.

50 "그때에 마침 우리가 학교에서 배우던 성경은 마태복음 5・6・7장, 즉 유명한 山上寶訓인데 이 산상보훈이야말로 톨스토이가 역설하는바 예수의 가르치심의 大宗旨로 '서로 사랑하라, 미워하지 말라, 악을 악으로 갚지 말고 오직 서로 용서하라'는 大人道를 설하신 대목이 있습니다."(이광수, 「杜翁과 나」, 위의 책, 595쪽).

51 トルストイ, 加藤直士 譯, 『我宗教』(改訂 11版), 前川文榮閣, 1917, 50쪽. 가토 나오시가 이 책을 처음 번역 출판한 것은 1903년이다. 초판본을 구할 수 없어 이 글에서는 1917년에 출간된 개정본을 참조했다. 하지만 이광수가 민족개조론을 구상하면서 다시금 톨스토이를 참조했다면 이 개정본을 읽었을 수도 있을 것이다.

52 위의 책, 17쪽.

써 폭력을 갚는 폭행의 법칙이야 말로 실로 인성에 어긋나는 것"이자 "일체 죄악의 어머니"[53]로 간주했다. "불이 능히 불을 끌 수 없는 것과 같이 악은 끝내 악을 제어할 수 없고, 오직 선만이 악의 전염을 막을 수 있고 악에 승리할 수 있다"[54]고 보았기 때문이다. 이리하여 그는 전쟁과 학살로 신음하는 인류를 불행에서 구제할 수 있는 유일한 진리의 열쇠를 "악에 대적하지 말라"는 무저항의 계율에서 찾았던 것이다.[55]

이러한 전제 위에서 톨스토이는 예수의 오계(五戒)를 다음과 같이 새롭게 해석한다. 첫째, 모든 사람과 평화를 유지하고 어떤 경우에도 성냄으로 정당화하지 말라. 둘째, 음욕에서 생기는 세상 일체의 죄악을 소멸하라. 셋째, 일체의 맹세는 항상 재판, 군대, 정권 등 현세의 악한 사회조직으로부터 요구되는 것이니 맹세하지 말라. 넷째, 악을 악으로 제지하는 것은 불합리하며, 진정으로 악을 없애고자 한다면 악행을 피하라. 다섯째, 신은 인간을 차별 없이 평등하게 은총을 베푸시니 이를 본받아 모든 이에게 선을 행하라. 톨스토이는 특히 다섯 번째 계율에 대해서 "제5계율은 동국민과 타국인 간에 차별을 둠으로써 생기는 일체의 해악, 적개심, 투쟁심, 전쟁, 전쟁 준비를 피하라는" 뜻이라고 상세한 설명을 덧붙이면서, "애국, 방어, 전쟁을 강요하는 우리의 현 사회는 예수의 길과 모순"[56]됨을 지적한다. 그리고 이러한 무저항주의적 기독사상의 실천이 가져올 인류의 미래를 다음과 같이 그리고 있다.

> 이들 五戒의 실행은 각자의 마음에 존재하는 인생의 이상을 실현하는 것이다. 이리하여 인류는 서로 형제가 될 수 있고, 서로 평화를 지킬 수 있고, 세상 끝

53 위의 책, 59쪽.
54 위의 책, 61～62쪽.
55 위의 책, 15쪽.
56 위의 책, 119～121쪽.

날까지 지상의 온갖 행복을 향유할 수 있다. 인간은 칼을 내던져 쟁기를 만들 것이고, 창을 녹여 낫을 만들 것이며, 그리하여 신의 나라가 이 세상에 올 것이다. 이렇게 평화가 지배하는 천국은 일찍이 모든 예언자가 예언했고, 세례자 요한이 가까이 왔다고 외쳤으며, 마지막으로 예수가 루가복음 4장 18, 19, 20절에서 선언했던 바이기도 하다.[57]

사랑으로 모든 인류가 서로 형제가 되어 평화를 유지하며 함께 지상의 복락을 누리는 세상, 이는 1920년대 초반 이광수가 신세계의 서광을 예감하며 조선 민족의 진로를 모색하는 가운데 꿈꾸었던 신세계의 모습이기도 하다. 이런 맥락에서, 그가 조선 민족의 진로를 언급하는 가운데 "진실로 우리가 세계를 정복할 무기는 무력도 아니요, 부력도 아닌" '신생활의 모범'을 보이는 것, 곧 "애와 미로 너를 개조"[58]하는 데 있다는 외치고, "인류를 쟁투의 고에서 구제할 것은 오직 사랑의 원리"이며 조선 민족이야말로 "사랑을 원리로 한 하늘나라를 건설하여 인류 구제의 대임(大任)을 맡을"[59] 적격자임을 거듭 강조했던 것은 톨스토이의 무저항주의적 기독사상의 연속선상에 놓여 있다고 할 수 있다.

이처럼 이광수가 예수의 근본적인 가르침인 '사랑'이라는 종교적 윤리의 가능성에 다시금 눈을 돌린 것은 근대의 정치적 제도나 경제적 제도가 인류를 고통에서 구제할 수 없다는 판단에서였다. 그는 모든

---

57 위의 책, 131쪽. 루가복음 4장의 18·19·21절의 내용은 다음과 같다. "주님의 성령이 나에게 내리셨다. 주께서 나에게 기름을 부으시어 가난한 이들에게 복음을 전하게 하셨다. 주께서 나를 보내시어 묶인 사람들에게는 해방을 알려 주고, 눈먼 사람들은 보게 하고, 억눌린 사람들에게는 자유를 주며, 주님의 은총의 해를 선포하게 하셨다. (…중략…) 이 성서의 말씀이 오늘 너희가 들은 이 자리에서 이루어졌다."(「신약성서」, 『공동번역 성서』, 대한성서공회 발행, 1977, 111~112쪽)

58 이광수, 「예술과 인생-신세계와 조선 민족의 사명」(『개벽』, 1922.1), 『전집』 10, 396쪽.

59 이광수, 「상쟁의 세계에서 상애의 세계에」(『개벽』, 1923.2), 『전집』 10, 174쪽.

정치혁명과 경제혁명은 "권리를 주장"하는 까닭에 결코 인류를 쟁투의 고에서 구제하지 못하며, 오히려 정치적 경제적 "모든 특권을 버리고" 다른 사람에게 봉사하는 의무를 취할 때 쟁투가 소멸될 것이라고 보았다.[60] 그러나 이광수에게 이러한 '사랑'의 윤리가 일방적인 자기희생에 기반한 금욕적인 성격을 띤 것이었는가 하면 결코 그렇지 않다. "사람이란 도저히 정신적인 자유와 창조의 기쁨을 생명으로 여기는 동물이니, 이것이 사람의 본성이요 진(眞)"[61]이라 하여 인생의 도덕화와 더불어 인생의 예술화를 민족 개조의 방향으로 논하고 있는 「예술과 인생-신세계와 조선민족의 사명」(1922.1)에서도 엿볼 수 있듯이, 당시 이광수는 정신적인 자유와 창조의 기쁨 속에서 노동하며, 사랑과 도덕으로서 공동체의 복락을 증진하는 덕을 지닌 신인(新人)들로 개조된 공동체를 지향하고 있었기 때문이다.

인간이라면 누구나 물질적 풍요와 더불어 정신적 안락을 누릴 수 있는 그런 자유롭고 평등한 세상, 이는 이광수가 대학시절 관심을 가졌던 크로포트킨의 무정부주의적 상호부조사상이 지향하는 인류 공동체의 모습이기도 했다. 이광수가 크로포트킨에 대해 언급한 최초의 텍스트는 1917년에 연재된 첫 장편 『무정』이다. 『무정』의 70장에는 주인공 형식이 자신의 인생관과 우주관・종교관을 이야기하는 대목에 루소의 『참회록』과 『에밀』, 셰익스피어의 『햄릿』, 괴테의 『파우스트』와 나란히 크로포트킨의 『면포(麵麭)의 약탈(掠奪)』을 언급하는 내용이 나온다. 이후 「소년에게」(1921)에 보이는 크로포트킨의 상호부조사상에 대한 언급과 작품 『재생』(1924)에 잠깐 등장하는 크로포트킨의 자서전에 대한 언급 등으로 보아,[62] 크로포트킨에 대한 이광수의 관심이 일회

60 위의 글, 174~175쪽.
61 이광수, 「예술과 인생-신세계와 조선 민족의 사명」(『개벽』, 1922.1), 『전집』 10, 365쪽.

적인 데 그치지 않고 상당히 지속적이었던 것을 알 수 있다.

이광수가 읽었다는 『면포의 약탈』의 원제는 『빵의 정복(*The Conquest of bread*)』으로, 일찍이 1909년 일본 무정부주의의 대부라 불리우는 코토쿠 슈스이[幸德秋水]가 헤민사[平民社]에서 번역 출간한 것이다. 크로포트킨 연구의 대가였던 무정부주의자 오스기 사카에[大杉榮]가 "무정부공산주의의 건설적 방면을 저술한 명저"[63]라고 평가하기도 했던 이 책은 당대 일본 청년들 사이에서는 코토쿠의 『이십세기지괴물제국주의(二十世紀之怪物帝國主義)』, 『사회주의신수(社會主義神髓)』와 더불어 필독도서처럼 읽혔다고 한다.[64] 게다가 『무정』이 연재되던 1917년은 타이쇼시대에 이름이 높았던 무정부주의자 오스기 사카에가 크로포트킨의 『상호부조론(相互扶助論)』(青陽堂, 1917)을 번역 출간한 해이기도 하다. 당시 이광수가 무정부주의에 공명한 이들 급진적인 일본 청년들과 동일한 문제의식을 공유했던 것은 아니겠지만, 소수에게 독점된 자본을 다수에게 돌려 인간이라면 누구나 인간이 공동으로 이룩한 근대 문명의 혜택을 고루 누려야 한다는 크로포트킨의 인본주의적 호소는 식민지 지식인 이광수로서도 공감하는 바가 적지 않았을 것이라 생각된다.

크로포트킨은 당대 문명사회의 문제점을 사적 소유에 의해 지탱되는 경제적인 제도의 결함에서 찾았다. 문명사회가 부유함에도 불구하고 주변에 빈곤한 사람이 넘쳐나는 것은 "생산에 필요한 모든 것, 즉 토지, 광산, 도로, 기계, 식량, 주택, 교육, 지식 등이 소수자에 의해 독점되었기 때문"[65]이라고 보았기 때문이다. 이러한 제도가 특히 문제적인 것은

---

62 이광수, 「소년에게」(『개벽』, 1921.11～1922.3), 『전집』 10, 156쪽; 『재생』, 『전집』 2, 148쪽.

63 大杉榮, 「クロポトキンの經濟學」, 『大杉榮全集』 第2卷, 大杉榮全集刊行會, 1925, 136쪽.

64 神崎清, 「反戰・平和の原點, 幸德秋水」, 『日本の名著』 44, 中央公論社, 55쪽.

65 クロポトキン, 平民社 譯, 『麵麭の略取』, 平民社, 1909, 4～5쪽. 당시 번역서에는 다만 '平民社譯'이라고 되어 있을 뿐 번역자가 명기되어 있지 않다. 코토쿠 슈스이 전집에 대한 해설을 쓴

'사회적 감정', 곧 "정직함과 자존감, 동정과 상호부조"와 같은 감정을 저해한다는 점이다. "약탈에 의해 연명해 가는 몇 종류의 동물 및 노예를 소유한 개미가 멸망한"[66] 예에서도 볼 수 있듯이, 사회적 감정의 부재는 인류 전체를 멸망으로 몰아갈 것이 뻔하다는 것이 그의 진단이었다. 그러면 어떻게 해야 이러한 곤란에서 벗어날 수 있을 것인가.

> 이 질문에 대해서는 오직 하나의 대답이 있을 뿐이다. 즉 각자가 舊사회에서의 지위가 무엇이든, 강자든 약자든, 능력이 있든 없든 무엇보다도 우선 '삶의 권리'를 가지며, 사회는 소유하고 있는 衣食을 모든 사람에게 분배해야 할 의무가 있다는 것을 승인하고 이를 소리 높여 선언해야 한다. 우리는 이것을 승인하고 소리 높여 선언하며, 나아가 이를 위해 행동해야 한다.[67]

크로포트킨은 지위 여하, 신체의 강약, 능력의 유무와 관계없이 누구나 '삶의 권리'를 가지며, 우리가 이를 승인하고 이를 위해 행동하는 데 그 대안이 있다고 보았다. 물론 여기서 크로포트킨이 주장하고 있는 '삶의 권리'가 단지 의식주의 해결만을 의미했던 것은 아니다. 그는 인간에게 물질적 욕구 외에도 정신적 욕구가 존재함을 인정했으며, 각자 인생의 목적이 다른 만큼 사회가 문명화될수록 개성도 더욱 발달하고 욕구의 종류도 더욱 다양해진다고 보았다.[68] 그가 꿈꾸었던 새로운 사회는 만인에게 매일의 빵을 보장하는 데 그치는 것이 아니라, "사회 구성원이 서너 시간의 생산적 노동을 한 후에는 누구나 문명이 가져다주

칸자키 키요시[神崎清]에 의하면, 이 책은 코토쿠 슈스이에 의해 번역된 것이라고 한다(최주한, 「제국의 근대와 식민지, 그리고 이광수」, 436쪽, 각주 34) 참조).

66 クロポトキン, 위의 책, 16쪽.

67 위의 책, 35쪽, 제2장 「만인의 安樂」.

68 위의 책, 161쪽.

는 일체의 즐거움에 대한 권리를 가지고, 또 원한다면 일층 심오한 즐거움의 원천 즉 예술과 과학이 가져다주는 즐거움의 원천에 대해 권리를 가지는"[69] 사회, 곧 인간이라면 누구나 물질적・정신적으로 안락을 누릴 수 있는 권리를 가지는 그런 자유롭고 평등한 사회였던 것이다.

살펴본 바와 같이, 1920년대 초반 이광수의 민족개조론의 근간이 된 동학, 톨스토이, 크로포트킨의 사상은 공통적으로 인본주의적인 상애의 사상에 기초하고 있다. 당대 세계개조론의 흐름에 호응하여 민족의 진로를 모색하고 있던 이광수는 이들 상애의 사상을 바탕으로 모든 인류가 서로 형제가 되어 평화를 유지하며 함께 지상의 복락을 누리를 세상을 꿈꾸었고, 이를 실천하여 고통으로 신음하는 인류를 구제해야 할 사명이 다름 아닌 조선 민족에게 있음을 설파했던 것이다.

4. 『허생전』에 그려진 '상애(相愛)의 세계'

앞서도 언급한 바와 같이, 『허생전』은 이광수가 문단생활 30년을 회고하는 자리에서 『흙』과 더불어 "지금까지 쓴 작품 중에 가장 자신 있는 작품"[70]으로 꼽은 대표작의 하나이다. 그럼에도 불구하고 이 작품은 이상국 건설에 구현된 허생의 경륜이 지닌 비현실성과 추상성, 그리고 허생의 태도에서 보이는 시혜적 태도로 말미암아 한갓 이광수 자신의 '망상적 경륜론'을 펼친 데 불과하다는 평가에서 자유롭지 못했다.[71] 하

69 위의 책, 70쪽.

70 이광수, 「나의 문단생활 30년」(『신인문학』, 1934.7), 앞의 책, 404쪽.

지만 이러한 평가는 "허생이 우리 민족의 성격의 어떤 방면과 전통적 · 민족적 이상의 어떤 방면을 대표하는 점으로 그는 어디까지든지 실재적 인물"[72]임을 강조했던 이광수의 언급을 진지하게 고려하지 않은 결과라고 생각된다. 그러면 허생이 민족적 성격과 전통적 · 민족적 이상의 어떤 방면을 대표한다고 한 것은 어떤 의미일까. 먼저 허생이 대표하는 민족적 성격과 관련해서는 이광수가 「민족개조론」에서 조선 민족의 근본 성격으로 언급한 다음의 내용에 주목할 필요가 있다.

> 그러면 조선민족의 근본성격은 무엇인고. 한문식 관념으로 말하면 인과 의와 예와 용이외다. 이것은 현대식 용어로 말하면 관대, 박애, 예의, 금욕적(廉潔), 自尊, 武勇, 쾌활이라 하겠습니다. 구체적으로 말하면 조선 민족은 남을 용서하여 怒하거나 보복할 생각이 없고, 친구를 많이 사귀어 물질적 이해관념을 떠나서 유쾌하게 놀기를 좋아하되(사교적이요), 예의를 중히 여기며 自尊하여 남의 下風에 立하기를 싫어하며, 물욕이 淡한지라 질척한 맛이 적고 悠長한 風이 많으며, 따라서 상공업보다 문학, 예술을 즐겨하고, 항상 평화를 애호하되 일단 불의를 보면 '投死救之'의 勇을 發하는 사람이외다.[73]

위의 인용문에서 볼 수 있듯이, 이광수는 조선 민족의 근본적인 성격으로 인의예용(仁義禮勇), 곧 관대와 박애, 예의, 자존, 무용(武勇), 쾌활 등을 꼽았다. 타인에게 관대하고, 유쾌하게 놀기 좋아하며, 예의를 중시하면서도 남의 하대를 받기 싫어하고, 평화를 애호하되 불의를 보면

---

71 김윤식, 앞의 책, 111~116쪽; 민현기, 「연암, 춘원, 채만식의 『허생전』 대비 연구」, 『관악어문연구』 8, 서울대학교, 1983, 198~209쪽; 한명환, 「『허생전 개작 및 변형의 비교 고찰」, 『우리어문연구』 15, 우리어문학회, 2000, 11~117쪽.

72 이광수, 「『허생전』 작자의 말」, 『전집』 10, 505쪽.

73 이광수, 「민족개조론」(『개벽』, 1922.5), 『전집』 10, 131쪽.

용기를 발하는 성격, 이광수는 이를 두고 "우리 민족의 타고난 천품이라 어디까지든지 발휘하여야 할"[74] 미덕으로 강조해마지 않기도 했다. 이광수가 소설 『허생전』에서 그려낸 허생이 이러한 조선 민족의 근본 성격을 그대로 반영하고 있는 것은 물론이다. 가난한 양반이면서도 예의와 자존을 잃지 않았던 허생은 안으로는 널리 백성을 사랑하는 마음으로 백성들이 살기 좋은 나라를 건설하기 위해 온힘을 쏟고, 밖으로도 자국 중심적인 이(利)보다는 의(義)를 중시하여 상애를 지향하는 도의적 대외관계를 지향한 인물로서 성격화되고 있기 때문이다.

다음으로 허생이 대표하는 전통적・민족적 이상과 관련해서는 허생이 건설하는 새나라가 '남조선(南朝鮮)'이라는 이름을 가지고 있다는 사실에 주목한 와다 토모미의 논의가 많은 시사점을 준다.[75] 실제로 허생이 변산의 도적들을 데리고 먹고 살기 어려운 옛나라를 버리고 새나라로 향하는 뱃길에서 부른 뱃노래에는 '남조선'이라는 이름이 등장한다.[76] 뿐만 아니라, 허생을 따라 온 수천 명의 사람들은 오랜 항해 끝에 발견된 섬을 스스럼없이 '남조선'이라고 부르고 있기도 하다. "야- 남조선이로구나. 오기는 왔구나."[77] 와다 토모미는 여기서 '남조선'이라는 용어가 『허생전』 연재 당시 교세를 확장하며 사회적 이목을 끌었던 태을교, 훔치교, 보천교 등 증산교 계열의 신종교와 관련이 있다고 보고 있지만,[78] '남조선'이라는 용어가 당시 일반 백성에게도 전혀 낯설지 않은 이름으로 제시되고 있는 것으로 보아 그 근원은 보다 이전 시

---

74 위의 글, 131쪽.

75 와다 토모미, 「이광수 소설과 증산교의 관련 양상－증산교 사상 발현 장치로서의 『허생전』」, 『한국현대문학회 2006년 동계 학술발표회자료집』, 한국현대문학회, 2006.1.

76 "이놈의 세상 다 버리고 / 남조선으로 어그여차", "수로만리 남조선에 / 사시장춘 꽃 핀다네" (이광수, 『허생전』(『동아일보』, 1923.11～1924.3), 『전집』 1, 356쪽)

77 위의 책, 281쪽.

78 각주 12) 참조.

기로 거슬러 올라가 찾아야 한다고 생각한다. 이와 관련해서는 이 무렵 이광수가 '남조선'과 나란히 '정도령'을 정치적·경제적으로 핍박받아 왔던 조선 민중의 오랜 구원 신앙으로서 언급하고 있는 다음의 대목에서 그 단서를 찾을 수 있다.

> 세계 인류 중에 조선 사람처럼 정치적 자유와 밥과 맘의 만족을 잃은 백성이 없고 조선 사람처럼 육체적 사멸과 정신적 사멸에 瀕한 백성이 없기 때문에 조선 사람처럼 간절히 구제의 빛을 바라는 백성이 없다. 그네는 **남조선과 정도령에 구제의 빛을 찾았고** 그네는 평화회의에 구제의 빛을 찾았고 국제연맹에 구제의 빛을 찾았다. 그러나 얻지 못하고 지금은 아무 희망도 없이 땅에 엎더져 울 뿐이다.[79]

여기서 '남조선'과 '정도령'의 기원은 조선 초기부터 전해져 일반 민중들 사이에 널리 퍼졌던 정감록사상 및 동학혁명 당시 이를 봉기의 추진력으로서 적극 활용했던 동학과 관련이 있다. 이광수가 「팔자설을 기초로 한 조선인의 인생관」(1921)에서 "조선서 가장 민중에게 영향을 많이 주는 경전"으로 『정감록』을 들고, "진인(眞人)이 종해도중출래(從海島中出來)"와 같은 예언을 확신하거나 수긍하는 자는 "거의 삼십 세 이상 되는 조선 민족의 전부라고 할만"[80]하다고 언급하고 있는 것으로 보아, 1920년 초반 무렵에도 『정감록』의 예언은 여전히 조선 민중들 사이에 뿌리깊이 퍼져 있었던 듯하다. 또한 『정감록』에 나오는 '해도(海島)'는 '남해(南海)'·'남도(南島)'·'남해도(南海島)'라는 이름으로 불리

79 이광수, 「쟁투의 세계에서 扶助의 세계에」, 『개벽』, 1923.3, 16쪽. 위의 인용문은 『개벽』의 원문에만 존재하고, 「상쟁의 세계에서 상애의 세계에」라는 제목으로 『전집』 10에 실려 있는 글에는 삭제되어 있다.

80 이광수, 「팔자설을 기초로 한 조선인의 인생관」(『개벽』, 1921.8), 『전집』 10, 111쪽.

기도 한 만큼 이미 그 자체로 남조선신앙과 무관하지 않은데, 1894년 동학혁명 당시 동학군은 봉기에 참여했던 동학군의 의욕을 북돋우기 위해 정감록의 진인사상과 남조선사상을 이용했다는 기록도 남아 있다고 한다.[81] 요컨대 남조선사상은 세상을 바꿀 진인(眞人)이 해도(海島)에서 출현하리라는 조선 민중의 오랜 정감록신앙을 바탕으로 동학혁명의 추진력으로서 동학도 사이에 널리 유포되면서 명실상부한 민중신앙의 하나로 자리잡고 있었던 것이다.

그런 의미에서, 이광수가 허생을 두고 전통적·민족적 이상의 어떤 방면을 대표한다고 한 것은 바로 정감록 및 그에 뿌리를 둔 동학 등의 민중 신앙을 가리킨 것이라 할 수 있다. 이광수는 세상을 바꿀 진인(眞人) 정도령과 그가 가져올 새세상인 남조선에 대한 조선 민중의 오랜 염원을, 허생과 허생이 건설한 새나라 남조선을 통하여 『허생전』에 구현해 보이고자 했던 것이다.

간과해서는 안 될 것은 이광수가 허생을 통해 제시한 이상국 남조선이 정감록 및 동학 등의 민중 신앙뿐 아니라, 서로 돕고 사랑하라는 상애의 사상을 실천함으로써 인류가 한 형제로서 평화롭게 지상의 복락을 누릴 수 있는 사회를 건설할 것을 촉구했던 톨스토이와 크로포트킨의 인본주의 사상과도 맞닿아 있다는 점이다. 이는 허생이 남조선 땅으로 데려온 변산 도적들에게 일정한 자격을 요구하고 있는 다음의 대목에서 단적으로 엿볼 수 있다.

---

81 동학혁명이 일어나기 직전인 1893경 무장, 영광, 정읍 등지에 거주하는 몇몇 동학도가 계룡산에 개국할 천명을 받았다고 주장하며 무장봉기를 기획했는데, 이러한 내용을 알려주는 문서에 그들이 "명산대천에 가서 南朝鮮 鄭氏를 위해 하늘에 제사를 지냈다"는 기록이 있다. 또한 대한제국 4년(1900) 소백산맥 동쪽지역에서 반외세 운동조직을 정비하다가 체포된 동학군에게서는 '남조선'이라고 적혀 있는 깃발이 발견되기도 했다고 한다(김탁, 『정감록—새 세상을 꿈꾸는 민중들의 예언』, 살림, 2005, 210~213쪽).

우리가 이 땅에 온 것은 남을 부려 먹지도 말고, 남의 부림을 받지도 말려 함이니, 누구든지 이마에 땀을 흘리고 몸소 일하기를 원치 아니하는 이가 있거든 이리로 나오시오. (…중략…) 우리가 이 땅에 온 것은 어떤 이는 많이 가지고 어떤 이는 적게 가져서 많이 가진 자는 많은 것을 자랑하고, 적게 가진 자는 많이 가진 자를 시기하여 서로 다투지 말고자 함이니, 비록 이미 이 땅에 왔다 하더라도 내것 네것을 가리려 하는 이는 다 이리로 나오시오. (…중략…) 사람의 모든 화단과 슬픔이 그 근본을 캐면 성내는 데 있는 것이요. 우리들 중에 성을 내는 자가 있다 하면, 우리의 새나라에 화단과 슬픔을 끌어들이는 자니, 그러한 사람은 이 땅에 머물지 말고 싸움이 있는 옛나라로 돌아가야 할 것이오. (…중략…) 이 땅에는 대왕도 없고, 소인도 없고, 나 많은 이가 형이 되고, 젊은이는 아우가 되며, 사내아이는 모두가 아들이요, 계집아이는 모두가 딸일 것이요. 이 땅은 이러한 땅이요.[82]

새나라 남조선은 남을 부리거나 남에게 부림받지 않고 모두가 몸소 땀흘려 일하고, 내것 네것을 가려 다투거나 서로 성내어 싸우지 않으며, 모두가 한 형제가 되는 평등한 공동체를 지향하고 있다. 이러한 새나라 남조선의 이상은 소수에 의한 독점과 사적 소유를 폐지하고 만인의 복지를 위하여 서로 돕는 평등한 사회를 꿈꾸었던 크로포트킨의 상호부조적 공동체의 성격과 그대로 상통한다. 이 가운데 특히 '사람의 모든 화단과 슬픔이 그 근본을 캐면 성내는 데 있는 것'이라 하여 일체 성내지 말 것을 요구한 대목은 "세상에 일체의 적의를 없애는 길"을 "모든 사람과 평화를 유지하고 어떤 경우에도 성냄으로써 정당화하지 말라"[83]는 산상수훈의 첫 번째 계명에서 찾았던 톨스토이의 해석을 그

82 이광수, 『허생전』, 289~291쪽.

83 トルストイ, 앞의 책, 96쪽. 톨스토이 인간의 행복을 파괴하는 첫째 유혹인 "타인에 대한 적

대로 환기시키기도 한다.

이런 맥락에서 보면, 허생의 땅 남조선과는 달리 모든 재산과 권력을 소수가 독점했던 조곰보의 땅이 싸움과 약탈이 난무하고 굶주림이 비일비재한 비참한 지옥 그 자체로 그려져 있는 것은 지극히 당연한 설정이라 할 수 있다. 소수가 재산과 권력을 독점한 까닭에 부리는 사람과 부림받는 사람이 있고, 부리는 사람을 제외한 나머지 사람들은 먹고 살기 위해 싸움과 약탈을 일삼지 않을 수 없는 조곰보의 땅은 상애의 원리와는 정반대로 상쟁의 원리가 지배하는 사회의 극적 재현이라 해도 과언이 아니기 때문이다. 특히 이러한 상반된 세계의 설정은 톨스토이의 『나의 종교』에 나오는 다음의 대목과 놀랄 만큼 유사하여 이광수가 이 대목에서 모티프를 취했을 가능성도 배제할 수 없게 한다.

> 토지가 풍요하고 생활에 필요한 일체의 물건이 구비된 전원이 있다고 하자. 집이 있고, 농기구가 있어 논밭을 일구며 가축이 있어 기를 수 있으니, 행복하고 안락한 생활에 필요한 모든 은총이 충족되어 있다. 그런데 사람들은 이 풍요한 재물로 오로지 자기만을 이롭게 하고자 하고, 절대로 타인이나 후손을 걱정하지 않으며, 오로지 자기 일신을 위해서 가능한 한 많은 재물을 가지고자 한다. 이에 참담한 약탈이 일어나고 서로 자기 몫을 위해 싸운다. (…중략…) 그들은 하루도 안녕과 즐거움을 누릴 수 없는데, 타인이 와서 자신의 약탈품을 약탈해 갈까 두렵기 때문이다. 이리하여 결국 모든 사람들은 피를 흘리며 굶고 언 채로 이 전원을 떠나게 된다. (…중략…) 이 전원의 주민 중에 한 현자가 있어 무리에게 이르길, "벗이여. 우리가 얼마나 어리석은가. 우리에게는 충분한 재화와 물

의와 분노"에 대해 다음과 같이 언급하기도 했다. "사람으로 하여금 성내도록 하는 유혹은 우리가 동포와 인류 사이를 분할하고 그 가운데 소수만을 자기와 동류로 간주하고 나머지 다수를 취할 만하지 못한 愚者 혹은 일종의 미개 동물이라 단정하는 것이다"(위의 책, 310쪽).

> 건이 도처에 있고 후세에게도 그것은 충분하고도 남음이 있다. 그러니 적어도 도리에 맞는 행동을 보이라. 서로 싸우는 어리석음을 그치고 서로 돕도록 하라. 우리가 올바르게 노동하고 경작하고 가축을 기른다면 우리는 모두 만족할 것이다"라고 말한다고 하자. (…중략…) 그러나 아직 때가 이르지 않는 동안 사람들은 조금도 이 현인의 말을 돌아보지 않고 서로를 죽이며 "생존경쟁은 끝내 피할 수 없는 것"이라고 말할 것이다.[84]

한편 흉년이 들었는데도 불구하고 굶주리는 백성들의 식량보다는 군량을 위하여 쌀을 사들이고자 하는 이웃나라 일본의 요구에 대하여 "그대의 나라가 나의 나라와 서로 이웃하였으니, 그대에게 삼천 석의 옳지 못한 양식을 팔기는 차라리 그대에게 의(義)의 가르침을 주리라"[85]며 단호하게 거절했던 허생의 태도로부터, 새나라 남조선은 밖으로도 자국 중심적인 이(利)보다는 보편적인 의(義)를 중시하는 도의적 대외관계를 지향했음을 알 수 있다. 특히 임진왜란 때 일본인 병사의 목숨을 건져준 대가로 일본 땅에 뿌리를 내리고 살 수 있었던 조선인 김가 집안의 삽화는 톨스토이의 무저항주의적 기독사상의 연장선상에서 이러한 도의적 관계의 정당성을 일깨운다. "사람 사는 곳에 인정이 있는 법이야. 왜 사람들이 부질없이 싸움을 일으켜서 서로 죽이나. 피차에 그냥 두어도 오래도 살지 못할 인생이 왜 서로 활로 쏘고 칼로 찔러 죽이나. 너도 너희 나라에 돌아가거든 다시는 그런 짓을 말라고 말을 잘 하여라"는 김가 조모의 훈계가 단적으로 보여주듯,[86] 이 삽화는 서로를 살리고 돕는 인간의 도리를 옹호하고 싸움을 일으켜 서로를 죽이는 전

84 위의 책, 154~155쪽.

85 위의 책, 298쪽.

86 위의 책, 305쪽.

쟁의 무익함을 준엄하게 경고하고 있는 것이다.

마지막으로 허생이 다시 옛나라로 돌아와 효종으로 하여금 북벌책을 거두고 대내외적으로 화평을 선언케 하는 결말은 인본주의적인 상애의 세계를 지향하는 새나라 남조선의 이상을 옛나라로 확대해가려는 시도의 일환으로 해석할 수 있다. 특히 효종이 장안의 대장장이들을 모두 불러모아 총과 창, 검과 같은 무기를 녹여 호미와 보습과 낫을 만들게 하고, 오랫동안 군영(軍營)에 붙들려 있던 군사들에게 먹을 것을 주어 집으로 돌려보내는 마지막 장면은 톨스토이가 무저항주의적 기독사상의 실행이 가져올 인류의 미래라고 예견했던 '평화가 지배하는 하늘나라'의 청사진을 그대로 환기시킨다. 칼을 내던져 쟁기를 만들고 창을 녹여 낫을 만들어 모든 인류가 서로 형제가 되고 평화를 지키며 온갖 복락을 함께 향유하는 세상,[87] 이러한 톨스토이적 청사진은 당대 세계개조론의 흐름에 호응하여 민족의 진로를 모색하고 있던 이광수에게 민족개조운동이 지향해야 할 강력한 윤리적 비전이 되어 주었던 것이다.

5. 상애의 윤리, 사회진화론의 세계를 넘어서

살펴본 바와 같이, 1920년대 초반 인본주의적 세계개조론의 흐름 속에서 제기된 이광수의 민족개조론은 상애의 원리에 기초하여 만인이 사랑하는 벗이 되고 형제가 되어 지상의 복락을 함께 누리는 평화로운 인

87 トルストイ, 앞의 책, 131쪽.

류 공동체의 건설을 지향하며, 조선 민족의 개조 또한 이러한 흐름에 부합하는 방향으로 이루어져야 함을 역설했다. 이미 1910년대 후반 제1차 세계대전의 여파 속에서 서구 문명의 결함을 목도했던 그는 '신문명의 건설'에서 '신문화의 창조' 쪽으로 조선 민족의 진로를 선회한 바 있다. 이러한 맥락의 연장선상에서 '상극의 원리'를 기초로 한 서구 문명 이념을 대체하여 인류를 구제할 수 있는 대안을 오랜 인류의 가르침이자 특히 동양사상의 바탕이 되어 왔던 '상애의 원리'에서 찾았고, 예로부터 박애와 예의, 자존과 쾌활의 천품을 지녀 평화를 애호하였던 조선 민족이야말로 대내외적으로 오랜 정치적 경제적 핍박 속에서 쇠락한 민족성을 본래대로 회복하여 발휘한다면 반목과 쟁투 속에서 고통으로 신음하는 인류의 구제에 앞장서는 데 적임자가 될 수 있다고 보았던 것이다.

이처럼 이광수의 민족개조론이 당대 세계개조론의 흐름에 적극 호응하며 사해일가적(四海一家的) 상애의 윤리를 기획할 수 있었던 것은 그가 유년시절에서 청년시절에 걸쳐 감화를 받았던 동학, 톨스토이, 크로포트킨의 인본주의적 상애의 사상에 힘입은 바 컸다. 사람을 곧 하늘로 알아 가까이는 제 민족으로부터 더 나아가서는 인류 전체를 사랑하고 공경할 것을 가르친 동학, 악을 악으로 대하지 말고 오직 사랑으로 대하라는 톨스토이의 무저항주의적 기독사상, 그리고 인간은 누구나 물질적으로나 정신적으로 안락한 삶을 누릴 권리가 있으며 사회를 이를 적극 도울 의무가 있음을 강조한 크로포트킨의 무정부주적 상호부조사상은, 당대 정의와 인도, 자유와 평등의 가치를 내건 세계개조론의 흐름을 선취하고 있었다 해도 과언이 아니다. 인간은 근본적으로 평등하다는 인본주의적 믿음에 기초하여 모든 인류가 서로 사랑하고 도우며 한 형제가 되는 상애의 세상을 꿈꾸었던 이들 상애의 사상은 당대 세계개조론의 흐름에 호응하여 민족의 진로를 모색하고 있던 이광수에게 민족개조운동이 지향해야 할 강력한 윤리적 비전의 바탕이 되어주었던 것이다. 식민지 약소민족으로서 "세계의 고(苦)를 한몸에 지고 있는 조선 민족"이야말로 이러한 상애의 윤리를 실천하여 인류 구제에 기여할 수 있는 적임자가 될 수 있다는 이광수의 신념이 한갓 이상주의적인 허언(虛言) 이상의 힘으로 빛을 발하고 있는 것은 이들 인본주의 사상이 지닌 본원적인 힘 때문이 아니었을까.

이광수의 민족개조론에 1910년대 이광수의 문명론의 기초가 되었던 사회진화론적인 사고의 편린이 여전히 발견되는 것은 사실이다. 이광수의 민족개조론은 근본적으로 조선 민족이 너무나 뒤떨어지고 피폐해져 있는 까닭에 민족적 차원의 대대적인 개조를 단행하지 않고는 결코 민족의 생존과 번영을 꾀할 수 없다는 이전 시기와 동일한 전제 위에서 출발하고 있기 때문이다. 그러나 1920년대 초반 정의와 인도, 자유와 평등을 부르짖으며 전세계를 휩쓸었던 개조의 목소리가, 상극의 원리에 기초한 사회진화론은 조선 민족을 포함하여 인류 전체를 반목과 쟁투의 고통에서 구원할 수 있는 방법이 되지 못한다는 점을 일깨우는 계기가 되었던 사실은 아무리 강조해도 지나치지 않다. 그것은 이광수에게 민족의 생존과 번영은 인류의 이기적 쟁투본능에 기초한 '무력'이나 '부력'의 획득이 아니라 '사랑'과 '도덕'에 기초한 인류 공동체의 건설에 기여하는 데 있다는 자각을 가져다주었고, 이로써 그의 민족개조론이 사회진화론적인 사고의 바탕이 되어 있는 자민족 중심주의에 갇히지 않고 인류 공동체를 한 울타리로 하는 보편적 상애의 윤리를 기획하는 추진력이 되어 주었기 때문이다. 이런 맥락에서, 1920년대 초반 '상애의 윤리'에 기반한 이광수의 민족개조론은 식민지 민족주의가 자민족 중심주의를 넘어서 인류의 보편적인 윤리로까지 확장될 수 있는 가능성을 보여준 윤리적 기획의 일환으로서 자리매김되어야 한다고 생각한다.

제5장
이광수의 민족개조론 재고*

1. 민족개조론에 대한 재고찰의 필요성

한국 근대사상사에서 이광수의 민족개조론만큼 거센 사회적 반향을 일으킨 논의도 드물다. 무엇보다도 논설 「민족개조론」이 발표된 1922년 5월은 이광수가 상하이에서 무사 귀국한 이래 비등했던 독립운동의 배반자라는 여론이 여전히 가라앉지 않은데다,[1] 3·1운동 이후 문화정치를 내건 총독부가 민족주의자에 대한 회유책을 치밀하게 전

* 이 글은 2012년 정부(교육부)의 재원으로 한국연구재단의 지원을 받아 수행된 연구임(NRF-2012S1A5B5A07035052).

1 이광수가 총독부의 회유책에 따라 귀순한 것이라는 의혹은 귀국 당시 이를 보도했던 『조선일보』의 기사에서부터 제기되고 있다. "전일의 情意를 更續하여 그리함이든지, 혹은 어떤 곳의 부탁하는 무거운 사명을 받아가지고 그리함이든지, 허영숙이는 모처의 양해를 얻어 가지고 돌연히 상해로 건너가서 이광수를 데리고 본국으로 돌아오기로 하고"(『조선일보』, 1921.4.3).

개하고 있던 시점이었다.[2] 게다가 이 무렵은 3·1운동에서 정치의식을 획득한 대중을 의식화하고자 했던 사회주의 세력이 민족주의 진영과 대립각을 세우며 대중 속으로 파고들기 위해 분투하고 있던 시점이기도 했다.[3] 그러니까 이광수의 민족개조론은 세상에 공표되는 순간 민족주의와 사회주의 양쪽 진영으로부터 집중적인 공격을 받는 처지에 놓일 수밖에 없는 운명이었던 것이다.[4]

1920년대 초반의 이러한 정치문화적 지형은 이광수의 민족개조론에 대한 후대의 연구들에서도 논의의 기본적인 준거틀이 되어 왔다. "정치적 배신의 도덕적 위장"이자 "일본국가라는 '단체'에의 순종과 '원수' 즉 그 통치자에의 복종"으로 간주한 즉자적인 비난에서부터,[5] 독립을 포기한 채 문화정치를 내세운 총독부와 타협한 민족 개량주의의 산물로 해석하고 있는 일련의 정치한 논의들,[6] 더 나아가 온건하고 개량적인 문화적 기획이기는커녕 사회주의 사상에 대한 불안의식을 바탕으로 지도자에 의한 대중의 통제와 지배라는 '파시즘의 대중정치학'에 입각한 래디컬한 정치적 기획으로 밀고나간 논의에 이르기까지,[7] 이들 논의가 저마

2 1920년대 초반 민족주의자에 대한 총독부의 회유 정책에 관해서는 강동진, 『일제의 한국침략정책사』, 한길사, 1980, 379~399쪽 참조.

3 3·1운동 이래 사회주의자들의 대중운동 노선의 변화에 대해서는 임경석, 『한국 사회주의의 기원』, 역사비평사, 2003, 546~563쪽, 제14장 「사회주의운동의 지각변동」 참조.

4 민족주의 진영 내부의 문제제기로는 최원순, 「이춘원에게 問하노라」(『동아일보』, 1922.6)가 대표적이고, 사회주의 진영의 논박으로는 신상우, 「춘원의 민족개조론을 讀하고 그 일단을 논함」(『신생활』, 1922.6), 신일용, 「춘원의 민족개조론을 평함」(『신생활』, 1922.7), 김제관, 「사회문제와 중심사상」(『신생활』, 1922.7) 등이 있다. 특히 후자의 논의는 민족성 개조의 한계를 지적하며 유물론적인 사회개조의 당위성을 주장하는 방식으로 자신들의 입지를 강화하는 전략을 취하고 있다.

5 송욱, 「민족개조론—정치적 배신의 도덕적 위장」, 『문학평전』, 일조각, 1969, 313쪽; 임종국, 『일제하의 사상탄압』, 평화출판사, 1985, 261~262쪽.

6 강동진, 앞의 책, 379~399쪽; 박찬승, 『한국근대정치사상사연구』, 역사비평사, 1992, 294~298쪽; M. 로빈슨, 김민환 역, 『일제하 문화적 민족주의』, 나남, 1990, 107~124쪽.

7 김현주, 「이광수의 문화적 파시즘」, 김철·신형기 외, 『문학 속의 파시즘』, 삼인, 2001, 104~107

다 강조점은 다르지만 하나같이 민족과 반민족, 혹은 민족주의와 사회주의의 대립이라는 논의틀을 반복하고 있는 것은 바로 이 때문이다.[8]

그러나 이러한 1920년대 초반의 정치문화적 지형에 시야를 국한하여 이광수의 민족개조론을 해석하고 평가하는 것은 애초에 민족 개조를 구상한 이광수의 의도는 물론, 그것이 당대 맥락 속에서 지녔던 보다 폭넓은 사회·문화적 함의를 간과하게 만든다는 점에서 재고의 여지가 있다. 무엇보다도 이광수의 민족개조론을 일제에의 투항이라거나 문화정치를 내세운 총독부와의 타협, 혹은 사회주의에 대한 파시즘적 방어로서 간주해버리는 것은 애초에 그것을 구상한 이광수의 의도와 거리가 멀다. 이광수 자신 「민족개조론」(1921.11)의 '변언(辯言)'에서 "이 글의 내용인 민족 개조의 사상과 계획은 재외동포 중에서 발생한 것으로서 내 것과 일치하여 마침내 나의 일생의 목적을 이루게 된 것"[9]이라고 밝힌 바 있거니와, 그의 민족 개조의 구상은 2차 유학시절 와세다대학 유학생을 중심으로 조선사정을 연구하기 위해 조직된 조선학회 시절의 활동으로 거슬러 올라가며, 상하이 임시정부시절 임시사료편찬회의 주임이자 『독립신문』의 주필로서 활동하면서 얻은 지식과 경험 및 도산 안창호의 흥사단과 만나면서 구체화된 것이다. 따라서 이광수의 「민족개조론」을 제대로 이해하기 위해서는 일단 이광수의 조선학회 시절의 활동에 대한 검토와 아울러 그것이 상하이 임시정부시절의 활동을 거치면서 어떻게 구체화되었는지에 대한 검토가 필수적이라 할 수 있다.

쪽; 김현주, 「논쟁의 정치와 「민족개조론」의 글쓰기」, 『역사와 현실』 57, 한국역사연구회, 2005.

8 이러한 정치문화적 지형에 국한된 논의 경향은 최근의 논의에서도 그대로 이어지고 있다(김택호, 「개화기의 국가주의와 1920년대 민족개조론의 관계 연구」, 『한국문예비평연구』, 13, 한국현대문예비평학회, 2000; 김형국, 「1920년대 초 민족개조론 검토」, 『한국근현대사연구』 19, 한국근현대사학회, 2001; 허수, 「제1차 세계대전 종전 후 개조론의 확산과 한국 지식인」, 『한국근현대사연구』 50, 한국근현대사학회, 2009.

9 이광수, 「민족개조론」(1921.11.11 집필, 『개벽』, 1922.5), 『이광수전집』 10, 우신사, 1979, 116쪽.

한편 「민족개조론」은 3·1운동 이후 문화정치를 내건 총독부 측의 민족주의자에 대한 회유책이 치밀하게 전개되고 있던 시점에서 집필·발표되어 타협에 관한 논란의 여지를 남기고 있는 만큼, 「민족개조론」의 집필 경위 및 글쓰기 전략에 대해 검토하여 이 타협의 성격을 밝히는 것이 필요하다. 더욱이 1920년대 초반은 총독부가 3·1운동 이래 각성된 조선인의 민족의식을 순치하기 위해 조선인 민족성 담론의 선편을 쥐고자 발 빠르게 움직인 시기이기도 했던 만큼 이와 관련해서도 면밀한 고찰이 요구된다. 그간 민족과 반민족, 민족주의와 사회주의라는 정치문화적 논의틀 탓에 간과되어 왔지만, 「민족개조론」은 총독부의 문화정치에 대한 전략적 접근의 산물일 뿐 아니라, 조선인 민족성론에 대한 서구 및 일본의 오리엔탈화된 지식에 주체적으로 대응한 전략적인 텍스트로서도 중요한 의미를 갖고 있다.

한 가지 더 주목해야 할 것은 이광수의 민족 개조의 기획은 제1차 세계대전을 전후하여 국내외의 사상계를 휩쓸었던 세계개조론의 흐름에 호응하여 민족의 진로를 모색하려는 시도이기도 했다는 점이다. 1920년대 초반은 국내에서도 정의와 인도, 자유와 평등의 이념에 입각한 세계개조론의 기운에 힘입어 '인간성의 옹호'를 내건 인본주의 사상을 근간으로 민족운동의 방향을 모색하고 있던 시기였다.[10] 이러한 인본주의적 보편 지향성은 이 무렵 동학의 '후천개벽' 이념에 입각한 신문화의 창달을 목표로 내걸고 당대 문화운동을 주도했던 천도교계 잡지 『개벽』(1920.6)에서 특히 두드러지는 것이었는데, 「민족개조론」 이후 이광수의 민족 개조의 기획이 세계개조론과 호응하는 동학 이념을 재발견하고 이로부터 민족 개조의 위상을 재정립하게 되는 것은 이러한 『개

---

10 박찬승, 앞의 책, 177~179쪽; 최주한, 「개조론과 근대적 개인－1920년대 초반 『개벽』지를 중심으로」, 『어문연구』 124, 어문연구학회, 2004, 310~313쪽.

벽』의 내적 동력에 힘입은 바 크다. 장편 『허생전』(『동아일보』, 1923.12~1924.3)은 이러한 후천개벽의 관점에서 조선 민족의 오랜 민중 신앙의 하나였던 남조선사상을 재해석해낸 작품으로, 당대 인본주의적 세계 개조론의 흐름에 부응하는 윤리적 민족 공동체의 청사진을 보여준다는 점에서 주목할 만하다.

이광수의 민족 개조의 기획은 처음 구상되어 완결된 형태를 갖추기까지 제법 오랜 기간 다양한 조건을 거치면서 구축되어간 장기 프로젝트의 하나였다. 2차 유학시절 조선학회 활동에서 시작된 첫 구상은 상하이 임시정부 시절의 활동 및 도산의 흥사단 이념과 만나 구체화되고, 귀국 후 국내 천도교 계열 문화운동의 내적 동력 속에서 재정립되는 과정을 거쳐 장편 『허생전』(1924)에 이르러 비로소 하나의 선명한 청사진으로서 제시될 수 있었던 까닭이다. 그럼에도 불구하고 지금까지 이광수의 민족개조론에 관한 연구는 1922년 5월 『개벽』에 발표된 논설 「민족개조론」에 국한되었을 뿐, 이러한 전체적인 맥락은 별다른 논의의 대상이 되지 못했다. 이광수의 민족 개조의 기획은 구상에서 완결된 형태를 갖추기까지 어떤 조건 위에 놓여 있었는가. 또 각 단계를 거치는 과정에서 민족성 개조와 관련하여 어떠한 전망을 강조했으며, 이를 위해 어떠한 글쓰기 전략을 구사했는가. 이 글에서는 우선 이러한 질문들에 하나씩 답해 나감으로써 민족성 문제에 대한 이광수의 오랜 천착이 갖는 의미에 대해 해명할 것이다. 그리고 이를 토대로 2차 유학시절의 활동에서 귀국 후의 활동에 걸친 그의 민족 개조의 기획이 조선인 민족성에 대한 서구 및 일본의 오리엔탈화된 지식에 맞서 독자적이고도 보편 지향적인 윤리적 민족 공동체상을 구축해 가는 도정과 맞닿아 있음을 또렷하게 그려 보이고자 한다.

2. 민족성 개조 구상의 전사(前史)(1915~1921)

1) 조선학회 활동과 「신생활론」

1915년 11월 10일 일본 도쿄에서는 이광수, 신익희, 장덕수 등의 발기로 조선학회가 조직된다.[11] 와세다대학 재학생을 중심으로 "신학문의 빛으로 조선사정을 연구"[12]한다는 목적하에 조직된 이 회는 1916년 1월 29일 일본 조선기독교청년회관에서 제1회 총회를 개최한 후 1918년 후반 중심인물들이 대거 상하이로 망명하기 직전까지 꾸준한 모임을 가졌다. 조선학회는 "표면상의 목적은 한국에 관한 일반 학술의 연구였으나 독립운동을 위한 비밀결사"[13]로 간주했던 관헌의 예의 주시하에 비정기적인 모임을 열어 회원들의 연구 보고회를 가졌고, 때로는 공개 강연회를 열기도 했다.[14] 이광수는 1916년 1월 29일 제1회 모임과

11 "일본 동경에서 유학생 이광수, 신익희, 장덕수 등의 발기와 활약으로 조선학회가 조직되다. 조선학회의 표면상 목적은 한국에 관한 일반 학술의 연구였으나 독립운동을 위한 비밀결사로서 회원 자격은 회원 2인 이상의 보증이 있어야 되었다."(『朝鮮人概況』 第3編 第1章 「內地在住 朝鮮人의 情況」, 1916.6, 국사편찬위원회 한국사데이터베이스 검색 자료 참조).

12 『학지광』 10, 1916.9, 58쪽, 「소식란」.

13 위의 글 참조.

14 당시 『학지광』의 소식란에는 조선학회의 활동이 꾸준하게 소개되고 있다. 제1회와 제2회 모임에서는 이광수와 노익근이 농촌문제에 관하여, 제3회 모임에서는 장덕수가 식민에 관하여 연구 발표했고(『학지광』 10, 1916.9), 11월 3일 모임에서는 이광수의 우리 민족성에 관한 연구 보고가 있었다(『학지광』 11, 1917.1). 이듬해 1917년 2월 9일에 열린 공개 강연회에는 장덕수, 노익근, 현상윤이 참석했고(『학지광』 12, 1917.4), 6월 23일에는 신익희가 조선 고래(古來)의 외교에 대하여 강연했다(『학지광』 13, 1917.7). 10월 20일에는 전영택의 조선 기독교에 대한 강연이(『학지광』 14, 1917.12), 12월 12일에는 현상윤의 조선인의 시각으로 본 구주대전이라는 보고 강연이 있었다(『학지광』 15, 1918.3). 국사편찬위원회 한국사 데이터베이스 검색자료에 의하면, 1918년 11월 16일의 모임에서 노익근이 민족자각을 역설한 강연이 현재까지 확인되는 마지막 보고 강연이다.

11월 3일의 모임에서 농촌문제와 조선 민족성에 관해 두 차례 연구 보고를 한 바 있다.[15]

단정하기는 어렵지만, 조선학회는 1910년 조선 병합을 기념하여 재조 일본인들이 설립한 조선연구회의 활동을 의식하고 만들어진 단체였을 가능성이 높다. 동화사업과 재조 일본인 청년의 교육을 위해 설립된 조선연구회는 데라우치 총독의 적극적인 지원하에 조선의 고서를 번역 간행하는 한편 역사, 정치, 문화, 실업 분야의 조사 연구 내용을 꾸준히 단행본으로 간행했다.[16] 1911년부터 1918년까지 20여 종의 고전을 『조선총서』로 발간한 최남선의 조선광문회의 활동이 조선고서간행회 및 조선연구회와의 경쟁 속에서 이루어진 사실은 잘 알려져 있거니와,[17] 조선학회의 활동 또한 식민통치를 뒷받침하기 위해 왕성하게 활동하고 있던 조선연구회를 의식하여 조선의 재생을 도모하기 위해서는 무엇보다도 조선인의 입장에서 조선사정을 연구하는 것이 필요하다는 자각이 크게 작용하지 않았을까 싶다. 이와 관련하여 이광수가 조선학회에서 두 번째로 연구 보고한 「우리 민족성 연구」(1916)는 특기할 만하다. 이 연구 보고는 이광수가 이 무렵 이미 민족성의 문제에 주목하고 있었음을 말해주는 한편, 더 중요하게는 그것이 당시 조선연구회의 평의원으로 활동하고 있던 다카하시 도루[高橋亨][18]의 조선인 민족성론에 대한 반향일 가능성을 암시하고 있기 때문이다.

---

15 조선학회 1회 모임에서 이광수가 발표한 글은 『학지광』 8호에 게재된 이광수의 논설 「용동―농촌문제에 관한 실례」이다(하타노 세츠코, 「이광수의 제2차 유학시절―『무정』 다시 읽기(상)」, 최주한 역, 『일본 유학생 작가 연구』, 소명출판, 2011, 83~84쪽 참조).

16 조선연구회의 활동에 대해서는 최혜주, 「일제강점기 조선연구회의 활동과 조선인식」, 『한국민족운동사연구』 42, 한국민족운동사학회, 2005, 473~478쪽 참조.

17 오영섭, 「조선광문회 연구」, 『한국사학사학보』 3, 한국사학사학회, 2001, 133쪽.

18 다카하시 도루(1997~1966)는 1904년 말 대한제국 정부의 초청으로 내한하여 관립중학교 교사가 되고, 총독부 촉탁, 대구고등보통학교장, 총독부시학관을 지냈다. 1926년 경성제대 교수가 되었고, 정년 다음해인 1939년에는 혜화전문학교장을 지냈다(최혜주, 앞의 글, 485쪽 참조).

1915년부터 조선연구회의 평의원으로서 일본의 조선인 민족성 담론을 주도했던 다카하시의 조선인 민족성 논의는 1914년에 간행된 『조선의 속담 및 이야기[朝鮮の俚言附物語]』에서 시작된다. 다카하시는 이 책의 「자서(自序)」에서 조선인 민족성을 '사상의 고착성', '사상의 비독창성', '무사태평', '문약(文弱)', '당파심', '형식주의'로 정의하고 있다.[19] 이후 1917년 6월 『일본사회학원연보』에 발표한 논문 「조선인」에서는 여기에 '심미관념의 결핍', '공사(公私)혼동', '관용과 위엄', '순종'의 네 항목을 덧붙여 조선인의 민족성을 열 가지 항목으로 범주화하게 되는데, 1920년 12월 총독부에서 간행한 단행본 『조선인』은 이 논문을 보완한 것이다.[20] 논문 「조선인」이 발표된 것은 1917년 6월의 일이지만, 이 논문의 초고는 1915년 5월에 완성되어 「조선인 특성의 연구(朝鮮人特性之研究)」라는 제목의 인쇄본 형태로 유통되었다.[21] 그러니까 1916년 11월 이광수가 조선학회에서 「우리 민족성 연구」에 대해서 발표한 것은 다카하시의 조선인 민족성 담론이 유포되고 있던 시점이었던 것이다. 아쉽게도, 이광수가 조선학회에서 발표한 「우리 민족성 연구」가 어떤 내용인지 현재로서는 확인할 방법이 없다. 다만 이로부터 2년 뒤 이광수가 『매일신보』에 연재한 논문 「신생활론」(1918.9.6~10.19)은 "유교가 조선 민족성에게 급(及)한 영향"[22]에 대해 열 가지 항목으로 논의하고 있는 논문의 전반부가 그대로 다카하시의 논문 체제를 환기하고 있어 조심

19 金廣植, 「高橋亨の『朝鮮の物語集』における朝鮮人論に關する研究」, 『學校教育學研究論集』 24, 東京學藝大學大學院綜合學校教育研究科, 2011, 9쪽. 다카하시 도루의 조선인 민족성론의 계보에 대해 자세하게 검토하고 있는 논문이다. 논문 자료를 보내주신 하타노 선생님께 진심으로 감사드린다.

20 다카하시 도루의 『조선인』(1920)과 조선연구에 관해서는 구인모, 「조선연구의 발산과 수렴의 교차점으로서 민족성 연구」(『한국문학연구』 38, 동국대 한국문학연구소, 2010)을 참조할 것.

21 金廣植, 앞의 글, 18쪽.

22 이광수, 「신생활론」(『매일신보』, 1918.9.6~10.19), 『전집』 10, 우신사, 1973, 344쪽.

스럽게나마 관련성을 짐작해 볼 수 있다.

이 논문에서 이광수는 유교가 조선 민족성에 미친 영향을 '숭고(崇古)와 존중화(尊中華)', '경제를 경(輕)히 여김', '형식주의', '효의 사상', '부부관계', '소극주의', '상문주의(尙文主義)', '계급사상', '운수론', '비과학적' '점잔'의 열 가지 항목으로 나누어 언급하고 있다.[23] 이 가운데 '숭고와 존중화', '형식주의' '상문주의' '계급사상'은 다카하시의 '사상의 고착성' '형식주의' '문약(文弱)' '당파성'의 범주와 그대로 겹친다. 그러나 '사상의 고착'과 '사상의 종속'을 조선인의 가장 근본적 특성이라고 간주했던 다카하시의 논의가 "조선인에게는 독창적인 능력이 없으므로" "선정(善政)과 우수한 일본 민족의 감화로 씻어내 일본인에게 동화시키는 동시에 민족적으로 향상"[24]시키는 것이 필요하다는 결론적 주장을 뒷받침하기 위한 소급적 전제였다면, 이광수의 조선인 민족성 비판은 "구생활방식을 답습함은 오인(吾人)의 멸망을 의미"하며 따라서 "생활혁명은 실로 오인의 사활(死活)이 분기(分岐)하는 대문제"[25]라는 문제의식에서 출발한, 일면 뼈아프게 수긍하지 않을 수 없되 그것을 극복하는 데 필요한 비판적 전제였다는 점에서 근본적인 차이가 있다. 더욱이 「신생활론」에서 이광수가 제시한 유교 비판 가운데 '효의 사상', '부부관계', '운수론' 등의 항목은 「조선 가정의 개혁」(1916.12)에서 「조혼의 악습」(1916.12), 「혼인에 대한 관견」(1917.4), 「혼인론」(1917.11), 「자녀중심론」(1918.6), 「숙명론적 인생관에서 자력론적 인생관에」(1918.8)에 이르는 독자적인 현실 인식에 기반한 각론을 종합・정리한 것으로, 하나같이 현대 문명에 부응하는 민족적 자질의 고취를 강조하고 있는 것을

23 위의 글, 330~344쪽.

24 高橋亨, 「朝鮮人」, 『日本社會學院年報』, 1917.6, 86쪽.

25 이광수, 「신생활론」, 『전집』 10, 325쪽.

볼 수 있다. 요컨대 제2차 유학시절 이광수의 민족성 비판은 다카하시의 조선인 민족성론에 수긍하는 것처럼 보이는 그 순간에도 조선 민족의 정신적 재생을 위한 비판적 계기로서 재구성되고 있었던 것이다.

2) 상하이 임시정부시절의 활동과 「선전 개조」

이광수가 「2·8독립선언서」를 집필하고 동 선언서를 번역하여 해외 언론에 배포하는 책임을 맡고 상하이로 망명한 것은 1919년 2월 5일의 일이다. 상하이에 도착하자마자 동경의 2·8선언을 시작으로 국내에서 전해오는 3·1운동에 관한 소식을 해외 언론에 알리느라 분주했던 그는, 뒤이어 신한청년당 회원들과 더불어 국내와 해외 각지의 민족운동 지도자들의 의견을 반영한 임시정부를 조직하기 위한 지난한 중재에 나선 끝에 동년 4월 10일 이승만을 국무총리로, 안창호를 내무총장으로 하는 대한민국임시정부의 발족을 보게 된다. 그리고 임시정부 발족 후 임시정부 외무위원으로 임명되기도 했으나, 곧 위원직을 사퇴하고 임시사료편찬회 주임 및 독립신문사 사장 겸 주필로서의 활동에 매진한다.[26]

이광수가 임시사료편찬회의 주임으로 활동한 것은 1919년 6월 17일 임시사료편찬회가 발족하여 『한일관계사료집』을 출판하고 동년 9월 8일 해산할 때까지의 일이다. 당시 파리 강화회의에 독립 문제를 안건으

---

26 이광수, 『나의 고백』(1948), 『이광수전집』 7, 253~257쪽. 1919년 1월 조직된 신한청년당은 국내외 민족 지도자들과 회견하고 독립운동 방략을 협의하기 위해 다음달 신한청년당의 대표를 각 지역으로 파견한다. 이들의 활약으로 해외 각 지역의 민족 지도자들이 상하이로 집결한 것은 3월 하순경이었고, 이들을 중심으로 임시정부 조직안 토의에 들어간 것은 4월 초순의 일이다. 신한청년당의 활약과 임시정부수립의 경위에 대해서는 김원모, 『영마루의 구름』, 단국대 출판부, 2009, 88~111쪽 참조.

로 올리기 위해 외교활동을 펴던 임시정부는 회의에서 국제연맹 결성이 의결되자 국제연맹에 제출할 자료로 한일관계사를 편찬하기로 방침을 정하고, 임시사료편찬회를 발족하여 이광수에게 편집주임의 임무를 맡긴다.[27] 이에 이광수는 7월 2일 편찬 업무를 시작하여 8월 20일 원고 집필을 마감하기까지 약 50여 일의 짧은 편찬기간 동안 수집한 자료를 토대로 일부의 원고를 집필하는 한편, 최종적으로 사료편찬회의 위원들이 분담한 초고를 종합·정리하는 일에 몰두했다.[28] 『한일관계사료집』은 고대에서 근대에 이르는 한일관계사, 한국 독립의 역사적 당위성, 합병 후 식민통치의 실상, 3·1운동의 원인과 경과 및 결과를 망라한 독립운동사의 총4편으로 구성되어 있는데, 이 가운데 이광수의 민족성 개조의 구상과 관련하여 특히 주목되는 것은 제2편이다.

제2편은 1장 '민족 급(及) 국민성의 차이', 2장 '한족의 일본족에 대한 경멸', 3장 '한족의 일본족에 대한 원한' 4장 '한족의 일본족에 대한 불신임(不信任)', 5장 '한족의 민족력'의 총 5장으로 구성되어 있다. 전체적으로 4천여 년의 유구한 역사 속에서 미개한 일본에게 문화를 전해줄 정도로 뛰어난 문화능력을 지녔던 한족의 우월성을 부각시켜 한족이 역사적으로 독립의 잠재적 실력을 갖춘 민족임을 규명하는 한편, 삼국

27 임시사료편찬회는 6월 17일 발족 당시에는 '사료조사편집부'라는 이름 출발하였으나, 7월 2일 본격적으로 편찬업무를 시작하면서 '임시사료편찬회'로 개칭된다(김원모, 위의 책, 112쪽의 각주 62) 참조).

28 김원모는 사료집의 제4편을 제외하고 나머지 부분은 "이광수 단독집필"한 것이라고 주장했으나(위의 책, 120~122쪽), 이는 사실과 다르다. 이광수는 「서언」에서 "본서 編輯期는 겨우 50일이라. 그러므로 각인의 담임한 초고를 一人의 手로 통일·정리하기는 姑捨하고 각기 자기의 分도 교정할 여가가 無하야 여차히 착잡한 體裁를 成하다"(임시사료편찬회, 『한일관계사료집』(1919), 국사편찬위원회, 2005, 3쪽)고 적고 있거니와, 고대에서 근대에 이르기까지의 한일관계 일반을 서술하고 있는 제1편만 해도 제4장 '갑신혁명당의 난'과 제5장 '朝日條約類聚' 항목의 경우 거의 현토체(懸吐體)에 가까운 문장을 사용한 1·2·3장의 편년체 서술과는 달리 국한문혼용체 문장을 사용한 사건 중심의 서사체로 구성과 문체를 달리하고 있어 집필자가 다르다는 것을 확인할 수 있다.

시대 이래 수시로 한족을 침략해온 것은 물론 조선의 독립을 보장한다는 병자수호조약의 맹약마저 어기고 조선을 병탄하기에 이른 일본의 침략적 야심 및 병합 이래 일본의 포학한 식민통치를 부각시킴으로써 독립의 당위성을 제시하고 있다. 이 가운데 특히 "한족은 창조력이 핍(乏)한 민족이 아니다"[29]라는 선언적인 주장으로 시작하여 역사적인 문헌을 통해 한족의 문화능력을 고증하고 있는 5장의 2절은 '사상의 고착'과 '사상의 종속'을 조선인의 근본적 특성이라고 간주하여 동화정책의 당위성을 주장했던 다카하시 도루의 조선인 민족성론에 대한 강한 반론의 성격을 띠고 있기도 하다.

이처럼 짧은 기간이었으나마 임시사료편찬회의 주임으로서의 활동은 이광수에게 조선 민족의 문화적 우월성에 눈뜨게 해줌으로써 조선 민족성을 바라보는 그의 시각에 균형추를 마련해 주었다. 이광수는 『한일관계사료집』의 편찬 업무를 진행하면서 동시에 독립신문사 사장이자 주필로서 『독립신문』의 창간 준비에도 분주했는데, 1919년 8월 21일에 게재된 창간사의 다음 대목은 이 무렵 그가 도달한 민족성 개조 방침의 방향을 선명하게 보여준다.

> 우리국민은 과거에 영예로운 역사를 가졌고, 이를 통하여 전하는 고결하고 용장한 국민성을 가졌으나, 하나는 유교의 횡포에 하나는 일본족의 횡포에 많이 소멸하고 엄폐된지라. 유형한 국토는 차라리 잃을지언정 선조의 정신이야 어찌 차마 잃을 것인가. 건전한 국민교육을 받지 못한 불행한 우리는 이 영예로운 역사를 잊고 고결 용장한 국민성을 활용하지 못함에 이르렀도다. 그러나 우리의 정신에는 아직도 그 고귀한 맹아가 존재하니 一風一雨 가 족히 이를 소생케 할지라.

29 임시사료편찬회, 앞의 책, 71쪽.

국사와 국민성을 고취하고 아울러 신사상을 섭취함으로써 개조 혹은 부활한 민족으로서 부활한 신국민을 만들려고 노력함이 本報 사명의 다섯 번째이다.[30]

한 마디로 말하자면, 유교의 영향 및 일본의 식민통치하에 소멸된 '고결 용장한 국민성'을 소생케 하기 위해 국사와 국민성을 고취하는 한편, 신사상을 섭취함으로써 조선 민족을 '개조 혹은 부활한 민족', '부활한 신국민'으로 만들겠다는 것이 이 무렵 이광수가 내건 민족성 개조의 대략적인 방침이었던 것이다.

이처럼 임시사료편찬회의 주임 및 독립신문사 주필로서의 활동과 더불어 대략적인 방향성을 얻게 된 민족성 개조의 방침은 이해 가을 도산 안창호의 흥사단과 만나면서 좀더 구체적인 윤곽을 갖게 된다. 이광수가 흥사단에 대해 처음 알게 된 것은 임시정부의 조직 개편[31]에 따라 내무총장에서 노동총판으로 물러앉은 도산이 흥사단 원동지부 조직에 착수한 이해 가을의 일이다.[32] 그러나 이보다 조금 앞서 '장백산인(長白山人)'이라는 필명으로 『독립신문』 창간호에서부터 14회에 걸쳐 연재한 「선전 개조」(1919.8.21~10.28)는 그가 이미 흥사단에 대해 알

30 「독립신문 창간사」(1919.8.21), 김원모 편역, 『춘원의 광복론―독립신문』, 단국대 출판부, 2009, 56쪽.

31 3·1운동 이래 연해주의 대한국민의회와 상하이의 대한민국임시정부가 양립하여 대내외적으로 실질적인 정부로서 기능하는 데 혼선을 빚자, 임시정부의 실질적인 책임자였던 도산은 양자 사이에 임시정부 통합을 위한 교섭을 개시하여 임시정부 조직의 개조를 주도한다. 그 결과 9월 11일 임시헌법 개정이 공포되어 1919년 11월 3일 이승만을 임시대통령으로, 이동휘를 국무총리로 하는 일종의 연립 내각이 새로이 출범한다(임경석, 『한국 사회주의의 기원』, 역사비평사, 2003, 102~108쪽 참조).

32 "도산은 정부에서 물러 나오자 흥사단에 그의 밤 시간을 썼다. 내가 그에게 흥사단 말을 처음 들은 것은 첫해 가을인가 한다. 흥사단의 이론은 도산의 실천과 아울러서 깊이 내 마음을 끌었다."(이광수, 『나의 고백』, 앞의 책, 264쪽). 한편 수양동우회 재판기록(昭和 15年 刑控 第17~20号)에 따르면, 이광수가 안창호에게서 흥사단의 입단을 권유받은 것은 이해 10월의 일이다(독립운동사 편찬위원회, 『독립운동사자료집』 12, 1977, 1287쪽).

기 이전부터 이미 사상적으로 도산에게서 커다란 영향을 받고 있었음을 보여준다. 무엇보다도 우선 이 글을 발표하면서 도산에게서 받은 아호(雅號)인 '장백산인'을 사용한 것부터가 그러하거니와,[33] 내용적으로도 이 글은 '무실역행'에 강조점을 두고 인재의 양성과 금전의 집적, 단합된 조직으로서 장차 '독립'에 필요한 '실력의 준비'를 강조한 도산의 흥사단 이념과 그대로 맞닿아 있는 까닭이다.[34] 이는 「선전 개조」의 집필 및 두 달여 간에 걸친 대대적인 연재가 애초에 국민회의의 특파로 상하이에 올 때부터 흥사단 원동지부 조직을 염두에 두고 있던 도산이 조직 구성을 위한 초석으로서 이광수를 통해 선전 작업을 펼친 결과였을 가능성을 암시하며,[35] 아울러 이광수가 그만큼 도산의 흥사단 이론에 깊이 공감했음을 말해준다.

독립은 한 나라를 유지・경영해갈 만한 '독립의 실력'을 갖출 때 비로소 되찾을 수 있는 것이라는 사고는 사실 이광수의 오랜 생각이기도 했다. 일찍이 상하이에서 연해주, 북만주, 시베리아에 걸친 7개월여 간

33 "'長白山人'이라 하는 뜻은 내가 상하이에 있을 때 도산 안창호 씨가 날더러 '長白'이라 하였다. 그 이유는 그 때 그 분이 세 가지 조목을 들어주셨는데, 첫째 장백이라 함은 장백산 아래에 났으니 즉 조선에 났으니 장백이 可하고, 둘째 장백을 결백을 표함이니 可하고, 셋째 돈이 없으니 건달이란 뜻으로 可하다 함이었다."(「雅號의 유래(2)」, 『삼천리』 제6호, 1930.5, 76쪽).

34 1912년 봄 샌프란시스코에서 안창호의 주도하에 결성된 흥사단의 약법은 이 단체의 목적을 다음과 같이 규정하고 있다. "본단의 목적은 무실역행을 생명으로 삼고자 하는 충의의 남녀를 단합시켜 우의를 돈독히하여 德體知의 3育을 동맹수련해서 건전한 인격을 배양하고, 신성한 단체를 조직하여 우리 민족 전도의 대업의 기초를 준비하는 데 있다."(조선총독부 경무국 소장 비밀문서, 『도산안창호자료집』 1, 국회도서관, 1997, 193쪽).

35 『도산 안창호』에 따르면, 1919년 도산이 국민회의 특파로 원동으로 온 것은 독립운동이 아니라 다음 기회에 독립운동을 할 수 있는 실력을 기르는 운동을 하러 온 것이었으며, 임시정부 내무총장 및 국무총리 대리직을 마지못해 수락하면서도 각지에 있는 민족 지도자들을 상해로 모아 정식으로 임시정부가 조직되면 국무총리 대리직를 사면하겠다는 조건을 내걸었다고 한다(이광수, 『도산 안창호』(1947), 『전집』 7, 143~145쪽). 이러한 도산의 견해는 그가 상하이로 오기 직전 1918년 10월 미국의 흥사단우에게 보낸 글 「전쟁 종결과 우리의 할 일」(주요한 편, 『안도산전서』(증보판), 흥사단 출판부, 1999, 609~611쪽)에서도 확인할 수 있다.

의 대륙방랑의 경험을 통해 그는 제 힘으로 제 나라를 경영해 갈 만한 실력을 갖추지 않고는 설사 당장 독립을 하더라도 그것을 유지하는 것 자체가 불가능하다는 사실을 절감한 바 있었고, 이러한 자각하에 『권업신문』 및 『대한인정교보』와 같은 해외 한인 언론을 통해 「독립준비하시오」(1914.3), 「농촌계발의견」(1914.3), 「재외동포의 현상을 논하여 동포교육의 긴급함을」(1914.6) 등의 논설을 발표하기도 했다.[36] 2차 유학시절 장편시 「어린 벗에게」(1916)에서 장편 『무정』(1917)에 이르기까지 온통 그의 사유를 지배했던 '문명 조선의 구상'이 이러한 대륙방랑 시절의 경험과 사유의 연장선상에 있었던 것은 물론이다.[37]

불과 6개월 남짓의 짧은 기간이었지만, 상하이에 망명한 이래 독립운동 해외 언론 선전책으로, 임시정부 조직책으로, 임시사료편찬 주임으로, 『독립신문』 창간 주체로서 분주하게 활동하면서 그는 다시금 동일한 결론에 도달했던 것 같다. 당장의 독립을 비관하는 해외 언론인의 냉정한 반응,[38] 국내에서 전해오는 무장한 일본경찰의 폭압에 의한 다대한 인적・물적 피해 소식,[39] 그리고 파리강화회의를 겨냥한 각지

36 최주한, 「중학시절과 오산시절 전후의 이광수」, 『춘원연구학보』 5, 춘원연구학회, 2012, 294～299쪽.

37 최주한, 「제2차 유학시절의 이광수」, 『춘원연구학보』 4, 춘원연구학회, 2011a, 96～108쪽.

38 이광수는 3・1운동 당시 약 삼 주일간 국내 독립운동의 실태를 취재하고 돌아온 『차이나 프레스』의 펩훠라는 외국인 기자에게서 다음과 같은 비관적인 말을 들은 것을 회고한 바 있다. "그만했으면 너희 민족이 일본 통치에 불복하고 독립을 원한다는 뜻과, 또 독립을 위하여서는 죽기도 두려워하지 않는다는 용기도 표시되었으니 더 동포들을 선동하여 희생을 내지 말라. 지난 수십년 간에 길러내인 지식 계급을 다 희생하면 다시 수십 년을 지나기 전에는 그만한 사람을 기를 수 없으니 앞으로 교육과 산업으로 독립의 실력을 길러라. 내가 보기에는 현재의 너희 힘으로는 일본은 내쫓고 독립할 힘은 없다고 본다."(이광수, 『나의 고백』, 앞의 책, 255쪽).

39 3・1운동의 원인과 경과 및 결과를 망라한 『한일관계사료집』 제4편의 말미에는 국내의 독립운동으로 인한 인적・물적 피해에 대한 통계가 각 지방별로 제시되어 있다. 〈總計表〉에 의하면, 참가 지방 211부(部), 참가 인원 1,681,648명, 사망 6,821명, 부상 45,163명, 수감 49,511명, 불탄 교회당 47개, 불탄 학교 2개, 불탄 민간인집 364개로 집계되어 있다(임시사료편찬회, 앞의 책, 229～236쪽).

민족 대표들의 독립청원운동의 실패[40]는 그에게 당장의 독립을 낙관할 수만은 없다는 사실을 일깨우기 충분했을 것이다. 그리고 임시정부의 출범에서 정식 업무에 이르기까지 여러 난관을 곁에서 지켜보고 또 직접 관여하면서, 민족의 의사를 대표하는 통일된 중심기관의 중요성 및 이를 제대로 운용하기 위한 인재와 금전의 필요성을 절감하지 않을 수 없었을 것이다. 요컨대 허위와 의심, 공리공론, 고식(姑息)을 위주로 생활하던 고래의 습관을 떨쳐버리고 '무실역행'으로써 인재를 양성하고 금전을 집적하며, 단합된 조직으로서 장차 '독립'에 필요한 '실력의 준비'를 해야 한다는 「선전개조」의 주장은 독립은 운동이 아니라 '독립의 실력'을 갖출 때 비로소 되찾을 수 있다는 도산의 오랜 신념이자 상하이 망명 이후 더욱 견고해진 이광수 자신의 신념이기도 했던 것이다. 이해 10월 도산에게서 흥사단에 가입할 것을 권유받은 이광수가 이듬해 1월과 4월 두 차례의 입단 문답식을 거쳐 흥사단에 입단, 원동지부 임시반장에 임명되어 흥사단원으로서의 활동을 시작한 것 또한 이러한 사상적 공명 때문이었을 것은 말할 것도 없다.

---

40 1918년 10월 미국의 대한인국민회는 이승만, 정한경, 민찬호를 강화회의에 파견하기로 결의하고, 1919년 2월 상하이의 여운형 또한 강화회의에서 직접 독립을 청원하기 위해 신한청년당을 결성하여 김규식을 한국 대표로 파리에 파견한다. 그러나 대한인국민회는 미국 정부가 일본과의 외교관계를 앞세워 비자 발급을 거부하여 청원서를 제출할 수 없었고, 파리로 간 한인 대표들 또한 일본의 방해와 열강의 소극적 태도로 아예 회의장에 들어갈 수도 없었다. 민족자결을 포함한 '14개조' 조문 해석 당시, 전쟁 당사자국의 식민지 처리 문제 이외에는 관심이 없었던 윌슨은 애초에 독립청원 식민지 제국 대표의 강화회의 입장 금지를 못박았다고 한다(전상숙, 「파리강화회의와 약소민족의 독립문제」, 『한국근현대사연구』 50, 한국근현대사학회, 2009, 27~28쪽).

3. 「민족개조론」과 민족성 담론의 재구성

상하이 임시정부를 중심으로 하는 독립운동은 1년 남짓한 시일을 넘기면서 당장의 독립을 낙관할 수만은 없다고 여겼던 이광수의 예감을 현실로 바꾸어 놓았다. 그간 미주에서 보내오던 자금이 끊기고 본국의 민심 또한 가라앉아 모금 운동이 부진해지면서 임시정부는 순식간에 재정 궁핍 상태에 빠졌고, 애초에 연해주의 국민회의와의 갈등 속에서 개편된 임시정부 내부의 불화 또한 극에 달하여 이해 6월과 7월 이동휘와 도산이 잇달아 상하이를 떠나면서 정국은 일시 소강상태를 맞게 되는 까닭이다.[41] 재정의 궁핍은 당장 『독립신문』의 운영난으로도 이어져 결국 1920년 5월 11일자(제75호)에 이르면 주3회에서 주2회로 발간횟수를 줄일 수밖에 없었다.[42] 이광수가 상하이 임시정부의 독립운동을 비관하고 국내에서의 활동을 고려하기 시작한 것은 바로 이 무렵의 일이다.

> 본국으로 곧 오라 하시고 연하여 네게 어찌 그러한 용기가 있으랴, 성의가 있으랴 하셨습니다. 그러나 나는 용감히 대답하리다. 내게 그만한 용기는 없습니다. 그러하오나 사업의 실패가 오고 동지들에 대한 실망이 올 때에 나는 분명히 일어나 본국으로 들어가서 몇 삼 년 징역을 치르고라도 본국에 있는 동포들 앞에 나서고 싶습니다. 그러나 나는 지금 병중에 있습니다. 이 몸을 가지고 본국에 들어가면 징역을 치르다가 죽어버릴 것입니다.[43]

41 당시 임시정부 내부의 위기에 대해서는 주요한 편, 앞의 책, 263~275쪽 참조.

42 최기영, 「상해판 『독립신문』의 발간과 운영」, 『식민지시기 민족지성과 문화운동』, 한울아카데미, 2003, 214~220쪽.

43 이광수, 「사랑하는 영숙에게」(1920년 5월 6일자 편지), 『전집』 9, 304쪽.

인용문은 이광수가 허영숙에게 보낸 5월 6일자 편지의 한 대목이다. 편지에 의하면, 당시 서울에 병원을 개업할 예정이었던 허영숙은 이광수에게 국내로 돌아올 것을 종용했고,[44] 상하이에서의 독립운동의 앞날을 비관했던 이광수 또한 국내에서의 활동 여부를 고심했던 사실을 엿볼 수 있다. 그러나 귀국과 동시에 체포되어 수감될 것이 명약관화한 이상 그가 귀국을 결심하기란 쉽지 않은 일이었다. 이광수가 마침내 귀국을 결단한 것은 이듬해 2월, 불과 일주일을 사이에 두고 잇달아 상하이를 방문한 『동아일보』 전 정경부장 겸 학예부장을 지냈던 진학문 및 허영숙과의 만남이 결정적인 역할을 한 것으로 보인다.

1921년 2월 13일자 도산의 일기에는 "이광수 군의 소개로 전 『동아일보』 문예부장으로 있던 유일(留日) 학생 진학문 군을 면회하야 독립운동에 관한 문제와 사회현상에 대하여 장시간 담론"[45]했다는 언급이 보인다. 일찍이 『동아일보』 창간을 주도하며 『동아일보』 정경부장 겸 학예부장까지 지냈던 진학문의 상하이 방문에 대해서는 임시정부에 대한 정탐설도 제기되고 있지만,[46] 그 목적이 무엇이었든 이광수에게 진

44 허영숙은 이해 1월 이광수에게 병원을 개업할 예정임을 알렸던 것 같다. "개업을 하든지 ◯◯을 ◯든지 자유로 하십시오."(이광수, 「사랑하는 영숙에게」(1920년 1월 9일자 편지), 『전집』 9, 299쪽). "병원, 英惠病院은 개업되었다는, 왜 『매일신보』에 광고가 아니 나오? 나도 첫 사업, 영도 첫사업, 깊이 축하하고 항상 성공을 빕니다. 아무쪼록 전심력을 다하여 분투하시오."(3월 27일자 편지, 위의 책, 301쪽). 한편 1920년 5월 13일자 편지에는 "신문으로 개업하셨다는 것과 당신의 포부에 관한 글을 읽었습니다"는 언급이 보인다(위의 책, 306쪽).

45 「일기」, 주요한 편, 앞의 책, 996쪽.

46 진학문(1889~1974). 1907년 일본으로 건너가 이듬해 게이오의숙 보통부에 입학했으나 중퇴한다. 1913년 다시 도일하여 와세다대학 영문과 입학하고, 1916년에는 도쿄외국어학교 러시아어학과에 입학했으나 역시 둘다 중퇴했다. 귀국 후 『경성일보』에 입사한 후 퇴사하고 곧이어 아베의 소개로 『오사카아사히신문』 경성지국에서 근무했다. 한편 총독부로부터 민간지 발행 허가를 얻어낸 그는 1920년 4월 김성수를 물주로 하여 『동아일보』 창간을 주도하며 『동아일보』 정경부장 겸 학예부장, 논설위원 등 핵심요직을 겸했다. 그러나 6개월만에 별다른 이유없이 『동아일보』를 퇴사하고 전공인 러시아문학을 공부한다는 명목하에 러시아행을 결정한 그는 상하이를 들러 블라디보스토크에 들렀다가 귀국하고 만다. 이에 이 무렵 그

학문과의 만남은 사이토 총독의 문화정치 이후 변화된 국내 정세에 대한 긴요한 정보를 얻을 수 있는 절호의 기회였을 것이다. 뒤이어 2월 16일자 도산의 일기에는 "이광수 군이 내방왈(來訪曰) 경성으로부터 허영숙이 내도(來到)한다 하며 출영(出迎)하러 왕(往)하노라 하다"[47]라는 언급이 보이는데, 당시 총독부 의료시찰단의 일원으로 베이징에 갔던 허영숙은 상하이에 들러 이광수를 만나고 그에게 문화운동으로 방향을 바꾸는 게 좋으리라고 권유한 사실이 있다.[48] 그리고 이틀 후인 2월 18일자 일기에는 두 사람이 같이 본국으로 갈 뜻을 말한 데 대해 도산이 반대한 사실이 적혀 있다.[49] 이러한 전후 사정으로 미루어 짐작건대, 이미 이전부터 국내에서의 활동을 심각하게 고려하고 있던 이광수는 진학문과 허영숙을 통해 국내에서의 활동 가능성을 타진하고 귀국을 결단했던 것이 틀림없다. 그러나 도산의 반대에 부딪치자 이광수는 도산 모르게 귀국할 결심을 하고,[50] 먼저 허영숙을 돌려보낸 다음 뒤이어 단

의 상하이행은 임시정부 정탐을 목적으로 한 것이었을 가능성이 제기되고 있다(정운현, 「일제 '문화정치'의 조력자—언론인 진학문」, 『나는 황국신민이로소이다—새로 밝혀 다시 쓴 친일인물사』, 개마고원, 1997, 202~204쪽).

47 주요한 편, 앞의 글, 997쪽.

48 당시 이광수에게 문화운동 방면으로 방향을 바꾸라고 권유한 사실에 대해서 허영숙은 다음과 같이 회고한 바 있다. "춘원은 마침내 ××로 갔지요. 그러나 춘원이 그 공기 나쁜 ××에서 그 몸으로 견디어 낼 수가 있겠어요. 그때는 내가 帝大에 있을 땝니다. 춘원을 따라 그곳으로 들어갔습니다. 내 생각은 이랬어요. **춘원은 그 약한 몸으로는 ××××같은 것은 결코 할 수 없는 몸인데 다른 문화운동 같은 것으로 방향을 바꾸면 좋으리라고. 그래서 그렇게 권하고 나는 나왔습니다.**"(허영숙, 「나의 자서전」, 『여성』, 1939. 2, 27쪽).

49 도산은 1921년 2월 18일자 일기에 "이광수 허영숙 군을 訪하다. 2인이 같이 본국으로 갈 뜻을 말하는지라, 余曰 今에 압록강을 渡하는 것은 적에게 降書를 提納함이니 절대 不可오, 君等 兩個人 前程에 大禍를 作하는 것이라. 속단적으로 행치 말고 냉정한 태도로 양심의 지배를 받아 행하라 하다"고 적고 있다(주요한 편, 앞의 글, 999쪽).

50 이광수의 귀국이 도산과의 합의하에 이루어진 것이라는 반대 견해를 뒷받침하는 자료로는 1920년 12월 상하이에서 흥사단 국내지부 조직을 준비하기 위한 회합이 있었다는 총독부 경무국의 증인신문 자료(「동우회 관계자 검거에 관한 건」(조선총독부 경무국 소장비밀문서), 『도산안창호자료집』 1, 국회도서관, 1997, 224쪽) 및 도산이 이광수에게 귀국을 권유했으며 이광수의 귀국 당시 친히 전송까지 해주었다는 김기승의 「상해시절의 도산」(『사상계』,

신으로 귀국하게 되는 것이다.

이광수의 귀국에 대해서는 당시부터도 독립운동의 배반이라든가 변절이라는 비난이 뒤따랐고, 이광수 또한 이러한 비난을 예상하지 못했던 것은 아니다. 그러나 그는 귀국을 둘러싼 세간의 의혹과 비난은 국내에서의 자신의 본격적인 활동과 더불어 곧 수그러들 것이라고 판단했던 것 같다. 실제로 발표는 1년 뒤에 했으나 귀국 직후에 쓴 「감사와 사죄」(『백조』, 1922.5), 마찬가지로 이해 8월 금강산기행에 나선 길에 초고를 쓴 것으로 보이는 「금강산유기」(『신생활』, 1922.3~8)에서는 새로운 사업에 대한 포부로 한껏 부풀어 있는 그의 모습을 쉽게 엿볼 수 있다. 무엇보다도 귀국을 전후한 무렵의 그는 상하이 임정활동의 경험을 통해 얻은 민족 개조의 방침과 더불어 도산의 흥사단 이념에서 영감을 얻은 구체적인 방법론을 두고 갖추고 있었고, 여기에 총독부가 표방하는 문화정치가 국내에서의 활동에 유리한 여건으로 작용할 수 있으리라는 판단까지 확보하고 있었던 까닭이었을 것이다.

귀국 직후 이광수가 아베 미츠이에[阿部充家]를 통해 사이토 총독에게 올린 건의서 「재외 조선인에 대한 긴급책(在外朝鮮人に對する緊急策として左の二件を建議する)」(1921.4)은 이 무렵 총독부의 문화정치에 대한 그의 전략적 접근을 엿볼 수 있는 중요한 자료이다.[51] 이 문건은 그간 내용의 일부

1963.3), 「망명가들의 귀국 이면 폭로」(『제1선』, 1932.9) 두 편의 회고 기록이 언급되고 있다(박은경, 「춘원 이광수의 「민족개조론」과 1920년대 식민지 조선」, 서강대 석사논문, 2002, 29~30쪽). 그러나 전자는 동우회 최종심 재판기록에서 조작된 공술로 판명된 바 있으며(국사편찬위원회, 『한국독립운동사』 5, 국사편찬위원회, 1969, 410쪽), 후자는 이광수와 가까운 사이였던 김여제와 주요한의 회고 기록과 어긋나는 까닭에 신빙성을 얻기 어렵다. 김여제는 당시 귀국을 위해 잠적한 이광수의 정황에 대해서 함께 살던 박현환도 몰랐다고 회고한 바 있으며(박계주·곽학송, 『춘원 이광수』, 삼중당, 1962, 299쪽), 주요한 또한 이광수의 귀국 이후 도산이 공개석상에서 그를 성토하는 연설을 했다고 회고한 바 있다(주요한 편, 앞의 책, 383쪽).

51 이광수, 「재외 조선인에 대한 긴급책」(1921), 『齋藤實文書 書簡』(분류번호 : 2166), 일본국회도서관 소장. 이 건의서는 아베의 서간과 따로 분류되어 보관되어 있기 때문에 이 건의서가

만 알려져 총독부에 대한 귀순용 각서 혹은 타산적인 처세술쯤으로 간주되어 왔지만,[52] 이광수가 『매일신보』에 등단하기 직전 일본 민권계열 잡지 『홍수이후』에 투고한 「조선인 교육에 대한 요구(朝鮮人教育に對する要求)」(1916.3)와 『매일신보』 사장 아베에게 올린 건의서 「대구에서」(1916.9)와 동일하게 총독부의 시선을 의식하면서 민족의 요구를 관철하는 전략적 글쓰기를 구사하고 있다는 점에서 좀더 주목할 필요가 있다.[53]

「재외 조선인에 대한 긴급책」에서 이광수가 건의하고 있는 것은 '방랑 조선청년 구제 선도의 건'과 '재외 조선인 교육 선도의 건' 두 가지이다. 전자는 1919년 독립운동 발발 이래 해외로 나와 방랑하는 지식 청년이 2천 이상에 달하는데 이들은 의식(衣食)이 곤궁한데다 사상 또한 과격화되고 있어 일본의 국방 및 사회의 안녕을 위협할 우려가 있으므로 그 구제책이 필요하다는 것이고, 후자는 일본의 통치권 밖에 방치되어 있는 연해주 및 만주 지방의 200만 조선인 또한 이들 지식 청년의 영향을 받을 우려가 있으므로 교육으로 선도할 필요가 있다는 것이 주요 내용이다. 이러한 건의 내용은 당시 독립운동의 여파에 대한 대책으로 문화운동의 점진적이고 타협적인 요소를 이용하고자 했던 총독부의 입

건네진 정확한 날짜는 알 수 없다. 다만 관헌 자료 및 이광수의 회고에 따르면, 이해 4월경 이광수는 왜성대 관사(倭城臺 官舍)에서 사이토 총독과 만난 일이 있다(국사편찬위원회, 앞의 책, 443쪽; 이광수, 「무부츠 옹의 추억」(1939), 김원모・이경훈 편역, 『동포에 고함』, 철학과 현실사, 1997, 249쪽). 이로 보아 이광수의 건의서가 사이토에게 건네진 것은 적어도 그 이전의 일이라는 것을 미루어 짐작할 수 있다. 귀중한 자료를 조사해주신 하타노 선생님께 진심으로 감사드린다. 사이토의 문서는 인터넷상에서 다음 주소로 들어가 인명 가운데 'さ' 항목을 클릭하면 방대한 규모의 전체 목록을 확인할 수 있다(http://rnavi.ndl.go.jp/kensei/entry/kensei-kyuzosha.php).

52 김윤식, 『이광수와 그의 시대』 1, 솔, 1999b, 735~737쪽; 홍기돈, 「「민족개조론」의 자치제 기획과 『허생전』」, 『제7회 춘원연구학회 학술대회 발표집』, 춘원연구학회, 2013, 63~64쪽.

53 「조선인 교육에 대한 요구」와 「대구에서」의 글쓰기 전략에 대해서는 최주한, 「제국의 근대와 식민지, 그리고 이광수－제2차 유학시절 이광수의 사상적 궤적을 중심으로」, 『어문연구』 140, 어문연구학회, 2008, 424~431쪽 참조.

장에서 보면 솔깃한 것이 아닐 수 없었을 것이다.[54] 더구나 이광수가 이들 문제를 해결하기 위한 방책으로 내놓은 것은 ① 길림성 또는 봉천성 지역에 적당한 토지를 구매하고 이곳에 농촌과 학교를 경영케 하여 지식 청년들에게 의식(衣食)을 주고 교육을 주며 건실한 직업에 종사할 수 있는 능력을 마련해줄 것, ② 학교와 강습소를 설립하고 출판물을 발행하여 해외 조선인의 교육과 산업에 힘쓸 것 등으로, 3·1운동 이후 민심을 안정시키고 치안을 유지하기 위해 민중교화·사회교화 정책에 중점을 두었던 총독부의 문화정치 방침과 맞아떨어지는 것이기도 했다.[55]

그러나 '교육'과 '산업'은 이광수가 오산시절 이래 줄곧 강조해왔던 민족의 실력을 양성하는 데 긴요한 두 중심축이자 신민회와 청년학우회에 이어 흥사단에 이르기까지 인재의 양성과 금전의 집적, 그리고 단결을 통해 민족의 힘을 기르고자 했던 도산의 핵심 사업이기도 했다. 그러니까 이 무렵 국내 활동을 심각하게 고려했던 이광수에게 이 건의서는 3·1운동 이래 민심의 안정과 치안의 유지라는 문제에 골몰하고 있던 총독부의 최대 현안을 건드리면서 국내외를 아우르는 문화운동, 곧 민족개조운동의 기반을 확보하기 위한 전략으로서의 의미를 가졌던 것이다.

비록 총독부의 주시하에 합법적으로 전개해야 한다는 제약이 뒤따

---

54 당시 민족주의자들의 문화운동을 역이용하여 독립운동의 기운을 제어하고자 했던 총독부의 움직임에 대해서는 강동진, 『일제의 한국침략정책사』, 한길사, 1980, 385~386쪽 참조.

55 수양동우회의 재판기록에는 이해 4월경 이광수가 왜성대 관사에서 총독과 대면했을 때의 일이 기록되어 있다. "총독이 묻기를 조선민족의 포부로서 하였나. 총독은 일찍이 피고인의 사상을 주지하였기 때문이다. 이광수가 답하기를 저 민족개조의 이론으로서 하고, 또 이 실행의 방법으로서 먼저 청년수양운동과 대중교화운동을 일으킬 旨를 述하니 총독이 크게 이를 상찬하고, 심히 좋은 일이다. 비용에 쓰기 위하여 국유 미간지를 주겠다고 約하였다. 생각하니 사이토 총독은 조선의 통치에는 이광수의 주창하는 수양운동으로써 적절하다고 생각하였던 때문이다. 저 만세 소요의 여진이 아직 가시지 않았는데 공산주의의 침입이 점차로 성하려고 하는 당시의 대책으로서도 또한 好個事라고 하였기 때문일 것이다."(국사편찬위원회, 앞의 책, 443쪽).

르긴 했지만, 이광수는 그러한 제약이 갖는 한계보다 가능성에 주목했다. 귀국 후 곧바로 민족개조운동의 대략을 밝힌 「중추계급과 사회」(1921.7)와 민족개조운동의 당위성과 방법을 소상히 언급한 「소년에게」(1921.11~1922.3)를 잇달아 집필・발표한 데 뒤이어, 다시금 방대한 분량의 체계적인 논문 체제를 갖춘 「민족개조론」(1922.5)의 집필에 뛰어든 것은 그가 민족개조운동에 걸었던 기대의 무게를 충분히 짐작케 한다.

실제로 이광수의 「민족개조론」은 1920년대 초반 제1차 세계대전 종전을 전후하여 전세계를 휩쓴 세계개조론의 흐름에 호응하여 앞 다투어 제출되었던 문화운동론자들의 다양한 민족개조론 가운데서도 단연 독보적인 텍스트이다. 논문의 압도적인 분량은 물론이고, 민족개조운동의 전사(前史)에 대한 대대적인 검토에서부터 민족개조운동의 당위성을 뒷받침하기 위해 차용한 르봉의 민족심리학 이론, 그리고 도산의 흥사단에서 영감을 얻은 민족개조운동의 방법론에 이르기까지 체계적이고도 치밀한 논의 전개 면에서도 애써 공들인 흔적이 역력하다. 임정 시절 임시사료편찬회의 주임으로 활동하면서 갑신정변에서 한일병합에 이르는 한국 근대사를 전체적으로 검토할 기회를 가졌던 이광수가 민족개조운동의 전사에 밝았을 것은 당연한 일이고,[56] 도산의 흥사단과의 관련성에 관해서라면 「민족개조론」의 '변언(辯言)'에서부터 민족개조의 사상과 계획이 도산에게서 나온 것임을 밝혀두었으니 굳이 다시 언급할 필요가 없을 것이다.[57] 다만 민족개조운동의 당위성을 뒷받침하기 위해 르봉의 민족심리학 이론을 차용하고 있는 본론은 조선인 민족성론에 대한 서구 및 일본의 오리엔탈화된 지식에 대응하는 주체

56 『한일관계사료집』의 제1부는 고대에서 한일합병에 이르는 시기의 한일관계사를 다룬 것인데, 그 가운데서도 갑신정변에서 한일합병에 이르는 시기의 기술은 총 47개의 항목에 걸쳐 사건 별로 자세하게 기술되어 있다(임시사료편찬회, 앞의 책, 27~44쪽).

57 「민족개조론」과 도산 사상의 관련성에 대해서는 김윤식, 앞의 책, 199a, 40~45쪽 참조.

적인 민족성론의 재구성을 보여준다는 점에서 각별히 주목할 만하다.

1920년대 초반은 총독부가 3·1운동 이래 각성된 조선인의 민족의식을 순치하기 위해 조선인 민족성 담론의 선편을 쥐고자 발빠르게 움직이던 시기이기도 했다. 다카하시 도루가 1917년에 쓴 논문 「조선인」을 보완하여 총독부에서 재간행한 것은 1920년 12월의 일이다. 또 이 글은 1927년 총독부에서 펴낸 『조선인의 사상과 성격(朝鮮人の思想と性格)』에도 다시 실리고 있는데, 이는 다카하시의 조선인론이 그만큼 총독부의 정책상으로도 중요하게 취급되었음을 말해준다. 이러한 맥락을 염두에 두고 이광수가 「민족개조론」에서 르봉의 민족심리학 이론을 차용한 방식을 살피면 몇 가지 흥미로운 국면이 발견된다.

이광수는 한편으로 민족의 흥망성쇠에 민족성이 지대한 영향을 미친다는 르봉의 이론에 깊은 공감을 표하면서도, 그의 민족심리학에 내재한 인종주의적 차별의 논리에 관해서는 과감히 민족의 독자성을 주장하는 근거로 전유해 버린다. "일찍 이민족으로서 완전히 동화하여 동일한 성격의 민족을 성(成)하였다는 전례를 보지 못한 것으로 보면, 각 민족에게는 도저히 변할 수 없는 일개 또는 수개의 근본적 성격이 있다고 보는 것이 옳은 듯합니다"[58]와 같은 대목이 그러한데, 이러한 언급은 조선인 민족성 개조의 목표를 일본인으로의 동화에 두었던 당대 동화정책에 대한 비판으로도 읽힌다. 그런가 하면 민족의 근본적 성격은 불가변적이라 하여 인종적 개조의 가능성을 원천적으로 배제했던 르봉의 이론을 뒤집어 아무리 열등한 민족이라도 개조의 가능성이 있으며 '인의예용(仁義禮勇)'의 미덕을 근본 성격으로 갖고 있는 조선민족의 경우는 더더욱 개조의 앞날이 밝다고 하여 르봉의 인종주의에

58 이광수, 「민족개조론」(『개벽』, 1922.5), 『전집』 10, 128쪽.

내재한 위계적 사고방식을 간단히 넘어서기도 하는데,[59] 이 역시 '사상의 고착'과 '사상의 종속'을 조선인의 두 가지 근본적인 특성이라 하여 조선인은 독창성을 결여하고 있으므로 일본인에게 동화시키는 것이 필요함을 주장했던 다카하시의 조선인론에 대한 반론이기도 하다. 요컨대 이광수는 르봉의 인종주의적 민족심리학 이론으로부터 역으로 조선 민족의 독자성 및 내적 동력에 의한 민족 개조의 가능성을 이끌어냄으로써 다카하시의 조선인 민족성론에 대응하는 주체적인 민족성 담론을 재구성해내고 있었던 것이다.

4. 동학 이념의 재발견, 『허생전』의 새나라 '남조선' 공동체를 창안하기까지

「민족개조론」 이후 이광수의 민족 개조의 기획은 당대 인본주의적 세계개조론의 흐름에 호응하여 그 위상을 재정립하려는 시도로 이어진다. 주지하다시피, 1920년대 초반 국내 사상계는 19세기 제국주의 열강의 시대를 휩쓸었던 사회진화론을 대신하여 정의와 인도, 자유와 평등 이념에 입각한 인본주의가 전면에 부상하고 있던 시기였다. 과거

59 이광수의 「민족개조론」이 르봉의 인종주의적 민족심리학을 주체적으로 전유한 방식에 관해서는 최주한, 「민족개조론과 상애의 윤리학」, 『서강인문논총』 30, 서강대 인문과학연구소, 2011b, 302~308쪽. 한편 이에 대해서는 이광수의 논의가 자신의 견해를 뒷받침하기 위해 르봉의 학설을 자의적으로 차용했을 뿐 르봉의 사상에 대한 깊은 이해를 찾아볼 수 없다는 견해도 있다(하타노 세츠코, 「이광수의 「민족개조론」과 귀스타브 르봉의 『민족진화의 심리학적 법칙』에 대하여」, 최주한 역, 『일본 유학생 작가연구』, 소명출판, 2011, 167~168쪽).

는 우열과 빈부, 지우(智愚), 강약의 차별이 존재하여 모두가 불공평한 세계였으나, 금일은 바야흐로 정의와 인도, 자유와 평등의 기치 아래 강약이 공존하고 병건(病健)이 상보(相補)하는 세계로 개조되는 도정에 있다는 것이 사상계의 공통된 인식이었던 것이다.[60] 이러한 흐름은 '보편주의에의 개안(開眼)'과 더불어 '인류-민족'이라는 새로운 지형 속에서 민족의 위상에 대해 사고하는 것을 가능케 해주었는데,[61] 당대 담론에 '인류상대주의'라든가 '범인간적 민족주의'와 같은 신조어가 등장하는 것은 이러한 맥락과 무관하지 않다.[62] 당대 민족주의와 보편주의의 만남을 매개했던 이러한 인본주의적 지향성은 귀국 후 이광수의 주요 발표 지면이기도 했던 천도교계 잡지 『개벽』에서 특히 두드러진다.

잡지 『개벽』은 동학의 '후천개벽' 이념에 입각한 신문화의 창달을 목표로 천도교계 인사들이 중심이 되어 창간(1920.6)한 종합잡지로, 종합지에 걸맞는 개방성을 가지고 당대 문화운동을 주도하는 한편 동학 이념의 근대화에도 많은 노력을 기울인 매체였다.[63] 특히 후자의 활동과 관련하여 『개벽』은 창간호에서부터 「인내천연구」(1920.6~1921.3)를 비롯하여 「인내천주의의 창시자 최제우 선생-십대 위인 소개의 기칠(其七)」(1922.2), 「조선동학사상의 정체」(1922.3) 등 동학의 초대 교주 최제

---

60 『개벽』 창간호에 실린 사설 「세계를 알라」(1920.6)의 다음과 같은 구절이 그 단적인 예이다. "우리의 과거는 이성의 訴求로는 심히 不思議의 중에 있어 왔도다. 優對劣者行爲, 富對貧者行爲, 智對愚者行爲, 내지 强對弱者行爲, 물질대정신행위, 모두가 불공평이었고 모두가 不理想이었다. (…중략…) 세계의 금일은 (…중략…) 개조하는 도정에 있으며 步一步 향상진보하는 중에 있나니 우리는 이것을 보고 黎明이라 하며, 瑞光이라 하며, 開闢이라 하도다. 이를 추상적으로 말하면 정의 인도의 발현이오, 평등 자유의 목표라 하겠고, 구체적으로 말하면 病弱 共存主義, 病健 相補主義라 하리로다."(「세계를 알라」, 『개벽』, 1920.6, 6~7쪽).

61 권보드래, 「식민지 지식인의 '민족'과 '인류'-3·1운동 전후 나혜석과 김기진을 중심으로」, 『정신문화연구』 28-3, 한국학중앙연구원, 2005, 315쪽.

62 이돈화, 「인류상대주의와 조선인」, 『개벽』, 1922.7; 「범인간적 민족주의」, 『개벽』, 1923.1.

63 최수일, 『『개벽』 연구』, 소명출판, 2008, 361~414쪽.

우의 사상을 근대적인 맥락에서 재해석하여 소개하는 기사를 지속적으로 내보냈고, 1923년 10월 28일 최제우의 탄생 백 주년 기념일을 맞아서는 최제우의 후천개벽 이념을 세계개조사상의 선구로서 재조명한 기획 논설 「새삼스럽게 음미되는 조선의 최수운주의」(1923.10)를 싣기도 했다. 주목할 만하게도 이 무렵 이광수는 『개벽』의 지면에 '장백(長白)'이라는 필명으로 2회에 걸쳐 단편 「거룩한 이의 죽음」(1923.3~4)을 연재했는데, 전후 맥락으로 보아 이 단편 또한 이러한 기획의 연장선상에서 기획·집필된 것이었을 가능성이 크다.

실제로 단편 「거룩한 이의 죽음」은 '사람이 곧 하늘'이라는 인본주의 이념을 바탕으로 세계개조의 앞날을 내다본 예언자로서의 최제우의 삶과 죽음을 재조명하고 있다는 점에서, 창간호에서부터 연구와 기사, 논설 등 다각도로 동학 이념의 근대화를 꾀한 『개벽』의 지향성에 부합한다. 김윤식은 이 단편이 공들여 그리고 있는 최제우의 순교 장면에 주목하여 사라져가는 동학 이념의 무력함과 그에 대한 서글픔을 읽어내고 있지만,[64] 사실 이 순교 장면에서조차 두드러지는 것은 죽음을 앞두고도 "이 도가 세상에 난 것은 하늘이 명하신 바요, 또 내가 이 몸을 도를 위하여 죽여 덕을 후천 오만년에 펴게 하는 것도 하늘이 명하신 바"[65]임을 당당히 주장했던 최제우의 확신어린 위엄이다. 이광수는 최제우의 순교에서 동학의 쇠멸을 본 것이 아니라, 목숨을 내걸고 동학의 도가 후천 오만 년의 세상에 펼쳐질 것을 온 세상에 선포했던 당당한 선구자의 모습을 보고 있었던 것이다.

이광수에게 선천의 세계가 '힘과 법의 세계'라면, 후천의 세계는 '도와 사랑의 세계'였다. "사람과 사람이 서로 하나님으로 알기 때문에"

---

64 김윤식, 앞의 책, 509쪽.

65 長白, 「거룩한 이의 죽음」(『개벽』, 1923.3~4), 『전집』 8, 128쪽.

"빈부도 귀천도 강약도 없고 오직 평등과 서로 섬김이 있을 뿐"인 세계, 그래서 그것은 "인류가 가질 수 있는 구경의 경계"[66]로 간주되기도 했다. 비록 후천이라는 개념을 사용하지는 않았지만, 이러한 이상적 경계는 「거룩한 이의 죽음」에 한 달 앞서 발표된 논설 「쟁투(爭鬪)의 세계에서 부조(扶助)의 세계에」(『개벽』, 1923.2)에서도 "인류를 쟁투의 고(苦)에서 구제할 것은 오직 사랑의 원리"이며, 이 원리야말로 "인류의 가장 낡고도 새로운 이상"[67]이라는 한 마디로 명료한 표현을 얻은 바 있다. 장편 『허생전』(『동아일보』, 1923.12~1924.3)은 이러한 후천개벽의 관점에서 조선 민족의 오랜 민중 신앙의 하나였던 남조선사상을 재해석해낸 작품으로, 당대 인본주의적 세계개조론의 흐름에 부응하는 윤리적 민족 공동체의 청사진을 보여준다는 점에서 주목할 만하다.

이광수는 장편 『허생전』을 소개하는 자리에서 "허생은 우리 민족의 성격의 어떤 방면과 전통적·민족적 이상의 어떤 방면을 대표하는 점으로 그는 어디까지든지 실재적 인물"[68]이라고 단언한 바 있다. 여기서 허생이 대표하는 전통적·민족적 이상이란 조선 민중의 오랜 구원 신앙의 하나였던 남조선사상과 관련이 있는데,[69] 이는 변산의 도적들이 허생을 따라 먹고 살기 어려운 고국을 떠나면서 새로이 향하는 새 나라를 '남조선'이라는 이름으로 부르고 있는 데서도 분명하게 드러난다. 일찍이 최남선은 『조선상식문답』(1946)에서 "대저 남조선이란 것은 본래 조선민족의 현실고에 대한 정신적 반발력으로부터 만들어낸 하

66 이광수, 『나의 고백』(1947), 『전집』 7, 226쪽.

67 「爭鬪의 세계로부터 扶助의 세계에」, 『개벽』, 1923.2, 20쪽. 이 글은 나중에 『조선의 현재와 장래』(홍문당, 1923)라는 책에 「상쟁의 세계에서 상애의 세계에」라는 제목으로 재수록된다.

68 이광수, 「작자의 말」, 『전집』 10, 505쪽.

69 『허생전』과 남조선사상의 관련성에 관해서는 와다 토모미, 「이광수 소설과 증산교의 관련 양상」(『한국현대문학회』(동계학술대회 발표문), 2006) 및 최주한, 「민족개조론과 상애의 윤리학」, 『서강인문논총』 30, 서강대 인문과학연구소, 2011b)에서도 언급된 바 있다.

나의 이상사회 표상"[70]이라고 언급한 바 있거니와, 고국을 떠나 새나라로 향하면서 뱃사람들이 부른 뱃노래 —"이놈의 세상 다 버리고 / 남조선으로 어그여차" "수로 만리 남조선에 / 사시장춘 꽃 핀다네"[71] —는 '남조선'의 이러한 이상사회적 지향성을 잘 보여준다.

남조선사상은 조선 중엽 이후 일반 민중들 사이에 널리 퍼진 『정감록』에서 기원한다. 진인이 세상을 바꿀 구세주로 혼탁한 세상에 출현한다는 모티프를 담고 있는 『정감록』은 조선 중기 임진・병자 양대란을 겪는 가운데 민간신앙의 기틀을 형성했고, 근대에 이르러서는 동학을 비롯하여 개벽사상을 중심으로 속출한 민족종교의 형성에도 커다란 영향을 미쳤다.[72] 그러나 당대 과학적이고 철학적인 신종교운동을 표방했던 천도교와 달리 『정감록』 및 『정감록』에 기반하여 세를 확장하고 있던 보천교(훔치교, 태을교) 등의 신흥종교는 미신적이며 혹세무민의 성격을 띤다는 이유로 세간에 경계의 대상이 되기도 했는데,[73] 이는 이광수의 경우도 예외가 아니었다. 이광수는 일찍이 「팔자설을 기초로 한 조선인의 인생관」(『개벽』, 1921.8)에서 조선 민중에게 가장 영향을 많이 주는 책으로 『정감록』을 꼽으면서, 그것이 "개인이나 민족의 성쇠흥체는 오직 팔자와 운수에 달린 것"이라는 '숙명론적 인생관'을

---

70 최남선, 『조선상식문답』(1946), 기파랑, 2011, 218쪽. 문형렬의 해제에 따르면, 이 책은 1937년 1월 30일부터 9월 22일까지 『매일신보』에 160회에 걸쳐 연재한 '조선상식'을 수정・보충해서 정리한 책이라고 한다.

71 이광수, 『허생전』(『동아일보』, 1923.12~1924.3), 『전집』 1, 356쪽.

72 김철수, 「19세기 민족종교의 형성과 '남조선 사상'」, 『동양사회사상』 22, 동양사회사상학회, 2010, 28~41쪽; 양태진 번역・주해, 『민족종교의 모태 정감록』, 예나루, 2013, 26~37쪽.

73 『허생전』 연재를 전후하여 『개벽』에 실린 비판적인 기사만 해도 「혹세무민의 정감록 발행에 대하여」(1923.7), 「암영 중에 묻혀 있는 보천교의 진상」(1923.8), 「격변 우 격변하는 최근의 조선인심」(1923. 7), 「계룡산아」(1924.4) 등이 있다. 한 기사에 의하면, 開祖 강증산을 이어 敎統을 계승한 차경석의 보천교가 훔치교, 태을교라는 이름에서 보천교라는 이름으로 개명한 것은 1922년 1월 경성에 眞正院을 개설하고 공개적인 활동을 시작하면서였다고 한다(猪巖, 「암영 중에 묻혀 있는 보천교의 진상」, 『개벽』, 1923.8, 32쪽).

부추긴다는 점을 비판한 바 있다.[74] '진인종해도중출래(眞人從海島中出來)'와 같은 예언에 매달리는 것은 의뢰심과 요행심만 키울 뿐, 정작 실력과 정직한 노력을 경시하여 민족을 쇠퇴(衰退)의 나락으로 이끈다는 것이 그의 판단이었다. 그리고 이러한 판단의 연장선상에서 「쟁투의 세계에서 부조의 세계에」(1923.2)에서는 "그네는 남조선과 정도령에 구제의 빛을 찾았고 그네는 평화회의에 구제의 빛을 찾았고 국제연맹에 구제의 빛을 찾았다. 그러나 얻지 못하고 지금은 아무 희망도 없이 땅에 엎어져 울 뿐"[75]이라고 단언하기도 했던 것이다.

그러면 이광수가 장편 『허생전』을 집필하면서 『정감록』의 예언에 내재한 남조선사상에 새삼 주목하게 된 것은 어떤 연유에서였을까. 허생이 변산의 도적들과 함께 세우고자 한 새나라 '남조선' 공동체의 이상은 이를 짐작해볼 수 있는 단서가 되어 준다.

허생이 새나라 땅에 도착하여 가장 먼저 한 일은 도적들에게 새나라의 예법을 일러준 일이다. 이 땅에서는 남을 부려먹거나 부림을 받아서는 안 되고, 내것 네것을 가려서도 안 되며, 사람을 대하여 성내고 싸우려 해서도 안 되고, 대왕과 소인의 구별이 있어서도 안 된다는 부정적 규정이 보여주듯, 그 예법은 하나같이 빈부, 귀천, 강약에 근거하는 옛나라 곧 선천 세계의 법을 뒤집은 윤리에 해당하는 것들이다. 다시 말해 누구든 땀을 흘려 몸소 일하고, 내것 네것을 가리지 않으므로 시기하거나 서로 다툴 일이 없으며, 다스리거나 다스림 받지 않고 모두가 형제요 자매가 되는 평등한 공동체를 지향하는 허생의 새나라는 "빈부도 귀천도 강약도 없고 오직 평등과 서로 섬김이 있을 뿐"인 곧 당대 인본주의적 세계개조론에 흐름에 호응하는 동학의 후천 세계의 이

74 魯啞, 「팔자설을 기초로 한 조선인의 인생관」(『개벽』, 1921.8), 『전집』 10, 111~112쪽.
75 무기명, 「쟁투의 세계에서 부조의 세계에」, 『개벽』, 1923.2, 16쪽.

상과 맞닿아 있는 것이다. 더욱이 이러한 새나라가 어디까지나 덕망 있는 지도자와 더불어 새로운 도덕으로 개조된 공동체의 몫이라는 점은 "무실과 역행과 사회봉사심(즉 단결의 정신)을 개조하는 신민족성의 기초"[76]로 삼을 것을 주장했던 「민족개조론」의 논지와 그대로 상통하는 것이기도 하다. 『허생전』이 조곰보의 섬에서 벌어진 반면의 이야기를 통해 보여주고 있는 것도 바로 이 점인데, 새나라와 마찬가지로 천연의 환경을 갖추고 있되 덕망 있는 지도자가 없고 새로운 도덕으로 개조된 공동체도 없었던 조곰보의 섬은 빈부, 귀천, 강약의 차별로 인해 피폐할 대로 피폐해진 옛나라의 면모에서 한 발짝도 벗어나지 못한 것으로 그려지고 있는 까닭이다.

살펴본 바와 같이, 장편 『허생전』은 당대 세계개조론에 호응하는 동학의 후천개벽의 관점에서 남조선사상에 내재한 이상사회의 표상에 주목하는 한편, 조선 민족이 그토록 갈망하는 '남조선'은 그저 운수를 기다려 주어지는 것이 아니라 덕망 있는 지도자의 경륜과 더불어 새로운 도덕으로 개조된 공동체의 노력이 뒷받침되었을 때 비로소 성취될 수 있는 것임을 보여주고자 했다. 이광수는 조선 민중의 오랜 구원 신앙의 하나였던 남조선사상에서 인본주의적 세계개조론에 호응하는 윤리적 민족 공동체의 가능성을 보았고, 여기에 다시금 도산의 흥사단 이념을 접속함으로써 덕망 있는 지도자 아래 새로운 도덕으로 깨어 자진자립하는 공동체상을 창안해냈던 것이다.

주목할 만한 것은 이러한 윤리적 민족 공동체의 지위가 '사상의 고착'과 '사상의 종속'을 조선인의 근본 특성으로 간주하여 민족 개조의 내적 동력을 무시하고 일본에 의한 동화정책의 당위성을 주장했던 다

76 이광수, 「민족개조론」(1922), 『전집』 10, 142쪽.

카하시 도루의 조선인 민족성론을 의미심장하게 대체한다는 점이다. 다카하시의 조선인론에 대응하는 이러한 긴장 관계는 허생이라는 인물의 성격화가 「민족개조론」에서 언급된 바 있는 조선 민족의 '근본 성격'을 그대로 대변하고 있다는 점에서도 분명하게 드러난다.

「민족개조론」에서 이광수는 조선 민족의 '근본 성격'으로 인의예용(仁義禮勇), 곧 관대와 박애, 예의, 자존, 무용(武勇), 쾌활 등을 꼽았다. 타인에게 관대하고, 유쾌하게 놀기 좋아하며, 예의를 중시하면서도 남의 하대를 받기 싫어하고, 평화를 애호하되 불의를 보면 용기를 발하는 성격, 이광수는 이를 두고 "우리 민족의 타고난 천품이라 어디까지든지 발휘하여야 할"[77] 미덕으로 강조하기도 했다. 이광수 자신 『허생전』을 소개하는 자리에서 허생이 "우리 민족의 성격의 어떤 방면"[78]을 대표한다고 힘주어 언급했거니와, 이광수가 『허생전』에서 그려낸 허생은 이러한 조선 민족의 '근본 성격'을 그대로 대변하고 있다고 할 만하다. 가난한 양반이면서도 예의와 자존을 잃지 않았던 허생은 안으로는 널리 백성들이 살기 좋은 나라를 건설하는 데 자신의 경륜을 쏟고, 밖으로도 상애(相愛)를 지향하는 도의적 대외관계를 지향한 인물로서 성격화되고 있는 까닭이다.[79]

이광수의 『허생전』은 남조선사상으로 대변되는 민족 고유의 신앙과 문화적 유산을 비판적으로 계승하는 한편, 덕망 있는 지도자 허생을 조선 민족의 근본 성격을 대변하는 상애 지향적 인물로 형상화함으로써 다카하시 도루의 조선인 민족성론에 주체적으로 대응하고자 했다. 그런 의미에서, 1916년 조선학회 활동에서부터 1923년 『허생전』의

77 위의 글, 131쪽.

78 이광수, 「『허생전』, 작자의 말」, 『전집』 10, 505쪽.

79 허생의 성격화를 중심으로 한 「민족개조론」과 『허생전』의 관련성에 대해서는 최주한, 「민족개조론과 상애의 윤리학」, 321~329쪽 참조.

'남조선' 공동체를 창안하기까지 민족성 문제에 대한 이광수의 오랜 천착은 그 자체가 '사상의 고착'과 '사상의 종속'을 조선인의 근본 특성으로 간주하여 동화정책의 정당성을 주장했던 다카하시 도루의 조선인론에 대한 대응으로서의 의미를 가진다고 해도 좋을 것이다. 이광수는 '사상의 고착'과 '사상의 종속'으로 대변되는 다카하시 도루의 수동적이고 사대적인 조선인 민족성론을 넘어섬으로써, 조선 민족이 내적인 동력에 의한 자기 개조와 더불어 세계개조의 흐름에 부응하는 역사의 주체이자 추동자로서 부상할 수 있기를 희망했던 것이다.

5. 식민지 민족주의의 윤리적 가능성에 대하여

1919년 3월 남녀노소와 계층을 가리지 않고 거국적으로 일어난 조선의 독립운동은 무단통치에서 문화정치로의 전환이라는 총독부의 조선통치 정책의 변동을 가져온 중대한 사건이었다. 그러나 무단통치에서 문화정치로의 전환이 동화정책을 주요 근간으로 하는 조선의 통치 이념에 미친 영향은 극히 미미한 것이었는데, 이는 당대 주요한 관변학자의 한 사람으로 총독부의 문화정치를 뒷받침했던 다카하시 도루의 3·1운동에 대한 평가와 그 대책에 대한 인식에서도 또렷하게 드러난다. 다카하시는 절대 독립과 자유를 요구하며 거국적으로 일어났던 조선의 3·1운동을 두고 미국 사상에 종속된 일부 청년들의 허황된 선전의 결과이며, 조선인 민족성의 근본적인 특성인 사대주의가 이번에는 미국을 향해 발동된 결과일 뿐이라고 폄하했다. 그리고 이러한 사대주의는 조선인 민족성의 근본 특성을 근간으로 생겨나 자라난 사상의 문제인 이상 "장래 일본의 조선 통치에도 가장 큰 위협과 불안을 안겨줄 것"이며, "이것이 조선에서 일본인의 손으로 일본인의 바른 사상으로써 교화하는 정책을 통치 백년의 대계로 삼아야 하는 이유"[80]라고 일갈했다. 다카하시는 3·1운동에서 그가 일찍이 조선인의 열 가지 근본 특성의 하나로 꼽은 '순응성'과는 거리가 먼 조선 민족의 '저항성'을 보았지만,[81] 그 저항성을 다시금 사대주의의 산물로 환원해버림으로써 동화정책을 중심으로 하는 조선 통치의 정당성을 재확인하는 데 그칠 수밖에 없었던 것이다.[82]

그러나 다카하시가 3·1운동의 '저항성'을 사대주의의 산물로 평가한 것은 동화정책에 근간을 둔 문화정치의 통치 방침을 뒷받침하는 데는 유효했는지 몰라도 조선인들의 일반적인 인식과는 전혀 동떨어진 것이었다. 다카하시도 유감스럽게 생각했다시피, 문화정치의 기초라 할 수 있는 일본의 문화와 문명 그 자체의 권위는 당대 조선의 지식인들에게 그다지 인정받는 분위기가 아니었다.[83] 다카하시가 애써 폄하한 것과는 정반대로, 거국적인 3·1운동을 뒷받침했던 민족적 '저항성'은 일본이 불과 2천 7백여 년의 역사 속에서 문화적으로 뒤떨어진 생활을 해온 데 비해 조선은 4천 3백여 년의 장구한 역사와 더불어 고유의 언어와 문화를 지니고 독립한 생활을 영위해 왔다는 오랜 '민족적

---

80 다카하시 도루, 구인모 역, 『식민지 조선인을 논하다』(1920), 동국대 출판부, 2010, 153~154쪽.

81 다카하시는 조선의 독립운동에 대해 "특별히 조선인의 특성 가운데 순종성을 제외하기에 충분한 실증적인 사례로 간주해도 무방하다"고 언급하기도 했다(위의 책, 154쪽).

82 다카하시는 뒤이어 조선의 문화정치에 대해 논하는 자리에서도 문화정치를 "정치와 행정의 분위기와 방식이 문화적"이라는 의미와 "조선인의 정신적·물질적 생활이 결국 일본인과 같은 정도에까지 이르도록 일본인이 지닌 문화를 조선인에게 이입하여 조선의 인간과 사물을 개발하고자 하는 것"이라는 의미의 두 가지로 구분하고, 두 번째 항목이야말로 "병합 이래 통치의 근본 방침"임을 재확언한 바 있다(다카하시 도루, 「조선의 문화정치와 사상문제」(『太陽』, 1923.5), 위의 책, 192~193쪽).

83 위의 글, 194~195쪽.

긍지'와도 맞닿아 있었던 까닭이다.[84]

이처럼 당대 조선의 지식인들에게 조선 민족 고유의 오랜 역사와 문화에 대한 자긍심은 총독부가 문화정치의 기본 방침으로 내세웠던 동화주의와는 대척점에 놓인 것이었다. 이는 일찍이 유교가 조선인의 민족성에 미친 영향을 대대적으로 비판한 「신생활론」을 비롯하여 자기 세대를 선조(先祖)도 없고 부모도 없는 '신종족'으로 자처하며 과거의 조선을 전면 부정한 「자녀중심론」을 썼던 이광수에게도 예외가 아니었다. 제2차 유학시절 유교 비판을 중심으로 한 이광수의 민족성 비판은 다카하시 도루의 조선인 민족성론의 화살을 직시하면서도 동화정책의 당위성을 주장하는 논리와는 비판적 거리를 두고 있었고, 귀국 후 민족성의 개조를 전면적으로 문제삼은 논문 「민족개조론」에서도 조선인 민족성에 대한 서구 및 일본의 오리엔탈화된 지식에 주체적으로 대응하는 민족성론의 재구성을 보여주었으며, 장편 『허생전』에 이르러서는 주인공 허생을 조선 민족의 근본 성격을 대변하는 상애 지향적 인물로 형상화하는 한편 인본주의적 세계개조론에 호응하는 독자적이고도 보편 지향적인 윤리적 민족 공동체를 창안해냄으로써 다카하시의 조선인 민족성 담론을 의미심장하게 대체했다. 민족성 문제에 대한 이광수의 오랜 천착은 서구 및 일본의 오리엔탈화된 지식에 맞서 독자적이면서도 보편 지향적인 민족 공동체상을 구축해 가는 도정과 맞닿아 있었던 것이다.

세계의 열악(劣惡)한 민족은 모두 우강(優强)한 민족에게 동화되거나 사라져야 할 운명임을 주장했던 서구 및 일본의 인종주의적 민족심리학에 맞서 민족성은 민족 고유의 것으로 쉽게 동화될 수 있는 것이 아니며, 아무리 열악한 민족이라도 각 민족의 여건에 맞는 개조의 가능

84 임시사료편찬회, 앞의 책, 제2편의 1・2・5장 참조.

성이 있음을 논설로써 주장하고, 또 작품으로써 보여주고자 했던 이광수. 19세기 후반 제국주의 열강시대의 민족주의가 역사 발전과 진보를 앞세운 전투적 보편주의의 형태로 민족적 차이와 특수성을 고착화했다면, 민족개조론으로 대변되는 이광수의 민족주의는 민족적 차이와 특수성을 횡단하는 보편 윤리의 가능성을 담지하고 있었던 셈이다. 그런 의미에서, 이광수가 동학의 후천개벽 이념에 힘입어 조선의 남조선 사상을 재해석함으로써 창안해낸 윤리적 민족 공동체상, 곧 안으로는 모두가 형제요 자매가 되는 평등한 공동체이자 밖으로도 도의적 대외 관계를 지향하는 허생의 새나라 '남조선' 공동체는 우열과 강약에 기반한 제국의 차별과 배제의 논리를 넘어서는 식민지 민족주의의 윤리적 저력을 보여준다고 해도 좋을 것이다.

제6장

이광수의 불교적 사유와 보편 윤리의 가능성*

1. '향산광랑(香山光郎)'이라는 증상

이광수 연구자에게 '향산광랑(香山光郎)'이라는 존재는 민족주의의 관점에서도 그러하지만 불교적 관점에서도 역시 혼란스러운 것이 아닐 수 없다. 천황의 적자(赤子)라는 황민(皇民)으로서의 특권적 정체성을 공공연하게 주장하고 있는 이 존재는 이광수의 민족주의가 맞닥뜨린 '민족 없는 민족주의'[1]의 역설과 마찬가지로, 자연과 인간계를 초월한 절대의 자각을 강조하는 불교의 보편주의와는 명백히 상충하는 것처럼 보이기 때문이다. 어떤 정치적 권위에 종속된 불교적 진리란 한갓

* 이 글은 2011년도 정부(교육과학기술부)의 재원으로 한국연구재단의 지원을 받아 연구되었음(NRF-2011-35C-A00482).

1 서영채, 「민족 없는 민족주의－이광수와 유머로서의 대동아공영론」, 『아침의 영웅주의』, 소명출판, 2011, 77쪽.

진리의 수사에 불과할 뿐이며, 진리로서의 보편성은 지상의 국가를 초월하게 마련이다. 그렇다면 '향산광랑'이라는 이름으로 천황의 적자라는 특권적 정체성을 공공연하게 주장했던 친일협력 시기의 이광수에게 불교란 한갓 진리의 수사에 불과했던 것일까.

'향산광랑'을 개인적 민족적 고아성을 극복하기 위한 '새 아버지 찾기' 혹은 '양자 되기'의 의미로 간주하는 이경훈은 당연히 그렇다는 입장이다. 그는 '향산광랑'이라는 창씨명에서 일본 민족으로서의 새로운 민족적 자기동일성을 얻음으로써 '제국주의라는 근대의 주체'가 되고자 했던 민족주의자 이광수의 현실타산적인 욕망을 읽어낸다.[2] 이런 관점에서 보면, 이광수에게 불교란 한편으로 "불교적 인연 및 동업자론"을 통해 "황민화의 필연성"(내선일체론)을, 다른 한편으로 "천황에 대한 총후봉공과 관련된 일종의 보살적 자기동일성"(총후봉공론)을 이론적으로 뒷받침한 것에 불과하다.[3] 여기서 이광수의 불교란 그의 친일협력의 논리를 뒷받침하는 이데올로기 이상의 의미를 갖지 않는 것이다.

한편 김윤식의 주장대로 도산의 죽음 이후 이광수가 새로운 아비상으로 받아들인 것이 '일장기'가 아니라 '법화경' 쪽이라면 얘기가 달라진다. 일찍이 전향 이후 불교에 경사되어 간 이광수의 내면풍경에서 "친일행위의 '똥물'을 뒤집어씀으로써 보살행을 감행하는"[4] 자세를 읽어내기도 했던 그는, 이후의 논의에서 '향산광랑'을 아예 이광수와 별개의 문학자로 취급함으로써 그의 친일적인 불교담론과는 일정하게 선을 긋는다. '향산광랑'이란 "정치적 강제에 의한 것인 만큼 그것을 강제한 정치적 이데올로기를 최대한 각인시키면 그만"인 한갓 공허한 '가면'에 불과

2 이경훈, 『이광수의 친일문학연구』, 태학사, 1998, 46~70쪽.
3 위의 책, 2장 「내선일체론의 구조」와 3장 「총후봉공과 불교」를 참조할 것.
4 김윤식, 『이광수와 그의 시대』 2, 솔, 1999, 303쪽.

하며,[5] 따라서 이 시기 이광수에게 불교란 무엇이었는가를 이해하기 위해서는 "향산광랑을 벗어버린 맨 얼굴"의 이광수와 대면하지 않으면 안 된다는 것이다. 이러한 논리의 귀결점에서 그는 다시금 이 시기 이광수에게 불교란 자기 구원의 방편이었다는 결론에 도달한다. 불교의 입장에서 보면 근대와 또다른 근대로서의 일제란 한갓 '환각'에 지나지 않기 때문이라는 것이 그 근거인데,[6] 요컨대 지상의 국가를 초월하는 불교적 진리의 보편성 쪽에 무게를 둔 해석인 셈이다.

그러나 이광수라는 개인에게 불교가 갖는 무게를 고려할 때 이 시기 이광수의 불교적 사유 전반을 한갓 이데올로기적 수사로만 간주하기는 어려운 것이 사실이며, 역으로 '향산광랑'을 이광수와 별개의 문학자로 간주하여 그의 불교적 사유에서 현세 초월적 성격만을 강조하는 것 또한 일면적인 시각이라 하지 않을 수 없다. 생전에 이광수는 자신을 '향산광랑'과 별개의 존재로 취급하는 것을 원치 않았다고 하거니와,[7] 그도 그럴 것이 이광수가 창씨명으로 삼은 '향산광랑'에는 천황의 적자라는 황민으로서의 정체성 말고도, 묘향산을 고향으로 가진 조선인이자 향산(香山, 불국토)을 지향하며 수행하는 행자라는 정체성이 복합적으로 기입되어 있는 까닭이다.[8] 더욱이 이 무렵 불도를 닦는 행자

---

5 김윤식은 "향산광랑이 천하를 향해 스스로의 삶의 목표를 보살행이라 규정, 그 실천적 장면을 일본 천황을 위함이라 했을 때, 이는 누가 보아도 상식을 초월하는 것"이며, 이로부터 '가면을 쓰지 않고는 춤추지 않는다'는 그 유명한 명제를 도출해내고 있다(김윤식, 「이중어 글쓰기의 제2형식－이광수의 경우」, 『일제 말기 한국 작가의 일본어 글쓰기론』, 서울대 출판부, 2003, 97～103쪽).

6 위의 책, 148쪽.

7 해방 직후 김동석은 '향산광랑'과 이광수를 달리 보아야 한다는 세간의 견해에 대해 이광수가 자신의 입장을 밝힌 다음의 일화를 전하고 있다. "일전에 어떤 여학교 학생이 학생들에게 향산광랑의 글과 이광수의 글을 구별할 줄 알아야 한다고 했더니 그것을 전해들은 춘원이 그 학교 교장에게 그런 교원을 내쫓아 버리라고 항의를 제출하였다는 말을 들으면 춘원 자신은 이광수와 향산광랑을 분리하여 보는 것을 못마땅하게 생각하시는 모양이지만……"(김동석, 「위선자의 문학－이광수론」, 『뿌르조아의 인간상』(1949), 서음출판사, 1989, 236쪽).

로서의 정체성과 관련하여 별도로 '향산행자(香山行者)'라는 이름을 사용한 것이 확인되는 만큼[9], '향산광랑'을 이광수와 별개의 존재로 간주하는 것은 욕조의 물을 버리려다 아이까지 내버리는 셈이 되는 것이다.

물론 전향자로서의 이광수는 자신이 천황의 적자로서의 정체성을 요구받고 있다는 것을 한 순간도 잊어본 일이 없다. 천황의 적자로서의 정체성이 요구될 때 어떻게 행동해야 하는지 잘 알고 있었던 이광수는 체제의 요구대로 행동했다. 이 시기에 씌어진 숱한 친일담론들이 그 결과물인 것은 말할 것도 없다.[10] 한편 불도를 닦는 행자로서의 그는 자신의 임무가 어디까지나 지상의 국가를 초월한 삼계중생의 구제=성취중생(成就衆生)・정불국토(淨佛國土)를 위한 보살행에 있음을 잘 알고 있었다. 『춘원시가집』(1940)을 비롯하여 「무명」(1939), 「육장기」(1939), 『사랑』(1939), 「난제오」(1940), 『세조대왕』(1940), 『원효대사』(1942), 「삼경인

---

8 이광수의 삼남 이영근의 회고에 따르면, 이광수의 창씨명 '향산'은 고향에 있는 묘향산이자 부처님이 계신 곳에 있다는 향산을 가리킨다. 특히 부처님이 계신 곳에 있다는 향산에 대해서는 『장아함경』에 다음과 같이 소개되어 있다. "부처님께서 비구들에게 말씀하셨다. 설산의 오른쪽에는 비사리라는 성이 있다. 그 성 북쪽에는 일곱 개의 흑산이 있고, 일곱 흑산 북쪽에는 향산이 있다. 그 산에는 항상 춤과 노래와 음악소리가 있다"(김월운 역, 『장아함경』 2, 동국역경원, 2006, 306~307쪽). 이와 관련하여 좀더 자세한 논의는 최주한, 「『사랑』의 저자는 누구인가」, 『근대서지』 5, 근대서지학회, 2012, 179~180쪽 참조할 것.

9 1940년 2월 박문서관에서 간행된 『춘원시가집』에는 표제지마다 불경의 한 구절을 담은 이광수의 친필 휘호가 들어 있다. 우신사에서 간행한 『이광수전집』 별권(1979)에 소개된 휘호에는 모두 '春園'이라는 서명이 붙어 있는데, 최근 그 표제지에 '香山行者'라는 서명이 붙어 있는 휘호를 발견했다. 직접 본 것은 아니고 코베이라는 경매 사이트에 매물로 올라온 시집의 이미지에서 확인한 것으로, "心念佛時 時心是佛"이라는 구절 옆에 '香山行者'라는 서명이 또렷이 보인다(kobay.co.kr/삶의 흔적 경매/2012.8(152회)/232번째). 근대서지학회의 오영식 선생님 덕분에 이 귀중한 사실을 알게 되었다. 이 자리를 빌려 감사드린다.

10 '대동아전쟁' 일주년을 맞는 결의를 공식적으로 밝히고 있는 다음의 글은 요구되는 정체성에 응하는 이러한 이광수의 태도를 잘 보여준다. "작년 12월 8일(일본군의 진주만 공격일)에 나는 무슨 일이라도 좋다, 부름을 받는다면 무엇이든 내 힘이 미치는 한, 힘써 일해드리겠다고 결심했던 것입니다. 강연에 가라고 하면 갔으며, 쓰라고 하면 썼습니다. 올해도 한층 그런 일에 노력해서 봉공해 드리자는 생각입니다."(香山光郎, 「大東亞戰爭 一週年を迎える私の決意」(『國民文學』, 1942.12), 이경훈 편역, 『친일문학전집』 2, 평민사, 1995, 371쪽).

상기」(1943)에 이르기까지 이러한 불교적 사유가 관통하지 않은 작품은 찾아보기 어려울 정도이다.

중요한 것은 이광수 자신 이 양자의 정체성을 안이하게 결합하거나 분리하지 않았다는 점이다. 불경을 읽고 절을 짓고 사찰을 순례하며 그토록 불법(佛法)에 매달렸음에도 불구하고 끝내 단종 이하 여러 동기와 신하를 죽인 업보에 대한 두려움과 회오 속에서 삶을 마감하는 세조의 이야기를 다룬 『세조대왕』(1940)만 하더라도 이 양자 간의 긴장관계가 또렷한데, 이는 그의 친일협력 행위에서 비롯되는 세간의 고뇌가 끝내 불법에 의해 합리화되거나 불법을 통해 초월될 수 없었음을 보여준다.[11] 그러면 『원효대사』(1942)에 이르러 원효의 파계를 화두삼아 다시금 이 문제와 대결한 그가 마침내 천황의 적자로 자처하는 것이야말로 불법을 닦는 행자로서의 자신의 길이라는 결론에 도달하고 있는 것은 어떻게 이해해야 할까. 불법에 의한 합리화도 불법을 통한 초월도 아니라면, 내선일체를 주장하고 전쟁을 지지하며 칠생보국(七生報國)을 주장하는 천황의 적자로서의 이광수가 곧 지상의 국가를 초월한 삼계중생의 구제를 위한 보살행을 닦는 행자로서의 이광수이기도 하다는 이 역설은 과연 어떻게 가능했고, 또 궁극적으로 어떤 의미를 지녔던 것일까.

이 문제를 검토하기 위해 이 글은 장편 『원효대사』(1942.3~10)와 더불어 바로 뒤이어 씌어진 제1회 대동아문학자대회 참가기인 「삼경인상기(三京印象記)」(1943.1) 두 편의 텍스트에 주목한다. 이들 텍스트는 천황의 적자로서의 정체성을 배제하지 않으면서도 이를 불교적 진리의 보편성 안에 재기입함으로써 이 양자 간의 대립을 지양해간 사유의 궤

11 최주한, 「민족보존론과 '가면'의 병리학」, 『제국 권력에의 야망과 반감 사이에서』, 소명출판, 2004, 217~220쪽.

적을 또렷하게 보여주는 까닭이다. 이에 이 글에서는 이러한 사유의 궤적을 추적함으로써 친일협력 시기 이광수의 불교적 사유의 구조와 의미를 재조명하는 한편, 이를 토대로 그의 불교적 사유에 내재한 보편윤리의 가능성을 가늠해보고자 한다.

2. 보살이 사람의 몸을 가지고 세상에 오는 뜻은

1942년 3월 1일부터 10월 31일까지 『매일신보』에 연재된 『원효대사』는 『세조대왕』(1940) 이후 2년만에 조선어로 집필된 장편소설이다. 불도(佛道)에 귀의하는 것으로도 끝내 계유정란(癸酉靖亂) 이래의 업보에 대한 두려움과 회오에서 벗어나지 못한 채 세상을 떠나는 것으로 그려지고 있는 세조의 이야기는 이광수의 입장에서 보면 사실 미완이다. 세조야 세상을 떠났으니 그만이지만, 살아남은 이광수는 여전히 민족배반자라는 비난 속에 천황의 적자를 자처하며 세상을 살아내지 않으면 안 되었던 까닭이다. 이에 이광수는 원효의 '파계'를 문제삼아 다시 한번 전향자로서의 자기 입장을 스스로 납득할 수 있는 논리를 찾지 않으면 안 되었는데, 『원효대사』 집필 무렵 이광수의 문제의식이 원효의 '파계'라는 사건에 있었음은 연재를 앞둔 2월 24일 『매일신보』 지면에 처음 소개된 「작자의 변」에서도 분명하게 엿볼 수 있다.

> '元曉'는 신라가 낳은 가장 큰 사람이오 高僧이오 聖僧이다. 그의 「大乘起信論疏」와 「華嚴經疏」는 불교가 전하는 동안 전할 것이다. 그러나 원효는 '瑤石公主'

로 하여서 破戒하야 '薛聰'을 낳았다. 그는 어찌하여 파계를 하였던가. 聖僧의 破戒 그것은 큰 사건이다. 오늘까지 해답 못된 문제다. 人性의 근저에 관련된 문제다. 나는 이 「遊處無恒, 勇擊義圍, 雄橫文陣, 仡仡然, 桓桓然, 進無前却」(宋高僧傳)이라는 원효의 인간으로서의 苦勞와 성자로서의 수행을 그려보고 싶다.[12]

그러나 이른바 대동아전쟁 시국하의 당국의 입장에서 보면 원효의 '파계'라는 문제는 그다지 중요한 사안이 아니었다. 24일 소개된 「작자의 말」에서 나흘 뒤인 28일 연재의 시작을 예고했음에도 불구하고,[13] 바로 전날인 27일, 3월 1일로 연재를 미루면서 다시 내보낸 「작자의 말」에 창작의 구상과 관련하여 중요한 내용의 변화가 엿보이는 것도 이와 무관하지 않을 것이다.

나의 소설은 이 요석공주와의 인연을 맺는 것을 중심으로 원효대사를 그리는 한편 신라가 삼국통일을 할 때까지에 눈부신 花郎道와 무열문무의 양왕 김춘추 김유신 등의 어진 신하며 또한 절세의 미인으로 이름을 떨친 김유신의 모당 萬明을 비롯하야 당시 요란히 피었던 신라 미인의 모습을 더듬어가면서 — 體唯心의 정신과 大乘菩薩行의 정신 — 즉 멸사봉공하야 중생을 위한 생활에 나가던 당대의 사기를 총후 독자에게 보내고저 하는 바이다.[14]

원효의 파계라는 애초의 문제의식과는 무관하게, 다만 '멸사봉공(滅私奉公)'의 정신을 강조하고 있는 위의 언급은 『원효대사』를 통해서 효과

12 「작자의 말」, 『매일신보』, 1942.2.24.
13 "오는 이십팔일부터 「춘원」 향산광랑 씨의 장편소설 『원효대사』가 새로 연재된다."(「二十八日부터 연재 원효대사」, 『매일신보』, 1942.2.24)
14 「'대승보살행'의 진수 — 천의무봉의 필치로 엮어질 희대의 역작 춘원의 『원효대사』」, 『매일신보』, 1942.2.27.

적인 전쟁 동원을 기대했을 당국의 요구를 의식한 발언일 가능성이 높다. 이는 『원효대사』에서 화랑도와 더불어 신라의 삼국통일에 기여한 신라의 충신들에 관한 스토리 라인이 당국의 기대에 부응하기 위해 동원된 것이었을 가능성을 시사하는데, 그것이 얼마나 성공적이었는지는 '충군애국(忠君愛國)의 정신을 체현한 신라의 영웅'이라는 원효의 이미지가 얼마나 손쉽게 황민적 주체성과 결합될 수 있는지를 보여주고 있는 최근의 논의들에서도 충분히 입증된 바 있다.[15] 그러나 당국의 기대에 부응하기 위해 의식적으로 동원한 표면적인 서사에 의존한 채 원효를 다만 황민적 주체성에 부응하는 충군애국 정신의 화신(化身)으로 읽어내는 것은 과연 『원효대사』에 대한 온당한 해석이라 할 수 있을까.

사실 『원효대사』에 그려진 승려로서의 원효는 화랑의 풍류와 충군애국 정신을 대변하는 국가주의적 인물이라는 이미지와는 거리가 있다. 장래를 촉망받는 소년 화랑이었던 원효가 출가를 결심한 계기부터가 그렇거니와, 자신을 낳자마자 돌아간 어머니와 전몰(戰歿)한 아버지, 그리고 뒤이어 병몰(病沒)한 조부를 차례로 떠나보내야 했던 소년 원효는 화랑으로서 국가에 충성하는 세간의 길을 버리고 생사병로의 고통에서 벗어나지 못하고 있는 삼계중생의 제도를 위해 수행하는 출세간의 길을 선택하고 있는 까닭이다. 요석궁에서의 '파계' 이후 원효가 고신도 수련을 통해 일본의 국가주의적 신도(神道)의 신불습합 양상을 체현한 정신적 수장으로 거듭나고 있다는 해석 또한 재고될 필요가 있다. 원효의 고신도 수련 대목이 일본 신도(神道)를 환기시키는 신도와 불도의 상합(相合)으로 그려지고 있는 것은 사실이지만, 고신도 수련

---

15 위의 책, 151~168쪽; 김병길, 「한국 근대 신문연재 역사소설의 기원과 계보」, 연세대 박사논문, 2006, 155~157쪽; 황종연, 「한국 근대소설에 나타난 신라－현진건의 『무영탑』과 이광수의 『원효대사』를 중심으로」, 『동방학지』 137, 연세대 국학연구원, 2007, 365~371쪽.

이후 원효의 종교적 실천이 국가의 권위에 종속되어 있는 것은 아니다. 단적인 예로 마지막 장인 '도장(道場)' 장에서는 백제, 고구려를 정복하기 위해 황룡사에서 법회를 여는 왕과 거지떼를 이끌고 염불수행으로 장안의 대로를 활보하는 원효가 선명하게 대립하고 있는 것을 볼 수 있다. "불보살의 가호를 빌고, 국내의 선신을 안위하며, 전몰 장졸의 명복을 빌"기 위한 왕의 법회가 "국민의 애국심을 분기시키려는" 국가의 목적에 종속된 것이라면,[16] 민중 속에서의 원효의 실천행은 왕실에 종속된 불가(佛家)의 예배주의와는 대척점에 놓여 있는 까닭이다.

물론 원효의 종교적 실천이 왕법과 불법의 상의(相依) 관념에 기초한 호국불교적 성격을 띠고 있다는 점은 부인하기 어렵다. 『무정』의 그 유명한 삼랑진 장면에서 조선 문명화의 사명에 대한 주인공들의 결의를 환기시키는 다음의 장면은 그 단적인 예가 될 것이다.

> "욕심을 떠난 마음은 마니보주와 같다. 흐린 몸이라도 이 구슬을 담그면 곧 맑아지듯이 오탁악세도 이러한 마음으로 맑아진다. 내 마음 하나가 맑아서 보리를 얻으면 온 신라의 중생이 보살이 되고 온 신라의 천지가 극락정토가 되리라, 뉘 이런 뜻을 품었느냐."
>
> 원효의 이 말은 이 자리에 앉은 사람과 수없는 혼령에게 하는 것인 동시에 저 자신에게 하는 외침이었다. '나도' '나도' 하고 공주도 의명도 속으로 맹세하였다. 아가사와 사사마는 주먹을 불끈 쥐었다. 발분하는 것이었다.[17]

인용문은 고신도 수련 이후 두타행(頭陀行)과 방울대사의 제도를 받아 사문으로서의 위치를 회복한 원효가 칠월 백중날 한량없는 괴로움

---

16 이광수, 『전집』 7, 506쪽.
17 이광수, 『전집』 5, 484쪽.

을 받고 있는 넋들을 위해 법을 설하면서 제자들에게 깨달음에 대한 발분을 촉구하고 있는 대목이다. 불도를 닦음으로서 온 신라의 중생을 보살이 되게 하고 온 신라의 천지를 극락정토로 만들겠다는 결의가 중심이 되어 있는 것으로 보아, 원효의 종교적 실천이 신라를 수호하려는 뜻과 분리되어 있지 않음을 알 수 있다.

그러나 일찍이 마루야마 마사오가 지적했듯이, 같은 상의(相依) 관념에 토대한 것이라 해도 불법이 국가의 목적에 봉사하는 입장에 선 것과 국가가 불법을 존숭하는 입장에 선 것은 전혀 다르다는 사실에 주의하지 않으면 안 된다.[18] 이른바 왕법과 불법 가운데 어느 쪽이 우위에 있는가에 따라, 불법은 왕법을 정당화하는 한갓 도구 차원으로 전락할 수도 있고 혹은 지상의 국가를 넘어선 보편의 윤리를 획득할 수도 있는 까닭이다. 원효의 종교적 실천은 후자 쪽에 가깝다. 이는 원효의 종교적 실천이 갖는 호국불교적 성격과 관련하여 이를 뒷받침하고 있는 사중은사상(四重恩思想)의 성격에 주목할 때 분명하게 드러난다.

사중은사상은 전시기 황도불교의 논리를 뒷받침하는 논거로 널리 유포된 개념의 하나로, 일본인들의 현세 지향적 특징과 맞물려 지상의 국가를 승인하고 그 통치자인 천황의 권위를 익찬하는 것을 정당화하는 전형적인 왕법 우위의 논리였다. 부모은(父母恩), 중생은(衆生恩) 국왕은(國王恩), 삼보은(三寶恩, 佛法僧)의 네 가지 무거운 은혜를 일컫는 말인 사중은은 기본적으로 일체만유(一切萬有)는 부모, 중생, 국왕, 삼보의 은

---

18 일찍이 왕법과 불법의 관계에 주목하여 일본의 불교사상을 개관했던 마루야마는 국가(통치자)가 지상의 국가를 초월한 보편자의 권위를 인정하고 보편적 진리에 봉사하고 그것을 실현함으로써 비로소 자신을 정당화할 수 있다는 논리에 섰는지, 아니면 불교 신앙의 현실적 효용(예컨대 국가의 복지와 안온을 불러오는 주술적 수단으로서 의례 혹은 피치자의 복종심의 배양을 위한 신앙의 권장)이 우선적인 관심이 되어 있는지에 따라 불법과 왕법이 관계맺는 방식은 전혀 다르다고 지적한 바 있다(丸山眞男, 『講義錄』 第4冊, 東京大學出版會, 2007, 157쪽, 第4章 「王法と佛法」).

혜로 인해 살아가고 있으니 감사하는 마음으로 그 은혜를 갚는 것이 마땅한 도리라는 사고를 담고 있다. 그런데 황도불교는 천황의 절대존엄을 내세우는 가운데 천황을 정점으로 이를 위계화하여 지상의 국가를 초월한 삼보(三寶)의 존재마저도 국가의 목적에 종속시키는 이데올로기적 성격을 띠게 되었던 것이다. 이러한 왕법의 우위를 대변하는 사중은의 논리는 조선의 친일승려들이 쓴 논설에서도 자주 발견되는데,[19] 이광수 또한 여러 친일논설들에서 '천황 익찬'에 중점을 둔 사중은의 논리를 펼친 바 있다.[20]

그러나 사중은의 텍스트적 원천인 『대승본생심지관경(大乘本生心地觀經)』 '보은품(報恩品)'에 의하면, 사람이 사중은을 갚는 방법은 몸을 던져 충효와 같은 세속의 도덕을 따르는 것과는 전혀 무관하다. 석존이 사중은에 대해 길게 설하는 것을 듣고 난 오백 장자가 사중은을 갚는 방법을 알려 달라고 청하자, 석존은 "더없는 큰 보리의 마음을 내어 아무 소득이 없으면서도 진실한 법 14구(句)의 게송으로 한 중생에게 보시하여 그로 하여금 더없는 정등보리에 나아가게 한다면 이를 진실한 바라밀다(보살의 수행—인용자)"라 하니 이와 같은 진실 바라밀다를 닦아야 능히 사중은을 갚는다 말할 수 있다고 대답한다. 그리고 "진실한 법으로

---

19 金山太治, 「報恩念佛」, 『佛教時報』, 1941.10.15; 金魚水, 「大恩을 알자」, 『佛教時報』, 1942.12.15.

20 "부처님께서는 사람은 四重恩을 졌다고 가르치셨다. 그러므로 우리 중생은 이 사은을 생각하고 감사보은의 생활을 하는 것이 正道라고 하셨다. 이 중에 제일 크고 중심이오 근본인 것이 君恩이다. 천황폐하의 무변대은이시다. 이 은혜를 느끼고 생각하고 이 은혜를 갚기에 일생을 바치는 것이 일본정신이니 곧 忠이라 할 것이다."(이광수, 「신시대의 윤리」(『신시대』, 1941.1), 이경훈, 『친일문학전집』 2, 151쪽) "불가의 승려들도 '上報四重恩'이라 하여서 군왕과 부모의 恩을 보답하기를 수도의 목표로 삼는 것이다. 우리네가 편안히 불도를 修함도 君恩인 것을 체감함으로써다. 이 모양으로 평생에 皇恩을 의식하여서 '皇恩을 扶翼'하기로 목표를 삼는 생활을 하는 것이 곧 神道요 일본정신이요 臣道여서 이것은 종교생활은 아니나 종교적인 생활이오, 일본인의 제일의적 생활인 것이다."(이광수, 「일본문화와 조선」(『매일신보』, 1941. 4.22~5.1), 앞의 책, 231쪽).

한 유정에게 보시하여 그로 하여금 더 없는 큰 보리의 마음을 내게 한다면 이 사람이 보리를 증득할 때에는 한없이 널리 중생을 제도할 것이며 삼보의 종자를 이어 끊어지지 않게 할 것"[21]임을 그 이유로 제시하고 있다. 요컨대 경전이 전하는 사중은사상은 어디까지나 널리 중생을 제도하고 삼보(三寶)의 종자가 끊이지 않도록 하는 불법 우위의 논리에 기반해 있는 것이다.

이와 관련하여 『원효대사』는 첫 장인 '제행무상' 장에서부터 불법승(佛法僧)에 기반한 불법(佛法) 우위의 논리가 또렷하다. 이 장의 주인공인 승만 여왕은 일찍이 불법에 의지하여 나라를 다스려 보리라는 원을 품고 왕위에 오른 인물로 그려지고 있을 뿐만 아니라, 사중은 가운데 '정법을 가르쳐 주는 스승의 은혜'를 가장 중하게 여긴다. 또한 불법에 견주면 한 나라를 다스리는 왕의 지위라는 것도 한낱 중생의 지위와 다를 것이 없다고 생각한다는 점에서,[22] 그녀의 사고는 왕법 우위에 기반한 사중은의 논리와는 현격한 거리가 있는 것이다.

앞서 언급한 바 원효가 제자들에게 깨달음에 대한 발분을 촉구하고 있는 대목 또한 이러한 불법 우위의 논리에 기반해 있는 것은 물론이다. 원효는 온 신라의 중생을 보살로 만들고 온 신라의 천지를 극락정토로 만드는 것은 욕심을 떠나 '보리(깨달음)'를 얻은 마음이라야 비로소 가능하다고 제자들에게 가르친다. 여기에는 욕심을 떠난 마음이라야 '오탁악세(汚濁惡世)'를 맑히는 힘이 되어 오직 널리 중생을 제도하는

21 『大乘本生心地觀經』, 동국역경원, 2002, 54~55쪽, 제2장 「報恩品」.

22 이러한 면모는 특히 승만 여왕과 아유다가 나누는 다음의 대화에서 두드러진다. "세상 은혜 중에 정법을 가르쳐 주시는 스승의 은혜가 가장 크지 아니하냐." "네. 인과경에 그렇게 되어 있습니다." "그런데 너는 앞으로 오래 대사를 공양할 수 있으니 그런 복이 어디 있느냐." "만일 이 몸이 무슨 공덕을 짓사오면 모두 상감마마께 회향하겠습니다." "불도에 회향하지, 중생에게 회향할까."(이광수, 『전집』 5, 354쪽).

데 쓰일 수 있다는 논리가 전제되어 있다. 결국 원효는 제자들에게 불법을 닦는 것이야말로 사중은에 보답하는 길이라고 가르치고 있는 셈인데, 이는 마지막 '도장(道場)' 장에서 원효가 자신들을 위해 법을 설해 줄 것을 요청하는 땅꾼들에게 다음과 같이 노래로 화답하고 있는 대목에서도 분명하게 드러나 있다.

> 불법을 닦는 나라 / 그 모양이 어떠한고 / 백성은 다 충신이요 / 아들딸은 효자로다 / 악귀가 물러나고 / 선신이 모여드니 / 우순풍족하고 / 국태민안하다 / 선업 닦는 중생들이 / 이 나라에 願生하니 / 諸上善人이 / 俱會一處라 / 산 모양 들 모양도 / 얼굴을 변하고 / 날짐승 길버러지 / 악심을 떼었으니 / 現勢 즉 極樂이라 / 이 아니 報國이냐[23]

위의 인용문은 불법을 닦는 나라는 선신(善神)과 선업(善業)을 닦는 중생들이 모이는 나라이고, 따라서 모든 백성은 물론이고 산과 들, 날짐승과 길버러지마저 극락의 삶을 영위하게 됨을 노래하고 있다. 지상의 국가는 불법의 진리를 펴고 그것을 실현하려 노력할 때 비로소 국가와 백성의 안위를 지킬 수 있다는 논리의 천명인 셈이다. 불법을 닦는 것이 진정한 보국(報國)이 되는 이치도 바로 여기에 있다. 요컨대 원효의 종교적 실천은 그것이 호국적 성격과 맞닿아 있을 때조차도 '깨달음'을 추구하는 보편의 윤리에 토대해 있음을 확인할 수 있는 것이다.

그러면 '파계'에 대한 자의식으로 괴로워하던 원효가 청정한 사문의식에서 벗어나 당당한 종교적 실천에 나설 수 있었던 것은 어떻게 가능했던 것일까. 그것은 '파계'에 대한 번뇌가 곧 청정업보를 고집하는 자기

---

23 이광수, 『전집』 5, 501쪽.

에 대한 집착임을 깨친 데서 비롯된다. 원효가 고신도 수련 이후 불교와 신도의 종합을 체현한 신라의 정신적 수장의 위상을 획득하고 있다는 해석과 달리,[24] 고신도 수련 이후 거랑방아 생활을 하면서도 원효는 끝내 파계에 대한 자의식에서 벗어나지 못한다. 거랑방아 생활을 하며 두타행에 나선 원효의 의식을 지배하는 것은 여전히 자신은 "보시할 재(財)도 법(法)도 가진 것이 없"[25]는 몸이라 행으로 중생을 도울 수밖에 없다는 생각이다. 그러나 방울스님의 가르침에 힘입어 자기의 뿌리가 깊다는 생각마저 망상임을 깨닫게 되면서, 원효는 청정업보에 집착하는 자기 또한 실체가 없는 것임을 깨치게 된다. 그리고 그제서야 "여여에 의지할지언정 불국에 의지하지 아니하여 무량한 몸을 나타내어 널리 중생의 부름에 응한다"[26]는 보살의 경지를 마음으로 깨치게 되는 것이다.

이후 원효의 종교적 실천은 한 마디로 이러한 깨달음의 실천이라 할 수 있다. 원효가 교문(敎門)을 더럽힌다는 승려들의 비난에도 아랑곳않고 땅군 뱀복이들과 함께 생활하면서 그들을 제도하고 또 목숨을 내걸고 직접 도적의 소굴로 들어가 그들을 불법으로 회과천선(悔過遷善)시키는 결말 대목이 바로 그러한데, 특히 도적떼 제도의 이야기는 거지떼 제도의 이야기와 동일한 구조를 반복하면서까지 대단원의 마지막을 장식하고 있어 좀더 주목된다. 청정업보에 집착하지 않고 널리 중생의 부름에 응하는 보살의 실천행에 관한 이야기라면 거지떼 제도의 이야기로도 충분했을 텐데, 이광수는 왜 굳이 도적떼의 제도에 관한 이야기를 덧붙인 것일까.

하고자 하는 일이면 목숨을 내걸고라도 하고야 말고 욕심나는 것이

24 황종연, 앞의 글, 362~363쪽.

25 이광수, 『전집』 5, 443쪽.

26 위의 책, 450쪽.

면 사람을 죽이거나 남의 것을 도적질 하는 것도 다반사요, 그러면서도 도적의 법도를 내세워 가난한 자의 것을 빼앗지 않고 나라의 것을 건드리지 않으며 때로는 가난한 자들을 구제하기도 한다고 으스대는 도적들의 모습은 왠지 어딘가 낯익다. 그러한 도적들의 모습에서 걸핏하면 이웃나라를 넘보고 침략하면서도 항상 도의(道義)라는 명분을 내세우기 일쑤였던 일본의 모습이 겹쳐 떠오르는 까닭이다.[27] 그렇다면 도적의 소굴에 들어가서도 움츠러들기는커녕 오히려 '도적의 무리를 건지러 온 불보살의 사자'를 자처하며 그들에게 회과천선을 명하는 원효의 당당한 위엄 또한 불법을 매개로 보편적 진리의 힘을 확신하기에 이르렀던 이광수의 당당함으로 읽어낼 수 있지 않을까. 원효가 도적의 왕 바람을 향하여 옳은 가르침을 아니 듣는 귀는 귓바퀴를 베어서 젓을 담그는 것쯤은 경한 일이고, 망어(妄語), 양화(兩話), 악구(惡口), 기어(綺語)를 일삼는 입은 똥 먹는 개 입이 되었더면 다행이었을 것이라고 원통하게 뉘우칠 날이 올 것임을 일갈(一喝)하는 대목에서 유독 통쾌한 붓길이 느껴지는 것도 이와 무관하지 않을 것이다.

살펴본 바와 같이 『원효대사』는 불법으로 도적의 왕 바람을 굴복시키는 대단원을 통하여 도적나라의 법은 그것이 어떤 명분을 내세우든

---

27 단적인 예로 『국체의 본의』와 『쇼와국민독본』에 나오는 다음의 구절을 보라. "우리 武의 정신은 살인을 목적으로 하지 않고 사람을 살리는 것을 목적으로 한다. 이 武는 만물을 살리고자 하는 武이지 파괴의 武가 아니다. 즉 근저에 和를 갖고 생성발전을 약속한 갈등이며, 이 갈등을 통하여 만물을 살리는 것이다. (…중략…) **전쟁은 이런 의미에서 결코 타자를 파괴하고, 압도하고, 정복하기 위한 것이 아니라, 道에 따라서 창조의 움직임을 향하고 大和 즉 평화를 실현시키기 위한 것이** 아니면 안 된다."(『國體の本義』, 文部省, 1937, 52쪽) "무릇 일본의 삼천 년 역사를 요약해 보면 和로 귀착되지 않는 것이 하나도 없다. 여러 민족을 도가니에 집어넣고 한 개의 야마토 민족으로 갈고 닦은 것도 和를 위해서이다. 유교, 불교, 기독교, 기타 종교나 종파를 포용하여 우리 국체를 尊奉하고 우리 國性에 순응하게 한 것도 和를 위해서다. **神代 이즈모(出雲) 조정의 讓位, 근대의 조선 병합도 和를 위해서다.**"(德富猪一郎, 『昭和國民讀本』, 東京日日新聞社, 1939, 78～79쪽).

결코 만인을 위한 보편적 진리일 수 없음을 천명하고 있다. 지상의 모든 권위란 결국 진리의 보편성에 무릎꿇을 수밖에 없다는 확신, 그것은 그 자신 천황의 적자를 자처하는 것은 오직 중생의 부름에 응하는 보살의 방편일 뿐이라는 신념과 더불어 파계로 상징되는 자신의 삶 자체를 진리를 향한 도정 위에 위치지을 수 있게 해주었던 것이다.

3. 고대의 나라[奈良]에서 진리의 공동체를 보다

1942년 10월 31일 『원효대사』의 연재를 끝낸 이광수는 바로 당일 제1회 대동아문학자대회 행사에 참가하기 위해 도쿄로 향한다. "일본 문화의 진면목을 인식시키고, 또 공영권 문화의 교류를 도모하여 새로운 동양 문화의 건설에 이바지"한다는 취지로 일본문학보국회가 주최한 자리였다. 문학자를 국책의 선전과 실천에 협력케 할 것을 목적으로 설립된 일본문학보국회는 평소 이광수의 재능을 인정해 주고 두터운 정의(情誼)를 과시하던 토쿠토미 소호[德富蘇峰]가 회장을 맡고 있었다.[28] 제국 일본의 심장부인 도쿄로 향하던 이광수는 아마도 중생의 부름에 응하여 도적의 소굴에 들어가는 원효의 심경을 되새기고 있지 않았을까.

11월 1일 오후 4시 40분 도쿄에 도착하자마자 궁성요배와 메이지신궁 참배, 2일 야스쿠니신사 참배에 이어 메이지신궁의 국민연성대회

28 제1회 대동아문학자대회의 성격과 일정에 대해서는 하타노 세츠코, 최주한 역, 「이광수와 야마사키 토시오, 그리고 기쿠치 칸－「삼경인상기」에 씌어 있지 않는 것」, 『사이間SAI』 11, 국제한국문학문화학회, 2011, 24쪽, 〈일정표〉 참조.

(國民練成大會) 견학 및 아사히신문사의 축하연, 3일 테이코쿠극장에서의 개회식 및 정보국 주최 환영 대만찬회, 그리고 4일 대동아회관에서 열린 첫 번째 문학자회의. 이 회의에서 이광수는 다음과 같이 발언하여 청중들의 박수를 받았다.

> 자기를 바치고 자기를 버리는 정신이야말로 인류가 나아갈 길 가운데 가장 숭고하고 가장 완전한 진리에 가까운 길입니다. 왜냐하면 우리들의 목표, 일본인으로서의 우리의 목표는 米英과 같이 나라의 강대함을 꾀하는 것이 아니고, 이 세계 인류의 완전한 구제이기 때문입니다. 그리고 그 목표를 달성하는 것은 우리들 개인이 아니라 天皇이십니다. 우리들은 이 천황을 翼贊해드리면서 죽는 것입니다. 저는 자기를 완전히 버리고 자기를 모두 바친다는 정신이야말로 대동아정신의 기본이 아니면 안 된다고 생각합니다.[29]

한 마디로 일본인의 목표는 세계 인류의 구제에 있고 그 목표는 달성하는 것은 오직 천황뿐이므로, 천황을 익찬해드리면서 죽는 것이야말로 대동아정신의 기본이라는 게 발언의 요지이다. 그야말로 주최측에서 환영할 만한, 대회의 취지에 꼭 맞는 시의적절한 발언이 아닐 수 없다. 이광수가 청중의 박수를 받은 것은 아마도 이 때문이었을 것이다.

그러나 이러한 공식적인 반응과 달리, 일본의 문인들은 이러한 이광수의 발언에 대해 일말의 의문을 품고 있었던 것 같다. 4일에 이은 5일의 두 번째 문학자회의와 더불어 공식적인 대회 일정이 끝난 다음날 곧바로 하야시 후사오[林房雄]가 이광수를 데려다가 술을 먹인 것이나, 또 도쿄에서의 일정을 마치고 나라[奈良]에 도착하자마자 이번에는 카

29 「大東亞文學者會議」, 『文藝』, 1942. 12, 21쪽.

와카미 테츠타로[河上徹太郎]가 그를 호텔 술집으로 끌고 간 것도 이광수의 속내를 알아보자는 뜻에서였을 것이다.

주목할 만한 것은 이광수 역시 이 사실을 또렷하게 의식하고 있었지만, 그리 개의치 않는다는 듯이 행동하고 있다는 점이다. "좋다. 마시자. 속내뿐 아니라 마음속 진흙을 토해도 좋다. 나에게는 중생에 대해 감출 어떤 일도 없다. 취해서 보여줄 추함이 있다면 그것이 나의 참된 모습이리라. 나에게 진심을 구하는 벗에게 내 있는 그대로를 안 보이고 어쩔 것인가."[30] 이광수가 주최측으로부터 대동아문학자대회에 참가하면서 얻은 '감격'과 '체험'을 써보라는 요구를 받았을 때 가장 염두에 둔 것은 바로 이 대목이 아니었을까. 실제로 「삼경인상기(三京印象記)」를 가로지르는 내밀한 정서는 천황의 적자를 자처하는 자신의 속내를 얼마든지 보여줄 수 있다는 당당함 그것이라고 해도 과언이 아니다.

「삼경인상기」가 발표된 『분가쿠카이[文學界]』는 기쿠치 칸[菊池寬]의 분게이슌쥬샤[文藝春秋社]에서 발간하던 잡지로, 이광수는 이전에도 이 지면에 「행자(行者)」(1941.3)라는 글을 발표한 적이 있다. 동우회 상고중(上告中) 자서전을 써보라는 고바야시 히데오[小林秀雄]의 권유에 응하여 대화숙(大和塾)에 머물며 일본정신을 공부하고 있던 무렵의 심경을 밝힌 글이다. 「행자」에서도 그랬듯이 이광수는 이번에도 공공연히 천황의 적자를 자처하는 자신의 속내를 궁금해 하는 일본 문인들의 시선을 의식하지 않을 수 없었을 것이다. 하물며 이번에는 술을 강권하며 대놓고 속내를 드러내보라는 투로 압박을 당하기도 한 처지였으니 더 말할 것도 없다.

일단 이광수는 공공연한 천황 예찬으로 「삼경인상기」의 전반부를 써나간다. 그는 첫날 도쿄역에 내리자마자 곧바로 니쥬바시[二重橋] 앞

30 李光洙, 「三京印象記」, 『文學界』, 1943.1, 76쪽.

에서 궁성요배하며 "차오르는 감격에 젖"어 천황의 성수만세(聖壽萬歲)를 빌었고, 이튿날 메이지신궁의 국민연성대회에 참석한 천황을 우러러 기미가요를 부르면서는 "지존을 우러러보는 민초들의 감격"을 느낄 수 있었으며, 또 모든 것을 천황께 바치고자 하는 혼들의 무언의 맹세를 들을 수 있었다고 적었다. 그런가 하면 공식적인 대회 일정을 성공적으로 마무리하게 된 것이 모두 천황의 권위 덕분이라고 말하는 대회 의장 구메 마사오[久米正雄]의 언급에 대하여 "산 보람 있는 천황의 시대에 때마침 태어나 황민이 된 우리, 뒤돌아봄 없이 천황의 방패로 나설 수 있게 된 것은 얼마나 다행스러운가"[31]라는 소감을 덧붙이고 있는데, 이 구절은 토쿠토미 소호의 『쇼와국민독본[昭和國民讀本]』(1939)에 나오는 다음의 구절을 그대로 반향하고 있을 정도이다. "우리는 황국의 신민으로 태평성대(昭代)에 살아가고 있으니, 참으로 인간으로 태어난 보람이 있다고 말하지 않을 수 없다."[32]

그러나 이러한 천황 예찬은 고대 일본의 수도 나라[奈良]를 견학한 감상을 적은 후반부에 접어들면서 미묘한 각도의 변화를 보여준다. 이는 무엇보다도 이광수에게 나라가 고대 일본에 불법을 전하기 위해 다녀간 선인들의 행적을 생생하게 증거하는 시공간으로 간주되고 있는 사실과 밀접한 관련이 있다. 이광수에게 호류지[法隆寺]가 있는 나라는 쇼토쿠[聖德] 태자에게 법화경을 진상하고 강독했던 고구려 승려 혜자, 불상(佛像)과 불각(佛閣)을 만들었던 백제 승려 혜총, 그리고 호류지의 그 유명한 벽화를 그린 고구려 담징의 숨결이 생생하게 남아 있는 곳이다. 그들이 그 먼 바닷길을 마다 않고 일본으로 건너온 것은 오직 일본에 불법을 전하겠다는 신념에서였지 일본의 천황을 섬기겠다는 뜻에

31 위의 글, 71쪽.
32 德富猪一郎, 『昭和國民讀本』, 東京日日新聞社, 1939, 101쪽.

서가 아니었을 것이다. 나라시대에 "내가 혜자나 담징의 수행원으로 왔었는지도 모를 일"[33]이라며 상상 속에서나마 이러한 선인(先人)들의 수행원을 자처하고 있는 이광수의 의식 또한 마찬가지가 아니었을까.

이와 관련하여 이광수가 쇼토쿠 태자의 17헌법을 불교적 진리의 보편성을 천명한 것으로 해석하고 있는 대목은 각별히 주목할 만하다. 이화위귀(以和爲貴), 독경삼보(篤敬三寶), 승조필근(承詔必謹)의 3개 조항을 기초로 한 쇼토쿠 태자의 17헌법은 전시기 일본에서 일본정신과 불교가 융합된 전형적인 왕법 우위의 논리로서 선전되었다. 당대 사상통제의 일환으로 간행되었던 『국체의 본의』(1937)만 해도 '군민일체(君民一體)'의 화(和)를 뜻하는 제1조를 강조했고,[34] 불교적 진리에의 존숭을 뜻하는 제2조가 강조되는 경우에도 불법은 어디까지나 국가의 목적에 봉사하는 종속적인 수단으로 위치지어지는 것이 일반적이었다.[35] 반

---

33 李光洙, 앞의 글, 76쪽.

34 "쇼토쿠 태자가 헌법 17조에서 '和를 귀하에 여기고 거스름이 없는 것을 근본으로 삼는다. 사람이 모두 당파가 있어 또한 깨닫는 자가 적다. 이에 혹은 君父에 순응하지 않고 이웃에 어그러진다. 그러나 위로 和하고 아래로 睦하여 일을 논함이 이치에 맞으면 곧 事理가 저절로 통한다. 무슨 일을 이루지 못하겠는가'고 하신 것은 우리나라의 이 和의 대정신을 설하신 것이다. 우리나라에서는 옛부터 君臣一體라 일렀고, 천황을 중심으로 하여 億兆一心・協心戮力 등 세상에 결여된 미질을 갖추어 왔다. 천황의 聖德과 국민의 臣節이 서로 융합하여 아름다운 和를 이루고 있다."(『國體の本義』, 文部省, 1937, 57～58쪽).

35 단적인 예로 사사키 켄도쿠는 17헌법을 황도불교의 근거로 간주하며 다음과 같이 주장하고 있다. "오늘날에는 17조 헌법을 일본불교의 근본적 의거이자 황도불교로서의 본질적 표시로 보는 것이다. 17조 헌법은 태자의 御代 최초로 불교에 대한 깨달음을 발표하신 것이다. 제2조의 篤敬三寶는 17조의 모두에 관통하는 원동력적 추진력으로, 제1조에서 '君父에 순응하지 않고'라고 말씀하신 것 같이 不忠不孝의 사악한 사실을 바로잡는 데는 반드시 이 추진력에 의지하지 않으면 안 되는 까닭에, 태자의 불교는 일본국가의 목적에 협력하는 것이고, 이른바 皇運扶翼을 위한 불교인 것이다."(佐佐木憲德, 『恩一元論 : 皇道佛教の心髓』, 興教書院, 1942, 116쪽). 당대 쇼토쿠 태자의 평전을 쓴 이나바 엔조의 17헌법에 대한 논의도 크게 보아 이러한 논지에서 벗어나지 않는다. "불교의 요체는 삼보를 공경하는 힘에 의존하여 '업'의 속박을 끊는 데 있다. 이것에 의해 제1장의 和의 이상을 어떻게 실현할지 그 실현 방법으로서 제2장에 '篤敬三寶'라고 가르치신 것이다."(稻葉圓成, 『聖德太子』, 法藏館, 1941, 82～84쪽, 第3章 第3節 「17憲法の發布」).

면 이광수는 제1조에 대한 언급을 건너뛴 채 제2조를 독립적으로 해석함으로써 왕법과 불법의 관계를 정반대로 바꾸어 놓는다.

> 태자는 진리와 자비 그리고 애국의 정신의 權化로서 드러났다. 법화경에 들어 있는 불법의 정신을 태자는 그대로 일본국에 실현코자 했던 것이다. 일본이야말로 大乘의 땅이라 믿었다. 이로써 일본을 진리의 나라로서, 자비의 나라로서, 그리고 이 이 이상을 실현시키기 위해서는 일본인 각각이 不惜身命의 大我大勇에 죽고 사는 나라로 만들고자 했던 것이다. (…중략…) 보살행이란 무엇인가. 자기를 버리고 중생을 도와 구제하는 것이다. 소위 불국토를 깨끗이 하고 중생을 成就하는 것이다. 이것은 10년, 20년의 일도 아니고, 一生이나 二生의 일도 아니다. 三界의 중생을 다 구제할 때까지의 일이다. 久遠의 事業이다. 이것이야말로 삶의 유일한 목적이라는 것이 法華의 사상이다. 태자는 이것을 몸소 자기의 사상으로 했다. 篤敬三寶란 이런 뜻이다.[36]

이광수는 '법화경에 들어 있는 불법의 정신'을 일본국에 실현코자 한 것이 태자의 이상이라고 보았다. 자기를 버리고 중생을 도와 구제하는 일 곧 불국토를 깨끗이 하고 중생을 성취(成就)하는 일에 뜻을 둔 것이 법화의 사상인데, 태자는 이것을 몸소 자기의 사상으로 삼았다는 것이다. 이로써 일본에 불법을 전하기 위해 그 먼 바닷길도 마다하지 않았던 조선의 선인들과 또 그들의 도움에 힘입어 일본에 불법(佛法)의 기초를 닦은 쇼토쿠 태자라는 내러티브가 완성되고 있음에 주목하면, 이광수가 혜자나 담징의 수행원을 자처하면서까지 고대의 나라가 그립다고 했던 까닭이 비로소 선명해진다. 조선의 선인들이 쇼토쿠 태자에

---

36 李光洙, 앞의 글, 78~79쪽.

게 전해준 불법이라는 내러티브를 매개로 이광수는 고대 일본을 지상의 모든 권위, 절대존엄으로 간주되는 천황마저도 불교적 진리를 존숭하는 불교적 이상국가의 모습으로 소환하고 있었던 것이다.

이처럼 「삼경인상기」에 그려진 고대 나라의 모습에서는 지상의 국경을 넘어 세상에 불교적 진리를 펴고 그것을 실현하기 위해 서로 돕는 평화로운 진리 공동체의 이미지가 떠오른다. 물론 이것은 명백히 당대 전쟁의 현실과는 유리된 이념이었다. 당대의 이른바 대동아전쟁은 아시아 10억의 백성에게 황도(黃道)의 빛을 입히기 위한 도의전(道義戰)이라는 명분하에 수많은 장병들을 전쟁터로 내몰았고, 이광수 역시 이 사실을 모르지 않았던 까닭이다. 일찍이 이광수는 1935년 10월 이탈리아의 에티오피아 점령을 목도하면서 "교전자(交戰者)는 각각 경제적 정치적 여러 가지 이론을 세워서 마치 그가 하는 전쟁이 이론상 불가피의 것인 것처럼 설명하지만, 이것은 이론을 붙이는 것에 불과"하며, "아무리 유리하게 승전(勝戰)한 전쟁이라 하더라도 유리적(唯理的)으로 해석할 때에 그것은 더할 수 없는 우치(愚痴)"이자 "악몽"이라고 역설한 바 있다. 또한 전쟁은 '정복욕'이라든가 '보복욕'과 같은 인류의 본성에 기반하고 있는 만큼 이러한 감정을 조어(調御)하지 못하는 한 현실적인 전쟁은 없어지기 어렵다고 주장하기도 했던 것이다.[37]

이처럼 인류가 정복욕이라든가 보복욕과 같은 감정을 제어하지 못하여 전쟁이 없어지기 어려운 것이 현실이라면, 현실의 전쟁을 없애는 유일한 방법은 인류가 그러한 감정을 제어할 수 있는 능력을 갖추는 데 있다고 해도 좋을 것이다. 이광수는 고대의 나라에 투사한 평화로운 진리 공동체의 이미지 속에서 그러한 능력을 갖춘 인류의 모범을 보았던 것

37 長白山人, 「전쟁과 인간성」(『조선일보』, 1935.10.12~15), 『전집』 9, 457쪽.

같다. 비록 그러한 보편적 진리의 이념이 당장 정복욕과 보복욕이 부딪치는 현실의 전쟁을 막을 수는 없다고 하더라도, 그것은 지상의 권위에 대항하여 진리를 긍정함으로써 불가능한 것의 가능성을 꿈꿀 수 있게 한다. 바야흐로 아시아 전체가 전쟁의 소용돌이 속에 놓였던 시대의 한복판에서 이광수는 제국의 문인들을 향하여 제국과 식민지의 모든 민족이 진리 속에서 하나되는 '오래된 미래'를 마음으로 호소하고 있었을 것이다. 지상의 모든 권위란 결국 진리의 보편성에 무릎꿇을 수밖에 없다는 확신, 그것이 이번에는 제국과 식민지의 경계를 넘어선 진리 공동체에 대한 염원으로 이어지고 있었던 것이다.

4. 진리의 수사, 혹은 진리의 윤리

필자는 이광수가 전향에서 적극적인 친일에 이르는 자신의 정치적 선택에 대해 나름의 신념으로 일관할 수 있었던 것은 이 무렵 그가 종교적으로 몰두했던 불교의 교의(敎義) 자체가 애초에 얼마든지 정치적으로 전유될 수 있는 여지를 갖고 있다는 점과 무관하지 않다는 입장에서 이광수의 불교와 친일의 문제에 대해 논의한 적이 있다. 요약하자면 애초에 문명 조선의 건설이라는 민족적 이상의 실현을 지향하던 이광수의 정치적 입장은 전향을 계기로 내선의 인연을 기반으로 한 국민적 이상을 수긍하고 나아가 팔굉일우 이념을 내건 대동아 신민의 이상을 지지하는 방향으로 전화되어 갔지만, 법화 신앙의 논리 속에서 그것은 점차 민족적 단위를 벗어나 대승적 입장에 선 보살행의 실천으로 정당화될 수 있었다는 것이 논의의 요지였다.[38] 일견 매끈해 보이는 논지이지만, 이광수의 불교를 정치적 논리에 종속시킴으로써 얻어낼 수 있었던 결론이라는 점에서 사실 이광수의 불교와 친일이라는 문제와 관련하여 필자가 품었던 본질적인 의문은 해결되지 않은 상태였다. 이런 논지대로라면 이광수에게 불교란 한갓 진리의 수사에 불과한 것이었다는 얘기가 되는데, 당시에도 이광수의 불교적 사유가 그렇게 가벼운 것이었다고 생각하지 않았던 필자는 이런 결론이 내심 불편했던 것이다.

마침 최근 발굴된 친일협력 시기 이광수의 조선어 단편들을 고찰할 기회를 얻었던 필자는 이 시기 이광수의 글쓰기가 단일한 목소리를 갖고 있지 않다는 사실을 발견하게 되었고, 자연스레 이광수의 불교와 친일의 문제에 접근할 때도 이를 고려해야 한다는 생각을 갖게 되었다. 친일협력 시기에 씌어진 이광수의 조선어 단편들은 '향산광랑'이라는 이름으로 발표되었지만 조선어로 씌어졌고, 친일협력의 논리를 충실히 따르면서도 '말해야만 하는 것'의 한계 내에서나마 조선인 독자들을 향해 '말하고 싶은 것'을 은밀하게 전하려는 노력을 보여주고 있었다.[39] 장편 『원효대사』와 「삼경인상기」에 보이는 이광수의 불교적 사유가 당대 황도불교 담론과 미묘한 어긋남을 보여주고 있는 것도 이러한 글쓰기 전략의 연장선상에서 이해할 수 있지 않을까.

살펴본 바와 같이, 『원효대사』와 「삼경인상기」에 보이는 이광수의 불교적 사유는 지상의 모든 권위란 결국 진리의 보편성 앞에 무릎꿇을 수밖에 없다는 확신에 기반하고 있다는 점에서, 진리의 이름으로 지상의 국가를 승인하고 그 통치자인 천황의 권위에 복종할 것을 요구했던

38 최주한, 「이광수의 불교와 친일」, 『춘원연구학보』 2, 춘원연구학회, 2009 참조.

39 최주한, 「이광수의 친일문학을 다시 생각한다―『방송지우』 및 『일본부인』(조선판) 소재 조선어 단편을 중심으로」, 『근대서지』 6, 근대서지학회, 2012 참조.

당대 황도불교의 논리와는 거리가 있다. 파계승의 몸으로 도적의 왕바람을 불법으로 굴복시켰던 원효, 그리고 일개 식민지 변방의 문인으로서 고대의 일본을 불교적 이상국가로 소환함으로써 제국과 식민지의 경계를 넘어선 진리 공동체를 꿈꾸었던 이광수. 일제 말기 총동원체제의 소용돌이 속에서 제국의 시선을 의식하면서도 조선인 독자들과 은밀하게 공유하고 싶었던 이야기들이 조선어 단편들의 양가성을 낳았다면, 이 무렵 이광수의 불교적 사유는 진리의 보편성에 대한 확신에 기반했기에 당대 황도 불교 담론에 미묘한 균열을 내며 제국의 논리를 횡단할 수 있었던 것이다.

바야흐로 아시아 전체가 전쟁의 소용돌이 속에 놓였던 시대 이광수가 기댄 진리의 힘이란 무력한 것이었을지도 모른다. 그러나 황도불교 담론에서도 볼 수 있듯 전능한 진리의 힘이 곧바로 전쟁과 학살의 논리로 연결되던 당대의 현실을 고려할 때, 그 무력성이야말로 지상의 권위에 맞서는 진리의 윤리를 떠받치는 힘이었다고 해도 좋을 것이다. 따라서 물어야 할 것이 있다면 이광수의 불교적 사유가 당대에 얼마나 현실적인 힘을 가졌는가가 아니라, 과연 그러한 진리의 윤리를 밀고나가는 데 필요한 판단력과 용기, 지속성을 갖추고 있었는지에 있다고 할 수 있다. 진리의 윤리를 포기하는 순간 그것은 곧장 진리의 수사로 전락할 수밖에 없는 까닭이다. 친일협력 시기 이광수의 불교적 사유에 대한 고찰이 진리의 수사와 진리의 윤리 사이에서 위태로운 걸음을 걸을 수밖에 없는 것도 어쩌면 이 때문이 아닐까.

제3부
이광수 다시 읽기

제1장

근대 소설 문체 확립을 향한 또 하나의 도정

단편 「허생전」(1914)과 우화 「물나라의 배판」(1914)을 중심으로

1. 두 편의 새 자료와의 만남

5월의 어느 화창한 봄날 하타노 세츠코 선생님께 메일을 한 통 받았다. 1936년 2월 잡지 『삼천리』에 실린 박팔양의 「조선신시운동사」에 "춘원의 장편 서사시 「허생전」(『새별』 제16호)"라는 언급이 나오는데, 이 자료를 찾아봐 줄 수 있겠느냐는 내용이었다. 메일을 읽는 순간 필자는 눈이 휘둥그레지지 않을 수 없었다. 허생의 이야기에 관해서라면 이광수는 1920년대 초반에도 같은 제목의 장편을 『동아일보』에 연재한 일이 있다. 장편 『허생전』은 당대 세계개조론의 흐름에 발맞추어 연암의 「허생전」을 보편적 인본주의에 맞게 재해석해낸 작품으로,[1] 필

1 장편 『허생전』의 인본주의의 성격에 관해서는 최주한, 「민족개조론과 相愛의 윤리학」, 『서강인문논총』 30, 2011, 321～329쪽.

자는 특히 그 세련되고도 친근한 입말체 문장이 여느 작품에서는 찾아보기 어려운 『허생전』만이 갖는 매력의 하나라고 생각해왔던 터였다. 그런데 1910년대 중반에, 그것도 서사시라는 다른 장르의 언어로 씌어진 일이 있다는 사실에 필자 또한 이광수 연구자로서 남다른 호기심이 발동하지 않을 수 없었던 것이다.

급하게 마무리해야 할 일이 있어서 자료 찾는 일을 미루고 있는 사이 또 다른 메일이 왔다. 서사시 「허생전」은 이미 작년에 발굴되어 소개된 적이 있다는 언급과 함께 기사가 실린 웹주소가 첨부되어 있었다. 열어보니 서지학자 김종욱 씨가 문예지 『연인』 2012년 겨울호에 이광수의 장시 「우리 영웅」 「나는 독립국 자유민이다」와 산문시 「허생전」을 비롯해 동시와 동화 등을 발굴, 공개했다는 내용의 기사였다.[2] 앞의 두 작품은 이광수전집에 실려 있을 뿐만 아니라 이미 연구 대상으로 널리 언급되고 있는 까닭에 새로울 것이 없었지만, 산문시 「허생전」은 새로운 자료인 것이 분명했다. 다행히 산문시 「허생전」이 실린 『새별』은 최남선이 간행한 『붉은저고리』, 『아이들보이』와 함께 2010년에 영인본으로 간행되어 있었고, 필자는 영인본 덕분에 별다른 고생 없이 자료를 찾을 수 있게 되었다는 생각에 느긋하게 영인본이 소장되어 있는 연세대학교 도서관을 찾았다. 그런데 영인본에는 서사시 「허생전」 본문이 누락되어 있고 본문의 마지막 장만 달랑 남아 있는 것이 눈에 띄었다. 별 수 없이 아쉬운 대로 문예지 『연인』에 실린 자료라도 스캔해서 보내드려야겠다고 생각하고 자리에서 일어서려는데, 마지막 장의 말미에 덧붙여져 있는 이런 구절이 눈에 들어왔다.

2 「춘원 미발굴 시 3편, 동시 · 동화 등 찾았다」, 『국민일보』, 2012.12.17(http://m.kukinews.com/view.asp?gCode=0000&sCode=0000&arcid=0006729387&code=111).

이 허생의 사적은 일찍 『아이들보이』 때에 산문으로 한번 게재한 일이 있으나 이번에는 운문으로 다시 지어 여러분의 새 흥미를 일으키고저 하였노라[3]

『아이들보이』에 산문으로 허생의 이야기를 쓴 일이 있었다니, 필자에게는 서사시 「허생전」을 발견했다는 얘기보다 더욱 놀라운 언급이었다. 1910년대 스토우 부인의 『엉클 톰스 캐빈』을 번역한 『검둥의 설움』(1913)을 1930년대 중반 잡지 『삼천리』에 내용이나 문체의 수정 없이 거의 그대로 다시 연재한 바 있다[4]는 사실을 알고 있던 필자의 가슴이 두근거리기 시작했다. 이 글이 실려 있는 잡지 권호가 영인본에 꼭 실려 있어야 할 텐데. 영인본에는 『새별』의 경우도 15호(1914.12)와 16호(1915.1)만 영인되어 있었던 까닭이다.

정말 운이 좋게도 필자는 그 자리에서 『아이들보이』 10호(1914.6)에 실린 「먹적골 가난방이로 한 세상을 들먹들먹한 허생원」이라는 단편을 찾아낼 수 있었다. 목차는 물론 본문에도 필자의 이름은 보이지 않았다. 서사시 「허생전」 말미에 적힌 작가의 말을 경유하지 않았다면 이 글이 이광수의 것이라는 사실을 판명하기까지는 좀더 오랜 시간이 필요했을지도 모른다. 이 글은 서두와 결말을 제외하고는 연암의 「허생전」을 거의 원문에 가깝게 번역하고 있는데다 『아이들보이』에 실린 모든 글은 거의 동일한 문체를 사용하고 있는 까닭이다. 혹시 이 영인본에 이광수의 글이 더 실려 있을지도 모른다고 생각한 필자는 자료를 뒤지다가 『새별』 15호(1914.12)에 '외배'라는 필명으로 실린 「물나라의 배판」이라는 제목의 동화를 한편 더 찾을 수 있었다. 나중에 이 글을

3 외배, 「허생전(상)」(『새별』, 1915.1), 원종찬 편, 『붉은저고리 · 아이들보이 · 새별』, 역락, 2010, 516쪽.

4 권두연, 「신문관 단행본 번역소설 연구」, 『사이間SAI』 5집, 국제한국문학문화학회, 2008, 127쪽.

준비하면서 알게 된 사실이지만, 엄청난 수확이었다.

필자가 영인본을 통해서 자료를 찾지 않고 잡지 『연인』에 소개된 원문에 의지했다면 어땠을까. 잡지 『연인』의 자료는 경희대학교 한국아동문학연구센터에서 펴낸 한국아동문학연구자료총서에 실린 원문을 소개한다고 밝혀 두었는데, 작품 말미에 적힌 작가의 말은 빠져 있었다. 혹시 총서의 원문에는 실려 있을지도 모른다고 생각하고 총서가 소장되어 있는 경희대학교 도서관을 찾았지만, 작가의 말은 역시 찾아볼 수 없었다. 총서를 낼 때 잡지 권호를 제대로 입수하지 못한 탓인지 이광수의 번역 단편 「허생전」과 동화 「물나라의 배판」 또한 실려 있지 않았고 말이다. 하지만 이 총서로부터도 한 가지 수확을 얻은 것이 있는데, '이광수'라는 이름으로 『새별』 16호(1915.1) 발표한 「내 소와 개」라는 제목의 수필이었다.[5] 영인본에 『새별』 16호가 영인되어 있는 것을 확인했으니 아마도 필자가 자료를 뒤지면서 놓쳤던 모양이었다. 이미 이광수전집에도 수록되어 있는 자료이긴 하지만, 이번에 이 글을 준비하면서 관심을 가지지 않았다면 언제 들춰볼 지 알 수 없는 자료였을 것이 분명하다. 관련 자료를 찾으면서 영인본의 고마움과 더불어 자료를 소개하는 연구자의 자세, 또 자료를 찾는 연구자의 자세에 대해 다시 한번 생각하게 해준 소중한 경험이었다.

5 경희대 한국아동문학연구센터, 『별나라를 차져간 소녀 1－동화・소년소설(1913~1929)』(한국아동문학연구자료총서 2), 국학자료원, 2012.

2. 『아이들보이』 소재 단편 「허생전」에 대하여

1914년 6월 『아이들보이』 10호에 발표된 이광수의 단편 「먹적골 가난방이로 한 세상을 들먹들먹한 허생원」(편의상 단편 「허생전」이라 부르기로 한다)은 연암의 「허생전」을 근간으로 하여 허생의 경륜을 당대의 관점에서 재해석해낸 단편이다. 처음에는 서두와 결말 부분을 제외하고는 이야기의 순서에서부터 인물들의 세부 대사에 이르기까지 거의 정확히 일치하여 연암의 「허생전」을 의역한 작품이라고 생각했다. 이광수는 스토우 부인의 『엉클 톰스 캐빈』을 번역한 『검둥의 설움』(1913)에서도 기본적인 스토리는 원작에 충실하면서도 결말 대목만큼은 자신의 의도에 따라 손보았던 사실을 잘 알고 있었던 까닭이었다. 그러나 이 무렵은 이광수가 치타에 있었던 까닭에 원전을 손에 넣기 어렵지 않았겠느냐는 하타노 선생님의 의견을 듣고 고쳐 생각하게 되었다. 당대 최남선, 홍명희와 더불어 '동경삼재(東京三才)'의 한 사람으로 불리던 이광수가 그 정도 단편의 길이라면 세부까지도 정확하게 기억하고 있었을 가능성이 있다는 쪽에 생각이 미쳤던 것이다.[6] 그러고 보면 단편 「허생전」은 엄밀히 말하면 번역과 창작 그 중간쯤 애매하게 걸쳐 있는 작품인 셈이다.[7]

---

6 단적인 예로 허생이 변 씨에게서 돈 만 냥을 얻어 삼남의 길목인 안성(安城)에 자리를 잡고 물건을 사들이는 대목을 보면, 연암의 「허생전」의 경우 사들인 물건이 "대추, 밤, 감, 배, 탱자, 석류, 귤, 유자"의 순으로 나열되어 있는 데 반해 이광수의 「허생전」의 경우 "밤, 대추, 배, 감, 귤, 탱자, 석류"의 순으로 나열되어 있는 것을 볼 수 있다. 사소해 보이지만, 원전에 의지했다면 순서를 바꾸어 나열하는 일은 없었을 것이라 생각된다.

7 이를 뒷받침하는 사례가 또 하나 있다. 이광수는 1910년 2월에서 5월까지 3회에 걸쳐 『소년』에 「어린 희생」이라는 단편을 발표하는데, 이 단편 또한 연구자들 사이에서 번역이라는 의견과 창작이라는 의견이 엇갈린다. 이광수는 이 단편에 '孤舟譯'이라고 표기되어 있는 것은 최남선의 착오이고 사실은 자신의 창작이라고 밝힌 바 있는데(이광수, 「첫번 쓴 것들」(『조선문단』, 1925.3), 『전집』 10, 504쪽), 이 견해는 반쯤의 진실을 갖고 있다. 하타노 세츠코가 밝

앞서도 언급한 것처럼 이광수의 단편 「허생전」은 서두와 결말 대목을 제외하고는 인물의 대사에서 묘사에 이르기까지 연암의 「허생전」과 거의 정확하게 일치한다. 그러나 바로 이 서두와 결말 대목 때문에 이 단편은 1914년의 시점에서 재해석된 새로운 버전으로서의 위상을 갖게 된다. 연암의 「허생전」의 서두는 집안에 먹을 것이 없는데도 허구헌날 글만 읽고 있는 허생을 나무라는 아내의 잔소리에, 십 년 글공부를 작정했으나 삼년이 모자람을 애석해하며 허생이 책을 덮고 사립을 나서는 일화가 간략하게 그려진다.[8] 반면 이광수의 단편 「허생전」은 허생과 아내의 대화 대목을 생략해버리고, 대신 아내의 잔소리를 듣는 허생의 심경을 다음과 같이 자세하게 설명하는 서술자의 언급이 등장한다.

> 생원은 집안의 어려움이 저의 허물인 줄을 모름도 아니오 또 나가서 벌이를 하면 살림 버티어 가기에는 걱정 없을 만한 재주가 없음이 아니로되 이렇게 참기 어려움을 참고 견딜 수 없음을 견디며 글만 읽음은 앞날을 위하여 크게 준비함이 있고저 함이외다. 곧 많은 이치를 깨치고 큰 재주를 닦아 한번 뜻있는 일을 할 생각이 속에 가득이 있으므로 배고픈 것도 잊어버리고 집안 어려움도 생각할 겨를이 있지 아니함이외다. 사나이가 한번 작정함이 있으니 아무것이며 이를 어찌 휘며 속에 큰 경륜을 품었으니 작은 고생이 어찌 마음을 움직이오릿가.[9]

힌 바 있듯이 이 단편은 영화를 저본으로 한 것이 분명하지만(하타노 세츠코, 최주한 역, 『『무정』을 읽는다』, 소명출판, 2008, 109쪽), 영화를 저본으로 한 것이기 때문에 번역이거나 번안으로 간주하기 어려운 것도 사실이다. 하타노 세츠코는 당시의 활동사진이 무성영화였기 때문에 「어린 희생」의 생생한 대화는 이광수의 상상력에서 나온 것이라는 견해를 표명하고 있지만(하타노 세츠코, 위의 책, 100쪽), 이 문제와 관련하여 더 중요한 것은 인물의 대사라기보다 서술자의 서술과 묘사 대목이라 할 수 있다. 인물의 대화라면 자막이나 변사의 대사를 참조할 수 있지만, 서술과 묘사 대목은 영화의 각 장면에 대한 기억에 의존하되 어디까지나 말 그대로 '창작'하는 수밖에 없었을 것이기 때문이다.

8 연암의 「허생전」 텍스트는 박지원, 『열하일기』 下(리상호 역, 보리, 2004) 판본과 이 책에 실린 부록의 원전을 함께 참조했다.

허생이 온갖 어려움을 참고 견디며 글만 읽음은 먹고 살 만한 재주가 없어서가 아니라 '앞날을 위하여 크게 준비함'이 있기 때문임을 강조하고 있는 서술자의 언급은 허생을 통하여 당시 이광수 자신이 마음에 품고 있던 포부를 밝힌 것으로 읽힌다. 더욱이 이어지는 내용은 허생이 몇 해를 더 지내며 알 만한 일을 알고 할 만한 공부를 다한 후 '그윽한 웃음'을 지으며 집을 나서는 것으로 그려지고 있어, 그 포부에 대한 확신이 어떠했음을 짐작케 한다. 그러면 허생이 준비하고 있다던 '앞날'의 모습은 어떠한 것이었을까.

그 '앞날'의 모습은 '세상을 널리 쓰면 가는 데마다 가멸'이라는 소제목이 달려 있는 마지막 장에 선명하게 드러나 있다. 어영대장 이완과 허생의 논쟁 대목을 과감하게 삭제하고 다섯 해 동안 백만금을 모은 비결을 묻는 변 씨에게 허생이 그 비결을 일러주는 장면으로 마무리되고 있는 이 마지막 장은 그 내용에서도 연암의 「허생전」과는 확연히 갈린다. 연암의 「허생전」에서 허생의 대답이 '조선은 배가 외국으로 통하지 못하고 수레가 국내에서 다니지 못하므로 온갖 물건이 제 바닥에서 나서 제 바닥에서 찾아지게 마련'이라 하여 도거리 장사법의 이치가 곧 그 폐해로 이어지는 측면을 경계하는 데 초점을 두고 있다면, 단편 「허생전」에서 허생은 동일한 통찰에 기반하되 역으로 세상은 이르는 곳마다 이익이 널려 있으니 좁은 조선을 벗어나 시야를 넓혀 세상과 널리 교역할 것을 주장하고 있는 까닭이다. 허생의 입을 빌려 이광수는 이렇게 말한다. "조선은 뒤로 들 하나만 지나면 황하 양자강 이쪽 저쪽이 모두 내 물건을 펼 곳이오 앞으로 바다 하나만 나가면 동쪽 남쪽 이섬 저섬이 모두 내 지물을 거둘 땅이어늘 쥐코만 한 속에서 양반

9 「먹적골 가난방이로 한 세상을 들먹들먹한 허생원」, 『아이들보이』 10, 1914.6, 11쪽.

노릇 하기에 정신이 다 빠져 하늘이 맡기신 앞뒤 고집을 열고 쓰지 아니하니 어찌 넉넉하여 보리오."[10] 이광수는 상업의 이치에 밝았던 허생을 세계를 무대로 한 상업의 중요성을 통찰한 인물로서 재창안해내고 있었던 것이다.

이광수가 허생의 경륜 가운데서 특히 상업적 능력을 강조한 데는 다 이유가 있다. 이 무렵 이광수의 사고에서 상업은 독립의 능력, 곧 한 나라를 세우고 지킬 만한 능력과 직결되어 있었던 까닭이다. 1913년 늦가을 대륙방랑의 길에 올라 상하이를 경유했던 이광수는 황푸강 연안에 즐비하게 늘어서 있던 유럽 각국의 우람한 은행 건물들에서 거대한 중국 대륙의 재정을 뒤흔드는 서구 자본의 실체를 목도하면서 능히 제 힘으로 제 나라를 경영해 갈 만한 실력을 갖추지 않고는 설사 당장 독립을 하더라도 그것을 유지하는 것 자체가 불가능하다는 것을 새삼 깨닫지 않을 수 없었다. 더욱이 연해주에서 북만주, 그리고 시베리아를 경유하며 목도한 각 지역 동포들의 가난하고 열악한 삶은 이대로 가다가는 독립은커녕 조선 민족 자체가 도태되어 지구상에서 흔적도 없이 사라져버릴지도 모른다는 그의 위기의식을 부채질했다.[11] 그가 당대를 상업경쟁의 시대로 규정하면서 상업의 진흥을 거듭 강조했던 것은 흔히들 지적하듯 사회진화론의 무비판적인 수용의 결과라기보다 이러한 대륙방랑 시절의 구체적 경험에서 얻은 통찰에 바탕을 둔 것이었다. 그리고 대륙에 머물면서 역사적 고찰을 통하여 상업의 발전이 문명의 발전과 긴밀한 관련이 있음을 재발견한 것도 한몫했다.

10 위의 책, 21쪽.

11 이광수의 대륙방랑시절의 경험과 사유에 대해서는 최주한, 「중학시절과 오산시절 전후의 이광수」, 『춘원연구학보』 5, 춘원연구학회, 2012, 294~299쪽 참조할 것.

고래로 상업은 그 나라와 제 몸을 가멸케 하는 동시에 이 땅의 문명을 저 땅에 옮기고 저 땅의 문명을 이 땅에 옮겨 문명을 전파하고 융합하는 작용을 하므로 제 몸이 그 나라에 부강을 위하든가 또 외국의 문명을 수입하며 제 나라 문명을 전파함이 상업에 더 큼이 없는지라. 그러므로 문명이 발달하면 상업이 발달하고 상업이 발달되면 문명도 따라 발달되나니 옛날 우리 백제에서는 양자강 연안에 식민지를 두고 안남 인도에 무역을 힘쓰매 나의 문명은 그네에게 주고 그네의 문명은 내게 실어 들여 나라의 부강함이 동아에 으뜸이 되었으니 우리 민족도 본래 상업적 천재가 있어 상업으로 발전하던 민족이라. 그러나 근세에 쇠운을 당하여 나의 문명을 잃어버리고 또한 상업적 활동이 없어서 이제 와서는 가장 가난하고 약하고 어두운 민족을 이뤘으니 어찌 개탄할 바 아니리오.[12]

조선 민족이 본래 '상업적 천재'가 있어 상업으로 발전하던 민족이라는 것을 보여줄 수 있는 가장 익숙한 이야기라면 연암의 「허생전」만큼 적절한 작품도 없었다. 연암의 「허생전」은 이미 1907년 『대한자강회월보』(1907.2~4)에도 소개된 바 있지만, 국한문혼용의 현토체로 원문을 거의 그대로 옮긴 수준이라 널리 읽히기 어려웠다. 마침 최남선의 조선광문회(1910.12 발족)는 조선의 문화를 대표하는 고전 간행 사업의 일환으로 연암의 『열하일기』 간행을 추진하여 이듬해인 1911년 『연암외집 열하일기』라는 제목으로 간행한 바 있고,[13] 신문관에서 펴낸 『붉은저고리』와 『아이들보이』에 실린 다수의 옛이야기들은 광문회의 학

12 외배, 「독립준비하시오」(『권업신문』, 1914.3.1~22). 전문이 최기영, 『식민지시기 민족지성과 문화운동』(한울아카데미』, 2003)에 소개되어 있다(166~167쪽).

13 「광문회 취지서」(1910, 庚戌) '조선광문회 제1기 간행예정서 목록'에 연암의 『열하일기』가 보인다(김윤식, 『이광수와 그의 시대』 1, 솔, 1999, 498~499쪽). 1911년에 간행된 『열하일기』는 다음의 웹 주소에 실린 이미지 자료를 통해 확인할 수 있다(http://www.kobay.co.kr/servlet/wsauction/item/itemView;jsessionid=AMMNAADKIPFK?item.itemseq=1003DPAK7UN). 자료를 보내주신 하타노 선생님께 이 자리를 빌려 감사드린다.

문적 관심을 대중화하려는 노력과 연동되어 있었다. 불과 육 개월 전 오산을 떠나면서 불신한 사람을 낳고 기른 조선을 향해 다시는 고개를 돌리지 않으리라 다짐했었건만, 조선의 현실을 외면할 수 없었던 이광수는 마음이 바빴던 것 같다. 그 먼 이국의 도시에서 기억에 의존하여 단편 「허생전」을 써 보낸 것도 그런 까닭에서였을 것이다.

3. 『새별』 소재 우화 「물나라의 배판」에 대하여

1914년 8월 오산으로 돌아온 이광수는 『청춘』 3·4·5호에 편지글 형식의 기행문 「상해에서(제1신)」(1914.12), 「상해에서(제2신)(1915.1), 「해삼위로서」(1915.3) 및 논설 「동정」(1914.12) 등을 발표했다. 모두 대륙 방랑의 경험에서 얻은 통찰을 바탕으로 한 것인데, 하나같이 화려한 서구 제국주의 근대 문명의 광휘 이면에 드리워진 어두운 그들을 주시하고 비판하고 있는 점이 두드러진다. 상하이에 머물면서 이광수는 황푸강 연안에 즐비하게 늘어서 있던 유럽 각국의 우람한 은행 건물들에서 중국 대륙의 고혈을 빨아먹는 서구 자본의 소름끼치는 주둥이를 보았고, 전통 복장으로 경내를 지키고 있는 황푸탄공원의 인도인 순사에게서 이들 불쌍한 인종을 웃음거리삼고 골동품으로 애완하는 서구인들의 오만을 보았다.[14] 논설 「동정」에서 "건전한 정신적 문명을 기초로 아니한 물질적 문명은 진(眞)되지 못하고 선(善)되지 못하여 인류에게 복리를 줌보다 화해(禍害)를 줌이 많"[15]다고 하여 조선의 청년들에게

14 이광수, 「상해에서(제1신)」(『청춘』 3, 1914.12), 『전집』 9, 132쪽.

'동정'의 함양을 역설한 것도 이러한 서구 제국주의 근대 문명에 대한 반감 때문이었을 것이다. 1914년 12월 『새별』 15호에 발표한 우화 「물나라의 배판」 역시 동물들의 이야기를 통해 상호쟁투에 기반한 인간 세상을 비판하고 있는 이야기라는 점에서, 제국주의 근대 문명에 대한 이광수의 비판적 현실 인식의 단면을 잘 보여준다.

우화는 이렇게 시작된다. 한 옛적 물나라의 임금 자리에 오른 물검[水神]이 백성을 모아 큰 잔치를 베풀면서 오늘을 경축하기 위해 특별히 은전을 베풀 터이니 누구든 소원이 있거든 나서서 말하라고 이른다. 이에 바다며 육지에 사는 온갖 동물들이 앞 다투어 불평을 말하고, 물검이 그들의 불평을 해결해주는 과정에서 물소와 물개[膃肭]가 각각 아프리카와 홋카이도에 살게 된 내력이라든가 오징어 낙지 족속이 먹물을 갖게 된 내력 등이 흥미롭게 소개된다. 이야기가 정점에 달하는 것은 동무 하나가 무엇한테 끌리어 올라갔다며 헐레벌떡 물검 앞에 나선 준치의 고함에 좌중이 놀라고, 점잖은 잉어가 나서서 그것이 가증한 사람의 짓임을 알리는 대목이다. 물나라의 동물들은 "동물 중에 가장 예의(禮義) 있고 덕(德) 있는 짐승"이라 하는 사람이 그럴 리가 없으니 거짓말 말라고 잉어를 몰아세우고, 잉어는 잉어대로 다음과 같이 주장하고 있는 것이다.

> 德이 있어요? 그러리이다. 저희 사람 겨레끼리는 或 德도 있으리이다. 아니 같은 種族끼리는 或 德도 있으오리다. 그러나 다른 種族에게야 다른 動物에게야 德이 다 무엇이니잇가. 그저 먹을 따름이로소이다. (…중략…) 萬物의 靈長이라고 自任하는 사람이라는 것들이 우리 같은 微物을 속임이 괘씸하다 함이로소이다.[16]

15 이광수, 「동정」(『청춘』 3, 1914.12), 『전집』 1, 557~558쪽.

16 외배, 「물나라의 배판」, 『새별』 15호, 1914.12, 11~12쪽.

한 마디로 말해 같은 종족끼리는 혹 몰라도 다른 종족이나 다른 동물에게는 그저 먹으려 들기 바쁜 것이 '사람 겨레'의 현실이라는 것이다. 이러한 잉어의 언급은 종족 간 상호쟁투로 얼룩진 제국주의 근대문명의 일그러진 면모를 꿰뚫고 있다. 더욱이 이 일이 온 누리에 관계한 중대한 일이라고 판단한 물검은 서기인 거북을 불러 육지와 물나라 각 동물계에 다음과 같은 통문을 돌릴 것을 명하는데, 놀랍게도 이 통문의 내용은 정의와 평등의 이름을 내건 「2·8독립선언서」의 논조를 이미 예비하고 있다고 해도 지나치지 않을 정도다.

> 우리는 다 같이 온 누리를 즐겁게 하기 위하여 한검님께서 지으신지라. 서로 믿고 서로 사랑하야 제게 타인 먹을 것밖에는 남을 害하지 아니 하여야 할지라. 그러하거늘 들은즉 只今 사람이 제게 타인 百草와 百葉을 마다하고 좀꾀를 내어 우리를 속이어 ◯害하려 한다 하니 후일 그 眞相을 探問하여 다시 知委하려니와 爲先 各各 注義할지어다. 첫째 우리는 눈물을 뿌리어 사람 겨레를 우리 同族 中에서 除外할지니 따라서 우리는 그네를 믿고 사랑할 義務가 없으며 둘째 우리는 自衛上 그네에게 對하야 敵對行爲를 하여야 할지니 따라서 그네의 모든 行爲는 우리를 害할 行爲로 看做하고 不得已한 境遇에는 피를 보기에까지 이를지라.[17]

통문은 하늘이 세상을 낼 때는 온갖 동물이 서로 믿고 사랑하여 즐겁게 지내도록 하기 위한 것이었는데, 유독 사람은 제것에 만족할 줄 모르고 약한 동물을 속이고 해하려 하므로 물나라 동물들은 그네를 믿고 사랑할 의무가 없으며, 부득이한 경우 스스로를 지키기 위해 피를 보는 것도 마다하지 않겠다는 결의를 담고 있다. 이광수는 약육강식이

17 위의 책, 12쪽.

난무하는 당대 인간 사회의 현실을 직시하면서도, 그러한 현실을 그대로 추인하기보다 하늘의 본래 뜻에 따라 세상을 바로잡아야 하는 것이 마땅하다는 입장이었던 것이다.

이제 우화는 사람의 가증한 행동을 아뢴 잉어의 증언에 따라 물검이 사람의 행동을 탐문하기 위해 육지로 파견할 동물들을 뽑는 막바지 사건으로 접어든다. 그리고 이러한 임무와 관련하여 물나라의 동물들인 개구리, 자라, 남생이, 거북이 등이 갑자기 초라한 네 발을 갖게 되고 게가 열 개나 되는 다리와 튀어 나온 두 눈을 갖게 된 내력이 흥미롭게 소개되고, 애초에 육지가 아니라 물에 살게 된 것을 불평했던 고래가 사람으로 태어나지 않은 것을 기뻐하는 것으로 끝을 맺고 있다. 1910년대 사회진화론의 흐름 한 가운데서도 하늘이 낸 모든 생명은 근본적으로 평등하다는 믿음에 기초하여 모든 인류가 서로 사랑하고 도우며 한 형제가 되는 상애의 세상을 바람직하게 여겼던 이광수. 요컨대 우화 「물나라의 배판」은 1910년대를 사회진화론의 시대로, 또 이광수를 사회진화론의 충실한 사도로 간주하는 시각이 얼마나 일면적인 것인가를 증거하는 단적인 사례로서도 중요한 의미를 갖는 작품이라 할 수 있다.

4. 경어체의 도입과 언문일치 문장의 정착

단편 「허생전」과 우화 「물나라의 배판」 이 두 편의 자료는 지금까지 이광수 연구의 공백으로 남아 있던 대륙방랑 이후 제2차 유학 직전까지 이광수의 문학과 사상의 윤곽을 살피는 데 있어 중요한 작품일 뿐만 아니라, 한국 최초의 근대 장편 『무정』(1917)의 문체 확립에 영향을 준 문체 실험의 한 도정을 보여준다는 점에서도 커다란 의미가 있다.

장편 『무정』의 언문일치 문장의 확립에 영향을 준 의미있는 문학사적 사건에 관해서는 그 동안 다양한 논의들이 있어 왔다. 일찍이 정백수는 이광수의 최초의 단편 「사랑인가[愛か]」(1909)를 중점적으로 논의하면서 이미 일본에서 제도적으로 확립된 메이지기 근대소설의 〈그・씨다[彼・た]〉체를 도입한 데서 비롯되었다는 견해를 펼친 바 있고,[18] 정선태는 서양문학의 번역에 힘썼던 잡지 『소년』의 번역 문체가 근대소설 문체의 확립에 미친 영향을 중심으로 이광수의 「어린 희생」과 「헌신자」 두 편의 단편에 주목했다.[19] 한편 번역과 번안 가운데서도 특히 장편의 실천에 주목한 박진영은 조중환의 번안소설 『불여귀』(1912)의 파격적인 문체 실험을 계기로 『매일신보』 연재 번안소설에서 안착된 언문일치의 소설 언어가 『무정』을 통해 정점에 도달했다는 견해를 제출했고,[20] 김영민은 이광수의 소설 문체가 주로 잡지의 지식인 독자를 대상으로 삼은 국한문체에서 완전한 국문체로 바뀐 사실에 주목하여 『무정』의 문학사적 의의를 한글로 지식인 문학의 새로운 길을 열었다는 데서 찾고 있기도 하다.[21]

전체적인 시각에서 보자면, 메이지기 근대소설의 〈彼・た〉체의 도입이라든가 잡지 『소년』과 『매일신보』 장편 번안소설의 문체, 그리고 매체와 독자 대상을 달리한 문체의 변화 등이 장편 『무정』의 문체 확립에 영향을 주었다는 것은 의심할 여지가 없다. 그러나 〈彼・た〉체를 도

18 정백수, 『한국 근대의 식민지 체험과 이중어문학』, 아세아문화사, 2000, 92～93쪽.

19 정선태, 「번역과 근대 소설 문체의 발견－잡지 『소년』을 중심으로」, 『대동문화연구』 48, 성균관대 동아시아학술원, 2004, 92～93쪽.

20 박진영, 『번역과 번안의 시대』, 소명출판, 2011, 146～147쪽.

21 권영민, 『문학 제도 및 민족어의 형성과 한국 근대문학』, 소명출판, 2012, 255～256쪽.

입한 「사랑인가(愛か)」(1909.12) 직후 씌어진 단편 「무정」(1910.3)은 물론이고 장편 『무정』조차도 여전히 '더라'체의 고소설의 전통에서 완전히 자유롭지는 못했던 사실,[22] 『소년』에 연재된 「어린 희생」(1910.2~5)은 번역이나 번안이 아니라 영화를 저본으로 한 창작이라는 점 —「헌신자」(1910.8)의 여전한 '더라'체 문장과 달리 이 단편에서 전면화되고 있는 '다'체의 현재형 문체는 영화의 시각적 장면을 언어적 서술과 묘사로 바꾸는 과정에서 얻어진 부산물일 가능성도 함께 고려해야 한다 —, 또 이광수는 신문 연재 번안소설을 통해 성장한 작가가 아니며, 장편 『무정』 이전에도 이광수가 완전한 국문체로 쓴 소설이 이미 존재한다는 사실 등을 고려할 때, 장편 『무정』의 문체 확립의 도정에 관해 논의하기 위해서는 좀더 촘촘한 뒷받침 자료들의 징검다리가 필요함을 깨닫게 된다. 다행스럽게도 단편 「허생전」과 우화 「물나라의 배판」의 문체는 장편 『무정』의 근대 소설 문체 확립에 관한 그간의 연구에서는 미처 채울 수 없었던 논의의 틈을 메울 수 있는 새로운 단서를 제공하고 있다.

---

22 이 점에서 보아도 이광수가 「사랑인가」를 쓸 무렵에 남긴 일기는 애초에 일본어로 씌어졌다가 한국어로 번역되어 발표되었을 가능성이 높다. 현재 전하는 일기 「나의 소년시대 – 십팔세 소년이 동경에서 한 일기」(『조선문단』, 1925.4)는 오늘날의 문장이라고 해도 전혀 어색하지 않은 자연스러운 문체를 구사하고 있을 뿐만 아니라 〈彼・た〉에 대응하는 문체도 곳곳에서 사용하고 있는데 — 예컨대 1월 2일 문일평과 만난 일을 적은 "그는 나를 '파격의 남아'라고 일컬었다. 이대로 가면 반드시 세상을 놀래리라고"와 같은 문장이 그러하다 —, 3인칭 대명사인 '그'와 '다'가 결합한 문장은 적어도 단편 「김경」(1915.3) 이후에나 발견되는 까닭이다. 애초에 한국어로 일기를 썼다가 발표 시점에서 전체적으로 문장을 손보았을 가능성도 배제할 수는 없지만, 문체 자체를 전부 바꾸었을 가능성은 그리 커 보이지 않는다. 더욱이 언문일치 문장의 확립 이전 윤치호가 '국어' 문장을 쓰기 어려워 영어로 일기를 썼던 일화는 워낙 유명하거니와(황호덕, 『한국 근대 형성기의 문장 배치와 국문 담론』, 성균관대 박사논문, 2002, 283쪽), 호소력 있는 한국어 문장을 자유자재로 구사했던 연설의 달인 안창호의 경우도 글을 쓸 때는 여전히 의고체에 가까운 국한혼용체 문장을 썼다는 점을 고려할 때 전자의 가설이 좀더 설득력 있어 보인다. 안창호가 쓴 1921년 2월 3일자 일기는 이러한 문장으로 시작된다. "朝起하야 早課인 冷水浴과 靜坐를 行하고 明德理事務室에 來하다. 朴鎭宇 君이 來訪하하야 秋汀 先生의 子永喜 君 留學事를 討議할새 余-九 江으로 送할 뜻을 말하다."(「일기」(1921.2.3), 주요한 편, 『안도산전서』, 흥사단 출판부, 1999, 982쪽).

1914년 6월 『아이들보이』에 발표된 단편 「허생전」은 이러한 문장으로 시작한다. "남산 밑 먹적골에 허생원이란 이가 살았습니다. 구차하기 짝이 없어 오막살이 초가 몇 간이 비바람을 가리지 못하고 먹는 것은 끼니를 찾지 못하나 생원은 들어앉아 글만 읽고 달리 벌이를 아니하였습니다." 오늘날 씌어진 문장이라 해도 전혀 손색이 없는 완전한 한글의 통사구조를 구사한 언문일치 문장이다. 이광수가 대륙방랑의 길에 오르기 직전 신문관에서 출간한 『검둥의 설움』(1913.2)만 해도 첫 문장은 이러했다. "미국 켄터키 도 어떤 고을에 한 사람이 있으니 이름은 셸비라. 학식도 매우 있고 사람도 단정하며 가세도 유여하여 좋은 집에 살고 종도 많이 부리더니 무슨 일에 낭패하여 빚을 많이 진 고로 하릴없이 집에서 부리는 종을 팔아 그 빚을 갚으려 하더라."[23] 도대체 일 년 사이에 어떻게 이런 급격한 문체의 변화가 가능했던 것일까. 그 비밀은 1911년 12월 『소년』의 폐간 이후 신문관에서 새로이 간행한 아동 대상 잡지 『붉은저고리』에 이은 『아이들보이』의 문체 실험과 밀접한 관련이 있다.

1913년 1월 최남선은 "온 세상 붉은 저고리 입는 이들의 귀염 받는 동무가 될 양으로" "공부거리와 놀이감의 화수분"[24]을 표방하며 『붉은저고리』를 창간한다. 잡지라기보다 4단 편집 체제로 가벼운 읽을거리와 다양한 삽화들을 담아 매달 1일과 15일 2회에 걸쳐 간행한 격주보에 가까웠다. 그러나 야심차게 기획된 『붉은저고리』는 6개월만에 모습을 감추고, 동년 9월 매달 1회 간행 2단의 잡지 체제로 면목을 일신하여 『아이들보이』로 재개되기에 이른다. 『아이들보이』 창간호(1913.9) 「여쭙는

23 이광수, 『검둥의 설움』(1913), 박진영 편, 『신문관 번역소설전집』, 소명출판, 2010, 236쪽.

24 「인사 여쭙는 말씀」, 『붉은저고리』 창간호, 1913.1.1, 1쪽. 『붉은저고리』는 매달 1일과 15일 2회에 걸쳐 간행된 잡지로, 1913년 1월에 창간되어 같은 해 6월에 종간되었다.

말씀」에 "『붉은저고리』는 지난 6월 15일치(제12호)부터 못 가게 되어 섭섭하고 무안하기 그지없더니 다행히 이번에 새 얼굴로 다시 여러분을 뵈옵는 기틀이 생기오니 얼만큼 스스로 위로도 되려니와 여러분께도 또한 쾌한 일"이라는 언급이 나오고, 또 『아이들보이』의 경우 1914년 8월 종간에 이르기까지 1년여 간을 지속적으로 간행된다. 그러니까 『붉은저고리』와 『아이들보이』는 한국 근대 잡지 최초로 아동을 독자로 상정한 본격적인 아동 잡지인 셈이다. 더욱이 『붉은저고리』에 이어 『아이들보이』에 실린 모든 글이 일관되게 'ㅂ니다'라는 경어체를 도입하고 있다는 점은 문학사적으로도 특기할 만하다. 『붉은저고리』 창간호의 창간사 격인 「인사 여쭙는 말씀」은 이렇게 시작한다.

> 우리는 온 세상 붉은 저고리 입는 이들의 귀염받는 동무가 될 양으로 생겼습니다. 재미있는 이야기도 많이 있습니다. 보기 좋은 그림도 많이 가졌습니다. 공부 거리와 놀잇감도 적지않이 만들었습니다. 여러분의 보고 듣고 배우고 놀기에 도움 될 것은 이것저것 다 마련하였습니다.

이광수가 「육당 최남선론」(1925.3)을 쓰면서 최남선이야말로 "조선의 새 문예운동으로 보아 첫 사람"이라고 치켜세운 것도 다 이유가 있음을 짐작케 하는 문장이다. 이광수는 이 글에서 그 근거로 "오늘날에 조선에서 쓰이는 문체, 즉 국주한종(國主漢從)과 언주문종(言主文從)체를 처음으로 쓴 사람"이라는 점을 들고 있다. 그러나 뒤이어 "모자가 다 찌그러지고 먼지가 켜켜이 앉은 갓을 뒤통수에 제쳐쓰고……"[25]와 같은 문장을 예로 들고 있는 데서 알 수 있는 것처럼, 이러한 평가에는 완

25 이광수, 「육당 최남선론」(『조선문단』, 1925.3), 『전집』 8, 489쪽.

전한 한글의 통사구조를 갖춘 언문일치 문장을 구사한 점도 포함되어 있음을 알 수 있다. 그러니까 이광수가 단편 「허생전」에서 일관되게 'ㅂ니다'라는 경어체의 언문일치 문장을 구사할 수 있었던 것은 전적으로 아동을 대상으로 하는 잡지 매체를 통해 경어체 문장을 도입했던 최남선의 문체 실험에 힘입은 덕분이었다고 해도 과언이 아닌 것이다.

일본의 경우 츠보우치 쇼요[坪內逍遙]의 'だ'체, 후타바테이 시메이[二葉亭四迷]의 'だ'체와 더불어 야마다 비묘[山田美妙]의 'です'체도 언문일치의 문말어형의 확립에 적지 않은 영향을 미쳤다고 하거니와,[26] 한국 근대 소설 문체의 정착 과정에 이러한 경어체 문장의 도입이 미친 영향은 결코 적지 않다. 이를 단적으로 보여주는 사례가 단편 「허생전」에 뒤이어 1914년 12월 『새별』 15호에 발표된 우화 「물나라의 배판」에 쓰인 문체이다.

> 한 옛적 한검(大神)께오서 온 누리를 만들으신 뒤에 물에 사는 모든 動物을 만들으시고 물검(水神)임으로 그 무리를 다스리시는 임검을 삼으시었다. 물검임께서 한검님의 命令을 받아 첨 물나라 임검으로 卽位하시는 날 모든 百姓을 모아 큰 잔치를 베풀으시고 終日 즐기신 뒤에 입을 열으시어
>
> "한검임의 크신 은혜로 너희 무리가 다 생기어 이 아름다운 물나라에서 즐겁게 살게 되고 내가 또 너희들 다스리는 임검이 되어 한검임의 命令으로 오늘 卽位式을 하게 되니 그 기쁨을 무엇에나 비기리오. 特別히 오늘을 慶祝하기 爲하야 너희게 恩典을 베풀 것이니 누구든지 무슨 不足함이 있든지 더 所願이 있거든 나서서 말하라" 하시었다.[27]

---

26 정백수, 위의 책, 93쪽. 이와 관련하여 경어체의 도입이 최남선의 독창적인 것인지, 혹은 『소년』이나 『청춘』의 경우처럼 일본 아동잡지의 선례를 참고한 것인지에 관해서는 좀더 상세한 고찰이 필요하다.

27 외배, 「물나라의 배판」, 『새별』 15, 1914.12, 6쪽.

『아이들보이』에 발표된 순 한글의 경어체 문장인 단편 「허생전」과 달리, 한글의 통사구조를 지니되 한문을 혼용하여 쓴 평서체 문장이라는 것이 한눈에 들어온다. 문체만으로도 『아이들보이』와는 또 다른 독자를 대상으로 한 작품이라는 것을 알 수 있는데, 완벽한 '다'체에 김동인이 처음 의식적으로 사용했다고 알려져 있는 과거형의 '-ㅆ다'체가 쓰이고 있는 것도 눈에 띈다. 이미 눈치를 챈 독자들도 있겠지만, 사실 이 과거형 문장은 "남산 밑 먹적골에 허생원이란 이가 살았습니다"로 시작되는 단편 「허생전」의 문장에서도 일관되게 구사되어 있다. 이러한 사실을 나란히 놓고 보면, 'ㅂ니다'의 경어체 문장에서 '-ㅆ다' 혹은 '다'체의 평서형 문장까지의 거리는 그리 멀지 않다는 점이 또렷해지는 것이다.

딱히 의식적인 것이었다고 단언하기는 어려워도, 사실 이 무렵 이광수의 언문일치 문장은 이들 소설과 우화 말고도 서간체 기행문, 수필 등 다양한 장르에 걸쳐 여러 형태로 실험되고 있었다. 『청춘』에 발표한 서간체 형식의 기행문 「상해에서」(1914.12), 「해삼위로서」(1915.3)에 보이는 '나이다' '더이다' 등의 어말 어미를 구사한 언문일치 서간체 문장이 그러하고, "벌써 십수년 전 일이라 내 나이 아직 어리고 부모께서 생존하여 계실 때에 내 집은 시골 조그마한 가람가에 있었다"로 시작하는 수필 「내 소와 개」(『새별』, 1915.1)는 일인칭의 범주에서나마 '-ㅆ다' 혹은 '다'체의 평서형 문장이 어느 정도 정착되어 있는 것을 볼 수 있다. 완성된 언문일치 문장의 지표로 일컬어지는 〈그·ㅆ다〉체가 이광수의 소설 문체에 처음 등장하는 것도 바로 이 무렵에 씌어진 단편 「김경」(『청춘』, 1915.3)이다.[28] 「김경」의 서두는 이렇게 시작된다.

28 〈그·ㅆ다〉체의 구사는 「김경」의 첫 서두에서부터 확인된다(孤舟, 「김경」, 『청춘』 6호, 1915.3, 122쪽).

金鏡은 어제 밤에 大邱를 떠나 九月 一日 夕陽에 古邑驛에 나리었다. 그는 서울도 들리지 아니하고 하루라도 사랑하는 學徒들의 學業을 休하지 아닐 양으로 빠른 火車도 더디다 하게 장달음을 하였다.

이런 의미에서, 장편 『무정』(1917)에서 정점에 도달한 한국 근대 소설 문체는 메이지 일본에서 제도로서 확립된 언문일치 문장의 영향이라든가 서구 및 일본 근대소설의 번역이나 번안의 자극에 힘입은 것 이상으로, 이들 다양한 문체 실험과 더불어 근대적이면서도 한글의 통사구조에 적합한 최적의 언어를 창안하는 과정에서 성취되었다고 하는 것이 옳을 것이다.

제2장
이광수와 『대한인정교보』 9・10・11호에 대하여

1. 『대한인정교보』 9·10·11호의 편집 및 집필 경위

1913년 늦가을 사 년여간 헌신했던 오산을 뒤로 하고 대륙방랑의 길에 올랐던 이광수가 상하이와 연해주의 블라디보스톡, 만주 길림성의 물린을 거쳐 러시아 자바이칼의 수도 치타에 도착한 것은 이듬해인 1914년 2월 말경의 일이다.[1] 상하이에서 그곳 한인의 중심인물이던 예

1 이광수가 상하이를 떠나 블라디보스톡으로 향한 것은 정월 초의 일이다. 기행문 「해삼위에서」(『청춘』, 1915.3)에 "제가 상해를 떠나는 날은 정월 바로 초생"(『전집』 9, 우신사, 1979, 137쪽)이라는 언급이 보인다. 또 『나의 고백』(1948)에 의하면, 그는 사흘 걸려 도착한 블라디보스톡에서 『권업신문』 관계자들과 만나 열흘 가량 머물렀고 길림성의 물린에서는 이갑을 도와 한 달 간을 머무른 다음 치타로 떠난 것으로 되어 있다(『전집』 7, 243~244쪽). 한편 「서백리아의 이갑」(『평화와 자유』, 1931.10)에는 "내가 물린에 추정을 찾은 것이 바로 음력 정초"(『전집』 8, 250)라고 언급되어 있는데, 1914년 음력 정초는 양력으로 1월 26일에 해당된다. 또 『그의 자서전』(1937)에 의하면, 물린에서 치타까지의 여정은 대략 4, 5일이 걸린 것으로 되어 있다(『전집』 6, 361쪽). 따라서 이광수가 치타에 도착한 것은 대략 2월 말경이었던 것을

관 신규식이 미국 샌프란시스코에서 발행하는 『신한민보』에서 주필을 구한다고 미국행을 권하며 블라디보스톡에 있는 이종호와 길림성 물린에 있는 이갑에게 소개장을 써주었고, 이광수는 여비를 얻기 위해 연해주의 블라디보스톡을 거쳐 만주의 물린까지 갔으나 그곳에서도 미국행 여비가 마련되지 않았던 까닭이다. 결국 이광수는 "치타에 가서 『정교보』라는 조선문 잡지 일을 보면서 미국서 회보 오기를 기다리기로"[2] 되어 러시아 내륙의 치타까지 가게 되었으니, 물린에서 이갑의 일을 도우며 한 달여간을 머문 뒤끝의 일이었다.

치타에서 이광수가 관여하기로 한 조선문 잡지 『정교보』의 정식 명칭은 『대한인정교보』이다. 대한인국민회 시베리아 지방총회의 기관지로서, 안창호를 중심으로 하는 미국의 국민회 총회에서 원동으로 파견한 오산 이강의 책임 아래 32면 2단의 석판으로 발행된 잡지였다. 외국인인 한인이 러시아 국내에서 정치운동을 하거나 신문 잡지를 발행할 수 없었던 까닭에 러시아 정교회 치타 교구에 청원하여 순수한 종교적 목적에 의하여 간행하되 검열국의 검열을 받는 조건으로 창간되었다.[3] 본래 월보의 형식으로 간행될 계획이었으나, 1912년 1월 2일 창간호가 간행된 이래 1914년 7월 제1차 세계대전의 발발과 더불어 일본과 동맹을 맺은 러시아가 자국 내 한인의 정치활동을 금지하여 국민회 시베리아 지방총회의 해산과 더불어 폐간되기까지 2년 6개월 동안 11

추정할 수 있다.

2 이광수, 『그의 자서전』(『조선일보』, 1936.12～1937.5), 『전집』 6, 360쪽.

3 『정교보』의 성격은 창간호에 실린 「취지서」에 잘 드러나 있다. "본보의 목적은 일절 정치의 간섭이 없고, 다만 신도의 신덕과 지식을 배양하며 믿지 않는 자에게 하나님의 진리를 전파하기로 정하여 복음의 진리와 교회의 문학과 기타 인생의 필요한 각 학술과 교회의 통신과 세계의 요문과 동포의 선악을 게재하여 일반 동포의 도덕과 지식을 갖추 배양할지며, 본보의 필법은 유무식을 물론하고 남녀노소 동포의 갖추 보기를 위하여 문체의 문채와 질박함을 거리끼지 아니하고 할 수 있는 대로 깊고 어려운 문제를 피하고 옅고 쉬운 말로 쓰기를 주의할지니"(「취지서」, 『대한인정교보』 창간호, 1912.1).

호의 발간에 그쳤다. 특히 1913년에는 일제의 항의에 따른 러시아 당국의 처분과 석판 기계의 고장으로 제8호(1913.1)만 발간되었다.[4]

이광수가 『정교보』의 편집과 집필에 관여하게 된 것은 1년여 간의 휴간을 거쳐 1914년 3월에 발행된 제9호부터이다. 최기영은 이광수가 치타에 도착한 것이 이해 2월 말경이었으므로 9호의 편집에는 직접 관여하지 않고 이후 발간되는 10호(1914.5.1)부터 관여했을 것이라고 추측했으나,[5] 제9호부터 편집 체제가 전면적으로 개편되고 내용이 충실해지고 있는 점, 그리고 이광수의 글이 여러 편 확인된다는 점에서 재검토의 여지가 있다.

먼저 제9호부터 전면적으로 개편된 편집 체제는 잡지 형식에 걸맞는 목차와 다양한 내용, 그리고 실질적인 띄어쓰기가 도입되고 있다는 점에서 확인된다. 이광수가 9호에 실린 「농촌계발의견」에서부터 신문과 잡지의 중요성에도 불구하고 인격과 사상을 갖춘 기자와 기자가 전하는 글의 뜻을 제대로 알아보는 독자가 부재하여 신문 잡지가 무엇인지를 아는 이조차 없는 해외 동포의 현실을 개탄하고 있는 데서도 짐작할 수 있듯이,[6] 일찍이 도쿄 유학시절 이래 『태극학보』, 『대한흥학보』, 『신한자유종』, 특히 최남선이 주재한 근대적인 잡지 『소년』을 통

---

4 『대한인정교보』에 대한 자세한 소개는 최기영, 「해제」, 『『권업신문』·『대한인정교보』·『청구신보』·『한인신보』』, 한림대 아시아문화연구소, 1995; 최기영, 「1914년 이광수의 러시아 체류와 문필활동」, 『식민지시기 민족지성과 문화운동』, 한울아카데미, 2004, 157~158쪽 참조.

5 최기영, 위의 글, 2004, 157쪽.

6 "신문이나 잡지는 문명한 기관이라. 신문의 요소는 기자와 독자로 되나니 만인의 모범이 될 만한 인격과 속에 일세나 일국을 지도할 만한 사상이 들어차서 참으려도 참지 못하여 붓대를 드는 기자와, 글 한 편 말 한 마디에 눈을 부릅뜨고 입에 거품을 날리며 가슴에 피를 끓어 그 글을 외고 생각고 다시 생각하여 그 속에 있는 뜻을 제 뜻을 삼아 전국에 뜨르르하게 여론을 일으킬 만한 독자가[이하 네 줄 판독 불가] 보고 뜻을 알 만하지 못하여 신문 잡지가 무엇인지를 아는 이조차 없으니 어찌 그 요령을 바라리오."(「농촌계발의견」, 『대하인정교보』 9, 대한민국민회, 1914.3, 4쪽).

해 적극적인 문필활동을 해온 그에게 기존의 『정교보』는 내용적으로는 물론 형식적으로도 열악한 것이 아닐 수 없었다. 띄어쓰기는 구두점을 통해 형식적으로 유지되고 있을 뿐이어서 쓰고 활자화하는 데 번거로울 뿐만 아니라 읽는 데도 어려움이 따랐고, 내용 또한 논설 · 기서 · 교회학술 · 잡보 · 교회통신 · 본국통신 등의 체제를 갖추고 있기는 해도 해외 동포들에게 민족정신을 불어넣고 문명 지식을 주며 단체활동을 통한 독립사상을 고무하기에는 턱없이 모자랐다. 이러한 문제의식을 반영한 새로운 편집 체제는 9호의 「편집인이 독자에게」에서 또렷이 엿볼 수 있다.

– ㅈㅣㅓㅇㄱㅣㅗㅂㅗ –

한 호마다 조금씩이라도 잘 하여가도록 힘쓰오리다. △새로 고명한 기자 한분을 모셔올 터이오니 쇳소리 나는 글과 진주 같은 사상을 접하실 날이 멀지 아니하오리이다. △다음 호에는 아름답고 간절한 **서간**도 **동포**의 사정과 수십 년래로 조국을 위하여 몸을 바치신 여러 **열혈지사**의 역사가 호마다 하나씩과 밤낮에 그립고 듣고 싶은 **본국 소문**과 알아두어 만한 **세계 소문**과 보는 자의 가슴을 욱이는 듯한 **바른소리**와 우리 민족의 앞길을 지도할 힘 있고 정성있고 긴급한 **우리주장** 등 진실로 글자마다 핏방울이 흐르고 글귀마다 쇳소리가 일어날 것이외다. –편집실 등불 아래서–

옳은 말씀

◯ 뜨거운 정성과 진실한 노력은 가장 묘한 수단과 가장 굳센 장애를 이기오.

위의 인용문에서 새로 모셔올 '고명한 기자'란 바로 이광수를 가리킨다. "새로 고명한 기자 한분을 모셔 올 터이오니"라고 되어 있기는 해도 사실 이 글은 편집인의 이름을 빌려 이광수가 쓴 것으로 보인다. 우선 'ㅈㅣㅓㅇㄱㅣㅗㅂㅗ'라는 잡지 표제어의 한글 가로쓰기는 『정교보』 9·10·11호의 '우리글'이라는 지면을 통해 이광수가 일관되게 시도한 새로운 한글표기 실험 중의 하나였다. 다음으로 "한 호마다 조금씩이라도 잘 하여가오리다"로 시작되는 인사말은 『정교보』 일에 새로 관여하게 된 이광수의 각오였다고 보는 것이 자연스럽다. 또 '옳은 말씀'란에 삽입된 경구는 즐겨 위인들의 경구를 삽입하곤 했던 『소년』의 편집체제를 환기시키며, 경구에서 강조하고 있는 '뜨거운 정성'과 '진실한 노력' 또한 이광수가 바로 전해 번역 간행한 『검둥의 설움』(1913)에서 스토 부인의 사적을 소개하면서 강조했던 내용이기도 하다.[7] 마지막으로 "다음호에는"이라고는 했어도 우리주장·바른소리·본국소문·세계소문 등은 새지식·우리글과 더불어 9호부터 새롭게 개편된 지면들이다. 더욱이 다음호에 게재하겠다던 '아름답고 간절한 서간도 동포의 사정'은 다음호인 10호가 아니라 이미 9호에 「서간도의 슬픈 소식」이라는 제목으로 실려 있다.

한 가지 의문은 『정교보』 9호의 간행 날짜가 1914년 3월 1일자로 되어 있다는 점이다. 앞서도 언급했듯이, 이광수가 치타에 도착한 것은 2월 말경의 일이다. 2월 말에 치타에 온 이광수가 3월 1일자에 발간된 9호의 편집과 집필을 맡았다고 보기는 도저히 어려운 시간이다. 최기영이 이광수가 9호부터 편집에 관여했을 리 없다고 판단한 것도 무리가 아니다. 또 이광수가 치타에서 『정교보』 일을 하며 미국에서 오는 여비를 기다리기로 결정된 것은 치타로 떠나기 거의 직전의 일이었으므

7 "믿음의 힘! 정성의 힘! 사회의 진보가 이로부터 나오고 인류의 역사가 이로써 꾸며지도다. (…중략…) 옳은 일을 믿으니 그의 마음이 하늘이요 믿는 바를 정성으로 행하니 그의 힘이 신이로다. 그 힘이 한번 움직이는 날에 문명이 나오고, 그 힘이 한번 뿜는 날에 일만 악이 스러지고, 그 힘이 한번 솟는 날에 옳은 것이 나도다"(이광수, 『검둥의 설움』(1913), 박진영 편, 『신문관 번역소설전집』, 소명출판, 2010, 231쪽).

로,[8] 길림성의 물린에 머무르면서 『정교보』의 체제를 전면적으로 개편하고 원고를 집필하는 일에 착수했다고 보기도 어렵다. 생각해볼 수 있는 가능성은 3월 1일이라는 간행 일자가 러시아력이었거나 — 율리우스력을 기준으로 그레고리우스력은 13일 늦추어지므로 양력 날짜로는 3월 14일이 된다 —, 발간 일자가 실제 날짜와는 달랐거나 이 두 가지뿐이다. 그런데 최기영이 쓴 자료 해제에 의하면, 『정교보』 창간호의 경우 간행 일자가 "1912년 1월 2일자(아력 1911년 12월 20일자)"로 되어 있다고 언급되어 있으므로, 남은 가능성은 발간 일자가 실제 날짜와 달랐다는 쪽에 무게가 실린다. 1913년 1월 1일자에 발행된 『정교보』 8호의 경우에도 '기서'란에 실린 「신년유감」이라는 글의 말미에 "4246 元旦 在日本 s.y"(9쪽)라는 부기가 덧붙어 있는 것을 확인할 수 있다. 새해를 맞아 정교보사의 건투를 비는 내용을 담고 있는 이 글은 아마도 일본에 거주하고 있던 국민회 관계자가 써 보낸 것으로 짐작되는데, 일본에서 1월 1일에 써서 보낸 글을 1월 1일자에 발행된 8호에 지면에 게재한다는 것은 도무지 불가능한 일인 까닭이다.

이를 고려하건대, 이광수는 치타에서 『정교보』 일을 하면서 미국에서 오는 여비를 기다리라는 결정이 내려지고 난 직후부터 물린을 떠나 치타에 오기까지 걸린 4, 5일간의 여정 내내 『정교보』의 편집 체제와 내용에 대해 고민했고, 치타에 도착해서는 바로 체재 개편과 원고 작성에 몰두한 결과 적어도 3월 말까지는 9호의 편집과 간행을 마쳤다는 추론이 가능하다. 게다가 짧은 시간 내에 편집에 집필까지 무리한 결

8 "나는 치따로 가게 되었다. 내가 미국으로 갈 노자는 다시 미국에서 와야만 하게 된 사정을 나는 알았다. C씨의 말이 미화 오백불이 두 번이나 온 것을 다 상해로 보냈는데 상해에서 다 써버리고 말았다고 한다. 나는 우선 치따에 가서 『정교보』라는 조선문 잡지 일을 보면서 미국서 회보 오기를 기다리기로 되었다. C씨는 나를 놓기를 섭섭히 여기나 사를 위해서 공을 희생할 수 없다고 해서 꼭 일 개월만에 M역을 떠나기로 되었다."(이광수, 『그의 자서전』, 『전집』 6, 360쪽).

과 병을 얻기까지 했는데, 실제로 1914년 5월 1일에 간행된 제10호의 「편집인이 독자에게」란에는 "글 쓰는 이가 병이 나서 몹시 기한이 넘었으니 미안하기 짝이 없습니다"라는 언급이 보인다. 그러니까 이광수는 3월 내내 거의 혼자서 9호의 편집과 집필을 하느라 병까지 났고, 그 결과 4월 1일에 간행되어야 할 제10호는 기한이 늦춰져 5월 1일 날짜로 겨우 간행될 수 있었던 것이다.

2. 『대한인정교보』 9·10·11호의 편집 체제의 특징

이광수가 새로이 편집에 관여한 『정교보』 9·10·11호는 형식은 물론이고 내용 면에서도 이전과는 확연히 성격을 달리한다. 참고삼아 1913년 1월에 간행된 8호[9]와 1914년 3월에 간행된 9호의 목차를 소개하면 다음과 같다.

제9호 목차(원문 대로)	제8호 목차(본문 재구성)
진리의 가르침(二)	논설(一 - 四)
우리주장(三 - 一〇)	▲신년유감

9 영인본 자료집 목차와 해제에는 8호의 발간 일자가 1914년 1월 1일로 분류되어 있으나 잘못이다. 8호에 실린 '기서'에는 각주 9)에서도 언급한 「신년유감」이라는 글을 비롯하여 새해인사를 담은 글이 여러 편 실리는데, "기원사천이백사십육년일월일일오늘은합병의욕을당한지사년이라"(송인호, 「해외동포의신년감상」, 『대한인정교보』 8, 1913, 4쪽)와 같이 모두 해당 년도를 4246(1913)년으로 언급하고 있다.

▲농촌계발의견 ▲자리잡고 사옵소서
▲불쌍한 우리 애기들
동정교회(一一 - 一三)
▲ 세계광명 ▲자압진명 ▲성사요약
새지식(一三 - 一六)
▲공중시대 ▲손으로 사람을 만들어
▲노동자문제 ▲여자교육
서간도의 슬픈 소식(一六)
세계소문(二二 - 二五)
▲지나소문 ▲아라사와 도이치
▲일본 정계의 야단
▲아일랜드 자치당 ▲멕시코 혁명
▲태평양잡지
우리글(二五 - 二六)
본국소문(一七 - 二一)
▲청년의 정경 ▲ 관리계의 배일사상
▲교육정황
▲가치 둥지에 왜가리
▲ 일본신문의 우리나라 비평
바른소리(二一)
교회통신(二七)
잡보(二八)
활자 의연 청하는 글
기서 김종수

기서(四 - 十三)
해외동포의신년감상, 송인호
새해에꿈이라, 안
사는법, 황공도
신년유감, s.y.
축하얍노스크금광동포
알크만드리트에프렘씨의연설
알로꿈현상, 장옹규
북간도시찰담
교회학술(十三 - 十六)

세계광명/자암진명

잡보(十七 - 二一)
교회통신(二二 - 二三)
본국통신(二三 - 二八)

삼십년래한일관계

제삼아일충돌과그결과
애국당공판전말
한인사회 소식(二九 - 三二)

한눈에 보아도 잡지의 체제나 내용면에서 또렷한 차이가 드러난다. 9호의 목차와 더불어 앞서 언급한 9호에 실린 「편집인이 독자에게」의 내용을 고려하건대, 이광수가 『정교보』의 편집 체재를 개편하면서 역점을 둔 사항은 다음과 같이 정리할 수 있다.

① 아름답고 간절한 서간도 동포의 사정
② 수십 년 래로 조국을 위하여 몸을 바치신 여러 열혈지사의 역사
③ 밤낮에 그립고 듣고 싶은 본국 소문
④ 알아두어 만한 세계 소문
⑤ 보는 자의 가슴을 욱이는 듯한 바른소리
⑥ 우리 민족의 앞길을 지도할 힘 있고 정성있고 긴급한 우리주장
⑦ 새지식
⑧ 우리글

①은 기존 『정교보』 편집의 연속선상에서 마련된 지면으로, 8호까지 「북간도시찰담」이 연재된 것이 확인된다. 11호에는 서간도의 동포를 돕기 위한 성금 마련을 호소하는 「서간도 의연 발기」라는 글이 실리기도 한다. ②는 애초에 민족정신과 애국심을 고취하기 위한 목적에서 고정된 지면을 계획했던 모양인데, 10호 '우리주장'의 지면에 「고래 애국자의 하던 솜씨」를 게재하는 데 그친다. 다만 11호에서는 '새지식'의 지면에 실린 「스팔타의 교육」과 「소년병단」이 그 취지를 이은 것으로 보인다. ③은 기존에 있던 '본국통신'란을 잇고 있으나, 공적인 언론의 경로를 취하기보다 '소문'의 형식을 취하여 보다 생생한 소식을 전하는 데 역점을 두고 있다. 중학졸업 후 오산을 떠나기까지 사 년여간 본국에 있었으니, 해외의 현지 상황으로서는 본국의 소식을 전하는 데

이광수만한 적임자도 없었을 것이다. 9호에서는 세부 목록까지 마련하여 본국에서 일어나는 일의 정황을 자세히 전하다가 10호부터는 다소 내용이 소략해지고 있는 것도 이광수에게 의존한 지면이었던 까닭이 아니었을까 싶다.

④는 다른 신문 잡지 매체를 통해 세계의 정세에 관해 얻은 지식을 정리하여 소개하는 지면이었던 것 같다. 목차에서 보듯 9호는 세부 항목을 설정하여 비교적 상세한 내용을 소개하고 있지만, 10호에서는 간단히 몇 줄로 소개되다가 11호에는 그마저 사라지고 만다. ⑦은 ④와 짝을 이루는 지면으로 문명화에 필요한 지식을 소개하는 데 역점을 두고 있다. 9·10·11호를 통해 다루어진 내용은 다음과 같다. 「공중시대」, 「손으로 사람을 만들어」, 「노동자문제」, 「여자교육」(9호), 「공중비행기」, 「배에서 신문을 내어」, 「무선전등」, 「채식주의」, 「우리민족의 식민지」, 「전원도시」(10호), 「스팔타의 교육」, 「쌀 겨가 피로 간다」, 「소년병단」, 「모범촌」(11호) ⑤는 비록 짧은 시일이나마 해외 동포사회의 물정을 경험하게 된 이광수가 해외 동포사회를 향해 쓴 소리를 던지기 위해 마련한 지면이다. 그 가운데서도 특히 착실히 하는 일 없이 허황된 영웅심에 들떠 있는 해외 동포 사회를 향해 국내에 남아 있는 다수 동포들을 일깨우는 활동의 긴요함을 거듭 호소하고 있는 대목은 오산 시절의 활동에 대한 자부심과 더불어 그가 일찍이 국내 활동의 중요성에 눈떴던 사실을 잘 보여준다.

⑥은 『권업신문』에 실린 논설 「독립준비하시오」(1914.3.1~22)와 더불어 대륙방랑시기 이광수의 사상뿐만 아니라, 그 이전과 이후의 사상적 연속성을 고려하는 데 있어서도 매우 중요한 지면에 해당한다. 일제의 통제가 미치는 신문·잡지에 발표된 글과는 달리, 검열을 의식하지 않은 사유를 그대로 접할 수 있는 까닭이다. '우리 민족의 앞길을 지

도할 힘 있고 정성있고 긴급한'이라는 수식어가 붙어있는 데서도 짐작할 수 있듯이, 이 지면에는 해외 동포들에게 민족정신을 불어넣고 문명 지식을 주며 단체 활동에 기반한 독립사상을 고무하려는 노력이 여실하게 드러나 있다. 더욱이 이러한 사유는 이후 상하이 임시정부시절 임시사료편찬회의 주임이자 독립신문의 주필로서 활동하던 시기의 사유와 그대로 맞닿아 있는바, 제2차 유학시절 주로 총독부 기관지인 『매일신보』를 통해 발표된 이광수의 문장들을 검토하는 경우 검열이라는 장치를 좀더 주의깊게 고려해야 할 필요성을 환기시킨다.

마지막으로 ⑧은 우리글에 대한 이광수의 관심사와 더불어 『정교보』 9·10·11호를 통해 단계적으로 일관되게 한글 가로쓰기의 급진적인 실험을 전개한 지면이라는 점에서 관심을 끈다. 이광수가 주장한 한글 가로쓰기란 이를테면 앞에서도 잠깐 언급했듯이 정교보를 'ㅈㅣㅓㅇㄱㅣㅛㅂㅗ'라고 표기하는 방식이다. 9호에는 한글 가로쓰기의 이점과 원칙이 자세히 소개되고 있으며, 10호에는 창작시와 성삼문의 시가가, 그리고 11호에는 단편 「지사의 감회」가 한글 가로쓰기의 형태로 게재되어 있다. 이광수가 한글의 표기방식에 대해 이와 같이 급진적인 실험을 시도한 것은 「가로쓰기」(9호)에서도 언급되어 있듯이 일차적으로 한글의 자형이 간단하고 분명하면서도 아름답고, 또 글자 수효가 적어 인쇄에 편리한 이점이 있다는 판단 때문이었지만, 『정교보』가 활자로 조판작업을 거치는 활자인쇄가 아니라 석판에 직접 글씨를 써서 인쇄하는 석판인쇄를 통해 간행된 잡지였다는 점도 한몫했던 듯하다.

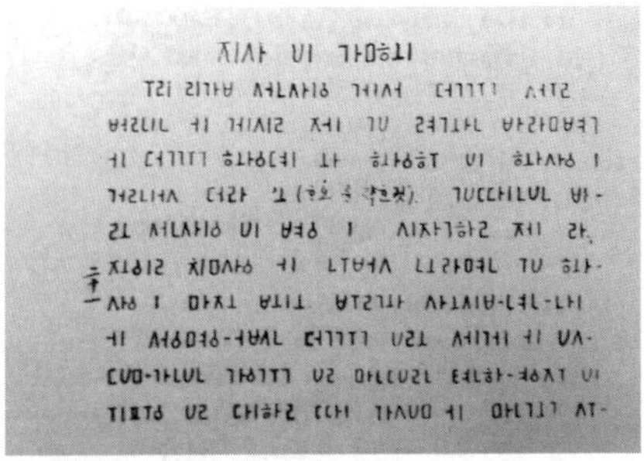
「지사의 감회」, 『대한인정교보』 11, 1914.6.

3. 『대한인정교보』 9·10·11호 소재 이광수의 문장들

일찍이 러시아 체류 당시 이광수의 활동을 상세하게 개관하면서 그가 『정교보』의 편집·집필에 관여한 사실에도 주목했던 김윤식은 이 무렵 이광수가 『정교보』의 기자로 활동했음에도 불구하고 지면에 그의 이름이 보이지 않는 것은 "춘원이 단순한 고용원이었다는 사정"[10] 때문이었다고 보았다. 하지만 이러한 판단은 『정교보』 10호(1914.5.1)에 국한된 자료의 한계 탓으로, 이후 또 다른 자료들이 속속 발굴되면서 재고되기 시작한다. 우선 1995년 한림대학교 아시아문화연구소가 러시아 한인들의 신문·잡지 자료를 발굴하여 영인본 자료집으로 펴내면서,[11] 이광수의 필명으로 씌어진 글들이 몇 편 발굴되었다. 당시 이 작업에 참여하여 자료집의 해제를 쓰기도 했던 최기영은 연해주 블라디보스톡에서 간행되던 『권업신문』 100~103호에 '외비'라는 필명으로 연재된 「독립준비하시오」(1914.3.1~22)를 비롯하여 1914년 6월 1일자로 간행된 『정교보』 11호에 '빅' 혹은 '외빅'라는 필명으로 게재된 논설 「재외 동포의 현상을 논하여 동포 교육의 긴급함을」과 단문 「지사의 감회」, 그리고 세 편의 시 「나라를 떠나는 설움」, 「망국민의 설움」, 「상부련」 등을 발굴하여 자세한 해설과 더불어 원문 전체를 소개한 바 있다.[12] 또한 2009년 『학지광』 8호의 원문이 『민족문학사연구』에 소개되어 이광수가 오산학교 시절의 경험을 기반으로 하여 쓴 논설 「용동」이 발굴된 것을 계기로,[13] 윤홍로는 용동 체험의 연속선상에서 『정교

---

10 김윤식, 『이광수와 그의 시대』 1, 솔, 1999(1986), 457쪽.

11 『『권업신문』·『대한인정교보』·『청구신보』·『한인신보』』(자료총서 16), 한림대 아시아문화연구소, 1995.

12 최기영, 앞의 글, 2004, 149~181쪽.

보』 9호에 실린 「농촌계발의견」과 11호에 실린 「모범촌」 두 편이 이광수의 글이라는 것을 밝히고 원문의 일부를 소개하기도 했다.[14] 특히 9호에 실린 두 편의 글이 이광수의 것으로 밝혀진 것은 필자로 하여금 이광수가 9호의 집필·편집에 관여했을 가능성이 거의 없다는 기존의 논의를 재고하여 『정교보』 9·10·11호의 전체의 편집과 내용을 재검토할 수 있는 동기를 부여해주었다.

필자는 『정교보』 9·10·11호에 실린 문장들, 특히 새로 개편된 지면들에 게재된 문장들의 경우 대부분 이광수가 집필한 것이라고 생각하는 편이다. 사실 9호에 실린 지면 가운데 이광수가 편집·집필한 글은 띄어쓰기라는 형식적인 지표만으로도 판별이 가능하다. '교회통신', '잡보', '기서' 등 기존 『정교보』의 체제의 연속선상에서 씌어진 원고들은 여전히 구두점을 사용한 형식적 띄어쓰기로 일관되어 있는 까닭이다. 더욱이 10호부터는 구두점을 사용한 형식적인 띄어쓰기마저 사라지고, 이광수가 쓰지 않은 글은 띄어쓰기가 되지 않은 채로 그대로 편집되고 있다.[15] 그러나 이광수가 집필한 문장들 가운데는 국민회 시베리아 지방총회의 기관지로서 그곳 한인 사회의 목소리를 대변한 것들도 종종 눈에 띈다. 단적인 예로 『정교보』 9호에 실린 「활자 의연 청하는 글」의 경우 이광수의 문장인 것은 분명하지만, 정부로부터 석판 인쇄 기계를 빌려써야 하는 형편이라 여러 가지로 어려움이 많으니 활자를 구입하자는 의견은 이미 『정교보』 8호(1913.1)에서부터 나오고 있는

13 권보드래, 「『학지광』 제8호, 편집장 이광수와 새자료」, 『민족문학사연구』 39, 민족문학사연구소, 2009.

14 윤홍로, 「『흙』과 민족갱생력」, 『춘원연구학보』 2, 춘원연구학회, 2009, 56~57쪽.

15 다만 9호에 실린 '진리의 가르침'은 띄어쓰기가 되어 있어 예외적인데, 자신의 집이기도 한 『정교보』의 발행소에서 함께 일했던 주필 이강이 띄어쓰기에 대한 이광수의 의견을 바로 수용했던 까닭이 아닐까 싶다.

것을 확인할 수 있다.[16] 또한 11호(1914.6.1)에는 '활자의연단'이라는 제하에 활자를 마련하는 데 기부를 한 이들의 명단과 기부액수가 수록되어 있기도 하다. 이 글에서는 이광수의 사유를 담은 문장으로 판단할 수 있는 근거가 분명한 문장들에 국한하여 자료를 소개하고자 한다.[17] 따라서 다른 신문 잡지 매체를 통해 얻은 정보나 단편적인 지식을 전달하고 있는 '세계소문' 및 '새지식'란에 실린 문장들은 일단 예외적으로 주목되는 자료만 남겨두고 제외하기로 한다.

1) 『정교보』 제9호(1914.3.1) 소재 문장들

(1) 우리주장 - 「농촌계발의견」, 「자리잡고 사옵시다」, 「불쌍한 우리 아기들」

우선 「농촌계발의견」은 앞서도 언급했듯 이광수의 용동 체험이 반영된 글로서, 「헌신자」(『소년』, 1910.8)와 「용동」(『학지광』 8, 1916.3)의 연속선상에 놓여 있다. "이는 내가 공상으로만 하는 말이 아니라 본국에도 이 모양으로 계발 촌중이 여럿이 있으니 그 중에 하나를 예로 들어 이 의견의 확실함을 증명하오리다"로 시작되는 한 촌중의 예가 바로 「용동」에서 구체적으로 언급되고 있는 용동이다. 이광수가 이 글에서 농촌계발을 주장한 데는 크게 두 가지 목적이 있다. 하나는 농촌의 문명화를 통해 조선 민족이 한 나라를 세우고 지킬 만한 능력을 갖추도록 하기 위한 것이고, 망국민이 되어 이곳저곳을 떠돌면서 민족적 정체성을 잃어가는 민족을 보전 지도하기 위한 것이 다른 하나이다. 이

16 「주자 살 일과 각 지방동포」, 『대한인정교보』 8, 1913.1, 32쪽.

17 자료 소개는 각주 9)에서 언급한 한림대 아시아문화연구소에서 간행한 영인본 자료집(1995)을 토대로 한다.

광수에게 농촌계발은 단순한 근대 문명의 추수가 아니라 독립의 능력, 곧 '한 나라를 지키고 세울 만한 능력'과 동의였고,[18] 민족적 정체성을 보존하고 향상시키는 데 필요한 기반이었음을 알 수 있다.[19]

「자리잡고 사옵시다」와 「불쌍한 우리 아기들」은 일단 '우리주장'이라는 동일한 지면에 같은 문체로 씌어진데다 외부인의 시선이 두드러진다는 점에서 이광수의 글이라는 것을 추측할 수 있다. 특히 「자리잡고 사옵시다」는 외지에서 어렵게 버는 돈을 술이나 약담배(아편) 등으로 낭비하지 말고 농토를 마련하여 안으로는 생활의 기반을 마련하는 한편 밖으로는 독립운동의 자금도 마련하고 독립군을 키워야 하지 않겠느냐고 호소하고 있는 글로서, 이광수의 준비론 사상의 연속선상에 놓인 글이다. 같은 시기 『권업신문』 100호에 '외배'라는 필명으로 게재한 「독립준비하시오」(1914.3.1)에도 '제가끔 저 먹을 벌이를 하면 만사가 다 되오'라는 독립된 장을 마련하여 우리나라 이천만 식구 가운데 놀고 먹기만 하는 자가 열에 칠팔(七八)이니 과연 딱하고 기막힌 일이 아닐 수 없으니,

---

18 이광수에게 문명이 곧 '독립의 능력'이라는 사고는 대륙방랑의 경험을 통해 확고해진다. 이에 관해서는 최주한, 「중학시절과 오산시절 전후의 이광수」, 『춘원연구학보』 5, 춘원연구학회, 2012, 294～299쪽 참조.

19 농촌계발에 대한 이광수의 견해는 2차 유학시절에 쓴 「용동—농촌문제에 관한 실례」(1916.3)와 「농촌계발」(1916.11.26～1917.2.18)로까지 이어진다. 전자는 1915년 11월 10일 와세다대학 재학생을 중심으로 일본 도쿄에서 조직된 조선학회 1회 모임(1916.1.29)에서 발표된 원고이고, 후자는 총독부 기관지인 『매일신보』에 연재된 것이다. 이렇게 동일한 관심사가 여러 번 발표된 것은 이광수에게 농촌계발 문제가 매우 중요한 사안이었음을 보여준다. 다만 동일한 관심사를 다룬 세 글이 내용을 조금씩 달리하는 것은 역시 매체의 성격에서 기인하는 것이 아닐까 싶다. 총독부의 기관지인 『매일신보』의 지면에 해외에서 발표한 「농촌계발의견」의 견해를 그대로 쏟아낼 수는 없었을 것이기 때문이다. 흥미롭게도 이광수는 상하이에서 귀국한 1921년 4월 사이토 총독에게도 해외 유랑 청년들과 해외 한인들의 위험 사상을 선도하기 위하여 적당한 지역에 일정한 토지를 마련하여 농촌과 학교를 경영케 하자는 「건의서」를 제출한 바 있는데, 이 또한 일면 헌책의 성격을 갖고 있으면서도 그 이면에 '반란의 거점'을 마련하기 위한 전략이 내재해 있음을 간파할 수 있다. 이광수가 사이토에게 제출한 「건의서」에 대해서는 하타노 세츠코, 「사이토 문서와 이광수의 「건의서」」, 『근대서지』 8, 근대서지학회, 2013, 388～390쪽; 최주한, 「이광수의 민족개조론 재고」, 『인문논총』 70, 2013, 276～278쪽 참조.

"제발 각기 착실한 직업을 가져 제 의식을 제가 벌고 나아가서는 나라를 위하여서까지 쓰도록 하시옵소서"[20]라는 동일한 내용의 언급이 보인다. 「불쌍한 우리 아기들」은 먼 이국땅에서 제대로 된 보살핌을 받지 못한 채 방치되어 있는 어린 이세들의 교육에 대한 관심을 호소하고 있는 글이다. 『그의 자서전』에는 이광수가 물린에 한 달간 체류할 때 오산의 어린 학생들을 생각하며 어린 소년소녀들의 동무가 되어주어 아이들에게도 환영받았던 기억이 회고되어 있는데,[21] 오산학교 교사였던 그에게 해외 동포 이세들의 열악한 처지는 각별한 관심을 끌었던 듯하다.

(2) 본국소문 – 「청년들은 목자 잃은 양」, 「관리계에 배일사상」, 「교육정황」, 「가치가 튼 둥지에 왜가리 와 잔다」, 「일본신문의 우리나라 비평」

중학졸업 후 대륙방랑의 길에 오르기까지 4년여간 오산에 있으면서 식민지인으로서 보고 듣고 경험한 식민지 조선의 열악한 현실을 '소문'의 형식으로 전하고 있는 글이다.

먼저 「청년들은 목자 잃은 양」은 국망과 더불어 대다수의 민족 지사들이 수감되거나 해외로 망명하게 되면서 지도자를 잃고 타락해가고 있는 조선 청년들의 현실을 개탄하고 있다. 다음으로 「관리계에 배일사상」은 순사보, 헌병 보조원, 군서기 등 일본인들 밑에서 일하는 하급 관리들과 학교 교원들이 일본인들에게 일상적으로 멸시당하는 현실을, 「교육정황」은 조선인이 주축이 된 사립학교는 점차 사라지고 그나마 정도 낮은 실업학교와 공립보통학교가 전부인 관공립은 '소위 국어 보급과 실업과 저축'이라는 교육방침하에 조선어를 멸절시키고 조선인에게 장사나 하급 공업에 종사케 하여 고상한 활동을 금하고 있는

20 외배, 「독립준비하시오」, 『권업신문』 100, 권업회, 1914.3.1, 3면.
21 이광수, 『그의 자서전』(1937), 『전집』 6, 360쪽.

현실을, 그리고 「가치가 튼 둥지에 왜가리가 와 잔다」는 동양척식회사로 인해 조선의 땅이 모두 일본인의 손에 넘어가고 일본인의 이민까지 장려되어 많은 조선인이 고국을 떠나 남북만주에 유리걸식하게 된 현실을 전하고 있다. 특히 「관리계의 배일사상」 이하에서 언급된 식민지 조선의 열악한 현실은 제2차 유학시절 이광수가 일본 민권계열 잡지 『홍수이후』 8호에 투고한 논설 「조선인 교육에 대한 요구」(1916.3)에서 다시 한번 그대로 성토되고 있으며,[22] 상하이시절 임사사료편찬회 주임으로 활동하면서 공동 집필 간행한 『한일관계사료집』(1919) 가운데 합병 후 식민통치의 실상을 다룬 제3편에서도 상세하게 다루어지고 있다.[23] 마지막으로 「일본신문의 우리나라 비평」은 일한합병 이래 겉으로는 복종하는 듯하나 속으로는 일본을 배척하고 국권을 회복하기 위해 해외에서 분주히 움직이는 조선인의 정황을 바라보는 일본 언론의 입장을 전하고 있는 글이다. "사천여 년 역사를 가지고 오던 민족으로 그렇게 일조일석에 이족의 지배를 달게 받게 될 리"가 없는 것이 당연하며, 해외 지사들의 역할도 중요하지만 국내에 남아 동포를 가르치는 인사들의 임무 또한 중요함을 거듭 역설하고 있다.

---

22 "당국의 施政 태도가 영향을 미치는 일본인과 조선인 간의 訴訟은 대개 조선인의 패소로 끝난다. 관청에서도 일본인은 인격을 인정받아 말하는 바도 믿어주고 대우도 친절하지만, 조선인이 가면 턱없이 바보 취급하고 조소하며 심하게는 상당한 지위를 가진 사람에게조차 '네놈'이라고 말하며 때리거나 발로 찬다. 사업 경영에서도 예컨대 광산의 인가 같은 것도 일본인과 조선인의 경쟁이 있는 경우에는 반드시 일본인이 따낸다. 저 東拓과 같은 것도 필시 조선인의 피를 빨아 살찌운다는 견해가 있다. 해마다 수만 정보의 전답을 매수해서는 그 전답으로 생명을 이어 온 조선인 농부를 쫓아내어 만주 벌판에서 방황하게 하기 때문이다. (…중략…) 이런 형편이라서 보통학교가 일본의 소학교보다 수업연한이 2년 적고, 또 고등보통학교가 중학교보다 1년 적다. 즉 보통교육은 조선인이 일본인보다 3년 덜 받는 셈이다. 따라서 학과목의 수준도 낮을 수밖에 없어서 (…중략…) 이리하여 이들 학교 출신자는 거의 직업을 얻을 수 없고, 설령 얻더라도 먹고 입는 것조차 궁핍한 형편이다."(이광수, 「朝鮮人教育に對する要求」(『洪水以後』 8, 一元社, 1916.3), 하타노 세츠코, 『일본 유학생 작가 연구』, 소명출판, 2012, 172~173쪽).

23 임시사료편찬회, 『한일관계사료집』(1919), 국사편찬위원회, 2005, 114~168쪽.

(3) 바른소리

해외에 나와 지사입네 하면서 국내에서는 할 일이 없는 듯이 본국에 남은 인사들을 무시하는 해외 동포사회를 향해 쓴 소리를 던지고 있는 글이다. 해외 동포에 비해 그 수가 수십배나 되는 본국의 동포들을 지도하고 민심을 고동하는 일이야말로 위험한 처지도 마다않고 제몸을 아끼지 않는 진정한 애국자라는 견해가 피력되어 있다. 국내 활동의 중요성을 강조하고 있는 입장 자체가 러시아 한인 사회 외부자의 시선이라는 것을 알 수 있다. 특히 국내 활동의 중요성을 입증하기 위한 사례로 들고 있는 마치니가 조직한 이탈리아의 숯구이당에 대해서는 10호 「고래 애국자의 하던 솜씨」에서 자세히 소개되어 있기도 하다. 오산학교에서의 경험도 한몫했겠지만, 일찍이 국내 활동의 중요성에 무게를 두었던 것으로 보아 1921년 상하이에서 귀국을 결단한 것도 단순한 변절로만 치부할 수 없다는 사실을 일깨운다.

(4) 우리글 - 「가로쓰기」, 「ㅜㄹㅣ ㅓㅣ」

「가로쓰기」는 세계에서 가장 과학적이고 편리한 것이 한글이지만 쓰는 법이 불완전하여 교육과 인쇄 상에 불편함이 많았음을 지적하면서, 새로 쓰는 법을 연구해야 할 필요성을 제기하고 있는 글이다. 이광수가 새로 쓰는 법으로 제안한 가로쓰기는 「ㅜㄹㅣ ㅓㅣ(우리 에)」의 지면에 적용되어 있는 것처럼 로마자 표기법과 같이 한글의 자음과 모음을 하나의 문자로 간주하여 가로로 풀어 쓰는 방식이다. 「ㅜㄹㅣ ㅓㅣ」에서는 한글 가로쓰기로 쓰는 법을 간단히 소개한 다음 이를 적용하여 김종서의 시편을 소개하고 있다. 11호 '우리글'의 지면에 '외비'라는 필명으로 「ㅈㅣ ㅅㅏ ㅢㅣ ㄱㅏㅁㅎㅗㅣ(지사의 감회)」를 쓰면서 간단히 철자법을 소개하고 있어서 이광수가 기획하고 집필한 지면이라는 것을 알 수 있다.

⑤「정교보사 활자 살 의연을 청하나이다」

의연(義捐)이란 사회적 공익이나 자선을 위하여 돈이나 물품을 낸다는 뜻으로, 앞서도 언급했듯이 정교보사가 정부로부터 석판 인쇄 기계를 빌려 써야 하는 형편이라 여러 가지로 어려움이 많았던 까닭에 이전부터 제기되었던 활자 구입을 위한 성금을 청하는 글이다. 정교보사의 의견을 대변하고 있기는 하지만, 교육에서 신문 잡지의 역할이 중요함을 언급하며 독자들 설득하는 논리가 주목을 요하는 까닭에 소개해 두고자 한다. 이광수는 1916년 『매일신보』에 연재한 「농촌계발」에서 김일이 조직한 '신문회'를 통해서도 문명화와 민족감정의 형성에 신문이 중요한 역할을 함을 역설한 바 있는데,[24] 「활자 살 의연」은 신문 잡지를 통한 교육이 곧 문명화의 전제 조건이자 더 나아가 나라 정신의 보존 및 나라 회복 곧 독립의 전제 조건이 됨을 또렷이 명시하고 있다는 점이 눈에 띈다. 말할 것도 없이, 신문을 통한 계몽이 문명화와 독립의 전제 조건이라는 점은 이후 상하이에서 이광수가 주필을 맡아 창간한 『독립신문』이 내건 기본적인 사명의 하나이기도 했다.[25]

---

24 이광수, 「농촌계발」(『매일신보』, 1916.11.26~1917.2.18), 『전집』 1, 87~88쪽.

25 "오랫동안 異族의 箝制下에 있어서 세계와 교섭을 끊었던 우리 민족은 지금으로부터 **독립한 국민**이 되어 세계 列國民으로 더불어 角逐의 생활을 시작하려 하는지라. 이리함에는 우리 국민은 상당한 준비를 필요로 할지니, 즉 문명국민에 필요한 知德의 준비라. 우리들은 우리들의 눈을 통하여 우리들에게 적당하다고 생각하는 신학술과 신사상을 섭취하여야 할지니 신사상 소개가 본보의 사명의 네 번째이다."(「창간사」(『독립신문』, 1919.8.21), 김원모 편역, 『춘원의 광복론—독립신문』, 단국대 출판부, 2009, 56쪽).

2) 『정교보』 제10호(1914.5.1) 소재 문장들

(1) 우리주장 - 「고래 애국자의 하던 솜씨」, 「당파론」, 「애국심을 잘못 고취하였다」

먼저 「고래 애국자의 하던 솜씨」는 월나라 임금 구천을 비롯하여 이탈리아의 마치니, 칼타고의 한니발 등 빼앗긴 나라를 회복하고 독립을 쟁취하기 위해 동지를 모으고 자금을 마련하며 동포를 가르쳐 준비한 끝에 목숨바쳐 싸웠던 애국자들의 일화를 소개하고 있는 글이다. 특히 월나라 임금 구천의 와신상담의 일화를 언급하면서 사용하고 있는 '가멸'이라는 단어는 살림이 넉넉하다는 뜻으로, 「먹적골 가난방이로 한 세상을 들먹들먹한 허생원」(『아이들보이』, 1914.6)을 비롯하여 이 무렵 이광수의 글에 자주 보이는 단어이기도 하다.[26] 『권업신문』에 게재한 논설 「독립준비하시오」와 마찬가지로, 독립은 허황된 영웅 심리가 아니라 착실한 준비가 뒷받침되어야 성취할 수 있다는 준비론의 입장이 또렷하게 표명되어 있다.

다음으로 「당파론」은 이광수가 대륙방랑시기 해외의 여러 한인 단체들과 만나고 그곳 한인 사회의 사정을 살핀 것을 토대로 한인 동포에게 충언하고 있는 글이다. "이 글을 쓰는 나는 아주 아무 수단이나 능력 없는 자"이로되 "불과 몇 달에" 사사로운 뜻으로 된 편협한 당파가 "해외 동포계에 큰 파란을 일으킬 수가 있을 줄을 확신"하게 되었다는 언급만으로도 대륙에 체류한 지 얼마 되지 않은 이광수의 글임을 짐작

26 「먹적골 가난방이로 한 세상을 들먹들먹한 허생원」(1914.6)은 일찍이 상업의 이치에 밝았던 연암의 허생을 세계를 무대로 한 상업의 중요성을 통찰한 인물로 재창안해낸 작품으로, 『권업신문』에 게재한 논설 「독립 준비하시오」(1914.3)에서 강조한 상업의 중요성에 대한 통찰과도 맞닿아 있다. "고래로 상업은 그 나라와 제 몸을 **가멸**케 하는 동시에 이땅의 문명을 저 땅에 옮기고 저 땅의 문명을 이 땅에 옮겨 문명을 전파하고"(『권업신문』 10, 1914.3.8, 3면), "세상을 널리 쓰면 가는 데마다 **가멸**"(『아이들보이』 10, 1914.6, 19쪽) 등의 문구에서 보이듯, '가멸'은 이 무렵 이광수가 실업 장려의 필요성을 언급하며 자주 사용했던 용어이다.

할 수 있다. 김윤식은 이광수가 해외 동포 사회의 불신과 갈등을 '한국 민족성의 결함'으로 간주하였고, 이는 약자에 대한 강자의 지배를 합리화하는 제국주의 사상 곧 식민사관을 내면화한 데서 비롯된 것이라고 보았지만,[27] 「당파론」에 관한 한 이광수는 이러한 당파적 심리를 민족 전체의 성향으로 확대하는 것을 경계하고 있었던 것이 발견된다. 이 글에서 이광수는 당파를 크게 주의로 된 '문명적 당파'와 몇 개 요망한 난신적자의 졸꾀로 된 '망국적 당파'로 구분하고, 후자는 어디까지나 "흔히 몇 개 철 모르고 간사하고 졸꾀 많고 제 명예를 탐하는 마귀의 충동"에서 나오는 것이며, 따라서 나라를 회복하려는 목적을 가진 "우리는 어디까지든지 뜨거운 정성과 정정당당한 마음으로 나라를 위하여 목숨 바치는 자가 되기를 기약"하자고 당부하고 있다.[28]

마지막으로 「애국심을 잘못 고취하였다」는 나라를 위해 목숨을 바친 충신과 의사의 공도 막대하지만, 그러한 충신과 의사 및 독립군을 길러내는 교육자의 공을 무시하고 저마다 독립군 대장 되기를 꾀하는 일부 해외 인사들의 편협한 애국심을 꼬집고 있는 글이다. "여기 한 촌중을 깨우기에 일생을 바쳐 그 수백 명 동포로 하여금 다 민 충정, 안 의사 같은 애국자를 만들었다 하면 그의 공은 얼마나 된다 할까"와 같

27 "동포끼리의 불신을 한국 민족성의 결함이라고 본 실로 어처구니없는 춘원의 사상은 제국주의자들(강한 자)의 약자 지배 원리의 합리화에서 나온 것이다. 못난 민족은 잘난 민족이, 즉 일본민족처럼 훌륭한 민족은 당파 싸움이나 하는 조선 민족을 지배할 권리가 있다는 것이다."(김윤식, 앞의 책, 424쪽).

28 비근한 예로, 이광수는 일찍이 1910년 일한병합을 기념하여 조선연구회를 조직하기도 했던 호소이 하지메[細井肇]가 홍선 대원군의 예를 들어 '잔인성'을 조선인의 일반적인 민족성으로 규정한 것에 대해 "대원군의 생애 가운데 잔인했던 부분을 취하여 그것이 조선 민족성의 주목할 만한 중요한 특색의 하나라고 단정한 것은 조선 민족성에 대한 무지가 아니면 참무"라고 하여 일부 개인의, 그것도 특정한 시기의 특성을 민족성 전반의 특성으로 확대하는 것을 경계한 바 있다(李光洙, 「民謠に現はれる朝鮮民族性の一端」(『眞人』, 1927.1), 市山盛雄編, 『朝鮮民謠の硏究』, 坂本書店, 1927(재수록), 70쪽). 민족성론에 관한 한 이광수가 민족 폄하적인 일제의 식민사관을 그대로 수용했다는 견해는 조심스레 재고되어야 한다.

은 언급에는 오산에 있으면서 교사로서 또 용동의 회장으로서 한 촌중의 계몽 활동에 전력을 다했던 경험에 대한 자부심이 묻어난다. 또한 "일인이 조금씩 조금씩 우리 사람을 가르쳐 아주 한국을 잊어버리고 일본의 종이 되게 할 수 있다 하면, 우리도 조금씩 조금씩 가르쳐 아주 한국을 사랑하고 일본에게 원수를 갚으려는 우리 사람을 기를 수 있지 아니할까"와 같은 언급에서는 교육을 통한 민족의식의 계몽이야말로 독립운동의 기초가 된다는 준비론적 사고의 편린을 엿볼 수 있다. 이 점에서 보면, 이광수가 2차 유학시절에 발표한 보고 논문 「용동-농촌 문제에 대한 한 실례」(1916.3) 및 논설 「농촌계발」(1916.9)은 이러한 신념의 논증이라는 성격을 가진 것이라 해도 좋을 것이다.

(2) 바른소리

9호에 이어 해외 동포 사회를 향해 쓴 소리를 던지고 있는 지면이다. 외부인의 시선이 두드러진다는 점에서 역시 이광수가 쓴 글이라는 것을 알 수 있다. 나라를 잃고 외지에서 생존하기 위해 부대끼는 동안 도덕성마저 타락하여 외국인에게 손가락질 받으면서도 오히려 상대를 무시하고 잘난 체 하는 어리석음, 해외에 나와 있으면서 "왜놈이란 말이나 두어 마디 하면 곧 애국자 행세"를 하는 허세, 자금을 만들고 동지를 모으고 동포를 일깨우는 준비 없이 "이천만민이 갑자기 독립군 되기"를 바라는 허황심 등 해외 동포 사회에서 만연해 있는 잘못된 사고방식을 꼬집고 있다. 특히 "그들의 생각에는 본국 동포는 다 왜놈으로 치고 미국이나 아령에 있는 이만 동포로 여기는 듯하나" "무어니 무어니하여도 정말 나라를 찾고 세울 이는 그대로 본국 동포"이며, "해외에 있어서 눈을 부르대면서 경국경세의 대정치가 행세하는 이보다 내지에 꾹 틀어박혀 천황폐하 만세를 부르면서도 코 흘리는 어린 아기들을 대하여 '가갸거겨'를 가르치는 이가 진정한 애국자"라는 언급은 일찍이 국내 활동의 중요성에 눈떴던 이광수의 신념을 보여주는 것으로, 식민지시기 전반에 걸친 이광수의 국내 활동을 검토하고 평가할 때도 반드시 염두에 두어야 하는 입장이라고 생각된다.

(3) 본국소문

9호에 이어 이광수가 본국에서 보고 듣고 경험한 식민지의 열악한 현실을 촌철살인의 비평을 곁들여 전하고 있는 지면이다. 먼저 "철도, 윤선, 전신, 전화, 도로, 교량 등 교통기관은 날로 완비하여 문명한 나라와 다름이 없이 되나, 그 편리한 기관을 쓸 사람은 우리가 아니오 남이니, 장님 잠 자나마나"와 같은 비평은 총독부가 주도하는 문명화의 실상을 꿰뚫고 있는 발언으로, 불과 몇 달 전 상하이 시가가 갖춘 찬란한 문명의 정채(精彩)에도 불구하고 정작 그 땅의 주인인 중국인은 문명으로부터 소외되어 있는 현실을 또렷이 목도했던 이광수의 현실 인식과도 그대로 맞닿아 있다.[29] 이러한 비판적 인식은 1917년 6월부터 3개월여에 걸쳐 『매일신보』에 관민 양쪽의 열렬한 호응 속에서 연재된 「오도답파여행기」에서도 그 편린을 찾아볼 수 있으나, 1939년 『반도강산』에서 다시 실리면서 모두 삭제되었다.[30]

다음으로 "우리나라에는 양심과 도덕이 아주 부패하여 헌병, 순검에게 잡혀가지만 않는 일이면 무슨 짓이나 다 한다 하니, 이는 너무 법률

---

29 "상해 시가는 과연 찬란하여이다. 長江의 교통은 극히 편리하여졌으며 국내의 富源은 날로 개발되고 철도, 전신 등 교통기관은 날로 완비하며 四百州 방방곡곡이 신문명의 서광이 아니 미쳐가는 데 없나이다. 그러나 생각하소서. 아아, 이러한 문명의 주인이 누구오니이까. 중국인과 이 문명과 얼마나 관계가 있사오리이까."(이광수, 「상해인상기」(『청춘』, 1914.12~1915.1), 『전집』 9, 132쪽. 대륙방랑시기 제국주의 근대 문명에 대한 비판적 인식에 대해서는 최주한, 「중학시절과 오산시절 전후의 이광수」, 『춘원연구학보』 5, 춘원연구학회, 2012, 295~296 참조).

30 최주한, 「두 가지 판본의 오도답파여행」, 『근대서지』 9, 2014, 209~211쪽 참조.

과 규칙만 위주하고 사회에 어른이 되어 동포를 도덕 방면으로 지도하는 이를 관리가 천대하고 핍박하여 사회 도덕의 권위를 없이한 까닭이니, 그 죄는 물어볼 것 없이 왜 총독부에 있나니라. 우리 예의지인으로 하여금 부자와 부부, 형제가 인륜에 어그리는 송사를 하게 하도록 우리 양심과 도덕을 부패케 한 죄가 얼마나 크뇨"와 같은 비평은 존중의 가장 덕이 높고 연령이 많은 어른을 잃고 군자국의 찬송을 받던 옛 배달의 유풍이 깨어진 조선의 현실을 비판하고 있는 「공화국의 멸망」(『학지광』 5, 1915.5)의 논조를 그대로 환기시킨다. 이러한 현실을 두고 이광수는 "지금 우리 상태는 도덕이 깨어진 것이 아니라 도덕의 근원인 도덕심이 어떤 원인으로 마비함"이라고 진단하고 있는데, 여기서 '어떤 원인'이란 근대적인 법률을 내세워 기존 사회 도덕의 권위를 무너뜨리는 데 앞장서고 있던 총독부의 행태를 가리킨 것으로 보아도 무방하다. 이광수가 자주 비판하곤 했던 도덕성의 타락은 외부의 조건에 의해 도덕이 일시적으로 마비된 결과이며, 따라서 본질적인 민족성론으로 환원해서는 안 된다는 사실을 일깨우는 대목이다.

마지막으로 "회사, 은행, 관청, 철도, 윤선, 우편국, 이런 데는 새로 학교를 마치고 세상에 나오는 청년의 직업 얻을 자리라. 그러하거든 이 모든 곳에 다 일인만 쓰므로 우리 사람 청년으로 학교 출신은 하여 먹을 노릇이 없어 걱정"과 같은 비평은 2차 유학시절 타협을 무릅쓰고라도 「조선인 교육에 대한 요구」(『홍수이후』, 1916.3) 및 「대구에서」(『매일신보』, 1916.9)와 같은 글을 쓰게끔 한 현실 인식의 기반이 되었다고 해도 좋을 것이다.

(4) 우리글 - 「아리나리(압록강)」, 「백이숙제의 무덤」, 「씨알이(자전)」

앞서 언급한 바와 같이, 이광수가 『정교보』 지면을 통해 실험한 한

글 가로쓰기의 표기 방식을 적용한 지면이다. 창작시 「아리나리」와 성삼문의 시가, 그리고 조선 민족을 일컫는 어휘인 '배달'의 어원을 소개하고 있다. 소개에 의하면 배달은 '새벽빛'이라는 뜻을 갖고 있다. 『학지광』 8호(1916.3)에 '거울'이라는 필명으로 발표한 「크리스마스밤」에도 동경에서 귀국한 주인공이 고국에 돌아와 새로 만난 애인의 이름을 '배달'이라는 이름으로 호명하고 있는 것을 볼 수 있는데, 이광수에게 오산시절의 헌신이 갖는 의미를 엿볼 수 있게 한다.

3) 『정교보』 제11호(1914.6.1) 소재 문장들

(1) 우리주장 - 「재외 동포의 현상을 논하여 동포 교육의 긴급함을」

앞서 언급했듯이 이미 최기영에 의해 발굴되어 소개된 바 있는 문장으로, '비'라는 이광수의 필명으로 게재되어 있다. 일찍이 선조들은 다른 민족에게 문명을 전파하고 다스리는 자의 자격으로 해외로 이주하였던 데 반해 나라를 잃고 구차히 의식이나 얻으러 유랑하는 동포가 이백만여에 달하는 현실을 개탄하며, 당장의 먹고사는 일에 급급하여 타락하고 쇠하여진 동포들에게 문명에 눈뜨고 나라를 알게 할 교육이 긴급함을 역설하고 있는 글이다. 이광수가 이 글에서 역설하고 있는 '교육'은 그 자신이 강조한 대로 여러 가지 학문을 가르침이 아니라, "애국하는 참 사람—속성한 문명국인을 만듦"이라는 의미를 갖고 있다. "나라 없는 민족은 이 세상에서 가장 천한 상놈이요 종"임을 일깨우고 두루 애국심을 갖춘 독립군을 양성하기 위해서는 무엇보다도 문명을 이루고 제 나라의 동포와 나라가 귀함을 알게 하는 교육이 전제되어야 함을 강조하고 있는 것이다. 오산을 떠나기 직전 스토의 『엉클 톰스 캐빈』을 『검둥의 설움』(1913)이라는 제목으로 번역 간행하여 노예의 처지로 전락한 민족에게 문명과 자유 독립의 기상을 일깨우고자 했던 의도의 연속선상에 놓인 글이라 할 수 있다.[31]

(2) 바른소리

9·10호에 이어 해외 동포 사회에 쓴 소리를 던지고 있는 지면이다. 해외에 거주하고 있는 이상 그 나라 사람들을 마땅히 감사와 예의로 대해야 할 것, 모략이나 시비로 동포 사회를 분열시키지 말 것, 학생들뿐 아니라 어른들도 신문과 잡지를 교과서 삼아 국어를 공부할 것, 해외 동포 사회에 세운 학교에 가르치는 이가 모자라니 누구나 힘있는 자는 기꺼이 자담하고 나설 것, 하나씩 먹고 사는 데 필요한 재주를 익혀 살림의 밑천을 삼고 농사에 힘써 삶의 기반을 마련할 것, 이웃나라 사람들에게 함부로 말하고 행동하여 예의지국·예의지민의 명예를 더럽히는 일을 금할 것, 마음이 정성되어 힘껏 일하는 사람이거든 조그만 허물이 있더라도 내치지 말고 용서하고 품어줄 것 등 동포 사회가 고쳐야 할 행실에 대해 잔소리에 가까울 정도로 일일이 지적하고 있다. 미흡하나마 해외 동포들의 의식을 일깨우는 데 『정교보』가 교과서처럼 쓰이기를 기대하는 마음이 작용한 탓이었을 것이다.

(3) 새지식 - 「모범촌」

'새지식'란에 실렸지만 9호에 실린 「농촌계발의견」과 더불어 이광수가 자신의 용동 체험을 기반으로 해외 동포 사회에 제시한 모범촌의 기획안이라는 성격을 갖는 글로서, 1921년 상하이에서 귀국하던 당시 사

31 이광수의 『검둥의 설움』에 대한 자세한 논의에 대해서는 최주한, 「『검둥의 설움』과 번역의 윤리-정치학」, 『대동문화연구』 84, 성균관대 대동문화연구원, 2013 참조.

이토 총독에게 해외 조선인 구제책으로서 제안한 마을 건설안과 묘한 짝을 이루고 있어서 소개해 두고자 한다. 이 글에서 이광수는 한 촌중의 정부인 동회의 규칙을 소개하고, 뒤이어 교회비, 학교비, 병원비, 토목청결비, 서적종람비, 농사실험비 등 동회에서 시행하는 사업에 드는 비용을 구체적으로 적은 예산표를 제시하고 있다. 그리고 마지막으로 이 모범촌이 문명에 눈뜨고 넉넉할 살림을 갖추긴 했으나 "오직 하나 면치 못할 것은 망국민의 천대를 받는 슬픔"이라 하여 이러한 농촌운동이 나라 회복 운동과도 연계되어야 함을 암시적으로 주장하고 있다. 이광수가 재외 조선인들의 불령사상(不逞思想)을 선도하기 위해서라는 명분하에 사이토에게 건의한 마을 건설안 또한 적당한 토지의 구매, 농촌과 학교의 경영, 사범교육과 실업교육의 실시, 소학교와 강습소 마련, 위생 기타 필요한 사상의 고취, 저렴한 출판물의 발행 등 「모범촌」에서 제안한 내용과 비슷한데다 구체적인 예산안을 제시한 것도 유사하다. 하타노 세츠코는 이 건의서에서 이 무렵 안창호가 중국 대륙에서 건설하려다가 좌절했던 이상촌 기지 건설 계획을 떠올리면서 이렇게 건설된 마을이란 한 걸음만 엇나가면 '반란의 거점'이 될 위험을 감추고 있었다는 의견을 제시한 바 있는데,[32] 보다 근본적으로는 오산시절 이래 대륙방랑시절을 거쳐 제2차 유학시절까지 이광수가 지속적으로 관심을 가졌던 농촌계발의 기획과도 맞물려 있었을 가능성을 생각해볼 수 있게 한다.

(4) 우리글 -「몸둘」, 「지사의 감회」

「몸둘」과 「지사의 감회」는 '외비'라는 이광수의 필명으로 게재된 글로, 역시 최기영에 의해 발굴 소개된 바 있다. 9・10호와 마찬가지로 일

32 하타노 세츠코, 「사이토 문서와 이광수의 「건의서」」, 『근대서지』 8, 근대서지학회, 2013, 389~390쪽.

관되게 가로쓰기 표기법을 적용한 지면으로, 「몸둘(철자법)」은 추정 이갑의 이야기를 다룬 비교적 긴 단문인 「지사의 감회」의 독해를 돕기 위하여 가로쓰기 철자법에 대해 대한 예시를 제시한 것으로 보인다. 「지사의 감회」는 1930년 『삼천리』에 연재한 「인생의 향기」에 '앓는 추정'이라는 소제목으로 쓴 글에 일부가 다시 소개되기도 했다.[33] 우연한 기회에 이 가로쓰기 표기법과 관련하여 이정화 선생님께 재미있는 회고를 전해 들은 것이 있어 이 자리를 빌려 소개해 둔다. 1946, 7년 경 하루는 조각가 이국전 선생이 가로쓰기 철자법으로 활자화된 글을 집에 가져와 형제들이 함께 볼 수 있는 기회가 있었는데, 형제들이 모두 읽기 어렵다고 불만을 토로하자 이광수가 웃으며 그 철자법을 취소한 일이 있었다고 한다. 이정화 선생님께서는 그때 가로쓰기 철자법을 취소한 것이 다행이라고 생각한다는 말씀을 덧붙이셨지만, 이광수 자신 한글 가로쓰기 표기법에 대해 오래도록 관심을 가지고 있었던 사실을 엿볼 수 있다.

(5) 우리시 - 「나라를 떠나는 설움」, 「망국민의 설움」, 「상부련」

모두 '외빅'라는 필명으로 발표된 시이다. 제목에서도 짐작할 수 있듯이, 나라를 잃고 망국민이 되어 외지를 떠도는 해외 동포들의 신산한 삶과 독립에 대한 염원을 담았다. 이번에는 자음과 모음이 결합된 한 글자를 하나의 자형으로 취급하여 가로쓰기를 시도했는데, 오늘날과 같은 형태의 가로쓰기 방식으로 역시 석판인쇄 매체였기에 가능한 시도였을 것으로 생각된다.

(6) 재미있는 이야기 - 「저마다 제 직분이 있다」

하루는 입과 귀와 코와 눈과 손과 발이 모여 가만히 놀고 앉아 먹기만

---

33 이광수, 「앓는 추정」(『삼천리』, 1930.11), 『전집』 8, 504~505쪽.

하는 배를 성토하기 위해 회의를 열었으나, 배 또한 캄캄한 방 안에 들어 박혀 각자가 벌어 보낸 것을 살로 가게 만들어 보내노라고 쉴틈없이 일하고 있다는 사실을 알게 되어 모두들 다시 기쁘게 일하기 시작했다는 내용을 담고 있는 짧은 이야기이다. 제10호 '우리주장' 지면에 실린 「당파론」의 우화 판에 해당된다고 보아도 좋을 것이다. 이광수는 1914년 12월 『새별』 15호에도 물나라 동물들의 이야기를 통해 종족간의 상호쟁투에 기반한 인간 세상의 험악한 현실을 비판하고 있는 「물나라의 배판」이라는 제목의 우화를 발표한 바 있는데,[34] 이광수가 이 무렵 계몽 형식의 하나로 우화의 가능성에도 주목하고 있었던 사실을 엿볼 수 있다.

4. 『대한인정교보』 9·10·11호 자료의 의의

이상에서 이광수가 『대한인정교보』 9·10·11호의 편집 및 집필에 관여하게 된 경위, 이광수의 주도하에 9호부터 전면적으로 개편된 편집 체제의 형식적·내용적 특징, 그리고 9·10·11호 소재 이광수의 문장들에 대해 가급적 구체적인 근거를 들어 소개하였다.

그간 대륙방랑시기의 이광수에 대한 연구는 『그의 자서전』(1936)이라든가 『나의 고백』(1948)과 같이 훗날에 씌어진 이광수 자신의 회고록에 근거하여 이루어졌다. 이 무렵 이광수의 구체적인 활동을 입증하는

34 배판(排判)은 별러서 차린다는 뜻으로, 이번에는 물나라 임금이 베푼 잔치판이 물나라 동물들의 회의 장소가 되고 있다. 「물나라의 배판」에 관해서는 최주한, 「근대소설 문체 확립을 향한 또 하나의 도정-이광수의 단편 「허생전」(1914)과 우화 「물나라의 배판」(1914)을 중심으로」, 『근대서지』 7, 근대서지학회, 2013, 212~215쪽 참조.

자료들이 발견되지 않은 탓이었다. 다행히 1995년 한림대학교 아시아문화연구소가 러시아 한인들의 신문・잡지 자료를 발굴하여 영인본 자료집으로 펴내면서 『권업신문』을 비롯하여 『대한인정교보』에 이광수의 필명으로 발표된 글이 여러 편 발굴되어 이광수의 러시아 체류시기 문필활동의 일면이 밝혀졌다. 여기에 최근 대륙방랑 직전 이광수가 오산에 있으면서 번역 간행한 『검둥의 설움』(1913)의 번역 저본이 발굴되고,[35] 나아가 이 무렵 최남선이 주재한 『아이들보이』에 발표한 단편 「허생전」(1914.6) 및 대륙방랑에서 돌아온 직후 『새별』에 발표한 우화 「물나라의 배판」(1914.12) 등이 새롭게 조명되면서,[36] 대륙방랑시기를 전후한 이광수의 문필활동은 차츰 그 윤곽을 드러내기 시작했다. 그리고 이번 논문을 통하여 『대한인정교보』 9・10・11호가 이광수의 주도적인 편집과 집필로 이루어진 사실이 새로이 밝혀진 만큼, 『대한인정교보』 9・10・11호 소재 이광수의 문장들은 그 동안 퍼즐 조각처럼 조금씩 발굴되어 온 자료들과 더불어 대륙방랑시기를 전후한 이광수 연구에 중요한 구심점이 되어주지 않을까 싶다.

『대한인정교보』 9・10・11호 소재 이광수의 문장들은 오산시절의 경험에 기반하였으되 대륙방랑의 경험을 거치면서 보다 확장되고 심화된 독립 준비론의 구상을 담고 있으며, 나아가 이 시기에 형성된 사상이 제2차 유학시절의 다양한 활동의 기반이 되고 있음을 보여주고 있다. 더욱이 일제의 통제가 미치는 국내의 신문・잡지에 발표된 글과는 달리 검열을 의식하지 않은 사유를 그대로 보여주고 있어 독립 준비론 사상에 기반한 이광수의 '반식민 민족주의자'로서의 면모 또한 또

35 최주한, 「『검둥의 설움』과 번역의 윤리-정치학」, 『대동문화연구』 84, 성균관대 대동문화연구원, 2013.

36 최주한, 앞의 글, 2013.

렷하게 드러나 있다. 따라서 이들 새로운 자료는 그 동안 접하기 어려웠던 이광수의 새로운 면모를 통해 이광수에 대해 재고찰할 수 있는 기회를 제공함으로써, 대륙방랑시기 이광수의 문필활동에 대해서는 물론 오산시절과 2차 유학시절, 더 나아가 임시정부시절을 잇는 사상적 연속성을 밝히는 데도 도움을 줄 것으로 기대한다.

제3장

'번역된 (탈)근대론'으로서의 『무정』 연구사*

1990년대 중반 이후의 『무정』론을 중심으로

1. 한국 근대문학의 기원='번역'이라는 문제의식

요즘 한국 근대문학이 서구의 근대적인 제도 및 문화의 '번역'을 통해 형성되었다는 점에 의문을 갖는 연구자는 별로 없을 것이다. 근대적 문명에서, 근대적 문학, 근대적 매체, 근대적 개인, 근대적 민족, 심지어 근대적 청년, 근대적 사랑에 이르기까지, '번역'의 목록은 연구자의 관심사에 따라 얼마든지 늘어난다. 이토록 다양한 '번역'의 목록이 『무정』 연구에 바쳐지고 있는 것은 『무정』이 차지하고 있는 한국 최초의 근대문학이라는 정전의 위치를 고려할 때 차라리 자연스러운 일인지도 모른다. 그러나 '번역'의 목록이 늘어나고 그에 따른 논의가 잇따

* 이 글은 작년 12월 15일 '작가론의 현단계와 전망'을 주제로 한국근대문학회 제27회 전국학술대회에서 발표한 단상을 토대로 작성한 것이다.

르면서, '번역'이라는 관점의 도입이 지녔던 애초의 문제의식은 얼마간 희미해져버린 듯하다.

한국 근대문학의 근대성을 고찰하는 데 '번역'이라는 관점을 도입한 최초의 공적은 단연 황종연의 「문학이라는 역어(譯語)—「문학이란 하오」 혹은 한국 근대문학의 성립에 관한 고찰」(1997)에 돌려야 하지 않을까 싶다. 한국 근대문학의 성립을 '문학이라는 역어'의 번역, 번안, 전유 및 그밖의 통언어적 실천 속에서 고찰하고 있는 이 논문은 "동아시아 문화에서 근대는 서양의 담론들을 수용하고 그것에 비추어 자신을 재인식하고 재구축하는 과정과 함께 시작되었다"[1]는 명시적인 전제로부터 출발한다. 좀더 구체적으로 언급하자면 한편으로 독립적이고 자율적인 문학을 이념화하면서도 다른 한편으로 이를 민족적 자아의 산출 및 육성이라는 과제와 연결시켰던 이광수의 초기 문학론이 갖는 근대성은 엄밀히 말해 근대 서구 및 메이지 일본에 기원을 둔 '문학이라는 역어'가 갖는 담론의 가능성 속에 내재해 있었고, 한국 근대문학은 이러한 서구 근대문학의 번역을 통하여 그것과는 또다른 근대적이면서도 조선적인 정체성을 표현하는 문학을 형성할 수 있었다는 것이 논의의 요점이다.

이러한 논의가 지금으로서야 지극히 당연한 것으로 여겨지겠지만, 이러한 '번역'이라는 관점의 도입이 한국 근대문학 연구에 끼친 영향은 실로 획기적인 것이었다고 하지 않을 수 없다. 이는 "조선 신문학사의 30년이란 시일은 동양문화권 내의 일 지방이 처음으로 서구문화에 접촉하고 그것을 이식한 기간의 전부"[2]라고 일갈했던 임화의 이식문화론의 논리와 이러한 이식문화론에 내재한 단절과 종속의 논리를 극복

1 황종연, 「문학이라는 역어(譯語)—「문학이란 하오」 혹은 한국 근대문학의 성립에 관한 고찰」, 『동악어문논집』 32, 동악어문학회, 1997, 459쪽.

2 임화, 임규찬 편, 『신문학사』, 한길사, 1993, 11쪽.

하기 위해 한국 문학사에 자생적 근대화론을 도입했던 김윤식마저 종국에 한국 근대문학이란 '제도적 장치로서의 근대문학'[3]의 이식에서 가능했다는 점을 인정하지 않을 수 없었던 곤경을 고려할 때 좀더 분명해진다. '이식'과 달리 '번역'이라는 관점은 서로 이질적인 두 문화 간의 접촉·충돌의 지점에서 발생한 근대성의 역사 그 자체에 주목함으로써 서구 중심적인 근대성의 이념을 효과적으로 상대화할 수 있게 해준다. 「문학이라는 역어」가 기본적으로 서구 및 일본 근대문학에 내재한 담론적 가능성을 염두에 두면서도 한국 근대문학의 형성을 그것의 단순한 모방이 아니라 식민지 조선의 현실에 맞추어 재구축하는 과정으로 읽어낼 수 있었던 것 또한 이러한 방법론적 시각 덕분이었다고 할 수 있다. 요컨대 한국 근대문학 연구에서 '번역'이라는 관점의 도입은 그간 서구 중심적인 근대성의 기준에 비추어 한국 근대문학의 근대성을 가늠하던 기존의 연구 관행에서 벗어나, 한국 근대문학의 기원 혹은 형성 그 자체를 문제삼으면서 한국 근대문학의 근대성을 새롭게 사유할 수 있는 시각을 가질 수 있도록 해주었던 것이다.

이런 의미에서, 한국 근대문학 연구가 한국 근대문학의 근대성에 대해 새롭게 사유할 수 있는 시각을 갖게 된 것은 황종연의 언어를 빌려 말하자면 애초에 '번역'이라는 관점에 내재해 있는 담론적 가능성, 다시 말해 근대 서구 및 메이지 일본과의 접촉·충돌의 지점에서 발생한 한국 근대문학의 근대성의 역사에 주목할 수 있게 해주는 방법론적 가능

3 단적인 예로 김윤식은 염상섭의 초기 삼부작에 관해 논하면서 염상섭이 근대적 작가로 비상할 수 있었던 것은 고백체 형식의 완성 덕분이며, 이 고백의 형식은 "제도적 장치로서의 일본의 근대소설"에서 온 것이라는 사실을 강조하고 있다(김윤식, 『염상섭연구』, 서울대 출판부, 1987, 184~188쪽). 이러한 '제도로서의 근대'의 이식이라는 관점은 이후 본격적으로 한국 근대문학의 근대성을 논하는 자리에서도 이어지고 있다(김윤식, 『한국 근대문학의 근대성과 이데올로기 비판』, 서울대 출판부, 1997, 91쪽).

성 때문이었다고 해도 좋을 것이다. 그러나 이러한 '번역'이라는 관점의 도입이 근대 서구 및 일본과의 조우에서 형성된 한국 근대문학의 근대성에 대한 충분한 고찰로 이어졌는지는 좀더 검토해볼 문제이다. '번역'이라는 관점에 내재해 있는 담론적 가능성이란 어디까지나 가능성일 뿐, 그 가능성을 현실화하는 것은 어디까지나 개별 연구자의 몫일 수밖에 없는 까닭이다. 이에 이 글에서는 1990년대 중반 이후의 『무정』론을 대상으로 '번역'이라는 관점의 도입이 가져온 연구의 성과와 한계를 짚어보고,[4] 이를 토대로 향후의 연구 방향을 가늠해보고자 한다.

2. 사랑-연애, 근대성의 새로운 영역의 발견

이념형으로서의 근대가 아니라 역사적으로 축적된 근대의 경험 자체를 포착해야 한다는 데 공감하며 『무정』의 근대성에 대한 새로운 논의의 선편을 쥔 것은 『무정』에 형상화된 근대적 사랑-연애에 주목한 논의들이다. 이들 논의는 근대 서구의 사랑, 성, 육체, 결혼의 성립이라는 문화사적 관점에 근거하여, 그간 『무정』=민족적 계몽의 서사라는 관점 아래 논외로 밀려나기 일쑤였던 사랑-연애의 담론을 근대적 감정과 가치에 기반한 근대성의 또 다른 영역으로 전면에 부각시킴으로

4 이 글에서 논의하는 번역의 주체는 논의의 맥락에 따라 이광수(혹은 『무정』)이기도 하고 후대 연구자들이기도 하다. 번역의 대상 또한 일차적으로는 근대적 문명에서부터 근대적 문학, 근대적 개인, 근대적 민족, 근대적 청년, 근대적 사랑에 이르기까지 서구(일본)의 다양한 근대적 제도 및 문화를 가리키지만, 궁극적으로는 이러한 다양한 관심사를 관통하여 후대의 연구자들이 개별 논의의 준거틀로 삼고 있는 양극화된 (탈)근대론을 가리킨다.

써 『무정』의 근대성을 새로운 각도에서 조명하고 있다.

『무정』의 근대성을 근대 서구의 '낭만적 사랑'의 번역이라는 관점에서 고찰한 최초의 논의는 최혜실의 「『무정』에 나타난 근대성, 사랑, 성」(1999)[5]이다. 이 글에서 최혜실은 『무정』이 남녀간의 사랑을 주제로 한 소설임에도 불구하고 그간 계몽주의의 입장에서 통속적인 작품으로 간주되어 온 데 문제를 제기한다. 『무정』의 시대야말로 사랑과 결혼의 제도화가 부르주아 이데올로기를 정립하는 중요한 과정으로 나타났던 시대였고, 『무정』은 이 시대의 사상을 대변하고 있으므로, 『무정』의 의미를 제대로 짚기 위해서는 무엇보다도 주인공들의 사랑에 주목해야 한다는 것이 그녀의 기본적인 입장이다. 이러한 입장으로부터 그녀는 『무정』이 추구하는 사랑이 19세기 서구의 '낭만적 사랑'에 입각한 일부일처제에 기반해 있으며, 영채를 비롯하여 월화 등 기생 주인공들이 근대적 사랑에서 배제될 수밖에 없었던 것도 바로 '낭만적 사랑'에 입각한 근대 부르주아 이데올로기에 기인함을 밝혀내고 있다.[6] 『무정』에 나타난 연애의 성립과정을 통해 이광수의 근대 지향성을 가늠하고 있는 정혜영(2000)의 논의 또한 1910년대를 전후하여 일본에서 수입된 근대적 '연애' 및 연애에 내재된 근대적 의식이 텍스트에 실현되는 형식에 주목한다. 다만 그녀는 기생 영채가 여학생 선형에게 연애의 '히로인' 자리를 내어줌과 동시에 영채가 정조를 상실하고 여학생이라는 신분을 획득함으로

5 최혜실, 「『무정』에 나타난 근대성, 사랑, 성」, 『여성문학연구』 1, 한국여성문학학회, 1999.

6 최혜실이 서구의 '낭만적 사랑'의 이데올로기가 『무정』의 서사를 관통하는 방식에 주목하고 있다면, 김동식의 논의는 1910년대의 '낭만적 사랑' 곧 근대적 '연애'를 가능케 했던 사회문화적 조건들, 예컨대 '낭만적 연애-결혼-가정'이라는 새로운 라이프 스타일의 창안에 주목함으로써 『무정』의 서사를 가능케 한 저변을 탐구하고 있다는 점에서 중요한 짝을 이루는 논의라 할 만하다(김동식, 「연애와 근대성」, 『민족문학사연구』 18, 민족문학사연구소, 2001). 다만 『무정』에 관한 본격적인 논의로 보기 어려운 점이 있어 이 글의 논의에서는 자세히 다루지 않았다.

써 근대적 세계로 진입하는 과정에 의미를 부여함으로써, '기생에서 여학생으로' 관심이 이동하는 사적 변화 속에서 1910년대 이광수의 근대 지향성을 읽어내고 있다.[7]

한편 이러한 논의의 연장선상에서 『무정』에 나타난 '육체'의 근대성을 중심으로 근대 초기의 결혼, 섹슈얼리티, 사랑의 역학 관계를 고찰하고 있는 이영아(2002)[8]는 『무정』이 내세우는 '여성의 순결성'이라는 이데올로기의 함의를 근대적 부르주아 개인의 정체성 확립에서 더 나아가 근대적 국가 건설에 필요한 신체의 규율화라는 맥락과 연결짓고 있다. 사회진화론적 사상에 입각하여 근대국가를 건설해야 하는 당대의 지식인들에게 조혼과 지나친 성적 욕망은 통제되어야 할 대상이었고, 『무정』에서 영채가 형식에게 선택받지 못한 근본적인 이유 또한 이러한 당대 사회역사적 맥락에서 해석되어야 한다는 입장이다. 『무정』을 엘렌케이의 우생학적 연애론의 번역이라는 관점에서 고찰하고 있는 구인모(2002) 또한 『무정』의 연애를 근대 국민국가 형성의 문제와 결부시키고 있다. 그는 엘렌케이의 연애론이 연애의 자유를 주장하는 한편 결혼의 궁극적인 목적을 인종의 개량에 두었다는 점에서 근본적으로 건강한 결혼과 성생활이 안정된 가정과 국가를 낳는다는 19세기 근대 유럽의 성통제 이데올로기의 20세기적 변형태라고 본다. 따라서 엘렌케이의 연애론에 원천을 둔 1910년대 이광수의 연애론이 궁극적으로 근대적 개인이자 민족의 성원으로서의 '성숙'을 강조한 것도 그에게는 당연한 일이 된다. 최혜실이 삼랑진 장면을 두고 『무정』의 주제인 사랑 이야기를 뚜렷하게 드러내지 못하고 민족의식이라는 또다른 차원의 이야기 속에 함

---

7 정혜영, 「근대를 향한 시선－이광수 『무정』에 나타난 연애의 성립과정을 중심으로」, 『여성문학연구』 3, 한국여성문학학회, 2000, 53～55쪽.

8 이영아, 「이광수 『무정』에 나타난 '육체'의 근대성」, 『한국학보』 28, 일지사, 2002.

몰시킨 미봉책으로 평가하는 데 반해,[9] 그가 주인공들의 사랑과 결혼을 민족 성원으로서의 '성숙'이라는 과제와 결부짓고 민족의 이상을 깨닫게 되는 계기로서 적극 평가하고 있는 것도 이런 시각 때문이다.[10]

위의 논의들이 「무정」이 추구하는 근대적 연애를 근대사회와 제국주의의 경쟁에서 도태되지 않고 살아남기 위한 개인적 민족적 기획의 일환으로 간주하고 있다면, 나아가 이를 제국주의적 근대국가의 기획을 승인하며 개인과 민족을 식민화시키는 기제로써 비판하고 있는 논의들도 있다. 먼저 이경훈의 「『무정』의 패션」(2001)은 『무정』에 일관된 '자유연애'라는 패션에서 근대 서구의 사회진화론적 욕망을 읽어내고 있는 글이다. 그는 형식이 집착하고 있는 '하이칼라의 애정'이란, 근대적 개인의 욕망을 넘어서 궁극적으로 배우자 선택이나 위생정책 등을 통해 '종자'를 개량함으로써 훌륭한 종족을 생산해내기 위한 일종의 제도였다는 점에서, 약육강식과 우승열패를 기반으로 하는 근대 서구의 사회진화론적 욕망의 번역이라고 보았다. 사회진화론적 욕망에 기반한 근대 주체는 근본적으로 그 외부와 내부에 식민지를 상정하는데, 영채를 비롯하여 『무정』이 여러 가지 방식으로 죽인 수많은 기생은 이를 단적으로 보여준다는 것이다. 그런 의미에서, 형식이 추구하는 자유연애란 근본적으로 우생학적 관점으로 제국주의적 근대 국가를 기획하는 일과 다르지 않다는 것이 그의 입장이다. 조금 다른 맥락이긴 하지만, 김지영(2005)[11] 또한 이광수의 연애 이념이 '서구적 모델'을 준거로 한 것이었다는 점에 주목하여 『무정』에 나타난 사랑과 주체의 근대성을 '식민적 주체성'으로 규정하고 있다. 그녀는 이광수의 연애 이

---

9 최혜실, 앞의 글, 178쪽.

10 구인모, 「『무정』과 우생학적 연애론」, 『비교문학』 28, 한국비교문학회, 2002, 190~193쪽.

11 김지영, 「『무정』에 나타난 '사랑'과 '주체'의 근대성」, 『한국문학이론과 비평』, 한국문학이론과 비평학회, 2005.

념이란 '서구적 모델'을 준거로 정형화된 것인 까닭에 이광수가 상정한 근대적 인간성 또한 해방된 감정이 아니라 계몽 의지라는 사회적 당위에 의해 미리 구조화된 것이라고 보았다. 사랑의 갈등이 민족 계몽의 위치 속에서 해소되고 있는 『무정』이 결말이야말로 이러한 근대 이념과의 불일치가 빚어낸 현실의 공백을 잘 보여주는데, 이렇게 서구적 타자에 대한 의존 관계 속에서 구축된 근대 주체란 한갓 서구적 근대화를 추종하는 식민적 주체에 불과하다는 것이 그녀의 입장이다.

이상에서 『무정』의 사랑-연애 담론에 주목한 논의들이 새롭게 조명한 『무정』의 근대성은 크게 다음의 세 가지로 요약될 수 있다. 『무정』에서 모습을 드러내고 있는 근대적 개인의 형상은 서구의 부르주아 계급이 자기정체성을 확립하기 위해 창안해낸 근대 서구의 '낭만적 사랑'의 관념과 떼어놓을 수 없다는 것, 이러한 근대적 사랑은 사랑과 결혼의 제도화를 통해 개인의 욕망을 규율하려는 근대 국민국가의 우생학적 기획과도 맞물려 있으며 『무정』 또한 그 연장선상에 있다는 것, 결국 『무정』에서 추구되고 있는 자유연애란 근대사회와 제국주의의 경쟁에서 도태되지 않고 살아남기 위한 개인적·민족적 기획의 일환이자, 다른 한편으로 제국주의적 근대국가의 기획을 승인하며 개인과 민족을 식민화시키는 기제이기도 했다는 것이 그것이다. 요컨대 『무정』에 나타난 사랑-연애 담론의 연구는 사랑-연애의 영역을 근대적 개인의 형성을 가능케 하는 근대적 감정과 가치의 토대로서 전면에 부각시키는 한편, 그렇게 형성된 개인이 다시금 민족 공동체 혹은 제국주의 근대 국가의 호명 아래 규율화 혹은 식민화되는 지점을 포착함으로써, 한국 근대문학에서 근대적 개인의 형상이란 사랑-연애라는 사적인 영역에 있어서조차도 식민지 근대 민족의 구성이라는 기획으로 회수될 수밖에 없는 운명이었음을 분명하게 보여 주고 있는 것이다.

주목해야 할 것은 이들 논의가 사랑-연애라는 근대적 감정의 영역을 통해 『무정』에 형상화된 근대적 개인과 민족의 형성을 새로운 각도에서 포착할 수 있었던 것은 상당 정도 근대 서구의 '낭만적 사랑' 혹은 '우생학적 연애'의 개념에 기댄 덕분이라는 점이다. 살펴본 바와 같이 특히 『무정』이 추구하는 사랑-연애를 사회진화론적인 우생학의 관점과 연결짓고 있는 논의들은 그 원천을 '연애의 행복'과 '종족 개선'을 관련시켜 이해했던 엘렌 케이의 연애론에서 직접 찾고 있기도 하다. 그런데 동일한 근대적 사랑의 번역이 때로는 근대 서구의 부르주아 개인의 정체성 확립이라는 맥락의 연장선상에 놓인 것으로 이해되고, 또 때로는 근대사회와 제국주의의 근대에 대응하는 개인적·민족적 기획으로 혹은 반대로 제국주의의 근대를 승인하는 식민적 주체의 구축이라는 관점에서 해석되고 있는 것은 어찌된 일일까. 이는 이들 논의에서 '번역된 근대'라는 전제가 실상 『무정』의 텍스트 층위에서라기보다 『무정』에 대한 해석의 층위에서 작동되고 있는 데서 기인한다는 것이 필자의 판단인데, 이러한 양상은 『무정』의 근대성에 관한 탈식민적 논의들에서 더욱 두드러진다.

3. 탈식민론의 양극화, '민족'의 창안 혹은 '식민화된 주체'의 탄생

『무정』 연구사에서 '번역'이라는 관점의 도입이 가져온 또 하나의 획기적인 의의는, 한국 근대문학의 형성에 있어서 근대적 제도 및 문화의 번역과 관련된 일련의 실천들이 제국과 식민지 간의 권력관계 구성에 관여한 역할에 주목케 함으로써 『무정』의 근대성을 탈식민적 시각에서 검토할 수 있는 기반을 마련해 주었다는 점이다.

황종연의 「문학이라는 역어(譯語)」(1997)가 이광수의 초기 문학론을 통하여 한국 근대문학의 기원이란 서구 및 일본 문학의 단순한 모방이 아니라 근대적이면서도 조선적 정체성을 표현하는 문학으로 번역하는 과정이었음을 명료하게 밝혀주었다면, 『무정』 그 자체가 바로 그러한 독창적 번역의 산물이라는 점에 처음 주목한 논의는 마이클 신의 「내면풍경－이광수의 『무정』과 근대문학의 기원」(2006)[12]이다. 그는 초기 이광수의 문학적 여정이란 조선적 독자성을 부정하고 근대적인 것을 독점하려는 일본의 헤게모니에 반발하여 조선적 정체성을 찾아가는 내면의 탐색 과정이었다고 전제한다. 이광수가 일본에서 읽었던 근대문학들은 내면을 표현했지만 그의 내면을 표현한 것이 아니었기에 외면적이었고, '정'에 기반하여 '속사람'이라는 개인적 수준에서의 '내면의 발견'을 서술하고 있는 『무정』에 이르러서야 그에 대응하는 '속나라' 곧 민족 공동체에 대한 생생한 표현을 얻을 수 있었다는 것이다. 이에 관해서는 이광수 소설에 등장하는 '풍경'과 '내면풍경'을 민족과 제국의 대립항으로 단순화한 논의라는 비판도 있지만,[13] '내면의 발견'에 주목하여 한국 근대문학이 서구 및 일본의 근대문학과는 또 다른 조선적인 정체성을 표현하는 문학을 형성할 수 있었던 내적 근거의 기반을 마련해 주었다는 점에서 특기할 만하다.

『무정』에서 '내면의 발견'이 개인의 발견뿐 아니라 민족의 발견과도 연결되어 있다는 관점은 1910년대 한국 근대문학에 도입된 지정의론

---

12 마이클 신, 「내면풍경－이광수의 『무정』과 근대문학의 기원」, 신기욱・마이클 로빈슨, 도면회 역, 『한국의 식민지 근대성』, 삼인, 2006(2001).

13 김도훈, 「이광수 소설에 투영된 근대적 주체의 염원과 식민지 근대성에 관한 연구」, 『사회연구』 14, 대구대 사회조사연구소, 2007, 102・111～112쪽.

(知情意論)과 더불어 부상한 '감정'에 주목하여 그것이 '개인'과 '민족'의 형성에 관여한 메커니즘을 분석하고 있는 김현주(2004)[14]의 논의에서 보다 정치한 논리를 얻게 된다. 그녀는 내면적인 '감정'이야말로 한국 근대문학에서 민족의 기초로서 재현되고 그럼으로써 그것이 민족적 성격의 창조에 근본적인 것으로 표현되어 온 과정에 깊이 개입해 있다고 보았다. 『무정』의 경우만 해도 '감정'은 감각적이고 미적인 쾌락의 해방을 주장하는 새로운 규범을 선언함으로써 '개인'을 구축하는 한편, 감정의 인식적 능력 곧 '동정'에 바탕을 둔 도덕 원칙에 근거하여 '사회=민족'을 만들어내는 규범으로 작동하고 있으며, 이 점에서 '감정의 정치학'이야말로 식민지 한국 사회의 정치적 상상력의 중요한 특징으로 간주되어야 한다는 것이 논의의 요점이다.[15]

한편 다이쇼기 문화주의에 널리 유행했던 '생명' 개념에 주목하여 『무정』의 서사를 '내적 생명'의 자각에서 '민족적 생명'으로 이어지는 내면의 생명력의 확충이라는 관점에서 해석해내고 있는 이철호(2007),[16] 반대로 베르그송의 창조적 진화론과 헤켈의 사회진화론에 기반한 '생명' 개념에 주목하여 『무정』의 서사를 '개인의 생명'을 억압하고 민족적 단위의 생존경쟁에서 살아남기 위해 '단체의 생명'을 선택한 과정으로 해석하고 있는 와다 토모미(2007),[17] 이광수 문학에서 근대적 개인과 민족주의 이념의 결합은 기독교적 종교의 원리가 매개하고 있다는 전제

14 김현주, 「이광수의 문화 이념 연구」, 연세대 박사논문, 2002; 김현주, 「1910년대 '개인' '민족'의 구성과 감정의 정치학」, 『현대문학의 연구』 22, 한국문학연구학회, 2004.

15 김현주는 이러한 '감정의 정치학'이 식민지 한국 사회에서 '윤리적 근대성'을 가지는 한편, 동시에 미개한 타자를 배제하고 포섭하는 방식의 '식민주의적 성격'을 갖고 있다는 점에서 양가성을 지적하고 있기도 하다(위의 글, 2004, 288쪽, 각주 38) 참조).

16 이철호, 「생명으로서의 문학－『무정』의 생명론과 낭만적 자아」, 『비교문학』 41, 한국비교문학회, 2007.

17 와다 토모미, 「이광수 소설의 '생명' 의식 연구」, 서울대 박사논문, 2007.

하에 『무정』에 형상화된 '재난'을 자각한 개인을 기초로 하는 연대감 곧 '민족 공동체'의 형성이라는 주제로 해석해내고 있는 서은혜(2012),[18] 『무정』의 근대성을 『매일신보』라는 제국의 매체를 활용하여 민족적 이상을 일깨우고 '민족 감정'을 창출하고자 했던 식민지 지식인 이광수의 전략적 타협이라는 관점에서 접근하고 있는 최주한(2006)[19]의 논의 또한 각각의 관점은 다르지만, 서구(일본)의 근대적 제도 및 문화를 '민족'의 창안이라는 관점에서 번역해내고 있다.

위의 논의들이 서구(일본)의 근대적 제도 및 문화의 번역이라는 관점에 기반하면서도 근대 서구 및 일본의 헤게모니에 의해 완전히 장악되지 않는 '민족'의 창안에 주목하여 『무정』의 탈식민적 기획을 부각시키고 있다면, 다음의 논의들은 제국주의 근대를 승인하고 모방하는 과정에서 식민 담론을 내면화한 주체의 탄생이라는 관점에서 『무정』에 내재한 식민성 자체를 비판하고 있다는 점에서 정반대의 입장에 선다.

먼저 제국주의 '문명'담론의 모방이라는 관점에서 이광수 초기 담론의 주체화 전략을 고찰하고 있는 황병주(2003)[20]는 식민의 경험이 무엇보다도 식민자를 모방하면서 스스로의 민족 정체성을 구축하는 과정이었다는 전제로부터 출발한다. 이광수에게서 식민지 엘리트의식과 식민지 비서구인으로서의 콤플렉스 사이에서 분열되어 있는 지식인의 모습을 보았던 그는 이 분열이야말로 '문명'의 이름으로 식민자를 모방하고자 하는 욕망의 기원이라고 주장한다. 그리고 식민자를 모방한다는 것은 곧 식민자의 시선으로 무장한다는 것을 의미하는 만큼, 그것이 민

18 서은혜, 「이광수 소설에 나타난 재난 모티프와 공동체의 이상」, 『한국현대문학연구』 36, 한국현대문학회, 2012.

19 최주한, 「제국의 근대와 식민지, 그리고 『무정』」, 『21세기 문학』 25, 2006.

20 황병주, 「근대와 식민의 오디세이, 초기 이광수 담론의 주체화 전략과 '식민화된 민족주의'」, 『TRANSTORIA』 2, 박종철출판사, 2003.

족적 주체를 지향하는 것처럼 보일 경우에도 '식민화된 주체' 이상일 수 없다는 것이 논의의 결론이다. 마찬가지의 관점에서 허병식(2003)[21]은 『무정』에서 새로운 문명을 세울 주체로 상정된 자아상 '청년'이 실상 제국의 '청년' 담론을 모방하는 가운데 제국주의 담론 속에 종속되고 통합된 주체에 불과하다고 보았고, 황종연(2005)[22] 또한 낡은 도덕의 구속에서 벗어나 새로운 문명의 세계로 진입하는 청년들의 서사 자체가 문명화의 논리를 승인하고 경축하는 것인 까닭에 『무정』의 근대성은 민족을 발명한 공적의 이면에서 제국주의 근대의 질서를 자연스러운 것으로 인정하며 식민주의와 타협하고 있다는 점을 지적하고 있다.

한편 김영찬의 「식민지 근대의 내면과 표상」(2007)[23]은 식민지 근대 주체가 제국의 시선을 모방하면서 자기 정체성을 구축하는 과정을 다시금 '내면의 발견'이라는 관점에서 고찰하고 있는 논의이다. 그는 『무정』에서 내면의 완성은 주체가 인생 / 예술의 불세례를 통해 민족이라는 상상의 공동체의 중심에 안착하는 것과 동시적으로 이루어진다고 전제하면서도, 그렇게 구성되는 식민지 근대 주체의 내면이란 근본적으로 식민주의 권력과의 공모 속에 존재하는 문명 혹은 근대를 의심하지 않는 근대주의적 복종을 조건으로 가능한 것이었다는 점에서 식민성을 배태하고 있다고 보았다. 흥미롭게도 그의 논의는 식민지 근대 주체의 내면이란 근본적으로 식민성에 기반한 것임을 주장하고 있다는 점에서, '내면의 발견'을 조선적 정체성의 탐색이라는 관점에서 조명한 마이클 신의 논의와는 대척점에 위치하고 있는 것이다.

이처럼 『무정』의 근대성을 탈식민적 관점에서 접근하고 있는 논의

21 허병식, 「식민지 청년과 교양의 구조-『무정』과 식민지적 무의식」, 『한국어문학연구』 41, 한국어문학연구학회, 2003.

22 황종연, 「노블, 청년, 제국-한국 근대소설의 통국가간 시작」, 『상허학보』 14, 상허학회, 2005.

23 김영찬, 「식민지 근대의 내면과 표상」, 『상허학보』 16, 상허학회, 2006.

들은 번역 주체의 주체성을 강조하느냐 혹은 근대 서구 및 일본의 제도적 헤게모니의 우월성을 강조하느냐에 따라 양극화된 해석을 보여준다. 예컨대 동일한 '내면의 발견'에 주목하면서도 한쪽이 거기서 민족 정체성의 표현을 읽어낸다면, 다른 한쪽은 제국의 시선에 종속된 식민성을 읽어내는 식이다. 그러나 이들 논의는 번역 주체의 주체성을 강조하는 과정에서 근대 서구 및 일본의 제도적 장치 안에서 식민주의와 맞서야 했던 번역 주체의 곤경을 간과하거나, 반대로 이들 제도적 헤게모니의 우월성을 강조하는 가운데 이를 활용하여 정치적 저항과 문화적 표현을 위한 틈새적 공간을 창출하고자 했던 번역 주체의 능동성을 간과하고 있다는 점에서 논의의 일면성을 면치 못한다. 그런 점에서, 한국 근대문학의 형성에 있어서 근대적 제도 및 문화의 번역이 한국 근대문학의 정체성을 창출하는 데 관여한 양상을 제대로 고찰하기 위해서는 제국과 식민지 사이에 끼인, 그래서 제국의 시선과 식민지의 시선을 동시에 의식하지 않을 수 없었을 번역 주체의 위치를 고려하는 균형잡힌 시각이 필요함을 이들 논의는 일깨워준다.

4. 번역 주체의 곤경과 병리학적 징후들

앞서 언급한 번역 주체의 위치와 관련하여 최근의 『무정』론은 서구(일본)의 근대적 제도 및 문화를 번역하는 과정에서 빚어진 텍스트의 균열 혹은 모순의 양상 그 자체에 주목하고 있다는 점에서 특기할 만하다. 먼저 한국 근대문학의 기원을 근대의 새로운 미디어와 제국의 시선이 결합된 '외부'의 시선과의 길항관계 속에서 고찰하고 있는 사노 마사토의 「이광수 소설에 나타난 시각성—근대문학의 시작과 '외부'적 시선」(2011)[24]은 근대의 시각 미디어에 내재한 권력 관계를 중심으로 제국과 식민지 사이에 끼인 번역 주체의 위치 자체를 본격적으로 문제삼고 있는 논의이다. 그는 루쉰의 유명한 '환등사건'이 시사하듯 루쉰의 문학은 제국의 시선과 중국 네이티브의 시선을 동시에 고려해야 했던 조건에서 시작되었으며, 이러한 이중의 시선은 식민지나 제삼세계에서 보편적이었을 것이라고 전제한다. 그리고 이러한 전제하에 『무정』에서 형식 또한 제국의 시선과 시각 미디어의 시선으로 조선의 네이티브들과 만나면서도 그 자신 순수한 외부적 위치에 설 수 없는 조건으로 인해 제국의 시선과 네이티브의 시선 사이에서 흔들리고 분열되어 있으며, 그것이 네이티브의 시선과 상상력의 장을 대표하는 영채와 '문명' '미국 유학'으로 대변되는 선형 사이의 갈등이라는 형태로 『무정』의 서사 구조에도 갈등과 분열의 흔적을 남기고 있음을 지적하고 있다.

한편 난폭한 외부자의 형태로 도래했던 근대성에 맞서 한국과 일본의 근대문학이 각각 자기 정체성을 형성해간 방식의 차이를 고찰하고 있는 서영채의 「죄의식, 원한, 근대성—소세키와 이광수」(2011)[25]는 『무정』에 새겨진 주체의 갈등과 분열의 양상을 죄의식과 원한의 변증법이라는 관점에서 좀더 깊이 있게 파고든다. 그는 『무정』이 근대성으로 나아가는 길목에 가해자인 이형식의 길과 피해자인 박영채의 길이라는 두 가지 길이 예비되어 있다는 점에 착안하여, 『무정』의 근대성을 지탱하고 있는 기본적인 정서를 죄의식과 원한의 대립에서 찾았다. 요약하

---

24 사노 마사토, 「이광수 소설에 나타난 시각성—근대문학의 시작과 '외부'적 시선」, 『한국현대문학연구』 34, 한국현대문학회, 2011.

25 서영채, 「죄의식, 원한, 근대성—소세키와 이광수」, 『한국현대문학연구』 35, 한국현대문학회, 2011.

건대 『무정』이 종국에 제국주의적 근대성의 모럴을 자신의 법으로 받아들인 이형식의 길을 승인하고 있다고 하더라도 그것은 자기 발밑에 꿈틀거리고 있는 거대한 원한을 느끼는 위태로운 자리일 수밖에 없으며, 『무정』이 뿜어내는 자학적 에너지는 이처럼 외부로의 탈출구를 찾지 못한 채 내향화된 원한의 강도와 비례한다는 것이 논의의 요점이다.

『무정』의 근대적 주체를 '보는 주체'의 문제로 접근하고 있는 이광호의 「이광수 소설의 '시선 주체'와 문학사적 의미」(2012)[26] 또한 계몽 담론과의 어긋남의 방식으로 드러나는 주체의 균열과 모순에 주목한 논문이다. 『무정』에서 계몽 담론의 관철 너머에 흔적을 남기고 있는 남성적 시선 주체와 지사적 주체, 제국의 시선과 공동체적 시선 사이의 모순을 읽어내고 있는 그의 논의는 이러한 모순의 자리야말로 『무정』의 미적 근대성이 갖는 역설적인 성과이며, 그런 의미에서 근대문학으로서의 『무정』의 문학사적 위상은 계몽 담론의 관철이 아니라 그것과 어긋나는 텍스트의 허위와 배반에 의해 실현되고 있다는 점을 강조하고 있다.

이상에서 『무정』의 번역적 실천에 내재한 모순과 균열에 주목하고 있는 이들 논의는 제국과 식민지 사이에서 제국의 시선과 민족의 시선을 동시에 의식하지 않으면 안 되었던 번역 주체의 곤경을 통하여 식민지 근대성의 특징적 징후가 드러나는 지점들을 포착해내고 있다. 이들 논의가 식민지 근대성의 특징적 징후의 지점들을 포착해내고 있는 방식은 확실히 흥미롭지만, 이러한 징후들을 포착하는 과정에서 의도하지 않게 제국과 식민지의 우열관계를 승인하는 식민 담론을 반복하는 역설에 직면하는 것도 사실이다. 이른바 '식민지적 병리학'이라고도 명명할 수 있을 이들 모순과 균열의 징후는 설사 그것을 비판하기 위한

26 이광호, 「이광수 소설의 '시선 주체'와 문학사적 의미」, 『한국문예창작』 25, 한국문예창작학회, 2012.

의도에서 출발했다고는 해도, 여전히 근대 서구 및 일본의 제도적 헤게모니의 우월성을 승인하는 가운데서 발견된 것이기 때문이다. 이러한 병리학적 징후들에 주목하는 과정에서 이들 논의가 지워버린 것은 『무정』의 번역적 실천에 관여한 저항 혹은 재전유의 흔적들이다.

5. (컨)텍스트로의 귀환, 작가 연구의 필요성

근대 중국의 지적 역사를 서구의 번역이라는 관점에서 고찰하면서 '번역된 근대'라는 용어를 창안해내기도 했던 리디아 리우는 '번역'이란 정치적·이데올로기적 투쟁의 경쟁적 이해관계로부터 자유로운 중립적 사건일 수 없으며, '번역'이야말로 그러한 투쟁이 진행되는 장임을 강조한 바 있다.[27] 서구(일본)의 근대적 제도 및 문화의 '번역'을 통해 탄생한 『무정』 또한 예외일 수 없다. 그런데 이 명료한 사실을 우리들은 자주 잊어버리는 것 같다. 생각건대 그 원인의 하나는 『무정』에 한국 근대문학의 기원이라는 의미를 부여하면서 이광수라는 (컨)텍스트를 텅 빈 백지 상태로 간주해버리는 데서 비롯되는 것이 아닐까 싶다.

이광수는 근대 서구 및 일본의 제도적 장치 안에서 식민주의와 맞서야 하는 곤경에 대해 누구보다도 잘 알고 있었지만, 그렇다고 해서 그것이 반드시 근대 서구 및 일본의 제도적 헤게모니 안에 포섭되어버리거나 병리학적 징후를 수반하는 것은 아니었다. 한 예로 그가 『매일신

27 리디아 리우, 민정기 역, 『언어횡단적 실천－문학, 민족문화, 그리고 번역된 근대성 : 중국, 1900～1937』, 소명출판, 2005, 60～61쪽.

보』라는 지면에 등단하기 직전 일본 민권계열 잡지 『홍수이후』에 투고한 「조선인 교육에 대한 요구[朝鮮人教育に對する要求]」(1916.3)는 제국의 시선을 고려하면서 식민지의 요구를 관철하려는 전략적 타협가로서의 면모를 여실하게 보여준다. 그는 이 글에서 제국 일본의 동화정책을 명분으로 내세우며 조선에 일본과 동등한 교육을 개방할 것을 요구하는 방식으로 제국의 권위를 불러들이면서도 그것에 도전하는 양가적인 전략을 취하고 있다. 뒤이어 『매일신보』의 사장 아베 미츠이에[阿部充家]를 겨냥하며 쓴 글 「대구에서」(1916.9)도 마찬가지다. 이 글 또한 당시 동화정책 노선에 따라 교육과 산업, 문명을 강조하고 있던 총독부의 정책을 충분히 의식하면서 학교교육과 사교기관, 강연과 신문, 잡지와 종교 등 민족의 소생에 필요한 제도적 차원의 공간을 확보하려는 노력을 보여주고 있는 까닭이다.[28]

또 『무정』의 집필 무렵 이광수가 주체적으로 수용하고 있던 사상적 경향의 다양성은 어떠한가. 한 예로 진화론의 경우만 해도 이광수는 사회진화론에서부터 크로포트킨의 상호부조론,[29] 베르그송의 창조적 진화론에 이르는 서로 다른 경향의 진화론의 영향을 동시에 받았지만, 이를 자신의 목적에 맞게 선택적으로 조합하여 수용하고 있었다. 그는 오카 아사지로[丘淺次郎]의 『진화론강화(進化論講話)』(1904)를 당대의 필독서로 간주하면서도 그의 논의에서 열등한 인종은 인류의 생존과 진보

---

28 최주한, 「제국의 근대와 식민지, 그리고 이광수-제2차 유학시절 이광수의 사상적 궤적을 중심으로」, 『어문연구』 140, 어문연구학회, 2008, 424~431쪽.

29 『무정』에는 형식이 자신의 인생관과 우주관, 종교관을 이야기하는 대목에서 크로포트킨의 『麵麭의 掠取』를 읽었다고 언급하는 대목이 나온다. 이 책은 일본 무정부주의자의 선구로 꼽히는 고토쿠 슈스이[幸德秋水]가 번역하여 출간한 『麵麭の略取』(평민사, 1909)를 가리킨다. 한편 오스기 사카에[大杉榮]가 번역한 크로포트킨의 『相互扶助論』(青陽堂, 1917)에는 '진화의 일 요소'라는 부제가 달려 있다. 당대에는 사회진화론과 대척적인 위치에 있던 상호부조론 또한 진화론의 관점에서 수용되고 있었음을 알 수 있다.

를 위해 반드시 도태되어야 한다는 식의 냉혹한 논리보다는 인종의 개량 진보를 도모하는 데 필요한 인위적 진화의 가능성에 좀더 주목하고 있었고, '동정'과 '상호부조'와 같은 사회 감정에 근거하여 인간이라면 누구나 공동으로 이룩한 근대 문명의 혜택을 고루 누려야 한다는 크로포트킨의 호소에도 공감하고 있었다.[30] 요컨대 진화론과 관련하여 『무정』의 번역적 실천에 주목할 때 약육강식·생존경쟁의 논리에 기반한 사회진화론은 이광수가 수용한 다양한 진화론의 논리 가운데 하나였을 뿐임을 고려하지 않으면 안 되는 것이다.

여기에 어린 시절 동학에 입도한 이래 중학시절, 오산시절, 대륙방랑시절을 거치며 보고 겪고 느낀 것들이 『무정』을 쓸 무렵의 이광수라는 (컨)텍스트를 형성했다는 사실까지 염두에 두면 한국 근대문학 형성에서 서구(일본)의 근대적 제도 및 문화와 대면하고 있던 번역 주체 이광수의 무게는 결코 가볍지 않다는 것을 알게 된다. 제2차 유학과 더불어 본격화된 그의 조선 문명화의 구상만 하더라도 제국주의적 근대 문명에 대한 동경만으로는 해석하기 어려운 구석이 있다. 그것은 근대의 제국주의에 비판적이었던 동학에 뿌리를 두고 있고, 중학시절 톨스토이의 비폭력 저항주의적 기독사상의 영향과 애국적 소년회 활동을 거쳐 싹을 틔우며, 오산학교시절의 용동 체험, 대륙방랑시절 상하이에서 서구 자본주의의 실체를 목도하고 더불어 러시아 해외 동포들의 열악한 삶을 접하면서 구체적인 형태를 갖추어간 것인 까닭이다.[31] 그럼에도 불

30 최주한, 「제국의 근대와 식민지, 그리고 이광수」, 431~439쪽. 이광수와 베르그송의 생명철학과의 관련성에 관해서는 하타노 세츠코, 「『무정』을 읽는다(상)-형식의 의식과 행동에 나타난 이광수의 인간의식에 대하여」(최주한 역, 『『무정』을 읽는다』, 소명출판, 2008, 234~241쪽), 와다 토모미, 『이광수 소설의 '생명' 의식 연구』, 서울대 박사논문, 2007 참조.

31 중학시절과 오산시절 전후의 이광수의 삶과 사상적 편력에 대해서는 최주한, 「중학시절과 오산시절 전후의 이광수」, 『춘원연구학보』 5, 춘원연구학회, 2012 참조. 2차 유학시절 전후의 편력에 대해서는 하타노 세츠코, 「『무정』을 쓸 무렵의 이광수」·「이광수의 제2차 유학

구하고 1910년대 이광수의 삶의 편력을 전체적으로 수렴하여 이를 『무정』 연구에 반영한 논의는 아직까지 찾아보기 어렵다. 더욱이 김윤식의 역저 『이광수와 그의 시대』(1986)의 간행 이후 대륙방랑시절, 중학시절, 오산학교시절, 와세다고등예과시절에 걸쳐 1910년대 이광수의 활동을 재조명할 수 있는 새로운 자료들이 다수 발굴되었다는 점을 고려할 때 연구자들의 분발이 요청되는 시점이라고 하지 않을 수 없다.

요컨대 『무정』의 번역적 실천에 관한 연구가 최대한 자의성을 배제하고 객관성을 확보하기 위해서는 작가 이광수를 비롯하여 그를 둘러싼 컨텍스트에 대한 이해가 필수적이다. 한국 근대문학 연구사에서 이광수처럼 모순된 해석이 양립하는 작가가 드물다는 사실을 고려할 때 특히 그러하다. 연구자 자신의 시대적 문제의식의 중요성이 연구 대상을 자의적이거나 주관적으로 취급해도 좋음을 의미하는 것은 아닐 것이다. 연구자 자신의 문제의식과 제대로 대결하기 위해서도 객관성이 확보된 작가 연구는 반드시 선행되어야 한다. 더욱이 이광수에 대한 새로운 자료들이 속속 발굴되어 이광수에 대한 면모가 새로이 조명되고 있는 오늘날 이는 연구자들이 마냥 미루어둘 수 없는 작업이기도 하다. 이런 의미에서, 『무정』의 근대성 형성에 관여한 번역적 실천에 관한 연구는 이광수라는 '(컨)텍스트로의 귀환'이라는 낡고도 새로운 요청에 직면했다고도 할 수 있을 것이다.

시절」, 최주한 역, 『일본 유학생 작가 연구』, 소명출판, 2011; 최주한, 「제2차 유학시절의 이광수」, 『춘원연구학보』 4, 춘원연구학회, 2011 참조.

제4장

두 가지 판본의 「오도답파여행」*

1.

이광수가 『매일신보』의 감사였던 나카무라 켄타로[中村健太郎]에게서 여름방학을 이용하여 '시정(施政) 5년의 민정(民情) 시찰'을 위한 오도답파여행을 해주지 않겠느냐는 청탁의 편지를 받은 것은 이제 막 독자들의 뜨거운 호응 속에서 『무정』의 연재를 마친 직후, 아니면 적어도 연재가 끝나가던 무렵의 일이었다.[1] 『무정』의 연재가 끝난 것이 6월 14

* 이 글은 일본학술진흥회로부터 기반연구 (B)2013～2015년도(과제번호 25284072)의 지원을 받아 수행되었다.

1 "동경에 있는 나에게 당시 『매일신보』 감사였던 나카무라 켄타로 씨로부터 여름 방학을 이용해 施政 5년의 民情 시찰을 위해 조선을 行脚해 주지 않겠냐는 편지가 왔다. 그때는 『매일신보』에 연재한 내 소설 『무정』이 끝나고, 『개척자』라는 두 번째 소설과 「동경잡기」라는 기행, 수필 등을 연재하고 있던 때였다."(이광수, 「무부츠 옹의 추억」(『경성일보』, 1939.3.11～17), 김원모·이경훈 편역, 『동포에 고함』, 철학과현실사, 1997, 245쪽). 『개척자』가 『매일신보』에 연재된 것은 이해 11

일의 일이고 이광수가 경성을 출발하여 오도답파길에 오른 것이 6월 26일의 일이니, 이광수로서는 물론이고 『매일신보』 측으로서도 이 기획은 다소 급작스럽게 추진된 일이었던 셈이다.

실제로 이광수를 특파원으로 하는 오도답파의 기획은 『매일신보』 6월 16일자의 「오도답파보도기행」에서 '출발의 기일과 여정'은 조만간 다시 알리겠다는 언급과 더불어 예고된 후, 특파원의 출발을 알리고 여정에 오르는 이광수의 각오가 게재되었던 26일 출발 당일까지도 구체적인 여정이 잡히지 않은 상태였다.[2] 구체적인 여정은 출발 후 이틀이 지난 28일이 되어서야 지면에 소개되는데, 그것도 애초 계획했던 도보 기행이 기차와 기선을 이용하여 중요지를 방문하는 것으로 변경되었다는 보도를 수반한 것이었다.[3]

물론 오도답파를 통하여 '신정(新政) 보급의 정세'를 살피고 사회 각 방면의 발달상을 일반 사회에 널리 소개한다는 기획은 매일신보사의 오랜 숙원 사업이었다. 일찍이 총독부는 1915년 9월 조선통치 5주년을 기념하여 시정 5년간의 조선 산업의 진보를 전시하고 식민 통치의 성과를 선전하는 조선 물산공진회를 개최한 바 있는데, 각 지방을 편력하여 '신정 보급의 정세'를 살피고 그것을 널리 소개한다는 매일신보사

월부터의 일이고 「동경잡신」이 연재된 것은 전년인 1916년 9월의 일인 만큼, 이광수가 나카무라 켄타로의 편지를 받은 것이 『무정』의 연재가 끝났을 때의 일이었다는 언급 또한 정확한 것으로 간주하기는 어렵다. 다만 『무정』에 대한 독자들의 뜨거운 호응은 119회(6.3)부터 시작되는 삼랑진의 대단원에서 극에 달한 것으로 보이는 만큼 — 실제로 『무정』의 연재가 끝난 바로 다음날 『매일신보』 지면에 게재된 김기전의 감상문 「무정 122회를 독하다」(6.15~16)가 이틀에 걸쳐 게재되었다 —, 『무정』의 인기를 실감한 매일신보사가 이광수에게 오도답파여행을 제안한 것은 일러도 『무정』의 연재가 대단원을 향해 가던 6월 초순 무렵의 일이 아니었을까 싶다.

2 오도답파 출발 당일인 1916년 2월 26일자 『매일신보』에는 이광수의 「여정에 오르면서」(1면), 특파원의 출발을 알리는 「오도답파여행 특파원 출발」(2면), 오도답파의 취지를 설명하고 관헌 및 지방의 유지의 협조를 당부하는 매일신보사와 경성일보사 공동 명의의 「謹告」(2면) 등의 기사가 실려 있다.

3 「오도답파여행도정」, 『매일신보』, 1917.6.28, 2면.

의 오도답파 기획은 조선 산업의 진보를 전시함으로써 '신정의 효과'를 알게 한다는 조선 물산공진회의 취지와도 맞물려 있었던 것이다.[4] 6월 16일자 「오도답파도보여행」에 보이는 "금회(今回)에 호기(好機)를 득(得)하여 차(此)를 결행(決行)"하게 되었다는 언급에서 볼 수 있듯, 독자들의 뜨거운 호응 속에서 『무정』의 연재를 마친 혹은 연재의 끝을 향해가던 매일신보사는 지금이야말로 그 오랜 기획을 추진할 수 있는 절호의 기회라고 여겼던 듯하다. 오도답파 기획과 관련하여 특파원이 이광수라는 것 말고는 구체적으로 정해진 것이 아무것도 없는 상태에서 부랴부랴 오도답파여행을 알리는 기사를 내보내고 오도답파 여정을 시작한 것은 이광수에게 거는 매일신보사의 기대가 어떠한 것이었음을 충분히 짐작케 한다.

한편 이광수에게도 「오도답파여행」은 굳이 마다할 이유가 없는 제안이었다. 일찍이 1915년 11월 "신학문의 빛으로 조선사정을 연구"한다는 목적하에 조직된 조선학회의 발기인의 한 사람이기도 했던 이광수는 조선의 현실에 기반하여 조선사정을 연구하는 일의 필요성을 자각하고 있었고,[5] 1914년의 대륙방랑 시기에도 국민회 시베리아 지방총회의 기관지 『대한인정교보』의 편집 및 집필에 관여하며 해외 한인 사회

4 매일신보사의 오도답파 기획과 총독부의 조선 물산공진회의 연관성에 대해서는 정혜영, 「「오도답파여행」과 1910년대 조선의 풍경」, 『현대소설연구』 40, 한국현대소설학회, 2009, 317~318쪽.

5 1915년 11월 이광수, 신익희, 장덕수 등의 발기로 조직된 조선연구회는 1916년 1월 29일 일본 조선기독교청년회관에서 제1회 총회를 개최한 후 1918년 후반 중심인물들이 대거 상하이로 망명하기 직전까지 꾸준한 모임을 가졌다. 이광수는 1916년 1월 29일 제1회 모임과 11월 3일의 모임에서 농촌문제와 조선 민족성에 관해 두 차례 연구 보고를 한 바 있다. 당시 경무국은 조선학회에 대해 "표면상 목적은 한국에 관한 일반 학술의 연구였으나 독립운동을 위한 비밀결사"로 간주하고 있었는데, 단정하기는 어렵지만 조선학회는 1910년대 재조 일본인들에 의해 설립된 이래 총독부의 지원하에 식민통치를 뒷받침하기 위해 왕성하게 활동하고 있던 조선연구회를 의식하여 조선인의 입장에서 조선사정을 연구하는 것이 필요하다는 자각에서 조직된 것으로 보인다(최주한, 「이광수의 민족개조론 재고」, 『인문논총』 70, 서울대 인문학연구원, 261~263쪽 참조).

에 식민 통치하의 본국의 비참한 현실을 소개하는 데 주력한 바 있다.[6] 더욱이 그는 신문이라는 매체가 언어적 동질성과 더불어 물리적으로 떨어져 있는 지역 사회를 하나의 민족 공동체로 엮는 데 중요한 역할을 한다는 사실을 잘 알고 있었던 만큼[7] —『무정』 또한 그러한 작업의 일환이었던 것은 물론이다—, 조선의 각 지방을 돌아다니며 보고 들은 것을 신문에 생생하게 중계한다는 것 그 자체가 조선 사회에 미칠 영향력을 충분히 인지하고 있었을 것이다. 실제로 그가 오도답파길에 오르기 위해 동경을 떠나 경성으로 오는 길에 쓴 기행문 「동경에서 경성까지」(『청춘』 9, 1917.7)에는 활동하고 생장하고 번창하는 자연의 생명력에 대한 예찬과 더불어 개인과 민족의 활동 또한 마땅히 그러해야 할 것이라는 굳센 각오, 그리고 '웅장하고 영원한' '새누리의 도안'에 거는 기대 등이 한껏 표출되어 있는 것이 눈에 띈다.[8] 물론 명민했던 이광수가 오도답파여행을 기획한 매일신보사 측의 의도를 알아차리지 못했을 리 없다. 20여 년이나 지난 일인데도 나카무라 켄타로에게서 '시정 5년의 민정을 시찰'해 달라는 요청을 받았던 일을 또렷하게 기억하고 있다는 것은 스물여섯의 그 또한 오도답파기가 어떤 조건을 만족시켜야 하는지 잘 알고 있었다는 뜻이기도 하다. 그러니까 이광수가 매일신보사의

---

6 최주한, 「이광수와 『대한인정교보』 9·10·11호에 대하여」, 『대동문화연구』, 대동문화연구원, 2014.6, 518~542쪽.

7 이광수, 「농촌계발」(『매일신보』, 1916.11.26~1917.2.18), 『전집』 10, 87~93쪽.

8 "동경 속에 있어서는 봄이 가는지 여름이 오는지 몰랐더니, 밖에 나와 보니 벌서 여름이 무르녹았다. (…중략…) 모두 살았구나, 모두 생장하는구나, 모두 번창하는구나, 모두 활동하는구나. 개인도 이러할 것이요, 일민족도 마땅히 이러해야 할 것이란 생각이 굳세게 일어난다."(『전집』 9, 140쪽). "이제 비가 올 테지. 시원하고 기름 같은 비가 올 테지. 저 빨가벗었던 산이 기름이 흐르는 삼림으로 컴컴하게 되고 저 바짝 마른 개천도 맑은 물이 나물나물 넘칠 때가 오겠지. 그래서 고운 꽃이 피고, 청아한 새 소리가 들릴 때도 오겠지. 응, 확실히 오지. 네가 지금 이러한 새누리의 도안을 그리는 중이 아니냐. 그렇다 그러나 바빠할 것 없다. 천천히 천천히 웅장하고 영원한 것을 그려다오."(위의 책, 144쪽)

제안에 선뜻 응한 것은 매일신보사 측의 의도를 충족시키면서도 자신의 의도를 관철할 수 있다는 믿음이 전제되어 있었다고 볼 수 있다.

2.

매일신보사의 오도답파 기획과 관련하여 한 가지 더 주목해야 할 사실은 이광수가 오도답파 길에 오르기 바로 전날인 25일, 오도답파기행의 연재가 『매일신보』의 독자들을 대상으로 한다는 계획이 다시 한번 변경된다는 점이다. 실제로 6월 26일자 『매일신보』와 『경성일보』 지면에는 오도답파 기획과 관련하여 관헌과 지방 유지에게 협조를 당부하는 「근고(謹告)」와 「사고(社告)」가 매일신보사와 경성일보사의 공동 명의로 게재되어 있고,[9] 6월 29일 『매일신보』에 제1신이 게재된 바로 다음날인 30일부터 당장 『경성일보』에도 일본어 기사가 나가고 있는 것을 볼 수 있다.

이렇게 변경된 방침은 조선어로 쓰느냐 일본어로 쓰느냐 하는 언어상의 문제 그 이상의 문제를 내포한다는 점에서 각별히 주목되어야 한다.[10] 넓게 보아 번역을 포함하여 모든 글쓰기는 동일한 문제를 다루더

---

9 6월 26일자 『매일신보』의 「근고(謹告)」와 『경성일보』의 「사고(社告)」의 존재에 관해서는 각각 호테이 토시히로[布袋敏博]와 김재관에 의해 밝혀진 바 있다(호테이 토시히로, 「이중언어의 이광수—「오도답파여행기」론」, 『한국 현대문학과 일본』(한국현대문학회 제3차 전국학술대회 발표 자료집), 한국현대문학회, 2008, 9쪽; 김재관, 「「오도답파여행」에 나타난 일제 식민지 교통체계 연구」, 『어문논집』 46, 중앙어문학회, 2011, 271쪽).

10 『경성일보』판 오도답파기행문의 중요성에 대해서는 일찍이 호테이 토시히로에 의해 거듭 제기된 바 있지만(布袋敏博, 「李光洙「五道踏破旅行記」小考 : 朝鮮語版と日本語版の比較研究」, 第54回, 朝鮮學會 發表要旨, 2003; 호테이 토시히로, 위의 글), 자료에 접근하기 어려운 탓인지 아직까지도 이렇다 할 연구 성과가 나오지 않고 있는 실정이다.

라도 당연히 어떤 매체와 어떤 독자층을 상정하느냐에 따라 그 입장과 수위를 달리할 수밖에 없는 까닭이다. 실제로 『경성일보』 판 오도답파 여행기는 『매일신보』와 동일한 내용을 다루는 경우에도 일정한 취사 선택의 과정을 거치고 있고, 또 『매일신보』에는 없는 일본인 독자들만 대상으로 하여 쓴 내용도 상당하다.[11]

다만 『경성일보』의 일본어 기사에 관해서는 "전주에서부터 나는 『경성일보』에도 기행문을 쓰라는 청탁을 받아서 거기서 목포까지 가는 동안에는 양 신문에 다 썼다"[12]는 이광수의 회고가 남아 있어 검토가 필요하다. 일찍이 『경성일보』 판본에 주목했던 호테이 토시히로는 전주 이전의 5편의 기사와 이후의 일본어 문장 사이에 문체상의 차이가 없다는 점을 들어 이광수의 기억이 잘못이고, 이광수는 처음부터 『경성일보』에 일본어로 글을 썼다는 견해를 제시한 바 있다.[13] 일본어에 그다지 능숙하지 않은 필자로서는 문체상의 문제에 대해서는 논하기 어렵지만, ① 『경성일보』 기사가 처음부터 '소생(小生)'이라는 인칭대명사와 더불어 경어체 소로분[候文]으로 씌어졌다는 점, ② 『경성일보』 기사에는 첫회부터 『매일신보』 기사에는 없는, 그것도 현장에 없었다면 결코 쓸 수 없는 내용이 들어있다는 점, ③ 『경성일보』의 4회분에 해당하는 『매일신보』의 제6신은 동일 내용을 다루고 있되 완전히 다른 문장으로 재구성한 것이라는 점, ④ 『경성일보』의 5회분은 『매일신보』의 기사와는 전혀 무관하게 씌어진 것이라는 점을 근거로 이광수가 처음부터 『경성일보』에 일본어로 글을 썼다는 사실에 동의하는 입장이다.

먼저 ①에서 언급한 '소생'이라는 인칭대명사와 더불어 쓰인 경어체

---

11 원고 말미에 붙인 [비고]의 '판본 비교'란에 의하면, 『경성일보』의 일본인 독자를 의식하여 『매일신보』와는 다른 내용으로 구성한 기사는 총 6편에 달한다.

12 이광수, 「서문」, 『반도강산 기행문집』(영창서관, 1939), 『전집』 10, 529쪽.

13 호테이 토시히로, 앞의 글, 9쪽.

소로분은 이광수가 일찍이 아베 미츠이에[阿部充家]에게 올린 「대구에서」(『매일신보』, 1916.9.22~23)의 '소생'이라는 인칭대명사와 '하나이다'의 경어체를 환기시킨다. 소로분은 에도 시대 이래 주로 관청의 공문서라든가 서간문에 사용되었는데,[14] 이를 환기시키는 서간문체로 쓴 「대구에서」를 통해 『매일신보』에 발탁되었던 이광수는 소로분이 갖는 호소력을 이번에도 십분 활용하고자 했던 듯하다. 다음으로 ② 『경성일보』 기사에만 게재되어 있는 내용들은 현장에서 직접 보고 들은 것은 물론 그에 대한 감상, 더 나아가서는 상상까지도 곁들여 있는 까닭에 『매일신보』의 기사를 토대로 임의적으로 작성할 수 있는 성격의 것이 아니다. 이를테면 다음과 같은 대목이 그러하다.

> 자신들(시마무라 일행 - 인용자)은 예술을 위해서라고 말할지도 모르지만, 곁에서 보면 역시 지방 순회공연 배우로서 차라리 딱한 느낌이 듭니다. ◇ 목포 및 부산에서 각각 이틀간 흥행을 하고 다음달 초에는 도쿄로 돌아간다고 합니다. 차실의 승강대에 높다랗게 층층이 쌓인 트렁크, 가방, 꾸러미 등은 묻지 않아도 예술좌 일행의 짐이라는 것을 알 수 있습니다. 그 속에는 카츄샤의 가발과 의상도 들어 있을 것을 생각하면 어쩐지 우스워집니다. (「湖西로부터(1)」, 『경성일보』, 1917.6.30)

> 마지막으로 장관은 시정(施政)의 방침으로서 계발주의를 취할 것이라고 합니다. 조선인은 억누르는 게 제일이라고 주장하는 자가 많지만 이는 결코 득책이 아니다. 억압받은 자는 그 압력이 줄어듦과 동시에 옛날로 돌아가게 마련이다. 충분히 이해득실을 납득시켜 내심으로부터 정부의 지도에 따르도록 하는 것이 계발의 근본 뜻으로서 이렇게 하는 것만이 비로소 철저하게 조선인을 교화시킬

14 野口武彦, 『三人称の發見まで』, 筑摩書房, 1994, 193쪽.

수 있다고 말씀하시고, 드러내놓고 회심의 미소를 지으셨습니다. 혹은 다른 도보다 모든 면에서 늦어질지도 모르지만 그래도 그 결과 면에서는 다른 도보다 나을 것을 확신한다고 말씀하시고, 세 대째 권련에 불을 붙이셨습니다. (「湖西로부터(2)」, 『경성일보』, 1917.7.1)

『매일신보』의 기사를 토대로 작성할 수 없는 기사라는 점에서는 ④ 『경성일보』 5회분 기사의 경우도 마찬가지이다. '어째서 오늘날까지 부여가 잊혀졌을까'라는 부제하에 씌어진 이 기사는 시간상으로도 「매일신보」의 제7신과 제8신에 해당하는 「백마강상」 사이에 씌어진 것으로,[15] 전적으로 『경성일보』의 일본인 독자들을 대상으로 하여 새로 쓴 것이다.

더욱이 이광수는 또 다른 회고에서 당시 『경성일보』 편집장이었던 마츠오 시게요시[松尾茂吉]가 조선인의 손으로 씌어졌다는 진기함 때문이었는지 "나의 소로문체로 된 기행문"을 초호(初號) 3단의 커다란 표제를 붙여 2면 상단 머리기사로 다루어주었다고 언급한 바 있는데,[16] 다음 쪽의 사진에서 볼 수 있듯이 2면이 아니라 3면에 게재되긴 했지만 『경성일보』에 게재된 오도답파여행기 가운데 상단 머리기사로 커다란 표제를 붙인 기사가 등장하기 시작한 것은 부여에서 쓴 '아름다운 경치, 그 감개'라는 제목의 제4, 5회분이 처음이다.[17]

---

15 『매일신보』의 제7신은 석양 무렵 평제탑과 황혼 무렵 백제왕릉을 찾은 감상을, 제8신에 해당하는 「백마강상」은 그 이튿날 강경으로 떠나는 배 위에서 일어난 일을 다룬 기사이다. 한편 『경성일보』의 제5회분은 말미에 "이제부터 쪽배를 저어 백마강을 내려가 강경으로 떠날 여장을 꾸리고 나서 이 글을 쓰겠습니다"라고 언급되어 있어 강경으로 떠나기 직전에 쓴 기사라는 것을 알 수 있다.

16 이광수, 「무부츠 옹의 추억」, 앞의 책, 245~246쪽.

17 기사 1, 2, 3회분은 1면이긴 하지만 5, 6단에 작은 표제로 게재되어 있어 그다지 눈에 띄지 않는다. 그런데 3면에 실린 4회분은 눈에 띄게 큰 표제와 더불어 1, 2단에 게재되어 있고, 5회분도 3, 4단에 배치되어 있다. 이 커다란 표제는 이후 네 편의 다도해 기사와 열세 편의 경주 기사에서 다시 등장한다.

京城日報 大正六年七月二日

其の美景 其の感慨

農民解散

東京大相撲

高女生徒の同盟休校

白晝強盜捕

『경성일보』, 1917.7.2.

이상의 사실을 고려하건대, 경성일보사는 애초에 이광수에게 일본어 기사를 맡겨도 될지 결정하지 못한 상태였다가 5회분의 기사를 받아본 다음 일본어 능력을 신뢰하여 전주 부근부터는 양쪽에 다 써도 좋다고 허락했을 가능성이 있다.

3.

이처럼 이광수의 오도답파여행기가 겨냥하고 있던 독자층은 애초에 조선인으로 한정되어 있지 않았다. 그것은 처음부터 서로 다른 독자층을 상정하며 조선어와 일본어로 동시에 씌어졌다. 게다가 이광수 자신이 직접 밝힌 바 있듯이, 목포에서 뜻하지 않게 전염병 적리(赤痢)에 걸려 병원에 입원하게 된 이후 『매일신보』 기사의 일부는 친우 심우섭의 번역을 거쳐 게재되어야 했다.[18] 네 편의 「다도해」 기사와 열세 편의 「서라벌에서」 기사가 그러하다.

심우섭의 번역문은 같은 국한혼용문이라 해도 언문일치가 정착된 이광수의 문장과는 달리 현토체에 가까워서 금방 알아볼 수 있다. '이로다', '이라'와 같은 어말 어미와 더불어 1인칭 대명사 '여(余)'와 3인칭 대명사 '피(彼)'가 주로 쓰이는 것도 현토체 문장의 구속력 때문이다. 처음에 번역한 네 편의 「다도해」기사는 어려운 한자로 가득한 현토체 문장이라 다시 번역하지 않으면 뜻을 알기 어려운 곳도 상당하다. 두 번째로 번역한 열세 편의 「서라벌에서」 기사의 경우 뒤로 갈수록 한글의 통사구조에 가까워지고 있긴 하지만, 여전히 현토체 문장이 혼용되어 있는 것을 발견할 수 있다. 특히 「서라벌에서(4)」 이후의 문장은 의식적으로 1인칭 대명사 '나'와 삼인칭 대명사 '그'를 사용하면서 언문일치 문장에 보다 가까워지고 있어 번역이 언문일치 문장에 미친 영향력을 실감케 한다.

그런데 이런 문체의 차이보다 더 중요한 문제는 심우섭의 번역이 종종 오역과 의역을 수반하고 있어 원문의 의미를 심각하게 왜곡하기도 한다는 점이다. 단적인 예가 「서라벌에서(2)」의 다음 대목이다.

원래는 능 둘레에 돌로 된 장식이 있었을 텐데, 지금은 묻혀서 보이지 않고 다만

18 "목포에서 赤痢에 붙들려서 중병하고 나서부터는, 즉 목포, 다도해, 경주 등의 기행문은 『경성일보』에 게재하는 분을 내가 쓰고 『매일신보』에는 당시 거기서 집필하던 親友 심우섭 군이 번역하시기로 되어 있었다. 그러므로 이 부분에는 얼마큼 문체의 차이가 있다."(이광수, 「서문」, 앞의 책, 529쪽)

커다란 흙무덤만이 서악(西岳)의 배경과 대비되어 장엄한 느낌을 일으킵니다. 모자를 벗고 사배(四拜)합니다. 왕에 대한 예를 갖춤입니다. 생각건대 왕은 원수입니다. 소생이 백제인이니, 천이백 년 전 우리 선조는 그를 미워하고 원망하는 마음이 골수에 사무쳤을 것입니다. 사비성의 성스런 도읍을 재로 만든 것은 실로 그의 손이었습니다. 그러나 시간은 만물을 만들고, 동시에 만물을 파괴합니다. 이래 1천여 년을 지나며 고려인이 되고, 조선인이 되고, 대한제국민이 되고, 다시 대일본제국민이 되었습니다. 마찬가지로 흰옷의 반도인으로서, 오늘날 당시의 은구(恩仇)를 기억하는 사람조차 없는 것이야말로 우스운 일입니다. 인사(人事)의 변천은 한이 없습니다. 백제인의 후예인 소생이 1천 년 후의 오늘 무열왕릉 앞에 사배함도 생각하면 감개 깊은 일입니다.(「新羅の旧都に遊ぶ(2)」, 『경성일보』, 1917.8.23)

위의 인용문은 태종 무열왕의 능 앞에 선 이광수가 당(唐)의 군사를 끌어들여 백제를 치고 신라를 전성기로 이끈 왕의 위업을 상찬한 데 이어 고대에서 이광수 당대에 이르는 인사(人事)의 변천에 대한 감상을 적어 내려간 대목이다. 이광수는 그 자신 백제인의 후예로서 1천여 년 후 과거 원수나 다름없는 신라 무열왕의 능 앞에 참배하고 있다는 사실에 대해 미묘한 감개를 표출하고 있는데, 이는 1천여 년의 역사를 지나며 과거의 백제인과 신라인이 고려인이 되고, 조선인이 되고, 대한제국민이 되고, 다시 대일본제국민이 되었는데도 당시의 은원(恩怨)을 기억하는 사람조차 없는 것이야말로 '우습다'라는 표현에 그대로 압축되어 있다.

그런데 이 대목을 심우섭은 "동시(同是) 백의(白衣)의 반도인(半島人)으로, 금(今)에 당시(當時)의 은구(恩仇)를 기억(記憶)함은 가소(可笑)로운 사(事)이다"[19]라고 번역하고 있다. 이 대목의 원문은 "同じく是れ, 白衣の

19 이광수, 심우섭 역, 「서라벌에서(2)」, 『매일신보』, 1917.8.30.

半島人にして，今や當時の恩仇を記憶する者さえなきこそ可笑しけれ" 인데, 심우섭은 '기억하는 자조차 없는 것이야말로 우습다'라는 문장을 '기억하는 것이 가소롭다'로 잘못 번역한 것이다. 이 경우 원문의 의미는 역사상 과거의 은인과 원수를 기억할 필요가 없다는 뜻으로 간단히 왜곡되어 버린다. 더욱이 이 문장을 바로 앞 문장과 연결하여 읽게 되면 이미 대일본제국민이 된 이상 조선인은 더 이상 과거의 일에 매일 필요가 없다는, 당시 이광수의 정치적 입장과는 배치되는 견해가 도출될 우려마저 있다.[20]

더욱이 현재 이광수전집에 실려 있는 판본은 1939년 8월 영창서관에서 간행된 『반도강산 기행문집』에 실리면서 최정희에 의해 일정한 문체 수정의 과정을 거친 것인데다[21] 내선일체를 내걸고 전시체제로 돌입한 정세까지 가세하여 많은 부분이 검열되어 삭제되어 있는 것이 눈에 띈다. 당연히 총독부 주도하의 근대화가 초래한 일본인과 조선인 간의 불균등한 발전에 대한 비판이라든가 조선인의 민족적 정체성을 강조하고 독자적인 활약상을 고대하는 대목들은 모두 삭제되어 있다. 삭제된 대목을 몇 군데 제시하면 다음과 같다.

---

20 이와 비슷한 의역이 한 군데 더 있다. 『경성일보』판 「다도해 순례(1)」의 기사 가운데 이광수가 이순신이 경영하던 우수영(右水營)을 돌아보며 감상을 적어내려간 대목 가운데 "그러나 지금은 함성도 피보라도 일지 않고, 당시의 적과 아군이 사이좋게 수영성(水營城) 안에 거주케 된 것에 생각이 미치면, 사뭇 감개가 없을 수 없습니다"라고 쓴 대목을 "然하나 今에는 當時의 對敵이 **舊怨을 相望하고** 親密히 水營城 內에서 **兄弟와 如히** 居住하는 것은 轉하여 **感慨無量하다**"(「다도해(1)」, 『매일신보』, 1917.7.29)고 번역하고 있다. 원문이 과거와는 달라진 일본과 조선의 관계에 대한 미묘한 감개를 함축적으로 표현하고 있다면, 심우섭의 번역은 '옛 원한을 서로 잊고' '형제와 같이' 등등 원문에 없는 구절까지 삽입하여 일선동화정책에 적극 동조하는 듯한 어감을 표출하고 있다.

21 "그것을 이번에 출판하게 된 때에는 내가 병중이므로 친우 최정희 여사가 수정하셔서 내 문체와 가깝도록 문체를 통일하게 되었다."(이광수, 「서문」, 앞의 책, 529쪽)

席上에 第一 놀라운 것은 모인 여러분의 人事 言語 凡節이 전혀 日本化하였음이다. 衣服만 和服을 입었더면 누구나 그네가 朝鮮人인 줄을 모를 것이다. 毋論 外形만으로 內心까지 判斷할 수는 없으나 적어도 外形으로는 完全히 日本化하였다고 할 만하다. 나는 席上에서 裡里의 朝鮮人도 日本人과 平行하게 發展하도록 努力하기를 빌었고 一同은 그러하도록 盡力하시노라고 對하였다. 平行치 아니하는 發展은 아무리 하여도 一種 病的 發展이다.(「裡里에서(2)」, 『매일신보』, 1917.7.14)

木浦府의 市街가 諭達山 밑 磽埆한 地에 둘러붙은 것은 地圖를 보아 알았고 그 中에 朝鮮人의 茅屋 市街는 바로 病室窓으로서 빤히 내다보인다. 露積岩 모퉁이를 돌아서서 高樓巨閣이 櫛比하고 入艦出舶의 如織한 데가 舘이라 일컫는 內地人側의 市街다. 朝鮮人이라고 살지 말라는 法은 없건마는 朝鮮人은 繁華한 그 市街에서 商工業을 經營할 만한 實力이 없다고 來訪하였던 木浦人이 말한다.(「木浦에서」, 『매일신보』, 1917.7.27)

市區는 改正되었고 新聞 있고 銀行 있고 電話 있고 電燈 있고 水道도 不遠에 完成되리라 하니 이에 都會의 形態는 完成되었다. 다만 저 無職業한 人民을 어찌하며 飢餓하는 人民을 어찌하며 教育을 받지 못하는 兒童들을 어찌하며 金櫃 속에서 썩기만 하는 金錢을 어찌하뇨.(「光州에서(1)」, 『매일신보』, 1917.7.24)

歷史의 모든 記錄이 다 湮滅하고 말더라도 平濟塔이 儼然히 百濟의 舊都에 섰는 동안 吾族의 精神의 崇高하고 浩鍊됨은 잊히지 못할 것이다. 只今에 血管中에도 이 祖先의 血液의 數滴이 흐를지니 이것이 新沃土를 만나고 新日光을 받으면 반드시 燦然히 꽃을 피울 날이 있을 줄을 믿는다.(「제7신－백마강상에서」, 『매일신보』, 1917.7.5)

위의 대목들은 적어도 1917년의 「오도답파여행」의 경우 '시정 5년의 민정 시찰담'이라는 관제 기행문의 기본 성격 위에서도 조선인의 민족적 정체성을 강조하거나 일본인 중심의 총독부의 시정(施政)에 대한 비판적인 시선이 어느 정도 허용되고 있었음을 말해준다. 하지만 1939년의 영창서관본은 이런 대목이 모두 삭제되어 있어 그야말로 관제 기행문의 성격에 가까워지고 말았다. 특히 세 번째 인용문의 경우 굵은 활자로 표시한 대목만 삭제되어 있는데, 이 대목을 삭제하게 되면 애초에 총독부의 시정이 정작 조선인들에게는 별다른 영향을 주고 있지 못한 현실에 대한 비판이 총독부의 시정을 찬양하는 글로 바뀌어버리게 되는 것이다.

이상에서 1917년 무렵의 이광수를 온전히 이해하기 위해서는 『매일신보』 판 「오도답파여행」과 더불어 『경성일보』 판 오도답파기가 나란히 비교 검토되는 작업이 선행되어야 하는 이유가 어느 정도 밝혀졌으리라 생각한다. 다만 이 글은 자료 소개에 목적이 있는 터라 우선 『근대서지』의 지면을 빌려 『매일신보』와 『경성일보』 판 오도답파기행문의 원문과 번역문을 소개해두는 것으로 그치고, 좀더 심화된 논의는 후속 논문을 기약하고자 한다.[22]

22 후속 논문 「이광수의 이중어 글쓰기와 오도답파여행」은 『민족문학사연구』 55(민족문학사연구소, 2014)에 게재 예정.

〈표 3〉 비고

여정(집필일)	『매일신보』(게재일)	『경성일보』(게재일)	판본 비교
경성 출발(6.26)	謹告－오도답파보도여행(6.16 / 6.26)	社告－오도답파보도여행(6.26)	6월 26일자 동일 내용
조치원(6.26)	제1신(6.29)	湖西로부터(1)(6.30)	『경성일보』는 『매일신보』 기사 약술 및 보충
공주(6.26)	제2신(6.30)		
공주(6.26)	제3신(7.1)	湖西로부터(2)(7.1)	상동
이인(6.26)	제4신(7.3)	湖西로부터(3)(7.2)	상동
부여(6.28)	제5신(7.4)		
부여(6.29)	제6신(7.4)	아름다운 경치, 그 감개(1)－부여(7.2)	동일 내용, 다른 문장 『경성일보』 3면 상단 게재
백마강(6.30)	제7신(7.5)		
		아름다운 경치, 그 감개 (2)－부여(7.3)	**『경성일보』에만 있는 내용** 『경성일보』 3면 상단 게재
백마강(6.30)	백마강상에서(7.6)		
군산(7.2)	군산에서(7.7)		
전주(7.2)	전주에서(1)(7.8)	湖南으로부터(1)(7.6)	『경성일보』는 『매일신보』 기사 약술 및 보충 / **湖南(2)는 『경성일보』에만 있는 내용**
전주(7.3)	전주에서(2)(7.10)	湖南으로부터(2)(7.7) 湖南으로부터(3)(7.8)	
전주(7.6)	전주에서(3)(7.11)	湖南으로부터(4)(7.9)	**『경성일보』에만 있는 내용**
전주(7.6)	전주에서(4)(7.12)	湖南으로부터(5)(7.10)	**『경성일보』에만 있는 내용**
이리(7.6)	이리에서(1)(7.13)	湖南으로부터(6)(7.14)	**『경성일보』에만 있는 내용**
이리(7.6)	이리에서(2)(7.14)	湖南으로부터(7)(7.25)	**『경성일보』에만 있는 내용**
이리(7.8)	이리에서(3)(7.15)		
광주(7.8)	광주에서(1)(7.24)		목포에서 집필(7.21). 광주에서의 여정은 「광주 환영연」(7.31) 기사 참조.
광주(7.9)	광주에서(2)(7.25)		
광주(7.10)	광주에서(3)(7.26)		
휴게기사(7.14)	목포에서(7.17)	湖南으로부터(8)(7.17)	赤痢로 프랑스 병원 입원. 동일 내용, 동일 문장
목포(7.21)	목포에서(1)(7.27)		
順天丸(7.23)	다도해(1)(7.29)	다도해 순례(1)(7.26)	『매일신보』 기사는 심우섭의 번역 원고. 『경성일보』 3면 상단 게재.
완도(7.24)	다도해(2)(7.30)	다도해 순례(2)(7.27)	
海神丸(7.24)	다도해(3)(8.3)	다도해 순례(3)(7.28)	
삼천포(7.24)	다도해(4)(8.4)	다도해 순례(4)(7.29)	
진주(7.25)	진주에서(1)(8.12)*	嶺南으로부터(1)(8.11)	『경성일보』는 『매일신보』 기사 약술 및 보충(8.1 집필)
진주(7.26)	진주에서(2)(8.14)*		
진주(7.27)	진주에서(3)(8.15)*	嶺南으로부터(2)(8.12)	상동(8.2 집필)
진주(7.27)	진주에서(4)(8.16)*	嶺南으로부터(3)(8.13)	상동(8.2 집필)
통영(7.29)	통영에서(1)(8.5)	統營으로부터(1)(8.16)	상동(8.3 집필)
한산도(7.29)	통영에서(2)(8.7)	統營으로부터(2)(8.17)	상동(8.3 집필)

동래온천(7.30)	동래온천에서(1)(8.8)		
금정(7.31)	동래온천에서(2)(8.9)		
해운대(8.1)	해운대에서(8.10)		
부산(8.4)	부산에서(1)(8.17)		
부산(8.5)	부산에서(2)(8.18)		
마산(8.7)	마산에서(1)(8.23)		
마산(8.7)	마산에서(2)(8.24)		
대구(8.10)	대구에서(1)(8.25)		
대구(8.11)	대구에서(2)(8.26)		
대구(8.15)	대구에서(8.28)		
경주(8.15)	서라벌에서(1)(8.29)	신라의 옛 도읍(1)(8.22)	
경주(8.15)	서라벌에서(2)(8.30)	신라의 옛 도읍(2)(8.23)	
경주(8.16)	서라벌에서(3)(8.31)	신라의 옛 도읍(3)(8.24)	
경주(8.16)	서라벌에서(4)(9.2)	신라의 옛 도읍(4)(8.25)	
경주(8.16)	서라벌에서(5)(9.3)	신라의 옛 도읍(5)(8.26)	
경주(8.16)	서라벌에서(6)(9.4)	신라의 옛 도읍(6)(8.29)	
경주(8.16)	서라벌에서(7)(9.5)	신라의 옛 도읍(7)(8.30)	『매일신보』 기사는 심우섭의 번역 원고. 『경성일보』 3면 상단 게재.
불국사(8.17)	서라벌에서(8)(9.6)	신라의 옛 도읍(8)(8.31)	
불국사(8.17)	서라벌에서(9)(9.7)	신라의 옛 도읍(9)(9.2)	
불국사(8.17)	서라벌에서(10)(8.17)	신라의 옛 도읍(10)(9.3)	
불국사(8.17)	서라벌에서(11)(9.9)	신라의 옛 도읍(11)(9.5)	
경주(8.18)	서라벌에서(12)(9.11)	신라의 옛 도읍(12)(9.6)	
경주(8.18)	서라벌에서(13)(9.12)	신라의 옛 도읍(13)(9.7)	
동경행(9.13)	이광수씨 東渡(9.15)		

* 표시된 네 편의 진주 관련 기사는 『매일신보』 연재 당시 게재 순서가 바뀌었는데 이유는 분명치 않다. 본고에서는 기사를 여정 순으로 재배열하였다.

제5장
『사랑』의 저자는 누구인가

1. 가야마 미츠로 vs 향산광랑

사단은 중앙일보 1997년 6월 10일자 「춘원 이광수 창씨개명 실시 2년 앞서 사용」이라는 정운현의 기고문으로 거슬러 올라간다. 정운현은 이 기사에서 "1938년(昭和 13) 박문서관이 출간한 소설집 『사랑』(초판본)의 판권란에는 저자가 '향산광랑(香山光郎)'으로 나와 있다"고 밝히면서, "따라서 춘원은 이 당시 이미 '향산광랑'이라는 일본식 이름으로 창씨개명해 '이광수'라는 본명 대신 사용한 사실이 확인되고 있다"[1]는 놀라운 주장을 폈다. 당시 이 기사 속 인터뷰에서 김원모는 "납득하기 어려울 정도로 놀라운 사실"이라고 반응했는데, 그도 그럴 것이 1912년 3월 18일

---

1 정운현, 「춘원 이광수 창시개명 실시 2년 앞서 사용」, 『중앙일보』, 1997.6.10.

에 제정된 조선민사령 14차 개정의 일환으로 창씨개명 관련 법령이 공포된 것은 1939년 12월 26일 조선총독부령 제219~222호를 통해서였고,[2] 이광수가 이 법령에 따라 '가야마 미츠로[香山光郎]'이라는 새로운 씨명으로 고칠 것을 공식적으로 밝힌 것은 창씨제가 시행(1940.2.11)되기 한 달 전 『매일신보』 1940년 1월 5일자 기사에서 처음 발견되는 까닭이다. 기자는 이광수의 창씨명에 대한 고심을 다음과 같이 밝혔다.

> 좁은 의미에 있어서 조선 신문화의 개척자의 한 사람이요 조선문단의 원로이며 오랫동안 민중과 직접으로 여러 가지 관련이 많았던 춘원 이광수 씨의 최근의 활동은 여러 가지 의미에서 볼 만한 것이 있지마는 이 '이광수'씨가 솔선하여 내지인 식의 씨명으로 고칠 것을 발표하였다. 새로운 씨명은 향산광랑(香山光郎)- 이 빛나는 넉자 씨명을 선택한 고심담을 이광수 씨, 아니 향산광랑 씨에게 물으니 씨는 웃음을 머금은 채,

> 지금으로부터 2천 6백 년 신무천황(神武天皇)께옵서 어직위를 하신 곳이 강원(橿原)인데 이곳에 있는 산이 향구산(香久山)입니다. 뜻깊은 이 산 이름을 씨로 삼아 '향산'이라고 한 것인데 그 밑에서 '광수'의 '광'자를 붙이고 '수'자는 내지식의 '랑'으로 고치어 '향산광랑'이라고 한 것입니다.[3]

그런데 더욱 놀라운 것은, 그토록 놀라움을 표했던 김원모가 얼마 안 있어 이광수가 '가야마 미츠로'라는 일본식 이름을 사용한 것은 창씨개명 시점보다 2년이 앞선다는 정운현의 주장에서 더 나아가, 그 동안 이

2 최재성, 「'창씨개명'과 친일 조선인의 협력」, 『한국독립운동사연구』 제37집, 독립기념관 한국독립운동사연구소, 2010.5, 349~351쪽.
3 「폭풍같은 감격 속에 '씨' 창설의 선구들－指導的 諸氏의 選氏 苦心談」(『매일신보』, 1940.1.5), 이경훈 편역, 『춘원 이광수 친일문학전집』 2, 평민사, 1995, 60쪽.

광수의 창씨명이라 알려져 있던 '향산광랑'이라는 이름이 실은 "총독부의 창씨개명제 실시와 아무런 관계없이" 이광수가 스스로 만들어 사용한 민족주체성이 담긴 '자호(自號)'라고 주장한 점이다. 내용인즉 '향산'은 "단군조선을 창시한 묘향산 신시(神市)"를 가리키고, '광'은 자기 이름에서, '랑'은 영랑, 화랑 등 신라 화랑의 이름에서 따왔다는 것인데, 이를 뒷받침하는 근거로 김원모는 정운현의 기고문 및 이광수가 창씨 시행 이전인 1936년 동우회 회우 이영학에게 '향산(香山)'이라는 호를 붙여준 일을 들었다.[4]

정운현과 김원모의 주장대로라면, 『사랑』의 저자는 총독부의 창씨령보다 한발 앞서 내선일체를 받아들인 '가야마 미츠로'이거나, 아니면 정반대로 고조선의 단군과 신라의 화랑에 연원을 둔 민족주체성을 지키고자 한 '향산광랑'이라는 얘기가 된다. 최근 방민호는 이 문제를 두고 "이광수의 조선인 정체성론이 함축하고 있는 양가성의 문제"로 이해할 수 있다는 의견을 내놓았다. "'향산'은 독자적으로 기능할 때는 조선 역사의 독자성을 상징하는 담론으로 기능하지만, 내선일체론이라는 소켓에 끼워지는 순간 '향구산'을 가리키는 말로 새롭게 재조정되는 마술을 부린다"[5]는 것이다. 『사랑』의 저자가 이번에는 '가야마 미츠로'이기도 하고 '향산광랑'이기도 한 셈이다. 과연 어느 쪽의 주장이 옳은 것일까.

4 김원모, 『영마루의 구름』, 단국대 출판부, 2009, 1007~1013쪽.
5 방민호, 「이광수 장편소설 『원효대사』를 어떻게 읽을 것인가」, '한국현대문학회 제1차 전국 학술발표대회', 2011, 85쪽.

2. 서지(書誌)가 알려주는 진실

'향산'이 "단군조선을 창시한 묘향산 신시(神市)"를 가리킨다는 주장에 대해서는 이미 설득력 있는 반론이 제기되었으므로,[6] 이 글에서는 정운현과 김원모가 서로 상반된 주장의 근거 자료로 활용하고 있는 『사랑』의 판권란을 중심으로 주장의 타당성을 검토하기로 한다.

필자가 이 문제를 좀더 면밀히 검토해 보아야 겠다고 생각하게 된 계기는 최근 김원모가 근거 자료로 제시하고 있는 『사랑』의 판권란 자료에 대해 의문을 제기한 김용직의 서평을 접하고 나서였다. 김용직은 이 판권란에 저자의 이름뿐만 아니라 발행자와 인쇄자의 이름 또한 각각 창씨명 '서원성(瑞原聖)'과 '월성효(月城孝)'로 되어 있는 점에 주목하여, 발행자와 인쇄자 역시 창씨령 이전에 일본식 성명을 가졌다고 보기 어려우므로 이 판권란을 가진 『사랑』의 발행 시기는 창씨개명이 이루어진 뒤의 일이라고 주장했다. 그리고 김원모가 근거 자료로 제시한 『사랑』의 판권란에 초판 발행일이 인쇄되어 있는 것은 재판을 찍을 경우 그와 정비례로 세금을 더 물어야 하는 불이익을 기피하기 위한 출판사 측의 허위 기재였을 가능성을 제기했다.[7]

이에 대해 오영식은 『사랑』 초판본의 저자는 '이광수'가 맞지만 당대

---

6 최재성은 삼국유사에 단군조선이 창건된 곳이 '묘향산'이 아니라 '태백산'으로 기록되어 있으며, 특히 이광수 자신이 태백산을 묘향산으로 보는 것에 대해 비판적이었다는 점을 들어 '향산'이 '묘향산'을 가리킨다는 주장이 설득력이 없다고 반박한다. 그가 근거 자료로 제시한 이광수의 연시조 「태백산」의 제3연은 다음과 같다. "묘향산이라고 그 어느 분이 고치신고 / 우리 님 겨옵시든 태백산을, 태백산을 / 철없는 先人의 所爲를 못내 슳어합니다"(이광수, 『동광총서』 권1, 1933.7.10) 요컨대 삼국유사에 나오는 태백산의 이름을 묘향산으로 고친 것을 두고 '철없는 선인의 소위'라고 하면서 탄식했던 이광수가 묘향산의 이름을 따서 자호로 삼은 것은 앞뒤가 맞지 않는 주장이라는 것이다(최재성, 앞의 글, 381쪽).

7 김용직, 「전기 연구의 논리와 실제」, 『춘원연구학보』 4, 춘원연구학회, 2011.12, 243~245쪽.

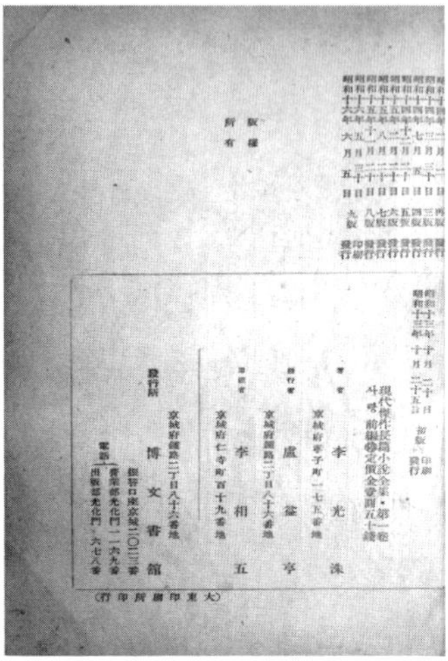

版權 所有

昭和十三年十月二十日 印刷
昭和十三年十月二十五日 初版發行

現代傑作長篇小說全集・第一卷 사랑 前編 定價金壹圓五十錢

著者 京城府孝子町一七五番地 李光洙
發行者 京城府鐘路二丁目八十六番地 盧益亨
印刷者 京城府仁寺町百十九番地 李相五
發行所 京城府鐘路二丁目八十六番地 博文書館
振替口座京城二〇二三番
電話 營業部光化門 一一六九番 出版部光化門 六七八番

(大東印刷所印行)

『사랑』 전편 9판본 판권면

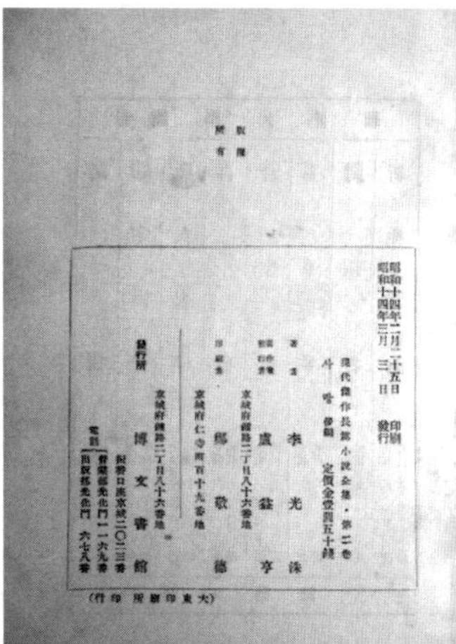

版權 所有

昭和十四年二月二十五日 印刷
昭和十四年三月 三日 發行

現代傑作長篇小說全集・第二卷 사랑 後編 定價金壹圓五十錢

著者 李光洙
發行者 京城府鐘路二丁目八十六番地 盧益亨
印刷者 京城府仁寺町百十九番地 鄭敬德
發行所 京城府鐘路二丁目八十六番地 博文書館
振替口座京城二〇二三番
電話 營業部光化門 一一六九番 出版部光化門 六七八番

(大東印刷所印行)

『사랑』 후편 초판본 판권면

단행본 서적이 판을 거듭한다는 것은 출판사의 인기를 입증하는 결정적인 물증이라 세금을 기피하기 위한 것이었다는 추측은 납득하기 어렵다는 의견을 내놓았다.[8] 실제로 그가 소장하고 있는 자료 『사랑』 전편 9판본과 『사랑』 후편 초판본의 판권면은 이러한 의견을 분명하게 뒷받침한다.

먼저 발행일이 1941년(昭和 16) 6월 5일로 되어 있는 『사랑』 전편 9판본의 판권란과 발행일이 1939년(昭和 14) 3월 3일로 되어 있는 『사랑』 후편 초판본의 판권란에는 저자명이 분명히 '이광수'로 되어 있다. 뿐만 아니라 『사랑』 전편 9판본의 판권란 상단에는 재판에서 9판에 이르기까지 발행일과 인쇄일이 빽빽하게 나열되어 있는 것을 확인할 수 있다. 2,000부를 찍었다는 초판 발행일이 1938년(昭和 13) 10월 25일인데, 그로부터 2개월여 만에 다시 재판을 찍고 그 후로도 1년에 3번 남짓 판본을 갈았으니, 실로 대단한 여세가 아닐 수 없다. 『박문』의 편집겸 발행인이었던 최영주의 말마따나 "조선의 현재 출판계 실정으로 거짓 없는 신기록"[9]이라는 평가도 박문서관 쪽

8 위의 의견은 필자가 당대에 간행된 『사랑』 단행본을 구해볼 수 있을지 오영식 선생님께 의뢰하는 과정에서 이메일을 주고 받으며 전해들은 것이다. 다행히 『사랑』 전편 9판본과 후편 초판본의 판권면 및 1944년 박문서관 판권면을 촬영해서 보내주셨고, 그밖에도 이 글을 쓰는 데 여러 가지로 조언을 해주신 덕분에 이 글을 쓸 수 있었다. 이 자리를 빌려 다시 한 번 깊

의 과장만은 아니었던 것이다.

그러면 정운현과 김원모가 제시하고 있는 근거 자료의 '초판' 표기는 어찌된 일일까. 이에 관해서는 일찍이 김영달이 상당히 설득력 있는 근거를 제시한 바 있다. 김영달은 이 자료의 판권란에 저자는 물론 발행자와 인쇄자도 각각 본관을 씨로 전용한 창씨명으로 인쇄되어 있는 점과 더불어 정가 항목에 '특별행위세 상당액 6전'이 덧붙어 있다는 점에 주목했다. 김영달의 조사에 의하면, 특별행위세는 1943년 3월 31일 제령(制令) 제8호로 공포되었던 '조선특별행위세령'에 따라 부과된 것이다. 따라서 이 판권란은 적어도 1943년 3월 이후에 인쇄된 것이라는 사실이 분명해지는 셈이다. 다만 "특별행위세 도입과 함께 새로운 가격 표시를 위해 재판 이후에 초판 발행일은 그대로 둔 채 판권을 고쳐 인쇄"했거나 "혹은 판권 부분만 고쳐 인쇄하여 덧붙였을 것"[10]이라는 그의 의견은 재고되어야 한다. 새로운 가격을 표시하기 위해 판권을 고쳐 인쇄하면서 굳이 초판 발행일은 그대로 두어야 하는 이유가 석연치 않을 뿐더러, 기존의 초판본에 판권만 새로이 덧붙였다는 의견 또한 『사랑』의 초판본이 2개월여 만에 다 팔렸다는 기록이 남아있는 데다 앞서 제시한 자료 『사랑』 전편의 9판본(1941년 6월 5일 발행)의 물증 앞에서 금세 설 자리가 잃어버리게 되는 까닭이다.

그럼 이쯤에서 서지의 진실을 밝혀보자. 정운현과 김원모가 제시하

이 감사드린다.

9 당시 박문서관에서 간행하고 있던 『박문』 5집(1939.2)에 나오는 편집겸 발행인 최영주의 「편집실 日記抄」의 기록에 의한다. "『사랑』(전편) — 드디어 매진되다. 재판을 곧 착수하다. 초판 2천 부. 책이 나온 지 2개월 5일만에 한 권 남기지 않고 다 나갔다. 조선의 현재 출판계 실정으로 거짓 없는 신기록이다." 이 자료 역시 현재 당시 『사랑』 단행본을 장정한 정현웅에 관한 글을 집필 중이신 오영식 선생님께서 제공해 주셨다.

10 金英達, 『創氏改名の法制度と歴史』, 明石書店, 2002, 179~180쪽. 김영달의 견해에 관해서는 앞에서 언급한 최재성의 논문을 통해 알게 되었다. 논문 자료를 복사해서 보내주신 하타노 선생님께 감사드린다.

고 있는 판권란의 '초판' 표기는 사실 정보의 일부가 누락된 불완전한 것이다. 이는 앞서 제시한 자료 『사랑』 전편 9판본의 판권면을 자세히 들여다보면 분명해진다. 눈으로 확인할 수 있듯이, 판권란만으로는 이 단행본이 1941년 6월 5일에 발행된 9판본이라는 것을 전혀 알 수 없게 되어 있다. 판권란에는 초판 발행일과 인쇄일만이 인쇄되어 있고, 이 단행본이 9판본이라는 사실은 판권란 상단에 있는 재판에서 9판까지의 발행일과 인쇄일을 통해서만 판단할 수 있는 것이다. 어디서, 어떤 경로를 통해 정보의 일부가 누락되었는지는 알 수 없지만, 그간 이 판권란을 둘러싼 이런저런 논란은 불완전한 서지 정보로 인한 한갓 해프닝에 불과했던 셈이다.

정운현과 김원모가 제시하고 있는 자료가 초판본이 아니라는 근거를 한 가지만 더 제시하자면, 발행자가 변경된 사실을 들 수 있다. 앞서 제시한 『사랑』 전편의 9판본과 후편 초판본의 발행자는 박문서관의 '노익형'으로 되어 있지만, 두 사람이 제시한 판권란에는 발행자가 '서원성(瑞原聖)'으로 되어 있다. 최재성은 박문서관 발행 서적의 발행자와 인쇄자가 각각 '서원익형(瑞原益亨)'과 '월성효(月城孝)'라는 창씨명으로 등장하는 것은 1941년 12월 15일에 발행된 『애국반 가정용 언문방공독본』에서 처음 보인다는 점을 들어, 발행자의 창씨명 '서원성'은 "노익형이 서원익형(瑞原益亨)으로 창씨한 다음 다시 개명을 한 이름이거나 아니면 노익형과 가계를 같이 하는 이름일 가능성이 높다"고 지적했는데,[11] '서원성'은 노익형의 외아들 노성석의 창씨명이다. 노성석은 1938년 경성제국대학 법문학부 사학과를 졸업한 후 부친을 도와 박문서관 일을 도맡았다.[12] 그리고 노익형이 1941년 12월 향년 58세의 나이로 죽은 후(『매일

11 최재성, 앞의 글, 384쪽.

12 "방금 전화가 왔습니다. 박문서관의 젊은 주인입니다. 최근 내 화문창작집(和文創作集)을 출

신보』, 1941.12.10),[13] 박문서관의 2대째 사주가 되었다. 그러니까 발행자가 '서원성'으로 인쇄되어 있다는 것은 적어도 이 판본이 1941년 12월 이후의 것이라는 얘기가 된다. 저자는 물론 발행자, 인쇄자까지 창씨명으로 인쇄되어 있는 것은 아마도 1941년 12월 8일 태평양전쟁의 개시와 더불어 점차 치열해지던 전시국면에서 살아남아야 했던 박문서관의 자구책의 일환이 아니었을까 싶다. 참고 삼아 1944년 박문서관 판권면을 제시하면 오른쪽의 그림과 같다.

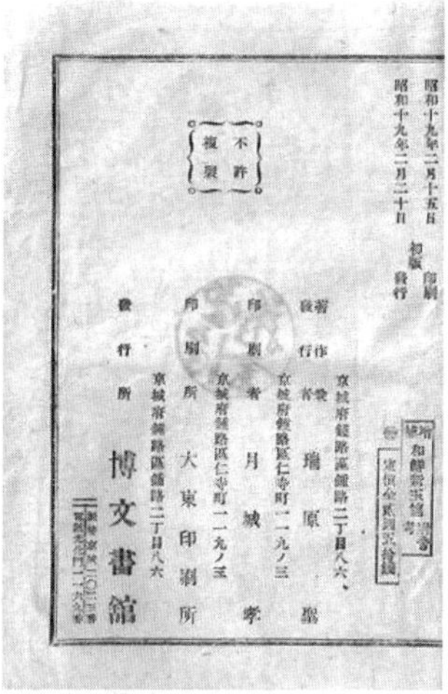
昭和十九年二月十五日 印刷
昭和十九年二月二十日 初版發行
不許複製
著作兼發行者 京城府鍾路區鍾路二丁目八六 瑞原 聖
印刷者 京城府鍾路區仁寺町一一九ノ三 月城 孝
印刷所 京城府鍾路區仁寺町一一九ノ三 大東印刷所
發行所 京城府鍾路區鍾路二丁目八六 博文書館

1944년(소화 19) 박문서관 판권면

3. '향산광랑계 글쓰기와 이광수계 글쓰기' 범주화의 문제점

이로써 1938년과 1939년 상편과 하편 두 권에 걸쳐 간행된 『사랑』의 저자는 '이광수'인 것이 분명히 밝혀졌다. 더불어 1940년 2월 창씨개명 실시 이후, 좀더 구체적으로 1941년 12월 8일의 태평양전쟁 이후 『사랑』의 저자는 '가야마 미츠로'라는 사실도 분명해졌다. 이광수의 글쓰기를 '향산광랑계 글쓰기와 이광수계 글쓰기' 곧 "가면 쓴 글쓰기와 맨

판하겠다는 말을 하기에 쾌락했더니 책의 체재에 관해서 다시 의논할 일이 있으니 꼭 좀 만나겠다 합니다."(김문집, 「우르트라暴狀記」, 『조광』, 1938.11, 173쪽). 이 자료 역시 오영식의 집필중인 논문 자료에 의거한다.

13 방효순, 『일제시대 민간 서적발행활동의 구조적 특성에 관한 연구』, 이화여대 문헌정보학과, 2000, 45쪽.

얼굴의 글쓰기"로 구분하고 있는 김윤식의 해석을 빌리자면,[14] 1941년 12월 이전까지 '이광수'라는 저자의 이름으로 발행된 『사랑』은 '맨 얼굴의 글쓰기'에 해당하고, 그 이후의 글쓰기는 '가면 쓴 글쓰기'에 해당하는 셈이다. 그러나 판본을 달리하며 저자명이 '이광수'에서 '가야마 미츠로'로 바뀌었다고 해서, 이들 작품의 해석 또한 달라져야 하는 걸까.

일찍이 김윤식은 '이광수'라는 이름으로 연재한 『원효대사』(『매일신보』, 1942.3~10)가 "조선어로 쓰되 창씨개명한 향산광랑을 버리고 이광수라는 맨 얼굴의 글쓰기로 한 최대의 노력"[15]이라고 주장한 바 있다. 이미 창씨개명하여 친일협력행위에 나선 그가 적어도 『원효대사』에서만큼은 민족주의자 이광수 본연의 글쓰기를 시도했다는 것이다. 그러나 앞서 검토한 『사랑』의 판권에 등장하는 저자명이 이광수 본인의 의도와 상관없이 정치적 맥락에 의해 좌우되고 있다는 사실은 이러한 글쓰기 범주화가 지나치게 단순하고 편의적인 것일 수 있다는 점을 시사한다. 『사랑』의 저자명이 '이광수'에서 '가야마 미츠로'로 바뀐 것이 꼭 본인의 의도는 아니었던 것처럼, 이광수의 『원효대사』가 '이광수'라는 이름으로 연재된 데도 다른 맥락이 개입되었을 수도 있는 까닭이다. 총독부 기관지였다고는 해도 역시 일간지로서 판매실적을 고려하지 않을 수 없었을 『매일신보』 측의 입장에서 보면, 이미 『사랑』의 대대적인 판매실적으로써 인기를 입증한 '이광수'라는 이름이 '가야마 미츠로'라는 창씨명보다 조선의 독자들에게 더 잘 먹힐 수 있다는 판단도 가능했을 법하다. 이런 추정을 떠나서도, 『원효대사』 연재 당시 『매일신보』에 실린 작가의 말은 창씨명을 벗어버린 맨얼굴의 '이광수'라는 이름보다는 창씨명 '가야마 미츠로'라는 이름이 훨씬 잘 어울리는 것처럼 보인다.

---

14 김윤식, 『일제 말기 한국 작가의 일본어 글쓰기론』, 서울대 출판부, 2003, 152쪽.

15 위의 책, 142쪽.

> 그 시대 그 인물을 통하야 오늘날 미증유 대전쟁(태평양전쟁 - 필자) 속에 있는 우리들 앞에 거대한 구상을 가꾸어 오랫동안의 침묵을 깨뜨리고 붓을 든 작자 춘원을 찾아 그의 포부를 듣기로 한다. (…중략…) 나의 소설은 이 요석공주와의 인연을 맺는 것을 중심으로 원효대사를 그리는 한편 신라가 삼국통일을 할 때까지에 눈부신 화랑도와 무열・문무의 양왕, 김춘추, 김유신 등의 어진 신하며 또한 절세의 미인으로 이름을 떨친 김유신의 모당 만명을 비롯하야 당시 요란히 피었던 신라 미인의 모습을 더듬어 가면서 일체유심의 정신과 대승보살행의 정신- 즉 멸사봉공하야 중생을 위한 생활에 나가던 당대의 사기를 총후 독자에게 보내고저 하는 바이다.[16]

더욱이 이러한 이분법적 범주화는 '향산광랑'이라는 창씨명에 내포된 좀더 복잡한 의미를 고려하지 않은 것이라는 점에서도 문제가 있다. 이광수의 삼남 이영근의 회고에 의하면, 이광수의 창씨명 '향산'은 고향에 있는 묘향산이자 부처님이 계신 곳에 있다는 향산을 가리킨다. "아버지께서 설명하기를 고향에 가면 묘향산이 있고 부처님이 계신 곳에 가면은 향산이 있다 하니 우리 이름을 향산으로 하자 하시고 아버지 이름 중 빛 광자를 나에게도 주겠다고 하셨다."[17] 그러니까 이광수의 창씨명 '향산'은 김원모가 지적했듯 꼭 민족정기를 의미하는 단군조선이 창건된 신시로서의 '묘향산'을 가리키는 것은 아니라 해도, 그의 고향 땅에 있는 묘향산이자 부처나라의 이상향으로서의 의미를 함축

16 『매일신보』, 1942.2.27.

17 이영근, 「이런 일 저런 일」, 이정화, 『그리운 아버님 춘원』, 우신사, 1993, 206~207쪽. 일찍이 문선사에서 펴낸 초판본만을 읽었던 필자는 이 글의 존재를 알지 못했다. 필자의 초고를 읽고 하타노 선생님께서 이 자료를 보내주신 덕분에 이 글을 좀더 보완할 수 있었다. 이 언급에 관해서는 작년 겨울 인터뷰 차 미국에서 갔던 길에 이영근 선생님께 직접 듣기도 하셨다고 한다. 자료를 보내주신 하타노 선생님께 감사드린다.

하고 있는 것이다. 당시 총독부의 대대적인 창씨령에 대해 조선인들은 본관을 근거로 창씨하는 경우가 많았고, 본관을 살려 창씨한다는 것은 "오랜 연원의 배경을 바탕으로 삼아 조선의 성을 지킨다"는 의미가 있었다는 점을 고려하면,[18] 이광수가 고향에 있는 묘향산의 이름을 따서 창씨명으로 삼은 것은 당대 조선인들의 일반적인 정서와 그리 동떨어진 것이 아니었다고 할 수 있다. 한편 『장아함경』에는 '향산'에 대해 다음과 같이 소개되어 있다. "부처님께서 비구들에게 말씀하셨다. 설산의 오른쪽에 비사리라는 성이 있다. 그 성 북쪽에는 일곱 개의 흑산이 있고, 일곱 흑산 북쪽에는 향산이 있다. 그 산에는 항상 춤과 노래와 음악소리가 있다." 항상 춤과 노래와 음악소리가 있다는 '향산'은 '춘원(春園)'이라는 이광수의 호와도 잘 어울리는 것처럼 보인다. '가야마 미츠로'라는 창씨면에 이토록 다양한 의미들이 함축되어 있다면, 애초에 '맨 얼굴의 글쓰기'이니 '가면을 쓴 글쓰기'이니 하는 구분 자체가 무의미해지고 마는 것이다.

4. 원전비평연구의 중요성을 되새기며

필자가 이 글을 쓸 수 있었던 것은 순전히 우연이다. 『사랑』의 저자가 '가야마 미츠로'라거나 '향산광랑'이라는 주장을 처음 접했을 때, 뭔가 석연치 않으면서도 오랫동안 이 문제를 본격적으로 다룰 수 없었던

18 「미나미 총독 시대의 행정」, 정재정 편역, 미야타 세츠코 해설·감수, 『식민통치의 허상과 실상』, 혜안, 2002, 104쪽.

것은 당대에 간행된 단행본 서적을 어디서, 어떻게 구해야 하는지 전혀 알 수 없었던 까닭이었다. 그러다가 아주 우연한 기회에 근대서지학회의 오영식 선생님을 알게 되었고, 마침 당대에 간행된 단행본을 가지고 계시다길래 뜻밖에 이 문제를 고찰할 수 있는 기회를 얻게 되었다. 어찌어찌 구해볼 수 있었던 『사랑』의 전편이 9판본이었던 것도 정말 운이 좋았다고밖에 할 수 없다. 오영식 선생님께서는 애초에 소장하고 있는 『사랑』의 전편이 초판본이 아니라 유감이라면서 필자에게 9판본의 판권면을 촬영하여 보내주셨는데, 필자는 이 9판본의 판권면에서 문제 해결의 결정적인 근거를 발견했기 때문이다. 만일 오영식 선생님께서 『사랑』 전편의 초판본을 소장하고 계셨더라면 필자는 상이한 두 가지 초판 판권이 존재한다는 사실 때문에 훨씬 먼 길을 우회해야 했을지도 모른다.

1997년 정운현이 처음 발굴하여 제시한 판권 자료를 둘러싼 분분한 해석은 한갓 해프닝으로 끝났지만, 이 자료를 둘러싸고 진위를 검토하는 과정에서 축적된 연구 성과는 결코 적지 않다. 판권란의 정가 항목에 덧붙어 있던 '특별행위세 상당액 6전'이라는 표기는 이 판권이 작성된 것이 적어도 1943년 3월 31일 제령(制令) 제8호로 공포되었던 '조선특별행위세령' 이후의 것임을 밝혀주었고, 『사랑』 전편 9판본(1941.6.25 간행)의 판권란 상단에 재판에서 9판까지 빽빽하게 들어선 발행일자들은 당대 박문서관에서 간행되었던 장편 『사랑』의 인기가 어느 정도였는지 눈으로 확인할 수 있게 해주었다. 또한 발행자의 이름이 노익형에서 '서원성'이라는 창씨명으로 바뀌어 있는 것은 박문서관이 2대째 사주체제로 전환되었음을 알려줌과 동시에, 태평양전쟁의 개시와 더불어 점차 치열해지는 전시국면에서 출판사 쪽도 어떤 식으로든 체제와 협력하지 않을 수 없었던 급박한 당대 상황을 생생하게 전해준다.

이 글을 쓰기 전까지만 해도 필자는 하나의 단행본 서적 말미에 붙어 있는 작은 판권 하나가 이토록 많은 정보를 함축하고 있으리라고 생각해본 적이 없다. 다른 연구자들 또한 이 작은 판권 하나가 당대 맥락의 압축 파일이기도 하다는 점을 알고 있었다면, 이광수가 창씨령보다 2년여 앞서 창씨를 했다거나 '향산광랑'은 창씨명이 아니라 민족주체성을 지닌 자호였다는 등의 그토록 허투른 주장은 하지 않아도 좋았을 것이다.

그러나 또 한편으로 생각해보면 이는 단순히 연구자들만의 문제도 아니라는 생각이 든다. 앞선 연구자들이 당대에 간행된 『사랑』의 여러 판본들을 쉽게 구해볼 수 있었다면, 이 문제는 좀더 일찍 해결되었을 것이 분명하기 때문이다. 원전비평연구의 중요성에 대해 아무리 강조하더라도, 연구자들이 당대에 간행된 단행본 자료에 쉽게 접근할 수 없는 한 그것은 공염불에 불과한 것이 되고 만다. 각 분야의 연구자들에게 당대의 기본 자료를 소개하고 연결시켜 주는 것을 취지로 설립된 근대서지학회의 노력에 박수를 보낸다.

제6장
이광수의 친일문학을 다시 생각한다

『방송지우』 및 『일본부인』(조선판) 소재 조선어 단편을 중심으로

1. 『방송지우』와 『일본부인』(조선판)이라는 매체

『방송지우』는 조선방송협회가 태평양전쟁하의 총력 동원이라는 국책 수행을 목적으로 1943년 1월에 창간하여 종전 직전[1]까지 발간한 선전계몽잡지이다. 중일전쟁 이후 전시하의 정보 관리와 관련하여 중요한 관리 대상에 놓였던 라디오 방송은 태평양전쟁을 계기로 본격적인 전시 운영 체제에 돌입한다. 1942년 2월 18일 일본 정보국은 '전시하의 국내 방송 기본 방침'을 발표하여 방침의 목적을 방송의 전기능을 동원하여 '대동아전쟁 완수의 매진'에 두고 ① 황국 이념을 선양하는 국시

1 서재길의 조사에 의하면, 현재까지 확인된 바로는 1945년 3권 3호(4·5월 합본호)까지 발간되었다고 한다. 『방송지우』의 서지사항과 성격에 관해서는 서재길, 「식민지 말기의 매체 환경과 방송 잡지 『방송지우』의 성격」, 『근대서지』 3호, 근대서지학회, 2011, 186~191쪽 참조.

의 천명, ② 국민의 거국적 결의 굳히기, ③ 국민의 단결과 군관민의 일체 도모, ④ 전시 국민 생활 유지 함양, ⑤ 건전하고 웅대한 문화와 오락의 창조와 보급, ⑥ 명랑하고 건강한 국민 기풍 조성 등의 세부 지침을 제시했다. 조선방송협회는 이러한 전시 특별 방송 지침에 따라 관과 군 당국이 긴밀한 연락하에 정세에 부응하는 방송 프로그램을 편성하는 한편,[2] 방송의 일회성을 극복하여 지속적인 선전계몽 효과를 거두기 위해 선택된 방송분을 다시 게재하는 형식의 잡지 『방송지우』를 발간하게 된다. 창간호에 실린 「독자 여러분께」라는 글에는 이러한 창간의 취지가 잘 드러나 있다.

> 방송을 들으시는 분들로부터 방송을 한번 더 듣고 싶다, 또 책으로 읽고 싶다는 이야기를 종종 듣습니다. 전시하의 방송에서는 우리 국민이 어떻게 생활해야만 하는가, 또 어떻게 하면 훌륭한 황국신민이 될 수 있는가 등의 내용을 명사의 강연, 좌담회, 그밖의 연예 등 다양한 형태로 들을 수 있습니다. 이것을 듣고 흘려버리는 것은 아깝다는 이야기는 지당하다고 생각합니다. 그래서 방송된 것 가운데서 특별히 선택한 흥미로운 것을 읽을 수 있도록 해드리기 위해 『방송지우』를 출판하게 되었습니다.
>
> 본지(本誌)의 특색은 읽기 쉽다는 것입니다. 국어도 언문도 극히 쉽게 씌어 있어서 널리 누구든 읽을 수 있다고 생각합니다. 특히 부인네와 청소년들이 흥미를 가져줄 것이라고 믿습니다. 무슨 일이 있어도 이겨내야 할 대동아전쟁하에서 세계에 유례가 없는 우리나라의 국체를 잘 분별하고, 또 징병제도의 준비, 그밖에 일반 지식을 높이기 위해 본지가 여러분이 구하는 마음의 양식이 되고 좋은 벗도 된다면 다행이겠습니다.[3]

2 한국방송진흥회 편, 『한국방송총람』, 한국방송진흥회, 1991, 231~233쪽.
3 『방송지우』 창간호, 1943.1, 13쪽.

그러나 조선방송협회가 『방송지우』라는 인쇄매체를 도입할 수밖에 없었던 데에는 방송의 일회성을 극복한다는 의미 말고도 당시 전파 관제에 따른 열악한 방송 환경 또한 한몫했던 것으로 보인다. 이미 일본에서는 태평양전쟁의 선전포고와 함께 1941년 12월 9일 일본 내의 모든 방송국을 일본 군부의 대본영에 귀속시키고 전쟁 상대국의 정보 노출에 대비하여 출력을 낮추는 전파 관제를 실시했고, 뒤이어 1942년 4월 조선방송협회의 라디오 방송 또한 전파 관제에 들어간다. 이로 인해 개국 후 1933년부터 개시된 제2방송(조선어 방송)은 제1방송(일본어 방송)과 단일 방송화되었다가 중단되고, 1943년 11월 재개된 후에도 제1방송과 동일 주파수에 맞추어야 했던 까닭에 전파의 장애가 많았다. 그리고 결국 제2방송은 1945년 2월 전파 관제의 변동과 더불어 중단을 맞는다.[4] 이상의 맥락을 고려하건대, 『방송지우』의 발간은 전파 관제에 따른 원활하지 않은 방송을 보완하여 일반 대중에 대한 선전과 계몽의 효과를 끌어올리기 위한 일종의 고육책이기도 했던 것이다.

전쟁 동원을 위한 다양한 선전과 계몽의 형식 가운데서도 일반 대중의 흥미를 끌 수 있는 읽을거리는 단연 소설이었다. 『방송지우』는 창간호에서부터 '특별독물(特別讀物)'이라는 기획 표제하에 당대 이름난 작가들의 단편을 싣기 시작하는데, 이들 단편의 시국 협력적 성격은 '가정소설' '방공소설' '징병소설' '근로소설' 등의 표제어에서부터 두드러진다. 이 지면은 방송 통제기에 접어들어 새로운 프로그램으로 편성되었던 라디오소설(나중에 방송소설로 개칭)의 연장선상에서 기획된 것으로,[5] 이광수, 유진오, 방인근, 채만식, 이기영 등 기존의 인기 작가들을

---

4 한국방송진흥회 편, 앞의 책, 230~231쪽.

5 연도별 방송 편성 사항표(선전 통제기 : 1938~1941), 한국방송진흥회, 앞의 책, 169쪽. 「귀거래」와 같이 '방송소설'이라는 표제가 붙은 소설이 따로 존재하는 것으로 보아, 원고는 이미 방송된 소설에서 확보하는 경우도 있고 굳이 방송과 관계없이 새로운 원고를 받아 마련하

『방송지우』 표지 이미지

대거 끌어들였다. 이광수 또한 창간호에서부터 지속적으로 단편을 게재하고 있는 것이 눈에 띄는데, 지금까지 확인된 『방송지우』 소재 이광수의 단편 목록은 다음과 같다.

▲ 香山光郞, 「棉花」(가정소설), 『放送之友』 창간호, 1943.1.

▲ 香山光郞, 「歸去來」(방송소설), 『放送之友』, 2권 1호, 1944.1.

▲ 香山光郞, 「두 사람」(징병소설), 『放送之友』, 2권 8호, 1944.8.

▲ 香山光郞, 「防空壕」(방공소설), 『放送之友』, 2권 9호, 1944.9.

▲ 香山光郞, 「區長님」(근로소설), 『放送之友』, 3권 1호, 1945.1.[6]

기도 했던 것 같다.

6 「면화」는 장성규, 「방송 미디어를 통한 새로운 문예형식과 대일협력의 균열－새롭게 발굴된 이광수의 「면화」와 유진오의 「가족부대」 자료 해제」(『민족문학사연구』 41, 민족문학사연구소, 2009), 「두 사람」은 이경훈, 「이광수의 새로운 친일문학 자료에 대하여」(『이광수의 친일문학 연구』, 태학사, 1998), 「방공호」는 서재길, 「강요된 협력, 분열된 텍스트－일제 말기 방송소설을 읽는 하나의 독법」(『민족문학사연구』 45, 민족문학사연구소, 2011), 「구장님」은 서재길, 「『방송지우』와 일제 말기 방송소설」(『민족문학사연구』 22, 민족문학사연구소, 2003), 「귀거래」는 서재길, 「방송소설」(『민족문학사』 32, 민족문학사연구소, 2006)에서 각각 처음 발굴 소개되었다.

한편 대일본부인회 조선본부에서 발행한 『일본부인(조선판)』은 전쟁 동원 가운데서도 특히 여성의 동원을 목적으로 창간된 선전계몽잡지이다. 1944년 4월에 창간되어 역시 종전 직전[7]까지 발행되었다. 대일본부인회는 전시하 문부성계의 대일본연합부인회, 내무성계의 애국부인회(상류층으로 구성), 군부계의 대일본국방부인회(서민층으로 구성)를 통합한 관제 단체로, 전시하 성인 여성이 거의 대부분 참가한 최대의 여성조직이었다.[8] 대일본부인회 조선지부가 결성된 것은 1942년 3월의 일로, 본부장은 총독부인, 부본부장은 군사령관 부인과 정무총감 부인이 맡았다. 결성식 이래 조선지부는 6백만 반도 여성을 대상으로 한 '총후 운동의 전개'를 목표로 매진하게 되는데, 여기에는 조선이 대륙발전상 중요한 병참기지라는 점과 더불어 1944년 조선의 징병제 실시라는 현실의 급박한 요구가 자리하고 있었다. 조선의 징병제 실시를 앞두고 일제는 조선의 여성들에게 명예로운 군인의 어머니이자 아내, 누이로서의 역할을 적극 선전하고 계몽할 필요에 맞닥뜨렸던 것이다.[9]

---

7 조선판 창간호 판권면에 의하면, 창간호 발행일은 1944년 4월 3일이다. 발행소는 대일본부인회 조선본부, 인쇄소는 매일신보사로 되어 있다. 현재 확인 가능한 마지막 간행호는 1945년 4월 1주년 기념호로 발간된 제2권 제4호이다. 1주년 기념호에 실린 「본지 일주년을 맞이하여」라는 글의 전체적인 분위기로 보건대, 그 이상의 발행은 어렵지 않았을까 싶다. 글의 일부를 소개하면 다음과 같다. "생각건대 본지는 결전 속에서 생기어 결전과 함께 자라나서 갖은 곤란을 극복해온 만큼 운용상으로 민활치 못하고 수송관계의 원활을 결했으며 배포도 늦어서 회원 여러분께는 여간 죄송한 점이 많았습니다. (…중략…) 여러분 아시는 바와 같이 지금 내지에서는 적비행기가 매일같이 습격해와서 맹폭을 거듭하여 집을 태우고 사람을 죽이고 있는데 이 맹폭은 점점 심하여 갈 것을 각오하지 않으면 안 됩니다"(倉茂周藏, 「本志一週年を迎へて」, 『일본부인』(조선판) 제2권 제4호, 1945.4, 11쪽). 참고로 1942년 11월에 창간된 대일본부인회 기관지 『일본부인』은 이보다 앞선 1945년 1월에 종간되었다(「復刻にあたって」, 『日本婦人』 復刻本, 不二出版, 2011). 일본판 『일본부인』 복각본 자료는 하타노 세츠코 선생님께서 보내주셨다. 이 자리를 빌려 각별히 감사드린다.

8 「復刻にあたって」, 앞의 책.

9 대일본부인회에서 창간한 『일본부인』에는 전국 각지의 지부 소식이 게재되곤 하는데, 1942년 12월호 「각지통신」은 이해 3월에 결성된 조선 지부 결성식에 대한 소식을 전하는 한편, 조선지부의 활동 분위기를 다음과 같이 전하고 있다. "조선은 대륙발전상 중요한 병참기지

『일본부인』(조선판) 표지 이미지

그러나 대일본부인회 동경 본부에서 발행하는 기관지 『일본부인』으로는 조선의 여성들에게 선전과 계몽의 효과를 기대하기는 어려웠다. 무엇보다도 일본과 조선은 풍속과 습관이 달랐고, 고급 일본어를 이해할 수 있는 여성 독자 또한 희소했던 까닭이다.[10] 이에 대일본부인회 조선지부에서는 1944년 4월 동경 본부에서 발행하는 기관지 『일본부인』과는 별도로 조선판을 창간하게 된다. 용지 부족으로 대개의 매체가 통합되거나 폐간되던 전쟁 말기에 『일본부인』 조선판을 창간한 것은 조선의 징병제 실시에 대한 관과 군 당국의 우려가 그만큼 짙었다는 것을 말해준다. 동경 본부의 『일본부인』이 종간(1945.1)된 이후에도 조선판은 계속 간행된 것 또한 이러한 저간의 사정과 무관하지 않을 것이다.

이광수는 『일본부인(조선판)』에도 「반전」이라는 제목의 단편을 발표했다. '갱생소설'이라는 표제어 그대로 남자 주인공이 실연을 계기로 소

이고 1944년부터는 징병제도도 실시되는 까닭에, 지나사변 이래 반도 주민이 바친 열성이 보답을 얻어 반도 여성도 명예로운 군인의 어머니이자 아내가 될 날이 가까워오는 감격에 넘치고 있다."(「各地通信」, 『日本婦人』, 大日本婦人會, 1942.12, 25쪽).

10 이와 관련하여 조선판 창간호의 「창간사」에는 다음과 같은 언급이 나온다. "이번 조선 반도의 풍속・습관에 알맞고 조선부인이 이해하기 쉬운 잡지 『일본부인 조선판』이 발행되었습니다. 이 잡지는 특히 조선 부인과 아이들에게 읽히기 쉽고 분명하게 되어 있으므로 가능한 한 널리 많은 사람들에게 읽혀지기를 바랍니다."(小磯聲子(大日本婦人會 朝鮮本部長), 「創刊のことば」, 『日本婦人』(朝鮮版), 大日本婦人會, 1942.12, 4쪽).

시민적인 생활을 청산하고 해군에 지원할 결심을 하게 되는 내용을 다루고 있는 시국 협력 소설인데, 『방송지우』 소재 단편과는 달리 '향산광랑'이라는 창씨명을 두고 '춘원(春園)'이라는 필명을 사용한 것이 이채롭다.

▲ 春園, 「反轉」(갱생소설), 『日本婦人(조선판)』, 1944.7.

이상에서 언급한 『방송지우』와 『일본부인(조선판)』 소재 이광수의 단편들은 전쟁 동원을 위한 선전계몽 잡지에 게재된 것인 만큼 기본적으로 시국 협력의 문법을 그대로 따르고 있다. 일찍이 수양동우회사건으로 검거되었다가 1938년 11월 예심 보석 출소 중 전향을 선언하고 신궁에 참배한 이래[11] 철저한 협력으로써 일본국민으로의 자기 증명에 나섰던 이광수의 면모는 이들 단편에서도 여전히 확인되고 있는 셈이다. 그러나 기이하게도 이들 단편은 1942년 10월 조선어학회 사건과 더불어 '한국 근대문학사의 공백기'[12]로 간주되고 있는 시기에 '조선어'로 씌어진 것이라는 점에서, 전면적 언어통제 시기 조선어로 씌어진 문학이 가질 법한 각별한 위상의 가능성에 대해 다시 생각하게 만든다.

11 『매일신보』, 1938.11.4, 친일반민족진상규명위원회, 『친일반민족행위진상규명 보고서』 4-11, 현대문화사, 2009, 763쪽 참조.

12 김윤식, 『일제 말기 한국 작가의 일본어 글쓰기론』, 서울대 출판부, 2003, 157쪽.

2. 전면적 언어통제 시기 조선어와 조선문학의 위상

동아일보와 조선일보가 폐간되고 조선문의 발표기관이 잇달아 줄어들고 있던 무렵, 문학을 그만두어야 하는 것은 아닌지 번민하고 있던 조선의 문학 청년들에게 이광수는 문학의 선배로서 다음과 같은 주장을 펼친 바 있다.

> 조선인으로서 조선어에 대해 일종의 애착을 느끼는 것은 당연하지만, 우리는 천황께서 쓰시는 말을 우리의 국어로 하지 않으면 안 된다. 조선어로 일본의 국어를 삼을 수는 없지 않겠는가. 또한 두 개의 국어를 병용할 수도 없지 않겠는가. 사실을 정시해야 하며, 편협한 기분에 구애되어서는 안 된다. 일본어는 우수한 일본정신을 담고 있으며, 일본문은 이제 바야흐로 세계문화를 전부 포섭하고 있다. 그러므로 일본어를 공부하는 것은 일본정신을 배우는 동시에 세계문화의 창고 열쇠를 잡는 것이다. 더욱이 일본어는 바야흐로 일약 아시아 제민족의 공통된 국어가 되고 있다. 따라서 조선인은 마땅히 국어에 정통해야 할 것이다. 더구나 문학에 야심이 있는 사람은 줄줄 일본문으로 써야 한다.[13]

조선인은 천황이 쓰는 언어를 국어로 삼아야 한다는 것, 일본어는 우수한 일본정신을 담고 있으며 바야흐로 일약 아시아 제민족의 공통된 국어가 되리라는 것, 따라서 문학에 야심이 있는 사람은 줄줄 일본문으로 써야 한다는 것. 이는 "신체의 어느 부분을 바늘 끝으로 찔러도 일본의 피가 흐르도록" 조선인은 일본인이 되지 않으면 안 된다고 역

---

13 이광수, 「반도의 형제 자매에게 보냄」(일문)(『신시대』, 1941.10), 이경훈 편역, 『춘원 이광수 친일문학전집』 2, 평민사, 1995, 306쪽(이하 『친일문학전집』 2로 표기한다).

설했던 일면 어처구니없는 발언을 환기시키는,[14] 듣기에 따라서는 그만큼 심한 반감을 일으키는 주장이 아닐 수 없다. 그러나 1940년 2월 단편 「무명」으로 모던 니혼사에서 주관한 제1회 조선예술상을 수상하고, 곧이어 같은 해 4월부터 이듬해 3월까지 『가실』, 『유정』, 『사랑』을 잇달아 번역 출간하면서 일본 문단 진출에 나섰던 이광수였고 보면, 그에게 일본어에 정통한다는 것은 일본 문단에 진출할 수 있는 '권력어'를 손에 쥐는 것이라는 점에서 권장할 만한 일이지 굳이 말릴 이유가 없는 사안이었던 것도 분명해 보인다.[15]

그러면 이 무렵 이광수는 진정으로 조선어와 조선문학은 폐기되어도 좋다고 생각하고 있었던 것일까. 다시 말해 '줄줄 일본문으로 써야 한다'는 것이 '조선어로 써서는 안 된다' 곧 조선어와 조선문학의 배제를 의미했던 것일까. 결론부터 말하자면 결코 그렇지 않았다는 것이 필자의 판단이다. 사실 이광수는 처음부터 일본어의 특권을 인정하는 입장은 아니었다. 그는 내선일체를 주장하는 한편으로 조선의 언어와 문화는 끝까지 보존해야 한다는 입장을 공공연하게 피력하곤 했는데, 이러한 입장은 1938년 11월 전향을 선언한 직후 전향자 중심의 좌담회인 시국유지원탁회의에 출석하여 한 다음의 발언에서도 또렷하다.

> 내선일체가 만일 조선의 문화를 말소하고 마는 결과를 낳는다면 그것은 매우

---

14 이광수, 「황민화와 조선문학」(『매일신보』, 1940.7.6), 이경훈 편역, 위의 책, 76쪽. 김팔봉의 회고에 의하면, 한번은 이러한 언급을 두고 현상윤이 사람들 앞에서 이광수를 책망한 일이 있었고, 그 자리에서 이광수는 아무런 답변도 하지 못했다고 한다(김팔봉, 「편편야화」, 『김팔봉전집』 2, 문학과 지성사, 1988, 413쪽).

15 이 무렵 이광수의 문학 활동을 기쿠치 칸의 분게이슌쥬샤[文藝春秋社]와의 관계를 토대로 일본 문단에 진출하려는 이광수의 '선전활동'으로 해석하고 있는 흥미로운 논의로는 하타노 세츠코, 「이광수와 야마사키 토시오, 그리고 기쿠치 칸—「삼경인상기」에 쓰여 있지 않은 것」(『사이間SAI』 제11호, 국제한국문학문화학회, 2011)을 참조할 것.

불행한 일이라고 생각합니다. 조선어를 폐지한다고 일부에 떠드는 자가 있지만 이런 정책은 조선인의 감정을 도리어 악화해서 반대의 효과를 낳지나 않을까 우려합니다. 조선의 언어 문화 등 이런 것은 끝까지 보존하지 않으면 안 되리라고 생각합니다. 조선의 문화 언어 등은 끝까지 보존하면서도 조선인은 진심으로서 일본을 사랑하는 일본 백성이 되고 천황폐하를 진심으로 자기의 '임금'으로 경배하는 마음을 가질 수 있다고 생각합니다. 또 이리하는 것만이 진정한 내선일체의 길이라고 믿습니다.[16]

한 마디로 말해 조선인은 조선의 언어와 문화를 끝까지 보존하면서도 얼마든지 마음으로부터 일본을 사랑하고 천황을 임금으로 모시는 일본 국민이 될 수 있다는 주장이다. 이광수는 일본의 우월적인 지위를 인정하는 공식적인 목소리에 의존하면서도 조선의 언어와 문화는 보존되어야 한다는 소수자의 목소리를 포기하지 않는 양가적인 입장을 보이고 있는 것인데, 이처럼 이광수가 일본의 우월적인 지위를 충분히 강조하면서도 조선의 특수성을 주장할 수 있었던 것은 일본정신과 그것을 담는 그릇인 언어를 분리시키는 전략 덕분이었다고 할 수 있다. 그러나 조선어로 씌어진 조선문학의 당위성을 주장하는 다음의 언급은 그것이 한낱 편의적이고 타협적인 전략에 불과한 것이었음을 분명하게 보여준다.

지금 조선에 가장 조선적 특색을 가진 문화 부문은 문학이다. 미술이나 음악에도 조선적인 향토적인 색채 향기 등 특색을 가질 수 있지마는 그래도 그것은 언어적이 아니오, 대개 음향 형상을 주로 한 것이매 조선적이라는 경계선이 명확하지는 않다. 그러나 문학은 조선 특유의 언문으로 조선인의 생활 사상 감정을 표

16 「시국유지원탁회담」(1938.12.14), 『삼천리』, 1939.1, 42~43쪽.

현한 것이기 때문에 이것은 오직 조선어문을 아는 사람만이 감상할 것이다. 그러므로 모든 문화 부분 중에서 가장 조선적인 것은 조선문학이다. 조선인의 생활이 당분간은 조선어로라야 완전히 표현될 것은 말할 것도 없다. (…중략…) 조선인의 생활, 조선인의 감정은 당분간은 조선어가 아니고는 완전히 표현되지 않는다. 여기에 조선문학의 존재 이유의 제1조가 있는 것이다.[17]

조선인의 생활과 사상, 감정을 표현하는 것은 오직 조선어로 된 조선문학이라야 담당할 수 있다는 이 같은 주장은 한눈에 보아도 일본정신은 조선어의 언어와 문화를 유지하는 가운데서도 얼마든지 표현될 수 있다고 주장했던 앞의 논리와 전혀 상반된다. 그럼에도 불구하고 이광수는 조선어로 씌어진 조선문학의 당위성을 강조하는 한편으로 "그 용어가 국어나 조선어이나를 물론하고 요는 그 정신(일본정신—인용자)에 있는 것"[18]이라는 모순된 주장을 끝까지 견지하는 입장을 취한다. 아마도 일본국민으로서의 자기 입증에서 자유로울 수 없었을 전향자로서의 입장이 이러한 모순된 주장을 강제했을 것이다.

그러나 이 무렵 체제 내에서나마 어떻게든 조선의 언어와 문화를 보존하고자 했던 이러한 입장은 비단 이광수만의 것은 아니었다. 조선인의 생활과 감정을 표현하는 것은 오직 조선어로 된 조선문학이라야 감당할 수 있다는 위의 주장은 국민문학의 일부로서의 조선문학의 창작이 요구되었던 시점에서 조선문학의 위상을 어떻게 자리매김할 것인가라는 문제의식 속에서 제출된 것으로,[19] 그 해결책으로 일본문화의

17 이광수, 「심적 신체제와 조선문화의 진로」(『매일신보』, 1940.9.4~12), 『친일문학전집』 2, 105쪽.
18 위의 글, 107쪽.
19 이러한 문제의식은 1940년 8월 6일 국민정신총동원조선연맹 주최 내선문예좌담회에 참석자로 참여했던 이광수의 다음의 발언에서 엿볼 수 있다. "조선의 문단을 말씀드린다고 해보았자, 재래의 언문문학은 역사가 삼십 년 정도입니다. 언문문학이라고 해도 그 대체적인 윤

지방적인 한 단위로서 '조선적인 로컬한 것'을 사고하기 시작했던 동시대 지식인들의 입장과 다소 호응하는 측면이 있다. 일례로 당시 와세다대학 영문과를 졸업하고 연희전문학교 교수로 재직하고 있던 정인섭은 1940년 8월 『모던 니혼(조선판)』에 게재한 「조선의 로컬 컬러」라는 글에서 다음과 같이 주장했다.

요컨대 일국의 문화가 발달하는 데는 각지의 예술적인 미를 보존하고, 전체적으로는 보다 커다란 것에 종합된 포옹성(抱擁性)으로 풍부해진 문화권을 구성하는 식의 방향이 필요하지 않을까. 내지에서도 각 현 각 부락의 민속적 행사의 풍성이 조금도 행정상의 불편을 초래하지 않는 것 같이, 조선의 로컬 컬러는 동아신질서 건설에 조금도 방해가 되지 않는다고 생각한다. 초가집 지붕에서 새빨간 고추가 건조되고 있더라도, 기생의 둘둘만 치맛자락 아래로 하얀 버선이 흘끗 보이더라도, 또 질박한 농부가 밭갈이를 하면서 유머러스한 조선의 민요를 부르더라도, 그것은 역시 동아의 미적 정서의 일단이 될 수 있는 것 아닐까.[20]

사실 이광수와 정인섭은 바로 이달 국민정신총동원조선연맹에서 주최한 '내선문예좌담회'(1940.8.6)에서 직접 만나기도 한 사이였다. 물론 이날 좌담회에서는 초반부터 언어의 문제로 일본과 조선 양측의 견해가 팽팽하게 맞서는 바람에 당시 『경성일보』 학계국장이자 논설위원이었던 테라다 에이[寺田英]가 제기한 '조선적인 로컬한 것'[21]의 필요성

곽이 잡힐 리가 없습니다. 그것이 작년에 문인협회가 결성된 후부터 문제되어, 일본 국민문학의 일부로서의 조선문학을 세우려는 계획하에 재래의 창작 태도를 버리고 국민문학의 하나로서 조선문학을 창작하게 되었습니다. 그렇게 말씀드려도 이제 시작하는 것이므로 조선 문인 중에는 갈팡질팡하고 있는 사람도 있습니다."(「문인의 입장에서－菊池寛 씨 등을 중심으로, 반도의 문예를 말하는 좌담회」(『경성일보』, 1940.8.13~20), 『친일문학전집』 2, 469~470쪽). 앞서 언급한 「심적 신체제와 조선문화의 진로」는 이 좌담회 직후에 씌어졌다.

20 鄭寅燮, 「朝鮮のローカル・カラー」, 『モダン日本』(朝鮮版), 1940.8, 91쪽.

에 대한 논의가 묻혀버리고 말았다.[22] 그러나 일본문화의 지방적인 한 단위로서의 '조선적인 로컬한 것'의 주장은 재조선 일본인의 입장에서뿐만 아니라, 조선 문인들의 입장에서도 일본의 우월적 지위를 충분히 강조하면서도 동시에 조선적 특수성을 지킬 수 있는 효과적인 해결책으로 간주되고 있었음을 위의 글은 잘 보여준다.

한편 일본정신과 언어를 분리시켜 조선적인 것을 지키려 했던 이광수의 전략은 일본문화의 지방적인 한 단위로서의 '조선의 로컬 컬러'의 주장에 비해 보다 급진적인 면모를 가진 것이기도 했다. '조선의 로컬 컬러'에 대한 주장이 일본의 우월적 지위를 승인하는 가운데 조선을 일본의 지방적인 한 단위로 축소시킨 것이라면, 이광수의 전략은 이른바 동조동근의 논리로써 내선일체를 선전하던 제국의 논리에 기반하여 제국과 식민지간의 불평등한 위계를 허물어뜨리려는 시도와도 맞물려 있었기 때문이다.

> 그러니까 군. 조선의 옛 문화를 전부 새로 고칠 필요는 없는 것이네. 내선일체는 국민적 감정의 문제이지 모든 것을 一色으로 칠하는 것을 의미하지 않네. 하물며 앞서도 말했듯이 조선문화는 일본문화와 同原이며 同質임에라.[23]

---

21 "『경성일보』가 아무리 노력해도 중앙의 큰 신문에 비해서는 그 기구에 있어서건, 독자에 있어서건 필적할 수 없을 터이므로 조선적인 로칼한 것을 만들고 싶습니다." 「반도의 문예를 말하는 좌담회」, 『친일문학전집』 2, 466쪽.

22 이날 좌담회에는 초반부터 이광수가 '국어'의 보급 기간을 들어 적어도 향후 50년간 조선문학은 조선어로 씌어져야 한다고 강경하게 주장하는 바람에 잠시 냉랭한 기류가 흘렀던 것으로 보인다. "(이광수)의무교육이 설정되고 나서 적어도 오십 년은 안 됩니다." "(鹽原時三郎, 당시 총독부 학무국장)의무교육인지 뭔지 모릅니다만, 조선 아이들 전부가 정년이 되면 학교에 들어갈 수 있는 시대가 소화 25~26년이 될 것이라고 생각합니다. 일곱여덟 살에 들어가서 가령 오십 년이라면 아주 깁니다." "(이광수)그때부터 계산해서 사오십 년 정도는 언문입니다." 이에 관한 양측의 이야기가 길어지자 정인섭은 내선일체의 효과를 거두려면 어떻게 해야하는지 키쿠치 칸에게 직접 화제를 돌림으로써 상황을 수습하고 있다(위의 좌담회, 『친일문학전집』 2, 469쪽).

그러나 이로부터 얼마 안 있어 이러한 이광수의 전략은 자취를 감추고 마는데, 이는 점점 긴박해가는 시국(時局)과 동우회사건 상고(上告) 중 판결을 앞두고 일본 국민으로서의 좀더 적극적인 자기 증명이 필요했던 상황과 밀접한 관련이 있는 것으로 보인다. 이 무렵 일본에서는 전쟁의 장기화 국면을 타개하기 위한 조처로 1940년 8월 코노에[近衛] 수상의 신체제성명에 이어 동년 10월에 결성된 '대정익찬회(大政翼贊會)'와 더불어 본격적인 신체제 국면에 돌입한다.[24] 그리고 이로부터 두 달 뒤인 12월 조선에는 내선일체의 실천을 위하여 일본정신을 깨닫고 황도(皇道)를 받들자는 취지의 황도학회(皇道學會)가 결성된다. 황도학회는 주된 사업으로 1941년 1월 14일 이후 매일 저녁 두 시간씩 대화숙(大和塾, 前身 사상보국연맹을 개편한 기구)에서 황도강습회를 개최했는데,[25] 황도학회 발기인의 한 사람이기도 했던 이광수는 이 무렵 대화숙에 머물며 강습회에도 참여했다.[26] 그리고 대화숙에 머무는 동안 일본정신과 언어를 분리하여 조선어와 조선문학을 지키고자 했던 이전의 전략을 전면적으로 수정해야 할 필요성에 직면하게 된다.

> 어제는 M교수로부터 國體新論이라는 강의를 拜聽했습니다. M교수는 아주 열성적이고 솔직한 분으로, "모든 곤란과 불편을 참고 진짜 일본인이 되는 것이 진정한 봉공이다"라고 질타하셨습니다. "일본어가 아닌 말을 쓰고, 일본의 풍

---

23 이광수, 「동포에게 부침(일문)」(『경성일보』, 1940.10.1~9), 『친일문학전집』 2, 136쪽.

24 대정익찬회 중심의 신체제운동의 성격과 활동에 관해서는 이에나가 사부로 편, 연구공간 '수유+너머' 일본근대사상팀 역, 『근대 일본 사상사』, 소명출판, 2006, 362~365쪽.

25 임종국, 『친일문학론』, 민족문제연구소, 2002, 122쪽.

26 이광수가 대화숙에 머물렀던 일에 관해서는 이광수, 「행자」(『文學界』, 1941.3), 『친일문학전집』 2, 365쪽 참조. 총독부가 사상보국연맹을 개편하여 만든 대화숙은 그해 3월부터 전향자들을 대상으로 수양회를 개최했는데, 제1회 수양회는 1941년 3월 10일부터 4월 10일에 걸쳐 한 달간 진행되었다. 이때 이광수도 수양회에 참여하여 「대화숙 수양회 잡기」(『신시대』, 1941.4)라는 참관기를 남겼다(『친일문학전집』 2, 216~224쪽 참조).

속 습관이 아닌 풍속 습관으로 사는 것은 非國民이다. 그런데도 조선인은 태연하게 비국민으로서 살고 있다. 만일 이렇게 알면서도 비일본적인 생활을 계속한다면, 아마 반드시 경멸될 것이다. 일본 국민 전체에게서 경멸될 날이 올 것이다"라고 엄히 경고하셨습니다. 일본정신을 나의 정신으로 삼아 일본어로써 생활하고 일본의 풍속, 습관, 예의, 의식에 근거해서 살아서야말로 비로소 진짜 일본인이라고 가르치셨습니다.[27]

여기서 M교수란 당시 경성제대 교수였던 마츠모토 시게히코[松本重彦]를 가리킨다. "일본어가 아닌 말을 쓰고, 일본의 풍속 습관이 아닌 풍속 습관으로 사는 것은 비국민(非國民)"이라는 마츠모토의 일갈은 "내선일체는 국민적 감정의 문제이지 모든 것을 일색(一色)으로 칠하는 것을 의미하지 않"는다던 그간의 이광수의 주장과는 정면으로 대치한다. 이후 이광수의 언설에서 조선어와 조선문학의 위상이 재조정되어 등장하는 것은 말할 것도 없다.

금후로 조선인 문사가 국어를 용어로 하는 문학을 제작하게 될 것은 필연한 일이어니와 당분간 조선어만을 알고 국어를 모르는 동포를 위하여서 조선어문의 문학도 필요한 것이다. 그러므로 여기 대하여서 잘못 인식하여서는 아니 된다. 즉 조선 문인이니까 조선어문으로 문학을 제작한다는 생각을 가져서는 아니 된다. 국어를 모르는 동포를 위하여서 조선어문으로 문학을 제작한다는 것이 정당한 생각이다. 그러므로 언문문학의 주요한 목적은 국어를 모르는 동포에게 국민정신을 주는 데 있어야 할 것이다. 왜 그러냐 하면 국어를 모르는 동포들은 국민정신에 접촉할 機緣이 조선어 문학밖에는 없기 때문이다.[28]

---

27 이광수, 「행자」, 앞의 책, 197쪽.
28 이광수, 「문인의 응소－육군기념일에 제하여」(『매일신보』, 1941.3.10～14), 『친일문학전집』

비록 국민문학의 일부로서이긴 해도 조선어로 씌어진 조선문학의 특수성이 강조되었던 이전의 주장과는 달리, 이제 '조선어문의 문학' 곧 '언문문학'은 이러한 특수성과는 무관하게 전적으로 '국어를 모르는 동포에게 국민정신을 주는' 일종의 도구로서 위치지어지고 있는 것을 볼 수 있다. 그렇기는 해도 조선어에 일종의 '도구어'로서의 격하된 위상을 부여하면서까지 이광수는 조선어로 씌어진 조선문학을 지키고 싶어했다고 하면 지나친 이야기가 될까.

이어지는 글에서 이광수는 조선에 조선어로 씌어진 조선문학이 필요한 이유를 구구절절하게 이야기한다. 현재 조선에서 국어를 모르는 동포가 2,000만이 있다는 것, 국어를 아는 이가 1할 5분쯤 된다고 하나 그 1할 5푼이 다 국문을 읽어 정신을 해독할 정도는 못 된다는 것, 게다가 국어를 모르는 2천만 중에는 학령 이상 미취학 아동으로부터 40세 내외에 이르기까지의 500만 동포는 당장 국가에 유용한 계급이라는 것, 이들은 생산력으로도 중심일뿐더러 정신적으로 2세 국민의 양육자, 지도자라는 것, 이들에게 국민정신을 주입하고 시국을 인식시키고 아니 시킴은 당장의 국력 발휘와 조선인 황국신민화에 지대한 영향이 있다는 것, 그리고 인용문에도 나와 있듯이 국어를 모르는 동포들이 국민정신에 접촉할 기연은 '조선어 문학'밖에는 없다는 것. 단순히 협력적인 공식적 발언만을 염두에 둔 것이라면 이광수가 굳이 이토록 구구절절하게 조선어와 조선문학의 필요성을 강조할 필요는 없었을 것이다.

잘 알려져 있다시피, 조선교육령 개정(1938.2)에서 국어보급운동(1942.5), 국어상용운동(1944.8)에 이르기까지 전시 동원 체제하 일제의 언어 정책은 지원병제도에서 징병제 실시에 이르는 병역제도와 연동하여 일

2, 210~211쪽.

본어를 중심으로 한 단일 언어 정책을 지향한 것이었다.[29] 그러나 국책으로서의 '국어' 전용은 국어 해독 능력이 턱없이 부족한 조선의 현실에서 단시일 내에 해소될 수 없는 문제였다. 이러한 상황에서 조선 총독부가 취한 정책은 이념으로서는 '국어' 전용을 내세우면서도 현실에서는 조선어의 광범위한 사용을 병행하는 방식일 수밖에 없었는데,[30] 이러한 사정은 전쟁 동원을 위한 시국 협력 매체였던 『방송지우』와 『일본부인』(조선판)이 창간되었던 배경 및 잡지의 성격을 통해서도 보아온 대로이다. 그러니까 '국어'의 전용도 중요하지만 국어 해독 능력이 턱없이 부족한 조선의 현실을 고려하여 조선어와 조선문학은 충분히 활용되어야 한다는 이광수의 주장은 이러한 저간의 사정을 고려한 전략적 발언이었을 가능성이 있는 셈이다.[31] 다음 절에서는 앞서 언급한 『방송지우』 및 『일본부인』 조선판 소재 이광수의 조선어 단편들을 중심으로 그 가능성을 타진해 보기로 한다.

29 일제의 언어 정책에 따른 1940년 전후의 조선의 언어 상황에 대한 자세한 내용은 윤대석, 「언어와 식민지－1940년을 전후한 언어상황과 한국 문학자」, 『식민지 국민문학론』, 역락, 2006, 117～121쪽 참조.

30 전시 동원 체제하의 언어 공간의 복합성에 대한 논의는 권명아, 「내선일체 이념의 균열로서의 '언어'－전시 동원 체제하 국책의 '이념'과 현실 언어 공간의 관계를 중심으로」(『대동문화연구』 39, 대동문화연구원, 2007)을 참조할 것.

31 필자는 이전의 글에서도 1910년대 이광수의 면모를 이러한 전략적 타협이라는 관점에서 조명한 바 있다. 이광수가 『매일신보』에 등단하기 직전 일본 민권계열 잡지인 『洪水以後』에 투고한 글 「조선인 교육에 대한 요구[朝鮮人教育に對する要求]」(1916.3)가 단적인 예인데, 제국 일본의 동화정책을 명분으로 내세우며 조선에 일본과 동등한 교육을 개방할 것을 요구하고 있는 이 글은 제국의 권위에 의존하면서도 그것에 도전하는 양가적인 전략을 취하고 있다. 뒤이어 『매일신보』의 사장 아베 미츠이에를 겨냥하며 쓴 글 「대구에서」(1916.9)도 마찬가지다. 이에 관해서는 최주한, 「제국의 근대와 식민지, 그리고 이광수－제2차 유학시절 이광수의 사상적 궤적을 중심으로」, 『어문연구』 140, 어문연구학회, 2008, 424～431쪽 참조.

3. '말해야만 하는 것'과 '말하고 싶은 것' 사이에서

1942년 5월 총독부에서 개시한 국어보급운동은 1942년 10월 '조선어학회사건'으로 이어지는 전면적 언어 통제의 신호탄이었다. 조만간 민족어가 사라질지도 모르는 이런 긴박한 상황에서 비록 시국 협력 매체였을망정 『방송지우』나 『일본부인』(조선판)과 같이 조선어로 씌어진 조선문학이 공식적으로 허용되는 지면은 이광수에게 어떤 의미를 가진 것이었을까.

당시 일본어 해독 능력을 가진 인구가 1할 5푼 정도에 불과하고 나머지 2천만은 아예 조선어밖에 모른다는 사실을 익히 잘 알고 있었던 이광수였고 보면, 이 시기 그가 소설과 시, 수필, 논설 등 온갖 장르를 넘나들며 일본어로 써댄 수많은 글들은 사실 조선인 독자라기보다 당국 혹은 일본인 독자를 향한 것이었다고 보아야 옳을 것이다. 다시 말해 이광수에게 일본어 글쓰기는 당국이나 일본인 독자들이 듣고 싶어 하는 것, 혹은 일본 국민으로서의 자기를 입증해야만 하는 전향자의 입장에서 '말해야만 하는 것' 위주의 글쓰기였다고 할 수 있는 것이다.[32] 반면 대다수 조선인 독자들을 대상으로 한 조선어 글쓰기, 그 가운데서도 특히 문학은 암시적인 언어로 독자와 소통할 수 있는 공간이 내재되어 있다는 점에서 '말해야만 하는 것'의 한계 내에서나마 조선인

32 이는 이광수가 '대동아전쟁' 일주년을 맞아 자신의 결의를 밝힌 다음의 피동적인 발언에서도 엿볼 수 있다. "대동아전쟁 이 년째라고 해도 별로 작년과 변한 것을 말씀드릴 것은 없으나, 작년 12월 8일에 나는 무슨 일이라도 좋다, 부름을 받는다면 무엇이든 내 힘이 미치는 한, 힘써 일해 드리겠다고 결심했던 것입니다. 강연에 가라고 하면 갔으며, 쓰라고 하면 썼습니다. 올해도 한층 그런 일에 노력해서 봉공해 드리자는 생각입니다."(이광수, 「대동아전쟁 일 주년을 맞는 나의 결의(일문)」(『국민문학』, 1942.12), 『친일문학전집』 2, 371쪽).

독자들을 향해 '말하고 싶은 것'을 전할 수 있는 은밀한 방편으로서 간주되었던 것으로 보인다.

『방송지우』 창간호에 실린 단편 「면화」(1943.1)는 이처럼 '말해야만 하는 것'과 '말하고 싶은 것' 사이에서 위태로운 균형을 취하는 방식의 글쓰기를 전형적으로 보여준다. 등장인물의 구성으로 보건대 이광수 자신의 가정을 모델로 한 것으로 보이는 이 단편은 '국민학교'에 다니는 두 딸아이가 '국어'로 관찰일기를 쓰기 위해 학교에서 면화 씨앗을 얻어다 심고 그것이 자라는 과정을 지켜보면서 소소한 갈등을 겪으며 성장하는 과정을 그리고 있다. '가정소설'이라는 표제어를 달고 있는 단편답게 일면 가정에서 일어난 소소한 이야기를 다룬 이야기에 불과해 보이지만, 학교교육을 통하여 아이들이 익힌 '국어'로서의 일본어가 가정에서도 일상적인 언어로 자리잡은 모범적인 '국민 가정'의 한 면모가 뚜렷하다. 특히 작품의 후반부에서 기다리던 면화 꽃이 피고 지는 것을 지켜보며 두 딸아이가 일본어로 함께 부르는 노래는 당시 일본의 어린이라면 누구에게나 익숙했던 일본 동요를 가사만 바꾸어 부른 것이기도 한데,[33] 검열 당국의 시선으로서도 전혀 흠잡을 데 없을 작품인 셈이다. 하지만 이런 독해 방식은 다음의 마지막 장면에서 전혀 다른 해석의 가능성을 얻게 된다.

> 지금 두 아이는 학교에서 운동회 연습을 하고 있을 것이다. 나는 면화잎에 붉은 벌레를 잡아주고 나서 이 글을 쓰고 있다. 오늘도 두 아희의 나무에 한 송이

---

33 이 노래가 일본의 동요를 개사한 것이라는 사실은 하타노 세츠코 선생님께서 알려주셨다. 확인해 보았더니, 이정화 선생님께서도 이 노래를 기억하고 계셨다. 본래의 가사는 다음과 같이 시작한다. "피었네 피었네. 무슨 꽃이 피었나. 연꽃이 피었네. 피었는가 했더니 어느덧 이울었네[ひいらいた ひいらいた. なんの花がひいらいた. れんげの花がひいらいた. ひいらいたとおもったら いつのまにかつぼんだ]."

씩 새꽃이 피었다. 천년만년 솜씨를 잊지 않고 피는 꽃이다. 아직 아이들은 하얀 솜이 터져나오는 양은 못 보았다. 앞으로 보름이나 지나면 복숭아 같은 열매가 툭 터져서 하얀 솜이 비죽이 나올 것이다. 그때에 가즈꼬는 제 노래에 어떤 한 구절을 채우려는가.[34]

필자가 '천년만년 솜씨를 잊지 않고 피는 꽃'이라는 구절을 대하면서 제목 '면화'의 상징성에 생각이 미친 것은 그저 우연이었을까. 잘 알려져 있다시피, 면화는 백의민족을 상징하는 옷감인 무명베의 원료이다. 1863년(고려 공민왕 12년) 원나라에서 문익점이 붓대 속에 목화씨를 들여와 길쌈을 퍼뜨린 이래 600여 년 간 하얀 무명옷, 곧 '흰옷'은 겨레를 상징하는 의상이었다. 게다가 이광수는 일찍이 『학지광』 8호에 게재한 「용동」(1916.3)이라는 글에서 '흰옷'이라는 필명을 사용한 적도 있다.[35] 그러니까 이 대목에서 '면화'에 부여된 '천년만년 솜씨를 잊지 않고 피는 꽃'이라는 속성은 이광수가 조선의 독자들을 향해서 '말하고 싶었던 것' 곧 면면히 이어져 온 조선의 문화는 언제고 다시 꽃을 피우고 결실을 맺을 것임을 은밀하게 전하고자 한 것이라는 해석이 가능해진다. 여기에 이 무렵이 전시 체제하 효과적인 국민 통제의 일환으로 조선식 흰옷이나 거추장스러운 전통 복장이 극심한 규제를 받고 있던 시기였다는 점을 고려하면,[36] 두 딸아이 못지않게 지극한 관심을 가지고 정성

34 香山光郎, 「면화」, 『방송지우』 창간호, 1943.1, 46쪽.

35 본문에는 '帝釋山人'이라는 필명을 사용했지만, 목차에는 '흰옷'으로 되어 있다. '제석산인'이라는 필명은 이광수의 고향 정주에 자리한 제석산에서 따온 것이다.

36 1920년대 총독부에서 주도한 생활개선운동의 하나로 시작되었던 흰옷의 통제는 특히 전시동원체제하 삭발과 국민복, 몸뻬를 착용한 모습이 전통이나 서양식에서 벗어난 '일본적인 것의 표식'으로 자리잡기 시작하면서 더욱 철저해지기에 이른다. 식민지 시기 의복 통제를 통한 '국민' 만들기 기획에 관해서는 공제욱, 「의복통제와 '국민' 만들기」, 공제욱・정근식 편, 『식민지의 일상, 지배와 균열』(문화과학사, 2006)을 참조할 것.

껏 면화 나무를 돌보는 '나'의 행동에서는 은밀한 저항의 의미까지도 읽어낼 수 있게 되는 것이다.

『방송지우』 2권 9호에 실린 「방공호」 역시 마찬가지의 관점에서 해석해 볼 수 있다. 전시하의 방공관제로 인해 얼떨결에 증조부의 제사를 방공호에서 치르게 되는 김 의관이라는 인물의 좌충우돌기를 그린 이 단편은, '방공소설'이라는 표제어와도 잘 어울리게 그러한 좌충우돌기 속에 전시체제하의 국민이 지켜야 할 생활 규칙이라든가 방송관제 시의 행동 요령 등을 상세하게 담아내고 있다. 앞서도 언급했듯이 김 의관과 며느리가 제사를 지내기 위해 갖추어 입은 두루마기나 치마와 같은 전통 복장은 물론, 김 의관이 제사에 쓸 제주(祭酒)를 마련하기 위해 '야미(やみ, 암거래)'[37]로 몰래 술을 사들인 행위는 전시체제하 생활 규칙에는 모두 어긋나는 것뿐이다. 등화관제 및 방공훈련 때 집안에서 버젓이 촛불을 켜놓고 제사를 지낸다는 것이 절대 허용될 수 없는 행위라는 것은 말할 것도 없다. 결국 김 의관은 아들 정식의 제안대로 제상을 옮겨 방공호 안에서 제사를 지내게 되고, 그 과정에서 총후국민으로서의 본분을 다하고 있는 아들 세대의 모습을 지켜보며 자신의 모습을 반성하기에 이른다. 요컨대 이 단편은 봉제사(奉祭祀)라는 전통적인 소재를 통하여 김 의관으로 대변되는 조선적인 것을 시국 협력의 차원에서 적절하게 비판하고 있는 것인데, 그런 점에서 일단 국책 협력의 문법을 충실하게 따른 작품이라고 보아도 좋을 것이다. 그러나 이러한 비판적 입장이 작품에서 조선적인 것의 실질적인 전면 부정으로 이어지고 있는지는 좀더 생각해볼 문제이다.

37 1939년 가뭄에 따른 식량난에 이어 전쟁이 본격화되면서 생겨난 암시장은 1940년 이후 물가통제에서 배급통제가 실시되는 과정에서 더욱 활성화되었는데, 이러한 암거래는 경제범죄로서 엄격한 단죄의 대상이었다(이종민, 「전시하 애국반 조직과 도시의 일상 통제 – 경성부를 중심으로」, 『동방학지』 124, 연세대 국학연구원, 2004, 860~861쪽).

전통적인 것을 중시했던 김의관이 아들 세대의 가치를 전면적으로 수용하면서 자신의 모습을 반성하는 결말 부분의 변모가 다소 '작위적'이라는 지적도 있듯이,[38] 사실 이 단편은 봉제사(奉祭祀)하는 김 의관의 동선을 따라 그려지는 자세한 제사 절차가 텍스트의 대부분을 차지하고 있다. 전시 체제하에서도 매년 유월 스무날 증조부의 제사만큼은 성대하게 치르는 김의관은 이날도 제사 준비에 분주하다. 경방단원인 큰 아들 창식 몰래 '야미'로 '제주(祭酒)'를 마련하고, 의관을 갖춰 도포를 차려입고는, 흡족하지는 않아도 구색에 맞춰 마련한 '제물(祭物)'을 손수 '제상(祭床)'에 차려놓는다. 제상에 촛불이 켜지자 자정의 등화관제를 의식하여 부리나케 '분합문'을 닫는 아들 딸에게 문닫고 제사지내는 법이 없으니 활짝 열어 놓으라고 엄숙하게 명령하는가 하면, 등화관제라 불빛이 밖으로 나가면 안 된다는 딸 창임의 참견에 계집애는 '제청(祭廳)'에 오르는 게 아니라고 핀잔을 주고, 아들 정식에게는 제사를 지낼 때는 문을 다 열어 놓고 '합문(闔門)'[39] 할 때만 문을 닫는 법이라고 부드러운 말로 타이르기도 한다. 결국 분합문을 여는 대신 검은 장막을 드리우는 것으로 타협을 본 김 의관은 '향상(香床)' 앞에 꿇어앉아 향로에 향을 넣고 일어나 절을 하는 것으로 제사를 시작한다.

이러한 제사 절차는 등화관제에 이은 방공훈련으로 인해 제상을 방공호로 옮기는 과정에서도 결코 방해받지 않는다. '신주(神主)'[40]를 방공호로 옮기는 사정을 고하는 '축문(祝文)'[41]을 고민하던 김 의관은 그런

---

38 서재길, 「강요된 협력, 분열된 텍스트－일제 말기 방송 소설을 읽는 하나의 독법」, 『민족문학사연구』 45, 민족문학사연구소, 2011, 284쪽.

39 제사 때 侑食 차례에서 병풍을 치거나 문을 닫는 일. 제례에서 마지막 잔을 올리고 첨작한 다음 제사에 찾아온 조상이 제물을 드실 수 있도록 하기 위해 숟가락을 제삿밥 가운데 꽂고 젓가락이 동쪽 끝으로 가도록 음식 접시 중앙에 놓는 일을 유식이라 한다.

40 죽은 이의 位牌.

41 제사 때 神明에게 읽어 고하는 글.

축문은 '사례편람(四禮便覽)'[42]에도 없다는 사실을 깨닫고 조선말로 간단히 축문을 읊조린 뒤 '신줏독'을 받들고 집을 나선다. 방공호 안에서 약식으로나마 다시 제상을 벌여 놓은 김 의관은 촛불을 켜도 되는지 잠시 망설인다. 촛불을 켜지 않으면 증조부의 혼백이 제사를 받으러 올 수 없다고 생각하는 까닭이다. 불빛이 바깥으로 안 나간다는 예전 반장 노인의 대답을 듣고서야 공간이 비좁아 잠깐 무릎을 굽혀 꿇는 것으로 절을 대신한 김 의관은 마지막 축문을 외는 것으로 이럭저럭 제사 절차를 마치게 되지만, '첨작(添酌)'도 하고 '합문(闔門)'도 해야 하는데 방공호 속이라 사정이 여의치 않은 것이 못내 마음에 걸린다. 결국 합문을 하지 않으면 모처럼 찾아온 증조부가 제대로 잡수시지 못할 것 같다는 생각에 김 의관은 신주에 등을 향하고 돌아서는 것으로 합문을 대신한다. 그리고 마지막으로,

> "에헴" 하고 김 의관은 기침을 하고 침을 조금 퉤 뱉고 신주 쪽을 향하여 돌아섰다. 제문[43]이라는 뜻이다. 김 의관은 그 아버지가, "에헴"하고, 담을 뱉고, 손을 내밀어서 분합문 고리를 잡아당기던 모양을 눈앞에 그려보고, 방공호 속이라 그것을 못 해보는 것이 섭섭하였다.
>
> '전쟁 중이라, 다 이렇습니다.'
>
> 김 의관은 속으로 조상을 향하여 중얼거렸다.
>
> 제사를 다 지내고 나서 김 의관은 제상에 놓았던 잔을 들어서 음복을 하였다.[44]

이처럼 제사의 마지막 절차에 이르기까지 정성을 다하는 김 의관의

---

42 冠婚喪祭에 관한 제도와 절차에 대해 적은 책. 모두 8권 4책으로 이루어져 있다.

43 자세한 뜻은 정확하지 않으나 맥락 상 합문을 해제한다는 뜻인 듯하다.

44 香山光郎, 「방공호」, 『방송지우』, 조선방송협회, 1944.9, 86쪽.

모습을 통해 전경화되는 것은 아버지, 할아버지 세대로부터 이어져 온 조선의 전통적인 제례 의식 전반에 관한 것이다. 단순한 제의 절차뿐만 아니라, 제사를 지낼 때는 분합문을 열어야 한다는 것, 제청에는 여자가 올라올 수 없다는 것, 제주를 비롯하여 조상에게 올릴 제물은 정성껏 마련해야 한다는 것, 제상에 촛불을 켜놓지 않으면 조상의 혼백이 제사를 찾아올 수 없다는 것, 조상이 제물을 드실 때는 편하게 제물을 드실 수 있도록 반드시 합문해야 한다는 것, 이러한 유식 절차가 끝나면 다시 분합문을 열고 음복의 예를 취해야 한다는 것 등 각각의 절차가 존재하는 이유에 대한 자세한 설명에 이르기까지, 제례 의식 전반에 관해 세세하게 전달하려 애쓴 흔적이 또렷하다. 어쩌면 이광수는 시국 협력 차원에서 조선적인 것을 적절하게 비판하는 공식적 태도 이면에서, 봉제사(奉祭祀)라는 조선의 전통적인 소재를 통하여 조상 적으로부터 면면하게 이어져 내려오는 조선 고유의 전통을 독자들과 은밀하게 공유하고자 한 것이 아닐까. 등화관제와 방공훈련이라는 긴박한 상황에도 아랑곳 않고 사뭇 진지하게 제사를 받드는 김 의관의 모습을 일일이 따라가고 있는 붓길에서 오직 조선인들만이 공유할 수 있는 조선의 전통에 대한 애정이 느껴지는 것은 필자만의 과도한 생각에 불과한 것일까.[45]

한편 '근로소설'이라는 표제어가 달려 있는 「구장님」(『방송지우』, 1945.1)은 넌전에 아들을 잃고 손자 셋은 징용, 학병, 징병 입영 보낸 일흔셋 늙은 구장의 모범적인 시국 협력 이야기를 다룬 단편이다. 일흔셋의 나이에 아들 대신 구장을 맡은 가나모토가 동리(洞里)의 증산 독려에 힘쓴 결과 공출과 퇴비에 좋은 성적을 내고 관으로부터 막거리 특배를 받

45 이에 관해서는 "'적기'의 침투가 예상되어 공습경보가 내린 비상 상황에서 방공호 속에 들어가서 태연하게 제사를 지내는 김의관의 모습은 지나치게 희화화되었다는 혐의를 지울 수 없다"는 평가도 있다(서재길, 「강요된 협력, 분열된 텍스트 – 일제 말기 방송소설을 읽는 하나의 독법」, 『민족문학사연구』 45, 민족문학사연구소, 2011, 285쪽).

아 마을 잔치를 치르게 된다는 것이 주된 내용으로, 증산을 통한 '생산보국'을 주제로 삼고 있다.

그런데 이 단편이 특징적인 것은 작가가, 가나모토라는 창씨명을 갖고 있기는 해도 일흔셋의 나이로 보아 제대로 된 '국어' 교육을 받았을 리 없는, 즉 조선어밖에 모르는 전형적인 조선의 농부라 할 만한 인물을 주인공으로 내세워 모범적인 시국 협력 이야기를 펼쳐나가고 있다는 점이다. 이 또한 '말해야만 하는 것'의 관점에서야 시국의 요구에 부응하는 계몽적인 의도를 이번에는 조선의 농민들에게 관철시킨 것이라는 의미를 가지겠지만, '말하고 싶은 것'의 관점에서는 조금 다르게 해석될 수 있다. 이와 관련해서는 이 전형적인 조선인 농부가 관의 요구에 그저 순응적으로 협력하는 왜소한 존재라기보다 시국의 소란한 시간성 따위는 훌쩍 넘어서버린 초연한 위엄을 지닌 존재로 그려지고 있다는 점이 주목된다.

단편 초입에서부터 구장 가나모토는 일흔셋 노령의 나이임에도 불구하고 범골이 아닌데다 위엄까지 갖춘 비범한 농부로서 소개된다. 일면 구장으로서 공출, 저금, 징용, 근로보국대, 증산장려 등 관의 명령에 따라 동리 사람들을 독려하는 대리인으로서의 임무에 충실한 것처럼 보이지만, 이러한 관의 명령은 구장에게서 번번이 조선 농부의 언어와 감각으로 재해석되어 버린다. 구장은 관이 명하는 '증산장려'를 '풀거름 많이 만들고 논에 가을보리 심는 것'으로 이해한다. 구장이 병정, 징용, 보국대 나간 집을 날마다 돌아보고 보살피는 것도 동리 사람의 일은 마을 공동체가 함께 책임졌던 전통적인 농가의 습속(習俗)이 몸에 벤 탓이라 해야 할 것이다. 성실한 증산 독려 덕분에 공출과 퇴비 성적이 좋아 관으로부터 막거리 특배를 받게 되었을 때도, 구장은 특배받은 술을 가지고 돼지를 잡고 송편도 빚고 인절미도 쳐서 동리 사람들과 함께 뒤늦은 '추석잔치'를 벌인다. 국민의례가 끝난 뒤 '텐노 오헤이까 반자이(천황 폐하 만세)'가 떠나갈 듯하던 외침도 잠시, 광대흉내와 걸쭉한 '육자배기'로 잔치의 흥을 돋구던 구장은 자리를 털고 일어나 동리 사람들과 함께 다시 보리를 갈러 들판으로 나간다.

'텐노 오헤이까 반자이'와 '육자배기'의 어울리지 않는 공존. 이 가운데 어느 쪽이 이 조선인 농부의 육성(肉聲)이었을지는 묻지 않아도 자명하다. 시국에 협력하는 일조차 제때에 밭을 갈아 씨를 뿌리고 거두는 농부로서의 일상으로 묵묵히 살아내는 이 조선인 농부의 초연한 위엄 앞에서 군수와 경찰서장은 물론 당대 최고의 권력자인 천황의 권위마저도 왜소해지고 마는 것은 말할 것도 없다. 군수와 경찰서장까지 대동한 자리였지만 '텐노 오헤이까 반자이'의 외침이 다소 공허하게 느껴지는 것도 이와 무관하지 않을 것이다. 더욱이 마지막 장면에 그려진, '하늘 뜻'에 따라 묵묵히 논을 갈고, 가래질을 하고, 거름을 지고 혹은 거름을 뿌리며 보리갈이에 열중하고 있는 농부들의 모습은 하늘의 영원한 시간의 질서에 비하면 시국이란 한갓 지나가버릴 한때의 소란에 불과한 것이라는 사실을 은밀하게 일깨우고 있는 듯하다.

> 벼를 비었으니 보리를 갈아야 한다. 농가에 한가한 때는 없다. 그러나 부지런하게 하늘 뜻을 순종하는 농가에 농촌에 즐거움이 끊일 날도 없다. 근로도 영원이오 즐거움도 영원이다. 관음리 앞들에는 논을 가는 이, 가래질을 하는 이, 거름을 지는 이, 뿌리는 이, 흙덩이를 깨트리는 이, 석양은 관음봉에 걸려서 차마 이 농부들을 떠나지 못하여 하는 것 같다.[46]

46 향산광랑, 「구장님」, 『방송지우』, 조선방송협회, 1945.1, 92쪽.

이상에서 '말해야만 하는 것'과 '말하고 싶은 것'의 위태로운 균형이라는 관점에서 『방송지우』 소재 조선어 단편 세 편을 해석해 보았다. 『방송지우』 소재 나머지 두 단편 또한 시국 협력의 문법을 충실하게 따르는 가운데 조선적인 것에 대한 애정을 표현하려 애쓴 작품이라는 점에서는 다르지 않다. 행정, 사법을 다 패스하고 내무성에 채용된 아들이 지원병으로 나서는 것을 보고 깨달은 바 있어 고향으로 돌아갈 것을 결심하는 부재 지주 김 참사의 이야기를 그린 단편 「귀거래」(방송소설)는 조상 적부터 대대로 살아오던 고향 동리와 동리 사람들에 대한 그리움을 표현한 도입부를 공들여 묘사한 흔적이 역력하며, 짝사랑하는 을순이와 노모를 두고 씩씩하게 징병 검사에 나서는 왈쇠의 이야기를 그린 「두 사람」(징병소설)의 경우도 고향 동리의 정경을 묘사하는 붓끝에서 조선적인 것에 대한 애정이 느껴진다.

한편 『일본부인(조선판)』에 실린 단편 「반전」(1944.7)은 '말해야만 하는 것'과 그것을 거스르는 흐름이 직접 길항하고 있다는 점에서 앞서 소개한 단편들과는 조금 다른 성격을 띤다. 실연을 계기로 소시민적 생활을 청산하고 해군에 지원할 결심을 하게 되는 다다시라는 한 남자의 이야기를 다루고 있는 이 단편은 '갱생소설'이라는 표제어답게 다다시의 해군 지원이라는 '반전'의 내용을 강조하고 있다는 점에서 '말해야만 하는 것'의 규칙을 충실히 따르고 있다고 할 만하다. 그러나 결말에서의 이러한 '반전'을 제외하면 이 단편의 전체적인 분위기는 시국에 대한 인식의 앙양과는 거리가 멀다.

장난감 회사의 일개 고원(雇員)인 다다시는 증강산업과는 무관한 탓에 언제 문을 닫을지 모르는 회사에서 언제 날아올지 모르는 '징용의 백지'를 기다리며 하루하루를 연명하고 있는 무능력한 인물로 그려진다. 오 년간 학비를 대어주며 결혼을 기다리던 애인 마사에의 눈에도 그는 늘상 '때묻은 국민복'에 고작 '팔십 원하는 월급에 턱을 걸고' '후줄근하게 풀이 다 죽어 댕기는' '꾀죄죄한 궁상'으로만 비칠 뿐이다. 더욱이 다다시가 애인 마사에에게 실연당하여 해군에 지원할 결심을 하는 결말의 '반전'은 철저한 시국 인식의 결과라기보다 삶의 마지막 희망까지 잃고 만 사람의 자포자기에 가깝다는 인상을 준다. 결국 이 단편에서는 전시 동원 체제하에서 떠들썩하게 선전되었던 '명랑하고 건강한 국민 기풍'이라고는 눈을 씻고도 찾아보기 어려운 것이다. 이런 맥락에서, 시국 협력의 문법을 충실히 따르면서도 그 이면에 작동하고 있는 음울한 현실을 사실적으로 포착하고 있는 「반전」은 딱히 의식적인 것이었다고 단언하기는 어려워도 '말해야만 하는 것'에 거스르는 흐름을 잘 담아낸 소설이라 할 만하다.

4. 자료는 힘이 세다

애초에 근대서지학회의 오영식 선생님께서 『방송지우』와 『일본부인(조선판)』 소재 이광수의 단편 자료를 보내주시겠다고 제안하셨을 때는 내심 심드렁했다. 이 무렵에 씌어진 소설이라면 지금까지 보아온 그저 그렇고 그런 친일소설이겠거니 싶은 생각에서였다. 그래도 아직까지 본격적으로 논의된 일이 없는 자료들이니 만큼 이들 자료를 묶어서 소개하는 일 자체는 필요하다는 판단에서 필자는 자료를 보내달라고 부탁드렸다. 보내주신 단편을 읽으면서 처음 든 생각은 역시 '그러면 그렇지'하는 것이었다. 그러나 두 번, 세 번 읽어나가는 과정에서 필자는 이전에 그의 친일소설을 읽으면서는 경험하지 못했던 기이한 느낌에 사로잡혔다. 이들 단편에서는 시국 협력의 문법을 충실히 따르고 있는 공식적인 목소리 이면에서 또 다른 목소리가 느껴졌던 까닭이다. 어느 순간 필자는 그것이 조선어로 씌어진 단편이라는 점과 무관하지 않다는 데 생각이 미쳤고, 이에 전면적 언어 통제시기 조선어로 씌어진 조선문학이 가질 법한 각별한 위상의 가능성을 염두에 두면서 이 글을 써나가기 시작했다.

필자의 부족한 역량 탓에 이 글이 이광수의 친일문학과 관련하여 공연한 논란거리를 하나 만든 데 불과한 것은 아닌지 걱정이 앞선다. 하지만 필자 개인으로서는 전시 동원 체제하 이광수의 친일문학을 새로운 각도에서 고찰해볼 수 있었던 소중한 기회였다. 전면적인 언어 통제 시기 조선어로 씌어진 조선문학의 각별한 위상을 강조하고 있다고 해서 이 글이 이광수의 민족주의를 구출하기 위한 시도로 오해되지 않았으면 좋겠다. 필자는 이광수가 이 무렵 분명히 일제에 협력하는 태도를 취했고, 그것이 어떤 면에서는 필요하다고까지 여기고 있었다고 생각하는 편이기 때문이다. 다만 이광수의 글쓰기를 단일한 목소리에 의한 것으로 간주해서는 이 무렵의 이광수를 제대로 이해할 수 없다는 것이 필자의 생각이다. 그것이 '향산광랑계 글쓰기'와 '이광수계 글쓰기'로 이분화할 수 있을 만큼 단순하지 않다는 것도 포함해서 말이다. 이광수에 관한 새로운 자료가 발견될 때마다 매번 느끼는 것이지만, 역시 자료는 힘이 세다는 것을 다시 한번 깨닫게 해준 시간이었다. 부족한 필자에게 소중한 자료와 더불어 귀중한 지면을 허락해주신 근대서지학회에 진심으로 감사드린다.

제7장

일제 말기 이광수의 이중어 글쓰기 연구 시론

1. 일제 말기 식민지 문학장의 변동과 이중어 글쓰기

잘 알려져 있다시피, 중일전쟁 발발 이후 총동원체제기의 조선문단은 치안, 국어(일본어) 전용, 창씨개명, 전쟁 동원 등 제국의 체제를 공고히하는 폭력적 장치들에 포섭되면서 제국문단 내부로 통합되는 급격한 변동을 맞는다.[1] 이 가운데서도 특히 당대 조선의 문인들에게 요구된 일본어 글쓰기의 문제는 조선어와 조선의 독자를 중심으로 한 조선문단의 질서 재편을 추동한 핵심 사안이었다. 총독부는 1940년 8월 『동아일보』와 『조선일보』의 폐간을 시작으로 1941년 11월 『문장』과 『인문평론』을 『국민문학』으로 통폐합하고, 1942년 5월 국어보급운동

1 차승기, 「문학이라는 장치－식민지 / 제국 체제와 일제 말기 문학장의 성격」, 『현대문학의 연구』 44, 한국문학연구학회, 2011, 196쪽.

과 더불어 『국민문학』을 국어 전용 체제로 전환하면서 일본어를 문단의 공용어로 확립했다. 바야흐로 조선의 문인들은 쓰고 싶다면 일본어로 쓸 수밖에 없는 상황, 곧 "문학 범주에서의 국가 상실"[2]이 도래했다는 인식에 직면하지 않을 수 없었던 것이다.

조선문학이란 '조선인 작가가 조선어로 조선의 독자들에게 읽히기 위하여 쓴 것'이라는 사고에 익숙해 있던 작가들에게 일본어 글쓰기란, 당장의 언어 운용상의 어려움은 물론이고, 조선어와 조선문학을 매개로 조선의 독자들과의 긴밀한 관계 속에서 지탱되고 있던 조선문단의 존립 근거를 뒤흔드는 것이었다. 한 예로 1936년 8월 잡지 『삼천리』에 실린 '조선문학'의 정의에 대한 앙케이트는 조선어 글쓰기를 중심으로 하는 조선문단에 대한 작가들의 민족적 자의식이 어느 정도였는지를 단적으로 보여준다. 이 앙케이트 문항에는 당시 재조 일본인의 작품이나 반대로 도쿄 문단에 진출한 장혁주와 같은 조선인 작가의 일본어 작품 등 기존의 조선문학의 범주에 속하지 않는 문학의 등장을 어떻게 보아야 할 것인가 하는 문제의식이 담겨 있는데, 이때만 해도 조선어로 씌어진 것이 아니므로 이들 문학은 당연히 조선문학에서 제외해야 한다는 답변이 지배적이었던 것이다.[3] 일찍이 조선문학이란 "조선인이 조선문으로 작(作)한 문학"[4]임을 공공연히 천명한 이래, 장편 『무정』(1917)과 더불어 조선문단의 개척자로 나섰던 이광수만큼 이 문제의 심각성을 또렷이 의식했던 작가가 또 있었을까.

1930년대 초반 이광수는 도쿄의 문단에 조선의 문학을 소개하는 자리에서 양적으로나 질적으로 "아직 역사를 지닌 일민족의 문학으로써

---

2 김윤식, 『일제 말기 한국 작가의 일본어 글쓰기론』, 서울대 출판부, 2003, 74쪽.

3 「'조선문학'의 정의 이렇게 규정하려 한다」, 『삼천리』, 1936.8, 82쪽.

4 이광수, 「문학이란 하오」(『매일신보』, 1916.11.10~23), 『이광수전집』 1, 우신사, 1979, 554쪽.

널리 내어놓을 수 없"는 수준이라는 것이 유감이라면서도, "2천 3백만이라는 결코 수에 있어서는 적지 않다고 할 일 민족이 현재 소유하고 있는 문학"[5]으로서는 소개의 가치가 있다고 역설한 바 있다. 뿐만 아니라 가야마 미츠로[香山光郎]로의 전향 이후 '국어'와 국민문학의 특권성을 인정하는 가운데서도 "(조선)문학은 조선 특유의 언문으로 조선인의 생활 사상 감정을 표현한 것이기 때문에 이것은 오직 조선어문을 아는 사람만이 감상할 것"이며, 바로 여기에 "조선문학의 존재 이유의 제1조"[6]가 있음을 공공연히 피력하기도 했다. 국민문학론의 대두와 더불어 일본어 글쓰기의 압력이 점차 거세지는 시점이었던 탓에 비록 '당분간'이라는 단서를 달아야 했지만, 조선문학의 성립 근거가 '조선어문을 아는' 2천 3백만의 조선인 '독자'에게 있다는 사실은 가야마 미츠로로의 전향 이후에도 여전히 이광수의 의식을 또렷하게 지배하고 있었던 것이다.

그럼에도 불구하고 지금까지 일제 말기 이광수의 이중어 글쓰기에 관한 연구는 주로 언어 민족주의의 관점에서 "국체명징의 한 방편으로서 강요한 국어상용령을 무비판적으로 맹종한 것"[7]이라거나 "일본어를 통해 식민본국 혹은 세계성으로 탈출하려는 이기적 욕심"[8]이라는 해석의 틀을 반복해 왔다. 동일한 일본어 글쓰기 내에서 '향산광랑의 글쓰기'와 '이광수의 글쓰기'를 구분함으로써 언어의 문제에서 유연한 해석을 시도한 김윤식이 종국에 조선어로 씌어진 『원효대사』에 대해

5 이광수, 「朝鮮の文學」(『改造』, 1932.6), 204쪽. 이 글은 이듬해인 1933년 3월 『삼천리』에 번역 게재되기도 했다.

6 이광수, 「심적 신체제와 조선문화의 진로」(『매일신보』 1940.9.4~12), 이경훈 편역, 『춘원 이광수 친일문학전집』 2, 평민사, 1995, 105쪽.

7 임종국, 『친일문학론』(증보판), 민족문제연구소, 2005, 287쪽.

8 황호덕, 「변비와 설사, 전향의 생정치―「무명」의 이광수, 식민지(감옥)의 구멍들」, 『상허학보』 16, 깊은샘, 2006, 303~304쪽; 황호덕, 「국어와 조선어 사이, 내선어의 존재론―일제 말의 언어정치학, 현영섭과 김사량의 경우」, 『대동문화연구』 58, 대동문화연구원, 2007, 157쪽.

서 "이광수라는 맨 얼굴의 글쓰기로 한 최대의 노력"[9]이라는 평가에 도달하고 있는 것도 근본적으로는 이러한 해석의 틀에서 자유롭지 못했음을 보여준다. 한편 김경미는 일본어에 대한 조선어의 간섭이라는 관점에서 국책 협력의 내용과 표현된 언어 사이의 어긋남의 양상에 주목하기도 했지만,[10] 일제 말기 이광수의 글쓰기적 실천에서 조선어는 국책 협력의 매개이기도 했다는 점에서 이광수의 이중어 글쓰기 전반의 특성으로 간주하기 어려운 점이 있다.

일제 말기 조선문단의 질서 재편을 추동한 일본어 글쓰기의 문제가 조선어를 사용하는 대다수의 조선 독자에 대한 배제를 전제로 하는 것이었고, 이광수만큼 이 문제의 심각성을 또렷하게 의식한 작가도 드물었다고 한다면, 당대 문학장의 변동과 이에 대응하는 이광수의 글쓰기적 실천 일반을 고찰하는 데 있어서 언어의 문제 못지않게 중요하게 고려되어야 하는 것은 바로 독자의 문제라고 할 수 있다. 이광수의 일본어 글쓰기는 누구를 향하여, 그리고 누구를 위하여 씌어진 것이며, 종국에 그것은 어떤 의미를 가진 것이었을까. 또 '국어'와 국민문학의 특권성이 전면에 부각되었던 당대 조선어를 사용하는 대다수 조선인 독자를 향해 발언하는 그의 조선어 글쓰기는 어떤 위상을 갖는 것이었을까.

이와 관련하여 당대 조선의 문인들에게 특정 언어에 의한 글쓰기란 언어와 민족주의의 문제인 동시에, 작가와 독자 및 출판업자를 둘러싸고 형성된 조선문단 내부의 인정의 구조와 결부된 작가-됨의 전면적 개변의 문제이기도 하다는 천정환의 견해는 주목할 만하다.[11] 특정한

---

9 김윤식, 앞의 책, 142쪽.

10 김경미, 「1940년대 어문정책과 이광수의 이중어 글쓰기」, 『이광수 문학과 민족 담론』, 역락, 2011, 361~362쪽.

11 천정환, 「일제 말기 작가의식과 '나'의 형상화」, 『현대소설연구』 43, 한국현대소설학회, 2010, 45쪽.

독자를 향한 글쓰기를 "모국어 문학이 포기될 때, 당연히 민중을 지향하거나 민중을 재현하(려)는 문학도 버려진다"[12]는 식의 언어 민족주의적 관점에서 잠시 떼어놓을 수만 있다면, 독자를 최종 심급으로 하는 문단 내부의 인정의 구조의 변동이라는 관점은 일제 말기 조선어와 일본어를 넘나드는 이중어 글쓰기의 공간을 제국과 식민지 간의 치열한 언어·문화적 경합의 장으로 재조명하는 데 효과적인 기반을 마련해줄 수 있는 까닭이다.

나아가 독자를 최종 심급으로 하는 문학장의 변동이라는 관점은 일제 말기 이광수의 글쓰기적 실천을 '향산광랑의 글쓰기'와 '이광수의 글쓰기'로 구분하는 기존의 이분법적 논의 틀을 재고할 수 있게 해준다는 점에서도 유익하다. 이광수의 이중어 글쓰기를 창씨개명이라는 '혼'의 과제와 연결시켜 '향산광랑의 글쓰기'와 '이광수의 글쓰기'로 구분한 김윤식의 논의는, 작가의식의 층위를 '가면'과 '맨 얼굴'로 이분화함으로써 이광수의 친일 담론을 곧이곧대로 해석하는 친일파시즘 논의와 거리를 두고 친일협력에 임하는 작가의 내면풍경에 접근하는 데 새로운 방법론적 시각을 제시한 것이 사실이다. 그러나 당대의 모든 글쓰기에는 "의도된 수신자 이외의 다른 수신자",[13] 곧 제국의 시선이 항상 개입되어 있다는 일차적인 사실만 고려해도, '향산광랑의 글쓰기'를 '가면 쓴 글쓰기'로, '이광수의 글쓰기'를 '맨 얼굴의 글쓰기'로 이분화하기 어렵다는 사실은 금세 분명해진다. 단적인 예로 그가 "향산광랑을 버리고 이광수라는 맨 얼굴의 글쓰기로 한 최대의 노력"[14]이라 평가한 『원효대사』만 해도, 일제 말기 효과적인 전쟁 동원을 기대했던 당국의 기대에

12 위의 글, 56쪽.

13 황호덕, 「엽서의 제국, 전제국가의 공사 개념-지역사건의 중앙화, 조선어학회사건 재독」, 『로컬리티 인문학』, 부산대 한국민족문화연구소, 2010, 188쪽.

14 김윤식, 앞의 책, 2003, 141쪽.

부응하기 위해 의식적으로 '충군애국의 정신을 체현한 신라의 영웅이라는 이미지'를 동원하고 있는 측면이 분명히 존재하는 만큼,[15] '향산광랑의 글쓰기'와 '이광수의 글쓰기'가 혼재되어 있다고 보는 것이 옳다.

게다가 '향산광랑의 글쓰기'라고 해서 그것을 다만 "정치적 강제에 의한 것인 만큼 그것을 강제한 정치적 이데올로기를 최대한 각인시키면 그만"[16]인 한갓 수사적 글쓰기 정도로 간주하는 것은, 중학시절 문필생활을 시작한 이래 독자가 누구인가에 따라 민감하게 글쓰기 태도를 달리해왔던 이광수의 전략적 면모를 지나치게 과소평가하는 것이다. 그의 중학시절의 글쓰기만 해도, 당대 유학생회에서 간행한 『태극학보』와 『대한흥학보』에 발표한 애국적 성향의 글들과 『시로가네학보[白金學報]』에 발표한 일본어 단편 「사랑인가(愛か)」는 확연하게 성격을 달리한다.[17] 한편 와세다 고등예과시절 일본 민권론 계열의 잡지 『홍수이후』에 투고한 「조선인 교육에 대한 요구(朝鮮人教育に對する要求)」(1916.3)의 글쓰기는 제국의 동화정책을 명분삼아 식민지에 제국과 동등한 교육을 개방할 것을 요구하는 전략을 취하고 있다.[18] 뒤이어 『매일신보』의 사장 아베 미츠이에[阿部充家]에게 올린 편지글 「대구에서」(1916.9) 또한 마찬가지다. 이 글 또한 당대 동화정책 노선에 따라 교육과 산업,

---

15 최주한, 「친일협력 시기 이광수의 불교적 사유의 구조와 의미」, 『한국어문교육연구회 제191회 전국학술대회 논문집』, 한국어문교육연구회, 2013, 237쪽.

16 김윤식, 앞의 책, 103쪽.

17 이 무렵 한국유학생회에서 간행한 『태극학보』와 『대한흥학보』를 무대로 한 이광수의 글쓰기는 당시 자유 독립의 기상을 지향했던 대한소년회 활동과 맞물려 애국적 성향을 띤 글들이 대부분이었다(최주한, 「중학시절과 오산시절 전후의 이광수」, 『춘원연구학보』 5, 춘원연구학회, 2012, 282~290쪽, 7장. 「소년회 활동과 애국주의」). 이에 관해서는 하타노 세츠코도 일본어로 씌어진 「사랑인가」가 『대한흥학보』에 실린 조선어 창작 및 논설의 논조와 부합하지 않는다는 점을 지적한 바 있다(하타노 세츠코, 「이광수의 일본어 창작과 일본 문단」, 『한일 근대어문학 연구의 쟁점』, 소명출판, 2013, 80쪽, 각주 6) 참조).

18 최주한, 「제국의 근대와 식민지, 그리고 이광수－제2차 유학시절 이광수의 사상적 궤적을 중심으로」, 『어문연구』 140, 어문연구학회, 2008, 424~431쪽.

문명을 강조하고 있던 총독부의 정책을 의식하면서 학교교육과 사교기관, 강연과 신문, 잡지와 종교 등 민족의 소생에 필요한 제도적 차원의 공간을 확보하려는 시도를 보여주고 있는 까닭이다. 그리고 1921년 귀국 직후 사이토에게 올린 건의서 「재외 조선인에 대한 긴급책(在外朝鮮人に對する緊急策として左の二件を建議する)」(1921.4) 또한 3·1운동 이래 민심의 안정과 치안의 유지라는 문제에 골몰하고 있던 총독부의 최대 현안을 건드리면서 국내외를 아우르는 문화운동의 기반을 확보하고자 한 전략적 접근을 보여주는 중요한 자료이다.[19]

이런 맥락에서, 일제 말기 이광수의 이중어 글쓰기의 특성을 해명하기 위해서는 일제 말기 국민문학으로의 폭력적 재편의 과정에서 독자를 최종 심급으로 하는 조선문단 내부의 인정의 구조가 어떻게 변모했는지에 대한 검토와 더불어, 이에 대응하는 전략적 글쓰기라는 관점에서 일본어와 조선어 전반을 아우르는 글쓰기적 실천에 대해 고찰하는 것이 필요하다. 이는 일제 말기 이광수의 글쓰기적 실천과 관련하여 기존의 언어 민족주의의 관점에서는 포착할 수 없었던 새로운 해석의 공간을 열어주는 한편, 이광수의 글쓰기가 갖는 연속성 및 그 식민지적 특이성을 탐색하는 데도 도움을 줄 수 있을 것으로 기대된다.

19 「재외 조선인에 대한 긴급책」에 관해서는 최주한, 「이광수의 민족개조론 재고」(『인문논총』 70, 서울대 인문학연구원, 2013), 하타노 세츠코, 「사이토 문서와 이광수의 건의서」(『근대서지』 8, 근대서지학회, 2013) 참조.

2. '이중어 글쓰기 공간'으로의 변동이라는 관점

잘 알려져 있다시피, 조선교육령개정(1938.2)에서 국어보급운동(1942.5), 국어상용운동(1944.8)에 이르기까지 전시동원체제하 일제의 언어 정책은 지원병제도에서 징병제 실시에 이르는 병역제도와 연동하여 일본어를 중심으로 한 단일언어정책을 지향한 것이었다.[20] 당대 유일한 문학잡지였던 『국민문학』이 일본어 전용을 택하면서 문화적 창조력이라는 가치는 '국어'로서의 일본어가 독점하게 되었다거나[21] 1942년 10월의 조선어학회사건과 더불어 조선문학은 완전한 '공백기'를 맞게 된다는 진단과 더불어,[22] 최근 이 시기 문학 연구가 주로 일본어 글쓰기를 대상으로 하고 있는 것도 이와 무관하지 않다.[23] 그러나 일찍이 권명아가 지적한 바 있듯이, 당대 국책으로서의 '국어' 전용은 국어 해독 능력이 턱없이

---

20 일제의 언어정책에 따른 1940년 전후의 조선의 언어 상황에 대한 자세한 내용은 윤대석, 「언어와 식민지-1940년을 전후한 언어상황과 한국 문학자」, 『식민지 국민문학론』, 역락, 2006, 117~121쪽.

21 윤대석, 앞의 책, 120~121쪽.

22 김윤식, 앞의 책, 157쪽.

23 최근 일제 말기 문학 연구가 일본어 글쓰기를 중심으로 이루어지고 있는 경향은 다음의 몇몇 논의만 보아도 선명하게 드러난다(노상래, 「『국민문학』 소재 한국 작가의 일본어소설 연구」, 『한민족어문학』 44, 한민족어문학회, 2004; 노상래, 「『조선국민문학집』 소재 이중어소설 연구」, 『어문학』 90, 한국어문학회, 2005; 이승신, 「이광수의 이중어문학 고찰-일본어소설 「만영감의 죽음」, 「파리」를 중심으로」, 『제국 일본의 이동과 동아시아 식민지 문학』, 문, 2011; 정백수, 「「加川校長」의 고쳐 읽기-친일 / 반일의 이항대립을 넘어서」, 『한국현대문학회 학술발표회자료집』, 한국현대문학회, 2008; 천정환, 「일제 말기 작가의식과 '나'의 형상화-일본어 소설 쓰기의 문화정치학 재론」, 『현대소설연구』 43, 한국현대소설학회, 2010, 45쪽; 황호덕, 「국어와 조선어 사이, 내선어의 존재론-일제말의 언어정치학, 현영섭과 김사량의 경우」, 『대동문화연구』 58, 성균관대 대동문화연구원, 2007, 157쪽; 황호덕, 「제국 일본과 번역 (없는) 정치-루쉰, 룽잉쭝, 김사량, '阿Q'적 삶과 주권」, 『대동문화연구』, 성균관대 대동문화연구원, 2008; 윤대석, 「1940년대 한국문학에서의 번역」, 『민족문학사연구』 33, 민족문학사연구소, 2007).

부족한 조선의 현실에서 단시일 내에 해소될 수 없는 문제였다. 이러한 상황에서 조선 총독부가 취한 정책은 이념으로서는 '국어' 전용을 내세우면서도 현실에서는 조선어의 광범위한 사용을 병행하는 방식일 수밖에 없었는데,[24] 이는 문학의 영역에서도 다르지 않았다.

단적인 예로, 1943년 1월 조선방송협회에서 창간한 『방송지우』는 방송의 일회성을 극복하여 지속적인 전시 선전 계몽 효과를 거두기 위해 선택된 방송분을 다시 게재하는 형식의 잡지였는데, 창간호에서부터 '특별독물(特別讀物)'이라는 기획 표제하에 이광수, 유진오, 방인근, 채만식, 이기영 등 당대 이름난 작가들의 조선어 단편을 싣기 시작한 것이 확인된다. 이광수만 해도 「면화」(1943.1), 「귀거래」(1944.1), 「두 사람」(1944.8), 「방공호」(1944.9), 「구장님」(1945.1) 등 창간에서부터 종간 직전까지 거의 꾸준하게 작품을 발표하고 있다.[25] 여기에 이미 알려져 있는 중단된 장편 『그들의 사랑』(1941), 『봄의 노래』(1942), 장편 『원효대사』(1942)까지 고려하면, 이 시기 이광수가 조선어로 쓴 작품은 양적으로 일본어 작품에 못지않은 비중을 차지하고 있는 것을 알 수 있다. 조선문의 발표기관이 잇달아 줄어들어 번민하고 있던 조선의 문학청년들에게 조선인은 천황이 쓰는 언어를 국어로 삼는 것이 마땅하며, "더구나 문학에 야심이 있는 사람은 줄줄 일본문으로 써야 한다"[26]고 거침없이 주장했던 이광수도 기회만 있으면 조선어 작품을 적극적으로 창작해내고 있던 형국이었던 것이다.

---

24 전시동원체제하의 언어 공간의 복합성에 대한 논의는 권명아, 「내선일체 이념의 균열로서의 '언어'－전시동원체제하 국책의 '이념'과 현실 언어 공간의 관계를 중심으로」, 『대동문화연구』 39, 성균관대 대동문화연구, 2007 참조.

25 더불어 『일본부인(조선판)』(1944.7)에는 춘원이라는 필명으로 「반전」이라는 조선어 단편을 발표하기도 했다(최주한, 「이광수의 친일문학을 다시 생각한다－『방송지우』 및 『일본부인(조선판)』 소재 조선어 단편을 중심으로」, 『근대서지』 6호, 근대서지학회, 2012.12, 542쪽).

26 이광수, 「반도의 형제자매에게 보냄」(『신시대』, 1941.10), 이경훈 편역, 앞의 책, 306쪽.

따라서 일제 말기 국민문학으로의 폭력적인 재편으로 특징지어지는 문학장의 변동 양상을 검토하는 데 있어서 무엇보다도 우선 고려되어야 할 것은 '국어' 전용이라는 국책 이념과는 별개로 조선어의 광범위한 사용이 병행되었던 당대 언어 공간의 복합성이다. 권명아가 지적한 대로, 당대 국책으로서의 '일어 전용'의 논리는 상이한 계급, 젠더, 지역, 연령의 차이를 지닌 집단들을 교화하고 황민화해야 하는 현실의 논리(전시 동원의 필요성)와 충돌하거나 모순적인 처지에 놓일 수밖에 없었다. 이에 총독부는 부득이하게 '이념으로서 일어 전용'과 '실제 차원에서의 순한글의 광범위한 사용'을 병행하는 정책을 취할 수밖에 없었는데,[27] 후자의 언어 공간은 조선의 문인들에게도 조선 독자들과의 소통을 시도할 수 있는 유일한 기회의 공간으로 간주되었을 것이 틀림없다. 따라서 일제 말기 문학장의 변동이란 '문화적 창조력'이라는 가치를 국어로서의 일본어가 독점하게 되는 구조라기보다 일본어와 조선어를 넘나들며 독자에 따른 전략적 글쓰기가 치열하게 전개되어 갔던 이중어 글쓰기 공간으로의 변동이라는 관점에서 접근할 필요가 있다. 일제 말기 일본어 글쓰기란 조선어를 사용하는 대다수의 조선 독자에 대한 배제를 전제로 하는 것이었고, 이광수만큼 이 문제의 심각성을 또렷하게 의식한 작가도 드물었다고 한다면, 이 시기 이광수의 이중어 글쓰기 공간은 그 어느 때보다도 독자에 따른 전략적 글쓰기가 치열하게 전개된 공간이었을 가능성이 크다.

27 권명아, 앞의 글, 78쪽.

3. 잠재된 독자와 언어, 장르, 발표 매체 간의 역학관계

다음으로 일제 말기 문학장의 변동과 독자에 따른 전략적 글쓰기라는 관점에서 이광수의 이중어 글쓰기 양상을 고찰하기 위해서는 글쓰기에 사용된 언어, 장르, 매체 등을 고려하여 잠재된 독자와의 역학관계를 고찰하는 것이 필요하다. 특정한 글쓰기가 어떤 언어로, 어떤 장르의 규범과 더불어, 어떤 매체를 의식하며 독자를 향하고 있는가라는 조건은 무엇보다도 그 글쓰기적 실천이 독자를 최종 심급으로 하는 문학장에 특정한 방식으로 관여하고 있는 사태를 분명하게 드러내준다. 즉 개별 글쓰기가 특정한 언어, 장르, 매체를 통해 독자와 맺는 역학관계는 텍스트 분석의 중요한 매개가 되는 것이다.

우선 어떤 언어로 썼는가의 문제는 특정한 언어를 사용하는 독자의 선택 혹은 배제와 연루되어 있는 까닭에 독자와의 역학관계를 고찰하는 데 일차적인 준거가 된다. 당시 이광수는 일본어 해독 능력을 가진 조선인 인구가 1할 5푼 정도에 불과하고, 그나마 1할 5푼 모두가 국문을 읽어 정신을 해독할 정도는 못되며, 나머지 2,000만은 아예 조선어밖에 모른다는 사실을 익히 잘 알고 있었다.[28] 따라서 조선어 글쓰기가 조선어를 사용하는 대다수 조선의 독자를 향한 것이라면, 일본어 글쓰기는 대부분 조선의 독자가 아니라 총독부 당국이나 재조 일본인 혹은 제국 일본의 독자를 향한 것이라는 점을 분명히 해야 할 필요가 있다. 그러니까 이광수에게 일본어 글쓰기가 당국이나 일본인 독자들이 듣고 싶어하는 것, 혹은 일본 국민으로서의 자기를 입증해야만 했던 식

---

28 이광수, 「문인의 웅소－육군기념일에 제하여」(『매일신보』, 1941.3.10～14), 『친일문학전집』 2, 211쪽.

민지 문인의 입장에서 '말해야만 하는 것' 위주의 글쓰기였다면, 대다수 조선인 독자들을 대상으로 한 조선어 글쓰기는 '말해야만 하는 것'의 한계 내에서나마 조선인 독자들을 향해 '말하고 싶은 것'을 전달할 수 있는 유일한 방법이었을 가능성을 생각해볼 수 있는 것이다.[29]

그러나 일본어 글쓰기든 조선어 글쓰기든 당대 문인들에게는 시국 협력의 문법을 충실하게 따를 것이 강요되었고, 애초에 이를 무시한 글쓰기란 가능하지 않았던 탓도 있고 해서, 사용 언어의 차이만으로 독자와의 역학관계를 변별해내기란 쉽지 않다. 시국 협력의 문법을 충실하게 따르는 글쓰기란 일단 공식적인 목소리의 투명한 전달을 전제한다는 점에서, 같은 언어를 사용하는 독자는 물론이고 다른 언어를 사용하는 독자를 향하는 경우에도 동질적인 글쓰기 양상을 보이는 까닭인데, 공식적인 시라든가 논설과 같이 투명하고 단일한 목소리가 요구되는 장르가 특히 그러하다. 한편 메시지의 투명한 전달이 자동적으로 보장되지 않는 수필이나 소설과 같은 장르의 경우, 독자에 따른 이질적인 해석의 가능성이 전제된다는 점에서 다소 다른 글쓰기 양상을 상정해 볼 수 있다. 제국의 독자 일반을 향한 공식적인 목소리 이면에서 특정한 독자를 겨냥한 전략적 글쓰기가 가능해지는 지점을 고려해 볼 수 있는 것이다. 이와 관련해서는 동질한 독자 집단을 상정한 '균질언어적 글쓰기'와 이질적인 독자 집단을 상정한 '이언어적 글쓰기'라는 사카이 나오키의 개념의 도입도 고려해 볼 만하다.[30]

---

29 최주한, 앞의 글, 2012.12, 556쪽.

30 일찍이 사카이 나오키는 청자를 향하는 화자의 태도를 언어적으로 동질적이냐 이질적이냐와는 무관하게 '균질언어적 말걸기'와 '이언어적 말걸기'로 구분한 바 있다. 균질언어적 말걸기가 독자와의 관계에서 균질적인 매체에서 이루어지는 상호적이고 투명한 전달을 전제한다면, 이언어적 말걸기는 모든 매체에는 이질성이 내재한다고 간주하여 전달의 틀 내에서의 끝없는 번역의 과정을 전제한다(사카이 나오키, 후지이 다케시 역, 『번역과 주체』, 이산, 2005, 50~56쪽).

마지막으로 발표 매체 또한 독자와의 역학 관계를 살피는 데 비중있게 고려되어야 할 요소이다. 이와 관련하여 일찍이 김윤식은 국내 저널리즘, 일본 내 저널리즘, 일본 내의 문학 전문지로 구분하여 이광수의 글쓰기 양상을 분석해볼 필요가 있음을 지적한 바 있다.[31] 발표 매체는 일정한 독자 집단을 특정하며, 따라서 발표 매체가 글쓰기 방식에 영향을 줄 수밖에 없다는 점을 고려한 지적이었을 것이다. 그러나 이 무렵 이광수의 일본어 글쓰기가 저널리즘의 시국론에 편승하고 있는 것은 동우회사건과 맞물린 '정치적 생존감각'과 직결되어 있다는 해석에서 볼 수 있듯,[32] 그의 논의는 저널리즘 일반을 시국론의 투명한 전달 매체 정도로 간주해버림으로써 그러한 발표 매체를 적극 활용하고자 한 이광수의 능동적인 글쓰기 전략을 간과하고 있다.

한 예로 「동포에 고함(同胞に寄す)」과 같은 글을 분석하는 데 있어 이 글이 발표된 매체의 성격을 의식하는 것은 매우 중요하다. 김소운에 따르면, 이 글은 일본 국내의 권위있는 잡지 『츄오코론[中央公論]』에서 수필을 한 편 써달라는 청탁을 받고 씌어졌다가 원고 내용이 잡지사의 기대에 맞지 않아 결국 『경성일보』 지면에 실리게 되었다고 한다.[33] 그러니까 이 글은 애초에 일본 국내 지식인을 독자로 상정했다가 재조 일본인 독자층에게 읽힌 셈이다. 서영채는 이 글을 분석하면서 "그가 동포라고 칭하는 대상이 조선 사람이 아니라 일본 사람이라는 점"에 우선 놀라게 되고, 이로 보건대 "내선일체론에 대한 그의 태도가 일차적으로 겨냥하고 있는 것은 조선이 아니라 일본"이었다는 사실에 두

31 김윤식, 앞의 책, 163~164쪽.

32 위의 책, 164쪽.

33 김소운은 이 원고가 나중에 「기미또보꾸」라는 제목으로 『경성일보』에 실렸다고 밝히고 있다(김소운, 『삼오당잡필』, 진문사, 1955, 112~113쪽). 김윤식이 지적했듯이, 「기미또보꾸」는 『경성일보』에 「동보에 고함」이라는 제목으로 실린 원고의 1회분에 속한다(위의 책, 107쪽).

번째로 놀라게 된다고 거듭 놀라움을 표명한 바 있다.[34] 그러나 위의 사실을 고려할 때, 이 두 가지 사실은 놀랍기는커녕 지극히 당연한 사실이 되고 마는 것이다. 특정한 독자를 상정하는 발표 매체를 고려할 때, 「동포에 고함」은 이광수가 일본 국내 지식인들을 향하여 내선일체론을 피력하는 방식이 조선의 독자들을 향할 때와 어떻게 다른지의 문제에 새롭게 주목할 수 있게 해준다. 더불어 이 글이 『츄오코론』에서 거절당한 경험은 이광수로 하여금 이후 일본 국내의 문학 전문지, 예컨대 『분가쿠카이[文學界]』나 『분게이[文藝]』 등의 지면에 글을 쓸 때 좀 더 세심한 주의를 기울였을 것임을 짐작케 하는바, 발표 매체에 대한 고려는 특정한 독자와의 역학관계를 고려한 이광수의 능동적인 글쓰기 전략을 살피는 데 간과해서는 안 되는 요소인 것이다.

4. 문학장의 변동과 독자를 고려한 이중어 글쓰기 연구의 의의

본 연구의 기대효과는 다음의 세 가지로 생각해 볼 수 있다.

첫째, 일제 말기 문학장의 변동을 새로운 각도에서 조명함으로써 이 시기 문학 연구의 지평을 확장하고 새로운 해석의 공간을 여는 데 기여할 수 있다. 최근 일제 말기 문학 연구는 국민문학으로의 폭력적인 재편의 과정에서 일본어가 문단의 공용어로 확립되면서 '국어'로서의

34 서영채, 「민족 없는 민족주의－이광수와 유머로서의 대동아공영권」, 『아첨의 영웅주의』, 소명출판, 2011, 108～109쪽.

일본어가 문화적 창조력이라는 가치를 독점하게 되었다는 진단과 더불어 주로 일본어 글쓰기를 대상으로 이루어져 왔다. 본 연구는 당대 국책으로서의 '국어' 전용의 이념과는 달리 국어 해독 능력이 턱없이 부족한 조선의 현실에서 조선어의 광범위한 사용이 병행되었다는 사실에 주목하여, 당대 문학장의 변동 또한 '국어'로서의 일본어가 독점하는 구조라기보다 일본어와 조선어를 넘나들며 독자에 따른 전략적 글쓰기가 치열하게 전개되어 갔던 이중어 글쓰기 공간으로의 변동이라는 관점에서 조명한다. 따라서 본 연구는 일본어 글쓰기를 조선 독자의 언어 상황과 그들의 현실을 외면하는 배신으로 간주하는 언어 민족주의의 관점은 물론 반대로 '국어'로서의 일본어의 독점적인 구조를 상정하는 언어 제국주의 관점의 제한된 연구 지평을 넘어서, 일제 말기 이중어 글쓰기 공간을 제국과 식민지 간의 치열한 언어·문화적 경합의 장으로 재조명할 수 있는 기반을 마련해줄 것이다.

둘째, 일제 말기 이광수의 글쓰기적 실천의 의미를 새롭게 자리매김하고 후속 논의의 활성화를 이끌어낼 수 있다. 지금까지 일제 말기 이광수의 글쓰기에 관한 연구는 대개 친일파시즘문학 일반의 범주에서 이루어져 왔다. 이러한 친일파시즘 논의와 거리를 두고 이광수의 글쓰기를 '향산광랑의 글쓰기'와 '이광수의 글쓰기'로 구분하여 친일협력에 임하는 작가의 내면풍경에 접근하는 새로운 방법론적 시각을 제시한 것이 김윤식의 이중어 글쓰기론이다. 그러나 당대의 모든 글쓰기는 시국 협력의 문법을 충실하게 따를 것이 강요되었다는 점에서 '가면 쓴 글쓰기'와 '맨 얼굴의 글쓰기'로 명료하게 이분화하기 어려우며, '향산광랑의 글쓰기'라 하더라도 그것을 한갓 이데올로기 차원의 수사적 글쓰기로 간주하는 것은 중학시절 문필 생활을 시작한 이래 줄곧 독자를 의식한 전략적 글쓰기를 실천해왔던 이광수의 능동적인 면모를 과소

평가하는 것이다. 본 연구는 일제 말기 문학장의 변동을 일본어와 조선어를 넘나들며 독자에 따른 전략적 글쓰기가 치열하게 전개되어 갔던 이중어 글쓰기 공간으로의 변동이라는 관점에서 조명하고, 이에 대한 전략적 대응이라는 관점에서 이광수의 이중어 글쓰기의 양상을 고찰한다. 따라서 본 연구는 일제 말기 이광수의 글쓰기적 실천을 고찰하는 데 있어 이전 글쓰기와의 연속성에 주목할 수 있게 해줄 뿐만 아니라, 나아가 그러한 글쓰기적 실천이 갖는 의미를 새로운 시각에서 논의해볼 수 있는 기회를 제공할 것이다.

셋째, 일제 말기 식민지 문학장을 구성하는 조건들을 재분절화함으로써 일제 말기 문학 연구를 위한 주체적이고 보편타당한 관점의 확립에 기여할 수 있다. 문학의 가능성이 그것의 성립을 위한 물질적, 제도적, 이데올로기적 조건을 포함하면서도 그것을 초과하는 소통가능성에서 오는 것이라면, 일제 말기 문학 연구는 총동원체제의 특성과 더불어 조선문학의 제국문단 내부로의 폭력적 재편을 강조하는 가운데 후자의 조건을 간과해온 경향이 있다. 일제 말기 이광수의 글쓰기에 대한 연구가 제국 담론의 무비판적 반복 혹은 자발적인 제국 담론의 내면화라는 친일파시즘 담론의 자기완결적 회로에 갇혀 있는 것도 이와 무관하지 않다. 문학장의 변동과 이에 대응하는 전략적 글쓰기라는 관점에서 일제 말기 이광수의 이중어 글쓰기 양상을 고찰하는 본 연구는 언어, 장르, 매체 등을 고려하여 개별 글쓰기가 독자를 최종심급으로 하는 서로 상이한 문학장에 특정한 방식으로 관여하고 있는 사태에 주목한다. 비록 총동원체제였다고는 해도 식민지 문학이 제국이라는 폭력적인 타자와 만나는 방식이 일정했으리라고 단언하는 것은 위험하다. 일제 말기 이광수의 글쓰기적 실천에 있어서 특정한 독자와의 역학관계를 고려하는 본 연구는 물질적, 제도적, 이데올로기적 제약에도 불구하고 일제 말기 식민지 문학이 갖는 언어·문화적 정체성의 경합적이고 해방적인 가능성의 국면을 모색하는 데 필요한 단초를 마련하는 데도 도움을 줄 수 있을 것이다.

제4부

부록—전집 미수록 자료

일러두기

1. 발표 당시의 표기 방식을 따르지 않고 현재의 어문법에 맞게 표기법을 수정하였다.
2. 한자 표기는 발표 당시 그대로 노출하였다.
3. 판독이 어려운 글자는 ○로 표기하였다.
4. 々 표시된 기호는 글자로 풀어쓰기하였다.
5. 해당 글 제목의 각주에는 필명과 출처를 밝혀두었다.
6. 일본어 원고는 제목 말미에 *표기를 해두었다.

國文과 漢文의 過渡時代[1]

우리 聖祖가 亞細亞 東半島의 樂園을 開拓하샤 우리 民子로 하여금 此에 居하며 此를 守하며 此를 발전케 하시니 此土를 犯하는 者 有하거든 生命을 犧牲하여서라도 固守하여 一步라도 退하지 못할 것은 大韓民族의 義務라. 然한則 國民의 精粹되는 國語를 발달한 것은 不待多言이로되 此를 有形하게 發表하는 國文을 維持發達함도 亦是 國民의 義務가 아닌가.

昔我邦이 未開하였을 時에는 國文이 無하였기로 當時 文明의 域에 達하였나니 此가 비록 彼國에는 適宜하더라도 風敎가 不同하고 國語가 全異한 我邦에는 不適하겠거든 하물며 點劃이 煩雜하고 數字가 頗多하여 此로써 一生을 費하여도, 오히려 達키 不能한 者乎아. 大抵 文字의 要는 思想 及 智識을 交通하며 古來의 史蹟을 演繹함에 在하거늘 文字만 學하므로 金과 如한 一生을 費하면 何暇에 思想 及 智識을 交通하며 古來의 事蹟을 演繹하리오. 如此한 者는 實로 完全한 文字의 價値가 無하다 하리로다. 어찌 文物의 發達을 助함이 多하리오. 顧念 我邦 五千年 彬彬한 歷史가 今日 慘憺한 黑雲中에 沈淪코자 함이 비록 數多한 原因이 有하리로되 此文字의 影響하는 바가 多大하리로다.

惟 我叡聖하신 世宗皇帝께옵서 如此히 多大한 弊端이 有함을 看破하시샤 宵衣旰食의 勞를 冒하신 結果 優美便利한 文字를 製出하였나니 卽 我國文이라. 數字가 母子 合하여 二十五요 各音이 具備하였으며 點劃이 簡單하고 機個月이 못하여 能히 萬卷書를 讀할 수 있나니 實로 宇內 各邦에는 다시 其類를 見치 못하겠고 我邦 歷史에 一大 燦爛한 光彩를 放하였거늘 我邦人은 彼支那文字에 惑醉하여 此優美 便利한 文字는 輕忽에 付하여 現今의 狀態를 産하였으니 어찌 可歎치 아니하리오.

現今의 我韓 形勢를 蠡測하니 毋論 實業, 政治 及 其他 各種 事物이 하나도 過渡時代에 處치 않은 者 無하니 此時에 萬一 秋毫를 誤하면 難醫의 痼疾을 作할지라. 어찌 貴重코 危險한 時代가 아니리오. 우리 國文도 亦是 此時代에 參與하였도다.

1 李寶鏡, 『태극학보』 21, 태극학회, 1908.5.

國文의 過渡關係는 如左 三者니

一, 國文을 專廢하고 漢文을 專用할까

二, 國文과 漢文을 竝用할까

三, 漢文을 專廢하고 國文을 專用할까

以上 三者中 詳密히 利害關係를 斟酌 商量하여 一을 定치 아니치 못할지라.

一, 國文을 專廢하고 漢文을 專用할까

此는 以上에 開論한 바이며 또 日本 某學者는 言論하되 愛國精神의 根源은 國史와 國文에 在하다 하니 如何한 境遇로 論之하여도 不可할 것이요

二, 國文과 漢文을 幷用할까

現今 我邦 各教科書와 新報紙가 採用하는 者니 則 漢文으로 經을 삼고 國文으로 緯를 삼는 者라. 此는 비록 漢文을 專用함보다는 優하리로되 亦是 '漢文不可不學'의 廢가 有하니 其宜를 得하였다 하지 못하리로다.

假定한 三者中 二者는 이미 否定되었으니 不可不 第三을 採用하리로다.

國文을 專用하고 漢文을 專廢한다 함은 國文의 獨立을 云함이요 絶對的 漢文을 學하지 말라 함이 아니라. 此萬國이 隣家와 같이 交通하는 時代를 當하여 外國語學을 研究함이 學術上 實業上 政治上을 勿論하고 急務될 것은 異議가 無할 바이니 漢文도 外國語의 一課로 學할지라. 此重大한 問題를 一朝에 斷行하기는 不可能한 事라 할 듯하나 遷延히 歲月을 經하여 新國民의 思想이 堅固케 되고 出刊書籍이 多數히 되면 더욱 行하기 難하리니 一時의 困難을 冒하여 我邦 文明의 度를 速하게 함이 善策이 아닌가. 玆의 淺薄한 意見을 陳하게 有志 同胞의 主意를 促하며 幷하여 方針의 講究를 願하노라.

隨病投藥[2]

嗟哉라. 三千里 錦繡江山에 四千餘年 彬彬한 歷史를 有한 我大韓民族이 今日 塗炭魚肉의 悲慘한 暗黑洞中에 陷한 것이 果然 何에 由하였는가. 獨立旗를 높이 달고 自由鐘을 크게 울릴 方針이 果然 何에 在하뇨. 此를 講究함은 實로 我韓 同胞의 急務라.

余는 淺見薄識한 一個 書生이라. 如此히 重大한 問題를 滿足히 解決키는 到底히 望키 不能하되 玆에 余의 所見과 外人의 批評을 參酌하여 數行의 拙劣한 文으로 敢히 我二千萬 兄弟姊妹께 告하오니 庶幾 萬一의 補나 有하면 幸이로라.

油然히 作하여 沛然히 雨를 下하는 彼雲도 其始는 無形한 水蒸氣로 從하여 生하였고 渺茫한 大洋도 其始는 微微한 一適水의 集會하여 成한 바이니 我邦의 現狀도 비록 極端에 達하였으되 其原因은 반드시 無形 微微한 데 在하리며 自由의 回復이 비록 難하리로되 其端緖는 반드시 毫末에서 出하리라. 然則 其原因과 方針이 何에 在하뇨. 曰 猜忌, 姑息, 依賴, 守舊 四者니 其危險함과 難治함은 實로 肺病에 比하겠도다. 今에 順序로 此 四病症을 說明하겠노라.

一, 猜忌

貧者는 富者를 猜忌하고 賤者는 貴者를 猜忌하며 弱子는 强者를 猜忌하고 愚者는 智者를 猜忌하여 輒曰 渠의 富가 能히 幾日이나 亘하랴. 不日에 吾와 如히 되리라 하며 賤者之於貴도 然하고 弱者之於强과 愚者之於智도 亦然하니 於是乎 樂人之惡 惡人之樂과 利己的 觀念만 腦髓에 深印하고 相救相濟하는 團合的 思想은 靡然히 消去하여 人人 疾視하고 日日 爭鬪하니 亂行之兵과 如한지라. 어찌 能히 內로 團欒의 幸福을 享하며 外로 列强의 寇를 防하리오. 자못 天賦의 自由를 失하고 人의 奴隸가 되어 山에 飢를 泣하며 野에 寒을 哭함에 至함이로다.

二, 姑息

朝飯만 喫하면 夕飯의 準備는 夢外로 視하며 夏衣만 有하면 冬服의 周旋은 度外

2 李寶鏡, 『태극학보』 25, 태극학회, 1908.10.

로 置하여 一時의 飽暖만 是求하고 後日의 飢寒을 不思하며 一時의 安樂만 是圖하고 他日의 辛苦를 不慮하니 嗚呼라. 何其淺慮之甚也오. 於是乎 怠惰, 奢侈, 傲慢, 無節操 等 諸般 惡習이 漸長하여 甚至於 其身을 戮하고 其國을 亡함에 至하리니 可不懼哉아.

三, 守舊

夫世間 億千萬物은 하나으로 步를 文明의 域에 進하지 아님이 無하나니 故로 此를 因하여 時代와 같이 趨進하는 者는 興하고 反之者一亡하는 것은 萬有의 歷史가 昭然히 證明하는 所以라.

然則 閉鎖保守時代는 已過하고 開放競爭時代가 屆至하야 弱肉强食이 日로 甚하거늘 唯獨 閉鎖保守로 保全을 試圖한들 어찌 可히 得하리오.

廣大한 土地와 數多한 人民을 有한 印度, 安南 等國이 西勢東漸의 渦裏에 沈淪한 것은 實로 時代의 趨移에 伴치 못한 故가 아닌가. 時勢가 如斯하거늘 我邦人은 한갓 此世는 退步하는 줄로 思惟하여 此世로 하여금 太古의 狀態를 保케 하려 하는 支那 某哲學派의 言을 信하여 時勢의 何如는 全然 不知하는 是古非今만 爲事하니 此乃 滅亡을 自招함이 아니고 何리오.

四, 依賴

天이 吾人數를 生하시매 五臟六腑며 四肢百體며 五官을 具授하였고 兼하여 萬物에 長되는 神靈하고 高尙한 魂을 稟賦하시고 各各 職分으로써 任하시니 吾人類는 宜當히 此로써 各自의 生命을 保할지며 此로써 各自의 職分을 盡할지어늘 我邦人은 不然하여 子는 父를 依하고 兄은 弟를 依하며 婦는 夫를 賴하고 幼는 長을 賴하여 二千萬人으로 組成된 我國에 어찌 自主獨立의 能力이 富하리요.

以上 四者를 一寸利力로 快速히 斷去하고 猜忌에 和睦을 姑息에 永遠을 守舊에 進步를 依賴에 獨立을 代入하여 舊來의 面目을 一新하여야 外人의 奴隸도 可히 脫할지며 永遠의 沈淪도 可히 免할지요 獨立旗도 可히 建할지며 自由鍾도 可히 鳴할지니 嗚呼라. 自由를 叫하고 獨立을 號하는 我 青邱 二千萬 兄弟姉妹아 猛省하고 猛省하라.

血淚(希臘人 스팔타쿠스의 演說)[3]

君等이 余를 指하여 屠獸者의 首領이라 하는도다. 然하다, 余는 實로 屠獸者의 首領이며, 兼하여, 屠人者의 首領이로라. 余가, 或은 猛獸로 더불어, 或은 同胞로 더불어 格鬪함이, 이미, 數十餘回에 至하되, 일찍, 한번도, 敗한 時가 無하고, 戰必勝, 攻心取라. 余의 此名을 得함이, 어찌, 偶然하리오.

余는 生來에, 이 같이, 暴惡冷酷한 놈일까. 아니라. 余의 父欹는 實로 尊敬할 價値가 有한 人物이라.

余가 故鄕에 在할 時, 華麗한 山麓, 潤美한 野邊, 淺淸한 河畔에서, 數十頭의 羊을 保護를 할 時, 暫時도 彼, 可憐한 獸의 寒暑飢渴에 注意치 아니할 時가 無하고, 如恐 不及히, 彼等을 愛하기를, 余의 生命과, 같이, 하던, 余로라. 또, 余의 隣家에, 余와 比等한 兒가 有하야, 恒常 同器에 食하며, 同枕에 眼하며, 同野에서 羊을 飼하여, 一種 秘한 愛情이 兩兒間에 有하더니라.

一日은 例와, 같이, 羊을 牧하다가, 白日이 西山에 眷하매 羊을, 우리에, 가두고, 家에, 돌아와, 一家 團欒하여 夕飯을 畢한 後, 余의 叔父의 古來 勇戰奮鬪談에 耽하였다가, 夜已更에, 褥에 就하여, 眼을 閉하고, 있는데, 余의 慈母가, 速히, 오시샤, 더운 손으로, 머리를 어루만지시고, 이윽히, 계시다가, "잘 자거라"는, 一言과, 뜨거운, 사랑이, 사무친, 키스를, 주시고, 물러가시는지라. 余는, 즐겁고, 기꺼운, 마음으로, 잠이 들어, 野邊에서, 노니던 것을, 夢하더니, 문득, 馬蹄聲에, 醒하여, 본즉, 火光이 窓에 照하였고, 來往하는 馬蹄聲과 男女老幼의 哀哭聲이 耳에 聒하더라. 蒼茫히 起하니…….

슬프다, 昨夜에 靜穩하던 此農村은 今曉에 濛濛한 火焰에, 싸인, 慘憺한 修羅場을 化作하였도다. 어젯밤, 余에게, 아리따운, 키스를, 주신, 慈母는 馬蹄에, 밟혔고, 溫柔하신 父親은 創에 傷하여, 鮮血이 淋漓하도다. 此時, 余의 胸中에는 悲哀가, 충만하여, 熱淚로 化하여, 兩頰에 垂할 따름이라. 이 때에, 忽然, 一騎兵이 突入

3 李寶鏡, 『태극학보』 26, 태극학회, 1908.11.

하여, 余를, 잡아가지고, 가니라.

슬프다, 余의 父母는, 何處에서, 余를 爲하여, 泣하시는가. 何處에서, 余를 爲하여, 祈禱하시는가. 天國인가, 人間인가, 地獄인가. 當時 靜穩하던 農村을 修羅場으로 變한 者 誰며, 余의 權利를 剝奪한 者 誰며, 余의 嚴父를 傷한 者 誰며, 余로, 하여금 父母를 離別케 한 者 誰며, 余의 自由를 拘束한 者되며, 余로, 하여금 惡魔되게 한 者 誰뇨!

余가 今日, 또, 一人을 殺하였노라. 彼는, 余의 創에 傷하여, 卒倒하였는데, 其顔을 視한 則, 슬프다, 어찌, 알았으리오, 余의 至愛至重하던 友人을. 彼도 余의 余임을, 知한듯, 土色이 된, 얼굴에, 반가운 微笑를, 浮하니, 其微笑는 往昔 華麗한 山麓, 潤美한 野邊, 淸淺한 河畔에서, 牧羊할 時의, 그것과, 少異가 無하도다. 而已요, 彼의 血이 凝하고 肉이 冷하매, 余는 彼를 厚葬하기 爲하여, 彼의, 骸骨을 請求하였더니, 惡冷血魔 等은 "犬馬와, 같은, 屍體라, 厚葬이 何益이리오. 獅子의 體를 爲하겠노라" 하는 言에, 冷酷한 嘲笑를 添하여, 此의 請求를 拒絶하는도다.

同胞아! 勇士아! 希臘人아! 我等은 犬馬인가?! 彼의 肉은, 이미 獅子의 腸을 肥하였을지며, 彼의 骨은, 이미 獅子의 齒에 粉碎하였으리라. 同胞여 我等도, 또한, 明日에는, 如此히, 될 줄을, 不知하느냐?! 同胞여 彼狂吼하는 獅子의 聲을 不聞하느냐?! 彼等은 二三日 주린 者로 我輩의 肉을 貪하는 것을 不知하느냐?! 我等도 性을 天에, 받았으니 堂堂한 權利와, 貴重한 自由가 有한 者 아닌가?!

同胞여! 諸君이 萬一 禽獸와 如하면 宜여니와 萬一, 人 의 性을 具하였거든 우리의 生命을 爲하여 우리의 權利를 위하여 우리의 自由를 爲하여 起치, 아니하는다!

然하다가 得하면, 우리 스팔타를 再見할지오, 不得하면 我輩의 肉片은 萬古不朽의 寶玉이, 되겠고 我輩의 鮮血은 千秋不廢의 靑史를, 빛내리로다.

勇士아! 義士아! 希臘同胞아!

我輩가, 萬一, 戰치 아니치 못할진댄, 我輩를 爲하여 戰할지어다.

我輩가, 萬一, 屠殺치 아니치 못할진댄 自由의, 하늘 아래, 美麗한 川邊에서, 勇敢한 獨立戰에 死할지어다.

譯者曰 로마國은 西曆 紀元 一世紀頃 其全盛에 達하여 所向에 敵이 無하며 各處

文明이 混雜하매 로마 固有의 純粹한 美風은 漸次 消靡하고 外邦 腐敗한 風習이 國內에 蔓延하여 人民의 頭腦에 高尙한 理想은 無하고 殘忍한 娛樂을 是好하여 公開한 觀覽場에서 或은 猛獸를 格鬪시키며 或은 捕虜 奴隷로 하여금 武器를 執하여 相鬪케 하며 或은 飢한 猛獸로 더불어 相搏케 하는 光景을 婦人조차 觀而樂之함에 至함은 西曆 紀元 二三世紀頃이라. 此 스팔타쿠스도 當時 로마에 捕虜되어 腕力이 絶人하므로 百戰百勝에 로마人의 喝采를 受하더니 一日은 余의 愛友를 殺하고 悲哀하던 中 幼時의 生活相態를 思하며 將來의 運命과 同胞의 情狀을 思하고 偶然 一掬 血淚로 同胞를 猛省하여, 드디어, 글라디에톨戰爭을 起한 者니 彼의 心誠은 演說을 讀하시사 推知하시려니와, 有性有淚한 人類야, 뉘라서 同情淚를 不洒할 者有하리요. 草木禽獸라도 오히려 悲感히, 여기리로다.

사랑인가[愛か][4]*

문길(文吉)[5]은 시부야[澁谷]로 미사오[操]를 찾아갔다. 무한한 즐거움과 기쁨과 희망이 그의 가슴에 넘치는 것이었다. 도중에 한두 친구를 방문한 것은 단지 구실을 만들기 위해서다. 밤은 으슥하고 길은 질퍽했지만, 그런 것에 개의치 않고 문길은 미사오를 방문했던 것이다.

그가 대문에 이르렀을 때의 심정이란 실로 무어라 말할 수 없었다. 기쁜 것인지 슬픈 것인지 부끄러운 것인지, 심장은 다급한 종을 울리는 듯하고 숨결은 거

4 李寶鏡, 『白金學報』 19, 明治學院同窓會, 1909.12. 김윤식, 「이광수의 신발굴소설집」(『문학사상』, 1981.2)에 번역 소개된 바 있다. 「사랑인가」에는 3인칭 서술자의 비인격적인 언문일치체 어말 어미 'た'와 더불어 인격성이 묻어나는 어말 어미 'のである'가 빈번하게 사용되고 있다. 이러한 서술자의 문체가 작품의 성격에도 영향을 미치고 있다고 판단되어 이번 기회에 다소 딱딱함을 무릅쓰고 어말 어미를 살리고 가급적 구두점도 그대로 살려 번역해 보았다. 사에구사 도시카스의 『이광수 작품선』(이룸, 2003)에 수록된 번역도 참고하였다.

5 원문에 분키치[ぶんきち]라는 루비가 달려 있지만, 여름방학을 앞두고 귀국할 예정이라는 배경 설정으로 보아 조선인이라 판단되어 문길로 번역했다.

칠어졌다. 여하튼 그때의 상태는 삼 분간도 그의 기억에 머물지 못하는 것이다.

그는 대문을 열고 들어가 격자문 쪽으로 갔지만, 심장 박동은 더욱 빨라지고 몸은 벌벌 떨렸다. 덧문은 닫혀 있고 사방은 쥐 죽은 듯이 조용하다. 벌써 자는 것일까, 아니 그렇지 않다, 이제 겨우 9시를 조금 지난 시각이다. 게다가 시험 중이니 아직 잠자리에 들지 않았을 것이 뻔하다. 아마 한적한 데라 일찍 문을 닫았을 것이다. 문을 두드릴까, 두드리면 반드시 열어줄 것이 틀림없다. 그러나 그는 문을 두드릴 수가 없었다. 그는 목석 모양으로 숨을 죽이고 우뚝 서 있다. 무슨 까닭일까? 어째서 그는 멀리 친구를 찾아와서 문을 두드릴 수 없는 것일까. 문을 두드린다고 해서 책망받을 것도 아니고 누가 두드리려는 손을 제지하는 것도 아니다, 다만 그는 두드릴 용기가 없는 것이다. 아아, 그는 지금 내일 있을 시험 준비에 여념이 없는 것일 게다. 그는 내가 지금 이곳에 서있을 것이라고는 꿈에도 상상하지 못하는 것일 게다. 그와 나는 오직 이중의 벽을 사이에 두고 만 리 밖의 생각을 하는 것이다. 아아, 어찌할까, 모처럼의 희망도 기쁨도 봄눈 녹듯 사라져 버렸다. 아아, 이대로 이곳을 떠나지 않으면 안 되는 것인가. 그의 가슴에는 실망과 고통이 끓어올랐다. 할 수 없이 그는 발길을 돌려 조용히 그곳에서 물러났다.

우물가로 나오자 온몸에 땀이 줄줄 흘러 코쿠라[小倉][6] 학생복 상의는 마치 물에 젖은 것 같다. 그가 휴— 하고 한숨을 쉬자 여름밤의 바람이 빨갛게 달아오른 그의 얼굴을 가볍게 스쳤다. 그는 발걸음을 떼지 못했다. 그는 다시 뒤를 돌아보았지만, 역시 덧문은 닫혀 있고 등불이 희미하게 어둠 속에서 새어나오고 있을 따름이었다. 이제 끝이다. 그에게 주어진 기회는 다했던 것이다. 그는 결심한 듯 한눈팔지 않고 척척 걸어나갔다. 그는 대문을 나와 언덕을 내려가 보았다. 그런데 아까는 아무런 어려움 없이 슬슬 올라왔던 언덕이 이번에는 내려가기가 꽤 어렵다. 그는 두어 번 비틀거렸다. 언덕을 반쯤 내려가는데, 그는 무엇을 생각했는지 우뚝 섰다. 이대로 가고 싶지 않기 때문이다. 뭔가 좋은 방법을 생각했기 때문이다. 눈앞 큰길의 전봇대 끝에 외로이 빛나고 있는 붉은 전등은 여름밤의 고요함을 더하고 있는 것이었다.

---

6 코쿠라는 현재 북 큐슈시로, 그곳에서 생산된 무명 직물이 학생복의 옷감으로 많이 사용되었다고 한다.

그는 그곳에 서서 생각하고 있는 것이다. 나는 내일 귀국하지 않는가. 내일 돌아가면 다음 학기가 되어서야 그의 얼굴을 볼 수 있는 것이다. 아아, 어쩌나? 아니! 여기까지 와서 만나지 않고 돌아갈 녀석이 있을까. 나는 약하다, 약하지만 이런 일을 할 수 없어서야 무엇을 할 수 있겠는가. 이제부터 좀 강해지자. 좋아, 이번에는 반드시 문을 두드리자. 물론 들어간댔자 재미있는 이야기를 하는 것도 아니고 용건이 있는 것도 아니다, 오직 그의 얼굴을 볼 작정이다. 그래서 그는 다시 발길을 돌렸다. 이번에는 용기가 하늘을 찌를 듯이 발걸음이 가볍고 빠르다. 너무 빨라서 대문을 지나쳤다. 우스꽝스럽다면 우스꽝스럽다고 할 수 있으리라.

서너 걸음 되돌아와 그는 대문을 들어섰다. 이번에는 짐짓 정원의 징검돌을 딛어 뚜벅뚜벅 구둣발 소리를 냈다. 이것은 수단인 것이다, 자기에게는 수단이지만 다른 사람에게는 알리지 못하는 수단이다. 그는 이번 수단에 성공을 기대했지만 격자문 앞까지 이르러서도 아무런 기척이 없다. 몇 번 더 구둣발 소리를 내보자고 생각했지만 더 갈 곳이 없는 것이다, 그렇다고 해서 체조시간 모양으로 제자리걸음을 할 수는 없다. 아아, 또 실패했다. 이번에야말로 정말 돌아가지 않을 수 없는 것이다. 그는 재차 한숨을 쉬었다.

그러나 궁하면 통하는 것이어서, 그는 또 하나의 계책을 생각했던 것이다, 그것은 돌아가면서 더욱 크게 구둣발 소리를 내는 것이다. 그러면 혹시 집안사람이 그 기척을 듣고 문을 열어줄지도 모른다. 실로 궁여지책이다. 그는 실행해 보았다, 그러자 과연 안에서 하녀의 잠이 덜 깬 목소리가 들렸다, "미사오 씨"라고 부르는 모양이다. 그는 얼마간 성공을 기대했지만 소용없었다. 그는 잠시 숨을 죽이고 서 있었다. 만약 순사에게라도 발각되는 날이면 도둑의 누명을 쓸지도 모른다. 그는 마지막 모험을 시도했다- 그렇다, 모험이다. 이번에는 발소리를 죽이지 않는다, 그는 당당하게 뒤꼍으로 돌았는데 과연 빛이 커졌다, 이는 실로 암흑 속의 한 줄기 광명! 목마른 호랑이에게 단샘!

"누구세요"라고 누군가가 툇마루에서 묻는다.

"저예요"라고 대답한 그의 목소리는 떨리는 것이었다. 그는 자기가 누구인지 알리기 위해 짐짓 얼굴을 빛 쪽으로 돌려

"벌써 주무시는 것일까 해서……."

"여! 당신이었습니까, 어두워서 그만, 자, 올라오세요."

주인이 권하는 대로 그는 구두를 벗고 마루에 올라갔다. 주인은 방석을 권했으나 그는 고맙다고 생각지도 않는 모양이다.

"시험은 끝났습니까" 하고 주인은 읽고 있던 잡지를 책꽂이에 꽂으며 물었다.

"예, 오늘 아침에 끝났습니다. 그런데 당신은?"

이것은 인사치레에 지나지 않는 것이다. 이러한 대화는 본래 그가 좋아하는 바가 아니다, 오히려 싫어하는 편이다. 그는 단도직입적으로 '미사오 군은 있습니까?' 라고 묻고 싶었다, 그러나 그는 할 수 없다, 애써 자기 마음속을 상대에게 들키지 않으려 한다, 그러나 얼굴은 마음이 밀정이라 아무리 태연한 척하려 해도 반드시 드러나는 것이다. 주인은 의아한 듯이 그의 옆얼굴을 뚫어져라 쳐다보고 있었다.

"우리들은 아직이요. 이번 주 토요일까지는. 아주 지긋지긋하군요" 하고 순간 얼굴을 찌푸린다. 모기떼가 습격해 온다, 땀이 흐른다.

"아무래도 올해는 유난히 덥군요"라고, 문길은 '미사오에게 내가 온 것을 알리고 싶다, 그러나 알리는 것은 부끄럽다'고 생각하면서 대답했다. 직접 알리지 않고 저절로 알게 하는 것이 그의 희망인 것이다. 미사오는 미닫이를 한 장 사이에 두고 옆방에 있다, 문길은 머릿속으로 미사오의 모습을 그리면서 '벌써 알았을 것이다, 내가 와 있는 것을 알면서도 나오지 않는 것일까'라고 생각했다.

이윽고 그와 같은 방을 쓰는 학생이 들어왔다, 문길은 왠지 모르게 기뻐서 짐짓 목소리를 높여 "공부하십니까?"라고 물었다. 그는 "예"라고 대답하고 자기 방으로 돌아갔다, 아마 내가 온 것을 알리기 위해서일 것이라고 문길은 생각했다, 그래서 기뻤다, 그런데 아무런 기척도 없다, 그는 방에 없는 것일까 의심해 보았다, 그러나 누군가 있다, 지금 뭔가 두런거리고 있는 것을 들었다. 그는 분명히 있는 것이다. 그러나 그는 모르는 척하고 있는 것일까, 무슨 일일까, 인간으로서 어떻게 이런 잔혹한 짓을 할 수 있는 것일까, 실로 잔혹하다.

그는 부들부들 떨었다. 그의 몸은 열탕에 들어간 양 숨은 점점 거칠어지고 눈은 살기를 띠었다. 주인은 더욱 의아스러운 듯 그의 얼굴을 뚫어지게 쳐다보고 있다. 그는 더 이상 머물러 있을 수 없었다. 아아, 가슴이여 찢어져라, 피여 솟구쳐라, 몸이여 식어져라, 나는 너를 위해 피를 흘렸다, 너는 나에게 얼굴도 내비치지 않는 것인가.

그는 그가 주인의 만류도 듣지 않고 그곳을 나온 것은 열 시를 조금 넘은 무렵이었다.

그는 실망, 비애, 분노 때문에 멍해지고, 광기에 젖어 귀로에 올랐다. 어둑어둑한 동네는 쥐 죽은 듯이 조용히 잠들었고, 애달픈 안마사의 곡조에 맞지 않는 피리 소리만이, 눅눅한 여름밤의 공기를 흔드는 것이었다.

문길은 열한 살 때 부모를 여의고 홀몸으로 세상의 신산함을 맛보았다. 그는 친척이 없는 것은 아니었지만, 그의 집이 부유했을 때나 친척이었지, 일단 그가 영락한 몸이 되고부터, 누구 한 사람 그를 돌봐주는 이가 없었다. 그의 몸에 붙어 있는 가난의 신은, 그로 하여금 일찍 덧없는 세상을 맛보게 했던 것이다. 그가 열네 살 무렵에는 이미 어른다워져, 홍안이던 그의 얼굴에서 천진난만한 빛깔은 바래고 말았다.

그는 총명한 편이라, 그의 부친은 그에게 소학(小學) 등을 가르치면 빨리 깨우치는 것을 더 없는 기쁨으로 여겨, 종종 가난의 고통도 잊곤 했다. 그가 부모를 여의고 난 뒤 이삼 년간이란 동으로 서로 표류하는 실로 가련한 것이었다, 그러나 그런 가운데서도 그는 친구에게 서적을 빌려 읽었고, 제대로 된 학교교육은 받을 수 없었지만 그 나이 또래의 소년에게 지지 않았다. 그는 가정의 영향과 빈고의 영향으로 성품이 온화한 소년이었다, —차라리 약한 소년이었다. 그럼에도 불구하고 그는 비상한 야심을 품고 있었다. 뭔가 이루어서 한번 세상을 놀라게 하고 싶다, 만세 후의 사람으로 하여금 자기 이름을 흠모케 하고 싶다는 것이 항시 그의 가슴에 깊이 잠겨 떠나지 않는 것이었다, 이것 때문에 그는 한층 더 괴로운 것이다. 그는 아무것도 이룬 것 없이 죽는 것을 두려워했다. 여기에 한 줄기 광명이 그에게 비쳤다, 그는 어떤 고관(高官)의 도움으로 동경에 유학하게 되었던 것이다. 실로 그의 기쁨은 여간이 아니었다. 그는 이상에 이르는 문을 발견한 것처럼 기뻐 날뛰었던 것이다.

그는 당장 동경에 와서 시바[芝]에 있는 어느 중학 3년에 입학했다. 성적도 좋은 편이라 누구나 유망한 청년으로 여겼다. 말하자면 그는 암흑으로부터 광명으로 나온 셈이다. 그러나 사실 그는 행복하지 않았다, 그는 점점 적막과 고독의 생각을 키워왔다, 매일 몇십 몇백 사람을 만나도 한 사람도 그에게 벗되어 주는 사람은 없었다, 그 때문에 그는 탄식했다. 울었다. 비애의 종류가 많다고 해도, 벗을 갖지 못하는 비애만한 것도 없다는 것이 그의 비애관이었다.

그는 정신없이 벗을 찾았다, 그러나 그에게 오는 이는 한 사람도 없었다. 간혹 없는 것도 아니었지만 한 사람도 그에게 만족을 주는 이는 없었다, 즉 그의 마음속을 들어 주는 이는 없었다. 그의 갈증은 점점 심해지고, 괴로움은 점점 그 정도를 더해갈 뿐이다. 십육억 남짓한 인류 가운데 나의 마음을 들어 주는 이는 없는가고 그는 탄성을 내질렀다. 이리하여 그는 점점 약해지고, 점점 침울해져, 이야기 나누는 것을 좋아하는 그도 점점 입을 열지 않게끔 되고, 다른 이와 만나는 것조차 꺼리게 되었던 것이다. 그는 일기장에 그의 마음속을 털어놓고, 가까스로 자신을 위로하는 정도이다. 그는 단념하자고 생각했다, 그러나 단념할 수가 없었다. 여기에 무한한 괴로움이 있는 것이다. 이렇게 2년이 지났다.

금년 1월 그는 어떤 운동회에서 한 소년을 보았다, 그때 그 소년의 얼굴에는 사랑스러운 빛깔 넘치고, 눈에는 천사의 미소가 떠돌고 있었다, 그는 황홀하여 잠시 자기를 잊었다, 그의 가슴속에 타오르는 불꽃에 기름을 부은 것이다. 이 소년이 곧 미사오다. 그는 이 사람이야말로라고 생각했다.

그는 편지로 자기의 마음속을 미사오에게 이야기하고, 또 사랑을 구했다, 그러자 미사오도 자기가 고독하다는 것, 그의 사랑을 이해한다는 것, 자기도 그를 사랑한다는 것을 적어 보냈다. 이 글을 받았을 때 문길의 심경은 어떠했는가. 문길은 기뻤다. 무척이나 기뻤다, 그러나 마음속의 번민은 사라지지 않고, 사라지기는커녕 새로운 번민이 더해졌던 것이다. 미사오는 지극히 말이 없는 편이다. 이것을 문길은 더 없는 고통으로 여기고 있다. 문길은 미사오가 자기를 사랑해 주지 않는 모양이라고 여겼다, 아무래도 그에게는 냉담한 것처럼 여겨졌다, 그는 미사오를 의심해 보기도 했지만, 의심하고 싶지 않아서, 억지로 그는 자기를 사랑하고 있다고 단정하고 있었다. 거기에 고통이 있는 것이다. 그는 미사오를 목숨이라고까지 생각하고 있었다. 밤낮 미사오를 생각하지 않을 때가 없고, 수업시간조차도 생각하지 않을 수 없었다.

그는 생각했다, 그는 괴로웠다, 생각하면 괴롭고 괴로워하면서도 생각한다, 이것이 그가 미사오를 만나고 있지 않을 때의 상태이다. 1월 이후 그의 일기 내용에는 미사오의 일을 빼면 아무것도 없었다. 또 미사오의 얼굴을 보면 기쁜 것이다. 이 무슨 까닭일까, 무엇 때문일까, 그 자신조차도 이해할 수 없었다. "나는 무슨 까닭에 그를 좋아하는 것일까, 무슨 까닭에 그에게 사랑받는 것일까, 나는 그에게 아무런 요구도 없는데." 이것은 그의 일기의 한 구절이다. 그는 미사오와 만나면 제왕 앞에라도 불려간 것처럼 얼굴도 들지 못하고, 입도 열지 못하며, 지극히 냉담한 척 꾸미는 것이 보통이다, 그는 또 그 이유를 알지 못한다, 오직 본능적인 것이다, 그래서 그는 붓으로 입을 대신했다. 3일 전 그는 손가락을 베어 혈서를 보냈다.

1학기 시험도 끝나고, 내일 귀국도 앞두고 있으니, 필사의 용기를 내어 오늘밤 그는 미사오를 방문했던 것이다.

그는 무감각하게 걸음을 옮기면서 생각하고 있는 것이다. 아아, 죽고 싶다, 이제 이 세상을 떠나고 싶다, 타마가와[玉川] 전차 선로인가, 벌써 11시-, 이미 전차는 다니지 않는다, 좋아, 기차가 있다, 덜커덩 덜커덩거리는 소리 한번 울리면 나는 이미 이 세상에 없을 것이다. 나도 자살을 경멸했던 사람의 하나다, 자살 기사를 보면 언제나 침을 뱉었던 사람의 하나다. 그런데 지금은, 나 자신이 자살하려고 한다, 묘하지 않은가. 나는 커다란 이상을 품고 있었다, 이것을 이루지 못하고 죽는 것은 실로 유감이다, 내가 죽으면 늙은 조부와 어린 누이는 얼마나 탄식할까, 그러나 이 순간 나의 죽음을 만류하는 이 없으니 하는 수 없는 것이다. 지금 죽고 사는 것은 전혀 나의 힘 밖에 있는 것이다.

그는 시부야 철도 건널목을 향해 급히 서둘렀다. 어둠속에서 뚜- 하고 기적이 들린다, 이거 잘 됐다고 뛰어드는데 시커먼 사람이 나와 철커덕 철커덕하고 차단기를 내려 통행을 제지했다, 어이없다, 죽는 순간까지도 사악한 악마가 따라다닌다. 기차는 무심히 덜커덩 덜커덩 소리를 내며 지나갔다. 그는 선로를 따라 3간(1間은 약 1.8m) 남짓 걸어가서, 동쪽 레일을 베고 누워 다음 기차가 오기를 이젠가 저젠가 기다리며, 구름 사이로 흘러나오는 별빛을 응시하고 있었다. 아아, 18년 간의 나의 목숨은 이것이 마지막인 것이다, 부디 죽은 후에는 스러져 버려라, 그렇지 않으면 무감각한 것이 되어라, 아아, 이것이 나의 마지막이다. 작은 머릿속에 품고 있던 이상은 지금 어디에, 아아, 이것이 나의 최후다, 아아, 쓸쓸하다, 한번이라도 좋으니 누군가에게 안기고 싶다, 아아, 단 한번이라도 좋으니. 별은 무정하다. 기차는 어째서 오지 않는 것일까, 어째서 빨리 와서 나의 이 머리통을 부숴뜨려 주지 않는 것일까. 뜨거운 눈물은 멈추지 않고 흐르는 것이었다.

特別寄贈作文[7]*

(…상략…) 일체 이러한 잘못된 생각을 하게 된 것은 '인간은 만물의 영장이다'라는 그릇된 자만심이 동기로서, '인간은 만물의 영장이다'라고 말하는 대신 만물과 다른 점이 없어서는 안 된다. 그래서 도덕이라는 것을 만든다. 율법이라는 것을 만든다. 집이라는 것을 만든다. 기계라는 것을 만든다. 그러고는 문명이다, 야만이다 떠들어댄다. 그로부터 신성하다, 비열하다, 선하다, 악하다 등등 제멋대로 판단을 내리고, 제멋대로 이름을 붙이고, 제멋대로 의미를 붙여 골계적인 흉내를 내기 시작한다. 그래서 가난한 자가 생긴다. 부자가 생긴다. 성욕의 만족이 줄어든다. 인생의 생명인 쾌락이 줄어든다. 그래서 (한 글자 지움) 괴로워하고, 울고, 신음한다. 이른바 자업자득이다. 무엇을 선악의 표준으로 세웠던 것일까. 신성과 비열의 표준으로 세웠던 것일까. 실로 가소롭지 않은가. 만약 신의 뜻을 행하는 것이 생의 본연의 임무라면, 그들은 점점 죄악을 짓고 있는 것이다. 그리고 신이여, 신이여를 외치는 그 신을 등지고 달아나면서 신을 부르는 골계이다. 나는 본능에 따르면 고통이라는 것은 없고 행복만 있다고 말하는 것이 결코 아니다. 다만 이것이 우리들의 자연이고, 그래서 마음껏 시간이 길든 짧든 쾌락을 맛볼 수 있는 것이라고 말하는 것뿐. 쾌락은 우리들이 생존하는 최대, 아니 목적의 전부이기 때문이다. 그런데 인간은 동물이면서 동물이 아니고자 한다. 여기에 보

---

7 李寶鏡, 『富の日本』 2, 富の日本社, 1910.3. 하타노 세츠코, 「이광수의 자아－작품을 통해 본 이광수의 제1차 유학시절의 세계관」(『『무정』을 읽는다』, 소명출판, 2008)에서 처음 발굴 소개되었다. 글의 앞뒤에 부기된 '상략'과 '하략' 표기로 보아 전체 글의 일부분인 것을 알 수 있다.

다 큰 고통이 있는 것이다. 극기- 과연 어떤 가치가 있는가. 마치 개구리가 사람의 흉내를 내어 두 다리로 걷는 듯한 모습이 아닌가.

'자연으로 돌아가라!' 이곳은 우리가 거처할 만한 곳이 아니다. 이곳은 우리의 자유를 속박하는 곳이다. 천부의 본성을 훼손시키는 곳이다. 자연으로 돌아가라! (…하략…)

여행 잡감[旅行の雜感][8]*

◎ 3월 23일 오후 3시, 차 안에서

지금은 카이다시[海田市]를 지나 히로시마[廣島]를 향하는 길이다. 하늘은 활짝 개었고, 뜨거운 태양이 여름처럼 차창에 내리쬔다. 하룻동안의 날씨 변화라고 하기에는 어처구니없을 정도다.

나는 아침나절엔 꽤 기운이 났지만, 벌써 진절머리가 나버렸다. 어떻게 시베리아 여행을 할 수 있을까 싶었다. 도쿄에 있을 때부터 몹시 건강을 상한 탓일 것이다. 이래서는 정나미가 떨어져버린다.

그 유명한 세토나이카이[瀨戶內海][9]의 경치도 그다지 내 흥미를 끌지 않았다.

- 아아, 벌써 히로시마에 도착했으니 이만 쓰련다. 오늘밤 탑승할 예정이다.

◎ 3월 23일 오후 8시 반, 시모노세키[下關]에서

너무 자주 펜을 드니 필시 성가시게 생각되겠지. 하지만 이번 길은 내게 가장 기념할 만한 여행이라서.

어, 바다가 보인다. 짙푸른 바다다. 새파래서 검어 보일 정도다. 잠이 덜깨 어

8 孤舟, 『新韓自由鐘』 3, 대한소년회, 1910.4. 하타노 세츠코, 「『極秘 新韓自由鐘』 제1권 제3호의 이광수 관련 자료에 대하여」와 장신・황호덕, 「『신한자유종』(1910) 검열 기록의 성격과 이광수의 초기 활동」에서 처음 발굴 소개되었다.

9 세토나이카이[瀨戶內海]란 혼슈[本州]・시고쿠[四國]・큐슈[九州] 둘러싸인 안쪽 바다[內海]를 말한다.

리둥절한 사람의 얼굴이 이따금 남쪽을 향한다. 미야시마[宮島]라고 얘기해주었다. 우스워서 못 견디겠다. 뭔가 바보 같다는 기분이 든다.

'코이[こい]'라는 역이 있다. 이곳에 도착하니 아이들이 만세를 불러준다. 역 이름을 사랑[戀, こい]으로 해석하니 재미있다. 과연 논밭 가운데는 작은 집이 많이 있고, 사랑하기에 적당한 듯하다. 아아, 바보 같은 말을 하고 있네-.

시모노세키 부두의 달빛이 푸르다(아, 언제 또 볼 수 있을까)

◎ 24일 부산역에서

쾌청한 아침이다. 하늘은 한없이 새파랗고 '산뜻한' 햇빛이 천지에 가득 넘치고 있다. 그런데 멀리 희미하게 안개 낀 한산(韓山)이 눈에 들어올 때 내 기분은 어떠했을까. 뭔가 한산에는 햇빛도, 우주에 가득 넘치는 햇빛도, 이 한산에는 내리쬐지 않는 듯하다.

◎ 같은 날 24일 경부선 열차 안에서

오늘은 부산진의 장날이라서, 흰옷 입은 사람들이 소를 끌고 모여드는 것이 많이 눈에 띕니다. 흰옷은 입었지만, 마음은 밝지 않아 보입니다. 또 특히 느끼는 것은 소와 우리나라 사람에 대해서입니다. 소는 우리나라 사람들의 상태, 성질(모두 오늘날의)을 잘 표현하고 있는 듯합니다. 바꾸어 말하면 소는 우리나라 사람들의 상징으로 생각되는 한심함 자체입니다. 아아, 소의 상징을 버리고 호랑이의 상징을 얻는 것은 어느 때나 되어야 할까. 일어나라! 우리 소년제군!

대한의 산은 노쇠해졌습니다. 그래서 푸른빛은 누른 털로 변하고 누른 털조차 벗겨지게 되었으니, 얼마 못가 수많은 한산(韓山)은 모조리 붉은 모래로 변할 것이 틀림없습니다. 이리하여 결국 한토(韓土)는 뜨거운 모래로 가득한 사막이 되고, 청구(靑丘)는 허무한 역사적 명칭이 되어 후인(後人)의 호기심이나 자극하는데 불과하게 될 것입니다. 조선 민족의 생명은 한산에 있는 초목과 생사흥망을 함께 할 것입니다. 총총.

◎ 소년 제군아. 이 말을 들으니 어떤 느낌이 드는가. 천제(天帝)가 인간(人生)

을 만들 때 모두 똑같이 두 눈과 두 손, 두 다리를 주지 않았는가. 무엇이 부족해서 저 왜국(倭國) 때문에 압제를 받는가. 이목구비를 모두 갖춘 신대한 소년 제군은 이것을 생각하여 세월을 헛되이 낭비하지 말고, 자기의 목적과 자기의 천재를 발휘하여 저 목적지를 향해 서두르라. 신대한을 어깨에 짊어진 대한소년들아.

今日 我韓用文에 對하여[10]

今日 我韓에 무슨 一定한 것이 있으리오. 過渡時代에 있는 나라의 過常으로 무엇이든지 地方 地方이 다— 다르며, 個人 個人이 다— 다른 것은 免치 못할 바이라. 故로 余는 이러한 現象을 그다지 悲觀하는 이는 아니오, 다만 將次 어떻게 될는지 하는 것이 근심이로라. 또, 언제까지든지, 이대로 갈 수는 없으니, 이 근심은 決코 無用한 근심은 아닐 듯하도다. 就中 文章으로 말하면 諸般것 中 가장 重要한 것이니, 그 文의 어떠함으로써 足히 其國의 將來의 文化를 占할 수 있겠으며, 그 榮枯를 判斷할 수 있을지라. 昔日에도 오히려 그러하였겠으니, 하물며 今日일까.

昔日에는 一日 百里의 徒步로도, 오히려 餘裕가 있었거늘, 今日에는 一日 千里의 汽車로도, 오히려 奔忙하며, 昔日에는 二十餘年을 文字 배우기에 虛費하고도, 오히려 社會에서 活動할 날이 있었으나, 今日에는 一年을 文字 배움에 虛費하여도, 오히려 바쁨이 있는도다. 如斯히 怱忙한 今日에 있어서 어찌 貴重한 時日을 文字만 배움에 虛費하고야 競爭에 劣敗者 아니 되기를 얻으리오. 然하거든 今日의 新聞雜誌의 用文을 보라. 名은 비록 國漢文이나 其實은 純漢文에 國文으로 懸吐한데서 지나지 못하며, 또 其用語는 康熙字典이나 펴놓고서 골라내었는지 數十年 漢學에 修養있는 이고야, 비로소, 알 만한 難澁한 漢字 쓰기를 競爭삼아하니, 我韓國民이, 모두 이에 相當한 修養이 있고만 보면 其或 모르겠으되, 實則 不然하여 大多數는 그런 修養이 없는지라(1910.7.24).

---

10 李光洙, 『皇城新聞』, 황성신문사, 1910.7.24~7.27.

二.

故로 如斯한 新聞雜誌는 極히 적은 部分밖에는 읽히우지 못하니, 어찌 其效力의 넓히 미침을 바라며, 따로이 報館의 職務를 다한다 하리오. 또 今日은 다투어 他를 模倣하는 때라, 가장 靑年學生들은, 一定한 文法을 배우지 못하므로, 文體를 新聞이나 雜誌에 받으려 하는 이 많으며, 彼等도 如斯한 文體를 쓰기를 좋아하여, 또 難澁한 文字를 많이 써서 有識한 체하기를 名譽로 알게 되니, 그러면 점차로 자리가 잡히어, 아주, 이런 文體 아니고는, 아니 쓴다 하게 될지며, 또 讀者도, 이런 文體로 쓰지 않은 것은 文章이 아닌 것 같이 생각하게 되리니, 萬一 이렇게 되면 其損益이 果然 어떠할까.

이것이 利益이 된다 하면, 다만 贊成할 따름이오, 기뻐할 따름이오, 勸奬할 따름이라. 그러면 이것이 果然 益이 되겠느냐 하면, 누구시든지 常識이 苟有한 이는, 아니라 하리라. 그러면 損될 것이 아닌가. 其理由는 右에도, 얼마큼, 말한 것이고, 또 必要도 없을 듯하도다. 然則 어떤 文體를 使用할까.

純國文인가, 國漢文인가.

余의 마음대로 할진댄, 純國文으로만 쓰고 싶으며, 또 하면 될 줄을 알되, 다만 其極히 困難할 줄을 앎으로 主張키 不能하며, 또 비록 困難하더라도 此는 萬年大計로 斷行하여야 한다는 思想도 없음은 아니로되, 今日의 我韓은 新知識을 輸入함에 汲汲한 때라, 이때에, 解키 어렵게 純國文으로만 쓰고 보면, 新知識의 輸入에 沮害가 되겠음으로 此意見은, 아직, 잠가두었다가, 他日을 기다려 베풀기로 하고, 只今 余가 主張하는바 文體는, 亦是 國漢文幷用이라. 그러면, 무엇이 前과 다를 것이 있겠느냐고, 讀者 諸氏는 疑問이 생길지나, 그는 그렇지 아니로다(1910.7.26).

三.

右에도, 조금, 말한 것과 같이, 今日에 通用하는 文體는 名은 비록 國漢文幷用이나 其實은 純漢文에 國文으로 懸吐한 것에 지나지 못하는 것이라. 今에 余가 主張하는 것은, 이것과는 名同實異하니, 무엇이뇨. 固有名詞나, 漢文에서 온 名詞, 形容詞, 動詞 等 國文으로 쓰지 못할 것만, 아직 漢文으로 쓰고, 그 밖은 모두 國文으로 하자 함이라. 이것은 實로 窮策이라고도 할 수 있겠으나, 그러나, 어찌 하리오. 境遇가 이러하고, 또, 事勢가 이러하니, 맛은 없으나, 먹기는 먹어야 살지 아니하겠는가.

이렇게 하면 利益될 것은, 余의 贅言을 기다리지 아니하고 讀者 諸氏의 잘 아실 바ㅡ 나, 말하던 次이니 大綱 말하고자 하노라.

이렇게 하면, 著者, 讀者 兩便으로 利益이 있으니, 넓히 읽히움과, 理解키 쉬운 것과, 國文에 鍊熟하여 國文을 愛尊하게 되는 것이 讀者便의 利益이오, 著作하기 容易함과, 思想의 發表의 自由로움과, 複雜한 思想을 仔細히 發表할 수 있음이 著者便의 利益이며, 따로이, 國文의 勢力이 오를지니 國家의 大幸일지라. 이만하면 余의 主張도, 그닥 沒價値일 것은 아닐지라.

如斯히 하면 毋論 少數의 漢文 熟鍊한 讀者에게야, 얼마큼, 읽기 어려우리라마는 多數를 爲하여 將來를 위하여 不得不 犧牲이 되어야 할지며, 그러나, 그 犧牲은, 오래 갈 것은 아니오, 멀어도 二朔만 지나면 自由로 읽게 될지니, 너무, 걱정할 것은 없을지며, 또, 作者로 말하여도 漢文으로, 짓던 이들은, 처음에는 如干 困難치 아님도 아닐지나 一은 報筆잡은 者의 큰 責任을 생각하며 二는 其困難의 길지 않을 것을 생각하여 此를 實施하여야 할지라. 本論은 이미 右에 마치었으나, 두어 마디 붙여 말할 것이 있으니, 듣던 次에, 좀, 더, 들으시라.

我國人은, 아직도 複雜한 思潮에 건드려본 적이 없는 緣故인지 感受性이 甚히 鈍하여, 무슨 말을 듣든지 別로 感動됨이 없으며, 또 있더라도, 다만 "그렇지" 할 따름이오, 此贊成도 아니하고 反對도 아니하고, 또, 마음으론 贊成하더라도, 내 입 대할 생각은 아니하니(아니하는지, 못하는지) 어찌 進步나 改革하기 쉬우리오. 그런則 讀者 諸氏는 이를 볼 때에, 많이, 생각하사, 이러한 弊端이 없게 하시기를 바라며, 또, 한 마디, 붙여 말할 것은 此篇은 全혀 報筆을 잡는 諸氏에게만 對함인 것 같으나, 此는 다만 例로 쓴 것이나, 決코 報筆 잡는 이들에게만 對함이 아니오, 敎育家와 靑年學生을 머리로 하여 一般 讀者에 對함이로라(1910.7.27).

독립준비하시오[11]

一. 돈이 있어야 하오

서양사람의 말에 재정은 국가의 혈액이라 하나니 모든 동물이 목숨을 이어가고 활동함이 다 이 혈액 있음으로 됨과 같이, 한 가족이나 한 국가도 재정이 없으면 동물의 혈액이 마름과 같아 곧 없어지거나 그렇지 아니 하면 남의 노예가 되리니, 옛날 사회가 아직 유치하고 경제가 열리기 전에는 무력으로 남의 나라를 없이 하고 또 그 없이 하는 목적도 다만 그 임금이나 국민의 정치적 야심을 채우랴에 지나지 못하였거니와, 사회상태가 크게 열리고 경제가 크게 발달된 오늘날에는 국가의 흥망성쇠와 민족의 떨치고 못 떨침이 또한 이 재정에 있다 하여도 과언이 아닐지라. 보라, 애급이 영국의 손에 듦이 또한 국채 때문이 아니며 중국이 이 같은 곤경에 빠짐이 또한 그러하고, 멀리 구할 것 없이 내 나라가 원수의 손에 듦이 또 몇 푼 아니 되는 국채 때문이 아니뇨. 어느 시대 어느 누가 돈 귀한 줄을 몰랐으리오마는 참 오늘날은 금력만능시대라, 죽고 살기도 돈에 있고 잘되고 못 되기도 돈에 있으며 종되고 상전되기도 돈에 있나니, 돈이 있으면 능히 나라와 나라끼리 싸움도 붙일 수 있고 붙였다 뗄 수도 있는지라. 나라 잃어버린 지 이천여 년에 아직도 제 나라를 찾지 못하고 돌아다니는 못생긴 유대종자 로스챠일드가 능히 부엄(범)같은 나라들을 손에 주무름이 또한 돈의 힘이라. 서양 사람들은 이 금력을 찬양하고 저주하여 돌오네. 아아, 크다. 네 힘이여. 알렉산더 나파륜 같은 광고의 대영웅이 일생의 피를 다 쏟아도 달하지 못하던 세계의 통일을 똥그랗고 조그만 네가 비로소 이뤘도다. 하나니 과연 오늘날 세계는 거의 경제상으로 통일이 되고 똥그랗고 노란 쇠재박이 그대 대황제가 되었으며 열국 제왕은 그의 제후나 사환에 못 지나는 형편이라.

한 나라 법률에도 생명과 재산을 우리 인민의 가장 중요한 두 가지라 하나니 생명 없이 재산이 없는 모양으로 재산 없는 성명도 또한 생각할 수 없는 일이라.

---

11 외배, 『권업신문』 100～103, 1914.3.1～22. 최기영, 「1914년 이광수의 러시아 체류와 문필활동」, 『식민지시기 민족지성과 문화운동』(한울아카데미, 2003)에 처음 발굴 소개되었다.

二. 쓸 줄만 알고 벌 줄 모르는 우리

그러나 우리나라 사람들은 돈벌기를 무슨 천역이나 되는 듯이 싫어하나니, 몹시 양반의 체면을 차리려는 뜻일지나 수염이 대자라도 먹어야 양반, 손길만 부여틀고 가래침이나 고스르면 무슨 뾰족한 수가 있으리오. 그러면 우리 사람은 그 점에는 아주 담박하야 길에 금덩이가 떨어졌어도 본체만체하고 "오— 양반이 그런 것을 주어 쓰나" 하기나 하면 그도 제법이련마는 어디 그렇기나 한가. 보는 사람만 없으면 되놈의 먹다 버린 권련 꽁다리까지도 주워 물고 "에고 맛 좋다"할 형세라.

돈 벌기는 남이 하고 쓰기만 내가 하게 생겼으면 신통하련마는 그런 천둥벌거숭이 나라는 이 지구상에는 없으니, 부득불 어느 부자의 발바닥을 핥든 다 어떤 못생긴 부자 과부의 아들을 후리든가 그도 못하면 찬방에 벌거벗고 나무아미타불이나 부를 수밖에. 우리나라 사람이 왜 이렇게 가난한고 하면 그 까닭은 꼭 돈 벌기는 싫고 쓰기만 좋아함이니, 그 따위 소갈머리로 앙긔앙긔하다가 마침내 제 둥지와 조상의 분묘까지 팔아 디밀고 꾸역꾸역 누더기 짐을 걸머지고 왜놈 되놈 양인놈의 발바닥을 핥게 되지 아니 하였나뇨.

三. 제 각기 영웅 노릇을 하고는 싶어도 되는 법을 몰라

오늘날 청년들은 걸핏하면 정치, 법률, 교육 (분)야 모두 다 건국영웅인 듯이 이리 뛰고 저리 뛰고 가로 뛰고 세로 뛰나니 이는 이전 벼슬만 중히 여기고 실지에 직업을 천히 여겨 영웅이라면 남을 부리기만 하는 자이어니 하던 유풍일지나 영웅이란 그리해 되는 것이 아니라. 와싱톤은 칼을 잡는 날까지 소 고삐를 끌고 제갈량은 류황숙의 뒤를 따라 삼군을 지휘하는 날까지 남양릉중의 탑조지를 잡게 아니 하였나뇨.

혹 특별한 사정이 있어 내가 아니고는 무슨 사상의 전파 고취라든가 동지의 지도 연락을 할 수가 없다 하면, 그는 그가 직업이므로 가로 뛰고 세로 뛰어도 뜻있게 뛰는 것이라 머리터럭을 베어서 신을 삼아라도 신기고 싶지마는, 공연히 돈만 없이 하고 남의 폐만 시키면서 엉긔엉긔 돌아다니는 청년이야 어찌 아깝지 아니하리오. 정 할 일이 없거든 짚세기를 삼더라도 제 의식벌이와 제 가족 먹여살릴 벌이를 하여야 할지라. 하물며 그렇게 돌아다니는 청년들은 다 상당한 재산이 있는 집 자손일지니, 무슨 공부를 절실히 한다든가 토지를 개척하여 가난한 동족에게 생도를 준다든가 상업을 경영하여 일변 돈도 벌고 일변 우리나라 사람의 세력을 세운다든가 할 것이니, 만일 미리 아니하고 허열에 떠서 아무것도 아니하고 돌아다니는 자는 죽은 나라를 다시 죽이고 없어지려는 민족을 즐겨 없이 하는 자이라.

四. 제 각기 저 먹을 벌이를 하면 만사가 다 되오

만일 우리나라 이천만 식구가 절반만 저 마당 저 먹을 벌이를 한다 하면 우리나라는 반쯤 산 것이오 잘 될 가망도 있는 것이라. 그러나 놀고 먹기만 좋아하는 자가 십분에 칠팔이니 과연 딱하고 기막힌 일이라.

나라를 사랑하기 제 몸보다 더욱 간절히 하는 동포들이여, 각각 돈벌이 직업을 가지소서.

남의 등에 파먹는 구더기 노릇이 얼마나 부끄럽고 천한 것이며 마소도 더럽다고 나무람 쓸 만한 짐차를 타고 다녀서야 어찌 하리오. 제발 각기 착실한 직업을 가져 제 의식을 제가 벌고 나아가서는 나라를 위하여서까지 쓰도록 하시옵소서.

저 마당 배나 차를 타고 일등이나 이등에 번쩍하게 차리고 나서도록 하시옵소서.

쌀독에서 인심이 난다 하니 쌀독이 무둑하여야 아들딸 교육시킬 생각도 나고, 나라니 공익이니 하는 데 돈도 벌 수 있게 되지 맨 공문으로야 정성이 하늘에 닿았은들 무엇하리오.

가난은 죄악이라 하니 참 그러하도다. 부모에게 감지를 받들지 못하니 자식의 의무를 못다 하고, 아래로 처자를 먹이고 교육치 못하니 아비의 의무를 다치 못하며, 국가에 공익에 대하여 돕지 못하니 국민된 의무를 다하지 못하고, 이 모든 제게 타인 의무를 다하지 못하니 곧 하늘에서 맡은 사람의 의무를 다하지 못함이라(제100호, 1914.3.1).

五. 그러므로 실업을 힘쓰시오

우리나라는 농업국이요 우리 민족의 ◯장도 농업이니, 농업을 힘씀도 ◯하되 지금껏 모양으로 손바닥만한 땅에 쥐농사만한 농사를 하지 말고 여간 자본있는 이는 대규모로 외국사람이 혀를 찐찐거리도록 할 것이라. 아무 데를 가도 남에게 ○○○○ 부러워 사는 우리 신세를 생각하면 열이 발칵 오르고 주먹이 불끈하는지라.

상공업은 수백 년래로 천업이라 하여 장려치 아니 하였으므로 한참적 아세아주를 쥐었다 폈다 하던 상공업이 아주 보잘 것 없이 스러져 버리고, 그 앙화로 의복, 당성냥, 바늘끝, 뒤지까지도 말끔 남의 손에 된 굴건을 쓰게 (되)며, 제 나라 안에서 제 나라 물산까지도 외국상인의 손을 거쳐 오게 되니, 메투리 짚세기를 왜놈의 전에서 사고 갓모와 망건을 되놈의 전에 구하는 우리는 우리가 생각하여 보아도 지지리 – 못생겨 빠지지 않았나이까.

농공업에 대하여서는 일후 다시 말씀드릴 기회를 얻기로 하고 여기는 특별히 상업에 대하야 두어마디 하오리다.

六. 그 중에서도 상업을 더 힘쓰시오

고래로 상업은 그 나라와 제 몸을 가멸케 하는 동시에 이 땅의 문명을 저 땅에 옮기고 저 땅의 문명을 이 땅에 옮겨 문명을 전파하고 융합하는 작용을 하므로, 제 몸이나 그 나라에 부강을 위하든가 또 외국의 문명을 수입하며 제 나라 문명을 전파함이 (상)업에 더 큼이 없는지라. 그러므로 문명이 발달하면 상업이 발달하고 상업이 발달되면 문명도 따라 발달되나니, 옛날 우리 백제에서는 양자강 연안에 식민지를 두고 안남 인도에 무역을 힘쓰매 나의 문명은 그네에게 주고 그네의 문명은 내게 실어들여 나라의 부강함이 동아에 으뜸이 되었으니, 우리 민족도 본래 상업적 천재가 있어 상업으로 발전하던 민족이라.

그러나 근세에 쇠운을 당하여 나의 문명을 잃어버리고 또한 상업적 활동이 없어서 이제 와서는 가장 가난하고 약하고 어두운 민족을 이뤘으니 어찌 개탄할 바이 아니리오.

七. 겉치레보다 속살이 필요하오

대개 국권은 없었다가도 우리 피로 다시 찾을 수도 있을지오 육해의 병력은 없다가도 새로 세울 수는 있을지나, 그 국민의 능력(정치적, 학술적, 상업적)은 일조일석에 회복키도 어렵고 마련키도 어려우며 배운다고 당장에 남만 하여지는 것이 아니(라), 십년 이십년, 한대 두대 힘쓰고 애쓰는 동안에 개아미 둥지트듯 되는 것이라. 장차 우리 민족이 나라를 광복한다 하더라도 이름만 독립이면 그 무엇이 귀하리오. 갑오년 이래에도 그러한 독립은 있었나니 생각만 하여도 진저리가 나는 독립이라. 이제 오는 우리 독립도 그러하여, 만일 우리에게 한 나라를 붙들어 온갖 방면으로 족히 열국과 경쟁할 만한 능력이 없으면 어찌 능히 영구히 국가의 독립과 번영을 바라리오.

八. 이 세계는 상업경쟁시대라

서양 어떤 유명한 역사가의 말에 우리 인류는 처음 무력경쟁시대에 있다가 정치경쟁 시대에 옮고 정치경쟁시대에서 다시 상업경쟁시대에 옮았다 하니, 과연 지당한 말이라. 오늘날 국가와 국가의 모든 조약과 절충이며 민족과 민족의 온갖 경쟁은 거의 다 상업에 관한 것이라. 조약 중에 가장 중요하고 힘있는 조약이 곧 통상조약이니, 공사와 영사 같은 가장 요긴한 외교관도 다 이 조약으로 생겼으며 또 이 조약을 위하여 생긴 것이라. 영국 덕국의 수백만 톤 군함의 하는 일이 무엇이뇨. 정치적 의미로 소위 국방이라는 직무도 있을지나 이는 특히 전시에 하는 일이오, 평시에 직무는 오직 그 국민의 해외상업의 보호라.

대저 어느 나라가 다른 나라의 영토를 점령하여 제 나라 땅을 만듦이 혹 병력으로 하는 수도 있으나, 이는 옛날 이야기오 오늘날에 남의 나라나 남의 땅을 점령하는 자는 육군도 아니오, 해군도 아니오, 손에 육혈포 한 자루 아니 잡은 장사 사람이니, 이만 보아도 오늘날 상업이라는 것이 그 국가와 국민에 대하여 어떠한 관계가 있는 것을 깨달을지라.

그러면 우리가 장차 한 완전한 나라의 국민으로 세계 여러 민족과 씨름할 준비로 하든지 장차 우리의 목적하는 바를 이룰 예비로 하든지 우리 민족을 계발할 교도의 방면으로 하든지 개인의 상업으로 하든지, 오늘날 우리 한인에게는 실업의 경영이 필요하며 그 중에 상업진흥이 가장 필요할지라.

九. 한 걸음 한 걸음 우리도 상업경쟁장에 나섭시다

그러나 갑자기 큰 자본으로 세계적 상업을 경영한다든가 전 국내 또는 어떤 지방의 상권을 한 손에 넣기는 아직까지는 바라지 못할 일이니, 제비새끼가 날음 날기와 미끼 잡기를 연습하는 모양으로 힘에 미치는 대로 조금씩 조금씩 경영하되 상업학교에 다니면서 공부하는 학생이거니 하는 마음으로 있는 정성을 다하여 그 방면의 지식을 넓히고 경험을 쌓아 오는 날 크게 크게 뛸 준비를 하도록 하여야 할지라.

그러나 아무리 적게 한다 하더라도 권렵갑이나 성냥갑이나 벌여놓은 움 같은 구멍가게로야 백 년 간들 무슨 지식이나 경험이 늘며 이익이 생기리오. 못하여도 수천 원 이상 자본으로 인격과 지식과 능력이 족히 그만한 일은 하여 갈 만한 사람으로 시켜야 할지니, 이는 결코 조그만 장사를 그르다 함이 아니라 그것은 문제로 삼을 것이 없고 이미 기자의 말하는 바는 상업다운 상업을 이름이라.

一〇. 가난타 걱정말라 힘없다 걱정말라

어떤 이는 혹 말하기를 생각은 그러할지나 그러한 큰 자본과 쓸 만한 사람을 어디서 구하리오. 원래 가난하고 진보치 못한 우리로 혹 상당한 재산이 있는 이는 상업을 경영할 생각이 없거나 생각 있어도 능력은 없으며, 혹 상당한 능력은 있으되 자본이 없으니 어찌 하리오. 하나 이는 생각이 못미침이니 대개 협동이란 것을 모르는 말이라.

협동이라 함은 여러 사람의 힘을 모은다는 뜻이니, 가늘고 약한 머리카락을 모아 굵고 튼튼한 동아줄을 만든 모양으로 적고 약한 여러 사람의 힘을 모아 큰 힘을 만듦이니, 이 힘이 족히 산을 헐고 바다를 메우는지라. 우리 인류의 모든 큰 사업은 다 협동으로 나오나니, 대개 한 사람의 힘으론 아무리 크다 하여도 한정이 있는 것이로되 여럿의 힘을 모으면 거의 무한한 힘을 얻음이라. 원래 근년 우리나라 사람은 협동의 힘이 없고 모래알 모양으로 알알이 뒹구는 고로 능히 큰 일을 이루지 못하였나니, 우리 사람이 하나씩 하나씩 내어놓으면 그리 남에게 지지 아니하되 어찌하여 남과 같이 나라를 보전치 못하고 큰 문명 큰 사업을 이루지 못하였느냐 하면, 그 까닭은 여러 가지 있을지로되 그 가장 큰 원인은 협동치 못함에 있다 할지라(제101호, 1914.3.8).

一一. 큰 사업은 다 협동으로 되오

실업상으로 말하더라도 한 나라의 재정을 두루는 큰 은행이라든가 수천만 원 자본으로 큰 장사를 벌여 제 나라 사람에게 이익과 편리를 주고, 다른 (나)라의 재물을 많이 얻어 들여 제 몸과 제 나라를 가멸케 하는 큰 회사도 다 여러 사람의 힘을 모은 것이라. 삼면에 큰 바다를 두른 우리나라에 왜 우리 사람의 화륜선 한 척이 없으며 철도광산이 왜 모두 남의 손에 들었나뇨. 모두 다 우리 사람의 실업 사상이 없고 협동하는 힘이 없는 연고이라.

아무리 우리 사람이 재주와 재력이 다 가난하다 하더라도 여러 사람이 힘을 모으기만 하면 남의 나라 사람들보다 아직까지 낫게는 못할망정 그들과 다투지 못할 것이야 무엇이리오.

아– 사랑하는 우리 동포여. 잘 살랴는 우리 동포여. 이 진리를 착념하소서.

一二. 우리가 협동하여 이룰 것

혹 셋도 모이고 열도 모이고 백도 모이고 천도 모여 상당한 자본을 만들고 그 중에서 가장 힘이 넉넉하여 많은 이를 뽑아 그 일을 주장하게 하기만 하면 방금이라도 될 일이라. 우리 사람은 흔히 같이 돈을 내었으면 다 각기 주인이 되려 하여 앙웅당웅 다투나니, 이는 우리를 이 지경에 빠지게 한 괴악한 못된 성질이라. 서로 사양하여 나보다 능력이 많은 자로 그 일을 맞게 하여야 피차의 이익이 되는 줄을 왜 몰랐던고. 이제는 우리가 우리의 병통도 앎에 뉘우쳤고 먹어야 할 명약도 알았은즉 하루바삐 약을 먹사이다. 오늘에 이곳에 한 상점이 생기고 내일에 한 공장이 생기며 모래에 한 은행 한 회사가 생기어, 우리 손으로 집도 번쩍, 길도 번쩍, 서울도 번쩍, 시골도 번쩍, 벽돌집 돌집 쇠다리 유리기둥 철로도 내것, 화륜선도 내것, 옷감도 내 손으로 만들고 각색 문품을 말끔 다 내 손으로 만들어 내 손으로 옮겨다 쓰며 남에게 팔아, 우리나라도 가멸케 하고 서울대학 평양대학 함홍대학 대구대학 커다랗고 번쩍하는 대학교에 수만 명 멀끔한 학생이 우글부글, 세계 모든 나라에서 유학생이 쓸어들어 우리나라로 정치의 중심 상업의 중심 공업의 중심 학술의 중심이 되게 함이, 아아, 누더기 입고 밥을 굶으면서 천자 노릇하자는 공상이라 할까 – 어찌 그러하리오. 덕국의 부강과 문명이 몇 날에 일었으며 일본이 제법 동양의 강국인 체하게 된 것이 그 몇 날이뇨.

'못한다'라는 말을 우리 법국 자전에서 빼어버려라 한 나폴레옹의 외침이 어찌 다만 법국 사람에게만 한 말이리오(제102호, 1914.3.15).

一三. 아— 준비가 많다 그리고 그 밑천은 돈이로다

이제 우리 민족이 이 불쌍하고 말못된 처지를 벗어나 우리가 바라고 그리는 지경에 이르려면 교육도 필요하고 군대의 양성도 필요하고 사회의 개량도 필요하되, 그 중에 제일 급하고 필요한 것은 돈벌이라 하노니 대개 돈은 만사를 이루는 수단이요 힘일 새라. 이제 백만 명 목숨을 버리려는 강병이 있다 하고 총포와 탄약과 군량이 없으면 무엇으로 능히 싸우며, 설혹 독립을 광복한다 하더라도 제반 시설을 돈이 아니면 무엇으로 하리오. 부득불 오늘날 중화민국과 한 가지로 외채의 힘을 빌려야 할지니, 빚진 종이라 이것이 곧 나라를 망케하는 본장이니 그런 독립이야 차라리 없음만 같지 못한 것이라. 일찍 루스벨트 씨가 애급에 노닐 새 애급 애국청년당에게 연설하여 가로되 "그대네의 국권을 가져간 이는 영국도 아니요 법국도 아니요 오직 그대네들이라. 이제 설혹 영국이 그대네게 독립권을 준다 하더라도, 나는 말하노니 그 독립권이 결코 오래 그대에 손에 있지 아니 할지라. 그러나 그대네에게 한 나라를 이뤄갈 만한 실력만 있으면 힘들이지 아니 하여도 스스로 독립권이 돌아오리라" 하였나니 이 말은 족히 우리의 징계를 삼을지라. 저 거이(게)를 보라. 속에 단단한 살이 쪄야 적은 헐을 벗는 것이 아니뇨. 그러므로 우리 민족에게도 독립이 급한 것이 아니라 독립할 준비가 급한 것이니, 즉 나라를 위하여 죽을 만한 국민을 교육하여야 할지오, 독립한 후에 일하여야 할 인물을 양성하여야 할지며 여러 가지에 쓸 재정을 마련하여야 할지라. 이러한 준비도 없이 헛되이 덤빔은 차 소위 연목구어이니 어찌 이루리오.

중국혁명이 쉽게 된 듯하나 그러나 그 원인은 멀게 잡으면 수백 년 전에 있고 가깝게 잡아도 수십 년 전에 있는지라. 손일선, 황홍 제씨가 천하에 동지를 규합하고 교육한 제 몇 십 년이며 몇 만 명이며, 장차 쓸 인물을 양성한 지 몇 십 년이며 장차 쓸 재정을 준비한 지 몇 십 년이오. 그들에게 여러 십 년 가르친 ◯무만이 없었던들 무엇으로 무창 항구를 점령하며, 그들에게 여러 십 년 양성한 인물이 없었던들 무엇으로 새 제도를 펴며 내치외교를 능히 하였으며, 그들에게 상해 남경의 애국부자가 없었던들 무엇으로 그 숱한 비용을 썼으리오. 아니라. 그 인재들을 양성한 것은 무엇이며 그 운동을 성취케 한 것은 무엇이오. 오직 돈이 아니뇨. 이렇게 그들이 성공함은 결코 우연함이 아니오 여러 해 동안 애쓰고 준비한 결과라. 다 썩어져 스러져가는 만청 정부를 뒤엎음에도 이러하거든, 하물며 세계가 두려워 한다는 강수로 삼는 우리에리요. 보라. 아령에 있는 동포가 백만이라 하건마는 족히 외교에 나설 만한 아어통사 하나가 있으며, 중령 미령에 재주하는 동포가 또한 몇 십백만이었마는 족히 외교네 나설 만한 통사나 그 나라 문명을 내 나라로 옮길 만한 자가 그 몇 개뇨. 하물며 그 이상이야 말해 무엇하리오.

나라가 된다 하면 헌법 하나 제정할 만한 학자가 있는가. 교육, 행정, 실업정책이란 것이 무엇인지를 알 만한 인물이 있음직한가. 독립전쟁을 일으킨다 하더라도 족히 백 명 사람을 거느리고 제법 싸울 만한 이가 몇이나 되며, 설혹 속사포, 기관포, 대포, 군함 같은 훌륭한 무기가 있다 한들 이를 부릴 줄 아는 이가 누구누구인가. 네뇨, 내뇨. 제일에 없지 못할 총포, 탄약, 군량을 당할 자가 누구 누구이뇨. 네뇨, 내뇨.

낸들 어찌 하기좋아 이러한 기막히는 소리를 하리오. 마음 같아서는 오늘 저녁으로라도 내 나라를 찾고 싶으나 일이 그리 못되겠음을 어찌하리오. 앉아서 생각키에는 만사가 다 내 뜻대로 될 듯하나 실제는 그렇지 아니하여, 이만하면 넉넉하거니 하여도 오히려 부족함이 예사이라. 물론 우리가 모든 것을 넉넉히 준비하여 가지고 할 수는 없고 어차피 부족한 대로 악을 부려야 할 것은 물론이어니와, 아주 터무니도 없이 맨꽁무니로야 아무리 천하에 없는 악을 부린들 무엇하리오.

아아 동포시어. 큰 집을 지으랼 때 먼저 재목을 구하고 목수를 기르는 것이 우원한 소릴까. 철없는 소릴까요.

군인을 기르사이다. 정치가를 기르사이다. 법률가 기르사이다. 교육가를 기르사이다. 넉넉히는 못하더라도 종자할 만큼이라도 대포를 사사이다. 기관포 속사포를 사사이다. 군함, 비행기, 총과 검을 사사이다. 넉넉히는 못하더라도 흉만내어도 군량을 마련하고 군복을 준비하사이다. 넉넉히는 못하더라도 열흘 먹을 게라도. 이리하여 십 년 이십 년 삼십 년 싸울 경영을 하사이다. 일본도 우리나라를 내어 놓으면 팔다리를 잃어버림과 같음으로 결코 여간해서 내어놓지 아니 하오리다. 우리 열 죽고 왜놈 하나 죽어 우리 이천만이 씨도 없이 죽을 작정합시다. 그리하려면은 도리어 이러한 원대한 준비가 더욱 필요하리다.

이 준비를 무엇으로 할까. 오직 돈이올시다. 모으고, 모으고, 모이고, 모여 돈벌이하사이다.

혹 한 동리끼리 한 집에서 몇 원 몇 십 전씩 모아 한 상점을 만들고, 그 동리에서 나는 물건은 말끔 그 상점에서 사고 그 동리에서 살 것은 말끔 그 상점에서 팔기로 하면 동민들도 편하고 리를 볼지요, 그 상점의 자본도 늘어 나갈지니 이는 모든 문명한 나라에서 다 하는 제도라. 대개 팔 물건이 있더라도 분주한 몸으로 시장에 가지고 갈 틈도 없을지오, 혹 시세를 몰라 밑지기도 하며 작자가 없어 묵히기도 하되 그 상점에서 도매로 사면 속을 리도 없을지오 못팔 걱정도 없을지며, 또 그 상점에서는 물건이 많으므로 시세 좋은 데 실어다가 많은 리를 얻을 수 있을지며, 물건을 살 때에도 그러하여 제 각기 사자면 여러 가지로 불편한 일도 많고 해를 보는 수도 있을지나 상점에서는 신용 확실한 큰 상점과 계약하고 흥정하므로 물건도 확실하고 값도 헐할지니, 이리하면 시세 저도 리하고 공익에도 클지며, 상당히 돈이 모이거든 일변으로 학생도 기르고 확장도 하였다가 이후 일 있는 날에 크게 쓸지니 이는 국내 국외를 물론하고 다 실행할 수 있는 일이라. 가령 금년에 각 동리가 이 일을 시작하여 삼 년이 지나면 수천만 원 재산을 모으기는 겨로 어렵지 아니 할지며,

이밖에도 개인 개인 혹은 둘씩 셋씩 혹은 고본으로 상업을 경영하되 이 목적으로 써하면 이야말로 진정한 애국이라 하노라.

이에 자세히 말하기는 좀 어려우나 오늘날 아령은 우리 민족의 상업적 발전에 가장 좋은 처지요 기회라 하노니, 동포들이여 주먹에 침뱉어 쥐고 왈칵 일어날지어다.

이 글의 초를 마치렬 제 소왕령 도비허 해삼위 등지에 우리 동포의 상업경영이 차차 일어난다 하니, 나의 기쁨이야 어찌 이루 말씀하오리오. 비옵나니 먼저 경영하는 형님들이여, 참고 힘쓰고 정성을 들여 여러 형님네 하시는 업이 날로 왕성하야 장차 크게 쓸 돈을 많이 벌고, 또 못된 꾀를 버리고 정당하게 싸워 내외국인의 신용과 동정을 얻어 일변으로 후에 나오는 이의 길을 열고 일변으로는 우리 거룩

한 단군자손의 거룩함을 보이소서. 여러 형님네는 이제야 우리 민족의 인격과 기능을 세계 사람에게 알리는 자리에 처음 선 자이니, 다만 예사 장사로 알지 말고 우리 민족의 대표자로 자처하시옵소서. 여러 해 동안 받던 오해와 천대를 풀 자가 오직 여러 형님네라 하노니 만만 자중하시옵소서(제103호, 1914.3.22).

우리주장[12]

농촌계발의견(農村啓發意見)[13]

오늘날 우리 민족의 할 일은

① 우리 민족에게 민족정신을 넣어주고
② 외국에 동화하기를 막고
③ 문명지식을 주어 생각이나 말이나 행실이 문명한 나라 사람답게 되게 하여
④ 굳고 주의 선 단체를 이루고 인재와 재정을 모아 오는 날 할 일을 준비함

이니 지금 내외 유지인사가 애쓰시는 여러 가지 행동도 또한 이 목적을 위함이라. 그러나 이 사람의 소견으로는 우리가 오늘날까지 하여 오던 계획은 얼마큼 인심을 고동시킨 밖에는 그만 실패하였다 할지라. 이제 그 까닭을 풀어 말하자면 우리가 지금껏 위에 말한 네 가지 목적을 달하기 위하여 하여온 사업은 단체와 신문 잡지와 학교라. 그러나

단체로 말하면

깨지 못하고 문명에도 어린 우리 동포는 나라와 나의 관계가 어떠하며 나라

12 『대한인정교보』 9, 대한인국민회, 1914.3.1. 최주한, 「이광수와 『대한인정교보』 9・10・11호에 대하여」(『대동문화연구』 86, 2014) 참조.

13 윤홍로, 「『흙』과 민족갱생력」(『춘원연구학보』 2, 춘원연구학회, 2009)에 처음 발굴되어 일부가 소개되었다.

없는 나의 처지가 어떠한지를 알지 못하여, 혹 소수 동포의 나라를 위하여 간절히 슬퍼하고 아무리하여서라도 회복하리라는 정성이 없지 아니하나 어찌하여야 회복될 줄을 모르며, 따라서 오늘날 우리가 단합할 필요가 있을까 돈을 모을 필요가 있을까 하는 것도 알지 못하나니, 설혹 지금 어떤 회에 참례하야 규칙을 지키고 의무를 이행하는 이라고 반드시 단체의 뜻을 꽤 안다 할 수 없을지니, 이러한 마음과 정도의 회원으로 된 단체가 어찌 굳건하기를 바라며 설혹 오랫동안 이어간다사 무슨 힘이 있으리오. 대개 단체라 함은 명수 많은 것이 자랑이 아니요 그 회원의 지식과 정성과 통일의 어떠함에 있는지라. 보라, 우리 중에 몇이나 능히 이 모든 요소를 구비한 자이뇨. 그러므로 우리는 아직 큰 단체를 지도할 만한 정도에 달치 못하였으며

학교로 말하면

교육 중에 가장 급하고 긴하고 효력 빠른 것이 학교 교육이라. 학교가 없었던들 오늘날 문명도 생기지 못하였을지오 덕국이나 영국이 성하지 못하였을지며, 우리 민족도 오늘날 이 불쌍한 처지를 벗어나 남과 같이 한번 번쩍하게 살아 보려면 새로 나는 젊 [이하 네 줄 판독 불가] 강제로 시키고 돈과 힘으로 ○○ 준다든가 그렇지 아니하면 모든 동포가 각각 ○○ 문명하여 저마다 교육의 필요를 알아야 하겠거늘, 오늘날 우리 형편을 보면 우리 정부도 없고 또한 제 각기 아들 딸을 가르쳐야 하겠다는 생각이 없으니 무엇으로 학교 교육을 시행하리오. 밤낮으로 학교 교육을 부르짖어도 다만 입만 닳아질 뿐이며

신문 잡지로 말하면

신문이나 잡지는 문명한 기관이라. 신문의 요소는 기자와 독자로 되나니, 만인의 모범이 될 만한 인격과 속에 일세나 일국을 지도할 만한 사상이 들어차서 참으려도 참지 못하여 붓대를 드는 기자와, 글 한편 말 한 마디에 눈을 부릅뜨고 입에 거품을 날리며 가슴에 피를 끓어 그 글을 외고 다시 외고 생각고 다시 생각하여 그 속에 있는 뜻으로 제 뜻을 삼아 전국에 뜨르를하게 여론을 일으킬 만한 독자가 (이하 네 줄 판독 불가) 보고 뜻을 알 만하지 못하며 신문 잡지가 무엇인지를 아는 이조차 없으니, 어찌 그 요령을 바라리오.

위에 말함과 같이 우리의 계발 사업은 시방 쉬는 중이니, 몇 해 전 타력으로 아

직 현상을 유지하는 모양이나 기실 아무 생기있는 활동이 없는지라. 이대로 얼마를 가면 이때껏 얻은 효력조차 잃어버려 아주 어찌할 수 없게 되리니 어찌 기막히고 무섭지 아니하리오. 이러므로 이에 새로 우리가 생동할 길을 들어 이 의견서를 드리노니, 만천하 나라와 동족을 제 몸같이 사랑하는 여러 동포는 귀 기울여 들으시고 열 번 백 번 생각하샤 그르거든 공격하시고 옳거든 이 일이 되도록 힘쓰실 줄 믿나이다.

이제 우리 의견은

우리 동포는 아주 없는 것으로 치고 뿌리부터 새로 만들 결심과 수단을 써야 할지니 백성은 나라의 밑등걸이라. 이미 있는 나라도 그 백성에게 다른 민족과 경쟁하여 능히 한 나라 붙들어갈 만한 힘이 없이는 그 나라를 보전하기 어렵거든, 하물며 한번 없어졌던 나라를 다시 세움에리오. 어떤 이는 말하되 모든 국민이 다 깨기를 어찌 기다리리오. 그 중에 몇만 능력 있는 이가 있으면 다른 이를 이끌어 갈 수가 있다 하나 이는 깊이 생각지 못한 말이라. 만일 아직 우리에게 국가의 주권이 있을진댄 그 권의 강제력으로 혹 여러 백석을 호령지휘할 수도 있을지나, 오늘 우리 형편으로 사람마다 독립국이오 사람마다 주권자라. 누가 능히 위력이나 호령으로 그들을 운동할 자이뇨. 다만 그들의 마음이 열리고 정성이 솟아 저마다 나라가 없이는 저도 못살 줄을 알아 차라리 생명과 재산을 통털어 대고라도 나라를 회복하리라는 생각이 가슴에 맺혀야 될지니, 이천만이 다는 못하더라도 그 중에 몇 십만이라도 그만한 정도에 이르기 전에 결코 우리 목적을 달하지 못할 것이니, 오늘날까지 우리가 단체로 신문 잡지로 애써온 것이 또한 이를 위함이 아니뇨. 그러나 지금 형편으로 그런 것으로는 완전한 효력을 얻을 수 없나니 대개 우리 민족의 잠시도 정도가 아직 그렇지 못함이라. 쉴 수 없는 우리는 부득불 어떤 새길을 잡아야 하리로다.

이에 나는 농촌계발주의(農村啓發主義)를 제창하되 있는 정성을 다하여 하노니, 대개 나의 소견에 이밖에 더 크고 중하고 급한 길이 없는 줄로 확신함이로다.

서북간도나 아령이나 될 수만 있으면 우리 내지에까지라도 큼직큼직한 촌중에 한 사람씩 들어박혀 이태나 삼년이나 그 촌중에 하나를 열어내기로 작정함이니, 그 방법을 알기 쉽게 갈라 말할진대

①상당한 교육과 정성있는 사람 하나나 혹 둘씩 한 촌중에 둠

②그 사람은 몸소 농업이나 기타 동리와 관계 깊은 직업을 잡음. 농업이 아니면 의원이 가장 좋을 듯

③제 가정과 집 다스림과 몸가짐으로 남의 모범이 됨

④너무 급하여 말고 점차 점차 여러 부로 형제와 친하기로 주지를 삼음

⑤촌중에 어려운 일 있거든 제가 먼저 나서서 정성으로 보아 줌

⑥방안과 마당의 청결이며 길을 넓게 깨끗이 하고 식목을 장려하되 제가 먼저 하여 촌중 여러 동포에게 그 사상을 준 후에 권유함

⑦청년과 아이들과 친하여 동무가 되어 은연중 그 언행과 마음을 바로잡되 결코 가르치는 태도로 하지 말 것

⑧틈 있는 대로 세상 이야기며 문명한 나라 사람의 살아가는 형편과 새새 끼어 나라 없는 사람은 망할 것을 이야기하여 줄 것

⑨아무쪼록 촌중에 나쁜 습관을 고치되 아주 온순히 할 것

⑩이리하다가 차차 마음이 열려 나를 신용하게 되거든 교육의 필요와 단합의 필요도 말하여 주며 몸소 훈장이 되어 아이들도 가르치되 부로의 맘에 나지 아니하게 하며 신문 잡지와 기타 서적을 장려하고 야학도 시킴이 좋으며

⑪그리되거든 계(契)같은 것을 두어 그 동리에서 나는 것을 다 거기서 사고 동리에서 쓸 것을 거기서 팔아 일편 동리의 이익을 주는 동시에 일편으로는 단체의 재정을 불릴 것

이렇게만 되면 벌써 그 동리는 문명한 것이니 그들에게 총과 칼이 없으되 족히 한 나라를 세우고 지킬 만한 능력이 생긴 것이라. 갑자기 회를 세워라 학교를 세워라 돈을 내어라 하기에 아무것도 모르는 그들이 반항심을 발함이니, 만일 이 모양으로 아무것도 달라는 것 없이 도리어 자기네를 위하야 심부름꾼이 되어 그들을 깨이면 목석이 아닌 사람이야 누가 그의 말을 듣지 아니 하리오. 이는 내가 공상으로만 하는 말이 아니라 본국에도 이 모양으로 계발 촌중이 여럿이 있으니 그 중에 하나를 예로 들어 이 의견의 확실함을 증명하오리이다.

한 촌중이 있는데 원래 천한 사람만 사는 데라. 밤낮 투전꾼의 떠드는 소리, 술

주정군의 가장 치는 소리, 부자 싸움, 부처 싸움, 며느리와 시어미 싸움, 밤낮 싸움과 욕설이 아니 끊기고, 집에는 비가 새고 빚받이는 솟을 깨던 촌중이러니, 어떤 이가 삼사 년간 힘을 씀으로

①술과 잡기가 없고
②싸움이 없어지고
③언어 행동이 점잖아지고
④나(이) 차지 못한 남녀의 혼사나 돈 받는 혼사를 금하고
⑤아들 딸 간에 소학교 공부는 아니 시키지 못하고
⑥집과 길과 이부자리와 의복을 깨끗하게 하고
⑦사람 만나는 대로 정성껏 말하여주고
⑧어려운 일이나 재난을 만난 이를 도와주고
⑨공익에 쓰기 위하여 그 가난한 형세로도 매일 쌀 두 술과 매삭 신 한 켤레를 내니

이만하면 아마 어느 나라 사람에나 지지 아니할지며 족히 나라를 찾고 지켜갈 만하지 아니하뇨.

오늘날 우리 형편으로 하루라도 바삐 우리 동포를 인도하여 냄에는 이에서 더 속한 일이 없다 하노니, 만일 이제부터 열 사람이 시작하여 이 주의를 행한다 하면 멀어도 삼사 년 후이면 적게 잡고 삼천 명 동포를 이끌어 내일지라. 한끝으로 일본 사람이 되고 한 끝으로 지나 사람이 되고 한 끝으로 아주 야만이 되어 날로 우리 민족이 스러져 가는 오늘날에 이것을 막아 우리 민족을 보전 지도할 것이 농촌계발주의가 아니면 무엇이리오. 그러나 이는 개인으로 하기에는 매우 어려운 일이니 수십 인 동지가 마음으로 단체가 되어 서로 결심하고 들어서야 할지라. 많으면 많을수록 좋을지나 사오 인이라도 적지는 아니하니, 일찍 예수의 사도가 이집 저집 숨어 다니며 천국의 복음을 전하던 본을 받아 우리 동포를 멸망에서 건져냄이 어찌 나라를 사랑하는 우리의 할 일이 아니리오. 이를 해외에 있는 우리 여러 단체의 합동한 사업으로 하여도 좋고 각 단체의 사업으로 하여도

좋고 유지한 몇 동지의 사업으로 사여도 좋으되, 여러 단체와 신문 잡지의 지도와 후원을 받음은 우리의 간절히 바라는 바로소이다.

자리잡고 사옵시다

▲노동하시는 여러 동포들이어

정든 고국을 떠나 사철 눈 아니 녹는 시베리아 벌판으로 돌아다니시는 지가 벌써 三四年이로구려. 본국에 계신 부모와 처자들은 어떻게 지내시는지 동편에 뜬구름조각에 창자 끊는 눈물을 흘리고 겨울밤 한뎃꿈에 고국에 노닐다가 무정한 찬바람이 달게 든 잠을 깨울 제 걷잡을 수 없는 긴 한숨에 몇 번이나 가슴이 막혔나이까. 본국을 떠나실 때에는 일이 년 내에 돈을 많이 벌어 가지고 우리 정든 집에 돌아와 위로 부모를 공양하고 아래로 처자를 편이 먹여 살리려 하였건마는 세상이란 뜻같이 되지 아니하는지라 오늘이나 내일이나 하다가 해가 가고 달이 흘러 어언간 수십 년이 지나버렸으니 밤에 찬 자리에 홀로 누워 지나간 일을 생각하면 어찌 기막히지 아니하오리까.

슬픈 중에 더 가슴 쏘는 것은

여러분이 본국을 떠나실 때에는 우리나라는 우리 사람의 나라이라 피를 나눈 단군 할아버지 자손끼리 의좋게 태평하게 살아갔더니, 시운이 불행함인지 여러분이 시베리아로 돌아다니시는 동안에 우리나라는 원수의 손에 들어 논과 밭도 우리 것이 아니오 산과들도 우리 것이 아니며, 여러분의 사랑하는 부모는 무리한 발길과 매에 피가 흐르고 어여쁜 여러분의 형제와 자매는 악독한 원수의 손에 죄없이 악한 형벌을 받아 살아 쫓기고 뼈가 부서지니, 오천여 년 피로 지켜오던 우리 고국에는 이제야 우리 민족이 살아서 발을 붙일 곳이 없고 죽어서 몸을 묻을 곳이 없게 되었구려. 아아, 여러분이 이제 본국으로 가고 싶은들 갈 곳이 어디오니까. 내 땅이라고 아들 딸 낳고 살 데가 어디 있으며 집없는 거지넋이라 우리가 어느 누(구)에게 맞아 죽는다사 말하여 줄 이가 누구오니까. 이놈에게 얻어 맞고 저놈에게 얻어 채이다가 얼마 아니 되어 망하고 말 것이로구려. 여러분이 아직까지는 시베리아에 붙어 살지마는 그것이나 몇 날 될 줄 아나이까. 리 있을 일이라고는 하나도 우리 손에 돌아오지 아니하고 금점이라도 겨우 남이 하여먹다가 남은 찌꺼기나 얻어하게 되니 이것도 잠시잠간이라 차차 이곳에 다른 사람이 많이 와 살게 되면 그것인들 우리 손에 돌아올 듯하오니까. 무엇이 섧다 하여 나라 없는 백성밖에 설은 것이 없나니 가라 하면 쫓겨가고 맞아라 하면 찍소리 못하고 맞을 밖에 없는 것이라. 방금이라도 우리를 나가라 하면 무슨 대답할 말이 있사오니까.

우리는 아무리 하여서라도

우리나라를 찾을 수밖에 없소이다. 여러분이 사는 땅에 우리나라 공사와 영사가 오기 전 결코 붙어살지 못하오리다. 여러분이 수십 년 동안 한뎃잠을 자시고 갖은 고생으로 몸을 단련하야 겁나는 일이 없고 목숨 아까운 줄을 잊게 됨이 또한 하늘이 우리나라를 회복하는 독립군이 되게 하랴심이 아니오리까.

여러 만명 여러 동포가 우리 이천만을 건져주실 직분을 맡으심이 아니리까. 여러분이 기를 들고 앞서시면 다른 동포도 여러분의 뒤를 따르오리다. 그리하여 우리 고국을 원수의 손에서 찾아내인 뒤에 즐거운 개선가를 소리껏 외치면서 압록강 두만강으로 집 잃었던 동포를 맞게 하사이다.

나라를 찾을 이가

우리밖에 없나이다. 여러분이 아니 찾으시면 우리는 억 년 가도 집없는 사람으로 개새끼 대접을 받다가 말 것이로소이다. 술을 잡수시다가도 내가 독립군이다, 몸이 약하게 되어서는 아니 되겠다 하시고, 돈을 버시다가도 내가 본국까지 나갈 차비와 총 한 자루 값은 평생 몸에 지녀야 할 것을 생각하시옵소서.

피땀흘려 벌은 돈은

술이나 약담배[14]에 다 없이함이 어찌 애석한 일이 아니오리까. 여러분의 돈은 피땀 흘려 벌은 것이니 독립전쟁에 쓰기에 마땅한 것이로소이다. 혹 야오회[15]라는 것에 돈을 대고 갑작 리를 보려하나 투전하여는 돈이 없삽니다. 백 번에 한번이나 나올까 말까 한데다가 피로 얻은 귀한 돈을 대는 것이 어찌 철없는 짓이 아니오리까. 왜 아까운 줄을 모르고 간사한 되놈의 사리를 하시나이까. 여러 첨돈과 동생들은 약조하고 야회를 금하소서. 그리하시면 얼마 아니하야 돈도 모이고

---

14 양귀비의 함경도 방언. 아편.

15 돈이나 재물을 걸고 따먹기 하던 노름판의 하나.

마음도 깨끗하여지오리다. 술과 약담배와 야회를 말지 아니하면 억 년 가도 돈 모일 날이 없을지니 나라일을 생각하야 당장 끊어 버리소서.

돈을 너무 헐히 알지 말으시고

한 닢 두 닢을 아껴 모으고 모으소서. 쓰기는 쉬워도 벌기는 어려운 것이라 당장에 금덩이가 쑥 베어질 듯하나 그렇게 저마다 바라는 대로 되는 것이 아니니 매일 얼마씩이라도 꼭꼭 모아두었다가 은행이나 우편국에 맡기든가 여럿이 모아 농사할 땅을 장만하소서.

지금 땅값이 눅은[16] 데가 많아

일이백 냥어치면 이삼 식구가 평안히 벌어먹을 만하니 어디나 자리를 잡고 아들 딸 낳고 사람답게 살아볼 궁리도 하여야 되지 않겠나이까. 젊은 때에는 금일 동명일 서에 아무 걱정도 없는 듯하나 사정없는 것은 세월이라. 일 년이 가고 이태 지나 오륙십이 되고 보면 어떻게 하시랴오. 독립전쟁은 큰일이라 오늘 내일에 될 것이 아니며 된다 하여도 총 한 자루와 본국까지 갈 노자도 있어야 할지며 튼튼한 독립군도 많이 낳아야 하지 아니하겠나이까. 그리 하자면 상당한 밑천을 잡아 두어야 할지니 여러분의 거르망[17] 속에 지닌 돈이 몇 날이나 갈 듯하오니까.

돈을 모아 땅만 장만하시면

그곳에 집을 짓고 본국서 처녀들을 데려다가 집안을 이루고 일변 싸움하기도 배우며 일변 돈도 모으면 그 얼마나 편안하고 재미있음즉 하오니까. 금점이란 사람 속기 좋은 것이라 내일이나 내일이나 하다가 마는 것이니, 공연히 되지 못할 욕심만 따라 고생하지 말으시고 착실한 일을 잡아 돈 백이나 잡히거든 술도 말고 야회도 말고 갈보에 마차에 되지 못하게 버리지 말으시고 즉시 믿을 만한 이를 찾아 땅을 잡게 하옵소서.

제 몸을 생각하고 나라를 생각하여

이 사람의 정성으로 권하는 말씀을 들으시고 서로 이야기하고 권하여 하루바삐 바른 길로 들으시기를 눈물 흘려 비나이다

---

16 값이나 이자 따위가 싸다는 뜻.

17 호주머니의 함경도 방언.

불쌍한 우리 아기들

부모를 여의고 의지할 곳 없어 길가에서 우짖는 어여쁜 우리 아기들! 몸은 튼튼하고 얼굴을 멀끔하고 재주 있고 게다가 진정의 눈물로 아직 구경도 못한 본국을 사모하며 제 앞도 못 가누어 돌아보아 주지도 아니하는 동포를 따라 알뜰히 알뜰히 아버지 나라 사람이 되랴는 그들! 내 일찍 열남은 살 된 어여쁜 처녀를 만나 "너 아라사 사람이지" 하였더니, 크고 파라우리한[18] 눈에 눈물을 두르며 "니엣드 야 꼬레이츄(아니오, 나는 한인이오)." "그러면 왜 한국말을 모르냐" "끗도 메냐 우치우(누가 나를 가르쳤소?)" 이 애는 아버지가 죽고 그 어머니 아라사 부인은 아라사 사람에게 개가를 갔건마는 그리로 좇아가지 아니하고 홀로 우리 사람을 따르는 애처로운 꼴 "아자씨 나를 다려다 길러주시오" 하고 매어달리며 우는 양을 보았노라. 아아, 그들은 수십 년간 만리 타국에 갖은 고생을 다하던 우리 동포의 혈육이로다. 어찌 차마 온갖 못된 감회를 받아 마침내 천하고 천한 물건이 되게 버려두리오. 동포들이어 그들을 본국으로 데려다가 교회 학교에서 사람되도록 가르치사이다.

본국소문[19]

▲ 청년들은 목자 잃은 양-그네 벗은 망아지

사오 년 전까지도 여러 어른들이 계셔서 직접 간접으로 그네의 지도를 받았으나, 우리 나라가 아주 없어지매 혹은 죽고 혹은 징역지고 정배[20]가고 혹은 왜놈에 등쌀에 해외로 도망하고 여간 쓰레기 지사들은 혹 핑계좋게 술에 계집에 불우영웅(不遇英雄) 자처하며 혹은 아주 환양하야 왜놈의 발바닥이나 핥게 되니, 그

18 파란 빛이 은은하게. 동사는 파라우리하다.

19 『대한인정교보』 9, 대한인국민회, 1914.3.1. 최주한, 「이광수와 『대한인정교보』 9・10・11호에 대하여」(『대동문화연구』 86, 2014)에서 처음 발굴 소개되었다.

20 정배(正配). 귀양지를 정하여 죄인을 유배시킴.

수많은 청년들—우리 나라와 민족을 건질 짐 무거운 청년들—그 꼭 붙들고 잘 가르쳐 주노라 하여도 가로 달아나기 쉬운 청년들은 이제야 존경하는 스승도 잃고 무서워하는 어른도 없어 한참은 섭섭하여 우는 듯도 하더니, 지금 와서는 목자 없는 양과 굴레 벗은 망아지로 저 될 대로 되어가니 아아 웃으랴 울랴. 그 중에도 오동지달 찬바람에 홀로 우뚝 솔나무의 외로운 절은 지켜 울고불고 애쓰는 아름다운 청년도 없지는 아니하되, 그들을 가르쳐 인도할 자 없으니 홀로 하늘을 우러러 눈물지을 뿐이오. 대부분 청년은 '아노네' '소오데노'로 되야지(돼지) 발족 버선 나막신 딸딸 끌고 평생에 소원이 금줄 번쩍 칼 떨렁 왜놈의 종이 되어 불상한 동포에게 "고라 이놈아" 한 마디 불러봄이라.

관리계에 배일사상

아무리 발가리 되발가리라도 갑자기 우리 사람 벼슬아치를 말끔 내어 좇을 수도 없고, 또 우리 사람은 값도 싸고 말 잘듣고 부려먹기가 좋을 뿐더러 우리 사정을 잘 아는 데는 아무리하여도 우리 사람이 나으므로 아직도 신부름이나 하여줄 너절한 판임관에는 우리 사람을 쓰나니, 이제 그 형편을 간단히 말하건댄,

一. 벼슬 종류는 순사보, 헌병 보조원이 제일 많고, 군서기, 너절한 재판소 서기, 조그마한 골 군수, 아직 채 쫓아내지 못한 판검사, 도장관 몇 개

二. 벼슬아치의 자격은 왜말 잘 하고 제말 잘듣기를 기계 같이 하고 유지한 동포를 미워함

三. 월급은 왜의 사분지 일인데 송별회니 천장절이니 환영회니 하고 저 배부른 생각만 하고 한번에 사원 오원씩 받아내며 내기는 내고 차 한 잔 얻어 먹지 못하는 수도 있어 "나무가 있어야 아니하나" 하는 군수도 있고 "무엇으로 겨울옷을 산담" 하는 판사 영감도 있으며

四. ○우는 군서기가 우리 사람 군수더러 "여보게 왜 그런 철없는 짓을 했나" 하고 소리 빽 지르고 순사가 우리 사람 경부더러 "저기 가서 성냥 가져오게" 하면 우리 사람은 웃음으로 담뱃불까지 붙여주는 형편 중에도 불쌍한 것은 정탐꾼과 순사, 헌병 보조원이라. 걸핏하며 "고라, 바가야로" 하고 주먹, 구둣발이 투드락 투드락 이러므로 아주 개새끼 아닌 사람은 가슴에 원통한 선지피가 아니 맺힌 사

람이 없나니, 나의 친구되는 관리에도 집에 돌아와 술먹고 우는 이도 많이 보았고 경부 하나는 술이 취하여 가슴을 치며 울다가 욱하고 군도를 꺾어버린 죄로 벼슬도 떼이고 매까지 얻어맞은 이도 있으며, 가장 열나고 불쌍한 것은 각 학교 교원들이니, 관등도 같고 학식이나 인격도 그놈보다 나으면 나아도 질 것은 없건마는 으레이 "여보게" 하고 "자네"라 하며 제 자식이나 종의 새끼 모양으로 욕설을 담아부으니 철없는 어린 학도들도 우리 사람 교원은 선생으로 여기지도 아니하여 왜의 말이면 두려워 하면서도 우리 교원이 무어라 하면 "흥" 코웃음이라. 전국 이백남은 보통학교에 이천여 명 교원과 팔천여 명 순사, 헌병 보조원과 이삼천 명 기타 관리 중에 아주 배알 빠진 놈을 젖혀놓고야 애국심은 있는지 모르거니와 누가 가슴에 뜨거운 배일열 없을 자이리오마는 다만 무서운 것은 그들의 정신이 차차 썩어져가지 아닐까 함이라.

교육정황

一. 사립학교들은 왜놈의 협박 방해와 경비 곤란과 우리 사람들이 또한 관공립학교에만 보내기를 좋아하므로 거의 다 스러지고 남아있는 것은 전문학교에 보성, 숭신이오, 양정의숙은 왜가 "너희가 법률은 배워 무엇하느냐"하야 돈 빼앗고 학생과 교사를 내어쫓음으로 깨어지고, 중학교가 서울에 휘문, 보성, 경신, 오성, 배재, 그밖에 성명없는 한둘과 평양에 숭실, 정주에 오산, 선천에 신성, 충충 주워모아 열이 못차고, 소학교는 겨우 예수교, 천주교의 교회학교이며, 찬성자도 적고 학생도 많이 아니오고, 발가리 성화에 모다 곤란이 막심하며

二. 관공립은 서울에 공업 전습소, 총독부의원 의학강습소, 남녀 고등보통학교, 법률 전수학교와 평양, 대구, 함흥에 고등보통학교, 수원 ○○학교와 기타 각지에 정도 낮은 실업학교와 골마다 한둘씩 있는 공립보통학교이니 그 교육하는 방침은 소위 국어보급과 실업과 저축사상이라. 국어라 함은 왜말을 이름이니 조선어라는 정말 우리 국어는 덧붙이라. 한 긴치 아니한 외국말 같이 여겨 한 주일이면 한 시간쯤 넣고 왜말 과정은 한 주일에 칠팔 시간으로 십여 시간이며 다른 과정도 말끔 왜말로 가르쳐 우리 국어를 멸절시키려 함이오, 실업사상 고취라 하면 얼른 듣기에 매우 좋은 말이나 그 속살은 우리 사람으로 다만 ○○나 하고 ○

◯장사나 하급 공업이나 하게 하여 정치, 법률, 철학, 문학, 종교 등 인류의 자랑이라 할 만한 정신적 학술과 국가 문제 사회문제 인류 문제 등 크고 고상한 활동은 일절 금하려 함이니, 그러므로 같은 수신을 가르치되 저희 학생에 가르치는 고상한 사상 줄 만한 교과서로 아니하고 무◯◯◯◯ 부리기 좋은 사람 만들기만 힘쓰는 것이라. 그들은 동화 동화하나 동화는 입으로 하는 사설이오 기실 저희보다 한층 떨어지는 민족을 만들려 함이라. 그러나 고등한 학교에 있는 학생들은 스스로 깨어 분하고 절통한 마암이 생겨 사사로이 국어와 국문 연구도 하고 우리 역사 공부도 하게 되었나니 아아 어여쁜 동생들아 범한테 물려가면서도 정신만 차려라.

가치(까치)가 튼 둥지에 왜가리가 와 잔다

오십여 년 수출 초과와 십여 년 왜놈에게 빨리어 우리 민족은 가난할 대로 가난하여진데다가 이등박문이가 주장하여 세운 동양척식회사(東洋拓植會社)에서는 사오 년래로 논밭을 들입다 사서 지금은 우리 등지 십삼도에 그 회사 땅 없는 곳이 없게 되고, 또 돈 많은 왜들도 년년이 땅을 사므로 도무지 얼마나 되는지는 알 수 없으나 적어도 수백만 석어치 될지라. 그리고 그 땅은 왜놈의 농사꾼에만 주어 파먹게 하니 그 수백만 석으로 살던 우리 동포는 어찌 되었으리오. 하릴없이 누더기 짐을 지고 알뜰하고 정다운 고국을 떠나 짐승도 타지 못할 남만주 동청철도 짐 싣는 차에 실려 기러기 알 낳는 남북만주에 유리개걸[21]하게 되었도다. 신문을 본즉 금년 안으로 왜놈 농부 오천 호를 실어 건너온다 하니 한꺼번에 오는 것이 오천 호라 하면 제가끔 건너오는 것인들 얼마나 되리오. ◯◯잡고 한집에 다섯 식구라 하여도 삼사만 명 왜 종자가 우리의 둥지와 밥그릇을 앗을 형편이니, 금년도 그러하고 내년도 그러하고 또 내년도 그러하면 슬프다, 백두산 밑 오천 년 지내오던 배달족의 둥지는 아주 왜 종자에게 빼앗기고 말단말가.

농사만 아니라 술, 메투리, 집세기, 심지어 망건, 탕건, 얼게, 참빗까지도 돈 많고 지식 많은 그들이 좋은 기계로 많이 만들어 내며 우리 나라 사람이 만든 것보

21 유리개걸(流離丐乞). 유리걸식과 같은 말.

다 값도 싸고 물건도 좋으므로 사서 쓰는 이는 왜놈의 것만 사게 되니, 그것으로 업을 삼던 여러 백만 동포는 바가지 굳은 입을 꿰어 찰 수밖에. 아아, 지지○○이도 우리를 못살게 구는 발가리도 발가리려니와 지지리 지지리 못생겨 빠진 우리 신세야말로.

일본신문의 우리나라 비평

일본 있던 신문을 보니 하였으되, 일본이 한국을 합병한 이래로 겉으로 보기에는 조선인이 다 일본의 다스림을 달게 복종하는 듯하나 속살로는 여러 방면으로 일본을 배척하고 국권을 회복하려고 일변으로 인심을 고동하며 기회 이르기를 기다리고, 조선 내지와 중령, 아령으로 숨어 활동하는 자 많다 하니, 마땅히 그럴 것이라. 조그맣고 어두운 대만 민족도 남의 기반을 달게 여기지 아니하여 혁명을 일으키려 하였거든 하물며 되나 못되나 사천여 년 역사를 가지고 오던 민족으로 그렇게 일조일석에 이족의 지배를 달게 받게 될 리가 있으리오. "일본이 한국을 합병한 것은 아직 형식뿐이니 아주 합병이 되려면 여러 해 동안 조선 사람을 동화하고 여러 번 피를 흘려 독립군을 진멸한 후에야 되리라" 하고 또 말을 이어 가로되 "신민회니 국민회니 하는 비밀단체가 있는 줄은 세상이 다 아는 바여니와 그 내용은 아직 자세히 알 수 없는지라. 해외에 있는 조선인뿐 아니라 조선 내지에도 동류가 퍽 많으며 비밀한 연락과 동지의 규합도 끊기지 아니하는 모양이니 원래 미욱하고 목숨과 돈을 아끼고 단합성 없는 조선 사람이라 크게 근심할 것은 없으되 또한 아주 안심할 수도 없는 것이라" 하였고, 또 정부의 정책을 공격하여 "대만 총독부와 조선 총독부의 시정방침을 보건대 아주 어리고 리에 틀린지라. 혹 토인을 너무 얼러 못된 버릇을 가르치다가는 혹 너무 눌러 반항심을 기르기도 하고, 또 내지 사람에게만 리한 법률을 내어 토인으로 하여금 생업을 잃고 생활이 곤란케 하니 궁하면 쥐새끼도 고양이를 무는 법이라. 그들이 비록 애국이라든가 애족이라든가 하는 고상한 생각은 없다 하더라도 생활이 어려우면 자연히 내지인을 원망하게 되어 불온한 생동을 일으킬 것이 아니뇨" 하였고, 또 하는 말을 들은즉

"조선 총독부에서는 정탐을 방방곡곡이 널어놓고 상을 걸고 불평한 사상을 전

파하는 자를 수색하는 중이라. 그러므로 적이 상당한 교육을 받고 사회에 신용과 존경을 받는 자는 화단이 몸에 미칠까 두려워 가만히 외국으로 빠져 나가는 자 끊지 아니한다더라" 하였으니, 만일 그럴진댄 동포를 가르칠 만한 이가 다 본국에서 나온다 하면 남아 있는 찌끼야 장차 어찌하리오. 이 말을 기록하는 나는 아무쪼록 여러 지사는 몸이 위험하더라도 본국에 박혀 있어 한 사람 두 사람 동포를 건지고 가르치기를 바라노라.

바른소리[22]

서간도 사람의 동요에

'애국지사 찌꺼기는 아메리카로 건너가고, 주먹 출세 찌꺼기는 해삼위로 모여들고, 머저리 꽁다리는 서북간도로 기어든다' 한다니, 꼭 옳은 말이라고는 못하겠으되 또한 들어 둘 만한 말이라. 참으로 속에 동포를 지도할 만한 능력이 있는 이면 내지에도 할 일이 들어찬 것이라. 내지에서는 아주 할 일이 없는 듯이 말하는 이는 제게 아무 능력 없음을 자백함이 아니고 무엇이리오. 본국서 소용없던 인물이 외국에 나온다사 갑자기 무슨 별수가 생기리오.

▲아무리 해외에 재류하는 동포가 많다 하더라도 본국에 있는 동포의 수십분지 일에 지나지 못할지며, 또 완급으로 말하더라도 본국 동포가 다 썩어지는 날에야 무슨 일이 되리오. 외국으로 나오는 것은 암만하여도 피난하려는 생각이니, 즉 제몸을 몹시 아낌이라. 옛날 이탈리 애국자들은 그 몸이 아주 위험한 처지에 있으면서도 몸소 숯구이가 되어 본국으로 두루 다니며 주의를 전도하고 인심을 고동하지 아니하였나뇨.

22 『대한인정교보』 9, 대한인국민회, 1914.3.1.

우리글[23]

▲가로쓰기

우리 민족의 제일 큰 보배가 우리글이오 세계에 가장 과학적이오 편리한 것이 우리글이라. 그러나 그 좋은 우리글도 쓰는 법을 잘못하여 교육과 인쇄 상에 불편함이 많았느니 날로 문명이 나아가는 오늘날 어찌 그대로 갈 수 있으리오. 이제는 새로 쓸 법을 연구하여야 하리로다.

글이 가장 완전하려면 (一) 자형이 간단하면서 분명하고 아름답고 (二) 글자 수효가 적음이니, 글자 수효가 많으면 배우기에도 곤란할 뿐더러 문명의 진보와 관계가 큰 인쇄술에 큰 영향이 있는지라. 그런데 ㅏ ㅓ ㅗ ㅜ ㄱ ㄴ ㄷ ㄹ 이만큼 기하학적이오 간단하고 분명한 자형이 달리 어디 있느뇨. 이를 아직까지 가장 완전하다 하던 로마글에 비겨 보라. A B X G P R 얼른 보아도 알 것이 아니뇨. 그러나 쓰는 법을 잘못하야 '꽥'이 모양으로 가로 붙이고 세로 붙여 모양도 흉할뿐더러 처음 배우기도 어렵고 또 활자도 가, 각, 싹, 삵, 쌕, 이 모양으로 한문 글자보다 얼마 지지 아니하게 수다하게 새겨야 할지니 경비와 시간에 막대한 손해를 입어 왔도다.

그러나 이제 이 모음과 자음을 가로쓰기로 하면 활자는 불과 스물에 지나지 못할지오 채자 식자에 얻는 시간이 또한 적지 아니할지며 그 깨끗하고 보기 쉬움이 또 얼마나 하리오.

그러나 이리하려면 문법도 만들어야 하겠고 여러 동포가 각각 힘을 써 이 글 보기를 익혀야 할지니 처음에는 비록 보기 어려운 듯하나 얼마 아니하야 전보다 훨씬 보기 쉽고 편리한 줄을 알리이다.

---

23 『대한인정교보』 9, 대한인국민회, 1914.3.1. 최주한, 「이광수와 『대한인정교보』 9・10・11호에 대하여」(『대동문화연구』 86, 2014) 참조.

우리 에[24]

우리글에는 암늦이 여섯이오 수늦이 열넷이니

암늦 : ㅏ, ㅓ, ㅗ, ㅜ, ∪, ㅣ

수늦 : ㄱ, ㄴ, ㄷ, ㄹ, ㅁ, ㅂ, ㅅ, ㅇ, ㅈ, ㅋ, ㅌ, ㅊ, ㅎ 이니

끝으로 다섯은 각각 ㄱ, ㄷ, ㅂ, ㅈ, ㆆ(지금은 아니 쓰오)의 흘림이라.

이 스물 늦을 통틀어 에라 하나니 이것이 모여 소리라. 본을 뵈건댄 :

ㄱ+ㅏ=ㄱㅏ; ㄱ+ㅗ+ㅏ+ㄹ=ㄱㅗㅏㄹ

소리가 하나나 둘 이상 모인 것이 씨니;

강아지, 밭(田), 빚(債), 빛(光), 담(垣), 담:(痰), 맘:, 섬(石), 섬:(島) — 명사

높(高), 낫(優), 낮(卑), 슬프 — 형용사

앉(座), 닳(耗), 운동하(運動) — 동사

이 법으로 우리 읊(詩) 하나를 써보니

ㅂㅏㄱㄷㅜㅅㅏㄴ ㄱㅣㅁ ㅈㅗㅇㅅㅓ ㅓㄹ∪ㄴ
ㅂㅏㄱㄷㅜㅅㅏㄴ ㅓㅣ ㅗㄹ∪ㅏ ㅏㄴㅈㅓ
ㅏㅍㄷㅜㅣ ㄷ∪ㄹ ㄱㅂㅓ ㅂㅗㄴㅣ
ㄱ∪ㅁㅅㅣㅜ ㄱㅏㅇㅅㅏㄴ ㅣㄹㅁㅏㄴ ㄹㅣ
ㅎㅜㅓㄴㅊ∪ㄹ ㄷㅗ ㅎㅏㄴㅈㅣㅓㅣㄱㅗ
ㄱㅏㄴ ㄴㅣㅁㅣ ㄴㅓㄱㅅㅣ ㄱㅣㅓㅅㅣ ㅁㅣㅓㄴ
ㄴㅜㄴㅁㅜㄹ ㅈㅣㄹ ㄱㅏ ㅎㅏㄴㅗㄹㅏ.[25]

24 원문은 다음과 같이 로마자처럼 자음과 모음이 하나의 자형으로 풀어쓰기가 되어 있다. "ㅜㄹㅣ ㅓㅣ ㅜㄹㅣ ㄱ∪ㄹ ㅓㅣㄴ∪ㄴ (…하략…)"

25 백두산 김종서 어른. 백두산에 올라 앉아 / 앞뒤를 굽어보니 / 금수강산 일만 리 / 휜출도 하여지고 / 간 님이 넋이 계시면 / 눈물질까 하노라

정교보사 활자 살 의연을 청하나이다[26]

세계가 무엇으로 문명하며 나라가 무엇으로 튼튼하여지며 개인이 무엇으로 훌륭한 사람이 되나이까. 교육이로소이다. 우리 동포가 어찌하면 문명한 나라 사람같이 되어 남과 같이 좋은 나라를 이루겠나이까. 교육이로소이다. 다시 묻노니 어찌하면 우리가 이 불쌍한 처지를 벗어나 오천 년 지켜오던 조국을 찾아놓고 즐겁게 삶즉하니이까. 교육이로소이다. 모두 다 교육이로다.

교육이란 말은 바꾸어 말하면 배움이니 여러 동포는 나라 회복하기를 바라나이까. 그렇거든 문명한 사람이 되소서. 문명한 사람이 되시려나이까. 그렇거든 배우소서. 나라이 무엇이며 나라와 나의 관계가 어떠하며 다른 나라 사람들은 어떻게 살아가는가도 배우며 우리가 어찌하면 좋은 국민이 되는가, 어찌하면 내 나라정신을 보전하고 발달하는가, 또는 어찌하면 나도 남다운 사람이 될는가 또 배우소서 - 그저 배우소서. 나라를 훌륭하게 지켜가는 이들은 다 문명한 이니 영, 미, 법, 덕을 보시며 제 나라를 잃어버린 남의 종이 된 자는 문명치 못한 자이니 인도, 안남을 보소서.

배우소서. 배우랴시거든 책을 읽으소서. 신문과 잡지를 읽으소서. 아침마다 밤마다 틈 있는 대로 자꾸 읽고 읽으소서. 얼마 아니하야 제가 차차 문명한 사람이 되는 길을 알지오, 또 얼마 아니하야 아주 문명한 사람이 되고 말리이다. 아해들의 배우는 데는 학교요 어른들의 배우는 데는 책과 신문 잡지로소이다. 서양 문명한 사람들은 어려서 학교에 배우고 죽도록 책과 신문 잡지에 배워 평생에 배움으로 오늘날 절세계의 주인이 되고 선생이 되었나이다. 아아, 이렇거늘 우리는 학교에서도 배우지 못하였고 책과 신문 잡지에서도 배우지 못하였으니 무엇을 가지고 배운 자를 대적하고 우리 나라를 세우오리이까. 또 신문 잡지를 함께 부르나 신문은 소문을 빨리 전하는 것이 직분이니 전문으로 가르치는 것은 잡지라. 이에 정교보가 생겨 벌써 구 호를 발행함에 이르렀사오나 활자가 없어 석판에 인쇄하매 돈은 곱

26 『대한인정교보』 9, 대한인국민회, 1914.3.1. 의연(義捐)은 사회적 공익이나 자선을 위하여 돈이나 물품을 낸다는 뜻.

들고도 일은 ○같이 아니 되며 그도 정부에서 쓰는 석판이라 얼마 오래 부탁할 수 없으니 이리 되면 우리 수백만 동포의 함께 배울 큰 학교 정교보가 폐할 수밖에 없이 되니 곧 우리 민족의 살 길이 막힘이라. 이에 우리 몇 사람이 먼저 의논하고 이 글을 드리오니, 오오 사랑하는 동포시어 힘을 모으시옵소서. 발기인 김원서 외 21명.

우리주장[27]

고래 애국자의 하던 솜씨

△ 지나에 월나라 임금 구천은 오왕 부차에게 나라를 빼앗기고 임금의 몸으로 원수의 신하가 되고 그 사랑하는 처자로 원수의 종이 되게 하니 그 분함이 얼마나 하였으리오. 이에 자리에 마른 섶을 깔아 와삭 소리가 날 때마다 원통한 생각을 새롭히고 때때로 쓸개를 핥아 쓸 때마다 나라 회복할 결심을 굳게 하되 마음만으로 일이 될 수 없는지라. 이에 십 년 동안 각색 실업을 장려하여 백성을 가멸게 하고 십년 동안 국민을 교육하고 장정을 길러 마침내 오나라를 제치고 큰 나라를 이루니라.

△ 이태리는 한참 적 구라파 전폭과 아시아와 아프리카 일부를 점령하여 권력과 문명이 푸르렀던 로마제국의 밑등걸이러니 중고에 이르러 전국이 여러 조그마한 나라로 나뉘고 또 그 나라들은 법국과 오스트리아와 에스파니아 등 여러 강국의 제재를 받으므로 그때 이탈리아의 말못된 형편은 오늘날 우리 나라보다 심하면 심하여도 덜 하지는 아니 하였더니 만근[28] 사오십 년래로 새로 선 이탈리아는 이제야 당당한 세계 강국이 되었도다. 이 나라를 이리하게 함은 마치니, 가리발디, 카보르 제씨 이하 목숨을 바치고 애쓰던 여러 애국자의 힘이라. 그 중에 못

27 『대한인정교보』 10, 대한인국민회, 1914.5.1. 최주한, 「이광수와 『대한인정교보』 9·10·11호에 대하여」(『대동문화연구』 86, 2014)에서 처음 발굴 소개되었다.

28 만근(輓近). 몇 해 전부터 현재까지의 기간.

잊힐 것은 숯구이당이니, 적이 애국사상을 품은 자면 외국과 제 나라 정부에서 막 잡아 가두고 죽이므로 여간한 애국자들은 모두 아메리카 등지로 도망하였으나 마치니 선생이 거느린 애국자 한패는 몸소 숯구이가 되어 산에 숨어 숯을 굽다가는 숯을 팔러 세상에 나와 동지를 모으고 동포를 가르치며 격동하였으니 그네의 목숨은 과연 풍전의 등불이라. 그러나 그네는 끝끝내 위험을 생각지 아니하고 조국을 회복할 준비에 몸을 바쳤으니 만일 그네가 국내 동포를 깨우고 가르치고 격동치 아니하였던들 가리발디가 아무리 군사를 잘 쓰는 명장이오 카보르가 아무리 외교에 능란한 대정치가인들 무엇으로 새 이탈리아를 세웠으리오. 숯구이 패가 여러 십 년 동안 준비를 하였기로 가리발디가 시칠리 섬에서 건너설 제 전국민이 일제히 일어나 빛나는 목적을 달한 것이라.

△ 칼타고는 아프리카에 아주 문명하고 부강하던 나라이러니 불행히 호랑 같은 로마에게 먹힌 바 되어 자유를 목숨보다 더 사랑하던 칼타고 국민이 참지 못할 욕을 당하였더라. 이 때에 '알프스산 남편을 쑥밭을 만들고야 말리라' 하고 신명 앞에 맹세한 열 살 못 넘은 어린 아이가 있으니, 곧 칼타고 국민의 용장한 정신을 대표하여 천추만세에 나라 사랑하는 이의 공경할 스승이 된 우리 한니발이라. 그가 그 나라를 회복하려 하여 어떻게 하였던가. 그는 홀몸으로 엉뚱한 에스파니아에 건너가 일변 은을 파서 돈을 만들고 일변 동포를 모으며 일변 자유를 못 찾거든 죽음을 찾자는 뜻으로 동포를 격동하고 준비 이르길 '기회라 함은 준비 다 된 때를 이름이라'를 기다리다가 열렬한 일개 청년으로 수십만 대군을 거느리고 그 험한 알프스를 몰아넘어 로마를 짓치니, 그리도 강하던 로마의 문명이 경각에 달리게 되었더라. 그러나 로마는 피를 뿌려 한니발과는 대적지 아니하고 살짝 칼타고 본국을 짓치매 한니발은 하릴없이 거의 다 점령하였던 로마를 버리고 본국으로 건너가니, 이에 대사가 틀리니라. 그러나 승패는 운수이니 어찌할 수 없거니와 한번 실컷 원수의 나라를 지르밟아 주고 칼타고의 군민으로 하여금 씨가 없어지도록 나라를 위하여 싸워 천추 후 전세계 사람으로 하여금 그들의 용장한 정신을 우러러 보게 함이 또한 한니발의 옳게 경영한 힘이 아니뇨.

△ 수십 명 무식하고 어린 청년이 얼굴에 검뎅을 바르고 몸에 흉물스러운 옷을 입고 보스톤 항구에 들어와 선 영국 차 배에 올라가 그 '우리는 영국놈이 가져온

차를 마시지 아니 하리라' 하고 배에 실은 차를 말끔 바다에 집어던진 것이 우리가 항상 흠모하는 미국독립전쟁의 시초라. 이렇게 무식한 막벌이꾼까지도 '독립하지 못하고는 못 살리라'는 사상을 뼈에 새기게 되노라면 여러 애국자가 얼마나 매를 맞고 피를 흘리고 목숨을 잃으면서 동포를 깨웠겠느뇨. 남녀노유와 빈부귀천이 말끔이 우리 자유를 위하야서는 목숨을 아끼지 아니하리라는 생각이 깊이 깊이 골수에 박히지 아니하였던들 어찌 오늘 미국이 생겼으리오.

△ 한국은 어찌하야 독립하였느뇨. 그들도 또한 이와 같았느니라. 처음에는 모두 영웅노릇만 하려던 애국지사들이 마침내는 숯구이도 되고 엿장사와 필공이[29]도 되며 지게꾼, 순검, 헌병, 백정놈도 되어 보고 농사꾼, 사냥꾼, 고기잡이도 되어서 욕도 얻어먹고 매도 얻어맞고 쫓겨나기도 하고 원수에게 잡혀가 갖은 주리 잦은 악형에 뼈다귀가 발가지고 헐도 벗고 굶어도 보면서 그들에게 '나라가 없이는 살 수 없느니라. 다른 나라 사람들은 이미 이리 잘 사나니라. 이대로 가면 얼마 아니하여 우리 종족이 아주 없어지고 말리라. 술도 그치고 투전, 야바위, 약담배[30]도 그치고 쌈도 말고 욕도 말고 아들 딸 잘 가르치고 나라 찾기 위하여 우리 목숨을 들여바치자'는 뜻으로 몸소 모범을 보이며 말하고 또 말하고 이르고 타일러 마침내 어디서 총소리 한 방만 퉁하면 늙은이 젊은이 아이 어른 남녀귀천을 물론하고 호미, 도끼, 낫, 식칼, 부지깽이, 작대기, 되는 대로 주워 들고 소리치고 달려 나가며 '원수여 우리나라와 자유를 돌려내어라. 그렇지 않거든 우리를 죽여라'하여 십년 싸움에 천만동포가 죽어 죽음이 삼천리를 덮고 피가 산천을 물들이니 이에 한국이 다시 살아 빛난 역사가 있게 되니라.

그네가 만일 일미전쟁이나 일아전쟁을 기다리고 기생집이나 외국으로 살금살금 몸이나 피하여 다니면서 주둥이만 살아 소설 영웅이나 되었던들 영원히 한국은 없어지고 말았으리라. 그러나 다행히 우리 애국지사들은 옳은 길을 밟았으므로 나라를 회복하여 우리가 자유의 행복을 누리게 되었으니 기쁜 소리로 만세나 부르자- '신대한 만세! 만세! 만만세!'

---

29 필공(筆工)이. 붓을 만드는 일을 직업으로 하는 사람.

30 양귀비의 함경도 방언. 아편.

당파론

당파는 없기만 하였으면 게서 더 좋은 것은 없으련마는 사람 사람이 각기 생각이 다르매 자연 그 뜻하는 바도 다를지라. 같은 한 가지 일을 함에 어떤 이는 이렇게 하자하고 어떤 이는 저렇게 하자하나니 이에 비교적 뜻이 맞는 이끼리 한 편이 되리니 이리하여 당파가 생기는 것이라. 가령 우리 민족이 나라를 회복하랴는 뜻 목적은 다 같을지라도 혹은 오늘이라도 의병을 일으켜 되나 아니 되나 한번 후닥닥거려 봄이 가하다 하고, 혹은 그렇지 아니하다, 준비 없이 무슨 일이 되는 법 없으니, 우선 어린이를 가르치고 어른들을 깨워 상당한 준비가 있은 후에 사생을 결단함이 옳다 하면 몇은 급진파라든가 점진파라든가 하는 전자를 옳다 하고 몇은 후자를 옳다 할지니, 이에 자연히 당파가 생기는지라. 그러나 이리하여 생긴 당파는 아무 사사로운 뜻이 있음이 아니요 오직 그 주의가 다르므로 어찌할 수 없이 그리 됨이니, 이는 조금도 허물한 바가 아니오 도리어 크게 찬성할지라. 대개 각각 제가 옳게 여기는 바를 실행하자고 각각 힘쓰는 동안에 자연히 서로 토론이 생기고 배우는 바가 많아 마침내 참말 옳은 것을 깨닫게 되면 어제까지 딴 당파로 있던 자도 오늘부터 한데 합하여 같이 힘쓰게 될 수가 있을지며, 그렇지 아니하더라도 당파가 있어야 세상에서 어떤 당파를 신용하고 아니하는 것으로 인심의 추향을 정할 수가 있으며, 또 둘 이상이 서로 제 목적을 달하여 함에는 자연히 경쟁이 생기리니 경쟁이 생기면 서로 남에게 지지 아니하려 하여 더욱 힘을 쓰게 될지라. 이러므로 문명한 나라에는 다 정당이라는 것이 있어 서로 자기네 주의를 백성에게 설명하면 백성은 자기 뜻에 맞는 사람을 대의사로 뽑을지니, 이리하여 가장 대의사를 많이 얻은 당파는 곧 그 국민 다수의 의견을 대표한 자라 하여 얼마동안 그 나라 정치를 맡아 하고 또 다른 당파는 이 당파보다 더 좋은 의견을 만들어 백성에게 설명하여 제 당파의 세력을 세우려 하여 이리하여 서로 경쟁하는 중에 자연히 나라가 문명하고 부강하게 되는 것이니, 영국에 보수당과 진보당이며 미국에 공화당과 자유당 같은 것은 다 이러한 당파이라. 그러므로 이러한 당파는 결코 허물할 것이 아니므로 도리어 좋은 일이나 이에 아주 야만되고 나라를 망치게 하는 당파가 있으니, 곧 사사로운 뜻으로 된 당파이라.

우리나라 사람에게 아주 흔한 지방적 당파 같은 것이 이 좋은 표본이니, 서울 사람은 서울 사람만 옳다 하여 다른 사람을 미워하고 평안도는 함경도에 서북은 기호나 삼남에 대하여 각각 지방적 감정을 품어 마치 큰 원수나 있는 듯이 꼭 쪽을 가름이, 가령 어떤 회에서 회장을 뽑으랄 제도 인물의 여하는 제쳐놓고 그저 제 지방 사람으로만 내려 하여 눈에 피가 서서 덤비다가 마침내 뜻 같이 되지 못하면 주먹질이 나고 야단을 치고 심지어는 우리는 너희에 밑지(지) 아니하리라 하여 자기네 지방끼리 갈라가지고 나가면서도 스스로 옳은 체 함 같으니, 이것이 옳은지 그른지는 삼척동자라도 족히 알 것이다.

더욱이 기막히는 것은 나라를 위하여 목숨을 버리랴는 이끼리도 아무개는 서북 애국자 아무개는 북도 애국자라 하여 쪽을 가르니, 이후 독립전쟁을 일으키는 날에도 서도 독립군 북도 독립군 기호 삼남 독립군 하고 편을 갈라 북도 독립군에 양식이 떨어져도 서도 독립군은 아는 체도 아니하려는가. 벌써부터 독립한 후에 대통령이나 정승판서 다툼을 한다 하면, 아아, 이것이 웃을 일일까 울 일일까. 나라일은 거룩한지라 몸이 법국에 귀족이 된 라파이에트 같은 양반은 제게 아무 상관없는 미국독립전쟁에 목숨을 내어부치고 싸웠거든, 다같이 한 나라의 사람으로 되어 잃었던 나라를 회복하려 할 제 평안도는 무엇이며 황해도 서울 삼난 함경도가 다 무엇이뇨. 만일 이러한 편협한 당파를 세우랴는 이가 있다 하면 그는 난신적자라. 우리는 마땅히 정의의 칼로 그 요마를 베어야 할지로다.

그러나 이러한 당파는 전체 사람의 생각으로 되는 것이 아니라 흔히 몇 개 철 모르고 간사하고 좀꾀 많고 제 명예를 탐하는 마귀의 충동으로 생기는 것이니, 가령 어떤 평안도 사람이 다른 평안도 사람들을 대하여 '기호 사람은 오백 년 동안 우리를 압제하고 나라까지 팔아먹은 놈들이니 간사하고 교만하니라. 실상 우리 힘으로 독립을 한다 하더라도 마지막에는 그놈들이 세력을 앗으리라' 한다 하면 오늘날까지는 그런 생각 없던 이도 듣고 보면 그럴듯하여 한 사람에 옮고 두 사람에 옮아 마침내 가증한 당파가 생길지며, 그와 반대로 혹 이러한 감정이 있던 이에게라도 누가 '같이 나라를 사랑하는 이는 다 우리 동지가 아니뇨' 하면 그의 속에 품었던 편견이 풀려 아주 지방적 감정이 스러지고 정성으로 애국만 하는 이면 누구가 사랑하고 공경하게 될지라. 나는 이러한 좋은 친구도 여러 분 가졌거니와 불행히 이 진리를 깨닫지 못하는 몇 형제 있음을 슬퍼하노니, 말 한 마디의 힘이란 무서운 것이라.

능히 한 나라를 망하게 하고 흥하게 할지니, 그네는 이 무서운 혀를 삼감 없이 둘러 수십만 동포를 미혹하여 우리 전도를 암담케 하는도다. 생각할지어다. 이 글을 쓰는 나는 아주 아무 수단이나 능력 없는 자이로되 불과 몇 달에 족히 여러 사회를 이간하고 여러 지사를 모함하여 모든 동포의 미움과 원망을 받게 하여 해외 동포계에 큰 파란을 일으킬 수가 있을 줄을 확신하며 또 방법은 다른 것 아무것도 아니오 오직 제어 못하는 이 혀 한 조각일 줄을 확신하노라. 돌아보니 우리 민족에도 당파가 없다 하지 못할지니 그 당파가 과연 주의로 된 문명적 당파인가 혹은 몇 개 요망한 난신적자의 좀꾀로 된 망국적 당파인가. 내 이를 말하고자 아니하고 오직 어려 동포의 판단에 맡기려니와, 우리는 어디까지든지 뜨거운 정성과 정정당당한 마음으로 나라를 위하여 목숨 바치는 자 되기를 기약할지며, 혹 요망한 것들의 꾀임이 있더라도 '나라를 사랑하는 이는 다 내 사랑하고 공경할 동지니 그가 나의 부모 형제라'는 생각을 가지도록 할지오, 제 명예를 위하야 여러 동포에게 진정한 지사를 훼방하게 하려고 온갖 좀꾀를 부리며 순실한 동포에게 사특한 지방감정을 고취하는 요귀에게 대하여는 정의의 칼을 그 목에 얹어야 하리로다.

애국심을 잘못 고취하였다

어느 나라가 싸워 이기었다 하면 그 이긴 공이 군인의 것일까. 물론 몸을 아끼지 아니하고 나라를 위하야 싸운 군인의 공이야 클지라. 그러나 만일 그 군인들로 하여금 이렇게 싸우도록 가르친 이가 있고 그에게 배움으로 그들이 이렇게 되었다 하면 가르친 그의 공은 어마나 클까.

민 충정[31]은 충신이라. 안중근 씨는 의사라. 그네는 과연 우리가 백 번 절하고 공경할 이들이라. 그러나 여기 수백 명 되는 한 촌중을 깨우기에 일생을 바쳐 그 수백 명 동포로 하여금 다 민 충정 안의사 같은 애국자를 만들었다 하면 그의 공은 얼마나 된다 할까. 이러한 이가 없으면 민 충정 안 의사가 어디서 생기리오. 일인이 조금씩 조금씩 우리 사람을 가르쳐 아주 한국을 잊어 버리고 일본의 종이 되게 할 수 있다 하면, 우리도 조금씩 조금씩 가르쳐 아주 한국을 사랑하고 일본

---

31 민영환. 1905년 을사늑약에 반대하여 자결하였다.

에게 원수를 갚으려는 우리 사람을 기를 수 있지 아니할까. 우리 애국하는 청년 중에 민 충정 안 의사 되려는 청년은 혹 있다 하더라도 조금씩 조금씩 초학 훈장이나 동네 집사노릇 하려는 이는 하나도 없도다.

민 충정 안 의사 한번 간 후에 어찌하여 뒤를 이를 만한 열혈적 애국자가 없는고. 나는 생각하니 그러한 초학 훈장과 동네 집사된 이가 없음이라 하노라.

아령과 남북 만주와 미국 등지로 돌아다니는 청년은 다 얼마씩이라도 애국심을 품은 이들이라. 그들이 왜 그렇게 돌아다니느뇨. 민 충정이나 안 의사 될 기회를 찾음이로다. 의병대장이 되기를 바람이로다. 그러나 일본 사람 하나를 죽이려도 본국에나 있어야 할지니 입에 발린 소리로다. 형가 섭정이 노릇도 하고 마치니 가리발디 노릇이나 할 수밖에 무엇이며 독립군이 없으면 독립군 대장은 무엇으로 되리오. 풍운과 신병을 부리는 권룡성 소대성의 재주를 배우려면 모르거니와.

그네는 왜 독립군 대장은 되려면서 독립군은 만들랴고는 아니 하는고. 누가 다 만들어 놓고 대장되어 줍시오 할 때에 세 번 사양하고 나서 되는 것도 팔자 좋고 멋도 있으련마는, ○○○내어 놓고는 독립군 만들 이가 없음을 어찌 하리오. 그대네는 어찌하여 초학 훈장이 나니 되며 어찌하여 동네 집사가 아니 되나뇨.

우리 선배 어른들은 왜 우리를 이 길로 지도하지 아니하였던가. 그네가 지도하였건마는 우리가 듣지를 아니하였던가. 어찌 하였으나 잘못된 애국심을 떼어 던지고 참말 애국자 될 날이 오늘이로다. 스스로 읊어 가로되

저 형님 기둥 되오 이 아우야 보 되어라
나는 밭최뚝[32]에 진흙으로 생겼으니
조그만 흙○억이나 되어 담벽이나 쌓으리다

32 밭과 밭 사이의 경계를 이루고 있거나 밭가에 둘려 있는 둑을 가리키는 평안도 방언이다.

바른소리[33]

중국이나 아라사나 우리나라 사람을 많이 대하는 나라 사람들은 모두 우리 사람을 속이기 잘하는 사람이라 하나니, 이는 실로 우리 사람 전체의 신용을 세계에 잃게 함이라. 혹 금점군은 금을 속이고 일꾼 패장은 일꾼 수효를 속이고 약장사는 약을 속이고 제 낯을 속이고 이름을 속이고 하야 외국 사람은 속여도 관계치 아니한 것이어니 하는 것이 우리 해외 동포의 생각이니, 혹 고부의 돈을 잘라먹고 혹 저를 위하야 몇 천을 대어 주는 물주를 속이는 일은 흔히 보는 바이라. 이는 아주 야만된 사상이니 실로 제 동포를 죽이는 행위라 할지로다.

△ 아령에 와 있는 이는 아라사 사람이 우리를 사랑한다 하고 중령에 와 있는 이는 중국 사람이 우리를 사랑한다 하도다. 그러나 그네의 사랑이 우리를 아주 공경할 만한 사랑이라 하야 사랑함인가 또는 불쌍하고 어리석은 종자라 하여 어여삐 여김인가 스스로 제 몸을 돌아보아 생각할지어다.

△ 아라사 사람이 어리석다, 중국 사람이 어리석다 하여 나는 그보다 훨씬 문명한 사람이거니 하는 것이 우리 사람의 생각이라. 심지어 서양 유명한 선배의 말도 그저 그렇고 그렇다 하야 킹하고 코웃음하는 이조차 있나니 과연 우리가 그 사람네보다 나음이 있을까. 내게 그네만한 나라가 있으며 지식이 있으며 인격이 있으며 돈이 있나뇨. 지금 형편으로는 우리는 그네의 심부름꾼이오 종이오 제자라. 그러면서 제가 그보다 나은 체하는 것이 도리어 어리석은 생각이 아니뇨.

△ 되지 못한 사람에 일흔두 가지 체가 있다 하나니 제가 못나고 잘난 체, 모르고 아는 체, 없어도 있는 체, 제 어느 장관의 심부름이나 두어 번 하였으면 그 장관과 친구인 체, 넝마전에서 사온 몇 냥짜리 옷을 입고 수십 냥짜리 맞춤인 체, 본국 있어-는 순검이 눈도 거들떠 보지 않는 주제에 총독의 지목이나 받았는 체, 묻노니 우리 중에 체 없는 이가 몇몇인고. 체는 되지 못한 사람의 벼슬이니라.

△ 다리 불거진 장수 성 안에서 호통한다고 본국에서는 찍소리도 못하다가 자

33 『대한인정교보』 10, 대한인국민회, 1914.5.1.

유로운 해외에 나와서는 아주 단손으로 왜놈의 종자를 없이하기나 할 듯이 호통을 뽐느니 정말 해외는 애국자되기 쉬운 데라. 왜놈이란 말이나 두어 마디하면 곧 애국자 행세를 하느니 모르괘라. 해외에서 응앙 응앙 호통하는 애국자를 본국으로 실어가기만 하는 날에 "영감이상 하하" 아니할 이가 몇이뇨.

△ 해외에 있어서 천하를 한손에 주물적 주물적할 경영을 한다면 그 말을 들을 자가 몇몇이뇨. 해외에 있어서 눈을 부르대면서 경국경세의 대정치가 행세하는 이보다 내지에 꾹 틀어박혀 천황폐하 만세를 부르면서도 코 흘리는 어린아기들을 대하야 '가갸거겨'를 가르치는 이가 진정한 애국자가 아닐까.

△ 우리나라 사람은 투전꾼의 넋이라. 무슨 일이나 대패 뜨듯하기를 좋아하나니 나라 찾기도 대패 뜨듯 돈 모으기도 대패 뜨듯 성공하기도 대패 뜨듯, 이리하여 동포를 깨우지도 아니하면서 이천만민이 갑자기 독립군 되기를 바라며 일도 아니하고 하늘에서 커다란 금송아지 떨어지기를 바라며 공부도 아니하고도 세상에 이름난 사람 되기만 바라도다. 아령에서 수십 년간 금점으(로)만 돌아다니는 동포들이 만일 진실로 사업에만 착수하였더면 지금은 모두 제땅 잡고 제집 잡고 아들 딸 안고 끼고 에헴 큰 기침하게 되었으리라. 그러나 대패 뜨듯하기만 바라는 이는 늙어 죽도록 흙물 묻은 바지를 벗어볼 날 없으리라.

△ 우리 사람은 북의 넋이라. 속은 텡텡 비고도 소리 크기만 좋아 하나니 담배말이나 하여 한 달에 겨우 돈 십 원이나 버는 주제에 사오십 원짜리 양복에다 시계 번쩍 구두 번쩍 도금한 안경 번쩍 그러고 나서면 남들이 훌륭한 신사로나 여길 듯하나, 임진강 뱃사공만은 못하여도 사람 볼 줄은 다 아는 것이라. 차 가운데 만일 영인이나 법인으로 잘 차린 사람이 있으면 "옳지 저 사람은 훌륭한 신사렷다" 하려니와, 만일 우리 사람으로 금안경이나 번댄 이가 있으면 "홍 되지 못하게 저것은 아마 밥을 굶거나 협잡군이렷다" 하리라.

△ 미국이나 아라사에 오면 갑자기 무슨 뾰족한 수가 생기거니 하여 여간한 젊은이는 미국이나 아라사 구경을 못하고는 사람구실을 못할 듯이 열이 나서 부모를 속이고 친구를 속이고 친구를 속여서까지라도 애써 목적을 달하랴는 양이 마치 미국이나 아라사에 가기 위하야 난 것 같도다. 이 철없는 사람들아, 미국도 하늘 아래라. 금송아지나 명예쌈지가 길바닥에 디글 디글 구는 것이 아니라 공부

를 하랴거든 일본이 낫고 돈벌이를 하려거든 사오백 여비로 그 흔한 땅을 사서 농사나 하여라. 숱한 돈에 숱한 고생을 다하고 가서 담배말이, 금점꾼, 유리창 닦이 같은 종노릇을 하자고 빠들거리는 그 심사를 알 수 없도다.

△ 혹 동포를 위하여 힘쓰랴거든 이천만이나 되는 본국을 버리고 또는 백여만 되는 중령을 버리고 무엇이 안타까워서 몇 천 명 아니되는 동포를 찾아 다니느뇨. 그들의 생각에는 본국 동포는 다 왜놈으로 치고 미국이나 아령에 있는 이만 동포로 여기는 듯하나 또한 큰 잘못이로다. 무어니 무어니 하여도 정말 나라를 찾고 세울 이는 그대로 본국 동포리라. 모두다 '체'하기 좋아서 그럼이어든 속히 깰지어다.

△ 벼슬 좋아하고 녹 먹기 좋아함이 우리 통병이라. 해외에 온 이도 아직 이 병을 벗지 못하여 여러 동포의 벌어 바치는 돈으로 곱게 입고 곱게 먹으려 하기만 힘쓰나니, 또한 불쌍하고 가증한 생각이로다. 여러 동포의 위임한 사무를 맡아 다른 일을 할 새 없는 이는 일꾼이 먹을 것 받는 것은 마땅한지라 용서도 하려니와, 공연히 기울 기울 돌아다니면서 남의 폐만 끼치는 이도 또한 적지 아니한 듯하다. 가석한 일이로다.

△ 우리 사람은 북의 넋이라 하였거니와 해외에 있는 한인의 단체에서도 너무 쓸데없는 형식만 위하야 여러 동포의 피땀으로 얻은 돈을 낭비하는 폐단이 있는 듯하니, 어느 회에서는 일 년 경비가 사오천 원에 교제비가 몇 백 원. 아아, 과연 큰 회에 경비로다. 일 년 동안에 이러한 경비를 쓰므로 얼마나한 이익을 우리 민족에게 끼쳤는고. 이 돈으로 아동을 교육하거나 기타 동포를 계발하는 사업에 던졌던들 그 얼마나 유효하였으리오.

△ 단체는 없지 못할지라. 그러나 한 공화국이나 되는 듯이 와싹 떠들어 쓸데없는 직원을 많이 두고 쓸데없이 소리만 크○하고 동만 많이 쓰니 또한 망하여가던 우리 나라의 형편에나 비길가.

본국소문[34]

△ 돈이란 돈은 왜 당신이 말끔 긁어가고 재정이 바짝 말라서 이백 원짜리 논 한말 지기가 칠팔십 원에도 작자가 없다고

△ 경원철도는 오는 팔월이면 아주 준역되고 구월부터는 짐과 객을 싣는다고

△ 철도, 윤선, 전신, 전화, 도로, 교량 등 교통기관은 날로 완비하여 문명한 나라와 다름이 없이 되나, 그 편리한 기관을 쓸 사람은 우리가 아니오 남이니, 장님 잠 자나마나

△ 서양 머저리들은 얼른 우리 나라의 겉치레나 보고 총독부의 술이나 한잔 얻어 먹고는 하는 소리 "참 일본은 조선에 선정을 펴오." 다 그 놈이 그놈이지. 또 생각하면 다 내 탓이지.

△ 일본 사람의 이주하는 수효는 일 년에 오만 명, 그러고도 부족타 하여 하루 바삐 많이 들여오기를 힘쓴다 하니, 그 이유는

一. 조선의 부원(富源)은 토인(조선인)의 힘으로는 개척할 수 없느니, 이를 조선인에게 맡겨둠이 국가의 해라 불가불 우수(優秀)한 모국(母國) 사람에게 맡겨야 하겠고

二. 모국에는 해마다 인구가 불어 생활이 곤란하니 먹을 것 많은 새 식민지에 내어쫓아야 하겠고

三. 모국 사람이 많이 있어야 야만된 토인을 교화(教化)시키겠고

四. 모국 사람이 많아야 조선의 영토권이 공고하겠다 함이라.

△ 팔자가 사나우면 의붓애비 몽상[35]이 열두 해 라더니, 또 식민지의 토인된 우리는 옛날 우리 행랑살이로 두었던 의붓에미 몽상을 입어 이천만 남녀노소의 가슴에 검은 헝겁이 붙었다 하니, 팔월 스무아흐렛날 표로나 여겨라.

△ 이번 일본 동경 대정 박람회 구경 갔다 온 관광단 패들은 청왈 '모국 모국'하니, 그렇게 아첨 아니한들 누가 불알 발갈라고. 아무리 보아도 절개 없는 조선놈

34 『대한인정교보』 10, 대한인국민회, 1914.5.1.

35 蒙喪. 상복(喪服)을 입음.

깨깨 썩어져라.

△ 금년은 이상하게 봄날엔 바람이 많고 추워서 농가에서는 매우 걱정한다고

△ 우리 나라에는 양심과 도덕이 아주 부패하야 헌병, 순검에게 잡혀가지만 않는 일이면 무슨 짓이나 다 한다 하니, 이는 너무 법률과 규칙만 위주하고 사회에 어른이 되어 동포를 도덕 방면으로 지도하는 이를 관리가 천대하고 핍박하여 사회 도덕의 권위를 없이한 까닭이니, 그 죄는 물어볼 것 없이 왜 총독부에 있나니라. 우리 예의지인으로 하여금 부자와 부부, 형제가 인륜에 어그리는 송사를 하게 하도록 우리 양심과 도덕을 부패케한 죄가 얼마나 크뇨.

△ 우리 나라에 가장 이악한 마귀가 변호사의 무리니, 그 놈들의 다수는 양심도 없고 도덕도 없고 아해와 어른도 없고, 오직 때◯기 법률 조각이나 모아놓고 왼 더러운 껍데기를 씌운 이상한 마귀라. 원래 변호사의 직책은 백성과 법관을 도와 법률의 적용을 바르게 하여 국가와 인민(의) 질서, 행복을 유지할 자이어늘, 오직 눈에 있는 것이 돈이라. 지어미를 추켜 지아비를 버리게 하고, 아들을 시켜 아비를 걸어 배상청구를 하게 하며, 학교의 기본금을 헐게 하는 게 이 마귀들이니, 만일 악한 놈을 죽이는 날이 있다 하면 먼저 칼을 얹을 놈은 이 마귀니라. 그러하거늘 이 변호사는 우리 나라 관청에서 조선사람 중에 가장 상류계급으로 인정하나니, 그러므로 청년과 그 부모의 이상은 한번 변호사 노릇함이라. 법정에서 일언 "◯즌 소리 좀 그만두어라" 소리를 들으면서 서슬이 푸른 신사는 변호사라.

△ 통감시대부터 오륙 년 동안 우리 동포에게 갖은 주리와 악형을 다하고 숱한 지사를 죽인 공으로 육군 중장이 된 경무총장 아까시[明石元二郞]는 이번 데라우찌[寺內]의 청으로 참모차장이 되어가고 육군소장 다찌바나[立花]가 후임이 되었는데, 이 군은 아까시보다 좀 온후하고 순한 사람이라 하야 일인들은 기뻐한다 하며, 일인의 언론계에 얼마큼 자유를 주리라더라.

△ 회사, 은행, 관청, 철도, 윤선, 우편국, 이런 데는 새로 학교를 마치고 세상에 나오는 청년의 직업 얻을 자리라. 그러하거든 이 모든 곳에 다 일인만 쓰므로 우리 사람 청년으로 학교 출신은 하여 먹을 노릇이 없어 걱정.

우리글[36]

아리나리(압록강)

+백두산의 다믄-못이×
+흘러 나리어 아리나리×
+배달 동산 꽃 속으로×
잘 즈믄 해 흐르리로!×

주. ×표와 +표는 운. 이는 새로 지은 시니라.

백이숙제의 무덤

수양산 바라보매
백이숙제 한하노라
주려 죽을진정
고사리도 캐올것가?
아무리 풀새것인들
그 뉘 따에 낫더니?

주. 이는 시지오. 성삼문 선생이 지으신바 빗돌에서 땀이 흘렀다 하나니라. 이 첫 장을 초로 쓰면 : (이하 러시아어)

씨알이(자전)

배달[◯], 우리나라의 옛이름. "배"는 새벽[曉], "달"은 빛

36 『대한인정교보』 10, 대한인국민회, 1914.5.1. 원문은 전문이 가로 풀어쓰기가 되어 있다.

우리주장[37]

재외동포의 현상을 논하야 동포 교육의 긴급함을

ㄱ. 재외동포의 현상

일찍 우리 백제 신라 고구려 적 조상이 산동 강소 절강 일본 등지로 이주할 제는 가르치는 자 다스리는 자의 자격으로 가슴 쑥 내어밀고 다니었거니와 오십 년 전부터 아령 지나령 미령 등지로 이주한 우리 이백여만 동포는 구차히 의식이나 얻으려 하여 남의 종노릇이나 하려고 나옴이로다. 영국 사람이나 덕국 사람이 이주하였다 하면 누구나 그네가 상업이나 공업이나 전도나 기타 여러 가지 문명을 전파하고 어두운 민족을 다스리러 다니는 줄 알건마는, 우리 나라 사람이나 지나 사람이 어디를 이주하였다하면 누구나 그네들은 아주 천한 노동이나 하여 먹으러 다니는 줄 알지니, 우리 신세를 생각하면 과연 피눈물이 흐르도다. 보라, 우리네의 재주가 무엇이뇨. 금점, 담배말이, 흙짐지기, 농사하기- 오직 이뿐이며 그 중에 몸이나 깨끗하게 차리고 다니는 이는 제 동포와 이웃나라 친구를 속여먹는 협잡군이 아니뇨. 재주도 재주려니와 우리네의 도덕 정(도)를 생각하여 보라. 돈푼이나 생길 일이면 아무리 옳지 아니한 짓이라도 꺼리지 아니하여, 혹 주인의 것을 훔치며 혹 내외국 사람을 속여 잠시의 이익을 얻으려는 좀꾀로 이천만 동포와 거룩한 조국의 명예를 손상하는 일뿐이라. 외국 사람들이 우리의 하고 다니는 너절한 꼴과 가진 재주와 살아가는 모양과 하는 행실을 볼 때 우리를 어떠한 민족으로 생각하염즉 하뇨. 똥 수리에 걸터앉아 이 잡이하는 지나 사람을 우리가 웃도다. 그러나 생각하여 보라. 우리가 그네보다 나은 것이 무엇이뇨.

외국 사람의 눈에 보기에 우리는 학문도 없고 도덕도 없고 예의도 없고 재주도 없고 아름답고 칭찬할 만한 것은 하나도 없는 아주 너절하고 야만된 종족일지라. 그네가 생각하기에 우리같은 못생긴 민족이 저희 땅에 많이 있어도 이익은 조금도 없고 도리어 그 나라에 법률과 도덕을 흐리고 그 나라 사람에게 못된 버

---

37 비, 『대한인정교보』 11, 대한인국민회, 1914.6.1. 최기영, 「1914년 이광수의 러시아 체류와 문필활동」, 『식민지시기 민족지성과 문화운동』(한울 아카데미, 2003)에 처음 발굴 소개되었다.

릇을 가르칠 뿐이니, 될 수만 있으면 이러한 종자는 모두 국경 밖으로 내어 쫓거나 그렇지 못하면 어느 구석에 몰아넣고 나와 다니지를 못하게 하고 싶으리로다. 오늘날 우리 신세는 도처에 천대거리요 미움거리로다.

ㄴ. 적자생존

더운 데서 자라던 풀을 추운 땅에 심어서 살 수 있을까. 물고기 잡을 줄 모르는 짐승을 바다에 놓아서 살 수 있을까. 기름이 많고 털이 길은 놈이라야 눈구덩이에도 살 수 있으며 힘세고 이빨과 톱이 날카로운 놈이라야 범과 사자 속에서도 살아가리니. 이 모양으로 살아갈 만한 힘이 있어야 산다함을 적자생존이라 하느니, 이는 생물학의 진리나 사람의 세상도 이러하니 농사꾼이 서울 가서 살지 못할지며 집세기 장사가 서양 가서 살지 못할지라.

우리나라 옛날 장사꾼이 영국 가서 장사할 수 있을까. 우리나라 야장[38]이 미국 가서 야장질 할 수 있을까. 우리나라 의원이 덕국 가서 의원 노릇할 수 없을지오, 우리나라 정승도 법국에 가면 동장 노릇도 못할지니 이 어찜이뇨. 세계는 날로 문명하여 나아가되 우리는 가만히 앉았음이니, 오늘날 야장노릇을 하여 먹으려면 수증기와 전기도 부릴 줄 알아야 하고 물리학과 화학도 배워야 할지며 오늘날 농사를 하여 먹으려면 토양학 비료학 동식물학도 알아야 하며 밭가는 기계 김매는 기계도 부려야 할지오, 오늘날 나라를 이뤄가려면 문명한 정치가 학술가 교육가 군략가도 있어야 할지니, 일본이 우리나라를 먹은 심장은 괘씸하도다. 그러나 우리 힘이 그를 막을 만하였더면 아무리 우리를 먹으려 한들 어찌 먹으리오. 이억 나믄 인도가 왜 사오천 명 영인의 손에 매였으며 크나큰 강토에 사억 나믄 지나민족이 어찌하여 몇 천 명 못되는 양인 일인의 손에 그 좋은 권리와 그 좋은 땅을 졸곰졸곰 드려 바치나뇨. 오직 그네의 문명 정도가 어려 그네사람 천 명이 문명한 사람 하나를 당하지 못함이라.

생각하라. 우리가 나라만 잃고 말을진댄 도리어 다행이니 이대로 가면 우리 종족까지 아주 씨가 없어지고 말지니, 가령 시베리아에 금점과 담배말이와 철로

---

38 야장(冶匠). 대장장이.

일이 없어지면 우리 오십만 동포는 무엇으로 살아갈까보뇨. 우리는 지렁이 모양으로 흙을 먹고 살며 신선 모양으로 바람을 먹고 살겠느뇨. 먹을 것이 없으면 못살지니 겨우 죽지는 아니한다 하더라도 배 고프고 헐벗으면 속은 푹푹 썩고 피는 바짝바짝 마를지니, 어느 겨를에 나라를 생각하고 염치를 헤아리랴. 사흘 굶으면 도적 안될 놈 없다고 자연히 도적이 나고 싸움이 나고 얼어 죽고 굶어 죽고 맞아 죽고 옥에서 썩어지고 자손 못낳고 이렁저엉하야 다 없어지고 말지니, 어찌 아령 있는 동포만 이러하리오. 이대로만 가면 우리 이천만 배달족 전체의 운명이로다.

톱이 없는 소와 양은 뿔이 있고 아주 못생긴 토끼도 달음질하는 재주가 있고 굼벵이도 기는 재주가 있는지라. 어느 동물이나 다 저 먹을 것을 벌고 제 몸을 보호할 무기가 있나니, 저 유대 족속이 나라 없는 지 수천 년에 아직도 종족을 보전하여 온은 그네게 돈 잘 버는 신통한 재주가 있는 까닭이니, 이 재주만 없었더면 그네는 벌써 이 세계에서 자취를 끊고 말았으리라. 그러나 우리네에게 무슨 재주가 있나뇨? 만일 이대로 우리민족이 없어지고 만다 하면 반만 년간 살아오던 수억만 우리 종족은 세계 역사에 글 한 줄도 못 남기고 말지로다.

아메리카에 가보라. 남북 아메리카를 맡아가지고 번성하던 홍색 인종의 자취를 어디서 찾을런가. 겨우 인적 못 미치는 산골짝에 열씩 스물씩 남아 있어 인류학의 표본이 될 뿐이 아니며, 일찍 시베리아에 두루 덮혔던 여러 인종이 지금에 몇 개나 남았는가. 우리 민족도 만일 눈만 뜨지 못하면 이렇게 아니 되리라고 어찌 담보하리오.

줄여 말하건댄 오늘날 우리 민족의 형편으로는 이 세상에서 생존할 만한 자격이 없다 할지로다.

ㄷ. 우리나라 사람이 외국에서 천대받는 까닭

옛날은 과거 못한 놈이 상놈이어니와 지금 판에 박은 상놈은 나라 없는 놈이라. 나라 없는 놈은 어떤 수모를 당하거나 어떤 권리의 침해를 받아도 그를 보호하여 줄 공사 영사가 없음이니, 학사 박사가 되어도 상놈 티는 못 벗으며 누거만금[39] 부자가 되어도 상놈 티는 못 벗으며 천하다 하여 입적을 시키지도 아니 하거니와 입적을 한다 하여도 한국사람 망국민이라는 이름을 못 벗느니, 유대 사람은 그저 유대 사람이라 하늘이 정한 민족의 구별은 사람의 힘으로 어찌할 수 없나 보도다. 혹 아라사 말이나 지껄이고 주적거리는 이도 있으나 등 뒤에서 비웃고 손가락질하는 줄을 어찌 모르느뇨.

가난한 것도 죄니 위로 나라와 부모를 섬기지 못하고 아래로 처자를 기르지 못하니 제 직분을 다하지 못하며, 또 더러운 옷과 집과, 차를 타도 하등차를 타면 자연히 남의 대접을 받지 못할지며, 너무 추한 음식을 먹으면 몸이 약하여지며 일할 힘도 없고 자녀까지도 몸이 약하게 될지니 또한 큰 죄라. 그러므로 술이나 계집이나에 쓸데없이 돈을 삭히지 말고 한푼 두푼 모아 나라와 부모를 잘 섬기고 안해를 즐겁게 하며 아들 딸을 잘 가르쳐야 비로소 사람이라 할지라. 그러하거늘 우리 재외 동포는 거의 다 거지며 또 돈푼이나 생기면 되지 못하게 주적거려 다 없이하여 버리느니, 이것이 우리 동포가 천대받는 한 가지 까닭이며 우리 동포의 직업이 천함도 한가지오.

이 중에 둘째로 큰 원인은 지식이 부족함이니 지금 세상에서 사람의 층등을 가림에는 지식으로 표준을 삼는지라. 이에 지식이라 함은 학문과 도덕을 이름이니 문명국 사람을 대할 때에는 말도 공손히 하고 대접도 잘 하다가 우리 사람이나 지나 사람을 보거든 놀리려고 같은 우리 사람에도 몸집과 얼굴에 교육받은 표가 드러나고 언어와 행동에 점잖은 태도가 보이면 대접이 훨씬 융숭하지 아니하뇨. 그 나라에 온 지 몇 해에 그 나라의 문물제도가 어떠하며 민정풍속이 어떠한 줄을 모르고, 땅이 네모나다 하며 귀신이 사람을 잡아간다 하며 그 나라 말 한 마디도 바로 옮기지 못하고 대인접물과 언어 행동이 모두 추잡하여 아주 야만몽매한 인종 같을진댄 어찌 남의 대접을 받으리오. 또 위에도 잠시 말하였고 본 기자의 항상 애써 주장하는 바이어니와 우리 동포는 아주 도덕과 예의가 어리도다. 차를 타거나 공회석에 있을 제 사양하고 정숙할 줄을 모르며 외국 사람을 좀꾀로 속여 진실치 못함을 보임도 우리가 외인에게 천대받는 큰 원인이라.

이상 말한 여러 가지 원인으로 우리가 외인에게 참지 못할 천대를 받는 것이

---

39 누거만금(累巨萬金). 매우 많은 액수.

니 우리는 아무리 하여서라도 이 모든 누명을 벗어 버리고 청천백일의 몸이 되어 세계 다른 나라 민족과 같이 배 쑥 내어밀고 다니도록 하여야 할지라.

ㄹ. 그 방칙

교육이로다- 그리하여 가지고 나라를 찾음이로다.

교육이라 하면 아동교육만으로 생각할지나 우리의 오늘날 형편은 어른 교육이 첫째요 아동 교육이 둘째라. 어른을 가르쳐 가지고야 아동도 교육을 시킬지오 나라도 광복하리로다. 지금 재외 동포 중에 두 큰 단체가 있느니 각각 만에 가까운 회원을 가지고 나라를 위하여 목숨을 바치는 여러 국사의 손에 지도되도다. 이 두 단체는 이름은 비록 다르고 행동에 조금 다름이 있으나 동포를 계발하야 조국을 광복한다는 뜻은 같은지라. 우리 민족을 낙원으로 끌어 내이기도 그네들이오 또 아주 망치게 하기도 그네들이니, 이천만의 생명과 반만 년 역사의 명맥이 오직 그네의 손에 달린지라.

우리 아무것도 모르던 동포로 하여금 나라를 알게 하고 문명을 알게 한 이가 그네들이 아니면 뉘리오. 이제 본 기자는 공경하는 두 어머니에게 동포 교육의 긴급함을 말하였으니 다시 그 방침을 드리려 하노라. 이에 교육이라 함은 여러 가지 학문을 가르침이 아니오 간단하게 애국하는 참 사람—속성한 문명국인을 만듦이니

一, 단체를 지도하는 이는 적어도 한 달에 한두 번씩 동포 계발에 긴요한 몇 가지 지식을 각 지방회나 지회에 보내어 전반 회원에게 설명하여 배우게 하며, 고쳐야 할 행실과 행하여야 할 새 일을 지시함이며

二, 긴요한 신문 잡지나 서적 보기를 독촉 장려함과 전국민의 경전이 될 만한 서적 한 권을 편찬하여 모든 동포로 하여금 늘 외우게 함도 긴급하도다.

三, 매 통상회일과 주일을 이용하여 회당에서 교민들을 가르치는 모양으로 몇 가지씩 좋은 사상과 지식을 고취하여 회에 오는 것을 학교에 다니는 줄 알게 하고 회원을 학생으로 여겨야 할지니, 이리하여야 여러 동포가 능히 새나라를 건설할 만한 새국민이 될지며 외인에게 받던 천대를 면하고 그뿐더러 회와 회원의 관계가 가까워질지라. 회적에 이름은 메웠더라도 가르치도 아니하고 자주 회와 통

섭이 없으면 진정한 회원이 될 만한 자격이 없을 뿐더러 회와 나라에 대한 사랑도 식어갈지니, 이는 방금 우리 목적에 보는 바이며 또 진실로 가르치지 곧 아니하면 회원이 되나마나 무슨 관계가 있으리오. 그러므로 당국자의 최대 급선무는 회원을 가르침이오 최대 급선무는 밤낮으로 배움이라.

어떤 이는 혹 말하되 원래 아무 지식 없던 동포가 갑자기 어찌 배우리오. 나라 사랑할 줄만 알면 그만이라 하나 또한 모르는 말이로다. 배우지 못하고는 부모 섬길 줄도 모르며 남을 속이고 해하는 것이 옳지 않은 줄도 모르며, 술 먹는 것이 어찌하여 해로우며 제 나라의 동포가 어찌하여 귀하며 나라가 없으면 어찌하여 민족이 멸망하는가를 모르거든, 어디서 애국심이 생기며 나라를 광복하기 위하여 목숨을 버리리라는 정성이 솟으리오. 처음부터 끝까지 내내 애국심을 버리지 못하는 여러 지사도 있거늘 어찌하여 당초에 애국심이라는 말도 모르며 혹 잠깐 애국자 노릇을 하다가도 중도에 원수의 창귀되는 놈도 있느뇨. 대개 저는 나라 없이 못살 줄을 깨깨[40] 앎이오, 이는 아주 모르거나 혹 알아도 어렴풋이 앎이로다. 우리 동포는 웬 일인지 몰라 소리치도다- 왜 우리는 나라를 위하여 죽어야 하겠나뇨- 왜 우리는 아까운 돈을 나라 위하여 바쳐야 하겠나뇨. 독립군을 얻으려 하는가- 그렇거든 가르칠지어다. 우리가 나라 없이 못살 줄을 깨깨 알기만 하면, 우리는 기뻐 뛰며 달려 나아가 두만강가의 주검이 되오리다!

ㅁ. 교육할 주지

우리나라 역사는 빛나도다. 우리는 가장 오랜 문명국이로다. 우리나라는 제일 아름답고 살기 좋은 나라도다. 지금 원수가 제것인 체 날뛰는 우리 동산과 논과 밭은 우리 조상이 피땀흘려 개척한 것이로다. 우리 조상은 지나족과 왜족을 다스렸고 일찍 남에게 눌려 본 적 없는 기운찬 민족이로다. 우리나라 글과 말은 세계에 가장 아름답고 묘하도다. 나라 없는 민족은 이 세상에서 가장 천한 상놈이요 종이로다. 적자라야 생존하느니 나라를 찾지 못하면 저 아메리카의 홍색 인종과 같이 없어지고 말리라. 우리가 아령과 지나령에서 밥술이나 얻어먹기도 몇

40 충분히 모자람 없이 넉넉하다는 뜻의 평안북도 방언.

날이 아니 가리웠다. 우리는 머지 아니하야 큰 전쟁– 바라고 바라던 독립전쟁을 하여야 하겠다. 그때에 병정될 이도 우리, 대장될 이도 우리, 군량 마련도 우리 총검 장만도 우리가 하여야 한다. 마음으로 준비하고 돈으로 준비하여라. 전술도 배우자. 남더러 책을 읽어 달래서라도 싸움하는 법을 대강 배우자. 백두산 위에 깃발 펄렁 날거든 모두다 우리 달려 나가자.

이탈리아 프러시아 그레시아 불가리아도 우리와 같이 불쌍한 신세러니 이러하여 그네는 번쩍하는 독립국민이 되었다. 우리도 원수를 내어쫓고 잘 살 날이 멀지 아니하다. 거짓을 버려라. 속이지 말아라. 동포와 이웃나라 사람을 정성으로 대접하여 우리 민족의 문명함을 보여라. 말 한 마디 행실 하나라도 민족의 명예를 상케할 것을 삼가라.

농업을 하여라. 사진 박기, 목수노릇, 철공, 인쇄 이 모든 실속 있고 고등한 직업을 배우고 천한 직업을 버려라.

이것이 교육의 주지니 이를 말하고 곱말하고 이르고 타일러 일 년만 지나보라. 이주 딴 민족이 됨을 볼지며 우리가 외국인에게 받는 신용과 대접이 갑자기 달라지게 되리라.

ㅂ. 결론

오늘날 우리 동포의 현상을 보매 아주 슬프고 낙망할 듯하나, 하늘이 도우사 우리 일반 동포는 날로 애국심과 배우자는 마음이 생기며, 내기 정성을 다하여 사랑하고 바라는 두 진실한 단체가 쉬지 않고 힘을 다함을 보매, 장래의 희망이 바다같고 또 이 희망 달할 날이 멀지 아니한 줄을 믿어 기쁨을 금지 못하야 어깨를 우쭐하며 이 붓을 던지노라.

바른소리[41]

▲ 우리가 중국 사람을 만나면 놀리려 하도다. 아마 우리 생각에 그네는 우리보다 훨씬 어리석은 머저리로 아는가 보도다. 그러므로 중국 사람은 우리를 매우 나뻬 생각하느니, 동포들아 어찌하야 그들을 놀리려 하나뇨. 그들과 우리는 같은 인종으로 이웃나라로 예로부터 친하여 오던 사이가 아니뇨. 또 지금 신세로 보아도 동무 과부니 우리는 서로 손을 붙들고 눈물을 흘려야 될 쳐지가 아니뇨. 또 그네들의 나라에 우리 동포가 백여만이 우접하야 사나니 그네가 만일 우리를 배척하는 날이면 우리게밖에 얼마나한 해가 돌아오겠는가. 또 생각하여 보라. 강한 놈에게는 아첨을 하면서 약한 자를 비웃음은 아주 못갱기고 얄미운 성질이니, 동포여 알아 듣는가.

▲ 제 동포를 더욱 사랑함은 천연한 인정이나 외국 사람이라고 속이고 괄시하는 것은 참 점잖지 못한 행실이라. 더구나 아라사와 지나와 미국은 반갑게 나라 잃은 우리를 맞아 우정할 땅을 주며 장차 독립을 준비할 근거를 빌리나니, 우리는 정성껏 진실함과 화목함과 감사함으로 그네를 대하여야 할지며, 또 그리하여야 그네의 동정을 받을 것이 아니뇨.

▲ 우리 가운데 어찌하여 진실치 못한 자가 있나뇨. 어찌하여 다같이 불쌍한 형제끼리 서로 정의를 통치 못할 자가 있나뇨. 어찌하여 살살 웃으면서 남을 모해하랴는 자가 있으며, 어찌하여 정성으로 하노라는 말에도 의심을 두지 아니치 못할 자가 있나뇨. 한아버지시어, 저희 맘을 깨끗하게 하소서.

▲ 무서운 것은 뒷공론이라. 이리 가서는 요리 말하고 저리 가서는 저리 말하야 살살 이간을 부리는 자는 칼을 품은 미친 사람보다도 무섭고 남귀여귀 아귀령산보다도 얄밉도다. 그 독하고 간사한 혀끝이 나불나불할 제 나라도 망하고 동포도 망하되, 제일 지지리 망하는 이는 젠 줄을 모르도다.

▲ 좋은 말은 굴러갈수록 적어가고 막한 말은 굴러갈수록 커지나니, 대개 좋

41 『대한인정교보』 11, 대한인국민회, 1914.6.1.

은 말은 마음 착하고 입 무거운 사람들만 전함이오 악한 말은 간사하고 거짓말 잘하는 사람이 전하기 좋아함이라. 옛날 두 나라가 싸울 제 한편 나라 신하가 덕국 임금한테 달려가 제 나라 형편의 어지러움과 제 임금의 못생긴 것을 낱낱이 말하되, 임금이 대노하야 칼을 뽑으며 가로되 "네가 네 임금의 시비를 내게 하니 장차는 나의 시비를 남에게 하리로다" 하고 당장 목을 베었다 하니, 아마도 만고에 드문 명군인가 하노라.

▲ 권업신문에 하기방학을 이용하야 국어를 공부하여라 하였으니, 과연 긴급한 말이로다. 그러나 국어를 공부할 제 어찌 학생만이리오. 아들 딸을 기르고 가르칠 어른들도 시각이 급하게 배워야 할지라. 통상회일마다 몇 마디씩 모르던 말을 가르칠 것이며 신문과 잡지를 교과서로 삼아 주일마다 읽힐 것이라.

▲ 저의 동포의 처소에 세운 학교는 여러 동포의 불붙는 듯하는 정성과 피땀 모아 된 것이라. 그러나 이를 맡아 다스릴 사람이 결핍하야 걱정이니 누구나 힘 있는 자는 자당[42]하고 나설 것이로다. 과정을 여러 가지로 넣는 것은 우리 힘에 비칠뿐더러 그러할 필요도 없나니, 국어와 역사와 아어와 체조면 그만이니 교사 한 사람이 옛날 서당법으로 가르치는 것이 좋을지라. 또 이러한 교수법은 새로 난 교육가들도 주장하는 바이니, 이리하면 경비도 적게 들고 교육의 효과도 빠를 것이니라.

▲ 돈 백 원을 벌었으면 사진 박기, 양복 짓기, 야장노릇. 목수 노릇, 빨래하기, 머리 깎기, 음식 만들기, 구무짓기- 이러한 재주 하나를 배웠으면 일생 자리잡고 살 큰 밑천이 될지오, 삼백 원만 있으면 땅을 사고 소를 사고 집을 짓고 농사하리라. 어찌하였으나 주머니에 넣은 돈에는 날개가 돋았나니라.

▲ 어떤 분네는 정치가라 하면 좀꾀와 수단 많은 사람으로 알도다. 이러한 정치가는 망하여가는 나라에만 생기느니, 나라를 세운다든가 흥하게 하는 정치가도 정성스럽지 아니한 자 없느니라. 비스막을 보고 이탈리아 건국 삼걸을 보고 미국을 세운 워싱톤과 링컨을 보라. 혹 우리 동포 중에 이러한 정치가가 있난가 없난가.

▲ 정성스러운 인격은 자석과 같으니, 가만히 앉아서도 여러 쇠 재박이 사방

42 自當(自擔). 스스로 맡아서 하거나 부담함.

으로 모여들어 붙느니라. 부지깽이가 자석인 체하고 꼬리 휘젓고 돌아다니며 쇠를 붙이려 하여도 쇠가 그 꼬리에 맞으면 멀리로 달아나나니, 이때 부지깽이가 열을 내어 한탄하여 가로되 "사람을 모르도다. 아무것도 아니하는 자석으로만 돌아가고 이렇게 애쓰는 내게는 아니 오도다" 하고 자석을 때리니 불탄 꽁다리 부지깽이만 똑 부러지고 자석은 그대로 천연터라.

▲혹 입장권 없이 정거장에 들어가며 차표 없이 차를 타며 여러 가지 법률에 어그러지는 일을 하면서 핑계하기를 이 나라 사람들도 다 그러한다 하나, 우리는 평생 남 하는 대로만 하는 사람인가. 우리는 다른 나라 사람의 모범노릇은 평생 못하여 볼 것인가. 될 수만 있으면 차를 타도 일이등을 타고 여관에 들어도 상등에 들 것이어늘, 아직 그는 못하여도 우리 힘에 맞는 일이야 왜 못하리오.

▲우리 나라 사람인 줄 알면 회관에서 짐 검사도 아니하고 상점에 술이나 담배 뒤지러도 아니 오고 만 냥짜리 금덩어리라도 우리 사람에게 맡기면 의심치 아니하고 길에 나서 다닐 적에 다른 사람들이 "참 저 사람네는 양반이야" 소리야 왜 못 듣겠는가.

▲예의지국! 예의지민! 아아, 어떻게 명예로운 이름이뇨. 이는 우리 조상이 세계 사람에게 얻은 영광이로다. 자손된 우리가 만일 이 이름을 더럽힌다 하면 그 죄가 죽어 마땅하도다.

▲서양 사람은 일하다 쉬는 틈에 담배를 먹고 동양 사람은 담배 먹다 쉬는 틈에 일을 한다 하도다. 그 중에도 제일 게으른 것이 우리니, 보라, 아령 십년에 말한 마디 바로 못 옮기고 하루 벌어 열흘 누워 먹을 도리만 하도다. 갑자기 만금을 얻으려 함은 게으른 자의 하는 짓이니라.

▲되놈, 관장놈, 양부놈 하니, 이 어찌 예의지방 사람의 할 말이리오. 하물며 꼬부는 아버지의 관계를 맺은 이니 마땅히 부모와 같이 공경하여야 할지오. 새새로 문안도 드림이 마땅하도다. 아무쪼록 말에나 행실에나 예의지방의 체면을 생각할지니라. 우리가 그리하면 남도 그만큼 우리를 대접할 것이라.

▲좀꾀 잘 부리고 남의 흠만 집어 내려하는 이는 남의 말을 듣되 전체 뜻은 생각지 아니하고 책잡을 구절만 찾다가 한 마디 퍼뜩하기만 하면 천금을 얻은 듯이 게다가 색채를 돋히고 살을 부쳐 바늘만한 것을 몽둥이만큼 만들어 세상에 부나

니, 세상일을 틀어지게 하는 자는 대개 요따위 사람이니라.

▲ 맛있는 고기에도 가시가 있느니, 가시는 골라놓고 살코기만 먹으면 살이 질 것이어늘 하특 가시만 집어 들고 고기 흠을 하는고. 옥에도 티가 있나니, 사람이 어찌 조그마한 허물이 없으리오. 마음이 정성되어 힘껏 일하는 이어든 여간한 허물이 있더라도 용서할 것이어늘, 세상 사람은 조그마한 허물만 얻어내면 아주 그 사람을 없이하고 말려 하나니, 대개 시기하던 마음이 있었음이라. 또 아무리 좋은 사람도 간혹 실수할 때가 있나니, 한번 실수를 보고 "어, 그 사람 고얀 놈"이라 하지 말 것이니라.

새지식

모범촌[43]

저기 한 촌중이 있으니 집이 한 삼백 호 모두 농사로 업을 삼다. 한 회가 있으니 이름은 동회니 이 촌중의 정부라. 이 동회의 규칙의 대강을 보건댄

一. 직업이 있어야 하며 부지런히 일할 것
二. 술 잡기 등 외도는 엄금함
三. 아들 딸 간에 소학교 공부를 시킬 의무가 있고
四. 아들 열일곱 딸 열다섯 전에 혼인 못하고
五. 매호 일 년 오 원씩 회비를 낼 것
六. 식구마다 끼마다 쌀 한 술 날마다 계란 한 개씩 모을 것
七. 주일마다 회당과 주일학교에 출석할 것
八. 일 년에 네 번 대청결 일 주일에 한번 소청결할 것

43 『대한인정교보』 11, 대한인국민회, 1914.6.1. 윤홍로, 「『흙』과 민족갱생력」(『춘원연구학보』 2, 춘원연구학회, 2009)에 처음 발굴되어 일부가 소개되었다.

九. 청결을 유지하여 말, 소, 양을 한곳에 모으고 도야지 우리와 닭의 홰를 한곳에 모음

교회와 학교와 병원과 서적 종람소와 농시험장을 둠

예산표를 보면

교회비 一百元(부족액은 매 주일 연보로 채우다)

학교비 一千元(남녀 소학교와 유치원과 노동야학교)

병원비 一百元(약값은 본값대로 받게 하고)

토목청결비 一百元(도로 수축, 소독할 약품 등)

서적종람비 一百元(신문, 잡지, 신서적 등)

농사실험비 一百元(곡식 종자, 나무 종자 등을 시험함)

회관은 서적종람소와 같으므로 경비도 없을 것.

교회에는 주일마다 낮에 예배와 성경공부, 밤에 기도와 재미있고 유익한 통속 강연, 회당은 서적 종람소와 여학교를 겸함.

학교 일람을 보건댄 남학생이 三百二十八, 여학생이 一白八十人, 교사 四人, 남학생에게 농사하는 법, 여학생에게 농사와 부엌일, 바느질을 가르치고 각색을 실지로 가르치며 제일 힘쓰는 과정은 도덕과 국어, 지리, 역사, 이과며, 영국 소년병단의 본을 받아 매 주일 일차씩 교회에서 연습하고 여름 방학에는 짐승치기하며, 장난삼아 속사판 잡지도 발행하다. 그 수업은 루소의 에밀을 본받아 아이들이 ◯있는 중에 스스로 지식 욕심이 나고 스스로 해득하도록 하나니 자연히 과정은 반나마 산에나 들에서 가르치게 되며, 따로 꽃동산 속에 유치원을 두어 네다섯 살 된 고운 도련님네 아기님네가 점잖고 사랑깊은 어머니 한 분에게 거느리워 부모의 성화도 아니 시키고 재미있게 어여쁘게 놀더라.

병원에서는 춘추 량차 우두와 청결 위생에 관한 일을 도맡아 하며 강연이나 기타 방법으로 그 지식을 고취함.

농사시험장에서는 그 땅에 적당할 만한 곡종, 채종, 묘목을 시험하여 장려하며 농가의 부업될 밀짚모자, 집신삼기, 새끼꼬기, 멍석, 기타 질그릇 만들기, 집

짐승 치기를 장려 지도함, 계에서 세운 상점에서는 곡식, 여러 가지 필목 등 각색 소출을 사들이고 옷감, 기름, 성냥, 먹을 것, 교과서 등을 팔며, 그 이익으로 한 해 건너 남녀학생 하나씩을 유학시키느니, 그 이웃네를 본받아 각각 소학교가 생겼으므로 이십 리 이내 학생 총수가 二千여 명이므로 이 다섯 동네가 합의하야 내년부터 남녀 중학교를 세운다 하다. 이 촌중에는 부자는 없으나 가난한 자도 없고, 문장은 많지 아니하나 무식한 자도 없고, 집들이 크지는 아니하나 정소하고, 앞에 맑은 내가 흐르며 뒷동산이 푸른 나무나 엉키고, 아이들의 즐거운 노래소리 밖에 큰 소리를 못 듣겠더라. 문장은 많지 아니하나 무식한 자도 없고, 각각 제 직업에 힘을 다하여 부모를 효도로 섬기고 자녀를 정성으로 가르치며 이웃이 화목하고 문명한 사상을 해득하여 그 살림의 복스러움이 비길 데가 없으되, 오직 하나 면치 못할 것은 망국민의 천대를 받는 슬픔이러라.

우리글[44]

몸돌(1) (綴字法)

ㅓㅂㅅㄴ 업슨, ㅓㅂㅅㄹ 업슬, ㅓㅂㅅ ㄴㅣ 업스니,
ㅂㅏㄹㄱㄴ 밝은, ㅂㅏㄹㄱㄹ 밝을, ㅂㅏㄹㄱ ㄴㅣ 밝으니,
ㄴㅗㄱㄴ 녹은, ㄴㅗㄱㄹ 녹을, ㄴㅗㄱ ㄴㅣ 녹으니,
ㄷㅏㄹ∪ㄴ 다른, ㄷㅏㄹ∪ㄹ 다를, ㄷㅏㄹ∪ ㄴㅣ 다르니,
ㄷㄴㅗㅍㄴ 드놉흔, ㄷㄴㅗㅍ 드놉흘, ㅅㅁㅜㄹ 스물,
ㅈ∪ㅈㄹㅣ 즈즈리, ㄷㄹ∪ㄹ∪ㄹ 드르를,
ㄷ∪ㄹ ㄱㅗ(擧), ㄷㄹㅓ 들어(擧), ㄱ∪ㄹㄱㄴ 글근,
ㅣㄹㅋㅜㅌㅅㅋ 일쿠트스크, ㅅ∪ㅅㄹㅓㅂㄱㅓㅣ 스스럽게,
ㄱㄹㅓㅁㅕㄴ 그러면, ㄱㄹㅣㄷㅏ 그리다

---

44 외비, 『대한인정교보』 11, 대한인국민회, 1914.6.1.

지사의 감회[45]

우리 이갑 선생께서 덕국 서울 벌닌에 계실 제 그 여관 바람벽에 덕국 황제와 황후의 화상이 걸리었더라'오(하오를 략한 것). 그때는 바로 선생의 병이 시작할 제라, 종일 침상에 누웠노라면 그 화상이 마주 뵈오. 불과 사오십 년 내에 성명 없던 덕국으로 세계에 으뜸가는 강국을 만들은 천하 영주의 위풍을 대할 때 가슴에 만곡 수심을 품은 우리 선생의 감회가 얼마나 하였겠소? 가만히 그 화상을 쳐다보고 누웠을 제 황제께서 하시는 말—"반만 년 신성한 역사를 끌고 오던 고국을 남의 손에 빼앗기고 노예의 굴레를 달게 받는 못생긴 놈아! 네 어찌 그 더러운 발을 들여놓아 거룩하고 깨끗한 나의 나라를 더럽히나뇨? 우리 자유를 노래하는 산이 너를 보고 고개를 돌리고 충절을 자랑하는 물이 너를 보고 구역을 하려 한다."

선생은 참다 못하여 길게 한숨지고 눈을 감았소. 다시 눈을 떠본즉 이번에는 황후가, "폐하여! 왜 불쌍하고 외로운 손에게 그다지 박절이 말하시나이까? 오늘은 비록 나라 잃은 몸이 되어 동서로 표류하거니와 훗날 그네의 피로 빛나는 나라를 세울는지 어찌 알겠소" 하고, 선생을 돌아보며, "과히 슬퍼말고 마음을 길게 굳게 먹고 회천하기를 힘쓰시오" 하고 위로하는 듯이 빙긋 웃었소.

선생은 소리를 내어 울다가 눈물 거두고 소리를 가다듬어,

"폐하여! 지금은 나라 잃은 죄인의 몸으로 귀국산천을 더럽혔으나 훗날 우리도 나라를 공복하고 내가 귀국에 국빈의 몸이 되어 반갑게 폐하의 손을 잡게 될는지 어찌 알겠소? 귀국이 일찍 나폴레옹의 말발굽에 밟힐 때의 일을 생각해 보시오! 폐하의 조모께서 만승국모의 몸으로 어떠한 욕을 받았나이까? 그렇게 말못되게 되었던 귀국으로서 오늘날 범 같은 나라가 된 것을 생각하여 보시면 우리라고 장차 사자 같은 나라가 못 되리라한 법이야 어디 있겠소? 운수란 알 수 없는 것입니다" 하고 하하 웃었소.

웃고 보니 지금껏 말한 것은 황제도 아니오 황후도 아니오 벽에 걸린 화상이더라 하오.(끝)

—

45 원문은 가로 풀어쓰기되어 있다.

광음이 물흐르듯 하여 나라 망한 지가 벌써 오 년이어늘 그 동안 우리는 무엇을 하였는가?…… 금년도 이대로 지나겠는가? 아아!

우리시[46]

나라를 떠나는 설움

백두산아 잘 있거라 한강수야 다시 보자
나니 정든 고국 떠나려 하랴마는
행여나 자유향 있을까 하여 눈물짓고 가노라

몸은 미국에 있거나 아라사에 있거나
꿈을 꾸면 고국산천만 알뜰히도 뵈노매라
고국아 네 짐작하여 잘 때나 잠깐 잊히렴

망국민의 설움

아무데 가도 못 면할 것은 망국민의 설움이데
청동화로 백탄숯에 이글이글 철인(鐵印)을 달아
앞이마에 둥두렷하게 '망국민' 삼자를 새긴 것은 아니건만
만국 녀석들이 모두다 임진강 사공의 자식인 양하여
우리를 보면 용하게도 킹킹 코웃음만 하데
무딘 칼로 가슴에 구멍을 데꾼 뚫어 놓고
억욱새 동아줄을 울툭불툭 본때 있게 베어내어
한편에는 항우 서고 한편에는 삼손이 — 두 놈이

46 외빈, 『대한인정교보』 11, 대한인국민회, 1914.6. 최기영, 「1914년 이광수의 러시아 체류와 문필활동」, 『식민지시기 민족지성과 문화운동』(한울 아카데미, 2003)에 처음 발굴 소개되었다.

홀그덩 훌적 다리는 것은 견딜 만하여도
망국민의 설움을 참말 못 견딜네데
어차피 못살 몸이니 보국충혼이나 되리라

상부련

오동지 달 눈 뿌릴 제 겹옷 입고 떠나던 님
오늘 몸 맛 갈 때엔 단정코 오마더니
한불 두불 세불 김을 다 매도록소
늦은 벼 고개 숙고 터맡에 무를 캐어 김치 짠지 담도록
기다리고 기다리는 우리님은 아니 오네
일 있어 아니 오심이야 어떠랴마는
품은 뜻 못 이룬가 바 그를 근심하노라

아해는 아비 없다 울고 나는 님 그리워 울고
빚쟁이는 묵은 빚 내라고 야단까지 부리네
행여 꿈에나 그린 님 뵈려하여 잔등하에 졸잤더니
어디서 심술궂은 기럭은 내 집 위에 우는고
님아 내 고생이야 말해 무엇하랴마는
천애만리에 내내 평안하시다가
독립기 펄펄 날거든 훌적 날아 오소서

—ㄷ. ㄱ. 4247. ○ㄷ. 2ㄴ

재미있는 이야기[47]

저마다 제 직분이 있다

하루는 입과 귀와 코와 눈과 손과 발이 모여 회를 열었소. 입이 회장이 되고 눈이 사찰이 되었더라오. 입 회장이 개회 취지를 설명하되,

"오늘 여러분을 이렇게 모이게 한 것은 다름이 아니오. 우리가 모여만 앉으면 늘 하는 말이어니와 저 배 같이 괘씸한 놈이야 어디 있겠소. 우리가 죽도록 벌어 바치면 저는 가만히 놀고 앉아 먹기만 하고 고맙다는 말 한 마디 없으니, 천하에 그런 법이 어디 있겠소. 언제까지 우리가 그 놈의 종노릇을 하겠소. 오늘은 여러분이 난상공의하여 이후에 할 행동을 정합시다."

이 말이 그치기도 전에 만장이 박수갈채하였소. 눈이 피가 서서 입을 크게 벌리고 연단에 오르더니

"나는 아침부터 저녁까지 쉴 틈 없이 일하는 사람이오. 내가 아니면 길에 엎어져 코도 깨어질지오 먹을 것도 얻어먹지 못할지며, 세상 사람이 모두 소경이 되어 이리 받잡고 저리 부딪혀 난판이 될 것이오. 나는 이 모양으로 눈에 곱이 끼도록 일하나니, 사지백체 중에 나만큼 일하는 이가 없거든 저 배때기 놈은 아무것도 아니하고 우리 등만 긁어먹으니 그런 놈은 당장 때려 죽여야 할 것이오" 하며 입에 거품을 날릴 새, 코가 썩 나서며

"눈 사찰의 말씀을 들은즉 당신만 영웅인 듯하나 나 같이 일 많이하는 이야 어디 또 있겠소. 나는 쉴 틈 없이 숨을 쉬며 또 각색 냄새를 맡으니, 나 곧 아니면 곧 숨이 막혀 여러분도 다 죽을지오. 또 입회장에서도 나만 없으면 똥을 기장◯이라고 먹을 것이올시다" 하며 서로 한참이나 아웅다웅하더니, 마침내 발이 텅 구르고 나서며 점잖게

"여러분의 하시는 말씀이 다 그럴 듯하오마는 단지 기일이오 미지기인가 하오. 내 곧 없으면 여러분도 다 앉은뱅이가 되리니 제일 일 많이 하는 이는 낸 줄아오."

---

47 『대한인정교보』 11, 대한인국민회, 1914.6. 최주한, 「이광수와 『대한인정교보』 9 · 10 · 11호에 대하여」(『대동문화연구』 86, 2014)에 처음 발굴 소개되었다.

이때 손이 넛들넛들 흔들며

"여보시오. 우리네가 쓸데없는 말다툼만 하노라고 회의 본지를 잊어버렸구려. 어찌하였으나 배때기 놈을 괘씸히 여기는 뜻은 다 같으니 우리가 이제부터는 아무 일도 하지 말아 배때기 놈을 골리는 것이 좋을 줄 동의하오"

지금껏 가만히 있던 귀 초시가 일어나며

"과연 좋은 말씀이오- 재청하오"

입회장이 회중에 가부를 물으니 만장일치로 가결되었소. 그때부터 눈은 보기를 그만두고 다리는 걷기를 그만두고 코는 맛(보)기를 그만두고 입은 먹기를 그만두었소. 이렁그렁 삼사 일을 지나니 귀는 왕왕 울고 눈은 희뜩번뜩하고 팔다리는 느른나른하고 코와 입에는 낫거미줄을 틀게 되었소.

생각다 못하여 다시 회를 열고 배때기를 청하여 이 설명을 청하였소. 배때기가 말하기를

"여러분은 내가 아무것도 아니하고 먹기만 하는 줄로 아시고 이번 일을 하신 듯하오마는 이는 잘못 알으신 것이오. 나도 여러분이 벌어 보내신 것을 살로 가게 만들어 보내노라고 밤낮 쉴틈이 없소. 여러분은 넓은 세상구경도 하고 가끔 편안히 쉬고 놀기도 하건마는 나는 캄캄한 방속에 틀어박혀 잠시도 쉴틈이 없는 것이오" 하고 에헴한 뒤에

"나 혼자 일을 잘한다는 말이 아니라 우리가 각각 떨어져서는 살 수가 없나니, 서로 모여 단체를 이루고 각각 제 직분만 다하면 자연히 잘 살아가게 되는 것이오. 직분에 귀하고 천한 것이 없습네다. 이미 여러분도 이번에 지나 보았으니 이후란 서로 마음을 모아 잘 일하옵세다"

한대, 여럿이 듣고 다 감격하야 다시 기쁘게 일을 시작하니 몇 날이 못하야 몸이 건강하야지더라.

먹적골 가난방이로 한세상을 들먹들먹한 허생원[48]

△ 억척 같은 살림에 닦여 나가는 구슬 △

남산 밑 먹적골에 허생원이란 이가 살았습니다. 구차하기 짝이 없어 오막살이 초가 몇 간이 비바람을 가리지 못하고 먹는 것은 끼니를 찾지 못하나 생원은 들어앉아 글만 읽고 달리 벌이를 아니하였습니다.

이리한 지 여러 해 되매 살림이 한껏 억척이 되어 오래두고 바느질 빨래질 따위 품을 팔아 정성으로 남편의 뒤를 거두던 아낙도 차차 원망하는 빛이 생기고 가끔 나무라는 일조차 있어갔습니다. 생원은 집안의 어려움이 저의 허물인 줄을 모름도 아니요 또 나가서 벌이를 하면 살림 버티어 가기에는 걱정 없을 만한 재주가 없음이 아니로되, 이렇게 참기 어려움을 참고 견딜 수 없음을 견디며 글만 읽음은 앞날을 위하여 크게 준비함이 있고저 함이외다. 곧 많은 이치를 깨치고 큰 재주를 닦아 한번 뜻있는 일을 할 생각이 속에 가득이 있으므로 배고픈 것도 잊어버리고 집안 어려움도 생각할 겨를이 있지 아니함이외다. 사나이가 한번 작정함이 있으니 아무것이면 이를 어찌 휘며 속에 큰 경륜을 품었으니 작은 고생이 어찌 마음을 움직이오리까.

△ 문을 나서서 대번 찾느니 으뜸 부자 △

몇 해를 지냈던지 알 만한 일을 알았습니다. 할 만한 공부를 하였습니다. 옷을 떨치고 문을 나서매 그윽한 웃음이 뺨에 드러났습니다. 원래 가난한 생원님으로 오래 들어앉았으매 별로 아는 이도 없고 알 이도 없었습니다. 바로 종로 네 거리에 가서 길 가운데 사람더러 서울에 지금 으뜸가는 부자가 누구냐고 물으니 변아모라 하는 이 있습니다. 인하여 그 집을 찾아가 수인사도 없이 무엇을 믿는지 조금도 서슴지 않고

"나는 형세가 구차하고 적이 하여 보려 하는 일이 있으니 바라건대 그대에게 만금 하나를 꾸이려 하노라"

---

48 『아이들보이』 10호, 1914.6. 최주한, 「근대소설 문체 확립을 위한 또 하나의 도정—단편 「허생전」(1914)과 우화 「물나라의 배판」(1915)을 중심으로」(『근대서지』 7, 2013)에서 처음 발굴 소개되었다.

하였습니다. 변 부자가 또한 무엇을 보았는지

"그리하라"

하고 곧 만금을 내어주니 생원이 또한 고맙단 말도 없이 덥석 받아가지고 갔습니다. 이때 그 자리에 앉았던 부자의 자질이며 손들이 생원을 보니 한 비렁방이라 실띠는 올이올이 나고 가죽신이란 것은 뒤축이 찌그러지고 갓은 납작하니 주잖고 웃거리는 까마니 걸고 콧물은 조르를 흐르는지라 간 뒤에 다 놀라 가로되

"어르신네께서 그가 누군지 아시나이까"

"모르노라"

"이제 잠시 동안에 허무하게 만금 돈을 팔면부지 모르기에게 내주시며 그 성명도 묻지 아니함은 어찌하심이니이꼬"

변씨 대답하야 가로되

"너희들이 어찌 알리오. 대저 남에게 무엇을 달라하는 이가 반드시 떠벌려 먼저 미쁨을 자랑하고도 낯빛이 수줍고 말이 더듬는 것이거늘 그를 보매 옷은 허술하여도 말이 간단하고 티가 점잖으며 얼굴에 수줍은 기운이 없으니 아무것 없이도 스스로 넉넉한 이라. 그가 나를 믿고 왔기로 나도 그를 믿고 주었노니 아니 주면 그만이거니와 이미 줄 바에는 성명을 알아 무엇하리오"

하였습니다.

△ **만금이면 들먹거리는 한나라 장사** △

허생원이 이렇게 만금을 얻어가지고는 다시 집으로 돌아가지 아니하고 안성(安城)은 경기(京畿) 충청(忠淸)의 어림이오 삼남(三南) 목쟁이라하여 게다가 집을 하고 앉아 밤 대추 배 감 귤 탱자 석류 따위를 다 곱값을 주고 사들였습니다. 생원이 과종을 도거리한 뒤로 온 나라에서 잔치도 할 수 없고 제사도 지낼 수 없는지라 얼마 있다가 곱값 받고 생원에게 갖다 팔던 장사들이 도리어 열곱을 갖다 내면서 가져갔습니다. 생원이 한숨 지어 가로되 만금을 써보고 나라의 주제를 알겠도다 하고 다시 쇠붙이 그릇과 필육 따위와 솜 실을 가지고 제주(濟州)로 들어가 말총을 도거리하야 가로되 몇 해가 아니되어 모두들 머리를 거두지 못하리라 하더니 과연 얼마 아니가서 망근 값이 열곱이 갔습니다.

△ 도적을 도거리하니 가는 대는 빈 섬 △

이렇게 두어 번 시험에 큰돈을 모으고 조선 안에서는 하잘것이 없다 하여 늙은 뱃사람에게 물어 동남으로 여러 천 리 밖 바다 우에 빈 섬이 많이 있음을 알고 이에 삯을 많이 주고 그 뱃사람을 데리고 바람을 따라 여러 날만에 그곳에 다다라 보니 섬이 많으되 큰 것이 없는지라 높은 데 올라가 나려다 보고 매우 섭섭하여 가로되

"이까짓 쫄댁이 섬에서 무슨 큰 놀음을 하리오. 흙이 걸고 볕이 뜨겁고 샘이 맑고 나는 게 많으니 부자노릇이나 하자면 하리로다"

하고 찐덥지 못하여 나왔습니다.

이때에 해변골에 도적떼가 수천이라 여러 골에서 토포를 풀어 잡으려 하되 잡히지 아니하고 그러나 도적들도 잡힐까 무서워 감히 나와서 노략질을 못하여 바야흐로 주려 죽게 되었습니다. 생원이 도적의 속에 들어가 그 우두머리를 달래어 가로되

"천 사람이 천금을 빼앗으면 한 사람 앞에 얼마나 돌아가느뇨"

"한 사람 앞에 한 냥이니이다"

"그대 안해가 있느뇨"

"없나이다"

"논밭이 있느뇨"

도적들이 웃어 가로되

"안해가 있고 논밭이 있으면 무슨 애로 도적노릇을 하오리까"

허생원이 가로되

"그럴진대 왜 장가 들고 집 지니고 소 매고 녀름 지어 삶에는 도적의 이름이 없고 다님에는 붙들릴 걱정이 없이 늘 넉넉하고 편안하게 지내지를 아니하느뇨"

뭇 도적이 가로되

"누구는 그러기를 바라지 아니하오리마는 다만 돈이 없어 그리하노라"

생원이 웃어 가로되

"너희들이 도적질을 하면서 돈 없는 걱정이 왜 있느뇨. 내 너희들을 위하야 만들어 주리로다. 내일 바다 우에 붉은 기 날리는 배는 다 돈 배니 너희들이 와서 마음대로 가져가라"

허생원이 도적들과 약속하고 가매 뭇 도적들이 다 미친 사람으로 알고 웃더니 이튿날 바다에 나가보니 과연 허생원이 배에 여러 십만금을 싣고 있는지라. 다 놀라서 나붓이 절하야 가로되

"하라시는 대로 하겠삽나이다"

하거늘 허생원이

"힘껏들 져가라"

하니 뭇 도적이 다투어 돈을 짊어지는데 한 사람이 백금에 지나지 못하는지라. 허생원이 가로되

"너희들이 백금도 잘 지지 못하는 주제니 무슨 도적질을 제법 하리오. 이제 너희들이 비록 평민이 되려 하여도 이름이 도적놈 치부에 실렸으니 어디가 용납하리오. 내 여기서 기다릴 것이니 각각 백금을 가지고 가서 한놈이 계집 하나와 소 한 바리씩 데리고 오니라"

하니 뭇 도적이 그리하오리다 하고 다 헤어져갔습니다. 허생원은 스스로 이천 사람 한해 양식을 준비하야 가지고 기다리더니 뭇 도적이 모이는데 하나 떨어지는 자가 없는지라 드디어 여러 배에 나누어 싣고 저즘께 보아둔 한 외따른 섬에 들어가니 허생원이 도적을 도거리한 뒤에 나라 안에 도적 걱정이 없어졌습니다.

△ **바다가 마르거든 얻어 가라는 오십만 금** △

이에 나무를 베어 집을 짓고 대를 엮어 울을 하니 땅이 어찌 건지 모든 심음이 무척 잘되어 거름도 아니하고 김도 아니매되 한 줄기에 아홉 다박씩 엽니다. 삼 년 먹을 것을 남겨두고 남는 것은 말큼 배에 싣고 나가사기[長崎]로 팔러 가니 나가사기는 이론 서남 땅이라 인호가 많이 사는 곳인데 그때 흉년이 크게 들었거늘 드디어 곡식을 다 내어 나누어주고 은 백만을 얻은지라 허생원이 한숨지어 가로되

"내 이제 좀 시험하였도다"

하고 다시 섬으로 돌아와 사나이 계집 이천 사람을 다 불러 령을 내려 가로되

"내 처음에는 너희들로 더불어 이 섬에 들어와 먼저 가멸케 한 뒤에 글씨도 만들고 옷갓도 만들고 법도 마련하려 하였더니 땅이 워낙 적고 별 재미가 없기로 나는 이제 가노니 아이가 나거든 몸 다스릴 줄 알고 어른 높일 줄 알고 부지런하

게 버릇앉혀 녀름 지음을 힘쓰게나 하여 편안하고 넉넉하게 지내라"
하고 다른 배를 다 불질러 가로되
"너희는 다시 나올 생각 말라"
하며 은 오십만을 바다 속에 던져 가로되
"바다가 마르면 얻는 이가 있으리라. 백만금은 우리나라에 가져다가도 쓸 데가 없으니 더군다나 이 작은 섬에서 무엇에 쓰리오"
하고 돈과 병장기와 글발과 및 이것 아는 이를 다 실어 나와 가로되
"엇메 걱정거리를 없이 하노라"
하였습니다.

△ 재물이 사람노릇함에 무슨 보탬 △

이에 두루 온 나라 안에 다니면서 구차하고 의지 없는 이에게는 지어먹을 거리를 장만하여 주고 재주를 품고 쓰지 못하는 이에게는 일할 터를 가르쳐 돈을 주어 이리저리 보내니 그래도 십만이 남는지라, 이것은 가져다가 변 씨에게 갚으리라 하고 변씨를 가보아 가로되
"그대가 나를 아느뇨"
변 씨가 놀라 가로되
"그대 얼굴이 별로 피지 못 하였으니 그 만금을 낭패한가 보도다"
생원이 웃어 가로되
"재물로 얼굴이 피임은 그대네 일이라 만금이 사람노릇함에 무슨 보탬이 있으리오"
하고 은 십만을 변 시에게 내어주어 가로되
"사나이가 남의 힘을 빌려 제 뜻을 행하였으니 부끄리노라"
하거늘 변 씨가 크게 놀라 절하고 사양하며 열에 하나만 이를 보아지이다 한대 허생원이 노하여 가로되
"그대 어찌 장사치로 나를 보느뇨"
하고 옷을 떨치고 갔습니다. 변 씨가 가만히 뒤를 밟아가니 생원이 남산 밑으로 가서 오막살이 집으로 들어가거늘 그 결 우물가에서 빨래하는 할미더러 그 집이

뉘 집인고 물으니 그 할미 대답하되

"그 집은 허생원 댁이니 가난하나 글 읽기를 좋아하다가 어느날 집에서 나가 돌아오지 않으신 지 이미 다섯 해라. 그 마누라님이 계시어 그 나가신 날로 제사하나니라"

하므로 비로소 성이 허인 줄 알고 한숨쉬고 돌아왔다가 이튿날 그 은을 말큼 가지고 가서 드린대 허생이 사양하여 가로되

"내가 가멸코저 하면 백만을 버리고 십만을 취하랴. 내 이제부터는 그대를 얻어 살아갈지라. 가끔 돌보아 먹을 만큼 양식이나 주고 입을 만큼 필육을 주기나 하면 그만이리라. 누가 재물로 정신 허비하기를 즐기리오"

하고 변 씨 이말 저말로 생원을 달래되 어찌 하는 수 없는지라, 은은 그대로 가져오고 생원의 집 없어질 것을 헤아려 문득 몸소 가져다가 주면 생원이 기꺼이 받고 어쩌다가 좀더 가져가면 얼굴을 찡겨 가로되

"그대- 어찌 재앙을 가져다 주느뇨"

하고 돌려보냈습니다.

△ **세상을 널리 쓰면 가는 데마다 가멸** △

이렇게 하기를 몇 해에 정이 매우 든지라 일찍 조용한 틈을 타

"다섯 해 동안에 어떻게 백만금을 모았느뇨"

물으니 허생원이 대답하여 가로되

"이는 알기 쉬우니라. 조선이 배가 남의 나라에 다니지 아니하고 수레가 내 나라 안에 다니지 아니하므로 모든 물건이 제 곳에서 나서 제 곳에서 없어지고 있고 없는 것을 서로 옮기고 싸고 비싼 것을 서로 바꾸어 남의 재물로 내 리를 만들지 못하니 어찌 가멸함을 얻으며, 대저 이 세상은 이르는 곳마다 리가 널렸느니 오직 거둘 줄 알고 늘일 줄 아는 이가 취하여 가멸을 이루는 것이라. 더욱 조선은 뒤로 들 하나만 지나면 황하 양자강 이쪽저쪽이 모두 내 물건을 펼 곳이오, 앞으로 바다 하나만 나가면 동쪽남쪽 이섬 저섬이 모두 내 재물을 거둘 땅이어늘 쥐코만한 속에서 양반노릇하기에 정신이 다 빠져 하늘이 맡기신 앞뒤 고집을 열고 쓰지 아니하니 어찌 넉넉하야 보리오. 그대 비록 가멸이 한 세상에 덮힌다 하나 진실로 우물 안 고기가 줄곧 거기서만 오비작거리니 열에 둘셋 남기는 줄만 알고

하나로 열과 백과 천 만듦 모름이 괴이치 아니하도다"
하고 여러 가지로 장사할 곳과 도리를 이르니 말마다 신기한지라. 변 씨가 비로소 세상의 큰 줄을 알고 큰 세상을 다 아는 허생원의 큰 국량과 큰 지식을 깊이깊이 탄복하였습니다.

그러나 허생원의 본 뜻은 잠시 작은 리를 남김이 아니라 모든 것으로 우리의 왼통을 크게 하려 함이었습니다. 할 수 있으면 당장 가진 것을 알맹이 삼아 사방으로 골고루 펴져나가기를 기약하였습니다. 그러나 때가 이롭지 못하고 일꾼이 변변치 아니하므로 마침내 본 뜻을 이루지 못하였습니다. 당신과 남의 서로 상거됨이 너무 멂을 아신 뒤에는 차라리 너른 세상에 시원히 놀기로 작정하시고 쓸 만한 사람을 찾아 데리시고 바다 밖으로 나가시어 여러 가지 놀라운 일을 많이 하시니 그 자세한 일은 또 들으실 때가 있으리라 하노이라.

나라생각[49]

동천을 바라볼 때
눈물이 왜 솟으며
앞길을 생각할 때
가슴이 왜 쏘는고
잊재도 못 잊는 님은
죽거나 곧 오거나

---

49 외배, 『권업신문』 123, 권업회, 1914.8.9. 윤홍로, 「이광수의 연구 — 치따에서의 체험과 그의 작품 배경: 새로운 시 작품 발굴을 중심으로」(『어문연구』 28, 2000)에서 처음 발굴 소개되었다.

꽃을 꺾어 관을 겯자[50]

1. 아해들아 산에 가자
산에 가서 꽃을 꺾자
꽃 꺾어서 관 결어서
건국영웅 씌어주자

2. 이 꽃으로 겯은 관은
뉘 머리에 씌어주랴
백두산의 상상봉에
독립기를 세운 영웅

3. 이 꽃으로 겯은 관은
뉘 머리에 씌어주랴
둥그렷한 독립문에
자유종을 울린 영웅

4. 이 꽃으로 겯은 관은
뉘 머리에 씌어주랴
나라 위해 원혼 되신
애국지사 무덤 앞에

5. 이 꽃으로 겯은 관은
뉘 머리에 씌어주랴
꽃 꺾어서 관을 겯는
우리 머리에 쓰자고나

50 외배, 『권업신문』 124, 권업회, 1914.8.16. 상동.

물나라의 배판[51]

한 옛적 한검(大神)께오서 온 누리를 만들으신 뒤에 물에 사는 모든 動物을 만들으시고 물검(水神)임으로 그 무리를 다스리시는 임금을 삼으시었다. 물검임께서 한검임의 命令을 받아 첨 물나라 임금으로 卽位하시는 날 모든 百姓을 모아 큰 잔치를 베풀으시고 終日 즐기신 뒤에 입을 열으시어

"한검임의 크신 은혜로 너희 무리가 다 생기어 이 아름다운 물나라에서 즐겁게 살게 되고 내가 또 너희들 다스리는 임금이 되어 한검임의 命令으로 오늘 卽位式을 하게 되니 그 기쁨을 무엇에나 비기리오. 特別히 오늘을 慶祝하기 爲하여 너희게 恩典을 베풀 것이니 누구든지 무슨 不足함이 있든지 더 所願이 있거든 나서서 말하라" 하시었다.

여러 물짐승들은 무슨 말을 하여야 좋으랴 하고 서로 돌아보며 속삭이더니 고래가 깜장도곤 나인 몸에 조그마한 눈을 깜박깜박 하며 물검임 앞에 나아가

"여러 짐승을 만들으실 제 特別히 저를 크게 만들어 주시니 恩惠 罔極하옵나이다마는 저보다 別로 낫지 못한 범과 사자는 陸地에 살게 하시면서 구태 저를 물에 살게 하시어 平生 물속에만 있게 하신 것이 맘에 차지 아니 하나이다"

물검임께서 웃으시며

"네 생각에는 陸地가 물보다 나은 듯하나 陸地에 사는 動物은 또 물이 陸地보다 나으려니 하나니라"

하시고 물나라이 決코 다른 나라에 지지 아니함을 曉諭하신대

"그래도 제 생각에는 여기 모인 모든 무리의 생각이 다 저와 같을까 하나이다. ○○○○ ○○○ 우리를 밉게 여기사 이 나라에 두심인가 하나이다"

이때에 몸에 털 나고 네 발 달린 짐승 五六名이 멀리서 오는 모양으로 疲困하야 들어서더니 그中에 第一 크고 가죽 두텁고 보기에 愚鈍하엄즉한 짐승이 나서며

"저는 元來 陸地에 살게 생긴 소라는 짐승이옵더니 어인 일이온지 제 겨레에

---

51 외배, 『새별』 통권15호, 1914.12. 최주한, 「근대소설 문체 확립을 위한 또 하나의 도정－단편 「허생전」(1914)과 우화 「물나라의 배판」(1915)을 중심으로」(『근대서지』 7, 2013)에서 처음 발굴 소개되었다.

다 나는 뿔이 아니 난다 하여 同類의 排斥을 받으오며 어떤 놈들은 저를 되다 말은 미사이[52]라고까지 하오므로 世上이 싫어 검임의 나라로 왔나이다"

"오냐 내가 네 말을 알았다. 검임께서 첫 솜씨에 말을 만드노라고 뿔이 없이 만드시다가 너무 性質이 愚鈍하게 되었으므로 고치어 소를 만들려 하시더니 왈패한 그 性質에 뿔을 박지 못하게 하므로 그저 내어버려 두었다더니 마침내 이 나라로 왔구나— 너를 이제부터 물소라고 이름하여 아무데나 너 살고 싶은 데 살게 하리라" 하신대 여러 고기가 一齊히 입을 열어,

"못 하리이다. 저렇게 몹쓰고 더럽게 생긴— 게다가 되다 못 된 놈을 저희 나라에 두시면 이 나라 純良한 百姓이 물이 들리이다" 하고 가장 强硬하게 他族排斥宣言을 한다. 물소가 성을 내어 그 커다란 눈을 부라리며 "호……이" 하고 示威를 한다. 물검임께서 이윽고 생각하시더니

"옳다. 그러면 너는 저 鰐魚와 한가지로 아프리카 湖에 살아라. 거기 가면 누구든지 너를 누를 이가 없으리라"

이때에 몸에 단단한 鐵甲을 두른 鰐魚가 물소의 미련하고 살이 먹음직함을 보고 가느다란 꼬리를 툭툭 치고 커다란 입을 떡 버티고 껄껄 웃으면서

"여보 물소 老兄! 老兄이나 나나 다 八字가 사납소. 동무 寡婦 私情은 동무 寡婦가 알고…… 우리 둘이 사철 추운 줄 모르는 곳에 가 살읍시다그려" 하더니 둘이 물검임께

"저희는 길이 멀어 只今 하직하나이다"

"너 이놈들 둘이 誼 좋이 지내렷다. 사람을란 害 하지 말고-"

"네. 그러나 골 틀리면 아무놈이라도 해대지요" 하고 둘이 어깨를 겯고 물을 헤치며 달아난다.

至今까지 말 끝나기를 기다리던 물소와 함께 온 다른 짐승이 머리를 곱다랗게 빗고 보드라운 눈에 방그레 웃음을 띄우고 아장아장 물검임 앞에 나아가 서러운 목소리로

"제 몸을 보소서. 이렇게 아랫동이 病身이 되어서 남과 같이 메(뫼)와 들에 맘

---

52 산중에서 풀뿌리나 나뭇잎, 열매 따위를 먹고 사는 몸에 털이 많이 난 자연인 곧 원시인을 일컫는 '미사리'를 가리키는 듯하다.

껏 뛰어 다니지도 못하고 또 다른 짐승들이 저를 업신여기어 暫時도 편안할 새 없이 갖은 操弄을 당하오매 견디다 못하와― 或 陸地보다 三倍나 되는 물나라에는 저희 같은 불쌍한 것도 편안히 살 구석이 있을까고 왔나이다" 하고 훌짝훌짝 운다. 본즉 果然 뒷등이 넙적하게 고기처럼 되었다. 물검임과 다른 모든 짐승들도 한껏 그 굽은 ◯◯를 사랑하며 한껏 그 情景을 불쌍히 여기어 同情의 눈물을 흘린다. 물검임께서 모든 무리를 나리어 보시며

"이 짐승을 우리나라에 두랴" 하신대 말이 채 끝나기 前에,

"두시옵소서, 저희가 한 해에 새끼 한 배씩을 주어 먹고 살게 하겠나이다― 아랫동이 우리와 비슷하게 생기었으니―"

우두커니 앉았던 고래가 쑥 나서며

"그러실 것 없나이다. 저 혼자 그 짐승을 맡아 치겠나이다" 하고 그 짐승을 돌아보며 "에 나같이 힘쓰는 큰 짐승을 親하여야 하나니라." 그 짐승은 고개를 푹 숙이고 생긋 웃을 뿐 물검임께서 이슥고 생각하시더니

"이 짐승아― 너를 물아기(膃肭)[53]라 부르리라. 들거라. 네 생김이 ◯진하야 저마다 제것을 만들려 하니 여기 있는 것이 매우 바드라운지라.[54] 다행히 네 몸에 털이 있으니 北 편 찬 바다에 가 살며 바닷가 바위 우에 네 새끼와 同生을 모아 데리고 옛날 이야기나 하여라" 하시고 고래를 시키어 北海에 데려다 두고 오라 하신대 고래가 물아기를 등에 지고 北海로 향하더라.

물소하고 물아기하고 함께 온 수달이라는 짐승이 물아기 잘 되어 간 것을 보고 "제가 먼저 그리하였더면 좋을 것을" 하면서 깡충깡충 뛰어 아까 물아기 하던 말 비슷하게 사뢰었다. 물임검께서 수달이를 자세히 보시며 말을 들으시더니, 성을 내시며

"이놈. 네 몸을 본즉 아무데 가 아무런 짓을 하야서라도 벌어먹을 터인데 왜 그리 게을러서 그런 可憎스러운 소리만 하느냐. 네 이후에 代代로 사람한테 잡히어 신감도 되고 배자감도 되리라" 하고 咀呪하시었다.

이것을 보고 물도야지(海豚)는 저도 그렇게 될까 두려워 "꿀꿀" 소리도 못 하

53 홋카이도[北海]에 사는 물개.

54 바드랍다. 빠듯하게 위태롭다는 뜻.

고 處分만 기다리고 허떡헐떡하며 앉았다.

물검임께서 모든 무리를 돌아보시며

"너희들아 보아라. 누구든지 저를 滿足히 여기는 이는 없나니라. 남은 다 저보다 낫거니 하거니와 其實 누구든지 다 마찬가지니라. 그러하므로 너희도 저 된 대로 있기를 滿足히 여기고 決코 陸地에나 가면 나을까 다른 짐승이나 되면 나을까 하지 말고 저 생긴 대로 즐겁게 살어라."

이 말씀이 다 마치기도 前에 어떤 발 너슬너슬한 대야머리가 시커먼 눈을 뒤룩뒤룩 하면서 발끝마다 시뻘겋게 열이 올라,

"아무려면 이렇게 만들으실 수가 어디 있겠어요? 뼉다귀도 없고 비늘도 없고…… 되지 못한 새우와 끈장이 놈들까지 뜯어 먹으랴고 드니 이럴 바에야 차라리 當場 죽는 게 나아요" 하고 게두덜거린다. 저 편에 모이어 앉았던 홀작이 우수레 오징어 패들은 拍手하는 모양으로 발들을 굽실굽실하면서,

"옳은 말이올세다. 무슨 재미에 이 꼴 해가지고 살아요. 차라리 이제 죽이어 줍시오."

물검임께서도 한참 민망하야 하시더니 어찌할 수 없어 벼루를 내어 먹을 갈으시면서

"너희들 듣거라. 내 이 비늘도 없고 뼈도 없는 못생긴 짐승에게 먹 點을 찍어 標를 삼을 터이니 누구나 이 標 있는 짐승을 다치는 이는 罰을 받으리라" 하시고 낙지 族屬을 불러 먹點이 지워지지 아니하게 하려고 칼로 어깨께를 째고 海綿에 먹을 배우어 한 조각씩 넣어 주시었다. 낙지 族屬이 칼 자리가 아프어 엉엉 울고 야단을 칠 새 海綿에 밴 먹이 우러나 갑자기 世上이 캄캄하여진다. 낙지 族屬은 이것을 보고 아주 좋아서 아픈 줄도 잊어 버리고 너훌너훌 떠돌아 다니며 "옳다 되었다. 옳다 되었다. 어느 놈이든지 나를 쫓아보기만 하여라. 이렇게 먹줄을 吐하야 너의 눈깔을 어둡게 하리라" 한다.

물임검도 더욱 민망하시어

"이 놈들아. 오늘 같이 좋은 날에 이렇게 물을 흐리어 典을 깨트린단 말이냐. 以後란 너희 피가 아주 먹물이 되고 다른 짐승이 너희를 잡아먹으리라" 하시며 가죽 거츨거츨한 상어와 무쇠 뭉텅이 같은 게를 시키어 그 놈들을 멀리로 내어 쫓았다.

이때에 어떤 몸 넓적하고 신수 멀끔한 고기가 숨이 차 달리어 들어오며

"물검임 큰 일 났나이다. 저의 동무 하나가 무엇한테 끌리어 올라갔나이다."

滿座가 다 놀랐다. 무슨 凶事가 났는고 하였다. 더욱이 물검임께서는 얼굴이 變 하시어

"그래 어떻게 끌려갔단 말이냐. 或 그 곱슬 鰐魚놈이 아프리카에서 나오지 못 하리라는 성풀이로 무슨 못된 장난을 한 게로고나" 하신대 그 고기가 고개를 흔들며

"아니올시다. 설마 우리 물나라 百姓이야 그러한 악착한 짓을 하오리이까" 하고 꼬리를 치며 뾰족한 입으로 前後始末을 하소거린다.

이 고기의 이름은 준치니 ○○ ○○○○○○ ○○ 얼골이 잘 나고 살도 맛나게 생긴 고기라. 그의 아우가 노래하는 맑은 물결에 뜨었다 잠기었다 明朗한 日光을 戲弄하며 즐겁게 노닐 적에 마침 새우 하나가 눈앞에 번뜻 하기로 '옳지. 이것은 우리 한검임께서 누리를 즐거이 하는 나에게 許諾하신 먹이라' 하고 덥석 들이어 물었다. 그러고는 어찌된 일인지 그만 물 밖으로 끌리어 올라가고는 다시 消息이 없는데 後에 생각한즉 무슨 실 같은 것이 새우에게 달리었더라 한다. 이 밖에도 무슨 말을 더 하려 하더니 없어진 아우를 생각하고 자식을 잃고 슬퍼하는 어버이를 생각하야 그만 울어 쓰러진다. 여러 짐승들은 제가끔 갖가지로 그 事件을 臆測한다. 或은 이 고기가 물나라이 싫어 陸地로 올라감이라 하고 或은 神仙이 되어 하늘에 오름이라 하고 또 或은 한검임 말씀에 우리는 一生에 한번은 早晩間 죽으리라 하시더니 이것이 죽음이라고도 하야 甲論乙駁에 是非가 紛紛하다. 그中에서 어떤 점잖은 고기가 나서며,

"나는 鯉魚라 하야 漢江 洛東江 같은 단물가람에 사는 ○○○○ ○○○ ○○ ○ ○○○ ○○○○○고 제 言論의 根據의 正確함을 다진 귀에 천천히 히 말을 이어,

"그 준치는 陸上에 오른 것도 아니요, 神仙이 된 것도 아니요, 또한 죽은 것도 아니라. 이는 우리 動物界中에서 가장 무섭고 可憎할 일이니 ― 卽 陸上動物中에 사람이라는 놈은 한검임께서 特히 생각하사 우리에게 다 아니 주시고 아끼고 아끼어 두시었던 '슬기'라는 것까지 물려주어 우리 世上의 主人을 삼게 하시었거늘 사람이 이 特權을 ○用하야 갖은 惡한 일을 다 하는지라. 元來 그네에게 知識을 줌은 땅 우에 動物을 調和하고 ○○○이언마는 그는 아니하고 各色 異物스러운

○○와 꾀를 부리어 或 소와 말을 잡아다가 코도 꿰고 굴레도 씌이어 부리며 或 順하고 仁慈한 노루와 사슴을 쏘아 그 피를 받고 고기를 먹으며 或 송아지를 속이어 그 젖을 ○○○○ 벌을 속이어 그 꿀을 빼앗으며 或 닭이 내 딸이야 내 아들이야 하는 알을 통으로 삶아 먹으며……"

이때에 여러 짐승이 와락 성을 내며

"이 거짓말 하는 놈을 몰아내어라. 남을 誹謗하는 놈을 내어 쫓아라. 우리가 듣건댄 사람은 우리 動物中에 가장 禮義 있고 德 있는 짐승이라 하거늘 그럴 理가 왜 있으리오" 하고 當場에 鯉魚를 물어뜯으려 한다. 물검임께오서 손을 두르어 騷擾를 制御하시며,

"이것이 어리석은 이의 하는 짓이다. 鯉魚의 하는 말이 매우 有理하염즉 하니 끝까지 듣고 보리라"

이에 鯉魚가 말을 이어

"德이 있어요? 그러리이다. 저희 사람 겨레끼리는 或 德도 있으리이다. 아니 같은 種族끼리는 或 德도 있으오리다. 그러나 다른 種族에게야 다른 動物에게야 德이 다 무엇이니잇가. 그저 먹을 따름이로소이다" 하고 ○○高調에 達하였던 神經의 興奮을 制御하는듯 소리를 낮추어,

"이에 우리 고기의 미련함을 利用하여 우리가 잘 기어 먹음직한 미끼에 구부린 바늘을 꿰어 우리를 속이어 잡으며 이를 저희 딴엔 아주 興趣잇고 閑雅한 놀이로 ○○한 ○○이라 하는 것이오이다. 勿論 우리를 잡아먹는 것이 그르다 하는 것이 아니라 짐짓 한 萬物의 靈長이라고 自任하는 사람이라는 것들이 우리 같은 微物을 속임이 괘씸하다 함이로소이다" 하고 ○河의 日辯으로 滔滔數萬言을 나리어 거울은[55] 뒤에 여러 魚族의 覺醒을 切望하노라 하고 물러선다. 여러 짐승들은 또 아까 모양으로 떠들어 "거짓말이다. 거짓말이다. 鯉魚라도 그런 짓은 아니 하리라" 하고 反駁한다.

물검임께서는 이 일이 온 누리에 關係한 重大한 일이니 愼重하게 審理함이 可하다 하시고 "爲先 水陸 各 動物界에 이 뜻으로 通文하여야 되리라" 하시고 거북

55 거우다. 건드리어 성나게 하다.

書記를 부르시어 通文을 지으시니 그 글에 하였으되

"우리는 다 같이 온 누리를 즐겁게 하기 위하여 한검님께서 지으신지라. 서로 믿고 서로 사랑하여 제게 타인 먹을 것밖에는 남을 害하지 아니 하여야 할지라. 그러하거늘 들은즉 只今 사람이 제게 타인 百草와 百葉을 마다하고 좀 꾀를 내어 우리를 속이어 ◯害하려 한다 하니 후일 그 眞相을 探問하여 다시 知委하려니와 爲先 各各 注義할지어다. 첫째 우리는 눈물을 뿌리어 사람 겨레를 우리 同族中에서 除外할지니 따라서 우리는 그네를 믿고 사랑할 義務가 없으며 둘째 우리는 自衛上 그네에게 對하야 敵對行爲를 하여야 할지니 따라서 그네의 모든 行爲는 우리를 害할 行爲로 看做하고 不得已한 境遇에는 피를 보기에까지 이를지라. 물임검 우룽"이라 하여 傳令使 바람을 시키어 온 땅에 펴게 命하신 後 다시 무리를 向하여,

"이제 사람의 行動을 仔細히 探問하여야 할지니 이 職務를 맡을 이는 不得不 陸上動物과 비슷하게 차리어야 할지라" 하고 自願者를 물으시나 하나도 이 職務를 勘當할 만한 者가 없는지라. 이에 比較的 그럴듯한 짐승 몇을 뽑을 새 맨첨 올창이를 잡아내어 꼬리를 떼고 네 발을 달았다. 그러나 털이 없어 꼴이 메우지 아니하므로 몸에다 点을 치어 얼른 보기에 털이 난 듯이 만들어 맥자구 一名 개구리라고 改名하얐다. 모든 무리는 "용하다 꼭 陸上動物 같이 되었다" 하고 혀를 찬다. 그 담에는 자라 그 담에는 남생이 또 그 담에는 거북이…… 이 모양으로 갑자기 초라한 네 발을 달아 各各 사람 偵探으로 보내었다. 이때에 忠直한 게는 저 혼자 꾸물꾸물하더니

"저도 나가 보겠나이다" 한다.

물검임께서 웃으시며

"이 놈아 다리는 넷만 있으면 좋을 것을 왜 鈍하게 열 個씩 달았단 말이냐"

滿座가 다 치어 웃는다.

"맥자구는 本來 잘 뛰는 놈인지라 네 발만 하여도 넉넉하려니와 저 같이 鈍한 놈이야 발이나 많아야 될까 하고 있는 대로 주어 다노라는 것이 길은 것 짧은 것 이렇게 열 個로소이다."

"그러면 눈이 저렇게 한 옆으로 모두 박히어서야 한 앞이야 볼 수가 있나" 하시고 한참 생각하시더니

"가만 있거라. 눈과 발을 고치어 달자."

"아니로소이다. 急한데 언제 그것을 고치어 달리이꼬. 이렇게 걸으면 그만이로소이다" 하고 모으로 지축지축 걸어 본다.

滿座가 그 精誠에 운다. 물검임은

"그러면 내 눈을 좀 잡아당기어 길게 늘이자— 치어 들기만 하면 앞뒤가 다 보이게" 하시고 두 눈을 잡아 늘이었다. 게는 열 다리로 허우적거리고 陸地를 向하야 달아간다.

잔치는 그만 끝났다.

北海 갔던 고래가 돌아와 이 말을 듣고 사람 아니 된 것을 기뻐하였다. 이때부터 動物과 사람 사이에 怨讐가 맺히고 맥자구 자라 남생이 거북이 게는 눈이 발개서 사람의 行動을 視察한다.

한검임은 그네에게 特別히 水陸通行 勿禁을 주시었다.

許生傳(上)[56]

서울이라 下南村에 선배한분 살더니라
움막사리 단간草屋 食口라고 다만內外
지붕에는 풀엉키고 섬밑에는 삵이잔다
五更쇠복 萬戶長安 꿈인듯이 고요한데
가물가물 가는촛불 그린듯이 도도앉아
외우나니 聖經賢傳 글소리만 들리더라

그곁에서 바늘들고 그덕그덕 졸던안해

56 외배, 『새별』 16, 1915.1. 경희대 한국아동문학연구센터, 『한국아동문학연구자료총서 1－동요・동시(1908～1929)』(국학자료원, 2012)에 처음 발굴 소개되었다.

깁으려던 누더기를 와락집어 내던지며
"여보시오 말좀듣소 아침밥은 어찌랴오
나는벌써 눈어두워 바느질도 다팔았소
남들은 十年成就 小科大科 하온後에
出將入相 거들거려 갖은호사 다하는데

二十餘年 글을외어 科擧하나 못하고서
오동지달 추운밤에 헐벗고 밥굶어도
그래도 如前하게 興也賦也 할터이오
글읽어 배운재주 바람먹고 살려하오
人生이 죽어가서 저승이 있다하면
고린선배 죽은鬼神 酆都獄[57]에 가오리다"

許生은 못들은체 글소리만 더욱높여
孟子에 浩然章을 기운차게 외우더니
하도몹시 쨍쨍대는 뿔난안해 잔소리에
참다못해 돌아앉아 길게한숨 쉬이면서
"큰고기는 깊이숨어 道를닦기 一千年에
한번風雲 만나는날 나늘높이 올라솟아

소리를 칠량이면 우레번개 재우치고
손한번 드놀리면 天地爲해 떨리나니……"
말이아직 맟기前에 그안해 變色하며
"그만두오 듣기싫소
잔고기니 큰고기니 打鈴듣기 또역하오
다늙어 죽은뒤에 政丞判書 하려하오

57 도가(道家)에서 지옥을 이르는 말.

꾀죄한 그몰골에 말을해도 窮相엣말
쪼그라진 그뺨따귀 福이왔다 놀라겠소
헐벗고 굶어앉아 孔子孟子 찾기보다
설설이 끓는군밤 외오는것 제格이오
꽃같이 고운靑春 당신일래 다늙은것
생각하면 切痛하오 잘있으오 나는가오"

許生이 할 일없어 鐘路로 나온것은
이튿날 첫밝기에 이른장군 모일때오
양태없는 헌갓에다 편자터진 京兆網巾
총만남은 메투리에 발뒤꿈치 나오려오
오고가는 行人들은 머뭇머뭇 이꼴보고
"거지낫다 바보낫다" 손가락질 웃음치오

"長安一 富 그누구요" 許生의 묻는말에
여러사람 쳐웃으며 "卞富者"라 대답하오
양반아닌 卞承業이 當時에는 朝鮮甲富
金權이 王權이라 門前이 常如市오
양반상놈 各等人士 俛首鞠躬 늘어선데
唐突하게 들어선이 그누구리 許生이오

수인사도 아니하고 單刀直入 입을열어
"내只今 稍緊하게 用處있어 請하노니
많이말고 萬金돈을 許諾하오" 한마디에
두말없이 卞富者가 許生의 請求대로
五日內로 安城邑內 等待하마 對答하니
안놀란건 두사람뿐 滿座中이 눈이둥글

許生이 그돈으로 各色果實 都買할제
看色도 아니하고 값다툼도 아니하니
天下의 果實장사 눈이벌게 뒤덤비어
한달이 다못하여 열倉庫에 가득차매
萬戶長安 가가우에 밤한알을 못볼러라
開闢後 첫일이라 全國이 뒤끓것다

그제야 天下장사 倉庫가에 모여들어
코흘리는 許生前에 "팔으소서" 哀乞伏乞
許生이 大笑하고 仰天嘆息 하는말이
"가이없다 世上이여 萬金돈에 흔들릴줄"
倉庫門 활짝열고 하루안에 다팔으니
값다투지 아니코도 數萬利를 얻었더라

一年지나 왼天下에 無前大變 또일었다
망건감투 할것없이 총물이란 총물凶年
豪富家 새서방의 번쩍하는 장가길에
아버지의 낡은망건 빌려쓰는 야단이오
天下를 뛰놀게한 이原因은 그무엇고
許生이 濟州앉아 총都買를 함일러라

이때에 連年飢饉 大小盜賊 蜂起하니
그中에도 三南各官 人民安堵 못할러라
나라이 힘을다해 갖은計策 다써보되
보람없어 滿朝庭은 밤낮없이 근심이오
하루는 許生이 單身으로 賊窟에가
"묻노니 너희무리 집과안해 어데두뇨"

盜賊들이 기이여겨 이윽하게 보든더니
"집과안해 있을진댄 왜구태여 盜賊投身
三生에 罪障짓고 萬民怨讐 되올것고
우리도 鑿井耕田 良民에도 良民으로
孝悌忠信 聖賢의길 따르노라" 하옵더니

許生이 이말듣고 길게한숨 쉬온뒤에
"애닯다 하늘道가 깨어진지 오래구나
躬耕力穡 하는天民 飢寒에 부르짖고
優遊行淫 하는무리 酒池肉林 하단말가
長安萬戶 高樓巨閣 부인房이 왜 많으며
富者의 倉庫속에 썩는곡식 어인일고

한편에는 늙은總角 짝을그려 울려거늘
富貴家 妾媵婢婢 青春空房 무슨일가
썩는곡식 밥을짓고 늙는寡婦 몰아다가
늙은總角 짝을지어 부인房에 두고지고
某月某日 너희무리 某浦口로 올작시면
물흐르는 金돈銀돈 힘껏등껏 지어주마"

盜賊들은 半信半疑 그날그곳 모여들어
밀물들기 기다리며 서로공론 하던차에
돛내리며 들이대는 네다섯채 큰당둘이
許生의 弊袍破笠 큰뱃머리 썩나서며
"이속에 가득찬돈 너희게 맡기노니
맘껏힘껏 지고메고 주린설치 다하여라"

땀흘리는 盜賊무리 앞에주룩 모아놓고

"기껏저야 一千金이 없어道賊 되단말가
내將次 너희무리 仙鄕으로 보낼지니
주리던것 배껏먹고 안해얻고 소사끌고
아모달 아모날에 물때남춰 예미치라"
盜賊들이 슈을듣고 돈짐지고 헤어지다

여기는 南洋속에 四時長春 無人絶島
濟州에도 늙은사공 석달넘어 배질한데
盜賊무리 五百餘名 順風으로 下陸하여
나무찍어 집을짓고 풀을베어 밭이루니
한말심어 열섬나고 山菜海魚 다함없네
얼마아녀 집집마다 아기소리 들리더라

두길세길 돌담쌓아 넓은世上 좁게살고
門마다 쇠를잠가 밝은天地 獄삼는줄
좀먹다가 남은나날 쉬슨고기 핥아먹고
쇠조각과 헝겊으로 갖은치레 야릇하게
웃기울기 말을조차 저울에다 뜨는고생
미친世上 지랄장이 가이없는 살림이나

단간茅屋 이라해도 半間淸風 半間明月
쥐니마에 좀작난한 꽃동산은 없거니와
우러蒼天 굽어大地 그네의 마당이오
茂林中에 우는百鳥 同樂하는 벗이로다
철찾아 새론五穀 이슬맺힌 어린나물
心身조차 淸閑하니 부러울것 乾坤이나

먹고남은 물건을란 日本에 실어내어

三年동안 장사한것 幾十百萬 모르더라
하루아침 잔디판에 太平逸民 모아놓고
許生이 입을열어 "듣거라 동무들아
나는오늘 이섬떠나 故國으로 가려하니
돌아가기 願인者는 이앞으로 나서거라"

"우리는 안가려오 이極樂을 내어놓고
거치는이 또없으매 만난대로 즐길지니
우리는 이곳에서 아들낳고 딸을길러
질항아리 술익거든 모래하고 춤추려오"
許生이 빙긋웃고 다시금 입을 열어
"귀담아 들으시오 申申付托 이내말을

얼마아녀 이나라에 妖物들이 생기리니
그妖物 생기거든 집과집에 싸움나고
쌀독에는 피가묻고 술항아리 깨어지고
노래하던 그입에는 慟哭소리 나리로다
그妖物은 얼굴곱고 말잘하는 두오누니
오라비는 돈이라고 그의누이 글이로다

千年묵은 구미여후 神通하여 오누되니
동굴동굴 오불고불 各色造花 능란하여
곧게생긴 하늘道를 가로채어 휘어쓰매
되다못된 病身바보 英雄되어 주적시고
靈魂에다 값을매어 萬物庾에 버리리니
"동굴고불 千里萬里" 呪文외며 把守하라

아들딸 낳거들란 눈물에다 沐浴감겨

밭귀자기 버들그늘 젖을먹여 뉘일지니
지나가던 毒蛇전갈 어이돌아 갈터이오
자란뒤에 손발바닥 굳은살이 오르거든
굳은살은 太乙眞人 손수그린 護身符니
百病百鬼 不侵하고 萬壽無疆 하오리라”

言罷에 그들中에 기억하는 세네사람
불러내어 배에싣고 順風맞아 배떠날제
물가에 가물가물 손혀기고 부르는양
배위에 사람들도 굵은눈물 떨구더라
아루이틀 이어順風 두달이 다못되어
물속에서 솟는해에 떠나온다 故國멧발

이 許生의 事跡은 일찍『아이들보이』때에 散文으로 한번 揭載한 일이 있으나 이번에는 韻文으로 다시 지어 여러분의 새 感興을 일으키고자 하였노라.

어린 벗에게[58]

一
아리따운 어린 벗아
방그레 웃는 벗아
볼치고 노는 벗아

58 외배,『학지광』8, 재일본동경조선유학생학우회, 1916.3.『학지광』8호에 실린 자료들은 호테이 토시히로[布袋敏博](『문학사상』, 2003.8)에 의해 처음 발굴 소개되었고, 권보드래,「『학지광』8, 편집장 이광수와 새자료」(『민족문학사연구』39, 민족문학사연구소, 2009)에서 또 다른 판본이 발견되어 전문이 영인 소개되었다.

내 노래 받아스라

네 눈이 光彩도 있다
바로 샛별 같구나
웃음 가득 英氣 가득
明哲까지 가득하다

웃음이 春風되어
네 눈에서 불어나와
索寞한 눈 벌판에
갖은 꽃 피워 놓고

웃음이 曙光되어
네 눈에서 내어쏘아
캄캄한 洞窟속을
환하게 비추이고

웃음이 甘泉되어
네 눈에서 흘러 나와
地獄에 목마른 이
골고루 축여주라

네 눈의 明徹함이
萬卷書를 내리외어
新文明의 빛과 맛을
半島에다 옮겨다고

네 눈이 X光線

萬事物을 꿰뚫어서
풀다남은
宇宙의 謎
마저풀어 일러다고

슬픔 보던 네 눈으로
기쁨을 보게 하라
낡은 半島 보던 눈이
새 半島를 보게 하라

光彩있는 네 눈을
希望있는 네 눈을
福샘되는 네 눈을
세 번 敬拜하노라

二

토실토실한 네 손이여
예쁘고도 튼튼하다
손톱 끝끝마다
맺힌 것이 '造化'로다

네 손이 藥손이다
슬픔, 성남, 失望, 罪惡
앓는 者 죽는 者를
만지면 낫는고나

네 눈앞에 저 病身들

앓는 이들 죽는 이들
造花있는 네 손으로
고루고루 만져다고

네 손이 움직일 때
萬物이 創造된다
네 손이 있는 뜻은
萬物을 創造코저

붓 잡은 네 손이
종이 위로 움직이면
萬人을 感動하는
글이 되고 그림 되고

끌 잡은 네 손이
大理石에 움직이면
英雄되고 美人되고
龍과 虎가 뛰어나고

고동 잡은 네 손이
木과 鐵에 움직이면
氣水陸에 一萬 船車
各色 文物 쏟아지고

鍵을 잡은 네 손이
피아노에 움직이면
우레 벼락 狂瀾怒濤
松風 鳥聲 울어난다

造化있는 네 손아
半島를 꾸며줄 손
살려주는 네 藥손을
세 번 敬拜하노라

三
蓮꽃 같은 네 입술
香내 나는 네 입술
꼭 다문 네 입술
힘 많은 네 입술아

不義를 怒할 때에
○○이 울어나고
正義를 외칠 때에
狂瀾이 激하노나

政壇에서 움직이면
링컨과 비스막
講壇에서 움직이면
피히테와 칸트로다

슬픈 노래 부를 적에
山川이 눈물짓고
기쁜 詩를 읊을 적에
木石이 웃는고나

半萬年 玉洞簫가
네게서 울어났고

三千里 쌓인 기운
네가 부르짖었고나

蓮꽃 같은 네 입술
香내 나는 네 입술
힘 많은 네 입술을
세 번 敬拜하노라

使命 많은 네 生命
精力 많은 네 生命
億萬年 살 네 生命
내 生命인 네 生命

土筆 같이 뿌리 깊이
잔디 같이 얽히어
三千里에 二千萬이
한 生命이 되도록

아리따운 어린 벗아
방그레 웃는 벗아
볼치고 노는 벗아
내 노래 받아스라(4249.1.10)

살아라[59]

'살자, 살자' 하는 것이 現代人의 소리외다. 살음이란 말처럼 現代人의 興味를 刺激하는 것이 없습니다. 富와 貴를 저마다 憧憬하는 것은 이 살음이외다. 以前에는 살기를 重히 여기면서도 살음은 重히 아니여겼나니 이는 아직 살음이라는 自覺이 아니 생긴 까닭이외다. 그러므로 以前 모든 思想과 制度는 空漠한 天理니 天氣니 하는 데 基礎를 두어 空漠한 標準으로 善惡을 가리었으므로, 或 善이라는 것이 도리어 우리 天性을 거스르며 우리 生命을 殘害하여 個人이나 民族이 그 善을 行하려 할 때에 疑惑하고 逡巡하고 또 큰 苦痛을 겪었습니다. 假令 父母喪에 三年을 不出門庭, 不食酒肉, 不犯房, 不笑娛함이 善이라 하니 이를 行하려 할 때에 누가 疑惑하고 逡巡하고 苦痛하지 아니하였겠습니까. 不出門庭하고 衣食은 어찌 벌어요, 不食酒肉하면 身體의 健康은 어찌하며 不犯房하면 青春의 情慾은 어찌하고 生殖은 어찌해요? 이러므로 이 善은 極히 골學者 아니고는 行하지 못할 것이니 善이 어찌 사람을 따라 다르겠습니까. 眞正한 善은 萬人이 다 할 수 있는 것일 것이외다. 대개 舊道德은 그 基礎를 眞實한 살음 위에 두지 아니하고 空漠한 人造的 天理 위에 둠이외다. 그런데 現代 文明人의 道德은 純全히 이 살음 위에 기초를 두었나니, 그러므로 文明諸國의 社會道德과 國際關係를 이 見地로 보면 一目瞭然할 것이외다.

생각합시오, 造物이 萬生物을 낼 적에 첫 命令과 첫 祝福이 '살아라'요, 둘째가 '퍼지어라'일 것이외다. 人類世界의 憲法의 第一條는 實로 이 '살아라 퍼져라' 외다. 그러므로 人類의 萬般行動은 이 '살아라 퍼져라'의 演繹이오 敷衍이외다. 살고 퍼지기에 合當한 일이면 絶對한 善이요, 아니면 絶對한 惡이외다. 歐洲人은 十四世紀 所謂 르네상스 後에 이 眞理를 解得하였습니다. 그네도 그 前까지는 우리와 같이 空漠한 獨斷的 人造 天理上에 선 道德에 얽히어 肉體를 自由로 못하는 同時에 精神도 自由로 못하였었습니다. 그네도 앉을 때에 앉는 法度를 생각하고, 웃

59 이광수, 『학지광』 8, 재일본동경조선유학생학우회, 1916.3.

을 때에 웃는 法度, 울 때에 우는 法度, 생각할 때에 생각하는 法度, 旅行할 때에 旅行하는 法度를 생각하여 萬般行動을 꼭 獨斷的 空漠한 道德의 規矩準繩에 束縛되었었습니다— 우리네와 같이. 그러나 그네는 르네상스라는 一聲雷 一閃電에 귀가 뚫리고 눈이 떴습니다. 그네는 '살아라, 퍼져라'가 生物界의 不易할 黃金律인 줄을 解得하였습니다. 그래서 그네는 소매 길고 거칫거리는 장삼을 벗어버리고 가뜬한 옷을 입으며, 그네는 所謂 점잖다고 가만가만히 걷기를 말고 身體의 健康을 爲하여 달음질도 하고 헤엄도 치고 사냥도 하였습니다. 道를 닦노라고 蓬髮垢面에 跪坐長揖하기를 그치고 그네는 肉體가 아름답기 爲하여 香油를 바르고 털을 깎고 비단옷을 입었습니다. 그네는 美와 安樂을 爲하여 쓰러져가는 草堂을 헐어버리고 돌과 벽돌과 鐵과 琉璃로 華麗雄壯한 建築을 하였습니다. 그네는 空理를 캐고 僞德을 쌓기를 말고, 土地를 찾으려 黃金과 金剛石을 얻고 奴隸를 얻으려고 一葉舟를 저어 太平洋과 大西洋과 南北極을 휘돌았습니다. 그네는 살음에 反하는 舊教를 깨트리고 舊制度를 깨트리고 猶太와 中古 歐羅巴의 살음을 否認하는 모든 偶像을 불사르고, 希臘과 羅馬의 現世를 肯定하고 살음을 嘆美하는 科學과 藝術이라는 眞主를 崇拜하였습니다. 이리하여 그네는 水蒸氣를 찾고 電氣를 찾아 오늘날 燦爛한 文化를 形成하여 아직도 '살아라 퍼져라'를 解得치 못하는 五色民族을 차고 밟고 橫行活步하는 것이외다.

그네의 善惡의 標準은 果然 簡單하고 直裁하고 平易하고 分明하외다. —'살아라 퍼져라'. 그러므로 그네는 萬人이 다 이 道理를 解得하고 實行하는 것이외다. 果然 그네는 實用的 學術을 배우기에 奔走하여 倫理道德의 修養을 할 餘裕가 없건마는 그네는 文明한 人士로 疑惑 없이 浚巡 없이 苦痛 없이 堂堂하게 世上에 處하여 갑니다. 以前 우리들이 二十年 三十年을 온통 道德 배우기에만 버리고도 오히려 莫知所之하는 데 비겨 果然 어떠합니까. 이는 다름이 아니라 그네들은 살음이라는 確實하고 切實한 事實로 萬般行爲의 標準을 삼음으로 이 標準에 비추어 보아 合하면 善, 아니면 惡이라 判斷하여 正邪善惡이 一目瞭然하되 우리는 空漠한 理論으로 標準을 삼으매 얼른 善惡의 區別이 分明하지 아니하고 또 善이라고 判斷한 뒤에도 거기 絶對的 權威가 없습니다. 禽獸虫魚가 움직이고 소리함도 살고 퍼지기 爲하여, 草木花卉가 뿌리고 빨고 잎으로 마심도 살고 퍼지기 爲하여, 各國이 教

育을 힘쓰고 軍備를 힘쓰고 商工業을 힘씀도 살고 퍼지기 爲하여, 只今 歐洲大戰도 살고 퍼지기 爲하여— 내가 이러한 말을 쓰고 讀者가 이러한 말을 읽음도 살고 퍼지기 爲하여— 眞實로 宇宙間 森羅萬象의 動하고 變함이 모두 이 '살자 퍼지자'를 爲함이외다.

우리도 사람이외다. 그러므로 살고 퍼져야 하겠습니다. 가장 즐겁게 가장 價値있고 合理하게 가장 榮光스럽게 살아야 하겠고, 할 수만 있으면 南北極에까지라도 퍼져야 하겠습니다. 그런데 事實은 이와 反對로 우리는 날로 날로 잘 못살게 되고 잘 못퍼지게 되는 衰運에 있습니다. 우리가 이 運數를 挽回함에는 새로운 精神과 氣魄으로 낡은 精神과 氣魄을 代身함에 있습니다. 무릇 한 집이 興하려 할 때에 그를 興하게 할 만한 精神을 가진 사람이 出現하여 全家族으로 하여금 이 精神下에서 行動하게 하는 것이외다. 民族이 興할 때에도 亦是 그럴 것이외다. 歷史를 보면 환하외다. 이제 우리에게 이와 같은 새 精神을 가져야 할 때가 왔습니다. 그리고 그 精神은 두말할 것 없이 '살자 퍼지자'외다.

이에 살음이라 함은 廣狹 兩義가 있습니다. 狹義로 말하면 죽지 않고 산다는 살음이니 죽지 아니하리 만한 衣食만 있으면 사는 살음이외다. 마치 終身徵役하는 사람의 살음 모양으로 自由도 없고 希望도 없고 活動이나 事業도 없고 心臟의 鼓動과 呼吸과 體溫이 남았으니 죽지 않고 살았다는 살음이외다. 毋論 이 살음이 重하외다, 基礎되는 살음이외다, 이 살음이 있기에 모든 問題가 생기는 것이외다. 그러나 이 살음으로만 滿足하면 人生은 距今 七八千年前에나 있었습니다. 文明한 오늘에는 우리 몸에 여러 겹 옷을 입는 모양으로 살음에도 여러 가지 複雜한 屬性이 생겼습니다. 廣義의 살음이란 卽 이 狹義의 살음에다 여러 가지 屬性을 添加한 살음을 이름이외다. 文明이란 槪念의 內容을 複雜하게 하는 것이라 함과 같이 文明人일수록 살음의 內容이 複雜한 것이외다. 이제 말하려 하는 것은 이 廣義의 살음이외다.

人生에게는 慾望이 있으므로 要求가 있고, 要求가 있는지라 그 要求를 滿足케 하려는 意志가 發하고, 이 意志가 發하는지라 萬般 活動이 생기는 것이외다. 그런데 慾望의 內容은 文化의 程度를 따라서 더욱 複雜하여지는 것이니, 文化의 程度가 낮을수록 그 內容이 單純하고 높을수록 複雜할 것이외다. 單純하매 要求가 적고 要求가 적으매 滿足하려는 意志가 窮하고 意志가 弱하매 活動하려는 努力이 적은 것이외다. 文明人이 極히 奔走하고 野蠻人인 極히 閒暇함이 이 까닭이외다. 우리도 꽤 閒暇합니다. 奔走한지라 文化가 생기고 文化가 생기는지라 權力이 생기고 權力이 생기는지라 榮光이 생기며, 閒暇한지라 文化가 아니 생기고 文化가 아니 생기는지라 權力이 없고 權力이 없는지라 恥辱이 돌아오는 것이외다. 그러므로 各國의 教育은 人民의 慾望의 內容을 極히 複雜하게 하여주고 또 熱烈하게 刺激하는 것이외다.

우리 살음의 慾望의 內容은 複雜하고 要求力은 强烈할 것이니 一言以蔽之하면 '살음의 內容의 複雜과 要求의 强烈이 萬善의 本이라' 합니다.

우리는 밥만 먹으려 아니합니다. 소고기와 닭고기와 물고기와 좋은 菜蔬와 좋은 果實과 좋은 술과 양념을 가장 맛나게 料理하여 먹으려 합니다. 우리는 빛깔 좋고 따뜻하고 가볍고 부드러운 옷을 입으려 합니다. 우리는 金時計, 寶石, 노리개에 高貴한 香水와 香油 뿌리고 번쩍하는 馬車, 自動車로 아스팔트 반듯한 길에 大理石, 靑기와, 高樓巨閣으로 出入하려 합니다.

우리는 구름 날고 비오는 것, 山 있고 바다 있음, 하늘에 별, 땅에 草木禽獸, 사람은 무엇이며 宇宙는 무엇인가 알고 싶어합니다.

우리는 하루 千里萬里 가고 싶고, 앉아서 萬里外 親舊와 談話하고 싶고, 洋洋한 大海上과 蒼蒼한 大空中에 自由自在로 다니고도 싶고, 죽은 魂과 말하고 土星, 金星에 遊覽하고 싶습니다.

그러나 또 우리는 울고 싶고 웃고 싶고 사랑하고 싶습니다. 喜怒哀樂之未發을 上乘으로 여기는 教理를 우리는 너무 乾燥하여 遵奉할 수 없으니, 슬플 때에 실컷 울고 기쁠 때에 맘껏 웃고 사랑스러울 때에 쓸어안고 싶습니다. 우리 情은 오래 束縛되었으나 解放할 때가 臨하였습니다.

그러나 또 우리는 天下萬人을 對手로 잡아 意見을 陳述하고 싶습니다. 내 思想과 感情을 있는 대로 發表하고 싶습니다. 제 思想과 感情을 숨겨두기는 未開할 때 일이외다. 現代人은 心中에 있는 思想과 感情을 正直하게 大膽하게 發表하고야 말려 합니다. 또 藝術, 哲學 같은 精神文明은 이 各人의 思想 感情 발표에서 오는 것이외다. 우리는 古人의 教義에만 沈泥하여 各人의 個性을 沒却하였습니다. 그러나 이제는 가장 正直하게 大膽하게 서로 思想 感情을 發表하여야 할 時期가 到達하였습니다. 이리하여 우리 속에서 藝術이 나오고 哲學이 나오고 大思想이 나와야 할 것이외다.

우리는 人格의 尊嚴을 가져야 할 것이외다. 나의 高潔한 人格을 萬人이 犯할 수 없을 만한 尊嚴을 維持하여야 할 것이외다. 우리는 우리의 個性을 發揮하여 加及한 範圍內에서 自由意志를 保全하여야 할 것이외다. 天下로도 바꾸지 못하고 天子라도 휘지 못한 人格의 尊嚴을 保全하여야 할 것이외다.

우리는 손이 있으니 손을 맘대로 두루고 입이 있으니 입을 맘대로 놀려야 할지요, 知가 있으니 知의 極致를 窮究하고 情이 있으니 情의 發露를 自由로 하고 意가 있으니 意志의 尊嚴을 保全하여야 할 것이외다. 一言以蔽之하면 우리가 稟賦받은 모든 性質과 能力을 할 수 있는 대도 發揮하고 싶습니다.

이 밖에도 重要한 것이 많을지나 여기서 말할 바가 아니외다. 아무러나 나의 말하는 살음은 이러한 諸屬性을 가진 것을 이름이외다. 나는 이 諸屬性中에서 하나를 뺀 살음도 滿足하지 못하겠습니다. 나는 汽車에 一等을 타고 가장 華麗한 家屋과 衣服, 飮食, 馬車로 社會의 最高位에 處하여 一世를 感化指導하여야 되겠고, 全力을 다하여 내 意志를 尊◯하고 내 思想과 感情을 自由로 하여 權威 있는 發表를 하도록 하여야 될 것이외다. 少不下 나는 이리 되려고 全力을 다하여야 될 것이외다.

이는 文明人이 저마다 하려고 努力하는 살음의 內容이매 文明人이 되려는 나는 이리 아니할 수 없습니다. 그리고 누구나 우리는 다 이러한 살음의 慾望을 가지고 이를 達하려는 努力을 하여야 할 것이라 합니다. 各人이 다 이러한 慾望을 가지고 奮鬪努力하는 中에 燦爛한 文明과 富가 생길 것이라 합니다.

이 見地로 보아 現在 우리 青年은 너무 慾望이 單純하고 따라서 要求가 薄弱한 것을 無限 恨歎합니다. 좀더 살음의 强烈한 慾望을 가지어 할 수 잇는 대로 完全한 滿足한 살음을 要求하고 努力하여야 할 것이외다. 우리 青年에게 가장 缺乏한 것이 强烈한 살음의 慾望이요, 가장 緊急한 것이 또한 强烈한 살음의 慾望이라 합니다.

因하여 두어 머리 노래를 읊으니

살아지다 살아지다 億年이나 살아지다
百子千孫 엉킈엉킈 十萬里나 퍼져지다
잘 살고 잘 퍼지도록 一生 힘을 쓰과저

쓰라 주신 손톱 발톱 그저 두기 惶悚해라
큰일 낱은 머리와 입 묵힐 줄이 있소리이까
웃기나 울기나 間에 실컷 맘껏 하리라

빛일세면 다홍빛이 아니어든 草綠빛이
소리어든 우레소리 아니어든 바닷소리
그러나 겨울눈 여름비를 외다 아니하리라

크리스마스 밤[60]

金京華는 여러 親故들과 함께 會堂에 갔다. 門에는 머리에 기름 바른 執事들이 順序紙를 돌리며 고개를 숙인다. 京華와 成順도 順序紙를 받아들고 들어갔다. 會堂 벤치는 半쯤 차고 婦人席이 많이 비었다. 執事들은 모두 기름 바른 머리로 奔走한다. 兩人은 부인 자리를 찾아 바로 講壇 앞에 앉았다. 京華는 成順에게,

"會席 같은 데서는 뒤에들 안기를 좋아해요."

"그것도 一種 自尊心이야요."

"이 中에 信者가 몇 사람이나 될까요."

"五分에 一이나 될까. 大部分은 크리스마스에 온 것이 아니라, 活動寫眞 구경 왔지요. 教人中에도 다른 禮拜日에는 아니 오다가 오늘 저녁에는 남보다 먼저 왔을 사람도 있을 것이오."

60 거울, 『학지광』 8, 재일본동경조선유학생학우회, 1916.3.

"그러니까 世上은 다 遊戱야요. 眞心으로 무엇을 하는 이가 드물구려."

"그러나 文明 程度가 좀더 높은 民族은 이처럼 不眞實한 맘으로 出席하고 眞實한 맘으로 辯論하고 眞實한 맘으로 擧手하는 사람이 어디 있어요— 다 遊戱的으로 또 一時의 感情으로 할 뿐이오그려."

"아직 眞實하게 될 만한 自覺이 없는 게야요."

이때에 어떤 세비로 입은 學生이 돌아다니면서 아는 사람을 찾아 人事하고 어떤 執事는 無事 奔走로 東馳西走한다. 京華도 이웃에 있는 몇 親舊더러 目禮한다. 女學生席에는 數十人이 무어라고 소곤소곤하고는 끼득끼득 웃는다. 모두 크리스마스에 아무 相關 없는 이야기들을 하고 執事들만 오르며 내리며 들며 나며 한다. 成順은 京華의 손을 꼭 쥐며,

"여봅시오. 저 女學生들이 나중에 무엇이 될까요. 암만 생각해도 모르겠어요" 하고 웃는다.

"老兄은 平生 女學生 생각만 하시오? 至今껏 女學生席만 보고 있었구려" 하고 京華도 웃는다.

"아뿔싸 또 넘어갔습니다그려. 女學生席 보는 사람이 나뿐이겠기에. 가만히 봅시오, 只今 萬人의 視線이(或은 正面으로 或은 側面으로) 어디로 쏠렸나 봅시오. 나는 제법 經世家의 눈으로나 보지요, 저 萬人은 一點慾을 가진 눈으로 보는 것이야요" 하고 더욱 소리를 낮추어, "저 執事들이 눈도 可及的은…… 하하하." 웃고 한 번 左右를 휙 둘러보더니 다시, "생각합시오. 저 女學生들이 將次 무엇을 하겠습니까. 시집도 못가고."

"퍽 걱정도 많아. 시집은 왜 못가?"

"눈은 높지요, 여간 男子는 사람으로 아니볼 것이외다. 그리고 相書한 男子는 다 已婚者요……"

"시집가는 것만이 女子의 事業이겠소?"

"그러면 시집 아니가고 무엇해요?"

"敎會나 敎育界에서 活動하지요. 只今 文明國 女子들이 다 그렇지 않습니까."

"푸푸, 千萬. 百年後에 말씀입니까. 只今 우리나라 女子가 하기는 무엇을 해요. 空然히 되지 못하게 휘젓고 돌아다니기나 하지요. 前例를 보시구려 前例를— 貞

信, 培花…….”

“꽤 守舊시구려. 女子들도 相當한 自覺이 있을 터이지요. 平生 舊阿蒙이겠습니까. 또 各國이 다 男女의 教育 程度를 같이 하려고 努力하는 中인데 우리 나라에도 저런 女學生이 많아야 하지요.”

“그야, 나도 아주 女子를 無知한 대로 束縛하자는 그런 頑固는 아니야요. 그러나 오늘날 우리 女子 教育界는 時勢에 不過해요— 아무 所用 없는 나마이끼[61] 계집만 만든단 말이야요.”

“過渡時代에야 不可免이지요. 우리 男子는 아니 그렇습니까. 空然히 女子 攻擊만 하지 말고 좀 우리도 自重해서 그네를 引導하도록 합세다그려.”

“그래 저 女子中에 무슨 큰 抱負를 가진 사람이 있음즉합니까, 저 속에.”

“그야 어찌 알아요. 아마 있겠지요. 또 있어야 하지오. 그래서 이 男子中에는 그래 얼마나 抱負가 많음즉하오. 老兄은 未婚이시니까 工夫나 잘하여 그 配匹이나 되어 보시오그려.”

成順은 고개를 쩔레쩔레 흔들며,

“아이구 싫어요, 깔리게요” 하고 室內를 한번 돌아보고 나서, “別로 큰 抱負 가진 人物도 없는 것 같소이다.”

牧師가 후로크를 입고 講壇에 나서자 滿場이 잠잔듯 고요하여진다. 兩人은 이야기를 그치고 順序紙를 들었다. 第一에 ‘奏樂 ……O孃’이라 한 것을 보고 京華는 몸을 흠칫하면서 놀란다. 가는 무늬 하오리에 沈香色 하까마 입은 O孃은 고개를 숙이고 바로 兩人 앞 피아노께로 온다. 京華는 슬쩍 보고 얼굴이 붉어지며 가슴이 뛴다. 겨우 精神을 鎭定하여 O孃의 머리에 반짝반짝 조개로 아로새긴 살작을 보고 앉았다. 曲調가 울어난다. 滿場의 눈과 귀가 피아노 소리와 演奏者에게로 쏠린다. 執事들도 奔走하기를 그만두고 各各 한 구석에 팔장을 끼고 섰다. 執事 하나가 아직도 二層席에서 奔走하다가 고양이 걸음으로 내려와 피아노 곁에 섰더니 수줍은 생각이 나는지 몇 걸음 물러나 걸터앉는다. 滿場은 音樂을 잘 듣는 듯하다. 京華는 혼자 가슴을 두근거리고 앉았다. 成順은 京華의 옆구리를 찌르며,

---

61 なまいき(生意氣). 건방짐.

"이런 羞恥가 있소? 數千圓짜리 피아노를 數千圓 들인 솜씨로 타는데도 무슨 맛을 모르겠구료. 내 曲調 없는 洞簫 소리만도 못하외다그려."

"本來 音樂의 素養 없는 것이야 어떠하겠소. 타는 當者는 그 眞味를 알고 타는지?"

"曲譜 이름이라도 알았으면 좋겠소이다. …… 아무러나 꼴 되었어요. 四百名 東京 留學生에 피아노 曲調 하나 理解하는 사람이 없소그려."

"왜 나만이야요. 안다 해도 우리가 新文明 아는 모양으로 껍데기나 알겠지요. 참 생각하면 文明思潮中에 우리가 저 音樂을 못 理解하는 모양으로 理解하지 못하는 思潮가 많이 있겠지요."

"우리가 只今 이 音樂을 잘 듣는 체하는 모양으로 못 理解하는 思想을 理解하는 체하는 수도 많겠지요. 只今 다들 어서 活動寫眞이나 보여주었으면 하면서도 音樂을 못 理解한다는 말 들을까보아서 가장 醉한 체들하고 앉았지요."

"只今 저는 理解하는 체하는 이가 이웃사람더러 참 잘한다 할는지도 몰라요. 그러면 그 이웃사람은 더 잘 理解하는 체하노라고 좀 서툴다 할는지도 모르지요?"

京華는 고개만 끄덕끄덕하고 對答을 아니한다. 成順도 다시 피아노 소리를 듣는다. 果然 참다 못하여 뒤에서 돌아앉는 소리와 소곤거리는 소리가 난다. O孃은 듣는 이도 없는데 저 혼자 熱心으로 한다. 成順이가 또,

"音樂은 모르겠어도 타는 모양이 좋소이다. 나도 이제 돈 모아서는 피아노 사고 탈 줄 아는 안해 얻으렵니다."

京華는 無言하다. 피아노가 끝나고 讚頌歌를 부르고 二層에서 奔走하던 그 執事가 聖經을 보고 기름 많이 바른 美男子 執事가 西洋人 목소리로 기나긴 感謝 感謝를 올리고 其他 두어 사람이 熱誠으로 演說을 한다.

活動寫眞 機械에서는 푸시푸시하는 소리가 난다. 錦輝館가는 代身에 모인 群衆들은 連해 時計를 내어본다. 執事들은 또 左往右來하면서 무슨 周旋을 하기 始作한다. 京華는 몸이 아프노라 핑계하고 먼저 나왔다. 어두운 골목을 지내어 神田客館에 돌아와 책상에 기대어 앉았다.

'變했다' 하고 한숨을 후 쉰다. '七年 동안에 彼此에 퍽도 變하였다. 내 얼굴과 내 맘이 變하여 가는 줄은 알았건마는 그의 얼굴도 퍽 變하였다. 일찍 ○○女學校 應接室에서 보던 야리야리하던 處子가 어느덧 벌써 老成한 婦人 같이 되었고나.

내 胸中에 깊이깊이 박혀 있던 그의 貌像과 아까 피아노 타던 그의 貌像과는 다만 輪廓이 비슷할 뿐이요 빛과 내는 全혀 딴 것이로고나.'

京華는 眷烟을 피워 煙氣 날아오르는 것을 보면서 七年前 일을 생각한다.

'꿈이로다, 그때에는 鬚髥도 없고 볼도 붉었다. 그때에는 아직도 實世上 밖에서 멀리 紅塵이 濛濛한 實世上을 바라보며 저 속에는 여러 가지 재미있고 즐거운 것이 많으려니 하였다. 그리고 그 속에 있는 모든 名譽와 事業과 快樂은 나를 기다리고 있으려니, 내 좁은 胸中에 지어놓은 모든 아름다운 空想은 다 實現될 것이거니, 實世上에 處하는 맛이 마치 學校에서 上學하고 復習하고 試驗치르고 優等하고 放學하였다가 또 上學하는 맛과 같거니만 하였다. 그때에 나는 實世上의 幸福의 첫걸음으로 사랑을 求하려 하여 여러 詩人이 戀愛詩를 외우고는 혼자 人生의 美妙함을 嘆服하고 나도 實地로 그것을 맛보았으면 하였다. 그때 나는 톨스토이와 木下尙江의 眞實한 弟子로 自任하여 사랑을 求하되 極히 淨潔한 플라토니크 사랑을 要求하였다. 그때 나의 생각은 내 純潔한 靈과 精誠과 能力이 足히 이 理想을 實現할 수 있으리라 하였다. 그러나 勇氣와 精力의 샘이 될 愛人이 있고야 되리라고 確信하였다. 그러고는 晝夜로 未來의 愛人의 畵像을 그리고 善良한 愛人을 얻으려면 저부터 善良하여야 하리라 하여 맘과 言行을 힘써 닦았다. 꼭 예수와 같이 될 수 있으리라 하여 馬太福音 五六七章을 暗誦하고 꼭 그대로 實行하기를 힘썼다. 그때에 電車로 通學하였는데 車中에서는 來往에 다 多數한 女學生을 만나고 或은 바로 곁에 앉기도 하며 안듯이 서기도 하여 여러 다른 靑年들이 하던 모양으로 心中에 淫慾을 放恣히 하였었다. 그러나 이 作定을 함으로부터는 있는 힘을 다하여 이 劣情을 制御하고 一週日後에는 조금도 이 劣情이 發作하지 않게 되었다. 或 무거운 수레를 끄는 老人을 보고는 땀이 흐르도록 뒤를 밀어주기도 하며 下宿 下女도 누이나 다름없이 親切하게 하였다. 決코 남을 미워하지 아니하고 남이 請求하는 바를 拒絶하지 아니하였다. 어떤 親舊가 熱病으로 呻吟할 때에 나는 眞情으로 三晝夜를 앉아 새었다. 거의 半年 동안이나 나는 일찍 憎惡, 嫉妬, 憤怒의 念을 發하여 본 적이 없었다. 나는 恒常 讚美하고 祈禱하고 天使와 함께 즐겨하였다. 오직 한 精神的 愛人을 希求하면서' 하고 京華는 그때 생각이 퍽 情다운 듯이 빙긋 웃더니 또 생각한다.

'바로 그때에 어찌어찌하여 그를 보았다. 말할 때마다 살짝 갈라 치렁치렁 땋아늘인 머리, 作別할 때에, "奔走하신데……" 하던 목소리. 그는 나의 가슴에 아직 지나보지 못한 火焰을 던졌다. 그때 나의 어린 생각에는 옳지 저야말로 내가 求하는 天使라 하였다. 그리고 나는 數十日 동안을 혼자 애를 태우다가 어떤 날 '나를 사랑하여 주소서. 오라비와 같이 사랑하노라 하여주소서. 나는 決코 그대의 얼굴을 다시 보고자 아니 하나이다. 永遠히 아니 보더라도 다만 그대의 오라비야 내 너를 사랑한다 한 마디로 一生의 힘을 삼으리이다' 하는 뜻으로 詩를 지어 보내었다. 그러나 이 말이 그의 오라비 귀에 들어 已婚 男子로 無禮한 일을 하였다 하여 絶交의 請求를 받고 다시 이 말이 全留學生界에 傳播되어 나는 不良한 墮落生으로 注目받게 되었다. 나는 失望과 羞恥를 이기지 못하였다. 나는 나의 바라던 모든 것을 빼앗겼을 뿐더러 社會(社會라야 내 知人 學生 數十人이지마는)에서는 大罪人과 같은 冷遇를 받았다. 나는 울고 울었다. 이제는 내 生命은 이미 破壞되었거니 하고 스스로 冷灰에 비겼다. 나는 어떤 날 平生 첨 술을 많이 마시고 澁谷 鐵道路線에서 自殺을 하려 하여 遺詩를 써놓고 路線에 누어서 마지막 그를 생각하면서 汽車가 어서 와서 내 生命을 마저 끊기를 기다렸다. 그때에 나는 實로 죽을 수밖에는 길이 없거니 하였었다. 그러나 마침 工夫에게 붙들려 巡査에게 萬般 說諭를 받고 다시 살아났다. 그러고는 學校도 다 내어던지고 歸國하였다. 歸國後에는 酒狂이 되어 二三朔 동안 世人의 嗤笑를 받았다. 그때에 만일 새로운 愛人을 만나지 아니하였던들 나는 永遠히 酒狂이 되고 말았으리라. 그러나 나는 幸인지 不幸인지 한 새 愛人을 만났다. 그는 누구뇨, 배달이었다. 나는 이 새 愛人을 爲하여 獻身하기로 決定하였다. 마치 失戀한 사람이 或 僧侶도 되며 或 慈善事業家도 되는 모양으로. 그리하여 가슴에 맞은 아픈 傷處를 참고 지나더니 그도 얼마 아니하여 그 愛人도 죽고 말았다. 나는 그 愛人의 무덤을 쓸어안고 내 不幸을 慟哭하다가 하릴없이 東西八方으로 漂浪하기를 시작하였다. 마치 크게 失望한 사람이 하는 모양으로, 그래서 天涯地角으로 遊離하는 동안에도 두 愛人의 생각이 番갈아 일어나 花朝月夕에 慟哭한 적이 몇 번이런고. 나는 萬年을 살아야 다시 두 愛人을 보지 못할까 하였다. 그리고 또 살아갈 동안 재미 붙일 무엇이 있을까 하고 다시 東京으로 굴러들어왔다' 京華는 不勝感慨하여 한참이나 눈을 감고 앉았더니,

'不意에 그의 얼굴을 다시 보았다. 한 愛人은 이미 보았거니와 또 한 愛人은 다시 볼는가 말는가.'

이때에 成順이가 헐떡헐떡하고 들어오면서,

"옳지, 왜 일찍 오신지 내가 압니다" 하고 壯한 듯이 웃는다.

京華도 웃으면서,

"나는 또 무슨 큰 일이나 났는가 했지요. 헐떡거리고 뛰어들어 오기에. 왜 다 보지 않고 왔소."

"큰 일이 있지요. 내가 다 알아요. 모르는 줄 아시는구려. 내가 언제 先生의 日記를 훔쳐 보았지요. 그 속에 O가 어쩌고저쩌고 했습데다그려. 오늘 그O가 그O가 아니야요?"

"그 O가 그 O지 무엇이야. 내 日記에 무슨 O란 말이 있는가…… 잘못 보신 게지요."

"아니야요. 그 O야요. 그래서 얼른 오셨구려? 그래 내가 잘못 알았어요?"

京華는 잠자코 앉았더니 종이를 다리이

"그 불길 닿자마자 왈왈왈 타던 가슴
그 불길 또 닿아도 다시 타지 않노매라
그 불길 다 태웠으니 안 타는가 하노라
그 얼굴 다시 보니 기쁠 듯도 하건마는
보고 돌아서니 설움만 나는 뜻은
가슴에 있던 그 얼굴이 죽음인가 하노라

그나 내나 間에 어린 제 지났으니
소꼽지 달싸한 맛 볼 길이 없건마는
다만지 큰일 이루어 소리로나 듣과저"

龍洞(농촌문제연구에 관한 실례)[62]

平安北道 定州郡에 龍洞이라는 동네가 있다. 戶數 二十, 人口 九十되는 貧村이라. 住民은 다 一本 同姓 李氏인데 元來 그 골 賤한 家門이라. 元職業은 毋論 農業이나 하고도 田地가 不足(하)여 或 鍮器商도 하고 魚商도 하고 木手 노릇도 하는데, 鍮器商, 魚商 하면 꽤 크게 하는 듯이 들리나 鍮器商은 당나귀에 限 十餘圓어치 싣고 江界, 楚山 等地로 二三朔이나 行商하여 돈 十圓이나 벌어오는 것이요, 魚商이라 함도 아침에 돈 圓어치나 사지고 終日 이村 저村 돌아다녀서 쌀되나 남겨 먹는 것이라. 本是 賤한 家門이요 또 無敎育하니까 술 못먹는 사람이 없고 투전 아니하는 사람이 없다. 이 동네에는 겨울이 되면 적이도 투전판이 二三處는 되고 四方 浮浪悖類들이 晝夜로 들끓는다. 그러니까 하루에 한두 번 爭鬪 아니날 적이 없고 주정 아니날 적이 없다. 집들은 영이 썩어 서까래가 팔을 부르걷고 길과 마당에는 두엄과 풀이 가득하다. 더욱이 歲末이나 되면 酒債, 麵債, 투전 빚쟁이들이 꼬리를 맞물고 들고나며 叱辱도 하고 門도 치고 솥도 떼고 亂離가 난다. 그러면 男子들은 빚단련하기 싫어 避하고 女子들은 치마도 아니 입은 채로 달려들어서 머리를 풀어헤치고 울며불며 야단을 한다. 그러고는 內外 싸움, 姑婦 싸움, 父子 싸움, 아이들 싸움— 全洞中이 修羅場이 된다. 한 그믐이 되어도 먹을 것이 없어 이웃집에 쌀을 꾸러 가면, "이전 꾼 것도 아니 가져오고 또 꾸어 달래." "어디, 너희만 잘 먹고 사나 보자. 너희놈들이 天罰을 받으리라, 이 도야지 같은 놈들" 하고 一家끼리 辱판이 터진다. 아무러나 朝鮮 末世의 農村은 다 이렇게 腐敗하였다. 일찍 禮儀之邦이라 일컫던 朝鮮八道는 다 이렇게 되었다.

이 동네에 李參奉이라는 사람이 있다. 그도 原來 남의 집 使喚으로서 漸漸 信用을 얻어 五十이 된 只今에는 벼 百石이나 秋收도 하고 집도 깨끗하게 지었다. 그는 이제는 장사를 그만두고 아들 孫子 데리고 餘生을 편안히 보내려 하였다. 그러나 그는 末世 朝鮮人과 같이 無氣力, 無希望하지 아니하였다. 그는 한번 兩班 行

62 『학지광』 8, 재일본동경조선유학생학우회, 1916.3. 帝釋山人, 목차에는 필명이 '흰옷'으로 되어 있다.

世를 하여 보리라는 생각이 났다. 그래서 一邊 巨大한 金錢을 虛費하여 가난한 兩班집과 婚姻을 짓고 一邊 書齋를 新築하고 兩班 先生을 延聘하여 費用을 獨擔하면서 一洞 子弟들의 敎育을 勸奬하였다. 自己는 볼 줄도 모르면서 서울 가서 四書五經과 三國誌, 列國誌, 詩集, 百家書를 上品으로 求하여다가 書庫에 간직하고 舍廊 設備며 器皿이며 文房諸具를 말끔 한다하는 兩班式으로 하여 놓았다. 그리고 恒常 洞氏와 子弟더러 이르기를, "우리라고 平生 상놈 노릇만 하겠는가. 이제 次次 우리가 行世만 잘하면 兩班 노릇 할 때가 오느니" 하였다. 그는 恒常 "될 수 있소. 잘 될 수 있소"를 말하고 또 그대로 믿고 믿으면 대개는 믿는 대로 되었다. 그는 子弟의 敎育을 힘쓰는 同時에 洞中 惡習과 洞民의 放蕩 不道德함을 矯正하려고 힘을 썼으나 마침내 큰 效力이 없었다.

한번은 그가 平壤을 갔다가 어떤 學校 開學式에서 當時 어떤 名士의 演說을 듣고 感動되어 當場 머리를 깎고 새로운 希望과 새로운 決心으로 집에 돌아왔다.

돌아와서 그날 밤으로 洞民을 自己집에 모으고 時勢가 變한 것과 文明國人의 生活에 比하여 우리 生活이 아주 野蠻됨을 極說하고 만일 우리가 生活을 고쳐 文明人의 生活과 같이 아니하면 滅亡할 것을 말하고, 만일 우리가 生活을 고쳐 文明人의 生活과 같이만 되면 衣食도 足하여지고 只今보다 幸福되기도 하고 또 훌륭한 兩班이 되어 前과 같이 남에게 賤待 아니 받을 것을 말하고, 그러니까 只今부터 新生活을 始作하여야 된다는 말을 熱烈하게 說明한다. 그러나 或 至今껏 투전하다가 온 사람은 四字五字에만 맘이 있고, 술 먹다 온 사람은 안주 식는 걱정만 하고, 아무도 이 萬古歷代에 들어보지도 못한 말을 귀담아 듣는 이가 없다. 그래서 그날은 失敗로 끝났다.

그러나 그는 이 失敗로 失望하지 아니하였다. '될 수 있소. 잘 될 수 있소.' 主義로 세 번 네 번 꾸준하게 別의別 애를 다 써 第五日만에 "그러면 그렇게 해 보지요" 하는 群衆의 應諾를 받았다. 그의 精誠은 마침내 그 頑固하고 暗昧한 무리의 맘을 깨트린 것이다. 그리고 四五人을 남기고는 一齊히 爲先 斷髮하였다. 이는 바로 十年前이라, 그때에는 極히 小數된 耶蘇敎人 天道敎人 外에 斷髮한 사람이 없었다. 그리고 洞會라는 會를 組織하고 每朔 二次式 모이기로 作定하였다. 첫 洞會에 그는 세 가지 議案을 提出하고 會員의 討論과 議決을 請하고 爲先 會長을 選擧하자

하여 生前 첨 投票라는 것으로 그가 被選하였다. 세 가지 議案이란 것은,

一. 書堂을 廢하고 學校를 세울 일

二. 飮酒와 雜技를 嚴禁할 일

三. 女子를 돈받고 婚姻하며 또는 돈주고 며느리 얻기를 禁할 일

第一案은 學校가 무엇인지 모르니 會長의 處置에 一任하기로 擧手可決하고, 第二는 或은 雜技는 禁하되 飮酒는 禁할 수 없다 하며, 혹은 雜技飮酒가 무슨 잘못이건대 禁하랴 하는 極端論者도 있고, 或은 平時에는 禁하다가라도 名節에는 許하자는 折衷派도 있어 甲論乙駁에 議場이 자못 喧擾하더니, 마침내 雜技만 嚴禁하고 飮酒는 過飮만 아니하기로 修正 通過되었으나, 그中 二三人은 飮酒는 아니하고도 견디려니와 雜技를 아니하고는 견딜 수도 없을 뿐더러 먹고 살 수도 없다 하여 極力 反對하였다. 그러나 會長의 '從多數取決'이라는 說明을 듣고 게두덜거리다가 참았다. 第三案은 第二案보다도 더욱 議論이 紛紛하여 닭 울 때까지 끌었다. "方今 밥을 굶는데 딸이라도 팔아먹어야지", "世上이 다 하는 일인데 相關이 무엇인고", "내 딸은 空으로 주어도 남의 며느리를 空으로 아니주니 어찌하나", "우리만 그런다고 일될까. 世上이 다 돈을 받는 것을" 하는 것이 反對 意見의 要點이었다. 會長은 "밥을 굶으면 子息을 삶아라도 먹겠는가, 팔아먹고 삶아먹는 것이 마치 한 가지가 아닌가, 設或 제가 굶어죽을지언정 제 새끼를 어찌 차마 삶아먹으랴, 또 술과 雜技를 말고 正當한 職業을 힘쓰면 굶어죽을 理가 왜 있으랴. 하늘은 決코 땀 흘리는 者에게 衣食 주기를 잊지 아니하신다. 그러니 딸을 파는 것이 옳지 아니하고, 또 남들이 다 하는 일이니 무슨 相關이랴 하니 우리 民族이 末世가 되어 이렇게 腐敗한 것이라. 이렇게 腐敗한 것을 우리가 先導者가 되어서 覺醒시켜야 아니하겠는가. '世上이 다 그러는데 나 혼자 그러니 쓸데있나' 하는 것은 亡하여가는 놈의 하는 말이니, 興하여가는 사람은 '남은 다 외게 하여도 나는 옳게 하리라' 하는 것이라. 또 딸을 空으로 주면 며느리는 어떻게 얻는가 하니 딸을 팔아 며느리를 얻으려거든 제출물로 딸로 며느리를 삼을 것이 아닌가. 딸을 팔아 며느리를 사기나 딸로 며느리를 삼기나 무슨 다름이 있을까. 또 딸을 팔지 않게 되면 며느리도 사지 않게 되는 것이니, 아무리 하여도 딸을 파는 것은 옳지 않다" 하고 다시 말을 이어, 諸君의 딸을 팔지 아니함으로 만일 諸君의 아들이 장가를

들 수 없다 하면 그는 내가 擔當하마 하여 百般 曉喩한 結果로 겨우 可決이 되었다. 그러나 한 가지 難問은 이中 바로 二三日前에 十三歲된 女子를 七百兩에 팔아서 그 돈으로 나귀 사고 酒債 물고 투전하여 잃고 洋傘 하나 사고 갈보 외입 한번 하고 이제 百兩밖에 아니 남은 사람이 있다. 이제 이 規定이 既往에 遡及하랴 말랴 하는 議論이 紛紛하여 當者는 極力으로 既往에 遡及치 못한다고 主張하였으나 會長의 强權으로 마침내 남은 돈 百兩과 全會員의 第一次 共同事業으로 義損 百兩을 거두고 不足額 五百兩을 會長이 自擔하여 그 七百兩을 新郎집에 還送하기로 하고 閉會하였다.

그 後에 會長은 京城에 急行하여 呂◯◯라는 教師를 延聘하여다가 그 書堂에서 開學式을 行하였다. 學生은 十七人. 課程은 漢文, 算術, 體操. 또 勞動夜學을 設立하고 男女老少가 每夜 一時間式 國漢文을 배우고 新教師의 講演을 듣고 青年農夫는 體操를 배우고 唱歌를 불렀다. 그 後로는 밤마다 "右向웃", "앞선 者 부러 말고", "이기기를 좋아하고" 하는 소리와 북소리, 나팔소리가 들렸다. 鄰村에서는 "저 쌍놈들 미쳤다", "대가리들을 왜 깎았는고" 하고 嘲笑하였다. 이 嘲笑가 도리어 龍洞民 을 刺激하여 참말 熱心이 나게 하였다. 洞內 아이들은 다 學校에 다니게 되어 이렁그렁 學生數가 四五十名이나 되고 洞中 男女도 帝國新聞(當時 純國文으로 내던)을 뜻은 잘 모르나 이럭저럭 뜯어보게 되었다.

李參奉은 同郡 儒林을 달래어 鄕校 財産과 鄰近洞의 契錢을 資本으로 하고 龍洞附近에 있는 前 經義齋의 建物을 얻어 校舍를 삼고 二三人의 教師를 더 延聘하여 速成師範科와 中學科를 設置하고 儒林中 有力者로 校長을 삼고 自己는 校監이 되어 學生을 大募集하였다. 때는 마침 平安北道에 學校가 蔚興하고 意味도 모르는 新教育熱이 膨脹할 때라, 四方에서 四十 以下 二十 以上의 舊學者派가 雲集하여 不過 一年에 學生이 二百 以上에 達하였다. 當時 學生들은 상투에 갓쓰고 體操를 배웠다. 教師 呂氏는 元來 名門의 出로 漢學이 贍富하며 人格이 高潔하여 그 頑固한 舊式 青年들도 그에게는 感服하였었다. 學生들은 或은 그림으로 或은 말로 世界列國의 文明의 雄壯함을 보고 우리도 힘쓰면 저와 같이 되리라, 十年內에 저와 같이 되리라 하였다. 그네 생각에 文明이란 一年이나 二年內에 다 窺知할 수 있거니 하였다. 實狀 當時에(只今도 그렇지마는) 文明이 어떠한가, 얼마나 깊은가를 아는 이가 없고 다만 文明이란 大體 좋은 것이라, 算術, 地理, 歷史, 體操를 배우노라면 文明이 되려니 하였을 뿐이다. 그러나 여기서는 學校 말을 할 餘暇가 없으니 다른 데서 다시 말하기로 하고 龍洞 이야기에 들어가자.

그后 龍洞 洞舍는 今期마다 늘 모이고 모이면 반드시 한두 가지 새로운 作定이 있었다. 그러나 그것을 仔細히 말할 紙面이 없으니 그 會錄中에서 重要하다 생각하는 바를 몇 가지 뽑자.

第◯回. 一, 婦人네의 金銀 首飾佩物을 모아 그 賣價로 殖利할 事, 그 金錢은 全洞民의 敎育事業에 使用하되 十年 以內에는 使用치 아니함. 二, 子女間 何如한 事情이 있더라도 小學校를 卒業시킬 事.

第◯◯回. 一 , 男子로 十五歲 以上된 會員은 每朝 草鞋 一雙式을 모으되 이 돈은 全洞 公益事業에 쓰기. 二, 洞內 道路를 넓게 하고 가운데가 높게 하며, 學校에 가는 길을 넓히고 고개를 十尺 假量 낮추기. 三, 學校 建築工事에 每人 二日式 出力할 事. 日常衛生에 關한 講話.

第◯回. 一, 秋收도 끝났으니 이때를 利用하여 멍석이나 其他 農家用 草器 一個式을 一個月內로 製作하기. 二, 우물을 치고, 또 一年 三次 치기로 하기. 三, 每年 四回 大淸潔(室內와 庭除를 洒掃하고)과 每週 一回 부엌 淸潔을 行하되 會長이 巡視 監督하기. 文明國 村里 講話.

第◯回. 一, 某氏가 뱀에 물려 柴草 準備를 못하였으니 每人 一束式 寄附하고 婦人네는 粟 一升式 寄附하기. 二, 某氏가 火災를 當하였으니 穀草 一束, 새끼 五百발式 모으기. 三, 一齊히 白紙로 窓戶하기. 四, 동정에 때묻은 옷을 입지 말기. 五, 理髮機械 사오기. 患難相求 講話.

第◯◯回. 一, 男子 十八 以上, 女子 十五 以上 아니고는 婚姻 못하기, 婚姻時에 金銀首飾, 綵緞 等 奢侈品 禁하기. 勤儉貯蓄 講話.

第◯◯回. 一, 學校 通路에 눈을 치기. 二, 떡을 만들어 學生을 먹이기. 三, 婦人에게도 發言 取決權을 주기. 萬人平等 講話.

第◯回. 一, 養蠶契를 組織하고 明春부터 着手하기. 女子의 六七 兩個月間 김매는 所得은 日貫 二十錢 치고 二十圓에 不過하나 만일 그가 누에 두 방을 치면 不過 二十日에 二十圓 收入을 얻을지니, 만일 一年 三次 한다 하면 實로 六十圓의 收入

이 될지요 龍洞 四十餘人 婦人의 收入을 合하면 實로 二千四百餘圓의 巨額에 達할지니 이를 每戶에 分하면 平均 一百二十圓의 收入이니, 이만 가지고도 足히 貧寒한 一家計가 될지라. 只今 우리 婦人네는 勞力을 浪費하나니 만일 그 勞力을 養蠶에 넣으면 十年이 나지 못하여 龍洞은 꾸러 다니는 者가 없이 될지라 하는 會長의 說明으로 滿場一致 可決되다. 養猪, 養鷄 問題가 났으나 一時에 여러 가지를 着手함이 不得策이라 하여 明年으로 밀고, 그 代身 그 資本에 보태기 爲하여 每戶 每日 白米 二匙式 貯蓄하기로 하다. 이것도 每朔 三圓五六十錢.

第◯◯回. 一, 夏節에는 流行病이 많고 이를 傳染케 하는 것은 파리와 모기니 爲先 이를 撲滅하고 淸潔 消毒에 더욱 注意하자하여 每室 一個式 파리듣, 窓에는 모기장을 바르고 飮食도 모기장으로 덮고 또 每週 一次式 不潔處에 石油와 石灰와 石炭酸水를 뿌리기. 二 , 夏節이라도 小兒들을 벌거벗기지 말 것. 衛生 講話와 小兒 養育法 講話.

第◯回. 一, 洞中 三個 處所에 光明燈을 켜기. 二, 新聞과 書籍 縱覽所를 두기. 三, 各人은 男女를 勿論하고 每年 一券 以上 반드시 讀書하기. 四, 洞中人끼리는 男女間 修人事하고 談話도 許하기. 小兒 養育 講話.

第◯回. 一, 小兒를 戱弄하거나 때리거나 叱辱하지 말기. 二, 小兒가 죽어도 어른과 同體로 하기. 三, 洞中에서는 或 傳染病 患者가 있어도 交通하기. 男女 交際法.

이 밖에도 많이 있으나 이만하면 그 대강을 斟酌할지라. 이러한 지 三年後에 이 洞中은 어찌 되었는가. 집들은 새로 지은 듯이 되고, 우물은 함석지붕 윗집에 쇠사슬 들여 박을 달고, 길들은 눈감고 다니게 되고, 밤에는 光明燈이 환하고, 파리는 絶種하고, 男女間 무명이나마 깨끗한 옷을 입고, 歲末이 되어도 떠드는 소리 우는 소리도 없이 全洞이 火氣藹藹하게 떡에 고기에 送舊迎新을 하며, 夏節이 되면 새로 심어 成林된 白楊, 아까시아에 매암과 꾀꼬리가 노래한다. 婦人들은 날마다 머리 빗고 세수하고 아이들을 책망하여도 "一銓아, 남의 實果를 따서 못쓴다. 네 그대로 앞집에 갖다 드리고 잘못하였으니 容恕하여 줍시오 하여라" 하면 一銓도 "네" 하고 눈물이 그렁그렁하여 어머니 시킨 대로 한다. 一年 三百六十五日에 큰 소리 나는 것을 듣지 못하겠고, 밤이면 아이들 글 외는 소리뿐이로다. 이제는 鄰洞에서도 "龍洞 사람이야 거짓말 하나, 투전 하나"하게 되었다. 龍洞은 노는 사람이 없다, 성난 사람이 없고 不平한 사람이 없다. 그네는 自己네 生活이 三年前에 比하여 훨씬 高尙하고 意味있고 재미있는 줄을 自覺하여 더욱 向上하려 한다. 그네는 깨끗한 新生活을 憧憬한다.

그後에 龍洞人은 모두 耶蘇敎人이 되었다. 예수의 敎訓은 사랑과 純潔과 勉强과 協同을 渴求하는 그네에게 가장 合當하였다. 그네는 그네가 至今토록 애써오던 바가 다 新約全書니에 있음을 發見하였다. 그네가 夜學에서 배운 글과 洞會에서 얻은 理解力은 足히 聖經을 읽고 理解할 만하였다. 그네의 집에서는 每日 讚美歌가 드리고 日曜日에는 집 노는 이 하나 남기고는 다 會堂에 간다. 그러나 播種도 他洞里보다 먼저 하고 除草와 秋收도 恒常 남보다 二三日은 먼저 하였다. 그네는 日曜日에 놀므로 다른 六日間은 놀지 아니하고 일한다.

그러한 지 于今 十年에 龍洞은 아주 자리잡힌 文明國이 되었다. 白楊과 아까시아에는 벌서 까치가 둥지를 틀고 그때에 七八歲 되었던 아희 七八人이 벌써 그곳 中學校 四年級이 되어 洞內 一切 事務와 夜學과 敎會일을 그네의 손으로 보게 되었다. 또 그 洞中 靑年으로서 只今 日本에 留學하는 이가 三人이니 하나는 神學, 하나는 醫學, 하나는 文學이라. 다 今明年間으로 卒業할 터이며, 또 洞費로 男子 一人을 水原 農林學校에 女子 一人을 京城 養蠶學校에 留學시키는 中이며 前에 留學시키던 이는 只今 洞營 養蠶, 養猪, 養鷄에 從事한다. 今年부터 婦人네는 一切 養蠶과 紡績에만 從事하고 農場 없는 男子는 桑園과 養猪, 養鷄에 從事한다. 昨年 來年 統計를 보니

種目	昨年	十年前
養蠶	二000円	三0円
家畜	五00	五0
農産	四000	六00
會金	二五00	十二0
每戶富力	一0五0	一0四
每人富力	二一0	一八

右表를 보아 十年間 富力의 增加를 알지요, 또 十年間에 學校敎育을 받은 자 男

三十人, 女 二十一人이라. 그 동안 그네의 精神的 進步야 말해 무엇하리오. 李參奉의 豫言은 適中하여 그네는 果然 兩班이 되고 富者가 되고 福있는 者가 되었다. 딸을 팔지 아니하고도 좋은 며느리를 얻게 되었다. 그러나 그는 이로써 滿足하지 아니하고 더욱 生産力의 增進과 敎育의 普及을 힘쓰는 中이라.

나는 이를 보고 朝鮮의 現在와 未來의 그림을 본 듯하였다. 이 洞會에서 最近에 議決한 몇 가지 事項을 記錄하고 이 글을 마치자. 亦是 會錄에서.

第○○○回. 一, 會金(月損과 各種 貯金)은 十萬元 되기를 기다려 (二十年 豫定) 大學 하나를 設置하기. 二, 自作自給을 主義로 삼아 一切 外國品을 不用하기. 三, 男女 傳道師를 두어 面內에 傳道를 하게 하며, 男女 勸誘員을 두어 面內 各洞에 産業의 振興과 文明한 生活을 勸誘할 일. 四, 今年 醫學修業한 留學生의 回還을 기다려 貧民病院을 세울 일. 五, 女學校를 獨立시키고 中學科를 新設할 일.(一九一六.一.二四)

조선인 교육에 대한 요구[朝鮮人教育に對する要求][63*]

1. 조선인은 일본을 의심하고 있다

우리는 조선인이 경제적으로나 문화적으로 열등함을 안다. 따라서 조선인을 오늘날의 일본인과 평등하게 대우해 주지 않는다고 해서 턱없이 국가를 미워한다거나 저주하는 것은 아니다. 다만 조선인도 장래에 문화의 수준이 높아지면 일본인과 평등한 권리와 의무를 향유할 수 있다는 보장만 있다면 만족할 것이 틀림없다. 물론 조선인 가운데는 독립을 꿈꾸는 자도 있을 것이다. 그러나 그들이 독립을 외치는 가장 유력하고 보편적인 원인은 일본이 조선의 이익을 도외시하고 일본의 이익만 도모하기 때문이다. 어디까지나 조선인을 압박하고 박해하여 조선 땅을 모조리 일본인만의 것으로 삼으려 하기 때문이다. 그래서 혹자는 일

63 孤舟生, 『洪水以後』 8, 一元社, 1916.3. 하타노 세츠코, 「이광수의 제2 유학시절에 대해서」(『한국현대문학회 제3차 학술발표 자료집』, 한국현대문학회, 2008)에서 처음 발굴 소개되었다.

본인의 지배를 받는 한 조선인은 멸망할 수밖에 없다고 말하는 것이다. 조선인이 이런 오해(나는 오해이기를 바란다)를 품게 된 것은 꼭 조선인이 우매하기 때문이라고는 할 수 없다. 당국의 시정(施政) 태도가 영향을 미치는 일본인과 조선인 간의 소송(訴訟)은 대개 조선인의 패소로 끝난다. 관청에서도 일본인은 인격을 인정받아 말하는 바도 믿어주고 대우도 친절하지만, 조선인이 가면 턱없니 바보취급하고 조소하며 심하게는 상당한 사회적 지위를 가진 사람에게조차 '네놈'이라고 말하며 때리거나 발로 찬다. 사업 경영에서도 — 예컨대 광산의 인가 같은 것도 일본인과 조선인의 경쟁이 있는 경우에는 반드시 일본인이 따낸다. 저 동척(東拓)과 같은 것도 필시 조선인의 피를 빨아 살찌운다는 견해가 있다. 해마다 수만 정보의 전답(田畓)을 매수해서는 그 전답으로 생명을 이어 온 조선인 농부를 쫓아내어 만주 벌판에서 방황케 하기 때문이다. 게다가 재선(在鮮) 일본인이 조선인에게 취하는 잔혹하고 방만한 태도는 조선인으로 하여금 원한이 골수에 사무치게 만든다. 그리고 때로 총독부 측 유력자의 입에서 "조선인에게는 영원히 참정권을 줄 수 없다"는 식의 얘기가 흘러나오기도 한다. 당장 참정권을 주겠다고는 할 수 없지만 장래에는 줄 수 있다는 — 문화 수준이 높아짐에 따라 조선인도 일본인과 모든 면에서 평등하게 된다는 희망이 없으면, 조선인은 영원히 일본인을 원망하게 될 것이다. 왜냐하면 문명은 노예로 하여금 영원히 노예가 되는 것을 감수케 내버려두지 않을 것이기 때문이다. 우리는 국가로부터 조금씩 자유와 권리를 얻는 것, 그것만을 바라고 기뻐한다. 그리고 우리도 진지하게 이를 조금씩 요구하고자 하는데, 우선 교육의 해방을 요구하지 않을 수 없다. 왜냐하면 교육은 문화 향상의 유일한 길이기 때문이다.

2. 조선의 현교육제도

조선 교육제도의 대략적인 현황(現況)은 다음과 같다.

보통교육 명칭	수업연한	수준
보통학교	4년	심상소학 4년
고등보통학교	4년	중학 4년급

전문교육 명칭	수업연한	입학자격 수준
의학강습소	4년	고보졸업
공업전습소	2년	동상
농림학교	3년	동상
실업학교	3년	보통학교 졸업
법학교	3년	고보졸업

단, 고등보통학교는 여자 학교도 있다.

이런 형편이라서 보통학교가 일본의 소학교보다 수업연한이 2년 적고, 또 고등보통학교가 중학교보다 1년 적다. 즉 보통교육은 조선인이 일본인보다 3년 덜 받는 셈이다. 따라서 학과목의 수준도 낮을 수밖에 없어서 조선인은 입체기하(立體幾何)나 삼각함수를 배우지 않고, 역사와 지리는 일본 교과서의 3분의 1분량에도 못 미치며, 특히 우스운 것은 프랑스혁명이라든가 미국독립・남북전쟁 등은 거의 기술되지 않을 정도이고, 물리와 화학도 합하여 200쪽 분량에 불과하다. 물론 영어는 전혀 배우지 않는다. 따라서 이들 학교의 졸업생은 도저히 일본 학생과 경쟁할 수 없는 것이 명백하다. 그러므로 이른바 전문학교도 극히 저급하여 대개 일본의 을종(乙種) 실업학교 수준이라 보아도 지장이 없을 것이다. 그래서 이들 학교 졸업생이 일본인과 직업에서 경쟁할 수 없는 것은 명백한 이치로, 설령 취직하더라도 일본인의 3분의 1수준의 박봉에 만족해야 하는 것이다. 이리하여 이들 학교 출신자는 거의 직업을 얻을 수 없고, 설령 얻더라도 먹고 입는 것조차 궁핍한 형편이다. 그 가운데 다소 재산이 있는 자는 일본으로 유학을 간다. 해마다 이삼백 원의 돈을 들여 수천 원의 학비를 내고 일본인과 동일한 교육을 받고 돌아와도 당국에서는 손톱만큼도 일본인과 동등하게 보아주지 않는다. 여기에 조선인의 불평이 있는 것이다.

도대체 무슨 이유로 국가는 조선인에게 교육을 해방하지 않는 것인가. 조선인은 일본인과 동등한 교육을 받을 능력이 없다는 것인가, 아니면 조선인은 영원히 일본인과 평등한 표준에 달해서는 안 된다는 것인가– 이 둘 가운데 하나일 것이 분명하다. 만약 조선인은 남양(南洋)의 토인과 같이 열등한 민족이어서 우수한 일본민족과 평등한 교육을 받을 자격이 없다고 한다면 이는 몹시 제멋대로의 독단이다. 일본인과 조선인이 실제로 그렇게 현격한 차이가 있는 것일까. 50년 전의 일본인은 과연 지금의 조선인보다 문화적으로 우월했다고 할 수 있을까. 지금 조선은 일본인의 지배를 받게 되었기 때문에 조선인은 남에게 지배받아야 할 민족이고 그 가운데는 위인도 대정치가도 없는 것처럼 보인다. 메이지유신 당시 구미제국이 식민지 전쟁으로 바쁜 탓에 일본을 병탄할 여유가 없었던 것처럼, 만약 일본이 아니었다면 조선에도 혹은 요시다 쇼인[吉田松陰], 이와쿠라 토모미[岩倉具視], 사이고 다카모리[西鄕隆盛], 오쿠마 시게노부[大隈重信]가 무수히 나오지 말란 법도 없을 것이다. 어쨌든 조선인이 만일 문명 이해력이 없는 열등민족이라면 이는 일본인 자신을 열등민족으로 취급하는 것과 마찬가지 아닐까. 역으로 일본인이 문명을 이해함으로써 구미인에게 저항할 수 있다면 조선인도 그렇다고 해야 할 것이다. 또 현재 도쿄에서 유학하는 조선 학생은 유전과 가정교육 및 사회교육을 결여하고 또 어학능력이 부족함에도 불구하고, 일본 학생보다 크게 열등하다고도 생각되지 않는다.

또 만약 조선인을 일본인과 평등한 수준으로 끌어올리는 것이 국가에 위험하다고 한다면, 이는 우리들이 얘기할 수 있는 영역 밖의 일이다. 그러나 병합 당시 일본은 뭐라고 말했는가. 조선인의 행복을 위해서라고 하지 않았는가. 그렇다면 일본의 신부민(新府民)인 조선인의 행복은 완전한 일본 신민(臣民)이 되는 데 있고, 완전한 일본 신민이 되려면 우선 일본 신민과 평등한 교육을 받아야 할 것이다. 당국은 걸핏하면 동화, 동화 해댄다. 우리도 속히 동화되기를 바라지만, 여기서 이른바 동화란 완전한 일본 신민이 되어 국가를 유지하고 발전시키는 데 요구되는 제 권리와 의무를 향유하게 된다는 의미이지, 언제까지나 식민지 토인(土人)으로서 협찬권(協贊權)이 없이 조세를 납부하고 일본인에게 부림당하는 기계가 된다는 의미는 아니다. 이미 '조선인의 행복'을 수긍하고 '조선인의 동화'를 인정했다면 동일한 천황의 적자(赤子)에게 동일한 교육을 시행해야 하지 않는가. 그런데 이렇게 현격한 차이가 나는 교육을 시행해서는 일본인과 조선인에게 지식이나 감정 면에서 일치융화(一致融和)할 시기는 영원히 오지 않을 것이다. 뿐만 아니라 이렇게 저급한 교육만 시행한다면 조선인의 문명 수준은 날이 갈수록 일본인보다 뒤처질 것이 틀림없다. 그렇다면 이것은 다만 조선인에 대한 죄악일 뿐만 아니라 실로 세계 문화에 대한 죄악이 아닐 수 없다.

그러나 이는 어쩌면 우리의 오해일 것이다. 대세를 알지 못한 그릇된 견해일지도 모른다. 그러나 이것이 조선인 일반의 견해인 것은 부정할 수 없는 사실이다.

3. **우리의 요구**

이에 대한 우리의 요구는 한 마디로 충분하다. 즉 일본 내지와 같은 교육제도하에 일본인과 동일한 교육을 받고 싶다는 것이다. 그리고 졸업 후에는 일본인과 평등한 자격을 인정받고 싶다. 그렇게 되면 조선인은 참으로 황은(皇恩)을 입은 것을 마음 속 깊이 감사하게 될 것이다. 그리고 상당한 시기에 이르면 조선인도 참정권을 부여받아 완전한 일본 신민(臣民)의 대열에 참가할 수 있게 되었으면 좋겠다. 이렇게 해야 비로소 완전히 동화의 열매를 거두어 조선인이 모반(謀反心)을 일으키는 일이 결코 없을 것이다. 설령 이런 자가 있다 해도 인민(人民)은 일본에 충의를 다하여 그들과 같아지는 일이 없을 것이다. 우리는 이러한 요구가 결코 부당하다고 생각하지 않는다. 오히려 일본을 위해서나 조선을 위해서나 가장 좋은 합리적 요구라고 확신한다.

우선 소학과 중학의 보통학교를 일본과 동일하게 만들고 나아가서는 조선에 각 분과가 있는 대학을 설립해 주었으면 한다. 후쿠오카[福岡]에 제국대학을 둘 정도라면 인구가 이천만이나 되는 조선에 대학을 두는 것은 당연한 처사가 아닐까. 만약 재정상 아직 여유가 없다면 증세를 부과해도 상관없다. 이를 위해서라면 우리는 먹고 입는 것을 절약해서라도 아낌없이 세금을 납부할 것이다. 경성에 아스팔트 도로를 만드는 것보다 상당히 긴요하고 유익한 일이라고 생각한다.

교육받을 기회도 주지 않으면서 열등하다, 바보라고 말한다. 말하는 쪽은 재미있을 테지만, 듣는 쪽은 가엽지 않은가.

아아, 의협심 있는 일본 인사들이여. 그대들은 조선인을 단지 식민지 토인으로서 언제까지나 그대들의 노예로 삼을 작정인가. 아니, 일본인은 결코 그렇게 부도덕한 민족이 아니다. 그대들은 실로 인의(仁義)를 귀하게 여기는 국민임을 안다. 그렇다면 일본 인사들이여. 그대들은 그대들의 수중에 생사의 운명을 맡긴 천오백만의 새로운 동포를 위해 계획하는 수고를 아끼지 않을 것이다. 조선인은 아직 입을 여는 것을 금지당하고 있다. 그들은 요구하고 싶은 것을 요구할 수 있는 방편이 없는 것이다. 그들의 유일한 방편은 다만 그들의 속마음을 의협심 있는 그대들에게 호소하는 것이고, 그들의 요구를 만족시킬 것인지의 여부는 오로지 그대들의 손에 달린 것이다. 그대들에게는 자유로운 입이 있고, 붓이 있으며, 의회에서의 발언권이 있다. 그렇다면 일본 인사들이여. 다음 번 의회에서 조선인에게 교육을 개방하기 위한 응분의 수고를 아끼지 말아 달라.

이 원고를 끝내려고 할 때 한 일본인 친구가 말했다. "그러나 언어가 다르기 때문에 평등한 교육은 할 수 없다"고. 일면 지당(至當)해서 누구나 제기할 만한 의문이다. 그러나 들어보라. 현재 조선에 있는 모든 보통학교와 고등보통학교에서는 한문과 조선어를 제외하고는 모두 일본어로 수업한다. 바로 한 달 전부터 사립 고등보통학교 수준의 학교도 모두 일본어로 수업하게끔 강화되었다고 한다. 실제로 오늘날 조선 학생에게는 놀라울 정도로 일본어가 보급되어 있어서 그들이 일본에 가면 곧바로 일본 학생과 함께 공부할 수 있다. 하물며 보통학교의 수업연한을 연장하여 일본의 소학교와 같게 하면 중학교에서는 국어 교과 과정조차 어렵지 않게 시행할 수 있다고 생각한다. 만약 국어와 영어 실력이 일본의 중학생에 미치지 못한다 해도 이는 1, 2년의 준비로 충분히 따라잡을 수 있다. 따라서 실제로는 그렇게 걱정할 염려가 없는 것이다. 대개 대만의 토인(土人) 등을 대하는 것과 동일한 방식으로 조선에 교육을 시행하는 것은 지나치게 학교를 얕보는 이야기라고 생각한다. 보통학교 등의 명칭도 대만에서 온 것이다. 그래서 우리들은 어쩐지 묘한 기분이 드는 것이다.

五道踏破旅行(『매일신보』 판)[64]

□ 五道踏破徒步旅行

新政의 實地后 이미 六星霜을 閱하여, 朝鮮은 今也 面目一新의 秋에 當하였도다. 社會의 耳目되고, 朝鮮 唯一의 言論機關되는 我社는 夙히 社員을 派遣하여, 各地方을 遍歷하며, 有志를 尋訪하여, 新政普及의 情勢를 察하며, 經濟, 産業, 教育, 交通의 發達, 人情風俗의 變遷을 觀察하고, 竝하여 隱沒한 名所 舊蹟을 探하며, 名賢 逸士의 蹟을 尋하여, 廣히 此를 天下에 紹介코저 함이 已久하였더니, 今回에 好機를 得하야 此를 決行하게 되어, 爲先 江原, 慶尙南北, 全羅南北의 五道에 亘하야 徒步로 此를 踏破케 하고자 하는도다. 又 其特派員으로는 雜誌『青春』寄稿家로 全道 學生의 渴仰을 受하며 我社의 紙上에 農村啓發, 朝鮮教育家論, 小說 無情 等을 連載하여 文名이 天下에 轟振한 春園 李光洙君이 其任에 當하기로 되었도다. 眞實로 空前의 快擧라 云할지라, 我社는 其旅行記를 紙上에 連載하여, 讀者 諸君의 閱讀에 供코저 하는 바, 君의 觀察力과 文章은 能히 其地方의 情況을 紹介함에 所漏가 無할지오, 此가 其地方의 發展에 所及할 影響도 決코 鮮少치 아니할 것이라. 然이나 正히 盛夏에 入하는 時이라, 더구나 徒步로써 五道의 山河를 踏破코저 하니, 其旅行의 容易치 아니함은, 想像 以外일 것이라. 願컨대 地方의 人士는 我社의 此擧를 贊同하심과 同時에 多大同情으로써, 各般의 便宜를 付與하소서.

其出發의 期日과 및 道程은 日間 다시 詳報하오리다.

大正 六年六月 **每日申報社**[65]

□ 五道踏破旅行 特派員 出發

忠淸南北, 全羅南北, 慶尙南北, 江原道 等地를 踏破할 我社 特派員 李光洙君은 六十日의 短時日에 山河 數千里를 征服할 第一步를 今卄六日 午前 八時 卅分 南大門

---

64 春園生, 『매일신보』, 1917.6.29~9.12. '『매일신보』 판'의 원문은 한국언론진흥재단 사이트(http://kinds.or.kr)를 참고하되 오도답파여행 기사는 여정 순으로 재배열하여 입력하였다.

65 社告, 『매일신보』, 1917.6.16, 1면.

發 南行列車에 投하여 하게되얐은즉 其奇警한 觀察, 熱烈한 情緖로써 올을 삼아 贍富한 抱負, 流暢한 文章으로 織出하는 錦繡의 紀行이 讀者의 眼前에 展開되기도 一兩日에 不外할지로다. 靑年文苑의 光星이 最先히 訪問할 江山은 抑 何處인가. 幸福있거라, 快男兒의 前途.[66]

□ **謹告**

拜啓 榴夏의 際에 益益 淸祥을 奉賀하오며 陳者 今回 每日申報 記者 李光洙를 派遣하여 各 地方을 遍歷케 하고 有志를 歷訪하여 新政普及의 情勢를 察하여 經綸, 產業, 敎育, 交通의 發達, 人情, 風俗의 變遷을 觀察하고 並하여 隱沒된 名所 舊蹟을 探하고 名賢 逸士의 蹟을 尋하여 廣히 此를 天下에 紹介코저 하였는데 此擧의 成功 與否는 全혀 官憲 並 地方 有志이 後援 如何에 依한 바 玆에 仰告하오니 願컨대 我社의 此擧를 贊同하는 同時에 多大한 同情과 諸般 便宜를 付與하심을 切望하나이다.

大正 六年六月卄五日 **每日申報社 京城日報社**[67]

旅程에 오르면서

마침내 今朝에 發程하게 되얐소. 五道踏破라고 名義는 좋지마는 其實은 一介書生의 銷夏翫景次에 不過하오. 그런 것을 社內 여러 先生이 過히 推奬하여 주셔서 도리어 赧面함을 不禁하오. 그러나 旣往 떠나는 길이니 力所及까지는 有益하도록 하려하오.

豫告에는 經濟, 人情, 風俗 等 旅行의 目的이 揭載되었으나 元來 아무 炯眼도 없는 나로는 무엇을 어떻게 보아야 할는지 向方을 알 수 없소. 그러니까 旅行記도 自然 統一도 없고 脈絡도 없을 것이오. 다만 눈에 띄는 대로 귀에 들리는 대로 제게 興味있는 것을 써보려 하오.

今日부터 六十餘日間 到處에 여러 어른들의 弊를 많이 끼치겠소. 제가 묻는 바를 對答도 하여 주셔야 하겠고, 제가 알 必要있는 것을 가르쳐도 주셔야 하겠소.

66 『매일신보』, 1917.6.26, 2면.

67 社告, 『매일신보』, 1917.6.26, 2면.

이렇게 여러 어른네의 指導와 援助가 없으면 제 旅行의 目的은 萬一도 達하지 못할 것이외다.

旱魃이 甚하여 到處에 여러분의 근심하는 낯을 對하기를 念慮하였더니 마침 甘雨가 沛然하여 여러분의 愁眉가 열리고 喜色이 滿顔한 것을 뵈옵게 됨이 어떻게 기쁜지 모르겠소. 願컨댄 제가 京城을 發하여 京城에 돌아오는 六七十日 동안에 五穀이 豐登하였으면 좋겠소.

이번 旅行의 目的에 對하야 一言이 없을 수 없소.

첫째, 朝鮮의 現狀이 어떠한가

둘째, 最近 朝鮮이 어떻게 또한 얼마나 變遷하였으며 進步하였는가

셋째, 現今 朝鮮에는 어떠한 中樞人物이 있어 社會를 指導하며 또 그분네는 우리의 發展에 對하여 어떠한 抱負를 가지신가.

넷째, 現今 朝鮮의 生活 經濟 狀態는 어떠한가. 어찌하면 富하고 樂하게 살아볼 수가 있는가.

다섯째, 制度, 人情, 風俗中에 어떤 것이 推奬할 만하며 어떤 것이 改良할 만한가. 그리고 各地方의 特色이 어떠한가. 이밖에 勝景이며 古蹟을 구경함도 내 重要한 目的이어니와 各地方 古來의 傳說과 民謠와 奇風異俗을 蒐集함이니 懇切한 希望이외다.

이렇게 말하면 꽤 번쩍하여 보이지오. 그러나 다만 實力이 不足함이 恨이외다. 幼穉한 眼光으로 精誠껏 視察한 바를 여러분의 앞에 開陳할 터이니 賢明하신 여러분께서 그 속에서 무슨 意味를 發見하시면 萬幸이외다.

臨發에 나 같은 乳臭兒를 사랑하셔서 平生 所願이던 朝鮮 구경을 시켜주시는 社內 여러 先生께 感謝의 意를 表하고 아울러 沿道 여러 어른의 眷顧를 비옵니다.[68]

□ 五道踏破旅行道程

本社 五道踏破旅行의 特派員 春園生은 二十六日 午前 八時 三十分 南大門을 出發하였다. 此計劃은 最初 徒步로 五道를 踏破코저 하였으나 時季가 不順하므로 汽車

68 春園生, 『매일신보』, 1917.6.26, 1면.

汽船을 利用하여 重要地를 多數 訪問키로 變更하여 道程을 左와 如히 定하였다. 此道程과 日程은 天候 其他의 關係로 多少 變更될는지 未知하나 될 수 있는 대로는 此를 實行코자 決心하였다. 特派員의 文名은 이미 天下에 定評이 有한 바 그 紀行文의 多趣味함은 多言을 要치 아니하는 바일지라.

六月二十日 京城發 公州로=同二十九日 扶餘로=七月一日 論山으로=同三日 全州로=同六日 長城으로=同七日 松丁里로 光州로=同十日 羅州로 榮山浦로=同十三日 木浦로=同十六日 靈岩으로=仝十八日 珍島로=仝二十一日 莞島로=仝二十五日 巨濟로=仝二(十)八日 統營으로=仝 三十日 馬山으로=八月一日 晋州로=仝四日 馬山으로 釜山으로=仝九日 梵魚寺, 通渡寺로 經하여 大邱로=仝十三日 慶州로=仝十八日 延日 蔚珍으로=仝二十日 三陟으로=仝二十三日 江陵으로=仝二十六日 襄陽으로=仝 二十九日 長箭으로=九月六日 金剛을 經하여 元山으로=仝八日 永興으로=仝十日 京城으로.[69]

第1信

車中에서 島村抱月, 松井須磨子 一行을 만났다. 仁川서 木浦로 가는 길이라는데 매우 疲困한 模樣이다. 나는 名銜을 드리고 朝鮮巡遊에 대한 感想을 들었다. 氏는 文學者니까 朝鮮文學에 對하여서 여러 가지 말을 하더라. 매우 有益한 듯하기로 그 大綱을 記錄하련다.

朝鮮은 歷史가 오래니까 自然 特別한 思想 感情이 있을 것이다. 그러나 오랫동안 支那文明의 壓迫을 받아서 그것이 充分히 發育하지 못하고 凋殘하여지고 말았다. 그뿐 아니라 設或 아직 남아있는 것이라도 發表되지 못하였다.

그러다가 只今은 新文明을 받아 모든 것에 새로운 生氣가 나는 때니까 思想 感情도 새로운 生氣를 얻어 發育하고 表現되어야 하겠다. 그리함에는 朝鮮文學이 發達하기를 期待하여야 하겠다. 대개 精神生活을 表現하는 것은 文學밖에 없으니까 그러므로 朝鮮 新靑年中에 文學에 有意하는 자는 一致協力하여 크게 新文學 建設을 爲하여 힘쓸 必要가 있다.

69 『매일신보』, 1917.6.28, 2면.

文學의 內容은 思想 感情이어니와 그것을 表現하는 器具는 語와 文이다. 朝鮮語와 文을 余는 不知하거니와 아마 아직 文法이나 文體가 完成되지 아니하였을 듯하다. 그러니까 爲先 語文을 整頓하여야 하겠고 다음에는 小說이나 詩나 劇 같은 文學上의 諸形式을 朝鮮語文에 合하도록 移植하여야 하겠다. 이것은 總히 君等의 責任이니까 專心努力하기를 바란다 하고 京城서 崔南善, 秦學文 諸氏 七人을 만났던 말을 하며 그네에게 多大한 囑望을 가지니 京城에 가거든 問安을 傳하여 달라 하더라.

나는 氏의 懇篤한 말씀에 感謝하는 뜻을 表하였다.

抱月氏는 爲先 須磨子의 자리를 잡아 주고 風枕에 空氣까지 불어넣어서 便安히 자게 한 뒤에 自己도 風枕에 기대어서 졸더라. 그 곁에는 須磨子의 養女라는 어여쁜 處女가 이 亦是 걸상에 기대어 졸며 이따금 그 고운 눈을 半쯤 떠서는 아무 생각없는 듯이 室內를 둘러본다.

쉬일 틈 없이 食堂車로 出入하는 貴公子들은 李王 殿下를 奉迎할 次로 釜山으로 가는 무슨 侯爵 무슨 伯爵이다. 그리고 全北에 有名한 富豪로 京城中央學校를 獨擔經營하는 金琪中氏도 偶然히 同車하게 되었다.

비가 不足하여 근심하는 낯으로 논머리에 우두커니 섰는 農夫들을 바라보면서 나는 鳥致院에 다다랐다. 抱月氏 一行은 한창 까쭈샤의 꿈을 꾸는 中이므로 作別人事도 하지 못하고 내렸다.

바삐 公州行 自動車를 잡아 타고 公州 監營을 向하여 달아난다. 아직 이만.(廿六日 午後 鳥致院에서)[70]

第二信

道路도 좋기는 좋다. 이렇게 좋은 것을 왜 以前에는 修築할 줄을 몰랐던고. 疾風같이 달려가는 自動車도 거의 動搖가 없으리만큼 道路가 坦坦하다. 그러나 빨가벗은 山, 바짝 마른 개천, 쓰러져가는 움막살이를 보면 그만 悲觀이 생긴다. 언제나 저 山에 森林이 좀 쑥 들어서고 河川에는 물이 깊이 흐르고 村落과 家屋이 번쩍하여질는지.

70 본문. 『매일신보』, 1917.6.29, 1면.

鳥致院 公州間은 거의 빨간 山뿐이다. 잔디까지 벗겨지고 앙상하게 山의 뼈가 드러났다. 저 山에도 原來는 森林이 있었으련만은 知覺없는 우리 祖上들이 松蟲으로 더불어 말끔 뜯어먹고 말았다. 무엇으로 家屋을 建築하며 무엇으로 밥을 지을 作定인가. 道路 左右便에 늘어 심은 아까시아가 어떻게 반가운지 이제부터 우리는 半島의 山을 왼통 鬱蒼한 森林으로 덮어야 한다. 모든 山에 森林만 茂盛하게 되어도 우리의 富는 現在의 몇 갑절이 될 것이다. 十年의 計는 敎育에 있다고 하거니와, 現今 朝鮮에서는 植木과 敎育이 同時에 一年計요 十年計요 百年, 千年, 萬年計일 것이다.

鳥致院 公州間에 꽤 훌륭한 橋梁이 많지마는 그 아래로 마땅히 흘러가야 할 물은 一適도 없다. 橋下에 흘러가는 물이 없어지면 橋上으로 걸어가는 사람도 없을 것이다. 그런데 그 개천을 보건대 昔日에는 多量의 물이 있었던 듯하다. 山에 森林이 없어지므로 漸漸 河川이 枯渴하여진 것이다. 다시 森林이 茂盛하는 날에는 河川도 復活할지요 河川이 復活하는 날에는 萬物이 復活할 것이다.

나는 이 山川을 對할 때에 아라비아나 波斯를 聯想한다. 그러나 아라비아나 波斯는 雨量이 極少하므로 天成한 不毛之地여니와 朝鮮의 不毛함은 純全히 住民의 罪孽이다. 이미 罪孽을 自覺하였거든 卽時 悔改하여야 할 것이다.

오늘 忠南 道長官을 訪問하여 植木에 對한 方針을 물었더니 이렇게 기쁜 對答을 얻었다.

"二十五年 豫定으로 忠南 全體의 森林을 作하려 하오. 一邊 採伐을 禁하고 一邊 每年 二百町步式 各郡 各面으로 하여금 積極的으로 苗木을 植付케 하려 하오. 大田, 燕岐, 天安 等 鐵路 沿線地方은 十年 豫定으로 實行하려 하오."

그러면 二十五年後에는 忠南 全體에 禿山의 그림자가 없어지고 一面 鬱蒼한 森林으로 덮일 것이다. 더구나 忠南 道長官은 森林에 精通하다 하니까 그를 長官으로 삼는 忠南을 祝賀아니할 수 없다.

忠南뿐 아니라 各道에 다 이러한 計劃이 있을 터이니까 三十年만 지나면 朝鮮의 山이 復活되고 河川이 復活될 것이다. 그러나 官廳의 힘으로만 될 것이 아니다. 第一 重要한 것은 人民 各自의 自覺과 努力이다. 植林思想을 鼓吹하는 것은 아마 現今에 가장 重要한 것의 하나일 듯하다. 雙水山城의 蒼翠를 바라보며 錦江의 淸流를 건너 二千年 古都의 公州에 入한 것은 午後 一時半이다. 아직 이만.(公州에서)[71]

第三信

旅裝도 끄르기 前에 곧 道廳 長官室에 上林 道長官을 訪問하였다. 長官은 이미 半白에 매우 溫厚한 사람이었다. 長官은 大略 左記 三項에 亘하여 記者의 質問에 對答하였다.

一, 兩班. 本道는 兩班의 道이다. 昔日 같으면 監司를 들이고 내고 할 雄門巨族이 處處에 跋扈하여 容易히 新文明을 容納하지 아니한다. 그러나 워낙 教育있는 上流階級이니까 한번 覺醒하기 始作만 하면 急速하게 徹底하게 進步할 수가 있으며, 또 상놈들과 같이 한번 開明하였다가 다시 野蠻으로 돌아오는 일이 없다. 그러므로 兩班들은 비록 覺醒함이 더디다 하더라도 마침내는 亦是 以前 兩班이 새 兩班이 될 것이다. 또 道內에는 兩班이 많으므로 風俗이 淳厚라고는 못하여도 매우 禮節이 分明하다. 이로써 보건댄 本道는 決코 남에게 빠질 데가 아니라.

二, 産業. 本道의 産業의 重要한 者는 毋論 農業이다. 鑛山水産도 決코 尠少함은 아니나 農業이 主業이다. 灌漑設備와 種子의 改良을 極力 奬勵하여 年復年 耕地面積과 收穫高가 增加價여 간다. 그러나 이것만으로 滿足할 수 없으므로 蠶業과 苧布業을 極力 奬勵한다. 本道는 氣候며 土質이 最히 蠶業에 適當하므로 十年 計劃으로 심을 수 있는 데까지 뽕을 심으려 한다. 그리하고 機會를 보아서 現今에는 有害無益한 錦江의 水利를 應用하여 公州의 大規模의 製絲工場을 세워서 一邊 全道內의 富를 增進하는 同時에 大田, 論山, 鳥致院 等 鐵道 沿線市場에서 商業을 빼앗겨 날로 衰殘하여가는 公州에게 新生命을 與하려 한다. 十年 爲限하고 적어도 本道內 婦女로 하여금 全혀 蠶業에만 從事하도록 하게 하련다.

三, 森林. 二十五年 計劃으로 本道內의 植林을 完成하려 한다. 年年 二百町步式 各郡, 各面에 分擔하여 苗木을 植付하기로 한다. 森林의 計劃에 關한 말은 前書에서 알았을 듯하다.

長官은 極히 懇篤하게 熱心으로 이 말을 하며 眉宇에는 成功의 確信이 浮動하더라. 其他 道路의 改善에 對하여서도 여러 가지 有益한 말이 있은 끝에 長官은 卓子 위에 놓인 招人鐘 단추를 順次로 눌러 部長 主任 等을 불러서 記者의 請求하는

---

71 본문. 『매일신보』, 1917.6.30, 1면.

說明書와 統計表를 作成하기를 命하였다.

그날 夕飯後에 京日 公州 通信員 中澤君의 案內로 道長官이 紹介한 公州 有志 三人을 訪問하였다. 徐漢輔氏의 公州 衰退 原因에 關한 談話는 자못 傾聽할 價値가 있겠으나 其他는 別로 注意할 만한 것이 없었다. 그러나 한 가지 잊지 못할 것은 徐老人을 除하고는 모두 和服 下駄[72]의 生活을 함이다. 그 中에도 李顯周는 家庭內에서까지도 반드시 日語를 用하고 記者에게 對하여서도 반드시 日語로 대답하더라. 그리 流暢치도 못한 말이언마는 그 熱心이 可矜하더라.

本道內에 가장 有力한 實業家의 一人인 金甲淳君은 實로 大活動家로 極力推奬할 價値가 있을 듯하다. 鳥致院서 淸州와 公州, 公州에서 論山에 가는 自動車는 實로 君의 經營이다. 其他에도 灌漑市場 等 여러 가지 事業에 努力한단다.

저 累巨萬의 富를 擁하고도 아무 事業도 經營치 아니하는 者는 社會의 血液인 財産을 盜賊하여 地中에 埋沒함과 다름이 없다. 果然 金君같은 者는 富하면 富할수록 社會에 有益할 것이니, 吾人은 君에게 滿腔의 誠意를 表하며 竝하여 朝鮮 여러 富豪에 君을 본받는 者가 많기를 바란다. 마침 金君이 上京中이므로 上面의 機會를 얻지 못함은 至極히 遺憾한 바로다. 子正이 지났으매 아직 이만.(二十六日午後十陁時 公州에서)[73]

第四信

밤에 늦도록 通信文을 써놓고 旅程 第一日의 客舍의 잠이 들었다. 사랑하는 同生을 만나보던 꿈을 꾸고 문득 잠을 깨니 雷雨가 大作이다. 客舍의 夜半 雷雨聲은 꽤 客懷를 돋우더라.

翌朝 早飯을 먹고 雨를 冒하고 公州 市街와 附近의 景勝을 구경하였다. 市街는 千餘戶에 不過하는 山峽의 小都會요 家屋에 瓦家가 드문 것은 五百年의 暴政을 表한 것이다. 道路는 極히 整備하였다. 公州라 부름은 市街를 두른 山들이 公字形을 作한 까닭이라 한다. 듣고 보면 그럴 듯도하다. 나는 歷史의 知識이 不足하므로 仔細한 沿革은 알지 못하거니와 熊津 熊州 等 名稱으로 百濟 以來의 緣故깊은 都會라 한다.

---

72 게타(げた). 왜나막신.

73 본문. 『매일신보』, 1917.7.1, 3면.

此地에 十年째 居住하노라는 中澤氏의 말을 듣건대 十年前의 公州와 現時의 公州와는 全혀 딴 地上이라 한다. 일찍 상투짜고 白衣입은 者의 公州이던 것이 只今은 머리 깎고 裕衣입은 者의 公州가 된 것을 보아도 알 것이다. 내가 投宿한 朝鮮客主에는 客이고 訪問人이고 할 것 없이 온통 浴衣[74] 下駄의 扮裝이다. 말을 해보고야 그것이 朝鮮人인 줄을 알 地境이다.

나는 막대를 山城으로 끌었다. 城은 바로 錦江의 南岸에 突出한 高地上에 在한데, 其城의 北門인 拱北樓上에 서서 細雨 霏霏한 錦水를 俯瞰함도 一興이었으며 主人 없는 小舟가 오리로 더불어 戱弄함도 一興이었다. 紆曲한 山路를 東으로 取하여 鬱蒼한 松林을 헤치면 일찍 忠南道의 總本山으로 僧兵의 總攝이 駐하던 靈隱寺가 있다.

조그만 뜰이나 景致는 썩 좋다. 한 중은 쭈그리고 앉아서 떨어진 바지를 깁고 또 한 중은 비에 젖은 古佛書를 방바닥에 말리운다. 慈悲한 菩薩과 絶勇한 金剛神이 뚱뚱한 住持의 손끝에서 이리 굴고 저리 굴고 한다.

法堂門을 半쯤 베어내고 琉璃窓을 단 것과 階下에 石油 光明燈을 켠 것이 아나크로니즘(時代錯誤)의 滑稽를 妙하게 表하였더라.

다시 발을 돌려 李适 革命時의 駐蹕 遺蹟인 雙樹亭에서 公州의 全景을 一眸에 取하면서 默然히 徘徊하기 多時, 因하여 今時에 무너질 듯한 鎭南門을 나서서 回憶 많은 山城을 辭하였다. 上上峰 熊津亭에는 壬亂에 小西行長의 敗蹟碑가 있다 하나 몸도 困하고 空腹을 感하므로 보지 아니하였다.

現在 忠南의 總本山 麻曲寺는 公州서 四十里程이라 하니 日氣만 晴朗하면 自轉車를 몰아서라도 가보련마는 마침 雨天인데다가 俗界에 奔忙하는 손이 仙緣이 薄하여 마침내 보지 못하고 말았다.

一夜를 當地에서 더 留宿하려 하였으나, 別로 있을 滋味도 없기로 올듯말듯한 天氣임에 不拘하고 扶餘를 向하여 떠났다. 保命丹 行商같은 내 行色은 이따금 뿌리는 비에 꾀죄하게 젖어서 三十餘里되는 利仁이라는 小市場에 到着하였다. 面長을 訪問하였으나, 面長은 新聞記者란 무슨 장사인 줄을 모르며 每日 받는 新聞은

74 유카타(ゆかた). 목욕한 뒤 입는 옷, 혹은 여름철에 입는 무명 홑옷.

配達時에 접힌 대로 찬찬히 積置하였다. 明年의 장판 밑에나 쓸는지.

駐在所에서 빌려 주는 담요를 덮고 이 밤을 지내서는 明朝 일찍이 그립고 그리운 扶餘로 向하련다. 이만.(二十七日 利仁市場에서)[75]

第五信

퍼붓는 비를 무릅쓰고 早朝에 利仁을 떠났다. 利仁서 扶餘 五十餘里 間은 大概 山峽길이었다. 坦坦한 新作路가 狹長한 山峽間으로 달아난 것이 마치 一條 淸流와 같았다. 게다가 道路 左右 옆으로 아까시아가 죽 늘어서서 그 韻致있음이 比할 데가 없었다.

나는 山속, 빗속으로 터벅터벅 혼자 걸어간다. 左右 靑山에는 빗소리와 벌레소리뿐이로다. 千二百五十年前 百濟 서울 半月城이 羅唐 聯合軍의 一炬에 灰燼이 되던 날 밤에 自溫臺 大王浦에서 놀던 興도 깨지 못한 萬乘의 임금 義慈王께서 太后 太子와 함께 熊川으로 蒙塵하던 길이 이 길이다. 그때가 七月이라니까 아마 이와 같이 벌레소리를 들었을 것이다. 지팡이를 멈추고 우뚝 서서 左右를 돌아보면 예와 같은 靑山에는 말굽소리가 들리는 듯하여 愀然한 感懷를 禁치 못하였다.

新地境 고개라는 고개 마루터기에 올라설 적에 문득 들리는 杜鵑 數聲은 참말 遊子의 애를 끊는 듯하였다.

이리 돌고 저리 돌고 이 고개 넘고 저 고개 넘어 늘어진 버들 그늘에 서너 茅屋이 暮雨에 잠겨있음을 보았다. 막걸리 파는 美人에게 물은則 이 地名은 '왕장터'요 扶餘서 二十里라 한다. 목도 渴하고 시장도 하므로 메기 안주에 막걸리 한 잔을 마셨다. 門앞에 淸江이라는 江이 있으매 메기가 많이 잡힌다 한다. 美人이라 함은 卌이나 되었을까. 눈꼬리에 새겨진 주름은 人力으로 無可奈何어니와 아직도 한창적 明眸皓齒는 變치 않고 남았다. 단장 아니한 머리와 다 떨어진 모시치마에 未嘗不 말할 수 없는 風情이 있다. 내가 京城서 온다는 말을 듣고 매우 感慨가 깊은 듯이 暫間 눈살을 쫑그리더니 '自言本是京城女'에서 始作하여 名屬敎坊 第一流는 있었는지 모르거니와 重利 不重情하는 良人을 만나 萍蓬 身勢가 꽤 고생을 하였나

75 본문. 『매일신보』, 1917.7.3, 3면.

보더라. 나는 아직 天涯 淪落人이라 하기는 싫거니와 未嘗不 同情을 禁키 어려웠다. 거기서 約 十里를 오면 扶餘郡 縣內面 佳增里에 有名한 有史 以前의 墓地다. 年前 總督府의 囑託을 받은 黑板 博士의 鑑定에 依하건대 少不下 四千年前 것이라 한다. 그때에 어떠한 사람들이 어떻게 살아는지는 물어도 古墳에 대답이 없건마는 亂裏에 잃어버렸던 先祖의 墳墓를 보는 듯하여 暫時 徘徊 不忍去하였다. 扶餘郡 羅福里라 하는데도 四千年前 住民의 遺跡이 있다한즉 이 地方에는 퍽 古代부터 文化가 열렸던 듯하다. 次次 앞이 툭 터지며 限界가 넓어간다. 大體 그 宏壯한 文明을 가졌던 百濟의 서울이 어떠한 것이런고 하는 생각에 自然 걸음이 빨라진다. 仝時에 이 고개 넘어서 聚軍吹打가 들릴 듯하고 하늘에 날아오르는 半月城의 巍峨燦爛한 宮殿과 泗沘水[76]上에 管絃의 太平樂이 嚠喨히 들릴 것 같다. 그러나 그 고개를 넘어서면 如前히 거친 여름풀과 모 심는 農夫뿐이로다.

길가에 말없이 누운 주춧돌과 낡은 碑가 行人의 눈물을 재촉할 뿐이로다. 徘徊顧眄하여 感慨無量하면서 扶蘇山 東便 모퉁이를 돌아 草屋 二三十이 寂寂히 누워 있는 所謂 扶餘 邑內에 다다랐다. '이것이 扶餘런가' 함은 初來者의 누구나 發하는 感嘆이라 한다. 이것이 일찍 泗沘 서울터이라고야 뉘라서 믿으리오. 人事를 믿을 수 없다 하건마는 이대도록 甚하랴.(二十七日 扶餘에서)[77]

□ **百濟舊都에서(二十八日)**

拜啓 社內 弟兄은 筆硯이 益健하시나이까. 生은 大雨를 冒하여 二十八日 正午 百濟의 舊都에 到着하였나이다. 明日은 晴天이 되면 舊蹟을 周遊할 計劃이외다. 當地 憲兵分隊長의 厚意로 特히 補助員 一名을 附하야 舊蹟을 案內케 한다 하옵니다. 참 貴族的이 아니오니까. 面長들은 아직 新聞記者란 무엇인지 아지 못하는 樣이외다. 乞食政策은 失敗에 歸할 듯, 身體는 至極히 健康하외다. 此 機會에서 官憲의 厚意에 對하여 感謝의 意를 表하나이다. 忽忽不一.[78]

---

76 이광수는 泗沘水와 泗沘城이라는 단어 대신 泗泚水와 泗泚城이라는 글자를 쓰고 있다.

77 본문. 『매일신보』, 1917.7.4, 1면.

78 기사. 『매일신보』, 1917.7.1, 2면.

客主에서는 寢具도 아니준다. 憲兵分隊에서 담요를 주어서 困한 몸이 便安히 잤다. 아침 일찍 일어나 憲兵分隊에서 붙여주는 補助員 一名을 案內者삼아서 百濟의 舊蹟 구경을 떠났다. 바로 憲兵隊 構內에 石槽 二個가 놓였다. 이것은 百濟의 貴人이 沐浴하던 것이다. 一個는 다리 뻗고 앉기 좋으리 만하고 一個는 반듯이 눕기 좋으리 만하다. 나는 한창적 羅馬人을 聯想하였다. 그렇게 百濟人은 번쩍하게 살았다.

扶蘇山은 山이라기보다 岡이다. 羅馬의 七岡이란 어떤 것인지 모르나 아마 이러할 것이다. 山에는 蓋瓦 조각이 한 벌 깔렸다. 그날 밤 火焰에 튄 것이다. 御爐의 香내 맡던 것이요 南薰의 太平歌 듣던 것이다. 여기는 大闕 자리요, 여기는 妃嬪이 있던 데요, 달 맞는 迎月臺, 달 보내는 送月臺는 여기 여기요, 공차던 蹴鞠場이 여기, 歌舞하던 무슨 殿이 여기, 百五十年의 榮華가 一夜에 사라질 때 扶蘇山 全體가 온통 불길이 되어 七月의 밤하늘과 泗沘水를 비취일 때, 그때에 悲壯慘憺한 光景이 눈을 감으면 보이는 듯하다. 그때에 榮華의 꿈에 醉하였던 九重의 宮闕이 온통 驚惶하여 울며불며 엎어지며 자빠지며 이리 뛰고 저리 굴고 하던 樣, 꽃 같이 아름답고 細柳 같이 軟弱한 數百의 妃嬪이 黑煙 같이 밀려드는 羅唐의 聯合軍의 乘勝한 鼓喊소리가, 귀를 기울이면 들리는 듯하다.

나는 靑草 위에 펄썩 주저앉아서 힘껏 그때 일을 想像하려 하였다. 내 눈앞에는 그때의 半月城이 있다. 그때의 宮殿이 있고 그때의 사람이 있다, 그때의 色彩가 보이고 그때의 音聲이 들린다. 나도 그때 사람이 되어서 그 속에서 노래하고 춤춘다. 그러나 번쩍 눈을 뜨면 그 幻夢은 다 스러지고 荒凉한 半月城地의 거칠은 풀이 보일 뿐이다. 扶蘇山의 모양도 얌전하거니와 비스듬히 저리 그려흘려 돌아가는 白馬江도 좋고 멀리 눈썹같이 둘러선 靑陽 定山의 連山도 좋다. 江山은 좋은 江山이다. 그러나 그 江山도 그 主人을 얻어야 빛이 난다. 扶餘의 江山은 암만해도 文雅한 百濟人을 얻어 가지고야 비로소 빛이 난다. 只今에 百濟人이 없으매 그 江山을 뉘라서 빛내리오.

扶蘇山 東쪽 迎日臺 넘어 있는 倉庫터를 보았다. 아직도 쌀과 밀과 콩이 까맣게 재가 되어 남아 있다. 거기서 다시 발을 돌려 文字와 같이 禾黎油油한 밭을 지나

서 送月臺 자리에 한참을 멈추고 宮城 西門을 빠져 돌아가 螺旋狀으로 千仞絶壁을 다 내려가서 白馬江 물소리 들리는 絶壁 밑 盤石 위에 있는 것이 有名한 皐蘭寺다. 門前 絶壁에 倒立한 老松에는 까치둥지가 있어 까치가 지저귀고 또 그 밑에 보이지는 아니하나 아마 垂楊 속에서는 꾀꼬리 소리가 울어 올라온다. 이 절의 來歷은 可考한 史料가 湮滅하였으나 아마도 佛法을 尊崇한 百濟 王室의 守護寺일 것이다. 蓮花를 아로새긴 주춧돌이며 빤빤히 닳아진 섬돌에는 當時 貴人의 발자국이 있을 것이다. 落花巖上에서 芳魂이 스러진 宮女들도 아마 이 法室에 最後의 冥福을 빌었을 것이다.

거기서 碧蘿를 더위잡고 巉巖을 안고 돌아 數十步를 가면 까맣게 하늘을 폭 찌르고 우뚝 선 울퉁불퉁한 바위가 落花岩이다. 설마 그때 宮女의 피는 아니련마는 바위틈으로서 물방울이 뚝뚝 떨어지고 足下에서는 소용돌이치는 장마물이 怒吼한다. 幸여 꽃 한 송이나 얻을까 하고 四方을 살폈으나 오직 同時에 毒蛇가 기어나올 듯한 이름 모를 풀뿐이었다.

나는 위로 바위를 보고 아래로 물을 보다가 차마 오래 머물지 못하여 急히 踵을 돌렸다.(二十八日 扶餘에서)[79]

第七信

困한 다리를 暫間 쉬어 離離한 靑草中에 平濟塔을 찾았다. 大唐平百濟塔이란 이름은 羞恥언마는 如此한 萬古의 大傑作을 後世에 끼친 우리 祖先의 文化는 또한 자랑할 만하다. 夕陽을 비껴받은 塔은 卽時 날개를 벌리고 半空으로 솟아오를 듯하다. 어떻게 저러한 構想이 생기고 어떻게 저렇게 技術이 能한고. 저렇게 調和있고 莊重하고 그러고도 美麗한 形狀을 案出하는 그 大藝術家의 精神은 얼마나 崇高하였던고. 또 그러한 大藝術家를 出한 當時의 우리 祖先의 精神은 얼마나 崇高하였던고. 歷史의 모든 記錄이 다 湮滅하고 말더라도 平濟塔이 儼然히 百濟의 舊都에 섰는 동안 吾族의 精神의 崇高하고 浩鍊됨은 잊히지 못할 것이다. 只今에 血管中에도 이 祖先의 血液의 數滴이 흐를지니 이것이 新沃土를 만나고 新日光을 받

79 본문. 『매일신보』, 1917.7.4, 1면.

으면 반드시 燦然히 꽃을 피울 날이 있을 줄을 믿는다.

今日의 朝鮮의 建築과 工藝를 出하는 朝鮮人이 平濟塔을 作成한 朝鮮人의 子孫이라한들 뉘가 곧이 들으랴. 今日의 朝鮮人은 衰頹하였고 墮落하였고 醜惡하고 無能無爲하게 되고 말았다. 高麗 中葉 以降으로 李朝末에 至하는 七八百年間에 三國時代의 勇壯하고 健全하고 崇高하던 精神은 온통 消滅되고 말았다. 偏僻狹隘한 儒教思想은 朝鮮人의 精神의 生氣를 말끔 食盡하고 말았다. 孔子의 儒教가 生한지 二千餘年에 그것으로 亡한 者 있음을 들었으나 興한 者 있음을 듣지 못하였다. 儒教思想은 一部 修身正心의 資料는 될는지 모르되 決코 治國平天下의 道는 아니다. 儒教는 진실로 潑剌한 精神의 活氣를 죽이고 모든 文明의 萌芽를 枯死케 하는 曝陽이다. 三國時代의 朝鮮人으로 하여금 今日 朝鮮이 되게 한 것은 그 罪가 오직 儒教思想의 專橫에 있다.

나는 眞 朝鮮史에서 高麗와 李朝를 削去하고 싶다. 그리고 眞히 三國으로 溯去하고 싶다. 그中에도 李朝時의 朝鮮史는 決코 朝鮮人의 朝鮮史가 아니오 自己를 버리고 支那化하고 말려는 어떤 奴隷的 朝鮮人의 朝鮮史다. 그것은 결코 내 歷史가 아니다. 나는 三國時代의 朝鮮人이다. 高句麗人이오 新羅人이오 百濟人이다. 高句麗를 내가 모르고 李朝를 내가 모른다. 西洋의 新文明이 古思想 復活에 있다는 것과 同一한 意味로 朝鮮의 新文明은 三國時代의 復活에 있을 것이다. 아이구, 나는 泗沘城의 옛날에 돌아가고 싶어 못 견디겠다. 나는 平濟塔을 바라보고 다시 바라보며 昔日의 祖先을 戀慕한다.

浮山 위에 걸린 太陽은 핏빛 같이 붉다. 泗沘水邊의 늘어진 버들에는 저녁 안개가 꼈다. 半月城頭에 울며 돌아가는 까마귀는 무엇을 恨하는고.

夕飯後에 自轉車를 빌려 타고 半月城 東門外의 百濟王陵과 百濟時代의 墓地를 찾았다. 黃昏의 靑草中에 묻힌 세 王陵前에 懷古의 熱漏를 뿌리고 累累한 石槨의 北邙에 無常의 感傷을 돋우었다.

아아, 그리운 泗沘의 서울, 燦爛 泗沘의 서울, 慘憺한 泗沘의 서울, 황량한 泗沘의 서울? 千年後 어린 詩人의 애를 끊는 泗沘의 서울아?(六月三十日 白馬江上에서)[80]

---

80 본문. 『매일신보』, 1917.7.5, 1면.

白馬江上에서

◇우리 배는 窺巖津을 떠났다. 옛날 百濟의 商船과 兵艦이 떠나던 데요 唐, 日本, 安南의 商船이 各色 物貨를 滿載하고 輻湊하던 데다. 自溫臺의 奇巖은 現今에는 義慈王의 逸遊하던 터로 聲名을 傳하지마는 當時에는 아마 離別岩으로 有名하였을 것이다. 進取活潑한 百濟人이 今日東 明日西로 天下가 좁다하고 橫行할 때에 此岩上에서 紅淚를 뿌리던 美人도 많았을 것이다. 나도 百濟人이 唐을 向하고 떠나는 마음으로 窺巖津頭를 떠났다. 感懷많은 扶蘇山을 다시금 바라보며 一葉片舟는 芝菊叢 소리 閑暇하게 泗沘水의 中流에 흘러내린다. 一點風 一點雲이 없어 一波가 不動하는데 兩岸의 細柳만 안개에 묻혔다. 이따금 이름 모를 고기가 뛰어 倒映한 山影을 깨트릴 뿐이다. 물도 졸고 靑山도 졸고 靑天에 뜬 白雲도 존다. 모두 畵中의 景이오 詩中의 趣로다.

◇마침 同舟한 客 三人이 다 非凡한 者다. 洞簫 부는 소경 老總角과 해금 긋는 白髮 破笠의 老人도 神奇하거니와 淡粧 素服에 年光이 二八이 넘었을락말락한 美人이 同舟함은 더욱 奇緣이다. 兩個 樂人은 數十年來로 天下를 周流하는 放浪客이란 말을 들었으나 美人은 무슨 일로 어디로 가는지 알 길이 바이 없고 묻는 것도 부질없는 일이다. 다만 꽃 같은 兩頰에 津頭의 別淚痕이 아직 남아있는 것과 아까 窺岩津 埠頭에서 팔을 두르던 老婆를 생각건댄 無情한 人生의 無常한 因緣으로 母女의 離別을 當함인 듯.

◇배가 한 물굽이를 돌면 東岸上에 三奇峯이 屹立한 것을 보리니 이것은 有名한 大王浦다. 爛熟한 文化에 醉하여 强隣이 엿보는 줄도 모르고 夜以繼日로 逸樂에 耽하던 義慈王의 노닐던 터이다. 當時에는 바로 그 峯 밑으로 泗沘水가 흘렀다 하나 只今은 茫茫한 草原이 그 앞에 있을 뿐이다. 船頭에 서서 峯上을 바라보니 한 마리 소로기(솔개)가 높이 떴을 뿐이오 다시 歌舞의 그림자를 볼 수가 없다.

◇나는 兩個 樂人에게 一曲을 請하였다. 兩人은 欣然히 許諾하고 數種의 仙曲을 和奏한다. 淚痕의 美人도 柳眉를 움직이며 이윽히 듣더니 솟는 興을 못이김인지 擊節 一番에 〈長生術 거짓말이〉의 一曲을 부르고 다시 내 請으로

半月城 깊은 밤에 火光이 어인일고

三千宮女가 落花岩에 지단말가
水邊에 푸른 楊柳야 너무 무심

江山은 좋다마는 人物이 누구러냐
自溫臺 大王浦에 烏鵲이 깃들이니
只今에 義慈王 없음을 못내 슬퍼

泗泚城 宮闕터에 보리만 누렀으니
當時 繁華를 어디 가 찾을는가
東門 밖 累累한 무덤에 夕陽만 비꼈더라

◇미인은 소리를 떨어가며 三曲을 連唱하였다. 노를 젓던 沙工도 어느덧 노를 쉬고 배는 물을 따라 저 혼자 흘러간다. 이윽고 江上에 一陣風이 돌아가니 千年間 水中에 졸던 落花岩의 아름다운 넋이 이 노래에 깨임이런가.

◇배가 또 한 물굽이를 돌아가니 冊床 위에 올려놓고 싶은 조그마한 峰이 보이고 거기는 岩上에 굴 붙듯이 茅屋이 들러붙었다. 沙工의 말이 江景에 다다랐다 하더라.(六月三十日 午後二時)[81]

群山에서

◇江景서 約五時間을 머물러 午後 八時半車로 群山을 向한다. 어떻게 더운지. 全身이 땀이로다.

◇朝鮮第一의 平野요 第一의 米産地인 全北平野에 들어섰다. 一望無際다. 天賦한 沃土다. 移秧이 거의 끝났다. 陰十二日 달이 엷은 구름 속에 걸렸다. 平野中에는 여기저기 造山 같은 조그마한 山이 있고 山이 있으면 반드시 그 밑에 村落이 있다. 마치 바위를 의지하여 굴이 붙는 것 같다. 들에 나가 먹고 山에 들어와 자는 것이 此地方의 特色이다. 그러나 어떤 村落은 그만한 山도 얻어 만나지 못하여

81 본문. 『매일신보』, 1917.7.6, '第八信'.

曠野에 길 잃은 者 모양으로 벌판에 있는 者도 있다. 퍽 山이 貴하다.

◇이 平野는 古來로 水災와 旱災를 兼受하므로 農民의 生活이 極히 不安定하였다. 만일 水利가 整理되면 農民의 生活이 安定될 뿐더러 넉넉히 三割 以上의 增收를 得할 수 있다.

◇그러므로 全羅北道에서는 水利整理와 普通 農事改良에 全力을 다한다는 말을 들었다. 仔細한 計劃과 方針은 毋論 全州 간 뒤에야 알 것이다.

◇밤 十日時에 群山에 到着하였다. 群山은 全北 唯一의 開港場이요 朝鮮 第一의 穀物 輸出港이다. 街衢의 井然함과 家屋의 整齊함이 꽤 美觀이다. 風景으로는 別로 取할 것이 없다하더라도 뒤山의 形狀이 매우 奇하고 公園의 松林이 또한 사랑할 만하다. 부르면 대답할 舒川의 半島에 森林만 茂盛하면 一段의 趣를 加할 듯하다.

◇너무 身體가 疲困하므로 官廳의 訪問도 廢하고 다만 散步兼 돌아다니며 구경하였을 뿐이다. 朝鮮人側에는 客主組合 勞動者組合 等의 團體가 있고 當地 有志요 有力者인 申錫雨, 文明眞, 金綴洙 諸氏의 發起로 約 二千圓金을 醵出하여 勞動夜學校의 設立 出願을 提出하였다는데, 府廳에서도 此美擧에 贊成하여 公立普通學校의 校舍를 貸與하기로 하였다 한다. 設校의 認可가 나는 날이면 群山府 六百名 勞動者는 비로소 文明의 참 福을 받게 될 것이다. 勞動者 많은 各大都會에서는 이러한 設備가 實로 緊急할 것이다. 諸文明國에서는 勞動者의 生活의 保障과 敎育의 普及과 慰安의 獲得에 關한 여러 가지 制度와 設備가 있지마는 불쌍한 것은 朝鮮 勞動者라. 勞動者組合이 있어 그네에게 職業을 求하여 주며 또는 賃金을 調節하고 勤儉貯蓄의 思想을 鼓吹하는 同時에 夜學校 같은 것을 세워 相當한 敎育을 주는 것은 實로 社會와 國家의 義務일 것이다. 그中에도 勞動者의 恩澤을 많이 받는 商工業者 船業者 其他 財産家는 勞動者를 愛護할 特別한 義務가 있으며, 그뿐더러 勤勉하고 善良한 勞動者를 얻음은 全 社會 國家의 福利됨도 勿論이어니와 特히 商工業者인 財産家에게 큰 利益일 것이다. 나는 群山 人士의 此美擧에 對하여 滿腔의 感謝를 表하는 同時에 各大都會의 財産家도 爭先히 如此한 美擧를 본받기를 바란다.

◇群山서 또 한가지 愉快한 것은 中心되는 大街에 朝鮮人의 巨商大賈가 櫛比함이다. 그中에도 金義淑 商店 같은 것은 約二萬餘圓의 物貨를 貯置하였다 한다. 그러나 그 物貨는 거의 全部가 輸入品이오 게다가 奢侈인 것이다. 언제나 朝鮮도 自

作自給하게 될는지.

◇開港場의 仔細한 觀察과 感想은 木浦에 가기를 기다리고 아직 이만 그친다. 今午車로 全州로 向하려 한다. 몹시 덥다. 어서 全州에 가서 높은 山과 맑은 물이 보고 싶다.(七月二日午前十時 땀을 흘리며)[82]

□ 裡里驛에서(七月二日)

一昨夜 群山에서 二泊하고 本日 全州로 向할 計劃이외다. 全州 支局長의 親切한 出迎을 受하고 感謝不已하외다. 江景 分局長, 論山 分局長도 일부러 來하였더이다. 江景에 分局 있는 줄을 知치 못하고 訪問치 아니하였음은 遺憾이로소이다. 全州에서 歸路에 益山과 論山을 視察코자 하온 바 日程에 二三日의 差違가 生한 듯하나 그것은 어떠한 機會에든지 恢復코자 하나이다. 匆匆不一.[83]

□ 全州에서(七月五日)

拜啓 貴函은 拜見하였소이다. 全州에서는 破天荒의 大歡迎을 받았소이다. 全州 支局員의 活動의 反映의 證據라 하겠소이다. 江原[84] 支局長이 부디 또 한번 오라고 하시나이다. 日程에 差誤가 될까 念慮하여 未決中이외다. 大場村의 細川侯 農場은 부디 參觀하려 하나이다. 當初에 計劃한 바 托鉢政策은 全然 失敗에 歸하지 아니할는지. 五道踏破旅行이라 宣言하였으니까 誰인들 無錢旅行과 無異한 徒步旅行인 줄 知하겠나이까. 그러나 全州에서는 成功하였소이다. 麗水行은 아직 確定치 못하였으나, 珍島나 莞島中 一島를 除하든지 하여 行程을 縮少코저 하오며 本日 輕鐵의 開通을 기다려서 全州와 離別할 터이외다. 匆匆不一.[85]

全州에서(一)

◇裡里驛에서 下車하니 全北支局 總務 李來錫君과 江景 支局長 洪淳鑽君의 來

82 본문. 『매일신보』, 1917.7.7, '第九信'.
83 기사. 『매일신보』, 1917.7.4, 2면.
84 江景의 오식. 기사 「전주에서(一)」(1917.7.8, 1면)에 강경 지국장이 일부러 전주까지 와서 맞아준 일이 언급되어 있다.
85 기사. 『매일신보』, 1917.7.7, 2면.

迎이 있었다. 遠路에 나 같은 一寒書生을 맞아 주심을 衷心으로 感謝하였다. 裡里의 詳況은 歸路에 視察하기로 하고 午後 二時四十分發 輕鐵로 全州로 向하였다. 이름을 輕鐵이라 하지마는 車室도 꽤 훌륭하고 速力도 어지간히 빠르다. 長霑비가 오면 말면 하는 中에 次次 全州의 秀麗한 峰巒이 가까워진다. 全州의 山은 참 秀麗하다. 나는 全州의 特色은 山이라 하였다. 大場村, 參禮 等地의 勝景은 歸路에 찾기로 하고 午後 四時頃에 全州에 到着하였다.

◇全州驛前에는 柳支局長과 全州 青年 俱樂部員 諸氏의 精誠되게 맞아 주심을 받고 數步를 行하다가 道參事요 全州에 名聲이 높으신 鄭春岡과 全州 農工銀行 取締役이오 全州 地方 金融組合長이신 李康元氏 兩氏의 맞아 주심을 받았다. 全北 參與官 金潤晶氏가 名銜으로써 물어주심에 對하여서도 精誠된 感謝를 드린다.

◇안 탄다고 固辭하다가 마지 못하여 人力車를 타고 銀杏屋이라는 旅舘으로 기운차게 들여 몰았다. 旅行한 지 一週日에 이만큼 隆崇한 歡迎을 받기도 처음이거니와 이처럼 번쩍하는 旅舘에 들어보기도 처음이다. 바른 대로 말하면 一生에 처음이다. 나는 自然히 무섭기도 하고 부끄럽기도 하였다. 어린 書生을 이처럼 款待하는 全州 여러 어른께 百拜天拜를 아니 드릴 수가 없다.

◇여러 어른 德分에 八疊房 蚊帳 속 푸근푸근한 자리에서 오래간만에 편안한 熟眠을 貪하였다. 京城 出發 以來로 昨夜에 비로소 京畿, 忠南, 全北 三道의 陳垢를 濯하였더니 아주 몸이 거뜬하야 今時에 貴族이 다되고 만 듯하다.

◇多佳亭 밑으로 흘러오는 多街川이 바로 旅舘의 階前으로 흐르고 그 건너편에 綠陰이 如滴하는 小岡이 가로질렀다. 枕頭에 水聲을 듣는다. 全州는 人口가 一萬 조금 以上이다. 朝鮮에 있어서는 一萬 以上의 人口가 있으면 大都會라고 할 만하다. 南門 懸板에 뚜렷이 써붙인 것과 (같이) 全州는 湖南 第一城이다. 市區의 改正은 아직 完成되지 아니하였으나 街衢가 매우 整然하고 淸潔하다. 全州에 가장 繁華하다는 大正町通은 제법 大都會의 面目이 있고 通行人도 꽤 雜沓하다. 하나 더 注意할 것은 市街에 樹木이 많음이다. 高處에서 俯瞰하면 全市街가 綠陰中에 묻힌 듯하다. 이것은 全州뿐 아니라 全北 全體가 他道에 比하여 山에 樹木이 꽤 많다. 아마 生活이 比較的 裕足하니까 忠淸道 兩班들 모양으로 山껍데기까지는 벗겨먹지 않았는가 보다.

◇全北이 三韓時節에 卞韓의 地요 三國時節에는 百濟의 地다. 三韓時節에는 무슨國 무슨國 九十國 百國하였으니까 全北 어느 山 어느 들을 밟든지 거의 國都 아니던 곳이 없을 것이다. 二三人이 協力하여서야 비로소 使用한다는 長劍 大劍을 가지고 이 東西로 설레고 다니던 三韓時節을 생각하면 實로 感懷가 無窮하다. 全州는 百濟時節에 完山 又는 比斯伐이라 하였다 하며 甄萱의 後百濟의 王都라 한다. 우리는 全州, 全州하고 地方의 一道府로 여기지마는 後百濟人에게 물어보면 神聖한 比斯伐 서울이다. 地下의 甄萱의 靈의 感慨는 어떠한지.

◇慶基殿, 肇慶廟는 拜觀하였으나 李朝의 光塋인 乾北山의 松林과 蓮池는 비로 因하여 보지 못하였다. 阿只拔都를 討滅하고 意氣揚揚하게 太祖께서 凱旋하시던 梧木臺는 只今에 健在하다. 萬古의 興亡盛衰를 世外에서 바라보는 麒麟峯만 예나 이제나 變함 없이 夜夜에 明月을 吐할 뿐이다. 靑草에 비 지나갈 제 山寺의 暮鐘이야 어찌 차마 들으랴. 懷古의 涙만 흘림도 부질없으니 道廳이나 찾아가서 잘 살아갈 方針이나 듣자.(七月二日夕 全州 客舍에서)[86]

全州에서(二)

◇昨日 官舍에 李全北道長官을 訪問하고 여러 가지 말씀을 들었거니와 오늘은 正式으로 道廳 長官室에 訪問하였다. 昨夕 모시 두루마기 입었던 長官은 크림色 勅任官 正服에 威儀를 갖추었다. 길쑥한 容貌와 가늘한 明眸는 伊昔 紅顔의 美少年이던 것을 생각한다. 아무리 보아도 多情스러운 어른이다.

◇朝鮮 第一의 平野요 沃土요 米産地인 全北 平野를 가진 全羅北道의 第一 힘쓰는 것은 普通 農事의 改良이다. 그러한 天賦의 沃土면서도 水利가 整理되지 못하여 古來로 水害와 旱災를 兼受하여왔다. 그러므로 農民의 生活이 極히 不安定하여왔다. 從此로 水利가 完全히 整理되고 種子의 選擇과 耕作方法의 改良이 完全된다면 다만 農民의 生活이 安定될 뿐더러 倍의 增收를 얻을 것은 確實하다. 그리고 이것은 멀어도 十年 以內에 實現될 것이다.

◇現在 四個의 水利組合이 있는데 그것이 모두 朝鮮人의 經營이다. 水利組合의

86 본문. 『매일신보』, 1917.7.8, 1면, '第十信'.

利益됨은 勿論이거니와 이렇게 朝鮮人이 覺醒되어 漸次로 文明的 新事業 新施設을 하게 되는 것이 기쁘다.

◇다음에 힘쓰는 것은 副業의 奬勵다. 本道內 小農民은 極히 窮狀에 빠졌다. 그 原因은 첫째 水利가 整理되는 同時에 小農民은 그 費用을 支撑하지 못하여 土地가 大地主의 손으로 集中되는 것과, 둘째는 大地主의 高利投資니 農糧없는 國民이 農時에 無謀한 高利로 大地主에게 請債하였다가 秋收時에는 一年 동안 번 穀物을 온통 地主에게 빼앗기게 됨이라. 이러하므로 大地主는 年年 富하여 가되 小農民의 窮狀은 날로 甚하여 간다. 이것을 救濟할 方針은 두 가지밖에 없다. 하나는 副業을 奬勵함이오 또 하나는 低利로 金錢을 融通할 機關을 設立함이다. 그런데 모든 副業中에 가장 有利하고 容易한 것은 蠶業이다. 그러므로 五年 計劃으로 大大的으로 養蠶業을 奬勵하여 全道內에서 五萬石의 繭을 產케 할 豫定이다. 이렇게 一邊 農事를 改良하고 副業을 奬勵하면 農民의 富力은 顯著하게 增加될 줄을 믿는다.

◇그리고 金融機關으로는 金融組合이 있으나 이는 中農 以上이 아니면 利用할 수 없으므로 試驗的으로 全州 農民組合이라는 것을 設立하였다. 百斗落 以上의 地主로 하여금 一口二十圓의 資金을 出케 하여 約 一萬圓을 得하였다. 이것을 低利로 勤儉한 農民에게 貸與하되 該地主의 保證으로써 하면 一面 農民의 急을 求하는 同時에 他面 農民에게 勤勉과 信用을 奬勵하게 되겠다. 만일 成績이 良好하거든 道內 各郡에 實行해 보련다.

◇다음에 全北에 特殊한 製紙工業에 對하여는 原料栽培의 奬勵와 製造法의 改良으로 더욱 그 發達을 促進하려 한 全州에 製紙工場을 두어 機械工業的으로 하기를 試驗中인데 아직 顯著한 成績은 없으나 次次 成功의 曙光이 보일 줄을 믿는다.

◇交通, 教育 等에 對하여는 他道와 別로 다름이 없다. 造林에 對하여 方今 具體的 計劃을 作成하는 中인데 明年度부터 實行하련다.

◇長官은 前後 約 二時間 동안 仔細히 熱誠으로 說明을 한 뒤에 "萬事가 次次 잘 되어갈 테지오" 하고 希望과 努力의 微笑를 띠운다. 莅任日淺하여 本道의 事情에 生疎하노라 하고 慶北을 宰하였을 때의 事業을 많이 實例로 들더라. 十二時에 道廳을 辭하고 天賜園의 旅舘으로 돌아왔다. 웬 비가 그리도 많은지. 終日 절절 쏟아진다. 활짝 벗어부치고 淸江에 빗소리를 들으면서 이 글을 草하다.(七月三日 午後 全州 客舍에서)[87]

全州에서(三)

◇今日 全北 物產陳列舘을 보았다. 以前 客舍이던 豊沛之舘인데 構內에는 百花가 燎亂하다. 全羅道는 自古로 工藝의 中心이라. 竹器며 扇子며 木器 紙類 같은 것은 前부터 有名하다. 그러나 그 製作方法이 조금도 發達치 아니하고 平生 舊式을 墨守하더니 近年에는 當局에서 여러 가지로 奬勵한 結果 놀랍게 發達하였다. 製作의 精巧는 勿論이어니와 製作品의 種類도 많이 變하기도 하고 增加하기도 하였다. 나는 木, 石, 竹 等 여러 가지 材料로 精巧하게 製作하여 놓은 여러 가지 工藝品을 보고 이것이 果然 우리 손으로 되었는가 하고 瞠目함을 禁치 못하였다.

◇全州 公立 簡易工業學校 生徒의 竹器와 木器며 長水의 石器며 雲峯의 木器며 이런 것은 世界의 어느 市場에 내어 놓아도 부끄럽지 아니한 것이다. 現在 數百名 어여쁜 生徒들이 每日 이 아름다운 工藝를 배우는 中이다. 漸漸 技術도 進步하고 製作의 種類도 많아지면 이 工藝品이 本道에 重要한 輸出品이 될 줄을 믿는다. 이 좋은 才操를 오늘까지 썩혀둔 것이 忿하고 只今부터라도 發揮하게 된 것이 기쁘다. 工業地될 만한 데는 工業學校를 商業地될 만한 데는 商業學校를 두어주는 當局의 周到한 用意에 感謝를 表한다. 今日 陳列舘을 보고 全羅道가 더욱 工藝의 道가 되어야 하겠다는 생각이 더욱 깊어짐을 깨달았다. 그리고 날마다 아름다워가고 富할 길 열려가는 半島의 前途를 祝福하였다.

◇마당 하나 새를 두고 養蠶講習所 女子部가 있다. 卅餘名 女子가 熱心으로 養蠶을 工夫하는 데다. 白雪 같은 고치를 가리키는 女子教師는 仔細한 說明을 하더라. 明日부터 製絲를 始作할 터이라 한다. 五年內에 五萬石의 繭을 收穫하려는 全羅北道의 計劃이 實現되기를 바라는 同時에 朝鮮內에 製絲工場과 機械工場이 많이 서서 朝鮮產 繭을 온통 朝鮮서 利用하도록 하고 싶다. 그리 되면 고치로 파는 것보다 數倍의 利益을 얻을 것이요 兼하여 數萬의 職工에게 職業을 줄 것이다. 財產家들이 어서 覺醒하여 이러한 工場을 많이 設立하기를 바란다.

◇全北 屈指의 實業家로 一動一靜을 오직 公益만 爲하여 한다는 朴榮根氏의 獨營인 樂壽山 莊內 竹林中의 全州 女子蠶業傳習所를 參觀하였다. 昨日까지에 完成

87 본문. 『매일신보』, 1917.7.10, 1면, '第十一信'.

된 六百枚의 種卵紙를 보고 우리 富源이 實로 여기 있다 하였다.

◇저녁에 全州 矯風會 여러 어른의 招待를 받아 該會의 來歷과 事業에 關한 說明을 들었다. 在來의 習俗中에 保存할 者는 保存하고 改革할 者는 改革하는 것이 目的인 것은 勿論이지마는 本會에서는 特히 慈善事業을 奬勵하기 爲하여 行旅病舍를 置하고 無依無家한 病人에게 治療를 주게 하였다.

◇每樣 五六人의 病人을 收容하게 됨을 보아도 本事業이 決코 徒勞가 아니라고 金郡守께서 說明한다. 나는 冠婚喪祭의 禮儀習慣의 改革의 急要함을 進言하고 矯風事業이 朝鮮에서 매우 急한 것과 또 이것은 行政官, 警察官 又는 各地方 有力者의 할 일임을 極言하였다. 듣건댄 他地方에도 此種 機關이 있다 하나 아직 顯著한 成績은 없는 모양이다. 願컨대 各地方 有力者가 一層 奮發하여 移風易俗의 美果를 얻게 하소서.

◇全北은 富豪 많은 道요 그中에도 全州는 富豪의 都會라. 그네가 一次 奮發하여 全州 順天間에 輕便鐵道를 敷設하면 어떠할는지. 누가 보든지 全羅南北道의 發展上 此擧가 必要할 듯하건마는 全北 人士는 어떻게 생각하는지. 勇氣있는 大企業家의 輩出하기를 大旱의 雲霓 같이 바란다.(七月六日 朝)[88]

全州에서(四)

◇全羅道人은 天成으로 美術工藝의 才質을 받았다. 百濟人의 子孫인 것을 생각하면 思過半할 것이다. 그러나 近古 以來로 朝鮮서는 美術工藝를 賤히 여겼으므로 全羅道人은 이 才能을 자랑으로 알지 아니하였다. 만일 不然하였던들 全羅道人은 世界를 놀랄 만한 美術과 工藝를 作하였을 것이다.

◇지금도 늦지 않다. 全羅道人은 美術工藝를 自己의 天職으로 自覺되어야 한다. 全羅道人은 美術工藝로 朝鮮의 자랑이 되어야 한다. 오직 朝鮮뿐만 아니라 世界的 美術工藝의 主人이 되리라는 大抱負를 가져야 한다.

◇道內의 여러 普通學校에서 特히 此方面에 注意함은 實로 吾意를 얻은 일이나 그것만으로 어찌 滿足하랴. 社會 全體가 깊이 自覺하고 努力하여야 할 것이다. 將

---

88 본문. 『매일신보』, 1917.7.11, 1면, '第十二信'.

次 道內에는 美術學校, 工業學校 같은 學校가 서야 한다.

◇世界의 交通은 날로 發達되어 万國이 比隣이다. 全羅道에 製作된 工藝品은 三週日 以內에 世界各國 市場에 出見될 수가 있다. 더구나 今次 大戰亂이 平定되고 各國의 戰後 經營이 略略 整頓되면 新機運을 얻은 世界文明은 倍前한 速力으로 發展할 것이다. 그리되면 美術工藝의 需要는 漸次 激增할 것이다. 希臘 源流의 美術工藝가 支配하던 世界를 한(번) 百濟 源流의 手下에 넣지 못할까. 朝鮮 古代의 미술을 詳究하여 그 特色과 精粹를 알아서 新技術로 此를 表現하면 世界를 陶醉하게 할 美術工藝를 成할 수 없을까. 그리되면 다만 우리의 富力을 增進할 뿐이 아니라 實로 世界에 對하여 朝鮮人의 大氣焰을 吐하는 것일 것이다.

◇또 하나 全羅道人의 特色은 音樂에 長함이다. 亦是 百濟人의 子孫된 標跡이다. 朝鮮 광대는 半이나 全羅道人이라 하고 全羅道人이라야 一等 광대가 된다 한다. 在來로 광대하면 賤한 職業이었지만은 今日 말로 飜譯하면 音樂家요 俳優다. 더 高尙한 말로 表하면 藝術家다. 藝術家라 하면 今日에는 兩班에 又 兩班이다. 宋萬甲君이 萬一 西洋에 났더면 萬人의 渴仰을 받는 大藝術家가 되었을 것이다.

◇이러하거늘 至今토록 全羅道人中에 音樂과 美術을 배우는 者가 없음은 웬일인가. 音樂이나 美術로 至今껏 賤待받아오던 觀念이 깊은 까닭이 아닐까. 京畿 忠青道의 兩班들에게 全羅道人이 賤待를 받아온 것도 音樂藝術의 才能 때문이었다. 그러나 京畿 忠青道의 兩班들을 한번 足下에 굴릴 것도 亦是 音樂과 美術인 것을 自覺해야 한다.

◇百濟人뿐 아니라 扶餘族 全體가 槪히 美術音樂의 才能을 가졌었다. 北方에 居하여 오직 武强으로만 天下에 橫行한 것 같이 世上이 아는 高句麗까지도 支那와 日本에 多大한 影響을 미치리만큼 音樂美術이 發達되었었다. 그 後 高麗時代까지도 그 餘風이 尙存하여 高麗磁器라든지 여러 寺刹의 雄壯한 建築을 後世에 끼쳤다. 箜篌라든지 萬萬派派息笛이라든지, 慶州의 玉笛이라든지, 萬佛山이라든지 하는 音樂美術에 關한 傳說이 많은 것도 此邊의 消息을 말하는 것이 아닐까. 다만 李朝에 들어와 偏狹한 儒敎가 專橫함으로부터 朝鮮의 藝術은 地를 拂하고 말았다. 그러나 우리 血管中에는 아직도 그 祖先의 피가 흐른다. 더구나 三國中에 가장 빼(어)나던 百濟人의 子孫의 血管에는 더욱 多量의 藝術의 피가 흐를 것이다. 이처

럼 秀麗한 江山에 사는 民族이 藝術에 長할 것은 自然한 일이다.

◇나는 百濟人의 子孫되는 全羅道 同胞에게 大自覺 大奮起를 叫號한다. 이렇게 叫號하는 내 亦是 百濟 完山人이다.(七月六日 朝)[89]

裡里에서(一)

雨中에 全州를 떠나서 乾止山의 松林과 德眞의 蓮池를 바라보며 約 一時間을 지내어 大場驛에 내렸다. 大場村은 驛에서 四五町이 될락말락하는 萬頃江邊의 一小村落이다. 侯爵 細川家 朝鮮農場이라는 牌붙인 大門을 들어가 名啣을 通하니 古朴한 一老人이 나와 맞는다.

細川侯爵의 農場은 三郡 五面 十五村에 亘하여 約 五百石落이나 된다 한다. 全農場을 十八區에 分하고 廿區의 採種田을 置하여 年年 新種子를 配付하여서 稻種의 退化를 防遏한다. 그리하여 全部 新種子를 쓰며 農具와 耕作方法도 漸次 改良하여 벌써 舊時의 面目이 없다.

小作人을 奬勵하는 方法으로는 年年히 作物의 品評會를 열어 優等한 者에게는 優等旗를 주고 兼하여 改良農具 等 賞品을 주며 或은 無料로 種子를 配付한다.

昨年의 大凶으로 今年 移秧時에는 飢餓하는 小作人이 많았다. 青草와 木根으로 겨우 連命하는 者가 細川農場의 小作人만 해도 百二十九戶 二千三百餘人에 達하였다. 農場에서는 그 情境을 可憐히 여겨 租 四百六十石을 散하여 一個月半의 糧食을 與하고 秋收後에 無利息으로 還納케 하였다. 瀕死한 數千의 農民은 이리하여 移秧時의 糧食을 얻어 全部 移秧이 끝났다.

在來로 朝鮮 地主는 移秧이 畢하기 前에는 小作人에게 賃給을 아니하나 移秧後에는 秋收를 擔保로 하고 租를 貸與하였다가 秋收時에는 十分五의 利殖을 키워 받았다. 卽 陰五月頃에 묵은 벼 一石을 貸與하였으면 仝 八月頃에는 一石五斗를 받는다. 二三個月 利殖이 五割이라 함은 참 戰慄할 일이다. 이리하여 大地主는 去益富하고 小作人은 去益窮한다. 저 橫暴하고 凶惡無情한 大地主를 어찌하며 可憐한 小作人을 어찌하랴. 此時를 當하여 細川農場의 此美擧는 非但 一時의 功이라. 朝

89 본문. 『매일신보』, 1917.7.12, 1면, '第十三信'.

鮮人 大地主의 慚死하고 奮然 自悟할 頂門의 一針이라. 李長官께서 小作人에게 低利로 農資를 融通할 機關의 必要를 絶叫하는 衷情을 깨달았다.

各地主들이 一邊 種子의 選擇, 耕作方法의 改善과 小作人의 勤儉貯蓄을 改良하며 一邊 小作人을 自己의 家族으로 여겨 自己도 富하는 동시에 小作人도 富하게 하기를 힘써야 할 것이다. 全北道 一圓中에는 草根木皮로 殘命을 이어가는 可憐한 細人이 幾萬人이나 되는지. 此는 實로 重大한 社會問題라, 當局에서도 應當 相當한 措置가 있으려니와 여러 地主와 地方 有力者가 率先하여 此問題를 解決하여야 할 것이다. 富者의 倉庫에 陳積하는 五穀은 彼等 小作人의 땀이 아니며 富者의 身에 着한 綾細는 彼等 養蠶人의 辛苦가 아니냐. 社會에는 비록 貧者의 別이 없지 못하다 하더라도 富者는 마땅히 貧者를 愛護할 義務가 있다. 東西古今의 歷史中에 가장 慘酷한 것은 貧者의 軋轢이다. 小作人들이 草根木皮로 飢餓에 瀕하는 동안 決코 大地主는 安樂한 寢食을 얻지 못할 것이다. 나는 數萬十萬의 可憐한 小作人을 代하여 大地主에게 大聲으로 呼訴할 수밖에 없다. 低利로 農資를 貸與하여라, 小作料를 減하여라, 土地의 增收를 圖하여라, 吾輩에게 慰安을 주고 敎育을 주고 무엇보다도 사람다운 待接과 親切한 愛情을 다오.

農民도 決코 늘 愚하지 아니할 것이다. 漸次로 知識이 普及되면 彼等은 決코 只今과 같은 不義의 虐待를 甘受치 아니할 것이다. 그때에는 大地主들이 비록 施惠를 하려 하여도 不得하리니 眞實로 小作人에게 對하여 施惠를 할 때는 이때다.

大地主와 地方 有力者 諸氏에게 懇請한다. 爲先 今夏에 農糧 없는 細民을 救濟할 方針을 講究하고 아울러 永久的으로 小作人을 富饒케 安樂케 할 方針을 講究하기를 바란다.

此文을 草할 때에도 草根을 널며 一家가 얼굴이 부어서 울고 앉았는 可憐한 同胞가 目前에 어른어른하여 暗淚를 禁치 못한다. 나 같은 者가 아무리 血淚를 흘린다면 무슨 效力이 있으랴. 大地主와 地方 有力者의 一滴淚야말로 불쌍한 同胞들을 救濟할 能力이 있는 것이다.

午後 六時에 大場村을 辭하고 裡里에 來着하여 朴郡守의 私邸 園內의 奇花異草의 香氣와 全州 連山으로 올려 솟는 明月을 바라보며(七月六日 夜半)[90]

裡里에서(二)

裡里는 '솜니'라고 부른다. 日本人 五百戶 朝鮮人 三百戶 假量되는 新接살림이다. 原來 조그마한 農村이던 것이 湖南線 開通 以來로 全北平野의 中心이 되고 말았다. 새집뿐이요 짓는 집뿐이다. 將次 그림을 그릴 양으로 여기저기 繪具를 찍어 바른 듯하여 아직 一定한 形狀도 없는 두루뭉실이다. 一望無際한 全北의 平野 한복판에 무엇이 될지 모르는 怪物이 裡里의 本性이다. "山도 없고 물도 없고 있는 것이 쌀"이라는 朴郡守의 말과 같이 裡里는 쌀의 都會다. 全北平野의 無盡藏한 쌀로 怪物 裡里는 날로 生長하여 마침내 全北 唯一의 殷富한 都會로 長成할 運命을 가졌다.

朴郡守와 其他 有志의 好意로 歡迎의 宴을 열어주었다.

席上에 第一 놀라운 것은 모인 여러분의 人事 言語 凡節이 전혀 日本化하였음이다. 衣服만 和服을 입었더면 누구나 그네가 朝鮮人인 줄을 모를 것이다. 毋論 外形만으로 內心까지 判斷할 수는 없으나 적어도 外形으로는 完全히 日本化하였다고 할 만하다. 나는 席上에서 裡里의 朝鮮人도 日本人과 平行하게 發展하도록 努力하기를 빌었고 一同은 그러하도록 盡力하시노라고 對하였다. 平行치 아니하는 發展은 아무리 하여도 一種 病的 發展이다.

裡里는 益山 郡廳의 所在地요, 益山은 朝鮮 第一의 農業郡이다. 農事의 改良, 小作人의 救濟는 益山郡의 最重한 政策이라야 할 것이다. 郡守의 말씀에 益山郡에는 大地主도 많은 同時에 極貧한 小作人도 많다. 年來로 土地兼併은 더욱 甚하여 中農階級이 날로 凋殘하여지고 貧富의 懸隔도 따라서 甚하여 간다 한다. 게다가 大地主라는 者가 大概는 自己 一個人의 目前의 利益밖에 모르므로 郡內의 小作人은 實로 悲極慘極한 狀態에 있다. 天賦한 沃土에서 日夜로 勤勞하는 農民이 農時에 飢餓를 不免한다 하면 이는 어떤 社會의 大缺陷을 意味하는 것이다. 나는 益山郡을 治하는 朴郡守와 郡內 有力者 諸氏의 大奮發을 希望하지 아니할 수 없다.

此地方 農民들은 꼭 白米飯을 먹고 萬不得已한 境遇가 아니고는 決코 牟麥을 먹지 아니한단다. 이것은 크게 警醒할 일이다. 白米로 來年 먹을 것이면 牟麥을 用하

90 본문. 『매일신보』, 1917.7.13, 1면, '第十四信'.

면 一年이나 먹을 것이다. 白米飯은 實로 此地方 農民의 貧困의 一이다. 大地主가 夏節에 牟麥이나 粟稷 等 農糧을 貸與하여 그 利益을 알게 함도 一策일까 한다.

또 此地方에서도 女子는 決코 水田에 나가지 아니한다. 이것도 速히 改良할 것이다. 女子까지 水田에 나서서 勞役하면 前보다 六七割 以上의 能率을 얻을 것이다. 細川農場에는 今年에 特別히 女子 數十人을 雇傭하여 移秧을 시켰는데 成績이 極히 良好하다 한다. 昨年에는 此地 農家의 女子가 全部 耕耘에 從事하게 되기를 빈다.

教育이 普及되고, 水利와 耕作法이 科學的으로 改良되고, 人民의 生活方法이 改良되면 此地方은 實로 地上의 天國으로 化할 것이다. 水利整理와 耕作法의 改良은 十年 以內에 完成될 듯하다 하나 이것만으로는 大地主의 利益은 增加하더라도 小作人의 窮狀을 救濟하기에는 不足하다. 巨利를 得할 大地主들이 한번 菩提心을 發하여 小作人 救濟事業에 着手함이 어떠뇨.

그 좋은 自然에 그 좋은 人民을 가지고 그렇게도 貧窮하게 하여 놓은 過去의 政治가 冤痛하다. 언제나 万般事物이 各得其宜하여 貧者富, 愚者知, 弱者强하게 될는지. 다만 저기 떼를 지어 學校로 가는 學徒들을 바라볼 뿐이다.

그 몹쓸 장마가 건나보다. 靑天이 나오고 淸風이 분다. 여러 親舊의 사랑으로 自轉車를 빌려타고 金馬渚에 馬韓의 遺蹟을 찾으려 한다. 李昶珪君의 親切한 先導로 方今 떠나려 한다. 忽忽하여 아직 이만.(七月六日)[91]

□ 裡里에서(七月七日)

昨夕 裡里로 來着하였는데 益山 郡守 朴榮喆氏 外 數十名의 盛大한 歡迎을 받고 感謝無已이외다. 今日은 自轉車로 馬韓의 古都인 金馬를 向할 터이외다. 朝鮮 最古의 石塔인 彌勒塔에 끌려가는 細音이올시다. 마침 今年에 早稻田大學 文科를 優等으로 卒業한 崔斗善君(崔六堂君의 舍弟)과 邂逅하였으매 今日 同道하기로 하였소이다. 깊이 憂慮하던 霖雨도 霽하고 暑氣도 甚烈하지 아니하여 旅行者에게 無上한 幸福이외다. 匆匆不一.[92]

91 본문. 『매일신보』, 1917.7.14, 1면, '第十五信'.
92 기사. 『매일신보』, 1917.7.10, 2면.

裡里에서(三)

우리 一行 三人은 自轉車를 몰아 金馬의 馬韓 古都를 向한다. 어떻게 路邊에 松林이 많은지. 울툭불툭한 丘陵은 四五年生 乃至 十餘年生되는 어린 松林으로 덮였다. 益山은 松林의 고을이다. 今後 二三十年만 되면 參天하는 松林을 볼 것이다. 官廳의 奬勵도 毋論 有力하거니와 此地方 同胞들이 植林思想을 많이 가진 것을 感謝한다. 우리 自轉車는 이러한 松林 속을 或先或後하여 달아난다. 當時 百濟軍이 金馬渚로 좇아 들어오는 意氣를 回想하였다. 裡里서 十五里쯤 가서 멀리 西便으로 五金山의 報德城과 武康王 善花王后의 陵所在地를 바라 보았다. 新羅 文武王이 高句麗의 遺臣이오 宗室인 大安勝을 五金山에 封하고 報德王이라고 稱하였다 한다. 佛法을 尊崇하여 彌勒下의 彌勒寺와 彌勒塔을 築造하여 武康王과 善花王后의 무덤을 마땅히 弔喪할 것이언마는 길이 바빠서 멀리 절하고 바로 金馬 古都로 달려들었다.

金馬面은 舊益山邑이나 郡廢合 以來로 面事務所在地만 되고 말았다. 邑前의 二個 大石像은 邑의 主山되는 金馬山의 金馬의 逃走하기를 防遏하기 爲함이라 하나 金馬는 벌써 달아나고 말았다. 林面長의 親切한 先導로 彌勒山前에 馬韓의 古塔을 찾았다. 彌勒山은 뾰족한 끝에 白雲이 감겼고 山頭의 箕準城터가 完然히 보인다. 山腹이 아니라 山胸에 매어달린 獅子岩은 知命法師의 修道處라. 數千年來의 建物은 年前 暴徒亂에 官兵의 焚한 바 되었단다. 여러 가지 貴重한 記錄도 모두 灰燼이 되고 말았단다.

塔은 바로 彌勒山麓에 있다. 建造한 지가 千六百餘年, 半面이 무너진 지가 千二百年前, 무너진 데를 세멘트로 쌓은 지가 三年이다. 果然 大規模의 塔이다. 平濟塔 같이 優美하고 精巧한 맛은 없더라도 그 尨大하고 古朴한 形狀과 솜씨에 馬韓人의 尨朴한 氣風을 볼 수가 있다. 塔은 無論 塔中의 最라 함은 輿地勝覽에 있는 말이다.

이 塔은 本來 彌勒寺의 境內에 있던 것이다. 寺는 없어지고 寺에 있던 僧도 없어지고 塔만 홀로 남았다. 이 골짝에는 柱礎 없는 데가 없다. 只今 볏모가 푸른 畓中에는 殘礎가 昨日에 놓은 듯이 남아 있다. 그리고 正門인 듯한 곳에는 左右에 數丈이나 되는 幢杖 기둥이 서있다. 아마 數千間되는 大刹이런가 보다. 龍安 원님을 門內에 안 들일 만한 勢力이 있었다 한다. 아마 二三百年까지도 庵子가 남았던 듯하나 只今은 夕陽에 殘礎가 있을 뿐이다.

그때에 어떻게 이렇게 큰 工事를 하였던고. 傳說을 듣건대 善花王后의 請으로 知命法師가 一夜間에 大池를 메우고 此塔을 쌓았다 하니 大池를 메운 것은 假使 神通力으로 하였다 하더라도 이만 大建築을 하려면 數千의 人夫와 數万의 黃金을 들였을 것이다. 當時의 繁華를 想起할 때에 夕陽의 鐘聲이 들리는 듯하고 長槍을 들고 檀弓을 맨 馬韓人의 風丰이 案前에 彷彿하다. 埃及의 三角塔을 보는 感想은 正히 이러할 것이다.

夕陽을 등지고 金馬 面事務所에 들어와 林面長의 好意로 夕飯을 喫한 後에 다시 自轉車를 몰아 王宮面의 王宮塔을 찾았다. 山脈 끝 大建築터인 듯한 平平한 곳 離離한 一座石塔이 그것이다. 此塔은 彌勒塔의 縮圖라고 할 만하다. 모르거니와 此塔은 어떤 宮闕內나 寺刹內에 있었을 것이다. 靑草中에 瓦片을 보아도 알겠다. 塔에서 東北으로 건너다 보이는 一寒村이 馬韓 金馬渚의 宮闕터다. 只今도 殘礎가 남아 있어 牧童들의 장난터가 된다. 只今에 金馬水가 없거니와 李祁珪君의 말을 듣건대 암만해도 그 村落 앞으로 江이 흘렀던 形跡이 있다 한다. 附近의 五陵의 形狀과 一般 地形을 보건대 或 어떤 江流의 流域이던 것도 같다. 附近 人民의 傳說에도 여기가 本是 江자리라 하고 地名도 金馬渚라 하여 渚字가 있으니 李君의 說이 是한 듯도 하다. 나는 歷史에 無識하니까 仔細한 말을 모른다는 것이 옳을 것이다.

아무러나 二千餘年前의 古蹟을 보는 맛은 未嘗不 形言할 수 없으리 만하였다. 其他 地方에서는 人民들조차 此地의 由來를 모르는 것이 슬프다. 詩人, 史家, 美術家 같은 이가 이러한 땅에 臨하여 先祖 遺跡을 光輝케 함이 어떠하뇨. 朝鮮 總督府에서 彌勒塔을 完全히 重修할 意向이 있단 말을 듣고 나는 기뻐하였다.

二千年 古都의 해는 西山에 떨어졌다. 우리는 다시 馬韓 사람들이 돌아다니던 松林 속 山길로 自轉車를 몰아 裡里에 歸着한 것은 午後 八時다. 全身이 땀이다. 다시 朴郡守宅의 二層을 占領하고 崔斗善君으로 더불어 感懷 깊은 꿈을 이뤘다. 今朝에 全北을 辭하고 蘆嶺을 넘어 光州로 向할 테다.(七月八日 朝 朴 郡守의 吏隱亭에서)[93]

93 본문. 『매일신보』, 1917.7.15, 1면, '第十六信'.

□ 光州 五道踏破記者 歡迎宴

五道踏破의 任을 執한 本報 特派記者 春園 李光洙氏는 全州로부터 去八日 下午二時에 光州에 到着하여 龜崗松院 及 揚波亭 其他 名所를 踏破하고 翌九日 上午로부터 各官廳을 訪問하여 本道에 對한 物產 風俗 其他 必要를 聞知하고 歸舘하였는데, 官民 諸氏의 主催로 同日 下午 七時에 光州 和平舘에 歡迎宴을 開하고 光州에 有力한 官民 諸氏가 多數 參會하였는데, 主人側으로 光州 地方 法院判事 梁大卿氏와 農工銀行長 金衡玉氏의 禮辭가 有하고 來賓側의 代表로 郡廳 黃德純氏와 警察署 金相助氏와 裁判所 金天經氏의 祝辭가 有하였는데, 李光洙氏와 該氏 同伴 崔斗善 文學士의 答辭가 有한 後 互相 禮杯를 擧하고 同十二時에 散會하였는데, 翌十日에는 各學校 及 無等山 澄心寺를 觀覽할 豫定인데 適以 雨勢가 有하므로 未決中이요 十一日은 羅州 及 木浦 方面으로 出張할 豫定이더라.[94]

光州에서(一)

七月八日 朝에 裡里를 떠나 右便으로 멀리 扶安의 邊山을 바라보면서 깎아세운 듯하고 새기어 놓은 듯한 蘆嶺을 넘었다. 平野의 다하는 끝에 山水屛 같이 가로막힌 蘆嶺의 姿態는 果然 秀麗하였다. 뾰족뾰족 蒼空을 뚫는 峯巒의 모양도 고운데다가 白雲까지 걸렸으니 어찌 아니 좋으랴. 蘆嶺 隘道를 썩 나서면 忽然히 眼前에 別天地가 열린다. 疊疊한 層嶂에는 綠陰이 흘러 떨어지려 하고 鳥聲虫聲 사이에 淸流의 여흘여흘하는 소리조차 서늘하다. 이 골짝 저 골짝에 三三五五히 隱見하는 茅屋은 眞是畵中之景이다. 이만하면 어디 내어 놓아도 부끄럽지 아니한 美景이다. 湖南線中 第一景됨은 確實하다. 朝鮮이 富하게 되는 將來에는 此處가 훌륭한 山中 避暑地가 될 것을 確信한다.

全南의 山의 特色은 그 形態의 複雜함에 있다. 鋸齒 같이 複雜한 峯巒을 가진 山들이 疊疊히 둘러선 樣은 참 美觀이다. 四街里驛에서 不過 二里半이라는 白羊山의 白羊寺도 미처 찾지 못하고 黃龍江의 물로 더불어 峽谷中을 흐르고 흘러 山은 漸漸 낮아지고 골은 漸漸 넓어지는 끝이 松汀里驛이다.

94 기사. 『매일신보』, 1919.7.13, 4면.

長城 邑內도 볼 만하다 하고 華西 先生의 筆巖書院도 찾는 것이 옳건마는 이것저것 다 뜻대로 아니되는 世上이다. 松汀里에서 卽時 自動車를 잡아타고 坦坦한 大路에 疾風 같이 光州 西門으로 달려들었다. 西門이라 함은 地名뿐이요 城壘는 이미 다 헐리고 赳赳 武夫의 활 겨누던 터에는 車馬가 往來하는 大道가 길게 누웠을 뿐이다.

武珍山의 빼난 峯에는 平生 白雲이 걸려 있다. 光州의 南으로부터 西門外를 스쳐 흘러 此으로 黃龍江을 向하여 가는 光州江의 淸流는 光州의 大寶라할 것이다. 한 옛적에는 只今 楊波亭의 絶壁 밑까지 舟楫이 通하였다 하건만은 只今은 老垂楊 밑에 兒孩들의 타고 장난하는 小舟가 떠있을 뿐이다. 일찍 甄萱의 大軍이 全州로 向할 때에 배를 탔을 듯한 光州 江頭에는 언제 또 한번 배가 다닐 날이 있을는지.

光州는 本 百濟 奴只라 하였으니 꽤 오랜 都會다. 公園內의 조그마한 五層塔은 언제 세운 것인지 모르거니와 西門外 楊波亭 밑에 磐石 위에서 百濟新羅時代의 武夫와 美人들이 武珍山의 白雲이며 奴只水의 綠波를 읊조리는 노래도 있었으련만은 只今은 다만 當時의 淸風明月이 있을 뿐이다. 옛일이 古跡이 되었으니 只今 일도 古跡이 될 것이다.

"全州에 비겨서 어떠오" 하고 全州와 光州의 比較를 묻는 이가 많다. 그러나 光州는 全州에 비길 것이 아니다. 첫째에 山川이 全州만 못하고 位置가 全州만 못하고 富力이 全州만 못하다. 아마 將來에 發展할 希望도 全州만 못할 것이다. 그러나 文明은 自然을 征服한다. 만일 光州 人士가 가장 智慧롭게 가장 勤實하게 活動만 하면 能히 光州로 하여금 繁盛한 大都會를 만들어낼 수도 있다. 工藝品의 中心地도 하려면 할 수가 있고 製絲紡績의 中心地도 하려면 할 수가 있다. 光州 人士가 마음을 모으고 財力을 모아 一大 奮發을 하기만 하면 무엇인들 못할 일이 있으랴마는 壯元峰의 精氣가 아직 如前하게 靈驗한지 만지는 오직 將來에 두고 볼 따름이다.

市區는 改正되었고 新聞 있고 銀行 있고 電話 있고 電燈 있고 水道도 不遠에 完成되리라 하니 이에 都會의 形態는 完成되었다. 다만 저 無職業한 人民을 어찌하며 飢餓하는 人民을 어찌하며 敎育을 받지 못하는 兒童들을 어찌하며 金櫃 속에서 썩기만 하는 金錢을 어찌하뇨.(七月二十一日 木浦에서)[95]

光州에서(二)

光州와 같은 巨邑에 普通學校가 오직 하나. 農業學校와 宗教學校가 있다지만은 人口가 二十萬이나 되는 光州郡에 學生이 不過 四五百名이라 하면 浩歎할 일이 아니냐. 적게 잡아 人口 每 一万에 普通學校 一個式이라 하더라도 卄은 있어야 할 것이다. 걱정이 비록 많지만은 教育이 普及지 못하니 만한 걱정이야 또 있으랴. 時勢는 日로 時로 變遷하는데 民知는 如前하니 참 可歎할 일이다. 商工業의 發達이니 清潔이니 衛生이니 勤勉이니 公益이니하고 絶叫하는 것도 부질없는 일이다. 모두 教育의 普及을 기다려서야 될 일이다.

나는 學齡에 達한 光州郡 數萬의 男女 兒童을 爲하여 血淚를 아니 뿌릴 수가 없다. 그 兒童들이야 무슨 罪리오. 몸에 때가 끼고 머리에 이가 끓고 人類로 마땅히 받을 教育도 받지 못하여 百濟와 新羅의 聰明叡智한 先祖의 子孫으로서 無知蒙味한 野蠻으로 化成함이 決코 그 兒童들의 罪가 아니다. 오직 그 父兄의 罪요 社會의 罪다. 光州 郡內 數萬의 兒童으로 하여금 번쩍한 文明人이 되게 하고 못하기는 오직 光州 郡內 有力者와 有志者의 責任이다. 어찌 光州郡뿐이리오. 朝鮮 全土가 無非皆然이지만은 光州에 와서 더욱 그러함을 깨달았다. 아아, 언제나 光州 一郡에 二十個의 普通學校가 서서 只今 學齡에 達한 또는 將來 數千代의 사랑스러운 男女兒童으로 하여금 人類의 最大 幸福인 教育의 幸福을 받게 하게 될는지.

光州 人士는 좀 活動이 不足하지 아니한지. 實業團體라든지 教育衛生에 關한 團體라든지 青年團體, 矯風會 같은 團體가 왜 없는고. 內地人은 數十戶만 되어도 學校組合, 衛生組合, 俱樂部, 文庫, 公會堂, 神社 같은 施設이 있는데, 그네와 隣薔接屋하여 살고 그네보다 五六十倍나 數爻가 많은 朝鮮人은 왜 그러한 것을 배우지 못하는고. 朝鮮人은 돈 내기를 싫어한다 함은 某處에서 들은 朝鮮人評이다. 무슨 會라든지 其他 公益事業에 내는 金錢은 아주 버리는 줄로 생각하고 可及的 迴避하려 함이 우리의 現狀이다. 참 畓畓한 現狀이다. 이번 光州에 와 보아도 朝鮮人側

95 본문. 『매일신보』, 1917.7.24, 1면. 第十七信. 이광수가 광주에 도착한 것은 기사의 서두에 보이듯 7월 8일의 일이다. 그런데 광주에 관한 기사를 십수일이 지나 목포에서 쓴 것은 이광수가 목포에 도착한 12일 저녁 赤痢 진단을 받고 바로 일주일 가량 입원했던 까닭이다. 기사. 「목포에서」(『매일신보』, 1917.7.17, 2면)에서 참조.

의 活動은 可觀할 者가 없다. 電話가 되고 電燈이 되고 水道가 되고 市區 改正이 되고 할 때에 그네들은 거기 參與하기는 姑捨하고 그 意味를 理解하기나 하였는지. 電燈의 株劵應募에도 勸에 못이기어서 하였다 하면 光州 朝鮮人士의 大羞恥가 아니뇨. 電話, 電燈, 水道 等 設備는 數爻 많은 朝鮮人이 더 많이 利用하는 것이 正當할 일이니 더 많이 利用할 사람이 더 많이 盡力을 하여야 마땅할 것이다. 그런데 光州의 朝鮮人士는 어찌 하였는가. 열번 스무번 勸誘를 받아서 體面에 끌려 參與한 사람이 겨우 數十人! 嗚呼라, 已矣哉已矣인저.

어찌 光州뿐이리오. 朝鮮 全土에 어디를 가면 아니 그러랴마는 光州에 와서 이 생각이 더욱 깊었다. 내가 光州 人士를 代表로 삼아 이처럼 痛責함도 무슨 因緣이니 사랑하는 光州 人士여 한번 奮發하여 이름만 光州이던 光州로 하여금 果然 빛나는 光州를 만들지어다.

武珍山의 證心寺는 古蹟으로나 建築物로나 볼 것이 많다 하기로 一日을 卜하여 구경하려 하였더니 仙緣이 薄함인지 마침 雨天이 되어 못 가보고 말았다. 그 代身 普通學校 出身을 中心으로 삼은 青年團의 따뜻한 歡迎은 참말 뼈에 새겨지게 感謝하게 받았고 普通學校 講室에서 旅行의 所感을 말하였다. 滿場한 百餘名 青年兄弟에게 希望 많은 光州의 將來를 다시금 付託하고 그네 그 付託을 許諾하였다. 十餘年後 그네가 光州의 中心人物이 되는 날에는 光州는 面目이 一新할 줄을 確信한다. 任重道遠할 青年好漢들아, 暫時도 放心 말고 向上코 努力하여 너희 故鄕으로 하여금 光榮있는 땅을 만들어라.(七月二十一日 木浦에서)[96]

光州에서(三)

依例로 道長官을 訪問하였다. 그러나 이번 道長官은 꽤 무서운 兩班이다. 純官僚的이요 威嚴이 凜烈하다는 所聞이 藉藉함은 其後에야 들었다.

다른 道長官들은 거짓말쟁이어니와 나는 거짓말을 아니한다 하여 統計表를 三十分이나 朗讀하는 것을 拜聽하고 平身低頭而退를 하였다. 이이구 무서워. 只今 생각해도 무서워.

96 본문. 『매일신보』, 1917.7.25, 1면, '第十八信'.

全南은 陸地綿의 道다. 李忠武의 遺跡으로 有名한 高下島에 처음으로 美國棉을 栽培한 지 于今 十三年에 全南 各地方에 四万町步의 陸地棉 栽培地를 보게 되었다. 一反步 八圓 角數의 耕作費로 二十餘圓의 收益을 得한다 한다. 現今 道內의 繰綿工場이 七個所나 되며 不遠에 本道産을 利用하여 木浦府에 紡績會社까지 設立되리라 한다. 이 모양으로 朝鮮 全土에 아직도 모르던 有利한 新農業이 많은 것이다.

둘째는 養蠶이다. 朝鮮에 어디나 養蠶에 不適한 곳이 있으랴마는 特히 全南은 養蠶에 最適한 땅이라 한다. 將次 處處에 製絲工場과 機織工場이 林立하고 거기서 富가 폭폭 쏟아질 것이다. 그러나 全南 同胞가 覺醒하고야 볼 말이다. 現今같이 無知한 同胞에게는 錦繡江山도 無所用處다.

다음에는 工藝品이다. 竹器, 木器, 漆器 等 工藝品은 自古로 全羅道의 名産이다. 從來로 奬勵가 其宜를 得치 못하고 製造販賣의 方法이 進步치 못하여 날로 衰하고 退步할 뿐이었으나, 近年에는 官廳과 普通學校에서 此點에 注意한 結果 新活氣를 얻게 되었다. 그러나 그것으로 滿足할 수가 있으랴. 全南 財産家가 覺醒하여 在來의 手工業을 機械工業으로 在來의 個人이 家家에서 하던 것을 工場에서 하도록 하여야 할 것이다. 그래서 朝鮮에뿐 아니라 海外에 輸出할 수 있도록 體裁를 改良하고 技術을 鍛鍊하여야 할 것이다. 財産家들이 財産을 流通치 아니하고 金櫃中에 쌓아둠은 다만 守錢奴뿐 아니라 社會의 公敵이오 賊이다. 財産을 活用하면 自他를 利케 할 것이거늘 그것을 감추어 둠은 社會의 血液을 竊取함이다. 全南의 財産家들이 한번 覺醒하여 이러한 大事業을 經營하여 一邊 自己 富와 名을 圖하고 一邊 社會의 文明에 貢獻하며 一邊 多數한 同胞에게 生途를 줌이 어떠하뇨.

最後에 水産業이다. 全南은 三面環海라 할 만한 地다. 多島海에서는 近年에 鯨조차 多數로 漁獲된다 한다. 그런데 朝鮮人의 漁業은 如前히 幼稚하여 舊態를 免치 못하니 眼前에 無量의 富를 두고도 取할 줄을 모르는 셈이다. 어찌 可惜치 아니하랴. 全南에는 마땅히 巨大한 漁場의 經營者가 많이 생겨야 하고 水産學校의 施設이 있어야 할 것이다.

아아, 寶庫, 寶庫해야 全南 같은 寶庫가 또 있으랴. 氣候는 溫和하겠다, 陸 있고 海 있고, 陸에는 山 있고 川 있고 平野 있고 高原 있고, 海에는 灣 있고 島 있고, 陸에는 陸에 나는 온갖 産物, 海에는 海에서 나는 온갖 産物! 받을 만한 天惠는 남김

없이 다 받았다. 全南은 果然 朝鮮 半島中에 樂園이다. 이 樂園에 貧民이 많고 教育은 普及되지 못하고 民智는 暗迷하고 更張後 數十年에 進步의 빛이 없음은 이 무슨 矛盾이며 이 무슨 아이로니(反語)고. 나는 全南 人士를 爲하여 愧汗이 淋漓하고 長太息을 不禁한다.

아까운 땅이 主人을 못 만났구나. 只今 全南人은 벌서 百濟人의 子孫이 아니로구나. 全南人의 땅은 반드시 全南人에게만 준 것 아니다. 全南人이 만일 그 당의 主人될 만한 資格을 잃어버리면 하늘이 그만한 資格을 가진 者에게 그 祖業을 옮겨줄 것을 잊지 말아라. 아아, 그 좋은 江山에 主人이 없구나. 因하야 한 노래를 읊으니

江山은 좋다마는 人物이 그 누구냐
蘆嶺 높은 재에 白雲만 걸렸어라
榮山江 綠波를 가리키며 눈물겨워(七月二十一日)[97]

□ **羅州에서(七月十二日)**

全州와 光州에서는 意外에 多日 걸려서 한 四個日이나 日程에 差違가 生하였소이다. 자— 何處에서 恢復할는지 迷惑中에 있소이다. 珍島, 莞島 二個所中에서 一個所를 畧하여 그 代에 麗水를 訪問할지 或은 慶南 江原의 日程을 短縮할지 方今 熟考中이외다. 羅州에는 五時間쯤 들렀는데 短時間 들른 分數로는 滋味있는 所得이 있었소이다. 午後 四時에 木浦에 到着할 豫定이외다. 匆匆不一.[98]

□ **李光洙氏 特待生이 되었다(早稻田大學에서)**

본사의 오도답파여행 특파원으로서 리한 관찰과 순란한 문장으로써 일반 독자의 환영을 받는 중인 조도전대학 문과 이년생 평안북도 정주인 리광수(李光洙)씨는 성적 품행이 일반으로 우수하므로 금번 동 학교에서 특대생을 명하야 월사금 전면하는 명예를 얻었더라.[99]

---

97 본문. 『매일신보』, 1917.7.26, 1면, '第十九信'.
98 기사. 『매일신보』, 1917.7.14, 2면.

□ 木浦에서(七月十四日)

綠陰이 깊은 후란치 病院 病床에서 一筆 聲上하나이다. 十二日 夕 本郡 到着, 郡守 以下 多數 人士의 出迎을 受하였는데 腹病으로 因하여 卽時 入院하였소이다. 一日만 靜養하면 平復될 줄로 思하였더니 細菌性 赤痢라는 診斷을 받고 只今 血淸注射를 施하였소이다. 全治 約 一週間이란 말을 듣고 열린 입이 다물지 못하였소이다. 傳染病에 걸린 것은 紳士로는 不名譽라 하옵디다. 余는 아직 一個 白面書生이오 紳士는 아니오나, 自己 不注意로 이 같은 醜한 傳染病에 걸린 것을 社會에 對하야 恥辱으로 思하나이다. 今後로는 어떻게 하든지 다시 이 같은 病에 걸리지 아니 하도록 注意코자 합니다. 只今 들은즉 光州는 赤痢의 流行地라 하옵디다. 通信을 하려고 卓子에 기대어 보니 腹痛이 있어 氣分이 沈鬱하여 쓸 수가 없소이다. 數日間 通信文은 斷切될 줄로 思하오며 本社와 讀者 諸僉에게 對하여 實로 未安하외다. 匆匆不一.[100]

木浦에서(一)

十二日 午後 四時에 木浦驛에 내렸다. 君子의 風이 있는 李務安 郡守와 여러 書記와 府郡 參事와 實業家 여러 어른의 多情하게 맞아주심을 받고 新埋築地를 걸어 前程 많은 木浦府의 市街를 一瞥하면서 指定하는 旅舘에 들었다. 든 後에도 여러 어른네가 親切히 暑中의 旅行을 慰問하여 주셨다.

夕飯後에 腸痛이 甚함을 깨닫고 因하여 赤痢가 있음을 깨달았다. 나는 大都會에 傳染病을 가지고 있음을 罪로 여겨 卽時 入院하였다.

光州서 偶然히 相知가 되고 木浦까지 偶然히 同行된 崔君은 自己의 旅行을 中止하고 나를 看護하여 주었다. 崔君은 小學校부터 濟衆院 醫學專門學校까지 恒常 首席으로 있었고 昨年 開業試驗에는 平均 九十五點 以上의 稀罕한 成績으로 合格하여 只今 光州 濟衆院에 있는 醫師다. 그는 暫時도 내 病席을 안 떠나다시피 내 治療에 힘을 썼다.

나는 都合 三十本의 注射를 맞고 阿片匠이 모양으로 全身이 針자리로 아프게

99 기사. 『매일신보』, 1917.7.17, 3면.
100 기사. 『매일신보』, 1917.7.17, 2면.

되었다. 病室 西窓으로 終日 諭達山만 바라보고 누웠다 일었다 하며 漸漸 崔君과도 親密하게 되어 여러 가지 歡談도 하게 되었다.

諭達山은 小白山脈의 分派인 蘆嶺山脈의 마지막 峯이다. 기운차게 南을 向하고 달아나가다가 大海를 만나 우뚝 선 것이 諭達山이다. 千萬年 風雨의 海陸 挾攻에 살은 말끔 깎이고 앙상하게 뼈만 남았다. 石山, 石山해야 이러한 石山은 다시없을 것이다. 海拔 七百餘尺이나 되는 높은 山이 온통 鐵塊 같은 岩石으로만 되었고 脊에는 鷄冠 같은 怪岩이 此를 向하고 달려드는 듯이 列立하였다. 아마 李忠武公이 저 最高頂에서 多島海를 俯瞰하였을 것이다.

木浦府의 市街가 諭達山 밑 磽埆한 地에 둘러붙은 것은 地圖를 보아 알았고 그中에 朝鮮人의 茅屋 市街는 바로 病室窓으로서 빤히 내다보인다. 露積岩 모퉁이를 돌아서서 高樓巨閣이 櫛比하고 入艦出船의 如織한 데가 舘이라 일컫는 內地人側의 市街다. 朝鮮人이라고 살지 말라는 法은 없건마는 朝鮮人은 繁華한 그 市街에서 商工業을 經營할 만한 實力이 없다고 來訪하였던 木浦人이 말한다.

入院後 二三日에 나는 제법 完全한 病人이 되고 말았다. 小兒 모양으로 牛乳와 米飮만 먹고 그것도 消化를 못하여 애쓰게 되었다. 心術 사납고 醜惡한 赤痢菌이 어떻게 獰惡하게 橫行活步를 하는지 直腸 近傍이 칼로 살살 긁어내는 것 같다. 얼마를 지나면 腹壁이 次次 엷어지다가 마침내 구멍이 똑 뚫어지면 아주 萬事休矣라 한다.

病院에 있으면 天下 사람이 다 癒人 같이 생각이 된다. 밤에 寢床 위에 누웠노라면 左便에서는 心臟病으로 씨걸거리는 숨소리, 右便에서는 切斷手術 자리가 아파서 呻吟하는 노래, 이것을 보면 果然 世上은 苦海라는 생각이 난다. 崔君은 어디 나가서는 땀을 흘리며 病人의 입에 맞고 害 없을 것을 찾노라고 야단이라. 암만 있어도 差度는 없고, 나는 火病을 내서 兩度分의 注射를 단번에 해달라고 졸랐다. 藥不瞑眩이면 厥疾이 不瘳라고 이렇게 한 것이 效驗이 나서 入院 第八日만에 全快 退院의 喜를 얻었다.

病中에 받은 내 親友 諸氏와 木浦 여러 어른의 精誠스러운 慰問에 對하여는 刻骨하게 感謝의 뜻을 가진다. 崔君은 모처럼 얻은 休暇를 나 때문에 다 虛費하고 내가 退院하던 날 光州로 가고 말았다. 무슨 편진지 편지를 기다리더니 기다리던 편지가 많이 많이 왔기를 바란다.

退院은 하였으나 기운이 없어서 二三日을 가만히 누웠다가 昨日에야 木浦 市街를 一巡하고 各官司도 訪問하였다. 只今은 元氣元壯이다. 明日에 多島海의 美景을 찾아 가련다.(七月卄一日)[101]

□ **木浦에서(七月卄三日)**

近日에는 元氣가 매우 回復되었으므로 多島海를 一週하기로 作定하였사외다. 今日까지 天氣가 快晴하였더니 生이 船을 乘하려한즉 또 曇天이 되었습니다. 多島海에서는 丁寧코 훌륭한 所得이 있을 줄로 압니다. 木浦 在留中에는 麻尾氏에게 貽弊를 많이 하였습니다. 昨日은 그 自宅에서 家族 同樣으로 盛設의 歡待를 受하였나이다. 今日 午前 十時發 順天으로 向하여 畵圖와 如한 多島海로 出하겠습니다. 社長先生께도 如斯히 仰達하여 주시오. 이제는 氣力이 펄펄 뛸 듯하오니 生의 健康에 對하여는 安心하여 주시오. 忽忽不一.[102]

多島海(一)

◇赤痢로 數週日間이나 病院에서 受療하다가 아직 蘇復도 되지 못하여 多島海의 景勝을 探하고 저 卄三日 正午 木浦 埠頭로부터 朝鮮 郵船 順天丸의 客이 되었다. 木浦의 諸有志는 船內까지 餞送하여 病後의 身體를 懇切히 注意하며 親切한 別辭를 辭한다. 殊히 木浦 滯留中 麻生 京日 全南支局長의 親切한 加護를 受하였다. 무엇이라고 致辭할 바가 없다. 아무쪼록 家族 같이 하여달라 한 것이 余의 述할 唯一의 感辭이었다.

◇手를 擧하며 帽子를 擧하며 頭를 振하여 別을 惜하는 木浦의 人士를 後로 하고 我順天丸은 徐徐히 高島의 屛風과 如한 絶壁의 倒影을 踏過하여 天下의 絶景 多島海를 指하고 走出한다. 一抹의 雲이 諭達山의 巉巖上을 包하더니 忽然 一陣의 雨가 驟漚하고 夏天은 다시 快晴하였다.

---

101 본문. 『매일신보』, 1917.7.27. 1면, '第二十信'.

102 기사. 『매일신보』, 1917.7.24, 2면. 원문에는 집필 날짜가 기록되어 있지 않지만, 기사 「다도해(一)」(1917.7.29)의 서두에 목포를 떠나 순천으로 향한 날짜가 23일 오후로 기록되어 있는 것으로 보아 이 기사 또한 23일 집필한 것을 알 수 있다.

◇多島海의 畵幅은 今에 全開되기 始作한다. 一島去하면 一島來하고 又去又來라. 鳧와 如한 汽船은 其間을 縫하는 듯 路를 迷한 듯 或은 醉하여 弄하는 듯 悠悠히 鏡과 如한 水面을 走하면 島影에 隱居하였던 淸風에 飄然 吹來하여 遊子의 袂를 拂하여 스스로 快爽을 叫하는 줄을 不覺케 한다.

◇一派不動이라 함은 此를 謂할지로다. 平滑한 海原인가. 否라. 海라고는 云치 못하리라. 寧히 湖라 할까. 不然이면 淸江의 一曲, 黃龍이 眠하는 碧潭이라 할는지. 遠히 白雲이 浮動하는 곳으로부터 一羽의 鷗가 소리없이 날아온다. 輕히 水面을 蹴하면 綠과 如한 水波가 無數한 同心圓을 畵하였다가 痕跡도 없이 사라진다. 그런 것까지도 判然히 보이도록 靜穩한 海上이다.

◇時時로 船은 조는 듯한 小島의 絶壁間을 舷側이 바로 相摩할 듯이 通過하면 千島萬島를 洗流하는 複雜한 無數의 潮流가 白泡를 成하며 渦를 成한다. 白帆 赤帆에 淸風을 萬孕하고 佐馳任走하는 漁船들은 解得할 수 없는 方言으로 互相呼應하는 것도 또한 滋味롭도다.

◇島의 形도 千差萬別이라. 小한 者도 有하며 大한 者도 有하며 圓者도 有하며 三角形인 者도 有하며, 或은 四角, 五角, 六角 複雜한 角을 成한 者도 有하다. 又 高者, 低者, 傾者, 直者 形形色色이라. 形狀으로 하든지 位置로든지 제 마음대로 되고 싶은 대로 形成하였다 할 수밖에 없다. 造化翁은 天地 創造 最終日에 意外의 閑暇를 得하여 多島海의 工夫 經營에 費한 듯하다. 風波로 하여금 年年歲歲 島形을 磨成케 하였을 뿐이오 此以上 또는 此以外에 取할 形이 無할 듯하다.

◇巖으로만 成한 者－有하며 白沙로만 成한 者－有하며 兩者를 折衷한 者도 有하다. 時或 草木이 茂盛할 만한 沃土도 有하다. 其中 最히 奇怪한 者는 頑固한 大磐石上에 二三掬의 白沙를 撒散한 듯한 者도 있고, 其上에는 矮老한 老松이 立한 것은 實로 可觀이라. 机上에 載할 듯한 小島가 多함은 勿論이나 時時로 大島도 無함은 아니라. 島頂에 白雲을 衝코저 하는 山도 有하여 群島를 俯瞰함은 意外로 感動된다.

◇航行 約 二時間에 半이나 崩頹되어 荒凉한 古城은 右水營이니 名將 李舜臣이 刻苦 經營한 海防의 遺跡이라. 彼 小高한 城壘에 倚하여 哀婉한 胡笛을 吹하면서 把守 偵探을 行하던 武士의 炬와 如한 瞳子가 至今에도 보이는 듯하다. 然하나 今

에는 當時의 對敵이 舊怨을 相忘하고 親密히 水營 城內에서 兄弟와 如히 居住하는 것은 轉하여 感慨無量하다.

◇船은 黃金을 溶한 듯한 落日의 光을 左舷에 受하면서 南으로 疾走한다. 珍島의 連山은 遠處로부터 眺望하였을 뿐이요 相接할 因緣이 薄함을 歎하면서 船室로 入하니 此邊에 多島海의 本性을 見하였다. 乘船에 弱한 余는 枕上에 頭를 委치 아니치 못하였다.(七月廿三日 順天丸에서)[103]

多島海(二)

◇六時間의 困睡를 纔罷하니 時計는 夜 八時를 過하였고 船은 莞島에 着하였다. "고라상야, 아이코라세"[104] 人夫의 荷物을 運動하는 聲은 空然히 悲哀의 情을 催하는 듯하다. 朦朧한 睡眼을 부비면서 舷側에 出한즉 二三百步쯤 되는 處에 燈光이 遠照하니 此卽 莞島 城內라. 天은 陰密하여 山과 水를 分키 難하다. 詳見한즉 亦是 處處에 嶋嶼가 散在한 줄을 可知라. 海上에는 一点의 風도 無하니 此一濃霧의 前兆라고 船員 等은 議論이 紛紛하다. 多島海 航海中의 唯一 難關은 濃霧로 一時 此에 掩襲되면 咫尺에 投錨地를 置하면서 三日이나 四日間이나 行船치 못한다.

◇俄者까지도 多少 波色이 有하던 水面도 今에는 '아이론'[105]을 掛한 듯이 平滑하여졌다. 水의 都인 莞島를 背後로 하고 墨畵와 如한 嶋嶼 間을 左折右迴하여 推進機의 轟轟하는 音響과 共히 東으로 進한다. 時時 或明 或滅하는 것은 漁村의 火인가, 抑 漁船의 火인가. 夜의 多島海, 暗中의 多島海도 可取할 風情이 有하다. 星斗가 燦然한 時의 多島海, 明月이 皎皎한 秋夜의 多島海의 美景은 말할 것도 없고 春雨가 霏霏하는 春夜의 多島海, 白雪이 皚皚한 冬夜의 多島海는 更히 如何할까. 一波不動의 多島海, 萬波가 絶壁에 衝擊하는 勇壯한 多島海, 多島海의 美景은 決코 女性的이라고만 評할 수가 없을지로다. 아아, 아무리 하여도 美絶한 多島海로다.

◇船이 興陽에 着하려 할 時에 一片의 東雲이 薔薇色에 물들어 忽然 全天의 白

---

103 본문. 『매일신보』, 1917.7.29, 3면, '第二十一信'. 이 기사부터 다도해에 관한 네 편의 기사는 이광수가 『경성일보』에 일본어로 쓴 것을 심우섭이 번역한 원고이다.

104 영치기영차. 힘든 일을 함께 할 때 힘을 모으거나 호흡을 맞추기 위해 내는 소리.

105 iron. 다리미

雲에서 紅焰이 燃하는 듯. 薄黑色의 寢衣를 脫棄하고 島島山山이 忽然 明朗하여진다. 多幸히 朝日을 迎하였다.

◇島도 多하도다. 土地調査局의 官吏外에는 多島海의 島數를 知할 者一無하리로다. 何時까지든지 島요, 何處까지든지 島라. 게다가 形이 同一한 者는 一個도 無하다. 船이 一曲을 廻하면 新島가 보이고 新海가 보인다. 一曲一天地, 曲하면 新大地라. 一人으로 扁舟를 駕하여 定處없이 廻遊하고도 싶다. 彼島 彼岡에 茅屋을 建고 悠悠히 塵世의 名利를 忘하고도 싶다. 此美麗한 別天地를 離하기가 哀惜하야 空想을 耽하는 間에 船은 다시 幾十百의 諸島를 送迎하며, 幾十百의 別天地를 通過하고 海波가 靜穩한 麗水港에 着하였다.

◇余는 寡聞이라 그러함인지 多島海의 美景이 世에 紹介됨을 聞치 못하였으니 甚히 疑訝하는 바이라. 地中海의 美景은 아직 目睹할 機會를 得치 못하였고 世界의 絶景이라 稱하는 瀨戶內海도 汽車上으로부터 眺望하였을 뿐이니[106] 彼此를 比較할 수는 없으나 多島海의 絶景은 決코 世界 何海의 絶景에게든지 讓步할 바가 無하리라고 確信하겠다. 天下의 絶景 金剛山으로 朝鮮의 山的 絶景의 代表者라 하면 多島海는 正히 朝鮮의 海的 絶景의 代表者가 되리로다. 多島海의 名이 天下에 喧藉할 時가 決코 不遠에 在할 줄로 信하노라.

◇避暑에도 可也, 避寒에도 可也, 療養可, 遊覽可, 海의 學術的 硏究에 可也라. 또는 魚類 藻類 等의 海産物은 殆히 無盡藏이라. 富者 貴子는 樂을 爲하여, 貧者는 富를 爲하여, 病者는 强을 爲하여, 藝術家는 審美를 爲하여, 科學者는 海洋學·地理學을 硏究하기 爲하여 此久히 忘却하였던 自然을 利用할 日이 速來하기를 望하노라.

◇此로부터 海州丸을 換乘하고 곧 三千浦로 向하였다. 病後의 事인 故로 二十五時間의 航海에 疲勞를 感하였으나 海州丸에 移乘하여 一休하면 恢復이 될 듯하다.(七月二十四日 順天丸 船上에서)[107]

---

106 세토나이카이[瀨戶內海]란 혼슈[本州]·시고쿠[四國]·큐슈[九州]를 둘러싼 일본의 內海를 가리킨다. 이광수가 중학졸업 후 귀국하는 길에 쓴 「여행잡감」(『신한자유종』, 1910.3)과 오도답파여행을 위해 귀국하는 길에 쓴 「동경에서 경성까지」(『청춘』 9, 1917.7)에도 차창 밖으로 보이는 세토나이카이의 풍경이 언급되어 있다.

107 본문. 『매일신보』, 1917.7.30, 3면, '第二十二信'.

多島海(三)

◇富源의 點으로 多島海를 觀察하는 것도 또 趣味가 있도다. 爲先 多島海 八百萬[108]의 島에 될 수 있는 대로 森林을 造함이 可할 듯하다. 其昔日 鬱蒼한 森林으로 덮였던 多島海 諸島의 美形이 髣髴히 眼前에 當하는 듯하다. 森林이 煩茂하면 美景은 愈美할 것이오 材木은 無盡藏이며 魚類의 繁殖도 前에 倍하리라. 島인즉 蟲害를 免할 수도 있을 것이오 海인즉 運搬의 便도 있으리니 造林地로는 온갖 資格을 備하였다 하리로다.

◇第二는 牧畜의 地가 되리로다. 朝鮮은 自古로 牧畜에 島를 擇하였나니 此等 諸島中에는 아마 百濟人의 慓悍한 馬群이 走躍하던 處일지로다. 馬도 可, 牛도 可, 羊도 山羊도 鹿도 何者든지 可치 아니한 者一無하리로다. 彼美麗한 諸島上에 白雲과 如한 羊群을 見하면 얼마나 美를 添할까. 一島에 數万 乃至 數十萬頭의 牧畜을 行할 만하겠고, 且 其地價는 內地 土地에 比하여 極히 賤價일 터인즉 其利益이 莫大하리로다.

◇余는 專門家가 아니라 其氣候 風土가 牧畜에 適할는지 否할는지는 不知나 然이나 若 濟州로서 古來 牧畜에 適하였다 하면 多島海의 諸島도 適치 아니할 理가 無하리로다. 果然이면 多島海의 牧畜은 將來 世界市場에 對하여 반드시 重要한 地位를 占하리로다. 有財無事한 人士는 一次 奮發하여 新富源을 開함이 如何오.

◇第三은 呼吸器病 專門의 病院 及 癩病 患者의 收容所를 設立할 事이라. 肺結核 患者는 文明의 進步와 共히 增加하고 然 治療法으로나 但 海邊의 溫和한 空氣와 新鮮하고 消化키 易한 食物뿐이라 하니, 朝鮮에도 此 諸資格을 兼備한 者가 多島海를 除하고 他에 求치 못하리로다. 오직 適當한 病院의 建物만 있었으면 可憐한 不治의 病人 等은 廉價인 治療費로 治療하겠고, 癩病 患者 收容所도 此邊 小鹿島에 一個所가 有한다 한다.

◇詳細한 報告에 接치는 못하였으나 其成績의 良好할 것은 不言可想일지로다. 全羅南北, 慶尙南北道를 通하여 癩病 患者가 多有하다 하나 其數가 僅히 數千에 不過하다 하니, 千五百餘萬의 同胞가 僅히 數千의 可憐한 彼等으로 하여금 住所가 無

108 한자어 그대로 번역했으나 일본어 '八百萬(よろず)'는 아주 많은 수를 가리킨다.

히 溝壑에 轉케 하여 其悲慘한 病毒이 日夜로 社會에 傳染케 함은 어찌 羞恥가 아니리오. 旣히 官立 及 耶蘇教會의 數個所의 收容所가 有하여 今에 彼等을 收容할 만하리로다. 數多한 富豪들이여 願컨대 歐美 慈善家를 模倣하라.

◇第四는 木浦 又는 多島海의 某地點에 水產講習所를 設하는 事이라. 潮流가 複雜함에 伴하여 魚族의 種類도 複雜할 터이며 且 其水產은 全羅南道의 重要 產物일 뿐 아니라, 朝鮮 全土 特히 東南 朝鮮의 重要 產物인즉 大規模의 水產講習所의 設立은 實로 焦眉의 急務라 하리로다. 然而 僅히 群山에 一個所가 有하여 아직도 甚히 幼稚하니 是實 朝鮮의 羞恥로다. 但 官에만 依하지 말고 漁業에 從事하는 人士가 大히 奮發하기를 望하는 바이요 余의 所知로는 多島海가 其最히 適當한 地라 하겠도다.

◇天下의 絶景인 多島海가 同時에 朝鮮의 大富源인 多島海라 하면 嗟라, 此一얼마나 喜事일까. 余는 如斯히 多島海를 見함을 得한 瞬間을 祝福하는 者이며, 余의 幼稚한 觀察이 幸히 江湖 諸彥의 注意를 惹得하면 無上한 幸일지로다.(二十四日 夜 海神丸 船上에서)[109]

多島海(四)

◇四十五錢의 大金을 奮發하여 三千浦까지 海神丸의 一等客이 되었다. 船車를 不問하고 一等은 此가 처음이라 大히 男兒다운 듯이 神氣가 썩 좋다. 溫厚한 船長은 釣綸을 垂하고 姜太公 노릇을 한다. 余는 곧 寢臺로 入하여 熟睡한다. 果然 말이지 一等은 좋은 곳이로다. 昨夜의 二等室보다 훨씬 잠자리가 좋다. 棺桶과 恰似하지마는 鼻孔 같은 三方의 窓口로부터 爽凉한 海風이 流入하는 것도 좋고 부드러운 衾枕도 좋다. 그래서 一等室이라는 稱號가 좋은지도 모르리로다.

◇快睡一睡에 心神이 爽然하여 甲板으로 나온즉 夕陽은 名不知의 島, 名不知의 山에 걸리었고 千波萬波는 黃金을 溶한 듯하다. 露粱津을 過한즉 遙히 東方 周城臥龍山의 峻峰이 黑雲에 頭를 隱한 것이 보인다. 亦是 多島海로 處處에 섬(島) 투성이다. 오직 前에 比하면 多少 疎闊하겠고 其形狀이 漸次 慶尙道式의 峻嚴을 見하는 듯하다.

109 본문. 『매일신보』, 1917.8.3, 3면, '第二十三信'.

◇定員 六人의 一等室에는 七年만에 日本에 돌아간다는 一人이 有하여 十歲쯤 된 어여쁜 娘子와 同伴한다. 四歲時에 朝鮮에 來하여 아직 內地라는 것도 모르고 電車가 무엇인지도 모른다. 그래서 큰 걱정이라고 爺爺가 嘲弄하면 少女는 얼굴이 붉어지며 "大阪에 가면 電車를 탈 걸이요" 하며 反抗하는 듯한 模樣이 더욱 사랑스럽다. 爺爺는 아직 五十도 넘지 못한 듯하건마는 쭈그러진 容貌에는 艱難辛苦와 奮鬪한 形跡이 보이며 赤手로 成功한 듯하다. '사루마다'[110] 一枚로 連絡船 三等室 一隅에 介座하여 朝鮮에 來하던 時를 追憶하면 得意의 微笑를 禁치 못할지며 故鄕에 돌아가면 얼마나 誇張을 할까 쓸데없는 남의 걱정까지 한다.

◇다시 甲板으로 나온즉 初사흘달이 西山에 걸렸다. 昨夜 多島海中에서 보지 못하였던 것을 恨하는 듯이 良久히 바라보았다. 亦是 多島海라 어찌하였든지 多島海의 月을 見하였다고 홀로 기뻐하였다.

◇彼父女 兩人은 一寢室에서 故鄕의 莊園에 徘徊하고 余는 홀로 孤燈下 卓子에 凭하여 此文을 草한다. 可憎한 赤痢病으로 二週間이나 休業하고 幸히 閉店의 悲運은 免하고 更히 이같이 出遊하게 됨은 余에게는 大功德이라. 二週間의 損失을 多島海에서 恢復코저 木浦 出發時에 大히 勇氣를 鼓發하였더니 및 此에 至하여는 또한 신통치 못하다.

◇汽笛이 鳴하고 推進機가 止하였다. 三千浦에 到着한 것이라. 船長은 일부러 余를 親切히 餞送하며 船員도 뽀이도 모두 鞠躬如하여 一路 平安을 祝한다. 余도 너무나 感謝하여 無數히 點頭致辭하였다. 그러나 '쌈판'[111]에 下한즉 俄者 賣藥行商을 假裝하였던 巡査補는 人事도 없이 달려들어 "住所는 어디야" "姓名은 무엇이야" 하며 刑事 被告人 다루듯 하는 데는 조금 너무 甚하신 듯하다고 생각을 올리었다.(七月卄四日 夜 三千浦에서)[112]

晋州에서(一)

午前 七時半 三千浦에서 自動車를 탔다. 新作路는 新作路나 大部分 舊路에 依한

110 さるまた(猿股). 팬츠, 잠방이.

111 三板. 항구 안에서 사람이나 짐을 실어나르는 작은 거룻배.

112 본문. 『매일신보』, 1917.8.4, 1면, '第二十四信'.

듯하여 屈曲과 勾配가 甚하다. 게다가 웬 돌이 그리 많은지 自體의 動搖가 甚하여 그 不快함이 이를 데가 없다. 왜 道路를 이렇게 姑息的으로 하였는가.

참 이 地方에는 조약돌이 많기는 많다. 山에도 巨大한 岩石은 드물고 조약돌 투성이다. 住民들은 그것으로 壁을 쌓고 담을 쌓고 논둑을 쌓고 한다. 참 原始的이다. 構木爲巢나 堆石爲巢나 別로 다를 것이 있으랴. 科學의 文明의 世上에 科學을 利用치 않는 原始的 種族의 生活이야말로 可矜하다. 어떻게 家屋이 低하고 隘한지, 門의 高가 三尺 假量이요 室의 廣이 五尺平方에 不過하다. 게다가 그 不潔하고 散亂한 樣은 보기만 해도 嘔逆이 난다. 그 속에 男子가 女子가 老人이 小兒가 半裸體가 되어서 낮잠을 자는 꼴이야 차마 어찌 보랴. 다음 村이나 다음 村이나 하고 암만 가도 그저 한 모양이다. 나는 空然히 눈물이 쑥 쏟아졌다. 저 人民들이 언제나 開化한 人民이 되며 저 家屋이 언제나 번쩍한 家屋이 될는지 참 荒唐하다.

여러 고개를 넘고 여러 굽이를 돌아 우리 自動車는 南江의 白沙를 바라보면서 鬱蒼한 아카시아林 속으로 들이닫는다. 絶壁을 파고 길을 내었다. 足下에는 淸淸한 南江水가 소리없이 흐르고 頭上에는 깎아세운 絶壁에 野花가 危殆하게 피었다. 저 앞에 烟霞渺茫한 속으로 훌쩍 날아오를 듯한 高樓가 晋州에도 矗石樓. 그 밑에 晋州의 市街가 놓였다. 어려서부터 말로만 듣고 그렇게도 보고 싶어하던 晋州城이 目前에 놓였다. 前歲月 같으면 靑驢 소리 응앙응앙 長林으로 달려들 것이언마는 只今은 그렇게 閑暇함을 不許한다. 푸푸푸푸하고 지랄발광하는 自動車의 뛰는 소리조차 文明世界의 悤忙함을 表하는 듯이 晋州城 南門外에 到着하였다.

出發時에 電報를 놓았건마는 누구 하나 나와 보는 이도 없다. 나는 혼자 어슬렁어슬렁 南江의 船橋를 건너 쓸쓸한 晋州 城內에 들어갔다. 後에 듣건댄 出發時에 놓은 電報가 到着後에야 配達되었다 하니 不過 七八里程에 凡六時間이 걸렸다.

矗石樓에 嶺南 第一形勝이라는 큰 額이 있음과 같이 晋州의 風景은 꽤 美麗하다. 南江이 西南으로부터 흘러와서 矗石樓를 스쳐 돌아 一大曲을 돌아 흐르는 서슬에 矗石樓를 頂으로 하는 人字形의 平野를 作하고 그 가로 모양 고운 層巒이 疊疊이 둘러서고 南江邊으로는 屛風같이 絶壁이 늘어서서 赤壁, 黑壁, 白壁을 成하였다. 그中에도 矗石樓 건너편의 竹林에 저녁 안개가 끼인 景致는 南國에서만 볼 것이다.

晋州의 主人은 毋論 矗石樓다. 아무리 炎蒸한 날이라도 한번 樓上에만 오르면 淸風의 天下다. 어떻게도 시원한지. 男女老少가 가득이 모여서 雜談도 하고 낮잠도 잔다. 高樓淸風의 韻致를 찾는 雅懷를 賞하여야 옳은지, 金 같은 歲月에 優遊度日하는 身勢를 責해야 옳은지. 그러나 이런 좋은 勝景에서 그러한 俗談이 부질없다. 脚下의 絶壁을 스쳐 흐르는 淸江과 멀리 天際에 둘러선 山들이나 바라면서 一日의 蒸炎을 잊어버리면 足하다.

矗石樓뿐이랴. 이른 아침 大寺池의 蓮花를 보기를 잊지 말아야 한다. 옛적에 큰 절이 있던 터이라 하니 蓮花도 應當 當時의 어떤 道僧이 손수 심은 것이련마는 道僧도 가고 大寺의 殘礎조차 찾을 수가 없을 때에 無心한 蓮花만 年年히 出婉한 香氣를 吐한다.

大寺池의 蓮花를 보고 나거든 遊笻을 西門外로 돌려 彰節祠의 英靈을 弔하고 西將臺의 勝景을 賞하여야 한다. 千仞은 거짓말이나 百仞이 훨씬 넘는 絶壁上에 危殆하게 선 西將臺에 올라서서 西山의 落照와 東嶺의 明月을 함께 보는 韻致는 決코 잊지 못할 것이다[113]

晋州에서(二)

矗石樓 곁의 諸氏 紀蹟碑며 義妓祠는 모두 壬亂의 遺蹟이다. 義岩下의 碧潭은 只今도 龍이 숨었을 듯하나 當時 舟楫 相通하던 南江은 沙汰에 메워져서 只今은 다리 걷고 건너리 만하게 되었다. 아직도 구유 같은 川船 數隻이 沙岸에 매여 있어서 昔日의 風致를 傳할 뿐이다.

山川이 秀麗하매 人物도 많이 났다. 矗石樓를 짓고 그 記와 詩를 지은 것도 晋州人의 祖先이요 大寺池의 蓮을 심고 飛鳳山, 萬景臺의 勝景을 賞하는 것도 晋州人의 祖先이건마는 只今은 그것을 賞玩할 사람도 없나보다. 矗石樓를 지은 사람은 矗石樓를 볼 줄도 모르는 사람의 祖先이다. 地下의 靈이 慟哭을 할 것이다.

高樓에 앉아서 江上의 風景을 賞玩하던 雅趣는 한데 가가 비야홀에서 麥酒를

113 본문. 『매일신보』, 1917.8.12, 1면, '第二十五信'. 전집에는 제삼십신으로 분류되어 있고 통영과 동래온천에서 쓴 기사 다음에 게재되었으나, 여정상으로 7월 24일 삼천포에서 쓴 기사 「多島海(四)」(1917.8.4)에 이어지는 기사이므로 제이십오신에 해당한다.

깨트리고 난봉歌를 부르는 俗趣로 變하고 말았다. 晋州 城內 三個所의 비야홀이 터지도록 들어찬 것은 眉目이 淸秀한 靑年男子가 아니면 綾羅의 蛾眉들이다. 아이쓰크림, 밀크쉐, 麥酒하고 千金이 貴하랴 萬金인들 그 무엇인고 하는 것 같다. 그네의 先祖는 酒因無量飮하되 詩或偶然成하는 雅懷가 있었다. 그네와 同時代의 다른 나라 靑年들은 營營汲汲히 客을 作하고 知를 求하다가 一日의 閑을 偸하여서 或 飮酒放歌도 한다. 그러나 그네는 아무 하는 일도 없고 아무 趣味도 없이 다만 祖傳의 幾斗 落田畓이 孼이 되어 麥酒를 깨트리고 난봉가를 부를 뿐이라.

晋州는 自古로 美人鄕으로 有名하다. 家家 妓生이라고까지 한다. 只今도 그러한 모양이다. 그러나 昔時의 晋州 美人은 詩歌를 부르는 同時에 짓기도 하고 貞操를 팔면서도 가끔 秋霜烈日의 節槪가 있었을 것이다. 當時는 社會가 그러하였으니까 能히 高尙한 趣味를 理解하였으니까 妓生들도 거기 應할 만한 素養이 있었거니와, 只今은 一般 社會가 墮落을 極하였으므로 여기 應하는 妓生들도 다만 淫聲亂色을 作하면 그만이 되게 되었다. 아뿔싸, 부질없는 說敎를 하였다.

아무러나 晋州는 果然 風流鄕이다. 黃昏에 街衢로 逍遙하노라면 四方에서 管絃이오 詩歌로다. 旅舘 孤燈에 獨不眠할 적에 南江 明月下로서 淸雅한 노래가 울려온다. 무슨 노랜지 이름은 모르되 아무러나 듣기 좋은 노래로다. 旅舘에서 뛰어나와 矗石樓에 오르니 三更의 明月은 바로 万景臺 위에 걸렸는데 金波 溶溶한 淸江 위에 一葉舟가 흘러간다. 어떤 風流郎이 船遊를 하나보다. 홀로 欄干에 기대 흘러오는 노래를 들으니 昔日의 朝鮮에 돌아간 듯하다. 昇平無事하여 詩人騷客들이 閑暇하게 玉壺를 기울이던 光景이 歷歷히 보이는 것 같다. 南江의 月明夜에 몇 千年이나 畵舫이 흘렀으며 矗石樓의 淸風 속에 그 얼마나 才士 美人의 노래가 울었던고. 江山은 예와 같건마는 못 믿을손 人事로다. 因하여 一歌를 읊으니

南江에 달 밝은 제 이 玉笛이 어디선고
矗石樓에 홀로 앉아 귀 기울여 듣노라니
中流에 一葉畵舫이 任去來를 하더라

江山은 좋다마는 人物이 누구누구

姜邯贊 나신 곳엔 竹林만 猗猗하다
飛鳳山 높은 北斗를 가리켜 長歎息을 하도다

晋州는 歡樂의 都會다. 옛날은 歡樂 말고 事業과 活動도 있었으려니와 只今은 歡樂만 남은 것 같다. 財産家도 꽤 많다 하건마는 活動이 全혀 없고 靑年들도 優遊度日에 하는 바가 없나보다. 警察署의 말을 듣건댄 靑年의 風紀가 그렇게 墮落하진 않았다 하건마는 職業 없이 흔들흔들 노는 데서 더한 墮落이 어디 있으랴. 나는 오래 그리던 晋州를 만났건만 너를 爲하여 슬픈 눈물을 흘린다. 晋州의 靑年들아, 榮光있는 너의 祖先을 생각하여 大奮發을 하여라.(七月二十六日 晋州에서)[114]

晋州에서(三)

아침이건마는 덥다. 嶺南 布政司라는 門을 들어서서 碧梧桐 그림자 무르녹은 道廳의 長官室에 佐佐木長官을 訪問하였다. 失禮의 말씀이나 꽤 美男子시다. 一二條 兩鬢의 白髮이야 人力으로 어찌하랴마는 高等普通學校 靑年時代에 여러 處女의 애를 태우던 容貌는 그냥 남았다. 極히 多情스러운 音聲으로 諄諄히 說法하는 말은 如左하다.

慶尙道는 自來로 兩班 儒生이 많은 데요 兩班 儒生이라 하면 頑固하기로 定한 것이라. 倂合 以來로 彼等은 頑然히 新政을 了解치 못하고 杜門遁世客으로 自任하여 子弟들에게 新敎育 주기를 不肯하였다. 자기네는 年老하였으니 아무리 하여도 相關이 없지만은 可惜한 것은 彼等의 子弟다. 새 世上에 處하면서 새 敎育을 받지 아니하고야 어찌 能히 生存함을 得하랴. 이에 試驗條로 某某 數郡의 有力한 兩班 儒生을 불러 懇懇히 新政을 說明하였더니 極히 成績이 良好한지라. 今年에는 管內 各郡의 代表될 만한 兩班 儒生을 晋州로 모아 數日間을 두고 說諭도 하며 意思도 疏通케 하려한다. 現在 各郡守로 하여금 出席할 만한 者를 調査케 하는 中인데 意와 如히 多數히 會集할지 아니할지는 期必키 어려우나 多大한 效果를 얻을 줄은 確信한다. 彼等만 그 頑冥을 깨트리면 이에 비로소 新政이 徹底하게 될 것이다.

---

114 본문. 『매일신보』, 1917.8.14, 1면, '第二十六信'.

慶南의 主要産業은 農業과 漁業이다. 거의 三面海라 할 만한 바다에는 暖流 寒流 等 複雜한 潮流의 關係로 거의 無盡藏이라 할 만한 海産이 있다. 年年 漁業 發展이 되건마는 朝鮮人의 漁業은 如前히 衰微不振하다. 每年 漁業 講習會를 열어 朝鮮人의 漁業의 進步를 爲하여 努力한 結果 그 成績이 매우 良好하다.

慶南에 釜山, 馬山 等 大商業都市가 있으니 朝鮮人의 商業의 狀況이 어떠하뇨 하는 내 質問에 長官은 이렇게 對答한다. 年來 管內 朝鮮人의 經濟的 自覺은 實로 特筆할 것이라. 釜山의 朝鮮人 商業은 極히 萎靡不振하더니 近年에 慶南銀行이며 米穀貿易으로 朝鮮人의 商業이 釜山의 經濟界의 一大勢力을 作하게 되었고 今後도 愈益 發展할 可望이 있다. 朝鮮 商業銀行의 支店도 올 터이요 不遠에 五十萬圓의 新銀行도 設立될 것이다. 極히 기꺼운 現狀이다.

教育도 漸次 普及되어 每年 平均 二個의 普通學校를 新設하는 中이다. 그러나 아까 말한 바와 같이 兩班의 子弟가 新教育을 받기를 즐거워하게 되면 生徒의 數爻는 可驚하게 激增할 것이다. 그러나 自然의 産物이 豊富할수록에 貧富의 懸隔이 甚하여 子女를 教育시킬 能力이 없는 極貧者가 많음은 참말 慨歎할 일이다. 養蠶이며 陸地棉이며 其他 諸般 副業을 普及시켜 人民의 富力을 增進케 함이 急務다. 乞人 많기는 本道가 朝鮮 全土에 最일 듯하다. 장래에는 아무쪼록 工業을 일으켜 彼等에게 業을 주어야 하겠다. 余가 本道에 온 지 이미 四年에 別로 顯著한 治積은 없다 하더라도 全力은 다한다 하며 얌전한 微笑로 사람을 恍惚케 한다.

炎熱遠路에 아무쪼록 健康에 注意하고 朝鮮이라는 것을 잘 硏究하여 社會에 알려다오 하는 親切한 말을 듣고 道廳을 辭하고 나서니 찌는 듯하고 굽는 듯하게 덥다. 矗石樓의 시원한 바람도 쏘이고 싶건만은 꾹 참고 警務部에 水間 警務部長을 찾았다. 數十餘名 警官이 꼭꼭 단추를 채우고 卓子에 기대어 鐵筆을 달리는 것을 슬쩍 보며 部長室에 入하니 이 亦是 美男子인 部長은 이 亦是 사람을 恍惚케 한 微笑로 맞아준다. 後에 旅舘 主婦에게 듣건대 水間氏야말로 有名한 美男子라. 꽤 여러 女子의 애를 태웠답니다 하고 씩 웃는다. 自己도 警務部長을 爲하여 애를 태는 사람이나 아닌지. 一時間이나 넘는 趣味있는 談話는 此便에 쓰자.(七月二十七日 晋州에서)[115]

晋州에서(四)

茶를 勸하고 眷煙 한 個를 붙이더니 "어떠시오. 京城을 떠날 때에 朝鮮觀과 只今의 朝鮮觀과에 差異가 없소" 異常하게 묻는다. 質問하러 간 내가 逆으로 質問을 받게 되었다. 나는 그 質問의 銳利함에 놀랐다. "未嘗不 差異가 있어요. 前에도 朝鮮을 안 줄로 自信하였더니 그것은 根據 없는 한 想像에 지나지 못하였어요. 實地로 處處에 다니며 보니 想像하던 바와는 퍽 다릅니다" 하였다. "그것 보시오. 東京 있는 朝鮮 青年들은 朝鮮의 實狀도 모르고서 空然히 四疊半에서 혼자 떠드는 것이야 相關이 있겠소만은 朝鮮에 돌아(와)서 全般社會에 害毒을 끼치는 것은 容恕할 수가 없소. 我輩의 職務가 있으니까 相當한 處分이 있어야지요" 하고 東京 留學生의 近況을 묻는다. 나도 留學生의 一人이매 留學生을 爲하여 誣를 辯할 機會를 얻음을 多幸히 여겨 滔滔히 數千言을 辯하였다.

東京 留學生들이 所謂 危險思想을 抱한 듯이 致疑받는 것은 眞이 아니다. 그네 中에 一流로 自任하는 者들은 決코 時勢에 逆行하는 愚를 學하지 아니한다. 그네가 筆로 舌로 絶叫하며 또 畢生의 精力을 다하여 努力하려 하는 바는 産業의 發達, 教育의 普及, 社會의 改良 等이라. 어떻게 하면 朝鮮을 知케 하고 富케 할꼬 하는 것이 그네의 理想하는 바요, 政治 같은 데 對하여서는 차라리 冷然히 不關하는 態度를 取한다. 七八年前에 보던 바 激烈한 思想은 只今에는 거의 蹤迹을 收하였다 하여도 마땅하다. 그네는 朝鮮에 돌아와 極히 穩健한 方面으로 活動하려 한다. 도리어 當局에서 그네의 意思를 誤解하기를 두려워한다는 뜻을 말하였다.

部長은 이윽히 傾聽하더니 이렇게 말한다. 留學生은 相當한 教育을 받고 能히 世界의 大勢를 了解하는 先覺者라. 朝鮮의 進步를 爲하여 留學生은 實로 貴重한 일꾼이다. 그네가 萬一 穩健着實한 方面으로 活動한다 하면 當局에서는 雙手를 擧하여 그네를 歡迎하고 應分의 勸奬과 援祖를 不惜할 것이다. 果然 東京 留學生의 現狀이 君言과 같다 하면 그만 大幸이 없다. 願컨대 더욱 自重하기를 바라며 이 뜻을 留學生 諸君에게 傳하기를 바란다. 이에 留學生에 關한 말을 그치고 나는 朝鮮人間에 어떠한 犯罪가 많은가를 물었다.

115 본문. 『매일신보』, 1917.8.15, 1면, '第二十七信'.

어디나 다를 것 없이 第一 普通된 것이 竊盜, 橫領, 詐欺라. 貧富의 懸隔이 甚하고 같은 朝鮮人 間에 知識의 層等이 懸絶할수록 詐欺 같은 知識的 犯罪가 增加할 것이다. 게다가 舊道德은 全然히 破壞되고 新道德은 아직 權威를 얻지 못하여 所謂 開化軍들은 法網이나 免하면 無所不爲할 地境이므로 더욱 이러한 犯罪가 많을 것이다 하고, 게다가 朝鮮人에게 惡模範을 보이는 者가 있다 하며 픽 웃는다. 무엇이나 仔細히 調査할 것이 있거든 辭讓 말고 아무 때나 물으라 하는 말을 作別로 警務部를 辭하고 旅館에 돌아왔다. 모처럼 곱게 빨아 입은 洋服이 땀에 젖었다. 함부로 冷水를 끼얹고 房에 들어와 午飯을 喫하고 南江邊 탁 터진 二層樓에 一點風이 없고 寒暖計는 正히 九十八度를 指하였다. 偶然히 同宿하게 된 固城 郡守 林英俊君으로 더불어 얼음에 채운 麥酒에 渴과 熱을 止하면서 歡談淋漓에 日이 夕함을 不覺하였다.

崔參與官 韓郡守며 朴本社慶北支局長 等 몇 분이 夕飯을 같이 하자 하기로 京城舘이라는 料理店에 불려갔다. 崔參與官은 出席이 없고 豪俠한 名弓 韓郡守가 집이 떠나갈 듯한 大聲으로 疾呼한다. 韓郡守는 옛날 早稻田大學 出身으로 매우 手腕있는 郡守라 하며 弓術外에 巨飮과 또 한 가지 다른 것으로도 一二를 다툰다 한다. 晉州의 官吏로 成立된 文官 俱樂部員들은 大概 이렇게 遺世의 仙官들인가 보다. (七月二十七日 晉州에서)[116]

統營에서(一)

이름도 좋은 三道 水軍 統制營이 있던 곳이다. 只今은 統營 郡廳의 所在地요 戶數가 約五千에 人口가 二万三千餘, 이만하면 大都會다. 慶尙南道의 最南端이니 卽 朝鮮半島의 最南端이다.

統營은 漁業과 工藝로 살아간다. 여기서 第一 많이 賣買되는 것이 멸치인데, 每日 平均 四五千圓 假量의 홍정이 된다 하니 一個月에 約五十萬圓이라. 海岸으로 늘어선 倉庫와 市場에는 白紙袋에 넣은 벼개통 같은 멸치가 山더미 같이 쌓였다. 그것은 다 下關이나 門司로 건너간다 한다. 빳빳 마른 멸치 外에 펄펄 뛰는 生鮮

116 본문. 『매일신보』, 1917.8.16, 1면, '第二十八信'. 원문에 날짜가 八月二十七日로 표기되어 있으나 오식이다.

도 毋論 많다.

統營의 螺鈿漆器는 自古로 有名한 것이어니와 近年에는 工業傳習所라는 것이 道立으로 되어 다른 工業도 가르치거니와 特히 螺鈿漆器의 改良 進步에 힘을 쓴다. 其他 個人의 工場도 몇 군데 參視하였거니와 참 精巧하다.

이만하면 歐美의 市場에 내어놓아도 부끄럽지 아니할 것이다. 그러나 어서 大規模로 工場組織으로 하여야 할 것이다. 統營 人士의 大奮發을 切望한다.

그 다음에는 統營 笠子다. 統營이라면 上等 笠子의 別名이 되리만큼 統營 笠子는 自古로 有名하였다. 近年에는 統營 笠子組合이라는 것이 設立되어 各笠工의 製作品을 委託販賣한다. 應當 그리해야 될 일이지마는 좀더 規模를 擴張하여 笠子의 改良이며 笠工의 教育, 貯蓄, 慰安 等 事業까지 하게 되기를 바란다.

統營은 골목골목에 줄로 쇠 쓸는 소리가 들린다. 果然 工業地다. 그러나 이것은 原始的 工業이다. 石炭煙이 오르고 調革 소리가 나게 되어야 비로소 現代的 工業이라고 할 수가 있다. 統營의 精巧한 職工들을 커다란 벽돌집 안에 集合케 하여야 될 것이다.

統營 唯一한 缺点은 可合한 水源池가 없음이다. 年來로 森林 培養하여 水道의 水源을 涵養하는 中이라 하나 아직 前途 遼遠한 모양이다.

四方이 섬으로 둘러 막혀서 夏節에 凉風을 얻기는 어렵지마는 물결이 잔잔함은 碇泊에 適하고 青山 綠波에 風光도 可愛롭다. 게다가 閑山島며 統營城은 李忠武의 古蹟이니 한번 기어이 遊覽할 만한 곳이다. 海水浴場의 設備며 避暑 避寒地나 잘 選定하면 統營은 더욱 繁昌할 것이다.

今年은 日氣가 漁業에 最適할 뿐더러 멸치의 價格이 高騰하여 統營은 아주 時勢가 좋다. 이 機會를 타서 市區 改正, 水道, 電燈의 事業을 完成하였으면 좋겠다.

警察署長의 말을 듣건댄 이 地方 青年의 風紀는 比較的 良好하여서 不良者로 注意받는 者가 十數人에 不過하며, 그것은 本土人은 아니요 大概 他道에서 流入한 者라 한다. 財産家의 青年子弟들이 優遊度日함은 朝鮮 全土가 皆然이지마는 統營 青年들은 無益한 代身에 無害한 것만 感謝하다고 署長은 퍽 苦笑한다. 人口가 二萬 以上이라 하면 青年도 꽤 많을 것인데 그네들이 한번 奮發하면 훌륭한 統營을 만들기도 하련마는.

南望山이라는 公園 앞에 藤田組의 金鑛이 있다. 조그만 섬인데 섬 全體가 金이요 鑛脈이 海底까지도 뻗었다 한다. 벌의 둥지 모양으로 구멍이 송송 뚫렸다. 이 金鑛이 잘 되면 수가 난다고 統營 人民은 매우 바라는 바가 큰 듯하다. 西南海의 島中에는 鑛脈이 썩 豊富한 모양이다. 水産, 鑛山, 蠶業 將來의 林山—섬들은 果然 朝鮮의 寶庫다.

希望 많은 統營의 事情은 이만큼 말하고 구경다니던 이야기나 하자.(七月二十九日 統營에서)[117]

統營에서(二)

署長과 卞警部의 好意로 警備船을 타고 閑山島 구경을 갔다. 兪郡守, 卞警部와 本社의 松分局長이 同伴이다. 天無雲 水無波한데 이름조차 곱다란 警備船 第四鵲丸은 땅밑까지 보일듯이 透明한 綠水를 가볍게 헤친다. 航行約 四十分에 병목 같은 水門을 들어가니 楕圓形의 透明한 灣內에 두어 隻 漁船이 떠있고 甁 밑이라 할 만한 곳에 오뚝 솟은 半島가 鬱蒼한 樹林 속에 묻혀있다. 山 모양이 어찌 그리도 妙하며 물빛이 어찌 그리도 고운고. 卽時 端艇을 타고 制勝堂을 向할 제 深林에 철이 이름인지 매암의 소리가 噪噪하다. 斷崖를 더위잡아 水軍提督 李忠武公의 碑를 拜하고 烏鵲이 지저귀는 古祠 곁으로 良久히 徘徊하면서 堂을 지키는 老人의 說話를 半은 듣고 半은 못들었다.

只今도 天陰雨濕할 때에는 鬼哭이 啾啾하여 잠을 이룰 수가 없으며, 有時乎 三百年前 士卒의 魂靈이 燈불 들고 나와 可憐한 音聲으로 飮食을 빈다. 그때마다 白飯藿羹으로 水中에 散布한다. 忠武公時代로부터 每月 朔望에는 飯과 湯으로 兩軍士卒의 靈魂을 祭하는데 左便에는 日本軍, 右便에는 朝鮮軍, 三百年前 此灣內에서 죽은 數萬의 士卒은 아직도 魂靈이 이곳을 떠나지 못하였다 한다. 古樹蔭에 거적을 펴고 携來한 麥酒를 마시며 一歌를 읊으니

滄波는 굼실굼실 靑山은 가물가물

117 본문. 『매일신보』, 1917.8.5, 1면, '第二十九信'. 시간상으로 7월 27일 씌어진 「晋州에서(四)」에 이어지는 기사이므로 제이십구신에 해당한다.

三百年 옛날 일을 물을 곳이 어디런고
夕陽에 집 찾는 까마귀만 오락가락

풀숲에서 구슬피 우짖는 벌레소리도 三百年前 怨魂의 울음소린가 몸에 오싹 소름이 끼쳤다. 制勝堂의 懸板에 閑山島月明夜 上戍樓撫大刀 心愁時何處一聲 羌留添人愁라는 李公의 노래를 다시금 보고 船首를 돌려 龍華山의 白雲을 흘겨보며 統營에 돌아오니 멸치 運搬하는 人夫의 지껄이는 소리만 들린다.

夕陽이 西山에 걸렸을 제 다시 短笻을 統營城 西門外로 끌어 猗猗한 森林 속에 李忠武를 祀하는 忠節祠를 찾았다. 廻廊에 쌓인 똥냄새에 코를 막고 蒼苔 깔린 石階를 올라 暫間 三百年 風雨에 半나마 씻겨진 丹靑을 바라보고 堂內에 入하니 崇嚴한 기운이 사람으로 하여금 衣襟을 正케 한다. 帽子를 옆에 끼고 한참이나 位牌를 바라보고 우뚝하니 섰다가 다시 階下에 내려 거칠은 靑草를 헤치며 徘徊하였다. 이에 한 노래를 얻으니

忠武公 옛 祠堂을 어느 곳에 찾을런고
統營城 西門 밖에 竹林만 猗猗하다
階前에 低首徘徊하올 제 杜鵑 一聲

杜子美를 흉내내노라 하였으나 畵虎爲狗가 되었다. 欄干에 지켜앉아 所謂 八賜라 하여 明의 神宗이 李公에게 贈與하였다는 銅印, 令旗, 斬刀, 鬼刀 等 八種 模造品을 보고 暮色이 蒼蒼할 적에 忠節祠門을 나섰다. 閑山島 갔던 一行이 偶然히 다시 모여 淸風明月이 가득한 草堂에서 막걸리 비빔밥의 夕飯을 喫하고 나니 淸風은 더욱 맑고 明月만 龍華山 西편 끝에 걸려 있다.

月光을 잔뜩 받은 洗兵舘의 높은 집을 脚下에 굽어보며 松風 속으로 이슥히 거닐다가 北門으로 돌아들어 旅舘에 돌아오니 밤이 이미 子正이다. 餞送 오신 여러 어른들이 暫間 잠드신 틈을 타서 此文을 草한다. 午前 三時發 海州丸으로 馬山을 向하련다. 紡績會社 女工으로 가는 卄餘名 女子가 門前에 모여 서서 惜別들을 하나보다. 下女가 準備하라는 소리에 時計를 보니 벌써 午前 三時.(七月卄九日 統營에서)[118]

東萊溫泉에서(一)

三十日 朝에 馬山浦에 내렸다. 가만히 생각하니 本社 探涼團이 只今 東萊에 있을 듯. 朝飯도 못먹고 停車場에 뛰어나와 三浪津行 一番 列車를 잡아탔다. 三十餘日이나 降雨가 없으므로 農家에서는 매우 걱정이라 한다. 洛東江 물의 바짝바짝 마르는 양이 눈에 보이는 듯하다. 마르겠거든 다 말라라. 한 방울 없이 다 말라라 하고 空然히 火症을 내어본다. 昨夜에 一睡도 못하였더니 몸이 몹시 疲困하다.

三浪津에 내려 어떤 老婆에게 氷水와 커다란 메이기 고기를 사먹었다. 고추장을 발라가며 꽤 구워서 맛이 훌륭하다. 老婆의 말을 듣건대 이것은 洛東江 묵은 메긴데 人蔘 같이 몸을 補한다 한다. 果然 그리하였으면 내 여의고 困한 몸이 뚱뚱하게 살도 찌련마는.

釜山鎭서 電車를 갈아타고 東萊 市街를 右便으로 바라보며 維石 巖巖한 金山 및 新羅부터 金井으로 有名한 東萊溫泉에 다다랐다. 溫泉街 入口에는 綠門이 새로 서고 그 안에는 雪白의 幔幕 속에서 十數人의 美人이 무슨 노래를 부르면서 춤을 춘다. 그것도 볼 새 없이 이리 묻고 고쳐 물어 鳴戶屋 旅館에 社長 先生을 찾아가니 先生은 出入하고 人物 좋은 方君이 반가이 맞아 稱讚인지 嘲弄인지 알지 못할 稱讚을 퍼붓는다. 오래간만에 親友를 對하고 淸冽한 平野水에 渴을 醫하고 水晶 같은 溫泉에 塵埃를 씻고 나니 죽었다 살아난 듯하고 仙境에 오른 듯하다. 어, 爽快하다.

前後를 툭 터놓은 넓은 方에 浴衣 입은 好漢들이 가로 눕고 세로 누워 코도 골고 다리도 버둥거린다. 그 한복판에서 金盤에 玉을 굴리는 소리를 내는 이는 今番 探涼團의 一點紅인 長安 名妓 錦紅이, 그 곁에 金時計줄 燦爛하게 방긋방긋 웃는 것이 瀛州 名妓 紅蓮이란 말은 其後에 들어서 알았고 團中에 어떤 豪俠한 遊冶郞이 紅蓮에게 心魂을 盡奪了된 줄도 들어 알았다.

靜乃家의 亭子에서 無佛 先生을 뵈오니 握手 莞爾의 炎中의 旅行을 慰하고 라듐 鑛泉을 勸하며 其效能을 力說한다. 先生의 說을 據하건대 사이다는 下痢의 慮가 있으되 라듐 鑛泉은 먹을수록 좋다 한다. 卓上卓下에 數十本의 空甁은 설마 先生 혼자서 잡순 것은 아니려니와 라듐 鑛泉의 效能을 過信하시다가 下痢나 아니하

118 본문. 『매일신보』, 1917.8.7, 1면, '第三十信'.

실까 念慮하였다.

溫泉의 水源과 浴場과 蓬萊舘의 庭園을 一巡한 뒤에 夕飯을 喫하고 無佛 先生[119]을 따라 東萊 郡廳에 壬亂時의 그림 구경을 갔다. 東萊都 護衛門이라 한 三門을 들어가 古制 대로 남아있는 郡廳을 구경하고 발을 돌려 客舍에 宋公壇 金蟾碑를 찾았다. 東萊城이 陷落되매 梁山郡守는 倒騙而走하고 府使 宋公만 數人의 從者로 더불어 客舍 階下에서 飮藥自斃하였다. 客舍 東隅에 一壇을 設하고 中央에 宋公 左右에 殉印한 男女의 石碑가 있다. 金蟾은 本是 妓生으로 宋公의 小室이더니 城이 陷落되매 屋上에 登하여 蓋瓦를 집어 敵을 때리다가 宋公의 뒤를 따랐다. 無佛 先生은 金蟾의 碑前에서 脫帽鞠躬하고 無數히 그 節概를 稱頌하였다.

下人이 畵帖을 들어다가 葡萄園에 걸었다. 兩帖畵는 當時의 血戰을 寫한 것인데 悲壯한 기운이 畵面에 넘친다. '假我途', '假途難'[120]은 戰爭의 原因을 말함이다. 때에 마침 遠寺의 黃昏 鐘聲이 들리니 方君이 一步를 물러서며 "아이구 몸이 찌르르하네" 한다.

團員 一行과 함께 三浪津까지 가려다가 마침 京大의 金君도 만나고 身體의 疲勞가 太甚하므로 左水營에서 電車를 갈아타고 다시 東萊溫泉에 돌아왔다.(七月三十日 東萊溫泉에서)[121]

東萊溫泉에서(二)

天地開闢 적에 집어놓은 地心의 金石불에 끓인 물이 溫泉이다. 맑고 따뜻하고 부드러운 물에 身體를 잠그고 앉았는 맛은 참 비길 데가 없다. 어른어른하는 花岡石 위에 앉아 말끔하니 全身을 닦고 나서 白雲 같고 羊毛 같은 手巾으로 몸을 씻고 白沙 青松으로 솔솔 불어오는 淸風을 쏘이면 肉身의 塵垢만 아니라 精神의 塵垢까지 씻겨지는 것 같다. 萬丈紅塵中에 汗臭를 맡으며 名利와만 追逐하던 人生이 一夜淸閑의 仙境의 맛을 봄은 實로 萬金 싸다 하겠다. 이 물로 몸을 씻으면 몸

---

119 아베 미츠이에[阿部充家]를 가리킨다.

120 임진왜란 때 왜장이 동래성을 둘러싸고 "싸우고 싶거든 싸우고 싸우기 싫거든 길을 빌려달라[戰則戰不戰 假我道]"고 하자, 동래 부사 송상현이 "싸워서 죽기는 쉬워도 길을 빌려 주기는 어렵다[死易假道難]"는 글을 적에게 던졌다는 일화를 가리킨다.

121 본문. 『매일신보』, 1917.8.8, 1면, '第三十一信'.

이 깨끗하여지고 이 물을 마시고 萬病이 消滅한단다.

羽化登仙할 듯한 거뜬한 마음으로 浴室에서 나와서 樓上에 오르니 月滿江山 風滿樓라. 中夏 望月의 기름 같은 月光에 江山이 흠뻑 젖어 엷은 안개를 吐하고 한창 茂盛한 綠林中으로서 肺肝까지 서늘하게 하는 淸風이 불어온다. 滿 一個月間이나 사람 많이 사는 大都會만 따라 忽忙히 돌아다니던 몸이 此一夜의 淸閑을 얻게 됨은 참말 天惠다. 農糧이 없어서 草根木皮를 뜯는 者, 다 쓰러져가는 茅屋에 病들어 누운 者, 一片黃金을 바라고 營營汲汲하는 者, 도야지 우리 같은 집에 裸體로 낮잠 자는 者, 쓸데없는 일에 서로 辱說하고 誣陷하는 者, 臙脂 내음새와 酒精 냄새 나는 속에서 淸潔한 貞操를 더럽히는 者, 所見所聞이 太半이나 傷心하는 것뿐이었다. 그러나 今夜에는 이 모든 것을 다 잊자. 世外의 境에 世外의 人이 되어 힘껏 마음껏 淸風明月의 快에 醉하자. 煩熱한 생각이 나면 氷水가 있고 炭酸水가 있고, 몸이 끈끈하여지면 淸淨한 溫泉이 있고 적이 心火가 나면 얼음에 채운 麥酒가 있고, 孤獨하면 說話할 親友가 있고 더욱 寂寞하면 隣室에는 秋波를 흘리는 美人이 있다. 그래도 苦悶이 아니 꺼지거든 저 莊嚴한 山 및 靜寂한 松林中에 들어가 上帝에게 빌 수도 있고, 如來의 慈悲에 기대일 수도 있다. 그래도 세상이 貴치 아니하거든 釜山 가는 電車를 잡아타고 滄海의 굼실거리는 碧波 속에 풍덩실 뛰어들면 그만이다.

엷은 안개에 살짝 얼굴을 가리운 山, 저 明月, 저 淸風을 실컷 볼 양으로 欄干에 기대앉아 恍然히 自失할 제 隣室의 美人이 "千年을 살꺼나 万年이나 살더란 말이냐 죽음에 들어서 老少가 있나, 살아 生前에 마음대로만 놀아볼거나", 하는 六字배기 一曲을 목을 놓아 뽑아낸다. 그러할는지도 모르겠다. 石火光中에 붙인 몸이 부질없이 忽忙함도 생각하면 우스운 일이다. 淸風明月이 恒常이랴. 七十平生에 盈又缺하는 明月을 보면 몇 번 보랴. 淸風明月은 萬古에 늘 있다 하더라도 보는 人生은 蜉蝣같이 가고 간다. 人生의 無常으로 가엾이 여겨 涅槃을 憧憬하는 如來를 옳다 하면 對月長醉를 願하던 李靑蓮을 그르다 하랴.

갑자기 무슨 大悟가 생겨서 이러한 생각을 하다가 金君을 이끌고 蓬萊館의 庭園內로 逍遙하였다. 輝煌한 電燈 밑에 蓮池의 細波는 溶溶하고 물 마른 냇가에는 垂楊이 늘어졌다. 月下에 徘徊하는 三三五五의 浴客들은 구슬피 우는 벌레소리를 무엇으로나 들었는고.

淸風을 따라 虫聲을 따라 定處없이 露草中으로 彷徨하다가 興은 갈수록에 더하건마는 몸이 疲困하여 旅舘에 돌아오니 草綠色 모기장이 淸風을 가득 담고 主人을 기다린다. 未能寢의 皓月을 簷端으로 바라보며 擧頭低首에 차마 잠을 이루지 못하다가 半夜에 홀로 앉아 이 글을 쓴다. 隣室의 金君은 무슨 꿈을 꾸는지 잠꼬대를 높이하고 半空에 걸렸던 十三夜의 밝은 달도 벌써 金山의 아삭바삭한 絶頂에 디디고 올라섰다. 窓前의 버들 속에 지나가는 山風의 우수수하는 소리가 特別히 有心하게 들린다.(七月卅一日 夜半 金井에서)[122]

海雲臺에서

◇모두 다 休暇가 있는데 나도 二三日 休暇를 가지리라는 大決心으로 親友의 말을 좇아 自動車로 海雲臺에 갔다. 一週日이나 連해 두고 本社 探涼團을 爲하여 海雲臺와 東萊溫泉을 紹介하였으니까 내가 다시 紹介할 必要는 全혀 없다. 나는 本來 보고싶은 것을 보고 쓰고 싶은 것만 쓰는 사람이니까 어떤 地方이나 人物을 紹介하는 데는 極히 拙劣하다.

◇東萊溫泉에서 꼭 二三日 더 逗留하고 싶은 것을 金君이 하도 海雲臺 자랑을 하기에 끌려오기는 오면서도 海雲臺가 좋으면 얼마나 좋으랴하고 自動車上에서 連히 東萊溫泉을 돌아보았다. 그처럼 나는 東萊溫泉에 醉하였었다.

◇마침내 自動車가 海雲樓 門前에 다다랐다. 申郡守와 齋藤書記의 紹介를 下人시켜 主人에게 傳하고 二層 南向房으로 올라갔다. 뒤門으로는 萇山의 高峯을 우러러 보고 앞門으로는 東海의 滄浪을 굽어보게 되었으며 一陣 淸風이 滄波에서 일어나서 靑山으로 올라닿는 길에 우수수 소리를 내며 房으로 지나가는 것이 果然 그럴 듯하다.

◇浴衣에 手巾 하나를 메고 靑草를 헤치고 白沙를 밟으며 海水浴場에 나갔다. 그렇게 바람도 없건만은 굼실굼실 달려들어오다가 白沙에 부딪쳐 깨어지는 물결에는 그래도 大海의 面目이 있다. 透明한 海波를 헤치고 텀벙 뛰어들어 두 팔로 滄浪을 끌어당기며 물결을 따라 오르락 내리락하는 맛도 그럴듯하였다. 알맞추

122 본문. 『매일신보』, 1917.8.9, 1면, '第三十二信'.

따뜻한 細모래판에 半만치 몸을 파묻기도 하고 이리데굴 저리데굴 굴러다니는 맛도 그럴듯하며, 少年적 일을 생각하여 모래로 垌을 막아 물결과 싸움을 하는 것도 興味가 있었다. 海岸에 널어놓은 漁網에 올라 앉았다가 시커먼 漁夫에게 톡톡히 꾸지람을 들은 것도 只今 생각하면 興趣있는 일이다. 同行한 三友도 턱에 鬚髥난 것도 잊어버리고 물싸움도 하며 가닥질도 하며 競走도 하며 어린애들 모양으로 즐겁게 논다. 나는 疲困함을 깨달아서 혼자 沙丘上에 다리를 뻗고 앉아서 보고만 있었다.

◇漁村에 밥짓는 烟氣가 斜陽에 빗기 흐르고 장난감 같은 漁船 하나가 布帆에 가득 바람을 맞아 浦口로 돌아온다. 모든 것이 果然 그럴듯한 景致다.

◇歸路에 溫泉浴場에 들어가서 깨끗이 몸을 씻고 旅館에 돌아오니 新鮮한 道味膾에 夕飯床이 들어왔다. 내가 어찌할 양으로 이렇게 호강을 하는가 하고 혼자 픽 웃었다.

◇그러나 海雲臺의 眞景은 夜에 있다. 夜中에도 月夜에 있다. 나는 그것을 보았다, 그것을 보았다.

◇江天一色無纖塵한데 皎皎空中孤月輪이라는 張若虛의 詩句 그대로다. 나는 이렇게 불렀다.

滄波엔 明月이오 靑山엔 淸風이라
淸風과 明月이 高樓에 가득차니
紅塵에 막혔던 胸襟이 豁然開를

바다도 좋다하고 靑山도 좋다커늘
바다와 靑山이 한곳에 뫼단말가
하물며 淸風明月 있으니 仙境인가

누우면 山月이오 앉으면 海月이라
가만히 눈 감으면 胸中에도 明月 있다
五六島 스쳐가는 배도 明月 싣고

어이 갈거나 어이 갈거나
이 淸風 이 明月 두고 내 어이 갈거나
잠이야 아무 때 못자랴 밤새도록

◇一葉舟가 碧波 위로 소리없이 지나간다. 내가 그 一葉舟인지 그 一葉舟가 낸지 알 수가 없다. 이런 美景을 對하면 기쁠 듯도 하건마는 나는 도리어 深刻한 悲哀를 깨달았다. 견디다 못하여 旅舘을 나서서 海岸을 向하여 뛰어나가서 그 一葉舟를 바라보다가 마침내 눈물이 흘렀다. 細모래판으로 미쳐 뛰다가 풍덩실 滄浪에 몸을 던져 그 배의 뒤를 따르고 싶다. 蕫山 絶頂에 자루를 박고 도는 北斗星을 바라보고 실 풀리듯이 솔솔 풀려나오는 골안개를 바라보고 明月을 바라고 葉舟를 바라고 淸風에 옷소매를 날리며 벌레소리에 눈물을 흘리며 나는 失神한 사람 모양으로 혼자 徘徊하였다. 이 어인 悲哀인고.(八月一日 夜半 海雲樓에서)[123]

釜山에서(一)

人口 六萬의 大都會는 나 같은 書生의 眼目에 너무 크다. 게다가 釜山은 名勝이나 古蹟으로 翫賞할 都會가 아니라 經濟上으로 硏究할 都會다. 名勝古蹟에서는 아무렇게나 지껄여도 相關없지마는 經濟上 商業上으로 硏究하여야 할 都會에서는 그렇게 되는 대로 지껄일 수도 없다. 緘口하고 가만히 있는 것이 제格이언마는 釜山 人士의 고마운 歡迎 값을 보아서라도 그리할 수는 없다.

釜山에는 釜山日報 朝鮮時報 等 錚錚한 新聞紙가 있고 게다가 炯眼으로 有聞한 本社의 加集 支局長이 있으니 釜山의 事情은 細大 없이 다 發掘되었을 것이다. 慾心 같아서는 自己 特得의 立脚地에서 새로 釜山을 硏究하여 前人未發의 新記錄을 作하여 諸先輩를 瞠若케 할 野心도 없지 아니하지마는 不過 二十四五時間의 一瞥로는 크나큰 市街를 一巡할 수도 없다. 이에 나는 다만 釜山의 朝鮮人側에 關한 몇 가지를 觀察하기로 하였다.

釜山 朝鮮人의 商業은 極度로 疲弊하였었다. 管內의 急激한 發達을 따라 智力,

---

123 본문. 『매일신보』, 1917.8.10, 1면, '第三十三信'.

資力이 共히 缺乏한 朝鮮 商人은 一敗塗地에 競爭圈外에 蟄伏하고 말았었다. 이러한 現象은 다만 釜山뿐 아니라 京城을 爲始하여 大邱, 平壤할 것 없이 어느 大都會든지 다 이러하였다. 輓年 十數年來에 大都會의 朝鮮 巨商의 失敗에 失敗를 加하여 破產의 境에 至한 者一千百으로써 數할 것이다. 現在 大都會의 繁華한 市街에 朝鮮人의 商店의 隻影도 보지 못함이 實로 그 때문이다. 釜山은 그 最初의 犧牲이라고 할 만하다. 하더니 最初의 犧牲은 드디어 最初의 蘇生者가 되었다. 佐佐木 長官의 말과 같이 近來에 釜山의 朝鮮人 商業界는 未曾有한 大活氣를 呈하게 되었다. 慶南銀行은 大阪, 神戶 等 諸銀行과 直接 去來를 開始하여 그 營業成績이 釜山 第一이라 하며, 高麗商會, 白山商會 其他 米穀貿易商들도 從來와 같이 間接으로 하지 아니하고 直接 大阪市場과 去來를 開始하여 現今에는 釜山 穀物貿易 全額의 約 三割에 達하였다 하며, 米穀貿易과 慶南銀行과는 上待相依의 密接한 關係가 있다고 한다. 이리하여 草梁洞 瀛州洞의 컴컴한 山 밑에만 蟄伏하였던 朝鮮商人도 漸次로 繁華한 本町通에 巨舖를 開하고 나와앉게 된다.

競爭에 견딜 資格 없는 者는 다 淘汰가 되고 時勢에 쥐밀리고 갈리어 精神과 筋肉이 빼당빼당하게 緊張한 靑年들이 勃勃한 新生氣를 가지고 蹶起한 것이다. 아아, 祝福받은 釜山 人士여.

慶南銀行에 支配人 文尙宇君과 重役 尹相殷君을 訪하고 因하여 慶南 印刷株式會社에 가서 工場을 一巡한 後에 商業會議所 副會頭요 當會社 社長인 李圭正君을 訪하여 釜山의 發展에 關한 有益한 談話를 많이 듣고, 高麗商會의 主人되는 金正勳君과는 東萊溫泉에서부터 親交를 믿게 되었다. 梁山郡 參事요 有力者인 全錫準 老人의 溫容을 接하게 된 것도 기쁜 일이다. 沈天風君은 釜山 人士에게 深甚한 好感을 끼친 듯하여 나를 보면 반드시 君의 말을 한다. 不幸히 나는 君만한 男兒가 못됨이 羞恥어니와 君의 交友의 一人됨으로서 榮光삼았다.

釜山日報 辻舞人君의 歡待 款待로 夕飯을 얻어먹었다. 睨觀塵世에 一癖있을 듯한 君은 實로 胸中에 一點 雲翳가 없을 듯한 好漢이다. 同化政策이라 하여 朝鮮 婦人을 娶하고[124] 自己도 或 和服 或 鮮服에 半日半鮮의 生活을 한다. 日本人이니 朝

124 전집에 실린 영창서관본(1939)에는 "朝鮮婦人會를 組織하고"로 수정되어 있다. 이광수, 『반도강산 기행문집』, 『한국현대수필집 자료총서』 4, 태학사, 1987.

鮮人이니 區別을 하는 것이 워낙 잘못이라 하는 것이 君의 主張이라. "그려"를 좀 濫用하는 버릇이 있으나 流暢한 朝鮮語를 쓴다. 釜山에 와서는 퍽 愉快하였다. 오늘 저녁에 多幸히 나를 보려고 모여주시는 釜山 人士를 一堂에서 뵈올 수가 있다.(八月四日 釜山에서)[125]

釜山에서(二)

京日支局에 가니 加集 支局長은 出他하고 뚱뚱한 龜井氏를 만났다. 三笑居士[126]의 書信과 내 旅行의 軍糧도 많이 와 있다. 恒常 나를 생각하여 주시는 三笑居士께 百拜感謝를 아니할 수가 없다. 龜井氏에 釜山 形便의 大綱을 듣고 마침 今日이 土曜日 午後라 事務 閉鎖時間이 已過한데다가 明日이 日曜日이므로 府廳 房門은 休하기로 하였다. 또 釜山은 今後도 볼 機會가 많으므로 昨朝에 卽時 馬山으로 向하기로 하였다.

喜雨를 맞으며 旅舘에 돌아오니 언제 보아도 和氣를 發하는 全錫準氏가 기다리고 있다. 因하여 뒤를 따라 會場에 臨하니 三四十名 釜山 名士가 會集하였고 盤上에는 新鮮한 西瓜의 붉은 속이 더욱 韻致있게 보인다. 禮畢 坐定後에 李圭正君이 開會人事를 하신다. 그 말씀 中에 釜山에 있는 名所 舊蹟의 자랑할 만한 것이 없다 함을 取하여 나는 이렇게 對答하였다. 名所 舊蹟도 좋지 않음은 아니나 要컨댄 名所는 人物을 得한 後에야 있을 것이요 舊蹟은 昔日에 좋던 터이라. 現在의 繁榮이 있고사 過去의 遺跡도 貴한 것이니 바빌론, 埃及 모양으로 現在는 없고 過去만 가진 民族은 불쌍한 者라. 나는 빛나는 過去를 자랑키보다 繁榮하는 現在를 가지고 싶다. 金剛山의 秀麗한 萬二千峰보다 조그마한 慶南銀行 집이 더욱 貴하다. 釜山 人士의 活潑한 經濟的 活動을 볼 때에 모든 勝景보다도 舊蹟보다도 더욱 深刻한 感銘을 주었다.

그러나 한 가지 遺憾되는 것은 이 活潑한 活動을 繼續할 人物, 方今 돋아나려는

---

125 본문. 『매일신보』, 1917.8.17, 1면, '第三十四信'.

126 당시 『매일신보』의 감사로 편집국장 격이었던 나카무라 켄타로[中村建太郎]를 가리킨다. 그가 자신의 저서 『朝鮮生活五十年』에 쓴 서문에 "中村建太郎卽ち三笑居士"라는 언급이 보인다(中村建太郎, 『朝鮮生活五十年』, 青潮社, 1969, 2쪽). 이광수에게 오도답파연재를 청탁한 것도 나카무라 켄타로였다.

繁榮의 萌芽를 培養할 人物 求하기를 等閒히 함이다. 今代보다 優勝한 次代가 나고 次代보다 優勝한 次次代가 나서 二世三世로 至于萬世할 經綸이 있어야 비로소 永遠한 繁榮을 얻을 것이니 그리하는 方法은 오직 敎育이다. 府內에 公立商業學校와 兩個 普通學校가 있으나 三萬人 以上되는 朝鮮人口에 敎育機關이 이밖에 없음은 큰 羞恥다. 草創之際에 餘裕가 없을지나 더욱 敎育의 普及에 힘쓰소서 하고 빌었다.

마침 五六島上에 黑雲이 斷續하며 그 틈으로서 旣望을 暫間 지난 明月이 隱見한다. 그것을 따라 變하는 海面의 色彩와 明暗의 變化는 참 奇觀이다. 龜井氏는 釜山의 自然도 君을 待接하기 爲하여 저러한 奇景을 現出한다 하며 恍惚히 東天을 바라보고 앉았다. 그 奇景은 畵하기에는 너무 變化가 速하고 文하기에는 너무 轉換이 複雜하다. 오직 兩眼을 크게 뜨고 우뚝하니 볼 따름이니 此景을 볼 天命을 가진 者만 오직 볼 수 있는 것이다. 席에 在하던 釜山 人士의 多數는 아마도 此奇景에 그다지 感歎치 아니하는 모양이다. 옳다. 언제 그러할 餘裕가 있으랴. 어서 富하고 富하고 富하고 富하여라. 爲先 富하여놓고 美도 찾고 趣도 찾자.

酒半酣에 耽觀 辻舞人君이 “니다그려”를 連發하는 發論으로 洋紙 一張에 各各 所感을 썼다. 나는 가멸 富字 四字를 썼다. 願컨대 富의 釜山이 되소서하고 心祝하였다. 다음에 歌가 있고 舞가 있고 伽倻琴이 있고 雜談이 있고 나서 再會를 서로 바라고 殷勤히 作別하였다.

釜山서 滿洲平野를 向하고 들이닫는 急行列車가 큰 눈깔을 부릅뜨고 왈칵왈칵 달아난다. 文明한 世上, 科學의 世上, 競爭의 世上이다. 저 좋은 交通機關, 모든 文明의 利器는 利用만 하면 富가 폭폭 쏟아지는 것이다. 그것을 利用할 줄을 모르고 世外에 遁逃하였던 朝鮮人도 남과 같이 大都會의 한복판에 나서서 勇壯한 大活動을 할 수가 있을까. 뒷골목으로서 또 뒷골목으로 마침내 窮僻한 深山 속으로 밀려들고 밀려들다가 臺灣의 生蕃 같이 되지나 아니할까. 아아, 復活하여 가는 釜山아. 네게 無限한 希望을 부치노니 부디 風波에 꺾이지 말고 쑥쑥 자라서 亭亭한 喬木이 되어라. 네가 朝鮮人도 經濟的으로 競爭할 能力이 있다 하는 힘 있는 自信을 다른 都會의 朝鮮商人에게 보여라.(八月五日 朝 釜山에서)[127]

馬山에서(一)

山水 明媚하고 氣候 좋기로는 朝鮮一이라 하는 것이 馬山 人士의 자랑이라. 이름조차 仙味있는 舞鶴山을 背하고 淸江一曲이 靑山 속으로 흐르는 듯한 鎭海灣에 臨하니 實로 山海의 景을 한데 合하였다고 할 만하다. 게다가 氣候는 冬溫而夏淸하니 馬山 人士의 자랑도 그럴듯한 일이라. 今年에는 海水浴場의 設備도 거의 完成하여 避暑客을 끌어들이기에는 넉넉하게 되었다.

鎭海가 軍港이 된 後로 人口도 五分에 二나 줄고 其他 商業에도 莫大한 打擊을 받았다 하니 避暑地로 客을 끌려 함이 또한 無理가 아니니다. 그러나 咫尺之地에 東萊溫泉, 海運臺溫泉 及 海水浴場 等 勁敵이 있으니 果然 避暑地로 成功할는지 말는지 疑問이다. 府廳에서도 馬山의 將來에 對하여는 퍽 苦心하는 듯하다. 晋州에 있던 道廳이나 馬山에 移來하였으면 하고 府民의 希望이 頗切하나 여기도 釜山이라는 勁敵이 있다. 馬山의 地位는 實로 不利하다 하겠다.

그러나 決코 절망할 것은 없다. 明太魚와 乾魚市場으로는 只今도 朝鮮一이라 하며 特히 釀酒業은 質로나 量으로나 朝鮮一이라 한다. 釀酒는 實로 馬山産業의 首位에 居한다.

馬山 木浦 間의 鐵道가 敷設되면 慶南 全南 沿海의 物産이 馬山에 輻湊할 수 있다 하여 馬山 人士는 퍽 熱心으로 運動하는 모양이다. 언제 敷設되어도 되기는 되겠으나 그렇게 速히 될는지. 敷設만 되면 馬山뿐 아니라 木浦도 相當한 利益을 沾할 것이요 沿海地方에도 數多한 新都會가 일어날 것이다.

馬山은 新馬山 舊馬山으로 나뉘어 長鼓形이 되고 그 사이에 十餘町의 空地가 있다. 新馬山은 諸官廳과 內地人 市街가 있고 舊馬山은 朝鮮人 市街다. 馬山의 朝鮮人의 稱讚할 特徵은 勤勉함에 있다. 階級과 男女와 老少를 勿論하고 반드시 무슨 職業이 있다. 小兒들까지라도 終日 부시럭부시럭 무슨 벌이를 한다. 遊衣遊食者 적기로는 아마 馬山이 朝鮮一일 듯하나 學校를 卒業한 靑年들은 흔히 無職業하기로 有名하건마는 馬山市街를 보건댄 卷煙匣이라도 벌여놓고 돈벌이를 한다. 그러므로 舊馬山 市街는 他大都會의 朝鮮人 市街와 달라서 매우 活氣가 있다. 나는

127 본문. 『매일신보』, 1917.8.18, 1면, '第三十五信'.

勤勉한 馬山 人士에게 無限한 感謝를 表하는 同時에 從此로 더욱 勤勉하여 繁華하고 殷富한 大馬山을 建設하기를 希望한다.

馬山을 말할 때에 昌信學校를 잊을 수 없다. 現在 馬山에서 活動하는 青年은 大部分 該校의 出身이나 關係者다. 마치 東萊의 青年과 東明學校와의 關係가 恰似하다. 東萊에 가보면 只今도 同窓會와 같은 것이 있어서 서로 親睦하고 勸勉도 하여 青年의 風紀를 振作하는 데 太功이 있거니와 馬山의 昌信學校 出身도 그와 같다. 이것만으로 滿足하지 말고 더욱 努力하기를 바란다.

馬山에 또 하나 特筆할 것은 勞動夜學校와 婦人夜學校가 있음이다. 모두 當地 有志人士의 合力 經營하는 바인데 그 成績이 썩 良好하다 한다. 저 海岸에서 조개와 海草를 줍는 總角과 婦女들까지도 足히 姓名을 記錄할 줄 안다고 하며 當地 人士가 매우 자랑하신다. 果然 자랑도 하실 만하고 稱讚도 하여드릴 만한 일이다. 釜山, 木浦 같은 大都會에서도 이와 같은 設備가 있으면 좋겠다.(八月七日 馬山에서)[128]

馬山에서(二)

數年前부터 勤儉貯蓄組合이라는 것을 組織하였다가 今年에 와서 農業貯蓄組合으로 組織을 變하고 資本도 增募하였더니 極히 好成績이라 한다. 現在 資金도 이의 四五滿圓에 達하였다 한다. 將次는 約五十萬圓의 資本으로 馬山에 銀行을 세울 豫定이라 한다. 馬山 같은 大都會에 朝鮮人側의 銀行이 없음은 實로 큰 遺憾이라 하여 馬山 人士는 銀行熱이 대단하다. 나는 그네가 中途에 挫折되지 말고 期於히 初志를 貫徹하기를 希望한다. 釜山 人士의 經濟的 活動을 말하였거니와 이처럼 各大都會 人士가 經濟的으로 自覺하게 됨은 참 欣躍할 現象이다. 世人은 至今토록 朝鮮人의 經濟的 能力을 疑心하였다. 朝鮮人도 新世界 經濟上으로 競爭할 能力이 있을까 하는 것이 世人의 疑問이었고 兼하여 내 疑問이었다. 그러나 新世界에 新自覺을 得한 新進 實業家들은 不遠에 此疑問을 解釋할 날이 올 줄을 確信한다. 現在 實業에 從事하는 여러분과 商業學校에 다니는 여러 健壯한 青年들을 對할 때에는 無限한 囑望을 하는 同時에 으쓱으쓱 어깨춤이 나옴을 不禁한다.

---

128 본문. 『매일신보』, 1917.8.23, 1면, '第三十六信'.

馬山의 景勝은 前에도 말하였거니와 崔孤雲, 鄭寒岡 諸先生의 遺跡도 있다. 一日은 馬昌詩社의 招待로 觀海亭의 詩會에 參席하는 光榮을 得하였다. 舞鶴山 東麓 깊은 洞谷 淸溪 淙淙하는 杏亶上에 멍석을 펴놓고 老少 詩人 四五十位가 齊會하였다. 座中에는 仙官 같은 白髮翁도 계시고 紅顔靑衿의 少年도 있다. 막걸리를 독으로 걸러놓고 主客 相酬에 醉眼이 朦朧하고 談笑가 淋漓하게 되었을 때에 펴놓은 詩軸에는 珠玉이 章을 成한다. 朏朏 老人들이 膝을 拍하며 詩를 吟하는 樣은 數百年의 前代에 돌아간 듯하여 자못 趣味가 많았다. 幸인지 不幸인지 나는 二十世紀의 俗臭 紛紛한 空氣中에 生長하여 悠悠한 古人의 風流를 解치는 못하거니와 未嘗不 그러한 空氣中에 生活하고 싶은 羨望의 情도 있다.

그러나 現代는 奔忙한 世上이라. 詩를 지어도 詩軸에 쓸 餘暇가 없고 輪(轉)機에 찍어내야 하며 詩會를 하여도 日의 暮함을 잊어버릴 새 없고 幾時 幾十分하고 時間을 作定하리 만큼 되었다. 그리하고야만 生活할 權利를 얻게 되었다. 悠長한 古代的 氣分을 버리는 것이 必要도 하거니와 또한 아깝기도 하다.

夕陽이 無鶴山에 걸릴 제 未盡한 興을 깨트리고 歸路에 臨하였다. 老詩人들이 내 손을 잡고 "다시 相逢하기는 어려울 듯하오" 할 때에 落淚함을 不禁하였다. 自己의 生命의 終焉을 今明에 기다리는 老人의 情을 깊이깊이 맛볼 수가 있었다. 저 老人들만 他界의 客이 되면 朝鮮의 古代의 色彩는 永遠히 消滅하고 말 것이다. 文明의 進步를 爲하여서는 아무쪼록 舊習의 主人되는 老人의 過去함이 좋지마는 永遠히 다시 못 볼 古代의 色彩가 저 老人들의 白髮로 더불어 消滅될 것을 생각하면 未嘗不 悲感도 하다.

그러나 걱정 말아라. 우리를 貧窮하게 하고 愚弱하게 한 古代는 永遠히 葬死하고 말아라. 우리 新時代는 우리에게 最善最美한 것을 그 代身으로 줄 것이다. 半島의 數萬山에 어린 森林이 날로 盛하는 모양으로 新時代의 生命은 時時刻刻으로 成長한다.

終에 臨하여 馬山 여러 人士의 厚意를 謝하며 老詩人의 健康과 靑年들의 健壯한 活動을 빈다.(八月六日 馬山에서)[129]

---

129 본문. 『매일신보』, 1917.8.24, 1면, '第三十七信'.

大邱에서(一)

大邱는 嶺南의 中心되는 大都會다. 人口 三萬餘, 市街의 整齊華麗함이 놀랄 만하다. 十餘年前 아직도 城과 城門이 있을 때에 가본 大邱와 今日의 大邱를 뉘라서 同一한 大邱라 하랴. 黑暗하던 大邱와 電燈이 煌煌한 大邱, 道路가 狹隘羊腸하던 大邱와 十間 十二間의 똑바로 四方으로 뚫린 大邱, 惡臭 紛紛하던 大邱와 下水道까지 一部 完成되고 街衢의 左右에는 綠陰이 늘어선 大邱, 썩어진 茅屋으로 찼던 大邱와 二三層 高閣이 櫛比한 大邱를 뉘라서 同一한 大邱라 하랴. 電信, 電話, 道路, 車馬는 完備한 交通通信의 機關이오, 上水道, 下水道, 衛生組合이며 官私立의 完備한 病院은 府民의 健康을 保護하기 위한 衛生機關이오, 銀行, 金融組合이며 法律도 規定된 典當業 等은 金融의 機關이오, 官公私立의 初等高等 諸種學校는 第二世 府民을 養成하는 敎育機關이오, 警察署, 憲兵隊의 多數한 警官들은 社會의 秩序를 維持하여 府民의 生命과 財産을 保護하는 警察機關이오, 巍峩府廳에 眼眸炯炯한 吏員들은 市의 發達을 爲하여 苦心焦慮하는 府의 行政機關이라. 商業界에는 商業會議所가 있고 各種 生業의 保護發展을 爲하여서는 宿室組合, 理髮業組合의 共同機關이 있다. 北門 밖에 나서서 大邱驛에서는 朝鮮 十三道 二百餘郡은 말할 것도 없거니와 世界萬國 어느 坊, 어느 谷까지도 아니 連하는 데 없는 鐵道도 놓였다. 이만하면 文明한 都會의 가질 만한 모든 要素를 具備하였다 할 수 있다. 大邱만 그러한 것이 아니라 半島의 各大都會가 다 이러하거니와 特히 十年前 會遊의 大邱와 今日의 大邱를 比較할 때에 今昔의 感이 더욱 깊단 말이다.

이처럼 大邱는 面目이 一新하였다. 舊大邱가 發達하였다는 것보다 舊大邱의 遺墟에 新大邱를 建設하였다 함이 適當할는지도 모르겠다.

그러나 悲感을 주는 것 하나가 있다. 이러한 新大邱의 一隅에는 아직도 舊大邱가 남았음이다. 如前히 쓰러져가는 茅屋이 있고 蒼蠅이 猛威를 程하는 飮食店이 있고 不潔한 道路가 있고. 그러나 그보다 더한 것은 舊大邱時代의 人民이 그냥 남아 있음이다. 일찍 大邱의 主人이던 그네는 新大邱를 眼前에 보고 이 무슨 怪物인고 하는 듯이 惘然하였다. 彼等은 電燈, 電話, 水道며 市區改正의 工事를 目擊도 하였고 몸소 參役도 하였다. 그러나 彼等은 이것이 何意味인 줄도 모른다. 彼等은 그 文明의 利器의 意味를 모르매 따라서 그것을 利用할 줄을 모른다. 四百 內外의

大邱府의 電話에 朝鮮人 加入者가 二十이 못 넘는다 하니 可憐한 일이 아니냐. 朝鮮人에게는 아직도 電話의 必要가 없나보다. 一個月 三十日에 電話를 利用하여 電話料 吾圓을 뽑을 能力이 없나보다. 어찌 電話뿐이리오. 電信, 水道, 道路, 鐵道, 輪船할 것 없이 朝鮮人은 아직도 이것을 利用할 能力이 없나보다. 大邱의 豁達한 道路로 日夜 通行하는 白衣人中에 그 道路로 通行할 만한 資格이 있도록 活動하는 者가 幾人이나 되는고. 文明의 利器는 利用할 能力이 있는 者에게는 生產의 利器로되 能力이 없는 者에게는 金錢을 浪費하기에 가장 便한 消費의 害器다. 十餘年來로 文物이 發達할수록에 朝鮮人이 더욱 가난하게 됨은 實로 文明의 利器를 利用할 能力이 없음이다.

아서라. 大邱의 人士를 酷하게 責望을 말아라. 大邱 人士中에도 漸漸 各方面으로 活動家가 生한다. 大邱銀行에서 使用하는 電話는 生產的 電話다. 從此로 新企業이 많이 일어나고 新實業家, 新工業者가 接踵而起를 할 것이다. 八公山 精氣가 설마 消盡하였으랴.(八月十日 大邱에서)[130]

大邱에서(二)

大邱 人士의 好意로써 料理店 大邱舘에서 歡迎會를 열어 주셨다. 申參與官, 韓檢事며 李農工銀行長, 尹大邱銀行 支配人과 府參事, 本社 支局長, 其他 靑年 有志者 諸氏도 出席하셨다. 某道參事께서는 내가 當身 子弟의 朋友라 하여 出席을 拒絶하였다 하며 出席하셨던 老人派도 老人이 있어서는 座中에 興이 없으리라 하여 宴會 中間에 退席하고 말았다. 나는 客이므로 當然히 先退하려 하였으나 年少한 故로 數十分 더 머물렀다. 果然 慶尙道는 士鄕이라. 長幼의 序가 아직도 儼然함을 嘆服하였다.

靑年側의 말을 듣건댄 大邱府의 主人은 五十 以上의 老人이요 靑年에게는 아무 勢力이 없다. 그리고 老人과 靑年間에는 깨트릴 수 없는 障이 있어서 協同은커녕 意思도 疏通할 수가 없다 한다. 大邱府의 老人이 勢力이 많음인지 靑年들이 無力함인지 遽然히 判斷하기는 어렵거니와 今日에 있어서 老人이 跳梁하고 靑年이 蟄伏하는 것은 決코 賀禮할 現象은 아니다. 나는 大邱府의 사랑하는 靑年諸君에게

---

130 본문. 『매일신보』, 1917.8.25, 1면, '第三十八信'.

따끔한 一鞭을 드리고 싶다. 新大邱府의 主人이 너희가 아니냐. 燦爛하고 殷富한 新大邱府를 建設할 이가 너희가 아니냐. 더욱 自重하고 自愛하여야 한다.

翌日夕에 日本組合教會 達城教會內의 知德修養會의 招待를 拒絶치 못하여 分에 넘는 一席의 講演을 試하였다. 百餘名이나 注하는 會衆은 大槪 紅顔의 希望 많은 青年이요 間或 어른도 몇 분 參席하셨다. 내 말은 別로 記述할 價値는 없거니와 靜聽하여 주심을 感謝하며, 大邱와 같은 大都會에 이러한 修養的 青年團體가 있음은 참말 기쁜 일이다. 同會를 設立하고 主張 指導하는 金坵君과 此를 贊助하는 上田牧師에게 謝意를 表한다. 約四十日前 全州에서 青年修養會가 設立되었음을 보았더니 只今도 더욱 發展하여가는지. 늘 하는 말이거니와 各大都會에 眞正으로 時代를 理解하고 熱誠을 가진 先輩가 있어서 이러한 團體로 彷徨하는 青年을 指導하는 것이 急務일 것이다. 牧師나 學校長 같은 이는 毋論 좋거니와 比較的 閑職인 道參與官 같은 어른들이 周旋하셨으면 더욱 好할 것 같다.

大邱人이 自稱 大邱는 朝鮮에 가장 더운 곳이라 한다. 시원한 馬山에 있다가 大邱로 들어오니 果然 덥기는 덥다. 게다가 大邱 附近은 오랫동안 旱魃로 畓에는 龜裂을 生할 地境이라 하여 大地主들이 모여만 앉으면 今日은 千圓, 昨日은 九百圓 하고 農作物의 損害를 嘆息한다. 나는 내 所有의 田地가 없으매 天下를 爲하여서 喜憂할 수가 있다. 이만하면 天下泰平이라고 뽐내기는 하면서도 旅費나 窘塞할 때에는 富者도 부러워진다.

大邱는 自古로 富邑으로 有名하다. 只今도 富邑이다. 人物은 많이 나지 못하였으나 富者는 많이 났소 하는 것도 大邱人의 自稱曰이다. 山山이 저리 疊疊이 둘러막히고 그中에 오옥하게 平野가 열렸으나 돈이 들기는 쉬워도 나가기는 어렵다 함도 大邱人의 說明이다. 富富富富. 人物은 他地方에서 나라하고 大邱에서는 巨富만 많이 내어라. 될 수만 있거든 朝鮮經濟의 中心이 大邱로 오게한들 누가 그르다 하랴. 마는 얼른 보기에 大邱 財産家 子弟들 中에 職業 없이 優遊하는 이가 많은 듯함은 큰 遺憾이다. 무엇이나 좋다, 적으나 크나 職業을 가져라. 職業은 今日 世上에 玉貫子요 金貫子다. 祖上의 骸骨을 우려먹는 兩班은 다 집어치워라. 職業있는 이야말로 當世의 兩班이다. 大邱의 青年들의 나를 사랑함이 極盡하며 나도 諸君에게 希望하는 바가 크다. 大都會의 青年아.(八月十一日 大邱에서)[131]

大邱에서(三)

達城은 大邱의 자랑이다. 只今은 公園이 되어 四萬府民의 娛樂터이지마는 昔日에는 達城 徐氏의 祖上의 집터이더란다. 그것도 比較的 가까운 昔日 말이다. 더 昔日, 大邱가 아직 新羅의 達句火골로 있을 때에는 거기 원님이 살았는지도 모르고, 또 그前 石器時代에는 이것이 只今으로 말하면 王宮터인지도 모른다. 平原中에 동그랗게 우뚝 솟은 것은 天然이겠지만은 周圍로 城 같이 둘러선 것은 人工이 分明하다. 徐氏네 祖上적에 江中에 섬 하나가 次次次次 솟아오르는 것을 입빠른 老婆가 "저것 보게" 하고 소리를 치기 때문에 깜짝 놀라서 그만하고 앉았는 것이 達城이라고 傳하여 온다. 그 老婆 곧 없었던들 千尺萬尺 限定없이 올라가서 好個 求竟터가 될 것을 可惜한 일이다. 老婆란 언제나 (주)새없는[132] 法이다.

大邱를 말하면 達城이 聯想되고 達城을 말하면 徐氏가 聯想된다. 大邱는 古來로 徐氏의 골이다. 近代까지 人口 많고 富貴하기로 鳴于世하였으나 只今 퍽 衰한 模樣이다. 八能이니 十二能이니 하는 石齋 徐丙五氏가 설마 達城 徐氏의 代表야 되련마는 아직 現在에는 그 以上 著名한 이도 없는 듯하다. 只今 자라나는 優秀한 青年中에야 不可不 大人物이 있어야 할 것이지마는.

書畵로 碁傳으로 風流로 支那 朝鮮에 有名한 徐石齋는 只今 大邱에 있다. 大邱의 甲第요 九十九間이라 稱하던 石齋世傳의 假屋은 一半은 料理店으로 빌리고 一半을 月貰로 빌리고 나머지 數間을 藥局 삼아 舍廊 삼아 自己와 같은 世外人들로 짝을 삼아 悠悠自適한다.

夕飯後에 私立 海星學校主 金燦洙氏의 招待를 받아 氏의 獨力으로 建築하였다는 瀟洒한 洋式 木製校舍의 事務室에 갔다. 朝鮮서는 흔히 明紬 껍데기에 木棉 안을 넣은 듯한 洋屋을 많이 짓건마는 이 校舍는 內部의 裝飾도 꽤 整頓되고 卓子, 倚子의 着實한 思想을 加占이다.

氏는 決코 富者가 아니다. 不過 五六百石의 財産으로 每年 一圓式 내어서 獨力으로 此校를 經營하여간다. 親切한 酒果의 饗應을 받고 校主와 및 同席한 職員 諸氏의 努力을 빌었다.

---

131 본문. 『매일신보』, 1917.8.26, 1면, '第三十九信'.

132 주책없다의 함경도 방언.

教育, 教育, 그저 教育이다. 大邱府에 二個의 公立普通(學)校가 있다 하나 滿員이 되어서 入學 志願者를 退하는 地境이라 하니, 大邱의 財產家 諸氏는 한番 奮發하여 第三, 第四의 普通學校를 設立하심이 어떠하뇨. 內地人이 學校組合에 誠力을 다함을 效則함이 어떠하뇨.

心困身疲하고 게다가 여러 가지 事情에 끌려 各官廳을 訪問치 못한 것은 큰 遺憾이다. 그러므로 慶北 全體에 關한 知識 [원문 누락] 業이 매우 盛하며 製紙業도 漸次 發達하여 慶州의 朝鮮紙는 濟州까지 販路를 擴張하는 盛運이라 하며, 不遠에 巨大한 製紙工場도 大邱 府內에 設立된다 한다.

李相武君의 出願中인 磁器業도 認許與否는 아직 未可必이나 極히 有望하다 한다. 富의 大邱는 언제까지나 富의 大邱로 無限無窮히 發展하기를 바란다.

終에 臨하여 내가 滯在하는 동안 주신 大邱 人士의 厚意를 鳴謝하며 特히 慶州까지 同行하여주신 李相武, 相正 兩氏와 나의 慶州行을 爲하여 精誠껏 盡力하여 주신 大邱銀行의 孫達鎭君에 深謝하는 뜻을 表한다.

次言은 慶州서 쓰기로 하고 不備.(八月十五日 大邱에서)[133]

徐羅伐에서(一)

徐羅伐은 新羅의 舊都다.

◇大邱서 自轉車로 新羅의 舊都 慶州에 向하였다. 一行은 同伴이 二人, 警官이 一人, 合하여 四人이다. 四人의 壯大漢이 自轉車를 몰아가는 樣은 꽤 勇壯하여 보인다. 陰天이지마는 暑氣가 甚하여 衣服이 땀에 흠뻑 젖었다. 河陽에서 濁酒와 국수로 點心하고 永川邑에 到着하니 疲困하여 一步를 難進이다. 暫時 議論이 不一하다가 마침내 永川서 一泊하기로 결정되었다. 永川은 이름과 같이 河畔의 小都會라. 後方에는 山이 있고 前方에는 河에 沿한 絶壁이 있다. 옛날 물이 溶溶히 흘러갈 때에는 매우 景致가 훌륭하였을 듯하다. 三千圓이나 들여서 架設하였던 橋梁이 昨年 洪水에 떠나간 뒤에는 再架는 念도 못 내는 듯하다.

◇便所 곁에 있는 房에서 초라한 夕飯을 먹었다. 生命이 아까운지라 밥은 틀어

---

133 본문. 『매일신보』, 1917.8.28, 3면, '第四十信'.

막았으나 飯饌은 참 먹지 못하겠다. 食後에 絶壁下의 淸流에 몸을 담그고 燦爛한 星斗를 우러러 보면서 마음껏 長嘯한 것은 큰 대접이었다. 이럭저럭 一夜를 지내고 翌朝 未明에 朝飯도 아니 먹고 永川을 떠났다. 아까시아 長林 속으로 空腹을 참고 約 一時間半을 달아나니 이름만 들어도 新羅 냄새 나는 阿火站에 朝飯을 喫하였다. 昨日 九里, 今日 四里, 合十三里를 왔고 여기서 慶州가 不過 五里다. 從此로 山容이 매우 秀麗하여 果然 千年의 燦爛한 文物을 生育하던 徐羅伐에 가까운 줄을 알겠다.

◇다시 三里程을 달려 路傍에 散在한 圓錐形의 土丘가 有名한 金尺峯이다. 傳說에는 新羅王室에 傳來하는 一金尺이 있어 此로써 病者를 量하면 病이 낫고 死者를 量하면 死者가 復活한다. 然하나 此를 長久히 世上에 두는 것은 造化를 賊하는 所以라 하여 此를 地中에 埋하고 其所在를 숨기기 爲하여 土丘 二十有五를 作하였다 한다. 忿한 일도 있도다. 그것만 있었더면 武烈, 文武의 威勢가 赫赫한 王者도 靑草가 離離한 古塚下에 片土로 化하였을 理가 萬無하다. 到今하여 아무리 恨嘆한들 무엇하리오. 아마 此等 土丘는 新羅 建國 以前의 住民의 墳墓인가, 數千年의 風雨를 閱하고 尙今 山과 같이 雄壯함은 當時 住民의 氣像이 얼마나 偉大하였던 것을 말하는 듯하다. 彼等으로 祖先으로 한 余도 크게 마음이 든든하였다.

◇從此로 慶州까지 約 二十里間에는 金尺陵과 비슷한 古墳이 많이 보인다. 古時代의 文化를 開한 處인 듯하다. 孝峴이라는 고개를 上한즉 眼前에 展開된 것이 慶州平野라. 一千餘年前, 百萬의 人口와, 四千里에 連하는 朱欄畵閣과 當時의 唐과 燦爛을 競하던 文化를 藏한 新羅의 舊都, 徐羅伐의 遺墟이다. 蜿蜒한 半月城과 累累한 四十八 王陵만, 年年歲歲 草相同, 曾히 舟楫을 通하였다 하는 蚊川의 河川까지도 이미 말라버(렸)다. 國破山河在라 云하나 또한 信치 못하겠다. 山河까지도 容易히 變하여 我는 新羅를 不知한다 하는 듯하다. 百濟의 都를 去한 지 四十日만에 今에 新羅의 都에 至하니 모두 空墟라. 其感慨一果然 如何할까. 此로부터 舊蹟을 探하리라.(八月十五日 慶州에서)[134]

134 본문. 『매일신보』, 1917.8.29, 3면, '第四十一信'. 이 기사부터 오십삼신까지 경주에서 쓴 기사는 일단 이광수가 『경성일보』에 일본어로 쓴 것을 심우섭이 번역한 원고이다.

◇千辛萬苦, 急勾配의 孝峴을 下하니 道路 左側 西岳의 麓에 山 같이 鎭坐한 것이 太宗 武烈王의 陵이다. 王은 實로 萬里 海外로부터 數十萬의 唐軍을 呼來하여 名將 金庾信과 共히 百濟를 滅하고 新羅의 國勢로 하여금 全盛에 達케 한 英主이다. 文明의 發達이 絶頂에 達케 한 것도 王의 時代요, 文明은 政治的 勢力의 背景을 要한다 하는 眞理는, 더욱 確實한 듯하다. 其子 文武王에 至하여 高句麗를 滅하고 玆에 三國統一의 偉業을 遂하였으나, 是亦 武烈王의 餘威 餘勢로 見함이 可하겠고, 아무 方面으로든지 武烈王은 新羅의 絶頂이오 其後는 次次 내려섰다. 文化에도 爛熟할 뿐이오 新生氣가 없었다. 그리하여 畢竟 景哀 敬順王에 至하여 滅亡하기에 至한 것이로다.

◇原來는 陵의 周圍에 石의 裝飾이 있었는 듯하나 今에는 埋沒되어 보이지 아니하고, 只 壯大한 土饅頭가 西岳의 背景과 對照하여 莊嚴의 感을 起케 한다. 帽를 奪하고 四拜를 하였다. 王者에 對한 禮라. 思컨대 王은 讎敵이로다. 余는 百濟人인즉 千二百年前의 我祖先은, 彼를 怨하며 惡하는 情이 骨髓에 徹하였을 것이다. 泗沘城 聖都를 灰燼에 付한 것은 實로 彼의 手이다. 그러나 時는 萬物을 作하고, 同時에 萬物을 破壞한다. 爾來 一千有餘年, 百濟人, 高麗人이 되고, 朝鮮人이 되고, 大韓帝國民이 되고 更히 大日本帝國民이 되었다. 同是 白衣의 半島人으로, 今에 當時의 恩仇를 記憶함은 可笑로운 事이다. 人事의 變遷은 定한 바 없다. 百濟人의 後裔인 余가, 一千年後의 今日 武烈王陵 前에 四拜하는 것도 생각하면 感慨無量하다.

◇陵은 東向이라 陵前 十數步處에 一龜趺이 있다. 規模 宏大, 手法 雄渾, 東西古今 龜趺의 最라 稱한다. 武烈王의 第二子로 羅唐의 楔役인 金仁問의 書한 武烈王의 記蹟碑도 有하다 하나 今에는 螭首를 殘하였을 뿐이요 碑身은 없어졌다. 石龜의 背部로 碑身의 足部에 當한 穴에는 恒常 雨水가 溜한다. 此는 眼病의 靈藥으로 古來 土地 人民의 珍重하던 바라. 一老婆가 來하여 龜前에 拜하고 次에 龜背에 攀登하여 자주 兩眼에 其水를 塗한다. 英雄 武烈大王은 死하였으나 오히려 眼病을 癒케 하는 力이 有한가. 先生의 陵前에 拜하는 것은 忘却하고 眼病의 靈藥에 拜하는 人民이야말로 可憐하다.

◇陵의 後方에도 規模에 大差가 無한 二三의 王陵이 있고, 又 大建築의 遺跡인 듯한 平地가 있다. 瓦의 數片도 있다. 恐컨대 王의 靈을 托한 寺跡이 아닌가.

◇萬古英雄의, 더욱 萬乘之君의 陵前에 拜함은 此가 처음인즉 感慨가 深하여 低徊 多時, 實로 차마 去할 수가 없다. 그러나 幸일까, 不幸일까. 二十世紀에 生한 身의 如斯히 安閑함을 許치 아니한다. 다시 自轉車를 驅하여 西川의 長橋를 渡하여 鳳凰臺의 老樹를 眺하면서 慶州 城內로 入하였다. 晝飯을 喫하고 爲先 遊覽道路 圈內의 古蹟을 尋하려다.(八月十五日 慶州에서)[135]

徐羅伐에서(三)

◇晝飯을 罷하고 곧 求景하러 나아갔다. 古蹟 道路 案內로는 慶州 警察署 古川 巡査部長이 其勞를 執하였다. 氏는 當地에 居하기 十年, 署內 第一等가는 慶州通으로 官廳側의 案內係라 한다.

◇道를 遊覽道路의 東으로 取하여, 約五里程의 芬皇寺에 至하였다. 九層의 塔으로써 有名한 處인데, 寺의 建築物은 壬辰亂에 모두 燒燼되고 當時에 比하면 假屋과 같은 數棟이 있을 뿐이다. 田野中에 散亂한 礎石이 當時事를 語할 뿐이다.

◇塔은 善德女王의 建立한 者로 元來 九層이더니 先에 三層은 崩落하고 次에 愚僧이 有하여, 此를 修繕코저 하다가 또 三層을 崩하고, 所餘의 三層만 一千餘年의 風雨에 磨洗한 바되어, 頭에 枝葉이 茂盛한 古木까지 載하였더니, 先年 總督府에서 修繕을 加하여 다시 崩壞될 念慮는 없으나, 萬金이 有할지라도 購得키 難한 蒼然한 古色을 失한 것은 極히 遺憾이다. 그러나 今後 四五百年만 經하면, 如前한 古色을 帶하기에 至하리니 萬事가 子孫을 爲함이라 하면 그만이로다.

◇塔은 其形이 極히 單純하나 實로 雄大하며 調和되어, 第一層의 四門에 刻한 佛像은 其氣品 手法이 其히 稀有의 絶品이다. 殊히 注目할 것은 其石材라. 一見에 煉瓦도 같고 粘板岩도 같아, 質이 極히 緻密한 岩石인데, 其產地는 今에 不明하다 한다. 住持에게 問한즉 烏金石이라 한다. 實로 世間 稀有의 名稱이로다.

◇從此 南行하기 數町, 礎石이 累累한 것은 黃龍寺의 跡이라. 元來 宮殿으로 建造하였더니 夢에 黃龍이 蟠居한 것을 見하고 寺로 變하여다는 傳說이 있다. 傳說이라고 笑할 것이 아니라. 黃龍寺라는 절까지도 今에 傳說이 되고 말지 아니하였는가.

---

135 본문. 『매일신보』, 1917.8.30, 3면, '第四十二信'.

◇從此 西行하기 數町, 極히 複雜한 彎曲을 有한 池, 이것이 鴈鴨池다. 父인 武烈王은 百濟를 併하고, 自己는 北隣의 强國 高句麗를 滅하여, 玆에 三國統一의 偉業을 遂하고 威勢가 隆隆하던 文武王의 宮殿의 御苑池라. 岸의 築山과 島도 巫山 十二峯을 象하고, 河海의 珍魚들 此에 集하여, 一葉의 畵舫을 綠派上에 浮하고 月下 蓮花의 間에 南山의 玉盃를 傾하고 瀏亮한 玉笛을 聽하던 文武王의 得意滿滿의 胸中을 今에 可히 想像하겠다. 그러나 王은 臨海殿의 醉興이 醒치 못하여, 掛陵 一掬의 土가 되고 臨海殿中 玉墀의 跡은 靑草가 離離한 荒野가 되어 無心한 明月만 永久히 主人없는 鴈鴨池派에 映하는 슬픔이다.

◇適히 旱魃로 池水가 涸하고 鴈鴨池 名産의 鰻까지도 今에 取盡하여, 無知한 兒童들의 蘋을 採하는 것을 見하였다. 夕陽에 響하는 彼等의 歌의 哀調에 誰一能히 傷枯의 熱淚를 注치 아니랴. 願컨대 此池만이라도 元形을 崩치 말고 永遠히 傳하게 하였으면 좋겠다.

◇岩頭에 立하여 臨海殿의 有하였던 듯한 遺墟를 보면서, 愴然 多時, 眼을 擧하니, 芬黃寺의 塔에 夕陽이 燃한다. 芬黃寺든지, 黃龍寺든지 宮城內에 있었다한즉, 茫茫한 彼田圃는 모두 宮人의 玉步를 運하던 處일지로다.[136]

徐羅伐에서(四)

◇鴈鴨池에서 또 하나 생각나는 것은 臨海殿內에 動物園이 있었다 하는 말이다. 波斯, 印度 等地에 珍禽奇獸를 실어다가 臨海殿內의 園囿에 두었다 한다. 數町에 亘하는 月城을 築하며 鴈鴨池를 鑿할 만한 形勢고 보면 이만한 일이 있었다 함도 容或無怪라. 더구나 佛宇와 王陵에 있는 石獅子를 보건대 寫生이 아니고는 到底히 이대도록 逼眞할 수 없다 함은 具眼者의 一致한 評인 것을 보아도 西域에서 象, 獅子 等 所謂 珍禽奇獸를 실어왔다 함은 近似한 말이다. 그러면 鴈鴨池는 水族舘에나 比할까. 이미 珍禽奇獸를 실어온다 하면 熱帶地方의 奇花瑤草도 同時에 실어다가 極美極麗한 臨海殿內 鴈鴨池畔 巫山 十二峯에 四時 철 찾아 紅白이 繚爛하였을는지도 모르겠다.

---

136 본문. 『매일신보』, 1917.8.31, 3면, '第四十三信'.

◇數百日間 航海를 畢코 西域으로서 돌아오는 배가 珍禽奇獸와 奇花瑤草와 아마도 華麗한 西方 亞細亞의 采緞과 또 아마도 印度 西域 等地의 佛像을 滿載하고 布帆에 가득히 바람맞아 數十隻의 艨艟이 一列縱隊를 作하여 兄山浦를 지나며 兄山江을 거슬러 올라 半月城 溶溶한 蚊川의 月精橋를 向하고 悠悠히 들어올 때에 萬乘의 至尊이며 滿朝百官은 말도 말고 繁華한 徐羅伐의 百萬 人民은 爭先하여 蚊川의 西岸上에 모여들어 이것 좋구나 저것이 이상하다 하고 소근거렸을 것이다. 異域 江山에 故國을 戀慕하는 獅子의 咆哮聲이 아로새긴 空氣의 波動을 저 山은 안다. 저 江은 안다. 그리고 저 九層塔도 알고 鴈鴨池도 안다. 一千年後 夕陽에 徘徊하는 遊子의 耳邊에도 歷歷히 그 소리가 들리는 듯하거늘 無情한 歲月은 온갖 것을 다 破壞하고 말았구나. 文武王 陵前에 쭈그리고 앉은 獅子 네 마리가 當時 咆哮하던 主人의 紀念이요 鴈鴨池中에 비친 巫山 十二峯의 그림자야말로 文武王의 遺跡이다.

◇南으로 數町을 更進하여 이름도 모르는 散亂한 殘礎 사이로 골라 걸어 月城에 들어갔다. 蜿蜒히 數町에 亘한 土城이다. 土城이라기보다 連山이라는 편이 適當하겠다. 蚊川이 弦이 되고 城이 弧가 되어 半月城을 作하니 婆娑王의 所築이라. 어쩌면 이렇게 雄壯한 役事를 하였는가 하고 退化하여 버린 朝鮮人인 나는 瞠若코 啞然할 뿐이다. 城內에 들어가서 宮殿의 遺址인 듯한 平地가 있고 靑草 茫茫한 中에 數軒草屋이 말없이 누워 無心한 炊烟만 힘없이 날린다.

◇有名한 石氷庫는 月城의 西端에 있으니 虹霓形의 石造요 其規模가 宏大하다. 안에 들어가니 只今도 오히려 冷冷한 바람이 얼굴을 때린다. 생각건대 蚊川의 얼음을 貯藏하였다가 半月城內와 臨海宮中의 夏炎을 凌하였을 것이다.

◇西로 數十步를 更進하여 茂盛한 松林中에 昔脫解王廟에 參拜하고 蚊川邊 垂楊下에 困한 몸을 쉬었다. 半月城의 西端에서 東端까지는 數丈의 絶壁이요 바로 그 밑에 白沙淸流의 蚊川이며 絶壁의 兩端 石塊散亂한 데가 日精橋, 月精橋의 遺跡이다. 當時에는 舟楫을 通하였다 하건마는 只今은 가끔 물까지도 마르는 小川인데 그 廣大한 河床과 雄渾한 屈曲이 오직 昔日에 大河이던 形跡을 보일 뿐이다. 炎熱이 꽤 甚하건마는 여기 앉으면 淸風이 自來하여 凉味가 可愛다. 黃昏에 珠玉을 아로새긴 椅子를 이 近傍에 놓고 翫月하던 興趣가 暗暗히 생각된다.[137]

徐羅伐에서(五)

◇百濟 舊都 泗沘城도 半月城이더니 新羅 서울에도 半月城이 있다. 高句麗의 舊都 平壤에도 半月城이 있다. 土耳其의 國旗도 半月이요 日本에서도 初三日달을 祥瑞의 表象으로 한다. 그 張次 滿月되려 함을 사랑함이냐, 또는 河에 沿한 城이 스스로 半月形이 되기 쉬운 까닭이냐. 아마도 地理上의 便利와 想像의 祥瑞가 偶合함이라고 함이 適當할 것이다. 어찌하였든 半月은 東洋人의 좋아하는 바라. 半月城을 떠나 西方으로 進하여 瞻星臺에 着하니 花崗岩으로 쌓은 花瓶形의 臺라. 高가 卄九尺이요 南方 中央部에 出入口가 있다. 石造의 北方에는 木造의 建築物이 있었으리라 함은 一般 專門家의 許이다. 이 또한 善德女王代의 建築物이라 하면 芬黃寺와 同時代의 作일지라. 多少間 傾斜하였으나 完全히 原形을 保存하였다 하리로다.

◇約 千三百年前의 作인데 現在 天文臺中 最古한 者라 함이 歷史家의 同唱하는 바라. 瞻星臺를 此地点에 作함은 意義가 있어 그러함이라, 此地点은 正히 某恒星의 軌跡이라 한다. 일찍 天文學 先生에게 들으니 瞻星臺와 李朝의 天文氣象에 關한 實錄과는 共히 現世 天文學上에 자랑할 만한 것이라 한다. 南으로 數十步를 更進하면 하늘을 찌를 듯한 數十株의 老樹가 有하니, 이것이 곧 天下에 有名한 鷄林이라. 昔日 始林이라 할 때에 어떤 아침 꼬꼬하는 닭소리가 前兆가 되어 二十八代間 新羅의 國土를 다스리신 金氏王의 始祖 金閼智王께서 金櫃로부터 誕生하신 聖地로다. 中央에 醜惡한 碑閣이 있으니 이것이 神聖한 鷄林을 汚瀆함이 不少하다. 이곳에서 暫時間 老樹를 어루만지며 盤桓하다가 再次 自轉車를 南驅하여 數町을 行하니 富者의 집이 있다.

◇新羅의 古蹟은 아니나 古蹟과 같이 有名한 崔富者의 집이 卽 이 집이라. 十三代 三百年間에 連綿한 富者라. 慶州에 崔富者라 하면 鷄林八道에 모르는 사람이 없으리 만한 富者라. 支那 같으면 至嚴 至尊에 一團의 富를 有한 皇室로도 三百年의 榮華를 내려 누리기 쉽지 아니할 것인데 一個 庶民으로 能히 三百年의 繁榮을 繼續하니, 진실로 鷄林에 名物이라 할지로다. 傳하는 말에 依하건대, 崔氏의 宅內에는 三百年來에 일찍 불이 꺼져본 적 없는 一個의 火爐가 有하여 이 怪物이 崔氏家의

137 본문. 『매일신보』, 1917.9.2, 3면, '第四十四信'.

唯一한 崇拜物이라 한다. 또한 其家憲의 一端을 歷歷히 알리로다. 伊藤公이라든가 曾禰子, 前 寺內總督, 李堈公 等 新羅의 舊都를 訪한 高貴한 여러분은 반드시, 이 崔氏의 宅을 訪問하였다 한다. 나는 微微한 一書生에 不過하나 新羅를 弔하는 眞情에 就하여는 決코 高貴한 그 여러분보다 나을지언정 내리지 않는 사람이라. 내가 崔氏의 宅을 訪問함이 當然한 일이요 또 崔氏家에서 우리 一行에게 冷麥酒를 한턱 낸 것도 또한 其宜를 得하였다 하리로다. 허허, 이것은 한 弄談이오.

◇當家의 젊은 主人 崔俊君의 款待를 받은 後에 新羅의 瑤石宮의 遺跡이라는 宏壯한 城址를 一巡하였다. 果然 宮殿의 遺物인 듯한 礎石도 있고 蓮華의 松明臺도 보인다. 이 近處 民家에는 王宮의 遺物을 藏치 않은 곳이 없으니 井邊, 便所 같은 데까지라도 一二個의 現宮의 遺物이 있다. 實로 遊子의 數行 傷淚를 禁치 못하여 하노라. 時計는 얼마 아니되어 여섯 時가 되려할 때에 再次 自轉車를 몰아 五陵으로 向한다. 終日 奔走에 疲勞가 如干치 아니하나 新羅 千年의 王業을 創하신 朴赫居世王의 御陵에 參拜하기를 爲함이라 생각하니 勇氣가 부쩍난다.[138]

徐羅伐에서(六)

◇五陵의 入口에서 一老人을 逢하니 風采는 零落하나 容貌는 非凡하다. 古川氏의 紹介에 依하건대 此亦 慶州의 名物 奧田奇人. 曾히 國會議員의 公認候補者가 되고 歐美漫遊까지 한 名士더니 何故인지 轗軻落魄의 身이 되어 轉轉 慶州에 入하여, 一時 陵都守護가 되었더니 그것도 廢官이 되어, 今에는 古器物을 蒐集하고 遊覽者의 案內 等에 寂寂한 歲月을 보낸다 한다. 一見에 奇骨이 有한 好漢이요 더욱 溫和한 言動은, 相對者로 하여금 親切히 感動케 한다. 署長에게 聞한즉 平常에는 極히 溫和하나 阿曲을 見하든지, 氣에 合치 않는 者를 見하면 最後의 遠慮도 體面도 없이 罵倒하는 奇癖이 있다, 是恐컨대 彼의 不幸을 釀한 美点인 듯하다. 世間은 正直뿐으로는 通過치 못하고 實로 變通自在를 要하는 듯하도다.

◇奧田 老人과 再會를 待하고 鬱蒼한 松林中의 蟋蟀의 聲을 踏하면서 石垣으로 圍環한 五陵의 正門에 入하였다. 朴泰奉君의 先導로 恭히 陵前에 拜하고 首를 擧

138 본문. 『매일신보』, 1917.9.3, 3면, '第四十五信'.

한즉 夕陽은 老松의 梢에 燃하여 歸鴉의 鳴聲이 喧擾한 中에 雄大한 新羅 始祖 朴赫居世의 陵은 柔軟한 青草에 쌓여 고요히 졸고 있다. 아직 政治도 文物도 없는 六村의 原始的 人民을 合하여 비로소 組織이 있는 國歌를 形造하고 燦爛한 新羅 千年의 文化와 富强과의 基礎를 据하고, 其德과 其功의 偉大함이여, 在跪하여 其靈前에 拜치 않을 수가 없다. 瞑目하여 二千年前의 模樣을 追想한즉 王陵이 剖開되며 眼光이 如炬하고 筋肉이 秀逞한 一巨人이 長劒을 振翳하며 出現하여 今에 龍馬를 鞭하여 驅出하려는 其刹那에 眼을 開한즉 一場의 幻境이다. 然하다. 二千年의 古塚이 벌어질 理도 없고, 土로 化한 赫居世王이 躍出할 리도 없다.

◇始祖王陵의 後方에 閼英井이라는 井戶에 拾得하였다는 閼英王后, 第二世 南解王, 第三世 儒理王, 第四世로 月城을 築한 婆娑王의 陵이 있다. 故로 此를 五陵이라 한다.

◇赫居世는 羅井畔 大卵에서 生하여 突山 高墟村의 首長 蘇伐公에게 길리웠다는 傳說이다. 金, 李, 崔, 孫, 薛, 裵 諸氏의 祖先되는 六村의 祖先은 모두 天에서 降下한 듯이 三國遺事는 敎한다. 或은 天에서 降하고 或은 井戶에서 湧하며 或은 卵에서 出하였다. 虎狼이가 煙草를 吸하던 昔日의 事이라 荒誕이라 하면 荒誕이요, 無稽하다 하면 無稽나 傳說대로 듣는 것이 有味하도다.

◇左方 羅井의 森林을 一瞥하고 南으로 行하기 五里, 本道에서 東折하여 數十步를 行한즉 石으로 鮑形의 溝를 造한 것이 있다. 是 新羅 最後의 幕의 第一場을 演한 鮑石亭의 流觴曲水이라. 五十五代의 景哀王이 王祖의 佛業을 自身이 承할 것도 忘却하고 日以繼夜하여 酒色宴樂을 耽하고 醉興이 正酣하여 蠻雄 甄萱에게 眼前에서 王后가 被辱하고 次에 彼의 毒刃이 一閃, 可憐한 王의 命은 劍頭의 魂이 되었다. 試하여 青草 舊土를 齅하여 보라. 今尙 鮮血의 醒臭가 有한가.(八月十六日 慶州에서)[139]

徐羅伐에서(七)

◇甄萱이 景哀王을 弑하고 敬順王을 立한 後 悠然히 北으로 갔다. 曾히 武烈·文武 兩王을 從하여 百濟·高句麗 兩强國을 蹂躪하던 新羅人도, 僅히 二百年을 經

139 본문. 『매일신보』, 1917.9.4, 3면, '第四十六信'.

치 못하여 眼前에, 自己의 王國이 被弑하여도 沈默하니, 王이 無道하여 그랬던가, 抑 人民이 無情함인가. 率土의 濱이 何者가 王의 臣이 아니리오. 甄萱도 亦 新羅의 民이 아닌가. 彼가 替天替民하여 高麗 太祖된 王建이 手兵 五十騎를 率하고 敬順王과 郊에 會하여 樽俎酬酢의 間에 王은 하릴없이 千年의 天下를 擧하여 王建에게 奉呈하고, 文武가 共히 天下에 鳴하던 新羅의 人民도, 王建의 德을 慕하고.

◇敬順王을 思하는 者도 없었도다. 오직 一人의 可憐한 王子가 有하여 徹天의 怨恨을 含하고 一張의 琴으로 深山에 隱居하였으니 彼의 數行琴絃은 얼마나 無窮한 怨恨을 蒙하였는가. 此로부터 南方에는, 景哀·敬順 兩王陵 及 阿達羅王陵 等이 有하다 하나 日已暮矣라, 後日에 讓하고 歸途에 就하였다. 校村과 月南里間에, 金庾信의 遺跡 及 天官寺의 跡이 있다. 庾信이 少時에 愛酒好色하여 娼家에 遊하기를 자주 하였다. 一日에 其母가 庾信을 前에 立케 하고 嚴責하여 曰 男子로 世에 生하여 宜히 文을 修하고 武를 鍊하여써 國家의 棟樑이 될 것이어늘 어찌 鄙賤한 娼女를 戱하리오 하며.

◇聲淚가 俱下하는 慈母의 訓戒에 庾信도 感淚를 咽하고, 다시 娼家에 投足치 아니하기를 誓하였더라. 其後 一日에 庾信이 醉歸할 새 馬가 舊路로 由하여 娼家에 入한즉 娼도 且欣且怨하며 垂淚를 出迎하거늘, 庾信이 비로소 此를 覺하고 斬馬棄鞍而歸하니 女怨詞 一曲을 作하여 世에 傳하였는데 寺는 其家요 天官은 彼女의 號라 한다. 八百八十寺라 하는 新羅都의 諸寺에는 各各 有味한 緣起가 있고, 傳說이 있다. 虎願寺의 傳說과 如한 것도 가장 有味하나 此에 記述할 餘暇가 無한 것이 遺憾이다.

◇黃昏時에 旅舘에 歸하여 冷水에 浴하고 一休하니, 비로소 身體의 疲勞를 感하겠다. 空間으로는 五十里 假量을 步하였음에 不過하나, 時間에는 上下 二千年間을 彷徨한 터이라. 我一古人으로 今을 見하였다 하든지 又는 今人으로 古를 見하였다 하든지, 熱病에 罹한 者와 같이 頭腦가 惑亂하여 睡遊狀態에 在한 듯하다. 暫 歡迎會에 出席하고 交際가 敏活하다는 稱이 有한 梁 郡守의 高話를 取聽하고 돌아왔다. 昔時 같으면 奉德寺의 人磬(巨鐘)이 正히 三更을 報할 時가 되었건마는 잠은 오지 아니한다. 明日은 佛國寺에 가리라, 石窟庵의 佛像을 拜하리라는 等 想像으로 爲先 筆을 擱한다.(八月十六日 慶州에서)[140]

徐羅伐에서(八)

◇아침에 郡廳에 가서 梁郡守를 訪問하고 警察署에서 笹署長을 찾았다. 梁郡守는 以前 外交官 出身이라는데 英語도 잘하고 交際도 嫺熟하며 게다가 人物조차 잘나신 壯年 好紳士다. 여기는 新羅의 舊都이니까 總督府의 高官들이며 內外 知名之士들의 來遊가 頻繁하므로 此等 來客의 送迎은 郡守의 事務의 一半을 占한다 한다. 그런데 나와 같은 寒書生까지 弊를 끼치는 것이 未安하여 慶州 案內 一張을 얻어 가지고 나왔다. 警察署에 오니 人望 좋은 笹署長이 親切하게 맞아준다. 慶州의 古蹟이며 當地 青年의 懶惰腐敗며 不良 勸誘員의 弊害 等에 關하여 數十分間이나 談話하였다.

◇今日은 古川部長의 先導로 一行 七人이 佛國寺 遠征의 道에 登하였다. 自轉車에 各各 麥酒 三四瓶을 실었으니 佛國寺에 一夜를 지낼 準備다.

◇蔚山 街道를 沿하여 狼山麓을 廻한즉, 四天王寺의 遺墟가 있다. 田中에 礎石瓦片이 累累하다. 距今 千二百三十餘年前, 文武王이 高句麗를 合併하고 國勢 文物이 共히 其 絶頂에 達하였을 時, 唐高宗이 其隆盛을 妬하여 大軍을 出코저 하였다. 時에 唐에 在하던 金仁問이 此由를 本國에 告하였거늘, 王이 此를 朝廷에 諮한즉, 明朗法師라는 高僧에게 一任하기로 廟議가 決定되었다. 法師는 龍宮에 入하여 秘法을 傳하여 自由自在의 神通力을 有한 者라. 彼는 狼山의 南에 四天王寺를 立하면 唐軍이 自滅하리라고 告하였다. 이미 貞州로부터 唐軍 襲來의 急報가 有한지라, 綿帛으로 假寺를 造하고 草로 四天王을 作한 後 明朗法師가 呪文을 唱한즉 忽然 暴風이 起하여 唐軍의 船艦을 沈沒케 하였다는 것이, 四天王寺의 緣起라. 百濟, 高句麗의 兩强國을 蹂躪하던 兵士가 아직 老치 아니하고 泗沘城, 平壤에 閃閃하던 刃이 아직 銹치 아니하여, 벌써 覇氣가 衰하여 周章狼狽, 一國의 運命을 一妖僧에 委하니 嗚呼已矣라. 新羅의 滅亡은 正히 此瞬間에 崩하였다 하리로다. 盛衰興亡을 己의 腕에 賴할 사이에는 決코 衰亡하치 아니한다. 運을 神佛에게 托함은 是旣 己의 生命을 銷耗한 所以다. 城砦 築하는 代로 佛塔을 築하고 强兵을 養하는 代에 妖僧을 養하였다. 新羅 滅亡 原因은, 此一言으로 盡하리로다.

◇途 數個所의 王陵을 參拜하고 佛國寺下 巡査 駐在所에서 憩할 새, 巡査는 田에

140 본문. 『매일신보』, 1917.9.5, 3면, '第四十七信'.

走人하여 西瓜의 善熟者를 取來하여, 아무렇게나 切開하여 一行을 勸한다. 眞赤의 身이요 巡査의 誠意로 感謝히 拜受하였다. 喉喝에 任하여 一息에 數片을 齒하고 佛國寺로 向하였다. 吐含山의 複雜한 凹凸은 참 사랑스럽다. 佛國寺 境內 宿屋에 入한즉 主婆가 淸冽한 水를 汲來하여 洗面을 勸한다. 잠깐 佛國寺를 眺한즉, 참 훌륭하다. 疲勞를 回復하여 緩緩히 보리라 하고 爲先 淸風이 自來하는 處에 臥하여 佛國寺의 歷史를 讀한다. 一行中에 或碁를 着하여 麥酒를 飮하며, 或은 鼾鼻熟睡한다. 古川部長은 참 仙境이라고 자주 賞讚한다. 未久에 夕飯이 出하고 雜談이 起하였다. 又未幾에 一人式 一人式 華胥의 國으로 向하였다.(八月十七日 佛國寺에서)[141]

徐羅伐에서(九)

◇吐含嶺上에 立하여 莊嚴한 東海의 日出을 보려던 굳은 決心도 그만 水泡에 歸하고 말았다. 일어나니 벌써 午前 五時다. 一行을 깨워서 寢衣 바람으로 鳥道를 攀하였다. 돈을 많이 들였다 하건마는 아직도 勾配가 甚하여 퍽 困難하다. 一町을 올라가서는 쉬고 一町 올라가서는 또 쉰다. 새벽 空氣의 淸冽하기가 晩秋와 같아서 땀나는 皮膚에 솔솔 부는 아침 바람이 어떻게나 爽快한지 모르겠다. 一町마다 세워놓은 '從是至石窟庵幾町'이라는 標本도 좀처럼 가까워지지 않는다. 天幸萬苦로 山巓에 올라서니 이것이 안개냐 바다냐. 白雲 같이 빛나는 저것이야말로 朝日에 反射된 東海로다. 구름도 없고 섬도 없고 距離가 稍遠하니 波濤도 아니 보이고 水天이 相接한 水平線까지도 눈부신 日光에 一色이 되어서 다만 無窮無邊을 歎美할 수밖에 없다. 참 雄大하구나. 莊嚴하구나. 金剛山 毘盧峰의 東海의 眺望의 雄壯하다 함은 말로 들었거니와 설마 此以上이야 되랴.

◇金大城도 아마 나와 같이 早朝에 이 嶺上에 서서 이 莊嚴과 이 雄大에 感動되어 드디어 石窟庵을 지을 생각이 났나 보다. 人이 生하여 偉人을 接하기가 難事요, 偉大한 風景을 接하기는 더욱 難事다. 偉人은 움직이는 것이매 坐하여 接할 機會도 있으련마는 偉景은 내가 찾아가서야만 接할 수 있는 것이다.

---

141 본문. 『매일신보』, 1917.9.6, 3면, '第四十八信'. 원문에 집필 날짜가 기록되어 있지 않다. 그러나 제오십일신 말미에 '팔월십칠일 불국사에서'라고 부기되어 있는 것으로 미루어 오십일신까지는 모두 팔월 십칠일에 집필된 것을 알 수 있다.

◇吐含嶺上에 서서 東海의 日出을 바라보는 偉觀은 내 歷史上에 特筆할 大事件이다. 내 胸臆은 虛空이 된 듯하고 내 頭腦는 冷水로써 씻어낸 듯하다. 이것이 喜悅이냐, 아니다. 驚異냐, 아니다. 此時 此人의 情을 무엇이라 이름하랴. 最淨最妙한 情緖를 法悅이라 할작시면 이것이야말로 法悅이라 할 것이다. 나와 같은 俗物도 오히려 이러하거든 하물며 聖 金大城의 感動이야 果然 얼마나 하였으랴. 人生은 無事하다. 오래 살아야 七十年이라 하니 이러한 偉景을 接하면 몇 번이나 接하랴. 於是乎 大城이 石을 切하여 佛像을 刻하였다. 營營洞洞하기 一年 又 二年, 十年, 二十年에 一佛像이 成하자 大城이 죽도다. 그의 靈이 外에 發하여 아름다운 花崗巖이 되고 그것이 切磋되고 琢磨되어 嚴嚴한 佛像이 되었다. 이리하여 그는 가만히 吐含山上에 坎中連하고 千年萬年 未來永劫에 아침마다 東海의 日出을 바라보고 앉았다. 쓸데없는 소리를 支離하게 하였다. 그러나 地上의 金大城도 이 말을 들으면 千載後에 知己 얻은 것을 기뻐할 줄 안다.

◇嶺上의 靈風을 실컷 쐬다가 脚下에 複雜한 波狀을 呈한 群山을 바라보면서 거기서 一町이나 아래 되는 石窟庵에 내려오니 一行은 벌써 와서 總總히 春煙을 피우면서 제각기 景致批評을 한다.

◇딸랑하고 자물쇠가 열리면 新羅의 全文明을 代表하고 佛敎國의 美術的 絶品이라 稱하는 石窟庵의 諸菩薩이 내 眼前에 나란히 나설 것이다. 나는 어떠한 態度로 이를 對할는고.[142]

徐羅伐에서(十)

石窟庵은 花崗岩으로 美麗하게 建築한 窟이다. 天井은 穹窿形으로 하였고 周圍의 石壁에는 諸菩薩, 四天王, 佛弟子 等을 薄肉刻으로 彫刻하고 그 中央에 釋迦佛의 坐像을 安置하고 門 左右에는 相對하여 仁王像을 刻하고, 그 곁에는 各 四枚의 諸菩薩과 守護神 같은 것을 가지런히 새겼다.

內部의 石壁의 彫像은 가장 傑出한 作品이다. 勇壯할 것은 힘껏 勇壯하고 優美할 것은 힘껏 優美하다. 그 想像의 豊富함이며 手法의 精鍊함이 實로 嘆賞不已할

---

142 본문. 『매일신보』, 1917.9.7, 3면, '第四十九信'.

逸品이다. 그中에도 그 本尊인 釋迦佛의 坐像는 實로 新羅의 藝術의 結晶이니, 이것 곧 없었던들 新羅文化의 存在조차 疑問일지 모르리 만한, 그렇게 偉大한 藝術的 作品이라고 東京帝國大學 鳥居氏가 激賞하였다.

玆에 同氏의 評의 一節을 揭하건대,

"이 佛像을 보니 無論 大智圓滿한 佛相을 具備하였으나 조금도 崇高尊嚴한 憾情을 주지 아니한다. 차라리 現世的이요, 사람으로의 肉體美를 發揮하였다. … 이 佛像은 男性的이 아니요 女性的이다. 가장 多情스럽고 가장 溫和하고 가장 情다운 性格을 具備하였다. … 이것이 男性이라 하면 퍽 美男子일 것이라."

果然 適評이다. 더구나 이 佛像을 옆으로 보면 물고 매어달리고 싶도록 아름답다.

또 鳥居氏는 이렇게 말하였다.

"이 佛像은 元來 어떤 '모델'(實物)을 보고 製作한 것이요 決코 想像으로 된 것은 아닌 듯하다. 그리고 그 '모델'은 當時 王宮의 美人이거나 그렇지 아니하면 美男子인 것 같다. … 以上의 理由로 보건댄 이 佛像은 分明히 新羅人의 體質, 特히 新羅의 女性을 '모델'로 한 것인가 보다. 果然 그럴진댄 이 佛像은 新羅人의 美的 代表라 하여도 可하며, 또 그 體質은 新羅族을 代表한 것이라 할지니 實로 人種學上, 民族的 藝術史上에 가장 重要한 材料라 하겠다."

只今도 慶州 方面은 毋論이거니와 慶北 一帶의 婦人의 體質中에 이 佛像의 特徵과 비슷한 點이 많다 한다.

나와 같이 藝術的 審美眼도 없고 人種學的 知識에 全昧한 者는 他說이 나오기까지는 氏의 說을 믿을 수밖에 없다.

만일 氏의 言과 같다 하면 石窟庵의 石佛은 더욱 意味가 깊어진다. 이 石佛은 다만 新羅의 藝術을 代表할 뿐더러 新羅人의 精神과 肉體를, 換言하면 新羅人 全體를 代表하였다 할 수 있다. 年代로 말하면 景德王 때라니까 今을 距한지 約 千一百六十年前이요, 三國을 統一함으로부터 滅亡에 至하는 거의 中間이니, 新羅의 魂이 빠져서 石佛로 化하고 石佛이 成하자 新羅가 죽었다고 할 만하다.

一言 附記할 것은 石佛의 眉間에 水晶珠가 있었음이다. 珠의 裏面에는 黃金을 붙이니 東海의 波間으로서 旭日이 躍出할 때에는 正東向인 石佛의 眉間으로서 黃金色 光線을 發射하더란다. 그 얼마나 莊嚴하였겠느냐. 한번 보고 싶건마는 年前

에 石窟庵을 重修할 때에 沙中에 묻혔던 그 水晶珠를 어떤 못된 놈이 훔쳐가고 말았다. 庵에서 나오니 日已高러라.[143]

徐羅伐에서(十一)

朝飯後에 佛國寺를 보았다. 關野 博士의 考證에 依하면, 寺는 距今 約 千四百年前 法興王時에 創立되었다 하나 古史에는, 訥祗王時 僧 我道의 創立으로 法興王時에 重創하였다 했다. 그 사이가 約 百年間의 差다. 하나 佛國寺가 三千餘間의 大刹이 된 것은, 石窟庵과 같이 金大城의 손으로 된 것이다. 現存한 寶物인 靑雲 白雲의 兩石橋와, 多寶 釋迦의 兩石塔과, 石窟庵의 石佛은, 新羅藝術의 代表的 作品이라 稱하는 盧舍那 銅佛과, 春日 燈籠과, 石獅子와 함께, 다 當時의 作品이다. 金大城은 當時 名門 貴公子로 拮拒 三十餘年에 佛國寺와 石窟庵을 經營하였으니, 그는 實로 이 事業을 하려 出生한 者다. 그가 成佛을 願하는 一念은, 偶然히 그의 祖國에 唯一의 記念이 되게 된 것은 感謝도 하고 슬프기도 하다.

靑雲 白雲의 兩橋는, 橋라고는 하나 川에 架한 것이 아니오, 各各 東西 兩門의 入口의 階段이다. 當時에는 그 아래에 川이 있었는지도 알지 못하겠으나, 그 意匠과 技巧가 共히 實로 驚歎하겠고 特히 泛影樓 石基의 優美함은 實로 言語에 絶한다. 釋迦塔은 極히 單純하나 그 全體 體形의 整美한 點은 平凡한 中에도 非凡한 것을 볼 수가 있고, 多寶塔에 至하여는, 그 變化가 豊富하고, 調和가 整然한 技術의 靈妙는, 實로 보는 사람으로 하여금 啞然하게 한다. 어찌하면 그와 같이 雄渾美麗한 想을 搆하고 어찌하면 그와 같이 巧妙히, 굳은 돌을 가지고, 自由自在로 自己의 想을 實現시켰는가. 그의 얼굴이 보고 싶고, 그의 손이 보고 싶다.

兩塔은 다 五層이니, 多寶는 東에, 釋迦는 西에 서서, 大雄殿 앞을 裝飾했다. 釋迦塔은 一名 無影塔이라고도 한다.

大雄殿은 幸히 壬辰 兵燹을 免하였으나 累次 俗惡한 修繕을 加하였다. 하나 柱, 棟, 梁 等의 大才와 全體의 構造는, 千五百年前과 조금도 變함이 없다 한다. 有名한 盧舍那 銅佛은 自己의 殿을 잃고, 阿彌陀佛 殿內 一隅에 偶居하여 있으니, 俗惡한

143 본문. 『매일신보』, 1917.9.8, 3면, '第五十信'.

僧들은 처덕처덕 白灰칠을 했다.

極樂殿 門前에, 이 亦 주워온 石獅子가, 어떤 분께 몹시 얻어맞았는지, 上顎은 떨어졌을망정, 나는 新羅 石獅子의 白眉로, 國寶의 하나요 하고, 意氣揚揚히, 고개를 비스듬히 틀고 섰다.

寺는, 뒤로 가나, 곁으로 가나, 離離한 靑草中에, 아니, 靑草라 함보다 차라리 荊棘이라 함이 適當한 풀속에, 蓮華形의 礎石이 整然히 竝立한 것이 보이니, 이것이 百數十棟 三千餘間의 新羅 佛國寺의 遺墟다. '假我道' '假道難'의 悲劇이 없었더면 하고, 원망하나 할 수 없다.(八月十七日 佛國寺에서)[144]

徐羅伐에서(十二)

◇上하기에 一時間을 要한, 五里餘의 坂路를 一息에 驅下하여 十里餘의 掛陵으로 向하다. 亦是 蔚山 街道라, 此處의 山의 禿赤은 놀랄 만하다. 禿, 禿, 大禿이라. 恰히 皮를 剝하여, 生血이 滴하는 듯한 샛바러만 沙山이라. 右는 南山의 禿山, 左는 吐含山의 禿山이라. 正午의 日光은 砂에 反射되어 번쩍거리니 此亦 一景됨을 不失하겠다.

◇南山은 禿한 處에는 石器時代의 遺物 等이 發見되어 數人의 古物 橫財者도 有하였다고 古川 部長은 말한다. 南山은 實로 異常한 山이라, 어디서 보든지 獨立한 山과 같고, 其谷間의 複雜하고 優美함이 盖 首都의 南山이 될 만하다. 더구나 名物의 新羅玉 卽 紫水晶의 産地인즉, 當時 新羅人이 사랑하던 것도, 可히 짐작하겠다. 南山에는 元來 多數한 寺院이 있었고, 殊히 南山寺는 가장 優秀하던 것이라. 今尙殘礎 及 石佛이 儼存하다. 元來는 森林도 있었을 듯하건마는 今에는 南山이라 하면 赤山을 聯想할 지경이다.

◇自轉車를 버리고 畦道를 從하여 掛陵에 詣하니 先히 觸眼되는 것은 一對의 武人石인데, 其威嚴있는 相貌와 姿勢는 곧 躍出하여 尊嚴한 王陵 앞에 네가 누구냐고 叱咤하는 듯하다. 其次에 一對의 文人石, 又 其次에 二對의 石獅子인데, 모두 生命이 浮動하여 이제라도 咆哮하는 듯 赤子처럼 사랑을 받던 人民의 子孫 等은

144 본문. 『매일신보』, 1917.9.9, 3면, '第五十一信'.

모두 恩誼가 깊은 文武王의 稜威를 忘하였음에 反하여, 彼等은 千年으로 一日과 如히 忠實히 王陵을 守함을 보매 感慨無量하다.

◇掛陵은 新羅의 王陵中 最完備하고 且 完全히 遺傳된 것이라. 石欄干, 石床 及 周圍의 十二支柱 等 大體로 舊容을 保하였다. 殊히 十二支를 象한 彫刻은 頗히 價値있는 藝術的 作品이라 한다. 大한 點으로는 武烈王陵을 及치 못하나 其裝飾의 完備한 点으로는 諸王陵中 第一이라. 天下가 泰平하여 唐의 文化도 完全히 消化한 證左도 可見이라. 又 同時에 外來文化에 醉하여 新羅的 武勇素朴의 氣象을 失하기 始作한 跡도 可見이라.

◇新羅人은 如斯히 凜凜하던가 感嘆하면서 武人石前에서, 남아 있는 麥酒와 眞瓜를 食하다. 마침 通行하는 一農夫에게 "이것이 무엇이오" 하고 王陵을 指한즉 "그것은 임금님의 墓라 합디다" 함은 寒心하다. 彼도 아마 新羅人의 子孫이라고 彼를 睨한즉 悠悠히 牧歌를 放하고 간다.

◇此間에 十里를 更進하면 鵄述嶺인 峙에 達한다. 昔日 朴堤上이 新羅의 使로 日本에 往하였다가 歸치 못하니 其妻가 此嶺上에 立하여 夫의 歸하기를 待하나 歸치 아니하여, 드디어 身은 化하여 望夫石이 되고, 魂은 拔하여 怨鳥가 되었다. 果然 東海를 渡하였는지 못하였는지, 風이 吹하면 望夫石은 太息을 發하고, 雨가 降하면 血淚를 流하여 尙今 東海를 望하고 섰다. 於乙峙는 彼의 靈의 宿所라 한다. 風이 蒸熱하고 身體가 疲勞하여 彼의 靈을 弔치 못하고 空然히 路頭에 入하여 望夫石을 바랄 뿐이다.[145]

徐羅伐에서(十三)

◇掛陵으로부터 慶州에 돌아오는 사이에, 佛國寺 南方에 當하는 곳에 影池라는 小池가 있다. 沙白水淸하다. 其昔 金大城이 佛國寺 建築에 沒頭할 時에 阿斯라는 一少女가 彼를 慕하여, 다만 一次라도 相逢하기를 望한다. 大城은 拒絶하나 少女의 懇願은 益切이라. 大城도 사람인즉 胸中에 異樣의 焰燃이 있었으련마는, 拳을 握하고 念佛을 唱하면서 또 拒絶하니, 少女의 嘆願이 愈切이라. 於是乎 大城은

145 본문. 『매일신보』, 1917.9.11, 3면, '第五十二信'.

無影塔의 成功되는 日로써 期를 삼았다. 元來 大工事인즉 容易히 成功치 못할 것이라, 少女는 泣하면서 慰하면서 待하기 一年 又 一年, 十年 又 二十年, 思切成病이라. 一菩薩이 現夢하여 曰

◇可憐한 少女야. 汝의 戀人을 逢코저 하거든 此處에 池를 堀하라. 然하면 彼의 塔이 池에 影하여 汝의 所思人을 逢할는지도 未知니라고. 少女는 起하여 池를 堀하기 始作하였다. 然하나 女子의 軟弱한 腕으로 一念 掘鑿에 十年의 星霜을 送迎하여 드디어 池를 成하였다. 朝夕으로 池를 窺할새, 忽然 佛國寺의 影은 歷然히 映하여 釋迦塔上 最後의 一手를 下하고 成功의 微笑를 顯하는 大城의 姿가 彼女의 眼前에 보였다. 그러나 大城도 前日의 大城이 아니요,

◇少女도 亦 大城을 慕하여 白髮의 老婆가 되었다. 彼는 一曲의 哀歌를 歌하고 身을 自手로 堀한 池中에 投하였다. 千餘年後의 今日에도, 吐含嶺으로 微風이 來할 때마다 생각하는 물결을 起케 하니 是影池의 傳說이라. 佛國寺의 泛影樓는 此池에 影을 泛한다는 意味라. 氣像의 關係이든지 影池에 佛國寺가 影함은 今昔 不變이라 하나 본 者 없으니 奇異하도다. 彼는 何王陵, 此는 某寺의 遺墟라고 昨日 所見을 指點하면서 逆風과 疲勞와 鬪하여 겨우 旅舘에 歸하였다.

◇休憩하기 三時間 自轉車에 健康診斷을 施하고, 一行은 다시 古蹟 探訪의 途에 登하였다. 所餘는, 明活城, 南山城, 昔脫解王陵, 栢栗寺, 金庾信墓 及 慶州 博物舘이라. 爲先 道를 北方 浦項 街道로 取하여 金剛山의 栢栗寺에 至하였다. 朝鮮에서는 山이 美하면 金剛山이라 稱하는 癖이 있다. 栢栗寺는 今에 一小刹이나,

◇其當時에는 新羅의 都를 一眸에 收하는 勝景의 地라. 佛國寺의 盧舍那佛과 竝稱하는 藥師如來는 그 얼마나 美하며 慈悲心이 深한 顔面으로 四面 石佛의 數百年來 土中에 埋沒되었던 悲慘한 身上으로 今尙 天下에 其名을 鳴한다. 栢栗寺도 元來 有數한 巨刹로, 金剛山의 麓으로 四面 石佛의 假宿所가 되었던 堀佛寺도 亦 名刹이라. 그러나 今에는 基礎石까지도 半이나 묻혔다.

◇明活城, 南山城 共히 歷史上 重要한 古蹟됨에 無違하나 日己暮하고 身體의 疲勞도 亦 其極에 達하였고 栢栗寺로부터 東方 四五里地의 昔脫解王陵에도 參拜할 勇氣가 없으니 況西川을 隔하여 玉女峰下 金庾信墓(一說에는 金仁問의 墓라 함)는 文武王陵과 規模가 略相同하다는 말만 듣고 滿足치 아니할 수 없다.

◇慶州 觀光은 爲先 終了하고 詳細는 後期에 讓하련다. 余는 아직 歷史的 及 美的 眼識이 無한즉 慶州 觀光의 資格이 없으나 數年後는 資格이 完備하여질는지도 未知라. 竊히 自信의 微笑를 禁치 못하겠다.

◇終에 臨하여 余에게 各種의 便宜를 與하신 慶州 官民 諸氏에게 深甚히 感謝의 意를 表하노라.(八月十八日 慶州에서)[146]

□**李光洙氏 東渡**

本社 特派記者로 殆히 全鮮을 踏破한 春園 李光洙氏는 日前 旅行을 終了하고 十三日 夜 南大門發 急行列車로 東渡하였더라.[147]

五道踏破旅行(『京城日報』 版)[148*]

□**社告**

이번 『매일신보』 기자 이광수를 파견하여 각 지방을 편력케 하고, 유지(有志)를 찾아가 신정(新政) 보급의 정세를 살피며, 경제, 산업, 교육, 교통의 발달, 인정 풍속의 변천을 관찰하고, 아울러 흩어져 사라진 명소와 옛 유적을 탐색하고 명현(名賢) 일사(逸士)의 자취를 찾아 널리 천하에 소개하게 되었는바, 이 일의 성공 여부는 오로지 관헌 및 지방 유지 여러분의 원조 여하에 달려있다고 생각합니다. 바라건대 본사의 이 일에 찬동하심과 동시에 동정과 제반 편의를 봐주시기를 간절히 바랍니다. 우선 지면상으로나마 이렇게 부탁드립니다.

京城日報社 每日申報社 올림

146 본문. 『매일신보』, 1917.9.12, 3면, '第五十三信'.
147 기사. 『매일신보』, 1917.9.15, 2면.
148 李光洙, 『경성일보』, 1917.6.30~9.7.

湖西로부터(1)

◇6월 26일 아침 남행 기차 안에서 우연히 시마무라 호게츠[島村抱月], 마츠이 스마코[松井須磨子] 일행을 만났습니다. 명함을 드리고, 여행 소감 및 조선문학의 장래에 대하여 의견을 배청하고 얻은 바가 적지 않았습니다.

◇일행은 인천에서 목포로 가는 길인데, 매우 피로한 듯 스마코는 차실에 들어가자마자 수면을 취할 자리를 찾았습니다. 호게츠 씨는 우선 스마코에게 자리를 잡아준 다음 자신도 공기를 넣은 배게에 기대어 잠시 망중한(忙中閑)의 단잠에 빠졌습니다. 스마코의 양녀라고 하는 머리를 땋아내린 어여쁜 처녀는 이따금 맑은 눈을 뜨고는 따분한 듯이 실내를 둘러봅니다. 자신들은 예술을 위해서라고 말할지도 모르지만, 곁에서 보면 역시 지방 순회공연 배우로서 차라리 딱한 느낌이 듭니다.

◇목포 및 부산에서 각각 이틀간 흥행을 하고 다음달 초에는 도쿄로 돌아간다고 합니다. 차실의 승강대에 높다랗게 층층이 쌓인 트렁크, 가방, 꾸러미 등은 묻지 않아도 예술좌 일행의 짐이라는 것을 알 수 있습니다. 그 속에는 카츄샤의 가발과 의상도 들어 있을 것을 생각하면 어쩐지 우스워집니다. 조치원에서 잠깐 일행의 객실을 엿보니 모두들 시베리아의 꿈이라도 꾸고 있는 듯해서, 조용히 일행의 앞길을 기도하고 소생은 플랫폼을 나와 공주행 자동차에 탑승했습니다. 호게츠 씨 일행과 만난 것은 뜻밖의 횡재로서 크게 기뻤습니다. 이만 총총(조치원에서)

◇자동차는 숫돌 같이 탄탄한 공주 가도(街道)를 질풍 같이 달립니다. 조선이 이와 같이 훌륭한 도로를 가지게 된 것은 흔쾌의 극치입니다. 다만 유감인 것은 붉은 산, 말라버린 하천, 초라한 가옥입니다. 하루 빨리 모두 저 도로와 같이 훌륭하게 되었으면 하고 생각합니다. 우리들이 마음을 단단히 먹고 크게 분투 노력해 볼 만한 곳이 아닙니까. 공연히 자기의 이익만 좋아다니지 말고 큰일에 눈을 두는 유지(有志) 인사가 많이 나오기를, 가뭄의 비와 더불어 간절히 바랍니다.

◇25년 계획으로 식림사업을 완성할 예정이라고 합니다만, 민간의 자각과 노력 없이는 도저히 성공하기 어려울 것이라고 생각됩니다. 기회 있을 때마다 조선인에게 식림사상을 고취하는 것이 실로 급무 중의 급무가 아니겠습니까.

◇특히 충청남도의 산은 심하게 벗겨져 있는 듯합니다. 저 붉은 산, 모래만 남

은 하천을 보고 있자면 아라비아나 페르시아 등지의 불모지가 연상되어 사뭇 비애의 느낌을 줍니다. 지금도 산의 음지로부터 낙타의 무리가 느릿느릿 걸어나올 듯이 생각됩니다.

◇하천의 형상으로 보면 원래는 수량도 적지 않았던 듯한데, 아마도 삼림이 모두 사라지면서 하천의 물도 모두 사라진 것으로 생각됩니다. 저 산들이 삼림으로 덮이게 되면 그때는 하천도 부활할 것이라고, 그때가 더더욱 기다려집니다.

◇3, 4년 전까지는 강경에서 공주까지 석유 발동기선이 운행했다고 합니다만, 금강의 수량은 점점 감소하여 오늘날에는 우기(雨期)을 빼놓고는 작은 배의 운행조차 불가능한 모양입니다. 이대로 가면 수백 년 후에는 금강과 같이 큰 강도 한낱 모래뿐인 하천으로 변하고 말 운명을 면할 수 없을지도 모릅니다. 오백 년의 학정이 마침내 산과 강까지도 고사시켰다고 생각하면 몸에 소름이 돋는 것을 깨닫습니다.

◇산성(山城) 공원의 녹음을 바라보며 금강의 맑은 물을 건너 이천 년의 옛 도읍인 공주로 들어간 것은 바로 26일[149] 오후 1시 반. 이로부터 도청과 기타 제 관공서를 방문하고 이어서 부근의 뛰어난 경치를 찾을 예정입니다. 이만 총총.(6월 26일 공주에서)[150]

湖西로부터(2)

◇공주에 도착하여 여장을 풀 여유도 없이 곧바로 도청 도장관을 방문했습니다. 안내된 곳은 조용한 장관실로, 장관은 서류에 도장을 찍고 있던 손을 쉬고 상냥하게 기자를 맞았습니다. 반백의 머리칼을 가진 과연 친절한 듯하고 듬직한 분이었습니다. 우선 아베 사장으로부터 소개가 있었다고 말씀하시고, 이어서 매우 열심히 기자의 여러 질문에 답변해 주셨습니다.

◇충남은 예로부터 양반의 본 고장으로 각 명문거족이 곳곳에 세력을 뻗쳐 쉬이 신문명을 받아들이지 않을 정도로 완고한 자가 많이 있습니다만, 그들은 원래 교육 있는 상류계급인 만큼 일단 각성하는 자는 급속하고 철저한 진보를 보일 것

149 원문에 27일이라고 되어 있으나 잘못이다. 하루 동안의 여정을 다루고 있으므로 26일이 맞다.
150 『경성일보』, 1917.6.30, 석간 1면.

이라고 합니다. 이 비둘기 같은 양반촌에는 독립한 보통학교가 있고, 다른 마을도 점차 신정(新政)을 이해하게 될 것이라고 합니다.

◇산업의 발달에 관해서는 특히 뜻을 두어 양잠 및 저포업(苧布業)을 극력 장려한다고 합니다. 도내(道內)는 토양과 기후가 모두 잠업에 적당하므로 10년 계획으로 심을 수 있는 데까지 뽕나무를 심고, 장래에는 오늘날까지 유해무익한 금강의 물을 이용하여 공주에 대규모 제사공상(製絲工場)을 일으킬 계획이라고 합니다. 그러면 대전, 논산 등에 상권을 빼앗긴 공주도 공업지로서 새로운 생명을 얻을 것으로 생각됩니다.

◇마지막으로 장관은 시정(施政)의 방침으로서 계발주의를 취할 것이라고 합니다. 조선인은 억누르는 게 제일이라고 주장하는 자가 많지만 이는 결코 득책이 아니다, 억압받은 자는 그 압력이 줄어듦과 동시에 옛날로 돌아가게 마련이다, 충분히 이해득실을 납득시켜 내심으로부터 정부의 지도에 따르도록 하는 것이 계발의 근본 뜻으로서 이렇게 하는 것만이 비로소 철저하게 조선인을 교화시킬 수 있다고 말씀하시고, 드러내놓고 회심의 미소를 지으셨습니다. 혹은 다른 도보다 모든 면에서 늦어질지도 모르지만 그래도 그 결과 면에서는 다른 도보다 나을 것을 확신한다고 말씀하시고, 세 대째 권련에 불을 붙이셨습니다.

◇장관은 차례차례 탁상의 초인종을 눌러 각 부장 및 주임을 불러서 기자가 청구하는 설명서와 통계표를 작성하도록 명하셨습니다. 내일 다시 찾아뵐 것을 기약하고 장관실을 나온 것은 막 세 시가 지나서. 저녁 식사 후 몇 사람을 방문하고 각각 의견을 배청할 예정입니다. 흐린 날씨로 인해 찌는 더위가 자심합니다. 이만 총총.(6월 26일 공주에서)[151]

湖西로부터(3)

◇유지 인사 방문의 전말은 별로 각별히 말씀드릴 만한 것도 없습니다만, 김갑순(金甲淳) 군의 활동성은 크게 추천하여 장려할 만하다고 생각됩니다. 군은 조치원에서 공주와 청주, 공주에서 논산에 이르는 자동차의 경영자로서, 이것만

151 『경성일보』, 1917.7.1, 석간 1면.

으로도 사업 경영력이 부족한 조선인에게는 특별히 뛰어난 것이라고 할 만합니다. 그밖에도 공주의 시장 및 관개(灌漑) 사업 등에 전력하여 충남에 으뜸가는 유력한 실업가의 이름이 부끄럽지 않습니다. 김 군은 경성 방면 여행 중이라 만날 기회를 얻지 못한 것이 무척 유감입니다.

◇서한보(徐漢輔) 씨를 비롯하여 지방 유지 세 사람을 면회했는데, 가장 소생의 주의를 끈 것은 서 노인을 제외하고 세 사람 모두 일본옷을 입고 일본식 생활을 하는 것이었습니다. 특히 이현주(李顯周) 씨 등은 자녀를 모두 심상소학교(尋常小學校)에 보내고, 가정 안에서도 고용인까지 일본어를 사용하였습니다. 소생의 질문에 대답할 때도 반드시 일본어로 하고, 소생도 부득이 일본어로 질문해야 했습니다. 그다지 유창한 일본어도 아니건만 조선어로는 만족하지 못하는 모양이었습니다.

◇소생이 투숙한 조선 숙소에는 숙박인이고 방문객이고 할 것 없이 대개는 유카타[浴衣]와 게다[下駄] 차림으로, 말을 건네고서야 비로소 조선인인 줄 알 정도였습니다.

◇본사 통신원 나카츠[中津] 군은 이곳에 약 10년 간 거주했다는데, 군의 이야기에 의하면 10년 전과 오늘날과는 마치 다른 세상 같다고 합니다. 상투 차림의 공주가 유카타와 게다 차림의 공주로 변한 것은 실로 창상지변(滄桑之變)이라 할 만하니, 감개무량입니다.

◇오늘 아침 나카츠 군의 안내로 비를 무릅쓰고 금강 및 산성(山城) 공원을 관람했습니다. 어젯밤 호우로 금강도 다소 불어난 듯이 보입니다만, 아직 배를 띄울 정도는 아닙니다. 공북루(拱北樓) 위에 서서 가랑비 내리는 금강을 조망하는 것도 흥취가 있었습니다. 일찍이 충청도의 총본산(總本山)이었던 산성의 영은사(靈隱寺)를 찾으니, 예스럽고 질박한 여러 폭의 불화(佛畵)가 회고의 정을 자아냅니다. 발길을 돌려 이괄(李适)의 난 당시 주필지(駐蹕地)였던 쌍수정(雙樹亭)을 배회한 것도 잠시, 이른바 공자(公字) 형으로 둘러쌓인 산협 가운데 있는 소도회를 한눈에 거두고, 지금도 무너질까 싶은 진남문(鎭南門)을 나와 이 유서 있는 옛 성을 물러났습니다. 석양에 이곳을 떠나 부여로 향합니다. 이만 총총.(6월 26일 공주에서)[152]

아름다운 경치, 그 감개(1)-백마강 위, 백제의 옛 도시 부여를 찾아서

부여의 땅, 풀 한 포기 나무 한 그루 그 어느 것이 역사를 이야기하지 않는 것이랴. 발을 한번 부소산(扶蘇山)으로 내디디면, 황량한 푸른 풀 사이 한 조각 기와의 파편이 흩어져 있는 것을 볼 것입니다. 이것이 실로 삼국시대의 꽃으로서 백오십 년의 영화가 극에 달한 백제의 왕성(王城) 사비성[泗沘城]의 기념물이란 말입니까.

◆이것이야말로 실로 왕께서 사용하시던 화로의

향내를 맡던 것, 이것이야말로

남훈전(南薰殿)의 태평가(太平歌)에 전율하던 것. 그날 밤, 천이백오십 년 전의 그날 밤, 나당연합군의 횃불에 아까운 구중궁궐이 재가 되어버린 그날 밤, 하늘을 찌르는 불꽃에 몰려 가련한 최후의 비명을 내지르며 공중으로 날아오른 것이 실로 이 기와 조각. 봄 바람에 가을 비 그 숱한 세월, 정사의 흥망이 또 몇 대. 지금 유유히 흐르는 백마강은 망국의 한에 목이 메고, 잇대어 늘어선 청양(青陽)의 연산(連山)은 흰구름이 오가는 것을 바라볼 뿐.

◆만승(萬乘)의 왕릉은 풀이 점점 무성하고

백화(百花)의 정원은 보리밭으로 변하고 만

지금, 홀로 당시의 영화와 당시의 비참을 이야기하는 것으로서는 실로 이 기와 파편이 있을 뿐입니다. 태후와 태자를 데리고 밤중에 웅진(熊津)으로 피난하여 가신 의자왕(義慈王)의 원한, 영화(榮華)로운 꿈 미처 깨지 못한 채 검은 연기로 어둑한 송월대(送月臺)의 달 아래 낙화암의 꽃으로 흩어져 사비수의 포말로 사라진 요염한 꽃을 무색케 하는 비빈(妃嬪)들의 혈루, 물으면 대답할 것은 실로 이 기와 파편입니다. 소생은

◆부소산의 최고봉인 송월대에

앉아 사비왕성의 폐허를 바라보며

곡을 하자니 그럴 수도 없고, 울자니 아낙네에 미치지는 못해도 만감이 번갈아 들어 어찌할 바를 모르겠으며, 감개무량이란 이런 경우일 것이라고 안내하는

152 『경성일보』, 1917.7.2. 석간 1면.

헌병보조원을 돌아보니, 그는 무엇을 생각함인지 빙긋 웃을 뿐입니다. 이곳은 무슨 전(殿), 저곳은 무슨 궁(宮), 아마도 저 평탄한 곳은 궁인들이 공을 차던 곳 등등 끝없는 상상에 빠지노라면, 몸은 현재를 떠나 멀리 천이백 년 전으로 거슬러 올라가 사비성의 영화를 눈앞에 보는 듯한 느낌이 듭니다.

◆붉은 난간 그림 같은 누각과 나란히

관현악기의 음도 자못 가련하게

백마강 위에 늘어선 것은 강남(江南) 천축(天竺)의 상선(商船). 그러나 아아, 눈을 뜨면 그것은 한바탕 환영으로 눈앞에 놓인 것은 이 기와 파편뿐입니다. 부소산은 위치도 좋고, 형태도 좋으며, 멀리 둘러선 연산(連山)의 검푸른 빛도 역시 좋습니다. 비스듬히 호를 그려 조용히 흐르는 사비수는 더욱 좋고, 좋은 강산이요 아름다운 강산입니다. 이 강산에는 그 주인이 없어서는 안 됩니다. 이 강산의 주인은 오직 문아(文雅)한 백제인이 있을 따름입니다.

◆이미 백제인이 없으니 강산은 누구를

위하여 오랜 세월 자태를 꾸밀는지

아아, 무상한 것은 인사(人事)요 무정한 것은 강산이라. 케케묵은 어투라 해도, 지금 이곳은 이 어구만큼 어울리는 것도 없다고 생각합니다. 부소산 동쪽 끝으로 지팡이를 끌고 창고의 불탄 자취를 애도하고, 다시 발걸음을 돌려 천 길 낭떠러지를 미끄러지다 보면 여왕이 국운(國運)의 만세를 빌었을 것이라 생각되는 고란사(皐蘭寺)입니다. 계단 앞 늙은 소나무에는 까치 둥지가 있고, 물가의 수양에는 꾀꼬리가 웁니다. 절은 작지만 경치는 실로 절경(絶景). 거기서 가파른 바위를 의지해 푸른 넝쿨을 더위잡고 위태로운 좁은 산길을 따라 수십 걸음.

◆다리 아래는 백마강의 푸른 물이 바위에

격하게 울부짖고, 머리 위는 천 길

가파른 바위가 하늘을 뚫고 솟아오르니 이것이 바로 그 유명한 낙화암(落花岩)입니다. 똑똑, 하고 바위 틈으로 떨어지는 것은 설마 그날 밤 궁녀의 피는 아닐 것입니다. 만고(萬古)의 쾌작(快作)인 평제탑(平濟塔)의 미술적 가치는 이미 확고하여 움직일 수 없습니다. 수차정(水此亭)의 빼어난 경치와 천정대(天政臺)의 기이한 경치도 천 리를 와서 꼭 찾을 만한 가치가 충분하다고 생각합니다.[153]

아름다운 경치, 그 감개(2)—어째서 오늘날까지 부여가 잊혀졌을까

소생이 사비성터를 애도한 것은 가랑비 내리는 아침이고, 평제탑을 상찬한 것은 석양이 바로 부산(浮山)에 잠기려던 저녁 무렵입니다. 그리고 동문(東門) 밖 백제왕릉 및 백제인의 묘지를 찾은 것은 날이 이미 저물어 옛 성의 까마귀가 둥지를 찾느라 서두르던 황혼 무렵으로, 각각이 한 층의 흥취를 더했을 것은 미루어 짐작하시리라 생각합니다.

◆다만 한 가지 유감인 것은 백마강 위에 뜬

명월(明月)을 보지 못한 것으로

어젯밤 우연히 숙소에서 잠이 깨어 문을 여니, 푸른 하늘은 씻은 듯이 새벽달이 밝게 빛났습니다. 잠옷을 입은 채로 뛰쳐나가 이슬 맺힌 우거진 풀을 밟으며 다시 그 옛날로 돌아간 것 같은 기분으로 정처없이 거닐었습니다. 그 아름다운 경치와 그 감개는 쓰자니 너무 깁니다. 다만 짐작에 맡겨드릴 따름입니다.

실로 부여는 '유서 있는' 등의 말로 형용할 만한 것이 아닙니다. 역사적 유적, 또는 빼어난 경치로서는 소생이 아는 한 조선 제일이라고 말씀드릴 만합니다. 평양은 풍경은 아름답지만, 이미 왕검(王儉)의 성(城)도 없고 고구려의 도읍도 남아있지 않습니다. 경주는 역사적 고적(古蹟)이 많지만, 백마강의 아름다운 경관은 없습니다. 그런데

◆오늘날까지 부여가 잊혀진 것은

조선인에게 조선사의 지식

이 없는 까닭이니 무척 유감이라고 생각합니다. 다행히 전년에 열린 공진회(共進會) 당시 오하라[小原] 전 충남 도장관의 열성적인 소개로 일본인 사이에는 꽤 널리 알려졌다고 합니다만, 조선인에게는 아직 부여가 어떤 곳인지 모르는 자조차 많으니, 수치스럽다고 해야 할지 슬프다고 해야 할지 모르겠습니다. 지금 부여에는 보승회(保勝會)가 있고 도로가 좋은데다 여관 설비도 갖추어져 있고 또 헌병분대 및 군청에서 여러 가지로 편의를 봐주고 있으니, 경치를 찾는 것도 가능할 것이고 수학여행도 가능할 것이라고 생각합니다.

---

153 『경성일보』, 1917.7.2, 조간 3면.

◆경성의 귀족, 부호께서 이러한
유서 있는 땅에 별장을
짓고 멋지게 피한(避寒)과 피서(避暑)를 해보면 어떨는지. 한 마디 덧붙입니다. 부여에서 공주 가도를 따라 약 1리(0.39km)되는 가증리(佳增里)라는 곳에는 유사(有史) 이전의 묘지가 있는데, 전년 토리이[鳥居] 씨라는 이의 감정(鑑定)에 의하면 적어도 4천 년 이전의 것이라고 합니다. 또 마찬가지로 부여에서 청양 가도까지 걸어서 약 1리되는 나복리(羅福里)라는 산속에는 석기시대의 거주지가 있어 각종 유물이 발견되었다고 합니다. 이에 따르면 이 부근에는 적어도 4, 5천 년 전부터 주민이 있었던 듯합니다.

◆이 두 곳은 부여에 놀러오는 이가
꼭 함께 찾아가볼 만한 곳이라고 생각합니다.

이제부터 쪽배를 저어 백마강을 내려가 강경으로 떠날 여장을 꾸리고 나서 이 글을 쓰겠습니다. 맑고 더운 날씨입니다.(6월 27일 부여에서)[154]

湖南으로부터(1)

◇이리에서부터 경편철도(輕便鐵道)로 2일 오후 전주에 도착했습니다. 도중 소생의 흥미를 끈 것은 전주(全州) 일대 산의 형상이 수려한 점이었습니다. 뾰족이 솟은 산봉우리 어느 하나 선미(仙味)를 띠지 않은 것이 없고, 실로 전주는 산으로 지탱된다고 말씀드리고 싶습니다. 도군참사(道郡參事), 청년구락부원 및 기타 유지 인사들께서 맞아주셨고, 은행옥(銀杏屋)이라는 여관에 투숙하였습니다. 출발 이래 이러한 환영을 받기도 처음이거니와, 이렇게 훌륭한 여관에 위세 좋게 들어 보기도 처음입니다. 솔직히 말해 일생 처음이라 할 만해서 공연히 무서워지는 것도 무리가 아닙니다. 팔 첩 방 모기장 안에서 십여 일 이래 처음으로 편안히 푹 잤고, 오늘 아침 10시 도청에 이(李) 전북 도장관을 방문하였습니다. 과연 온후하고 애교가 넘치는 노신사로서 친절하게 여러 가지로 설명을 해주셨습니다.

◇취임한 지 아직 얼마 되지 않아 본 도(道)의 사정에 어두움을 말 머리에 친

154 『경성일보』, 1917.7.3, 조간 3면. 이 기사는 『경성일보』 독자를 위해 새로 쓴 기사라고 해도 좋을 정도로 『매일신보』 기사와 거의 겹치지 않는다.

절히 말씀하신 지 약 두 시간, 얻은 것이 실로 퍽 많았습니다.

◇유명한 전북 평야를 가진 본 도에서 가장 힘쓰는 것은 보통 농사의 개량이다. 수리(水利)를 정리하고, 종자의 선택 및 경작 방법의 개량이 제대로 이루어지면 충분히 2배의 수확을 얻을 것이다. 그리고 현재 착착 진행 중이니까 십수 년을 지나지 않아 실현을 볼 것이라고, 확신있는 어조로 말씀하셨습니다. 현재 도내에 4개의 수리조합이 있고 점차 확장 및 증설할 것이며, 특히 주목할 것은 이들 사업이 조선인에 의해 훌륭하게 경영되고 있는 점으로, 이것만 보더라도 조선인이 얼마나 각성하고 있는지 짐작할 수 있을 것이라고 말씀하셨습니다.

◇다음으로 힘쓰는 것은 양잠의 장려로, 5년 이내에 도 내에서만 약 3만 석의 누에를 생산할 예정이라고 합니다. 소작인의 궁핍상을 구제함에는 부업(副業)에 의존함 외에 방도가 없고, 부업 중에서는 양잠보다 나은 것이 없으며, 5년 이내에 전라북도를 양잠의 도가 되도록 할 것 등등, 그 의기를 당해낼 수 없었습니다.

◇다음은 제지업(製紙業)인데, 본 도는 조선 제일의 종이 생산지로서 조선 종이는 만주 수출 품목에서 중요한 위치를 차지한다. 본 도에서는 점차 그 발달을 꾀하기 위해 한 편으로 원료의 재배를 장려하고, 다른 한편으로 모범 제지 공장을 일으켜 종래의 원시적인 제조법을 기계공업적으로 바꾸려 한다. 시작한 지 얼마 되지 않아 아직 현저한 성적은 없어도 점차 성공에 가까워질 것을 기대한다고 말씀하시고, 왼쪽 미간을 약간 치켜올리고는 빙긋 웃으셨습니다. 이번 원고 미완.(7월 3일 오후 4시 전주에서)[155]

湖南으로부터(2)

◇다음으로 장관이 소작인의 궁핍한 상황 및 그 구제책에 대해 말씀하신 것은 주목할 만합니다만, 여기서 자세히 언급할 여유 없음을 유감으로 생각합니다. 다만 한 가지 빠뜨릴 수 없는 것은 조선인의 상공업에 대한 이 장관의 의견입니다.

◇우선 상업에 대해 말하기를, 조선인은 결코 내지인과 경쟁할 만한 위치에 있지 않다. 조선에 판매되는 물품은 대개 일본에서 만들어진 것으로 일본인은

155 『경성일보』, 1917.7.6, 석간 1면.

직접 원산지에서 수입하지만 조선인은 아직 그렇게 충분한 자본력 및 지식이 없고, 일본 상인이 일단 수입한 것을 이중으로 사들여 판매하는 것이라 당연히 일본 상인의 물품보다 비싸지 않을 수 없다. 설령 소매 상인의 경우 조선인에게 아무런 차별이 없더라도 구매자는 일본 상인에게 직접 구입하는 것을 좋아하는 모양이니, 어느 점에서 보더라도 조선 상인은 불리한 위치에 있다. 조선에서 소비되는 물품이 전부까지는 아니더라도 대부분 조선의 공장에서 만들어지지 않는 한 조선인의 상업은 결코 진흥할 수 없을 것이라고 말씀하셨습니다. 그렇다면 조선인은 공업을 경영할 수 있는 환경에 있느냐 하면 그것도 아니다. 대개 조선인에게는 아직 대공업을 경영할 만한 기술과 능력이 없고, 설령 기술과 능력이 있어 어떤 종류의 공업을 일으키려 해도 내지(內地)의 공업과 경쟁하기에 충분한 자본력이 없으니 조선인으로서 공업을 일으키는 것은 오늘날의 사정하에서 도저히 불가능하다고 개탄하시고, 이전 대구에 있던 제사공장(製絲工場)을 예로 들었습니다.

◇그러면 어떻게 할 것인가. 가능한 한 개량을 시행하면 농업만으로도 혹은 끼니를 잇는 데 차질없는 정도까지 이를지도 모른다. 그러나 전혀 상공업을 갖지 못한 조선인은 결코 부(富)를 이루지 못할 것이다. 이에 한 가지 방도가 있다. 오직 한 가지 방도가 있을 뿐이니, 내지의 대자산가가 조선에 많이 와서 큰 공장을 세우는 것이 그것이다. 그러면 직접적으로는 직업 없는 조선인에게 생활의 방도를 주고, 간접적으로는 조선인의 상업에 새로운 기운을 줄 것이다. 그밖에 다른 길이 있다고는 생각할 수 없다. 오직 내지의 대자본가가 오기를 기다리는 게 좋다고 거듭해서 말씀하셨는데 세상을 근심하는 정이 절절하여 듣는 이에게 몹시 감동을 주었습니다.

◇자작자급(自作自給)은 테라우치[寺內] 전 총독의 모토이고, 총독이 바뀐다 해도 이 모토는 변하지 않는다. 어떻게든 하루라도 빨리 조선을 자작자급의 땅으로 만들고 싶다. 내지인 대자산가의 분기를 기다림과 동시에 조선인도 대자각하지 않으면 안 된다고, 한 마디 한 구절에 열성을 담으셨습니다.

◇전주를 떠나기 전에 또 한두 차례 고견을 들을 기회가 있을 것이니, 우선은 이것으로 붓을 놓습니다.

◇마지막으로 이번 기회에 본사 전주 지국장 및 기타 관민 유지 여러분께 깊이 감사의 뜻을 표합니다. 모두들 온후하고 독실하며 유력한 신사로서 성심껏 소생을 환영해주심은 본사를 매우 아끼시는 까닭으로 무척 감격했습니다. 아침부터 비가 내리고, 하천의 물이 불어난 것이 2, 3척(1尺은 0.3m)됩니다. 이만 총총.(7월 3일 오후 4시 전주에서)[156]

湖南으로부터(3)

◇비 또 비, 내리다가는 그치고 그쳤다가는 내리고. 아아, 비의 전주로다. 모처럼의 구경 계획도 엉망이 되었습니다. 여관의 난간에 기대어 쏟아지는 비를 쳐다보며 통신문이라도 쓸까. 맞은 편 방에는 방금 법원에서 돌아온 광주 지방법원장이 유카타[浴衣] 차림으로 파리 잡기에 열중하고 계십니다. 좍좍 내리면 한바탕 바람이 집안에 가득차 시원함을 맛볼 수 있지만, 문득 그치면 또 찌는 더위입니다. 하루 중 봄가을, 아니 여름겨울을 몇 번이나 지나는 느낌입니다.

◇비가 잠깐 멈춘 틈을 엿보아서는 보고 또 보고, 전주라는 고을도 대강 다 보았습니다. 1만이 조금 넘는 인구를 가진 산간(山間)의 소도회에 지나지 않지만, 꽤 풍요로운 풍경을 가진 산뜻한 고을입니다. 기린봉(麒麟峯), 남산(南山), 산성(山城) 등의 형태도 아름답고, 빛깔도 아름다우며, 정연한 길거리와 말쑥한 도로 어느 것이나 여행객의 눈을 즐겁게 합니다. 전주의 긴자(銀座)라 칭하는 대정정(大正町)은 꽤 도회의 체재를 갖추었고, 통행인도 경성의 뒷골목 근처보다는 훨씬 빈번히 오갑니다. 은행이 있고, 신문사가 있고, 신사(神社)가 있고, 사찰이 있고, 전화번호도 4백 가까이 되고, 전등도 조만간 켜진다고 하니, 점점 유쾌한 곳이 될 것입니다.

◇강으로 말하면 시냇물보다 조금 나을 정도이긴 합니다만, 발을 씻고 눈과 귀를 즐겁게 하기에는 충분하고, 특히 다가정(多佳亭) 부근에는 규모는 작아도 다리가 있고 여울이 있고 산 그림자가 있고 꽤 어지간합니다. 절벽에 걸린 한벽당(寒碧堂)도 속진(俗塵)을 떠난 흥취가 칭찬할 만하고, 산성의 작은 사찰에서도

156 『경성일보』, 1917.7.7, 석간 1면.

하루의 선미(禪味)를 맛볼 수 있습니다.

◇이곳은 본래 변한(卞韓)의 비사벌(比斯伐)이자 백제의 완산(完山), 나중에 견훤(甄萱)이 후백제의 도읍을 세운 곳입니다. 또 이조(李朝) 선조들의 무덤 터라 대단한 고적(古蹟)은 아니지만 회고 거리가 전혀 없지도 않습니다. 이 태조가 아지발도(阿只拔都)를 쳐부수고 의기양양하게 개선(凱旋)한 오목대(梧木臺)에서는 영웅 당시의 심사를 떠올릴 만하고, 무성한 풀로 뒤덮인 조경묘(肇慶廟)와 경기전(慶基殿)을 바라보면서는 이조 오백 년의 한 많은 꿈의 자취를 더듬을 수 있습니다. 일찍이는 성지(聖地)로도 숭앙받았던 덕진(德津)이 지금은 다만 송림(松林)과 연(蓮)의 명소로서만 세상에 알려진 것에 생각이 미치면, 변화무쌍하여 잠시도 머물러 있는 법이 없는 세상의 모습에 사뭇 감개가 없을 수 없습니다.

◇전주의 조선인은 꽤 활동적인 것처럼 느껴집니다. 순 조선인의 경영으로 완천(完天) 합자회사(合資會社)가 있고, 사립 잠업 전습소가 있고, 대규모의 교풍회가 있고, 성질이 그와 거의 흡사한 청년구락부가 있습니다. 완천회사 및 잠업 전습소는 전주의 재산가이자 유력자인 박영근(朴永根) 씨가 힘쓰는 것으로 성적이 꽤 양호하다고 합니다. 전주에는 30인 이상의 기생이 있다고 하니, 청년구락부는 이에 대한 방어진이 될 것입니다. 거침없이 타락에 빠져들어가는 조선 각 대도회의 청년을 구제하는 것은 눈앞의 급무로서, 이러한 청년 단체는 무엇보다도 시의적절한 것이라고 생각합니다. 부윤(府尹), 군수(郡守) 여러분들이 공무(公務)의 여가에 이런 아름다운 사업을 해주시면 어떨는지.

◇또 찌는 듯이 더워집니다. 법원장은 어딘가 외출하시고, 하녀들이 때를 만나 왁자지껄 떠들어댑니다. 전주에 머무는 동안 두터운 동정을 베풀어주신 관민 유지 여러분께 새삼 깊이 감사드립니다. 이만 총총(7월 4일 오후 3시 전주에서)[157]

湖南으로부터(4)

◇어제 저녁 전주 관민 유지 4, 50인이 소생을 위해 환영 잔치를 열어주셨습니다. 이(李) 장관과 김(金) 참여관, 김(金) 군수도 참석해 주셨고, 소생에게는 실

157 『경성일보』, 1917.7.8, 석간 1면.

로 과분한 영광이었습니다. 더운 날씨에 오도(五道)를 돌아다니는 것이 오죽이나 힘들겠느냐고 위로해 주시는 분도 있고, 될 수 있는 한 조선의 현상을 자세히 살펴 세상에 소개해 달라고 격려해 주시는 분도 있었습니다. 이는 실로 과중한 부담이니, 어찌해야 이렇게도 절절한 그 분들의 기대에 부응할 수 있을는지. 다만 오직 있는 힘을 다해볼 결심이 있을 따름입니다.

◇연석에는 관리가 있고, 실업가가 있고, 은행원, 회사원이 있고, 신문기자가 있고, 노인, 청년이 있습니다. 사회의 온갖 계급을 무시하고 한 가족처럼 잔을 주고받는 것은 실로 아름다운 광경이라고 할 만합니다. 마츠나미[松波] 전북 일일(日日) 사장의 말씀처럼 전주의 특색은 관민의 융합에 있는 것처럼 보입니다. 이 장관이 평민적이라는 것은 지금 새삼 말씀드릴 것도 없지만, 그밖의 관리 분도 다들 인민(人民)과 의사소통하는 데 힘쓰고 계시다니 참으로 기뻤습니다. 전주인은 욕심 많고 인색하고 교활하다는 등 비난하는 경향도 있습니다만, 소생이 접해본 바로는 그렇게는 느껴지지 않았습니다. 한 도의 수부(首府)의 인민으로서 부끄럽지 않다고 생각합니다.

◇새로 일으킬 만한 사업이 많음에도 불구하고 조선인은 아직 이러한 사업에 출자(出資)하기를 좋아하지 않고, 특히 전주인이 그렇다는 등 개탄하는 자도 있다고 합니다만, 그렇게 하루 아침에 머리가 깨이는 사람은 없다고 생각합니다. 일본인은 지식을 내고 조선인은 자본을 내면 충분히 유익한 사업을 이룰 수 있다는 등 애석해하는 자도 있는 모양이지만, 남의 머리만 신용하고 자신의 재산을 내놓는 사람도 없을 것입니다. 그 사업의 의의(意義)도 이익과 손해도 이해하지 못한 자가 어떻게 그 사업을 위해 출자하는 것을 수긍하겠습니까. 신지식이 보급됨에 따라 조선인 사이에도 사업열이 일어날 것은 분명합니다. 그러면 오늘날 조선인에게 사업열 없음을 꾸짖을 것이 아니라, 그들에게 자극이 될 만한 일본의 자본가가 조선에서 사업을 일으키는 일이 적은 것을 꾸짖어야 하지 않겠습니까. 이 장관의 말씀처럼 조선의 상공업은 일본인 재산가의 분기에 의해서만 발흥할 운명을 가졌다고 생각합니다.

◇본사 전주 통신원 이데[井出] 노인과 부산일보 전주 지국장 쿠라다[倉田] 노인도 참석하셨습니다. 두 분 모두 조선통, 전주통으로 조선의 음식까지도 무엇

이든 푹 빠져있다고 할 정도입니다. 연로하여 활동은 생각뿐이고, 신문기자(新聞記者)라기보다 빈문기자(貧聞記者)라는 등 해학이 넘치셨습니다. 때로 본사에서 꾸중을 듣는다고 말씀하신 것은 정말인지 농담인지. 꽤 민활한 수완가라는 평이 높다고 합니다.

◇십수 명 전주 미인의 알선으로 주인과 객은 무척 즐거웠습니다. 술이 약한 소생은 흠뻑 취하여 필시 여러분께 실례도 많았을 것입니다. 끝으로 잠시 사죄드립니다.

◇연일 내리는 비로 수해(水害)도 다소 있고 경철(輕鐵)도 불통이라니, 소생은 바야흐로 도보여행의 본색을 발휘하여 터벅터벅 이리(裡里)로 향할 생각입니다. 삼한시대에는 무슨 국(國) 무슨 국(國) 나라가 구십, 백여 개나 되었으니, 이 근처는 대부분 어느 나라의 고읍이었을 것입니다. 2, 3인이 협력해야 겨우 사용했다는 긴 창을 든 마한인(馬韓人)이 이곳 저곳 돌아다녔을 모습을 상상하면서 전북 평야를 돌아다니는 것도 한 흥취일 것이라고 생각합니다. 이만 총총.(7월 5일 오전 8시 전주에서)[158]

湖南으로부터(5)

◇조선인의 주요한 특색은 하고 물으면, 소생은 예술적이라고 대답하고자 하는 사람입니다. 오늘날의 추악한 조선인만을 본 사람은 소생의 어리석음을 웃을지도 모릅니다만, 오늘날의 조선인은 결코 진짜 조선인이 아닙니다. 지나화(支那化)해 버리려다가 실패한 일종의 변형된 조선인입니다. 삼국시대 이전의 조선인은 결코 이런 요보상[ヨボさん]은 아니었습니다. 그들에게는 무(武)가 있고, 문(文)이 있고, 힘이 있고, 부(富)가 있었습니다. 수당(隋唐)의 대군(大軍)을 멋지게 격파한 것도 그들이고, 일본 및 지나에 음악 미술상 커다란 영향을 준 것도 그들입니다. 지금은 옛 모습을 찾아볼 수 없을 정도로 초라하지만, 반도(半島) 각지의 견고한 성벽, 도회, 도로, 사원, 박물관의 가치 있는 물건 대부분이 그들의 손으로 이루어졌습니다. 불교를 소화한 것도, 당(唐)의 문명을 완전히 받아들여 소화한

158 『경성일보』, 1917.7.9, 석간 1면.

것도 그들입니다. 고려 초기 이후 이조(李朝) 시기까지 천 년 가까이 조선인은 조상의 유산을 파괴하고 닳아 없어지게 했을 뿐, 건설하고 진보시킨 것이 없습니다. 경주의 도시는 백만 인구를 가졌는데 이조의 경성은 이십만을 넘지 못한 것은 과연 무엇을 의미하겠습니까. 오늘날 조선에 남은 것은 그들이 파괴해버릴 수 없었던 몇몇 잔류물뿐입니다. 마치 온 땅의 삼림을 먹어치우고자 압록강 기슭에 약간의 삼림을 남겨두는 것과 같은 꼴입니다. 소생은 요보상이 결코 조선인의 정체가 아님을 극력 주장하는 동시에 조선인의 여러 특색 가운데 예술적인 것이 그 가장 현저한 특색이라고 단언합니다. 삼국(三國) 이전의 기록은 거의 전부 소실되었다고 해도, 한(漢)・당(唐)・수(隋)의 서적 및 일본에 남아있는 모든 기록 및 유물을 종합하건대, 당시의 음악 미술의 발달은 실로 놀랄 만합니다. 천하의 중심이라고 자칭한 지나조차도 조선의 악곡(樂曲), 조선의 미술품을 귀중히 여겼을 정도이고, 나라[奈良]・헤이안[平安] 시대의 음악 미술은 태반 삼국인의 손으로 이루어졌다고 할 정도니, 이것만으로도 소생의 이야기가 거짓이 아님을 증명할 수 있을 것입니다. 특히 백제인은 이 점에 있어서는 가장 빼어났습니다.

◇백제인이 살던 땅에 살고 있는 그들의 직계 자손인 전라도인의 혈관 속에는 실로 백제인의 예술의 피가 흐릅니다. 재래로 조선의 미술공예 및 음악의 중심은 단연 전라도였습니다. 죽공예, 칠기(漆器), 유리, 기타 정교한 미술공예품은 대개 전라도인의 손으로 이루어진 것이고, 기생・배우 등 노래와 춤, 음악에 뛰어난 것도 또한 전라도인입니다. 이조 이래 미술공예 및 음악을 천시함이 심하여 이에 종사하는 자는 상인(常人) 중의 상인으로 에타(穢多)[159]와 같은 취급을 받음으로써, 그들도 이 천부의 자질을 자랑으로 여기지 않고 오히려 일신의 원수로 여길 정도였습니다. 만약 그들을 장려하고 상찬했더라면 찬연한 세계적 대미술, 대공예를 산출했을 것이라고 생각하니 이가 갈려 견딜 수 없습니다. 전북 물산 진열소에 진열된 보통학교 및 간이공업학교 생도의 정교한 수공품을 보고 더욱 그 느낌이 짙어졌습니다. 지금도 늦지 않았습니다. 이제부터 그들이 천부의 재능을 자각하고 분투 노력하면 조선의 쿄토인[京都人]으로서 미술 음악에 공헌

159 일본 중세 이전부터 보이는 신분제도의 하나로, 백정(白丁)에 해당한다.

하는 바 많을 것을 확신합니다. 당국에서 곳곳에 간이공업학교를 설립하고 또 각 보통학교에서도 특히 이 점에 유의하고 있다고 합니다만, 더욱 적극적인 방법을 취함이 어떨는지. 전라북도의 5대 방침 중 미술공예 장려의 항목이 없음을 유감으로 생각합니다. 이것은 대략 농사의 개량과 병행할 정도로 중요하지 않겠습니까. 소생은 장래 전주의 어딘가에 고등공예학교, 미술학교 내지 음악학교가 설립되기를 희망하여 마지않습니다. 전주로 하여금 조선의 쿄토가 되도록 해야 한다고 주장하는 바입니다. 전라도인의 피 가운데 1천여 년간 잠든 백제인의 땅은 이에 찬연히 빛을 발할 것이고, 혹은 희랍 원류인 서양미술에 대하여 백제 원류인 새로운 미술을 낳고 세계에 공헌하지 못할 것도 없다고 생각합니다. 여행 중 겨를이 없어 우선 생각나는 대로 이렇게 씁니다. 이만 총총.(7월 6일 아침 전주에서)[160]

湖南으로부터(6)

◇전북평야에는 지금 굶주림에 직면한 자가 많고 풀뿌리와 나무껍질로 실낱 같은 목숨을 잇는 자조차 적지 않으니, 그 궁핍상과 참상이 실로 짐작되지 않습니까. 호소카와[細川] 농장에서는 소작인 장려의 방법으로 매년 작물의 품평회를 열어 우등한 자에게는 우등기(優等旗)를 주고, 또는 개량 농기구 등의 상품을 주며, 혹은 종자를 무료로 배포하고 있다고 합니다. 작년의 흉년으로 금년의 모내기 때에는 벼 사백육십 섬을 풀어 1개월 반의 양식을 주고 가을 수확에 무이자로 환납케 한다니, 조선 지주의 모범으로 삼아야 할 것이 한둘이 아닙니다. 이러한 참상을 초래하는 이유는 토지가 메마른 까닭이 아닙니다. 전북평야는 조선 제일의 옥토입니다. 인민(人民)은 게으르지 않습니다. 끝없이 펼쳐진 평야는 그들의 손으로 경작됩니다. 비옥한 토지에 거주하는 근면한 인민이 이렇게나 비참한 지경에 빠진 것은 대체 어떤 이유이겠습니까.

◇한두 유력자의 말에 의하면, 초근목피(草根木皮)는 결코 과장의 비유가 아니며, 실제 조사한 바 말 그대로 풀뿌리와 나무껍질을 먹는다는 것입니다. 어른

160 『경성일보』, 1917.7.10, 석간 1면.

은 영양 불양으로 안색이 창백해지고, 어린 아이는 모유를 얻을 수 없어 뼈와 가죽만 앙상히 여윈 결과 울 수조차 없는 불행한 경우도 적지 않다고 합니다. 마침 모내기철로 농가(農家)로서는 실로 일각(一刻)이 천금인 시기에 이런 참상을 보이니, 실로 동정 한 웅큼의 눈물을 흘리지 않을 수 없습니다.

◇조선의 지주는 모내기가 끝난 후가 아니면 소작인에게 양식을 빌려주지 않습니다. 모내기 후 그 수확을 저당하고 비로소 양식을 빌려주는 것입니다. 그러나 소작인이 궁지에 빠진 것을 틈타 불법의 고리(高利)로 겨우 2, 3개월에 5할의 이자를 붙이는 자도 왕왕 있습니다. 즉 여름에 벼 한 섬을 빌려주면 가을에 한 섬 반을 받는 것으로, 이리하여 가련한 소작인은 당장 수확하는 자리에서 벼 한 톨 남지 않게 되고 해마다 점점 더 가난해질 따름입니다.

◇작년은 수해로 유례없는 흉작이었습니다. 그것도 한 원인인 것은 틀림없겠지만, 소작인의 궁핍은 오로지 지주의 횡포, 바꿔 말하면 사회제도의 불완전에 의한 것도 역시 한 원인이라고 생각합니다. 그들 가련한 소작인을 구제함에는 낮은 이자로 농사 비용을 빌릴 수 있게끔 기관을 갖추는 것이 당면의 제일 급무라고 생각합니다.

◇지방 금융조합이 있지만 이것은 중농(中農) 이상이 이용할 만한 것으로 소작인은 직접 그 은혜를 입을 수 없습니다. 전주의 농사조합이야말로 이 목적에 가장 적합한 시설이라고 생각합니다. 지주들의 출자로 상당한 자본을 매우 낮은 이자로 각 지주 담보하에 소작인에게 농사 비용을 빌려주는 기구인데, 이렇게 하면 일면 소작인들을 불법의 고리(高利)에서 구출할 뿐 아니라 일면 그들에게 근검과 신용을 장려하게 될 것이니, 실로 일거양득이라 할 만합니다. 그러나 조선인 지주가 자발적으로 이러한 시설을 만드는 것은 전도요원한 일이니, 당국에서 반강제적으로 시행케 하면 수년 이내 완전히 실현될 것이라고 생각합니다.

◇수리(水利)의 정리, 종자(種子)의 선택, 경작 방법의 개량 등으로 가능한 한 수확량의 증가를 꾀하고, 온갖 부업을 장려하여 가능한 한 농가 수입의 증가를 꾀함도 오늘날의 제도로는 오직 지주의 배를 불릴 뿐 근본적으로 소작인을 구제할 수 없을 것이라고 생각합니다. 특히 여러 사정상 중추계급이 점차 소멸하고, 지주의 겸병(兼併)이 성행하여 전라남북과 같은 농업지에는 마침내 대지주와 소

작인 양 계급만 남게 되는 경향이 날로 현저해지니, 소작인 구제는 실로 초미의 급무라고 할 수 있을 것입니다.

◇교육도 의식(衣食)이 있고 난 후의 일이고, 저축을 하는 것도 저축할 만한 것이 없으면 어떻게도 할 수 없습니다. 한 사람의 지주에 수백, 수천 명의 소작인이 딸려 있습니다. 쌀 생산량만으로, 혹은 수출 금액의 통계만으로 곧 인민(人民)의 부(富)를 점칠 수 없을 것입니다. 부의 증가와 더불어 분배가 그 적절함을 얻는 것은 경제의 원칙이라고 들어 알고 있습니다. 특히 오늘날 조선의 이러한 상태에서는 분배의 적절함은 가장 긴급하고 중요한 일이라고 생각합니다.

◇굶주림에 우는 동포를 보고 동정의 뜨거운 눈물을 금할 수 없습니다. 유치한 의견이나마 이렇게 씁니다. 경세가(經世家) 여러분의 관심을 받게 되면 다행이겠습니다. 이만 총총. (7월 7일 이리에서)[161]

湖南으로부터(7)

◇이리(裡里)는 곧 태어나려는 도회입니다. 아직 눈도 코도 없고, 핏덩어리라고나 할 수 있을까. 나날이 커갈 뿐 형태도 갖추어지지 않은 데에 이리의 무궁한 장래는 감추어져 있습니다. 비옥한 전북평야의 무진장한 쌀은 이 태아의 무한한 영양분이 되어 마침내는 한 사람 몫의 훌륭한 대도회를 이룰 것이라고 생각합니다.

◇이리는 조선 신흥도회의 준거라도고 할 수 있으니, 이리 인사의 책임이 무겁다고 하지 않을 수 없습니다. 희망컨대 이상적인 완전한 신도회를 이루었으면 합니다.

◇도회의 얼굴인 가옥이 지나치게 날림공사로 이루어진 것은 신개척지에 흔히 있는 일로 어쩔 수 없다고는 해도 신도회의 장래를 위해 매우 불길한 일이라고 생각합니다. 눈앞의 이익에만 현혹되지 말고 영구적인 계획을 세웠으면 합니다. 조선 내의 모든 도회가 그렇지 않은 곳이 없다고 해도, 이리는 특히 그런 느낌이 짙습니다. 그러나 지금은 이런 사치스런 소리를 할 게 아니라, 다만 튼튼히 크게 자라기만 하면 그것으로 좋을 것입니다.

---

161 『경성일보』, 1917.7.14, 석간 1면.

◇이리의 가구수는 약 8백, 내지인 가구수가 약 5백이니 조선인 가구수의 약 2배라고 볼 수 있을 것입니다. 그러나 조선인의 상업은 매우 부진한 듯합니다. 이것은 결코 완전한 발달이라고 할 수 없습니다. 조선에서는 일본인과 조선인의 평행한 발달이 있고서야 비로소 건전한 발달이라고 할 수 있을 것입니다.

◇이것은 물론 조선인의 자본력 및 지력이 열등한 까닭일 것입니다. 교육의 보급, 경제적 자각이 일어나 활발하게 자본을 운용할 만한 시절을 기다릴 수밖에 없다고는 해도, 당장 조선인의 상업이 이렇게까지 부진한 것은 그 일부 책임이 내지인에게 있다고 믿습니다. 아무래도 내지인은 내지인 끼리라는 식으로 조선인을 배제하고 혹은 경쟁자로 여기는 경향이 없지 않다고 들었습니다만, 이래서는 도저히 평행한 발달을 바랄 수 없습니다. 내지인부터 기꺼이 조선인에 대한 차별적 장애를 없애고, 이익이 있으면 함께 누리고 손해가 있으면 함께 돕는 마음가짐이 있고서야 비로소 완전히 평행한 발달을 실현할 수 있을 것이고, 비로소 완전한 조선의 발달을 바랄 수 있을 것이라고 생각합니다. 조선인 상인으로 하여금 내지 상인을 적대시하게끔 하는 한, 양 민족의 융합은 환몽에 그칠 것이라고 믿습니다. 그런데 이 장벽을 세우고 세우지 않고는 오로지 선각자로서의 내지인에게 달려있지 않겠습니까. 장차 무한히 발달할 운명을 가진 사랑스런 신도회 이리의 앞길을 축복하는 마당에, 동시에 이리가 일본인과 조선인의 평행 발달의 모범이 되었으면 좋겠다고 간절히 바라마지 않습니다.

◇끝없이 펼쳐진 전북평야에 나날이 자라고 있는 이리, 쌀의 도회로서 장차 누에의 도회로도 거듭나고자 하는 이리는 가까운 장래에 당당히 웅장한 모습을 우리 눈 앞에 보여줄 것입니다. 과연 치기만만한 젖먹이와 같은 이리를 보면 장래의 발전을 암시받은 듯한 느낌이 들고, 그 생기 가득한 모습을 보면 기쁜 마음을 금할 수 없습니다.(7월 9일 이리에서)[162]

---

162 『경성일보』 1917.7.25, 석간 1면. 게재 순서가 어긋나 있다. 이날 같은 지면에 다음 기사가 게재되었다.
▲ 이씨(李氏) 출발
『매일신보』 오도답파기자 이광수 씨는 병이 완쾌. 22일 아침 조선 기선(汽船)으로 다도해를 시찰하고 여수로 출발하였다.

湖南으로부터(8)

◇녹음이 짙은 프랑스 병원의 병상에서 한 말씀 올립니다. 12일 저녁 나주(羅州)를 떠나 목포역(木浦驛)에 도착하여 여러 인사의 맞아주심을 받았습니다. 도중에 복통을 느껴 설사를 하고 상태가 나빠 권고하시는 대로 입원하게 되었습니다. 하루 정양하면 완전히 낫겠거니 하고 다시 용기를 내어 예정된 여행을 계속할 예정이었는데, 진단 결과 결국 세균성 적리(赤痢)라고 하여 지금 혈청주사를 맞았습니다. 전치(全治) 약 1주일이라는 말을 듣고는 열린 입이 다물어지지 않았습니다. 전염병에 걸리는 것은 신사로서의 불명예라고 합니다. 소생은 아직 풋내기 서생이요 신사는 아닙니다만, 부주의로 이런 추한 전염병에 걸린 것은 사회에 대한 치욕이라고 생각합니다. 두 번 다시 이런 병에 걸리지 않도록 주의하려 합니다. 지금 들은 바에 의하면, 광주(光州)는 적리의 유행지라고 합니다. 통신문을 쓰려고 책상을 향하였으나 배가 아프고 기분이 침울해져 쓸 수 없습니다. 수일간 통신은 단절될 것으로 생각합니다. 본사 및 독자 여러분께 진심으로 미안합니다. 그저 너그럽게 용서하시기를 바랍니다.(7월 14일 목포에서)[163]

多島海 순례(1)

섬 하나 가면 섬 하나=하얀 돛 붉은 돛에 청풍을 품고=유명한 우수영(右水營)=남쪽으로 남쪽으로

◆적리(赤痢)로 아직 눈도 휘뚝거리는 것을 다도해라는 이름에 끌려 23일 정오 목포 부두에서 조선 우편선 순천환(順天丸)의 승객이 되었습니다. 목포의 여러 유지께서 배 안까지 전송해주시고, 병후의 몸 간수 잘하라는 등 친절한 작별 인사를 건네셨습니다. 특히 목포 체류 중 본사 전남지국장 아소(麻生) 군에게는 친절한 돌봄을 받은 게 많아 뭐라 감사드릴 말씀이 없습니다. 아무쪼록 가족과

---

163 『경성일보』, 1917.7.17, 석간 1면. 이 기사는 『매일신보』 7월 17일자 2면에 실린 오도답파 관련 기사와 내용이 동일하다. 당일 『경성일보』 지면에는 뒤이어 다음 기사가 게재되었다.
□ 오도답파기사 휴게
본사 오도답파여행 기자 이광수 씨는 목포에서 우연히 병을 얻어 쾌유까지 약 1주일간이 필요하므로 잠시 해당 기사를 휴게함.

같이 여겨달라는 것이 소생이 드릴 수 있는 유일한 감사입니다.

◆손을 흔들고, 모자를 흔들고, 머리를 흔들어 작별을 아끼시는 목포 인사를 뒤로 하고, 제가 탄 순천환은 서서히 높은 섬의 병풍과 같은 절벽의 그림자를 밟아 흩뜨리며 천하의 절경 다도해를 향하여 달려 나갑니다. 약간의 구름이 유달산의 가파른 바위 정상을 품는가 싶더니, 굵은 소나기가 잇달아 후두둑 수면을 때리고, 그것도 얼마 못하여 한여름의 하늘은 짙푸르게 개었습니다.

◆다도해의 화폭은 지금 펼쳐지기 시작합니다. 섬 하나 가면 섬 하나가 오고, 또 가면 또 옵니다. 오리 같은 배가 그 사이를 꿰매는 듯 헤매는 듯, 혹은 취하여 장난하는 듯 유유히 거울 같은 수면을 미끄러지면, 섬 그림자에 숨어 있던 청풍이 휙 불어와 나그네의 소매를 떨칩니다. 엉겁결에 쾌재를 부르지 않을 수 없습니다.

◆물결 하나도 일지 않는다 함은 이를 일컫는 말일 것입니다. 과연 매끄러운 해원(海原)이라고 할까. 아니, 바다라기보다 호수, 그렇지 않으면 푸른 강의 한 굽이, 황룡이 잠자는 푸른 연못이라고나 할까. 멀리 흰구름이 떠가는 곳으로부터 비둘기 한 마리 소리도 없이 날아와 가볍게 수면을 차면, 푸른 빛 작은 물결이 무수한 동심원을 그리다가는 흔적도 없이 사라져갑니다. 그런 것조차 판연히 보일 정도로 매끄러운 바다입니다.

◆때때로 배가 조는 듯한 작은 섬의 절벽 사이를 뱃전이라도 스칠 듯이 빠져나가면, 천만여 섬들을 씻어내리는 수없이 복잡한 조류가 하얀 포말을 일으키며 소용돌이치는 곳을 헤엄쳐 갑니다. 하얀 돛 붉은 돛에 청풍을 품고 오가는 어선이 의미를 이해할 수 없는 신호로 서로 부르는 것도 재미있습니다.

◆섬의 형태도 천차만별. 적은 것이 있고 큰 것이 있고, 둥근 것이 있고 삼각형인 것이 있으며, 혹은 사각, 오각, 육각 등 복잡한 각을 이룬 것이 있고, 또 높은 것 낮은 것이 있습니다. 형상으로든 위치로든 제 멋대로 마음대로 되고 싶은 대로 만들어졌다고 할 수밖에 없습니다. 조화옹은 천지 창조의 마지막 날 뜻밖의 겨를을 얻어 다도해의 궁리 경영에 쏟은 것으로 보입니다. 풍파로 하여금 오랜 세월 섬의 형태를 마멸케 하였을 뿐, 그 이상 혹은 그 이외에 얻을 만한 형태가 있을 것 같지도 않습니다.

◆섬은 가파른 바위만으로 이루어진 것이 있고, 흰 모래만으로 이루어진 것이

있습니다. 양쪽을 한데 섞어 이루어진 것이 있고, 때로는 초목이 무성한 비옥한 땅으로 이루어진 것도 있습니다. 그 가운데 가장 기이한 것으로는 완고한 커다란 반석 위에 두세 웅큼 흰 모래를 뿌려놓은 듯이 보이는 섬이 있는데, 그 위에 심술궂어 보이는 작은 소나무가 껑충 서 있는 것은 실로 볼 만합니다. 책상 위에 둘 만한 작은 섬이 많은 것은 물론입니다만, 때때로 무시할 수 없는 큰 섬이 없는 것도 아닙니다. 때로 꼭대기에 구름을 얹은 산까지 보일 때는 의외의 느낌을 줍니다.

◆뱃길 따라 약 2시간. 반은 무너진 황량한 옛 성은 파도에 씻겼으나 그 유명한 우수영(右水營)이니, 명장(名將) 이순신이 애써 경영한 해상 방어의 유적입니다. 그 약간 높은 성루(城壘)에 비스듬히 기대어 처량한 피리를 불며 파수를 보던 무사의 횃불 같은 눈동자가 지금도 보이는 듯합니다. 그러나 지금은 함성도 피보라도 일지 않고, 당시의 적과 아군이 사이좋게 수영성(水營城) 안에 거주케 된 것에 생각이 미치면, 사뭇 감개가 없을 수 없습니다.

◆배는 황금을 녹인 듯한 석양빛을 좌측 뱃전에 받으며 남쪽으로 남쪽으로 달리고 있습니다. 진도(珍島)의 연산(連山)은 멀리서 바라볼 뿐, 가까이할 인연이 엷음을 한탄하면서 선실로 들어옵니다. 이 부근부터 다소 바다의 본성을 드러내는 것일까. 배에 약한 소생은 베개에 꼭 매달리지 않을 수 없었습니다.(7월 23일 순천환에서)[164]

多島海 순례(2)

배는 수묵화와 같은 섬을 좌우로 꺾어 나간다 ◇◆◇ 다도해의 경치는 여성적이지 않다 ◇◆◇ 고기잡이 등불이 깜빡깜빡 꺼졌다가는 빛난다 ◇◆◇ 매우 아름다운 것이 다도해로다

◆여섯 시간이나 푹 잠들었다가 문득 잠을 깨니 시계는 밤 8시를 지났고, 배는 완도(莞島)에 도착했습니다. "영치기, 영차" 하고 뱃짐을 부리는 인부의 구령 소리는 어쩐지 비애의 정을 자아내는 듯합니다. 잠이 덜깬 눈을 비비면서 뱃전

164 『경성일보』, 1917.7.26, 석간 3면.

으로 나가니, 2, 3정(町, 1町은 109m)쯤 될까 싶은 곳에 불빛이 아른거립니다. 곧 완도 성내(城內)입니다. 하늘이 흐려 산과 물을 분간할 수 없습니다. 잘 보면 변함없이 곳곳에 섬 투성이입니다. 바람이라고는 한 점도 없고, 이래서는 짙은 안개의 우려가 있다는 둥 선원들이 두런거립니다. 다도해 항해 중 유일한 난관은 짙은 안개로, 일단 안개가 덮치든가 하면 지척에 정박지를 두고도 3일이고 4일이고 오도가도 못 한다고 합니다.

◆조금 전 다소 물결이 일던 수면도 지금은 다림질한 듯이 매끄러워졌습니다. 물의 도시인 완도를 뒤로 하고, 수묵화 같은 섬들 사이를 오른 쪽으로 돌고 왼쪽으로 돌아 발동기의 음향조차 꿈결인 듯 배는 동쪽으로 동쪽으로 나아갑니다. 때때로 언뜻 보였다가 언뜻 사라지는 것은 어촌의 불빛인지, 아니면 어선의 불빛인지. 밤의 다도해도 버리기 어려운 운치가 있습니다. 별이 총총한 하늘 아래의 다도해, 밝은 달이 밝게 빛나는 다도해의 미경(美景)은 말할 것도 없을 것입니다. 봄비 쓸쓸한 봄밤의 다도해, 흰 눈이 하얗게 내리는 겨울밤의 다도해도 필시 아름답겠지요. 물결 하나 일지 않는 것은 온순한 다도해, 무수한 파도가 절벽에 부딪는 것은 용장(勇壯)한 다도해일 것입니다. 다도해의 미경은 결코 여성적이라고만 평가해 버려서는 안 된다고 생각합니다. 아아, 아무리 봐도 아름다운 다도해로다.

◆배가 홍양(興陽)에 도착하려 할 때, 한 조각 동쪽 구름이 장미색으로 물들더니 홀연 하늘 전체 흰 구름이 홍염으로 불탑니다. 이윽고 거무스름하게 희뿌연 잠옷을 벗고 섬과 산들이 금세 분명한 윤곽을 드러내어, 소생은 운좋게 솟아오르는 아침 해를 맞았습니다.

◆섬이 많기도 하지. 토지조사국의 관리 외에는 다도해 섬의 숫자를 아는 이가 없을 것입니다. 언제까지고 섬, 어디까지고 섬. 그러나 어느 하나 같은 형태를 이룬 것이 없습니다. 배가 한 굽이를 돌면 새로운 섬이 나타나 새로운 바다가 펼쳐집니다. 일곡일천지(一曲一天地), 한 굽이 돌면 새로운 천지입니다. 혼자서 쪽배를 타고 정처없이 헤매다니고 싶습니다. 저 섬의 저 언덕에 초가집을 짓고, 유유히 속세의 명리(名利)를 잊고 싶습니다. 이 아름다운 별천지를 떠나기가 괴롭다는 둥 끝없는 공상에 빠진 사이, 배는 또 수십 수백의 섬들을 보내고 맞고 수십 수백의 별천지를 통과하여 파도가 온화한 여수항(麗水港)에 도착했습니다.

◆소생이 과문한 탓인지 아직 다도해의 아름다운 경치가 세상에 소개되었다는 이야기를 듣지 못했으니, 무척 의아해 견딜 수 없습니다. 지중해의 미경(美景)은 아직 눈으로 볼 기회를 얻지 못했고, 세계의 미경이라 칭하는 세토나이카이[瀨戶內海]도 기차에서 바라보았을 뿐이니, 피차를 비교할 수는 없어도 다도해의 절경은 결코 세계 어느 바다의 미경에도 뒤지지 않으리라 확신합니다. 천하의 절경 금강산이 조선 산의 절경을 대표한다면, 다도해는 바로 조선 바다의 절경을 대표할 것입니다. 다도해의 이름이 천하에 널리 알려질 날이 결코 멀지 않다고 생각합니다.

◆피서(避暑)에 좋고 피한(避寒)에 좋고, 요양에 좋고 유람에 좋고, 바다의 학술적 연구에 좋고 게다가 어류와 해조류 등의 해산물은 무진장이라고 할 만하니, 부자와 신분 높은 사람은 즐거움을 위해, 가난한 자는 넉넉해지기 위해, 병자는 튼튼해지기 위해, 예술가는 미를 찾기 위해, 과학자는 해양학과 지질학 연구를 위해, 박물학자는 복잡한 동식물 연구를 위해, 이 오랫동안 잊혀진 자연을 이용하는 날이 빨리 오기를 간절히 바라 마지않습니다.

◆이제 해주환(海州丸)으로 갈아타고 곧 삼천포(三千浦)로 향할 것입니다. 병을 앓고 난 뒤끝이라 25시간의 항해에 다소 피로가 느껴집니다만, 해주환으로 갈아타고 잠시 쉬면 회복할 것이라고 생각합니다.(7월 24일 순천환 배 위에서)[165]

多島海 순례(3)

◇◆ 아름다운 경치는 더욱 아름다워=목축의 땅=새로운 부원(富源)의 개척=호흡기 환자의 요양지=수산(水産) 강습소를 설치하라=천하의 절경 다도해=아아, 이 대부원(大富源)

◆부의 원천이라는 면에서 다도해를 관찰하는 것도 역시 흥미롭습니다. 우선 다도해의 수많은 섬에 될 수 있는 한 삼림을 조성할 것을 말씀드리고 싶습니다. 그 옛날 울창한 삼림으로 뒤덮였을 다도해 섬들의 아름다운 형태가 눈앞에 보이는 듯합니다. 삼림이 무성해지면 아름다운 경치는 더욱 아름다워지고, 목재가

165 『경성일보』, 1917.7.27, 석간 3면.

넘쳐나고 어류의 번식도 이전의 배가 될 것입니다. 섬이라 해충의 피해를 면할 수 있고 바다라 운반의 편익이 있으니, 조림(造林)의 땅으로서 온갖 자격을 갖추었다고 생각합니다.

◆둘째는 목축의 땅이 되어야 할 것입니다. 조선은 예로부터 목축에 섬을 택했습니다. 이들 섬 가운데에는 필시 백제인의 날래고 사나운 말떼가 뛰어다니던 곳도 있을 것입니다. 말도 좋고, 소도 좋고, 양도, 산양도, 사슴도 무엇이나 좋지 않을 것은 없습니다. 그 아름다운 섬들의 초록빛 골짜기에 흰 구름 같은 양떼를 보는 것은 얼마나 아름다울는지. 한 섬에 수만 내지 수십만 마리의 목축을 할 만하고, 게다가 토지는 내지에 비하여 값이 쌀 터인즉 그 이익이 막대할 것입니다.

◆나는 전문가가 아니라 그 기후 풍토가 능히 목축에 적합한지 그렇지 않은지 모릅니다만, 만약 제주가 예부터 목축에 적합했다면 다도해의 섬들도 목축에 접합하지 않을 리 없을 것입니다. 과연 그렇다면 다도해의 목축은 장래 세계 시장에 반드시 중요한 위치를 차지할 것이라고 보증드릴 수 있습니다. 재산 있고 일 없는 인사는 한번 분발하여 새로운 부원(富源)을 개척하심이 어떨는지.

◆셋째는 호흡기병 전문 의원 및 나병환자 수용소를 세우는 것입니다. 폐결핵 환자는 문명의 진보와 함께 증가하지만, 그 치료법으로는 다만 해변의 온화한 공기와 신선하고 소화시키기 쉬운 음식뿐이라고 들었습니다. 조선에서 이런 여러 자격을 겸비한 곳은 다도해를 두고 달리 구할 수 없다고 생각합니다. 다만 적당한 병원 건물만 갖춘다면, 가련한 불치의 병인들은 저렴한 치료비로 치료할 수 있을 것입니다. 나병환자 수용소도 이 근처 소록도(小鹿島)라는 섬에 한 곳이 있다고 들었습니다.

◆자세한 소식은 듣지 못했어도 그 성적이 양호할 것이야 말할 필요도 없다고 생각합니다. 전라남북과 경상남북을 통하여 나병환자가 많이 있지만 그 수는 겨우 수천에 불과하다고 하니, 천오백여만의 동포가 겨우 수천의 가련한 그들로 하여금 머물 곳이 없어 구렁에 구르게 하고, 그뿐 아니라 비참한 병독을 주야로 사회에 전염케 함은 어찌 부끄러운 일이 아니겠습니까. 이미 관립 및 야소교회가 세운 수용소가 여러 곳 있어 지금 단숨에 그들 전부를 수용할 만합니다. 수많은 부호(富豪) 분들이여, 바라건대 구미(歐美)의 자선가를 모방할지어다.

◆넷째는 목포 또는 다도해의 어딘가에 수산(水産) 강습소를 세우는 것입니다. 조류가 복잡한지라 어족의 종류도 복잡할 것이고, 게다가 수산은 전라남도의 중요 산업일 뿐 아니라 조선 전역, 특히 동남 조선의 주요 산물이니, 대규모 수산 강습소의 설립은 실로 초미의 급무라 하지 않을 수 없습니다. 그런데 겨우 군산에 한 곳 아직 유치한 수산 강습소가 있을 뿐이니, 실로 조선의 수치라 할 만합니다. 다만 관에만 의지하지 말고 어업에 종사하는 인사의 대분발이 있기를 바라는 바요, 소생이 아는 한 다도해는 그 가장 적당한 곳이라고 생각합니다.

◆천하의 절경인 다도해가 동시에 조선의 대부원(大富源)인 다도해가 된다면 아아, 얼마나 기쁜 일이겠습니까. 소생은 이러한 다도해를 볼 수 있을 순간을 축복하는 사람입니다. 소생의 유치한 관찰이 다행히 강호(江湖) 여러분의 주의를 끌 수 있다면 더없는 행복이겠습니다.(7월 24일 밤 해신환 배 위에서)[166]

多島海 순례(4)

◇◆붙임성 좋은 선장=천 갈래 만 갈래 황금색 물결=맨손의 성공자=갑판 위의 달밤=고독한 등불 밑의 추억=삼천포에 도착=전 매약행상

◆거금 45전의 돈을 내고 삼천포까지 1등객으로 행세하게 되었습니다. 배와 차를 불문하고 1등은 이것이 처음이라 크게 남아다운 체면이 올라간 느낌입니다. 붙임성 좋은 선장은 낚시도 하지 않으면서 줄을 드리우고 강태공을 자처합니다. 소생은 곧 침대에 들어와 잠을 푹 잤습니다. 과연 일등은 좋은 곳이니, 어젯밤의 2등실보다는 훨씬 잠자리의 느낌이 좋습니다. 관(棺) 속을 닮은 데가 있지마는 세 군데 콧구멍 같은 창으로부터 시원한 바닷바람이 흘러들어오는 것도 좋고, 부드러운 요와 베개도 모두 좋습니다. 그보다도 1등실이라는 이름 자체가 좋은 것일지도 모릅니다.

◆한숨 푹 자고 기분 좋게 갑판으로 나오니, 석양은 이름 모를 섬의 이름 모를 산에 걸렸고 천 갈래 만 갈래 파도는 황금을 녹인 듯합니다. 노량진(露梁津)을 지

166 『경성일보』, 1917.7.28, 석간 3면.

나니, 멀리 동쪽에 주성(周城) 와룡산(臥龍山)의 험준한 봉우리가 거무스름한 구름에 머리를 감춘 것이 보입니다. 여전히 다도해라 곳곳이 섬투성이. 다만 이전에 비하여 드문드문해지고, 그 형상은 경상도식 험준한 바위의 모습을 보이고 있는 듯합니다.

◆ 정원 6명의 1등실에는 7년만에 일본으로 돌아간다는 사람 하나가 열 살 남짓한 귀여운 여자 아이와 동반해 있습니다. 네 살 때 조선에 온 이후 아직 내지(內地)라는 것을 모르고 전차가 무엇인지도 몰라 곤란하다는 둥 아버지가 놀리면, 소녀는 금세 얼굴이 빨개져 "오사카[大阪]에 가면 전차를 탈 걸요"라며 토라지는 모습이 아무리 봐도 귀여워 보입니다. 아버지는 아직 50을 넘지 않은 나이일 텐데, 굵은 주름이 잡힌 용모에는 온갖 고생과 싸운 자취가 보여 맨 손으로 성공한 자라는 느낌을 줍니다. 사루마다 한 장으로 연락선 3등실 구석에 끼어 앉아 조선에 왔던 그 옛날을 돌아보면 필시 득의의 미소를 금할 수 없을 것입니다. 고향에 돌아가면 필시 사람들에게 떠받들어질 것이라는 둥 괜한 걱정까지 들었습니다.

◆ 문득 갑판에 나오니, 이게 어찌된 일입니까. 초사흘 달이 서산에 걸린 것이 보입니다. 어젯밤 다도해 한가운데서 보고 싶었던 것을, 하고 원망스럽게 바라보았습니다. 여하튼 다도해의 달을 본 것으로 단념하고 혼자 기뻐했습니다.

◆ 아버지와 딸은 한 침대에서 고향의 꿈을 꾸고, 소생만 홀로 고독한 등불 아래 탁자에 기대어 이 글을 씁니다. 기운 빠지는 적리(赤痢)로 약 2주간이나 휴업, 다행히 문을 닫는 비운만은 면하여 이렇게 다시 터무니없는 제 멋대로의 열을 뿜게 된 것은 소생에게는 커다란 기쁨입니다. 2주간의 손실을 다도해에서 회복할 것 등 목포 출발 즈음에는 커다란 기개를 품었습니다만, 막상 와보니 텅텅 빈 머리가 아무리 쥐어짜도 맛있는 즙이 나올 리 없어 힘껏 보고 힘껏 생각하고 힘껏 쓴다는 것이 보시는 대로입니다.

◆ 기적이 웁니다. 발동기가 멈춥니다. 삼천포(三千浦)에 도착하니 선장은 특별히 소생을 전송해 주시는 듯합니다. 선원도 보이도 황송해하는 듯 안녕히 가시라고 인사를 건넬 때에는 잠시 당황했습니다. 그러나 삼판(さんぱん)[167]에 내

167 항구 안에서 사람이나 짐을 실어나르는 작은 거룻배.

리니, 전 매약행상을 꾸몄던 순사보가 인정사정 없이 그쪽 주소는, 이름은 하고 형사 피고인 취급하여 좀 어이가 없었습니다.(7월 24일 삼천포에서)[168]

嶺南으로부터(1)

◇침상에서 ◯소리(◯聲)를 들으며 이어지던 삼천포 객사(客舍)의 꿈을 깨고, 덜컹이는 자동차에 오른 것이 오전 7시. 한발(旱魃) 때면 늘 그렇듯이 산들도 열은 얄미운 아지랑이로 덮여 언뜻 보기에 눌어붙은 듯이 보입니다. 길가의 풀잎도 여기저기 시든 것을 보니, 농가의 근심이 짐작됩니다.

◇도로는 3등급 정도 되지만, 대체로 옛도로에 의존한 듯 굴곡과 경사가 모두 심하여 자동차도 속력을 내지 못해서, 소 걸음 또 소 걸음, 빈 소리만 높습니다. 특히 이 부근 일대는 모두 자갈로 이루어져 논이고 도로고 불문하고 돌멩이 투성이입니다. 이곳 인민(人民)의 생활과 이 돌멩이와는 밀접한 관계가 있습니다. 이 돌멩이를 쌓으면 집이 되고, 담이 되고, 헛간이 됩니다. 실제 주거하는 집과 헛간은 이렇다 할 외견상의 구별이 없고, 소생도 두세 번 그 둘을 잘못 알았습니다. 가옥이 낮고 좁고 불결한 것은 말할 것도 없습니다. 출입문의 높이는, 놀라지 마십시오, 부채로 2척(尺, 1尺은 약0.3m) 반. 방의 넓이는 5척 평방입니다. 소생과 같이 키가 큰 사람은 기어 들어가 간신히 자고, 또 기어 나오지 않을 수 없습니다. 문명과 과학을 모르는 원시적 인민의 비참한 생활에 공연히 저도 모르게 눈물이 났습니다. 때가 끼어 시커멓게 된 마루 위 초파리가 붕붕거리는 곳에 남자 여자, 어른 아이 할 것 없이 반나체의 수척한 몸을 가로눕힌 양은 실로 인생의 비극입니다. 그들을 넉넉하게 만들 길이 있을는지. 그들을 행복하게 할 길이 있을는지.

◇울창한 아카시아 숲이 무성한 작은 산을 지나면, 갑자기 시야가 넓어져 남강(南江)의 푸른 물이 흰 모래와 푸른 풀 사이를 조용히 흐르는 것이 보입니다. 이제부터 절벽을 깨고 길을 낸 새 도로입니다. 머리 위로 바위 틈에 위태롭게 매달린 들꽃을 보고 다리 아래로 짙푸른 남강을 보니, 그 경치는 아낄 만합니다. 경적 소리 우렁차게 아카시아 가로수 그늘을 달려 십수 분, 삼방산(三方山)에 둘러

168 『경성일보』, 1917.7.29, 석간 3면.

쌓여 옅은 아침 안개로 덮인 것이 말로만 들었던 진주성(晋州城)입니다.

◇남강의 선교(船橋)를 건너면 쓸쓸한 진주의 시가, 홀로 번성의 극에 달한 것은 얼음가게와 맥주홀뿐입니다. 남선(南鮮)에 온 맥주가 보급시킨 것은 놀라운데, 특히 진주는 맥주의 도회라고도 할 만하여 고양이 이마처럼 좁은 진주 시내에 커다란 맥주홀이 세 군데 있습니다. 어느 것이나 여름철에 어울리는 가건물로, 약간의 바람에도 날려갈 듯한 2층 구조, 삿포로와 사쿠라의 작은 휘장과 등롱도 산뜻하며, 두루마기(ツルマギ)와 파나마 모자의 하이칼라 패는 삼삼오오 무리지어 바람쐬고 노는 데 4, 5엔의 황금을 맥주의 포말로 만들어 버립니다. 실로 호기로운 행동입니다. 더욱이 진주는 예부터 명성이 높은 미인향(美人鄕)으로 집집이 모두 기생이라 불린 만큼, 저속한 창녀들이 맥주 홀 구석에 진을 치고 줄곧 추파를 보냅니다. 한껏 기분이 오른 하이칼라 패가 어찌 견뎌낼 수 있을까. 두세 마디 암호가 교환되고, 일사천리 잔이 오가고, 결국 소맷자락을 끌려 어두컴컴한 골목으로 사라져갑니다. 그 후의 소식은 알 바 아니지만, 이리하여 수전노의 부패한 돈은 점차 다시 사회로 흘러나오고 새로운 생명을 얻습니다. 실로 사회의 배합도 재미있는 것이라고 여러 번 감탄하게 됩니다. 경찰의 이야기에 의하면, 진주 청년 간의 풍기는 그다지 문란하지는 않지만, 재산가의 자식 치고 직업 가진 자가 거의 없다고. 참으로 참으로 고개가 끄덕여집니다.

◇실로 진주는 쾌락의 도회입니다. 황혼에 어두컴컴한 거리를 걸어 보십시오. 질탕한 관현(管絃)에 겸하여 요염한 노랫소리가 사방에서 들려올 것입니다. 한밤에 홀로 촉석루(矗石樓)의 난간에 기대어 남강의 밝은 달 아래 뱃놀이 하는 무리를 봅니다. 옛 조선으로 돌아간 듯하여 애련한 노랫소리에 잠시 황홀했다가도 돌이켜 생각하면 그들의 앞길도 처량합니다. 다른 사람은 아등바등 생존을 다투는데, 그들만 유유하고 한가로이 주야로 잔치를 즐기는 데 빠져 있습니다. 아아, 저주받을 진주여.(8월 1일 진주에서)[169]

---

169 『경성일보』, 1917.8.11, 석간 1면.

嶺南으로부터(2)

◇아침에 사사키[佐佐木] 경상남도 장관을 도청 장관실로 방문했습니다. 실례의 말씀이지만 귀여운 얼굴을 한 분입니다. 입술을 꾹 다물고 있어 언제 웃을까도 싶지만, 싱긋 웃으실 때에는 상대를 매료시키지 않을 수 없을 것이라고 생각됩니다. 약간 상체를 젖히고 부드러운 어조로 차근차근 말씀하셨습니다.

◇경상도는 예부터 양반과 유생의 본고장으로, 양반과 유생은 완고한 우두머리라 옛것을 묵수하고 좀체 새것을 향하지 않는다. 그들은 문을 닫고 세상과 절연함으로써 자랑을 삼고, 자제에게 신교육 베풀기를 좋아하지 않는다. 실로 성가시기 그지없는 무리이지만, 최근 점차 신정(新政)을 이해하게 된 것은 더할 나위 없이 기쁘다. 올해는 도내(道內)의 중요한 양반과 유생을 진주에 불러모아 수일간 그들에게 신정(新政)의 주요 뜻을 설명하고, 이로써 신시대에 대한 이해를 촉진시키고자 한다. 지금 각 군수로 하여금 각 관내(管內)의 대표적 양반과 유생을 조사케 하고 있다. 과연 뜻대로 많이 참석할지는 의문이지만, 반드시 좋은 결과를 거둘 것을 확신한다고 말하고는 그 귀한 첫 번째 미소를 지으셨습니다.

◇본 도(道)는 농업이든 어업이든 천연의 산물이 풍부한데, 그만큼 빈부의 격차가 심하고 조선 전역에서 걸식자 많기로 첫째 간다. 그러나 점차 각종 산업이 발달함에 따라 만인(万人)이 모두 직업을 갖게 될 것이다. 지금도 가능한 범위에서 그들에게 근검을 장려하고 적당한 직업을 주고 있다. 본 도 사람은 놀랄 만큼 근면하다. 결코 나태하지 않다. 다만 산업이 아직 발달할 만한 데까지 발달되지 않았기 때문일 따름이라고 말씀하셨습니다.

◇경상남도는 부산과 마산처럼 상업적 대도회를 갖고 있습니다. 근래 그 발전 상황은 어떠한가 하는 소생의 질문에 대해 이렇게 답변하셨습니다. 우선 순조롭다고 할 것이다. 특히 주목할 만한 것은 조선인의 경제적 자각이다. 2, 3년 이래 조선인 상업계의 활동은 실로 눈부신 바이고, 부산의 경남은행 같은 것은 그 영업 성적이 부산 여러 은행 가운데 으뜸이며, 거의 존재조차 인식되지 않던 조선인의 미곡 무역도 지금은 부산에서 전액의 약 3할을 차지하여 일대 세력을 이루었다. 조만간 조선 상업은행 지점이 부산에 올 것이고, 새로이 50만 엔 정도의 자본을 가진 새 은행이 설립되면 조선인의 경제계는 실로 일대 약진을 볼 것

이며, 금후 더욱더 발전할 것이 필연이다. 소생은 여행 이래 조선인의 상업 발전에 대하여 일언반구도 듣지 못한 터라, 무심결에, 그게 정말입니까 하고 실례되는 반문을 던졌습니다.

◇다음은 교풍(矯風) 사업이다. 진주에 교풍회 본부를 두고 각 군에 지부(支部)를 두었으며, 각 면에 분회(分會)를 두었다. 면 관리 및 지방 유력자가 그 회원이다. 설립된 지 얼마 되지 않아 아직 현저한 성적은 없다고 해도, 착착 상당한 효과를 거두고 있다. 교풍사업은 실로 조선에 긴급한 사업이라고 역설하셨습니다. 기타 교육, 농업, 조림 등에 대해 말씀하신 것이 약 1시간, 경무부를 방문하기 위해 도청을 떠났습니다. 계단 앞의 벽오동은 바람도 없는데 똑똑 열매를 떨굽니다. 이곳은 일찍이 병사영(兵使營)으로 퍽 많은 생명을 끊었을 것이라는 등의 생각을 하면서 영남 포정사(布政司)라는 간판이 위압감을 주는 삼문(三門)을 나오니, 한여름의 태양이 색조차 붉어 진주성은 붉은 등 속에 있는 듯합니다. 모처럼 빨아입은 단정한 여름옷에 땀이 밴 것도 원망스럽습니다. 기를 쓰고 부채질을 하면서 경무부로 들어갑니다.(8월 2일 진주에서)[170]

嶺南으로부터(3)

◇부장실에 들어가니 붙임성 있는 미소를 연발하여 상대를 황홀케 하던 부장은 "당신의 글은 재미있게 읽고 있다"고 잠깐 칭찬하고는 여행 중의 감상은 어떠하냐, 경성 출발 당시의 조선관과 지금의 조선관에 달라진 게 없느냐고 묻습니다. 과연 기자의 임무만큼이나 절박한 역질문을 받고 놀란 것도 잠시, 소생도 잡담이라면 상당하여 잠자코 있을 리 없어 도도하게 수십 분간 연해 지껄였습니다.

◇도쿄의 조선 유학생은 조선을 이해하지 못한다. 조선인 청년의 급무는 조선을 이해하는 것이다. 사정도 모르고 사첩반(四疊半)의 방 안에서 공론에만 골몰한다. 사첩반의 공론은 서생(書生)의 특권이다. 그 순진함은 오히려 아낄 만한 것이라 해도, 조선에 돌아와 실사회에 들어서까지 이러한 공론을 지껄이는 것은 몹시 성가시다. 이런 무리는 인정 사정 볼 것 없이 줄줄 처분시키지 않으면 안 된

170 『경성일보』, 1917.8.12, 석간 1면.

다. 반면에 온건하게 사회를 위해 노력하는 자는 보호하고 상주어 칭찬하기를 아끼지 않을 것이다. 군은 선각자로서 이런 뜻을 유학생 제군에게 전해달라고 말씀하셨습니다. 소생은 연기에 둘러싸인 듯 막막한 기분이 되어 어떻게 대답해야 할지 잠시 어찌할 바를 몰랐습니다.

◇7, 8년 전의 유학생은 오늘날의 이른바 위험사상을 품었을 것이다. 그러나 당시는 무릇 과도시대로서 서로 사정이 제대로 소통되지 않았고, 부득이한 점도 있었다. 그러나 오늘날 만일 당시와 같은 사상을 품는다면 그것은 말할 것도 없이 위험사상이다. 그렇기는 하지만 도쿄의 조선 유학생 가운데 일류 인물로 자임하는 자는 결코 당국에서 의심할 만한 사상을 품지 않는다. 그들이 입으로 붓으로 산업의 발달, 교육의 보급, 사회의 개량을 자기의 진로로 삼는 것을 보아도 알 것이다. 그들은 함부로 당국에 영합하는 언사를 지껄이지 않고, 오로지 조선 민족의 향상 발전에 긴급한 것을 본다. 그러므로 혹은 위험사상이 있음을 의심하는 것은 지나치게 세심하고 과도한 우려로서, 이러한 청년이야말로 장차 진정한 애국심 있는 기력과 담력이 넘치는 국민이 될 것이다. 그들은 결코 시세에 역행하는 것과 같은 어리석음을 범하지 않을 것이다. 입에 달콤한 말을 지껄이지 않지만, 가장 온건하게 조선의 발달을 위해 노력할 만한 자일 것이다. 유학생 가운데는 이따금 위험사상을 품은 자도 있을 것이다. 그러나 그것은 헤아릴 필요가 없을 정도로 극히 소수일 것이며, 대다수는 노골적으로 말하면 순량한 인물이다. 설령 사첩반의 방 안에서는 순진하게 제 멋대로 열을 내뿜을지라도, 일단 현해탄(玄海灘)을 건너 실로 조선이라는 것을 보는가 싶으면 얼음 녹듯이 흩어져 사라질 것이다. 다만 유감인 것은 그들이 조선이라는 것을 알지 못하는 것이라고, 격에 맞지도 않는 대기염을 올렸습니다. 마지막으로 소생도 유학생의 한 사람이라 유학생을 위해 무고함을 말하는 것이 꼭 무익하지는 않을 것이라고 말을 맺으니, 부장은 그렇다, 잘 부탁한다 등등 애교가 넘쳤습니다.

◇경무부를 나와 여관에 돌아오니 땀이 흠뻑 젖었습니다. 함부로 물을 뒤집어쓰고 나서 점심을 먹었습니다. 그 뜨거움은 이루 말할 수 없습니다. 한난계(寒暖計)의 수은이 실로 98도를 가리키고 있습니다. 남강 부근의 통풍 좋은 2층에서조차 이와 같다고 하면, 도회 한 가운데는 100도 이상일 것입니다.

◇느긋하게 한숨 쉬고, 석양이 시원한 바람을 내뿜으면 진주(晋州)[171]의 빼어난 경치를 찾을 것입니다. 이만 총총.(8월 2일 진주에서)[172]

統營으로부터(1)

◇통영은 30년 전까지 삼도통제사(三道統制使) 관아가 있던 곳입니다. 명장 이순신 이래 요충지로써 통제사라면 초목도 벌벌 떨 정도로 위세 당당한 곳이었습니다. 지금은 일본도 한토(韓土)도 한 집이 되어, 이 충무공이 필생의 정력을 다하여 만든 해상 방어도 다만 나그네의 시적 정취를 자아내는 옛 유적이 된 것도 어쩔 수 없는 일입니다. 살기(殺氣) 등등하던 통제영(統制營)도 지금은 평화의 군청 소재지입니다. 오랜 세월 변하지 않는 푸른 산과 푸른 바다만이 옛 모습을 간직하고 있습니다.

◇조선 반도의 최남단으로 인구 2만여. 조선에서는 대도회입니다. 어업은 그 주요한 산업으로, 멸치의 흥정이 평균 1일 5천 엔, 1개월 15만 엔으로 집계됩니다. 부두를 걷노라면, 흰 종이자루에 넣은 베개 같은 멸치가 산더미처럼 쌓인 것을 볼 것입니다. 이 멸치는 시모노세키[下關]와 모지[門司] 방면으로 반출된다고 합니다. 경상남도의 바다는 한류와 난류가 교차하는 곳이라 물고기가 무진장하고, 그 중에서도 통영은 어업의 으뜸 고장이라고 할 만합니다.

◇조선인 측의 산업으로는 예부터 유명한 나전칠기가 있고, 최근 도립(道立) 공업 전습소가 생겨 더욱 더 그 개량 발달에 힘쓰고 있습니다. 그 제품은 경성 방면의 시장에도 알려졌다고 하는데, 실로 극히 정교하여 세계 어느 시장에 내놓아도 부끄럽지 않을 듯합니다. 점차 서양에 적합한 제품도 만든다고 하면 세계 대전이 끝난 후에는 조선의 독특한 산물로서 세계에 인기를 끌지도 모릅니다. 다만 유감스러운 것은 아직 대자본가가 대규모 공장을 세운 곳이 없다는 점입니다.

◇인구 2만 이상의 대도회이면서 아직 수도가 갖추어져 있지 않습니다. 시중(市中)의 우물물은 짠 맛이 있고 먹기에 적합하지 않아 수레나 지게(チゲ)를 이용하여 먼 곳으로부터 먹을 물을 운반합니다. 군(郡) 당국에 물으니 수도는 몇 해

171 원문에 진양(晋陽)이라 되어 있으나 진주의 오식인 듯하다.

172 『경성일보』, 1917.8.13, 석간 1면.

전부터의 현안(懸案)이지만, 적당한 수원지(水源池)가 없어 현재 숲을 조성하여 수원(水源)을 양성하고 있다고 합니다.

◇금년은 때마침 쾌청한 날씨가 계속되어 멸치 벼락부자가 많고, 그래서 통영은 경기가 좋습니다. 이 기회를 이용하여 수도 및 시구(市區) 개정 문제를 해결하려 한다는 것이 테라자와[寺澤] 서무주임의 말입니다. 원래 통영은 많은 산주름으로 이루어져 있어 도저히 시(市)의 전경(全景)을 한눈에 수렴할 수 없으니, 시구(市區)의 개정은 실로 어려운 중의 어려운 일일 것이고 수도 공사도 필시 쉽지 않을 것이라고 생각됩니다.

◇시의 공원인 남망산(南望山) 앞쪽에 장재도(藏財島)라는 돌을 쌓아 만든 산처럼 보이는 섬이 있습니다. 그 이름이 헛되지 않게 섬 전체가 모두 황금으로 되어 있다고 들었습니다. 현재 후지타[藤田] 패가 채굴권을 갖고 있는 광산으로, 광맥이 멀리 바닷속에 뻗쳐 있어 이미 수면 아래 2백 척(尺) 이상에 달했다고 합니다. 아무쪼록 그 광맥이 길어라, 하는 것이 통영 시민 전체의 희망입니다.

◇카토[加藤] 경찰서장의 말에 의하면, 통영의 일본인은 아직 식민지의 기풍을 벗지 못했고 아무래도 변덕스러워 깊이 생각하고 멀리 내다보는 안목이 없어 곤란하다고 합니다. 조선인이 전혀 떨치지 못하는 것은 으레 여전합니다. 평범한 재산가의 자식도 좋은 옷에 좋은 음식을 먹고, 뭔가 재미있는 일이 없을까 하고 도회 안을 헤매 다닙니다. 이쪽이 더 곤란하다 함도 쾌활한 서장의 말입니다.

◇앞에 호수와 같이 파도가 잔잔한 바다가 있지만, 사면이 산과 섬으로 둘러싸여 시원한 바람이 없는 것은 큰 결함입니다. 남망산 기슭에 해수욕장 설비가 있다고 하나 결국 피서지로서 적당하다고는 할 수 없을 것이고, 겨울철 기후가 매우 온화하다고 하면 피한지(避寒地)로서는 가장 뛰어날 것입니다.

◇통영은 이순신의 유적지로서 임진년 전쟁의 격전지입니다. 푸르른 물결 하나 하나도 당시 유지(有志)의 혼백을 간직하지 않은 것이 없고, 언덕 위 풀 한 포기 나무 한 그루도 당시의 참극을 말하지 않는 것이 없습니다. 한산도(閑山島)의 석양과 충렬사(忠烈祠)의 대나무숲은 나그네의 지팡이를 끌기에 충분할 것이라고 생각합니다. 내일 아침은 통영의 명승고적을 찾을 것입니다. 벗이 곁에 있습니다. 이것으로 실례합니다.(8월 3일 밤)[173]

統營으로부터(2)

◇카토[加藤] 경찰서장의 호의로 경비선(警備船) 제2 까치환(鵲丸)을 타고 한산도(閑山島)로 향했습니다. 명장 이순신의 공적을 말해주는 제승당(制勝堂)을 보려함입니다. 바람이 온화하여 파도가 고요합니다. 오리 같이 어여쁜 경비선이 미끄러지듯 푸른 파도 위를 달리기를 약 40분. 병의 입구 같은 수문(水門)을 들어가니, 배가 부푼 화병 형태를 이룬 작은 만(灣)이 있습니다. 만의 남단으로 병 아랫부분에 해당하는 곳, 곧 잡목이 무성한 원추형의 곶(岬)이 제승당이 있는 곳입니다. 보트(端艇)를 타고 절벽 아래로 가서 가파른 길을 더위잡고 올라 기둥이 기운 제승당으로 들어갑니다. 오랫동안 수리를 하지 않아 벽은 무너지고 단청은 벗겨졌습니다. 당을 지키는 늙은이가 나와서 멍석 깔개를 권하고는 묻는 대로 여러 가지로 이야기를 꺼냅니다.

◇이 만(灣) 안쪽은 분로쿠의 역[文祿の役][174] 당시 일본 수군(水軍)이 전멸한 곳이다. 이 충무공은 일본의 수군을 이 만 안쪽으로 유인하고 의기양양하게 해갑도(解甲島)에 올라 투구를 벗었다고 한다. 만 안쪽으로 들어오는 수만 명의 일본군은 싸우는 데 전력하다 도주할 길을 끊겨 모두 물고기 뱃속에 장사(葬事)되었다. 만의 서쪽 자라목(チャラモキ, 자라의 목이라는 뜻 — 원문 대로)은 일본군이 활로를 얻으려 애쓴 마지막 노력의 자취이다. 만 안쪽에서 죽은 양쪽 군대의 사졸(士卒)은 원혼이 되어 지금도 이곳을 떠나지 못한다. 요즘도 여름비 부슬부슬 내리는 밤중 같은 때는 수면 위로 혼불이 나타나고, 훌쩍거리는 귀곡성이 역력하며, 심하게는 또렷이 자기 이름을 대고는 불쌍한 목소리로 먹을 것을 구걸하는 자도 있다. "어이, 신 서방. 배고파 견딜 수 없네. 뭔가 먹을 것 좀" 하고 살아있는 것처럼 계속 조른다. 신(申) 서방은 당을 지키는 늙은이입니다. 이럴 때는 쌀밥과 미역국을 뿌려준다는 등 과연 진지한 표정과 어조로 열심히 이야기하는데, 이상하게 들리면서도 또 감개가 깊었습니다.

◇이순신 이래 매년 1회 당시 전사한 양쪽 군졸을 제사지낸다. 역시 쌀밥과

173 『경성일보』, 1917.8.16, 석간 1면.

174 임진왜란. 임진왜란이 일어난 1592년은 분로쿠[文祿] 원년으로, 일본에서는 당대 연호를 따서 분로쿠의 역(전쟁)이라 부른다.

미역국을 섞어 수면에 뿌린다. 제승당의 왼편은 일본군이고 오른편은 조선군이다. 만일 이를 소홀히하면 반드시 폭풍이 일고 격랑이 인다. 그것은 두렵기 짝이 없는 일이라고, 늙은이는 눈썹을 찌푸립니다.

◇무성한 풀숲에서 쓰르라미 우는 소리도 애처롭습니다. 설마 이 소리가 백 년 전의 원혼을 생각하고 우는 것은 아니겠지만, 다정다감한 나그네의 남몰래 우는 눈물을 재촉합니다.

◇당의 뒤쪽 수십 걸음되는 곳에 '유명 조선국 수군 도독 이순신[有名朝鮮水軍都督李舜臣]'이라 씌어진 비석이 있습니다. 과연 목포에서 부산까지 수백 리의 해안선을 수호할 수 있었던 이순신은 동양의 넬슨[175]으로 일컬어질 만큼 위대한 분입니다. 이공(李公)이 만들었다는 거북 모양의 철갑선이 맹위를 떨치던 일 등을 상상하면서 경비선으로 돌아오니, 장승 같은 순사부장이 무서운 눈에 부드러운 미소를 지으면서 재미있었느냐고 묻습니다. 그렇다고 대답했을 따름입니다.

◇통영에 돌아와 가야(伽倻) 미인의 가야금 연주를 듣고, 석양이 서산에 걸릴 즈음 무성한 대나무 숲속에 있는 충렬사(忠烈祠)를 찾았습니다. 이순신을 모시는 사당입니다. 계단 아래 여러 그루의 벽오동이 있습니다. 바람도 없는데 뚝뚝 동그란 열매를 떨굽니다. 그 소리가 들릴 정도로 경내는 삼림 속이라서 공연히 소름이 끼쳤습니다. 당 안으로 들어가 위패를 우러러 보고, 물러나 천자(皇明)[176]의 여덟 가지 하사품인 동인(銅印), 영기(令旗), 귀도(鬼刀), 참도(斬刀)와 같은 옛 물건을 봅니다. 동인 외에는 모조품이라고 합니다. 비석을 보기 위해 회랑으로 나오니 똥냄새가 자자합니다. 당국에서도 좀 엄하게 관리했으면 합니다.

◇통영의 객사(客舍)였던 세병관(洗兵館)은 경남의 손꼽히는 건축물이라고 하는데, 그 규모의 웅장함은 격이 높은 동시에 장엄한 느낌을 줍니다. 세병관의 뒤쪽은 원추형의 산으로, 아름다운 소나무 수풀로 덮였습니다. 시험삼아 그 산속을 걸으니, 시원한 바람이 얼굴을 스치고 눈 앞에 조용히 물결치는 푸른 파도

175 Horatio Nelson(1758～1805). 나폴레옹전쟁 당시 영국의 해군 제독으로 트라팔가르 해전에서 영국을 구하고 전사하여 영국 역사상 가장 위대한 해군 영웅으로 추앙되었다.

176 황명(皇明)은 천자(天子)의 총칭이다. 『매일신보』 기사(1917.8.7)에 의하면, 명나라 신종(神宗)을 가리킨다.

가 보입니다. 경사가 지나치게 급한 결점이 있지만, 확실히 통영의 명소될 자격이 있습니다. 아니, 오히려 통영 여러 경치 가운데 최고라고 할 만합니다.

마지막으로 유(兪) 군수, 테라자와[寺澤] 서무주임 및 카토 경찰서장의 두터운 후의에 감사드립니다. 이만 총총.(8월 3일 밤)[177]

新羅의 옛 도읍에 노닐다(1)

신라 냄새 풍기는 '아화리(阿火里)'라는 이름 … 금척릉(金尺陵)의 전설 … 서라벌의 옛터 경주에 들어가다.

◇대구에서 자전거로 신라의 옛 도읍 경주를 향합니다. 일행은 동반 두 사람, 경관이 한 사람, 합하여 네 사람입니다. 고삐가 아니라 핸들을 나란히 향한 네 사람의 모습은 꽤 늠름합니다. 구름 낀 날씨이긴 해도, 몹시 덥고 땀이 흥건합니다. 하양(河陽)에서 막걸리와 국수로 배를 채우고 영천(永川)에 도착하니, 녹초와 같이 피곤합니다. 잠시 의견이 분분하다가 마침내 영천에서 묵기로 결정했습니다. 영천은 글자 그대로 강가의 소도회. 뒤쪽에 산이 있고, 앞쪽에 강을 따라 절벽이 있습니다. 그 옛날 조용히 물이 흘렀을 때는 꽤 경치가 좋은 곳이었을 것이라고 상상됩니다. 3천 원이나 들여 간신히 세운 다리도 떠내려간 지 이미 일 년이 지났지만, 다시 세우는 것은 엄두도 내지 못할 일로 단념하고 있는 듯합니다.

◇변소를 곁에 둔 방에서 어정쩡한 식사를 마쳤습니다. 목숨이 아까우니 밥은 꾸역꾸역 밀어넣었지만, 반찬은 정말이지 손이 가지 않았습니다. 식사 후, 절벽 아래 맑은 물에 몸을 담그고 찬란한 별을 우러러 보며 큰 소리칠 수 있었던 것은 큰 대접을 받은 셈입니다. 이럭저럭 하룻밤을 지내고, 이른 아침 5시 식사도 거르고 영천을 떠났습니다. 빈 속을 견디며 아카시아 나무가 늘어선 그늘을 달리기를 약 1시간 반, 이름조차 신라 냄새가 풍기는 '아화리(阿火里)'에서 아침밥을 먹었습니다. 어제 8리(1里는 약 0.4km), 오늘 아침 4리, 도합 12리를 달려 경주까지 남은 거리가 불과 6리입니다. 여기부터는 산의 자태가 정말이지 수려하여,

177 『경성일보』, 1917.8.17, 석간 1면.

과연 천년의 현란한 문물을 기른 서라벌의 옛 도읍이 가까운 것을 알겠습니다.

◇다시 자전거를 달리기를 4리쯤. 길가에 점점이 흩어져 있는 원추형의 흙 언덕이 바로 그 유명한 금척릉(金尺陵)입니다. 전설에 의하면, 신라의 왕실에 전해 오는 금자가 하나 있습니다. 이것으로 병자를 다스리면 병이 낫고, 죽은 자를 다스리면 죽은 자가 소생합니다. 그러나 이것을 오래 세상에 두는 것은 조화(造化)를 도적질하는 바라 하여 땅속에 묻은 곳을 감추기 위해 동일한 흙 언덕을 25개 만들었다고 합니다. 아까운지고. 그것만 있었더라면 무열(武烈) 문무(文武) 같은 위세 혁혁한 왕자(王者)도 푸른 풀이 우거진 옛 무덤 아래 눕지 않아도 되었을 것을, 하고 지금에 와서 푸념하는 것도 부질없습니다. 아마도 이들 흙 언덕은 신라 건국 이전 주민의 무덤일는지. 수천 년의 비바람을 거치고도 지금 여전히 산일까 의심될 정도로 웅장함은 그 당시 주민의 기상이 얼마나 위대했는지 말해주는 듯하여, 그들을 선조로 둔 소생도 무척 마음이 든든했습니다.

◇여기서 경주에 이르는 약 2리 사이는 금척릉과 비슷한 고분이 많이 보입니다. 상당히 옛 시대부터 문화가 열린 곳이라고 생각됩니다. 효현(孝峴)이라는 고개를 오르니, 눈 앞에 펼쳐진 것이 경주 평야로, 1천여 년의 옛날 백만의 인구와 4리에 잇달아 있는 붉은 난간과 그림 같은 누각, 그리고 당시 홍륭하던 당(唐)과 찬란을 다투던 문화를 간직한 신라의 옛 도읍 서라벌의 옛터입니다. 길게 이어진 반월성과 겹겹이 쌓인 마흔여덟 개의 왕릉만이 오랜 세월 같은 풀로 덮였을 뿐, 일찍이 노를 저어 다녔다는 문천(蚊川)의 하천조차 이미 말라버렸습니다. 국파산하재(國破山河在)라 함도 돌연 믿을 수 없습니다. 산하(山河)조차도 이미 모습을 변하여, 나는 신라를 모른다고 말하는 듯합니다. 백제의 도읍을 떠난 지 40일. 지금 신라의 도읍에 이르니, 모두 빈터입니다. 소생의 감개를 미루어 짐작하시리라 생각합니다. 이제부터 옛 유적을 살피고, 그때마다 감상을 올리겠습니다. 이만 총총.(8월 15일 경주에서)[178]

178 『경성일보』, 1917.8.22, 조간 3면.

영주(英主) 무열대왕(武烈大王)의 능(陵)을 알현하다 … 백제인의 후예인 나, 감개가 깊다 … 눈병을 치유하는 힘이 있는 능의 비석

◇쭈뼛쭈뼛 급경사진 효현(孝峴)을 내려오면, 도로의 왼쪽 서악(西岳)의 기슭에 산 같이 듬직하게 자리잡은 것이 태종(太宗) 무열왕(武烈王)의 능(陵)입니다. 왕은 실로 만 리의 해외에서 수십만의 당나라 군사를 불러들여 명장(名將) 김유신(金庾信)과 함께 백제를 치고 신라의 국세(國勢)를 전성기로 이끈 슬기롭고 뛰어난 왕입니다. 문명의 발달이 정점에 달한 것도 또한 무열왕의 시대로서, 문명은 정치적 세력이라는 배경을 필요로 한다는 진리가 더욱 확고하게 와닿았습니다. 그의 아들 문무왕(文武王)에 이르러 고구려를 치고 이에 삼국통일의 위업을 이룬 것도 역시 무열왕의 남은 위세 덕분이었다고 해도 좋을 것입니다. 온갖 방면에서 무열왕은 신라의 절정으로서, 그 이후로는 내리막입니다. 문화 면에서도 난숙(爛熟)하되 새로운 생기가 없었고, 결국 경애(景哀)·경순(敬順) 양대에서 멸망에 이른 것으로 생각됩니다.

◇원래는 능 둘레에 돌로 된 장식이 있었을 텐데, 지금은 묻혀서 보이지 않고 다만 커다란 흙무덤만이 서악(西岳)의 배경과 대비되어 장엄한 느낌을 일으킵니다. 모자를 벗고 사배(四拜)합니다. 왕에 대한 예를 갖춤입니다. 생각건대 왕은 원수입니다. 소생이 백제인이니, 천이백 년 전 우리 선조는 그를 미워하고 원망하는 마음이 골수에 사무쳤을 것입니다. 사비성의 성스런 도읍을 재로 만든 것은 실로 그의 손이었습니다. 그러나 시간은 만물을 만들고, 동시에 만물을 파괴합니다. 이래 1천여 년을 지나며 고려인이 되고, 조선인이 되고, 대한제국민이 되고, 다시 대일본제국민이 되었습니다. 마찬가지로 흰옷의 반도인으로서, 오늘날 당시의 은구(恩仇)을 기억하는 사람조차 없는 것이야말로 우스운 일입니다. 인사(人事)의 변천은 한이 없습니다. 백제인의 후예인 소생이 1천 년 후의 오늘 무열왕릉 앞에 사배함도 생각하면 감개 깊은 일입니다.

◇능은 동쪽을 향하고 있습니다. 능 앞 수십 걸음되는 곳에 거북 모양의 비석 받침이 있습니다. 규모가 굉장하고 수법이 힘있고 원숙하여 동서고금의 귀부(龜

趺) 가운데 최고라 일컬어진다고 합니다. 무열왕의 둘째 아들로서 신라와 당의 계역(稧役) 김인문(金仁問)이 쓴 무열왕 기적비(記蹟碑)가 있다는데, 지금은 뿔 없는 용이 새겨진 머리 부분만 남았을 뿐 비석의 몸통은 없어졌습니다. 돌거북의 등쪽 비석의 발 부분에 해당하는 구멍에는 항상 빗물이 괴어 있습니다. 이것은 눈병에 영험한 약으로, 예부터 그 지방 인민에게 귀하게 여겨졌습니다. 한 노파가 와서 거북 앞에 절하고, 다음에 거북의 등에 기어 올라가 양 눈에 거듭 그 물을 바릅니다. 영웅 무열대왕은 죽었지만 눈병은 치유하는 힘이 있는 것인지. 선왕(先王)의 능 앞에 절하기를 잊고, 눈병의 영험함만을 숭배하는 인민이야말로 딱하기 그지없습니다.

◇능의 뒤쪽에도 규모 면에서 큰 차이가 없는 두세 개의 왕릉이 있습니다. 또 대건축물의 자취인 듯한 평지가 있고, 기와의 파편이 있습니다. 아마도 왕의 혼령을 의탁한 사적(寺跡)이 아닐는지.

◇만고의 영웅, 더욱이 만승지군(萬乘之君)의 능 앞에 절하는 것은 이것이 처음이라 감개가 더욱 깊습니다. 사색에 잠겨 얼마를 거닐고 있자니 실로 발이 떨어지지 않습니다만, 행인지 불행인지 20세기에 태어난 몸이 이런 한가로움을 허락하지 않습니다. 다시 자전거를 달려 서천(西川)의 긴 다리를 건너 봉황대(鳳凰臺)의 늙은 나무를 바라보며 경주(慶州) 성내(城內) 사람이 되었습니다. 점심을 먹고, 우선 유람도로권(遊覽道路圈) 내의 옛 유적을 찾을 것입니다. 이만 총총.(8월 15일 경주에서)[179]

新羅의 옛 도읍에 노닐다(3)

분황사(芬皇寺)를 보다 … 황룡사(黃龍寺)의 전설 … 안압지(雁鴨池) 회고 … 임해전(臨海殿)의 옛터

◇점심을 먹고 드디어 구경하러 나섰습니다. 경주 경찰서의 후루카와[古川] 순사부장이 안내의 수고를 맡아주셨습니다. 후루카와 씨는 경주에 거주한 지 10

179 『경성일보』, 1917.8.23, 조간 3면.

년, 경찰서 내의 으뜸가는 경주통으로 관청 측의 안내계라고 합니다.

◇유람도로 동쪽으로 길을 취하여 약 반 리 남짓 거리에 있는 분황사(芬皇寺)에 이르렀습니다. 9층탑으로 이름난 곳인데, 절의 건축물은 분로쿠의 역으로 모두 불타버리고, 당시의 것에 비하면 임시 오두막 같은 건물이 몇 채 있을 뿐. 들판에 흩어져 있는 주춧돌이 당시의 면모를 말해줄 따름입니다.

◇탑은 선덕여왕(善德女王)이 건립케 한 것으로, 원래 9층이었으나 먼저 3층이 무너지고, 다음에 어리석은 중이 그것을 수리하려다가 또 3층이 무너졌으며, 남은 3층만이 1천여 년의 비바람에 닳아져 가지가 무성할 정도의 고목까지 머리에 이었었다고 합니다. 1년 전 총독부에서 수리를 가해서 다시 무너질 우려는 없지만, 만금을 주고도 살 수 없는 고색창연함을 잃은 것은 무척 유감입니다. 그러나 금후 4, 5백 년을 지나면 원래 대로의 그윽한 고색(古色)을 띠게 될 것입니다. 만사(萬事)가 자손을 위해서라고 생각하면 그만입니다.

◇탑은 형태가 극히 단순하지만, 과연 웅대하고 조화가 있습니다. 첫째 층의 문 네 곳에 새겨진 불상은 그 기품과 수법이 모두 보기 드문 걸작이라고 합니다. 특히 주목할 만한 것을 그 석재(石材)로서, 얼핏 벽돌 같기도 하고 점판암(粘板岩)[180] 같기도 한, 실로 극히 치밀한 암석인데 산지(産地)는 지금 알지 못한다고 합니다. 주지(住持)에게 물으니 오금석(烏金石)이라고 하는데, 과연 속세를 떠난 이름입니다.

◇그곳에서 남쪽으로 수백 걸음. 주춧돌이 쌓여 있는 것은 황룡사(黃龍寺)의 자취입니다. 원래 궁전으로 지었으나, 꿈에 황룡이 몸을 서린 것을 보고 절로 바꾸었다는 전설이 있습니다. 전설이라고 웃을 것이 아닙니다. 황룡사라는 절조차 지금은 전설이 되어버렸습니다.

◇그곳에서 서쪽으로 수백 걸음. 극히 복잡한 만(灣)의 곡선을 가진 연못이 바로 안압지(雁鴨池)입니다. 부친인 무열왕은 백제를 병탄하고 자신은 북쪽에 이웃한 강국 고구려를 쳐서, 이에 삼국통일의 위업을 이루고 위세 높았던 문무왕 궁전 뜰의 연못입니다. 물가에 쌓은 돌산과 섬은 무산(巫山)의 열두 봉우리를 상

180 벼룻돌로 쓰이는 돌.

징하고, 강과 바다의 진귀한 물고기를 이곳에 모았다고 합니다. 푸른 물결 위에 그림 같은 쪽배를 띄우고, 달밤 향기로운 연꽃 사이에서 남산(南山)의 옥잔을 기울이며 맑은 옥피리 소리를 듣던 문무왕의 흡족한 심경이 지금도 상상이 됩니다. 그러나 왕은 임해전(臨海殿)의 취흥이 채 깨기도 전에 괘릉(掛陵)의 한 줌 흙이 되고, 임해전 터의 자취는 푸른 풀이 무성한 거친 들이 되었습니다. 무심한 달만 오랜 세월 주인 없는 안압지의 물결을 비추는 것이 애처롭습니다.

◇마침 한발(旱魃)로 못물이 마르고 안압지의 명산물 뱀장어조차 지금은 씨가 말라, 천진한 아이들이 못물에서 개구리밥을 떠내는 것을 봅니다. 그들이 부르는 노래가 석양에 울려 퍼집니다. 그 슬픈 노래 가락에 뉘라서 쓰라린 눈물을 흘리지 않겠습니까. 원컨대 하다못해 이 연못만이라도 원형을 잃지 않고 영원히 전해졌으면 합니다.

◇바위 머리에 서서 임해전이 있던 곳으로 생각되는 빈터를 바라보며 얼마간 몹시 슬퍼하다가 문득 눈을 드니, 분황사(芬皇寺)에 석양이 불탑니다. 분황사도 황룡사도 궁성 안에 있었다고 하니, 아득한 저 논은 모두 고귀한 분들이 걸음을 옮기던 곳일 것입니다.(8월 15일 경주에서)[181]

新羅의 옛 도읍에 노닐다(4)

안압지(雁鴨池)는 수족관이었을까 … 나그네의 귀에도 또렷하게 … 월성(月城)과 빙고(氷庫)

◇안압지에서 또 하나 생각나는 것은 임해전 안에 동물원이 있었다고 전해지고 있는 사실입니다. 페르시아[波斯], 인도 부근에서 진기한 동물을 운반해 와서 임해전 안의 원유(園囿)[182]에 두었다고 삼국사(三國史)는 전합니다. 수 정(1町은 약 109m)에 달하는 월성(月城)을 짓고 안압지를 만들 정도니, 그럴 수도 있을 것이라고 수긍이 됩니다. 특히 불당 및 왕릉에 있는 돌사자는 실물을 그린 것이 아니고는 도저히 이렇게까지 실로 핍진할 수 없다 함이 안목 갖춘 이들의 일치되는 평인

181 『경성일보』, 1917.8.24, 조간 3면.
182 초목을 심고 새나 짐승을 기르는 곳.

것을 보아도, 서역(西域)으로부터 코끼리와 사자 등 이른바 진기한 동물을 운반해 왔다 함은 사실에 가까운 듯합니다. 그러면 안압지는 수족관 같은 것이었을까.

◇이미 진기한 동물을 실어 왔으니, 열대지방의 기이하고 아름다운 화초도 동시에 실어와 임해전 안 안압지 물가에 쌓은 무산(巫山) 열두 봉우리에 사철 온갖 붉고 흰 꽃이 요란했을지도 모릅니다. 수백 일의 항해를 계속하여 서역에서 돌아오는 배가 진기한 짐승과 기이하고 아름다운 화초, 그리고 필시 화려한 서방 아세아의 직물, 또 필시 인도, 티베트[西藏] 등지의 불상을 가득 싣고, 돛에 가득 바람을 안은 채 수십 척 일렬종대를 이루어 형산포(兄山浦)로부터 형산강(兄山江)을 거슬러 반월성(半月城) 서쪽 문천(蚊川)의 월정교(月精橋)를 향해 유유히 들어올 때, 궁중을 비롯 조정의 모든 신하는 물론이고 꽃의 도읍에 속한 백만의 인민은 앞다퉈 문천 부근에 모여들어, 저것 진기하다거나 이것 아름답다고 서로 소근거렸을 것입니다. 이국(異國)의 하늘에서 고국을 그리워하는 사자의 울부짖음을 새긴 공기의 파동을 저 산은 알고, 하천은 알 것입니다. 그리고 9층탑도, 안압지도 알 것입니다. 1천 년 후 석양에 서있는 나그네의 귀에도 또렷이 들리는 듯하거늘, 무참하게도, 세월은 모든 것을 파괴하고 말았습니다. 문무왕릉에 웅크려 앉은 네 마리의 사자가 당시 울부짖던 주인의 기념이요, 안압지에 비치는 무산 열두 봉우리의 그림자야말로 문무왕의 모습입니다.

◇다시 남쪽으로 수백 걸음. 이름도 모르는 어지러이 흩어진 남아있는 주춧돌 사이를 누비며 월성(月城)에 들어갑니다. 구불구불 수백 걸음에 달하는 흙으로 만든 성입니다. 토성(土城)이라기보다 연산(連山)이라는 편이 적당할 것입니다. 문천이 현(弦)이 되고, 성이 호(弧)가 되어 반달 형태를 이루었으니, 파사왕(婆娑王)이 축조한 것입니다. 참으로 엄청난 공사를 하였구나 하고, 퇴화해 버린 조선인인 소생은 놀라서 눈이 휘둥그레질 뿐입니다. 성 안에 들어가니, 궁전의 자취인 듯한 평지가 있고, 풀이 무성한 가운데 수 채의 오두막이 가로누워 퍽 한가로이 저녁 짓는 연기를 피워올립니다. 유명한 석빙고(石氷庫)는 월성의 서쪽 끝에 있는데, 아치 형의 석조 건물로서 규모가 여전히 웅대합니다. 안에 들어가니 지금도 여전히 차가운 바람이 얼굴에 끼칩니다. 아마도 문천의 얼음을 저장하여 반월 성내(城內) 및 임해전 등지의 여름을 견뎠을 것입니다. 그곳으로부터

서쪽으로 수십 걸음. 무성한 소나무 숲에 석탈해왕(昔脫解王)의 사당(廟)을 알현하고, 문천의 물가에 그림자를 드리운 수양버들 아래서 휴식을 취합니다. 반월성의 서쪽 끝에서 동쪽 끝까지는 수 장(丈, 1丈은 10尺, 약 3.3m)의 절벽이고, 바로 아래가 흰 모래와 푸른 물이 어우러진 문천, 그 양쪽 끝에 돌무더기 어지러이 흩어진 것이 일정교(日精橋)와 월정교(月精橋)의 자취입니다. 당시는 배가 다녔다고 하나 지금은 때로 물조차 마르는 작은 하천으로, 그 넓은 하천 바닥과 웅장하고 막힘없는 굴곡이 그 옛날 큰 강이었던 모습을 간직하고 있을 따름입니다. 더위가 꽤 심하여, 이곳에 앉으면 청풍이 절로 불어와 시원한 맛을 느꼈을 것입니다. 해질 무렵 이 근처에 옥을 아로새긴 의자를 늘어놓고 달을 바라보던 홍취도 그러했을 것이라고 생각됩니다.[183]

新羅의 옛 도읍에 노닐다(5)

천문대(天文臺) 가운데 가장 오래된 '첨성대(瞻星臺)' … 천하에 모르는 사람 없는 계림(鷄林) … 3백 년 부자인 최(崔) 부자

◇백제의 도읍 사비성도 반월성(半月城)이고, 신라의 도읍에도 반월성이 있습니다. 고구려의 도읍인 평양도 또한 반월성이고, 터키[土耳古]의 국기도 반달입니다. 일본도 초사흘 달을 상서로움의 표상으로 삼습니다. 장차 둥근 달이 되려 함을 아끼는 까닭일까. 또는 강을 따라 세워진 성이 절로 반달 형태가 되기 쉬운 까닭일는지. 아마도 지리상의 편리함과 상서롭다는 상상이 우연히 합치된 것으로 봄이 좋을 것으로 생각됩니다. 여하튼 반달은 동양인이 좋아하는 바인 듯합니다.

◇반월성을 떠나 서쪽 첨성대(瞻星臺)로 향합니다. 화강암으로 만들어진 화병 형태로 높이 29척(1尺은 약 0.3m), 남쪽 중앙부에 출입구가 있습니다. 석조 위쪽에 목조 건물이 있었던 듯하다는 것이 전문가의 평입니다. 이것 역시 선덕여황이 건립케 한 것이라면, 분황사와 동시대에 지어졌을 것입니다. 다소 경사가 있지만 완전히 원형을 보존했다고 할 것입니다. 약 천삼백 년 전에 지어진 것으

183 『경성일보』, 1917.8.25, 조간 3면.

로, 현재 천문대 가운데 가장 오래된 것이라고 합니다. 첨성대를 이 지점에 세운 것은 의미있는 일로서, 이 지점은 바로 무어라는 항성(恒星)의 궤적이라고 합니다. 첨성대와 이조(李朝)의 실록은 천문학상 자랑할 만한 것이라고, 천문학 선생에게 삼가 들었습니다.

◇여기서부터 남쪽으로 수십 걸음. 수십 그루의 늙은 나무가 하늘을 찌를 듯한 곳이 천하에 모르는 사람 없는 계림입니다. 그 옛날 시림(始林)이라 불리우던 무렵의 어느 날 아침, '꼬끼오' 하고 닭이 울더니, 28대 동안 신라의 국토를 다스린 김씨 왕의 시조 김알지(金閼智) 임금께서 금궤에서 탄생하신 성지(聖地)입니다. 중앙에 속악(俗惡)한 비각(碑閣)이 있어 계림의 신성함을 더럽힘이 심합니다. 늙은 나무를 어루만지며 배회하기를 잠시, 다시 자전거를 달려 남쪽으로 수정(町). 신라의 옛 유적은 아닌데, 옛 유적과 더불어 유명한 최 부자의 저택을 방문했습니다. 13대 3백 년간을 내려온 부자로서, 경주의 최 부자라고 하면 계림팔도에 모르는 사람이 없을 정도입니다. 지나(支那) 같으면 황실조차 3백 년의 영화를 누리는 경우가 드문데, 일개 서민으로서 능히 3백 년의 번영을 계속하니 실로 계림의 명물(名物) 자격이 있다고 생각합니다. 전하는 말에 의하면, 최 부자 집에는 3백 년 이래 일찍이 불이 꺼진 적이 없는 화로가 있어 이 괴물이야말로 최 부자집의 수호신이라고 합니다. 이 역시 그 집안 법도의 일단을 보여준다고 할 만합니다. 이토[伊藤] 후작(侯爵)을 비롯하여 소네시[曺根] 자작(子爵), 테라우치[寺內] 전 총독, 이강(李堈) 공작(公爵) 등 신라의 옛 도읍을 찾은 신분이 높은 분들은 반드시 이 최 부자 집을 방문했다고 합니다. 소생은 신분 역력이 아니라 미미한 일개 서생이지만, 신라를 애도하는 진정에서는 결코 신분 높은 분들보다 나으면 낫지 못하지 않습니다. 소생이 최 부자 집을 방문함은 당연하고, 최 부자 집에서 소생들 일행에게 찬 맥주를 대접하심도 가장 마땅한 일이라고 생각합니다. 하하, 이것은 농담이고. 최 부자 집의 젊은 주인 최준(崔俊) 군의 환대를 받고 본디 신라 요석궁의 자취라 일컬어지는 웅장한 빈터를 한 바퀴 돌았습니다. 과연 궁전의 유물답게 주춧돌도 있고, 연꽃이 있는 송명대(松明臺) 등이 보입니다. 이 부근의 민가(民家)에는 왕궁의 유물을 감추지 않은 곳이 없고, 우물가, 변소 같은 곳까지도 한두 개 왕궁의 유물을 갖고 있습니다. 참으로 딱한 일입니다.

◇시계가 이미 6시에 가까울 무렵 다시 자동차를 달려 오릉(五陵)을 향합니다. 꽤 피로하여 자전거 페달조차 무겁지만, 신라 천년의 왕업(王業)을 연 박혁거세왕(朴赫居世王)의 능을 알현한다고 생각하니, 몸도 마음도 기운이 납니다.[184]

新羅의 옛 도읍에 노닐다(6)

시조(始祖) 박혁거세왕(朴赫居世王)의 능을 알현하다 … 오릉(五陵)의 전설 … 포석정(鮑石亭)

◇오릉(五陵)의 입구에서 한 노인을 만났습니다. 풍채(風采)는 영락했으나 용모는 비범합니다. 후루카와[古川] 씨의 소개에 의하면, 이 노인이야말로 경주의 명물(名物)인 오쿠다[鰲田] 기인(奇人). 일찍이 국회의원의 공인 후보이기도 했고 구미(歐美) 여행까지 다녀 명사(名士)였으나 어느 순간인지 뜻을 이루지 못하고 불우 영락한 몸이 되어 전전하다가 경주에 들어왔고, 한때 이곳에서 능을 지키는 일을 했으나 그마저 그만두게 되어 지금은 고물을 모으고 관람객 안내 등으로 쓸쓸한 세월을 보내고 있다고 합니다. 얼핏 보기에 기골 있는 쾌남아인데다 온화한 언동이 상대로 하여금 호감을 품게 합니다. 서장의 말에 의하면, 평소에는 극히 온화하지만 부정한 것을 보거나 마음에 들지 않는 사람을 보면 인정사정 없이 매도하는 기벽(奇癖)을 가졌다고 하니, 이는 필시 그의 불행을 빚은 미점(美點)일 것이라고 생각됩니다. 세상은 정직만으로는 통하지 않고, 실로 변통자재함을 요구하는 듯이 보입니다. 실로 한탄스럽습니다.

◇ 오쿠다 노인과 재회를 기약하고, 울창한 소나무 숲속의 귀뚜라미 소리를 밟으며 돌담으로 둘러싸인 오릉(五陵)의 정문에 들어섰습니다. 박식한 체하는 박태봉(朴泰奉) 군의 안내로 정중하게 능 앞에 절하고 머리를 드니, 석양은 늙은 소나무 가지 끝에 불타고 둥지를 찾아드는 까마귀 울음소리 요란한 가운데 웅대한 신라의 시조(始祖) 박혁거세왕(朴赫居世王)의 능이 부드러운 푸른 풀에 덮여 조용히 잠들어 있습니다. 왕은 아직 정치도 문물도 없는 여섯 마을의 원시적 인민을 아울러 처음으로 조직 있는 국가의 형태를 만들고, 찬란한 신라 천년의 문

184 『경성일보』, 1917.8.26, 조간 3면.

화와 부강의 주춧돌을 놓았습니다. 그 공과 덕은 성스럽다고 할지, 위대하다고 할지. 거듭 무릎 꿇고 그 영전(靈前)에 절하지 않을 수 없습니다. 눈을 감고 2천 년 전의 모습을 떠올리니, 왕릉이 반으로 갈라지며 눈빛이 횃불 같고 체격이 늠름한 한 거인이 장검(長劍)을 번쩍 쳐들고 불쑥 나타납니다. 곧 용마(龍馬)에게 채찍을 가하여 달려나가려는 찰나, 번쩍 눈을 뜨니 그것은 한 바탕 환상입니다. 2천 년의 옛 무덤이 갈라질 리도 없거니와, 이미 흙이 되어 버린 박혁거세왕이 뛰어나올 리도 없을 것입니다.

◇시조(始祖) 왕릉의 뒤쪽에 알영정(閼英井)이라는 우물가에서 주웠다는 알영왕후(閼英王后), 제 2 대 남해왕(南解王), 제 3 대 유리왕(儒理王), 제 4 대로서 월성(月城)을 축조한 파사왕(婆娑王)의 능이 있습니다. 그래서 이것을 오릉(五陵)이라고 합니다.

◇혁거세는 나정(蘿井) 옆에 놓여 있던 커다란 알에서 태어나 돌산(突山) 고허촌(高墟村)의 우두머리 소벌(蘇伐) 공에게 길리웠다는 전설이 있습니다. 김(金), 이(李), 최(崔), 손(孫), 설(薛), 배(裵) 여러 성씨의 선조인 여섯 마을의 선조는 모두 하늘에서 내려온 듯 삼국유사(三國遺事)는 전합니다. 혹은 하늘에서 내려오고, 혹은 우물에서 솟아나고, 혹은 알에서 부화합니다. 풀과 나무가 말을 하던 옛날의 일이니, 그럴 수도 있을 것이라고 고개가 끄덕여집니다. 황당하다면 황당하고 무계하다면 무계하니, 전설 그대로 받아들이는 것이 가장 재미있을 듯합니다.

◇왼쪽 나정(蘿井)의 수풀을 흘끗 보고 남쪽으로 반 리(里, 1里는 0.4km). 큰길에서 동쪽으로 꺾어 수십 걸음 가면, 돌로 된 전복(鮑) 형태의 도랑을 만들어 놓은 것이 있습니다. 이것이 신라의 최종막 제 1 장을 연출한 포석정(鮑石亭), 술잔을 흘려 보내는 물이 굴곡을 이루며 흐르는 도랑입니다. 55대 경애왕(景哀王)은 왕조(王祖)의 위업(偉業)을 받들 것도 잊고 밤낮으로 음주향연에 빠졌습니다. 취흥이 바야흐로 한창일 때 왕의 눈앞에서 난폭한 견훤(甄萱)에게 왕비가 겁탈당하고, 이어 그의 독 묻은 칼이 번쩍하는 순간 가련한 왕의 목숨은 덧없는 칼의 녹으로 사라졌습니다. 나그네여, 시험삼아 푸른 풀을 헤치고 흙냄새를 맡아보라. 지금도 여전히 피비린내가 날 것이니.[185]

新羅의 옛 도읍에 노닐다(7)

포석정 비극의 1막 … 천관사(天官寺)의 유래 … 신라 팔백팔십사(八百八十寺)

◇견훤은 경애왕을 시해(弑)하고 경순왕(敬順王)을 옹립하고는 유유히 북쪽으로 갔습니다. 일찍이 무열・문무 두 왕과 더불어 백제와 고구려 양 강국을 유린한 신라인도, 겨우 2백 년도 지나지 않아 눈 앞에서 자신의 국왕이 죽임당하는데 침묵했습니다. 왕이 무도(無道)한 탓인지, 아니면 인민(人民)이 무정(無情)한 탓인지. 온 나라 어느 누가 왕의 신하가 아니겠습니까. 견훤도 역시 신라의 백성. 무릇 하늘을 바꾸고 백성을 바꾸어 도(道)를 행한 것일까. 그로부터 수년을 지나지 않아 고려의 태조가 된 왕건은 수하의 병사 50명의 기수(騎)를 거느리고 경순왕과 도성에서 가까운 교외에서 만났고, 공식적인 잔치에서 술잔을 주고 받는 사이 왕은 배알 없게도 천년의 천하를 왕건에게 바쳤습니다. 문무와 함께 천하를 호령하던 신라의 인민도 왕건의 덕을 사모하여 다시 경순왕을 생각하는 자조차 없었으나 어쩔 수 없는 일입니다. 가련한 왕자(王子) 한 사람만이 하늘에 사무친 원한을 품고 거문고 하나를 가지고 산으로 갔으니, 얼마나 오랫 동안 그의 거문고 현은 끝없는 원한에 울었을고.

◇여기서부터 남쪽으로는 경애・경순왕의 왕릉, 안달나왕(安達羅王)의 능이 있다는데, 날이 이미 저물어 뒷날로 미루고 귀로에 올랐습니다.

◇교촌(郊村)과 월남리(月南里) 사이에 김유신(金庾信)의 유적 및 천관사(天官寺)의 자취가 있습니다. 유신이 젊은 시절 즐겨 창가(娼家)에 놀러 갔습니다. 하루는 모친이 유신을 앞에 세우고 그의 무분별함을 엄하게 책망했습니다. 남자로 태어나 모쪼록 글공부에 힘쓰고 무예를 닦아 국가의 동량(棟梁)이 되어야 할 터인데, 추잡한 창녀와 노닥거리기나 하니 무슨 일이냐고. 울면서 꾸짖는 모친의 훈계에 유신도 감격의 눈물을 삼키고 다시 창가에 발을 들이지 않을 것을 맹세했습니다. 그 후 어느 날, 유신이 취하여 집에 돌아올 적에 말이 그를 데리고는 길들여진 옛길을 따라 창가로 들어가니, 창녀가 한편으로 기뻐하고 한편으로 원망하

185 『경성일보』, 1917.8.29, 조간 3면.

여 눈물을 떨구며 나와 맞았습니다. 정신을 차린 유신이 말의 목을 베고는 안장을 버리고 돌아가니, 창녀가 원망의 노래를 한 곡 지어 세상에 남겼습니다. 절은 그 창가이고, 천관(天官)은 그녀의 호(号)라는 이야기가 전해져 옵니다.

◇팔백팔십사(八百八十寺)라고 하는 신라 도읍의 절들에는 각각 재미있는 유래가 있고, 전설이 있습니다. 호원사(虎願寺)의 전설 같은 것은 무엇보다도 재미있지만, 여기서 써내려 갈 틈이 없는 것이 유감입니다.

◇저물녘에 여관으로 돌아와 찬물을 뒤집어쓰고 잠깐 쉬고 있자니, 점점 피로가 몰려오는 것을 느낍니다. 공간상으로는 5리 정도 걸은 데 불과하지만 시간상으로는 2천여 년 간을 방황한 셈이니, 내가 옛 사람으로서 지금을 본 것인지 또는 지금 사람으로서 옛날을 본 것인지, 열병에 끓는 사람처럼 머릿속이 어지러워 잠속을 헤매는 듯합니다. 잠시 환영회에 출석하여 교제에 뛰어나다는 양(梁) 군수의 이야기를 삼가 듣고 돌아왔습니다. 옛날 같으면 봉덕사(奉德寺)의 인경(人磬)이 바로 삼경(三更)을 알릴 만한 때인데도 잠이 오지 않습니다. 내일은 불국사(佛國寺)에 갈 것이다, 석굴암(石窟庵)의 불상을 예배할 것이다 등의 천진난만한 상상에 빠져들면서 붓을 놓습니다.(8월 16일 밤중 경주에서)[186]

新羅의 옛 도읍에 노닐다(8)
사천왕사(四天王寺)의 옛터 … 그 유래 … 불국사(佛國寺)에 도착하다

◇아침에 군청(郡廳)에 가서 양(梁) 군수를 방문하고, 경찰서의 사사(笹) 서장을 찾아갔습니다. 양 군수는 전(前) 외교관 출신으로, 영어도 잘하고 외교는 능란하며 게다가 인물조차 훌륭한 장년(壯年)의 호신사(好紳士)입니다. 이 지방은 신라의 옛 도읍인 만큼 총독부의 높은 관리들이며 안팎의 유명 인사의 내유(來遊)가 잦아서, 이들 귀빈을 보내고 맞는 일이 군수의 사무 가운데 절반을 차지한다고 합니다. 그런데 소생 같은 풋내기까지 폐를 끼치는 것은 미안하기도 해서 경주 안내서 1장을 받고는 빨리 나왔습니다. 경찰서에 오니 과연 상냥한 사사

186 『경성일보』, 1917.8.30, 조간 3면.

(笹) 서장이 기쁘게 맞아주십니다. 경주의 옛 유적, 이 지방 청년의 나타(懶惰)와 부패, 불량 권유원(勸誘員)의 폐해 등에 대해 이야기하기를 수십 분. 실로 친절하고 열성 있는 분이라고 생각됩니다.

◇ 오늘은 후루카와[古川] 부장의 안내로 일행 7인이 불국사(佛國寺) 원정(遠征)의 길에 나섰습니다. 자전거의 짐칸에는 각각 서너 병의 맥주를 실었으니, 불국사의 밤을 지낼 채비입니다.

◇ 울산(蔚山) 가도(街道)를 따라 낭산(狼山) 기슭을 돌면 사천왕사(四天王寺)의 옛터가 있습니다. 밭에는 주춧돌과 기와 조각이 쌓여 있습니다. 지금으로부터 천이백삼십여 년 전 문무왕이 고구려를 삼키고 나라의 세력과 문물이 모두 절정에 달한 무렵, 당(唐)의 고종(高宗)이 그 융성함을 시기하여 대군(大軍)을 출병하려 하였습니다. 마침 당에 있던 왕의 아우 김인문(金仁問)이 이 뜻을 본국에 알렸습니다. 왕이 이 사실을 조정에 의논하니, 명랑법사(明朗法師)라는 고승(高僧)에게 맡기기로 결정되었습니다. 법사는 용궁으로 들어가 비법을 전해받아 자유자재한 신통력을 가진 자로, 낭산(狼山)의 남쪽에 사천왕사를 세우면 당의 군사가 절로 물러날 것이라고 고하였습니다. 이미 정주(貞州)로부터 당의 군사가 쳐들어왔다는 급보(急報)가 있어, 비단 천으로 임시 절을 만들고 풀로 사천왕을 만들어 명랑법사가 주문을 외니 갑자기 폭풍이 일어 당군(唐軍)의 군함을 침몰시켰다는 것이 사천왕사의 유래입니다. 백제와 고구려 양 강국을 유린한 병사가 아직 늙지 아니하고 사자성과 평양에 번쩍이던 칼이 아직 녹슬지 않았는데, 이미 패기가 쇠하여 허둥지둥 어쩔 줄 모르고 한 나라의 운명을 일개 요승(妖僧)의 손에 맡겨버렸으니, 아아, 다 틀렸도다, 신라의 멸망은 바로 이 순간에 싹텄다고 할 것입니다. 성쇠흥망을 자기 팔에 맡기는 동안은 결코 멸망하지 않습니다. 운을 신불(神佛)에게 맡긴 것은 이미 자기의 생명이 소모된 까닭입니다. 성채(城砦)를 쌓는 대신 불탑을 짓고 강한 병사를 양성하는 대신 요승(妖僧)을 키웠으니, 신라 멸망의 원인은 이 한 마디면 충분하다고 생각합니다.

◇도중에 여러 곳의 왕릉을 참배하고, 불국사(佛國寺) 바로 아래 있는 순사 주재소에서 휴식을 취했습니다. 순사는 밭으로 달려가 잘 익은 수박을 가져오더니, 되는 대로 쪼개어 일행에게 권합니다. 새빨간 과육과 순사의 성의 모두 감사했습

니다. 갈증이 난 터라 단숨에 몇 조각을 베어 먹고, 유쾌한 기분으로 불국사를 향하였습니다. 토함산의 복잡한 굴곡은 실로 아낄 만하고, 어린 숲의 녹음도 실로 기분 좋습니다. 자전거를 끌고 땀을 줄줄 흘리며 불국사 경내에 있는 숙소에 들어가니, 뚱뚱보 여주인이 수다를 떨며 시원한 물을 가져와 세수를 권합니다. 잠깐 불국사를 둘러보았는데도 과연 훌륭합니다. 피로를 회복하고 느긋하게 보리라 하고, 우선 바람이 잘 드는 곳에 가로누워 불국사의 역사에 대해 읽었습니다. 선경(仙境)이로군요 하고 후루카와 부장이 자꾸 칭찬을 하는데, 묵묵히 있을 수도 없어서 실로 그렇습니다 등등 맞장구를 치는 가운데 목욕 준비가 되고 저녁이 나왔습니다. 저녁을 먹으며 잡담을 꽃피우다가 이윽고 피로하여 한 사람씩 화서(華胥)[187] 나라의 여행길에 올랐습니다.(8월 16일 밤 불국사에서)[188]

新羅의 옛 도읍에 노닐다(9)

동해(東海) 일출의 웅대하고 장엄함 … 신라의 문명 전체를 대표하는 석굴암(石窟庵)

◇토함령(吐含嶺) 위에 서서 장엄한 동해(東海)의 일출을 보려던 굳은 결심도 물거품이 되어, 일어나니 벌써 다섯 시. 일행을 깨워 잠옷 바람으로 좁고 험한 산길을 더위잡고 올랐습니다. 큰 돈을 들인 도로인데도 경사가 심하여 퍽 곤란했습니다. 1정(町, 1町은 109m)을 올라가서는 쉬고, 1정을 올라가서는 또 쉽니다. 아침 공기의 청량함은 늦가을 같고, 약간 땀젖은 살갗에 닿는 아침 바람은 상쾌하기가 실로 이를 데 없습니다. 1정마다 세워놓은 '여기서 석굴암까지 몇 정(町)'이라는 표지판도 좀처럼 가까워지지 않습니다. 가까스로 산꼭대기에 이르니, 이것이 안개인지 바다인지, 새하얗게 빛나는 것이 바로 아침 햇빛을 받은 동해입니다. 구름도 없고 섬도 없고, 거리가 멀어 파도조차 보이지 않는데, 물과 하늘이 맞붙은 수평선조차 눈부신 햇빛에 바림되어 오직 그 무궁무변함을 탄미(嘆美)하

---

187 화서(華胥)는 『열자』의 '황제편'에 나오는 가상의 나라 이름으로, 고대 중국의 어느 황제가 낮잠을 자다가 꿈을 꾸었는데 화서라는 나라에 가서 어진 정치를 보고 깨어나 깊이 깨달았다는 고사에서 유래한다.

188 『경성일보』, 1917.8.31, 조간 3면.

는 수밖에 없습니다. 실로 웅대하달까, 장엄하달까. 금강산(金剛山) 비로봉(毘盧峰)에서 바라보는 동해에 대해서는 이야기로도 들었으나, 설마 이 이상일 것이라고는 생각되지 않습니다. 김대성(金大城)도 필시 소생과 같이 아침 일찍 이 봉우리 위에 서서 저 장엄함과 웅대함에 감동받아 결국은 석굴암을 만들 생각이 났을 것입니다. 사람이 태어나 위인을 만나기 어렵고, 훌륭한 경치를 만나는 것은 더욱 어렵습니다. 위인은 움직이는 고로 앉아서 만날 기회도 있겠지만, 훌륭한 경치는 내가 찾아 나서고서야 비로소 만날 수 있는 것입니다.

◇토함령 위에서 동해의 아침해를 바라보는 훌륭한 경치는 소생의 역사상 아주 굉장한 사건이라고 생각합니다. 소생의 가슴은 허공과 같고, 머리는 찬물로 씻어낸 듯합니다. 희열이라고 할까, 아닙니다. 경이라고 할까, 아닙니다. 지금 이 사람의 감정을 무엇이라 이름붙여야 할는지. 가장 깨끗하고 가장 미묘한 감정을 법열(法悅)이라 한다면, 이것이야말로 법열이라고 할 것입니다. 소생과 같은 속물로서도 이미 이러한데, 성인 김대성의 감동이야 과연 어떠하였을지. 인생은 무상(無常)입니다. 길어야 70년이라 할 수 있으니, 이렇게 훌륭한 경치를 만날 수 있는 것도 대저 며칠이나 되랴. 이에 대성은 돌을 깨트려 불상을 조각했습니다. 몹시 분주하게 골몰하여 1년, 2년, 10년, 또 20년. 불상 하나를 완성하고 그는 죽었습니다. 그의 영혼은 밖으로 발현하여 아름다운 화강암이 되고, 굳어지고 연마되어 성스러운 불상이 되었습니다. 이리하여 그는 조용히 토함산에 가부좌를 틀고 앉아 천년만년 미래영겁에 마침마다 동해의 일출을 바라봅니다.

◇이런, 제 멋대로 얼토당토않은 이야기를 늘어놓았습니다. 그래도 이 말을 들으면 지하의 김대성도 천년 후에 자기를 알아주는 이(知己)를 얻은 것을 기뻐할 것이라고, 짧은 법열도 이미 파하여 속진(俗塵) 냄새나는 번뇌가 서서히 오가기 시작합니다.

◇토함령 위의 신령한 바람에 실컷 소매를 떨치고, 다리 아래 복잡한 물결 형태를 이룬 산들을 바라보면서 1정(町) 남짓 아래 있는 석굴암(石窟庵)에 이르렀습니다. 일행은 벌써 와서 유유하게 연초(煙草)를 피우며 갖가지 비평을 쏟아놓고 있습니다. 딸깍하고 자물쇠가 열리면, 신라의 문명 전체를 대표하고 불교국의 미술적 걸작품이라는 석굴암의 여러 보살이 소생의 눈앞에 죽 늘어설 것입니다. 소생은 어떻게 이를 대해야 할는지.[189]

新羅의 옛 도읍에 노닐다(10)

석굴암 석벽의 조각상 … 신라 예술의 결정(結晶) … 토리이[鳥居] 씨의 격찬

◇석굴암(石窟庵)은 그 이름이 가리키는 것처럼 화강함으로 미려(美麗)하게 건축한 것으로, 천정은 아치형을 이루었고 주위의 석벽은 여러 보살과 사천왕, 불제자 등을 옅은 돋을새김으로 조각하고 그 중앙에 석가불의 좌상을 안치(安置)하였습니다. 입구에는 좌우 맞은 편에 인왕상을 새기고, 그것과 나란히 각 네 개씩 여러 보살과 수호신 같은 것을 역시 옅은 돋을새김으로 조각했습니다.

◇내부의 석벽에 새겨진 조각상은 가장 뛰어난 작품으로 용장(勇壯)할 만한 것은 힘껏 용장하고 우아할 만한 것은 힘껏 우아하여, 그 상상력의 풍부함이며 수법의 정련(精鍊)함은 실로 감탄해마지 않을 수 없는 일품(逸品)입니다. 특히 본존(本尊)인 석가불의 좌상(어제 지면 참조－원문 대로)은 신라 예술의 결정(結晶)이라고도 할 만하여, 이것이 없었더라면 딱하게도 신라의 문화는 존재를 의심받을지도 모를 정도의 예술적 작품이라 함이 도쿄 제국대학 토리이[鳥居][190] 씨의 격찬입니다.

◇여기에 토리이 씨의 평 한 구절을 인용하면, "그런데 이 불상을 보건대, 본래 매우 지혜롭고 원만한 부처의 모습을 갖추고 있지만 조금도 숭고나 존엄이라 할 만한 느낌은 일으키지 않는다. 차라리 현세적이요, 게다가 인간으로서의 육체미를 발휘하고 있다. … 이 불상은 남성적이 아니라 여성적으로, 가장 우아하고, 가장 부드럽고 온화하며, 가장 정답고, 가장 그리워할 만한 성격을 갖추고 있다. … 이것을 남성이라 한다면 꽤 미남이다"라고 하였는데, 과연 핵심을 찌르는 평입니다. 특히 불상의 옆얼굴은 달려들고 싶을 정도로 아름답습니다.

◇토리이 씨는 계속하기를, "이 불상은 본래 어떤 모델이 있어 제작했을 것이다. 결코 상상으로 만들어낸 것이라고는 생각되지 않는다. 그리고 그 모델은 아마

---

189 『경성일보』, 1917.9.2, 조간 3면.

190 토리이 류조(鳥居龍藏, 1870~1953). 일본의 고고학자이자 인류학자, 민속학자. 1896년 청일전쟁으로 획득한 식민지 대만의 조사를 위해 동경제국대학의 인류학 조사 담당으로 파견된 후 1906, 7년에는 만주와 몽고를 조사했고, 1911년부터 1916년까지는 세키노 타다시[關野貞], 쿠로자와 카츠미[黑板勝美] 등과 함께 조선총독부의 고적조사사업에 촉탁으로 참여하여 조선의 고적 조사에 착수했다.

당시 왕궁의 미인이었을 것이다"라고 말하고, 또 "이상의 이유로 보건대, 이 불상은 분명히 신라인이 체질, 특히 신라의 여성을 모델로 했을 것이다. 과연 그렇다면 이 불상은 신라적 미인의 대표로 보아도 좋고, 또 그 체질은 신라족을 나타내는 것으로 인종학상, 민족적 예술사상 가장 귀중한 재료라고 하지 않을 수 없다"고 말하고는, 오늘날 경주 방면, 넓게 말하면 경북 일대 부인의 체질 중에 이 불상과 유사한 타입이 많은 점을 들어 위의 설명을 뒷받침하고 있습니다.

◇소생과 같이 예술적 심미안이 없고 인종학적 지식에 전혀 어두운 자는 다른 학설이 나오기까지 씨의 학설을 믿을 수밖에 없습니다. 만약 씨의 말과 같다면, 석굴암의 석불은 더욱 의미가 깊은 것이라 할 것입니다. 이 석불은 단순히 신라 예술을 대표할 뿐만 아니라, 신라인의 정신 및 육체, 바꿔 말하면 1천년의 신라인 전체를 대표하는 것이라 할 만합니다. 년대로 말하자면 경덕왕(景德王) 시대라고 하니 지금으로부터 약 천백육십 년 전이고, 삼국통일에서 멸망에 이르는 대략 중간 시기에 해당합니다. 그러니까 신라의 영(靈)이 빠져나와 석불이 되고, 석불이 완성되어 신라가 죽었다고 해야 할는지.

◇한 마디 덧붙일 것은 석굴의 미간에 있던 수정 구슬에 관한 것입니다. 미간에 수정 구슬이 있어 구슬 표면에 황금 조각을 붙였는데, 석불이 동쪽을 향하고 있어 동해의 물결 가운데서 솟아오르는 아침 해의 빛을 받아 미간으로부터 황금색 빛을 발했다니, 그 장엄함이 어떠하였겠습니까. 하지만 아까운지고. 지난해 석굴암 수리 때 모래 속에 묻혔던 그 구슬은 어떤 자가 훔쳐갔다고 합니다. 석굴암을 나오니, 해가 이미 높았습니다.[191]

新羅의 옛 도읍에 노닐다(11)

김대성(金大城)이 세운 불국사(佛國寺)를 보다 … 다보탑(多寶塔)과 석가탑(釋迦塔) … 기술의 영묘(靈妙)함에 놀라다

◇아침 식사 후 불국사(佛國寺)를 보았습니다. 세키노[關野][192] 박사의 고증에

191 『경성일보』, 1917.9.3, 조간 3면.

192 세키노 타다시(關野貞, 1868~1935). 일본의 건축사가. 1895년 도쿄 제국대학 건축학과를 졸업하고,

의하면 절의 창립은 법흥왕 시절로서 지금으로부터 약 천사백 년 전으로 거슬러 올라가지만, 고사(古史)에는 눌지왕(訥祇王) 시절 아도(我道) 승려가 창립하고 법흥왕 때 다시 지었다고 하니, 백년 남짓 차이가 납니다. 그러나 불국사가 3천여 간(間)의 큰 사찰이 된 것은 석굴암과 마찬가지로 김대성의 손으로 된 것입니다. 현존하는 보물인 청운교(靑雲橋)와 백운교(白雲橋)도, 다보탑(多寶塔)과 석가탑(釋迦塔)도, 석굴암의 석불과 나란히 신라 예술의 대표적 작품으로 일컬어지는 청동 노사나불(盧舍那佛)도, 카스가[春日] 석등[193]도, 석사자(石獅子)도 모두 당시의 작품입니다. 김대성은 당시 명문가의 귀공자로서, 고된 것을 참고 부지런히 경영하길 30여 년에 불국사와 석굴암을 완성했습니다. 그는 실로 이 일을 이루기 위해 태어난 사람이라고 생각합니다. 그가 성불(成佛)을 염원한 일념이 우연히도 조국의 유일한 기념이 된 것은 축하할 만하지만 슬프기도 합니다.

◇청운교와 백운교는 다리라고는 하지만, 개천에 걸친 것이 아니라 각각 동문(東門)과 서문(西門) 입구의 계단입니다. 당시는 그 아래 개천이 흘렀을지도 모릅니다. 그 의장(意匠)과 기교 모두 실로 경탄할 수밖에 없고, 특히 범영루(泛影樓)의 석기(石基)가 가진 우아한 아름다움은 실로 표현하기 어렵습니다. 석가탑은 극히 단순하지만, 그 전체 형태의 정연한 아름다움에서는 평범함 가운데 비범함을 볼 수 있고, 다보탑에 이르러서는 그 변화가 풍부하고 썩 조화로우며 기술이 영묘함이 보는 자로 하여금 오직 아연케할 따름입니다. 어쩌면 이렇게도 웅장하고 막힘이 없으면서 아름답고도 화려한 생각을 구상하고, 어쩌면 이렇게도 교묘하게 견고한 돌을 다루어 자유자재로 자신의 생각을 실현시켰는고. 그 사람의 얼굴이 그립고, 손이 보고 싶습니다. 둘 다 오층탑으로서, 다보탑은 동쪽에서 석가탑은 서쪽에서 대웅전(大雄殿) 앞을 장식하고 있습니다. 석가탑은 일명(一名) 무영탑(無影塔)이라고 하며, 옛날에는 그림자가 없었을 텐데 지금은 시

1901년 동 대학 조교수, 1910년에 교수가 된다. 1910년 조선총독부의 위촉으로 조선과 고건축을 조사하고 『조선고적조사보고』(1914)를 간행했고, 『조선고적도보(朝鮮古蹟圖譜)』 전 15권(1916~1935)으로 프랑스 학사원으로부터 상을 받기도 했다. 『매일신보』와 『경성일보』에 게재된 유적 사진들은 각각 1916년과 1917년에 간행된 『조선고적도보』 4권과 5권에 수록된 자료들이다.

193 나라[奈良]의 카스가신사[春日神社]에서 유래한 석등으로, 석등의 지붕 모양이 고사리 줄기처럼 말려 올라가 있어 양식적으로 한국의 석등과는 차이가 있다.

세가 변하여 훌륭하게 그림자를 갖고 있습니다.

◇대웅전은 다행히 임진년의 전쟁으로 인한 화재를 면했으나 여러 번 속악한 수리를 거쳤습니다. 그래도 기둥, 마룻대, 대들보 같은 목재(木材) 및 전체 구조는 천여 년 전 그대로라고 합니다. 유명한 청동 노사나불은 자기의 전(殿)을 잃고 아미타불(阿彌陀佛)의 전(殿) 안의 한 구석에 놓여 있는데, 속악한 절의 주지들이 처덕처덕 회칠을 해놓았습니다.

◇극락전(極樂殿) 문 앞에 이 역시 주워온 석사자는 누군가에게 몹시 박살나서 위턱이 떨어져 나갔는데, 그런 주제에 신라 석사자의 백미로서 국보(國寶)입니다 하고 의기양양 고개를 들고 있습니다.

◇절의 뒤쪽으로 가도 옆쪽으로 가도 무성한 푸른 풀 속에, 아니 차라리 가시나무 속에 연꽃 형태의 주춧돌이 정연하게 나란히 놓여 있는 것을 봅니다. 백수십 동(棟), 삼천여 간(間)을 가진 신라 불국사의 옛터입니다. '가아도(假我道)', '가도난(假道難)'의 비극[194]만 없었더면 하고 지금 원망해도 도리가 없습니다.(8월 17일 불국사에서)[195]

新羅의 옛 도읍에 노닐다(12)

괘릉(掛陵)을 향하다 … 불사가의한 남산(南山) … 옛 모습 그대로 남은 괘릉

◇오르기를 1시간이나 걸린 20여 정(町)의 언덕길을 단숨에 달려 내려가 1리(里) 남짓 더 가야 하는 괘릉(掛陵)으로 향했습니다. 역시 울산(蔚山) 가도(街道)인데, 이 근처 산의 헐벗은 상태에 놀랐습니다. 민둥산, 민둥산 해도 이런 민둥산이 없습니다. 마치 살갗을 벗겨낸 것 같이 피라도 흐르는 걸까 생각될 정도로 새빨간 모래산입니다. 오른쪽은 남산(南山)의 민둥산이고, 왼쪽은 토함산(吐含山)의 민둥산입니다. 한낮의 햇빛이 모래에 반사되어 눈부실 정도이니, 이 역시 볼

---

194 임진왜란 때 왜장이 동래성을 둘러싸고 "싸우고 싶거든 싸우고 싸우기 싫거든 길을 빌려달라[戰則戰 不戰 假我道]"고 하자, 동래 부사 송상현이 "싸워서 죽기는 쉬워도 길을 빌려 주기는 어렵다[死易假道難]"는 글을 적에게 던졌다는 일화를 가리킨다.

195 『경성일보』, 1917.9.5, 조간 3면.

만한 풍경의 하나입니다.

◇남산의 저 벗겨진 부근에는 석기시대(石器時代)의 유물 등이 발견되었다고 하는데, 상당한 고물(古物) 벽락부자도 여럿 나왔다고 후루카와[古川] 부장은 이야기합니다. 남산은 실로 불가사의한 산입니다. 어느 곳에서 보아도 홀로 선 산과 같고, 그 산골짜기의 복잡하고 우아한 아름다움은 생각건대 도읍의 남산에 부끄럽지 않습니다. 뿐만 아니라 명물(名物)인 신라옥(新羅玉) 즉 자수정(紫水晶)의 산지이니, 당시 신라인이 퍽 아끼던 것도 그럴 만하다고 고개가 끄덕여집니다. 남산에는 원래 여러 개의 사원이 있었고, 특히 남산사(南山寺)는 가장 뛰어난 것으로 지금도 주춧돌의 잔해 및 석불(石佛)이 엄연히 남아 있다고 합니다. 원래는 삼림(森林)도 있었을 텐데, 지금은 남산이라고 하면 붉은 산이 떠오를 지경입니다.

◇자전거로 오르기를 포기하고 논두렁길을 따라 괘릉에 이르렀습니다. 우선 눈에 띄는 것이 한 쌍의 무인석(武人石)으로, 그 위엄있는 모습과 자세란 곧 뛰쳐나와 존엄한 왕릉 앞에 거기 누구냐고 질타할 듯한 모양입니다. 그 다음이 한 쌍의 문인석(文人石), 또 그 다음이 두 쌍의 석사자(石獅子). 하나같이 살아 움직여 지금이라도 포효할 듯한 기세입니다. 적자(赤子)로서 사랑받던 사람의 자손이 모두 은의(恩誼) 깊은 문무왕의 존엄한 위세를 잊은 데 반해, 그들만은 천 년을 하루같이 충실히 왕릉을 지키고 있는 것을 보니 그만 눈물이 글썽여집니다.

◇괘릉은 신라의 왕릉 가운데 가장 완전히 갖추어져 있고 또 완전히 남아 있다든가 해서 석난간(石欄干), 석상(石床) 및 주의의 12지주(支柱) 등 대체로 옛 모습을 보존하고 있습니다. 특히 열두 기둥을 본뜬 조각은 자못 가치 있는 예술적 작품이라고 합니다. 그 웅대함에는 무열왕릉에 못미치더라도 장식을 완비한 점에서는 단연 왕릉의 최고라 할 것입니다. 천하태평하여 당(唐)의 문화를 완전히 소화한 증좌라고도 볼 수 있고, 또 동시에 외래 문화에 취하여 신라적 용맹 소박한 기상을 잃기 시작한 흔적이라고도 볼 수 있을 듯합니다.

◇신라인이 이렇게나 늠름했는가 하고, 반가운 무인석 앞에서 남은 맥주와 참외를 먹었습니다. 마침 지나가는 한 농부에게 "이것이 무엇이오?"라고 왕릉을 가리키니, "그것은 임금님의 무덤이라고 사람들이 말합디다" 하고 대답합니다. 무정한 일이 아닙니까. 저도 필시 신라인의 자손일 텐데 하고 그를 흘겨보건만,

그는 유유히 목가(牧歌)를 부르며 갑니다.

◇여기서부터 또 1리(里)를 가니 치술령(鵄述嶺) 고개에 이르렀습니다. 그 옛날 박제상(朴堤上)이 신라의 사절로서 일본에 갔다가 붙잡혀 돌아오지 않았는데, 그의 아내가 이 봉우리 위에 서서 남편이 돌아오기를 기다리다가, 마침내 몸은 변하여 망부석(望夫石)이 되고 혼은 빠져나와 원한을 품은 새가 되었습니다. 과연 동해를 건넜는지 아닌지. 바람이 불 때마다 한숨을 쉬고 비가 내릴 때마다 피눈물을 흘리던 망부석은 지금도 꼼짝않고 동해를 바라보고 섰습니다. 어을치(於乙峙)는 그녀의 영혼이 머무는 곳이라고 합니다. 바람이 무덥고 몸이 피곤하여 그녀의 영혼을 애도하지 못하고, 공연히 길머리에 서서 망부석이 서있는 쪽을 바라볼 뿐입니다.(8월 17일 경주에서)[196]

新羅의 옛 도읍에 노닐다(13)

영지(影池)의 유래와 범영루(泛影樓) … 경주 금강(金剛)과 백율사(栢栗寺) … 굴불사(掘佛寺)의 석불

◇괘릉에서 경주로 돌아오는 길, 불국사의 남쪽에 해당하는 곳에 영지(影池)라는 작은 못이 있습니다. 모래는 희고 물은 파랗습니다. 그 옛날 김대성이 불국사 건축에 몰두하던 무렵, 아사(阿斯)라는 한 소녀가 그를 사모하여 다만 한번이라도 좋으니 그를 만나기를 바랐습니다. 대성도 또한 사람이라 마음속 이상한 불꽃이 타오름을 깨달았을 것이언마는 주먹을 쥐고 염불을 외며 또 거절하였습니다. 그러나 소녀의 탄원은 더욱 간절해졌고, 이에 대성은 무영탑의 완공일을 기약하였습니다. 본래 큰 공사라 좀처럼 완성되지 않았고, 소녀는 울기도 하고 위안삼기도 하며 기다리기를 1년, 또 2년, 10년, 또 20년 사모하다가 마침내 병이 나고 말았습니다. 한 보살이 꿈에 나타나 소녀에게 이르기를, 가련한 소녀야… 네 연인을 만나려거든 이곳에 못을 파거라. 그러면 그 탑이 이곳에 비쳐서 어쩌면 네가 사모하는 이를 만날지도 모른다고. 소녀는 일어나 못을 파기 시작했습

196 『경성일보』, 1917.9.6, 조간 3면.

니다. 약한 소녀의 팔도 일념(一念)으로 10년의 세월을 보내고 맞은 끝에 마침내 못을 완성했습니다. 소녀가 아침부터 저녁까지 못을 살피는데, 문득 불국사의 그림자가 또렷이 비치어 석가탑에 최후의 손질을 가하여 성공의 미소를 지은 얼굴을 든 대성의 모습이 그녀 앞에 나타났습니다. 그러나 대성은 이미 이전의 대성이 아니고, 소녀도 또한 대성을 사모하다 백발의 노인이 되었습니다. 그녀는 슬픈 노래를 한 자락 부르고는 자기가 판 못에 훌쩍 몸을 던졌습니다. 천여 년 후의 오늘날에도 토함령(吐含嶺)에서 미풍이 불어올 때마다 그녀를 떠올리게 하는 잔물결이 이니, 이것이 영지(影池)의 전설입니다. 불국사의 범영루(泛影樓)는 이 못에 그림자가 드리운다는 의미입니다. 기상(氣象) 관계 탓인지, 영지에 불국사가 비치는 것은 예나 지금이나 변함이 없다고 하는데, 내가 보았다고 말하는 이 없는 것은 기이한 일입니다.

◇저것은 무슨 왕릉, 이것은 무슨 절의 옛터라고 어저께 본 곳을 가리키면서 역풍(逆風)과 피로와 싸우며 간신히 여관으로 돌아왔습니다.

◇휴식을 취하기를 3시간. 자전거의 상태를 점검하고 일행은 다시 옛 유적 탐방의 길에 올랐습니다. 남은 곳은 명활성(明活城), 남산성(南山城), 석탈해왕릉(昔脫解王陵), 백율사(栢栗寺), 김유신(金庾信)의 무덤 및 경주 박물관입니다. 우선 북쪽 포항(浦項) 가도(街道)를 따라 금강산의 백율사에 이르렀습니다. 조선에서는 산이 아름다우면 금강산(金剛山)이라고 이름 붙이는 버릇이 있습니다. 마치 무슨 후지[富士], 무슨 후지[富士]하고 부르는 것과 마찬가지입니다. 백율사는 지금은 초라한 일개 작은 사찰이지만, 그 당시는 신라의 도읍을 한눈에 조망할 수 있는 경승지(景勝地)였습니다. 불국사의 노사나불과 나란히 칭송되는 약사여래(藥師如來)는 대단히 아름답고 대단히 자비로운 얼굴로, 그리고 4면 석불은 수백 년 이래 흙 속에 묻힌 비참한 몸뚱이로, 지금도 여전히 천하에 이름을 떨치고 있습니다. 백율사도 본래는 손 꼽히는 큰 사찰이고 금강산 기슭이 곧 4면 석불의 임시 숙소였던 굴불사(掘佛寺)도 꽤 유명한 사찰이었다고 합니다만, 지금은 주춧돌마저 반 이상 묻혀버리고 말았습니다.

◇명활성(明活城)도 남산성(南山城)도 모두 역사상 중요한 옛 유적이 틀림없지만, 날이 이미 저물고 피로가 또 극에 달해서 백율사에서 십수 정(町) 동쪽에

있는 석탈해왕릉조차 참배할 용기가 나지 않습니다. 하물며 서천(西天) 건너 편 옥녀봉(玉女峰) 아래 있는 김유신의 무덤(일설에는 김인문의 묘라고 함)은 문무왕릉과 규모가 대략 동일하다고 들은 것만으로 만족하지 않을 수 없습니다.

◇경주 구경은 이것으로 우선 마치고, 자세한 것은 다음을 기약합니다. 소생은 아직 역사적 및 미술적 안목과 식견이 없으니 경주 구경의 자격이 없는 자입니다만, 수년 후에는 혹시 자격을 갖출 수도 있을 것이라고 슬그머니 자신 있는 미소가 새어나옵니다.

◇마지막으로 소생에게 여러 가지 편의를 제공하신 경주 관민(官民) 여러분께 깊은 감사를 표합니다.(8월 18일 경주에서)[197]

민족대회소집청원서(民族大會召集請願書)[198]

拜啓

인류가 있어온 이래 미증유의 참담이 극에 달했던 구주의 전란은 종국을 고하고 오늘날 세계가 정의 인도에 기초하여 영구의 평화를 확립하고자 하는 이때 본단(本團)은 오늘 대회를 개최하고 우리 2천만 민족의 의지를 대표하여 그 요구하는 바를 천하에 공표함으로써 세계의 공평한 여론에 호소하고자 한다. 이에 별지(別紙)의 선언서, 결의문 및 청원서를 삼가 올리니, 정의 인도를 사랑하는 각하(閣下)는 헤아려 동정을 표하여 다대한 원조를 보내주길 바란다.

1919년 2월 8일 조선청년독립단

---

197 『경성일보』, 1917.9.7, 조간 3면.

198 1919.2.8. 일본 외무성 1919년 2월 10일 접수. 최주한, 「근대 초기 번역문학과 미국」(『근대서지』 8, 근대서지학회, 2013)에 번역・소개되었다.

민족대회소집청원서

우리 조선 민족은 건국 이래 4천3백 년간 연면(連綿)히 국가를 보존해 온 실로 세계 최고 문화 국민의 하나이다. 삼국 중엽 이래 왕왕 지나의 정삭(正朔)을 받들기는 했어도 이는 단지 주권자 상호간의 형식적 외교적 관계에 불과하여 일찍이 실질적으로 이민족의 지배를 받은 일이 없다. 그러므로 우리 조선 민족은 옛 전통과 역사적 민족적 자존과 위엄을 희생하여 이민족의 지배를 받는 것은 결단코 참을 수 없는 바이다. 보호조약과 병합조약은 전적으로 무력의 위협하에 이루어진 것으로써, 조선 민족의 의지가 아닌 것은 이래로 수도 없이 독립운동이 일어난 것으로부터도 알 만하고, 또 각각 조약 체결 당시의 한국 황제 및 그 정부의 여러 반항적 행위로부터도 명백하다. 병합 이래 조선 민족이 일본에 열복(悅服)했다는 이야기가 들리는데 이것은 잘못이다. 그들은 온갖 저항의 방법 및 반항의 의사를 발표할 길이 끊긴 이러한 상태하에서조차 각종 독립운동을 일으키지 않았는가. 하물며 조선 내에서 일어난 그런 종류의 운동은 혹은 암살 음모라 칭하고 혹은 강도라 칭하여 어둠속에 묻혀 버릴 뿐.

특히 병합 이래 이미 10년 조선 민족은 일본의 통치하에서는 그들의 생존과 발전을 위협받음을 깨달았으니, 참정권・집회결사의 자유・언론 출판의 자유 등 모든 문화 있는 민족이 생명으로 귀하에 여기는 온갖 자유를 허하지 않고, 만인에게 공통해야 할 인권조차도 행정・사법・경찰의 제 기관에 의하여 유린함으로써 이에 대해 호소할 길을 끊으며, 뿐만 아니라 조선 정부의 제 기관 및 사립 제 기관에도 전부 혹은 대부분 일본인을 채용하여 조선인으로 하여금 일면 자치의 지능과 경험을 얻을 수 있는 기회를 빼앗고, 일면 직업을 빼앗으며, 일면 몸소 사회적 국가적 이상을 실현할 기회를 빼앗는다. 또 공사(公私) 영역을 막론하고 이른바 조선인에게 엄연한 차별적 장벽을 세워 공공연하게 모국인과 식민지 놈이라고 부르며 조선인은 마치 피정복자인 식민지의 토인과 같이 대우한다.

교육에 있어서도 차별적 교육 제도를 설치하여 일본인보다 열등한 교육을 실시하여 조선인으로 하여금 영구히 일본인의 노예로 부리고자 한다.

조선 민족은 도저히 이러한 정치하에서 민족적 생존과 발전을 이룰 수 없다.

조선은 본디 인구 과잉의 국토임에도 불구하고 무제한으로 일본인의 이주를 장려하고 보조하여 토착 조선인으로 하여금 해외에 유랑하지 않을 수 없게 한다. 그리고 고등한 제 직업은 무엇이든 일본인이 독점하고 산업에서도 일본인은 특수한 편익을 받는다. 이리하여 조선인과 일본인의 이해는 서로 배치하여 조선인의 부는 날로 줄어든다.

또한 병합의 최대 이유인 동양 평화의 견지에서 보면 그 유일한 위협자인 러시아는 이미 제국주의를 포기하고 신국가 건설에 종사하고 있고, 지나 역시 그러하다. 그뿐만 아니라 이번 국제연맹이 결성되면 재차 약소국을 침략하려는 강대국이 없을진대 우리 조선 민족의 국가는 순조롭게 생장할 수 있을 것이다. 불행히 다년간 전제정치의 해독과 처지의 불행으로 인해 쇠퇴했을지언정 이미 오랜 국가 생활의 경험을 가진 조선 민족이 새로운 주의 원칙 위에 국가를 세우면 능히 동양 및 세계의 평화와 문화에 공헌할 수 있는 국가가 될 것을 믿는다. 만약 일본이 이를 허락하고 원조한다면 우리 단체는 일본에 경의를 품지 않을 수 없고, 참된 의미에서 친선(親善)에 힘쓰는 지도자된 은의(恩誼)를 잊지 않을 것이다.

이상 거론한 이유에서 우리 단체는 대일본제국 의회에 대하여 우리 조선민족대회를 소집하고 민족자결의 기회를 부여할 것을 청원한다.

1919년 2월 조선청년독립단 대표
최팔용, 김도연, 이광수, 김철수, 백관수, 윤창석,
이종근, 송계백, 최근우, 김상덕, 서춘

재외조선인에 대한 긴급책에 대하여 다음의 2건을 건의함

[在外朝鮮人に對する緊急策として左の二件を建議する][199]

재외조선인에 대한 긴급책으로서 다음의 2건을 건의한다.

① 방랑 조선청년 구제 선도의 건
② 재외 조선인 교육 선도의 건

'덧붙임(附)' 적임자의 자격
실행상의 주의

1. 방랑조선청년 구제 선도의 건

이유

1919년(大正 8) 조선 독립운동 발발 이래 중등 정도 이상의 교육을 받은 자로서 지나(滿洲, 北京, 上海) 및 시베리아에 유랑하는 자 2천 이상에 달한다. 그리고 그들은 조선에 돌아갈 수 없는 자, 또는 돌아가고자 하지 않는 자이다. 지금 그들은 의식(衣食)이 곤궁하여 이번 겨울을 나는 것조차 곤란한 상태이다. 이러한 상태에 있는 그들로서는 취할 만한 길이 세 가지가 있다.

① 독립운동을 표방하고 무기를 휴대하여 조선 내에 몰래 들어오는 것
② 과격파 러시아의 선전자가 되는 것
③ 사기꾼 또는 절도, 강도가 되는 것

199 李光洙, 『齋藤文書 : 書簡』(분류번호 : 2166), 일본국회도서관 헌정자료실 소장, 1921. 姜東鎭, 『日本の朝鮮支配政策史研究 : 1920年代を中心として』(東京大學出版會, 1979)에서 처음 발굴되어 일부가 소개되었고, 하타노 세츠코, 「사이토 문서와 이광수의 「건의서」」(『근대서지』 8, 근대서지학회, 2013)에 자세한 해설과 더불어 전문이 소개되었다.

이 이것이다.

그들 이천 명은 조선인- 특히 재외 조선인 사이에서는 지식계급이면서 동시에 애국지사로서 민심을 선동하는 데 막대한 세력을 가진다. 현재 그 지역에 있는 각종 독립단체의 여러 기관은 그들에 의해 굴러가고 있고, 여러 계획 및 실행은 그들의 손으로 이루어진다.

또 그들은 과격파의 사상에 기울고 있다. 소비에트 정부도 동양에서의 과격주의 선전자로서 조선의 불우청년 지식 계급을 이용하는 방책을 세우고, 현재 상하이 기타에서 수백의 조선 청년을 부리고 있다. 이대로 두면 필시 그들 2천여 명은 전부 과격화될 것으로 보인다.

그리고 그들은 숫적으로는 적은 것 같아도 사실 일본의 국방 및 사회의 안녕에 대하여 경시할 수 없는 관계를 갖고 있는 것이다.

게다가 그들은 선도하면 재외 조선인, 나아가서는 전 조선인의 교육 및 산업적 활동에 쓸모있는 인재가 될 수 있고, 또 인도상으로 보더라도 2천 여 쓸모있는 청년을 도랑과 골짜기에 구르게 하는 것은 국가로서도 인류로서도 참을 수 없을 것이라고 믿는다.

구제책

그 구제책은 그들에게 우선 의식(衣食)을 주고, 다음으로 교육을 주어 건실한 직업을 누릴 수 있는 능력을 주는 데 있다.

길림성 또는 봉천성에 적당한 토지를 구매하고, 조선인 가운데서 적절한 인재를 구하여 이곳에 농촌과 학교를 경영케 한다. 거기서 그들 유랑의 무리를 모아 한편으로 농공업에 종사하여 의식(衣食)의 밑천을 얻게 하고, 다른 한편으로 농업과 공업 등 만주의 조선인 산업에 필요한 학술 또는 기예, 또는 사범교육을 받게 한다. 사범교육을 하는 것은 재외 조선인(백만을 넘는다고 한다)의 교육을 진흥케 하는 자극이 되고 실력을 갖추게 하기 위함이고, 실업교육을 베푸는 것은 첫째, 그들 자신에게 건전한 직업에 종사하는 능력을 전수하고, 둘째 재외 조선인의 산업을 진흥시키기 위함이다.

이상에서 언급한 사업의 시도로서, 우선 500명을 수용하기 위한 경비를 대강

셈하면 다음과 같다.

①토지구입비(1인 경작분 50엔으로 견적)	2만 5천 엔
②개간비(기계 구입비 포함)	2만 엔
③기숙사 건설비(1실 평균 4인으로 125실, 및 부속 건물)	2만 엔
④교사 및 공장 건설비	2만 엔
⑤5백명 최초 1년 생활비	2만 엔
⑥공공비 및 잡비	1만 엔
합계 금	10만 엔

일단 이러한 설비가 마련되면 이듬해부터의 해당 토지의 수입으로 유지할 수 있을 것.

2. 재외 조선인 교육 선도에 관한 건

이유

국외에 거주하는 조선인이 2백만이라고 한다. 그 가운데 가장 밀집도가 높은 거주지는 러시아령 연해주 및 만주 지역이다. 특히 저 간도 및 서간도도 통칭되는 지역은 거의 조선 내지와 다르지 않고, 주민이 백만에 달한다. 그런데 그들에게는 정치가 없고 법률이 없고 종교가 없고 교육도, 예술도 없다. 거의 만민(蠻民)으로 퇴화하고 있다. 더구나 이러한 인민은 해마다 급증가하여 매년 이주하는 자가 만 명을 헤아린다. 그리고 그들을 지배하는 유일한 주권은 위의 항목에 서술한 유랑 청년이 있을 뿐이다. 따라서 그들 백만의 인민은 일본의 국방상 간과할 수 없는 위험으로서, 또한 그들을 계발하는 것은 조선 통치자로서 일본이 등한시할 수 없는 문제이다.

교육 선도안

그 교육 선도책은 학교의 설립, 강습소 및 순회 강습의 시설, 또 값싼 출판물을 발행하는 것이다.

①적당한 곳에 기숙사가 딸린 소학교를 세울 것
②강습소를 마련하여 산업에 관한 지식을 줄 것
③강연을 통해 위생 기타 필요한 사상을 고취할 것
④값싸고 또 그 목적에 맞는 출판물로써 도덕과 지식과 위안을 줄 것

상술한 사업은 아래 항목에 언급한 사업 경영자에게 위임하면 가장 편리하다. 경비는 일정해야 하는 것은 아니고, 다만 이로써 시험적으로 전진하는 것이 좋다.

적임자의 자격

이러한 사업에는 적임자를 얻는 것이 가장 긴요한 조건이다. 그 적임자는 다음의 자격을 가질 필요가 있다.

①조선인, 특히 조선 청년 사이에 명망 있는 자일 것
②조선인으로서 친일파로 지목되지 않을 것
③교육에 관한 식견이 있고 사무적 수완이 있을 것
④비록 일선동화(日鮮同化)를 외치지 않더라도, 급진적 사상이 아니라 조선인에게 교육과 산업을 전수하는 것을 조선인의 유일한 구제책이라고 믿는 자
⑤거짓말하지 않고, 의지 강고하여 주의(主義)를 굽히지 않는 자

이러한 인물이라면 신임해도 좋을 것이다. 이것은 일선동화를 외치지 않더라도 재외 조선인의 망령된 움직임을 견제하고, 그들에게 지식과 부를 주어 생활의 안정을 얻게 하는 효력을 얻을 수 있다.

실행시의 주의

상술한 사업을 진행하는 데는 절대 비밀을 지키는 것이 좋다.

노라야[200]

나는 이 劇을 批評하려 하지 아니합니다. 이 劇은 내가 批評하기에는 너무 世界的으로 名聲이 높습니다, 劇으로보다도 婦人問題에 對한 思想의 先驅로.

나는 다만 노라에 關聯하여 婦人問題에 對한 나의 管見의 一端을 말하기에 그치려 합니다.

노라는 '나도 사람이다!' 하는 自覺을 얻었습니다. 女子가 되는 外에, 妻나 母가 되는 外에, 도는 그러기 前에, 나는 爲先, 첫째로 사람이라 하는 自覺은 노라라 하는 世界 女性을 낳은 것이외다. 이 노라가 생긴 後로 世界의 數없는 딸들은 '나도 사람이다!' 하는 喊聲을 치며 閨門을 박차고 넓은 世界의 마당에 뛰어들 나왔고 現在에도 연방 그리하는 中이외다. 노라의 부르는 기별은 아직 黎明의 曙光이 비칠락말락한 無窮花의 東土에도 傳해 들어와 첫닭의 소리에 깨어 일어나 부엌으로 내려가려던 朝鮮의 딸들의 귀에도 미쳤습니다. 그네 中에는 벌서 아아 나의 노라여! 나는 너를 따르노라! 하고 새벽동자 짓던 인함박을 집어 던지고 행길거리에 뛰어나선 이도 나설까 말까, 躊躇하는 이도 있게 되었습니다. 아아 노라는 마침내 世界의 모든 딸들을 후려내고야 말려나 봅니다.

불러내어라, 노라야! 世界의 딸들을 넓은 마당으로 모두 불러내기는 내어라. 마는 노라야! 너는 그네에게 將次 무엇을 주려 하느냐. 너는 그네의 손에서 바늘과 인함박과 어린아기를 빼앗았거니와 그 대신에 무엇을 주려 하느냐. 그네에게 參政權을 주고, 粉筆을 주고 電車, 自動車의 運轉機를 주고 甚至어 銃과 칼까지도 주었다. 노라야 너는 이리하여 男子와 꼭같이 되는 것으로 네 目的을 삼느냐. 이제 머리를 깎고, 男服을 입고 卷煙을 피워 물고 술이 醉해 비틀거리며 大道上으로 다니게 될 때에 너는 비로소 네 個性의 解放을 完成하였다고 凱歌를 부르려느냐.

아니다! 노라야! 너는 한 가지를 더 깨달아야 한다. 네가 '나는 사람이다!' 하는 깨달음은 하느님도 能히 막지 못할 堂堂하고 當然한 깨달음이다. 그리해서 네가 世界의 딸들을 모두 '사람'들이 모이는 넓은 世界의 마당으로 끌어낸 것은 萬年을

---

200 春園, 양백화 역, 『노라』(영창서관, 1922)에 실린 서문. 김영민 선생님께서 보내주신 자료이다.

가더라도 歷史가 잊어버리지 못할 큰 功이다. 그렇지마는 너는 한 걸음을 내켜서 '나는 계집이다!' 하는 自覺을 얻어야 되고, 因하여 '나는 아내다!' '나는 어미다!' 하는 自覺을 얻어야 된다. 이에 비로소 네 個性이 完成하는 것이다!

네가 머리를 깎고 男服을 입고 卷煙을 피워 물고 大道上으로 다니며 男子의 하는 職業은 다 내가 할 것이다 하는 동안 너는 아직 男子의 奴隷니 네가 사람이란 自覺 담에 계집이란 아내란, 어미란 自覺을 얻어 계집으로 아내로 어미로의 職分을 다 하는 때에 비로소 네가 完全한 獨立의 個性을 享有하는 사람이 되는 것이다!

아무리 머리를 깎더라도 鬚髯은 나지 못할 것이오 아무리 男服을 입더라도 젖가슴과 엉덩이는 들어가지 못할 것이오, 아무리 大道로 나와 다니더라도 네 脂肪 많고 둥그레하고 어여쁜 몸뚱이가 骨骼과 筋肉이 툭 불거지고 어깨 펴지게는 되지 못할 것이다.

그런즉 노라야, 다시 네 남편에게로 돌아오너라, 그래서 새로운 意味에서 얌전하고 귀여운 아내가 되고 어미가 되어라. 그러면 네 남편이 銀行에 支配人이 될 때에 너는 家庭의 支配人이 되고, 만일 네 남편이 망치를 들어 힘있게 바위를 때려부시거든 너는 가는 바늘에 고운 비단 실을 꿰어 남편과 子女의 옷에 繡를 놓으려므나. 이것과 저것에 무슨 尊卑, 貴賤의 差가 있으랴, 모두 平等이 男女 彼此의 天職이 아니냐. 사나이 되는 내 天職과 계집 되는 네 天職이 다르기는 다르더라도 人類世界라는 大家庭生活을 해가는 데는 다같이 貴한 天職이다, 이렇게 서로 天職을 지켜 서로 돕고 서로 사랑하여 즐거운 人生을 이루지 아니 하려느냐.

노라의 소리에 불려 나온 우리 누이들은 지금 甚히 思想이 惑亂한 모양이외다. 그네는 걸핏하면 男女의 差別을 잊고 男子와 同化함으로만 個性의 解放을 完成하는 것 같이 誤解하여 그 天職인 家庭의 治理와 夫와 子女에게 對한 愛의 生活을 버리고 工場과 會社와 選擧場에 돌아다니기로 目的을 삼는 것 같습니다. 더욱이 方今 눈 비비고 일어나려는 우리 집 姊妹들이 이러한 그릇된 思想에 浸染하는 듯함을 볼 때에 甚히 焦悶함을 마지아니합니다.

노라야 朝鮮의 딸들에게 크게 소리쳐 '사람'으로 깨어 世界의 넓은 마당에 나오게 하여라, 그러나 계집으로 깨어 다시 閨門 안으로 들어가게 하여라. 다만 그 閨門은 奴婢의 獄이 아니오 女皇의 大闕이 되게 하여라. 壬戌春三月中旬

민요에 나타난 조선 민족성의 일단[民謠に現はれたる朝鮮民族性の一端][201]

호소이 하지메[細井肇][202] 씨는 조선 민족의 잔인성이란 것을 대원군의 복수의 예를 들어 실증하려고 했다. 과연 대원군 같은 이에게는 잔인성도 있었을 것이다. 어떤 개인에게나 잔인성의 맹아가 있는 것처럼 어떤 민족에게도 잔인성은 있을 것이다. 그러나 호소이 하지메 씨가 대원군의 생애에서 잔인했던 부분을 취하여 그것이 조선 민족성의 주목할 만한 중요한 특색의 하나라고 단정한 것은 조선 민족성에 대한 무지가 아니면 참무(讒誣)라고 하지 않으면 안 된다.

'호양부쟁(好讓不爭)'이라고 한인(漢人)이 평한 것과 같이 조선인처럼 잔인성을 결여한 민족은 아마 유례가 적을 것이라고 생각한다. 첫째, 조선인에게는 '복수[仇打]'라는 말이 없고, 복수에 관한 전설이나 문학도 거의 없다고 해도 좋을 정도로 적다. '부모의 원수, 임금의 원수'라고 할 만한 경우조차 피를 흘린 예는 그다지 없었던 것이다. 궁정 안이라든가 정당 간의 알력과 투쟁에 있어서는 호소이 씨가 지적한 것처럼 잔인이라고 할 만한 사건이 없지도 않았지만, 민간에서는 피를 흘리는 복수 따위는 하층계급에서만 극히 드물게 보는 것이었다. 그들은 반대로 원수를 용서하고, 위험에 빠진 원수 구하는 것을 자랑으로 여기고 미담으로 삼는 터이다. 고대에만 그런 것이 아니다. 오늘날에도 조선인의 범죄에 네다섯 사람을 살해하는 것과 같은 범죄는 거의 없다. 강도와 살인죄가 매우 적은 것은 경찰이나 재판소의 통계를 보더라도 분명한 사실이다.

여담으로 들어간 듯한데, 민요에 있어서도 그러하다. 예컨대 나를 버리고 가는 님을 원망하여

---

201 李光洙, 『眞人』(1927.1), 市山盛雄編, 『朝鮮民謠の研究』, 坂本書店, 1927 재수록.

202 후쿠오카[福岡]현 출생. 1890년대 후반 도쿄 세이조[成城] 중학 4학년에 편입했다가 3개월만에 중퇴한 것이 학력의 전부이다. 1908년 10월 조선으로 건너와 재조일본인 언론인 집단과 교유하면서 1910년 10월 신문 기자 출신인 오무라 토모노조[大村友之丞], 긴쿠치 겐조[菊地謙讓]와 함께 조선연구회를 조직했다. 1911년 7월 조선연구회에서 『조선문화사론(朝鮮文化史論)』을 간행한 직후 일본으로 돌아가 1912년부터 도쿄 아사히신문 정치부 기자로 입사하여 7년간 근무한다. 1919년 3・1운동 직후에는 사이토 총독의 식민통치 자문 역할을 하면서 내선융화를 위한 정책 제안과 강연, 일본에 설립한 자유토구사를 통한 저술 활동에 주력했다.

나를 버리고 / 가시는 님은 / 一里도 못 가서 / 발병 난다

고 한 것이 가장 깊은 원망을 나타낸 것이고, 그렇지 않으면

울며 잡은 / 소매 / 떨치고 / 가지마소
草原長堤에 / 해 다저물었네 /
客窓에 잔등도 / 두고 / (잠 못 이루는 밤을)
지새보면 / (이 내 심사) 알리라

라는 정도가 고작이다.

다음으로 학정(虐政)에 괴로워하고 정부를 원망하는 것으로서는 매우 여러 가지가 있지만, 그것 역시

乙丑 甲子 / 초하루에 / 경복궁을 / 짓는데

정도로, 갑자 을축(甲子 乙丑)이라 해야 할 것을 을축 갑자(乙丑 甲子)라고 거꾸로 읊어 고작 경복궁을 짓는 것이 정치의 본말을 거꾸로 한 것임을 풍자하고 있는 정도이다.

또 병인년(丙寅年) 흑선(黑船)의 난 이래 외국인 침입에 대하여 적개심을 나타내었다고 할 만한 민요가 있는데, 대표적으로 꼽을 만한 것으로는 아마도,

洋鬼子 무리 / 우리가 맡은 / 대원의 궁은 / 걱정이 無用

이라든가

함경도 원산은 / 좋은 곳이지만 / 倭奴의 괴롭힘에 / 견디기 어렵네

라든가

귀야 귀야 담바귀야 / 동래 울산의 담바귀야
너의 나라 어떻길래 / 대한제국을 왜 왔나
은을 주려 나왔느냐 / 금을 주려 나왔느냐
은도 없고 금도 없고 / 담바귀 씨를 가지고 왔네

라는 정도일 것이다. 담바귀라는 것은 물론 일본인을 풍자한 것으로, 일본인은 우리에게 도움되는 것을 가져와 준 것이 아니라, 단지 "담바귀 씨를 가지고 왔네"라고 풍자한 것이다. 즉 증오해야 마땅한데 잠깐 웃어 보이는 것이다.

이렇게 웃어 보이는 데 조선인의 특색이 있는 것이다. 조선어에는 '뭐 웃고 말게'라는 말이 있다. 이것은 슬플 때, 괴로울 때 하는 말이지만, 또 분개했을 때, 원수를 대할 때도 사용하는 말이다. 그들은 정말이지 껄껄 웃고 칼을 가진 원수에게 등을 보이고 유유하게 가버리는 것인데, 이런 태도를 그들은 우러러볼 만한 태도라고 말한다. 이는 극하층민 간에도 일상적으로 자주 보이는 현상이다.

다음으로 조선 민족의 특성 중 하나는 낙천적이라는 것이다. 그들은 슬픔에 빠지거나 실망하는 것을 부녀자의 일이라고 생각하고, 그것을 부끄럽게 여긴다. 그래서 조선에는 진정한 의미의 비극문학이나 가요도 없다. 심청전이든 춘향전이든, 비극이면서도 언제나 '웃어 버리는' 것을 잊지 않는다.

천년을 살거나 / 만년이나 살더란 말이냐 / 죽음에 들어서 노소가 있나

까지는 어느 정도 비애의 어조를 띠고 있지만, 그들은 곧

살아 생전에 / 마음대로만 / 놀아볼거나

라고 말하는 것이다.

'불탄 말뚝에도 꽃이 핀다'는 속담이 있다. 불탄 말뚝에 꽃이 필 리도 없지만, 어떤 경우에도 실망하지 않음을 말하는 것이다.

지금도 유행하고 있는 민요 중에 가장 비애조를 띠고 있다고 일컬어지는 것은

남방의 〈육자배기〉와 중앙의 〈흥타령〉, 서도의 〈수심가〉가 있는데, 과연 그 어조가 비애를 띠고 있다고는 해도 그 가사는 의연히 낙천적이다.

저 건너 갈미봉에 / 비가 묻어 들어온다 / 우장을 두르고 지심을 맬거나

라는 것이 육자배기의 대표이고

천안 삼거리 수양버들은 홍 / 제멋에 겨워서 / 척 늘어졌네

라는 것이 흥타령의 본체이다.

놀자 놀자 / 젊어 놀자 / 늙어지면 / 못 논단다 / 청춘에 / 마음대로 노잔다

라는 것이 수심가의 대표적 가사이다.

근래 데카당 시인들은 서양식 절망이나 비애를 수입했지만, 낙천적인 조선심에는 그다지 공명하지 않는 모양이다. 시인 자신도 조선인인 이상 완전한 절망이나 완전한 슬픔에 빠지지는 않을 것이다. 민족성은 완고한 것이다.

어디로?[203]

집에

조의균은 십칠 년만에 고향의 정거장에 내렸다. 옛날의 씩씩하던 기운은 하나

203 장백산인, 『조선농민』 창간호, 1934.4. 안서현, 「이광수의 농촌현실 인식과 전망, 그 변화의 기로」, 『근대서지』 7(2013)에서 처음 발굴 소개되었다.

없고 나른하고 초췌한 꼴을 하고 정거장에 내려서 역 출구(出口)에서 역부에게 표를 내어주고 딱 내리려 할 때에 의균의 어깨를 툭 치는 사람이 있었다. 의균은 깜짝 놀라서 돌려나 보니 그는 긴 칼을 찬 순사였다. 수상해 보이는 의균의 거동을 보고 순사가 의균을 멈추게 하 것이었다.

"웬 사람이야. 이리 좀 와."

하고 역 앞마당 한편짝으로 손을 가리키며 오라고 한다.

"네, 왜 그러십니까."

"웬 사람이야."

"저는 조의균이란 사람입니다."

"어데 살어."

"○○에 삽니다."

"어데서 오는 길이야."

"감옥에서 나오는 길입니다."

"무엇이 어째. 감옥에서. 이름이 무어라고."

"조의균입니다."

"응…… 그대가 조의균인가"

하고 그제야 순사도 조의균의, 말은 들은, 일이, 있는 고로 알아보고 빙그레 웃는다.

"그래. 얼마나 고생했나."

"그저 그렇지요."

하고 의균은 못마땅해 하면서 할 수 없이 이렇게 대답하였다.

의균이 가만히 서 있으니까 순사는

"어서 가보시오."

하고 배앝듯이 말하고 돌아섰다. 의균은 발걸음을 돌리었다.

의균은 서울서 의학전문학교에를 다니다가 기미년 삼월에 어떤 사건으로 학교도 채 마치지 못하고 만주로 달아났다가 상해로 달아났다가 다시 고향에 돌아와 또다시 어떤 사건으로 붙들려서 (…중략…) 징역 십이 년을 치른 것과 방랑생활 오 년을 합하면 십칠 년만에 고향에 오게 된 것이다. 스무살 안팎이던 의균은 이제 사십을 바라보는 중년이 되어서 고향을 찾아온 것이었다. 상해에 있는 동안에 아버지가 돌아가시고 감옥에 있는 동안에 어머니마저 돌아가시고 이제는 아내와 아들 하나 딸 하나가 집을 지키고 있는 것이다. 아들이 스무살, 딸은 아마 열일곱 살이 되었을 것이다.

정거장 앞 큰 벌판은 수리조합이 되어서 팔다시[204] 같은 벼이삭이 축축 고개를 숙였다. 전에는 게딱지 같은 초가집들밖에 없던 것이 근경에 기와집들이 는 것도 이 수리조합 덕택일 것이다. 벌판에 조그마한 정거장 한 채와 역원 숙사 한 채밖에 없던 이 곳에 수백 호 집이 들어앉은 것도 아마 수리조합 때문인가. 이렇게 생각하면서 의균은 새로 생긴 처음보는 장 거리로 두리번두리번하며 걸어갔다. 의균의 집이 있는 별우물골(은) 여기서도 큰 고개 하나를 넘어서 또 적은 고개를 하나 넘어서 모두 이십 리나 걸어야 되는 데다. 의균은 양품잡화 고무신 이런 것을 벌려놓은 가게들을 돌아보면서 또 무엇이 있나 또 무엇이 있나 하고 살펴보았다. 양주회사라는 것이 둘이나 있고 정미소라는 것이 있고 조선요리 ◯◯관이란 것이 둘이나 있었다. 그리고 냉면집이 있고 고기간도 있고 무슨 금은광산 사무소라는 것도 있었다. 또 ◯◯농장 사무소라는 것도 있고 그리고 저 구석으로 좀 뚝 떨어져서 ◯◯면사무소와 ◯◯경찰관 주재소라는 것이 있고 ◯◯◯◯회사 출장소라는 것도 있다. 그리고 술 취해 붉은 얼굴들이 왕래하고 양복입은 사내와 비단 치마입은 젊은 여자까지도 보였다. 마소가 풀이나 뜯던 이 벌판에 이런 것들이 갑자기 생긴 것을 보는 의균은 내가 고향을 잘못 찾아오지나 아니하였나 하고 우뚝 서서 산들을 바라보았다. 산들도 약간 변한 듯은 하나 그래도 옛 모양이 있었다.

의균은 시장한 것을 깨달았다. 눈 익은 조선식 냉면상, 간장 그릇, 초 그릇, 젓가락통, 재떨이, 벽에 붙인 입춘, 아랫목에 놓은 평사, 때묻은 광목 고의에 웃통을 벗은 국수집 중놈이 이런 것들은 다 옛날과 다름이 없는 것 같았다.

"냉면 한 그릇 주소 예."

하고 의균은 오래간만에 제 시골 사투리를 써보았다.

"금방 내립니다."

---

204 '팔뚝'을 가리키는 평안남도 방언.

하고 중놈이가 정말 국수를 우에 자빠져서 천정을 발로 지그시 찬다. 새로 내린 국수, 시원한 김칫국 이런 것을 생각하면 의균의 식욕이 동하였다. 의균의 주머니에는 감옥에서 벌어가지고 나온(?) 차표 사고 찻속에서 벤또 사먹고 차 사먹고 담배 사먹고 남은 칠원팔십 전의 돈이 있었다. 이것이 고향 떠난 지 이십 년—그렇다. 이십 년이다—여 몸에 지닌 총재산이다. 처자는 무엇을 먹고 사는지 모른다. 논 마지기나 밭날갈이[205]가 아직도 남았는지 모른다. 아들 영석이가 칠년 동안에 한번밖에 감옥에 면회를 못 온 것을 보아서 집이 엉망으로 가난한 것을 짐작할 수가 있었다.

"어떻게 먹고 살아가니?"

하고 면회 온 영석에게 물으면

"농사해서 아조 걱정없어요."

할 뿐이었다.

'아마 제 어미가 시키는 대로 말하는 모양이로군.'

이렇게 의균은 생각하고 더 묻지도 아니 하였다. 실상 아내는 좋은 사람이었다. 얼굴은 보잘 것 없으나 현숙한 사람이었다. 평양으로 서울로 공부를 댕기면 말쑥한 계집애들에 눈이 익은 의균은 집에 돌아와도 아내와 동침하기를 싫어하였다. 며칠 집에 있는 동안에 혹은 어머니의 걱정에 못이기어 혹은 우연한 정욕으로 한두 번 동침할 뿐이었다. 아들과 딸이 다– 그러한 기회에 생긴 것이었다.

그러나 의균은 그때에는 그 아내를 현숙한 여자라고는 생각하였다. 그런데 그는 이십 년간 부모를 섬기고 아들과 딸을 길렀다. 의균은 감옥에 있는 동안에 아내를 생각하고는 고마운 마음으로 고개를 숙이고 눈물을 흘린 일까지 있었다. 이런 생각을 하고 의균은 국수나 사다주리라 하고

"여보. 나 국수 여섯 그릇만 싸주소 예."

"예? 국수 여섯 그릇이요?"

"예. 여섯 그릇."

"싸가지고 가려고 그러우?"

---

205 며칠 동안 걸려서 갈 만큼 큰 밭.

"예. 싸가지고 가려고 그러우."

"그릇은 없소?"

"그럼 무엇에 싸라우?"

그때에 곁에서 여편네의 목소리로

"원 신문지나 한 장 얻어다가 싸렴. 원 아새끼도 주변도 없디."
하고 종알댄다.

의균은 국수를 신문지에 싸서 들고 가기는 어떻게 하며 또 석유냄새가 나서 어떻게 하란 하고

"여보. 내일이라도 갖다 드릴끼니 치퉁이나 어여 좀 담아주구레."
하고 청하였다.

"아니 원. 모르는 사람헌테 그릇을 어떻게 빌려줄꼬?"
하고 그 여편네가 또 종알댄다.

의균은 아내와 아들딸을 위한 첫 정성을 깨트리는 것이 화가 나서 뛰어나가서 광목 넉 자를 끊어다가 냉면들고 들어온 중놈이에게 주며

"여기다 국수를 싸라. 물에 빨아서"
하고 명령을 하였다.

냉면은 예상한 것 같이 맛나지를 아니하였다.

의균은 건더기만 얼추 건져 먹고 찝질한 국물은 그냥 남기고 광목에 싼 국수를 들고 돌 많고 흙 붉은 고개를 넘기 시작하였다.

추석을 앞둔 중추 일기는 아직도 더웠다. 오랫동안 감옥에서 써보지 않던 다리는 오 리도 못 걸어서 아프기를 시작하였다. 게다가 헌옷가지 책 권 넣은 가방과 젖은 광목에 싸든 국수 여섯 그릇도 짐이 되어서 원체 건강한 몸이 못 되는 의균은 땀이 흐르고 숨이 찼다. 게다가 한걸음 한걸음 고향에 가까이 가면 갈수록 처자를 대할 것과 동네사람들을 대할 것이 괴로웠다.

'무슨 면목으로.'
하는 생각을 아니 하려 하여도 가을 저녁 때 하루살이떼 모양으로 앞을 가리웠다. (…중략…) 의균은 고향 바다가 바라보이는 고갯길 마루태기에서 바람을 쏘이며 마꼬를 두 개나 피우고 나서 다시 가방과 국수를 들고 어슬렁어슬렁 별우물

이 고향을 향하고 걸었다. 의균의 기억에 남아있는 십칠 년 전 별우물이 동네는 한 가운데 자기 집인 기와집이 있고, 그 곁에는 자기집에 달려사는 작인들의 조그마한 초가집이 십여 호 있고, 별우물이라는 우물 개천을 지나서 장들림 다녀서 돈을 모았다는 김상북이라는 사람의 반기와집이 있고, 그리고는 반자작 반소작하는 집이 오륙 호 있고, 동구에는 말도 부리고 술도 팔고 겨울이면 국수를 누르고 투전도 부리는 조을룡이라는 사람의 주막집이 있고, 그리고는 의균의 아버지가 자담하여서 처음에는 서당으로 지었다가 나중에는 학교로 고치고 또 나중에는 예배당까지 겸하였던 집이 있어 모두 이십 호가 될락말락한 조가, 김가, 홍가, 백가 등 잡성이 모여사는 동네였다. 그때에 자기 집은 선조 때부터의 유업 — 의균의 증조부가 어느 찰방살이 가서 모아왔다는 유업으로 볏 백이나 받고 뒤에 밤나무와 소나무가 있는 산도 있고 사랑과 툇마루 있는 사랑과 마구간까지 있었으나 그 나머지는 다 — 벅 한간 방 두간 헛간 한간에 수수깡바지 대문조차 있는 집도 있고 없는 집도 있는 그러한 빈촌이었다.

그러나 의균은 고향에 발을 들여놓자 놀라지 아니할 수 없었다. 의균이가 솟대고개라는 고개닥을 넘어 별우물 동네 앞으로 지나는 삼등도로로 걸어갈 때에 그 길이 굉장히 좋아진 것도 놀랐거니와 동네의 보지 못하던 큰 기와집이 네다섯이나 생긴 것을 보고 놀랐다. 모두 활짝 드즙이 추녀까지 달고 지은 집이라 자기 집은 빛을 잃었다.

동구에 있는 을룡이네 집만 예나 이제나 다름이 없었지마는 밖에는 초가집들도 다들 담도 두르고 앞채도 짓고 팔을 부르걷은 서까래도 보이지를 아니하여 이 봉이타끼 가난하던 동네가 아주 부촌 꼴이 메운 것을 보고 의균은 의아하지 아니할 수 없었다.

의균은 을룡이집 말말뚝 옆에 짐을 놓고 누가나 오기를 기다렸다. 식구들이 아직도 예전 집에 있는지 또는 그 집을 새로 일어나는 부자에게 팔아먹고 협막살이를 하는지 알 수 없기 때문에 을룡이집 식구를 보고 사정을 탐지하려 함이었다. 이윽고 을룡의 집에서 아랫도리 벗은 사내아이 하나가 구운 옥수수를 뜯으며 나오더니 의균이가 선 것을 보고 도로 뛰어간다. 아아, 이상한 화상이 왔다고 어른들에게 보고를 한 모양이었다.

그 뒤를 이어서 허리 꼬부라진 을룡의 어머니가 문설주를 붙들고 내다보면서

"누굴 찾소?"

하고 의균을 보고 묻는다.

"안녕하시우. 나 의균이우다."

하고 의균은 노파의 앞으로 걸어갔다.

"아니, 의균이라니. 큰집 영석이 아바지말인가. 아니 이런. 아니 몰라보았구만. 늙으니게니 눈이 어두어서 그래. 그 동안 편안하이셨나?"

하고 비칠비칠하며 반가워라고 마당에 내려온다.

마당은 예나 다름없이 더러웠다. 생전 쓸어보지 않은 듯한 마당에는 거푸래기 강낭속 코담뱃재가 썩어나고 파리들이 앵앵 떼를 지어서 날았다.

"을룡인 어디 갔소?"

"말 끌구 어디 갔구만그래. 원제 왔노?"

"금방 차에서 나려서 오는 길이야요."

"돈이나 많이 벌어가지고 왔나?"

하고 을룡이 어머니는 눈꼽기인 눈을 의균을 훑어본다.

"우리집이 그냥 그 집에서 사나요?"

하고 물었다.

"그럼. 집이야 그 집이지. 그래 어려워 아버지 어마니 다 돌아가시구- 그러니 아낙네 혼자서 살아가자니 오죽한가. 그저 어렵디. 그래두 다들 편안은 해. 아까 영석이레 이리로 가더니 어딜 갔노 원? 딸이 컸디. 아주 잘나서 정혼했디. 황아장시(장들님이라는 말)[206]네 주사레 아들이 없어서 그름 작은 집이다. 그러니 헐 수 있나. 그 집이 제일 부자디. 일뜽이랍네. 작은집이믄 어떤가. 거저 돈이 있어야 바로 저 집 아닌가. 저기 저 제일 큰 기와집이로고만. 그리고 간난이는 딸 살림시킨다고 저기 집 지었디. 봄부터 짓는 걸 지금 도배헌답네. 아주 분곽 같이 이쁘게 지었데. 이제는 집도 다 되구해서 스무며칠 날인가 당개를 온다고 그러두만 달아았갔지?"

---

206 황아장수. 집집을 찾아다니며 자질구레한 일용잡화를 파는 사람.

하고 을룡 어머니는 의균을 물그러미 쳐다본다.

간난이란 것은 아마 딸의 이름인 모양이다. 간난이를– 내 딸을 황아당시 아들의 첩으로! 할 때에 의균은 가슴 속에 무엇이 불끈함을 깨달았다.

상놈 양반을 가리는 것이 의균의 사상에 어그러지지마는 그렇더라도 제 딸의 문제일 때에는 아마 유전적이던 한 감정이 북받쳐 오르는 것이었다.

의균은 을룡 어머니의 말을 차마 더 듣지 못하겠다는 듯이 가방과 국수를 들고 집을 향하고 걸었다. 가끔 길이 보이지 않도록 아뜩아뜩함을 깨달으면서.

하늘[207]

한집에 계집애 둘이 있었습니다. 두 아이는 집에서 밤낮 집안 사람에게 욕을 먹고 매를 맞았습니다. 그래서 둘이 의논을 하고 슬그머니 나와서 도망을 했습니다. 그래 얼마를 그냥 한정없이 가노라니까 어느새 그만 하늘엘 와버렸습니다.

그러자 두 아이는 그만 길을 잃어서 어디로 가야할지 도무지 방향을 알 수가 없었습니다. 그러다가 간신히 어떤 집 앞에 이르렀습니다. 그 집에는 한 할멈이 혼자서 살았답니다. 그 할멈이

"너희들 어디 가니" 하고 물었습니다.

"저희들은 길을 잃어서 그래요" 하고 둘이 대답했습니다.

"여기는 하늘나라란다. 예까지 와서는 이제는 인간에는 못내려간다" 하고 할멈이 말했습니다.

"그럼 어떡해! 그럼 우릴 할먼네 집에 좀 있게 해주세요" 하니까 그러라고 해서 있게 되었습니다.

하루는 할머니는 나무하러 산으로 갔습니다. 가면서 할머니는 두 아이를 보고,

"애, 너희들 저기있는 바구미 뚜껑을랑 열지 말아" 했습니다.

---

207 이광수, 『동화』 창간호, 1936.1. 박진영 선생님께서 보내주신 자료이다.

작은 아이가 '저 속에 무에 들었을까' 하고 할멈이 없는 새에 몰래 살짝 뚜껑을 열어보았습니다. 했더니만 그 속에서 웬 토끼란 놈들이 껑뚱껑뚱 몇 천 마리 뛰어나와서 온집에 오굴오굴 뛰고 돌아갔습니다. 마침 그때에 할멈이 돌아와서 깜짝 놀라더니 성을 내서 야단했습니다. 그러더니 얼른얼른 토끼를 한놈씩 잡아서 바구미 속에 집어넣어 버리더랍니다.

그 다음날 할멈은 또 밖에 나갔습니다. 나가면서 이번에는 큰 항아리를 가리키면서,

"얘 너희들 제발 이 항아릴랑 열지 말아"

그래도 작은애는 할머니가 나간 다음에 또 얼른 그 뚜껑을 열고 들여다 보았습니다. 보니까 그 항아리는 밑바닥이 없는데 그 밑으로 멀리 인간세상이 말끔이 내려다 보이더랍니다. 그걸 보고 작은애는 깜짝 놀랐습니다.

그러는데 막 할멈이 터덕터덕 돌아왔습니다.

"할머니 부디 우리를 인간으로 돌아가게 해주세요" 하고 할멈보고 졸랐습니다. 할멈은 종내

"아무려나 그래라" 하고 산에 가서 해온 넝쿨로 줄을 길게 만들어서 바구미 술가리에다가 비틀어 꼽니다. 그러고

"이 마구미 속에 들어 앉아라. 들어가서 눈을 꼭 감고 있거라. 아무런 일이 있든지 끝까지 눈을 뜨지 말고 있어야 된다. 만일에 가다가 바구미가 내려가지를 아니 하거들랑 그건 구름에 걸려서 그런 거니까 한 번 좀 흔들면 된다. 그러면 또 쑥쑥 내려간다. 알겠지? 내종것 애야 눈을 뜨지 말아야 한다."

이렇게 잘 일러주었습니다. 동생은 얼른 바구미를 탔습니다. 그러니까 바구미가 바로 쑥! 아래로 내려갔습니다. 작은애는 할멈이 이른 대로 눈을 꼭 감고 있었습니다.

얼마 내려가더니 바구미는 무엇에 걸렸는지 내려가지를 않더랍니다. 그래 바구미 술가리를 붙잡고 좀 흔들었습니다. 그랬더니 또 바구미는 술술 아래로 내려가더랍니다.

그러고는 얼마 동안 그냥 자꾸 내려가더니 바구미가 또 탁 걸려서 안 내려갑니다. 그래 또 한 번 흔들어 보았습니다. 그대로 이번에는 도무지 꿈짝 아니했습

니다. 그래서 웬일인가 하고 또 한번 힘껏 흔들어 보았습니다. 그래도 그냥 꼼짝 하지 아니하니까 눈을 감은 채로 손을 바구미 밖으로 내밀어 가지고 어루만져 보았습니다. 했더니만 연한 풀이 만져지더랍니다. 그래,

"옳지 그럼 벌써 인간에 다 내려왔나 보다"

하고 가만히 눈을 떠보니까 바구미는 어느새에 척 땅 위에 와 닿았더랍니다. 작은 애는 좋아라 하고 바구미에서 나왔습니다.

그랬더니만 할멈이 위에서 커다란 목소리로

"애- 그 풀을 좀 뜯어서 바구미 속에 넣어다고 응" 하고 소리를 지르더랍니다. 작은애는 얼른 얼른 풀을 뜯어 집어넣었습니다. 그랬더니 할멈은 금방 얼른얼른 바구미를 하늘로 끌어올려 가더랍니다. 그래 작은 애는 하늘을 바라보고

"할머니 우리 언니도 얼른 내려 보내주세요" 하면서 하늘을 바라보고 언니가 내려오기를 기다리고 있었습니다. 얼마 만에야 위에 감감한 위에 쪼꼬만 것이 까밋까밋 보이더랍니다. 그게 언니가 내려오는 것이었습니다. 얼마 만에 바구미가 땅 위에 내려왔습니다. 작은애는 기뻐서 언니 손을 붙들어 바구미에서 내렸습니다.

두 아이는 혼이 나서 얼른 집으로 돌아갔습니다. 그리고 다시는 도망하지 아니했습니다.

申合(동우회 전향성명서)[208]

우리들은 병합 이래 일본 제국의 조선통치를 영국의 인도 통치나 프랑스의 베트남 통치와 같이 단순한 이른바 식민정책으로 생각해 왔다. 그리고 조선 민족은 일개 식민지 토인으로 영원히 노예의 운명에 놓인 것이라고 한탄해 왔다. 메

208 「동우회 전향성명서」(1938.11.3), 京畿道警察部 報告, 「同友會事件保釋出所者の思想轉向會議 開催に關す件」, 1938.11.7, 京城 地方法院 檢事正 受理. 하타노 세츠코, 「이광수의 일본어 소설과 동우회사건」(2014) 발표 원고에서 처음 발굴 소개되었다.

이지 대제(大帝)의 일시동인(一視同仁)의 말씀은 실제로는 영구히 실현되지 않을 것이라고 생각했던 것이다. 이에 우리들은 독립사상을 품고, 조선 민족을 일본 제국의 굴레로부터 해방하는 것이 우리들이 의무라고 믿어왔던 것이다.

그러나 우리들은 과거 1년 반 깊이 반성한 결과, 조선 민족의 운명에 대해 재인식하고 종래 우리들이 품었던 사상에 대해 재검토함으로써 일본 제국의 조선 통치의 진의에 대하여 올바른 이해에 도달할 수 있었다. 우리들을 이 기쁜 결론으로 이끈 가장 유력한 원인이 된 것은 지나사변으로 인해 명백해진 일본의 국가적 이상과 미나미 총독의 몇 가지 정책과 의사표시이다.

우리들은 지나사변에 대한 일본 제국의 국가적 이상이 서양의 제국주의 국가들의 그것과는 매우 현격한 차이가 있음을 인식했다. 일본은 팔굉일우(八紘一宇)의 이상을 깊이 인식하여 우선 아시아 제민족을 구미 제국주의와 공산주의의 질곡으로부터 벗어나게 하고 동양 본래의 정신문화 위에 공존공영의 신세계를 건설하는 데 일본 제국의 국가적 이상이자 목적을 두었음을 이해하는 동시에, 조선 민족도 결코 종속자나 추수자로서가 아니라 함께 일본 국민의 중요한 구성분자로서 이 위업을 분담하고 또 이로부터 다가올 행복과 영예를 향수할 자임을 국가로부터 허락받고 또 요구받았음을 우리들은 이해할 수 있었던 것이다. 이미 교육의 평등은 실현되었다. 가까운 장래에는 의무교육도 실시되고 병역의 의무를 조선 민족에게 실시케 할 것도 암시되어 있다. 일언이폐지하면, 일본 제국은 조선 민족을 식민지의 피통치자로서가 아니라 진실로 제국의 신민으로서 받아들였고, 그리고 거기에 신뢰하고자 하는 진의가 있음을 우리들은 이해하고 또 믿을 수 있게 된 것이다.

이리하여 우리들은 종래 우리들의 오해에 기초한 조국에 대해 진실로 죄송스러운 사상과 감정을 청산하고 새로운 희망과 환희와 열정을 갖고 다음과 같이 결의한다.

一. 우리들은 지성으로써 천황에게 충의를 바치자.

二. 우리들은 일본 국민이라는 신념과 긍지로써 제국의 이상 실현을 위해 정신적·물질적으로 전력을 다하자.

三. 지나사변은 우리가 일본 제국의 국가적 이상 실현의 기초에 관계되는 것임을 확실히 파악하고, 작전 및 장기 건설을 위한 온갖 국책의 수행에 최선의 노력을 하자.

이에 메이지절을 택하여, 우리들은 숙려를 거듭하여 합의를 이룬 바이다.

1938년(昭和 13) 11월 3일 동우회 회원 일동

陳述書(동우회 사건 상고심 진술서)[209*]

이광수의 진술서에 이르기를,

경찰에서의 자백. 본 피고인은 1937년(昭和 12) 미나미(南) 총독 각하의 내선일체(內鮮一體)·국체명징(國體明徵) 정책의 성명에 따라 동우회의 정신에 갱신(更新)해야 할 것이 있음을 받아들였다. 동우회의 목적에는 오직 민족 개조가 있을 뿐, 내선일체와 국체명징에 관한 것은 없었기 때문이다. 더욱이 당시 본 피고인은 폐렴, 늑골 수술, 폐렴 카타르(catarrh), 척수 카리에스(caries) 등으로 혹은 입원하고 혹은 칩거, 통원(通院) 등으로 미적이다가 6월에 이르고, 6월 7일 마침내 검거되었던 것이다.

종로서에서의 제1회 심문에서 본 피고인은 황실과 국가에 대해 종래 충성이 부족했음을 솔직하게 참회하고, 그밖의 심문에 대해서는 하나를 물으면 나아가 둘을 대답하는 식으로 사실을 있는 그대로 술술 진술했다. 상하이에서의 독립운동, 흥사단, 동우회에 대해 경찰에서는 아직 모르는 것까지도 기꺼이 진술했다. 그런데 본 피고인은 유치(留置)되었고, 제2회 이하의 심문에서는 동우회의 목적

209 昭和十五年 刑上 101 乃至 104號, 1946.7.21. 동우회 상고심 재판기록 안에 포함된 이광수의 진술서이다. 자료는 국가기록원의 웹 사이트를 참고하였다(http://archives.go.kr).

이 독립이라는 답변을 강요받았다. 그러나 본 피고인은 그것이 전혀 사실에 반대되는 까닭에 부인했다. 당시 본 피고인은 발열과 더불어 격렬한 카리에스 신경통을 앓아 오래 앉아 있기 어려운 상태였다.

날짜는 분명치 않지만 어느날 피고인은 심문관인 사이가(齋賀) 경부보(警部補) 앞에 불려나갔는데, "주요한은 분명히 독립이라고 자백했다. 안창호도 자백했다"면서 첫 쪽만 보이는 주요한·안창호 두 사람의 심문조서를 책상 위에 두는 것이었다. "그럴 리가 없습니다. 주요한도 안창호도 그런 거짓말을 했을 리 없습니다. 나는 형벌을 두려워해서가 아니라 거짓말을 두려워하기 때문에 독립은 인정할 수 없습니다"라고 진술했다. 오전 9시부터 오후 4시 경까지 심문받았지만, 본 피고인은 제1회 심문에서 답변한 것과 달라진 것이 없었다. 입단문답 당시의 상황에 대해 쓰라는 명령을 받고 썼지만, 민족전도대업(民族前途大業)의 기초란 민족의 영원한 생존과 번영의 기초로서 민족성 개조라는 뜻임을 진술했다.

그로부터 약 1주일 후 어느날, 형사 유치장에 와서 본 피고인을 데리고 나간 박 형사는 손에 검은색 에나멜을 칠한 주전자를 가지고 있다가 도중 물 끓이는 주전자가 있는 장소에 이르자 본 피고인에게 물 마실 것을 권했다. 감격하여 맛있게 마셨는데, 다음에 박 형사는 들고있던 주전자에 물을 가득 채워 손에 들고서 본 피고인을 예의 안쪽의 심문실로 데리고 가면서 "왜 자백하지 않는가. 어차피 자백하지 않으면 안 된다. 피할 수 없는 증거가 나와 있고, 다른 사람도 모두 자백했다"고 불유쾌한 어조로 말했다. 본 피고인은 아차 싶었다. 나올 만한 증거가 있을 리 없지만, 그 주전자의 물은 본 피고인의 자백에 관계가 있는 것이 아닌가 하는 예감이 들었다. 이미 누구누구는 물을 먹여서 운운하는 이야기를 들었기 때문이다.

심문실에 들어가니 사이가 경보부는 그곳에 없고, 시멘트 바닥 위에 전에 보지 못한 길이 5척 정도 되는 의자가 있었다. 박 형사는 손에 들고 온 물이 든 주전자를 그 의자 왼쪽 끝에 올려 놓았다. 판자벽 한 장 건너편 오른쪽 방에서는 어떤 피고(한승인(韓昇寅)의 소리가 아닐까 생각했다)의 "아이고" 하는 비명이 들리고, "말해, 말해" 하는 노기 띤 음성이 들렸다. 사이가 경부보의 음성이라고 생각했다. "말하겠습니다, 말하겠습니다." 잠시 침묵, 또 비명. 또 "말 해, 말 해." 그러고는 아무 소리도 들리지 않았다. 본 피고인은 바로 자신의 운명을 자각했다. 틀림없이 저 주전자와 저 의자는 본 피고인을 위해 마련된 것을 깨달았다. 다른 피의자에게서 들었던 도구였던 까닭이다.

이윽고 사이가 경부보가 불쾌한 얼굴로 들어왔다. 본 피고인은 일어서서 공손히 인사했으나 앉으라는 말도 없이 본 피고인을 쏘아보더니, "지금까지 너무 지나치게 귀여워해 주었다. 귀여워해 주면 기어오르고 진실을 말하지 않는다. 거짓말쟁이에게는 거짓말쟁이에게 걸맞은 방법이 있다"고 말했다. "나는 사실을 말씀드렸습니다. 국민으로서의 충성이 부족했다면 어떤 형벌도 달게 받겠습니다. 그러나 미흡하지만 과거 20년간 거짓말 따위는 하지 않겠다고 주의해왔습니다. 거짓말한다는 이야기를 듣는 것은 죽을 만큼 괴로운 것입니다"라고 했더니, "교묘한 말을 하고 있군. 말솜씨가 좋은데" 하고 놀렸다. 본 피고인은 앓고 있는 폐에 물을 들이붓는 것은 죽음을 의미하는 것이나 다름없다고 느꼈다. 본 피고인은 주전자와 의자와 사이가 경부보의 얼굴을 보면서, 어떻게 해야 할까 생각했다. "그렇지만 안창호도 증인으로 심문했는데 독립이라고 말했다. 주요한도 술술 자백했다. 그래서 주요한은 곧장 석방해 주었다." 사이가 경부보는 그렇게 말했다. 본 피고인은 그만 체념하고 "그렇다면 당신의 요구대로 대답하겠습니다. 그 대신 그것은 모두 거짓입니다." 사이가 경보부는 웃는 얼굴이 되어 본 피고인에게 앉을 것을 허락했다.

"그럼 민족전도대업의 기초란 조선의 독립을 가리키는 것이로군." "그러면 너무 엄청난 거짓말이 됩니다." 사이가 경부보는 조서를 쓰려던 손을 멈추고 다시 험악한 기색을 띠고 "또 그런 소리를 해" 하고 고함을 질렀다. "민족전도대업은 민족의 영원한 생존과 번영을 가리키는 것이며, 따라서 만약 독립이라는 것이 민족의 생존과 번영에 필수 조건이라면 그것도 결국에는 포함될지도 모릅니다"라고 진술했더니, "그건 답변이 아니지 않나. 독립이면 독립, 아니면 아니라고 분명히 말 해." 이 같이 장시간의 문답 끝에 마침내 조서에 써넣은 대로의 답변이 되었다. "결과적으로 독립도 포함된다"고 되어 있을 것으로 생각한다. "독립이라는 것이 만약 민족의 생존과 번영에 필수 조건이 된다면"이라는 구절을 넣을 것을 되풀이하여 간청했지만 들어주지 않았다. 그런데 이 날 어떤 기회에 이 사건은 정치적 해결을 보게 될 것이라는 암시를 받았다. 그럴 테지,라고 안심했다.

검사정(檢事廷)에서의 자백. 나가사키[長崎] 검사는 서기를 데리고 종로서에 출장하여 경찰서 내의 한 방에서 본 피고인의 심문을 개시했다. 본 피고는 당시 병세가 점점 악화하여 경찰에서 도(道) 위생과 의사의 진단을 받게 하고, 또 경성 의전병원 외과에 데리고 가서 진단을 받게 했다. 검사 앞에는 긴 탁자가 있었는데, 그 위에 다다미를 깔아 그곳에 눕는 것을 허락한 것에는 감격해 마지 않았다. 특히 이것은 본 피고인을 석방 입원시키려는 특별한 조처라는 이야기를 듣고 감격했다.

석상에는 서장으로 보이는 경시(警視), 이노우에[井上] 고등주임, 사이가[齋賀] 경부보 그 외 2인의 형사가 있었다. (동우회의) 목적에 대해 일단 제1회 공술과 같이 사실을 말씀드렸으나, "경찰에서 일단 시인한 것을 또 부인하는가. 혁명당답지 못한 것 아닌가"라고 검사는 질책했다. "본래 나는 혁명가가 아닙니다. 종로서에서 모두가 앞다투어 모여들어 나를 혁명가로 만들어 주었습니다"라고 했더니, 검사를 비롯하여 일동은 쓴 웃음을 지었다. "하지만 전혀 독립이 포함되어 있지 않다고는 할 수 없지 않은가." "사이가 경부보에게 아무리 사실을 말씀드려도 받아들이지 않았습니다. 아무쪼족 좋을 대로 쓰도록 하십시오. 경찰의 조서대로도 괜찮습니다"라고 본 피고는 말했다. 내심 검사정에서 검사와 대면하여 해명할 기회도 있을 것이라는 생각과 석방 입원에 대한 욕망 때문이었다. 이것이 애초에 근본적인 불찰이었다.

그런데 7월 23일로 기억한다. 본 피고는 입원한 지 1주일만에 검사국에 연행되어 나가사키 검사에게 십여 분 심문을 받았으나 목적에 대해서는 언급이 없었고, 독립신문에 쓴 문서 가운데 가장 심한 것을 하나 들어 보라고 하여 「칠가살(七可殺)」[210]이라는 글을 말씀드렸다. 검사정에도 사이가 경부보가 참석하고 있어 경찰에서 인정한 것을 부인하는 신청도 불가능했고, 일간 또 한두 번 취조가 있을 것이라고 생각하면서 수감되었다.

예심정(豫審庭)에서의 자백 후 10일간을 기다려도 다시 검사에게 불려가는 일

---

210 『독립신문』 43호(1920. 2. 5)에 실린 글이다. 적괴와 매국노, 밀고자, 친일 부호, 적의 관리, 불량배, 모반자에 대한 준엄한 경고를 담고 있다.

없이 본 피고인은 예심에 회부되었다. 동년 11월 말 혹은 12월 초쯤 와타나베[渡邊] 예심판사가 병감에 출장하여 본 피고인의 취조를 개시했다. 역시 눕는 것이 허락되었다. 체온이 37도에서 38도 사이를 오락가락했다. (동우회의) 목적에 대해서 독립이 아니라는 것을 여러 번 진술했지만, "검사정에서도 시인하지 않았는가"라고 이야기할 뿐 "시인하는 것이 어떤가"라고 하기에 본 피고인은 "나는 사실을 말씀드린 것입니다. 경찰에서도 말씀드렸고, 검사에게도 말씀드렸습니다. 그러나 사실은 통하지 않고 거짓이라고 선언하고 말씀드린 것이 통한 것입니다. 당신에게도 말씀드렸습니다. 나는 공판정에서도 반드시 사실을 말씀드릴 예정입니다. 그래도 통하지 않는다면 운명이라고 체념하겠습니다"라고 진술했다. 그 진술이 어떻게 기록되어 있는지는 모른다. 무턱대고 도장을 찍었다. 이미 목적이 거짓이라면 다른 것은 볼 필요도 없다고 자포자기했다. 예심판사가 병감에 출장하여 임상신문(臨床訊問)하는 것은 보석을 위한 것이라고 생각했다.

1938년(昭和 13) 4월, 본 피고인은 의전병원에서 교대해 온 고바야시[小林] 예심판사의 임상신문을 받았다. 당일 주간 체온 37도 8분. 매우 쇠약해 있었다. 보석 입원하여 4개월째이다. 고바야시 예심판사에게도 (동우회의) 목적의 진의가 민족 개조에 있고 독립에 있지 않다고 진술했다. "검사정에서는 독립이라고 시인했었다. 와타나베 예심판사에게 시인하지 않았는가"라는 질문이 날아왔다. 본 피고인은 경찰에서 "만약 독립이 민족의 영원한 생존과 번영에 반드시 필요한 조건이라면"이라고 말하고 조건부로서 시인했는데, 그 조건을 담은 구절은 조서에 기입되지 않았다, 검사정에서도 와타나베 판사에게 그 사실을 말씀드렸지만 받아들이지 않았다는 뜻을 진술하고, "동우회의 목적은 민족의 영원한 생존과 번영의 기초를 준비하는 것, 즉 민족성의 개조에 있고 정치적 독립에 있지 않습니다. 이것이 사실입니다"라고 말씀드렸다. 그러자 고바야시 판사는 손에 들었던 연필을 책상 위에 던지며 "그렇다면 예심을 다시 해야겠군" 하고 말했다. 이 한 마디는 실로 무서운 말이었다. 작년 8월 예심에 회부되어 이미 8개월, 가까스로 예심 종결도 다가왔고 보석될 것이라고 그것만을 유일한 낙으로 삼고 있을 40여 명의 피고에게 예심을 다시 하는 것은 견디기 어려운 고통이라고 생각했다.

그래서 본 피고인이 고민하고 있는데, 고바야시 판사는 "이런 싱거운 사건은 본 일이 없다. 보통이라면 해산 정도로 그치는 건데, 시세가 좋지 않군. 여하간 동우회는 아무것도 안 하고 있다. 오직 회원들이 주관적으로 독립을 희망하고 있다는 것뿐이지"라고 말했다. 본 피고인은 고바야시 판사가 한 이 말에 깊은 의미가 있다고 생각했다. 즉 이것은 큰 죄가 되지 않는다고 생각했던 것이다. 고바야시 판사는 계속해서 "검사정에서 말한 대로 시인하는 게 어떤가"라고 말했다. 본 피고인의 소견으로는 나가사키 검사도 와타나베 판사도, 특히 고바야시 판사는 대단히 믿음직하고 동정심 있는 인격자였다. 나의 진심을 진술한 이상, 기록에 남기는 것은 법적 기술상의 필요일 것이라는 신뢰의 마음으로 "경찰의 조서대로도 괜찮습니다"라고 말씀드렸다. 이런 어리석은 심리에서 고바야시 판사에게도 마찬가지로 말씀드리고 결국 예심의 결정을 보았다.

여러 피고들의 가족이 피고인의 병실을 찾아와 보석이 되지 않는 것을 한탄할 때마다 본 피고인은 "빨리 면회하여 동우회의 목적 중에는 독립도 포함되어 있다고 공술하도록 권하시오"라고 말했는데, 반드시 효과가 있었다. 피고 최윤호(崔允鎬) 같은 이는 예심 종결 전날가지 보석이 되지 않았다. 그의 아내가 본 피고인의 병실에 와서 울며 한탄하여 당일 면회하기를 권했더니, 최윤호도 보석이 되었다. 요컨대 피고의 경찰에서의 제1회 조서와 공판정에서의 공술이 사건의 진실이다. 검사정 및 예심정에서도 피고는 일단 사실을 말했지만 그것은 기록되지 않았다. 같은 사람의 자백도 기록되는 것만 유효하고, 기록에 올리고 올리지 않는 것은 심문관의 자유이다. 만약 피고인의 공술을 녹음했더라면 모두 일치된 공술이라는 것을 입증할 수 있을 것이다.

棉花[211]

가즈꼬, 후지꼬는 학교에서 면화씨를 댓톨 씩 받아왔다.

"이걸 심으라셔 선생님이. 그러고 날마다 일기를 쓰래 — わた日記를 쓰라고"
하고 두 계집애는 무슨 큰 일이나 난 듯이 서둘렀다. 얼굴에는 흥분된 붉은 빛까지 있었다. 아마 이 면화씨를 얻어들고 학교문을 나설 때부터 이 큰 임무를 맡은 것을 부모에게 자랑하려고 별렀을 것이다. 가즈꼬는 열 살 삼학년, 후지꼬는 여덟 살 일학년이었다.

형 가즈꼬가 나와 제 어머니에게 이런 보고를 하는 동안에 후지꼬는 어디를 갔다 왔다.

"손 씻었니?"

내가 물으니, 후지꼬는

"손만 씻어? 면화씨를 물에 담가 놓았어. 세숫대야에 담가 놓았으니 아무도 건드리지 말어. 면화씨를 물에 담그라고 그러셨어 선생님이. 담갔다 심어야 잘 난다고. 언니는 안 담가?"
하고 제가 잘한 것을 만족하는 모양이었다. 그러고는,

"어머니, 나 과자"
하고 졸랐다.

가즈꼬는 얼른 면화씨와 수건을 들고 욕실로 갔다.

면화씨를 담가 놓고는 두 아이는 한 시간에도 몇 번씩 욕실에 들락날락하였다.

"면화씨가 그렇게 쉽사리 붇니. 하룻밤 자야지."

나는 이렇게 일러 주었다.

아이들은 서울에 생장하여서 면화를 본 일이 없다. 그래서 면화씨를 심으면 몇 밤이나 자면 나느냐, 이파리는 어떻고, 꽃은 어떠냐, 솜이 어디서 나오느냐,

---

211 香山光郎, 『放送之友』 창간호, 1943.1. '가정소설(家庭小說)'이라는 표제어가 붙어 있다. 장성규, 「방송미디어를 통한 새로운 문예형식과 대일협력의 균열－새롭게 발굴된 이광수의 「면화」와 유진오의 「가족부대」 자료 해제」(『민족문학사연구』 41, 민족문학사연구소, 2009)에서 처음 발굴 소개되었다.

하고 물었다. 마음 같아서는 하룻 동안에 잎이 피고 꽃이 피고 열매가 맺고 하얀 솜이 나오게 하여주고 싶도록 두 아이(는) 궁금한 모양을 보였다.

그런데 이날에 면화에 대하여 첫 사건이 생겼다. 그것은 제 오빠가 학교에서 돌아와서 냉수욕을 하노라고 모르고 대야에 담갔던 면화씨를 쏟아버린 것이었다. 그것은 후지꼬의 것이었다.

후지꼬가 저녁을 먹고 나서 욕실에 들어갔다가 엉엉 울고 나와서,

"오빠가 내 면화씨를 다 엎질러 버렸어"

하고 엄마에게 하소하였다.

가즈꼬가 눈이 둥그레지더니 욕실로 달려들어 갔다. 제것은 무탈한가 하고 염려가 되었던 것이다.

"오빠가 내 것도 엎질러 버렸어"

하고 가즈꼬도 울고 나왔다.

다께오는 영문을 모르는 듯이 밥숟갈을 들고 멍하니 울고 있는 두 아이를 바라보고 있었다.

"내 면화씨 왜 엎질렀어, 왜 엎질렀어."

두 아이가 오빠 다께오에게 들이대었다.

"면화씨가 무슨 면화씨야?"

다께오는 어리둥절하였다.

"세숫대야 담가 놓았던 것– 오늘 학교에서 선생님이 주신 것. 왜 엎질렀어, 내, 내"

하고 두 아이가 울었다.

"세숫대야에 담가논 것 어떡했어? 어떡했어?"

이것은 후지꼬다.

"양치질 곱부에 담가논 것 왜 버렸어, 왜 버렸어?"

이것은 가즈꼬였다.

그제야 다께오가 알아들은 모양이었다. 양치질 곱부엣 물을 버리고 세수하노라고 세숫대야엣 물을 버린 것이다.

다께오는 웃었다.

"왜 웃어? 왜 웃어?"

하고 두 아이는 더욱 느꼈다.

덜그덕거리는 소리가 났다.

얼마 후에 다께오는 면화씨 여섯 알을 들어서 두 아이에게 보였다.

그러나 두 아이의 노염은 그것으로 풀리지 아니하였다. 거기는 제 오빠가 평소에 횡포하다는 불평도 섞여 있는 것이었다.

나는 다께오를 데리고 두 아이를 위하여 면화씨를 심을 화분을 찾아놓고, 흙은 골라서 츠고, 세꼬라기를 태워서 재를 만들고 있었다.

가즈꼬와 후지꼬는 나와 제 오빠가 저의 면화를 위하여 노력하는 것을 보고는 마음이 풀려서 내 등 뒤에 와 서서 흙에 재를 버무리는 것을 보고 있었다.

"면화씨에도 재를 발라야 한대. 그래야 벌러지가 안 먹는다고. 재를 안 바르면 벌러지가 면화씨를 먹어 아버지"

이런 소리를 하고 있었다.

"어서 가서 면화씨나 다시 담가. 이번에는 세숫대야와 양춧곱부에 말고. 세숫대야에 담가 놓으니 어떻게 알고 안 버려?"

다께오가 형의 위엄을 보일 겸, 아깟 분풀이를 하였다.

두 아이는 오라비의 말에 아모 반항도 아니 하고 벅으로 가서 공기를 내라고 식모에게 서둘렀다.

이렇게 하여서 화분 둘에 면화를 심은 것이 사월 중순이었다. 아직도 살랑살랑하였다.

가즈꼬와 후지꼬 두 아이는 아침에 자고 나서, 학교에서 댕겨와서 화분을 들여다 보고 움이 나오기를 고대하였다. 가즈꼬는 매사에 좀 무심한 편이오 또 삼년생이라 공부할 것도 있어서 면화를 잊어버릴 때도 있었으나 후지꼬는 틈만 있으면 제 면홧분 앞에 쭈그리고 앉어서 들여보고 있었다.

"언제 나와, 오빠."

이렇게 육학년생인 제 오빠에게 묻는 소리가 들렸다.

"いま、いつしようけんめいにはたらいてゐるよ."[212]

212 "지금, 열심히 일하고 있다구."

다께오는 이런 소리를 하였다.

"어떻게?"

"면화씨가 잠시나 쉬는 줄 알어? 지금 움이 되느라고 야단야. 원족 가는 날이면 너도 마음이 급해서 서두르지, 그와 마찬가지야."

이러한 설명을 듣고 후지꼬는 고개를 까딱까딱하고 물을 떠다가 화분에 부었다.

그러나 날이 차서 그런지 좀체로 면화가 나오지를 아니 하였다.

하루는 후지꼬가,

"나왔어. わたが出て來たよ"[213]

하고 뜰에서 소리를 질렀다.

"어디? 어디?"

하고 가즈꼬도 뛰어 나갔다. 다께오는 아직도 학교에서 아니 돌아왔다.

"아버지, 아버지"

하고 가즈꼬가 불렀다.

"왜?"

나는 마루 끝에 나섰다.

"후지짱이 손고락으로 흙을 팠다누"

하고 가즈꼬가 내게 고하였다.

후지꼬는 일을 저지른 듯이 머쓱하니 나를 쳐다보고 있었다.

나는 뛰어 내려가서 후지꼬의 화분을 들여다 보았다. 면화 엄(움) 끝이 상하여 있었다. 그 연한 노르스름한 엄의 뾰족한 끝이 후지꼬의 소톱에 부러진 것이었다.

"아뿔싸 끝이 부러졌고나"

하는 내 말에 후지꼬는 울었다.

"아직 두 알이 있지. 두 포기만 나오면 된다."

나는 이렇게 후지꼬를 위로하였다.

이로부터 후지꼬는 제 화분을 들여다 볼 때에는 멀리서 허리를 굽혀 뒷짐을 졌다. 마치 입김과 손 냄새가 면화 엄에 닿기를 두려워하는 듯이. 그리고 동무가

213 "면화가 나왔어."

오면 애여 흙은 파보지 말하고, 노란 엄이 상한다고 설명하였다.

촉촉이 비가 오는 어느날 아침에 나는 후지꼬의 면화씨가 둘이 다 씨 껍데기 모자를 쓰고 흙 밖에 쏘옥 내어민 것을 보았다. 후지꼬는 아직도 자고 있었다.

나는 안해를 보고,

"후지꼬의 면화가 나왔어"

하고 소리쳤다. 나도 기뻤던 것이다. 이것을 씨를 심은 지 십여 일이나 되어서였다.

이 소리에 후지꼬가 자리옷 바람으로 뛰어나왔다. 그러고는 행여나 엄을 건드릴까 겁나는 듯이 뒷짐을 지고 물끄러미 그것을 들여다보고 있었다.

"내 건 왜 안 나와?"

하고 가즈꼬는 후지꼬의 엄을 한번 보고는 아모것도 없는 제 분을 보고 이러기를 반복하였다. 그날 일기에 가즈꼬는

'今朝、いもうとのわたは二本と芽を出した。わたしのは何をしてゐるのだらう'[214]

이렇게 씌어 있었다.

"너는 귀예주지를 아니 하니깐 안 나오는 거야."

다께오는 가즈꼬에게 이렇게 말하였다.

가즈꼬는 제 것이 안 나오는 것이 퍽 상심이 되는 모양이었다. 전보다 물을 자주 주었다.

후지꼬의 면화가 너댓 센치나 자란 뒤에야 가즈꼬의 것이 하나 나오고 며칠 후에 또 하나 나왔으나 하나는 벌러지가 먹었는지 아니 나오고 말았다. 그러나 두 포기나 나온 것을 보고 가즈꼬는 기운이 나는 모양이어서, 일기에,

'わたしのも、もう一本出た。だいじにして上げよう。虫が付いたら どうしよう。わたしは虫が怖くて取れない'[215]

이런 소리가 씌어 있었다.

소만, 망종도 지나서 날이 차차 더워지고 비 오는 날도 많아서 두 아이의 면화는 시퍼런, 세 갈래 난 잎을 번쩍번쩍 쳐들고 자랐다. 후지꼬의 나무에는 꽃봉오

214 '오늘 아침, 여동생의 면화는 두 개 싹이 나왔다. 내 것은 뭘 하고 있는 것일까.'

215 '내 것도 겨우 한 개가 나왔다. 소중히 키우겠단다. 벌레가 붙어 있으면 어쩌지. 나는 벌레가 무서워서 만지지 못한다.'

리까지도 주룽주룽 달렸다. 그렇건마는 가즈꼬의 나무는 키도 적도 꽃봉오리도 아니 달렸다.

가즈꼬에게는 또 슬픔이 생겼다.

"아버지, 내건 왜 저렇게 안 자라우"

하고 성화를 하였다.

아이들 학교에 간 동안에 나는 거름될 만한 것을 흙과 세사에 섞어서 두 아이의 면화에 주고 물도 아침저녁 거르지 않고 주었다.

칠월 어느날, 후지꼬의 나무에 면화꽃이 피었다. 노르스름하고 검소한 꽃이다. 후지꼬는 소리를 지르고 춤을 추었다.

"또 만지지 말어"

하고 제 오라비가 경계할 때에 후지꼬는 한 걸음 뒤로 물러났다. 그러고 꽃 이파리가 다섯인 것을 센 뒤에 그 속이 보고 싶어서 뒷짐을 지고 고개만 넘석하여 기둥과 같은 베베[216]를 들여다 보고 있었다.

이날 학교에 다녀온 후지꼬는 그 꽃을 그리노라고 연해 게시고무[217]로 종이를 긁고 있었다.

후지꼬의 나무에 꽃이 네 송이나 필 때까지 가즈꼬의 나무에는 한 송이도 꽃이 아니 피어서 가즈꼬는 실망한 듯이 분에 물을 주고는 입을 다셨다.

"내 건 꽃이 안 피려나 봐."

이런 소리를 하고는 속상하는 면화나무를 잊어버리려 하는 모양이어서 가끔 외면하였다.

방학이 되어서 두 아이는 집에 있게 되었다. 후지꼬의 나무는 연방 꽃이 피었다.

시무룩하는 날이 계속되던 가즈꼬는 몸이 따끈따끈하여 사오 일이나 누워있었다. 나는 가즈꼬를 대신하여 새흙과 물을 주었다.

전번에 새흙을 듬뿍 주었던 것이 지금 와서 힘을 내는 모양이어서 가즈꼬의 나무는 날마다 기운차게 자랐다. 가즈꼬가 병이 나아서 처음으로 마루에 나오던 날, 가즈꼬는,

---

216 べべ. 꼬까옷.

217 けしゴム. 지우개.

"내 나무가 저렇게 자랐어?"
하고 "アレアレ"[218] 하고 놀라고 기꺼워하였다.

"네 꽃도 내일은 하나 핀다"
하고 뾰얀 자락을 푸른 악편[219] 속으로 방싯 내보인 꽃봉오리를 보여주었다.

"내일은 피어?"

"그럼. 아침 일찍 핀다."

이튿날 다섯 시도 다 되기 전에 가즈꼬는 뜰에서,

"わたしのわたの花がひらいたよ"[220]
하고 외치는 소리가 들렸다.

"저년이, 아직 열이 있는데, 새벽 바람을 쏘이고"
하고 엄마헌테 끌려 들어온 가즈꼬는,

"ひいらいた。ひいらいた。わたしのはながひいらいた"[221]

좋아라고 즉흥의 노래를 지어서 불렀다.

이튿날 새벽에 또 마당에서,

"お父ちやん。わたしの花が赤くなつたよ"[222]
하는 가즈꼬의 소리가 들렸다.

제 동생의 꽃이 핀 이튿날이면 붉어지는 것을 날마다 보면서도 몰랐던 것을 제 꽃이 변한 때에야 비로소 본 것이었다.

이튿날 새벽에는,

"もうしぼんぢやったよ"[223]
하는 가즈꼬의 소리가 들렸다. 그러나 그날은 새 꽃이 또 한 송이 피었다.

가즈꼬의 나무에 꽃이 피기 시작한 때에는 후지꼬의 나무에 달린 첫 열매는 벌써 복숭아처럼 불러 있었다.

---

218 "저것, 저것"
219 악편(萼片). 꽃받침의 조각.
220 "내 면화 꽃이 피었어."
221 "피었다, 피었다. 내 꽃이 피었다."
222 "아버지, 내 꽃이 붉어졌어요."
223 "벌써 시들었잖아."

“ひいらいた。
ひいらいた。
わたのはながひいらいた。
きいろとおもったら
いつのまにかあかい。
かあかいとおもったら
いつのまにかしぼんだ。
しぼんだとおもったら
あおい實がなった.”

피었네.
피었네.
면화꽃이 피었네.
누런가 하였더니
자고 나니 붉었네.
붉은가 하였더니
자고 나니 이울었네.
이울었나 하였더니
푸른 열매가 열렸네.

두 아이가 이런 노래를 부르고 있었다. 물론 작자는 가즈꼬다.

지금 두 아이는 학교에서 운동회 연습을 하고 있을 것이다. 나는 면화잎에 붉은 벌레는 잡아주고 나서 이 글을 쓰고 있다. 오늘도 두 아희의 나무에 한 송이씩 새꽃이 피었다. 천 년만년 솜씨를 잊지 않고 피는 꽃이다.

아직 아이들은 하얀 솜이 터져나오는 양은 못 보았다. 앞으로 보름이나 지나면 복송아 같은 열매가 툭 터져서 하얀 솜이 비죽이 나올 것이다. 그때에 가즈꼬는 제 노래에 어떤 한 구절을 채오랴는가.

歸去來[224]

서울도 겹옷철이 되었다. 구월 하순 늦가을 비 세 번에 천지가 싸늘하게 식고 말아서 뜰ㅅ가 버러지 소리도 아주 끊어지고 말았다. 그도 그럴 것이다, 벌써 햅쌀이 나오고 아람이 쏟어지는 때가 아니냐.

224 香山光郎,『放送之友』2-1, 1944.1. ‘방송소설’이라는 표제어가 붙어 있다. 서재길, 「방송소설」(『민족문학사연구』32, 민족문학사연구소, 2006)에서 처음 발굴 소개되었다.

가회정 김 참사네 집에는 시골서 오는 바암(밤) 궤짝이 배달되었다.

"허어, 벌써 바암을 딸 때가 되었고나."

짐표에 도장을 찍어주는 김 참사는 혼잣말로 중얼거렸다.

"창대야. 저 밤 궤짝 뜯어라. 올에 가물어서 결실이 잘 되었는가 모르겠다."

김 참사는 안사랑 영창을 열고 문지방에 두 팔을 걷고 앉아서 상노아이 창대가 씨근거리고, 못 뽑이로 바암 궤짝을 뜯는 것을 보면서 고향을 생각한다. 고조할아버지 적부터 대대로 살아오던 집, 백 년이나 묵은 뒤우란 배나무 대추나무, 밤나무판, 선산 솔밭, 어려서 물장난하던 앞 개천, 동네에 살던 사람들. 백발이 성성하게 되어도 고향을 생각할 때에 사람은 아해 마음이 된다.

'보고 싶다, 다들 어찌 되었나'

하고 김 참사는 눈앞에 고향산천을 그려본다.

김 참사가, 시골집을 버리고 서울로 이사한 지가 벌써 십유여 년. 처음에는 한식, 추석 성묘도 가고 일갓집 큰일에도 갔지마는 떠나면 멀어지는 것이 사람의 정이라, 서울 살림이 자리가 잡히는 대로 차차 고향에 가는 발이 떠졌다. 타작은 족숙되는 마름에게 맡겨 버리고, 추수를 판 돈만은 행환으로 받아올리면 그만이었다.

시골 살면 가난한 일가, 어려운 작인, 모두 개개는 일뿐이나, 서울에 턱 숨어 앉았으면 그런 걱정은 통 없다. 그나 그뿐인가, 시골서는 벼 천이나 하면 눈에 띄어서 기부, 추렴도 가끔 돌아오지마는 서울서는 김 참사 쯤으로는 부명을 듣지 못하기 때문에 기부 내라는 말 들을 걱정도 없었다. 일가 도와주고 작인에게 뜯기고 하는 돈 가지고 김 참사는 서울서 사랑문 열어놓고 거드럭거리고 살 수 있는 것이 기뻤다.

그러나 시골서 밤이 오거나 햇곡식이 올 때면 늘 마음에 걸리는 것이 있었다. 고향에 대하여서나 일가와 작인에 대하여서나 미안한 마음이 없을 수는 없었다.

'그저 눈 꾹 감어라.'

김 참사는 이렇게 제 마음을 억제하였다.

그런데 웬 일인지 오늘 바암 짐을 보고는 이상하게 고향 생각이 나서 가슴이 설레었다.

창대는 끙끙거리고 밤 궤짝에 못을 뺀다. 마침내 널쪽 하나를 우지끈하고 분질러 떼니, 싱싱한 밤톨들이 몇 개 우수수 마당에 굴러 떨어진다. 김 참사의 눈은 동굴동굴한 밤톨을 따라서 빛났다. 반가운 얼굴을 보는 것 같았다.

"タダイマ"[225]

하고 여학교에 댕기는 딸 재원이가 돌아온다.

"바암이 왔어. 어머니 나 밤 좀."

재원이는 책보를 계집애 순이에게 던져주고 바암 궤짝 옆에 쭈그리고 앉아서 반가운 듯이 바암 속에 손을 넣어서 저어본다.

"옷이나 갈아 입어라. 말 같이 커단 년이 그게 무에냐."

바구니를 들고 마루에 서 있는 김 참사의 안해가 낯을 찡긴다.

"タダイマ"

하고, 국민학교에 댕기는 재석이가 뛰어 들어온다.

"밤이야. 누나, 나두 밤 좀."

재석이는 란도셀을 진 채로 밤 궤짝 옆으로 달려간다. 재원이와 재석이는 바암 궤짝을 붙들고 앉아서 입으로 연해 바암 껍질을 벗긴다.

이때에 뚜벅뚜벅 구둣소리가 울려 오더니, 대학 정복을 입은 맏아들 재철이가 책가방을 들고 들어온다. 재철이는 금년에 법과 이 년생으로서 행정, 사법을 다 패스하고, 이번에 대학 문과 계통이 정지되기 때문에 내무성에 채용시험을 치른 사람이다.

"오빠."

"언니."

재원이와 재석이는 손에 들었던 밤을 내던지고 재철에게로 달려온다. 재원은 재철의 책가방을 받아들고 재석은 재철의 팔에 매어달린다.

재철은 동기의 정이 기뻤고, 김 참사의 안해도 삼남매가 의좋게 뭉쳐 있는 것을 대견하게 바라보며, 남편과 아이들을 위하여서 칼로 밤을 벗기고 있었다.

김 참사도 만족한 듯이 담배를 피우며 영창으로 내다 보고 있었다.

재철은 김 참사의 앞으로 걸어가서

"아버지, 안으로 좀 들어오세요"

---

225 "다녀왔습니다."

하고 고개를 숙였다. 무슨 하기 어려운 말이 있는 것 같았다.

"왜? 무슨 일이 있니?"

김 참사는 입에서 권련을 빼어서 손에 들고, 고개를 번쩍 들어서, 이제는 어른이 다 된 아들을 바라본다.

"네. 어머니랑 계신 데서 여쭐 말씀이 있어요."

아들의 말에 김 참사는

"창대야, 내 신발 이리 가져 오너라"

하고 일어나서 가래를 한번 고스른다.

김 참사는 대청에 올라와서 원장을 치고 앉았다. 김 참사의 안해는 바암 벗겨서 담은 접시를 남편의 앞에 밀어 놓으면서,

"잡수셔요. 재철이도 먹어라. 제사에 쓸 것은 따로 내놓았어요"

하고 여전히 바암을 벗긴다.

재철은 양복 속 주머니에서 전보 두 장을 꺼내어서, 그 중에 한 장을 김 참사의 앞에 놓는다.

"거 웬 전보냐. 동경서 왔니?

김 참사는 전보를 집어들고 재철의 얼굴을 본다. 무슨 눈치를 채라는 모양이나 재철의 얼굴에는 아모 표정도 없었다. 도리어 수심기가 있는 것 같았다.

김 참사는 낙심을 예기하면서 전보를 펴들고 읽는다.

"カナムラザイテツ、ナイムショウニサイヨウケツテイス"[226]

김 참사는 'ナイムショウニサイヨウケツテイス'라는 구절을 세 번이나 고쳐 읽고 나서야, 비로소 확실히 안 듯이, 안해를 향하여,

"여보. 재철이가, 내무성에 들어가게 되었구려. 허, 내무성에 들어가다니. 분명히 그런 걸"

하고 전문을 또 한번 읽어 본다.

"아이, 고마워라!"

김 참사의 안해는 바암 벗기던 칼을 떨어뜨리고, 한참은 정신 잃은 사람 같았

---

226 金村在鐵, 內務省に採用決定す。"카네무라 재철, 내무성 채용을 결정함."

다. 그는 바암 궤짝에 붙어 있는 재원이와 재석이를 바라보며,

"재원아, 오빠가 내무성에 들어가게 되었다"

하고 소리친다. 부엌데기, 침모, 모두 다 들으란 말이오, 동네 집에서도 다 들으란 말이다.

"まあ、お兄いさん、お芽出度う."[227]

재원은 대청으로 뛰어 올라와서 아주 어른스럽게, 재철의 앞에 절을 한다. 그리고는 곧 엉석으로,

"오빠, 내 얼른 요시꼬 상한테 가 일러주고 올게"

하고 재원을 재철을 힐끗 보고 일어선다. 요시꼬라는 것은 재철의 애인이었다.

"가만 있어, 수선 떨지 말고."

재철은, 재원에게 책망하는 눈을 보인다.

김 참사는 기쁨을 감추려 하여도 잘 감추어지지 아니 하여서 입을 씰룩씰룩 하더니,

"재철아, 너 애썼다. 우리 가문에 꽃이 피었다. 증조부님이 대과에 급제를 하시고는 사 대만에 또 대과 급제가 났고나. 내무성이라면 옛날 이조여든"

하고 고개를 끄덕끄덕 한다.

김 참사의 안해도 재원이도 재석이도 다 웃는다. 모두 기쁜 웃음이다.

"그럼 너는 언제 부임하느냐. 임관이 되었으면 동경으로 가야겠지."

김 참사가 재철에게 묻는다.

재철은 다른 전보 한 장을 김 참사의 앞에 놓는다.

"그건 무엇이냐."

"이것도 합격한 전보야요."

"아니 합격이라니? 또 무슨 합격이 있단 말이냐"

하고 김 참사는 눈이 둥글해진다. 김 참사 아해와, 재원이와 재석이도 다 눈이 둥글해진다.

김 참사는 전보를 펴들고 읽는다-

227 "어머, 오빠, 경사났네."

"ケイセウテイコクダイガクホウブンガクブ、カナムラザイテツ、センカウノケツクワ、リクグンカウタウヨビシクワンコウホセイ、シグワンノケン, キヨカニケツテイセリ."[228]

다 읽고 나서 김 참사는 말없이 고개를 숙인다. 좌중은 모두 잠잠하다.

김 참사의 안해는 전보의 뜻을 못 알아들었으나 분명히 무슨 중대한 일인 줄 알고, 겁이 나서, 재원에게

"거, 무슨 전보냐"

하고 묻는다.

"오빠가 비행기 타고 병정 나간단 말야요."

재원이가 대답한다.

"ヘイタイサン,[229] 언니 ヘイタイサン 가?"

재석이는 재원의 설명을 알아듣고 소리를 지른다.

"그래. 언니가 비행기 타고 テキ ベイエイ[230] 무찌르러 가는 거야"

하고 재철이가 재석의 등을 만진다.

"언니가 ヒカウキ라고, イイナア."[231]

재석은 짝짝 박장한다.

김 참사의 안해가 그제야 알라듣고 깜짝 놀라 밤껍질 벗기던 칼을 떨어트리며,

"아니 헤이다이상이라니. 재철아 네가 병정으로 나간단 말이냐"

하고 어안이 벙벙한다.

"네. 이번에 졸업하는 대학생들은 다 병정으로 나가요. 졸업 안 한 학생도 문과 법과 학생은 공부 그만두고 나가고요"

하고 재철이가 어머니를 위하여서 설명한다.

"아아니, 너는 징병갈 나이도 지났는데."

"그러니깐, 지원이지오, 지원병이오. 지금 전쟁이 크게 벌어졌으니깐, 어디 나

---

228 京城帝國大學法文學部 金村在鐵, 選考の結果, 陸軍航空豫備士官候補生, 志願の件, 許可に決定せり。"경성제국대학 법문학부 카네무라 재철, 전형 결과 육군항공예비사관후보생 지원건을 허가함."

229 병정

230 적(敵) 미영(米英)

231 "언니가 비행기[ひこうき]라고, 좋아라."

이 여부가 있어요, 나갈 수 있는 사람은 저마다 지원해서 나가야지오."

"아아니. 고등문관시험 급제하고 벼슬 붙은 사람도 나가니."

"그럼요. 관리고 대학교수고, 나갈 만한 사람은 다 나가야지요. 전쟁을 이겨놓고야 벼슬도 있지 않아요. 벼슬이나 공부는 언제든지 하지오. 전쟁은 당장 해야 하구요. 그러니까 젊은 사람은 다 나가서 싸워서 이겨야지오."

일동은 모두 잠잠하다.

김 참사의 안해는 한참이나 고개를 숙이고 앉았더니, 이윽고 고개를 번쩍 들며,

"아아니, 영감, 어찌 하실라오. 재철이가 병정을 나간다는데 왜 말씀이 없으시오. 나가든지 안 된다든지, 말씀을 하시구려. 무얼 그리 생각만 하고 계시오. 그래 재철이를 병정으로 내보내시려오?"

김 참사는 수그리고 있던 고개를 번쩍 들면서,

"나는 지금 다른 생각을 하고 있소"

하고는 다시 고개를 숙인다.

"아아니, 지금 큰 일이 났는데, 다른 생각이 무슨 생각이오?"

하고 안해가 성화를 하건마는 김 참사는 여전히 잠자코 있다.

"아아니, 여보시우. 생각은 무슨 생각을 하길래 글쎄 왜 말씀이 없으시우. 아이 갑갑도 해라."

김 참사의 안해는 애가 탄다.

김 참사는 그제야 고개를 들고 기침을 한번 하더니,

"아들이 나라를 위하여서 나간다는데 부모가 되어서 할 말이 하나밖에 또 있소. 나가서 잘 싸워라. 이기고 돌아오기 전에는 살아서 돌아오지 말아라, 이 말밖에 더 할 말이 있소. 그러니까 재철이는 나가는 것이고. 문제는 우리집을 어떻게 할까 하는 것인데, 내 생각이란 그것이야. 그런데 그것도 작정이 되었어"

하고 재철을 향하야,

"잘 했다. 그런 일을 애비 모르게 한 것은 자식의 도리에 잘못이다마는 일이 막중한 나랏일이니까 그것을 교계할 바가 아니야. 암 나가야지. 내지인 동창들은 다 나가는데, 조선인은 아직 징병 의무가 없다고 해서 가만히 있을 수가 있느냐. 나라의 흥망이 달린 판에 징병 의무의 유무를 교계할 처지냐 말이다. 그러니까

너는 전장에 나가고, 나는 시골집으로 돌아갈란다. 나도 시골 가서-"
라는 남편의 말을 가로 채어서, 김 참사의 안해가,
"아아니, 그건 또 무슨 말씀이오. 원, 재철이는 병정을 가더라도 재원이랑 재석이랑 학교는 어떻게 할 양으로 시골을 간단 말씀이오. 원, 영감 말씀은 무슨 말씀인지 갈피를 잡을 수가 없군요"
하고 양미간을 찡긴다.
"아냐"
하고 김 참사는 고개를 설레설레 흔들며,
"재철이는 고등관이 될 자격을 얻고서도 전장에를 나가야만 하는 이때에 낸들, 아직 몸이 성한 사람이, 서울 한복판에 아모것도 아니 하고 사랑에 들어 앉아서 넙적넙적 밥만 받아 먹을 수가 있소. 원체 나 같은 사람은 오십 평생에 세상에 유익한 일이라고는 암것도 한 것이 없거든. 그러니까, 가야해, 시골로 가야 한단 말야"
하고 어성을 높인다.
"그래 영감이 시골을 가시면 무얼 하시우. 놀고 앉았기야 마찬가지지. 술친구, 바둑 동무도 없고, 더 심심하기나 하시겠소."
안해는 못마땅해서 빈정대는 말이다.
"왜 놀고 앉았어. 동네사람들, 소작인들 대서[232]라도 해주고 면소, 주재소에 다니는 심부름도 못 해줘. 그래도 내가 발벗고 나서면야 동네사람들, 작인들께 조금이라도 도움이 되겠지, 안 될라고. 원체 지주가 땅은 시골다 두고 저는 서울 와서 호강하고 산다는 것이 이치에 어그러지는 일야. 나도 자식을 공부시킵네 하고 서울 와 사는 지가 벌서 십수 년 되지마는 양심에 부끄럽지 아니한 날이 하루나 있었을 리가 있나. 하물며, 먹을까 먹힐까 하는 큰 전쟁이 벌어진 오늘날, 자식이 총을 들고 전장에를 나가는 판에 사지가 멀쩡한 아비가 놀고 먹다니, 안 될 말이지. 천벌이 내릴 일이야. 재철아 나도 이제는 깨달았다. 네게 배웠다. 나도 네가 떠나는 것을 보고는 시골집으로 갈란다. 그저 어째 서울바닥에 가만히

232 代書. 남을 대신하여 관청 행정이나 법률 행위에 필요한 서류를 작성함. 대리 작성.

앉았기가 노상 마음에 걸리드라니. 아까 바암을 받고도 어째 꺼림측하더라 말이다. 그렇지만 이제는 작정했으니까, 마음이 거뜬해. 논밭에 앉은 새를 날려 주더라도, 그냥 슬슬 논밭으로 작인네 집으로 돌아보기만 하더라도, 마음이 덜 거북할 게다. 안 그렇소, 여보."

김 참사는 웃으며 안해를 바라본다.

안해도, 재철도, 재원도, 재석도, 말이 없다. 다들 무슨 간절한 기도를 하는 사람들 모양으로 고개를 숙이고 있다.

그 이튿날 저녁에 김 참사는 밤밥을 짓고, 술과 안주를 장만하고 평생에 사귀어 놀던 친한 벗을 청하였다. 석초, 어옹, 동원, 국사, 성재 — 이러한 시인이나 문사와 같은 당호를 가지 사람들이다. 그들도 다 시골에 땅을 두고 가난한 일가, 어려운 작인, 공공단체의 기부, 이 모양으로 귀찮은 것을 피하여서 서울에 집을 짓고 호강하기로 김 참사와 같은 사람들이다.

술이 거나하게 취하고 저녁상을 물린 뒤에 김 참사는 아들이 내무성에 임관된 것, 그러나 지원병으로 나가는 것, 자기는 깨달은 바 있어서 식량증산에 조금이라도 힘을 쓰기 위하여 시골로 가기로 하 것을 말하고, 오늘 저녁 이 자리가 유별연이라는 것을 말하였다. 김 참사의 말을 들은 일동은 한참 동안은 돌로 깎아 놓은 사람들과 같이 도모지 말이 없었다. 뜰에서 얼마 안 되는 벌레소리가 끊일락 이을락 하고 종로에 지나가는 늦은 전차 소리가 윙윙 울려왔다.

이윽고 국사라는 사람이,

"월강, 갸륵허이, 갸륵허이"

하고 비로소 입을 열었다. 월강은 김 참사의 당호였다.

"오역종차서의(吾亦從此逝矣)야. 나도 가겠네. 나도 시골 가서 자네 말마따나, 논밭에 새라도 날리고, 작인들 대서라도 해주겠네."

국사의 이 말에 석초, 동원, 성재, 어옹도 다 말없이 고개를 끄덕끄덕 한다.

국사가 소리를 높여서,

"귀거래혜여 전원이 장무허니 호불귀오"[233]

233 귀거래혜, 전원장무, 호부귀(歸去來兮, 田園將蕪, 胡不歸).

하고 도연명의 귀거래사를 읊조리는 소리가, 안에서 어머니 아들, 딸 모여 앉은 자리에 울려왔다.

재철은, '귀거래'에서 아버지의 친구들이 지금 무슨 생각을 가지고 있는가를 짐작하고, 빙그레 웃었다. 유쾌하고도 침통한 웃음이었다.

學兵의 어머니께[234]

학도지원병의 어머니 여러분! 안녕하십니까. 이번에 지원병으로 나가신 아드님들은 영문[235]에 들어간 지 벌써 엿새가 되었습니다. 참으로 세월의 흐르는 것이 살 같이 빠릅니다. 잠깐 일 년이 되고 이태가 됩니다. 아드님들은 벌써 군대생활에 익숙하여서 날마다 힘차게 유쾌하게 훈련을 받고 있을 것입니다. 그리고 하루일을 끝내고 자리에 누을 때에 맨 먼저 그가 생각하는 것이 어머님일 것입니다. 여러분 어머니들도 밤낮으로 생각하는 것이 군인이 된 아드님일 것입니다. 아들의 어머니 생각, 어머니의 아들 생각, 세상에 이보다 더 간절하고도 아름다운 일이 어디 있습니까.

어머니 여러분. 나는 여러분의 아드님 중에 천여 명 사람들 만나 보았습니다. 그 중에는 무척 친한 사람도 있습니다. 지금 이 말씀을 하고 있을 때에도 내가 잘 아는 그 얼굴들이 눈에 얼른얼른합니다. 모두 씩씩한 청년들입니다. 얼굴도 잘나고 체격 좋고, 속 크고 다들 장래에 우리나라를 두 어깨에 둘러매이고 나갈 만한 인물들이었습니다. 여러분 어머님들은 귀여운 아드님으로 사랑하시지마는 나는 오는 세상의 주인이 되어서 오는 세상을 기막히게 좋은 세상을 만들 큰 일꾼으로, 영웅호걸로 그들을 사랑합니다. 그러나 어머님네나 이 사람이나 저 학도지원병을 믿고 사랑하기는 마찬가지입니다. 당신의 아드님은 이제는 당신께만

234 香山光郎, 『방송지우』 2-2, 1944.2. 근대서지학회 오영식 선생님께서 보내주신 자료이다.
235 병영문(兵營門)

소중한 사람이 아니오 조선 동포 전부가, 아니 일억 국민 전부가 소중히 여기는 사람입니다. 당신의 아드님은 당신 집 운명만을 담당한 사람이더니, 지원병이 된 오늘날에는 우리나라의 운명을 담당한 책임 무겁고 영광 찬란한 인물이 되었습니다. 그리고 전쟁을 이기고 개선하는 날에는 당신의 아드님은 우리나라의 기둥과 같은 힘있는 지도자가 되는 것입니다. 당신 아드님이 대학에서 배우던 것보다 더 좋고 더 높은 것을 군대에서 배우고 전장에서 배우기 때문입니다. 사내가 세상에 나서 사람구실을 하자면 두 군데를 댕겨와야 하는데 두 군데란 무엇인고 하니 하나는 학교요, 하나는 군대입니다. 이 두 군데를 댕겨와야 완전한 사람이 되거니와, 또 하나 저마다 기회를 얻기 어려운 것이 있으니, 이 기회는 일생에 한번 만나기 어려운 기회입니다. 그것은 무엇인고 하니 전장에 댕겨오는 것입니다. 한번 전장에 나아가 포연탄우[236] 속으로 달린 사람은 보통사람으로는 경험하지 못할 깊고 높은 인생을 경험하는 것입니다. 그는 마치 큰 도를 닦는 것과 같습니다. 예로부터도 전장에 댕겨온 사람들 중에서 위인이 많이 났습니다. 이번 전쟁이 끝나고 여러분의 아드님들이 개선하면은 필시 그 중에서 각 방면의 위인이 많이 오리라고 믿습니다. 오랫동안 잠잠하고 생기가 없던 조선에도 이번 학도지원병들이 문을 열어서 앞으로는 크고 많은 사람들이 쏟아져 나올 것입니다.

어머니 여러분. 여러분은 과연 잘난 아드님을, 참으로 좋은 때에 낳아서 기르셨습니다. 나라의 큰일을 할 수 있는 아드님을 나라의 큰일을 할 수 있을 때에 낳아주셨습니다. 이 아드님을 낳으심으로 하여 금세와 후손의 감사를 받으시고 댁 가문의 중흥시조의 큰 할머니되실 것을 나는 단언합니다. 댁 조상님네 중에는 크신 할머니도 계시겠지마는 그 어느 크신 할머니보다도 당신은 가장 크신 할머니가 되실 것을 나는 단언합니다. 왜 그런고 하면 이 싸움 즉 대동아전쟁은 우리나라의 운명이 달린 큰 싸움이기 때문입니다. 당신 아드님은 우리나라의 운명을 지키러 나선 것이기 때문에. 이 싸움은 예로부터 처음인 거룩한 싸움이어서 아세아 십억창생을 영미인의 노예의 멍에에서 해방하자는 싸움이기 때문에. 여러분의 아드님들은 아세아 십억창생을 위하여서 싸우러 나가는 것이기 때문에. 이

---

236 砲煙彈雨. 총포의 연기와 비 오듯 쏟아지는 탄알. 치열한 전투를 이르는 말.

싸움의 결전이 바야흐로 닥쳐와서 이로부터가 마루판 씨름이기 때문에. 여러분의 아드님네는 이 크고 거룩한 싸움의 판을 막으러 나서는 용사이기 때문에. 여러분의 아드님네는 이 싸움이 끝난 뒤에 대동아공영권을 건설하는 가장 영광스러운 일꾼이기 때문에.

그러면 어머니 여러분. 이 잘나고 소중한 아드님을 위하여 여러분은 어찌하셔야 하겠습니까. 아드님들이 영문에 들어가 있고 전장에 나가 있는 동안 어머님들은 무엇을 하셔야 하겠습니까.

어머니 여러분. 여러분은 소중한 아드님을 위하여서 신명님께 정성을 드리실 것입니다. 몸이 늘 건강하고 마음이 늘 편안하고 백전백승하게 해줍시사 하고 축원하실 것입니다. 그것이 대단히 좋은 일입니다. 가미타나[237]와 조상님 앞에도 더욱 정성을 드리시고 부처님께도 정성을 드리실 것입니다. 여러분의 몸을 깨끗이 하시고 마음을 깨끗이 하셔서 정성으로 올리는 기도는 반드시 응할 것입니다. 여러분이 하시는 모든 선행공덕은 반드시 여러분의 소중한 아드님께로 돌아갈 것입니다. 나는 이것을 확실히 믿습니다.

내지의 어머니들도 이렇게 합니다. 전장에 나간 아들을 위하야 신사에 빌고 불전에 빌고 어려운 사람을 도와주고 부정한 마음을 먹지 아니하고, 이 모양으로 여러 가지 공덕을 쌓아서 그 사랑하는 아들에게로 돌립니다. 이것은 심히 아름다운 일입니다. 옛날 신라의 어머니들도 그러하셨습니다. 김유신 부인은 그 남편과 아들네의 복을 빌기 위하여서 몸소 여승이 되어서 공덕을 쌓았습니다. 정성이란 신명을 감동하는 것입니다. 더구나 어머니의 정성이란 그러한 것입니다.

眼に見えぬ神の心に通ふこそ
人の心の誠なりけれ.[238]

그러나 어머니 여러분. 다만 신명께 비는 것만으로 여러분이 용사의 어머니로서 하실 일을 다하였다고 할 수 있겠습니까. 더 할 일이 있지 아니 하겠습니까.

---

237 かみだな. 집안에 신을 모셔놓은 감실(龕室).
238 신의 마음에 통하고서야 사람의 마음은 참이 된다.

그것은 무엇이겠습니까.

어머니 여러분. 여러분은 여러분의 아드님들과 함께 힘을 합하여서 적과 싸우셔야 하지 아니 하겠습니까. 하루라도 바삐 적을 항복시키도록 해야 하지 아니 하겠습니까. 그 길은 무엇입니까. 첫째로는 진심으로 나라를 사랑하고 나라를 위하야서 정성을 드리는 것이겠습니다. 여러분이 신사나 불전에서 비실 때에는 먼저 성수만세를 빌고 문무백관이 멸사봉공하기를 빌고 출정장병이 무운장구를 하기를 빌고 전몰영령이 좋은 데 가기를 빌고 일억국민이 모두 몸과 마음이 튼튼하여서 저 맡은 직분을 다하기를 빌고, 그런 뒤에 당신 아드님을 위하여서 빌 것입니다. 이것이 옳게 비는 법이오, 이것이 국민으로서 나라를 사랑하는 첫 과목입니다.

둘째로는 나쁜 데마[239]를 믿지 않고 전하지 않고, 불평을 말하지 않고, 남이 불평을 말하거든 그러지 말라고 간하고, 아무쪼록 국민이 즐거워하도록, 한 덩어리가 되도록 얼굴을 가지고 말을 하고 마음을 쓰는 것입니다.

셋째로는 제 직분을 지켜서 물건을 많이 만들고 절약해 쓰는 것입니다. 이것은 증산이라고도 하고 물자증산이라고도 하는데, 병정이 많아야 싸움에 이기는 모양으로 물건이 많아야 싸움에 이깁니다. 어머니 여러분은 농사나 길쌈이나, 무엇이나 물건을 만드는 일을 하시고, 무슨 물건이나 아껴 쓰시고 아니 쓰시는 것이, 나라의 싸우는 힘을 돕는 일, 즉 전력증강이 되어서, 이것이 곧 여러분의 소중한 아드님을 돕는 일이 됩니다. 만일 여러분이 물건을 잘 아니 만드시고 쓰시기만 하신다면 우리는 싸움에 질 것이니, 싸움에 진다면 여러분의 아들은 어떻게 됩니까. 우리나라는 어떻게 됩니까. 그러므로 어머니 여러분! 나라를 위하여, 아드님을 위하여 물자증산, 전력증강에 힘을 다하셔서 전장에 나선 아드님의 뒤를 거들어 주셔야 합니다.

어머니 여러분. 이 모양으로 여러분이 신명께 정성을 드리는 것으로나, 평소에 얼굴로나 말로나 행실로나 애국의 정성을 나타내는 것으로나 몸소 물자증산, 전력증강을 힘쓰는 것으로나, 장차 징병갈 아들을 가진 어머니들의 모범을 보임

239 デマ. 데마고기(demagogy)의 줄임말. 선동적인 악선전.

으로 여러분의 아드님네의 명예가 높아지고 여러분의 가문이 빛날 것입니다. 여러분은 더욱더욱 동포의 사랑과 공경을 받고 감사함을 받을 것입니다.

여러분의 아드님네는 전문대학의 학도들이시니 여러분의 가문은 모두 상류십니다. 그러므로 세상의 우러러봄이 높습니다. 게다가 여러분의 아드님이 영광스러운 학도지원병이기 때문에 여러분의 가문은 더욱 두드러지게 표가 납니다. 그래서 여러분 댁에서 하는 일은 만인의 눈에 띄웁니다. 잘 하시는 것도 눈에 띄우고 못하시는 것은 더욱 눈에 거슬리게 됩니다. "학도지원병 집이 저 따윈가"하는 처소를 듣지 마시고 "과연 학도지원병 집이다"하는 칭송을 받으시기를 바랍니다.

예로부터 어떤 가문이 크게 일어날 때에는 특별한 공덕이 필요합니다. 그 중에도 큰 부인네의 공이 있습니다. 집안의 규모를 새로 세우고, 남들이 하기 어려운 일을 하였습니다. 여러분이야말로 바야흐로 이러한 기회를 당한 어미니라고 믿습니다. 나는 새로 일어난 충효의 많은 가문이 조선에 빛날 것을 믿습니다.

反轉[240]

다다시[忠]는 마사에[昌枝]의 하숙에서 나와서 종로거리로 무한정 걸었다. 그가 통안 네 거리에 와서 빨간등에 걸려서 걸음을 멈출 때까지는 어디를 어떻게 걸어서 왔는지 저도 모른다.

'그럴 수도 있나.'

'그런 년도 있나.'

다다시는 한없이 속으로 중얼거렸다.

사람들은 전차를 기다리노라 두 줄을 지어서 늘어섰다. 노량진 행, 영천 행의 전차들은 터질 듯이 사람을 싣고 먼지를 날리면서 달렸다. 오월 석양볕은 젊은

240 春園, 『日本婦人』(조선판), 1944.7. '갱생소설'이라는 표제어가 붙어 있다. 최주한, 「이광수의 친일문학을 다시 생각한다」(『근대서지』 6, 근대서지학회, 2012)에서 처음 발굴 소개되었다.

여자들의 얼굴을 불그레 상기시킬 만치 더웠다.

'계집이란 모두 그럴까. 모두 그렇게 믿을 수 없을까. 모조리 그렇게 허영심 덩어릴가. 마사에만 그럴까.'

다다시는 모르는 여성들을 바라보면서 이렇게 속으로 중얼거렸다. 여자란 여자는 모두 미웠다.

"잉, 엑"

하고 다다시는 파랑불을 보고는 종로 쪽을 향하고 걸었다. 늙은 어머니가 기다리고 있는 성북정 셋방으로 갈 량이면 창경원 쪽으로 향하였어야 옳았고, 그보다도 돈암정 가는 전차를 탔어야 옳았다. 그러나 다다시는 이때에 집도 잊고 늙은 어머니도 잊었다. 어딘지 모르나 멀리로 멀리로 달아나고만 싶었다. 오 년 동안 계속한 사랑의 맹세를 일조에 헌신짝 같이 버리는 마사에 같은 계집이 마시는 공기를 마시고 싶지 아니하다고, 다다시는 세멘트 길바닥을 발로 굴렀다.

다다시는 한달음에 종로 네거리까지 왔다. 거기도 한청빌딩 앞에는 수백 명이나 줄을 지어서서 전차를 탈 기회를 기다리고 있었다. 다다시는 사람들 늘어선 앞을 걸어서 무심코 노량진 행으로 들어 가는 입구에 발을 멈추고 멀거니 화신백화점을 바라보고 있었다.

그때에, 돌연히 누군가, 다다시의 팔을 낚아채며,

"여보, 저 뒤에 기다리시오. 새치기를 하면 어떡허오"

하고 소리를 버럭 질렀다.

다다시는, 머쓱해서 거기서 물러났다.

"멀정한 녀석이야, 새치기를 하게"

하고 종알대는 여자의 소리가 다다시의 뒷덜미를 때렸다.

다다시는 불끈 성이 치밀었다. 그래서 뒤를 돌아 보았다.

"보기는 무얼 보아. 새치기를 하는 녀석은 망신을 당해 싸지"

하고 처음에 다다시의 소매를 낚아채고 호령하던 국민복 입은 젊은 사내가 감관 사납게 눈을 흘겼다. 다다시는 그 사내 앞에 선 예쁘장한 여자가, 중얼대는 소리의 주인인 줄 알았다. 사람들의 시선이 모두 다다시에게로 쏠렸다. 빈정대는 눈이었다. 다다시는 두 어깨가 축 처져서 종각 쪽으로 걸었다.

'망신이다, 망신이야.'

다다시는 울고 싶었다. 마사에에게 망신을 당하고, 종로 네 거리에서 군중들에게 망신을 당하고, 다다시가 가는 곳마다 좋은 일은 없는 것 같았다.

다다시는 행복되던 오늘 아침 일을 생각하고 인생의 믿을 수 없음을 느꼈다. 오늘 아침에 다다시가 사무실 책상에 앉아서 장부를 정리하고 있노라니, 규지[241]가,

"마쓰바라 상 전화야요. 여자시로군요"

하였다.

다다시는 무엇이 궁둥이를 떠받치는 듯이 벌떡 일어나서 전화통으로 갔다.

"마쓰바라 상이셔요"

하는 것은 들을 것 없이 마사에였다. 그러나 그 어조가 전과 달리 몹시 데면데면함을, 다다시는 사랑하는 자의 직감으로 느꼈다. 그러나 마사에가 학교에서 학교전화로 하는 말이라, 부러 냉정한 것이라고 생각하고

"네, 나 마쓰바라야요"

하고 점잔을 지어서 대답하였으나 이상하게도 가슴이 울렁거렸다. 동료들이 눈치나 채지 않나 해서 다다시는 고개를 사람 없는 쪽으로 돌렸다.

"오늘 점심시간에 잠깐 저 있는 데로 나오셔요. 점심은 제가 준비할 테야요."

이것이 마사에의 말이었다.

다다시는 어서 오정이 불기를 고대하였다. 주인에게 수유 얻을 핑계도 생각하였다. 다다시는 이 사무실에 앉은 사무원 중에 가장 하급한 고원이었다. 규지들보다 바로 위라고 할까. 원체 회사라는 것이 이름뿐이오 게다가 언제 징비[242]에 들어 부서질런지 모르는, 장난감 제조회사였다. 사장은 장난감도 전력증강의 요소라고 목에 핏대를 돋쳐 가지고 사원들에게 훈시를 하지만 그 소리를 믿고 마음 놓고 일하는 사람은 하나도 없었다. 다들 벌써 다른 일자리들은 속으로 구하고 있고, 다다시와 같이 다른 데 일자리를 구할 능력이 없는 사람만, 오늘인가, 내일인가 하고 징용의 백지가 오는 날까지 일이라고 하고 있는 것이었다. 장난감 제조로는 전력 증강산업이 될까 싶지 아니 하여서 요새에는 모형 비행기 재료도 만

241 きゅうじ. 급사.

242 징비(懲毖). 징계하여 삼감. 전시체제하 장난감은 사치품으로 간주되어 통제의 대상이 되었다.

들에 되었으나 이제 와서는 그 재료의 입수도 곤란하여서 사장의 얼굴에도 초췌한 빛이 날로 깊어갔다.

그러나 다다시는 기뻤다. 사랑하는 마사에가 얼마 아니 하면 여자의전을 졸업하고 의사의 자격을 얻는 것이다. 의사가 된다고 곧 돈이 생기는 것은 아니겠지마는 혹시 모교의 부수(副手)로라도 들어가면 밥값은 받을 것이니 그리 되면 다다시의 월급 팔십 원 중에서 매삭 오십 원을 떼는 고통은 덜릴 것이오, 그것은 차치하고라도 다다시의 오 년 적공이 이제 열매를 맺게 되는 것이다. 그러므로 다다시는 늘 기뻤다. 마사에가 있으므로 기뻤다. 마사에의 원을 달해 주기 위해서, 와세다대학을 중도 퇴학한 것도 조금도 뉘우쳐지지 아니 하였고 돌아간 아버지가 물려주신 밭 열흘갈이를 몽땅 팔아 없이한 것도 아까움이 없었다.

다다시가 와세다대학 모자를 쓰고 성의고녀를 막 졸업한 마사에를 데리고 서울로 올라온 것이 소화 십사 년 봄이었다. 마사에는 여자의전과 이화여전을 둘다 치러서 둘다 합격하였다. 그러고는 여자의전에 댕겼다.

"어머님은, 제가 의사가 되어서 돈을 벌어서 봉양하겠사오니 당신께서는 마음 놓고 문학을 연구하시기 바랍니다."

마사에는 동경 있는 다다시에게 편지할 적마다 이러한 소리를 썼다. 다다시는 마사에와 이 말이 네 안해가 되겠다 하는 맹세로 믿었다.

그러나 그후 일 년이 못 되어서 다다시는 학교를 중도에 쉬이고 돌아왔다. 도저히 다다시의 재산으로 두 사람의 학비를 대일 힘이 없었던 것이다. 애초에 다다시는 제가 쓰던 학비를 마사에에게 주고 저는 고학을 할 작정이었으나, 전쟁중이라 고학할 길도 없을 뿐더러 일 년간 안 먹고, 안 입고, 게다가 사랑의 번뇌에 정력을 소모한 다다시는 몸이 약하여져서, 폐첨침윤(肺尖浸潤)이라는 진단을 받았다. 돈도 없고 건강도 없어서 중도에 휴학을 하였던 것이었다. 말이 휴학이지 다시 돌아갈 가망이 없었고 말았다.

그는 집에 돌아와 정양이라는 핑계로 한 일 년 있다가, 마사에의 곁이 그리워서, 듣지 않는 어머니를 만단으로 달래가지고, 시골 땅을 팔아서 성북동에 집 한 채를 샀다. 시골 산전 열흘갈이 쯤으로 서울에 집 한 채 사고 마사에의 청진기라 현미경이라 의복이라 사주고 나니 생활비로 쓸 것이 모두 몇 푼이 남지 아니 하였다.

다다시는 직업을 구하였으니 문학을 배우다가 중도퇴학한 사람이 할 일이 없었다. 다다시는 나날이 줄어들어가는 저금통장 시재와, 걱정이 끊일 날 없는 어머니의 주름잡힌 얼굴을 보고는 가슴이 어여내는 듯하고, 제가 얼마나 힘이 없는 사내인가를 통절히 느꼈다. 그러나 마사에 하나를 희망으로 기쁨으로 살았다.

다사시의 눈에는 마사에는 세상에 둘도 없는 착하고 깨끗하고 얌전한 여자였다. 이런 좋은 여성을 낳아주신 고향산천을 바라보기만 하여도 감격의 눈물이 흐를 지경이었다. 마사에는 다다시에게는 여신이었다. 그러므로 다다시는 마사에를 애인이라고 부르기도 싫어하였다. 마사에는 애인보다도 더 높고 소중한 존재였다. 그는 감히 마사에의 손끝도 건드릴 생각은 아니 하였다. 그러면서도 마사에는 천상천하에 오직 다다시 하나만을 사랑하는 여자라고 믿었다.

마사에는 스무 살이 되고 스물한 살이 되고 스물두 살이 되어서 이제는 다 익은 여성이었다. 언제나 안해가 되고 어머니가 되어도 좋을 몸과 마음의 준비가 다 되어 있었다. 그래도 다다시는 이 거룩한 여신을 육체적 결합의 대상으로 생각하기를 피하였다.

다다시는 마사에를 데리고(데리고라기보다도 따라서) 북한에 등산도 하고, 여행도 하였다. 때로는 마사에가 다다시의 손을 잡는 일도 있고, 다다시의 가슴에 머리를 대이는 일도 있고 애무를 바라는 눈으로 다다시를 바라보는 일도 있었으나 다다시는 오직 황송한 마음으로 불 같은 본능을 용하게 억제하였다.

이 모양으로 오늘에 이른 것이었다. 그러나 다다시도, 마사에의 졸업이 가까우니만치 혼인 문제도 필경은 일어날 것을 기대하였고, 그것은 당연하고 필연한 것이라고 믿고 있었다.

"점심 때에 제게로 나오셔요. 점심은 제가 준비할 테야요"

하는 마사에의 말을, 다다시는 기다리고 기다리던 최후의 말 즉 혼인에 관한 말이라고 믿은 것이다.

오정 싸이렌이 울었다. 다다시는 자리에서 벌떡 일어나서 묵도[243]를 마치고는 가방을 들고 주임에게 두 시간 수유를 얻어 가지고 나는 듯이 장사정(長沙町) 마

243 默禱. 눈을 감고 말 없이 마음 속으로 기도함.

사에의 하숙을 찾았다. 다다시에게는 제 집보다도 더 정다운 집이었다.

하숙이라 하여도 여염집이었다. 대문을 들어서서 다다시의 눈을 쏜살같이 마사에가 들어 있는 아랫방으로 쏠렸다. 거기는 마사에의 구두 외에 커다란 남자의 구두가 있었다. 잘 닦지는 아니 하였으나 정말 쇠가죽 구두였다.

'돈 있는 놈의 신발이로고나.'

다다시는 주춤하면서, 가슴에 질투의 불이 타오름을 느꼈다.

벅에서 일하던 주인 마누라가 다다시를 보더니 앞치마로 손을 씻으면서 반색하고 내달아,

"아이 마쓰바라 상 오시우. 오래간만이야요. 어째 그렇게 안 오셨어요. 마사에 상도 노 기다리시던데"

하고 수다를 늘어 놓았다. '마사에 상도 노 기다리던데'하는 말에 다다시의 가슴은 저윽이 진정되었으나, 그래도 입이 얼어붙어서 말이 잘 나오지를 아니 하였다.

"아이 마쓰바라 상 오셔요"

하고 마사에가 얕은 땅창으로 몸을 내어민다.

다다시는 살촉 같이 날카로운 눈으로 마사에를 바라보았다. 마사에의 눈에서 얼굴에서, 그 속마음을 알아내자는 눈이었다. 마사에는 다다시의 시선의 뜻을 넉넉히 알아챈 듯이 잠깐 낭패하는 빛이 낯에 나타났으나, 곧 담대한 태도를 회복하여서 싱글싱글 웃기까지 하면서,

"마쓰바라 상 들어오시지요. 왜 거기 버티고 서 계셔요"

하고 한 발을 눈섭마루로 내어 놓았다. 그 뒤로 학생복을 입은 통통한 남자 하나가 한 손에 모자와 가방을 몰아 들고 쑥 튀어 나오면서,

"마사 짱 나는 가오"

하고 먼지 묻은 아미아게[244] 구두를 신는다. 그 사내가 '마사 짱'라고 부르는 소리가 다다시의 신경을 뒤집어 놓고 말았다. 저는 그렇게 친숙하게 불러본 일이 없었다. 다다시의 눈총은 이 사내에게 쏠린다. 부은 듯한 지방적인 얼굴하며 숫하고(숱 많고) 꺼먼 눈썹하며, 다다시는 얼른 이것이 부잣집 돈 없애러 태어난 자식

---

244 あみあげ. 편상화(編上靴). 신발 등에서부터 목까지 긴 끈으로 얽어매는 목이 좀 긴 구두.

임을 간파하였다. 그 사내는,

"마사 짱 사요나라아"

하고 그 검은 눈썹을 한번 찡긋하고 눈을 치떠서 마사에를 보고는, 다다시의 시선을 피하는 듯이 터불터불하고 대문으로 나가고 말았다.

'저런 사내면 손 닿는 계집은 그냥은 안 두리라.'

다다시는 이렇게 생각하고 눈 앞에 불길한 여러 가지 장면이 번뜻번뜻 보이는 것을 어찌할 길이 없었다.

다다시가 언제까지나 땅에서 돋은 돌미륵 같이 서 있는 것을 보고 마사에는 발등거리 나막신을 끌고 나와서 다다시의 어깨를 떠밀면서,

"들어 오셔요. 무얼 그렇게 우두커니 서 계셔요. 아이 참"

하고 애원하는 표정을 하였다. 주인 마누라는 힐끗힐끗 두 사람에게로 시선을 던졌다.

다다시는 몸을 비켜서 퉁명스럽게 마사에의 손을 떨어 버렸다.

'마사에가 설마 그럴 리야 있나'

하는 생각이 마음 한편 구석에 있기는 하면서도 지금 눈앞에 나타났던 광경이 큰 파란의 자세한 자초지종을 설명한 것만 같아서, 다다시는 정신을 수습할 수가 없었다.

그래도 마침내 다다시는 마사에 방에 들어갔다. 담배를 아니 먹는 다다시의 코에는 담배내가 무슨 흉악한 냄새인 것 같이 푹 찔렀다. 방다닥에 놓인 접시에는 권련 끝이 여섯 개나 놓여 있었다. 다다시는 권련 여섯 개를 태우고 있던 그 사내의 시간을 계산해 보았다.

'세 시간'

문득 이렇게 생각이 되었다.

마사에의 옷, 이부자리, 경대, 화장품.

'이 방에 외간 남자가 들어오는 것이 옳단 말인가.'

다다시는 치가 떨렸다.

마사에는 얼른얼른 재떨이도 치우고 둘이서 차 먹던 그릇도 주섬주섬 치우면서 말을 붙였으나 다다시는 말이 없었다.

"왜 어디가 편찮으셔요. 왜 말이 없으셔요."

마사에는 걸레로 슬적슬적 방바닥을 훔치기까지 하고 나서 몸빼 입은 다리를 주체할 수가 없다는 듯이 반무릎을 꿇고 다다시를 대하야 앉았다.

다다시는 벌겋게 피가 선 눈으로 마사에를 노려보았다. 내가 어떻게 분한가를 네 알아보아라 하는 것이렷다.

"지금 그 사내가 누구요"

하고 다다시는 법관이 죄인에게 대한 듯한 위엄을 가지고 물었다.

"그이요. 가네야마 상이라고, 의학생이야요."

마사에는 태연하였다.

"마사에 상은 언제부터 이 방에 외간 남자를 끌어 들여서 남자 교제를 하시오. 그렇게 해도 좋다고 생각하시오."

마사에는 눈이 여물어지면서

"마쓰바라 상이 누구시길래, 내게 그런 간섭까지 하셔요. 나도 전문학교 학생야요. 내 나이 벌써 스물셋이야요. 내가 어떤 남자하고 교제를 하든지 약혼을 하든지 무슨 상관야요"

하고 톡 쏘았다.

다다시는 어안이 벙벙하였다. 제 귀를 의심하였다. 숨이 막힐 지경이었다.

"내가 무슨 상광이냐. 마사에와 나와 아무 상관이 없다?"

다다시는 이성의 절제력을 잃고 언성을 높였다.

"마쓰바라 상이 오 년간 내 학비를 도와주신 은인이시지요. 왜 상관이 없으셔요. 그렇지만 마사에가 어떤 남자와 교제를 하건, 사랑을 하건, 혼인을 하건, 그것까지 참견하실 건 없단 말씀야요. 안 그래요."

"오 년간 지켜오던 사랑의 맹세는 어떡허고. 말로 한 것은 스러졌다 하더라도 몇 백 장 편지는 그저 남아 있어요."

다다시는 제 이 말에, 마사에게 울고 뉘우치고 제 가슴에 달려 들어와 안긴 것을 예기하였다.

"아아니, 편지가 무슨 편지요. 아참, 그 편지 다 돌려 보내주서요, 네. 오늘 오십시사고 한 것은 그 때문야요. 마쓰바라 상 편지 뭉텡이, 자 이거야요. 이거 드릴게, 내 편지 돌려 보내주서요, 네."

마사에는 아무 일도 없었던 듯이 상글상글 웃기까지 하면서, 방구석에 구르던, 신문지로 싼 뭉텡이를 끌어당기어서 다다시 앞에 밀어 놓았다. 지금까지 마사에는 가네야마와 둘이서 다다시의 편지를 뒤져서 재미있게 읽고는 웃기도 하고, 가네야마가 불쾌한 빛도 보였다. 마사에가 가네야마에게 다다시 편지를 보인 것은 제 처녀성을 증명하려는 것이었다. 다다시는 두 남녀가 제 편지를 보고 있었을 광경을 생각하고 전신에 모닥불을 퍼붓는 듯함을 느꼈다.

다다시는 신문지 뭉텡이를 앞에 놓고 웃어야 할지, 울어야 할지를 몰랐다. 다다시는 이 편지를 쓰던 때를 생각하였다. 어떠한 큰 정성으로 쓴 편지들인고, 그것을 생각하고 이것을 생각하면 태연히 앉아서 제 편지를 돌려 보내기만 조르고 있는 마사에를 탕을 치고 가투를 만들고도 싶고 물어뜯고 덤벼들어 할퀴고도 싶고, 어찌해야 좋을지 몰랐다. 손끝발끝이 얼음장 같이 차고 바짝 마른 입술에는 쓰디쓴 기임만 그득하였다.

다다시는 일각이라도 이 자리에 더 있을 수가 없었다. 더 있다가는 무슨 큰일을 저지르고야 말 것만 같았다. 그 동안에 얼마나 세월이 흘러가는지 세월이 흐르기를 정지했는지 다다시는 알 수 없었다.

마사에의 낯빛이 살짝 흐린다. 마사에는 다다시가 불쌍하다는 생각이 난다. 마사에는 다다시가 자기를 사랑하는 줄을 안다. 그 구차한 생활에 오 년간 제 학비를 대어준 것이 저를 사랑한다는 데 외에 아모 의리도 이유도 없는 것을 마사에는 잘 안다. 마사에는 다다시를 처음에는 사랑하기도 하였다. 이 년생 때까지도 마사에는 제가 필경은 다다시의 안해거니 하였다. 그러나 최근 이 년 동안에, 다다시는 마사에에게는 마음에 차지 않는 사람으로 변하였다. 뚫어진 곤사지정복에 때 묻은 사각모를 썼던 다다시에게는 젊은 남성으로서의 매력도 있었고 인생의 희망도 있었고, 또 아직 다른 남자를 알지 못하던 시골 처녀 마사에의 눈에는 다다시는 세상에 뛰어난 인물이기도 하여서 순정으로 사랑과 공경도 쏠렸다. 그러나 요땟돈 팔십 원에 턱을 걸고 때묻은 국민복에, 후줄근하게 풀이 다 죽어 댕기는 다다시를 대하면 꾀죄한 궁상밖에 아모 매력도 없었다. 이때에 마사에의 앞에 나타난 것이 가네야마였다. 그의 풍부한 몸, 구김살 없이 쭉 펴인 성격. 추근추근하지 아니 하고도 열정적인 사랑은 순식간 마사에를 포로로 삼고 말았다. 게다가 그는 부잣집 아들이었다.

마사에는 다다시에게 대하여서 미안하고 가여웠다. 그러나 마사에의 인텔리전스는 능히 이것을 변호하는 이론을 꾸며대일 만하였고, 또 동창들의 본능에 담대하고 의리에 담박한 양을 보면, 마사에는 다다시의 학비(는 학비), 사랑은 사랑이라고 시험관에 넣어서 분해할 능력이 생겼다.

'그 동안 받은 학비야 돈으로 갚으면 그만 아냐'

마사에의 동무들이 하여주던 말은 이제는 마사에 자신의 말이 되도록 발달하였다.

이날도 마사에는 이 새철학으로 충분히 마음의 무장을 하고서 다다시를 부른 것이었다. 가네야마와 다다시를 마주 앉혀 놓고 설파를 하려던 각색이 두 배우의 불하[245]치로 하여서 뒤죽박죽이 되고 만 것이다.

눈 앞에 다다시가 괴로워하는 양을 보고 있으니 일변 가엽고 일변 미안하고 또 일변 무섭기도 하여서 모처럼 단단히 한 마사에의 무장이 군데군데 구석이 뵈게 되었다.

마사에는 정성스러운 한숨을 하나 쉬었다. 흥분한 다다시에게도 그 한숨이 심상치 않게 보였다. 마사에는 제 한숨의 탄환으로 뚫어진 돌격로를 얼른 이용하여서 다다시의 전투를 무찌르지 아니 하면 아니 될 것을 깨닫는다.

"여보시오."

마쓰바라 상이라고 아니 부르고 여보시요라고 부르는 것이, 다다시의 요새(要塞)에 또 하나 돌격로를 뚫었다.

"노여시지 마셔요. 저도 당신을 사랑하랴고 무척 애를 썼어요. 그러나 사랑이 안 가는군요. 그래서 사랑은 못 하더라도 혼인만이라도 하여서 안해가 되드리랴고도 애를 썼어요. 무척 괴로워 했습니다. 그러나 지금 와서는 혼인할 사정도 못 되지 않아요. 제가 의사가 되니 당신께서 저 같은 의사 안해하고 안 맞지 않아요. 그래서 마음을 단단히 하고 가네야마 상하고 약혼을 했습니다. 가네야마 상도

245 不下. 항복하지 아니함.

명년이면 의사가 되구요, 또 연구비라든지 나중 개업할 자본도 넉넉히 있구요. 가네야마 상 집은 수천 석하고 재산가요, 그러니까 선생께서 받은 학비도 곧 갚아드릴 수도 있고요. 제가 한 오륙천 원 선생님께 학비를 받았었는데 적어도 그 갑절 이상은 드릴게요. 그거면 저렇게 구차하신 것은 면하시지 않겠어요."

이 이상 마사에가 무슨 말을 하였는지 다다시는 모른다. 그러고, 제가 무슨 소리를 하고 어떻게 마사에의 방에서 나왔는지도 모른다. 어디서 올가미가 날아들어 놔서 다다시의 모가지를 옭아 가지고 번개 같이 통안 네 거리에 내어다 던진 것과 같아서 그 동안의 의식은 전혀 잊어버리고 말았다.

다다시는 불현듯 월강신성을 찾아갈 생각이 났다. 그는 다다시의 숭배하는 선배일 뿐더러, 마사에도 다다시의 반연으로 가끔 동무들과 함께 그를 찾아갔다. 두 사람의 사정을 다 잘 아는 월강은 다다시의 혼란한 심정에 무슨 광명을 줄 것만 같았다.

다다시는 희미한 일종의 위안을 예기하면서, 종각 모퉁이에서 종로 파출소를 향하고 길을 횡단하였다. 횡단보도를 벗어나서 건던 다다시는 순사에게,

"道を見て渉けッ"[246]

하는 대갈일성을 받았다.

다다시는 길 한복판에 멈칫 섰다. 과연 잘못 들어왔다. 얼른 한 간통쯤 왼편으로 비켜서 보도에 나섰다.

다다시는 황토마루 쪽으로 걸었다.

'道を見て渉け'

하던 말이 귀에 붙어서 떨어지지를 아니하였다.

"길을 보고 댕겨, 길을 보고 댕겨"

하고 다다시는 혼자 중얼거렸다. 천지신명이 그 순사의 입을 빌려서 다다시를 꾸짖으시는 것 같았다.

'내가 인생 길을 잘못 들었나'

하고 다다시는 멈칫 섰다.

---

246 "길을 보고 다녀."

‘止レ、見ヨ’[247]

하는 교통 표어가 눈에 보였다.

‘연애는 이기주의다. 보살은 대중을 사랑한다’

하던 월강의 연애관을 들은 일이 기억이 되었다. 그때에 다다시는 반박하였다. 자기가 마사에에게 대한 사랑은 이기주의가 아니라고 속으로 외쳤다. 그러나 자기가 어머니의 재산까지 팔아서 오 년간 마사에의 학비를 당해준 목적이 무엇인가?

‘필경 마사에의 몸을 내 것을 만들자는 것이 아니었더냐. 마사에를 위한 것이라면 마사에가 저 좋아하는 남자헌테 시집을 가기로니 내가 분개할 까닭이 있나. 필경 나는 오천 원 화대(花代)를 선금을 주었다가 돈만 주고 퇴를 맞은 사내다.’

다다시는 등골에서 식은 땀이 흐름을 느꼈다.

다다시는 쓰러지려는 사람 모양으로 전기선대에 온몸을 기대었다. 전신에 맥이 풀려서 가눌 수가 없는 것 같았다.

맞은 편 비각 앞에 세워놓은 포스타들이 저 세상 것 모양으로 다다시의 눈에 비초인다. 무슨 악극단 공연, 무슨 공장 인부 모집 이러한 것들이오, 맨 서쪽으로 해군특별지원병 모집의 다데간반[248]이 석양빛에 비초어 있었다.

‘전쟁이다. 결전단계. 전투배치. 총궐기.’

이러한 신문기사의 글 구절이 다다시의 머리에 떠올라 온다.

‘나는 지나간 오 년간에 무엇을 하였나’

사정없는 반성의 채찍이 목덜미를 후려갈겼다.

‘지나간 오 년간에 나는 한 여자의 궁둥이를 따라댕겼다. 그러다가 오늘 그 여자의 발길에 채웠다.’

‘그밖에, 그밖에 무엇을 했나? 장난감 회사 고원.’

다다시는 울고 싶었다.

‘청춘의 오 년간을 너는 무엇에 썼느냐.’

애욕에, 애욕에, 그것조차 닭 쫓아가던 개가 되고. 그리고 죽어가는 상으로 전기선대에 기대어 서있는 저!

---

247 ‘멈추시오, 보시오’

248 立て看板. 입간판.

이때에,

"여보세요"

하고 부르는 소리가 있었다. 다다시는 깜짝 놀라서 돌아보았다. 마사에였다. 마사에는 다다시가 말없이 뛰어 나가는 양을 보고는 무슨 큰일이 날 것만 같아서 넌지시 다다시의 뒤를 밟았다. 다다시가 정신 잃은 사람 모양으로 허둥허둥 걷는 양을 볼 때에는 옛날 생각이 나서 가슴이 아팠다. 저이가 누구 때문에 저 모양이 되었느냐 하면 송구도 하였다.

마사에는 비창한 표정으로,

"저는 넌지시 마쓰바라 상 뒤를 따라 왔어요. 어디로 가시는가 하고 걱정이 되어서. 여보셔요, 내 시집 안 가고 있을게. 마쯔바라 상이 무슨 사내다운 일을 하셔요. 기운을 내셔요. 난 계집에 궁둥이만 줄줄 따라 댕기는 사내는 싫어요. 사랑만은 싫어요. 남아다운 일을 하는 남자가 좋아요. 내가 없어지면 마쯔바라 상이 사내다운 사람이 된다면 내가 죽어 버려도 좋아요. 왜 사내답게 못 되셔요. 글쎄"

하는 마사에의 눈에서는 눈물이 흘렀다.

다다시는 비각 모퉁이 해군지원병 모집 다데간반을 뚫어지게 들여다 보았다.

두 사람[249]

"어, 차거, 차거"

하고 용석이가 먼저 물에 뛰어들었다. 철버덕 철버덕 물소리를 낸다.

"야, 제법 차구나"

하고 용석이는 어깨까지 물에 잠그고 손으로 온몸을 비빈다.

"무얼 그리 꿈지럭거리구 있니. 어서 들어오지."

---

249 香山光郞, 『放送之友』 2-8, 1944.8. '징병소설'이라는 표제어가 붙어 있다. 이경훈, 「이광수의 새로운 친일문학 자료에 대하여」(『이광수의 친일문학 연구』, 태학사, 1998)에 처음 발굴 소개되었다.

용석이는 냇가에서 물끄러미 보고 있는 왈쇠를 향하여서 물을 한웅큼 쥐어 뿌린다.

그래도 왈쇠는 옷을 벗다 말고 가만히 서 있다. 황혼의 엷은 광선이 왈쇠의 그림자를 길게 물 우에 던진다. 용석이는 화를 내어,

"너, 또 을순이 생각하고 있구나. 아까 보낼 때에도 꼭 을순이 옆에만 붙어 있었것다. 내가 모르는 줄 알구. 다 알어. 너 암만 그래두 쓸데없어. 을순이가 너헌테 올 줄 알구. 흥. 을순이를 벌써부터 노리는 자가 있다나. 그게 누군지 알기나 알어. 괜히시리 닭 쫓아가던 개 될라. 을순이 아버지가 어떤 꼼바리 생원인데 을순이를 네게 줄 줄 알구. 돌작밭 한 뙈기 없는 네게 을순이를 주어, 허, 믿지나 말어라, 야. 야 이거 봐라, 고기가 쿡 찌르구 간다. 이놈이 어디로 갔니. 오, 요기 있다. 아차 빠져 달아났다. 그놈 큰 고긴데."

용석이는 물소리를 내면서 개천 바닥을 더듬는다.

왈쇠가 겨우 마음을 결정한 듯이 발을 물에 들여 놓는다. 온종일 모를 내기에 피곤한 다리에 개천물이 닫는 것이 얼음장 같았다.

'내가 몸에 열이 좀 있나 보지.'

왈쇠는 이렇게 생각하고 휘 한번 한숨을 쉬었다.

"물 속에 쑥 들어가, 인마"

하고 용석이가 와락 달겨들어서 왈쇠를 물에 넘어트린다.

"에에, 시원하다."

왈쇠는 흑흑 느끼면서도 일부러 기운을 내려는 듯이 한번 외친다.

"왈쇠야."

"왜."

"너 정말 을순이허구 살구 싶으니."

용석이는 왈쇠의 등을 밀어 주면서 묻는다. 왈쇠의 배에서 꼬르륵 하는 소리가 들린다. 그 소리를 들으니 용석이도 갑자기 배고픈 생각이 난다.

"내가 을순이허구 살구 싶다기보담 우리 어머니가 걱정이 돼서 그런다. 내가 병정을 가면 어머니가 혼자 아니야. 을순이가 내 대신 우리집에 와 있어 주면 그대로 농사는 해먹겠거든."

왈쇠는 노성한 사람처럼 하소한다.

"그야 그렇지."

용석이도 점잖아진다.

"자, 들어 앉어라. 네 등 밀어줄게. 내일 징병 검사에 몸에 때를 보여서야 쓰겠니."

왈쇠가 용석이를 돌려 앉힌다. 용석이가 왈쇠에게 등을 맡기고 저는 아직도 석양빛에 벌건 기운이 남은 검산(劍山) 이마를 바라보고 있다.

용석이는 왈쇠 어머니를 생각하고, 그 집을 생각한다. 벅 한 간 방 두 간밖에 없는 삼간 초당, 그 방 한 간이란 것도 왈쇠 어머니가 며느리 얻으면 준다고, 이리저리 재목을 모아들여서 작년 가을에 들인 것이다. 왈쇠가 할 줄도 모르는 솜씨로 제 손으로 목수가 되고, 미장이가 되고 도배장이도 되어서 종이까지도 발라 놓고 신문질망정 장판을 하고 제 손으로 짠 지직을 깔고, 벽에다간 딱지랑 그림이랑 발라 놓고, 이 모양으로 장차 어디서 올지 모를 새색시를 맞아들일 준비를 하고 있는 것이다. 이 역사에 가장 많이 도운 이가 용석이었다. 용석이는 익살을 부려서는 왈쇠 모자를 웃기면서 토역도 하고 영[250]도 이고, 바자도 해두르고 마치 제 집일 같이 하였다.

이때에 나선 것이 을순이다. 을순이는 용석이와 왈쇠와 한 이웃에서 자라고 한 학교에 당겼다. 그러나 여러 십 명 계집애와 사내들 중에 특별히 을순이와 왈쇠와 정이 들 까닭도 없었다. "이년아", "이 녀석아"하고 서로 눈을 흘기고 자란 것이었다.

그러나 왈쇠가 금년에 정년이 되어서 징병 검사를 받게 된 모양으로 을순이도 금년이 열여덟, 벌써 안해감이 다 되었다. 오뉴월 볕이 하로가 새롭다는 모양으로, 소년에서 청년으로 넘어가는 남녀의 몸과 마음도 하루가 새로웠다. 언젠지 모르게 왈쇠는 을순을 그리워하게 되었다. 그렇게 되면서부터 왈쇠는 항상 무엇을 생각하는 사람과 같이 침중하게 되었다. 왈쇠라는 이름만 보아도 알 것과 같이, 그는 본래는 왈짜였다. 잘 떠들고 덜렁대고 하던 패언마는 작년 이래로 아조 말없고 점잖은 사람이 되고 말았다.

---

250 '이엉'의 준말. 초가집의 지붕이나 담을 이기(덮기) 위하여 엮은 짚.

"자식도, 왜 이 모양이야"
하고 용석에게 놀림을 받은 것도 한두 번이 아니었다.

그러나 을순이와 왈쇠와는 혼인하기에는 짝이 기울었다. 을순이는 이 동네에서는 셋째나 가는 잘사는 집 딸이었다. 잘 산대야 대단한 것은 아니지마는 그대로 반자작농은 하고 소도 하나 먹이는 집이었다. 읍내 김 참사네 마름으로 이 동네와 너머 동네에 걸쳐서 수십 호 소작인을 관리하여 오니만치 인심도 많이 잃었으나 어찌 갔든지 이 동네에는 유력자 틈에 들었다. 구장까지는 못 지냈어도 반장은 떼어 두고 하여 왔다. 왈쇠 어머니는 을순이 집에 무슨 큰일이 있으면 마치 고용살이 모양으로 와서 일하여 도왔다. 그것은 동 건너 논 서 마지기하고 당 앞에 밭 하루갈이를 아니 떼우기 위함이었다. 왈쇠 어머니는 을순이를 많이 업어 길렀다. 왈쇠 아버지가 살아 있을 적에도 나이는 자기가 위 이면서도 을순이 아버지 앞에서는 고개를 들지 못하였다. 이 모양으로 왈쇠의 집과 을순의 집은 가문이 틀리는 것이었다. 을순이는 방에서 상을 받고 밥을 먹을 때에 왈쇠는 그 집 부엌에서 바가지 밥을 얻어 먹었다.

용석이는 이런 생각을 하면서 눈을 구을려 을순의 집과 왈쇠의 집 있는 곳을 찾아 보았다. 벌써 땅그름이 돌아서 집들 모양이 분명히 보이지 아니 하였다.

용석이는 아무리 하여서라도 왈쇠와 을순이와 혼인을 시키고 싶었다. 을순이는 저의 아버지 닮아서 낯가죽이 좀 팽팽한 것이 박덕도 해보지이마는 어딘지 모르게 덕스러운 데도 있었다. 이 촌구석에서는 미인이라고 할 만한 인물이오 몸매도 좋았다. 금년 철 잡아서 갑자기 활짝 피어서 아주 실한 처녀가 되었다.

용석이가 기실은 맨 먼저 을순이헌테 마음을 두었다. 용석이 집에서 청혼한다면 을순의 집에서는 담박에 허혼을 하였을 것이다.

그러나 왈쇠가 을순을 사랑하는 줄을 안 뒤로 용석은 뒤로 물러섰다. 용석의 부모가 을순이와 자기와 혼인을 하였으면 하는 뜻을 보일 때에 용석이는,

"난, 싫여요. 그까진 낯가죽이 팽팽한 계집애, 싫여요"
하고 지극히 싫은 모양을 보였다. 그러고는 낯가죽이 팽팽하다는 것을 과장하여 생각하여서 아모쪼록 을순이를 제 마음에 아니 들게 하려고 애를 썼다. 그렇게 생각하여도 좀체로 을순의 모양이 눈에서 떨어지지 아니 하였으나 용석은,

"아니야, 글쎄 아니래두 그래. 난 을순이는 싫대두 그래"
하고 용석은 스스로 제게 타일렀다.

이튿날 새벽이었다.

"토미야마꿍"[251]
하고 왈쇠의 집에 와서 부르는 이가 있었다. 그는 물을 것 없이 용석이었다. 토미야마란 왈쇠의 창씨한 성이었다. 국민학교 교장이 왈쇠의 가난한 것을 동정하여서 큰 부자가 되라는 덕담으로 토미야마라고 성을 지어 주고 과부의 외아들이라고, 오래 살라는 축원을 길 영(永)자 목숨 수(壽)자 낭아토시라고 이름을 지어 주었다.

"어이"
하고, 왈쇠가 눈을 비비며 튀어나왔다.

"용석이야"
하고 왈쇠 어머니도 부엌문으로 내다 보았다. 부엌에서는 우거지국 냄새가 나왔다.

"아직 밥 안 먹었어요?"

용석이가 왈쇠 어머니에게 묻는다.

"지금 상을 보는데"
하고 왈쇠 어머니는 황망히,

"늦었나. 우리집이야 시계가 있나. 그놈의 닭이 오늘 새벽에는 늦게 울었나 보아"
하고는 국을 푸는 소리를 낸다.

"닭이 왜 늦게 울었겠소, 닭이야 저 울 때에 운 걸 곤해서 자느라고 우리가 못 들었지. 어머니두"
하고 왈쇠가 바가지에 물을 퍼서 왈왈 세수를 한다.

용석이는 왈쇠가 세수하느라고 머리와 몸을 흔드는 것을 보고 발길로 궁둥이를 차고 싶으면서

"아니, 아직 늦진 않았어. 그까진 읍내 삼십 리 두 시간이면 너끈할 걸. 어서 고만하고 밥을 먹어. 머리를 깎고 가야지. 여기 바리깡 얻어 가지구 왔네. 중대가리루 맹숭맹숭하게 밀어야 한대"

---

251 富山君. 호칭.

하고는 마침내 참지 못하고 왈쇠의 꽁무니를 툭 찬다. 왈쇠가 앞으로 쓰러지랴다가 두 손을 땅에 짚어서, 몸을 버틴다.

"망할 자식."

왈쇠가 세숫물을 들고 용석이를 따라간다. 닭장에서 닭들이 놀라는 듯이 구구거린다.

두 사람은 맹숭맹숭하게 머리를 밀었다. 면도를 아니 해서 가장자리는 긴 털이 남았다. 머리를 깎은 자리만이 허옇게 눈에 띄우고 얼굴과 모가지는 인도 사람 모양으로 꺼멓게 걸었다.

용석이는 국민복을 입었으나, 왈쇠는 잠방이에 샤쓰를 입었다. 오륙 년 전에 국민학교에서 원족갈 때 모양으로 변또를 어깨에 엇매어서 그 견대가 허옇게 새벽빛에 빛난다.

숫돌고개 밑에서 돌모루 동네 징병검사 받으러 가는 패들과 만났다. 모두 손목을 마주잡고 자라난 패들이다. 쌈도 많이 하고 씨름도 많이 하고, 욕지거리도 많이 하고 서로 별명을 부르고 하던 패들이다. 모두 학교에서도 동창이어니와 학교에 댕긴 패들도 너나 하기는 마찬가지였다. 어머니가 따라온 사람도 있고 아버지가 따라온 사람도 있었다. 모두 열여섯 명이었다. 그 중에는 부족증으로 찌근찌근하는 김 주사 손자도 있었다. 데부상이라는 광현이, 양금체라는 막동이, 땅딸보로 씨름을 잘하는 다부지, 골 잘내는 원숭이, 입 험한 꿀도야지, 모양내기로 유명한 기생 서방, 모두들 새로 빨아 다린 옷을 입고 변또를 싸서 매고 권련들을 피어 물었다. 주머니에는 돈 원씩 들어서 모두들 마음이 든든하였다. 가난한 왈쇠도 삼 원을 어머니한테서 얻어 넣었다.

용석이가 청년대 분대장이오, 왈쇠가 부분대장이었다. 용석이는 마끼갸항[252]까지 쳤다. 왈쇠는 부분대장이면서도 국민복도 없었으나 전투모는 있었다. 잠방이에다가 마끼갸항을 쳤다. 학교쩍 저고리가 적어서 와이셔츠 모양으로 만든 적삼을 입었다.

"슈우고오."[253]

---

252 まきがやはん. 각반.
253 しゅうごう. 집합.

"미게 나라에."[254]

"방고오."[255]

용석이와 왈쇠는 전원을 모아서 대를 지었다.

"쿠쬬오도오니 케이레이, 가시라밍잇."[256]

용석이는 거수례를 하고 일동은 카시라밍이를 하였다.

키미가요[257]를 부르고 궁성요배를 하고 일동은 읍내를 향하여 걷기를 시작하였다.

읍내 가까이 가서는 다른 부락에서 오는 장정들도 만났다. 읍내가 가까워올수록 장정들은 입이 무거워졌다. 농담도 없어지고 떠들지도 아니 하였다. 평생에 처음 당하는 징병검사에 대하여 가슴이 두근두근하였다.

검사장인 읍내 국민학교에는 벌서 큰 국기가 나부끼고 있었다.

용석이와 왈쇠는 언제나 붙어 당겼다. 옷벗는 데, 엑스 광선 박는 데, 눈검사, 귀와 코검사, 그러고 맨 나중 육군의 대위의 내과적 검사에도 함께 장막 속에 들어가게 되었다. 벌거벗고 못 보일 데 없이 다 보였다.

"어디를 어떻게 보기로 내게 병이 있을 리가 있나."

용석이와 왈쇠는 자신이 만만하였다.

"무슨 병이 있다고 생각하거든, 말해!"

군의가 물을 때에, 용석이와 왈쇠는 일제히,

"아리마센!"[258]

하고 외쳤다.

군의는 대견한 듯이 용석이와 왈쇠의 벌거벗은 몸을 우아래로 훑어 보았다.

"요- 시."[259]

용석이와 왈쇠는 옷을 입고 징병관 앞에 여러 장정이 늘어앉은 자리에 와 앉

254 みぎへ ならえ. 우로 나란히.

255 ばんごう. 번호.

256 きゅうちょうどのにけいれい, かしらみぎ。"분대장(급장)님께 경례, 우로 봣."

257 君が代. '군주가 통치하는 시대'라는 뜻으로, 일본의 국가를 뜻함.

258 ありません。"없습니다."

259 よし。"좋아."

아서 제 차례가 돌아오기를 기다렸다.

김 주사 손자가,

"테이슈[丁種]"

하고 기운없는 '후꾸쇼오'[260]를 하고 물러나오는 것을 보고 용석이와 왈쇠는 몸에 소름이 끼침을 깨달았다. 그러나 내야 헤이슈[丙種] 테이슈[丁種]될 리는 없지 하고 마음이 튼튼하였다.

징병관이,

"코오슈[甲種]"

하고 선언할 때에 목청껏, '코오슈' 하고 '후꾸쇼오' 하는 소리가 장내를 울리는 것을 보면 용석이와 왈쇠도 주먹이 불끈불끈 쥐어지도록 기운이 났다.

'나는 저보다 더 크고 여무진 소리로 후꾸쇼- 를 하리라.'

용석이와 왈쇠는 이런 생각을 하고 있었다. 을순이 생각도 다 잊어버렸다. 다만 목청껏, '코오슈' 하고, '후꾸쇼오'할 것만 벼르고 있었다.

"마쓰오까 시게루."

징병관 오오모리 쇼오사[大森 少佐]가 불렀다. '마쓰오까 시게루'는 용석의 이름이다.

"하잇"

하고 용석이가 벌떡 일어나서 징병관 앞으로 나가 발판 우에 섰다.

"마쓰오까 시게루, 타이쇼오 쥬- 산넨 니가쯔 후쓰까 우마레."[261]

용석의 엄청나게 큰소리는 장내를 울렸다.

"코랏, 케- 레이오 세잇"[262]

하고 징병관이 소리를 질렀다. 용석이는 소리지를 것만 생각하고 경례할 것을 잊었던 것이다.

용석이는 그제야 경례를 하고 또 한번 씨명, 생년월일을 불렀다. 왈쇠는 우스움을 참았다. 용석의 당황하는 얼굴이 보고 싶었으나 그 뒷모양만이 보였다. 왈

---

260 ふくしょう. 복창(復唱).

261 たいしょじゅうさんねんにがつふつかうまれ. 大正 13년 2월 2일생.

262 こら、けーれいおせい. "이놈아, 경례를 해."

쇠는 터지랴는 웃음을 참노라고 고개를 숙이고 입술을 물었다.

"코오슈"

하는 용석의 악쓰는 소리에 깜짝 놀라 왈쇠가 고개를 들었다. 무서운 얼굴을 하고 있던 징병관이 빙그레 웃는 양이 보였다.

'다음에는 내다'하고 왈쇠는 정신을 가다듬었다. '나는 경례를 잊지 아니 하리라, 이렇게, 이렇게, 경례를 썩 잘하리라'하고 별렀다. 못 견디게 가슴이 울렁거렸다.

'マケテナルモノカ. 人ニマケテルモノカ'[263]

하고 왈쇠는 입을 꼭 다물었다.

"토미야마 냥아토시"

하고 징병관이 부르는 소리가 들렸다. 왈쇠는,

"하잇"

하고 자리에서 일어난 줄은 아나 언제 발판 우에 와 섰는지 경례를 하였는지 아니 하였는지 잊어버리고 말았다. 징병관이 경례하라고 책망 아니 하는 것을 보니 경례를 아니 잊어버린 것이라고, 생각하고 안심하면서 징병관이 묻기를 기다렸다.

"너는 어머니 한 분밖에 없다지?"

징병관이 이렇게 물었다.

"네"

하고 대답하는 왈쇠는 가슴이 뭉클하였다. 부모가 구존치 못하고 형제도 자매도 없는 것이 한이었다.

"네가 병정을 가면 어머니는 어떡허나"

하고 징병관은 왈쇠를 뚫어지게 본다.

"걱정없습니다. 어머니는 아직도 기운이 있습니다. 농사도 하고 나무도 합니다."

왈쇠는 이렇게 소리껏 외쳤다.

징병관은 잠시 말이 없었다. 그러나 그 눈과 낯이 변하는 것으로 보아서, 왈쇠의 대답에 깊이 감동된 것이 분명하였다. 잠시간 침묵이 장내(場內)를 누르는 듯

263 '질까보냐, 다른 사람보다 못 할까보냐.'

하였다. 장내의 수십 명 사람의 시선이 이상한 감동을 가지고, 왈쇠와 징병관에게로 몰렸다.

"코오슈."

징병관의 목소리를 떨리는 듯하였다.

"코오슈"

하는 힘찬 후꾸쇼오와 함께 왈쇠의 두 눈에서는 눈물이 주루루 흘러나렸다.

왈쇠가 경례하고 물러나는 것을 보는 징병관 눈에는 감격의 눈물이 고여 있었다.

防空壕[264]

김 의관 집 부엌에서는 김이 무럭무럭 나왔다. 유월 스무날은 김 의관의 증조부 김 주부의 제삿날이다. 김 주부는 이 집의 중흥시조라고 하여서 해마다 성대하게 제사를 지내는 것이었다.

"창식이 놈 아직도 안 들어 왔느냐."

안사랑 영창으로서 김 의관의 큰 소리가 나왔다.

"창식 옵바는 오늘밤 경방단[265] 분단 숙직번인 걸요. 어떻게 나와요, 아버지두."

이렇게 대답하는 것은 김 의관의 작은 딸, 고등여학교 사 년생 창임이었다. 창임은 방학도 없고 여름날 온종일 학교에서 시달려서 눈시울이 천근이나 무거웠다.

"아아니, 경방단원은 제사도 모른단 말이냐. 조상 제사에도 참례 안 하는 거야. 얘 정식아, 네 경방단에 달려가서 네 형 얼른 오라고 그래라. 제사 지낼 때가 됐으니, 얼른 오라고. 정식아아."

김 의간의 호령은 추상 같았다.

---

264 香山光郎, 『放送之友』 3-9, 1944.9. '방공소설'이라는 표제어가 붙어 있다. 서재길, 「강요된 협력, 분열된 텍스트－일제 말기 방송소설을 읽는 하나의 독법」(『민족문학사연구』 45, 민족문학사연구소, 2011)에서 처음 발굴 소개되었다.

265 警防團. 일제 강점기 말기에 치안을 강화하기 위해 소방대와 방호단을 통합한 단체.

"아버지두"

하고 창임이가,

"경방단 당직을 버리고 어떻게 와요, 글쎄"

하고 짜증을 낸다.

"오라면 와요? 못 오지"

하고 정식이도 하늘만 바라본다.

"아아니, 안 오다니. 애비가 오라는 데도 안 온단 말이야."

김 의관은 더욱 화를 낸다.

"おほやけのことぢやありまぬか、おとうさん."[266]

중학 이 년생인 정식이도 화를 낸다.

"무엇이, 무엇이 어째. 이 녀석 무어라고 했어?"

김 의관은 몸을 영창 밖으로 내민다. 조금만 더 하면 달려 나올 것 같다.

"오빠가 하는 일이 나랏일이니까 사삿일로는 몸이 빠지지 못 한단 말씀이요."

창임이가 설명한다.

김 의관은 요샛 세상 일이 모두 알 수 없고 뜻에 맞지 아니하였다. 게다가 어린 자식들까지도 도무지 아비 말을 아니 듣는 것이 비위가 뒤집혀서 견딜 수가 없었다. 창식이가 경방단원 복장을 입고 댕기는 것도 맞갑지 아니 하였고, 창임이가 시집갈 나이가 다 된 계집애가 몸빼[267]를 입고 단발머리를 하고 댕기는 것도 눈에 거슬렸다. 그러나 모든 일이 가장된 김 의관의 뜻대로는 되지 아니 하였다. 막중한 제사– 그 중에도 증조부 주부공 제사까지도 제 뜻대로 안 되는 것이 성화할 노릇이었다. 제주[268]를 몰래 담그랴던 것도 창식의 반대로 작년부터는 못 하게 되었다. 제주를 사들이는 것도 창식이가 '야미'[269]를 절대로 반대하기 때문에 내놓고는 못 하고, 김 의관이 사랑에 댕기는 늙은이들을 동원하여서 몰래 사들였다.

"나라에서 금하는 물건으로 제사를 지내면 조상님이 받으시겠어요. 야미로 산

---

266 "공적인 일 아녜요, 아버지."

267 もんぺ. 에도시대 일본 동북지방의 농촌에서 입던 노동복으로, 전시체제하에서 남성의 국민복과 더불어 여성의 표준 활동복으로 지정되었다. 처음에는 주로 방공연습을 할 때 입었다.

268 祭酒. 제사에 쓰는 술.

269 やみ. 암거래.

물건은 도적질한 물건보다 더 더러운 물건야요."

창식이가 이렇게 간하는 말을 듣고 김의관은,

"오, 이놈. 그래, 에비가 도적놈이란 말이냐, 어, 이놈."

금시에 때려죽일 듯이 화를 내었던 것이다.

창임이도 정식이도 아버지의 호령을 듣지 아니 하는 것을 보고 김 의관은 분통이 터지려 하였으나 제삿날인지라 참았다. 그러나 이 제사만 지내고 나면, 단연히 금강산으로 들어가서 거사라도 되리라고 생각하였다.

김 의관은 혼자서 의관을 갖추고 도포를 입고, 안대청에서 제상을 차리고 있었다. 창식의 처와 창임이가 수없이 벅과 대청 사이로 상을 들고 오락가락하였다. 김 의관은 제물을 받아서는 손수 벌였다. 년전에 마누라가 죽은 뒤로는 도무지 뜻같이 되지 아니 하였다. 여학교를 졸업한 며느리는 문제가 아니었다. 그대로 늙수그레한 차아집이 있어서 구색하게 제물을 괴이기는 하였다.

상을 차려놓고 촛불을 켰다. 창임이와 정식이는 부리나케 분합문을 닫고 검은 장막을 늘였다.

"분합문은 왜 닫어. 문닫고 제사 지내는 법이 어디 있단 말이냐. 활짝 열어 놓아라."

김 의관은 엄숙하게 명령하였다.

"지금은 자정이 되면 불빛이 밖에 나가게 하면 안 돼요, 아버지."

창임은 극히 공손하게 말하였다.

"글쎄, 네가 왜 건건사사에 말썽이야. 너는 벅구석에나 들어가 있어. 계집애는 제청[270]에 오르는 거 아냐."

김 의관의 이 말에, 창임은 뽀르퉁해서 아랫방으로 가버리고 만다.

창임을 내어 쫓은 뒤에, 김의관은

"정식아, 제사를 지낼 때에는 문을 다 열어 놓는 법이야. 합문할 때에만 문을 닫는 법야, 다 활짝 열어 놔라"

하고 부드러운 말로 타일렀다.

---

270 祭廳. 제사를 지내는 대청.

촛불이 어서 제사를 지내시오 하는 듯이 꾸물꾸물 하였다. 시계가 열두 시를 땅땅 친다.

정식은 늙은 아버지의 정경이 가엾은 것 같아서 검은 장막만을 늘이고 분합을 열었다. 김 의관의 이마에서는 구슬땀이 흘러내렸다.

김 의관은 향상[271] 앞에 꿇어앉아서 향로에 향을 넣었다. 푸르스름한 연기가 피어 올랐다.

김 의관은 일어나서 절을 하였다. 제례가 시작된 것이다.

이때에, 바로 이때에,

"우우"

하고 사이렌이 울기 시작하였다.

"케이까이케이호오!"[272]

정식은 본능적으로 소리를 질렀다.

김 의관도 잠깐 눈을 크게 떴다.

"우우, 우우, 우우."

사이렌은 비장한 소리로 끊일락이을락 하였다.

"쿠우시우케이호오[273]다."

창임의 소리가 들렸다. 창임은 제청으로 뛰어 올라왔다.

"아버지, 어서 피난하셔야지, 어서. 방공호로 가셔요. 언니, 언니."

"네에."

창식의 처도 뛰어들어 왔다.

"어서 애기 안고 방공호로 들어가시우. 그러기에, 애여 몸뻬를 입고 있으라니깐. 어서, 어서. 뒷갈망은 내 다 할게. 정식아, 무얼 멀거니 섰니, 어서 채리지. 피난 짐이랑 다 꺼내. 여보시우, 안성 마님, 안성 마님."

"네에."

벙에서 안성 마님이 나온다.

---

271 香床. 제사 때 향로나 향합(香盒)을 올려놓는 상.

272 けいかいけいほう. 경계경보.

273 くうしゅうけいほう. 공습경보.

"아궁잇 불은 물 퍼부어 끄구, 풍로 불은 대야로 덮어 씌우구, 어서어서, 몸뻬 가지고 나서요"
하고 일변 분별하면서 일변 제상에 촛불을 끄려 든다.
"아서라. 너희들은 다 피난을 가거라."
김 의관이 창임이 촛불을 끄려는 것을 못 끄게 하였다.
"어떡허실 양으로 그러셔요? 아버지."
창임은 잠깐 낯을 찡긴다.
창식의 처는 젖먹이를 안고 피난 꾸러미를 들고 나섰으나 시아버니 명령을 기다리는 듯이 우두머니 섰다.
김 의관은 비장한 결심을 한 듯이,
"나는 혼자서 여기서 제사를 지낼란다. 아무러한 일이 있더라도 신주를 여기 모셔놓고 제사를 지내다가 말고 달아날 법이 있느냐. 아가, 어서 피난을 하려므나"
하고 며느리를 본 뒤에,
"내야 늙은 것이 어떠냐. 나란은, 여기서 제사를 지낼 터야"
하고 하얀 신주를 바라본다. 신주에 쓰인 적은 글자가 김 의관의 눈에 아물아물한다.
"그래도 불은 꺼야지오. 적 비행기가 온다는데 촛불을 켜고 있으면 어떻게 해요?"
창임은 초를 향하여 손을 내민다.
정식은 어느 새에 마끼갸항[274]을 치고, 방독면과 쇠투구를 메고 피난짐을 지고 회중전등을 들고 나섰다.
"글쎄 나만 혼자 여기 있는다는데 웬 걱정이냐. 나 혼자 신주를 모시고 제사를 지내다가 죽어도 좋다는데, 왜들 이러느냐"
하는 김 의관은 우는 상이었다.
"누나."
정식이가 딱한 듯이 창임의 소매를 잡아 끈다.
창임이도 딱하다는 얼굴이다. 어찌하야 아버지는 조상일과 집안일을 그렇게

274 まきがやはん. 두루마리 각반.

정성스럽게 잘 알고 잘 하면서도 나라일과 민족, 이웃일은 그처럼 캄캄하게 막혔을까 하면 답답하고 속이 상하였다. 정식도 아버지를 답답하게 생각하기는 창임이와 다름 없으나 그는 선머슴인데다가 '농끼'[275]한 성품이라 창임이처럼 속이 상하지는 아니 하여서 그중 김 의관의 비위를 맞추었다.

"누나. 그럴 것 없어. 신주와 제상을 방공호로 옮깁시다. 방공호에 들어가서 촛불 켜놓고 아버지 실컷 제사 지내시게."

정식의 말에 김 의관은 눈이 번쩍 뜨였다.

"옳다. 정식이 말이 옳다. 그래도 사내가 다르다. 창임인 종알대기만 하지 무슨 계교를 못 낸단 말야. 됐다. 아나, 이 병풍허구 제석[276]부터 먼저 방공호로 옮겨라. 내 신주를 모실 테니 정식이 너는 촛불을 들고 앞을 서라."

김 의관은 분주히 병풍을 걷는다.

창임은 입맛이 쓰면서도 더 반대하지 아니 한다.

"촛불은 끄고 이 회중전등을 써요. 번갯불이면 촛불보다 낫지 않아요"
하고 정식이가 제석을 말아 옆구리에 기고 전등을 들고 앞을 섰다.

김 의관은 신주를 방공호로 옮기는 축문을 생각해 보았으나, 그런 축문은 사례편람[277]에도 없었다. 그래서 입속으로,

"현증조고훈련주부부군 현증조비숙인신씨"
하고 신명을 불러 놓고는, 미처 한문으로는 글이 나오지 아니 하여서 조선말로,

"적의 비행기가 습격을 온다 하오므로 제사 중간에 신주를 방공호로 모시오니"
하고 중얼거린 뒤에 신주독을 받들고 정식의 뒤를 따라 섰다.

대문을 나서니 행길에는 경방단원들이 분주히 댕기고 대피하는 사람들도 지나갔다.

방공호는 두어 집 건너가서 공지에 있었다. 방공호 속에는 벌써 칠팔 인이나 남녀가 들어와 있었다.

안성 마님이 벌써 병풍을 갖다가 한편 구석에 둘렀다. 정식이가 앞을 서고 그

275 のんき. 무사태평.
276 祭席. 제사 지낼 때 까는 돗자리.
277 四禮便覽. 관혼상제에 관한 제도와 절차를 모아 엮은 책.

뒤에 김 의관이 신줏독을 받들고 들어오는 것을 보고 방공호 속에 있는 사람들은 눈이 둥그레졌다. 만고역대에 보지 못하던 풍경이다.

애국반 사람들은 물어보지 아니 하여도 그 뜻을 알았다. 그러고는 모두들 빙그레 웃었다.

커다란 제상은 들여올 수가 없었으나 팔모반에 제물을 그득 담아서 창식이 처와 안성 마님이 들고, 창임이는 제주병과 잔 등속을 들고 들어와서 제상을 벌여 놓았다.

"여기서는 촛불을 켜도 괜찮지 않소?"
하고 김 의관이 누구에게 묻는지 모르게 물었다.

"괜찮지오, 불빛이 바깥엔 안 나가니까요."

이렇게 대답하는 것은 예전에 반장 노릇하던 노인이었다.

촛불을 켜놓지 아니 하면, 증조부님의 혼백이 제사를 받으러 올 것 같지 아니 하였다. 방공호 속에는 부인네와, 늙은이와 아이들로 찼다. 창식의 처는 젖먹이를 안성 마님께 맡기고 제상 옆에 서 있었다.

김 의관은 절을 하려 하였으나 비좁아서 절을 할 수가 없었으므로 잠깐 무릎을 굽혀 꿇는 것으로 절을 대신하였다. 향로를 못 가져온 것과 향상에 놓았던 축문을 잊고 온 것을 깨달았으나, 김 의관은 창임이더러 가서 집어 오라고는 못 하였다.

축을 부를 절차에 가서 김 의관은 눈을 감고 입속으로만 축문을 외웠다. 그대로 할 절차는 이럭저럭 다하였다. 첨작도 하고 나서 합문[278]을 생각하였으나 이것이 방공호 속인 것을 생각하고는 입맛을 쩍 다셨다. 그래도 합문을 아니 하면 모처럼 오신 증조부님이 잡수실 것을 다 못 잡수실 것만 같아서 김 의관은 신주에 등을 향하고 돌아섰다. 창임이와 창식이 처도 김 의관의 뜻을 알고 돌아섰으나 다른 동네사람들은 합문의 뜻을 못 알아차리고 신주 있는 데와 제상과 도포를 입은 김 의관을 뚫어지게 바라 보았다.

"에헴"
하고 김 의관은 기침을 하고 침을 조금 퉤 뱉고 신주 쪽을 향하여서 돌아섰다. 제

---

278 闔門. 제사 절차의 하나로 유식(侑食) 후 제관 이하 전원이 밖으로 나오고 문을 닫음.

문[279]이라는 뜻이다. 김 의관은 그 아버지가, "에헴"하고, 담을 뱉고, 손을 내어밀어 분합문 고리를 잡아당기던 모양을 눈앞에 그려보고, 방공호 속이라 그것을 못 해보는 것이 섭섭하였다.

'전쟁 중이라, 다 이렇습니다.'

김 의관은 속으로 조상을 향하여 중얼거렸다.

제사를 다 지내고 나서 김 의관은 제상에 놓았던 잔을 들어서 음복을 하였다. 그런 뒤에야 김 의관은 좌우를 돌아 보았다. 정식이가 안 보였다.

"정식아, 정식이 어디 갔느냐."

김 의관은 정식을 찾았다.

"도련님은 집을 봅니다."

이것은 며느리의 대답이었다.

"아아니, 집을 보다니? 어린 것이 혼자서 집을 본단 말이냐. 아아니, 어느 틈에 빠져 나갔단 말이냐. 또 창임이는 어디 갔니?"

"누이는 뒷집 해산 동원을 갔습니다. 갑자기 해산을 하게 되어서 방공호에 올 새도 없어서."

며느리의 대답이었다.

"뒷집이라니?"

김 의관은 눈을 크게 떴다.

"저 징용 나간 리 서방네 집 말씀야요. 그 집이 어디 돌보아 줄 사람이 있습니까."

"그러기로 계집애가 남의 해산 구원을 어떻게 한단 말이냐."

김 의관은 괘씸하다는 표정을 하였다.

"여학교에서는 간호부 공부를 시켜요. 누이도 그런 걸 잘 안답니다."

며느리의 대답에 김 의관은 한참이나 눈을 감고 고개를 수그리고 있었다. 김 의관은 지금까지 보지 못 하던 무엇을 본 것 같았다.

김 의관은 길게 한숨을 쉬이고는 방공호 속에 있는 사람들을 돌아 보았다. 여자는 모두 몸뻬를 입고, 남자들은 국민복에 다끼갸항을 쳤다. 젊은 사람은 하나

---

279 자세한 뜻은 분명치 않으나 맥락상 합문(闔門)을 해제한다는 뜻인 듯하다.

도 없다. 십육 세 이상의 남자는 모두 방공활동을 하고 있는 것이다. 그런데 소매 넓은 조선옷을 입은 것은 김 의관 자기 하나뿐이오, 조선치마를 입은 것은 창식이 처와 안성 마님뿐이었다.

김 의관은 고개를 숙여서 제 옷을 돌아보고 눈을 돌려서 며느리를 바라 보았다. 며느리가 애써 몸뻬를 입는 것을 김 의관 자기가 금지한 것을 생각한다. 그것이 모두 큰 잘못인 것을 느꼈다.

"아가, 영환이 이리 다고. 내가 아이를 안을게. 이 상을 물려서 여기 계신 여러분 대접을 해라."

얼마 아니하여서 공습경보 해제의 긴 싸이렌이 들렸다. 방공호 내에 있던 사람들은 자다가 깬 것 같았다.

이윽고,

"쿠우시우게이호오가이지오."[280]

하고 외치는 소리가 들렸다.

'창식이 소리로고나'

하고 김 의관은 며느리를 바라 보았다. 김 의관의 눈에서는 하염없는 눈물이 흘렀다. 김 의관은 창식이와 창임이가 아버지인 자기보다 어떻게 높은가를 알았다.

'내 것밖에 모르고 늙은 내로고나.'

김 의관의 가슴속에는 새감격이 솟아 올랐다.

區長님[281]

관음리 구장님이라면, '아, 그 영감님 구장'하고 단지 면 내에서만 유명한 것이

280 くうしゅうけいほうかいじょ. 공습경보 해제.

281 香山光郎, 『放送之友』 3-1, 1945.1. '근로소설'이라는 표제어가 붙어 있다. 서재길, 「『방송지우』와 일제 말기 방송소설」(『민족문학사연구』 22, 민족문학사연구소, 2003)에서 처음 발굴 소개되었다.

아니라 일읍에 소문이 나게 되었다.

구장님의 본명은 가나모토·세이찐이지마는 면 내에서도 그 이름까지 아는 사람은 얼마 없다. '관음리 구장님'이라는 것이 그의 성명이 되다시피하였다.

면장이 군에 가면 군수도,

"관음리 구장님 어떠시오?"

하고 반드시 문안을 하였고, 한 달에 한 번씩 국민학교 교장이 상군을 하여도

"觀音里の區長さんは達者ですか"[282]

하고 물었다.

마쓰모토 군수는 진심으로 관음리 구장을 존경하였다. 태산면에 가는 일만 있으면 반드시 관음리 구장을 찾아 보았다.

가나모토 구장은 벌서 일흔세 살이나 된 노인이다. 이가 빠져서 입은 오무라미가 되었으나 기운은 정정하였다.

구장님이 이렇게 소문이 난 것은 그가 구장노릇을 오래한 까닭은 아니다. 기실은 그 아들이 구장이었으나 아들이 작년에 죽고, 동네에서 구장될 사람이 없어서 걱정하는 것을 보고는,

"내가 함세"

하고 자청하여서 아들의 후임이 된 것이었다.

"노인네가 어떻게 그 바쁜 일을 하십니까"

하고 동네사람들이 걱정하면,

"늙은 것이 그런 일로나 동네를 도와야지 무얼 하나"

하고 나선 것이었다.

가나모토 구장은 구장이 되는 날 면소에 찾아가서 면장을 만났다.

"내 아들이 죽어서, 아들 대신 내가 관음리 구장이 되었소. 구장이란 무엇을 하는 것인지 면장께서 잘 가르쳐 주시오. 가르치시는 대로 하오리다."

면장은 이 색다른 구장을 보고 빙그레 웃었다. 저 늙은이가 구장 일을 볼 수 있을까 하는 것이었다. 그러나 가나모토 구장의 태도가 하도 진실하므로 면장은

---

282 "관음리 구장님은 건강하십니까."

정색하고, 대략 구장의 임무를 설명하였다.

구장님은 가만히 듣고 있더니,

"네 잘 알았소이다. 내 한번 오여바칠 테니 바로 알아들었나 보시오. 첫째로는 면에서 오는 공문을 백성들에게 잘 알아듣게 일러주고, 둘째로는 백성들이 일을 부지런히 하도록 재촉하고, 셋째로는 공출 잘 하고 저금, 징용, 근로보국대, 다 하라는 대로 하고, 또 무엇이오?"

하고 구장님은 막힌다.

"증산장려요"

하고 면장이 말하니, 구장님은,

"증산장려란 무슨 말이오? 쌀이나 보리나 전보다 더 많이 내도록 하란 말이오?"

하고 눈을 크게 뜬다.

"그렇지오. 그게 증산이라는 것이지오."

"네, 알았소이다. 그러니까 풀거름 많이 만들고 논에 가을보리 심고 그러란 말씀이죠?"

"네, 그렇습니다."

면장은 이 늙은 구장이 범상한 농부가 아닌 것을 깨달아 그 얼굴을 자세히 들여다 본다. 눈썹이 길고 눈이 움쑥 들어가고 코가 높고 귀가 크고 과연 범골이 아니오, 위엄을 갖추었다. 어성이 웅장하고 발음도 분명하다. 필시 젊어서는 글공부를 한 사람이리라 하야 젊은 면장은 이 늙은 구장에게 일종의 위압을 느낀다. 그리고 담배를 권하고 규우지[283]를 불러서 차를 내오기를 명한다.

구장은 서투른 솜씨로, 면장이 권하는 권련을 치워들고,

"잘 알았소이다. 한 몫 많이 들으면 잊어버리기가 쉬우니까 오늘은 이만큼 배우고 가겠소. 또 모를 것이 있으면 올 테니 잘 가르쳐 주시오"

하고 면소에서 나왔다.

이러한 것이 지난 이른 봄이었다.

구장님은 면소에서 집에 돌아오는 길로 마누라, 며느리, 손자들, 손자 며느리

283 きゅうじ. 급사.

며 아직도 국민학교에 댕기는 증손주들까지 불러놓고 일장 훈시를 하였다.

"나라에서 곡식을 더 내래. 열 섬 나던 데면 열한 섬이나 열두 섬이 나게 하란 말야. 우리집이 농사하는 것이 작년에 벼 쉬인 섬, 밭곡식 서른 섬을 하였으니까. 금년에는 벼를 여순 섬, 밭곡식을 서른엿 섬을 내야 해. 동네사람더러 다 그렇게 하라고 하려면 내가 먼저 그렇게 해야 할 것이 아니냐. 그러니 다들 그런 줄 알란 말이다."

구장님은 아무리 하여서라도 금년 농사에 왼동네 집집이 모두다 이 할을 증산하려는 계획을 세웠다.

구장님은 생각하였다. 이 할 증산을 하랴면 어찌 하여야 할까 하고.

'첫째는 거름'

구장님은 이렇게 생각하였다. 거름을 많이 내는 것이 농산물 증산의 요령이다.

구장님은 즉시로 동네 집집에 거름 조사를 하였다. 가령 이렇게 한다–

"원달이 있나."

"네, 구장님이세요?"

"아직 안 일어났나. 좀더 일찍 일어나게. 모두 병정가고 징용가고 보국대다고 동네에 손이 부족한데, 일찍 일어나는 수밖에 없네. 열 사람이 한 시간 일찍 일어나면 열한 사람 폭이 되지 않나, 그런데 원달이, 자네 집 작년에 거름 몇 바리 받았나."

"작년에 말씀이지요. 작년에는 한 오십 바리 받았습니다마는."

"금년에는?"

"금년에는 작년만 못 한 걸입시오. 어디 풀은 빌 새가 있어야지오. 보국대 댕겨와, 솔깡 따, 머루덩굴 걷어, 어디 미처 손이 돌아갈 새가 있어야지오."

"그런 소리해 쓸 데 있나. 올봄에는 논밭에 거름 여순 바리만 내게."

"아유, 마흔 바리도 어려운 걸입쇼. 어유 거름 여순 바리를 이제 어떻게 거름 스무 바리를 무얼로 맨듭니깝쇼."

"그런 소리 다 쓸 데 없어. 개천 흙을 파오지, 그거 좋은 거름일세. 그냥 흙이라도 불에 태우면 거름이 되네. 어서 잔말 말고 스무 바리만 더 장만하게. 작년에 자네 집에서 추수 얼마 했지?"

"저의 집이야, 얼마 됩니까. 벼 스무나문 섬 하고 밭곡식이라고 열댓 섬밖에 못 한 것입쇼. 근데, 그건 왜 물으십니깝쇼. 또 공출이 있습니깝쇼."

"아닐세, 금년에는 지난 해보다 적더라도 이 할은 추수를 늘리잔 말야. 자네 집에서 작년에 벼 스무 섬이랬것다."

"네 스물두 섬이던갑쇼."

"그러면 금년엘랑 벼 스물닷 섬 이상은 내야 하네. 가만 있자, 밭곡식이 열닷 섬이라고 했것다. 열닷 섬에 이 할이면 석 섬이라, 그래. 자네 집에서는 금년에 벼 스물닷 섬, 밭곡식 열여덟 섬, 모두 마흔석 섬은 책임을 지게. 마흔석 섬. 알았지"
하고 구장님은 수첩에 적는다.

원달이가 속으로 따져본다. '마흔석 섬이라, 마흔석 섬이면 작년보다 여덟 섬이 더나. 아유, 여덟 섬이 어디야'하고 원달은 빙그레 웃는다.

"그렇게 되기만 하면야 작히나 좋겠습니까만, 아유, 마흔석 섬을 어떻게."

"아유가 무슨 아윤가. 개천바닥 흙이라도 파다가 작년보다 거름을 이 할은 더 내란 말야. 그러면 하나님이 곡식을 이 할은 더 주실 것이니. 그렇게 하게, 내가 하라는 대로만 하게."

원달은 반신반의 중에 구장님과 약속을 해버린다.

이 모양으로 구장님은 집집으로 돌아다니며 약속을 받았다. 그러고는 아침마다 돌아다니면서,

"여보게 원달이 어제 거름 몇 바리 만들었나"
하고는 재촉을 하였다. 이리하여서 갯바닥흙, 멧갓흙 태운 것, 동네 수채친 것, 마당, 부엌바닥 깎아낸 것, 이 모양으로 불과 십여일 간에 거름더미가 갑절이나 두둑하게 되었다.

"아이, 구장님 또 왔다."

동네사람들은 구찮이 여기면서도, 구찮은 까닭에 하라는 대로 아니 할 수가 없었다.

금년은 모낼 때에 가물고 견실할 때에 일기가 불순한 것도 있었으나 그래도 이 동네 육십 호에서 지은 논밭은 다 평년작 이상은 되었다. 김매는 것이나, 피뽑는 것이나 구장님의 등쌀에 아니할 수가 없었다. 구장은 동넷사람의 논밭을 다 알았다. 밭 임자를 불러 내어서는 집안식구들 남녀노소 모조리 나서라고 야단을

하여서는 김을 매게 하고 피를 뽑게 하였다.

"제가 김을 맬 줄 알아요?"

부인네나 아이들이 이런 말을 하면 구장님은, 호미로 땅을 빽빽 긁으면서

"아, 이걸 못해. 김이란 풀을 뽑고 땅을 파면 김이야. 땅을 파서 자꾸 흙을 들추어주면 바람이 들어가고 볕이 들어가서 땅이 걸어지는 거야. 아, 이걸 못해"

하고 소리를 버럭 질렀다.

"모두 나서. 밥숟가락 드는 식구들은 모두 나서라. 나서서 풀을 뽑고 땅을 파요."

이 모양으로 구장님은 여름내 가을내 독려를 하였다. 김에만, 그런 것이 아니라 퇴비 만들 풀 베는 것이나 뽕 따는 것이나, 무엇이나

"다들 나서라, 밥숟갈 드는 식구는 다들 나서!"

하고 구장님은 앞장을 섰다.

정자나무 밑에서 장기를 두고 있는 노인네를 보면, 사람 수대로 낫 한 자루, 새끼 한 바람을 안기고는 장기판을 뒤집어 엎었다.

"자, 다들 풀 비러 가세, 아들, 손자들이 전쟁이야 징용이야 하고 눈코뜰 새도 없는데 아무리 늙었기로 대낮에 장기는 다 무어야. 자 나서. 풀 비어요. 풀 한 단이 쌀 한 되야."

이렇게 하면 성을 내는 사람도 있었으나 필경은 낫을 들고 들로 아니 나가지 못하였다.

어느 집 퇴비더미가 마음에 안 차면 구장님은 그 집에 들어가서

"다들 나서라. 풀 비러 나서. 밥숟갈 드는 식구는 다들 나서"

하고 노인이건 젊은 며느리건 모두 불러내 세웠다. 구장님네 집 칠십이 넘은 할머니도 풀 비러 나서는데 어느 누구 하나도 반항할 수가 없었다.

동네사람들은 마침내 구장님의 정성에 눌려서 무엇이나 구장님이 하라는 대로 하게 되었다. 징용은 말할 것도 없지마는 근로보국대나 관 알선 노무자도, 구장님이,

"창식이 자네 갔다 오게"

하면 싫단 말을 못하였다. 구장은 그 맏손자를 먼저 징용으로 보내고 둘째 손자는 학병으로 가고 셋째 손자는 구월에 징병으로 입영하였다. 구장은 제 자식을

먼저 내어놓고 남더러 나서라는 것이므로 말에 힘이 있었다. 그뿐 아니라, 구장은 가장 공평하게 사람을 택하였다. 사정을 보는 성미는 아니었다.

그러고 구장님은 병정이나 징용이나 보국대 나간 집은 날마다 돌아보았다.

"우리 대신 나간 사람들이니 그 가족들은 우리 가족으로 알아야지"

하고 동네 사람들에게도 타일렀다.

"갑순네 벼를 먼저 비세. 내일은 갑순네, 모레는 돌석이네, 장손이네"

하고 벼 비는 것도 왼동네 총동원으로 군인과 응징자 유가족의 것을 먼저, 그리고는 네것 내것 할 것 없이 먼저 익은 벼를 먼저 비기로 구장님이 배정하였다.

보리 밀 공출로부터서 감자, 누에꼬치, 솔깡, 칡, 머루넝쿨, 모든 공출을 다 잘하고 특별히 퇴비성적이 좋다는 상급으로 관음리에서는 막걸리 엿 말 특배를 받았다. 구장님의 주선으로 도야지 한 마리 잡는 허가도 얻어서 벼를 막 다 비고 보리갈이를 시작하는 날 한바탕 추석놀이를 하기로 하였다.

"추석이 지났지마는, 벼가을 다 하는 날이 추석날이다."

구장님은 이렇게 주장하였다. 동네사람들도 반대가 없었다.

동네 집집이 쌀을 모아서 송편도 빚고 인절미도 쳐서 식구대로 골고루 돌리기로 구장님이 발론을 하여서, 그것이 좋다고 다들 찬성을 하였다.

十월 八일. 이날이 관음리 동네에서 추석으로 정한 날이다. 이날 아침나절 일을 마치고 오정에 잔치를 하기로 하였다.

동네 공동작업장 앞, 너른 마당에 차일을 치고 동네사람들이 그뜩 모였다.

날은 맑았다. 동네 뒷등성이에는 들국화의 아담한 모양과 축축 늘어진 감국(甘菊)의 향기가 바람에 풍겼다.

마당 한편 끝에 걸어놓은 가마솥에는 도야지 고깃국이 설설 끓고 있었다.

정오의 묵도시간이 지나서 카나가와 면서기가 먼저 달려와서 군수와 경찰서장이 오신다는 말을 전하였다.

구장님은 깜짝 놀랐다. 면장과 교장과 주재소 수석은 청하였지만 군수와 서장은 청할 엄두도 못 내었던 것이다.

구장님은 두 손을 홰홰 내어 둘러서 모인 사람들에게,

"여러분, 군수 영감과 경찰서장 나리도 오신다오. 이런 고마운 일이 없소. 우리 동네 생긴 이래로 오늘이 가장 큰 잔칫날이오"
하고 외쳤다.

동네 백성들도 놀랐다.

"자, 길들 쓸세"

사고 사람들은 각각 가까운 집으로 돌아가 비를 들고 나와서 동네로 들어오는 길을 쓸기 시작하였다. 그러나 길을 다 쓸기가 다 끝나기 전에 오륙 명 일행이 동구에 들어섰다. 그것은 물을 것 없이 군수, 경찰서장, 교장, 면장 일행이었다.

구장님은 회중 일동을 거느리고 동네 어구에 마주 나가서 일행을 맞았다.

관민 백여 명이 차일 밑 멍석자리에 모여 앉았다. 한집에서 하나씩 난 것이 아니라, 구장님 말마따나 밥숟가락 들 수 있는 사람은 다 모이라고 한 것이다. 밥숟가락 들 줄 아는 사람은 남녀를 물론하고 호미와 낫을 들었기 때문이었다. 공동작업장을 둘러서 성을 쌓아놓은 볏가리는 다 이 사람들의 땀으로 힘으로 지어서 얻은 것이었다.

국민의례가 끝난 뒤에 구장님은 다음과 같이 인사를 하였다-

"여러분. 성주께서와 서장께서 이렇게 누추한 가난한 동네에 왕림하시니, 이런 황송할 데가 없소. 그나 그뿐이오. 우리에게 술과 고기를 특배를 주셔서 오늘날 잘 먹게 하시니 이런 황감할 데가 어디 있소. 이게 다 임금님 은혜니 여러분 우리 목이 터지도록 만세를 부릅시다"
하고,

"텐노 오헤이까 반자이"[284]
하고 구장이 선창하니 백성들이 모두 두 팔을 높이 들고 반자이, 반자이하고 불러서, 차일이 떠날라갈 것 같았다.

군수의 격려하는 인사와 구장의 공적을 찬양하는 말이 있은 뒤에 술동이가 돌아가고 국동이가 돌아가고 떡함지박이 돌아갔다. 부인들은 공동작업장 안에다가 식당을 베풀었다. 아이들은 한손에는 떡, 한손에는 고기를 들고 이거 한입, 저거 한입 좋아라고 뛰어다녔다.

---

284 てんのおへいかばんざい. 천황 폐하 만세.

술동이가 두 번째 돌고 세 번째 돌았다. 사람들은 술에 취하기 전에 먼저 기쁨에 취하였다. 저마다 제 집에서 먹는 것보다 윈동네 사람이 한 자리에 모여서 먹는 것이 더욱 맛이 있었다.

술이 서너 순배 돌아갔을 때에 늙은 구장님이 일어나더니, 광대숭내를 내어 팔짓 다리짓을 하면서,

"저 건너 갈뫼봉에 비가 묻어 들어온다. 우장을 허리에 두르고 지심매러 갈까나"
하고 육자배기를 하나 뽑고는,

"얼시구 좋을시구"
하고 덩실덩실 춤을 춘다.

박장이 일어나고 갈채가 일어난다. 군수도 서장도 모두 허리가 끊어지도록 웃는다.

구장의 뒤를 이어서 나도 나도 하고 숨은 재주를 꺼낸다. 소리하는 사람 춤추는 사람, 동이와 함지박으로 장난치는 사람, 이 즐거움은 언제나 끝날지 몰랐다.

"자, 우리 잘 먹은 김에 보리나 한바탕 가세"
하고 구장님이 뛰어 나가매 사람들은 와하고 일어나서 구장님의 뒤를 따랐다.

군수와 서장 눈에 눈물이 글성글성하였다.

벼를 비었으니 보리를 갈아야 한다. 농가에 한가한 때는 없다. 그러나 부지런하게 하늘뜻을 순종하는 농가에 농촌에 즐거움이 끊일 날도 없다.

근로도 영원이오 즐거움도 영원이다.

관음리 앞들에는 논을 가는 이, 가래질을 하는 이, 거름을 지는 이, 뿌리는 이, 흙덩이를 깨트리는 이. 석양은 관음봉에 걸려서 차마 이 농부들을 떠나지 못하여 하는 것 같다.

명랑한 세상[285]

세상이란 검은 안경을 쓰고 보면 검게 보이고 푸른 안경을 쓰고 보면 푸르게 보인다. 여름 하늘의 서늘한 달도 슬픈 사람이 보면 슬픈 달이오 기쁜 사람이 보면 기쁜 달이다. 그러므로 명랑하고 우울한 것이 다 보는 사람의 마음에 달린 것이니 천당도 극락도 다 제 마음에 나타나는 것이다.

요새 전차나 기차나 모도 비좁다. 이것은 저 혼자가 편안하겠다는 마음으로 볼 때에는 다른 사람들은 다 없고 저만 탔으면 좋겠고, 좁은 틈에 끼어서 땀내를 맡고 서서 가는 것이 큰 고통이겠지마는 사랑하는 동포들이 각각 바쁘게 볼일을 보러 댕기거니, 이것이 다 전쟁을 돕고 나라를 빛나게 하는 것이라고 보고 전차나 기차를 타면 좁을수록 명랑한 일이다.

제가 먼저 전차를 탄다고 떠밀고 비비고 하며, 저만 편하겠다고 전차 드나드는 문을 막어선 것을 보면 기가 막히지마는 이것은 송사리떼나 병아리떼와 같은 심리의 발로로 공덕심 훈련 없는 민중의 추태다.

"다들 안으로 들어갑시다"
하고 제가 앞서서 속으로 들어가면 대개는 따라 들어오는 것이 또한 명랑한 풍경이다.

지금이 어느 때라고 잠자리 날개 같은 모시 두루마기를 입고 갈짓자 걸음을 하며, 모기장 치마를 찔찔 끌고 핸드백을 들고 백화점 사냥을 다니랴. 이런 사람들은 나이는 몇 살이든지 간에, 학력이나 사회적 지위는 어찌 갔든지 간에 아직 국민학교 입학 전 어린 아이의 철밖에 안 난 사람이니 머리를 쓸어주고 등을 투덕투덕 두르리면서 잘 타일러만 주면 졸고 있던 철이 깨어날 수도 있는 것이다.

일전 길거리에서 종로 청년정신대원들이 마이크를 통하여, "이 전쟁 중에 당신의 마음의 준비는 어떠하십니까, 당신의 복색은 어떠하십니다" 하고 외친 일이 있거니와 어떤 잘 차린 젊은 여성 한 분이 일부러 마이크 있는 데까지 찾아와서,

---

285 香山光郎, 『放送之友』 3권 1호, 1945.1. '명랑한 이야기'라는 표제어가 붙어 있다. 근대서지학회 오영식 선생님께서 보내주신 자료이다.

"고맙습니다. 이제 정신이 들었습니다. 앞으로는 꼭 몸뻬를 입겠습니다"
하고 치사한 일이 있다. 이것은 분명히 근래의 낭보[286]여니와, 이것이 다 타이르면 철이 난다는 증거다.

길가에 몸뻬 입은 애국반 부인들이 웅성웅성 모여서서 호박이랑 오이랑 사과랑 얼마 되지도 않는 것을 나누고 있는 것을 보면 저절로 마음이 기뻐진다.

"하이그, 댁에는 애기가 있으니 이 사과는 댁에서 가져가셔요"
하고 이와 같이 한두 개를 너 가지라고 서로 사양하는 一막을 더 보래면 그야말로 극락풍경이라고 아니 할 수 없다. 극락이란 서로 사랑하는 사람들이 사는 데란 말이다.

국민학교 五六년생 계집애들이 골무와 바늘을 가지고 더운 여름방학 날에 교실에 모여서 하루종일 군복의 호크와 단추를 달고 있다. 할 줄 모르는 바느질에 감이 단단하여서 조그마한 손고락들이 바늘구멍 투성이가 되지마는 이 딸들이 줿다는 생각을 한 일이 있는가. 어떻게나 귀엽고 명랑한 이야깃거린가.

九월 一일에는 입영을 한다고 해서 금년도 징병 갑종 합격이 된 친구의 아들이 일부러 작별인사를 하러 왔다. 그는 외갓집으로 누이네 집으로 모두 돌아댕긴다. 요새 농촌이면은 풋병아리도 있고 옥수수, 감자, 참외, 수박도 많아서 九월에 병정가는 외손자를 오라비쯤, 친구의 아들을 실컷들 대접할 것이 눈앞에 선하다.

회사의 주임의 자리에 있다가 징용을 불린 청년이 찾아 왔다.

"자네가 집을 떠나도 과히 불편이 없겠나."

"불편이 왜 없어요. 제가 떠나면 집에 주인이 없는 걸요. 그렇지만 고통이 많으니만큼 징용되는 기쁨이 더욱 큽니다"
하였다.

관청식당에서 이타바[287]를 하는 청년이 찾아왔다.

"선생님 저를 남방 激戰地 로 징용이 되어가게 해 주셔요."

"가족은 어떤가."

"안해와 어린 거 둘이야요."

---

286 朗報. 기쁜 기별이나 소식.

287 いたば. 조리사.

"그러면 처자의 생활은?"

"처자의 생활은 물으시지 말아 주셔요. 저를 남방 激戰地로 가게 해주셔요."

나는 일어나서 내 아들보다도 나이가 어린 이 청년에게 절을 하였다.

모두가 명랑한 풍경이다. 이루 다 말할 수가 없다.

초출일람

제1부 이광수를 이해하기 위하여

- 「중학시절과 오산시절 전후의 이광수」, 『춘원연구학보』 5, 춘원연구학회, 2012.
- 「제2차 유학시절의 이광수」, 『춘원연구학보』 4, 춘원연구학회, 2011.
- 「제국의 근대와 식민지, 그리고 『무정』」, 『21세기문학』 35, 2006.
- 「이광수와 식민지 문명화론」, 『서강인문논총』 27, 서강대 인문과학연구소, 2010.
- 「1930년대 전반기 이광수의 지도자론과 파시즘—동우회 기관지 『동광』을 중심으로」, 『어문연구』 135, 한국어문교육연구회, 2007.
- 「이광수의 불교와 친일」, 『춘원연구학보』 2, 춘원연구학회, 2009.

제2부 이광수와 식민지 문학의 윤리

- 「근대 초기 번역문학과 미국」, 『근대서지』 8, 근대서지학회, 2013.
- 「『검둥의 설움』과 번역의 윤리—정치학」, 『대동문화연구』 84, 성균관대 동아시아학술원, 2013.
- 「제국의 근대와 식민지, 그리고 이광수—제2차 유학시절 이광수의 사상적 궤적을 중심으로」, 『어문연구』 140, 한국어문교육연구회, 2008.
- 「민족개조론과 상애의 윤리학」, 『서강인문논총』 30, 서강대 인문과학연구소, 2011.
- 「이광수의 민족개조론 재고」, 『인문논총』 70, 서울대 인문학연구원, 2013.
- 「친일협력시기 이광수의 불교적 사유의 구조와 의미」, 『어문연구』 158, 한국어문교육연구회, 2013.6.

제3부 이광수 다시 읽기

· 「근대소설 문체 확립을 향한 또 하나의 도정－단편 「허생전」(1914)과 우화 「물나라의 배판」(1914)을 중심으로」, 『근대서지』 7, 근대서지학회, 2013.
· 「이광수와 『대한인정교보』 9, 10, 11호에 대하여」, 『대동문화연구』 86, 성균관대 대동문화연구원, 2014.
· 「'번역된 (탈)근대론'으로서의 『무정』 연구사－1990년대 중반 이후의 『무정』론을 중심으로」, 『한국근대문학연구』 27, 한국근대문학회, 2013.4.
· 「두 가지 판본의 「오도답파여행」」, 『근대서지』 9, 근대서지학회, 2014.
· 「『사랑』의 저자는 누구인가」, 『근대서지』 5, 근대서지학회, 2012.
· 「이광수의 친일문학을 다시 생각한다－『방송지우』 및 『일본부인』(조선판) 소재 조선어 단편을 중심으로」, 『근대서지』 6, 근대서지학회, 2012.
· 「일제 말기 이광수의 이중어 글쓰기 연구 시론」, 『춘원연구학보』 7, 춘원연구학회, 2013.

새 천 년이 시작된 지도 벌써 몇 해가 지났다. 식민지와 분단국가로 지낸 20세기 한국 역사의 와중에서 근대 민족국가 수립과 민족 문화 정립에 애써온 우리 한국학계는 세계사 속의 근대 한국을 학술적으로 미처 정리하지 못한 채 세계화와 지방화라는 또 다른 과제를 안게 되었다. 국가보다 개인, 지방, 동아시아가 새로운 한국학의 주요 대상이 된 작금의 현실에서 우리가 겪어온 근대성을 다시 한 번 정리하고 21세기에 맞는 새로운 모습으로 탈바꿈시키는 것은 어느 과제보다 앞서 우리 학계가 정리해야 할 숙제이다. 20세기 초 전근대 한국학을 재구성하지 못한 채 맞은 지난 세기 조선학·한국학이 겪은 어려움을 상기해 보면, 새로운 세기를 맞아 한국 역사의 근대성을 정리하는 일의 시급성은 아무리 강조해도 지나치지 않다.

우리 근대한국학연구소는 오랜 전통이 있는 연세대학교 조선학·한국학 연구 전통을 원주에서 창조적으로 계승하고자 하는 목표에서 설립되었다. 1928년 위당·동암·용재가 조선 유학과 마르크스주의, 그리고 서학이라는 상이한 학문적 기반에도 불구하고 조선학·한국학 정립을 목표로 힘을 합친 전통은 매우 중요한 경험이었다. 이에 외솔과 한결이 힘을 더함으로써 그 내포가 풍부해졌음은 두말할 나위가 없다. 연세대학교 원주캠퍼스에서 20년의 역사를 지닌 매지학술연구소를 모체로 삼아, 여러 학자들이 힘을 합쳐 근대한국학연구소를 탄생시킨 것은 이러한 선배학자들의 노력을 교훈으로 삼은 것이다.

이에 우리 연구소는 한국의 근대성을 밝히는 것을 주 과제로 삼고자 한다.

문학 부문에서는 개항을 전후로 한 근대 계몽기 문학의 특성을 밝히는 데 주력할 것이다. 역사 부문에서는 새로운 사회경제사를 재확립하고 지역학 활성화를 위한 원주학 연구에 경진할 것이다. 철학 부문에서는 근대 학문의 체계화를 이끌고 사회과학 분야에서는 학제 간 연구를 활성화시키며 근대성 연구에 역량을 축적해 온 국내외 학자들과 학술 교류를 추진할 것이다. 이러한 연구들은 일방성보다는 상호 이해와 소통을 중시하는 통합적인 결과물의 산출로 이어질 것이다.

근대한국학총서는 이런 연구 결과물을 집약적으로 정리하기 위해 마련한 총서이다. 여러 한국학 연구 분야 가운데 우리 연구소가 맡아야 할 특성화된 분야의 기초자료를 수집·출판하고 연구성과를 기획·발간할 수 있다면, 우리 시대 연구자들뿐만 아니라 학문 후속세대들에게도 편리함과 유용함을 줄 수 있을 것이다. 새롭게 시작한 근대한국학총서가 맡은 바 역할을 충분히 할 수 있도록 주변의 관심과 협조를 기대하는 바이다.

2003년 12월 3일

연세대학교 원주캠퍼스 근대한국학연구소